论中国模式 上

赵剑英 吴 波/主 编

中国社会科学出版社

图书在版编目（CIP）数据

论中国模式（上、下卷）/赵剑英，吴波主编.—北京：中国社会科学出版社，2010.9（2016.8 再版加印）

ISBN 978 - 7 - 5004 - 8902 - 3

Ⅰ.①论… Ⅱ.①赵…②吴… Ⅲ.①社会主义建设模式—研究—中国 Ⅳ.①D616

中国版本图书馆 CIP 数据核字（2010）第 131227 号

出 版 人	赵剑英
责任编辑	王 茵
责任校对	李 莉
责任印制	王 超

出 版	中国社会科学出版社
社 址	北京鼓楼西大街甲 158 号
邮 编	100720
网 址	http://www.csspw.cn
发 行 部	010 - 84083685
门 市 部	010 - 84029450
经 销	新华书店及其他书店

印 刷	北京君升印刷有限公司
装 订	廊坊市广阳区广增装订厂
版 次	2010 年 9 月第 1 版
印 次	2016 年 8 月第 2 次印刷

开 本	787×1092 1/16
印 张	70.25
插 页	2
字 数	1078 千字
定 价	128.00 元（全二册）

目　　录

论中国模式研究的若干问题(代序)

赵剑英　　吴波

　　关于中国道路、中国模式或中国经验的问题,之所以吸引了国内外学者如此众多关注的目光,并不仅仅是雷默提出的"北京共识"所引发和推动,而是中国改革开放行进了多年之后的自然结果。因此,国内外对于中国模式的热烈讨论不是一个偶然性的事件。随着中国模式所蕴涵更为深刻的话题以及相关问题研究的逐步深入,随着一系列争论性问题的逐步展开,中国模式研究的重大理论意义和实践意义也进一步清晰。本文拟就关涉中国模式的几个问题发表自己的看法,供大家批评。

一　多维视野中的中国模式

　　中国道路或中国模式也好,中国经验或中国特色也罢,拘泥或纠缠于概念的使用并不是最为重要的。我们首先需要认真对待和回答的,应该是概括和总结改革开放以来中国现代化实践经验的必要性的问题。判定这些概念提出的首要意义,应该说正在于此。这一问题的研究之所以近几年来渐趋高潮,有着以下几个方面的深刻原因。

　　改革开放以来中国经济的持续快速发展,是一个谁也不能否认的基本事实。这一点是我们今天讨论中国道路问题的实践基础,并由此也决定了在中国道路问题上的肯定性评价的前提。任何一个不带政治或文化偏见的人,将30多年前的中国与30年多后的中国加以比较,都不能不感叹在这短短30多年间中国社会所发生的巨大变化,也都不能不感受到中国这片古老的东方土地上所洋溢着的勃勃生机。与此同时，另一个谁也不能否认的基本事实是，改革开放以来中国在取得巨大成就的同时，也存在着一系列深层次的矛盾和问题。可以认为，中国成就和中国问题共同构成了国内外学者探讨和分析中国最近30多年来所走过的道路的内在动力。

更为重要的是，中国在这短短30多年的时间里的确探索出了一条富有自身特色的现代化模式。伴随着改革开放的逐步深入，中国在探索现代化道路的过程中的一些具体实践形式逐渐趋于定型化，并因由经济发展的巨大成就具有了肯定性的意义。几乎所有对中国模式研究有兴趣的学者不约而同地承认，改革开放以来形成的中国发展模式，没有照搬任何现成的模式，它既不同于计划经济时期的发展模式，也不同于西方资本主义的发展模式。在2007年召开的党的十七大上，胡锦涛明确宣称，改革开放以来我们取得一切成绩和进步的根本原因，归结起来就是：开辟了中国特色社会主义道路，形成了中国特色社会主义理论体系。胡锦涛在这次大会上对中国改革开放的基本经验作了深入全面的概括，提出了"十个结合"的重要论断，并在纪念党的十一届三中全会召开30周年大会上的讲话中对这"十个结合"做了进一步深入的阐述。我们党对于一个十几亿人口的发展中大国摆脱贫困、加快实现现代化、巩固和发展社会主义的宝贵经验进行主动性概括和系统性总结，无疑为深化对中国道路、中国模式和中国经验的认识提供了重要的思想资源。

对改革开放30年历史进程稍有了解的人都清楚，道路问题始终是一个伴随中国改革开放的争论性话题。伴随着关于中国道路、中国模式和中国经验肯定性阐释的，是关于中国未来道路问题的激烈争论。进入21世纪以来，民主社会主义和"普世价值"论等多种社会思潮都明确表达了影响中国道路方向的政治意图。这也是作为执政党的中国共产党在党的十七大报告中郑重声明高举中国特色社会主义伟大旗帜的重要原因。应该看到，我们今天讨论中国道路的问题，不可避免地要面对"中国向何处去"的提问。有学者指出，对"中国模式"的界定，首先取决于对中国未来发展道路的认识。必须在思想上澄清，中国在未来追求的仍然是西方现代的物质生活方式，而"中国模式"仅仅是达到这一目标的手段，还是中国模式本身就与西方式的物质主义不相容。只有在这个问题得到根本解决的前提下，对"中国模式"的探讨才有望在逻辑上实现彻底的一贯。① 不难得出的结论是，关于中国未来道路方向的争论本身也是中国道路问题成为焦点问题的重要依据，并成为其中的重要议题。

从国际的视角看，改革开放以来中国成就的取得也吸引了国外各种各样审视和分析的目光，从而凸显了中国现代化道路的比较意义。如果说中国模式对于发展中国家来说更多的是发展经验问题，那么对西方国家尤其是美国来说则更多是一种价值问题。对很多西方人来说，中国模式就是对西方价值的挑战和竞争。② 美国卡特中心中国项目主任、佐治亚帕里米特学院刘亚伟教授就认为，中国的崛起已经让美国人惴惴不安，而把中国的崛起上升为一种理论更让很多美国人忧心忡忡。"中国模式"可能最让美国人担心的一点是，它是不是意味着中美永远不会是一条道上跑的车。可见，无论是"中国崩溃论"还是"中国威胁论"，无论是善意的赞扬还是妖魔化的唱衰，所依据的因素大都与中国发展道路的基本理念有关。确实，要以"北京共识"取代"华盛顿共识"的讨论起源于西方，并非中国。但"北京共识"提出的一个重要意义，正如德里克所说的，"雷默先生的贡献在于把它同中国发展模式联系在一起。"就此而言，雷默提出的"北京共识"无论是不是一个陷阱，但毕竟创造了国内外深入研究中国模式的一个契机。在这一背景下，全面系统地陈述自己的发展理念，让包括西方在内的世界了解中国和理解中国，对于中国自身未来的发展无疑具有特殊的意义。

虽然使用哪一个概念无关紧要，而且很多学者对于诸如中国道路、中国模式或中国经验等概念并没有严格地加以区分而是简单混用，但我们还是需要面对诸如"北京共识"、"中国道路"、"中国模式"、"中国经验"和"中国特色"等概念作一致性理解的任务。因为在一些学者那里，不同概念的使用确实在一定程度上反映了不同的立意和出发点，同时也涉及对内涵的不同理解和把握。比如，有的学者不主张使用"共识"的概念，因为"共识"

---

① 唐士其：《中国道路"模式"化了吗?》，北京大学中国与世界研究中心《研究报告》2010年第2期。

② 郑永年：《国际发展格局中的中国模式》，《中国社会科学》2009年第5期。

的基本意义是广泛认可的或一致同意的解决方案，而"模式"指的是一系列带有明显特征的发展战略、制度和理念。① 有的学者也不主张使用"中国模式"的概念，认为我们的体制还没有完全定型，还要继续探索。而讲"模式"，有定型之嫌。② 有的学者对此反驳，如果是这样，那我们只能得出这样两点结论：一是当今世界没有任何模式，因为我们今天学术界和媒体所说的各种模式均处在变动、发展之中，都面临着挑战；二是如果只有完全定型的才能称之为"模式"，那等于说"模式"必定是僵化的，这显然是不对的。③ 我们还看到，即使使用同一个概念，不同学者的理解也有所不同。比如，有的学者认为，讲中国道路，其实所指的就是"中国特色社会主义道路"④；有的学者将对中国发展道路的分析放在了鸦片战争以来 160 多年的历史框架之中。⑤ 有的学者则认为，中国道路是近代 120 年来，中国沦为半殖民地半封建社会后，历经旧民主主义革命、新民主主义革命到社会主义革命、建设和改革，探索在一个十几亿人口的发展中大国，如何实现民族解放、摆脱贫困，加快实现现代化，巩固和发展社会主义的道路。⑥

但从总体上而言，"中国模式"一词的使用频率和认同度相对较高。在有的学者看来，"模式"一词的使用首先就是用来说明自己发展道路的特殊性，是对其特殊性的界定。⑦ 有的学者认为，对"中国模式"的总结，是因为"模式为现实提供定义，为比较提供知识，为未来提供指南"。更为重要的是，在他看来，善于总结概括自己发展经验的国家才有"梦想"、有希望、有方向。肯定中国的进步，发现中国进步的"法宝"，并指出眼下危机的原因，是总结中国模式的动力。针对一些人关于"中国模式"并不是由中国人，而首先是由一些别有用心的外国人提出来的，意在遏制中国的进一步发展因而不宜使用等观点的质疑，有的学者指出，早在 20 世纪 80 年代，邓小

① 参见俞可平《全球化背景下的"中国模式"及其基本特征》，《红旗文稿》2005 年第 19 期。
② 李君如：《对"中国道路"的几点看法》，《北京日报》2009 年 11 月 16 日。
③ 秦宣：《"中国模式"之概念辨析》，《前线》2010 年第 2 期。
④ 朱佳木：《新中国两个 30 年与中国特色社会主义道路》，《当代中国史研究》2009 年第 5 期。
⑤ 夏春涛：《近一个多世纪中国的发展道路及其启示》，《马克思主义研究》2006 年第 9 期。
⑥ 王庆五：《中国道路、中国模式与中国经验》，《江苏行政学院学报》2009 年第 3 期。
⑦ 参见周弘《全球化背景下"中国道路"的世界意义》，《中国社会科学》2009 年第 5 期。

平就一再提到中国模式,强调各国都要独立思考,寻找适合自己实际情况的发展模式,因此中国模式并没有什么神秘可言,它所指的,无非就是中国共产党领导中国人民独立思考、反复探索所找到的适合中国具体情况的发展道路和发展模式,无非就是指的为实现中国革命、建设、改革的战略目标所作的抉择、所走的道路、所用的方法。① 有的学者认为,"模式"是一个内涵十分丰富的概念,从社会发展意义上使用"中国模式"这个概念并不存在任何疑义。因此完全没有必要回避"中国模式"这个概念,完全可以使用"中国模式"这个概念来概括中国的发展道路和发展经验。

对"模式"一词的趋于认同并非无足轻重。"模式"话语所形成的共识确实意味着:第一,"模式"一词的使用,蕴涵着一种对中国模式业已基本定型和基本成熟的判断。第二,"模式"一词的使用,也蕴涵着对这一模式的肯定性认定。第三,由于"模式"还具有把某种特定的"方式"作为可以在世界上其他国家和地区推广或供其效法的"样板"的含义,因此,虽然探索中国模式的"着眼点不仅不是、而且恰恰是反对苏联大国沙文主义给苏联模式自封样板和示范,而主张各国要独立自主地寻找适合本国情况的发展道路和发展模式",但确实意味着这一模式具有为其他国家和地区提供借鉴和启示意义的内容。而对诸如中国道路、中国模式、中国经验和中国特色等概念作一致性理解的关键在于进行外延的框定。在这方面,已经有许多学者作出了努力。如有的学者认为,"中国模式"是在改革开放新时期逐步形成和发展起来的。从这个意义上讲,"中国模式"可以概括为中国特色社会主义的"道路"、"理论体系"、"发展实践"共同构成的社会发展模式。② 有的学者认为,"中国模式"实质上就是中国作为一个发展中国家在全球化背景下实现社会现代化的一种战略选择,它是中国在改革开放过程中逐渐发展起来的一整套应对全球化挑战的发展战略和治理模式。③ 在我们看来,自从改革开放以来,中国社会主义现代化建设、发展模式可以认为是对中国模式的外延进行框定的三个主要范畴。

---

① 徐崇温:《关于如何理解中国模式的若干问题》,《马克思主义研究》2010 年第 2 期。
② 秦宣:《"中国模式"之概念辨析》,《前线》2010 年第 2 期。
③ 俞可平:《全球化背景下的"中国模式"及其基本特征》,《红旗文稿》2005 年第 19 期。

二　中国模式:社会主义与现代化模式的创新

随着中国模式研究的深入,究竟应该不应该对中国模式作社会属性的追问逐渐浮出水面。换言之,现代化模式是不是一个与社会属性相联系的概念,成了一个绕不开的话题。在这个问题上,我们至少需要面对两种不同的看法:一种是,在一些学者看来,两者之间的联系并不存在,而且将两者联系在一起不仅没有必要,也毫无意义。中国模式就是中国模式,没有必要冠以"社会主义"的字样。这种有意或无意忽略中国模式的社会属性的看法,其实是将发展模式归结为与社会属性无关的问题。另一种是,在认可中国模式现实合理性的同时,将这一模式视为了西方同道。在他们看来,之所以标出"社会主义"的字样,实际上是"挂羊头卖狗肉"而已。显然,与前者相比,后者并不回避有关社会属性的话题,只不过作了另一种解读罢了。

在我们看来,就这种模式是不是应该进行社会属性的判定,究竟应该作哪一种社会属性的判定,可能是关于中国模式的研究所必须面对的最为关键的问题,也是一个正确认识和把握中国模式的方法论问题。美国学者阿里夫·德里克的一席话是对上述两个问题的集中回答。他说:"北京共识"或者中国模式中最重要的内容,不是中国文化的副产品而应该是社会主义的遗产,中国国内或国际上有人试图消灭这一遗产。"北京共识"或中国发展模式都能在所谓的"有中国特色的社会主义"那里找到其渊源。① 美国学者罗兹曼在《中国的现代化》一书中说,这本书"通过考察中国现代化的历程,我们希望勘定它在哪些方面遵循了其他进行现代化的国家所经过的基本路线,在哪些方面它又闯出了自己的独特道路"。他认为:"本土因素和外来因素都会对一个国家现代化的发展道路产生影响"②,而这两种因素的相互联系构成了该书所要考察的重要论题之一。罗兹曼在这里只是从一个层面说明了中国发展模式的特殊性。虽然现代化道路的多样性与历史和国情固然不可

---

① 阿里夫·德里克:《中国发展道路的反思:不应抛弃社会主义革命的历史遗产》,《当代世界与社会主义》2005 年第 5 期。

② [美]吉尔伯特·罗兹曼主编《中国的现代化》,江苏人民出版社 2003 年版,第 4 页。

分，并不可避免地会受到外来因素的影响，但这些因素与社会属性的因素相比不具有基础性意义。恰是社会属性的因素从根本上改变了现代化道路的形态。就此而言，我们需要从两个层面而非一个层面来认识和把握中国的现代化道路，并依托这一基础探讨这条道路与西方现代化道路的区别与联系。

毫无疑义，对于像中国这样的社会主义国家来说，探索出一个与自己的社会制度和具体国情相适应的现代化道路，是当前和今后相当长历史时期的一项重要任务。当然，这首先需要以历史的辩证的态度对待西方的现代化道路。社会主义现代化道路自然不可能违背现代化的一般规律，即中国的现代化道路是在西方原有现代化道路基础上的一种发展，但我们必须在此基础之上全面澄清社会主义现代化道路与资本主义现代化道路的本质区别。其中核心的一点是，社会主义现代化并不在于是不是注重发展生产力，而在于是不是以牺牲人本身的发展为代价来发展生产。仅仅强调前者绝不是一般的疏漏，而是核心价值的偏移。现代化的"社会主义"属性决定了中国的现代化无论在实现方式上还是在历史任务上都应该发生根本性的变化。一般而言，就其实现方式而言，社会主义现代化要求在现代化过程中有效限制和克服人与自然、人与社会的关系的严重扭曲、各种社会公害的普遍流行等资本主义现代化过程中出现的灾难，在现代化的每一个阶段，社会各阶层的每一个成员都能在不同程度上普遍享受到现代化所实现的文明成果，而不是以部分社会阶层眼前和长远利益的相对丧失为前提。就其历史任务而言，与资本主义现代化所不同的是，绝非是向"人对物的依赖关系的转化"，而是向每个人全面而自由的发展转化。现代化从它起步起就必须担当起实现超越目标的历史任务。①

我们由此需要深入思考中国模式所蕴涵的双重超越的问题。第一重超越的对象是苏联模式。邓小平认为："我们过去照搬苏联搞社会主义的模式，带来很多问题。我们很早就发现了，但没有解决好。我们现在要解决好这个问题，我们要建设的是具有中国自己特色的社会主义。"② 显然，中国模式的

---

① 参见叶险明《对马克思现代化观的一种读解》，《哲学研究》2000 年第 2 期。
② 《邓小平文选》第 3 卷，人民出版社 1993 年版，第 261 页。

首要参照物是苏联模式，提出中国模式的首要意义在于摆脱苏联模式的影响，探寻适合中国国情的现代化模式。但我们还不能停留于这个层面，因为与西方现代化道路相比，中国模式的一个前提性内涵是中国已经完全摒弃了资本主义现代化的道路选择。换言之，在现代化道路的选择上，社会主义而非资本主义才是中国模式的底色。

然而，正是在革除苏联模式弊端探寻中国模式的过程中，出现了借革除苏联模式弊端照抄照搬西方模式的思潮。改革开放以来邓小平关于现代化的社会主义属性的强调，是他对中国道路的后一重超越的提醒和告诫。即在努力克服苏联模式的弊端，探索中国自己的现代化道路的过程中也要时时警惕西方现代化模式的侵袭，避免滑入西方现代化的陷阱。他反复强调："我们搞四个现代化建设，人们常常忘记是什么样的现代化，是社会主义现代化。这就是我们今天做的事。"① "我们干四个现代化，人们都说好，但有些人脑子里的四化同我们脑子里的四化不同。我们脑子里的四化是社会主义的四化。他们只讲四化，不讲社会主义。这就忘记了事物的本质，也就离开了中国的发展道路。"② 邓小平讲过："我们既不能照搬西方资本主义国家的做法，也不能照搬其他社会主义国家的做法，更不能丢掉我们制度的优越性。"③ 这句重要论断可以视为对中国模式双重超越的集中表达。

基于社会主义的语境对于中国模式的考察，可以得出以下三个结论。第一，中国模式是中国共产党人将马克思主义的普遍性与中国的特殊性相结合，从社会主义初级阶段的具体实际出发，按照邓小平的话说"主要是根据自己的实际情况和自己的条件"，探索中国自己的社会主义现代化道路的成果。坚持马克思主义的时代性、民族性和实践性的统一，既是中国模式确立起来的唯一途径，也是进一步完善中国模式的根本方法。第二，中国模式所要承担的历史使命，就是使经济文化相对落后的中国迅速实现社会主义现代化。按照邓小平的话就是："我们现在所干的事业，就是努力把中国变成一个现代化的社会主义国家。"第三，中国模式所要解决的主要问题，是"试

---

① 《邓小平文选》第 3 卷，人民出版社 1993 年版，第 173 页。

② 同上书，第 204 页。

③ 同上书，第 256 页。

图将市场经济与社会主义理想相结合的一场有世界历史意义的创新实践"①。按照邓小平的话是"社会主义也可以搞市场经济"②。

进一步而言,中国模式共有三个层次的内涵。

第一个层次是中国特色社会主义的价值理念。显然,当我们将中国特色社会主义作为中国模式的核心理念时,事实上已经蕴涵着一种性质上的判定,即我们所讲的中国模式是社会主义的一般性要求和中国国情的特殊性要求共同决定的产物。中国在探索自己发展道路过程中所形成的价值理念,是中国模式在西方国家的影响之所以扩大的主要原因。而西方一些人之所以不愿意使用"中国特色社会主义"的概念,就是认为它具有浓厚的意识形态色彩。如果使用这个概念,就等于把中国取得的成绩归因于中国坚持走社会主义道路,承认了所谓"社会主义失败论"和"历史终结论"的荒谬。

第二个层次是社会主义初级阶段的基本制度和体制。以党的领导、人民当家作主和依法治国有机统一为本质特征的社会主义初级阶段的政治制度,公有制经济为主体、多种所有制经济共同发展的社会主义初级阶段的基本经济制度和社会主义市场经济体制,以社会主义核心价值体系为主要内容的社会主义初级阶段的文化制度,共同构成了中国模式的制度和体制性内容。

第三个层次,中国特色社会主义的实践纲领和改革发展的战略策略。关于改革的方法和经验层面的总结和概括,就属于这个层次的内容。如有的学者认为,中国发展模式具有以下几个方面的特点:在处理稳定、改革和发展三者的关系方面,中国找到了平衡点;中国现代化进程的指导方针非常务实,即集中精力满足人民最迫切的需求,首先就是消除贫困,并在这个领域取得了显著的成绩;不断地试验、不断地总结和汲取自己和别人的经验教训、不断地进行大胆而又谨慎的制度创新;拒绝"休克疗法",推行渐进改革。确立了比较正确的优先顺序。③ 应该看到,中国模式三个层次的内容是一个有机统一的整体,任何片面的认识都不能完整准确地把握中国模式的科学内涵,我们需要在整体性的视野中认识和把握中国模式的内涵,而不能作

---

① 林春:《承前启后的中国模式》,《读书》2006 年第 4 期。

② 《邓小平文选》第 2 卷,人民出版社 1994 年版,第 236 页。

③ 张维为:《关于中国发展模式的思考》,《学习时报》2009 年 7 月 8 日。

割裂或分立式的理解。不难看出，即使停留在改革经验这个层面上来认识中国模式的内涵，也不仅不排斥经济基础和上层建筑的作用，而且以之为基础。

三 新中国两个 30 年：中国模式的探索

中国模式的研究者们几乎不约而同地认识到，正确认识新中国成立以来两个 30 年的关系即前 30 年和后 30 年的关系，是在探讨中国模式时另一个绕不开的课题，这也涉及正确认识和把握中国模式的又一个方法论问题。因为如何看待这两个 30 年的关系，已经超越了对前 30 年和后 30 年各自的历史评价的问题，而且直接关乎对中国模式内涵的认识本身。

在这个问题上，有学者概括指出了两个方面的倾向。他认为，如果把改革论述仅仅局限于"后 79"，不仅人为地割裂了新中国前 30 年（1949—1979）和后 30 年（1979 年至今）的历史连续性，而且这种论述往往隐含着把二者完全对立起来的强烈倾向，这就是很多人在强调中国经济改革高度成功的时候，总是首先隐含着一个对新中国前 30 年的否定，似乎只有全面否定前 30 年才能够解释后 30 年中国的改革成功。而另一方面，我们在近年来也看到另一种日益强大的论述，这就是在批评目前改革出现的种种问题时，许多论者往往走向用毛泽东时代来否定邓小平时代的改革，即用新中国的前 30 年来否定其后 30 年。近年来中国社会内部有关改革的种种争论，已经使得新中国前 30 年和后 30 年的关系问题变得分外突出。[①] 按照前者的观点，将新中国的前 30 年历史与改革开放以来 30 年联系起来考察，只具有对立性比较的意义。在他们的视野中，新中国的前 30 年是失败，是中国现代化过程中走过的一段弯路。由此推理出的一个结论是，中国模式与前 30 年无关。如果说有关系的话，也只具备反面教材的意义。进而言之，后 30 年从失败走向成功是因为"补课"和"接轨"，是因为走上了"普适"的西方道路。与这种判断相一致的是，中国未来唯一正确的发展道路就是进一步"走向世

---

① 甘阳：《中国道路：三十年与六十年》，《读书》2007 年第 6 期。

界"，直白地说就是全面西方化。而按照后者的观点，中国特色的社会主义实际上就是中国特色的资本主义，中国改革至今其实已经走上了邪路，中国未来的正确道路是对毛泽东时代道路的整体性复归。上述种种论调在提醒我们，对于中国模式的认识和把握，必须基于对新中国两个 30 年的关系的整体性视野。否则，中国模式的讨论和研究就会不可避免地进入误区。

基于整体性的视野，在新中国 60 年的历史框架中科学评价前 30 年的历史，是正确认识和理解中国模式的关键。中国模式虽然形成于改革开放时期，但探索应该上溯至毛泽东时代。历史的事实是，正是毛泽东最先提出了摆脱苏联模式的影响，进行马克思主义与中国建设的具体实际"第二次结合"的重大课题。在全面开始社会主义建设的开端，毛泽东就指出："特别值得注意的是，最近苏联方面暴露了他们在建设社会主义过程中的一些缺点和错误，他们走过的弯路，你还想走？过去我们就是鉴于他们的经验教训，少走了一些弯路，现在当然更要引以为戒。"① 他强调："把马克思列宁主义的基本原理同我国革命和建设的具体实际结合起来，制定我们的路线、方针、政策。民主革命时期，我们走过一段弯路，吃了大亏之后才成功地实现了这种结合，取得了革命的胜利。现在是社会主义革命和建设时期，我们要进行第二次结合，找出在中国进行社会主义革命和建设的正确道路。"②《论十大关系》可以视为积极探索中国自己的发展道路和发展模式的初步成果。毛泽东十分明确地说明了其中立意："十大关系的基本观点，就是同苏联作比较。除了苏联办法之外，是否可以找到别的办法，比苏联、东欧各国搞得更快更好。"③ 一些西方学者也注意到了中国探索自己的发展道路和发展模式的努力，有学者指出，20 世纪 50 年代中期，"中国本来也有可能严格按苏联的榜样，逐渐地建设社会主义"。但毛泽东摒弃了苏联的道路，"使中国走上了另一条新路"④。费正清敏锐地认识到"'大跃进'不是一个偶然事件，

————————

① 《毛泽东文集》第 7 卷，人民出版社 1999 年版，第 23 页。

② 吴冷西：《忆毛泽东》，新华出版社 1995 年版，第 9 页。

③ 中共中央文献研究室编《毛泽东传（1949—1976）》（上），中央文献出版社 2003 年版，第 484 页。

④ ［美］吉尔伯特·罗兹曼：《中国的现代化》，江苏人民出版社 2003 年版，第 440 页。

而是一种模式的一部分"①。

对新中国前30年的历史，一定要采取历史的、辩证的科学态度，正确评价以毛泽东为主要代表的中国共产党人领导全党和全国人民进行社会主义建设艰辛探索的功过与是非。全盘否定或全盘肯定的简单评判，都会陷入形而上学的认识误区。对于这30年，一方面，应该看到，以毛泽东为主要代表的中国共产党人在探索中国自己的社会主义现代化道路上付出了艰辛努力和巨大牺牲。这一历史时期的理论与实践的双重探索为中国特色社会主义道路的开创提供了物质基础、理论基础和经验基础。正如有学者概括的，"毛泽东在对中国社会主义建设道路的理论与实践上的探索过程中，所积累的关于中国社会主义建设探索的历史经验，是中国特色社会主义道路的实践前提，所提出的关于中国社会主义建设规律的理论成果，是中国特色社会主义理论体系的理论准备"。② 胡锦涛在党的十七大报告中明确指出："改革开放伟大事业，是在以毛泽东为核心的党的第一代中央领导集体创立毛泽东思想，带领全党全国各族人民建立新中国、取得社会主义革命和建设伟大成就以及艰辛探索社会主义建设规律取得宝贵经验的基础上进行的。新民主主义革命的胜利，社会主义基本制度的建立，为当代中国一切发展进步奠定了根本政治前提和制度基础。"③ 肯定性的方面无疑应是评价这一段历史的主要方面，但这恰恰也是被一些人所严重忽略或质疑的方面。另一方面，也必须承认，这一历史时期的探索始终没有摆脱苏联模式的框架，中国自己的社会主义现代化道路并没有探索成功，留下了许多值得深刻反思和总结的经验教训。

胡绳在《中国共产党的七十年》一书中对改革开放13年和新中国前29年的关系发表过重要的评论："近十三年是和前二十九年分不开的。如果没有前二十九年的成就为基础，就不可能有近十三年的更高的成就。更重要的是，如果没有前二十九年的经验，就不可能在十一届三中全会后走上正确的

---

① ［美］费正清：《伟大的中国革命（1800—1985）》，世界知识出版社2000年版，第353页。
② 王伟光：《中国特色社会主义道路的艰辛探索和成功开创》，《红旗文稿》2009年第18期。
③ 《中国共产党第十七次全国代表大会文件汇编》，人民出版社2007年版，第7页。

道路。"① 这一方法论告诉我们,虽然中国模式所标识的是改革开放的经验,但如果不理解改革开放前 30 年的历史,就难以理解改革开放 30 年的成就,也就难以理解前 30 年的曲折探索与后 30 年的成功实践的内在关联。邓小平的一番话具有总结性的意义。他说:"我们过去照搬苏联搞社会主义的模式,带来很多问题。我们很早就发现了,但没有解决好。我们现在要解决好这个问题,我们要建设的是具有中国自己特色的社会主义。"②

中国模式固然是改革开放以来我们党探索中国自己的社会主义现代化道路的创新成果,但它绝非横空出世。中国模式并不是一个超历史的抽象存在,内在地包含着前 30 年的种种因子,一脉相传的核心内容正是社会主义的价值理念和社会主义的基本制度。阿里夫·德里克提醒那些对中国经验感兴趣的人们:吸引外部观察者的那些方面并不是新自由主义经济的产物而是社会主义革命的遗产。民族经济的一体化、自主发展、政治和经济的主权以及社会平等这些主题的历史和中国革命的历史一样悠久,是社会主义革命时期提出的。正如有学者所指出的,改革开放 30 年虽然在许多方面超越了前 30 年,但这种超越并没有离开社会主义的轨道。它既没有改变社会主义社会的基本制度和中国共产党对国家的领导,也没有改变马克思主义在意识形态领域的指导地位、执政党为人民服务的宗旨和共产主义的奋斗目标。相反,它在党和国家的基本理论、政治体制、经济体制、意识形态工作和国际战略等方面,与前 30 年之间具有基本的一致性和连续性。正是这种一致性和连续性,使两个 30 年内在地联系在一起,成为一个完整的整体。③

这种继承性也证明了后 30 年中国道路不是一种对前 30 年道路的改弦易辙。形成于改革开放时期的中国模式是继承性和创新性的统一,是新中国两个 30 年探索的理论结晶。有意或无意将两者对立或者割裂开来,必然会造成我们在认识和理解中国模式上出现严重的偏差。无视这一模式的历史渊源和继承性因素,一味将其中基本内涵全部视为创新的产物,这样做的结果并不能赋予中国模式以更多的光荣。恰恰相反,如果忽视了继承性,既难以为

① 中共中央党史研究室编《中国共产党的七十年》,中共党史出版社 1991 年版,第 563 页。
② 《邓小平文选》第 3 卷,人民出版社 1993 年版,第 261 页。
③ 朱佳木:《新中国两个 30 年与中国特色社会主义道路》,《当代中国史研究》2009 年第 5 期。

中国模式的社会主义属性正名，也难以获得完善和巩固社会主义的机会和可能。创新如果缺乏这一依托，就可能距离社会主义越来越远。当然，中国模式的创新性是显而易见的。不能正确看待这一模式的创新性因素，就难以客观地对待前 30 年存在的问题。忽视了创新性的一面，就无法理解改革开放以来中国共产党人开启新的探索的历史必然性，也无法获得改革开放以来中国取得巨大成就的原因和根据。具体而言，制度和体制在社会主义框架内与社会主义初级阶段相联系作出的适应性让步、实践纲领的战略调整以及改革的方式和策略等无疑都是创新性的方面，正是这些因素成为中国模式超越性的具体表征。

四　中国模式与中国问题

对于作为改革开放以来我们党探索中国社会主义现代化道路创新成果的中国模式的研究，还需要遵循的一个重要方法是将中国模式的讨论置于中国模式与中国问题这两个因素共同构成的语境之中。不能孤立地看待中国模式和中国问题这两个方面的任何一个方面，片面性的立场必然难以正确地说明我们的成就和我们的问题，也难以对中国模式形成正确的评价。因此，当我们郑重强调中国模式仍然处于探索过程之中时，一方面是明确这个模式还远非十全十美，需要进一步完善。更为重要的是，当我们郑重强调这一点时，还必须承认我们仍然需要面对一系列亟待破解的重大课题。讨论中国模式，必须基于成就和问题两者的统一，基于应然和实然的统一。这也就意味着，对于中国模式的研究必须超越肯定性阐释的意义框架。

坦率地说，悬殊的社会贫富差距是和社会生产力的巨大增长一起进入 21 世纪的，这是我们无法回避的一个重大现实问题。应该清醒地看到，在短短 30 多年时间里，中国就由一个平均主义盛行的国家成长为世界上贫富分化最大的国家之一。有社会学者研究的结果表明，当前的问题不仅仅体现在收入差距扩大上，而且体现在更广泛的利益分化上。20 世纪 90 年代中期以后，利益分配格局实际上出现了明显的两极化趋势。这一时期，向下流动和向上流动的可能性都变得异常明显。"如代内向上流动率从 20 世纪 80 年代的

18.7%上升到 1990 年到 2001 年的 30.5%，净增了 11.8 个百分点；同期代内向下流动率从 11.5% 增加到 23.6%，净增了 12.1%。"① 大规模的国有企业和乡镇企业改制、城镇建设等，制造了 3000 多万下岗工人、5000 多万失地农民，而他们中间的绝大部分成为向下流动的主力。美国约翰·霍普金斯大学国际问题高级研究院中国项目主任戴维·兰普顿对于中国问题有一个非常典型的说明。他说："中国领导人实际上需要管理四个中国，即：非常富裕的中国，比较富裕的中国，不太穷的中国以及非常穷的中国。"②

与悬殊的贫富差距相联系的，是当前中国社会道德体系的严重危机和人与自然关系的日趋紧张。新加坡一位学者认为，GDP 主义产生的 GDP 可以估算，但没有任何办法来估算 GDP 主义的社会成本。很多人已经明白 GDP 主义所产生的一系列负面的社会效果，例如收入分配不公平、社会分化、劳工权利得不到保障、环境恶化等等。但最大的社会成本莫过于社会道德体系的解体了。③ 有关资料表明，1949 年以来，中国还从来没有面临今天这样严重的环境危机：全国大面积土质退化，沙化总面积为 174 万平方公里，占全国土地面积近两成，并以每年 3400 平方公里的速度扩展。20 世纪 90 年代，由于环境污染造成的损失估计为每年将近 2000 亿元甚至将近 3000 亿元，在国民生产总值中的比重估计为 3% 到将近 7% 不等，这就抵消了相当一部分经济增长的实际成就。④ 与社会贫富差距相比较，社会道德和人与自然关系的重建，应该是中国问题更为重要的内容。显然，这些问题中任何一个问题的解决，都绝非一朝一夕之功，需要更长时间的努力。

这倒是应验了邓小平的一句话："发展起来以后的问题不比不发展时少。"⑤ 如何正确认识问题产生的原因是如何解决这些问题的前提，决定了中国模式下一步探索的方向。在这方面，我们不能不注意到，对于同样的一个

---

① 王春光：《快速转型时期的利益分化与社会矛盾》，《江苏社会科学》2007 年第 2 期。
② ［美］戴维·兰普顿：《中国模式为何吸引世界目光》，《参考消息》2008 年 8 月 25 日。
③ 《参考消息》2010 年 1 月 6 日。
④ 参见滕藤、郑玉歆《可持续发展的理念、制度与政策》，社会科学文献出版社 2004 年版，第 54 页。
⑤ 中共中央文献研究室编《邓小平年谱（1975—1997）》（下），中央文献出版社 2004 年版，第 1364 页。

问题，因由不同的学术立场所得出的问题的原因和解决问题的方案可能有较大差异甚至根本对立。比如，有的学者将产生这些问题的根源，指向现行的政治体制改革与经济体制改革的相对滞后，并最终指向执政的中国共产党，认为解决问题的根本方法在于取消中国共产党的领导。这种分析问题的原因和提出的解决问题的方法值得深度质疑。这同时也向我们提出一个重要问题，在强调问题意识的重要性的同时，还需要强调问题意识的形成必须基于马克思主义的真理观和价值观的统一。只有基于马克思主义的立场、观点和方法，做到事实判断和价值判断的统一，才能确立起作为有效改造世界的前提的真正的"问题意识"，也才有可能获得完善中国模式的正确途径。

对于中国问题的分析首先应该将之与社会主义初级阶段这个最大的实际联系起来考察，由此承认其产生具有客观性的一面。应该看到，中国是在资本主义有了一定发展但在广度和深度上未充分展开的条件下进入社会主义的，既拥有深厚的封建积淀，也缺乏西方资本主义的物质基础。在相当长的一个历史时期内，作为社会形态的社会主义仍然显现出较强的不完善性，反映为初级形态的社会主义。特殊的历史阶段和特殊的历史任务使得中国问题的出现和发展具有了不可避免性的一面。但对于改革开放以来中国道路的探索，不能忽视其主观性失误的一面。发展生产力的根本任务在一定程度上造成了对人的全面发展的要求的忽视。更为重要的是，在全球化的条件下，中国在探索社会主义发展道路的过程中也更容易受到西方资本主导的发展方式的影响。有学者认为，在20世纪90年代，各级领导人似乎有意无意地接受了新自由主义经济学家鼓吹的"下溢理论"：只要经济持续增长，所有人最终都会受益，其他一切问题都迟早会迎刃而解。在"效率优先、兼顾公平"的指导思想下，为了追求尽可能高的经济增长速度，他们宁愿牺牲公平、就业、职工权益、公共卫生、医疗保障、生态环境、国防建设等，结果带来了一系列严重的问题。[①] 中国模式与中国问题并非毫不相干。正如有学者指出的，现代性问题以如此尖锐的形式出现，除了现代化本身应负其咎，恐怕还

---

① 王绍光：《坚守方向，探索道路：中国社会主义实践六十年》，《中国社会科学》2009年第5期。

应考虑到现行的经济发展模式的不尽合理等因素。① 而大量社会问题沉淀并全面暴露出来，也反映了"中国没能充分利用后发优势，有效借鉴其他国家和地区的经验教训，及时将社会政策放到一个应有的位置，因而未能有效地避免一些本来可以避免付出的成本"②。

如果只看到中国模式所带来的成就而无视中国问题固然片面，而如果不着眼于它的成就即主导性方面而过分强调中国问题，则更失之片面。我们在承认中国问题的同时并不是内在地包含着一种对中国模式加以否定的企图。"在当代中国的历史进程中，我们社会的确出现某些与西方现代化进程中类似现象。历史中任何类似现象在不同条件不同时代不同制度下完全可以具有不同内涵和意义。"③ 但从很大程度上可以说，对中国问题的认识和解决确实关涉中国模式的未来。新世纪新阶段以来，中国问题促使人们进一步深化对中国模式的反思，也推动着我们党不断作出完善中国模式的努力。有学者分析指出，2002 年年底召开的中共十六大试图重新解释"效率优先、兼顾公平"的含义，使用了"初次分配效率优先、再次分配注重公平"的提法。到中共十七大的标准提法已变为"初次分配和再分配都要处理好效率和公平的关系，再分配更加注重公平"。从 2002 年起，中国政府开始致力于建立健全覆盖城乡全体居民的社会服务和保障体系（包括免费九年义务教育，最低生活保障，基本养老、基本医疗、失业、工伤、生育保险制度等），其进展速度超过以往任何时期，充实了邓小平有关"共同富裕"的理念。"没有一个坚持社会主义方向的政府，没有一个以公有制为主体的基本经济制度，在短短几年内出现这样历史性的'大转型'是难以想象的；这种'大转型'本身也构成中国探索社会主义道路的重要步骤。"④ 当然，这也是中国模式不断完善的唯一正途。

问题指引着中国模式的前途，规范着中国模式的方向。尽管当下中国面

---

① 参见王锐生《现代性、马克思的人的理论和科学发展观》，《学术研究》2005 年第 10 期。
② 吴忠民：《论和谐社会建设的基本内容》，《中共中央党校学报》2007 年第 2 期。
③ 陈先达：《论传统文化研究中的又一个重要问题》，《哲学研究》2010 年第 2 期。
④ 王绍光：《大转型：1980 年代以来中国的双向运动》，《中国社会科学》2008 年第 1 期。

临着需要解决的重大现实问题很多，有的学者列出了清单①，但从根本上说，正确认识和处理发展生产力与巩固和完善社会主义的关系应该是完善中国模式的理论主轴。有学者为此提出了"两个不能动摇"："从根本上说，发展和完善社会主义制度最终要靠生产力和科学技术的巨大发展，这一点是不能动摇的。而只有不断发展和完善社会主义制度才能在越来越大的程度上避免或消除发达国家工业化和现代化过程中所出现的普遍异化，这一点也是不能动摇的。"② 问题的关键在于如何把握和处理好两者的张力。就此而言，深入探索社会主义与市场经济的结合应该是完善中国模式的主要课题。应该看到，改革开放以来社会主义与市场经济的理论探索与实践探索虽然不断趋于深入，但社会主义与市场经济的对话还远远没有结束。日本《选择》周刊2009 年 6 月号一篇题为"中国须抑制贪婪的市场主义"的文章认为，市场主义巨大成就的一个后果就是把社会主义进一步逼入了死角。共同富裕、社会福利、保护弱势群体等社会主义社会的目标被抛到了脑后。中国已经成为了可以与美国比肩的世界上贫富差距最大的国家。这种认为社会主义已渐式微的论点虽然带有某种意识形态的偏见，但所反映的事实并非完全的虚构。一位英国学者也指出："号称社会主义的中国全面市场化，成为世界上贫富差异最大的国家之一。当中国的廉价的出口产品在西方许多地方遭到某些工人和学生团体抵制（与反倾销无关），而'中国制造'被扭曲为血汗工厂的代称时；当骇人听闻的工伤数字、矿难内幕、因工资拖欠而被迫自杀或杀人的劳工遭遇、污染景象及地方政府与开发商勾结强拆民宅强占土地等事件一再被国际媒体报道时，'北京共识'或'中国模式'即成自欺欺人的奢谈。"③我们尽可以不完全认同他们的基本观点，但对于其中所包含的问题却不能视

---

① 有学者指出，经过近三十年的高速增长，现在的关键，一是保持好这个增长势头，但是要挑战增长方式，走可持续之路；二是解决好社会公正问题，使越来越多的社会阶层和人民大众都能享受发展之果和改革之实；三是树立起新的意识形态领导地位，使人们对最基本的政治伦理秩序发自内心的认同和在行动上自觉自愿的遵从。在他看来，中国如果能在这条道路上走下去，那么，不论是叫它"中国道路"、"中国实践"，还是叫"中国经验"、"中国模式"，都是不为过的。参见黄平、崔之元主编《中国与全球化：华盛顿共识还是北京共识》，社会科学文献出版社 2005 年版。

② 叶险明：《"知识经济"批判》，人民出版社 2007 年版，第 223 页。

③ 俞可平、黄平等主编《中国模式与北京共识——超越华盛顿共识》，社会科学文献出版社 2006 年版，第 245—250 页。

若无睹。可以认为，在探索完善中国模式的未来征程中，没有什么课题能显得比社会主义与市场经济的结合更为重要了。

五　中国模式与社会主义的未来

如前所述，改革开放以来，以邓小平为主要代表的中国共产党人在探索中国现代化道路的过程中始终强调的是自身道路的特殊性。邓小平说得很明确："过去搞民主革命，要适合中国情况，走毛泽东开辟的农村包围城市的道路。现在搞建设，也要适合中国情况，走出一条中国式的现代化道路。"①在党的十二大开幕词中，他更是明确地指出："把马克思主义的普遍真理同我国的具体实际结合起来，走自己的道路，建设有中国特色的社会主义，这就是我们总结长期历史经验得出的基本结论。"② 可见，没有对特殊性的一贯强调，就不可能有中国特色的社会主义实践，也就谈不上我们今天正在热烈讨论着的中国模式的话题。

然而，围绕这一特殊性的理解，改革开放以来一直存在着两种不同的错误倾向：一种是脱离普遍的特殊主义和经验主义，将这种特殊性推至极致就成为绝对的特殊论，中国模式于是成为了与普遍性毫不相干的东西；一种是陷入普遍主义的泥沼，将西方模式奉为圭臬，顶礼膜拜，而将中国模式定性为"特殊主义"。前面所言的诸如在中国模式的社会属性上的认识偏差和对新中国60年历史的认识断裂等种种错误，其根源正在这里。以全球视野思考中国模式，既要反对抽象地站在普遍主义立场，也要反对抽象地站在特殊主义立场，必须坚持具体普遍论，主张普遍与特殊具体的历史的统一。③ 实际上，历史的经验业已证明，当今的全球化进程更是明白无误地阐明：任何一种具有活力、具有生命力、具有生长空间的发展模式，都一方面包含着特定地域特定国度所特有的文化、传统、环境、资源、人口等国情条件所形成

---

① 《邓小平文选》第2卷，人民出版社1994年版，第163页。
② 《邓小平文选》第3卷，人民出版社1993年版，第3页。
③ 本报记者：《中国特色研究范式：内涵、特征与实质——李景源访谈》，《中国社会科学院院报》2008年5月8日。

的特质和特色；另一方面包含着在应对发展难题、应答人类生存和社会进步问题、解决社会组织和制度安排等方面所形成的具有普遍性的文化价值和意义。① "模式"这个概念首先当然意味着是一种特殊性，但并不排斥它的普遍性。如果存在"中国模式"，那么它应该蕴涵有普遍性的价值和意义。邓小平其实早就表明了这一点："现在我们干的是中国几千年来从未干过的事。这场改革不仅影响中国，而且会影响世界。"② "我们的改革不仅在中国，而且在世界范围内也是一种试验，我们相信会成功。如果成功了，可以对世界上的社会主义事业和不发达国家的发展提供某些经验。"③ 西方人提出"中国模式"或"北京共识"，也说明中国道路有某种普遍意义。美国卡特中心中国项目主任、佐治亚帕里米特学刘亚伟教授在讨论中国模式问题时认为，"中国模式"在发展中国家可能魅力无穷，但对发达国家来说，它的价值有限。不论这一观点是否正确，但确实反映了西方学者对中国模式所蕴涵的普遍性意义的高度关注。

在强调中国模式是普遍性和特殊性相统一的基础上，是对这种普遍性的正确解读。我们认为，这种普遍性不是资本主义而是社会主义，中国模式所要承载的是巩固和完善的社会主义的历史使命。对于具有世界历史眼光的邓小平来说，改革开放的意义，从来就不仅仅局限于中国自身。他在 20 世纪80 年代曾经说过："我们要用发展生产力和科学技术的实践，用精神文明、物质文明建设的实践，证明社会主义制度优于资本主义制度，让发达资本主义国家的人民认识到社会主义确实比资本主义好。"④ 到 21 世纪中叶，中国基本实现社会主义现代化，"这不但是给占世界总人口四分之三的第三世界走出了一条路，更重要的是向人类表明，社会主义是必由之路，社会主义优于资本主义"。⑤ 社会主义不是脱离了人类文明大道的歧途，而是对资本主义的扬弃，是一种高于资本主义的社会形态。有学者正确地指出，"中国经验"

① 艾昕：《"中国模式"的理论诉求——衣俊卿教授专访》，《中国社会科学报》2009 年 7 月 31日。

② 《邓小平文选》第 3 卷，人民出版社 1993 年版，第 118 页。

③ 同上书，第 135 页。

④ 《邓小平年谱（1975—1997）》（下），中央文献出版社 2004 年版，第 1255 页。

⑤ 《邓小平文选》第 3 卷，人民出版社 1993 年版，第 225 页。

的本质内容不是别的，正是这种新型社会主义的不断成长壮大；我们要建立的新社会，正是这种新型的、和谐的社会主义社会。那么，这种新型社会主义，主要表现在两个方面：第一，它是一种利用资本主义一切可以利用的东西，逐步取得对于资本主义的相对优势的社会主义。第二，它又是一种在自己的实践中不断探索社会正义、不断追求社会和谐、不断进行制度创新，并不断致力于逐步把公平正义贯彻到社会结构和社会制度各个方面的社会主义。显然，那种将社会主义视为特殊性的观点，并没有正确把握中国模式的实质。[①]

由此，我们需要将关于中国模式的研究上升到世界社会主义视野的高度。尤其在当前世界社会主义运动仍然处于低潮之中，我们更不能主动回避关于中国模式的全球意义和未来的命题。应该看到，只有上升到这一高度，我们才能更充分地体会探索和完善中国模式对于人类进步事业的重大意义。也只有上升到这一高度，我们才能更全面地检视完善和发展中国模式所需要面对的一系列重大问题，就此而言，世界社会主义的视角也为我们今天揭示自己的问题提供了一个分析框架。苏联解体、东欧剧变之后，历史终结论的甚嚣尘上，标志着人类理想的放逐。美国马克思主义者詹姆逊认为："在当前的语境中，'现代性'这一个令人困惑的术语，恰恰是作为对于某种缺失的遮盖而被运用着，这种缺失指的是在社会主义丧失了人们的信任之后，不存在任何伟大的集体性的社会理想或目的。因为资本主义本身是没有社会目的的。宣扬'现代性'一词，以取代'资本主义'，使政客、政府与政治科学家们得以混淆是非，面对如此可怕的缺失而依然可以蒙混过关。"[②] 齐泽克是这样描述的："正如弗雷德里克·詹姆逊（Fredric Jameson）极具洞察力地论及的那样，再也没有人严肃认真地考虑可能用什么来取代资本主义了，就好像即使在全球性生态灾难的境况下，自由资本主义也仍然是一个注定存在下去的'实在'。"[③] 应该看到，探索和完善中国模式的过程，也是一次高扬

---

① 郑杭生：《社会学视野下的"中国经验"》，《光明日报》2009 年 12 月 3 日。

② ［美］詹姆逊：《全球化与政治策略》，《当代国外马克思主义评论》第 2 辑，复旦大学出版社 2001 年版，第 282—286 页。

③ 斯拉沃热·齐泽克等：《图绘意识形态》，方杰译，南京大学出版社 2002 年版，第 1 页。

社会主义的理想性和价值性的旅行。社会主义不仅具有导向性的功能，而且赋予我们以超越资本的精神力量和勇气。正如有学者所认为的，历史经验告诉我们，建设社会主义最重要的不是有没有详尽的蓝图，而是有没有认清社会主义方向的视野？有没有不相信历史已经终结的睿智？有没有不折不挠地迈向社会主义未来的勇气？有没有不断探索实现社会主义理想新途径的胆略？①

我们应该以积极乐观的态度面对中国模式的未来。美国运营业资产长话公司的共同创始人及前总裁、《纽约时报》等多家报刊的撰稿人彼得·巴恩斯，在2007年10月为其《资本主义3.0——讨回公共权益之指南》一书中文版序言中写道："较之美国，中国有两个优势：其一，中国加入自由市场游戏的时间较美国短，尽可吸取我们的经验教训；其二，中国政府尚未像美国那样已被强大的私有企业所垄断。这意味着，中国可能有机会为其经济发展另辟蹊径，从而在享有市场经济的要义精髓的同时，避免资本主义的弊端。"这一论述实际上赋予我们这样的启示，要想保持这一优势，有两个方面是绝不能忽视的：其一是坚持社会主义市场经济改革方向，积极探索将社会主义和市场经济相结合的有效途径，努力消除市场经济的弊端；其二，必须坚定不移地坚持和完善社会主义初级阶段基本经济制度，严格杜绝党内形成既得利益集团。由此，我们应该在解决中国问题和完善中国模式的目标框架中，进一步深刻认识党的十六大以来以胡锦涛为总书记的党中央提出的科学发展观的重大现实意义和深远历史意义。正如有学者总结的，科学发展观的提出，表明了我们党"认识到了这些问题产生的原因，找到了解决的根本方法，使我们在探索市场经济条件下搞社会主义的道路上向前迈了一大步"②。

虽然黄宗智先生的"悖论社会"③一词的确给了我们很多乐观，但从理论上也并不完全排除另一种可能性，即融入全球化的主观动机最终导致"融

---

① 王绍光：《坚守方向，探索道路：中国社会主义实践六十年》，《中国社会科学》2009年第5期。

② 冷溶：《科学发展观的创立及其重大意义》，《马克思主义研究》2006年第8期。

③ 黄宗智：《认识中国——走向从实践出发的社会科学》，《中国社会科学》2005年第1期。

入"全球化的客观结果。中国在放弃社会主义目标，最终纳入资本主义的轨道的同时，中国模式的实质也就换取了另外一个模样。转型社会学认为，"前社会主义国家在从社会主义到资本主义的转型中呈现出不同的轨迹，在转型的时候，它们并没有趋向于一种资本主义的模式，在一些重要的方面它们是互不相同的，甚至不同于被我们称之为的现代资本主义体系。可以认为，它们正在走向新的尚未被认识的资本主义前景。因此，我们这些研究后共产主义的资本主义的人，可以揭示出世界资本主义大家庭中这些新的成员。"① 人们在物质商品的琳琅满目中啧啧称赞市场的力量和资本的意义的同时，可能没有意识到，这些并不正确反映中国模式的初衷。正如有学者所深刻揭示的："我们的历史使命是从资本主义走向社会主义，而不是从社会主义走向资本主义。劳动阶级用十多年灵与肉的磨难破读了某些显学时论尤其是作为大资本喉舌的主流经济学的密码：反复指责现实社会主义离开人类文明大道'自己另搞一套'，无非是要把中国特色社会主义扭向中国特色资本主义，用对资本特权的粉饰去取代对劳动解放的探究。"② 现代性的迷雾在一定意义上已经遮盖了中国模式探索的起始立意。思想观念解放的呼吁只是表达一种对探索社会主义的自主性诉求，而不是为资本主义大行其道开辟道路，更不必然性地伴随着信仰、理想和道德的殉葬。如果说改革开放相当长一个时期超越的对象主要在于苏联模式的话，那么，在改革开放行进了30多年后的今天，在继续避免苏联模式弊端的同时，如何小心翼翼地减少和避开西方模式的侵扰，则成为完善中国模式的工作重点。

胡锦涛明确指出，世界上没有放之四海而皆准的发展道路和发展模式，也没有一成不变的发展道路和发展模式。我们既不能把书本上的个别论断当做束缚自己思想和手脚的教条，也不能把实践中已见成效的东西看成完美无缺的模式。必须适应国内外形势的新变化、顺应人民过上更好生活的新期待，结合自身实际、结合时代条件变化不断探索和完善适合本国情况的发展

---

① 郑杭生、杨敏：《当代中国社会转型的实质：新型社会主义——对新布达佩斯学派中国版的学术剖析》，《中国社会科学内刊》2007年第2期。

② 李登贵、刘奔：《从方法论的高度反思现实——评阮纪正先生的〈中国：探究一个辩证的社会存在〉》，《哲学研究》2004年第9期。

道路和发展模式，不断增加全社会的生机活力，真正做到与时代发展同步伐、与人民群众共命运。这集中反映了我们党在关于中国模式问题认识上的基本看法。中国模式的探索和完善肩负着亿万中国人民的期待，承载着中国社会主义的未来。我们坚信，在以胡锦涛为总书记的党中央的领导下，中国的社会主义现代化事业一定会取得一个又一个新的胜利。

一　文献

论十大关系（节选）

毛泽东

最近几个月，中央政治局听了中央工业、农业、运输业、商业、财政等三十四个部门的工作汇报，从中看到一些有关社会主义建设和社会主义改造的问题。综合起来，一共有十个问题，也就是十大关系。

提出这十个问题，都是围绕着一个基本方针，就是要把国内外一切积极因素调动起来，为社会主义事业服务。过去为了结束帝国主义、封建主义和官僚资本主义的统治，为了人民民主革命的胜利，我们就实行了调动一切积极因素的方针。现在为了进行社会主义革命，建设社会主义国家，同样也实行这个方针。但是，我们工作中间还有些问题需要谈一谈。特别值得注意的是，最近苏联方面暴露了他们在建设社会主义过程中的一些缺点和错误，他们走过的弯路，你还想走？过去我们就是鉴于他们的经验教训，少走了一些弯路，现在当然更要引以为戒。

什么是国内外的积极因素？在国内，工人和农民是基本力量。中间势力是可以争取的力量。反动势力虽是一种消极因素，但是我们仍然要作好工作，尽量争取化消极因素为积极因素。在国际上，一切可以团结的力量都要团结，不中立的可以争取为中立，反动的也可以分化和利用。总之，我们要调动一切直接和间接的力量，为把我国建设成为一个强大的社会主义国家而奋斗。

中国共产党第十二次全国代表大会
开幕词（节选）

邓小平

我们的现代化建设，必须从中国的实际出发。无论是革命还是建设，都要注意学习和借鉴外国经验。但是，照抄照搬别国经验、别国模式，从来不能得到成功。这方面我们有过不少教训。把马克思主义的普遍真理同我国的具体实际结合起来，走自己的道路，建设有中国特色的社会主义，这就是我们总结长期历史经验得出的基本结论。

中国的事情要按照中国的情况来办，要依靠中国人自己的力量来办。独立自主，自力更生，无论过去、现在和将来，都是我们的立足点。中国人民珍惜同其他国家和人民的友谊和合作，更加珍惜自己经过长期奋斗而得来的独立自主权利。任何外国不要指望中国做他们的附庸，不要指望中国会吞下损害我国利益的苦果。我们坚定不移地实行对外开放政策，在平等互利的基础上积极扩大对外交流。同时，我们保持清醒的头脑，坚决抵制外来腐朽思想的侵蚀，决不允许资产阶级生活方式在我国泛滥。中国人民有自己的民族自尊心和自豪感，以热爱祖国、贡献全部力量建设社会主义祖国为最大光荣，以损害社会主义祖国利益、尊严和荣誉为最大耻辱。

八十年代是我们党和国家历史发展上的重要年代。加紧社会主义现代化建设，争取实现包括台湾在内的祖国统一，反对霸权主义、维护世界和平，是我国人民在八十年代的三大任务。这三大任务中，核心是经济建设，它是解决国际国内问题的基础。今后一个长时期，至少是到本世纪末的近二十年

4

内，我们要抓紧四件工作：进行机构改革和经济体制改革，实现干部队伍的革命化、年轻化、知识化、专业化；建设社会主义精神文明；打击经济领域和其他领域内破坏社会主义的犯罪活动；在认真学习新党章的基础上，整顿党的作风和组织。这是我们坚持社会主义道路，集中力量进行现代化建设的最重要的保证。

全面建设小康社会，开创中国特色社会主义事业新局面（节选）

——在中国共产党第十六次全国代表大会上的报告

江泽民

十三年来的实践，加深了我们对什么是社会主义、怎样建设社会主义，建设什么样的党、怎样建设党的认识，积累了十分宝贵的经验。

（一）坚持以邓小平理论为指导，不断推进理论创新。邓小平理论是我们的旗帜，党的基本路线和基本纲领是各项工作的根本指针。无论遇到什么困难和风险，都必须坚持党的基本理论、基本路线和基本纲领不动摇。坚持用马克思列宁主义、毛泽东思想和邓小平理论武装全党、教育人民，不断解放思想、实事求是，与时俱进、开拓创新，尊重群众的首创精神，通过实践来检验和发展党的理论和路线方针政策。

（二）坚持以经济建设为中心，用发展的办法解决前进中的问题。发展是硬道理。必须抓住一切机遇加快发展。发展要有新思路。坚持扩大内需的方针，实施科教兴国和可持续发展战略，实现速度和结构、质量、效益相统一，经济发展和人口、资源、环境相协调。在经济发展的基础上，促进社会全面进步，不断提高人民生活水平，保证人民共享发展成果。

（三）坚持改革开放，不断完善社会主义市场经济体制。改革开放是强国之路。必须坚定不移地推进各方面改革。改革要从实际出发，整体推进，重点突破，循序渐进，注重制度建设和创新。坚持社会主义市场经济的改革方向，使市场在国家宏观调控下对资源配置起基础性作用。坚持"引进来"

和"走出去"相结合，积极参与国际经济技术合作和竞争，不断提高对外开放水平。

（四）坚持四项基本原则，发展社会主义民主政治。四项基本原则是立国之本。坚持中国共产党的领导，巩固和完善人民民主专政的国体和人民代表大会制度的政体，坚持和完善共产党领导的多党合作和政治协商制度以及民族区域自治制度。推进政治体制改革，发展民主，健全法制，依法治国，建设社会主义法治国家，保证人民行使当家作主的权利。

（五）坚持物质文明和精神文明两手抓，实行依法治国和以德治国相结合。社会主义精神文明是中国特色社会主义的重要特征。必须立足中国现实，继承民族文化优秀传统，吸取外国文化有益成果，建设社会主义精神文明，不断提高全民族的思想道德素质和科学文化素质，为现代化建设提供强大的精神动力和智力支持。

（六）坚持稳定压倒一切的方针，正确处理改革发展稳定的关系。稳定是改革和发展的前提。要把改革的力度、发展的速度和社会可承受的程度统一起来，把不断改善人民生活作为处理改革发展稳定关系的重要结合点，在社会稳定中推进改革发展，通过改革发展促进社会稳定。

（七）坚持党对军队的绝对领导，走中国特色的精兵之路。人民军队是人民民主专政的坚强柱石。按照政治合格、军事过硬、作风优良、纪律严明、保障有力的总要求，着眼于打得赢、不变质，注重科技强军，全面推进革命化现代化正规化建设，确保军队永远忠于党，忠于社会主义，忠于祖国，忠于人民。

（八）坚持团结一切可以团结的力量，不断增强中华民族的凝聚力。高举爱国主义、社会主义的旗帜，加强全国各族人民的大团结，巩固和发展最广泛的爱国统一战线。加强同民主党派和无党派人士的团结，做好民族工作、宗教工作和侨务工作，坚持"一国两制"方针，调动一切积极因素，为完成祖国统一大业和实现中华民族的伟大复兴而共同奋斗。

（九）坚持独立自主的和平外交政策，维护世界和平与促进共同发展。始终把国家的主权和安全放在第一位。在和平共处五项原则的基础上，同各国发展友好合作关系，反对霸权主义和强权政治，推动建立公正合理的国际政治经济新秩序。按照冷静观察、沉着应对的方针和相互尊重、求同存异的精神处理国际事务，尊重世界多样性，促进国际关系民主化，争取和平的国际环境和良好的周边环境。

（十）坚持加强和改善党的领导，全面推进党的建设新的伟大工程。治国必先治党，治党务必从严。坚持党的性质和宗旨，以改革的精神加强和改进党的建设，不断提高党的领导水平和执政水平，提高拒腐防变和抵御风险的能力，坚持不懈地开展反腐败斗争，保持党同人民群众的血肉联系，保持党的先进性、纯洁性和团结统一。

以上十条，是党领导人民建设中国特色社会主义必须坚持的基本经验。这些经验，联系党成立以来的历史经验，归结起来就是，我们党必须始终代表中国先进生产力的发展要求，代表中国先进文化的前进方向，代表中国最广大人民的根本利益。这是坚持和发展社会主义的必然要求，是我们党艰辛探索和伟大实践的必然结论。

高举中国特色社会主义伟大旗帜 为夺取全面建设小康社会新胜利而奋斗（节选）

——在中国共产党第十七次全国代表大会上的报告

胡锦涛

二、改革开放的伟大历史进程

我们即将迎来改革开放三十周年。一九七八年，我们党召开具有重大历史意义的十一届三中全会，开启了改革开放历史新时期。从那时以来，中国共产党人和中国人民以一往无前的进取精神和波澜壮阔的创新实践，谱写了中华民族自强不息、顽强奋进新的壮丽史诗，中国人民的面貌、社会主义中国的面貌、中国共产党的面貌发生了历史性变化。

改革开放是党在新的时代条件下带领人民进行的新的伟大革命，目的就是要解放和发展社会生产力，实现国家现代化，让中国人民富裕起来，振兴伟大的中华民族；就是要推动我国社会主义制度自我完善和发展，赋予社会主义新的生机活力，建设和发展中国特色社会主义；就是要在引领当代中国发展进步中加强和改进党的建设，保持和发展党的先进性，确保党始终走在时代前列。

我们要永远铭记，改革开放伟大事业，是在以毛泽东同志为核心的党的第一代中央领导集体创立毛泽东思想，带领全党全国各族人民建立新中国、取得社会主义革命和建设伟大成就以及艰辛探索社会主义建设规律取得宝贵经验的基础上进行的。新民主主义革命的胜利，社会主义基本制度的建立，为当代中国一切发展进步奠定了根本政治前提和制度基础。

我们要永远铭记，改革开放伟大事业，是以邓小平同志为核心的党的第二代中央领导集体带领全党全国各族人民开创的。面对十年"文化大革命"造成的危难局面，党的第二代中央领导集体坚持解放思想、实事求是，以巨大的政治勇气和理论勇气，科学评价毛泽东同志和毛泽东思想，彻底否定"以阶级斗争为纲"的错误理论和实践，作出把党和国家工作中心转移到经济建设上来、实行改革开放的历史性决策，确立社会主义初级阶段基本路线，吹响走自己的路、建设中国特色社会主义的时代号角，创立邓小平理论，指引全党全国各族人民在改革开放的伟大征程上阔步前进。

我们要永远铭记，改革开放伟大事业，是以江泽民同志为核心的党的第三代中央领导集体带领全党全国各族人民继承、发展并成功推向二十一世纪的。从十三届四中全会到十六大，受命于重大历史关头的党的第三代中央领导集体，高举邓小平理论伟大旗帜，坚持改革开放、与时俱进，在国内外政治风波、经济风险等严峻考验面前，依靠党和人民，捍卫中国特色社会主义，创建社会主义市场经济新体制，开创全面开放新局面，推进党的建设新的伟大工程，创立"三个代表"重要思想，继续引领改革开放的航船沿着正确方向破浪前进。

十六大以来，我们以邓小平理论和"三个代表"重要思想为指导，顺应国内外形势发展变化，抓住重要战略机遇期，发扬求真务实、开拓进取精神，坚持理论创新和实践创新，着力推动科学发展、促进社会和谐，完善社会主义市场经济体制，在全面建设小康社会实践中坚定不移地把改革开放伟大事业继续推向前进。

新时期最鲜明的特点是改革开放。从农村到城市、从经济领域到其他各个领域，全面改革的进程势不可挡地展开了；从沿海到沿江沿边，从东部到中西部，对外开放的大门毅然决然地打开了。这场历史上从未有过的大改革大开放，极大地调动了亿万人民的积极性，使我国成功实现了从高度集中的计划经济体制到充满活力的社会主义市场经济体制、从封闭半封闭到全方位开放的伟大历史转折。今天，一个面向现代化、面向世界、面向未来的社会主义中国巍然屹立在世界东方。

新时期最显著的成就是快速发展。我们党实施现代化建设"三步走"战略，带领人民艰苦奋斗，推动我国以世界上少有的速度持续快速发展起来。我国经济从一度濒于崩溃的边缘发展到总量跃至世界第四、进出口总额位居世界第三，人民生活从温饱不足发展到总体小康，农村贫困人口从两亿五千多万减少到两千多万，政治建设、文化建设、社会建设取得举世瞩目的成就。中国的发展，不仅使中国人民稳定地走上了富裕安康的广阔道路，而且为世界经济发展和人类文明进步作出了重大贡献。

新时期最突出的标志是与时俱进。我们党坚持马克思主义的思想路线，不断探索和回答什么是社会主义、怎样建设社会主义，建设什么样的党、怎样建设党，实现什么样的发展、怎样发展等重大理论和实际问题，不断推进马克思主义中国化，坚持并丰富党的基本理论、基本路线、基本纲领、基本经验。社会主义和马克思主义在中国大地上焕发出勃勃生机，给人民带来更多福祉，使中华民族大踏步赶上时代前进潮流、迎来伟大复兴的光明前景。

事实雄辩地证明，改革开放是决定当代中国命运的关键抉择，是发展中国特色社会主义、实现中华民族伟大复兴的必由之路；只有社会主义才能救中国，只有改革开放才能发展中国、发展社会主义、发展马克思主义。

改革开放作为一场新的伟大革命，不可能一帆风顺，也不可能一蹴而就。最根本的是，改革开放符合党心民心、顺应时代潮流，方向和道路是完全正确的，成效和功绩不容否定，停顿和倒退没有出路。

在改革开放的历史进程中，我们党把坚持马克思主义基本原理同推进马克思主义中国化结合起来，把坚持四项基本原则同坚持改革开放结合起来，把尊重人民首创精神同加强和改善党的领导结合起来，把坚持社会主义基本制度同发展市场经济结合起来，把推动经济基础变革同推动上层建筑改革结合起来，把发展社会生产力同提高全民族文明素质结合起来，把提高效率同促进社会公平结合起来，把坚持独立自主同参与经济全球化结合起来，把促进改革发展同保持社会稳定结合起来，把推进中国特色社主义伟大事业同推进党的建设新的伟大工程结合起来，取得了我们这样一个十几亿人口的发展中大国摆脱贫困、加快实现现代化、巩固和发展社会主义的宝贵经验。

改革开放以来我们取得一切成绩和进步的根本原因，归结起来就是：开辟了中国特色社会主义道路，形成了中国特色社会主义理论体系。高举中国特色社会主义伟大旗帜，最根本的就是要坚持这条道路和这个理论体系。

中国特色社会主义道路，就是在中国共产党领导下，立足基本国情，以经济建设为中心，坚持四项基本原则，坚持改革开放，解放和发展社会生产力，巩固和完善社会主义制度，建设社会主义市场经济、社会主义民主政治、社会主义先进文化、社会主义和谐社会，建设富强民主文明和谐的社会主义现代化国家。中国特色社会主义道路之所以完全正确、之所以能够引领中国发展进步，关键在于我们既坚持了科学社会主义的基本原则，又根据我国实际和时代特征赋予其鲜明的中国特色。在当代中国，坚持中国特色社会主义道路，就是真正坚持社会主义。

中国特色社会主义理论体系，就是包括邓小平理论、"三个代表"重要思想以及科学发展观等重大战略思想在内的科学理论体系。这个理论体系，坚持和发展了马克思列宁主义、毛泽东思想，凝结了几代中国共产党人带领人民不懈探索实践的智慧和心血，是马克思主义中国化最新成果，是党最可宝贵的政治和精神财富，是全国各族人民团结奋斗的共同思想基础。中国特色社会主义理论体系是不断发展的开放的理论体系。《共产党宣言》发表以来近一百六十年的实践证明，马克思主义只有与本国国情相结合、与时代发展同进步、与人民群众共命运，才能焕发出强大的生命力、创造力、感召力。在当代中国，坚持中国特色社会主义理论体系，就是真正坚持马克思主义。

实践永无止境，创新永无止境。全党同志要倍加珍惜、长期坚持和不断发展党历经艰辛开创的中国特色社会主义道路和中国特色社会主义理论体系，坚持解放思想、实事求是、与时俱进，勇于变革、勇于创新，永不僵化、永不停滞，不为任何风险所惧，不被任何干扰所惑，使中国特色社会主义道路越走越宽广，让当代中国马克思主义放射出更加灿烂的真理光芒。

三、深入贯彻落实科学发展观

在新的发展阶段继续全面建设小康社会、发展中国特色社会主义，必须坚持以邓小平理论和"三个代表"重要思想为指导，深入贯彻落实科学发展观。

科学发展观，是对党的三代中央领导集体关于发展的重要思想的继承和发展，是马克思主义关于发展的世界观和方法论的集中体现，是同马克思列宁主义、毛泽东思想、邓小平理论和"三个代表"重要思想既一脉相承又与时俱进的科学理论，是我国经济社会发展的重要指导方针，是发展中国特色社会主义必须坚持和贯彻的重大战略思想。

科学发展观，是立足社会主义初级阶段基本国情，总结我国发展实践，借鉴国外发展经验，适应新的发展要求提出来的。进入新世纪新阶段，我国发展呈现一系列新的阶段性特征，主要是：经济实力显著增强，同时生产力水平总体上还不高，自主创新能力还不强，长期形成的结构性矛盾和粗放型增长方式尚未根本改变；社会主义市场经济体制初步建立，同时影响发展的体制机制障碍依然存在，改革攻坚面临深层次矛盾和问题；人民生活总体上达到小康水平，同时收入分配差距拉大趋势还未根本扭转，城乡贫困人口和低收入人口还有相当数量，统筹兼顾各方面利益难度加大；协调发展取得显著成绩，同时农业基础薄弱、农村发展滞后的局面尚未改变，缩小城乡、区域发展差距和促进经济社会协调发展任务艰巨；社会主义民主政治不断发展、依法治国基本方略扎实贯彻，同时民主法制建设与扩大人民民主和经济社会发展的要求还不完全适应，政治体制改革需要继续深化；社会主义文化更加繁荣，同时人民精神文化需求日趋旺盛，人们思想活动的独立性、选择性、多变性、差异性明显增强，对发展社会主义先进文化提出了更高要求；社会活力显著增强，同时社会结构、社会组织形式、社会利益格局发生深刻变化，社会建设和管理面临诸多新课题；对外开放日益扩大，同时面临的国际竞争日趋激烈，发达国家在经济科技上占优势的压力长期存在，可以预见和难以预见的风险增多，统筹国内发展和对外开放要求更高。

这些情况表明，经过新中国成立以来特别是改革开放以来的不懈努力，我国取得了举世瞩目的发展成就，从生产力到生产关系、从经济基础到上层建筑都发生了意义深远的重大变化，但我国仍处于并将长期处于社会主义初级阶段的基本国情没有变，人民日益增长的物质文化需要同落后的社会生产之间的矛盾这一社会主要矛盾没有变。当前我国发展的阶段性特征，是社会主义初级阶段基本国情在新世纪新阶段的具体表现。强调认清社会主义初级阶段基本国情，不是要妄自菲薄、自甘落后，也不是要脱离实际、急于求成，而是要坚持把它作为推进改革、谋划发展的根本依据。我们必须始终保持清醒头脑，立足社会主义初级阶段这个最大的实际，科学分析我国全面参与经济全球化的新机遇新挑战，全面认识工业化、信息化、城镇化、市场化、国际化深入发展的新形势新任务，深刻把握我国发展面临的新课题新矛盾，更加自觉地走科学发展道路，奋力开拓中国特色社会主义更为广阔的发展前景。

科学发展观，第一要义是发展，核心是以人为本，基本要求是全面协调可持续，根本方法是统筹兼顾。

——必须坚持把发展作为党执政兴国的第一要务。发展，对于全面建设小康社会、加快推进社会主义现代化，具有决定性意义。要牢牢扭住经济建设这个中心，坚持聚精会神搞建设、一心一意谋发展，不断解放和发展社会生产力。更好实施科教兴国战略、人才强国战略、可持续发展战略，着力把握发展规律、创新发展理念、转变发展方式、破解发展难题，提高发展质量和效益，实现又好又快发展，为发展中国特色社会主义打下坚实基础。努力实现以人为本、全面协调可持续的科学发展，实现各方面事业有机统一、社会成员团结和睦的和谐发展，实现既通过维护世界和平发展自己、又通过自身发展维护世界和平的和平发展。

——必须坚持以人为本。全心全意为人民服务是党的根本宗旨，党的一切奋斗和工作都是为了造福人民。要始终把实现好、维护好、发展好最广大人民的根本利益作为党和国家一切工作的出发点和落脚点，尊重人民主体地位，发挥人民首创精神，保障人民各项权益，走共同富裕道路，促进人的全面发展，做到发展为了人民、发展依靠人民、发展成果由人民共享。

——必须坚持全面协调可持续发展。要按照中国特色社会主义事业总体布局，全面推进经济建设、政治建设、文化建设、社会建设，促进现代化建设各个环节、各个方面相协调，促进生产关系与生产力、上层建筑与经济基础相协调。坚持生产发展、生活富裕、生态良好的文明发展道路，建设资源节约型、环境友好型社会，实现速度和结构质量效益相统一、经济发展与人口资源环境相协调，使人民在良好生态环境中生产生活，实现经济社会永续发展。

——必须坚持统筹兼顾。要正确认识和妥善处理中国特色社会主义事业中的重大关系，统筹城乡发展、区域发展、经济社会发展、人与自然和谐发展、国内发展和对外开放，统筹中央和地方关系，统筹个人利益和集体利益、局部利益和整体利益、当前利益和长远利益，充分调动各方面积极性。统筹国内国际两个大局，树立世界眼光，加强战略思维，善于从国际形势发展变化中把握发展机遇、应对风险挑战，营造良好国际环境。既要总揽全局、统筹规划，又要抓住牵动全局的主要工作、事关群众利益的突出问题，着力推进、重点突破。

深入贯彻落实科学发展观，要求我们始终坚持"一个中心、两个基本点"的基本路线。党的基本路线是党和国家的生命线，是实现科学发展的政治保证。以经济建设为中心是兴国之要，是我们党、我们国家兴旺发达和长治久安的根本要求；四项基本原则是立国之本，是我们党、我们国家生存发展的政治基石；改革开放是强国之路，是我们党、我们国家发展进步的活力源泉。要坚持把以经济建设为中心同四项基本原则、改革开放这两个基本点统一于发展中国特色社会主义的伟大实践，任何时候都决不能动摇。

深入贯彻落实科学发展观，要求我们积极构建社会主义和谐社会。社会和谐是中国特色社会主义的本质属性。科学发展和社会和谐是内在统一的。没有科学发展就没有社会和谐，没有社会和谐也难以实现科学发展。构建社会主义和谐社会是贯穿中国特色社会主义事业全过程的长期历史任务，是在发展的基础上正确处理各种社会矛盾的历史过程和社会结果。要通过发展增加社会物质财富、不断改善人民生活，又要通过发展保障社会公平正义、不断促进社会和谐。实现社会公平正义是中国共产党人的一贯主张，是发展中国特色社会主义的重大任务。要按照民主法治、公平正义、诚信友爱、充满活力、安定有序、人与自然和谐相处的总要求和共同建设、共同享有的原则，着力解决人民最关心、最直接、最现实的利益问题，努力形成全体人民各尽其能、各得其所而又和谐相处的局面，为发展提供良好社会环境。

深入贯彻落实科学发展观，要求我们继续深化改革开放。要把改革创新精神贯彻到治国理政各个环节，毫不动摇地坚持改革方向，提高改革决策的科学性，增强改革措施的协调性。要完善社会主义市场经济体制，推进各方面体制改革创新，加快重要领域和关键环节改革步伐，全面提高开放水平，着力构建充满活力、富有效率、更加开放、有利于科学发展的体制机制，为发展中国特色社会主义提供强大动力和体制保障。要坚持把改善人民生活作为正确处理改革发展稳定关系的结合点，使改革始终得到人民拥护和支持。

深入贯彻落实科学发展观，要求我们切实加强和改进党的建设。要站在完成党执政兴国使命的高度，把提高党的执政能力、保持和发展党的先进性，体现到领导科学发展、促进社会和谐上来，落实到引领中国发展进步、更好代表和实现最广大人民的根本利益上来，使党的工作和党的建设更加符合科学发展观的要求，为科学发展提供可靠的政治和组织保障。

全党同志要全面把握科学发展观的科学内涵和精神实质，增强贯彻落实科学发展观的自觉性和坚定性，着力转变不适应不符合科学发展观的思想观念，着力解决影响和制约科学发展的突出问题，把全社会的发展积极性引导到科学发展上来，把科学发展观贯彻落实到经济社会发展各个方面。

在纪念党的十一届三中全会召开 30 周年大会上的讲话（节选）

胡锦涛

改革开放以来我们取得一切成绩和进步的根本原因，归结起来就是：开辟了中国特色社会主义道路，形成了中国特色社会主义理论体系。在 30 年的创造性实践中，我们经过艰辛探索，积累了宝贵经验。概括起来说，就是党的十七大阐明的"十个结合"。

（一）必须把坚持马克思主义基本原理同推进马克思主义中国化结合起来，解放思想、实事求是、与时俱进，以实践基础上的理论创新为改革开放提供理论指导。30 年来，我国改革开放取得伟大成功，关键是我们既坚持马克思主义基本原理、又根据当代中国实践和时代发展不断推进马克思主义中国化，形成和发展了包括邓小平理论、"三个代表"重要思想以及科学发展观等重大战略思想在内的中国特色社会主义理论体系，赋予当代中国马克思主义勃勃生机。

马克思主义是我们立党立国的根本指导思想。坚持和巩固马克思主义指导地位，是党和人民团结一致、始终沿着正确方向前进的根本思想保证。同时，马克思主义只有同本国国情和时代特征紧密结合，在实践中不断丰富和发展，才能更好发挥指导实践的作用。党的十一届三中全会重新确立了党的思想路线，这就是：一切从实际出发，理论联系实际，实事求是，在实践中检验真理和发展真理。在改革开放实践中，我们坚持解放思想和实事求是的统一，大力发扬求真务实精神，不断深化对共产党执政规律、社会主义建设

17

规律、人类社会发展规律的认识，自觉把思想认识从那些不合时宜的观念、做法和体制的束缚中解放出来，从对马克思主义的错误的和教条式的理解中解放出来，从主观主义和形而上学的桎梏中解放出来，以实践基础上的理论创新回答了一系列重大理论和实际问题，为改革开放提供了体现时代性、把握规律性、富于创造性的理论指导，开辟了马克思主义新境界。中国特色社会主义理论体系是马克思主义中国化最新成果，是党最可宝贵的政治和精神财富，是全国各族人民团结奋斗的共同思想基础，是扎根于当代中国的科学社会主义。我们要始终坚持用中国特色社会主义理论体系武装全党、教育人民，不断提高全党的马克思主义理论水平，使中国特色社会主义理论体系更加深入人心、更好发挥指导作用。

（二）必须把坚持四项基本原则同坚持改革开放结合起来，牢牢扭住经济建设这个中心，始终保持改革开放的正确方向。30年来，我们毫不动摇地坚持党的基本路线，既以四项基本原则保证改革开放的正确方向，又通过改革开放赋予四项基本原则新的时代内涵，坚持把以经济建设为中心同四项基本原则、改革开放这两个基本点统一于发展中国特色社会主义的伟大实践，使中国特色社会主义在当今世界的深刻变化和当代中国的深刻变革中牢牢站住了、站稳了，成为充满生机活力的社会主义。

我们党作出我国仍处于并将长期处于社会主义初级阶段的科学论断，形成了党在社会主义初级阶段的基本路线，这就是：领导和团结全国各族人民，以经济建设为中心，坚持四项基本原则，坚持改革开放，自力更生，艰苦创业，为把我国建设成为富强民主文明和谐的社会主义现代化国家而奋斗。以经济建设为中心是兴国之要，是我们党、我们国家兴旺发达和长治久安的根本要求。四项基本原则是立国之本，是我们党、我们国家生存发展的政治基石；改革开放是强国之路，是我们党、我们国家发展进步的活力源泉。一个中心、两个基本点，是相互贯通、相互依存、不可分割的统一整体，须臾不可偏离、丝毫不可偏废，必须全面坚持、一以贯之。离开经济建设这个中心，社会主义社会的一切发展和进步就会失去物质基础；离开四项基本原则和改革开放，经济建设就会迷失方向和丧失动力。发展中国特色社会主义，最根本的就是一切都要从社会主义初级阶段这个最大的实际出发。

在社会主义初级阶段这个不发达阶段，社会主要矛盾是人民日益增长的物质文化需要同落后的社会生产之间的矛盾。这就决定了社会主义的根本任务是解放和发展社会生产力，不断改善人民生活。中国解决所有问题的关键在于依靠自己的发展。30 年来，我们既毫不动摇地坚持发展是硬道理的战略思想，牢牢扭住经济建设这个中心，不断解放和发展社会生产力，不断夯实我国社会主义制度的物质基础，又毫不动摇地坚持四项基本原则、坚持改革开放。党的基本路线是兴国、立国、强国的重大法宝，是实现科学发展的政治保证，是党和国家的生命线、人民群众的幸福线。我们要始终坚持党的基本路线不动摇，做到思想上坚信不疑、行动上坚定不移，决不走封闭僵化的老路，也决不走改旗易帜的邪路，而是坚定不移地走中国特色社会主义道路。

（三）必须把尊重人民首创精神同加强和改善党的领导结合起来，坚持执政为民、紧紧依靠人民、切实造福人民，在充分发挥人民创造历史作用中体现党的领导核心作用。30 年来，我们坚持人民创造历史这一马克思主义科学原理，真诚代表中国最广大人民的根本利益，紧紧依靠人民，最广泛地调动人民群众的积极性、主动性、创造性，从人民中汲取智慧，加强和改善党的领导，使党得到人民充分信赖和拥护，始终发挥领导核心作用，为改革开放和社会主义现代化建设凝聚起强大力量、提供根本政治保证。

人民群众是党的力量源泉和胜利之本。改革开放是人民的要求和党的主张的内在统一，是亿万人民自己的事业。我们坚持一切为了群众、一切依靠群众，从群众中来，到群众中去，把党的正确主张变为群众的自觉行动，坚持尊重社会发展规律与尊重人民历史主体地位的一致性，坚持为崇高理想奋斗与为最广大人民谋利益的一致性，坚持完成党的各项工作与实现人民利益的一致性。我们把人民拥护不拥护、赞成不赞成、高兴不高兴、答应不答应作为制定各项方针政策的出发点和落脚点，一切以是否有利于发展社会主义社会生产力、有利于增强社会主义国家综合国力、有利于提高人民生活水平这"三个有利于"为根本判断标准，坚持问政于民、问需于民、问计于民，既通过提出和贯彻正确的理论和路线方针政策带领人民前进，又从人民的实践创造和发展要求中获得前进动力。我们尊重人民主体地位，发挥人民首创精神，贯彻尊重劳动、尊重知识、尊重人才、尊重创造的重大方针，坚持全心全意依靠工人阶级，发挥我国工人阶级和农民阶级、其他劳动群众推动我国生产力发展基本力量的作用，又支持新的社会阶层发挥中国特色社会主义事业建设者的作用，使全体人民都满腔热情地投身改革开放伟大事业。我们坚持全心全意为人民服务的根本宗旨，坚持立党为公、执政为民，通过改革发展为人民群众造福，实现好、维护好、发展好最广大人民的根本利益。我们要始终坚持同广大人民群众心连心、同呼吸、共命运，在人民的实践创造中吸取营养，丰富和完善党的主张，使我们党在世界形势深刻变化的历史进程中始终走在时代前列，在应对国内外各种风险考验的历史进程中始终成为全国各族人民的主心骨，在发展中国特色社会主义的历史进程中始终成为坚强领导核心。

（四）必须把坚持社会主义基本制度同发展市场经济结合起来，发挥社会主义制度的优越性和市场配置资源的有效性，使全社会充满改革发展的创造活力。30 年来，我们既在深刻而广泛的变革中坚持社会主义基本制度，又创造性地在社会主义条件下发展市场经济，使经济活动遵循价值规律的要求，不断解放和发展社会生产力，增强综合国力，提高人民生活水平，更好实现经济建设这个中心任务。建立和完善社会主义市场经济体制，是我们党对马克思主义和社会主义的历史性贡献。

我们党带领人民干的是社会主义事业，必须坚持党的领导、保证人民当家作主，必须坚持公有制为主体、按劳分配为主体，同时又必须积极探索能够极大解放和发展社会生产力、充分发挥全社会发展积极性的体制机制，放手让一切劳动、知识、技术、管理、资本的活力竞相迸发，让一切创造社会财富的源泉充分涌流。我们党提出把社会主义市场经济体制确立为我国经济体制改革的目标模式，正确解决了关系整个社会主义现代化建设全局的一个重大问题。我们着力建立和完善社会主义市场经济体制，发挥市场在资源配置中的基础性作用，推动建立现代产权制度和现代企业制度，同时又注重加强和完善国家对经济的宏观调控，克服市场自身存在的某些缺陷，促进国民经济充满活力、富有效率、健康运行。我们毫不动摇地巩固和发展公有制经济、发挥国有经济主导作用，积极推行公有制多种有效实现形式，增强国有经济活力、控制力、影响力，同时又毫不动摇地鼓励、支持、引导非公有制经济发展，形成各种所有制经济平等竞争、相互促进新格局。我们坚持和完善按劳分配为主体、多种分配方式并存的分配制度，既鼓励先进、促进发展，又注重社会公平、防止两极分化。我们要始终坚持社会主义市场经济的改革方向，继续完善社会主义市场经济体制，继续加强和改善宏观调控体系，不断为经济社会又好又快发展提供强大动力。

（五）必须把推动经济基础变革同推动上层建筑改革结合起来，不断推进政治体制改革，为改革开放和社会主义现代化建设提供制度保证和法制保障。30 年来，我们既积极推进经济体制改革，又积极推进政治体制改革，发展社会主义民主政治，建设社会主义法治国家，保证人民当家作主，不断推动我国社会主义上层建筑与经济基础相适应，社会主义民主政治展现出更加旺盛的生命力。

我国是工人阶级领导的、以工农联盟为基础的人民民主专政的社会主义国家。人民民主是社会主义的生命，人民当家作主是社会主义民主政治的本质和核心。没有民主就没有社会主义，就没有社会主义现代化。我们顺应经济社会发展变化、适应人民政治参与积极性不断提高，以保证人民当家作主为根本，以增强党和国家活力、调动人民积极性为目标，不断发展社会主义政治文明。我们依法实行民主选举、民主决策、民主管理、民主监督，保障人民的知情权、参与权、表达权、监督权，坚持科学执政、民主执政、依法执政，推进决策科学化、民主化，最广泛地动员和组织人民依法管理国家事务和社会事务、管理经济和文化事业。我们坚持科学立法、民主立法，建立和完善中国特色社会主义法律体系，树立社会主义法治理念，坚持公民在法律面前一律平等，尊重和保障人权，推进依法行政，深化司法体制改革，推进国家各项工作法治化，维护社会公平正义，维护社会主义法制的统一、尊严、权威。我国政治体制改革是社会主义政治制度自我完善和发展，必须坚持中国特色社会主义政治发展道路，坚持党的领导、人民当家作主、依法治国有机统一，坚持社会主义政治制度的特点和优势，坚持从我国国情出发。我们需要借鉴人类政治文明有益成果，但绝不照搬西方政治制度模式。我们要始终坚定不移地发展社会主义政治文明，深化政治体制改革，坚持和完善人民代表大会制度、中国共产党领导的多党合作和政治协商制度、民族区域自治制度以及基层群众自治制度，壮大爱国统一战线，推进社会主义民主政治制度化、规范化、程序化，更好保证人民当家作主，巩固和发展民主团结、生动活泼、安定和谐的政治局面。

（六）必须把发展社会生产力同提高全民族文明素质结合起来，推动物质文明和精神文明协调发展，更加自觉、更加主动地推动文化大发展大繁荣。30年来，我们既重视物的发展即社会生产力的发展，又重视人的发展即全民族文明素质的提高，坚持物质文明和精神文明两手抓，实行依法治国和以德治国相结合，以科学的理论武装人、以正确的舆论引导人、以高尚的情操塑造人、以优秀的作品鼓舞人，着力培育有理想、有道德、有文化、有纪律的公民，不断提高全民族的思想道德素质和科学文化素质，为改革开放和社会主义现代化建设提供强大精神动力和智力支持、营造良好舆论环境。

中国特色社会主义是全面发展、全面进步的事业，是物质文明和精神文明相辅相成、协调发展的事业。物质贫乏不是社会主义，精神空虚也不是社会主义。人的素质是历史的产物，又给历史以巨大影响。任何时候都不能以牺牲精神文明为代价换取经济的一时发展。我们把社会主义核心价值体系建设作为主线，贯穿到国民教育和精神文明建设全过程，坚持不懈地用马克思主义中国化最新成果武装全党、教育人民，用中国特色社会主义共同理想凝聚力量，用以爱国主义为核心的民族精神和以改革创新为核心的时代精神鼓舞斗志，用社会主义荣辱观引领风尚，巩固全党全国各族人民团结奋斗的共同思想基础。我们积极探索用社会主义核心价值体系引领社会思潮的有效途径，既尊重差异、包容多样，又有力抵制各种错误和腐朽思想的影响。我们着力发展面向现代化、面向世界、面向未来的，民族的科学的大众的社会主义文化，贴近实际、贴近生活、贴近群众，深化文化体制改革，大力推进文化创新，激发全民族文化创造活力，提高国家文化软实力，推动文化事业和文化产业不断发展、文化市场更加繁荣，使人民基本文化权益得到更好保障。我们要始终坚持社会主义先进文化前进方向，兴起社会主义文化建设新高潮，在中国特色社会主义的伟大实践中进行文化创造，让人民共享文化发展成果，使社会文化生活更加丰富多彩、人民精神风貌更加昂扬向上。

（七）必须把提高效率同促进社会公平结合起来，实现在经济发展的基础上由广大人民共享改革发展成果，推动社会主义和谐社会建设。30 年来，我们既高度重视通过提高效率来增强社会活力、促进经济发展，又高度重视在经济发展的基础上通过实现社会公平来促进社会和谐，坚持以人为本，以解决人民最关心最直接最现实的利益问题为重点，着力发展社会事业，着力完善收入分配制度，保障和改善民生，走共同富裕道路，努力形成全体人民各尽其能、各得其所而又和谐相处的局面，为改革开放和社会主义现代化建设营造良好社会环境。

实现社会公平正义是中国特色社会主义的内在要求，处理好效率和公平的关系是中国特色社会主义的重大课题。讲求效率才能增添活力，注重公平才能促进和谐，坚持效率和公平有机结合才能更好体现社会主义的本质。我们通过深化改革、实行正确方针政策，努力提高全社会推动经济发展和其他各项事业发展的积极性，最大限度激发全社会的创造活力和发展活力。同时，在我国改革发展关键阶段，在经济体制深刻变革、社会结构深刻变动、利益格局深刻调整、思想观念深刻变化的条件下，我们把提高效率同更加注重社会公平结合起来，最大限度增加和谐因素，最大限度减少不和谐因素，不断促进经济效率提高、促进社会和谐。我们把实现好、维护好、发展好最广大人民的根本利益作为党和国家一切工作的出发点和落脚点，坚持发展为了人民、发展依靠人民、发展成果由人民共享，优先发展教育，大力促进就业，不断提高城乡居民收入，加快建立覆盖城乡居民的社会保障体系，加快发展医疗卫生事业，切实加强社会管理，加强生态文明建设，努力使全体人民学有所教、劳有所得、病有所医、老有所养、住有所居。我们要始终按照民主法治、公平正义、诚信友爱、充满活力、安定有序、人与自然和谐相处的总要求，大力发展社会事业，促进社会公平正义，努力形成社会和谐人人有责、和谐社会人人共享的生动局面。

（八）必须把坚持独立自主同参与经济全球化结合起来，统筹好国内国际两个大局，为促进人类和平与发展的崇高事业作出贡献。30 年来，我们既高度珍惜并坚定不移地维护中国人民经过长期奋斗得来的独立自主权利，又坚持对外开放的基本国策，始终站在国际大局与国内大局相互联系的高度审视中国和世界的发展问题，思考和制定中国的发展战略，坚持独立自主的和平外交政策，坚持和平发展道路，坚持互利共赢的开放战略，推动建设持久和平、共同繁荣的和谐世界，为我国发展争取良好国际环境，也为世界和平与发展作出重要贡献。

当代中国的前途命运已日益紧密地同世界的前途命运联系在一起。中国的发展离不开世界，世界的发展也需要中国。在当今世界，任何国家关起门来搞建设都是不能成功的。我们全面分析判断世界多极化趋势增强、经济全球化深入发展的外部环境，全面把握当今世界发展变化带来的机遇和挑战，既坚持独立自主，又勇敢参与经济全球化。在我们这样一个人口众多的发展中社会主义大国，任何时候都必须把独立自主、自力更生作为自己发展的根本基点，任何时候都要坚持中国人民自己选择的社会制度和发展道路，始终把国家主权和安全放在第一位，坚决维护国家主权、安全、发展利益，坚持中国的事情按照中国的情况来办、依靠中国人民自己的力量来办，坚决反对外部势力干涉我国内部事务。对于一切国际事务，都要从中国人民的根本利益和各国人民的共同利益出发、根据事情本身的是非曲直确定我们的立场和政策，按照冷静观察、沉着应对的方针和相互尊重、求同存异的精神进行处理，不屈从于任何外来压力。同时，我们在坚持和平共处五项原则的基础上同所有国家开展交流合作，积极促进世界多极化、推进国际关系民主化，尊重世界多样性，反对霸权主义和强权政治。我们不断扩大对外开放，把"引进来"和"走出去"紧密结合起来，认真学习借鉴人类社会创造的一切文明成果，坚持趋利避害，形成经济全球化条件下参与国际经济合作和竞争新优势，推动经济全球化朝着均衡、普惠、共赢方向发展，共同呵护人类赖以生存的地球家园，促进人类文明繁荣进步。我们要始终高举和平、发展、合作旗帜，既利用和平的国际环境发展自己，又通过自己的发展维护世界和平。

（九）必须把促进改革发展同保持社会稳定结合起来，坚持改革力度、发展速度和社会可承受程度的统一，确保社会安定团结、和谐稳定。30年来，我们既大力推进改革发展，又正确处理改革发展稳定关系，坚持改革是动力、发展是目的、稳定是前提，把不断改善人民生活作为处理改革发展稳定关系的重要结合点，在社会稳定中推进改革发展，通过改革发展促进社会稳定，在当今世界发生广泛而深刻的变化、当代中国发生广泛而深刻的变革的大环境下，始终保持社会大局稳定。

实现改革发展稳定的统一，是关系我国社会主义现代化建设全局的重要指导方针。推动社会主义现代化不断前进，必须自觉调整和改革生产关系与生产力、上层建筑与经济基础不相适应的方面和环节。我们既坚定不移地大胆探索、勇于创新，又总揽全局、突出重点，先易后难、循序渐进，在实践中积累经验，不断提高改革决策的科学性、增强改革措施的协调性，推进经济体制、政治体制、文化体制、社会体制以及其他各方面体制改革相协调，使改革获得广泛而深厚的群众基础。我们及时总结改革的实践经验，对的就坚持，不对的赶快改，新问题出来抓紧研究解决。同时，我们深刻认识到，发展是硬道理，稳定是硬任务；没有稳定，什么事情也办不成，已经取得的成果也会失去。我们正确把握和处理经济社会生活中出现的各种矛盾，加强和改进思想政治工作，健全党和政府主导的维护群众权益机制，及时妥善处理人民内部矛盾，依法打击各种违法犯罪活动，警惕和防范国内外敌对势力的渗透破坏活动，坚决维护社会稳定和国家安全。我们要始终从维护我国发展的重要战略机遇期、维护国家安全、维护最广大人民根本利益的高度出发，全面把握我国社会稳定大局，有效应对影响社会稳定的各种问题和挑战，确保人民安居乐业、社会安定有序、国家长治久安。

（十）必须把推进中国特色社会主义伟大事业同推进党的建设新的伟大工程结合起来，加强党的执政能力建设和先进性建设，提高党的领导水平和执政水平、拒腐防变和抵御风险能力。30年来，我们既紧紧围绕推进中国特色社会主义事业来推进党的建设，又通过加强和改进党的建设来推进中国特色社会主义事业，顺应世情、国情、党情的新变化，明确党的历史方位，坚持党要管党、从严治党，坚持以改革创新精神加强党的自身建设，不断提高党的执政能力、保持和发展党的先进性，不断增强党的阶级基础和扩大党的群众基础，不断提高拒腐防变和抵御风险能力，始终保持党同人民群众的血肉联系，使党始终成为中国特色社会主义事业的坚强领导核心。

坚持和改善党的领导，是我们事业胜利前进的根本保证。要把十几亿人的思想和力量统一和凝聚起来，齐心协力发展中国特色社会主义，没有中国共产党的坚强统一领导是不可设想的。我们深刻认识到，党的先进性和党的执政地位都不是一劳永逸、一成不变的，过去先进不等于现在先进，现在先进不等于永远先进；过去拥有不等于现在拥有，现在拥有不等于永远拥有。党要承担起人民和历史赋予的重大使命，必须认真研究自身建设遇到的新情况新问题，在领导改革发展中不断认识自己、加强自己、提高自己。我们坚持不懈地加强党的自身建设，在不断解放思想中统一全党思想，在加强党的执政能力建设和先进性建设中推进高素质干部队伍建设，在增强党的阶级基础的同时扩大党的群众基础，在继承党的优良传统的同时弘扬时代精神，使党始终坚持工人阶级先锋队、中国人民和中华民族先锋队的性质，坚持马克思主义指导地位，坚持全心全意为人民服务的宗旨，发扬优良传统和作风，不断增强创造力、凝聚力、战斗力。我们高度重视提高党员、干部队伍素质特别是思想政治素质，使广大党员、干部坚持把党和人民利益摆在第一位，牢记"两个务必"，做到权为民所用、情为民所系、利为民所谋，坚持讲党性、重品行、作表率，经受住长期执政考验、改革开放考验、发展社会主义市场经济考验。我们要始终坚持以改革创新精神加强党的建设，把党的执政能力建设和先进性建设作为主线，坚持党要管党、从严治党，贯彻为民、务实、清廉的要求，以坚定理想信念为重点加强思想建设，以造就高素质党员、干部队伍为重点加强组织建设，以保持党同人民群众的血肉联系为重点加强作风建设，以健全民主集中制为重点加强制度建设，以完善惩治和预防腐败体系为重点加强反腐倡廉建设，使党始终成为立党为公、执政为民，求真务实、改革创新，艰苦奋斗、清正廉洁，富有活力、团结和谐的马克思主义执政党。

二 总论

正确认识新中国60年

陈奎元[*]

回眸新中国的60年，是光辉灿烂的60年，是令共产党人、全中国人民足以自豪的60年。以60年为着眼点，新中国取得的成就与中国历史上各个兴旺的时期比，与世界上资本主义各个大国开国以后的历程比，不仅是毫不逊色的，也是无与伦比的。在国际共运史上，18年前，世界上第一个社会主义国家倒塌，苏联共产党在压力下自动解散、社会主义的经济政治制度和社会秩序土崩瓦解，国家解体，人民陷于困境，东欧的社会主义国家不战自溃，形成历史的倒退，这是国际社会主义事业惨痛曲折的一页。那时中国也面临严峻的考验，在党中央的有力领导下，安然渡过1989年的政治风波。中国共产党领导的社会主义中国站在时代的潮头，正像宋词中所描写的"弄潮儿向涛头立，手把红旗旗不湿"[①]，党中央坚如磐石，坚持了共产党人的理想和信念，坚持了独立自主的传统，走向改革和发展的新里程。到今天，回顾60年的风风雨雨，应当相信和肯定，毛泽东及其战友们领导中国人民奠定的中国社会主义江山根基是牢固的；以邓小平为核心的第二代中央领导集体和以江泽民为核心的第三代中央领导集体进行的改革开放和社会主义现代化建设是成功的；以胡锦涛为总书记的党中央全面贯彻落实科学发展观、妥善应对国际金融危机，成就是显著的。假如当年中国共产党的领导人降下自

---

[*] 作者系全国政协副主席、中国社会科学院院长。

① （宋）潘阆：《酒泉子·长忆观潮》，《唐宋名家词选》，中华书局1962年版，第52页。弄潮儿，《全宋词》作弄涛儿。

己的旗帜，在西方咄咄逼人的攻势面前卑躬屈膝，今天有谁会来研究所谓的"中国模式"，中国何以被人称作"金砖四国"之一？中国怎能令世人刮目相看？中国13亿人会面向什么样的未来？

如何对待中共的历史，如何对待中华人民共和国的历史，是最严肃的科学事业，关系社会主义事业和中国人民的命运。研究国史要求政治思想性强，要讲政治、讲正气，要秉持古来史学家优良的道德操守。有关国史的著述一字千金，决不允许凭个人好恶臧否革命领袖和其他先烈。"举之则使升天，按之则使入地"，轻薄为文、信口雌黄，不但是对先人的不敬，也是对中国人民的捉弄。国史研究工作者应当善于明察，并且作出令人信服的阐述。

经历60个春秋，革命战争的硝烟早已散去；改革开放初期的艰难选择也逐渐淡漠，有些人对国家取得的成就不知是从哪里来的，看到有些不尽如人意处，也不知根源何在，看不清中国未来的前途应当向什么方向发展，甚至发生某些误解，这并不奇怪。如果我们听信那些告别革命的呓语，这种种疑惑就会使人们疏远并最终脱离社会主义的正确轨道。一千六百多年前，中国历史上的南北朝、五胡十六国时期，后赵统治下的凉州地方首领张骏不忘故国，他在向东晋皇帝的上疏中说："先老消落，后生不识，慕恋之心，日远日忘。"① 这几句话用之于今天，足以发人深省。我们国史工作者应当弘扬前辈的志愿，启发人们对中国革命历史的了解和对社会主义的热爱，引导人们对社会主义、共产主义事业的信仰不要日远日忘而是日久弥新。

（来源：这是陈奎元同志2009年8月26日在中华人民共和国
国史学会第四届理事会成立大会上讲话的节选）

---

① 《资治通鉴》（卷95，晋纪17，成帝咸康元年）第7卷，中华书局1956年版，第3004页。

中国特色社会主义道路的艰辛探索和成功开创

王伟光[*]

今年是中华人民共和国成立 60 周年。新中国成立 60 年来的历史，就是在中国共产党领导下艰辛探索社会主义建设道路，成功地找到中国特色社会主义发展道路的伟大历程。中国共产党在 60 年的社会主义建设和改革历程中，把马克思主义基本原理同中国具体国情相结合，经过短暂的和平恢复时期、社会主义过渡和所有制改造时期、社会主义建设道路探索时期，一直到改革开放和中国特色社会主义发展时期，成功地走出了中国特色社会主义道路，丰富和推进了毛泽东思想，创立了中国特色社会主义理论体系，不断推进马克思主义中国化、时代化，开创了中国特色社会主义伟大事业。

中国特色社会主义道路是在以毛泽东为核心的第一代中央领导集体对社会主义建设规律探索的基础上，由以邓小平为核心的第二代中央领导集体在改革开放的伟大事业中带领全党全国各族人民所开创，以江泽民为核心的党的第三代中央领导集体和以胡锦涛为总书记的党中央所发展的唯一正确的道路。

一

毛泽东在对中国社会主义建设道路的理论与实践上的探索过程中，所积累的关于中国社会主义建设探索的历史经验，是中国特色社会主义道路的实

---

[*] 作者系中国社会科学院常务副院长、教授。

践前提，所提出的关于中国社会主义建设规律的理论成果，是中国特色社会主义理论体系的理论准备。

正确地评价毛泽东领导中国人民建设社会主义的历史功绩，科学认识毛泽东对中国社会主义建设规律的正确认识，对于我们今天坚持马列主义、毛泽东思想和中国特色社会主义理论体系，坚持中国共产党的领导，坚持中国特色社会主义的方向和道路，具有十分重要的现实意义。

就历史功绩来说，毛泽东领导中国社会主义建设：一是成功领导了中国新民主主义革命和社会主义革命，完成了社会主义所有制的改造任务，建立了社会主义的经济、政治和文化制度，为社会主义建设和中国特色社会主义道路的开辟奠定了制度前提和政治基础。二是领导全党和全国人民对中国社会主义建设道路进行了艰苦卓绝的实践努力，在一穷二白的基础上建立了独立的比较完整的工业体系和国民经济体系，为中国特色社会主义建设和发展提供了必要的物质基础。三是对中国社会主义建设道路和模式进行了创新性的理论探索，为中国特色社会主义道路的开创，为中国特色社会主义理论体系的形成提供了理论前提和思想准备。这是一个方面。另一方面，毛泽东的失误为中国特色社会主义道路的形成和中国特色社会主义的发展提供了重要的历史经验教训。正如邓小平所指出的："没有'文化大革命'的教训，就不可能制定十一届三中全会以来的思想、政治、组织路线和一系列政策。"①因此，对中华人民共和国成立后的前30年，一定要采取历史的、客观的、实事求是的科学态度，正确地评价毛泽东领导全党和全国人民进行社会主义建设艰辛探索的功与过。

在对社会主义建设道路的探索过程中，毛泽东对"什么是社会主义，怎样建设社会主义"这个历史性课题展开理论上的思索和实践上的尝试，为中国特色社会主义理论体系创立做了理论准备。

1. 率先提出"以苏为鉴"的方针，强调建设社会主义要走自己的路，开始探索适合中国国情的社会主义建设道路。从新中国成立到1956年生产资料所有制的社会主义改造完成，是毛泽东对社会主义的探索前期。在这个

---

① 《邓小平文选》第3卷，人民出版社1993年版，第272页。

时期，中国如何搞社会主义，主要还是学习苏联的社会主义建设经验，照搬照抄苏联的建设模式。随着我国社会主义建设的深入，苏联模式逐渐暴露出其缺点和弊端，毛泽东开始认识到寻找适合中国国情的社会主义建设道路的迫切性。他明确指出："最近苏联方面暴露了他们在建设社会主义过程中的一些缺点和错误，他们走过的弯路，你还想走？过去我们就是鉴于他们的经验教训，少走了一些弯路，现在当然更要引以为戒。"① 在1956年至1957年上半年党的八大前后的一年半时间里，对社会主义建设规律，毛泽东进行了卓有成效的研究思考，他率先提出"以苏为鉴"、不要机械照搬外国经验的方针。他在《论十大关系》中明确指出，中国要走自己的路，要探索一条适合中国国情的建设社会主义的道路。毛泽东关于走自己的路，找一条适合中国国情的社会主义建设道路的提法，是中国特色社会主义道路形成的历史和逻辑起点。中国革命、建设和改革发展的根本经验是，一定要把马克思主义的基本原理和中国具体实践相结合。这个根本观点构成了中国特色社会主义理论体系的思想路线基础和精髓。

2. 创造性地提出了社会主义社会基本矛盾、主要矛盾、人民内部矛盾和社会主义根本任务的理论。毛泽东第一次明确指出生产力和生产关系、经济基础和上层建筑的矛盾是社会主义社会的基本矛盾，认为这对矛盾是基本适应前提下的不适应，可以经过改革使社会主义制度不断完善。提出人民对于经济文化迅速发展的需要同当前经济文化不能满足人民需要的状况之间的矛盾是当时我国国内的主要矛盾，明确提出了发展生产力的社会主义根本任务。这些理论为形成社会主义建设正确路线和改革开放提供了重要的理论依据。

3. 在对中国国情的初步认识的基础上，形成了关于社会主义建设的正确路线，提出我国正处于不发达的社会主义阶段，对社会主义建设的阶段性、长期性和曲折性有了初步认识。毛泽东在读苏联《政治经济学教科书》时指出："社会主义这个阶段，又可能分为两个阶段，第一个阶段是不发达的社

---

① 《毛泽东文集》第7卷，人民出版社1999年版，第23页。

会主义，第二个阶段是比较发达的社会主义"①，认为我国正处在"不发达的社会主义阶段"。这一观点对社会主义初级阶段理论认识是有启发性的。

4. 提出建设现代工业、现代农业、现代科学技术和现代国防的社会主义强国的发展目标和中国工业化道路。毛泽东规划了我国社会主义"四个现代化"的建设目标，提出要把我国建设成现代化的社会主义强国、对人类作出较大贡献的思想观点。在工业化建设问题上，毛泽东强调不能照抄照搬外国经验，要正确处理农、轻、重三者关系，从中国国情出发，以农、轻、重为序，安排国民经济，走出一条中国特色的工农并举的工业化道路。

5. 提出了正确处理社会主义建设和发展问题的科学方法论。毛泽东要求我们必须学会用辩证的思想处理社会主义建设和发展问题，他生动形象地概括说，讲辩证法就是运用"要讲两点"的辩证思想来观察矛盾，分析矛盾，解决矛盾。在处理社会主义建设和发展的关系和矛盾时，在抓矛盾的主要方面时，也要抓好矛盾的非主要方面，处理好社会主义建设中重点和非重点的辩证关系。他在具体阐述社会主义经济社会发展的一系列重大关系中还提出了"两条腿走路"、"综合平衡"、"并举"的重要思想。

6. 提出了关于社会主义商品经济、经济体制改革和对外开放问题的理论创新认识。他认为，我国是一个商品很不发达的国家，看商品生产、看它与什么经济相联系，与资本主义相联系就出资本主义，与社会主义相联系就出社会主义。这些认识构成了社会主义市场经济理论的重要前提。在经济体制方面，他主张着重解决中央与地方分清经济管理权限的分权问题，提出要充分发挥中央和地方两个积极性。毛泽东主张对外开放，他说："一切民族、一切国家的长处都要学……但是，必须有分析有批判地学，不能盲目地学，不能一切照抄，机械搬用。"②

7. 提出社会主义民主政治建设的基本原则。认为中国要坚持人民民主专政，实行人民代表大会制度、共产党领导的多党合作和政治协商制度。提出在国家政治生活中，要扩大民主，反对官僚主义，逐步健全法制，做到"有

---

① 《毛泽东文集》第8卷，人民出版社1999年版，第116页。
② 《毛泽东文集》第7卷，人民出版社1999年版，第41页。

法可依，有法必依"。提出"造成一个又有集中又有民主，又有纪律又有自由，又有统一意志、又有个人心情舒畅、生动活泼，那样一种政治局面"的社会主义民主政治的总目标。

8. 提出社会主义文化教育建设的基本任务和方针。认为文化教育事业是社会主义建设的重要组成部分，必须高度重视用马克思主义、社会主义思想道德武装知识分子和人民群众。毛泽东提出必须坚持"百花齐放、百家争鸣"的方针，实行"古为今用"、"洋为中用"，继承和吸收我国过去和外国一切有益的文化科学知识。

9. 提出党的建设的一系列重要思想。坚持中国共产党是全国人民的领导核心，是领导社会主义事业的核心力量。强调党要密切联系群众，好好团结群众，团结一切可以团结的人。

10. 提出和制定了独立自主的和平外交政策。关于对外方针和政策，毛泽东指出：自力更生为主，争取外援为辅，破除迷信，独立自主地干工业、干农业、干技术革命和文化革命，打倒奴隶思想，埋葬教条主义，认真学习外国的好经验，也一定研究外国的坏经验——引以为戒，这就是我们的路线。他提出了和平共处五项基本原则，强调要发展同一切国家的友好关系，反对大国的霸权主义，维护世界和平，促进人类进步。

毛泽东关于中国社会主义建设道路探索的正确认识，是毛泽东思想的重要组成部分，是马克思主义中国化的不断推进，是我们党理论创新宝库的伟大精神财富，是中国特色社会主义理论体系形成的必要前提。

二

在中国特色社会主义建设道路的探索上，毛泽东与党的第二代、第三代中央领导集体是承前启后、继往开来的关系，毛泽东思想与中国特色社会主义理论体系是一脉相承、继承开拓的关系，中国社会主义建设道路的探索和中国特色社会主义道路的开创是不断推进、接续发展的关系。前者是后者的前提和准备，是后者的理论来源和实践基础；后者是对前者的继承、发展和创新。

关于"什么是社会主义，怎样建设社会主义"，这是正确解决中国社会主义建设道路的关键，也是开创中国特色社会主义新局面的关键，只有紧紧抓住这一首要的根本问题并加以解答，中国社会主义建设正确道路问题才能得到解决。邓小平总结我国和外国社会主义建设的经验教训，在继承毛泽东思想的基础上，第一次科学地系统地回答了"什么是社会主义，怎样建设社会主义"这个中国特色社会主义的首要的基本问题。他明确指出：贫穷不是社会主义，发展太慢也不是社会主义；平均主义不是社会主义，两极分化也不是社会主义；封闭不是社会主义，照搬外国也不是社会主义；没有民主就没有社会主义，没有法制也没有社会主义建设；不重视物质文明搞不好社会主义，不重视精神文明也搞不好社会主义；计划经济不等于社会主义，市场经济不等于资本主义，等等。在1992年南方谈话中，邓小平对社会主义本质做出了科学概括："社会主义的本质，是解放生产力，发展生产力，消灭剥削，消除两极分化，最终达到共同富裕。"在"怎样建设社会主义"的问题上，邓小平在党的十二大郑重提出："把马克思主义的普遍真理同我国的具体实际结合起来，走自己的道路，建设有中国特色的社会主义，这就是我们总结长期历史经验得出的基本结论。"

以邓小平为代表的中国共产党人在总结新中国成立以来特别是十一届三中全会以后的经验基础上，在研究国际经验和世界形势的基础上，解放思想、实事求是，坚决摒弃"以阶级斗争为纲"的错误方针和路线，科学确定了时代主题，正确判断我国正处在社会主义初级阶段，制定了党在社会主义初级阶段的基本路线，提出了改革开放的一系列方针政策和策略，提出并制定了分"三步走"基本实现社会主义现代化的发展战略。从此，中国进入了经济社会快速发展轨道。改革从农村开始，迅速而有效地推进农村经济发展。农村改革的成功有力地推动了城市各个方面改革的步伐。以开放四个经济特区为新起点，接着开放14个沿海港口城市，进一步开辟长江三角洲、珠江三角洲、闽南三角地区和海南建省并建设经济开发区，经历了这三大步，形成多层次、有重点、点面结合的对外开放格局，我国现代化建设突飞猛进，财富积累急剧增加，国民经济发展上了一个新的台阶。

在解决了"什么是社会主义，怎样建设社会主义"问题的同时，中国特色社会主义又面临解决"建设一个什么样的执政党"这一重大问题。从十三届四中全会到党的十六大的14年间，以江泽民为核心的党中央集中全党智慧，在总结党成立以来80多年的历史经验和现实经验的基础上，按照邓小平"要聚精会神抓党的建设"的要求，以改革创新的精神集中力量抓党的建设，根据新情况新要求提出了党的建设新的伟大工程的重要决策，把党的建设新的伟大工程同中国特色社会主义建设伟大事业结合起来，相辅相成，互相促进，集中回答了"建设一个什么样的执政党，怎样建设执政党"的问题，创造性地提出了"三个代表"重要思想，继承和发展了马克思列宁主义、毛泽东思想，推进了中国特色社会主义理论体系的进一步创新，实现了党的指导思想的与时俱进。"三个代表"重要思想不仅回答了党的建设的重大问题，同时也进一步回答了"什么是社会主义，怎样建设社会主义"的问题。

以江泽民为核心的第三代党的中央领导集体高举邓小平理论伟大旗帜，团结和带领全党、全军和全国各族人民，从容应对一系列关系到我国主权和安全的国际突发事件，战胜政治、经济领域和自然界出现的困难和风险，经受住一次又一次考验，排除各种干扰保证了改革开放和现代化建设的航船始终沿着正确的方向破浪前进，积极推进社会主义市场经济体制改革，坚持和发展了党的基本理论、基本路线、基本纲领、基本经验，改革开放和现代化建设取得举世瞩目的新发展，把中国特色社会主义事业全面推向21世纪。

党的十六大以来，我国进入中国特色社会主义发展的新阶段，新世纪新阶段向我们党提出了"发展什么，怎样发展"的事关中国特色社会主义事业发展的重大问题。以胡锦涛同志为总书记的党中央，为实现全面建设小康社会的宏伟目标和社会主义现代化建设第三步战略目标，提出"坚持以人为本、全面协调可持续的科学发展观"，强调"按照统筹城乡发展、统筹区域发展、统筹经济社会发展、统筹人与自然和谐发展、统筹国内发展和对外开放的要求"，继续把中国特色社会主义推向前进。科学发展观，其实质就是在新的历史条件下，从全局和战略的高度进一步回答"发展什么，怎样发展"这个根本问题。全面落实科学发展观，就要提高全党按照科学发展观的要求领导发展的能力；把按照科学发展观推动发展作为党执政兴国的第一要务；把不断满足人民日益增长的物质文化需要作为发展的最终目的；在发中着眼于促进人的全面发展，不断提高人们的思想道德素质、科学文化素质和健康素质；在发展中把推进经济建设同推进政治建设、文化建设统一起来，把发展社会主义市场经济同发展社会主义民主政治、建设社会主义先进文化、建设社会主义生态文明和构建社会主义和谐社会统一起来；在经济发展中实现速度与结构、质量与效益的有机结合，走出一条科技含量高、经济效益好、资源消耗低、环境污染少、人力资源得到充分发挥的新型工业化道路；在发展中正确处理改革发展稳定的关系，把改革的力度、发展的速度和社会可承受的程度统一起来；在发展中进一步利用好国际国内两个市场、两种资源，以开放促改革促发展。科学发展观，是我们继承和发展党的三代中央领导集体关于发展的一系列重要思想，从新世纪新阶段党和国家事业发展全局出发提出的重大战略思想，反映了我们党对发展问题的新认识，是中国特色社会主义理论体系的重要组成部分。

在中国特色社会主义的 31 年伟大发展历程中，我们党依次回答了三大问题：什么是社会主义，怎样建设社会主义；建设什么样的党，怎样建设党；实现什么样的发展，怎样发展。坚持和发展了马克思主义，推进了马克思主义中国化的不断创新。以邓小平为核心的党的第二代中央领导集体创造性地回答了"什么是社会主义，怎样建设社会主义"，创立了邓小平理论，这是中国特色社会主义理论体系的开篇。以江泽民为核心的党的第三代中央领导集体在进一步回答了"什么是社会主义，怎样建设社会主义"的同时，创造性地回答了"建设什么样的党，怎样建设党"的问题，创立了"三个代表"重要思想，这是中国特色社会主义理论体系与时俱进的新成就。十六大以来，以胡锦涛为总书记的党中央在继续深入回答前两个问题的基础上，创造性地回答了"实现什么样的发展，怎样发展"，提出了科学发展观等重大战略思想，这是中国特色社会主义理论体系的最新成果。这些与毛泽东思想一同，都是中华人民共和国 60 年建设和发展的伟大精神财富和思想指南。

三

60 年来，我们党领导人民开创的中国特色社会主义事业在理论上和实践上都具有重大的意义。我们走的是一条通过开放，推进社会主义自我完善和发展的正确之路，是一条走向富强、民主、文明，走向现代化，实现全体人民共同富裕的成功之路。中国特色社会主义道路之所以能够在曲折的探索中成功开辟和健康发展，归根到底，关键在于中国共产党人能够在新的历史条件下实现马克思主义基本原理同中国具体实际相结合，始终坚持"一切从实际出发，走自己的道路，建设有中国特色社会主义"。

中华人民共和国成立以来的60年，就是马克思列宁主义基本原理同中国社会主义革命、建设和改革的具体实际不断结合的60年。中国发展的成功，是坚持走中国特色社会主义道路的结果。正是因为开辟了中国特色社会主义道路，中国人民的面貌、社会主义中国的面貌、中国共产党的面貌发生了历史性变化。中国特色社会主义的巨大成就引起国际社会普遍关注，中国特色社会主义发展道路也被看做一种全新的发展模式而为世界所瞩目。正如胡锦涛总书记在十七大报告中指出："中国特色社会主义道路，就是在中国共产党领导下，立足基本国情，以经济建设为中心，坚持四项基本原则，坚持改革开放，解放和发展社会生产力，巩固和完善社会主义制度，建设社会主义市场经济、社会主义民主政治、社会主义先进文化、社会主义和谐社会，建设富强民主文明和谐的社会主义现代化国家。"中国特色社会主义发展道路的选择是历史的必然，是中华民族振兴、发展、繁荣的必由之路。除了坚持党的领导、社会主义、马克思主义、人民民主专政这四项基本原则，中国特色社会主义道路还包含三个方面的基本特征：科学发展、和谐发展与和平发展。

（一）关于科学发展

中国特色社会主义坚持走科学发展的道路。科学发展，是在社会发展问题上客观规律性和主体选择性的辩证统一。科学发展的核心是以人为本，这是经济社会发展的根本目的，其意旨是坚持以实现人的全面发展为目标，让改革发展的成果惠及全体人民。全面、协调、可持续，是科学发展观的基本要求。即通过统筹兼顾的根本方法，促进经济、政治、文化和社会建设的全面推进，促进现代化建设各个环节、各个方面相协调，促进生产力和生产关系、经济基础和上层建筑相协调，促进经济发展与人口资源环境相协调，确保经济社会永续发展。

中国特色社会主义科学发展道路的选择，既是基于现阶段中国发展所面临问题的考虑，也是基于对整个世界负责任的考虑。中国是世界上最大的发展中国家，具有发展中国家二元结构的典型特征。人口多、底子薄，自然地理条件和人口资源分布差异很大，城乡和区域发展差距也很大。改革开放虽然取得了巨大的成就，但中国仍处于并将长期处于社会主义初级阶段的基本国情并没有发生根本的变化。新世纪新阶段，中国发展呈现出一系列新的阶段性特征，经济社会发展同人口、资源、环境压力之间矛盾逐渐突出。深刻把握中国发展面临的新课题、新矛盾，自觉走科学发展道路，是中国特色社会主义在实现什么样的发展、怎样发展这个基本问题上的创造性探索。

（二）关于和谐发展

中国特色社会主义在推进科学发展的过程中，积极构建社会主义和谐社会。中国所要努力构建的和谐社会，是中国共产党领导全国人民共同建设、共同享有的和谐社会。民主法治、公平正义、诚信友爱、充满活力、安定有序、人与自然和谐相处，这六个方面的内容既是社会主义和谐社会的价值内涵，也是中国构建社会主义和谐社会努力实现的价值目标。中国希望通过社会主义和谐社会的构建，最终实现广大人民群众各尽所能、各得其所、和谐相处的社会局面。

随着中国经济社会快速发展，社会矛盾日益凸显，社会公平问题提上议事日程，这是中国提出构建社会主义和谐社会的一个重要背景。说到底，和谐发展道路就是一条避免两极分化，最终达到共同富裕的道路。中国和谐发展道路的选择，是中国走科学发展道路的必然结果。科学发展与和谐发展相辅相成，有机统一。实现中国的和谐发展，关键是在坚持科学发展的同时，有效地协调社会各方面利益关系，化解社会矛盾。中国特色社会主义的社会制度，不仅是实现科学发展的制度保证，也是实现和谐发展的制度保证。中国将进一步发挥社会主义的制度优势，有效处理中国特色社会主义事业中的重大关系，着力解决广大人民群众最关心、最直接、最现实的利益问题，推动和谐社会的建设走向深入。

(三) 关于和平发展

中国的发展是世界发展的一个重要组成部分。中国特色社会主义的发展既关乎中国人民的根本利益，也同世界的和平与发展密切相关。走和平发展道路，不仅符合中国人民的根本利益，也符合人类进步的时代潮流。其核心思想是：中国既通过维护世界和平来发展自己，又通过自身的发展来促进世界和平；中国永远不称霸，永远不搞扩张；在国内追求科学发展、和谐发展的同时，推动建设持久和平、共同繁荣的和谐世界。

随着经济全球化、世界格局多极化的深入发展，中国共产党和中国政府明确提出，中国将始终不渝地走和平发展道路，这是根据时代发展潮流和自身根本利益做出的战略抉择，是向国际社会和世界人民做出的郑重承诺和庄严宣示。这一昭告的特殊意义在于，中国的发展，从根本上说，主要依靠自身的力量和不断改革创新。中国决不走历史上一些大国那种充满刀光剑影和"血与火"的发展道路，中国不把问题和矛盾转嫁给别国，更不通过掠夺别国发展自己。即使中国将来富强了，也永远不称霸，永远做维护世界和平、促进共同发展的坚定力量。中国正为此不懈探索和努力。

中国共产党人作为发展中国特色社会主义的核心力量，把科学发展、和谐发展、和平发展的根本原则作为指导发展的核心理念，这个核心理念就是科学发展观的要旨。

（来源：《红旗文稿》2009 年第 18 期）

新中国两个 30 年与中国特色
社会主义道路

朱佳木[*]

现在，全世界都在热议"中国道路"、"中国模式"、"北京共识"。对这些概念，人们众说纷纭，至今没有一个统一的认识。但是，既然议论的是中国道路，起码它应当是符合中国实际情况的道路。如果这个前提成立，那么我们早已给它起了一个名字，即中国特色社会主义道路。

什么是中国特色社会主义道路？回答这个问题，首先要从提出这一命题的中共中央的有关论述中寻找答案，其次要从这条道路形成的实践过程寻找答案。在中共十七大报告中，胡锦涛总书记对什么是中国特色社会主义道路曾下过一个定义。他说："中国特色社会主义道路，就是在中国共产党领导下，立足基本国情，以经济建设为中心，坚持四项基本原则，坚持改革开放，解放和发展社会生产力，巩固和完善社会主义制度，建设社会主义市场经济、社会主义民主政治、社会主义先进文化、社会主义和谐社会，建设富强民主文明和谐的社会主义现代化国家。"[①] 只要循着这个定义来考察中国特色社会主义道路的形成过程，就会看到促成这一道路形成的，不仅有改革开放后的历史，而且有改革开放前的历史。

在新中国迄今为止的 60 年里，改革开放前后两个历史时期刚好大体各占 30 年。因此，要准确地理解"中国道路"，不仅要从理论上弄清楚中国特色社会主义道路的内涵，而且要从实践上弄清楚改革开放前后的两个 30 年

---

* 作者系中国社会科学院副院长兼当代中国研究所所长、研究员。

① 《中国共产党第十七次全国代表大会文件汇编》，人民出版社 2007 年版，第 11 页。

及其相互关系。只有正确认识这两个 30 年及其相互关系，才能深刻理解这条道路。反之，只有正确理解这条道路，才能全面认识这两个 30 年及其相互关系。

一　前 30 年为中国特色社会主义道路的开辟提供了现实可能

中国特色社会主义道路是在中共十一届三中全会以后开辟的。正是这条道路，使中国经济飞速发展、综合国力明显增强、人民生活大幅度提高，使中国人民的面貌、社会主义中国的面貌、中国共产党的面貌发生了历史性变化，使中华民族大踏步赶上了时代前进的潮流，为世界经济发展和人类文明进步作出了重大贡献。但这一切的起点并不是 1949 年前的那个半殖民地半封建的旧中国，而是 1949 年后走上社会主义道路的新中国；并不是旧中国留下的那个满目疮痍的烂摊子，而是新中国经过近 30 年艰苦奋斗而建立起来的宏伟基业。正如胡锦涛总书记在十七大报告中所指出的："改革开放伟大事业，是在以毛泽东同志为核心的党的第一代中央领导集体创立毛泽东思想，带领全党全国各族人民建立新中国、取得社会主义革命和建设伟大成就以及艰辛探索社会主义建设规律取得宝贵经验的基础上进行的。"[1]

首先，在新中国的头 30 年，我国取得了民族独立、主权和领土完整，实现了大陆的统一和各民族的团结，铲除了帝国主义、封建势力统治的根基，确立了以工人阶级领导、以工农联盟为基础的人民民主专政的国体，建立了人民代表大会制度、中国共产党领导的多党合作和政治协商制度、民族区域自治制度等基本政治制度，进行了对农业、手工业、资本主义工商业的社会主义改造，完成了新民主主义革命向社会主义革命的转变，奠定了社会主义公有制的经济基础，使中国从此结束了蒙受屈辱、战乱频仍、四分五裂、民不聊生的黑暗历史。如果没有新中国头 30 年提供的根本政治前提，要开辟中国特色社会主义道路是不可想象的。

---

[1]　《中国共产党第十七次全国代表大会文件汇编》，人民出版社 2007 年版，第 7 页。

其次，在新中国的头 30 年，我国通过连续四个半五年计划的建设，初步建立起了独立的比较完整的工业体系和国民经济体系，一定程度改变了旧中国工业集中于沿海地区的不合理布局，并通过大规模农田水利基本建设和发展化肥、农药、农用机械等工业，大大改善了农业生产条件。1949 年，我国人民经过 28 年浴血奋斗，从帝国主义、官僚买办资产阶级手中没收的固定资产仅为 112.4 亿元。而到了 1978 年，我国新增固定资产达 6440 亿元，是那时的 57.3 倍。1949 年至 1978 年，我国工农业总产值年均递增 8.2%，即使按国民生产总值（GDP）统计，据有的统计学家计算，年均增幅也达 7.32%，不仅高于同期发达国家，也高于所有发展中国家。其中，钢、煤、石油、水泥、发电量、机床的产量，分别是旧中国最高年产量的 34.4 倍、10 倍、325 倍、29 倍、42.8 倍、33.9 倍；汽车、拖拉机、飞机制造和电子、石油化工等工业部门，更是从无到有；粮食、棉花产量分别比 1949 年增长 1.7 倍和 3.9 倍；粮食平均亩产由 137 斤提高到 337 斤，增长 1.46 倍。高校毕业生累计超过旧中国 36 年总数的 14 倍，全国专业技术人员是新中国成立初期同类人员总数的 13.2 倍。《关于建国以来党的若干历史问题的决议》（以下简称《历史决议》）指出："我们现在赖以进行现代化建设的物质技术基础，很大一部分是这个期间建设起来的；全国经济文化建设等方面的骨干力量和他们的工作经验，大部分也是在这个期间培养和积累起来的。"① 如果没有新中国头 30 年提供的雄厚物质技术基础，要开辟中国特色社会主义道路是不可想象的。

再次，在新中国的头 30 年，我们起初加入维护世界和平的社会主义阵营，首创和平共处五项原则，支持亚非拉民族解放和独立运动，发展同中间地带国家的友好关系，在极其困难的情况下打赢了抗美援朝等自卫战争，争取到了苏联等社会主义国家对我国"一五"计划建设的支援，挫败了外国侵略势力对我孤立、封锁、干涉和挑衅的行径，研制成功了"两弹一星"和核潜艇，开展了旨在加强战略后方的大小"三线"建设（大"三线"是就全国而言，小"三线"是就各省而言——笔者按），从而大大提高了中国的国

① 《三中全会以来重要文献选编》（下），人民出版社 1982 年版，第 804 页。

际地位，打破了超级大国的核垄断和核讹诈，增强了国防力量，为进行和平建设赢得了宝贵时间。后来，面对新霸权主义的军事威胁，毛泽东又及时提出关于三个世界划分的理论，实现了中美和解，推动了我国同日本和西欧许多国家关系的改善，开展了从西方大规模引进成套先进设备和技术的工作，并在第三世界国家支持下恢复了我国在联合国的合法席位。邓小平讲过："毛泽东同志在世的时候，我们也想扩大中外经济技术交流，包括同一些资本主义国家发展经济贸易关系，甚至引进外资、合资经营等等。但是那时候没有条件，人家封锁我们。后来'四人帮'搞得什么都是'崇洋媚外'、'卖国主义'，把我们同世界隔绝了。毛泽东同志关于三个世界划分的战略思想，给我们开辟了道路。"[①] 如果没有新中国头 30 年提供的有利国际条件，要开辟中国特色社会主义道路是不可想象的。

最后，在新中国的头 30 年，我们进行了适合中国自己情况的社会主义建设道路的探索，并积累了丰富的经验。其中既包括进行社会主义建设的方针，也包括加强执政党建设的方针。例如，要全心全意为人民服务；要独立自主，自力更生；要把中国建设成现代化社会主义强国，对人类作出较大贡献；要走中国自己的道路，不要机械搬用外国经验；要正确处理两类不同性质的矛盾，调动一切积极因素；要以农业为基础、工业为主导，工农业同时并举；要统筹兼顾，适当安排，综合平衡，按比例发展；要发挥中央和地方两个积极性；要在文化建设上实行"双百"方针；要在党的建设上坚持"两个务必"，警惕"糖衣炮弹"的进攻，防止执政党脱离人民群众；等等。这些正确方针进一步丰富了新民主主义革命时期形成的毛泽东思想，并且被以邓小平、江泽民为核心的中共第二代、第三代中央领导集体和以胡锦涛为总书记的中共中央所继承所发展，成为中国特色社会主义理论体系的重要组成部分，在改革开放新时期继续发挥着指导作用。另外，我们党还继承了在执政条件下加强自身建设的优良传统，扬弃其中"左"的弊病，并结合新时期的新特点，连续不断地进行党的组织整顿和思想教育活动，对于广大党员和各级干部在长期执政、实行市场经济和对外开放条件下经受各种风浪考

---

① 《邓小平文选》第 2 卷，人民出版社 1994 年版，第 127 页。

验，起到了重要的思想保障作用。在新中国头 30 年探索中，我们也有很多不成功乃至失败的教训，其中最大的教训莫过于错误发动"文化大革命"。但邓小平说过："没有'文化大革命'的教训，就不可能制定十一届三中全会以来的思想、政治、组织路线和一系列政策……'文化大革命'变成了我们的财富。"① 可见，如果没有新中国头 30 年提供的正反两方面的经验教训，要开辟中国特色社会主义道路也是不可想象的。

　　新中国头 30 年发生的失误和错误，给我们国家造成过不同程度的损失，有的损失甚至是巨大的。我们说新中国 60 年是光辉的整体，当然不等于说那些错误也是光辉的。但另一方面，绝不能因为那 30 年有错误，就否定那段历史是新中国光辉 60 年的重要组成部分。否则，新中国 60 年的历史就会被肢解，就无法解释改革开放前 30 年为什么会取得那么多辉煌的成就。邓小平指出："我们尽管犯过一些错误，但我们还是在三十年间取得了旧中国几百年、几千年所没有取得过的进步。"② 江泽民指出："中华人民共和国成立以来的四十年，是中国历史发生翻天覆地变化的四十年，是经历艰难曲折、战胜种种困难、不断发展进步的四十年，是中华民族扬眉吐气、独立自主、在国际事务中日益发挥重要作用的四十年。"③ 胡锦涛总书记指出："在社会主义革命和建设时期，我们确立了社会主义基本制度，在一穷二白的基础上建立了独立的比较完整的工业体系和国民经济体系，使古老的中国以崭新的姿态屹立在世界的东方。"④ 他们的论述高度概括了改革开放前的基本方面，是我们全面评价那段历史的主要依据。只要把那段历史中的错误，包括"大跃进"和"文化大革命"那种严重错误，同上述基本面放在一起比较，什么是主流什么是支流，就会看得很清楚。

　　分析历史问题的绝对要求，是把问题放到一定的历史条件下。我们看新中国头 30 年的问题，也只有放在当时的条件下，才能分清哪些做法是失误，哪些做法是今天不再适宜而当时则是必需的；哪些失误是可以避免的，哪些

---

① 《邓小平文选》第 3 卷，人民出版社 1993 年版，第 272 页。
② 《邓小平文选》第 2 卷，人民出版社 1994 年版，第 167 页。
③ 《十三大以来重要文献选编》（中），人民出版社 1991 年版，第 611 页。
④ 《人民日报》2006 年 7 月 1 日。

失误是当时难以避免的。例如，头 30 年人民生活水平虽然比起旧中国有明显提高，但相对后 30 年提高不快，农村大部分地区面貌变化也不够大。这与当时搞建设急于求成的主观指导思想有关，也与在积累与消费的比例安排上缺少经验有关。但其基本原因在于，新中国成立初期，我们面对帝国主义侵略的威胁和国家一穷二白的面貌，为着较快建立现代化的工业、农业、科学技术和国防，抓住苏联答应全面援助我"一五"计划建设的历史机遇，选择了优先发展重工业的战略，从而相应实行了集中统一的计划经济体制和农产品统购统销政策，把有限的财力、物力和人力最大限度地集中用于工业化建设。这就决定了不得不暂时抑制人民的消费和限制农民自由进城，不得不维持适当比例的工农业产品剪刀差，从而一定程度地影响了消费品的生产供应和人民生活特别是农民生活水平的提高。正因为如此，我们才有可能在一个人口众多的落后农业国里，用较短时间初步建成了独立完整的工业体系和国民经济体系，拥有了以"两弹一星"为代表的现代科技水平和现代国防力量，为后来的发展奠定了坚实的物质基础。所以，那时人民生活的某些困难，从根本上说是为工业化打基础而必须付出的代价，是前人为国家长远发展而做出的宝贵牺牲。至于"大跃进"、反右倾，特别是"文化大革命"的错误，只不过是使生活困难的程度更为加重、时间更为延长罢了。当我们对改革开放前后两个 30 年人民生活水平加以对比时，一方面应当实事求是地总结前 30 年工作中的教训；另一方面应当抱着对前人为后人节衣缩食、艰苦奋斗的崇敬和感激之情，而不应当轻薄为文、讽刺挖苦。

分析新中国头 30 年的错误，还应当把犯错误与犯错误的时期加以区别。例如，"文化大革命"长达十年时间，但在那十年里，除了搞"文化大革命"运动，社会主义经济建设还在进行。《历史决议》中说：那个时期，"我们党没有被摧毁并且还能维持统一，国务院和人民解放军还能进行许多必要的工作"，"我国社会主义制度的根基仍然保存着"，"党、人民政权、人民军队和整个社会的性质都没有改变"。"我国国民经济虽然遭到巨大损失，仍然取得了进展。粮食生产保持了比较稳定的增长。工业交通、基本建设和科学技术方面取得了一批重要成就，其中包括一些新铁路和南京长江大桥的建成，一些技术先进的大型企业的投产，氢弹试验和人造卫星发射回收的成功，籼型杂交水稻的育成和推广，等等。在国家动乱的情况下，人民解放军仍然英勇地保卫着祖国的安全。对外工作也打开了新的局面。当然，这一切绝不是'文化大革命'的成果，如果没有'文化大革命'，我们的事业会取得大得多的成就。"① 因此，简单地把"文化大革命"与"文化大革命"时期画等号，因为要彻底否定"文化大革命"而否定"文化大革命"时期党和人民所做的必要工作和建设事业所取得的重大成就，都是不可取的；因为"文化大革命"时期我们党犯了严重错误而否认那一时期我们党的工人阶级先锋队性质和我们国家的社会主义性质，更是对客观实际的一种曲解。

分析新中国头30年的错误，还要把好心办坏事与个人专断、个人专断与专制制度加以区别。例如，毛泽东发动"文化大革命"，出发点是解决党和国家肌体中存在的阴暗面，巩固人民民主专政。但他采取的理论和方法、依靠的力量和打击的对象，都严重混淆了是非和敌我。发生这样的错误，与他个人专断的作风有关，个人专断又与长期封建社会造成的封建专制主义思想影响有关。但个人专断作风、专制主义影响与封建专制制度本身，毕竟是性质完全不同的两码事。胡锦涛总书记在十七大报告中要求"反对和防止个人或少数人专断"②，我们能因此就说今天仍然是封建专制主义社会吗？因为存在个人或少数人专断的现象而妄言改革开放前30年是什么封建专制主义，混淆了工作作风与社会性质的区别，是对那段历史的肆意歪曲。

总之，新中国头30年虽然犯了不少错误，但取得的成绩还是第一位的；犯错误的原因虽然有思想方法和工作作风上的问题，但主要的还是受客观物质基础薄弱和经验不足的限制。我们过去批判过"四人帮"从"左"的方面对新中国头17年的否定，今天同样要抵制从右的方面对新中国头30年的否定。因为，否定了那30年，就无法解释中国特色社会主义道路的来源，中国特色社会主义道路中的科学社会主义灵魂就会被抽去。新中国头30年各项事业的发展和人民生活水平的提高，远没有改革开放后那么显著，但这绝不表明那段历史对于后30年无足轻重，可有可无。看不到前30年为后30

---

① 《三中全会以来重要文献选编》（下），人民出版社1982年版，第816—817页。
② 《中国共产党第十七次全国代表大会文件汇编》，人民出版社2007年版，第50页。

年奠定的牢固基础，就难以弄明白，当今世界上有那么多发展中国家实行市场经济和与国际经济接轨，为什么唯独中国特色社会主义道路会产生如此神奇的发展速度，取得如此举世瞩目的辉煌成就，显示如此强大的生命力和影响力。

二 后 30 年使中国特色社会主义道路得以开辟和不断发展

改革开放后的 30 年，我们党通过总结前 30 年的经验教训，分析我国现阶段生产力状况和世界科学技术的新发展以及国际关系的新特点，制定了在社会主义初级阶段的基本路线，在党的基本理论、政治体制、经济体制、意识形态工作、国际战略等等一系列重大问题上，实现了对前 30 年的巨大超越。如果看不到这种超越，就看不清后 30 年的中国特色社会主义道路与前30 年的社会主义建设道路的区别究竟在哪里，就会妨碍对改革开放决策正确性、必要性的认识。

改革开放前 30 年的很长时间内，我们把阶级斗争作为社会主义社会的主要矛盾，提出"以阶级斗争为纲"的口号和"无产阶级专政下继续革命"的理论。粉碎"四人帮"后，虽然结束了"文化大革命"，但又提出"两个凡是"的方针（凡是毛泽东作出的决策，都要坚决维护；凡是毛泽东的指示，都要始终不渝地遵循），继续维持上述不适合于社会主义社会的口号和理论。改革开放后，我们党恢复了解放思想、实事求是的思想路线，批判了"两个凡是"的错误方针，纠正了毛泽东的晚年错误，强调现阶段我国社会的主要矛盾是人民日益增长的物质文化需要同落后的社会生产之间的矛盾，实现了党的工作中心的转移，先后形成了邓小平理论、"三个代表"重要思想和科学发展观等马克思主义中国化的最新成果。所有这些，都是后 30 年对前 30 年在党的基本理论上的超越。

改革开放前的 30 年，我们党和国家领导制度中一度存在权力过分集中、党政职能不分、机构层次过多、领导职务终身制等现象；对法制建设不重视，除少数几部法律外，基本上无法可依；民主缺少制度化、程序化，家长制、一言堂作风严重。邓小平在谈到这些问题时曾指出："在加强党的一元化领导的口号下，不适当地、不加分析地把一切权力集中于党委，党委的权力又往往集中于几个书记，特别是集中于第一书记，什么事都要第一书记挂帅、拍板。党的一元化领导，往往因此而变成了个人领导。全国各级都不同程度地存在这个问题。"① 改革开放后，我们党严格执行民主集中制，建立干部离退休制度，健全党和国家的领导体制，实行党政职能适当分开，改善党的领导方式和执政方式；推进政治体制改革，深化干部人事制度改革和机构改革，加强对权力的制约与监督；提出并实施依法治国方略，完善中国特色社会主义法律体系，坚持公民在法律面前一律平等；扩大人民民主，丰富民主形式，拓宽民主渠道，发展基层民主，落实民主权利，支持民主党派和无党派人士参政议政，发挥社会组织在扩大群众参与、反映群众诉求方面的积极作用，增强社会自治功能。所有这些，都是后 30 年对前 30 年在政治体制上的超越。

改革开放前 30 年的后期，我们脱离生产力的实际水平，片面追求生产资料的公有程度和分配领域的"公平"、"公正"；企业缺少自主权，产销脱节，经济利益同经济效果不挂钩；流通体制渠道单一，环节繁杂；农村人民公社政企不分，生产队自主权得不到尊重，农民经营正当家庭副业的权利被剥夺；吸引国外投资和进口国外技术、设备，被当成"走资本主义道路"和"崇洋媚外"而受到批判。改革开放后，我们允许个体经商，鼓励发展私营经济，形成以公有制为主体、多种所有制经济共同发展的基本经济制度；提倡一部分人和一部分地区先富起来，允许和鼓励技术、管理、资本参与分配，形成以按劳分配为主体、多种分配方式并存的分配制度；扩大国有企业自主权，实行厂长经理负责制、承包经营责任制，直至以股份制为主要形式的现代企业制度；实行计划经济与市场调节相结合，直至确立社会主义市场经济体制；废除人民公社，实行家庭联产承包责任制，稳定土地承包关系，并允许土地承包经营权依法流转；积极吸引外资，兴办合资或独资企业，建立经济特区，继而开放沿海、沿江、沿边城市，实施"走出去"战略，加入世界贸易组织和经济全球化进程。所有这些，都是后 30 年对前 30 年在经济

---

① 《邓小平文选》第 2 卷，人民出版社 1994 年版，第 328—329 页。

体制上的超越。

改革开放前 30 年中相当长的时间里，我们党在"左"的思想指导下，把已经相信共产党、愿意为人民服务和学习马克思主义的旧知识分子，以及新中国自己培养的知识分子，统统划入资产阶级的一部分；不尊重学术研究和艺术创作规律，进行不适当的行政干预；把许多学术和文艺思想上的问题当成政治问题，开展过火的批判；尤其在"文化大革命"中，"左"的思想恶性膨胀，使许多马克思主义的学术观点和歌颂社会主义的优秀作品遭受打击，只允许几个"样板戏"和几部"学术著作"存在。改革开放后，我们党随着清理过去"左"的指导思想，改变了对知识分子的估计，认为他们是工人阶级的一部分，提倡尊重知识、尊重知识分子的社会风气；解除了在学术研究和文艺创作中许多不必要的框框和禁区，认真落实"百花齐放、百家争鸣"的方针；注意区分学术问题和政治问题，对思想认识问题采取说服引导方法，鼓励不同观点的切磋，提倡多样化，强调吸收和利用世界各国包括资本主义发达国家所创造的一切先进文明成果，大量翻译出版国外学术著作和文艺作品；纠正轻视教育科学文化的错误观念，大力普及初等教育，发展高等教育和科技事业，积极改革文化体制，推动文化繁荣，并且培育文化市场，建设文化产业，丰富人民的精神文化生活，提高国家文化的软实力和国际竞争力。所有这些，都是后 30 年对前 30 年在意识形态工作上的超越。

改革开放前的 30 年，根据当时国际形势的特点，"我们的观点一直是战争不可避免，而且迫在眉睫。我们好多的决策，包括一、二、三线的建设布局（一线指处在战略前方的一些省区，三线指全国的战略大后方，二线指处于一线和三线之间的省区——笔者按），'山、散、洞'的方针（靠山、分散、进洞的简称，指对国防尖端项目安排的方针——笔者按）在内，都是从这个观点出发的"。① 一段时间，"针对苏联霸权主义的威胁，我们搞了'一条线'的战略，就是从日本到欧洲一直到美国这样的'一条线'"。② 在处理与外国政党的关系上，"往往根据的是已有的公式或者某些定型的方案"，③ "犯了点随便指

① 《邓小平文选》第 3 卷，人民出版社 1993 年版，第 126—127 页。
② 同上书，第 127 页。
③ 《邓小平文选》第 2 卷，人民出版社 1994 年版，第 318 页。

手划脚的错误"。① 改革开放后，我们党从已经变化了的实际情况出发，对国际形势作出了新的观察和判断，"改变了原来认为战争的危险很迫近的看法"，认为"战争的危险仍然存在，但是可以争取相当长一段时间的和平"；② "带全球性的战略问题，一个是和平问题，一个是经济问题或者说发展问题"。③ 同时，改变了"一条线"的战略，"谁搞霸权就反对谁，谁搞战争就反对谁"，既"改善了同美国的关系，也改善了同苏联的关系"；④ 还改变了同外国政党处理关系时的某些原则，主张"各国党的国内方针、路线是对还是错，应该由本国党和本国人民去判断"；"不应该要求其他发展中国家都按照中国的模式去进行革命，更不应该要求发达的资本主义国家也采取中国的模式"。⑤ 所有这些，都是后30年对前30年在国际战略上的超越。

这些超越，归根结底基于我们党在改革开放后，对我国所处的社会主义发展阶段，以及当今时代特征和总体国际形势，有了比前30年更加清醒更加准确的判断。正是这种判断，使我们得以比较系统地回答了中国现阶段社会主义的发展道路、根本任务、发展动力、外部条件等一系列基本问题，从而进一步揭示了社会主义的本质，把对社会主义的认识提高到了一个新的科学水平，使中国特色社会主义道路被赋予了更加鲜明的中国特色和时代特征。如果否定后30年，中国特色社会主义道路中的社会主义自我完善与发展的精神实质，以及时代特征就会被抽去；同样难以弄明白这条道路为什么会产生如此神奇的发展速度，取得如此举世瞩目的辉煌成就，显示如此强大的生命力和影响力。

三 两个30年的内在统一构成中国特色社会主义道路的完整形态

改革开放30年虽然在许多方面超越了前30年，但这种超越并没有离开

① 《邓小平文选》第3卷，人民出版社1993年版，第237页。
② 同上书，第127、249页。
③ 同上书，第105页。
④ 同上书，第128页。
⑤ 《邓小平文选》第2卷，人民出版社1994年版，第318页。

社会主义的轨道。它既没有改变社会主义社会的基本制度和中国共产党对国家的领导，也没有改变马克思主义在意识形态领域的指导地位、执政党为人民服务的宗旨和共产主义的奋斗目标。相反，它在党和国家的基本理论、政治体制、经济体制、意识形态工作和国际战略等方面，与前 30 年之间具有基本的一致性和连续性。正是这种一致性和连续性，使两个 30 年内在地联系在一起，成为一个完整的整体。看不到它们的内在联系，抹杀它们的相同之处，就不可能懂得中国特色社会主义道路为什么仍然是一条社会主义的道路而不是别的什么道路。

改革开放后，我们党在基本理论方面纠正了毛泽东的晚年错误，否定了"以阶级斗争为纲"这个不适用于社会主义社会的口号；但同时，科学评价了毛泽东，把毛泽东的晚年错误与毛泽东思想加以区别，确立毛泽东和毛泽东思想的历史地位，始终捍卫和高举毛泽东思想的伟大旗帜；仍然坚持阶级和阶级斗争的理论，认为在社会主义现阶段，"由于国内的因素和国际的影响，阶级斗争还在一定范围内长期存在，在某种条件下还有可能激化"[1]；并把坚持四项基本原则看作立国之本，当成党在社会主义初级阶段基本路线中两个基本点中的一个基本点。对于改革开放前后我们党在指导思想上的异同之处，邓小平曾作过精辟的说明。他指出，有的人"忽略了中国的政策基本上是两个方面，说不变不是一个方面不变，而是两个方面不变。人们忽略的一个方面，就是坚持四项基本原则，坚持社会主义制度，坚持共产党领导。人们只是说中国的开放政策是不是变了，但从来不提社会主义制度是不是变了，这也是不变的嘛！"[2]

改革开放后，我们党在政治体制上不断深化改革，大力推进社会主义民主与法制；但同时，始终坚持共产党在国家事务中总揽全局、协调各方的核心领导作用，坚持党的领导、人民当家作主、依法治国的有机统一，坚持全心全意依靠工人阶级，坚持党对军队的绝对领导，没有搞西方的多党制和议会民主、三权分立。

---

① 《中国共产党第十七次全国代表大会文件汇编》，人民出版社 2007 年版，第 60 页。

② 《邓小平文选》第 3 卷，人民出版社 1993 年版，第 217 页。

改革开放后，我们党打破了公有制和按劳分配一统天下的局面，将计划经济体制改为了社会主义市场经济体制，实行了全方位开放；但同时，仍然坚持公有制和按劳分配为主体，把全民所有制和集体所有制作为社会主义经济制度的基础，把国有经济作为国民经济中的主导力量和支柱，把市场经济同社会主义基本制度结合在一起，把市场对资源配置的基础性作用放在国家的宏观调控之下；仍然坚持前30年农业合作化运动所确立的农村土地集体所有制的性质，既发挥农民家庭经营的积极性，又发挥集体经济的优越性；仍然坚持自力更生的方针，把着眼点放在发展壮大自己力量的基点上。

改革开放后，我们党在意识形态工作中摒弃了以往"左"的做法，并大力推动社会组织的建设；但同时，仍然坚持马克思主义在意识形态领域的指导地位，要求共产党员做共产主义远大理想的坚定信仰者，引导全体人民树立中国特色社会主义共同理想，把社会主义核心价值体系融入国民教育和精神文明建设的全过程，弘扬爱国主义、集体主义、社会主义思想，抵制各种错误和腐朽思想的影响；坚持社会主义先进文化的前进方向，全面贯彻党的教育方针，培养德智体美全面发展的社会主义建设者和接班人；健全党和政府主导的维护群众权益的机制，警惕和防范国内外敌对势力的各种分裂、渗透、颠覆活动，切实维护国家意识形态的安全。

改革开放后，我们党在国际战略上改变了过去关于时代特征的判断，认为中国的前途命运日益同世界的前途命运联系在一起，并加强了同发达国家的战略对话，奉行互利共赢的开放战略；但同时认为，"世界仍然很不安宁"，"霸权主义和强权政治依然存在"，[①] 主张建立公正合理的国际政治经济新秩序，反对各种形式的霸权主义和强权政治，坚定不移地走和平发展道路，坚持在和平共处五项原则的基础上同所有国家发展友好合作，永远不称霸，永远不搞扩张；要求军队"做好军事斗争准备，提高军队应对多种安全威胁、完成多样化军事任务的能力，坚决维护国家主权、安全、领土完整，为维护世界和平贡献力量"，要求"增强全民国防观念，完善国防动员

---

① 《中国共产党第十七次全国代表大会文件汇编》，人民出版社 2007 年版，第 45 页。

体系"。①

十七大报告把"以经济建设为中心，坚持四项基本原则，坚持改革开放"，作为中国特色社会主义道路的基本内涵。②"一个中心、两个基本点"当然是在改革开放后 30 年提出的，但它与前 30 年并非毫无关系，更非水火不容。首先，以经济建设为中心，早在新中国成立初期就是这么做的，只是后来由于"左"的指导思想作怪，才逐渐游离。十一届三中全会只是把这个中心重新转移了回来，而不是对这个中心的最初确立。其次，改革开放作为一个具有特定含义的完整概念，前 30 年无论在客观还是主观上，都不具备提出的条件。但是，一般意义上的改革，比如针对苏联经验中的缺点而进行的经济体制改革；一般意义上的开放，比如为突破西方国家包围、封锁、制裁而进行的对外经济文化交流，新中国成立后都不同程度地进行过。只是后来由于"左"的思想泛滥，特别是"文化大革命"，才使我们逐渐走上了体制僵化和封闭半封闭的道路。但即使在"文化大革命"时期，我们也从西方国家大规模引进过先进设备。至于四项基本原则，邓小平早在 1979 年就指出，它"并不是新的东西，是我们党长期以来所一贯坚持的"。③ 由此也可以看出，中国特色社会主义道路在形成过程中，既有后 30 年对前 30 年的发展，也有后 30 年对前 30 年的继承，离开其中任何一个 30 年，这条道路都不可能形成。两个 30 年虽然有很大差别，但既没有彼此割裂，更没有相互对立，本质上是中国社会主义社会不同的发展阶段，前一个阶段是后一个阶段的准备，后一个阶段是前一个阶段的完善，两个阶段共同促成了这条道路的形成。

对历史的认识从来是与对现实的认识紧密交织在一起的，一个人有什么样的世界观，就会有什么样的历史观。反之，一个人对历史问题的认知，也往往会影响他对现实问题的分析。新中国两个 30 年的关系问题是历史问题，同时又是现实问题。事实说明，如何认识这两个 30 年和它们的相互关系，是与如何认识中国特色社会主义道路相关度极高的问题。现实生活中凡是怀

---

① 《中国共产党第十七次全国代表大会文件汇编》，人民出版社 2007 年版，第 40—42 页。

② 同上书，第 11 页。

③ 《邓小平文选》第 2 卷，人民出版社 1994 年版，第 165 页。

疑和反对改革开放的，必然会用前 30 年否定后 30 年；凡是怀疑和否定四项基本原则的，必然会用后 30 年否定前 30 年；凡是把中国特色社会主义看成"新民主主义的回归"、"民主社会主义"和"社会民主主义"，或者看成"资本主义复辟"的，必然会把前后两个 30 年加以割裂和对立。同样，凡是把前后两个 30 年加以割裂、对立、相互否定的，也必然会反对或曲解中国特色社会主义道路。

只要回顾一下过去就会清楚，如果 1978 年没有实行改革开放，新中国的历史将难以为继，结果只能是死路一条。这一点已为我们自己和一些前社会主义国家的历史所证明，是毫无疑问的。但同样毫无疑问的是，如果 1949 年不建立新中国，新中国不选择社会主义道路，改革开放不坚持四项基本原则，新时期也难以起步，即使起步也会误入歧途，结果也只能是死路一条。这一点也已为我们自己和一些前社会主义国家的历史所证明。因此，没有社会主义就没有新中国，没有中国特色社会主义就没有今天中国的一切发展和进步。把改革开放前后两个 30 年割裂和对立起来，用后 30 年否定前 30 年，或者用前 30 年否定后 30 年，不仅在理论上站不住脚，而且在实践上必定会损害中国人民的根本利益。

马克思主义比任何一种学说都更加重视历史。毛泽东说过："今天的中国是历史的中国的一个发展；我们是马克思主义的历史主义者，我们不应当割断历史。"[1] 他还说："我们是历史主义者，给大家讲讲历史，只有讲历史才能说服人。"[2] 我们应当高度重视对新中国两个 30 年关系的研究，并把中华人民共和国史、中国现代史（当代史）的宣传纳入社会主义核心价值体系建设和国民教育之中，用历史来说明中国特色社会主义道路的必然性和正确性，不断增强人们对这条道路必胜的信心。

（来源：《当代中国史研究》2009 年第 5 期）

---

[1] 《毛泽东选集》第 2 卷，人民出版社 1991 年版，第 534 页。
[2] 《毛泽东文集》第 8 卷，人民出版社 1999 年版，第 276 页。

中国特色社会主义与当代中国发展道路

李　捷[*]

一　当代中国发展道路的提出

当代中国的发展道路，是由现代化问题提出来的。围绕现代化问题，各国都在探索自己的道路。就不同社会制度而言，有资本主义各国走过的现代化道路，有正在探索的通过社会主义实现现代化的道路。就不同经济社会的发展程度而言，有发达国家的现代化道路，有后发达国家的现代化道路，有发展中国家正在探索的各种现代化道路。

于是，在现代化道路的选择上，世界上五颜六色，不同国家各显其能。没有一条对别国来说可以直接照搬照抄的发展道路，更没有一种可以放之四海而皆准的发展模式。

自 1840 年中国沦为半殖民地半封建国家后，就提出了现代化问题，即实现中华民族的伟大复兴。从"师夷之长技以制夷"到变法维新，再从变法维新到推翻帝制，再从旧民主主义革命进到新民主主义革命，证明：只有通过革命铲除"三座大山"，才能为现代化打开通道。

1949 年 10 月 1 日，中华人民共和国成立，掀开了中国历史的新纪元。从此，中国逐步选择并建立起社会主义制度，并开始了社会主义现代化道路的艰辛探索。

---

　* 作者系中央文献研究室副主任、研究员。

这一探索既有显著成绩，也有重大失误。中国领导人在经历了成功与失误的比较之后，终于认识到："走自己的道路，建设有中国特色的社会主义，这就是我们总结长期历史经验得出的基本结论。"①

中国改革开放，最大的成功，就在于找到了当代中国发展的正确道路，这就是中国特色社会主义道路。

二　当代中国发展道路的内涵与外延

当代中国发展道路，就是中国特色社会主义道路。根据改革开放 30 年的实践，党的十七大报告对这条道路作了系统的描述："中国特色社会主义道路，就是在中国共产党领导下，立足基本国情，以经济建设为中心，坚持四项基本原则，坚持改革开放，解放和发展社会生产力，巩固和完善社会主义制度，建设社会主义市场经济、社会主义民主政治、社会主义先进文化、社会主义和谐社会，建设富强民主文明和谐的社会主义现代化国家。中国特色社会主义道路之所以完全正确、之所以能够引领中国发展进步，关键在于我们既坚持了科学社会主义的基本原则，又根据我国实际和时代特征赋予其鲜明的中国特色。在当代中国，坚持中国特色社会主义道路，就是真正坚持社会主义。"②

中国特色社会主义道路，由以下五大部分组成：

1. 时代特征与发展阶段

这是当代中国发展道路的坐标。所谓坐标，实际上指的是一个坐标体系，包括横向坐标和纵向坐标。

其横向坐标，即时代特征，它解答的是中国与世界的关系问题。时代特征，也就是邓小平反复指出、并经几次党的全国代表大会报告强调的"和平与发展是当今世界的两大主题"。

其纵向坐标，即发展阶段，它解答的是中国发展的现实位置与历史渊源的关系问题。发展阶段，也就是邓小平反复指出、并经几次党的全国代表大

---

① 《邓小平文选》第 3 卷，人民出版社 1993 年版，第 3 页。
② 《中国共产党第十七次全国代表大会文件汇编》，人民出版社 2007 年版，第 11 页。

会报告确认的"我国正处于并将长期处于社会主义初级阶段"。

2. 一个中心、两个基本点的基本路线

这是当代中国发展道路的核心。

这条基本路线是:"领导和团结全国各族人民,以经济建设为中心,坚持四项基本原则,坚持改革开放,自力更生,艰苦创业,为把我国建设成为富强民主文明和谐的社会主义现代化国家而奋斗。"[1]

这里面有四个要点。

第一个要点是:以经济建设为中心是兴国之要。要始终坚持发展是执政兴国的第一要务,当务之急是做到科学发展、社会和谐。

第二个要点是:坚持四项基本原则是立国之本。什么是四项基本原则?就是坚持社会主义道路、坚持人民民主专政、坚持中国共产党的领导、坚持马克思列宁主义毛泽东思想。

如何坚持?是固守成规,还是在发展中坚持、在坚持中发展?这是思想方法问题,是思想路线问题。我们的基本方法是解放思想、实事求是、与时俱进,既不能违背根本原则,又要研究新问题,提出新思路;既不能丢掉老祖宗,又要讲新话。解放思想是发展中国特色社会主义的一大法宝。

坚持社会主义道路。我们既坚持科学社会主义的基本原则,又根据我国实际和时代特征赋予其鲜明的中国特色。"在当代中国,坚持中国特色社会主义道路,就是真正坚持社会主义。"[2]

坚持人民民主专政。深刻阐述人民民主专政不仅有专政的一面,还包括人民民主方面,是毛泽东的功劳。深刻总结"文化大革命"的严重教训,沿着加强社会主义民主和法制的思路,提出发展社会主义民主政治和依法治国方略,是十一届三中全会以来的重要贡献。

坚持中国共产党的领导。中国共产党要始终做到"三个代表",科学执政、民主执政、依法执政,必须以改革创新精神加强自身建设,不断提高执政能力。这些都是在坚持党的领导问题上的新发展。

---

① 《中国共产党第十七次全国代表大会文件汇编》,人民出版社 2007 年版,第 61 页。

② 同上书,第 11 页。

坚持马克思列宁主义毛泽东思想。中共十七大报告提出："马克思主义只有与本国国情相结合、与时代发展同进步、与人民群众共命运，才能焕发出强大的生命力、创造力、感召力。在当代中国，坚持中国特色社会主义理论体系，就是真正坚持马克思主义。"①

我们的一个基本经验，就是把坚持四项基本原则同坚持改革开放结合起来，既以四项基本原则保证改革开放的正确方向，又通过改革开放赋予四项基本原则新的时代内涵，把以经济建设为中心同四项基本原则、改革开放这两个基本点统一于发展中国特色社会主义的伟大实践。

第三个要点是：坚持改革开放是强国之路。改革开放是发展中国特色社会主义的强大动力，是决定当代中国命运的关键抉择，是发展中国特色社会主义、实现中华民族伟大复兴的必由之路。正如党的十七大报告指出："改革开放是党在新的时代条件下带领人民进行的新的伟大革命。"②

第四个要点是：发展目标是"把我国建设成为富强民主文明和谐的社会主义现代化国家"。从"四个现代化"到"富强民主文明"三大目标的现代化，再到"富强民主文明和谐"四大目标的现代化，反映了中国共产党几代领导集体对现代化问题的认识发展历程。

3. 中国特色社会主义经济建设、政治建设、文化建设、社会建设四位一体的布局

这是当代中国发展道路的内涵。

在经济建设也就是发展社会主义市场经济方面，经过改革开放30年的发展，形成了一整套行之有效的发展格局。这主要是：把坚持社会主义基本制度同发展市场经济结合起来，努力转变经济发展方式，实现五个统筹（即统筹城乡发展、统筹区域发展、统筹经济社会发展、统筹人与自然和谐发展、统筹国内发展和对外开放），坚定不移地走中国特色新型工业化道路；稳步推进社会主义新农村建设，走中国特色农业现代化道路和中国特色城镇化道路；努力建设创新型国家，走中国特色自主创新道路；实施可持续发展

① 《中国共产党第十七次全国代表大会文件汇编》，人民出版社 2007 年版，第 11—12 页。
② 同上书，第 7 页。

战略，加强生态文明建设，建设资源节约型、环境友好型社会。

在政治建设也就是中国特色社会主义政治发展道路方面，形成了以下发展格局：把推动经济基础变革同推动上层建筑改革结合起来，社会主义民主政治建设的核心是坚持党的领导、人民当家作主、依法治国的有机统一；社会主义民主政治建设的基本制度框架是，坚持和完善工人阶级领导的、以工农联盟为基础的人民民主专政的国体，坚持和完善人民代表大会制度、中国共产党领导的多党合作和政治协商制度、民族区域自治制度、基层群众自治制度；在人民权利上，切实保障人民管理国家事务和社会事务、管理经济和文化事业的权利。尊重和保障人权；在发展人民民主上，建立健全民主选举、民主决策、民主管理、民主监督的制度和程序；在加强法制建设上，加强国家立法和法律实施工作，实现国家各项工作法治化。

在文化建设也就是推进社会主义文化建设新高潮方面，形成了以下发展格局：把发展社会生产力同提高全民族文明素质结合起来，以建设社会主义核心价值体系为中心，建设和谐文化，弘扬中华文化，推进文化创新，积极发展文化产业和文化事业，提高国家文化软实力。

在社会建设也就是构建社会主义和谐社会方面，形成了以下发展格局：把提高效率同促进社会公平结合起来，把促进改革发展同保持社会稳定结合起来；优先发展教育，建设人力资源强国；实施扩大就业的发展战略；深化收入分配制度改革，建立合理的收入分配制度，增加城乡居民收入；加快建立覆盖城乡居民的社会保障体系，保障人民基本生活；建立基本医疗卫生制度，提高全民健康水平；完善社会管理，维护社会安定团结；完善国家安全战略，健全国家安全体制。

4. 全面推进对外开放、和平外交、国防安全、民族团结、祖国统一大业
这是当代中国发展道路的外延。

在对外开放上，把坚持独立自主同参与经济全球化结合起来，始终不渝地奉行互利共赢的开放战略，始终不渝地走和平发展道路。"中国发展离不开世界，世界繁荣稳定也离不开中国。"①

---

① 《中国共产党第十七次全国代表大会文件汇编》，人民出版社 2007 年版，第 47 页。

在和平外交上，"政治上相互尊重、平等协商，共同推进国际关系民主化；经济上相互合作、优势互补，共同推动经济全球化朝着均衡、普惠、共赢方向发展；文化上相互借鉴、求同存异，尊重世界多样性，共同促进人类文明繁荣进步；安全上相互信任、加强合作，坚持用和平方式而不是战争手段解决国际争端，共同维护世界和平稳定；环保上相互帮助、协力推进，共同呵护人类赖以生存的地球家园"。①

在国防安全上，必须站在国家安全和发展战略全局的高度，统筹经济建设和国防建设，在全面建设小康社会进程中实现富国和强军的统一，加快中国特色军事变革。

在民族团结上，坚持民族区域自治制度，牢牢把握各民族共同团结奋斗、共同繁荣发展的主题，巩固和发展平等团结互助和谐的社会主义民族关系。

在祖国统一上，遵循"和平统一、一国两制"的方针和现阶段发展两岸关系、推进祖国和平统一进程的八项主张，坚持一个中国原则决不动摇，争取和平统一的努力决不放弃，贯彻寄希望于台湾人民的方针决不改变，反对"台独"分裂活动决不妥协，牢牢把握两岸关系和平发展的主题，真诚为两岸同胞谋福祉、为台海地区谋和平，维护国家主权和领土完整，维护中华民族根本利益。

5. 中国共产党建设新的伟大工程

这是当代中国发展道路的主心骨。

改革开放以来，为了适应新的历史条件，适应领导改革开放伟大事业的需要，中国共产党提出了推进党的建设新的伟大工程的历史任务，并逐步形成了总体布局。

党的建设新的伟大工程的总体布局是：坚持把推进中国特色社会主义伟大事业同推进党的建设新的伟大工程结合起来，把党的执政能力建设和先进性建设作为主线，坚持党要管党、从严治党，贯彻为民、务实、清廉的要求，以坚定理想信念为重点加强思想建设，以造就高素质党员、干部队伍为

---

① 《中国共产党第十七次全国代表大会文件汇编》，人民出版社2007年版，第45页。

重点加强组织建设，以保持党同人民群众的血肉联系为重点加强作风建设，以健全民主集中制为重点加强制度建设，以完善惩治和预防腐败体系为重点加强反腐倡廉建设，使党始终成为立党为公、执政为民，求真务实、改革创新，艰苦奋斗、清正廉洁，富有活力、团结和谐的马克思主义执政党。

如果把当代中国发展道路比作一辆汽车的话，时代特征与发展阶段就是它的定位系统，一个中心、两个基本点就是它的控制系统和动力系统，四位一体格局及其外延部分就是它的底盘和框架，党的领导就是它的操作中枢。

另外，品牌十分重要。这辆汽车的品牌就是"中国特色社会主义道路"，是马克思主义基本原理同中国实际相结合的产物。它的制造平台是当代中国实践，设计理念是中国特色社会主义理论体系。

三　中国特色社会主义道路的探索和发展历程

中国特色社会主义道路，来之不易。凝聚了中国共产党几代领导人的智慧和心血。

（一）毛泽东的探索为找到这条道路提供了好的制度基础、发展平台和初步经验，也经历了严重的曲折

说到制度基础，必须指出，毛泽东是第一部共和国宪法的制定者。通过1954年制定的共和国第一部宪法，社会主义经济基础、人民民主专政国体、人民代表大会制度、中国共产党领导的多党合作和政治协商制度、民族区域自治制度、基层政权组织制度确立起来了。

说到发展平台，必须指出，毛泽东是社会主义现代化建设的创始人和奠基人。在毛泽东时代，新中国从1953年的第一个五年计划开始，用了短短二十多年时间，便从根本上解决了工业化建设从无到有的问题，在"一穷二白"的基础上建立了独立的比较完整的工业体系和国民经济体系。

说到初步经验，必须指出，毛泽东是探索中国社会主义建设道路的第一人。毛泽东思想，特别是关于社会主义建设理论，最值得称道的理论贡献是：关于社会主义社会基本矛盾的论述；关于人民内部矛盾学说；关于"百

花齐放、百家争鸣"的方针；关于统筹兼顾的方针；关于社会主义建设的十大关系；关于综合平衡、以农轻重为序发展国民经济的思想，等等。

毛泽东的探索经历了两大曲折，特别是"文化大革命"错误，从根本上偏离了毛泽东思想的正确轨道，使毛泽东的正确探索为之中断。

"大跃进"和人民公社化运动，犯了超越社会主义发展阶段，违背经济发展规律，片面追求发展速度，严重破坏了综合平衡的错误。"文化大革命"是一场由领导者错误发动、被反革命集团利用并给党、国家和各族人民带来严重灾难的内乱。毛泽东发动"文化大革命"的"左"倾错误论点，明显脱离了毛泽东思想的轨道，既不符合马克思列宁主义，也不符合中国实际。

（二）邓小平稳妥地解决了继承与发展、总结历史与开辟未来的紧迫问题，在继承前人的基础上开创了当代中国发展道路

邓小平为找到当代中国发展道路作出了最伟大的贡献。如果说没有毛泽东成功开辟中国革命道路中国人民还会在黑暗中摸索的话；那么，没有邓小平成功开辟中国特色社会主义道路，中国人民还会在贫穷中徘徊不前。

说到邓小平的历史性贡献，首先是支持和领导了真理标准大讨论，解决了什么是真正高举毛泽东思想旗帜的问题。

接下来就是领导中共十一届三中全会实现伟大历史性转折。中国的改革开放、当代中国的发展道路、中国特色社会主义理论体系的发端，都是从这时起步的。

第三个历史贡献，便是邓小平主持起草了第二个历史决议，正确总结新中国成立以来的历史，正确评价毛泽东和毛泽东思想的历史地位，并且通过对新中国成立以来十条基本经验的总结，为中国的发展指明了方向。

总之，通过拨乱反正，中国共产党自我纠正错误，从死路中找到生路，从挫折中走向胜利。

（三）改革开放30年实现三大突破

回顾改革开放30年的历程，中国的发展实现了三大历史性突破。

第一大突破，从1978年中共十一届三中全会到1992年中共十四大，解决了"松绑发展"的问题。

松什么绑呢？松社会主义传统观念和教条主义束缚之绑。

我们在坚持科学社会主义基本原理的同时，在"什么是社会主义、怎样建设社会主义"这一根本问题上有了极大的进步，使我们对于科学社会主义的认识达到了一个新境界。

从改革人民公社体制开始，到改革整个经济体制、政治体制和文化体制；从设立经济特区开始，到全方位的对外开放；从提出发展有计划的商品经济开始，到做出建立社会主义市场经济体制的历史决策。改革开放的每一次历史性进步，都极大地推进了中国特色社会主义理论体系的形成和发展，理论创新又使人们的思想观念得到极大的解放，成为推动中国经济社会前进的强大动力。在这一理论与实践相互推进的过程中，我国成功实现了从高度集中的计划经济体制到充满活力的社会主义市场经济体制、从封闭半封闭到全方位开放的伟大历史转折。

第二大突破，从中共十四大到中共十七大前夕，解决了"借力发展"的问题。

借什么力呢？就是借从 20 世纪 90 年代蓬勃发展起来的经济全球化大潮之力。

这时候，中国要引进来、走出去，加入世界贸易组织，积极参与和推动经济全球化进程，在这个过程中趋利避害、迅速发展壮大起来。中国的这一轮发展，遇到了一个强有力的阻碍，这就是世界经济政治传统秩序的严重束缚。

这个问题，邓小平早就提出来了。20 世纪 80 年代，邓小平在做出和平与发展是当今世界的两大主题的著名论断之时就指出，和平问题是东西问题，发展问题是南北问题，要和平，要发展，就必须打破冷战时期形成的世界政治经济旧秩序，建立平等、互利、公正的世界经济政治新秩序。这一直是我国发展努力的一个重要目标。

以江泽民为核心的中共第三代中央领导集体，作出了两个重要决策。一是建立和完善社会主义市场经济体制，这为我国加入世界贸易组织，积极参与经济全球化进程，搭建了体制机制平台。二是全力推进加入世界贸易组织的谈判，并为适应入世后必然面对的国际竞争新形势做好充分的准备。

这一轮的发展，取得了举世瞩目的成绩。如今，我国已成为世界四大经济体之一，成为经济总量的大块头。一个面向现代化、面向世界、面向未来的社会主义中国巍然屹立在世界东方。中国的发展，不仅使中国人民稳定地走上了富裕安康的广阔道路，而且为世界经济发展和人类文明进步作出了重大贡献。

以 2007 年为例：国内生产总值达 24.66 万亿元，比 2002 年增长 65.5%，年均增长 10.6%，从世界第六位上升到第四位；进出口总额达 2.17 万亿美元，从世界第六位上升到第三位；国家财政收入达 5.13 万亿元；外汇储备超过 1.52 万亿美元，稳居世界首位。

如今，我们面临着第三大突破，这一突破是从中共十七大提出转变发展方式开始的。我们要通过这次突破，解决"转轨发展"的问题。

转什么轨呢？就是要从以高投入为手段、以高污染高能耗为代价、以总量倍增为目的的传统发展方式，转变到符合科学发展观要求的发展轨道上来，实现国民经济的又好又快发展。

要实现这一转变，就必须从现代化传统发展模式的束缚中解放出来，必须从我们已经习以为常的一些旧经验、旧做法中解放出来，创新发展理念、发展方式、发展模式。要突破对 GDP 和高投资、高耗能、高污染的传统发展方式的依赖，突破发展理念中拜物主义和拜金主义，树立以人为本的科学发展观。

所以说，当代中国发展又到了一个重要的历史关头。一方面，改革开放 30 年伟大成就的积累，新中国成立以来近 60 年建设成就的积累，都使我们站在了一个新的历史起点上；另一方面，在成就积累的同时，也积累了一些深层次问题，发展中的问题只有在发展中才能得到解决，只有在转变发展方式中才能得到解决。根本出路在于：转变发展方式，更新发展观念，创新发展模式，把科学发展观从思想转化为行动。

发展方式、发展观念、发展模式，是当今世界各国普遍关注的战略问题，必将成为未来国际竞争新的制高点。

如果说，从前发达国家拉开同发展中国家的差距，主要靠的是科技创新、科技革命的话；今后的国际竞争还要加上一条，要靠发展方式、发展观念、发展模式的创新。

最后，我们重温以下有关发展道路和发展模式的两段话，颇有异曲同工之妙。

1982 年 9 月邓小平指出："我们的现代化建设，必须从中国的实际出发。无论是革命还是建设，都要注意学习和借鉴外国经验。但是，照抄照搬别国经验、别国模式，从来不能得到成功。这方面我们有过不少教训。把马克思主义的普遍真理同我国的具体实际结合起来，走自己的道路，建设有中国特色的社会主义，这就是我们总结长期历史经验得出的基本结论。"[1]

2008 年 4 月胡锦涛指出："世界上没有放之四海而皆准的发展道路和发展模式，也没有一成不变的发展道路和发展模式，必须适应国内外形势的新变化、顺应人民过上更好生活的新期待，结合自身实际、结合时代条件变化不断探索和完善适合本国情况的发展道路和发展模式，不断增加全社会的生机活力，真正做到与时代发展同步伐、与人民群众共命运。"[2]

从学别人的路到走自己的路，从搬别人的模式到形成自己的模式，这就是中国特色社会主义道路的发展过程，是当代中国发展道路的历史轨迹。

（来源：《毛泽东邓小平理论研究》2009 年第 2 期）

---

[1] 《邓小平文选》第 3 卷，人民出版社 1993 年版，第 2—3 页。
[2] 《人民日报》2008 年 4 月 13 日。

中国是怎样走上成功之路的

程中原[*]

一

在中华人民共和国成立的时候，毛泽东主席向全世界庄严宣告："占人类总数四分之一的中国人从此站立起来了。""中国人被人认为不文明的时代已经过去了，我们将以一个具有高度文化的民族出现于世界。"[①] 在这之前十四年，毛泽东就已放言：中华民族"有自立于世界民族之林的能力"[②]。在这之后七年，他又预言："进到二十一世纪的时候，中国的面目更要大变。中国将变为一个强大的工业国。"并指出："中国应当对于人类有较大的贡献。"[③]

五十多年过去了，毛泽东的预言和心愿已经基本实现，并将进一步实现。中国的成功举世瞩目。中国已经建成了比较完整的工业体系，由工业化初期阶段进入中期阶段；自1978年至2004年，中国国内生产总值（GDP）持续保持着9.3%的快速增长，2004年已经达到136515亿元，经济总量居世界第六位，人均国内生产总值也超过了一千美元；十三亿人口的中国已经解

---

　[*] 作者系原当代中国研究所副所长、研究员。

　[①] 毛泽东：《在中国人民政治协商会议第一届全体会议上的开幕词》，《新华月报》1949年11月15日。

　[②] 《毛泽东选集》第1卷，人民出版社1991年版，第156页。

　[③] 毛泽东：《纪念孙中山先生》，《毛泽东文集》第7卷，人民出版社1999年版，第156—157页。

决了温饱问题，人民生活总体上达到了小康水平……用不同目光注视着中国的人们，都看到了一个不争的事实：中国这个人口众多、贫穷落后的东方大国正在迅速崛起。人们争相探究中国成功的奥秘，根据各自的观察和研究，作出概括和判断。有的归纳中国社会主义建设成功的"公式"①；有的惊叹"中国苏醒了，世界震动了"，"中国改变世界"②；有的作出"中国模式"、"中国道路"、"北京共识"的概括③；有的指出"中国已经成为东亚经济的发动机"，"中国在经济、社会和政治领域的现代化，标志着亚洲'新纪元'的到来"。④ 有的认为"中国政府提高全国人民社会地位的举措为其他经济腾飞的国家树立了榜样"。⑤ "中国有自己的道路"，"中国的成功经验，应该是人类历史上最令人钦佩的。其他国家应该尊重她并向她学习"。⑥ 中国人民则从切身经验中体认到：中国特色社会主义是我们的成功之路。对于中国人民来说，中国特色社会主义，是康庄大道，是奋斗目标，是辉煌事业，是科学理论。它是马克思列宁主义与中国社会主义建设实际和时代特征相结合的产物。它与时俱进，不断发展，不断完善。它已经指导中国人民取得巨大成功，它还将继续指导中国人民为振兴中华、全面建设小康社会而奋斗。本文

---

① 俄罗斯共产党领导人久加诺夫归纳中国成功的公式为：社会主义＋中国民族传统＋国家控制的市场＋现代化管理。转引自《参考消息》2004年5月1日，《苏维埃俄罗斯报》2004年4月29日文章《俄共领导人久加诺夫访华之后》。

② 法国《回声报》副主编埃里克·伊兹拉莱维奇于2005年2月出版的《当中国改变世界的时候》一书中的话。不久，中国外交学院院长、前中国驻法国大使吴建民作《当世界改变中国的时候——一个中国人的回答》一文在法国《回声报》上刊出。2005年4月4日，埃里克·伊兹拉莱维奇与吴建民在北京中央电视台"面对面"节目就"中国改变世界还是世界改变中国"进行了探讨，双方阐述了各自的观点。中国新华社作了报道。本文据中新网2005年4月5日报道：《中法专家面对面：中国改变世界还是世界改变中国》。

③ 转引自詹得雄《有关"中国模式""北京共识"议论的思考》，新华社编发的《内部参考资料》第1280期（2004年7月8日）。"北京共识"是高盛公司高级顾问、清华大学教授乔治亚·库珀·雷默提出的。2004年5月11日英国外交政策研究中心发表了他的以《北京共识》为题的长篇研究报告。

④ 柬埔寨首相洪森参加第三届亚洲政党国际会议发表的意见，引自《中国共产党执政能力赢得亚洲政党好评》，《人民日报》2004年9月5日。

⑤ 一位缅甸代表参加第三届亚洲政党国际会议发表的意见，引自《中国共产党执政能力赢得亚洲政党好评》，《人民日报》2004年9月5日。

⑥ 印度社会学家拉姆戈帕尔·阿加瓦拉的论点。转引自詹得雄《有关"中国模式""北京共识"议论的思考》，新华社编发的《内部参考资料》第1280期（2004年7月8日）。

拟对中国共产党领导中国人民走上成功之路的历史过程，以及中国共产党之所以能够取得成功的原因，试作分析和论述。

二

同中国民主主义革命道路的探索一样，中国特色社会主义道路的探索也经历了漫长的历程，走过曲折的道路，其间有胜利的行进，也有痛心的失败。

毛泽东第一个提出，要"努力找出在中国这块大地上建设社会主义的具体道路"。他在苏共二十大后提出"以苏为鉴"，指出现在中国处在社会主义革命和建设时期，要求将马克思列宁主义同中国社会主义革命与建设的实践"进行第二次结合"，强调"在结合上下功夫"。[①] 以毛泽东为核心的中共中央第一代领导集体为此进行了艰辛探索，奠定了中国特色社会主义的基础。

社会主义制度在中国的建立，就是一个富有中国特色的创举。毛泽东创造性地走出了一条适合中国特点的社会主义改造的道路，在世界人口最多的东方大国，完全以和平方式有秩序地实现了共产主义运动中先进的思想家和革命家以"赎买"方法解决资产阶级问题的伟大设想，取得了史无前例的、具有深远意义的成功，为中国追赶西方发达资本主义国家创造了前提，为和平实现社会主义改造创造了人类历史上的新经验。由于发展迅猛，对资本主义工商业的改造，难免有些简单粗糙。但应该看到，社会主义制度的建立，是中国历史上最深刻最伟大的社会变革，是以后一切进步和发展的基础。

与社会主义经济制度的建立相适应，毛泽东领导建立和巩固了人民民主专政的国家制度。他主持制定了1954年《宪法》，确立了人民代表大会制度、共产党领导的多党合作政治协商制度和民族区域自治制度，奠定了中国特色社会主义的基本政治制度；他进行了深刻的理论概括，写出了《关于正确处理人民内部矛盾问题》和《论十大关系》等著作，奠定了中国特色社

[①] 吴冷西：《十年论战》，中央文献出版社1999年版，第23—24页。

会主义的理论基础。

在社会主义制度建立以后，毛泽东急于发挥这个制度的优越性，在他制定的社会主义总路线指导下，组织了人民公社化运动和"大跃进"运动，既使生产关系超越了生产力发展的水平，又使经济工作违背了客观规律，加上三年自然灾害的影响和苏联赫鲁晓夫集团的挤压，中国的社会主义事业遭到了严重的挫折。

但以毛泽东为代表的中国共产党人没有被挫折和困难所压倒、所屈服。他们自觉地、及时地总结正反两方面的经验教训，实行"调整、巩固、充实、提高"的方针，纠正了大跃进运动、人民公社化运动和贯彻执行总路线中出现的偏差和错误，战胜了严重困难。与此同时，毛泽东领导制定出一整套具体路线和具体政策，包括：农村人民公社工作条例草案（简称《农业六十条》），国营工业企业工作条例草案（简称《工业七十条》），商业工作条例草案（简称《商业四十条》），教育工作条例草案三个（分别简称《高校六十条》、《中学五十条》、《小学四十条》），科学工作条例草案（简称《科研十四条》），文艺工作条例草案（简称《文艺八条》），从经济部门到科教文领域，都有了比较符合中国实际的进行社会主义建设的"章程"。毛泽东开创了富有中国特色的社会主义工业化道路，在他的领导下，初步建立了独立的比较完整的工业体系和国民经济体系，拥有了"两弹一星"，打破了超级大国的核垄断，同时培养了经济文化建设等方面的骨干力量，为改革开放新时期进行社会主义现代化建设奠定了物质技术基础。在毛泽东领导下，始终不渝地奉行独立自主的外交方针，实行和平共处五项原则，提出"三个世界划分"的战略，到 1976 年毛泽东逝世时，中国同 110 个国家和地区建立了外交关系，恢复了在联合国和安理会的席位，突破了中美之间长期对抗的局面，确立了中国在国际上政治大国的地位，为中国以后的改革开放和社会主义现代化建设创造了有利的国际条件。

在毛泽东领导下，只有社会主义才能救中国已经成为中国各族人民的共识；毛泽东和他的战友提出的分两步走建设社会主义现代化强国的宏伟蓝图，成为中国社会主义事业前进的方向和中国人民团结奋斗的目标。

同时应该看到，毛泽东还对社会主义制度的巩固，防止与避免社会主义国家的变质和变色进行了探索。他提出了不少发人深思的见解，采取了诸如干部参加集体劳动、限制各种特权、进行整风和社会主义教育等措施，但因对阶级斗争与党内矛盾不适当的、过分的估计而导致了发动"文化大革命"这样长期的、全局性的错误，给中国的社会主义事业造成了比"大跃进"运动和人民公社化运动更为惨重的损失。

正是经历了"文化大革命"内乱带来的巨大灾难之后，以邓小平为代表的中国共产党人才在接受教训、总结经验的基础上，开创了社会主义建设的新道路。

1975年邓小平主持全面工作，在毛泽东、周恩来和叶剑英的支持下领导各方面整顿，已经开始了这种努力。此后对邓小平的再次批判，反而进一步激发了中国人民对实现四个现代化的渴望和热忱。在毛泽东逝世、"四人帮"被粉碎之后，邓小平高举毛泽东思想伟大旗帜，倡导解放思想，恢复实事求是的思想路线，领导拨乱反正，实行改革开放，得到了全国人民的拥护和响应。以邓小平为核心的中共第二代领导集体，成功地开辟了一条中国特色社会主义新道路，创立了马克思主义与当代中国实践和时代特征相结合的中国特色社会主义理论。

1978年12月十一届三中全会开始了第二次伟大历史转折。邓小平《解放思想，实事求是，团结一致向前看》的主题报告，成为"开辟新时期新道路、开创建设有中国特色社会主义新理论的宣言书"。1979年的国庆30周年讲话对开创中国特色社会主义具有重要意义。这篇讲话第一次提出："我们要从中国的实际出发，认真研究经济规律和自然规律，努力走出一条适合我国情况和特点的实现现代化的道路。"① 1981年6月通过的《关于建国以来党的若干历史问题的决议》则第一次指明我国正处在社会主义"初级的阶段"，并总结十条基本经验，第一次对"一条适合中国情况的社会主义现代化建设的正确道路"作了阐述。在此基础上，邓小平在中共十二大开幕词中第一次明确提出"中国特色社会主义"的命题："把马克思主义的普遍真理同我国的具体实际结合起来，走自己的道路，建设有中国特色的社会主义，

---

① 《三中全会以来重要文献选编》（上），人民出版社1982年版，第233页。

这就是我们总结长期历史经验得出的基本结论。"① 这一论断，成为以邓小平为核心的中共第二代领导集体开创中国特色社会主义的标志。

在以邓小平为核心的第二代领导集体的领导下，十一届三中全会前后，开展了真理标准问题的讨论，恢复了实事求是的思想路线；及时实现了全党工作着重点的转移，确立了以经济建设为中心的政治路线；执行"调整、改革、整顿、提高"方针，改变了国民经济比例严重失衡的状况；农村家庭联产承包责任制的诞生和确立，带来了农村改革的突破，促进了农业生产的发展；乡镇企业的异军突起，不仅使一部分地区、一部分人先富起来，而且走出了一条中国式的农业工业化、农村现代化的道路；农村改革的成功带动了城市企业改革；对外开放的步伐大大加快，不仅大量引进外资和国外的先进技术和管理经验，而且创建了深圳、珠海、汕头、厦门四个经济特区，开放了沿海十四个城市……总之，在实现工作着重点转移的过程中，开辟了一条改革开放、建设中国特色社会主义的新道路。与此同时，针对否定四项基本原则的右的错误思潮的泛滥，邓小平重申必须坚持四项基本原则，从而形成了社会主义建设新时期"一个中心、两个基本点"的基本路线。十二大后，随着建设中国特色社会主义事业中出现的新情况，实现的新发展，取得的新经验，邓小平又提出了在 20 世纪末实现翻两番、国民生产总值人均达到八百美元的小康社会的目标和社会主义初级阶段论、社会主义市场经济论、社会主义本质论等理论。1992 年春，邓小平视察南方，发表一系列重要谈话，对改革开放进程中不断解放思想取得的理论成果进行了科学总结，回答了长期困扰和束缚人们思想的许多重大认识问题，指明了开创我国改革开放和社会主义现代化建设新阶段的前进方向和具体路径。从十二大到十五大，中国特色社会主义理论形成完整的科学体系。十五大报告将中国特色社会主义理论命名为邓小平理论，正是对以邓小平为核心的第二代领导集体开创之功的历史的、科学的评定。

如果说，马克思、恩格斯使社会主义从空想变成科学，那么，由毛泽东至邓小平，中国共产党带领中国人民，把这个科学理论同中国的实际相

---

① 《邓小平文选》第 3 卷，人民出版社 1993 年版，第 3 页。

结合，在 13 亿人口的中国变成了现实；与此同时，又进一步发展了这个科学理论，使它更多地带有中国的特色。正如胡锦涛所指出的："没有毛泽东思想的正确指引，就没有中国革命的胜利和社会主义制度的确立。没有邓小平理论的正确指引，就没有改革开放和中国特色社会主义新道路的开辟。"①"始于毛而成于邓"②，老革命家薄一波的这一论断，对这一段探索和开创中国特色社会主义道路的历史进行了最为简明扼要而深入浅出的概括。

自 1989 年十三届四中全会以来，以江泽民为核心的第三代领导集体高举邓小平理论伟大旗帜，顶住国际国内的压力，战胜接踵而来的一个又一个困难，坚定不移地沿着建设中国特色社会主义道路与时俱进，开拓创新，改革开放和社会主义现代化事业不断前进，中国特色社会主义理论不断发展。围绕中国特色社会主义这个主题，集中全党智慧，在总结建设中国特色社会主义伟大实践的基础上，逐步形成了"三个代表"重要思想这一系统的科学理论。用一系列紧密联系、相互贯通的新思想、新观点、新论断，进一步回答了什么是社会主义、怎样建设社会主义和建设什么样的党、怎样建设党的问题，丰富、发展了中国特色社会主义的理论。

十六大以后，以胡锦涛为总书记的党中央坚持以邓小平理论和"三个代表"重要思想为指导，在新阶段伟大实践的基础上，总结了新经验，作出了新概括。胡锦涛主持党的十六届三中全会进一步提出了科学发展观。要求"坚持以人为本，树立全面、协调、可持续的发展观，促进经济社会和人的全面发展"；强调"按照统筹城乡发展、统筹区域发展、统筹经济社会发展、统筹人与自然和谐发展、统筹国内发展和对外开放的要求"推进改革和发展。2004 年年初，胡锦涛又强调"大力弘扬求真务实精神，大兴求真务实之风"。指出"坚持全心全意为人民服务，摆正同人民群众的关系，是坚持求真务实的根本准则。正确认识国情，按照国情制定路线方针政策和开展工

---

① 胡锦涛：《在"三个代表"重要思想理论研讨会上的讲话》，《人民日报》2003 年 7 月 1 日。

② 薄一波：《永久的怀念——在邓小平生平和思想研讨会开幕式上的书面发言》，《人民日报》2004 年 8 月 21 日。

作，是坚持求真务实的根本依据。认识规律、把握规律、遵循和运用规律，是坚持求真务实的根本要求"。指出这是把握住重要战略机遇期，推动经济社会协调发展，不断开创中国特色社会主义事业新局面，实现全面建设小康社会的宏伟目标的"很重要的一条"。在 8 月 22 日纪念邓小平百年诞辰的大会上，胡锦涛发表讲话，对邓小平理论的创造性思想观点和方针政策又一次作了归纳，同时又结合现实，从理论创新、科学发展观、党的执政能力建设和"一国两制"方针、和平外交政策等五个方面对邓小平理论和"三个代表"重要思想作了阐述。所有这些，都丰富、发展了邓小平理论和"三个代表"重要思想。

新中国成立以来 55 年的历史昭示我们：中国的成功之路就是中国特色社会主义奠基、开创、发展的道路。中华人民共和国的历史，就是中国共产党领导中国各族人民探索、开辟中国特色社会主义道路的历史，不断开创中国特色社会主义事业新局面的历史，创立、发展中国特色社会主义理论的历史。

三

从上述历史过程的叙述，不难得出一个结论：中国的成功之路是中国共产党三代领导集体领导中国人民经过艰辛探索走出来的。需要进一步探究的是，中国共产党何以能够开创出中国特色社会主义这样一条成功之路？从认识论、方法论的高度来总结，笔者以为，成功的最重要的原因有以下六点。

第一，遵循实事求是的思想路线。哲学思想、理论基础的正确与否，是决定成败的根本。实事求是地认识中国的国情和所处的发展阶段，实事求是地认识社会主义的本质，实事求是地观察世界形势、分析时代特征，其结果是人们的思想从传统认识的拘囿中解放出来，对时代的主题、社会主义的本质、中国所处的发展阶段，逐渐取得合乎实际的正确认识，并由此出发，确定前进的目标和战略部署，指引中国人民坚定不移地走自己的路，独立自主、脚踏实地地沿着正确的方向和道路前进。从实际出发，改革的步骤是：从农村开始，见效之后再在城市推开；先搞经济体制的改革，再进至政治体制的改革。改革采用摸着石头过河的方针,既审慎行事,稳扎稳打,又大胆地干,大胆地闯。"胆子要大,步子要稳。"① "在大胆的行动中要采取谨慎步伐。""走一步,看一步。走一步,总结一步经验。"② 大至整个经济体制从"计划经济为主、市场经济为辅"到"有计划的商品经济",再到"社会主义市场经济";小到证券市场的设立和开放,莫不如此。这种渐进的、尊重实践检验的方法,保证了政治和社会的稳定、改革的成功。不仅如此,还遵循"实践—理论—实践"的公式,不断总结新鲜经验,进行理论创新,使中国特色社会主义理论与时俱进,不断发展,指导中国特色社会主义事业,焕发出无比的生机、活力,显示出巨大的优越性。

第二,从错误中学习。中国人深深领悟"失败乃成功之母"的古训。中国的成功之路是从错误和挫折中找到的,是吸取了犯错误的教训后开辟出来的。民主革命是如此,社会主义建设也是如此。邓小平说得好:"过去的成功是我们的财富,过去的错误也是我们的财富。我们根本否定'文化大革命',但应该说'文化大革命'也有一'功',它提供了反面教训。没有'文化大革命'的教训,就不可能制定十一届三中全会以来的思想、政治、组织路线和一系列政策。"③ 中国特色社会主义道路开创的历史,正好印证了恩格斯的名言:"伟大的阶级,正如伟大的民族一样,无论从哪方面学习都不如从自己所犯错误的后果中学习来得快。"④

第三,在打压中自强。在军事上,新中国创建之初就受到朝鲜战争的威胁,20世纪六七十年代又遭到两个超级大国的南北夹击;在经济上,有五十年代的禁运,六十年代的逼债,八九十年代的制裁;在政治上、文化上,敌对势力对中国的西化、分化一天也没有停止过。面对各方面的打压,我们不屈不挠,奋发图强,或战胜,或顶住,或冲破,或化解。中国为什么压不倒、打不垮?因为中华民族五千多年灿烂的文明史鼓舞着中国人民,晚清以

① 《邓小平文选》第3卷,人民出版社1993年版,第130页。
② 《邓小平年谱(1975—1997)》,中央文献出版社2004年版,第1016页。
③ 《邓小平文选》第3卷,人民出版社1993年版,第272页。
④ 恩格斯:《英国工人阶级状况》德文第2版序言引1892年1月11日写的该书英国版序言中的话。参见《马克思恩格斯选集》第4卷,人民出版社1995年版,第432页。

来一百多年的屈辱史激励着中国人民，"五四"以来民族民主革命胜利的历史和光荣的传统教育着中国人民。爱国精神、民族精神、革命精神，是中华民族自强自立的源泉，是中国人民战胜一切困难和敌人而决不被任何困难和敌人所屈服的精神支柱。

第四，在反倾向斗争中前进。中国特色社会主义开拓前进的过程，是反对"左"的或右的错误倾向取得胜利的过程。这就要求处理好四项基本原则和改革开放两个基本点的关系。"既要反'左'，又要反右。"反对"左"的倾向、摆脱传统观念的束缚，其积极的结果是：实现了工作重点从以阶级斗争为纲到以经济建设为中心的转移；采取全方位的开放政策，引进国外的设备、技术、管理经验和资金，允许一些资本主义进入，作社会主义的补充，发展社会主义的生产力；对计划与市场的认识提高到一个新的水平，实现了从计划经济体制向社会主义市场经济体制的转变；对社会主义社会初级阶段各种经济成分地位和作用的正确认识，确立了以公有制为主体、多种所有制经济共同发展的方针；对股份制和股份合作制属性的正确判断，导致确定其可以作为公有制的实现形式；如此等等。与此同时，从改革开放以来，没有放松对右的倾向即资产阶级自由化的斗争。1983 年反对精神污染，遏制了资产阶级自由化蔓延的势头；1986 年制止了资产阶级自由化鼓动起来的学潮；1989 年平息了政治风波。通过这些斗争维护和保卫了党的领导和社会主义制度，保证了改革开放的进行。邓小平说："右可以葬送社会主义，'左'也可以葬送社会主义。"① 这是对中国社会主义建设历史经验的深刻总结。

第五，尊重群众的首创精神。中国特色社会主义理论是亿万人民伟大实践的结晶。党的领袖尊重群众的首创精神，善于发现群众的创造、集中群众的智慧，是取得成功的法宝。推行联产承包责任制以调动农民的生产积极性，发展乡镇企业以实现农村工业化、城镇化，实行村民自治建设社会主义民主政治，兴办合作医疗以解决农民最重要的社会保障问题，实施多种形式办学以普及义务教育。这条建设中国社会主义新农村的独特道路，完全是尊重农村干部、群众首创精神的结果。

---

① 《邓小平文选》第 3 卷，人民出版社 1993 年版，第 375 页。

第六，抓住机遇，迎接挑战。如果说，由于 20 世纪五十年代中期的"大跃进"运动、人民公社化运动，我们未能把握住机遇，由于六十年代中期到七十年代中期的"文化大革命"运动，我们又丧失了机遇，因而拉大了同发达国家的差距，那么，从十一届三中全会以来，我们自觉地抓住了 20 世纪兴起的新科技革命带来的世界现代化的新进展和世界经济迅猛发展提供的机遇，主动地迎接了资本主义发达国家、特别是亚洲"四小龙"的崛起以及实行资本主义制度的港、澳、台地区的发展向社会主义制度提出的挑战，虚心地学习、吸收一切先进的东西，统筹利用国际国内两个市场两种资源，顺应和融入世界历史潮流，认识和遵循客观规律，发展自己，取得优胜。中国近年来成功地抵御了亚洲金融风暴的袭击，取得了抗击"非典"的胜利，就是中国有能力应对挑战、在竞争中胜出的证明。

中华人民共和国成立至今，五十多年过去了。中国已经走上了成功之路。中国已经自立于世界民族之林。但同世界发达国家还存在很大差距；离预定的全面建设小康社会、达到中等发达国家水平的目标，还有很长路程；现实生活中也还存在许多矛盾、许多困难。但道路已经开辟，前途充满光明。中国人民充满信心，沿着我们的成功之路——中国特色社会主义道路，开拓创新，奋勇前进。我们坚信，我们预期的目的一定能达到。我们坚信，中国一定能够对人类作出更大的贡献。

（来源：《中国井冈山干部学院学报》2005 年第 2 期）

一个多世纪中国的发展
道路及其启示

夏春涛[*]

从鸦片战争迄今的一个多世纪是一段跌宕起伏波澜壮阔的历史。从历史分期上讲，1840年鸦片战争爆发至1949年中华人民共和国成立属于近代史，此后属于现（当）代史。从社会性质上讲，中国先是从封建社会蜕变为半殖民地半封建社会，到1901年《辛丑条约》签订时跌入深渊，民族危机空前加剧；经过中国共产党领导的新民主主义革命和社会主义改造，中国在20世纪中叶直接过渡到社会主义社会，从此踏上了在社会主义道路上实现中华民族伟大复兴的光辉征程。关于这段历史的发展轨迹和梗概，已是人所周知。本文着重就如何认识这段历史以及从中可以得到哪些启示，谈点一己之见。

一

从1840年鸦片战争爆发到1949年中华人民共和国成立的百余年间，中国一直饱受外国入侵和蹂躏，主权和领土完整受到粗暴侵犯，国内政局动荡，国力衰微，民生凋敝。在这个时期，中国社会有两种主要矛盾，即帝国主义与中华民族的矛盾，封建主义与人民大众的矛盾，前者是最主要的矛盾；所面临的历史任务主要有两个，一是实现民族独立和人民解放，即反帝反封建；二是实现国家富强、改变积弱积贫的处境，前一项任务是后一项任

---

* 作者系中国社会科学院中国特色社会主义理论研究中心副主任、研究员。

务的前提和先决条件。从太平天国农民运动到洋务运动、戊戌变法、义和团运动，各种政治力量曾不同程度、各有侧重地试图解决或触及中国社会所面临的一些问题，但均告失败。孙中山先生领导的辛亥革命推翻了在中国延续几千年的君主专制制度，意义非凡，但无数仁人志士的头颅最终仅换来一个假"共和"，故孙中山先生有"革命尚未成功，同志仍须努力"一说。由于民族资产阶级在经济、政治上的软弱，无力承担民族民主革命的任务，于是，反帝反封建的使命最终落到了新生的中国共产党身上，旧民主主义革命过渡到新民主主义革命。无论是巴黎公社革命，还是俄国十月社会主义革命，都是主要依靠工人阶级在中心城市发起的。俄国是当时帝国主义链条上最薄弱的环节，但若从 1861 年废除农奴制的改革算起，资本主义生产方式在俄国也已搞了 40 多年。而中国是农业国，农村人口占绝大多数，其社会性质为半殖民地半封建社会。这就意味着中国革命无法也不能照搬现成的模式，必须探索出一条符合中国国情的新路。以毛泽东为杰出代表的中国共产党人创造性地将马克思主义基本原理与中国具体实际相结合，得出了正确的结论：一是指出中国革命要分两步走，先进行新民主主义革命，然后再进行社会主义革命；二是指出中国革命的中心问题是农民问题，应以农村为根据地，以农民为主要依靠力量[1]，以农村包围城市，武装夺取政权。

在经过艰苦卓绝的斗争即将取得全国胜利之际，中国共产党开始思考怎样搞建设的问题。在新中国诞生前夕召开的党的七届二中全会上，毛泽东庄严地宣告："我们不但善于破坏一个旧世界，我们还将善于建设一个新世界。"[2] 1949 年至 1956 年是一个过渡时期。通过迅速地医治战争创伤，以及基本完成对农业、手工业、资本主义工商业的社会主义改造，中国建立了社会主义制度，走上了社会主义道路。这是中国历史上最广泛最深刻的一次社会变革，开启了一个新纪元新时代。如何在跨越资本主义发展阶段的背景下，在中国这样一个社会生产力水平十分落后的东方大国建设社会主义？这

---

① 通过政治思想工作和严格的组织生活，使广大农民在政治、思想和组织上入党，转变成为合格的中国工人阶级的有共产主义觉悟的先锋战士。这在国际共产主义运动史上是没有先例的，是我们党在革命时期搞自身建设的一大创举。

② 《毛泽东选集》第 4 卷，人民出版社 1991 年版，第 1439 页。

是中国共产党所面临的又一个崭新课题和巨大挑战，老祖宗的经典著作中没有现成答案可寻，完全要靠自己去摸索。我们党领导人民在社会主义建设的理论和实践上进行了艰辛探索。新中国成立20多年来，中国建立了独立的比较完整的工业体系和国民经济体系，取得了包括两弹一星这样的伟大成就。但随着"极左"思潮的泛滥，我们也走了不少弯路，包括经历了"文化大革命"那样的重大曲折，耽误了不少时间。

在1978年末党的十一届三中全会上，以邓小平为核心的党的第二代中央领导集体拨乱反正，果断地抛弃"以阶级斗争为纲"的错误指导思想，将工作重心转移到社会主义现代化建设上来，作出了改革开放的战略决策，开始了新中国成立以来我党历史上的一次重大转折。[①] 以此为标志，我国进入了探索和开辟中国特色社会主义道路的新时期。改革首先是在农村展开、从经济领域入手的，然后再转为城市改革，转为综合性的改革。作为社会发展和变革的先导，理论创新受到空前重视，有力地推动了实践创新，成为改革不断走向深入的标志：1982年党的十二大第一次正式提出建设有中国特色社会主义的思想；1987年十三大提出了社会主义初级阶段理论，确立了"一个中心、两个基本点"的战略布局；1992年十四大提出了社会主义市场经济理论；1997年十五大将邓小平理论与马列主义、毛泽东思想一道，确立为党的指导思想；2002年十六大又将"三个代表"重要思想确立为党的指导思想；十六大以来，以胡锦涛为总书记的党中央推出了科学发展观、加强党的执政能力建设和先进性建设、构建社会主义和谐社会等一系列理论创新成果。从党的十一届三中全会至今，是理论创新和实践创新从未间断、不断丰富和发展的过程，是建设中国特色社会主义思路越来越清晰、认识越来越深入的过程，是中国崛起和腾飞的过程。改革开放28年来，中国经济一直保持高速增长，成为全球经济最具活力的国家之一，引起世界的瞩目。中国发生了历史性巨变，中国社会充满了生机和活力。

只有科学地回顾、总结历史，才能更好地把握今天、走向未来。在认

---

① 当时，国际形势也发生了重大变化，和平与发展成为世界的两大主题。这在客观上为我们党转移工作重心提供了有利的国际环境。

识、评价鸦片战争至今这160多年的中国历史进程时，有两种倾向需要加以注意，一是对近代中国发展道路的质疑和否定；二是对1949年以来特别是近28年来中国发展道路的质疑和否定。二者的共同特征是历史虚无主义。

近代史研究中翻案文章之多、翻案风气之盛，早已不是什么新鲜事了；某些媒体、某些文艺作品的推波助澜，更使这股风气有欲罢不能之势。越来越多不同专业的学者、不同职业的人群对近代史感兴趣、参与研讨，这本身是件好事，在一定程度上也确实推动了研究。问题是有些人无视历史研究的严谨和严肃，对史料、史实和学术史缺乏最起码的了解，却打着学术创新、正本清源的幌子，随意地戏说、杂谈，使原本清晰的历史变模糊了，一些是非问题被混淆或颠倒了。① 例如，有人认为，鸦片战争一声炮响，给中国送来了近代文明。血腥、罪恶的帝国主义侵华史被轻描淡写地描述成牧歌式的西方文明输入史。再比如，有人肯定改良，否定一切暴力革命，提出要"告别革命"。言下之意，中国只要走西方式的发展道路，就可以顺理成章地实现现代化，包括中国共产党领导的新民主主义革命均属多余。也有人拐弯抹角地表达了类似的意思，为中国没有走资本主义道路大呼遗憾。其实，中国不是没有尝试过这条路，但事实证明此路不通。戊戌变法想搞君主立宪，但慈禧一声吆喝，仅搞了103天的维新便告夭折，谭嗣同等六君子身首异处。民国初年，中国煞有介事地移植了西方式的民主制度，设国会，搞多党竞选，但这并没有给中国带来福音：宋教仁因为主张成立责任内阁而遭袁世凯暗杀，接着便发生了袁世凯、张勋复辟帝制和曹锟贿选等丑剧，中国陷入军阀混战四分五裂的境地。至于1927年后的历史，大家耳熟能详，这里不再赘言。另一方面，西方列强也并不希望中国强大起来。在清末民初，中国知识界很推崇日本模式、日本经验，但日本却是近代加害中国最深的一个国家。中国在两次世界大战中都是战胜国，但两次都不同程度地失去了战胜国的体面，不幸成为大国政治博弈和利益瓜分的牺牲品。正如毛泽东一针见血所指出的："帝国主义的侵略打破了中国人学西方的迷梦。很奇怪，为什么

---

① 新中国成立后，史学界在确立唯物史观的指导地位、澄清若干重大理论问题的同时，确实存在片面理解和运用唯物史观的倾向，说了不少过头话。十年动乱结束后，这一倾向受到史学界的重视，得到了有力纠正。而时下有些人却纠缠于陈年老账，出现了矫枉过正的现象。

先生老是侵略学生呢？中国人向西方学得很不少，但是行不通，理想总是不能实现。多次奋斗，包括辛亥革命那样全国规模的运动，都失败了。"① 残酷的事实证明，处于半殖民地半封建境地的中国，不首先实现民族独立和人民解放，现代化根本就无从谈起。中国的出路在于反帝反封建，在于搞新民主主义革命，然后再进行社会主义革命，舍此没有第二条路可走。② 在风雨如晦烽火连天的岁月中，中国共产党带领中国人民经过浴血奋战，付出了惨痛代价，作出了巨大牺牲，这才赢得了中国革命的胜利，将中国引向了光明的前途。说这条路走错了，实属虚妄之言。

某些人质疑和否定近代中国的发展道路，其主旨是质疑和否定1949年以来中国的发展道路——既然新民主主义革命不必搞，这条路走错了，那么，随后走社会主义道路也走错了。关于新中国成立50多年来的评价，主要聚焦在两个核心问题上，一是如何评价毛泽东以及从新中国成立到"文化大革命"结束这段历史；二是如何评价近28年来的改革开放史。

关于前一个问题，1981年党的十一届六中全会通过的《关于建国以来党的若干历史问题的决议》已经作了科学阐释。这份历史性文献是在邓小平主持下起草的。针对当时认为毛泽东有严重的个人品质问题、主张否定毛泽东的声音，邓小平坚持要正确评价毛泽东和毛泽东思想的历史地位，要坚持和发展毛泽东思想；强调看问题要实事求是，不能将所有的问题都归结到个人品质上，不能把所有的错误都算在毛泽东一个人身上。他郑重指出，"毛泽东思想这个旗帜丢不得。丢掉了这个旗帜，实际上就否定了我们党的光辉历史"；"不写或不坚持毛泽东思想，我们要犯历史性的大错误"；不能把毛泽东的错误"写过头"，"给毛泽东同志抹黑，也就是给我们党、我们国家摸黑。这是违背历史事实的"③。现在回过头来看，这个意见的正确性、重要性，所体现出的政治眼光和智慧，就看得更加清楚了。当然，杂音、噪音还

① 《毛泽东选集》第4卷，人民出版社1991年版，第1470页。
② 在新民主主义革命胜利后，中国何以不走资本主义道路，而是选择了社会主义？对此，胡乔木同志《中国在五十年代怎样选择了社会主义》一文有较深入的分析。参见《胡乔木集》，中国社会科学出版社2002年版，第238—245页。
③ 《邓小平文选》第2卷，人民出版社1994年版，第298、300—302页。

是有的，但终究不成气候，全党全国人民在这个问题上的认识是统一的。

还需要指出的是，围绕社会主义建设，毛泽东曾进行过积极的探索。他起初主张向苏联学习，认为苏联共产党是我们最好的先生，但很快就意识到不能照搬苏联经验，提出要摸索适合自己的发展道路。在借鉴苏联发展经验和教训、客观分析国内社会政治生活实际的基础上，毛泽东相继于1956年、1957年发表《论十大关系》、《关于正确处理人民内部矛盾的问题》，指出在社会主义改造完成后，我国的根本任务已经由解放生产力变为在新的生产关系下面保护和发展生产力，强调社会主义建设要做到统筹兼顾、综合平衡，等等。① 可惜随着指导思想发生错误，这种探索后来中断了。在对外关系方面，毛泽东在《论十大关系》中明确提出要向外国学习，包括学习资本主义国家的先进的科学技术和企业管理方法中合乎科学的方面。不过，在冷战背景下，新生的共和国面临着西方的包围、封锁和战争威胁，后来就连苏联也加入对我国进行核讹诈的行列，客观上并不具备对外开放的条件。即便是在这种情况下，我国的外事工作仍取得了很大成绩，突出体现在1971年我国恢复了在联合国的合法席位，次年实现尼克松访华和中日邦交正常化，为日后的对外开放奠定了良好基础。所以，邓小平说，"转入社会主义建设以后，毛泽东同志也有好文章、好思想"②。薄一波认为，对于中国特色社会主义道路的探索，是"始于毛而成于邓"。这些都是合乎实际的评价。

关于新时期的改革开放，人们对开放鲜有争议，焦点主要集中在对改革的评判上。近20多年来的改革是中国历史上最深刻最有意义的变革之一。我们党带领人民经受住了各种风险和挑战的考验，披荆斩棘，成功地闯出了一条建设中国特色社会主义的新路。人民生活总体上实现了由温饱到小康的历史性跨越，目前正在向全面建设小康社会的目标迈进。2005年中国GDP达到18.23万亿人民币（约合2.26万亿美元），经济规模仅次于美国、日本和德国，与英国、法国已在伯仲之间，位居世界前列。截至2006年2月底，我国外汇储备

---

① 《论十大关系》开篇就指出："特别值得注意的是，最近苏联方面暴露了他们在建设社会主义过程中的一些缺点和错误，他们走过的弯路，你还想走？过去我们就是鉴于他们的经验教训，少走了一些弯路，现在当然更要引以为戒。"《毛泽东文集》第7卷，人民出版社1999年版，第23页。

② 《邓小平文选》第2卷，人民出版社1994年版，第296页。

规模为8537亿美元，已超过日本位居全球第一。振兴中华、实现中华民族伟大复兴，这是近一个多世纪以来中国人梦寐以求并为之不懈奋斗的一个愿望和梦想，而现在，我们越来越接近了这个目标。当然，在探索中前进和发展，难免会出现一些曲折和问题。随着改革不断深入，新问题新矛盾仍将会层现迭出，而且出现的周期可能会越来越短。对此，我们党一直保持着清醒认识，并且始终致力于妥善解决所面临的问题。从某种意义上讲，一部改革开放史，也就是一部不断迎接新挑战、解决新问题的历史。改革尽管有不尽如人意之处，但瑕不掩瑜，改革所取得的成就终究是主流、是第一位的。这是谁也否定不了的事实。换个角度来思考这个问题，或许会看得更加清楚。近十余年来，西方主流舆论对中国的发展态势主要有两种判断，分别是"中国威胁论"和"中国崩溃论"。这两种评判从字义上看完全相反，但实际上说的是同一个意思。因为你日趋强大了，别人产生了心理压力，便硬说你构成了"威胁"；因为不希望你强大起来，所以就诅咒你好景不长，迟早要"崩溃"。别人视我们为潜在的主要对手，这本身就是对我们实力的一种印证。随着拉美地区因为推行新自由主义而饱尝苦果、重重碰壁，越来越多的发展中国家开始反思、质疑以"华盛顿共识"为标识的西方发展模式，对中国的发展模式、发展道路表示关注和赞许。就连西方也不得不重新打量中国，以往是一味诋毁中伤，现在则开始涉猎带有理性的研究，试图破解中国成功的奥秘。2004年，美国学者雷默（Joshua Cooper Ramo）首次提出"北京共识"的概念，由此揭开了世界各大主流媒体广泛讨论"中国模式"的序幕。一百多年来，中国从来没有像今天这样在世界范围内引起这么大的关注。

如何评价中国在一个多世纪的发展道路，首先是政治问题，而不是单纯的学术问题、理论问题。因为以虚无主义态度来解读这段历史的人本身就是从政治角度出发的。所以，在这些问题上含糊不得。

二

回顾鸦片战争以来一个多世纪中国的发展道路，大体可以得出以下几点启示：

第一，必须坚持以经济建设为中心，以发展为第一要务。

从鸦片战争到中华人民共和国成立的百余年间，中国处境险恶，根本没有发展的机会；赢得民族独立和人民解放成为寻求发展的先决条件。1949年后，由于"左"的思潮的干扰、工作重心的偏差，以及国际环境不利一面的影响，我们延缓了发展步伐，耽误了不少时间。1978年末党的十一届三中全会是个转折。我们党果断地转移工作重心，加上国际大环境发生变化，和平与发展成为时代两大主题，我们这才真正有了一个集中精力搞经济建设的相对有利环境。发展对任何一个国家来说，都是一个永恒的主题；对于像中国这样一个生产力发展水平远远落后于发达国家的东方大国来说，发展更具有一种紧迫性。现阶段我国社会的主要矛盾仍然是人民日益增长的物质文化需要同落后的社会生产之间的矛盾。中国的出路在于发展，中国的一切问题归根结底是发展问题；没有发展，一切都无从谈起。邓小平再三强调改革是中国的第二次革命，强调坚持改革开放是决定中国命运的一招，强调社会主义现代化建设是中国当前最大的政治，其寓意也就在此。

一方面，落后就要挨打。中国近代史昭示了这个深刻的道理，而且这个道理至今仍没有过时。当代西方资本主义国家尽管已发生了不小变化，但其推行霸权主义和强权政治、以强权压制公理的本性并没有实质性改变。美国绕开联合国用武力颠覆伊拉克政权并对该国实施军事占领便是一例。我国之所以能够顺利地实现香港、澳门回归，说到底是自身的实力在起作用。只有拥有了实力，人家才会忌惮你、尊重你，否则就会被人欺侮和宰割，就会丧失发展的机会。

另一方面，社会主义制度的优越性只有通过发展才能体现出来。正如邓小平所说，贫穷不是社会主义，社会主义时期的根本任务是发展生产力。我们用半个多世纪的时间完成了西方国家一二百年的发展历程，实现了经济的高速发展，使社会主义制度的优越性得到了体现，但体现得还不够充分。应当看到，目前"西强我弱"的总体格局并没有发生质的改变，我们说话的分量不够，说服力还不够强。国内有些人之所以对走社会主义道路的信心不够坚定，与此不无关系。事实胜于雄辩，只要我们埋头苦干，真正把中国建设好了，赶上乃至超过西方发达国家的水平，到那时，不用我们多费口舌，世界上赞成、相信社会主义的人也会一天天地多起来。

改革开放28年来，我们党坚奉"发展才是硬道理"的理念，排除一切干扰，带领人民聚精会神搞建设，一心一意谋发展，这才使中国拥有了今天的国际地位和综合国力。这20多年是近一个多世纪时间里中国绝无仅有的黄金发展期，局面来之不易。党的十六大根据改革开放以来的实践总结出十条基本经验，其一便是"坚持稳定压倒一切的方针，正确处理改革发展稳定的关系"。邓小平曾经强调，"中国的最高利益就是稳定"；他还说，"即使是平平稳稳地发展几十年，中国也会发生根本的变化"[①]。所以，我们一定要倍加珍惜目前的局面，自觉地维护稳定，为进一步深化改革、促进发展创造前提。要以理性、客观的态度看待前进中所出现的问题，并坚持用发展的方法来解决这些问题。

第二，必须结合本国国情和时代特征，坚持走自己的发展道路。

谈到发展，首先要解决走什么发展道路的问题，而且发展不能脱离本国国情和时代特征。邓小平说得好："过去搞民主革命，要适合中国情况，走毛泽东同志开辟的农村包围城市的道路。现在搞建设，也要适合中国情况，走出一条中国式的现代化道路。"[②] 我们走的是一条既不同于西方资本主义国家、也不同于其他社会主义国家的发展道路，这就是中国特色社会主义道路。那么，中国特色社会主义的内涵是什么？其中的"中国特色"主要体现在哪些地方呢？邓小平理论、"三个代表"重要思想和科学发展观等均属于中国特色社会主义理论，是马克思主义中国化的理论创新成果。它们无疑都具有中国特色，其中的不少内容同时还具有普遍意义。"一个中心、两个基本点"是党在社会主义初级阶段的基本路线，它们是一个有机整体，统一于建设中国特色社会主义的伟大实践。以经济建设为中心、坚持四项基本原则[③]，这些都是搞社会主义的题中应有之义；改革开放是我们党根据具体国

---

① 《邓小平文选》第3卷，人民出版社1993年版，第313、301页。

② 《邓小平文选》第2卷，人民出版社1994年版，第163页。

③ 四项基本原则之一为"坚持马列主义、毛泽东思想"，时至今日，这一条的完整表述应为"坚持马列主义、毛泽东思想、中国特色社会主义理论"。毛泽东思想等是中国化的马克思主义，属于中国特色。但总的来说，四项基本原则是社会主义国家搞现代化建设必须遵循的原则，带有普遍意义。

情和时代特征制定的一项基本国策，同时也代表了社会主义国家的发展趋势。因此，概括地说，所谓的"中国特色"主要突出体现在两个方面，一是社会主义初级阶段理论；二是搞社会主义市场经济。两者都是最具中国特色、为中国所独有的东西，是当代中国共产党人的发明创造。

社会主义初级阶段理论从我国的具体国情出发，指出中国社会主义正处于并将长期处于初级阶段，即不发达的阶段。这就为党一切从这个实际出发，制定、执行正确的路线方针政策，提供了科学的理论依据和指导，有助于克服超越阶段发展的弊病。与之相联系的是社会主义市场经济理论。按照这一理论，中国不能超越商品经济和市场经济的发展阶段，必须建立社会主义市场经济体制，将社会主义与市场经济结合起来，以促进生产力的发展。14 年来的实践证明，搞社会主义市场经济的路子是对的，激发了全社会的活力和创造力，提高了效率，推动了经济的快速发展。

市场经济是把双刃剑。毋庸讳言，伴随着市场经济的发展，贫富分化等问题变得越来越突出了。于是，有人担心照此发展下去，改革会偏离社会主义的方向。前一段时间理论界学术界围绕改革所展开的争论主要由此而引发。[1] 据各方的公开观点分析，大家在坚持改革这一点上并没有分歧，争论主要聚焦在改革道路、改革方向上。其实，只要我们按照"三个有利于"的标准来进行改革，就应该大胆地去实践，不必缩手缩脚，不必纠缠于孰左孰右、姓"资"姓"社"的争论。当然，既然我们是在社会主义制度下搞市场经济，那就必须坚持公有制占主体、共同富裕这两条社会主义的根本原则。[2] 与这两大原则相关联的是国企改革和两极分化问题，这也正是我们今天所面临的最棘手最紧迫的问题。

---

[1]　2006 年 6 月 5 日，《人民日报》刊发署名"钟轩理"的文章，主要阐明了两个论点，一是必须毫不动摇地坚持改革，二是改革必须始终坚持正确的方向，给这场争论定了调、画了句号，旨在避免因争论而干扰中央的决策和注意力。当天下午，笔者应该报理论部之约写了 600 余字的读后感，对该文论点表示赞同和响应。

[2]　邓小平明确指出："总之，一个公有制占主体，一个共同富裕，这是我们所必须坚持的社会主义的根本原则。"他还告诫说："社会主义的目的就是要全国人民共同富裕，不是两极分化。如果我们的政策导致两极分化，我们就失败了；如果产生了什么新的资产阶级，那我们就真是走了邪路了。"参见《一靠理想二靠纪律才能团结起来》，《邓小平文选》第 3 卷，人民出版社 1993 年版，第110—111 页。

如何体现以公有制为主体？其底线是什么？导致收入差距拉大的根本原因究竟是什么？对这些具体的重大问题进行反思还是必要的，以便达成共识，推动问题的解决。的确，严重的两极分化等现象是资本主义市场经济固有的、自身难以克服的弊病，而社会主义市场经济姓"社"，当然不能也不会容忍这种现象的存在。社会主义的本质是解放生产力，发展生产力，消灭剥削，消除两极分化，最终达到共同富裕。正如江泽民所说："我们搞的是社会主义市场经济，'社会主义'这几个字是不能没有的，这并非多余，并非'画蛇添足'，而恰恰相反，这是'画龙点睛'。所谓'点睛'，就是点明我们市场经济的性质。……西方市场经济是在资本主义制度下搞的，我们的市场经济是在社会主义制度下搞的，这是不同点，而我们的创造性和特色也就体现在这里。"① 社会主义市场经济是社会主义与市场经济的有机结合，是发挥各自优势、扬长补短的结合。一方面，通过建立完善的市场体系，发挥市场在资源配置中的基础性作用，来改变过去那种缺乏活力的高度集中的计划经济体制；另一方面，通过充分发挥社会主义制度的优越性，来克服市场经济固有的缺陷。具体地说，建立完善的国家宏观调控体系，使市场在国家宏观调控下对资源配置起基础性作用，避免市场的自发性、盲目性、滞后性；处理好先富与后富、效率与公平的关系，使全体人民共同富裕，避免两极分化；加强社会主义精神文明建设，树立社会主义荣辱观，避免拜金主义、极端个人主义等思想的泛滥，等等。中央提出科学发展观的命题之一正是为了克服市场经济的固有缺陷。

很显然，出现贫富差距拉大等现象，不能说明我们搞市场经济搞错了，也不能说明社会主义制度没有优越性，而是社会主义制度的优越性一时没有得到充分发挥、释放的缘故。在科学发展观的指导下，通过充分发挥社会主义制度的优越性，我们有信心能够逐步地、有效地克服市场经济的弊端。因此，我们必须坚持改革，同时坚持改革的社会主义方向；必须坚定不移地搞社会主义市场经济，坚定不移地走中国特色社会主义道路。我们既不能走回头路，重新回到搞计划经济和平均主义的老路上去，同时又要警惕新自由主

---

① 《江泽民论有中国特色社会主义》（专题摘编），中央文献出版社2002年版，第69页。

义的陷阱，警惕不要国家宏观调控的市场自由化、否定公有制主体地位的经济私有化倾向。前一条路不得人心，如果走回头路，出现的问题肯定远比现在更多更严重；后一条路同样也会葬送我们的事业。总之，关于社会主义市场经济的性质、特征、原则等，我们党的态度是明确的，思路是清晰的。只要自觉维护中央的权威，坚持指导思想的一元化，我们的大方向就不会错，即便在实际操作层面出现一些误差，也容易纠正过来。

还需要指出的是，改革的本义是除旧布新，是创新，包括理论创新和实践创新。倘若在理论和实践上不能做到与时俱进，改革也就成了镜花水月。在改革开放的伟大历程中，我们党正确把握和运用解放思想、实事求是、与时俱进这一马克思主义的精髓，在理论与实践的统一中坚持和发展马克思主义，不断推进理论创新，相继推出了邓小平理论和"三个代表"重要思想这两大理论成果。十六大以来，以胡锦涛为总书记的党中央同样高度重视理论创新，提出了科学发展观等新的重大战略思想，强调要推动经济社会发展真正转入以人为本、全面协调可持续发展的轨道，把中国特色社会主义事业的总体布局由社会主义经济建设、政治建设、文化建设三位一体发展为社会主义经济建设、政治建设、文化建设、社会建设四位一体，标志着我们在探索中国特色社会主义道路上又向前迈了一大步。理论创新推动了实践创新，实践创新又反过来促进了理论创新，从而有力地推动了改革进程向前发展。

立足国情，立足当代，坚持走自己的发展道路，这是为中国革命、建设和改革实践所反复印证的一条基本经验。

第三，必须居安思危，时刻保持忧患意识、奋发图强意识。

从历史上看，今天的中国无疑处在自鸦片战争以来形势最好的时期；从世界范围看，我国目前的总体形势用"风景这边独好"来形容是恰当的。局面来之不易，而延续这个局面更加不易。在看到成绩的同时，我们也要看到差距和不足，绝不能沾沾自喜，变得飘飘然。

必须清醒地看到，我国目前仍属于发展中国家，正处于并将长期处于社会主义初级阶段；拥有13亿人口（其中9亿是农民），预计2033年前后将达到15亿左右。生产力欠发达，人口众多，仍是我们在今后较长一个时期内的基本国情。我国 GDP 总量虽然排在世界前列，但人均 GDP 仅 1700 美元，只有世界平均水平的五分之一，排在 100 位左右。正如温家宝所言，再大的数字，除以 13 亿人，就很小了。目前全国城乡还有 1.2 亿生活困难人口（农村贫困人口近 1 亿）。要顺利实现现代化建设"三步走"战略的第三步目标，使我国在 21 世纪中叶达到中等发达国家的水平，我们还有漫长的路要走。邓小平说过，"要证明社会主义真正优越于资本主义，要看第三步，现在还吹不起这个牛"。[①]

必须清醒地看到，我国目前正处于人均 GDP 从一千美元向三千美元过渡的关键时期，这既是一个发展机遇期，也是一个矛盾凸显期。我们拥有许多有利条件有利因素，但同时也面临着不少突出问题和严峻挑战。简略地说，除上文提到的国企改革、贫富差距进一步拉大等问题外，还包括社会事业发展相对滞后，一些涉及群众切身利益的问题亟待解决；城乡、区域发展不平衡；经济增长方式比较粗放，自主创新能力不强，经济发展、人口增长与资源、环境的矛盾日渐突出；随着经济成分、组织形式、就业方式和分配形式的多样化，给基层党组织的凝聚力、战斗力提出了新课题，而社会利益关系日趋复杂多样化，也使处理协调各方面利益关系的难度越来越大，群体性事件增多；党内反腐败斗争形势依然严峻；社会上有关政治上搞多党制、经济上搞私有化、意识形态上搞指导思想多元化的鼓噪远未销声匿迹；祖国统一大业尚未完成。再就国际环境而论，国际竞争日趋激烈，世界经济发展不平衡现象加剧；霸权主义和强权政治阴魂不散，影响和平与发展的不稳定不确定因素增多；西方敌对势力仍在不遗余力地对我国实施西化、分化战略，并利用台湾等问题打压遏制我国。

总之，我们发展的起点高了，改革的难度加大了，而制约发展的因素明显增多，风险也越来越大。无论是改革、发展还是稳定，其任务都十分繁重艰巨。其中任何一个问题处理不慎、应对失当，都有可能导致经济停滞和引发社会动荡，甚至有翻船的可能。所以，我们必须居安思危，时刻保持忧患意识、奋发图强意识。

---

① 《邓小平文选》第 3 卷，人民出版社 1993 年版，第 227 页。

三

自鸦片战争以来，中国在沉沦中崛起，在曲折中奋进，从黑暗迷茫中走向光明和辉煌，从贫穷落后走向繁荣富强，走过了一段极不平凡的历程。这段历史的一个最大收获，就是中国走上社会主义道路，并且对什么是社会主义、怎样建设社会主义的认识越来越深化。正因为我们是社会主义国家，有党的坚强领导，有共同的思想基础，有社会主义民主政治作为保障，所以能够集中力量办大事，能够做到全国一盘棋，而这两点在西方就很难做到。因此，中国改革开放的成功，说到底是社会主义的成功，在于发挥了我们党的政治优势，发挥了社会主义制度的优越性。改革开放使中国发生了历史性巨变，广大人民群众也普遍从中得到了实惠，中国几乎每一个家庭的生活水平都比过去有了不同程度的改善和提高，这是不争的事实。当然，从横向上比，贫富差距确实拉大了，但只要坚持走社会主义道路，类似的问题，包括腐败问题，都会逐步得到有效地遏制和解决，因为我们的社会制度不允许这些现象存在。反之，倘若中国走资本主义道路，则会是另一种情形，中国的发展就会毁于一旦。邓小平说得好："我们为社会主义奋斗，不但是因为社会主义有条件比资本主义更快地发展生产力，而且因为只有社会主义才能消除资本主义和其他剥削制度所必然产生的种种贪婪、腐败和不公正现象。"[1]"中国要解决十亿人的贫困问题，十亿人的发展问题。如果搞资本主义，可能有少数人富裕起来，但大量的人会长期处于贫困状态，中国就会发生闹革命的问题。"[2]他还说："社会主义市场经济优越性在哪里？就在四个坚持。"[3]这一番话言简意赅，意味深长，值得我们细细体味。

总之，走中国特色社会主义道路，这是历史的选择，人民的选择，是不以人的意志为转移的。胡锦涛明确指出："我们要坚持的道路，就是邓小平同志开辟的、以江泽民同志为核心的党的第三代中央领导集体坚持并发展了

---

① 《邓小平文选》第 3 卷，人民出版社 1993 年版，第 143 页。

② 同上书，第 229 页。

③ 中共中央文献研究室编《邓小平年谱（1975—1997）》，中央文献出版社 2004 年版，第 1363 页。

的中国特色社会主义道路。坚持这条道路，就要坚持中国共产党的领导和社会主义制度，坚持并在实践中不断完善有利于推动中国特色社会主义事业蓬勃发展的各方面的体制制度和方针政策，更好地实现社会主义现代化和中华民族的伟大复兴。"① 坚持沿着这条道路走下去，我们完全有信心在 21 世纪头 20 年实现全面建设小康社会的宏伟目标，乃至在 21 世纪中叶实现第三步战略目标，从而在发达资本主义国家掌控的世界上杀出一条血路，真正实现民族振兴、国家富强、人民幸福。这将在中华民族发展史乃至世界文明发展史和科学社会主义发展史上，写下浓墨重彩的篇章，其意义是非凡的、巨大的。邓小平讲过一番掷地有声的话："中国的社会主义是变不了的。中国肯定要沿着自己选择的社会主义道路走到底。谁也压不垮我们。只要中国不垮，世界上就有五分之一的人口在坚持社会主义。我们对社会主义的前途充满信心。"②

"雄关漫道真如铁，尔今迈步从头越"。历史已经证明并将继续证明，中国特色社会主义道路是中国发展的正确之路、成功之路、必由之路。继续沿着这条道路走下去，我们会越走越好，越走越宽广。

（来源：《马克思主义研究》2006 年第 9 期）

---

① 《十六大以来重要文献选编》上册，中央文献出版社 2005 年版，第 647 页。
② 《邓小平文选》第 3 卷，人民出版社 1993 年版，第 320—321 页。

坚守方向，探索道路：
中国社会主义实践六十年

王绍光[*]

"一个幽灵，共产主义的幽灵，在欧洲徘徊。"当《共产党宣言》最初用德文在 1848 年出版时，"共产主义同盟"还是一个秘密团体，其影响局限在英、法等欧洲国家。过了半个世纪，到 19 世纪末叶，这个"幽灵"出现在中华广袤的大地上。又过了半个世纪，到 20 世纪中叶，社会主义已经变成滚滚洪流，席卷全球。以共产主义为最终奋斗目标的中国共产党也在此时夺取了全国政权，神州大地开始英姿勃发地迈向社会主义。再过半个世纪，到 20 世纪末叶，一度红红火火的社会主义陷入前所未有的低谷，以致有人大胆断言：历史已经终结，人类社会只有资本主义一途，别无选择。

在过去二十多年里，"市场原教旨主义"甚嚣尘上。它的许诺很简单、也很诱人：只要将财产权交给私人，将决策权交给追求自身利益最大化的私人业主，将政府干预减至最低限度，市场这只"看不见的手"就会源源不断地创造出无尽的财富，"下溢效应"最终会让所有人受益。

然而，正如卡尔·波兰尼指出的那样，"这种自我调节的市场的理念，是彻头彻尾的乌托邦。除非消灭社会中的人和自然物质，否则这样一种制度就不能存在于任何时期；否则，它将摧毁人类并将其环境变为一片荒野"。[①]20 世纪末，在"华盛顿共识"肆意蔓延的同时，穷国与富国、穷人与富人之间的鸿沟越拉越大，致使贫富差距最大的拉丁美洲国家纷纷向左转。到 21

＊ 作者系香港中文大学政治与公共行政系教授。

① 卡尔·波兰尼：《大转型：我们时代的政治与经济起源》，冯钢、刘阳译，浙江人民出版社 2007 年版，第 3 页。

世纪初，市场原教旨主义的危害已变得如此明显，以至于它一些有良知的信徒也看不过眼。香港《信报》创办人林行止先生自称写了三十多年政经评论，在 2007 年 10 月 16 日的专栏里，他开始对于自己"年轻时是盲目的自由市场信徒……一切讲求经济效益，认为企业的唯一功能在替股东牟取最大利润"表示反省。① 2008 年 4 月 28 日，他又发表专栏文章，重申"对过去理直气壮地维护资本主义制度颇生悔意"，因为"看到了太多不公平手段和欺诈性活动，而一些本以为'放诸四海而皆准'的理论则经不起现实考验"。他并恳切地希望"中国不要彻底走资"，认为"社会主义的确能够维系社会公平"。②

林行止转向不久，一场严重的经济危机从美国蔓延至全世界，作为资本主义象征的大型企业一个接一个面临破产倒闭的厄运。迫不得已，从冰岛到爱尔兰，从澳大利亚到日本，从英国到美国，政府纷纷出手将银行、保险公司、汽车业国有化。难怪美国《新闻周刊》封面文章不无揶揄地惊呼："我们都是社会主义者了！"③

"沧海横流，方显出英雄本色"。虽然世界经济危机也拖累了中国经济，但现在全世界都承认，社会主义的中国经济将维持正增长，成为全球经济复苏的火车头之一。在这种强烈的反差对比之下，重新审视中国坚守的方向和走过的道路，意义非同寻常。

一　前 30 年的探索

在全国解放前夕，毛泽东就指明了新中国未来的方向，即"经过人民共和国到达社会主义和共产主义，到达阶级的消灭和世界的大同"④。在他看来，只有社会主义才能救中国，使中华民族不再是"一个被人侮辱的民族"，

---

① 林行止：《企业多显人性　共造和谐社会》，《信报》2007 年 10 月 16 日。
② 林行止：《粮食危机中对富人和中国的期待》，《信报》2008 年 4 月 28 日。
③ Jon Meacham and Evan Thomas，"We Are All Socialists Now"，*Newsweek*，February 16，2009.
④ 《毛泽东选集》第 4 卷，人民出版社 1991 年版，第 1471 页。

而是一个"站起来"的民族。[①]

建立人民共和国以后，毛泽东反复强调，我们的总任务是："建设一个伟大的社会主义国家"，"要实现社会主义工业化，要实现农业的社会主义化、机械化"[②]，要"改变我国在经济上和科学文化上的落后状况，迅速达到世界上的先进水平"[③]。到1957年，他把这个目标清楚地概括为"建设一个具有现代工业、现代农业和现代科学文化的社会主义国家"[④]。为实现这个目标，首先必须大力发展生产力。20世纪50年代，中国还十分贫穷、十分落后，毛泽东非常重视生产力的发展。他指出："韩愈有一篇文章叫《送穷文》，我们要写送穷文。中国要几十年才能将穷鬼送走。"[⑤] 他还提醒全国人民"现在我们能造什么？能造桌子椅子，能造茶碗茶壶，能种粮食，还能磨成面粉，还能造纸，但是，一辆汽车、一架飞机、一辆坦克、一辆拖拉机都不能造"。他认为，要经过三个五年计划，即15年左右，才可以打下一个基础；要经过大约50年即十个五年计划，才能建成一个富强的中国。[⑥] 当然，作为社会主义国家，"这个富，是共同的富，这个强，是共同的强，大家都有份"。[⑦]

既然方向是明确的，渡过1949—1952年的国民经济恢复时期以后，毛泽东便开始探索一条适合中国情况的社会主义改造道路。

（一）所有制方面的探索

如表1所示，1952年，公有经济在整个国民经济中所占的比重还不大，非公有经济仍占统治地位。社会主义改造就是要将农业和手工业的个体所有制改变为社会主义的集体所有制，将私营工商业的资本主义所有制改变为社会主义的全民所有制，使生产资料的公有制成为我国唯一的经济基础。在毛

---

① 《毛泽东文集》第5卷，人民出版社1999年版，第344页。
② 《毛泽东文集》第6卷，人民出版社1999年版，第329页。
③ 《毛泽东文集》第7卷，人民出版社1999年版，第2页。
④ 同上书，第268页。
⑤ 同上书，第171—172页。
⑥ 《毛泽东文集》第6卷，人民出版社1999年版，第329页。
⑦ 同上书，第495页。

泽东看来，社会主义改造的目的也是为了解放生产力，因为只有先解决所有制问题，才能使生产力大大地获得解放，为发展新生产力开辟道路，为大大地发展工业和农业生产创造社会条件。[①] 经过四年，中国于 1956 年基本完成了社会主义改造。到 1957 年，公有经济已一跃占据国民经济的支配地位。

表 1   各种经济成分比重变化表   单位:%

年份	公有经济			非公有经济	
	国有经济	集体经济		资本主义经济	个体经济
		合作经济	公私合营		
1952	19.1	1.5	0.7	6.9	71.8
1957	33.2	56.4	7.6	0.0	2.8
1978	56.2	42.9		0.9	
1997	41.9	33.9		24.2	
2005	31.0	8.0		61.0	

资料来源：国家统计局：《伟大的十年》，人民出版社 1959 年版，第 36 页；中新社，《数字看变化：国有经济地位稳固 非公经济比重上升》，2002 年 10 月 7 日，http://www.jiaodong.net/news/system/2002/10/08/000532129.shtml；李成瑞，《关于我国目前公私经济比重的初步测算》，2006 年 5 月 23 日，http://www.wyzxsx.com/Article/Class4/200605/6832.html。

不少人认为，1957 年以前，中国曾完全照搬苏联模式。这完全是误解。在这一点上，毛泽东很清醒，"我们信仰马列主义，把马列主义普遍真理同我们中国实际情况相结合，不是硬搬苏联的经验。硬搬苏联经验是错误的。我们对资本主义工商业的改造和农业的合作化是跟苏联不同的"。[②] 苏联对资本家采取了剥夺政策，甚至试图在肉体上消灭资本家；中国则通过赎买的方式将私人资本转化为公有资本，力图将他们改造成自食其力的社会主义劳动者。苏联采取命令主义和专横的方式进行农业集体化，并对富农采取以暴力

[①] 参见《毛泽东文集》第 6 卷，人民出版社 1999 年版，第 316 页。

[②] 《毛泽东文集》第 7 卷，人民出版社 1999 年版，第 176 页。1979 年，在与外宾谈话时，邓小平也明确指出，"中国的社会主义道路与苏联不完全一样，一开始就有区别，中国建国以来就有自己的特点"。《邓小平文选》第 2 卷，人民出版社 1994 年版，第 235 页。

手段彻底剥夺和消灭的政策；中国的农业集体化则不带有苏联那样的强制性，过程也没有苏联那么混乱。结果当然也不一样，"苏联农业集体化后几年是减产的，而我们农业合作化后是增产的"。①

虽然毛泽东希望有朝一日实现所有生产资料全民所有制，但他特别强调，在现阶段全民所有制和集体所有制这两种社会主义所有制形式的界限"必须分清，不能混淆"。"苏联宣布了土地国有，我们没有宣布土地国有。斯大林不卖拖拉机等生产资料给集体农庄，我们卖给人民公社。所以在我们这里，劳动、土地及其他生产资料统统都是集体农民的，是人民公社集体所有的。因此，产品也是集体所有的。"② 苏联在 1936 年宣布建成社会主义。次年，国家所有制已占到全部工业成分的 99.97%；国营农业在农业固定基金中所占的比重也高达 79.2%。此后，在苏联，这种生产资料高度集中于国家的状况，不仅没有削弱，反被不断强化。③ 而中国则不同，1956 年以后，虽然国有企业在国民经济中扮演越来越重要的角色，但直到改革开放前夜的 1978 年，国有企业在国民经济中的比重也才刚刚过半（见表1）。同一年，在全国工业总产值中，国有企业占 77.16%，集体企业占 22.14%。但从工业企业数目上看，国有企业只有 83700 个，而集体企业多达 264700 个。④ 除此之外，中国还在"大跃进"和"文化大革命"后期大力扶植一种新型企业，即农村"社队企业"（1984 年后改称"乡镇企业"）。1978 年全国社队企业达 152 万个，社会总产值 491 亿元，占全社会总产值的比重为 7.17%，占农村社会总产值的比重为 24.10%，并安置农村劳动力 2827 万人，占农村劳动力总量的 9.2%。⑤ 企业数目如此之多，使得严格的中央计划难以实现，也为改革开放后出现竞争的局面奠定了基础。

---

① 《毛泽东文集》第 7 卷，人民出版社 1999 年版，第 176 页。

② 《毛泽东读社会主义政治经济学批注和谈话》（简本），中华人民共和国国史学会，2000 年，第 29 页。

③ 张建勤：《中苏传统计划经济体制比较研究》，湖北人民出版社 2004 年版，第 131—133 页。

④ 刘国光、董志凯：《新中国 50 年所有制结构的变迁》，《当代中国史研究》1999 年第 5—6 期。

⑤ 王凤林：《我国社队企业的产生与发展》，《中国农村观察》1983 年第 4 期。

（二）计划方面的探索

如果说 1956 年以前有"照抄"苏联的地方，那主要是指在制订五年计划方面。大规模推进社会主义工业化是一项极其艰巨的任务，牵涉到一系列复杂的问题。毛泽东承认："对于政治、军事，对于阶级斗争，我们有一套经验，有一套方针、政策和办法；至于社会主义建设，过去没有干过，还没有经验。"① 由于解放初新中国领导人对建设还是懵懵懂懂，唯一的出路便是向苏联学习。中国从 1951 年年初就开始着手编制第一个五年计划（1953—1957），前后共编制了 5 次。期间，毛泽东还派出以周恩来为团长，陈云、李富春为副团长的政府代表团到苏联取经。周恩来和陈云在苏联长达一个多月时间，李富春则率代表团在苏联逗留达 10 个月之久。②

虽然"一五"是向苏联学习的产物，但它却不是一个苏式计划。主持制订该计划的陈云便坦承："这个计划，有比较准确的部分，即国营经济部分。也有很不准确的部分，如农业、手工业和资本主义工商业，都只能做间接计划【即不是指令性计划——笔者注】，而这些部分在我国国民经济中又占很大比重。我们编制计划的经验很少，资料也不足，所以计划带有控制数字的性质，需要边做边改。"③ 另外，这个 1953 年开始的计划，直到 1955 年 7 月才经第一届全国人民代表大会第二次会议正式通过；同年 11 月 9 日和 12 月 19 日，国务院才先后发布命令，要求各地、各部门执行它。而到 1956 年，计划规定的任务已经提前完成了。④ 可见这个计划并不像苏式计划那么死板。

基于有关矛盾普遍性的哲学观和对"一五"的观察，毛泽东并不相信严格的苏式计划。他在读苏联《政治经济学教科书》下册时，对第 26 章"国民经济有计划按比例发展的规律"批评最多。他认为，"有不平衡，有比例

---

① 《毛泽东文集》第 8 卷，人民出版社 1999 年版，第 301 页。
② 袁宝华：《赴苏联谈判的日日夜夜》，《当代中国史研究》1996 年第 1 期。
③ 《陈云文选》第 2 卷，人民出版社 1995 年版，第 235 页。
④ 柳随年：《第一个五年计划时期的国民经济》，黑龙江人民出版社 1984 年版，第 17—19 页。

失调，才能促使我们更好地认识规律。出了一点毛病，就以为不得了，痛哭流涕，如丧考妣，这完全不是唯物主义者应有的态度"。① 因此，"计划常常要修改，就是因为新的不平衡的情况又出来了"。② 毛泽东更多的是强调统筹兼顾，综合平衡，两条腿走路，在优先发展重工业的条件下，实现几个同时并举（包括工农业同时并举，轻重工业同时并举，大中小企业同时并举，洋法土法同时并举，中央与地方同时并举）。在这种指导思想下，"二五"（1958—1962）开始执行不久就被接踵而来的"大跃进"打乱。其后出现的国民经济主要比例关系失调使得经济建设不能按原来的部署继续进行，只得于1961年实行国民经济调整、充实、巩固、提高的"八字方针"。这次调整一直持续到1965年，致使"三五"延迟到1966年才开始。③

但"三五"（1966—1970）开始之际正是"文化大革命"爆发之时。在翻天覆地的"文化大革命"最初三年，任何计划工作都难以进行。1967年虽然订出了年度计划，但无法传达到基层；1968年干脆就没有计划；而1969年，除原油产量外，几乎完全没有实现计划指标。④

"四五"计划（1971—1975）指标直到1971年4月才下达。而到1973年中，毛泽东认为，计划工作仍没有走上正轨，有必要拟定《第四个五年国民经济计划纲要（修正草案）》。⑤

由此可见，毛泽东时代的计划体制远不像苏联体制那么僵化，而总是变动不居。不过，变动不居的代价是经济增长呈现剧烈的波动性（见图2）。

中国计划体制与苏联更大的不同是其分权的程度。毛泽东从来不喜欢苏式中央计划体制，这主要是因为他从骨子里厌恶官僚体制。早在1953年，他就反对地方工业上缴利润太多，因为这意味着"用于扩大再生产的投资就

---

① 毛泽东：《读社会主义政治经济学批注和谈话》（简本），中华人民共和国国史学会，2000年，第73页。
② 同上书，第71页。
③ 丛进：《曲折发展的岁月》，河南人民出版社1989年版，第455—456页。
④ 王年一：《大动乱的年代》，河南人民出版社1989年版，第356—361页。
⑤ 史云、李丹慧：《难以继续的"继续革命"：从批林到批邓》，香港中文大学出版社2008年版，第243—247页。

太少了，不利于发挥地方的积极性"①。到 1956 年谈《论十大关系》时，他反复强调，"有中央和地方两个积极性，比只有一个积极性好得多。我们不能像苏联那样，把什么都集中到中央，把地方卡得死死的，一点机动权也没有"。② 1958 年 2 月，他又提出在中国搞"虚君共和"的设想。③ 此后，只要一有机会，他就会极力推行权力下放。第一次是 1957—1958 年，中央大规模下放了财权、计划管理权、企业管理权。④ 由于"大跃进"受挫，1961 年后，在刘少奇、陈云主持下，中国恢复了对国民经济的集中统一管理，收回了前几年下放的权力。然而对毛泽东来说，收权仅仅是摆脱暂时困难的权宜之计。一旦经济好转，他决心再一次打碎苏式的中央计划体制。1966 年 3 月，毛泽东在杭州政治局会议上再次提出"虚君共和"的口号，批评中央收权收得过了头，指示凡是收回了的权力都要还给地方。用他的话说就是"连人带马全出去"⑤。不过，几个月后开始的"文化大革命"延迟了他的分权计划。20 世纪 70 年代初，形势刚刚稳定下来，毛泽东再一次发起了分权运动。这次，他要求所有"适合"地方管理的企业统统将管理权下放到地方，连鞍钢、大庆油田、长春第一汽车制造厂、开滦煤矿这些巨型企业也不例外。与此同时，财政收支权、物资管理权也再次下放。⑥

虽然，其后周恩来、邓小平加强了中央政府的主导权，但到"文革"结束时，中国已经是一个相当分权化的国家，与苏式高度中央集权的计划经济体制迥然不同。⑦ 这种不同的一个重要表现是国家集中统一分配的物资远比苏联少得多。苏联把物资分为三种，即分配权限属于国家计委的"基金化产品"，分配权限属于中央各部的"集中计划产品"，以及分配权限属于各加

① 《毛泽东文集》第 6 卷，人民出版社 1999 年版，第 288 页。

② 《毛泽东文集》第 7 卷，人民出版社 1999 年版，第 31 页。

③ 薄一波：《若干重大决策与事件的回顾》下卷，中央党校出版社 1993 年版，第 796—797 页。

④ 胡鞍钢：《中国政治经济史论》，清华大学出版社 2008 年版，第 247—251 页。

⑤ 赵德馨：《中华人民共和国经济史：1967—1984》，河南人民出版社 1989 年版，第 42—43 页。

⑥ 史云、李丹慧：《难以继续的"继续革命"：从批林到批邓》，香港中文大学出版社 2008 年版，第 225—232 页。

⑦ Thomas P. Lyons, *Economic Integration and Planning in Maoist China*, New York：Columbia University Press, 1987, pp. 213 – 218.

盟共和国的"非集中计划产品"。基金化产品在 20 世纪 50 年代初就达有 2370 种之多；而"非集中计划产品"的份额很小。中国也把物资分为三类，即由国家计委统一分配的"统配物资"，由中央各部分配的"部管物资"，以及由地方分配的"三类物资"。如图 1 所示，到"文化大革命"后期，统配物资与部管物资加在一起只有 217 种。此外，几次分权让地方政府尝到了甜头，它们对完成国家调拨指标的态度也未必总是唯唯诺诺；更有甚者拒绝按国家调拨价将本地物资卖给外地。[①]

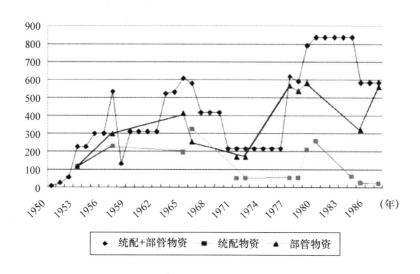

图 1　国家统配物资与部管物资的种类

（三）破除"资产阶级法权"方面的探索

毛泽东对社会主义道路的探索 20 世纪 50 年代中期以前集中在所有制上，50 年代中期以后开始转移到计划体制上。50 年代后期他还开始了另一方面的探索，即破除"资产阶级法权"，改变人与人的关系。[②]

实际上，早在 1957 年，毛泽东就提出，虽然生产资料所有制方面的社

---

① 赵德馨：《中华人民共和国经济史：1967—1984》，河南人民出版社 1989 年版，第 60—62 页。

② 《胡乔木谈中共党史》，人民出版社 1999 年版，第 70—72 页。

会主义改造完成了,但"人的改造则没有完成"①。次年,在评论斯大林《苏联社会主义经济问题》一书时,他进一步指出,"经过社会主义改造,基本上解决了所有制问题以后,人们在劳动生产中的平等关系,是不会自然出现的。资产阶级法权的存在,一定要从各方面妨碍这种平等关系的形成和发展。在人与人之间的相互关系中存在着的资产阶级法权,必须破除。例如,等级森严,居高临下,脱离群众,不以平等待人,不是靠工作能力吃饭而是靠资格、靠权力,干群之间、上下级之间的猫鼠关系和父子关系,这些东西都必须破除,彻底破除。破了又会生,生了又要破"。② 那时,他用来破除资产阶级法权的手段是搞整风,搞试验田,批判等级制,下放干部,两参一改(干部参加劳动,工人参加管理,改革不合理的规章制度)等等。其后,1963—1966 年在全国城乡开展的社会主义教育运动也是为了解决这个问题。但在他看来,这些措施都不足以打破"资产阶级法权",消除"资本主义复辟"的危险。

毛泽东于"文化大革命"前夕发表的《五七指示》③ 是他晚年的理想宣言,从中我们可以看出毛泽东憧憬的是一个逐步消灭社会分工,消灭商品,消灭工农、城乡、体力劳动和脑力劳动这三大差别的扁平化社会,其目标是实现人们在劳动、文化、教育、政治、物质生活方面全方位的平等。"文化大革命"前期对所谓"走资派"的批判以及"文化大革命"后期对"新生事物"(五七干校,知识青年上山下乡,革命样板戏,工农兵上大学、管大学,工宣队,贫宣队,赤脚医生,合作医疗,老中青三结合,工人—干部—知识分子三结合等)的扶持都可以看做实现他理想的途径。

简而言之,毛泽东对社会主义道路的探索集中在三个方面:在所有制问题上,中国没有偏重纯而又纯的大型国有企业,而是造就了上百万集体所有制的中小企业;在计划问题上,中国没有实行中央集权的计划体制,而是在

---

① 《建国以来毛泽东文稿》第 6 册,中央文献出版社 1992 年版,第 579 页。

② 毛泽东:《读社会主义政治经济学批注和谈话(简本)》,中华人民共和国国史学会,2000年,第 40—41 页。

③ 毛泽东:《对总后勤部关于进一步搞好部队农副业生产报告的批语》,《建国以来毛泽东文稿》第 12 册,中央文献出版社 1998 年版,第 54 页。

很大程度上将财政收支权、计划权、物资管理权下放给各级地方政府；在"资产阶级法权"问题上，中国没有形成森严的等级制，而是用种种方式促进人们在经济、社会、政治、文化地位上的平等，当然"阶级敌人"除外。

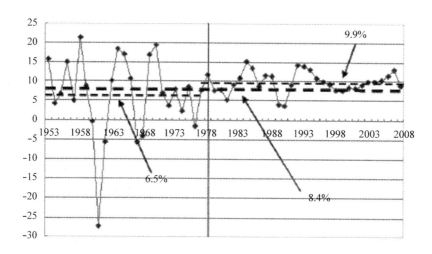

图 2　中国 GDP 增长率，1953—2008

资料来源：《中国国内生产总值核算历史资料（1952—2004）》，中国统计出版社 2007 年版；《中国统计摘要 2009》，中国统计出版社 2009 年版，第 22 页。

（四）前 30 年探索的成就

与苏式体制相比，中国成百万中小企业的存在、各地相对完整的产业体系以及分权的计划体制，为改革开放后的市场竞争创造了有利的制度条件。除此之外，尽管历经波折，毛泽东时代不仅取得不俗的经济增长速度（1953—1978 年间，GDP 年均增长速度达 6.5%，见图 2），也为改革开放后的高速经济增长奠定了坚实的"硬件"与"软件"基础。

从"硬件"方面讲，毛泽东时代为中国建立起一个独立的、比较完整的工业体系（包括国防工业体系）和国民经济体系，一个由铁路、公路、内河航运、民航空运构成的交通运输网络，为 20 世纪 80 年代以后的经济起飞创造了有利条件。更重要的是，这一时期投入了大量人力物力治理大江、大河、大湖，修建了长达 20 多万公里的防洪堤坝和 8.6 万个水库，大大减少了肆虐千年的旱涝灾害；进行了大规模农田基本建设，使灌溉面积比例由 1952 年的 18.5% 大幅提高到 1978 年的 45.2%，基本上保证了 10 亿中国人吃饭、穿衣的需求。①

从"软件"方面讲，首先，土地改革、社会主义改造以及限制"资产阶级法权"的种种措施，使中国变成一个十分扁平化的社会，不存在任何势力强大的"分利集团"。直到 20 世纪 80 年代初，中国的不平等程度仍远远低于世界平均水平。② 大量跨国实证性研究证明，平等往往有利于经济增长，而不平等往往导致经济停滞不前。③ 因此，平等的社会结构是改革开放后经济高速增长的制度保障之一。"分利集团"是美国著名经济学家曼库尔·奥尔森（Mancur Olson）在 1982 年出版的《国家兴衰探源》一书中提出的概念。他认为，过于稳定的政体容易滋生出势力强大的"分利集团"，它们不关心社会总收益，而是一心一意地"寻租"，想方设法要从现有社会总收益中多分几杯羹。④ 奥尔森的潜台词是，隔一段时间来场"运动"是件好事，可以打烂"分利集团"，有利于其后的经济增长。在 2000 年出版的遗著《权力与繁荣》中，奥尔森更直接拿中国与前苏联作比较，认为中国改革成功的原因之一在于毛泽东的"文革"打破了凝固的制度，使当时的中国不存在任何强势"分利集团"，为日后的改革扫平了道路。⑤ 正是在这个意义上，耶鲁大学法学院教授苏珊·萝丝 – 艾克曼（Susan Rose-Ackerman）提出一个有意思的问题："奥尔森是不是个毛主义者？"⑥

此外，毛泽东时代强调公共消费，而不是个人消费，尤其是在医疗与教

---

① 胡鞍钢：《中国政治经济史论》，清华大学出版社 2008 年版，第 524—530 页。

② World Bank , *China 2020 : Development Challenges in the New Century*, Washington , D. C. : World Bank , 1997 , p. 8.

③ 如 Alberto Alesina and Dani Rodrik, "Distribution, Political Conflict and Economic Growth: A Simple Theory and Some Empirical Evidence," in Alex Cukierman, Zvi Hercowitz and Leonardo Leiderman, eds. , *Political Economy*, *Growth and Business Cycles*, Cambridge: MIT Press, 1992, pp. 23 – 50.

④ 曼库尔·奥尔森：《国家兴衰探源》，吕应中等译，商务印书馆 1999 年版。

⑤ 曼库尔·奥尔森：《权力与繁荣》，苏长和、嵇飞译，上海人民出版社 2005 年版，第 129—130 页。

⑥ Susan Rose-Ackerman, "Was Mancur a Maoist? An Essay on Kleptocracy and Political Stability", *Economics and Politics*, Vol. 15（2003），pp. 163 – 180.

育领域。那时，中国还很穷，但几乎所有的城乡人口都享有某种形式的医疗保障，使中国人民的健康指标大幅改善，平均预期寿命从解放前的 35 岁增加到 1980 年的 68 岁，婴儿死亡率也从解放前的约 250‰减少到 1980 年的 50‰以下。当时中国医疗卫生服务的公平性和可及性受到了联合国妇女儿童基金会、世界卫生组织和世界银行的高度赞誉。① 中国低成本、广覆盖的卫生保健模式也在 1978 年的阿拉木图会议上受到推崇，成为世界卫生组织在全球范围内推广初级卫生服务运动的样板。② 在毛泽东时代，各级教育也高速发展。学龄儿童入学率由解放前的 20% 左右迅速增加到 1976 年的 97.1%，成人文盲率由 1949 年的 80% 急剧下降至 1982 年的 22.8%。③ 表 2 显示，共和国前 30 年，基础教育发展很快。小学在校生人数增长了 6 倍，初中生增长了 55 倍，高中生增长了 62 倍。即使是"文化大革命"中曾一度停办的大学在校生人数也比 1949 年增加了好几倍。④

表 2　　　　　　　　　　主要年份各级各类学校在校学生数　　　　　单位：万人

年份	大学	高中	初中	小学
1949	11.7	207	83.2	2439.1
1959	81.2	143.5	774.3	9119.9
1969	10.9	189.1	1832.4	10066.8
1979	102.0	1292.0	4613.0	14662.9
1989	208.2	716.1	3837.9	12373.1
1999	413.4	1049.7	5721.6	13548.0
2007	1884.9	2522.4	5720.9	10564.0

① 例如世界银行的《1993 年世界发展报告：投资与健康》称中国当年在医疗保障方面取得的成就在低收入国家是"独一无二"的。见 World Bank, *World Development Report* 1993: *Investing in Health*, Washington, D. C. : World Bank, 1993, p. 111.

② World Health Organisation, *Primary Health Care. Report of the International Conference on Primary Health Care*, Geneva: WHO, 1978.

③ 赖立、张竺鹏、谢国东：《我国成人文盲十年减少近 1 亿　女性文盲率降幅大》，《中国教育报》2007 年 8 月 1 日。

④ 国家统计局国民经济综合统计司编《新中国五十年统计资料汇编》，中国统计出版社 1999 年版，第 81—82 页。

让人们活得健康、有知识不仅是发展的目的，健康和知识也提高了人力资本的素质，反过来有利于促进经济增长。① 对于经济增长，这种"软"基础设施与"硬"基础设施一样重要。假如没有共和国前30年在"软"、"硬"两方面打下的坚实基础，后30年经济的腾飞是难以想象的。这一点，印度裔诺贝尔经济学奖得主阿玛蒂亚·森看得很清楚。他了解，"1949年政治变革时中国的生活条件与当时印度的情况大致相差无几。两个国家都属于世界上最穷的国家之列，死亡率、营养不良和文盲程度都很高"②。但到改革前，"印度和中国所处的相对地位就决定性地确立了"，因为中国在初级教育和初级卫生保健方面取得了非同寻常的进步。③ 因此，他得出结论："改革前中国在教育、保健、土地改革和社会变化方面的成就，对改革后的成绩作出了巨大的积极贡献，使中国不仅保持了高预期寿命和其他相关成就，还为基于市场改革的经济扩展提供了坚定支持。"④ 刚刚去世的乔万尼·阿里吉（Giovanni Arrighi）更是用大量跨国数据证明，后30年，中国经济之所以能够快速增长，其奥妙就在于中国的劳动力素质比其他发展中国家高。⑤

近年来，人们往往用联合国开发署的"人类发展指数"作为衡量各国社会发展水平的综合指标。如图3所示，1950年，中国是世界上人类发展指数最低的国家之一，仅为0.16，与印度不相上下。到1975年，中国的指数已提升至0.53，远远超过印度的0.42（见图3）。

万丈高楼平地起，最关键的是要打牢基础。北宋的苏辙有一段很精辟的话："欲筑室者先治其基，基完以平，而后加石木焉，故其为室也坚。"共和国的前30年就是打基础的30年。打基础是很艰苦、耗费时日的，而且打基础的人当时未必能马上享受高楼大厦的舒适。但是，如果没有前30年打下的坚固基础，就不可能有后30年那些拔地而起的宏伟楼群。

---

① 参见罗默（Paul Romer）和卢卡斯（Robert Lucas）为代表的"新增长理论"的观点。

② 阿玛蒂亚·森、让·德雷兹：《印度：经济发展与社会机会》，社会科学文献出版社2006年版，第71页。

③ 同上书，第80页。

④ 同上书，第70页。

⑤ Giovanni Arrighi, *Adam Smith in Beijing：Lineages of the Twenty-First Century*, London：Verso, 2007.

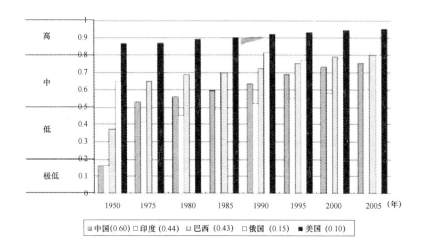

图3　人类发展指数的变化：五大国比较

注释：国家名称后面的数字代表1950年至2005年间，该国人类发展指数的增加值。

二　后30年的探索

尽管共和国前30年取得的成就超过以往任何时代[①]，到第二个30年开始的时候，中国还是一个穷国。1978年，全国7.9亿农村居民中有2.5亿生活在贫困线以下（人均年收入100元），相当于当时农村人口的30.7%。当年，农村居民人均收入才133.6元，城镇居民人均收入也不过区区343.4元。[②]这种状况离社会主义的理想显然相去甚远，用邓小平的话说，"现在虽说我们也在搞社会主义，但事实上不够格"。[③]

（一）邓小平的探索

毛泽东逝世后，邓小平在总结前30年经验教训的基础上对社会主义道

---

① Martin Jacques, *When China Rules the World：The Rise of the Middle Kingdom and the End of the Western World*, London：Penguin Group, 2009, p.99. 同时，必须看到，共和国前30年"建立的时间不长，中国取得的成就只是初步的"，并且发生了"文化大革命"这样全局性的、长时间的严重错误。

② 国家统计局：《中国统计摘要2009》，中国统计出版社2009年版，第109、111页。

③ 《邓小平文选》第3卷，人民出版社1993年版，第225页。

路进行了新的探索。为了替下一步的探索扫除思想障碍,在 1978—1980 年间,邓小平首先强调解放思想、实事求是①;强调马克思主义也要发展,毛泽东思想也要发展,否则就会僵化。② 这与当年毛泽东倡导摆脱苏联模式的桎梏有异曲同工之妙。邓小平特别指出,"不解放思想不行,甚至于包括什么叫社会主义这个问题也要解放思想"。③ 与毛泽东一样,邓小平也把社会主义道路的探索看做一个开放的过程;他不止一次坦承,"我们总结了几十年搞社会主义的经验。社会主义是什么,马克思主义是什么,过去我们并没有完全搞清楚";④ "什么叫社会主义,怎样建设社会主义,还在摸索之中"⑤。

不过,有一点从一开始就是清楚的,"我们不要资本主义,但是我们也不要贫穷的社会主义,我们要发达的、生产力发展的、使国家富强的社会主义"。⑥ 既然"贫穷不是社会主义"⑦,社会主义的主要任务就是发展生产力,使社会物质财富不断增长,使人民生活一天天好起来。⑧

为了促进生产力的发展,邓小平从 1980 年起就开始提倡一部分人和一部分地方先富裕起来。⑨ 同样为了促进生产力的发展,在邓小平的带领下,中国开始探索如何在社会主义基础上将计划与市场结合起来。⑩ 1981 年,中共十一届六中全会提出:"在公有制基础上实行计划经济,同时发挥市场调节的辅助作用",突破了完全排斥市场调节的传统计划经济概念。1984 年,中共十二届三中全会又提出"社会主义经济是公有制基础上的有计划的商品经济",突出计划与市场的内在统一性。1992 年,邓小平更明确提出"社会主义市场经济"的概念。⑪ 此后,市场逐步取代计划,成为中国生产要素配

---

① 《邓小平文选》第 2 卷,人民出版社 1994 年版,第 140—153 页。
② 同上书,第 126—128 页。
③ 同上书,第 312 页。
④ 《邓小平文选》第 3 卷,第 137 页。
⑤ 同上书,第 227 页。
⑥ 《邓小平文选》第 2 卷,人民出版社 1994 年版,第 231 页。
⑦ 《邓小平文选》第 3 卷,人民出版社 1993 年版,第 64 页。
⑧ 同上书,第 171 页。
⑨ 《邓小平文选》第 2 卷,人民出版社 1994 年版,第 258 页。
⑩ 同上书,第 236 页。
⑪ 中共中央文献研究室编《邓小平年谱(1975—1997)》(下),中央文献出版社 2004 年版,第 1347 页。

置的基础性机制。

对社会主义而言，发展生产力的必要性和重要性毋庸置疑，但发展生产力毕竟不是社会主义与资本主义的分水岭；市场也不是社会主义特有的东西。那么除了实行市场经济、发展生产力外，社会主义最本质的特点是什么呢？邓小平认为，第一是公有制，包括全民所有制与集体所有制。改革开放初期，他强调，作为社会主义的基本制度，公有制是不能动摇的，否则就会产生一个新的资产阶级。① 从 1980 年起，他不再强调纯而又纯的公有制，而是强调公有制为主体，目的是为了给非公有经济的发展留出足够的空间。1985 年他说，"我们允许个体经济发展，还允许中外合资经营和外资独营的企业发展，但是始终以社会主义公有制为主体"。② 的确，那时公有制仍占整个经济的百分之九十以上。③ 哪怕是七年后他南巡时，在改革开放前沿的深圳，公有制仍是主体，外商投资只占四分之一。④ 即使到邓小平去世的 1997 年，公有制在整个国民经济中还占有四分之三的天地（见表1）。

邓小平认为社会主义的第二个特点是共同富裕。在他看来，"如果走资本主义道路，可以使中国百分之几的人富裕起来，但是绝对解决不了百分之九十几的人生活富裕的问题"。⑤ 他强调，"社会主义与资本主义不同的特点就是共同富裕，不搞两极分化。创造的财富，第一归国家，第二归人民，不会产生新的资产阶级。国家拿的这一部分，也是为了人民，搞点国防，更大部分是用来发展经济，发展教育和科学，改善人民生活，提高人民文化水平"。⑥ 他解释道，"我们提倡一部分地区先富裕起来，是为了激励和带动其他地区也富裕起来，并且使先富裕起来的地区帮助落后的地区更好地发展。提倡人民中有一部分人先富裕起来，也是同样的道理"。同时他警告，"如果我们的政策导致两极分化，我们就失败了；如果产生了什么新的资产阶级，

---

① 《邓小平文选》第 2 卷，人民出版社 1994 年版，第 133 页。
② 《邓小平文选》第 3 卷，人民出版社 1993 年版，第 110 页。
③ 同上书，第 138 页。
④ 同上书，第 372 页。
⑤ 同上书，第 64 页。
⑥ 同上书，第 123 页。

那我们就真是走了邪路了"。①

类似的话，他反复说了多次，为的是从理论上将社会主义与资本主义区分开来。但在整个 20 世纪 80 年代，他的关注点一直放在如何进行市场改革，如何加快对外开放，如何推动非公有经济发展，如何激励一部分人、一部分地区先富裕起来上。

值得注意的是，1992 年南巡以后，邓小平的关注点发生了变化。一方面，他更关注公有制为主体。在审阅十四大报告稿时，他开始重提"两个飞跃"的设想，即农村在实行一段家庭联产承包责任制后，还应走集体化集约化的道路。用他的话说："社会主义经济以公有制为主体，农村也一样，最终要以公有制为主体。"② 另一方面，他更关注共同富裕问题。1993 年，在与弟弟邓垦谈话时，他感慨道："十二亿人口怎样实现富裕，富裕起来以后财富怎么分配，这都是大问题。题目已经出来了，解决这个问题比解决发展起来的问题还困难……少部分人获得那么多财富，大多数人没有，这样发展下去总有一天会出问题。分配不公，会导致两极分化，到一定时候问题就会出来。这个问题要解决。过去我们讲先发展起来。现在看，发展起来以后的问题不比不发展时少。"这两方面的变化表明，邓小平对社会主义本质的认识进一步深化了。以前他一度以为，只要把"饼"做大，就可以最终让十二亿人实现共同富裕。这时他认识到，即使经济快速发展，大多数人也未必一定收益。只有坚持社会主义方向，坚持社会主义的基本制度，才有可能"利用各种手段、各种方法、各种方案来解决这些问题"③。不过，说这些话时，邓小平已经不管日常工作。他的这些观点要等到十余年后才公之于世。

邓小平在世时，公有制的一统天下已被打破。个体经济、私营经济、外资经济迅速发展，还出现了不同所有制互相参股的混合所有制。不过，那时非公有制经济仅仅被看做公有制的"必要补充"，现存公有制企业也没有改变性质。这一点在图 4 中看得很清楚：虽然公有制单位雇员占城镇就业人口

---

① 《邓小平文选》第 3 卷，人民出版社 1993 年版，第 111 页。

② 中共中央文献研究室编《邓小平年谱（1975—1997）》（下），中央文献出版社 2004 年版，第 1349—1350 页。

③ 同上书，第 1364 页。

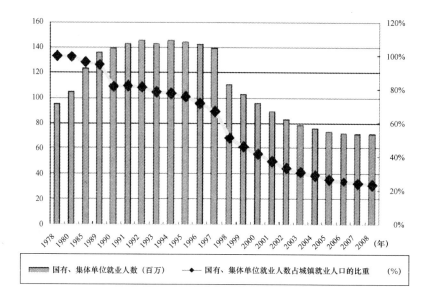

图4　城镇公有制单位就业人数的变化

资料来源：《中国统计摘要2009》，第45页。

的比重从1978年的99.8%降到1996年的71.6%，但公有制单位雇员的绝对数却在同一时期内从9500万增加到了14260万。

（二）十五大以来的探索

所有制格局的重大变革出现在邓小平逝世之后。在历次党代会报告中，没有哪次比1997年召开的十五大报告对所有制改革着墨更多。十五大报告对"公有制"和"公有制占主体"都提出了新的解释。"公有制"不仅包括传统的国有制和集体所有制，还包括国家和集体控股的股份制、股份合作制以及劳动者的劳动联合和劳动者的资本联合为主的集体经济。而"公有制占主体"被解释成"公有资产在社会总资产中占优势；国有经济控制国民经济命脉，对经济发展起主导作用"。反过来说，有的地方、有的产业公有资产不一定非占优势不可；对不是关系国民经济命脉的行业和领域，国有经济不必非占支配地位不可。如此说来，只要坚持这种"公有制为主体"，国有经济和集体经济比重减少一些，不会影响中国的社会主义性质。

十五大后,对现存公有制企业改制成为所有制改革的重点。抓大放小、鼓励兼并、规范破产、下岗分流、减员增效成为流行的口号。到 2005 年,国有中小企业改制面已达到 85% 以上,集体企业改制面更大,其中大批企业破产消亡了,更多的变成了私营企业①;在净资产占全国国有企业三分之二的 2524 家国有及国有控股大型骨干企业中,也有 1331 家改制为多元股东的股份制企业,改制面为 52.7%。② 与此同时,原来集体性质的乡镇企业也纷纷易帜,到 2006 年,全国 168 万家乡镇企业中,95% 实行了各种形式的产权制度改革,其中 20 万家转成了股份制和股份合作制企业,139 万家转成了个体私营企业。③ 经过几年的改制,2004 年年末,国家和集体投入占全国企业法人单位实收资本总额的比重降为 56%④;2005 年,公有经济占整个国民经济的比重降为 39%(见表 1);2007 年,国有、国有控股以及集体工业企业占全部工业总产值的比重降为 32%;同年,国有和集体单位从业人员占全部城镇从业人员的比重降为 24.3%。⑤

与毛泽东、邓小平时代相比,中国的所有制结构发生了巨大变化:公有经济成分大幅减少,公有经济的形式也多种多样。显然,这与传统的"社会主义"模式已经相去甚远。尽管如此,中国公有经济的成分仍然远远超过世界上绝大多数国家。除此之外,中国宪法规定,矿藏、水流、森林、山岭、草原、荒地、滩涂等自然资源,以及城市的土地都属于国家所有;农村和城市郊区的土地,除由法律规定属于国家所有的以外,都属于集体所有。这使得中国仍然比世界上绝大多数国家更加"社会主义"。正因为如此,国内外

---

① 李荣融:《进一步推进国有资产管理体制和国有企业改革 实现国有企业的体制创新和可持续发展——在中国改革高层论坛上的演讲》,2005 年 7 月 12 日,http://www.sasac.gov.cn/n1180/n3123702/n3123987/n3125287/3188291.html。

② 张卓元:《30 年国有企业改革的回顾与展望》,2008 年 2 月 3 日,http://finance.sina.com.cn/economist/jingjixueren/20080203/11264487740.shtml。

③ 赵悦:《乡镇企业的"前世今生"》,CCTV 中国财经报道,2007 年 4 月 23 日,http://www.cctv.com/program/cbn/20070424/102108.shtml。

④ 国务院第一次全国经济普查领导小组办公室、中华人民共和国国家统计局:《第一次全国经济普查主要数据公报(第一号)》,2005 年 12 月 6 日,http://news.xinhuanet.com/fortune/2005—12/06/content_3883969.htm。

⑤ 国家统计局:《改革开放 30 年报告之三:经济结构在不断优化升级中实现了重大调整》,2008 年 10 月 29 日,http://www.stats.gov.cn/tjfx/ztfx/jnggkf30n/t20081029_402512864.htm。

总有一批人或明火执仗地鼓噪"私有化",或半遮半掩地摇晃"反垄断"旗帜,必欲将剩余的公有经济成分完全消灭而后快,从而在中国砍掉社会主义这面大旗。[①] 十七大重申十六大提出的两个"毫不动摇"(即"毫不动摇地巩固和发展公有制经济","毫不动摇地鼓励、支持、引导非公有制经济发展")一定让他们相当失望。

(三)后30年探索的成就

共和国后30年社会主义道路的探索取得了让世人瞩目的成就。

第一,经济增长速度加快。从1978年到2008年,中国GDP年均增长9.9%,大大快于前30年的6.5%。以前被人赞誉有加的东亚"四小龙"都是些小经济体,其中最大的韩国也不过四千来万人,相当于中国一个中等规模的省。日本在其高速增长期,人口也只有一亿上下,与中国最大的省差不多。作为一个十几亿人口的超大、超复杂经济体,中国连续30年高速增长,这在人类史上是绝无仅有的,是名副其实的"奇迹"。

第二,经济增长更加平稳。这从图2看到很清楚,后30年经济波动明显不像前30年那么频繁,波幅也没有以前那么大。尤其是1992年以后,经济增长曲线更趋平滑,标志着中国政府的宏观经济管理水平大有进步。

第三,贫困人口大幅减少。如图5所示,在过去30年,中国政府已将贫困标准从100元提高到1196元。即便如此,农村贫困发生率也从1978年的30.7%下降到2008年的4.2%。如果按照世界银行的贫困标准计算,中国的扶贫成就则更为显著。从1981年到2004年,贫困人口的绝对数量从6.52亿降至1.35亿,5亿多人摆脱了贫困。而在同一时期,全球发展中国家贫困人口的绝对数量只减少了4亿。换言之,如果排除中国,发展中国家贫困人口数量不仅没有减少,反倒增加了。难怪世界银行的一份报告赞叹道:中国"在如此短的时间里使得如此多的人摆脱了贫困,对于全人类来说这是史无

---

① 美国保守组织"传统基金会"一位亚洲经济研究员最近撰文批评,"自当前的中国领导人掌权以来,以市场为导向的自由化已经渐趋淡化。并且,当以市场为导向的自由化逐渐销声匿迹时,国家干预开始卷土重来:控制价格,逆转私有化"。参见 Derek Scissors,"Deng Undone",April 29, 2009 and "Liberalization in Reverse",May 4, 2009, http://www.heritage.org/about/staff/derekscissorspapers.cfm.

前例的"①。

当然，后30年的探索也不可避免地走过弯路。尤其是在20世纪90年代，各级领导人似乎有意无意地接受了新自由主义经济学家鼓吹的"下溢理论"：只要经济持续增长，所有人最终都会受益，其他一切问题都迟早会迎刃而解。在"效率优先、兼顾公平"的指导思想下②，为了追求尽可能高的经济增长速度，他们宁愿牺牲公平、就业、职工权益、公共卫生、医疗保障、生态环境、国防建设等，结果带来了一系列严重的问题。到90年代末，有些问题已变得触目惊心，尽管经济持续增长，但工农大众享有的福利保障却越来越少。大规模下岗失业、上学贵、就医贵让千千万万人痛感缺乏经济

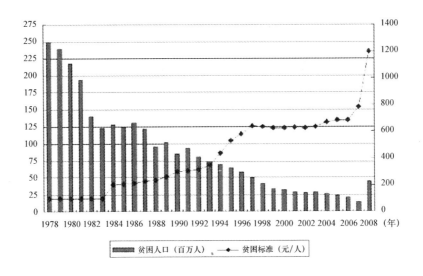

图5　农村居民贫困状况

资料来源：《中国统计摘要2009》，第111页。

---

① 世界银行东亚及太平洋地区扶贫与经济管理局：《从贫困地区到贫困人群：中国扶贫议程的演进——中国贫困和不平等问题评估》，2009年3月，第 iii 页。

② "效率优先，兼顾公平"最初是由周为民、卢中原牵头的"社会公平与社会保障制度改革研究"课题组提出来的，其主报告以"效率优先，兼顾公平：通向繁荣的权衡"为题发表于《经济研究》1986年第2期。1993年，十四届三中全会通过的《中共中央关于建立社会主义市场经济体制若干问题的决定》正式使用了"效率优先、兼顾公平"的提法。十五大坚持了这个提法。

与社会安全。在这个背景下，那些在前期改革中利益受损或受益不多的阶层对新推出的市场导向改革不再毫无保留地支持；相反，他们对凡是带有"市场"、"改革"标签的举措都疑虑重重，生怕再次受到伤害。

当人们普遍感觉到中国改革已经到了必须改弦更张的时候，中央决策者也开始认真反思邓小平早已发出的警告："如果搞两极分化……民族矛盾、区域间矛盾、阶级矛盾都会发展，相应地中央和地方的矛盾也会发展，就可能出乱子。"① 2002 年年底召开的中共十六大试图重新解释"效率优先、兼顾公平"的含义，使用了"初次分配效率优先、再次分配注重公平"的提法。② 但贫富悬殊的残酷现实告诉人们，初次分配中的不公平问题（例如老板、经理、干部与普通职工之间的收入差距）同样需要重视，单靠财税等再分配杠杆来调节是远远不够的。③ 2003 年 10 月，中共十六届三中全会虽然仍然沿用"效率优先、兼顾公平"的提法，但其分量已被"以人为本"的"科学发展观"大大冲淡。2004 年 9 月召开的十六届四中全会干脆放弃了"效率优先，兼顾公平"的提法。④ 2005 年年底，中共十六届五中全会通过的《关于制定国民经济和社会发展第十一个五年规划的建议》又进了一步，提出未来中国要"更加注重社会公平，使全体人民共享改革发展成果"⑤。到了中共十七大，标准提法已变为"初次分配和再分配都要处理好效率和公平的关系，再分配更加注重公平"⑥。

从 2002 年起，中国政府还开始致力于建立健全覆盖城乡全体居民的社会服务和保障体系（包括免费九年义务教育，最低生活保障，基本养老、基本医疗、失业、工伤、生育保险制度等），其进展速度超过以往任何时期，大大充实了邓小平有关"共同富裕"的理念。如果说从 1978 年到 1990 年代

---

① 中共中央文献研究室编《邓小平思想年谱》，中央文献出版社 1998 年版，第 453 页。

② 江泽民：《全面建设小康社会，开创中国特色社会主义事业新局面：在中国共产党第十六次全国代表大会上的报告》，《人民日报》2002 年 11 月 18 日。

③ 刘国光：《把"效率优先"放到该讲的地方去》，《经济参考报》2005 年 10 月 15 日。

④ 《中国共产党第十六届中央委员会第四次全体会议公报》，2004 年 9 月 19 日，http：//news. xinhuanet. com/newscenter/2004—09/19/content_ 1995366. htm。

⑤ 《关于制定国民经济和社会发展第十一个五年规划的建议》，新华社 2005 年 10 月 18 日。

⑥ 胡锦涛：《高举中国特色社会主义伟大旗帜　为夺取全面建设小康社会新胜利而奋斗》，人民出版社 2007 年版，第 39 页。

后期中国只有经济政策、没有社会政策的话，那么在世纪之交，我们看到社会政策已经广泛出现在神州大地上了。没有一个坚持社会主义方向的政府，没有一个以公有制为主体的基本经济制度，在短短几年内出现这样历史性的"大转型"是难以想象的；这种"大转型"本身也构成中国探索社会主义道路的重要步骤。①

三　结语

到 2009 年，人民共和国渡过了它的第一个甲子。毋庸讳言，60 年过后，对如何建设一个理想的社会主义社会，我们依然没有一套完美无缺的方案；我们有的只是一个大致的方向，那就是解放和发展生产力，极大地增加全社会的物质财富，消灭剥削和压迫，消除两极分化，实现社会公平和正义，逐步建立起一个没有阶级对立的"自由人的联合体"，"在那里，每个人的自由发展是一切人的自由发展的条件"②。历史经验告诉我们，建设社会主义最重要的不是有没有详尽的蓝图？而是有没有认清社会主义方向的视野？有没有不相信历史已经终结的睿智？有没有不折不挠地迈向社会主义未来的勇气？有没有不断探索实现社会主义理想新途径的胆略？

过去 60 年，中国一直在坚守了社会主义方向的同时，不懈地探索着适合中国国情的社会主义道路。当然，无论是前 30 年，还是后 30 年，中国都曾走过弯路。只要是探索，哪能一点弯路都不走呢？关键在于，从毛泽东到胡锦涛，中国领导人从不接受"历史已经终结"之类的谬论，从不相信存在什么"放诸四海而皆准"的"普世"模式。相反，他们更侧重于从实践和实验中进行学习，获取必要的经验教训，"可则因，否则革"，不断调整政策目标和政策工具，以回应不断变化的环境。③ 虽然左一脚、右一脚，深一脚、浅一脚，过去 60 年，中国就是这么一步步走过来的。

---

① 王绍光：《大转型：1980 年代以来中国的双向运动》，《中国社会科学》2008 年第 1 期。
② 《马克思恩格斯选集》第 1 卷，人民出版社 1995 年版，第 294 页。
③ 王绍光：《学习机制与适应能力：中国农村合作医疗体制变迁的启示》，《中国社会科学》2008 年第 6 期。

正因为中国社会主义道路的探索"顺乎天而应乎人",无论是前 30 年,还是后 30 年,中国都取得了辉煌成就,书写了一篇比韩愈精彩千万倍的《送穷文》。从经济社会综合发展水平看,在 1950 年,中国的人类发展指数属于"极低"之列,还不到前苏联的三分之一;而到 2005 年,中国的指数已跨入"上中"的行列,离当年的"老大哥"不过一步之遥。在 60 年里,中国的人类发展指数快速攀升了 0.6,远高于其他国家,证明坚持社会主义方向是正确的选择(见图 3)。尽管今天的中国还存在大量严重的问题,面临多重严峻的挑战,但只要坚持社会主义的方向,未来的道路一定会越走越宽广。

(来源:《中国社会科学》2009 年第 5 期)

中国道路：三十年与六十年

甘　阳[*]

我以为，今天已经很有必要从新中国六十年的整体历程来重新认识中国1979 年以来的改革，而不宜再像历来那样把改革论述仅仅局限于"后79"的近三十年。把改革论述仅仅局限于"后79"，不仅人为地割裂了新中国前三十年（1949—1979）和后三十年（1979 年至今）的历史连续性，而且这种论述往往隐含着把二者完全对立起来的强烈倾向，这就是很多人在强调中国经济改革高度成功的时候，总是首先隐含着一个对新中国前三十年的否定，似乎只有全面否定前三十年才能够解释后三十年中国的改革成功。而另一方面，我们在近年来也看到另一种日益强大的论述，这就是在批评目前改革出现的种种问题时，许多论者往往走向用毛泽东时代来否定邓小平时代的改革，即用新中国的前三十年来否定其后三十年。可以说，近年来中国社会内部有关改革的种种争论，已经使得新中国前三十年和后三十年的关系问题变得分外突出。这实际也就提醒我们，对于共和国六十年来的整体历史，必须寻求一种新的整体性视野和整体性论述。

新改革共识的形成

我个人认为，无论从哪种角度，把前三十年和后三十年完全对立起来的论述都是有失偏颇的，而且难以真正解释共和国六十年的整体历程。首先，

＊ 作者系中山大学人文高等研究院院长、教授。

无论中国社会现在存在多少贫富分化和社会不公的问题，但我以为仍然必须强调，中国改革所取得的巨大成就几乎是前无古人，甚至是后无来者的。世界银行行长（前美国国防副部长）最近说，过去 25 年来全球脱贫所取得的成就中，约 67% 的成就应归功于中国，因为中国经济的增长使得 4 亿人摆脱了贫困。这种巨大成就是实实在在的，不容抹杀的。此外，我也想强调，无论中国的农民和工人今天的生活状况仍然存在多少问题，但把中国的农民和工人说成好像生活在水深火热之中，是不符合事实的。总的来说，改革以来中国绝大多数老百姓的生活都有明显的实质性提高，中国基本解决了历史上长期无法解决的"挨饿"问题，这是一个基本事实。

毫无疑问，20 世纪 90 年代以后的改革导致贫富差异的日益扩大，从而使社会公平的问题成为当代中国的头号问题。但也正是在这里，我想指出，晚近以来关于改革的种种争论，实际不应该简单地说成是"改革共识的破裂"，恰恰相反，我们看到的其实是一种"新的改革共识的形成"。这种"新的改革共识"就是强烈要求中国的改革要"更加注重社会公平"而不再是片面追求"效率优先"，要求改革的结果是"共同富裕"而不再是"少数人先富"，要求改革更加明确"以人为本"的目标而不再是盲目追求 GDP 增长。这种"新的改革共识"实际上已经成为当代中国的最强大公共舆论，并且已经促成近年来中国政府和执政党改革方针的重大调整和转向，这就是胡温新政以来"建立社会主义和谐社会"这个基本纲领的提出。在 2005 年年底中共十六届五中全会通过的《关于制定国民经济和社会发展第十一个五年规划的建议》中，我们可以看到其基本精神是突出强调，中国的改革要"更加注重社会公平，使全体人民共享改革发展成果"。诚然，这种新改革共识会受到各种既得利益集团的抵制，但我们应该看到，很少有人敢正面公开地反对这种"新改革共识"，换言之，"新改革共识"的舆论威力不容低估，这种共识现在至少已经形成了对利益集团的一定制约作用。

新改革共识与当代中国的三种传统

我认为，上述"新改革共识"的逐步形成，实际是共和国六十年整体历史所形成的某种综合效应，亦即"新改革共识"实际首先带有调和共和国前三十年历史与后三十年历史之张力的倾向。如果说，"旧改革共识"往往带有否定共和国前三十年的倾向，那么，"新改革共识"实质上就是要求把共和国前三十年形成的传统重新整合进来。更进一步说，"新改革共识"实际可以看成是当代中国三种传统相互作用的结果。

如我近年来所指出，我们目前在中国可以看到三种传统，一个是改革二十八年来形成的传统，虽然时间很短，但是改革开放以来形成的很多观念包括很多词汇基本上都已经深入人心，融入为中国人日常词汇的一部分，基本上形成了一个传统。这个传统基本上是以"市场"为中心延伸出来的，包括很多为我们今天熟悉的概念例如自由和权利等等。另外一个传统则是共和国开国以来，毛泽东时代所形成的传统，这个传统的主要特点是强调平等，是一个追求平等和正义的传统。我们今天已经可以看得非常清楚，毛泽东时代的平等传统从 20 世纪 90 年代中后期以来表现得非常强劲，从 90 年代中期以来就有关于毛泽东时代的很多重新讨论，而 90 年代后期以来这个毛时代的平等传统更是日益强劲。这在十年以前恐怕不大可能会想到，但今天却已经无人可以否认，毛泽东时代的平等传统已经成为当代中国人生活当中的一个强势传统。最后，当然就是中国文明数千年形成的文明传统，即通常所谓的中国传统文化或儒家传统，这在中国人日常生活当中的主要表现简单讲就是注重人情乡情和家庭关系，这在中国现在的许多电视剧特别是家庭生活剧以及讲结婚离婚的日常伦理剧中可以看得非常清楚。

以上三种传统的并存是中国社会特别是中国大陆非常独特的国情。如果我们以香港社会作为对照的话就可以看出，香港社会有上面说的第一种传统（市场和自由的传统）和第三种传统（注重人情乡情的传统），但香港社会没有上面说的第二种传统，即没有强烈追求"平等"的传统。因此尽管香港社会是一个高度不平等的社会，也有很多人在致力改善这种不平等，但不平等的问题在香港从来没有成为一个引起激烈意识形态争论的问题。另一方面，如果我们以美国作对比的话则可以看出，美国有上面说的第一种和第二种传统，即自由和平等的传统都非常强烈而且这两种传统之间的张力可以说就是美国的基本国情，但美国没有我们上面说的第三种传统，没有什么人情和乡情观念，更没有人情和乡情背后的一整套文化传统和文化心理。

中国道路：儒家社会主义共和国

中国改革的共识形成，不可能脱离上述中国社会的基本国情即三种传统的并存。我认为，当代中国正在形成的"新改革共识"，其特点在于这种共识不可能以排斥上述任何一种传统的方式来形成，而是必然要同时承认上述三种传统各自的正当性，并逐渐形成三种传统相互制约而又相互补充的格局。

可以说，现在的"新改革共识"初步体现了上述三种传统的合力作用。首先，"和谐社会"这个概念本身毫无疑问是植根于中国儒家传统的，这与执政党以往强调的西方传统的"阶级斗争"概念有根本的不同；其次，"和谐社会"的实质目标亦即"共同富裕"则是毛时代社会主义传统的核心追求；再次，共同富裕的目标并不可能通过排斥市场机制来达成，而仍然将通过进一步完善改革以来形成的市场机制来落实。毫无疑问，这三种传统的合力过程将充满张力，充满矛盾甚至冲突，但三种传统形成矛盾、张力和冲突，并不是坏事，而是好事，以一种传统排斥压倒其他传统才是坏事。我们需要反对的恰恰是非此即彼的思维方式以及任何形式的"零和游戏"政治格局。可以肯定，无论有多少张力，中国的"新改革共识"必然要同时包容上述三种传统，而不可能排斥其中任何一种传统。

有人或许会批评说，以上这种看法有否定"阶级斗争"的取向，对此我将回答说，我们今天或许很有必要重新思考毛泽东当年提出的区分"人民内部矛盾"与"敌我矛盾"的重要思想。中国改革过程目前存在的种种矛盾张力和冲突，大多数仍然属于"人民内部矛盾"，而不宜轻易把它们看成是你死我活的"敌我矛盾"。我们必须反对任何人以"政治正确"自居，任意激化人民内部矛盾，同样，对于现在许多人动辄引用西方文化研究的所谓"性别、族群和阶级"等理论来讨论问题的倾向，我们也有必要强调，男人与女人的矛盾是人民内部矛盾，同性恋与异性恋的矛盾也是人民内部矛盾，许多族群矛盾也是可以通过人民内部矛盾的方式来和平地解决的，任何把"人民内部矛盾"扩大为你死我活不可调和的"敌我矛盾"的做法都是错误的，而且将导致政治上的灾难。对西方流行的种种所谓理论，无论是"左翼"的还是右翼的，我们都必须批判地加以检讨，而不应随便拿来就套。事实上现在"太阳底下早已没有新东西"，我并不认为当代西方种种所谓理论对我们有多少价值。中国人需要用自己的头脑想问题，用自己的脚走路。

从长远的意义看，当代中国正在形成的"新改革共识"，如果得到健康的发展，将有可能逐渐凸显"中国道路"的真正性格，这就是，中国的改革所追求的最终目标，并不是要形成一个像美国那样的资本主义社会，而是要达成一个"儒家社会主义共和国"。我在不久前曾经指出，"中华人民共和国"的含义实际就是"儒家社会主义共和国"。因为首先，中华的意思就是中华文明，而中华文明的主干是儒家为主来包容道家佛教和其他文化因素的；其次，"人民共和国"的意思表明这共和国不是资本的共和国，而是工人、农民和其他劳动者为主体的全体人民的共和国，这是社会主义的共和国，因此，中华人民共和国的实质就是"儒家社会主义共和国"。中国改革的最深刻意义，就是要深入发掘"儒家社会主义"的深刻内涵，这将是中国在 21 世纪的最大课题。

重新认识共和国六十年

从以上的视野出发，我在近年来曾借用从前中国传统公羊学的一个说法，提出中国的改革今后需要达成新时代的"通三统"，亦即认为今天要强调，孔夫子的传统，毛泽东的传统，邓小平的传统，是同一个中国历史文明连续统。因此，今天需要重新认识中国改革成功与毛泽东时代的联系和连续性，同时重新认识整个传统中国历史文明对现代中国的奠基性。

在以下的有限篇幅中，我将暂时搁置关于中国历史传统与当代中国的关系问题，而比较集中地初步提出一些关于共和国前三十年与后三十年的关系问题。

首先，共和国的前三十年与后三十年，亦即毛泽东时代与邓小平时代，当然有其根本性的不同。这就是邓时代开始决定性地从阶级斗争为纲转移到经济建设上来。但是我们现在必须强调，仅仅这个转移并不足以保证中国经济改革的成功，因为苏联东欧很早就放弃了阶级斗争，很早就把一切都转到经济建设上来了，可是他们的经济改革却不能成功。为什么中国从阶级斗争转向经济改革后取得了比较大的成功，而前苏联东欧当年的经济改革却不成功从而导致全盘的社会解体？我们今天必须重新提出这个老问题，亦即在原社会主义国家中，为什么中国的经济改革反而能比前苏联东欧国家更成功？中国改革二十八年来，经济成就非凡，为什么中国的改革能取得这种成功？这个问题事实上从来没有得到过真正的解释。

我们只要稍微回想一下就会记得，从 20 世纪 80 年代初一直到 90 年代初，西方舆论界和学术界很少有人看好中国的经济改革。原因很简单，他们很自然地认为，如果苏联东欧的经济改革都不能成功，中国又怎么可能成功呢？几乎所有人都认为，既然同样是中央计划经济体制，如果苏联东欧经济改革都改不下去，中国怎么可能改得下去？这个看法是很自然的。特别是苏联的工业化、现代化的程度，哪一样不比中国高得多？他们的农村人口比中国少得多，他们的厂长经理的教育程度和基本素质当然都比中国当时高得多：到 1978 年前后，中国所有的厂长和经理的平均教育水准是 9—11 年，9年就是初中毕业，11 年高中还没有毕业，高中毕业要 12 年，而苏联当时的经理厂长自然清一色都是至少大学毕业。那时比较中国和苏联东欧的生活水准就更不用讲了，他们各方面的生活水准都比中国高得多，80 年代时中国人一般家里都没有电话，更不要说汽车了，但是苏联、东欧那时候电器汽车早已经进入日常生活了。尤其是，前苏联东欧没有搞中国式的大跃进，没有中国的"文化大革命"，他们远比中国更早放弃阶级斗争而转向了经济建设，他们也远比当时的中国政治上更开放，为什么他们的经济改革搞不下去，凭什么最落后的中国的经济改革反而取得了比较大的成功？

对这个问题，实际可能只有一个解释，这就是：邓小平改革能够成功的秘密恰恰在于毛泽东时代，特别是毛泽东决定性地破坏了新中国成立后想建立中央计划经济的努力。这里可以借用熊彼特的说法，毛泽东时代实际上是一个"创造性破坏"的过程。毛泽东的"大跃进"和"文化大革命"等确实对当时的中国造成了很大的破坏，但这种破坏同时是一种"创造性破坏"，这就是破坏了中国变成苏联式计划经济的方向，创造了中国经济体制在改革前就已经不是苏联式的中央计划经济结构，从而为邓小平时代的经济改革奠定了根本基础。

毛泽东的"创造性破坏"奠定邓小平改革的基础

毛泽东搞"破坏"的故事是人所共知的：1958年"大跃进"毛泽东把中国88%的工厂的管理权全部移出中央部委的管辖范围，而把它们转交给各级地方政府管理，把财权、企业权统统给地方，不但各省、各地区，而且各县都有自成一套的工业，这就是毛泽东所谓"麻雀虽小，五脏俱全"的主张，要求每一个县都可以自己发展工业。1961年以后刘少奇把所有的工厂都收回中央管辖，但毛泽东1964年以后又开始把所有的经济下放给地方，提出要"虚君共和"，反对一切由中央管辖。毛泽东当时说的骂人话非常有名：从地方上收编中央的企业统统都拿出去，连人带马都滚出北京去。到"文化大革命"，1968年甚至根本没有计划，整个国家没有国民经济计划，这是非常不可思议的事情。从"大跃进"到"文化大革命"，毛泽东实际上把中国当时力图建立的中央计划经济基本摧毁掉了。

以上的故事虽然人所共知，但人们通常都把它看成是毛泽东的破坏成性，很少有人认为毛泽东的这一系列行为恰恰为以后邓小平的经济改革奠定了根本基础。因此这里我愿引用一个美国学者的研究，这个美国学者既不是"左"派，也不是亲中派，而是后来曾任克林顿第二届政府的远东助理国务卿，亦即美国政府的亚洲事务最高官员，中文名字是谢淑丽（Susan Shirk）。但在她当官以前，曾出版一本专著，叫做《中国经济改革的政治逻辑》（*The Political Logic of Economic Reform in China*）。这书是根据她从1980年到1990年每年到中国实地考察的结果写的，是1993年出版的。这个书名本身就很有意思，因为她实际觉得，中国经济改革的这个"政治逻辑"是很不符合西方的逻辑的，而苏联戈尔巴乔夫的改革则是比较符合西方逻辑的。问题是，为什么符合西方逻辑的苏联改革反而不成功，而不符合西方逻辑的中国改革却反而高度成功？这就是她实际提出的问题。从政治社会学的角度看，戈尔巴乔夫给他自己设定的目标，自然不是要把苏联瓦解，他希望苏联像中国一样经济改革成功人民生活水平大幅度提升。他所做的一切，和邓小平的目标是一样的，但是邓小平成功了，戈尔巴乔夫却搞垮了。为什么会出现这样的问题？中国的教育水准、经理的水准、工业化的程度、现代化的程度，和苏联怎么能够相比，怎么会中国是成功了？

她写这个书最早的出发点，实际也是像其他西方学者那样，认定中国改革是一定不行的。但在带着这个基本问题详细考察中国以后，她在西方学者当中是比较早认为，中国经济改革有可能走出来，有可能成功。而她研究得出的看法实际就是，中国改革和苏联改革的根本不同，就在于中国的经济改革事实上是在毛泽东奠定的"分权化"（decentralization）的轨道上进行的，而这是苏联无法仿效的。最根本的一点在于，由于毛泽东的"大跃进"和他的"文化大革命"，使得中国的中央计划经济从来没有真正建立过：毛泽东不断的破坏中国建立中央计划经济的工作，使得中国实际在改革前就从来不是一个苏联意义上的中央计划经济体制。这个美国学者实际认为，如果没有毛泽东的话，中国的经济改革一定会成为像苏联东欧那样的失败过程，亦即如果中国像苏联那样建立了完整的中央计划经济体制的话，那么就没有理由想象中国的改革会与苏联东欧有任何不同，想象不出来。

谢淑丽认为，毛泽东破坏中央计划经济体制而走向"地方分权"的道路，实际导致了中国在改革以前的经济结构已经完全不同于苏联东欧的计划经济结构。例如中国在计划经济最高度的时候，中央政府也只控制不到600种产品的生产和分配，而苏联则高达5500种。换言之，苏联的体制是一切经济活动无不在中央政府控制管辖之下，中央计划之外几乎没有经济，但中国经济体制则是多层次的、区域化和地方化的，造成中国经济决策和协调特别向地方政府倾斜。中国改革前夕，只有3%的中国国营企业直接归中央政府调控，其余的企业都为各级地方政府管，其利润也多归地方政府。这种高度"行政分权"的结果，是中国和苏联的经济结构截然不同，苏联的中央计划经济特点是企业数量少，但企业规模大，专业分工程度高，现代化程度高，中国的经济分权化特点则是企业数量多，但规模小而且非常土。1978年的时候，苏联一共只有四万个企业，但规模都比较大，中国却有三十四万八千个企业，其中只有四千个规模比较大，其余三十四万四千个企业都是中小企业，而且都很落后。这样大数量而且落后的中小企业是不可能被纳入中央计划体制的，大多数甚至都不是省级企业而是地县以致乡镇管辖的企业。

但在谢淑丽看来，正是中国和苏联体制的这种不同，决定了苏联的经济改革难以成功，而中国的经济改革却可能成功。因为在苏联体制下，中央计划经济以外几乎就没有经济，因此苏联东欧的经济改革完全取决于国营企业改革，如果国营企业改革无法成功，则整个经济改革就必然失败。但国营企业的改革事实是最困难的，因为涉及无数利益关系以及无数工人的福利。而中国经济改革所以可能成功，恰恰就在于毛泽东时代已经造成大多数经济都不在中央计划管辖内，而是在中央计划以外。毛泽东把相当大的财权和企业经营管理权已经给了地方，所以中国的许多县都是"麻雀虽小，五脏俱全"，在经济上可以自行其是，因此中国经济改革最根本的特点就在于它并不依赖国营企业改革，而是主要由中央计划以外的地方经济发展起来的。中国经济改革的成功在于它能够在计划的国营企业之外又发展了一套新的经济主体，是由地方企业特别是乡镇企业所带动的。而这种改革道路是高度专业化分工的苏联体制完全不可能的，因为苏联的地方并不是"麻雀虽小，五脏俱全"，并不是可以自行其是的独立经济系统，因此苏联东欧的特点就是其经济改革无法形成一个在计划体制之外快速发展的活跃经济。谢淑丽认为，中国改革之所以可以走出一条与苏联东欧不同的道路，原因就在于 20 世纪 70 年代末以来的邓小平改革，实际是在毛泽东时代形成的"地方分权化"基础上进行的。她特别强调，邓小平的改革同样是依靠地方的，例如首先在广东福建建立"经济特区"以及 1992 年的著名"南巡"，都与毛泽东依靠地方发动地方的做法如出一辙。不但如此，在她看来邓小平改革的地方分权道路，只有在毛泽东已经造成的中国整个社会经济结构高度地方分权化的基础上才有可能，邓小平时代的地方分权化实际上是毛泽东时代地方分权化的延续。

但是谢淑丽特别指出，在"文化大革命"刚刚结束，邓小平尚未重新掌权以前，中国曾一度想走回 20 世纪 50 年代第一个五年计划那样的中央计划经济，这就是华国锋主政的三年。当时"文革"刚结束，很多人首先想到的是要恢复 50 年代，大家认为 50 年代第一个五年计划是黄金时代，那时候管得多好，第一个五年计划确实很成功。华国锋当时提出的经济改革方案，是认为石油危机以后国际石油价格会很高，因此企图用"再开发十个大庆油田"的方式，以出口石油来换取外汇，然后买西方先进的科技，着重发展中国的重工业。这整套设想实际是想重新走第一个五年计划的路子，即重建中央计划经济的模式。但一方面，中国自己的石油储量根本不多，靠出口石油换取外汇的设想整个就是不现实的。另一方面，更重要的是，华国锋的这一经济方案必然要求把经济大权都重新集中到中央部委来，谢淑丽指出，这是完全不符合毛时代已经形成的地方政府的利益的。在她看来，在毛时代已经形成的地方分权化以后，重新走回中央计划经济的道路在中国事实上已经不可能，这就是为什么华国锋那么快就下台的原因。

乡镇企业：从费孝通到毛泽东

邓小平主政以后的中国经济改革，在整个 20 世纪 80 年代过程中常被称为"让权放利"，亦即把权力和权利让给地方和企业。不过我们大家都会记得，当时中国很多人其实都反复强调，"让权放利"的主体应该是企业，而不是地方。换言之，许多人的思考和苏联东欧一样，把所有的注意力和精力都放在如何改造国有企业上，而认为把经济主要让地方搞不是经济学的正道。但事实证明，中国的经济改革成功，并不是因为中国的国营企业改革比苏联东欧更好，而完全是因为中国新的经济是在地方上发动起来的，尤其是由当时谁也看不起的乡镇企业所带动的。我们都知道，邓小平本人就讲过，乡镇企业的发展和根本作用是谁也没有想到过，中央也没有想到过，完全是乡镇和农民自己搞起来的。但中国乡镇企业的基础事实上正是当年毛泽东的"大跃进"奠定的，大跃进本身当时虽然失败，但却在很多乡村留下了当时的所谓"社队企业"，这些社队企业就是日后中国乡镇企业的基础。

我们都知道，费孝通先生当年写"江村经济"，他是最早提出中国现代化的可能性在于发展乡村工业的。但是费孝通当时就已经指出，这种发展道路在当时即解放前的中国是不可能的。因为乡村工业的发展需要很多条件，比方说至少要有电，有公路，所有这些条件是那时中国的大多数乡村根本没有的。没有电、没有水、没有交通运输通达城市，怎么可能有乡村工业的真正发展？但是费孝通的梦在中国20世纪80年代开始有机会实现，其原因就在于，由于毛泽东从"大跃进"开始力图把中国的工业化过程引入到乡村，不断把中国的企业和经济下放到社会基层，使得中国的乡土社会不是外在于中国的工业化过程之外的。在毛时代，交通、水电以及至少小学教育和赤脚医生的进入乡村，都是中国乡镇企业在70年代后可以大规模发展的根本性基础。80年代中国乡镇企业的运作方式也几乎完全是"大跃进"式的，所谓"村村冒烟"本身就是"大跃进"的传统。

虽然这种经济发展方式的问题非常多，比如重复生产和环境污染等等，以及大规模的放权给地方导致后来的中央财政能力下降，都是事实。但是笔者要强调，所谓此一时彼一时，我们不能用后来出现的问题就否定中国的经济改革根本上是由乡镇企业搞活带动的。许多人常常想当然地以为应该而且可以为中国的发展找到一条一劳永逸的理性化道路，可以走上所谓正规的现代化道路，但这种思路本身不过是削足适履而已。中国的改革常常是前五年正确的做法，后五年可能就是不正确的，需要不断调整，不断创新。

重新认识新中国前三十年：延安道路问题

我们现在不能不问，毛泽东当年为什么要如此顽固地不断破坏以致摧毁中国建立中央计划经济的努力？我以为我们现在必须重新认识新中国前三十年的道路，许多我们从前非常熟悉的概念，例如20世纪50年代开始提出的所谓"红与专"的矛盾，所谓"政治与业务的关系"，所谓"知识分子与工农群众的关系"以及"外行领导内行"，"政治统帅经济"等等，事实上都有其深刻的社会学内涵，折射出中国社会的基本社会矛盾。这些问题实际在今天都在以新的方式表现出来，继续成为中国社会的主要问题。例如晚近以来中国"左"右两派学者都强调中国正在形成"精英联盟"与"农工大众"的对立，其实不过是同一社会学内容的继续展开罢了。

这里我想特别提及另一个美国学者的一本著作，即弗朗茨·舒曼

（Franz Schurmann）早在 1966 年就出版的《共产主义中国的意识形态与组织》（*Ideology and Organization in Communist China*），这本书对新中国成立以后逐渐走向与苏联体制分道扬镳的原因有非常深刻的分析，虽然此书有比较强的社会学功能主义。舒曼认为，1949 年中国共产党占领全中国要开始现代化建设的任务后，实际面临一个基本选择，就是中国的工业化道路和现代化道路，应该学苏联工业化的道路，还是应该继续按中共自己的"延安道路"去发展。

苏联道路是高度依赖技术专家来贯彻中央计划经济指令的道路，而"延安道路"则是一切首先发动群众依赖群众的道路。走苏联道路就要强调技术专家，就要强调知识分子政策，而走"延安道路"则要首先强调人民群众，要强调所谓"人民群众的首创精神"。因此，毛泽东从 20 世纪 50 年代开始强调的所谓正确处理"红与专"的矛盾，强调所谓"政治与业务的关系"，在舒曼看来实际都是与中国社会的基本社会结构和社会分层有关的。这就是新中国成立初期中国的技术专家极少（陈云曾说中共从国民党那里接收的技术知识分子一共只有两万人），而中共自己的社会和政治基础则是最广大的农民和工人。中国的工业化和现代化是应该主要依靠少数的技术专家走苏联道路，还是可以继续走中国的延安道路，依靠大多数当时没有文化不懂技术的普通民众，这在舒曼看来就是新中国成立初期面临的基本选择。

我们知道，新中国最初的决定是必须学苏联工业化的道路，即迅速建立全面的高度中央计划经济体系。中国第一个五年计划就是全面的苏联化，整个按照苏联的中央计划经济的做法来奠定。苏联式中央计划经济意味着高度专业化分工，所有的企业都要纳入中央的经济管辖，一切经济计划都要由中央计划部门来决策。中国整个第一个五年计划就是按这种苏联模式搞的。按照刘少奇当时的说法，计划经济就是在全国计划之外，不能再有其他计划。全国是一本账，一盘棋。不应该有不列入计划的经济活动。不列入计划就会发生无政府状态。不能一部分是计划经济，一部分是无计划经济。

但这种把所有经济和所有企业都纳入中央计划的工业化道路，正是毛泽东很快就坚决反对而且从实际上加以摧毁的。从 1956 年开始，毛泽东就已经怀疑苏联这套中央计划经济体制，开始思考如何摆脱苏联式计划经济体制。而从1958年"大跃进"到"文化大革命"，毛终于实际上把中国正在建立的中央计划经济基本摧毁掉了。

舒曼曾深刻分析为什么毛泽东要这样干。舒曼指出，仿效苏联经济模式对当时的中国必然会导致严重的政治后果，即这种计划体制必然使得所有经济工作都依赖于少数中央计划部门和技术专家，而中共的社会基础即农民和工人以及中共的大多数干部包括多数高级干部都将无事可干，处在中国工业化和现代化过程之外。近年公布的一些文件证明了舒曼当年观察的洞见，例如毛泽东在1958年提出要求全党工作重心真正转移到经济建设上来时就说："党的领导干部真正搞经济工作，搞建设，还是从1957年北戴河会议以后。过去不过是陈云、李富春、薄一波，现在是大家担当起来。过去省一级的同志没有抓工业，去年起都抓了。过去大家干革命，经济建设委托一部分同志做，书记处、政治局不大讨论，走过场，四时八节，照样签字。从去年起，虽然出了些乱子，但大家都抓工业了。"

从毛泽东这段话其实可以看出，在第一个五年计划时期，绝大多数中共干部，更不要说中国的普通工人农民基本上是无法参与中国的工业化和现代化的。毛泽东发动"大跃进"，要全党干部都抓经济，要全国普通民众都投入工业化建设，这个过程是我们大家熟知的，一般都被看成是毛泽东头脑发热。但舒曼的看法远为深刻。在他看来，毛泽东之所以要发动"大跃进"，要各省各地和各县的第一书记都要抓经济抓工业，并且提出"外行领导内行"，"政治统帅经济"等等，都是与中国当时的社会政治结构有关的，即毛泽东强烈地要求中共的社会基础即农民工人和党的干部成为中国工业化和现代化的主人和主体，他怕的是农民工人以及没有文化的所谓工农干部被边缘化，被置于中国工业化现代化之外，这就是他为什么要强烈地反对把工业化和现代化变成只是中央计划部门和技术知识分子的事。

舒曼认为，从"大跃进"开始，实际意味中国的工业化和现代化道路开始摆脱苏联模式，重新回到毛泽东和中共自己的"延安道路"，这就是毛泽东一贯的发动群众、发动地方的道路。毛时代的一个特点是很多最重要的中央会议都是在地方开的，例如郑州会议、南宁会议、杭州会议、武昌会议，等等，老是在地方上。从前"文化大革命"时的一个传说说，只要毛泽东的专列一出动，北京都人心惶惶，不知道他又要干什么，因为毛泽东总是要移出中央，靠发动省地县干部甚至公社干部去做他的事情，他所有的事情都是从地方从基层发动的。与此相应，毛泽东时代形成的中共领导层结构与苏联东欧共产党的结构非常不同，即中央委员会的构成里面省地干部占了最大比例，达43％，到"文化大革命"的时候毛泽东更刻意提高中央委员会中普通工人和农民党员的比例，到中共十大的时候达30％，他要把整个政权权力基础往下放。

今天的人常常会对此很不以为然，以为应该强调知识、科学、技术、文化等才对，靠农民工人有什么用。但这种看法其实是片面的，而且是缺乏政治学常识的。现代政党的政治生命首先取决于它是否有所谓"草根基础"，即中国所谓群众基础。如果一个党由一大批诺贝尔奖得主组成，那不但是什么用都没有，而且根本就是不知政治为何物。这在任何西方国家的政党都是基本常识，即政党的生命取决于是否有草根政治的基础，取决于其民众基础。实际上毛泽东在1969年前后提升工农在中央委员会比例的做法，美国的民主党和共和党也都在做类似的改革，他们改革的根本方向都是要政党更有群众代表性。美国的民主党在1968年首先规定党代表中必须有多少黑人，多少女人，多少拉丁裔人等硬性比例，随后美国的共和党也只能跟进，因为都要争取群众基础。而毛泽东在"文化大革命"中则是要求中央委员中必须有工人多少，农民多少，女人多少，他也是强调这个社会基础，要求把这个社会结构带进来。中国今天过分强调学历、学位，实际上是有片面性的，从政治上讲，如果没有草根政治，没有群众基础，只有一大批高学历高学位的人指手画脚，那是无济于事的。

结　　语

整整十年前，我在《自由主义：贵族的还是平民的？》（1997）中曾以比较激烈的语言提出："今日中国知识分子对自由主义的高谈阔论主要谈的是老板的自由加知识人的自由，亦即是富人的自由、强人的自由、能人的自由，与此同时则闭口不谈自由主义权利理论的出发点是所有人的权利，而且为此要特别强调那些无力保护自己的人的权利：弱者的权利、不幸者的权利、穷人的权利、雇工的权利、无知识者的权利。"我在当时因此曾质疑"中国知识界到底是在利用自己的知识权力服务于少数人的'特权'，还是在伸张所有人的'权利'？"，并认为当时一些所谓知识分子实际已经成为"一半为官方一半为大款驱走的得力马弁"。

尚记得十年前我这篇文章发表时曾引起知识界相当大的反弹，包括许多老朋友都认为不能接受，认为我的立论过于偏颇，而且完全不符合中国改革的实际和中国知识界的实际。但曾几何时，如今中国社会对知识精英的强烈抨击可以说几乎每天都见于各种媒体和互联网，其语言的激烈更远远超出我当年。同时，大约从2002年以来，中国"左"右两派的学者几乎都提出了各种大同小异的所谓"精英联盟"说，认为中国现在的政治精英、经济精英和知识精英已经由于共同的利益均沾关系而形成了相当稳定的统治精英联盟，共同排斥底层人民。用温铁军的表述，则是有所谓"官产学媒"四大强势的结合，形成对工人农民和其他弱势群体的实际排斥。不管怎样，现在"左"右两派似乎都在强调，精英和大众的矛盾今日已经成为中国社会最突出的矛盾。但我们从前面的论述实际可以看出，今天所谓"精英与大众"的矛盾，实际就是毛时代从20世纪50年代以来一直面对的同一个基本问题。也是从这种意义上，共和国六十年来的基本问题有相当的连续性。

但我个人对今天的看法反而有点不同。我以为，从近年的情况看，我们恐怕不能贸然地就断定，现在已经形成了铁板一块的精英联盟，而共同自觉地排斥底层大众。实际情况可能恰恰相反，事实是近年无论学者、官员、媒体都在变。以知识界而言，现在自觉认同权贵，专门为权贵集团辩护的学者恐怕只是少数人，虽然这少数常是比较有权势的学官，但大多数学者现在基本是比较关注同情大众和底层的。其次媒体近年来有很大的变化，事实上媒体近年在关注大众和底层方面是起到很大作用的。同时，对于官员特别是基层干部，我以为不能用妖魔化的方式一竿子抹黑，这对他们是很不公平的，事实上相当多基层干部是最接近大众和底层的。我的基本看法是，近年来我们前面论述的"新的改革共识"正在形成，而这种"新改革共识"具有相当广泛的社会基础，亦即这种共识并不仅仅只是农民工人和底层的共识，实际同样是学者官员和媒体的共识。也因此，这种"新改革共识"对于中国现在的改革方向以及具体的各种政策都在产生实际的影响。

（来源：《读书》2007 年第 6 期）

社会形态与现代化双重视野中的中国道路

吴 波[*]

关于民族或国家矛盾和社会形态矛盾之间的关系，关于民族独立和现代化之间的关系，以及关于社会主义与现代化之间的关系，是我们考察近代以来中国发展道路必须直面的重要课题。不依托关于这些课题的科学回答，就无从正确认识中国最终走上中国特色社会主义发展道路的历史必然性。

一 民族或国家矛盾与社会形态矛盾

唯物史观提供的科学方法论在于，只有基于世界历史发展总的趋势，才能正确认识民族或国家间矛盾及其发展。将民族或国家之间的矛盾放置在一定性质的世界历史的条件下进行分析，是对这一科学方法的基本遵循。因此，只有从关于资本全球化的研究出发，才能深化对资本主义世界历史时代民族或国家之间矛盾关系的认识，并获取关于这一矛盾关系的科学判断。一般而言，社会形态矛盾与民族或国家矛盾本不属于同一序列的范畴，恰是资本全球化这一历史条件不仅使得民族国家之间的矛盾趋于复杂化，而且还使得社会形态矛盾附加于民族国家矛盾之上并相互交织在一起，由此形成近代以来中国社会形态史研究中一个无法绕开的难题，正确把握两者之间的关系，必须求助于对于资本全球化的深入了解。更为重要的是，资本全球化的深入剖析，是讨论近代中国民族矛盾和社会形态矛盾之间关系问题必须首先

---

* 作者系中国社会科学院马克思主义研究院《马克思主义研究》副主编、编审。

获取的前提性思想资源。离开这一思想资源，一切关涉近代以来中国道路的问题就可能完全以一种截然相反的回答出现。这就意味着，无论是对近代中国与西方国家之间矛盾的正确把握，还是对近代中国民族矛盾和社会形态矛盾之间关系的正确认识，都要基于对资本全球化的科学分析之上。

当马克思提出世界历史的概念时，资本全球化的历史进程已经在全球逐步展开。深入剖析这一历史现象，我们会发现资本全球化具有自觉性与不自觉性的双重特性。

资本全球化自觉性的一面主要体现在掠夺和榨取。在《不列颠在印度统治的未来结果》一文中，马克思一针见血地指出："当我们把目光从资产阶级文明的故乡转向殖民地的时候，资产阶级文明的极端伪善和它的野蛮本性就赤裸裸地呈现在我们面前，它在故乡还装出一副体面的样子，而在殖民地它就丝毫不加掩饰了。"① 他用辛辣的语言这样写道："美洲金银产地的发现，土著居民的被剿灭、被奴役和被埋葬于矿井，对东印度开始进行的征服和掠夺，非洲变成商业性地猎获黑人的场所：这一切标志着资本主义生产时代的曙光。"② 对于西方资产阶级而言，殖民地的价值只是保障其销售市场和原料来源，促成资本主义国家大工业发展的重要手段而已。马克思鲜明揭示了这一点。在他看来，对于印度，英国的贵族只是想征服它，金融寡头只是想掠夺它，工业巨头们只是想通过廉价销售商品来压垮它。"英国的工业巨头们之所以愿意在印度修筑铁路，完全是为了要降低他们的工厂所需要的棉花和其他原料的价格。"③

资本全球化不自觉性的一面主要体现在传播先进的生产方式。这虽然不是资本善良的本性，然而，在这方面，它确实充当了历史的不自觉的工具。同是在《不列颠在印度统治的未来结果》一文中，马克思指出："英国在印度要完成双重的使命：一个是破坏的使命，即消灭旧的亚洲式的社会；另一个是重建的使命，即在亚洲为西方式的社会奠定物质基础。""一旦把机器应用于一个有铁有煤的国家的交通运输，你就无法阻止这个国家自己去制造这

① 《马克思恩格斯选集》第1卷，人民出版社1995年版，第772页。
② 《马克思恩格斯选集》第2卷，人民出版社1995年版，第265页。
③ 《马克思恩格斯选集》第1卷，人民出版社1995年版，第770页。

些机器了。""资产阶级历史时期负有为新世界创造物质基础的使命：一方面要造成以全人类互相依赖为基础的普遍交往，以及进行这种交往的工具；另一方面要发展人的生产力，把物质生产变成对自然力的科学统治。"① 显然，在马克思看来，帝国主义在无意之中担当起了文明的使者。

资本全球化自觉性的一面也可表述为殖民化的一面，不自觉性的一面也可表述为资本主义化。从一定意义上可以认为，殖民化主要表现为民族或国家之间的矛盾，而资本主义化则主要表现为社会形态之间的矛盾。问题的关键在于对于资本全球化而言，自觉性的一面是主要的方面还是不自觉性的一面是主要的方面，民族或国家矛盾和社会形态矛盾究竟何者为主要矛盾，这是当下马克思主义世界历史理论研究中需要深入思考的重大课题。因为，近些年来，有论者认为，资本主义当时是新兴的、进步的社会制度，而封建主义是死亡着的社会制度，早已腐败不堪一击。怎么能设想死亡着的封建主义能战胜新兴的、进步的资本主义呢？由此推及的结论是，近代中国的反侵略战争在形式上都是民族自卫的斗争，而在实质上，都是站在维护本民族封建传统的保守立场上，对世界资本主义历史趋势进行本能的反抗，是以落后对先进，保守对进步，封建闭关自守孤立的传统对世界资本主义"自由贸易"经济变革的抗拒。倘若将社会形态矛盾置于民族或国家矛盾之上，得出这样的结论就是自然而然的了。

强调以世界历史的眼光考察中国近代史的研究方法值得倡导，但在对待中国和西方之间矛盾关系的认识上无疑片面化了。倘若从社会形态角度审视的话，西方国家与中国之间的矛盾确实反映出了先进社会形态和落后社会形态之间的矛盾。正如马克思所言，西方资本全球扩张所产生的一个历史现象是，"使未开化和半开化的国家从属于文明的国家，使农民的民族从属于资产阶级的民族，使东方从属于西方"②。但是，如果只强调西方社会形态的先进性就轻易地否定近代中国的反侵略斗争的正当性，就未免过于武断。其实，这是一种似是而非的论断。一方面，中国和西方国家之间的社会形态矛

---

① 《马克思恩格斯选集》第 1 卷，人民出版社 1995 年版，第 768、770、773 页。
② 同上书，第 277 页。

盾是由民族或国家矛盾所引发的，近代中国所发生的中外战争，无一不是由帝国主义国家发动的，中国始终处于被动应战的状态。与民族国家之间矛盾相比较，社会形态之间的矛盾对于双方来说都是一种"无意"的存在；另一方面，中国和西方国家之间民族矛盾的产生和发展并不是因由西方以文明的方式传播现代文明而引起的，每一次战争的爆发都是西方对东方侵略和掠夺所致。基于以上两点分析，就自觉性与不自觉性的关系而言，自觉性的一面无疑是主要的。具体而言，在资本全球化的过程中，西方对东方的掠夺和剥削是主要的方面。毛泽东在指出外国资本主义的入侵"给中国资本主义生产的发展造成了某些客观的条件和可能"[1] 的同时，一语道破了西方的目的："帝国主义列强侵入中国的目的，决不是要把封建的中国变成资本主义的中国。帝国主义列强的目的和这相反，它们是要把中国变成它们的半殖民地和殖民地。"[2]

在这个问题上，马克思有十分明确的立场："英国资产阶级将被迫在印度实行的一切，既不会使人民群众得到解放，也不会根本改善他们的社会状况，因为这两者不仅仅决定于生产力的发展，而且还决定于生产力是否归人民所有。"[3] 这里所涉及的并不是如何正确认识历史尺度和价值尺度关系的问题，而是如何正确使用历史尺度的问题。西方资本全球化促进近代中国社会生产力的发展和社会文明水平的提高的方面与对中国资本主义的压制和排斥的方面相比，后者无疑居于主导性的方面，近代中国历史发展的事实证明了这一点。

因此，既不能简单地把社会形态矛盾凌驾于民族或国家矛盾之上，更不能用社会形态的比较优势作为研究包括中国反侵略战争的正当性等问题在内的依据。需要进一步澄清的是，将反侵略战争说成是维护封建传统的保守立场，基于概念的偷换，即将因民族或国家矛盾引发的反侵略斗争性质的判定与社会形态之间矛盾混为一谈。其实，反对帝国主义侵略，并不直接地推导出反对先进的资本主义生产方式以及对现代化的拒斥，也并不必然地推导出

---

[1] 《毛泽东选集》第 2 卷，人民出版社 1991 年版，第 626 页。
[2] 同上书，第 628 页。
[3] 《马克思恩格斯选集》第 1 卷，人民出版社 1995 年版，第 771 页。

对落后保守的封建主义的维护。从根本上而言，两者之间不仅不存在着对立的关系，而且恰恰相反，两者之间存在着一致性。因为只有先解决民族或国家之间的矛盾，才有讨论解决社会形态之间矛盾问题的可能。在中国的先进分子那里，反帝和反封建始终是高度一致的，而且"不完成反帝国主义的任务，也不能完成反封建主义的任务"①。正如有学者指出的，东西方国家之间社会形态的矛盾不能消除和解决民族的矛盾，相反，东西方国家之间的社会形态矛盾的解决依赖于民族矛盾的解决，也可以说，民族矛盾的解决是调节东西方国家关系的杠杆。②

对于东方国家而言，将民族国家之间矛盾的解决作为第一要务，不仅不违反唯物史观关于人类社会历史发展的客观规律，而且恰恰是对这一规律的严格遵循。对于中国人民反抗西方殖民主义者的斗争，马克思从世界历史的高度出发始终对之予以高度的赞扬和称颂。马克思驳斥了殖民主义者所谓中国人民反抗外来势力不过是"野蛮民族的排外心理"的谬论。他指出，"不管引起这些起义的社会原因是什么，也不管这些原因是通过宗教的、王朝的还是民族的形式表现出来，推动了这次大爆发的毫无疑问是英国的大炮"③。革命发生的直接原因是"欧洲人的干涉，鸦片战争，鸦片战争所引起的现存政权的震动，白银的外流、外货输入所引起的经济平衡的破坏，等等。看起来很奇怪的是，鸦片没有起催眠作用，反而起了惊醒作用"④。他还认为，欧洲人民下一次的起义"在更大的程度上恐怕要决定于天朝帝国（欧洲的直接对立面）目前所发生的事件，而不是决定于现存其他任何政治原因，甚至不是决定于俄国的威胁及其带来的可能发生全欧战争的后果"⑤。在马克思看来，"中国革命将把火星抛到现今工业体系这个火药装得足而又足的地雷上，把酝酿已久的普遍危机引爆，这个普遍危机一扩展到国外，紧接而来的将是欧洲大陆的政治革命"⑥。列宁秉持了相同的立场。他指出，在帝国主义时

① 胡绳：《马克思主义与改革开放》，中国社会科学出版社 2000 年版，第 23 页。
② 参见何萍《罗莎·卢森堡的〈资本积累论〉与中国》，《马克思主义研究》2005 年第 6 期。
③ 《马克思恩格斯选集》第 1 卷，人民出版社 1995 年版，第 690—691 页。
④ 《马克思恩格斯全集》第 15 卷，人民出版社 1963 年版，第 545 页。
⑤ 《马克思恩格斯选集》第 1 卷，人民出版社 1995 年版，第 690 页。
⑥ 同上书，第 695 页。

代，殖民地和半殖民地方面"反对帝国主义大国的民族战争不仅是可能的和可能性很大，而且是不可避免的、进步的、革命的"①。

二 民族独立与现代化

现代化是历史的趋势。基于唯物史观一般的理论逻辑，西方资本全球化不仅是东方国家社会变革的外部环境，而且也决定了东方国家社会变革的方向，因为东方国家社会变革的过程就是不断地把西方资本主义创造的那些具有人类文明的一般性的成果转化为自己的社会基础的过程。"它迫使一切民族——如果它们不想灭亡的话——采用资产阶级的生产方式。"② 只有这样，东方国家才有可能实现自身的更新，达到与西方抗衡的水平，这是人类在广度和深度上发展的必然结果。基于上述结论，美国学者艾恺的观点是有道理的。他认为，"现代化一旦在某一国家和某一地区出现，其他国家或地区为了生存和自保，必然采取现代化之道……换言之，现代化本身具有一种侵略的能力，而针对这一侵略力量能做的最有效的自卫，则是以其矛攻其盾，尽快实现现代化"③。国内有学者据此认为，殖民地半殖民地改变被动局面的唯一道路，是向西方列强学习，实现社会生活的全面现代化。可问题在于，半殖民地半封建的中国能够在国家主权部分丧失的基础上成功实现现代化吗？

资产阶级国家和现代化是一致的。对于资产阶级国家，马克思明确指出，"它是新兴资产阶级社会当作自己争取摆脱封建制度的解放手段而开始缔造的；而成熟了的资产阶级社会最后却把它变成了资本奴役劳动的工具"④。马克思和恩格斯在《共产党宣言》中具体分析道，由于资产阶级日甚一日地消灭生产资料、财产和人口的分散状态，从而使人口密集起来，使生产资料集中起来，使财产聚集在少数人手中后，由此必然产生的结果就是政治的集中。"各自独立的、几乎只有同盟关系的、各有不同利益、不同法

---

① 《列宁选集》第2卷，人民出版社1995年版，第696页。
② 《马克思恩格斯选集》第1卷，人民出版社1995年版，第276页。
③ 艾恺：《世界范围内的反现代化思潮》，贵州人民出版社1991年版，第3页。
④ 《马克思恩格斯选集》第3卷，人民出版社1995年版，第55页。

律、不同政府、不同关税的各个地区，现在已经结合为一个拥有统一的政府、统一的法律、统一的民族阶级利益和统一的关税的统一的民族。"① 在他们看来，就现代国家即资产阶级国家而言，它不外是资产者为了在国内外相互保障各自的财产和利益所必然要采取的一种组织形式，所以，现代国家就是与这种现代私有制相适应的。布罗代尔精辟指出，资本主义之成功，端在它与国家互为一体，它本身即成了国家。道理很是简单，一个简单的例证是，在资本的力量还相对弱小时，没有国家的支持和保护，不仅自身难以生长，也难以跨出国门。正是依托国家的强有力的支持，资本才实现了跨越千山万水、远涉重洋的梦想。

可见，一个独立的民族国家，是实现现代化的先决条件。在现代化的历史进程中，民族或国家一直是现代化的主要承载者。自工业革命以来，世界历史的发展充分表明，民族或国家在生产力发展中的主体作用日益凸显，没有民族或国家的生产力的发展，就没有世界生产力的发展。工业革命以来的全球交往所产生的激烈竞争中，也明白无误地说明，国家是其中的主体。② 这一原则对西方国家如此，对东方国家也是如此。列宁特别突出了民族国家的普遍意义，他指出，在全世界，资本主义彻底战胜封建主义的时代是同民族运动联系在一起的。"建立最能满足现代资本主义这些要求的民族国家，是一切民族运动的趋势（趋向）。最深刻的经济因素推动人们来实现这一点，因此民族国家对于整个西欧，甚至对于整个文明世界，都是资本主义时期典型的正常的国家形式。"③ 民族运动虽然是由西欧资产阶级发起的，但并不意味着这只是西欧资本主义国家的专利。对于东方而言，其发展资本主义和实现现代化的前提和西方并没有区别。美国学者 C.E. 布莱克就从一般性的角度分析指出，实现现代化要具备三个必需的条件，其中一个就是"创立一个民族国家，它拥有一个有效率的政府和合乎情理的舆论（它代表着人民要实现的目的以及实现目的的手段）"④。

---

① 《马克思恩格斯选集》第 1 卷，人民出版社 1995 年版，第 277 页。
② 参见叶险明《"知识经济"批判》，人民出版社 2007 年版，第 334 页。
③ 《列宁选集》第 2 卷，人民出版社 1995 年版，第 371 页。
④ C.E. 布莱克：《现代化的动力》，四川人民出版社 1988 年版，第 102 页。

在现代化与民族独立之间关系的问题上，马克思始终认为民族独立处于优先的地位，由此深刻阐述了赢得国家主权之于东方国家现代化的意义。马克思指出："在大不列颠本国现在的统治阶级还没有被工业无产阶级取代以前，或者在印度人自己还没有强大到能够完全摆脱英国的枷锁以前，印度人是不会收获到不列颠资产阶级在他们中间播下的新的社会因素所结的果实的。"① 恩格斯更是明确地指出："排除民族压迫是一切健康和自由的发展的基本条件。""每一个波兰的农民和工人，一旦从自己的闭塞状态中觉醒起来参加为共同利益进行的斗争，首先就会碰到存在民族压迫的事实，它到处都是他们前进道路上的第一个障碍。"② "只有在波兰重新争得了自己的独立以后，只有当它作为一个独立的民族重新掌握自己的命运的时候，它的内部发展过程才会重新开始。"③ 列宁强调："民族生活和民族运动的觉醒，反对一切民族压迫的斗争，民族国家的建立"④，是发展中的资本主义在民族问题上的历史趋势。他还针对东方国家进一步指出：在经济上依附于经济强国的民族只有通过建立独立的民族国家，获得政治上的独立，才能为本民族创造"能够最充分地发展商品生产，能够最自由、广泛、迅速地发展资本主义的条件"⑤。

在民族独立和现代化关系的问题上，近代中国理论与实践的双重探索得出了同样的结论。毛泽东对此有着深刻的论述："一个不是贫弱的而是富强的中国，是和一个不是殖民地半殖民地的而是独立的，不是半封建的而是自由的、民主的，不是分裂的而是统一的中国，相联结的。在一个半殖民地的、半封建的、分裂的中国里，要想发展工业，建设国防，福利人民，求得国家的富强，多少年来多少人做过这种梦，但是一概幻灭了。""就整个来说，没有一个独立、自由、民主和统一的中国，不可能发展工业。"⑥ "中国人民的生产力是应该发展的，中国应该发展成为近代化的国家、丰衣足食的

---

① 《马克思恩格斯选集》第1卷，人民出版社1995年版，第771—772页。
② 《马克思恩格斯全集》第35卷，人民出版社1971年版，第261页。
③ 《马克思恩格斯全集》第18卷，人民出版社1964年版，第630页。
④ 《列宁选集》第2卷，人民出版社1995年版，第340页。
⑤ 《列宁全集》第25卷，人民出版社1964年版，第227—228页。
⑥ 《毛泽东选集》第3卷，人民出版社1991年版，第1080页。

国家、富强的国家。这就要解放生产力，破坏帝国主义和封建主义。正是帝国主义和封建主义束缚了中国人民的生产力，不破坏它们，中国就不能发展和进步，中国就有灭亡的危险。"① 胡绳认为，讲现代化，不能不区别帝国主义所允许范围内的现代化和独立自主的现代化。将现代化作出这样的区分业已表明了民族独立问题之于现代化问题的优先地位。在他看来，"近代中国并不是近代化的中国，不是一个商品经济发达、教育发达，工业化、民主化的中国。在近代中国面前摆着两个问题：即一、如何摆脱帝国主义的统治和压迫，成为一个独立的国家；二、如何使中国近代化。这两个问题显然是密切相关的。因为落后，所以挨打；因为不断地挨打，所以更落后。这是一个恶性的循环"。② 以首先解决近代化问题为突破口，并没有解除这种恶性循环，只有先争取民族的解放和国家的独立，才能谈得到近代化的政治、经济、文化的建设。费正清看清楚了这一点："帝国主义的真正的创痛是心理的。对于任何具有自豪感的民族来说，它最令人感到羞辱，因而是一种政治的弊害。"③ 应该说，认识到民族独立与现代化的一致性并以之构成现代化的前提，是近代以来中国人民在中国道路问题上第一次理论自觉。

没有民族独立，现代化是不可想象的。其实，西方国家也深谙这一原则，只不过在现实中始终表现出自相矛盾的状况罢了。因为资本全球化从它诞生之日起，生产力发展的日趋国际化与生产力诸要素日益被少数发达国家所垄断的矛盾作为其内在的基本矛盾就未曾改变过，在这种矛盾的作用下，生产力国际化发展的过程必然反映为西方资本强行打破民族和国家的界限，使大多数相对落后的国家直接或间接地从属于少数西方发达国家的过程。"中心—边缘"的国际结构是资本存活的基本方式。可见，当西方资本走向东方时，之所以努力颠覆了民族独立是现代化先决条件这一原则，是与其利益目的相一致的。

民族独立和现代化之间关系的问题在今天成为一个值得深入讨论的对象，是与近些年来现代化话语的兴起分不开的。从本质上说，用"现代化范

---

① 《毛泽东文集》第 3 卷，人民出版社 1996 年版，第 432 页。
② 胡绳：《马克思主义与改革开放》，中国社会科学出版社 2000 年版，第 43 页。
③ ［美］费正清：《伟大的中国革命（1800—1895）》，世界知识出版社 2000 年版，第 57 页。

式"替代"革命范式",就是一种意识形态策略。① 一旦"现代化范式"居于主导地位,那么,不仅一百多年来中华民族争取民族独立的历史被轻易地否定,而且,在新一轮全球化中,民族独立的优先地位就必然会在现代化的迷雾中丧失,中国就有可能成为新一轮全球化中西方资本的捕获物。正如有学者所指出的:"现代化的提出是西方资本主义再度占据了世界体系的中心地位的结果,因而作为当今世界历史理论的话语,现代化相当准确地表达了当代西方资本主义体系的内在结构。但是,它绝没有改变当代世界历史中的最根本的问题——东西方民族的关系问题,更没有解决这个问题。恰恰相反,西方国家的理论家们赋予现代化以普遍价值理念的意义,把它提升为意识形态,只代表了西方资本主义国家统治世界的愿望,对于非西方世界的发展中国家来说,它却是一种陷阱。""现代化作为一种总体性的观念,本身就是当代资本主义国家以和平方式征服和瓦解东方民族、实现国际资本统治的主要手段,所以,它比之 19 世纪的西方资本主义国家以战争形式进行的公开暴力掠夺具有更大的欺骗性。"②

三 社会主义与现代化

20 世纪初,中国陷入了半殖民地半封建社会的深渊。当建立一个独立的民族国家作为实现现代化的前提越来越深入人心时,世界历史条件以及国内现实状况的变化,使中国的先进分子越来越清晰地认识到,中国的主要问题已经不再是要不要一个独立的民族国家的问题,而是应该建立一个什么样的

---

① 美国学者雷迅马在 2000 年出版的《作为意识形态的现代化——社会科学与美国对第三世界政策》一书中这样说,他写这部书是试图揭示"现代化理论不仅仅是一种社会科学上的学说。我要论证的是,现代化也是一种意识形态,一个概念框架,这个框架中融汇了美国人对美国社会的性质以及对美国改变世界的特定部分——即那些在物质和文化上都被认为有缺陷的地区——的能力的一组共同的假设"。"现代化深深嵌入了社会科学话语、对外政策制度以及各种形式的文化著述中,号称能够加速世界的'进步',而这个世界需要美国的资源及其开明的监护。"参见〔美〕雷迅马《作为意识形态的现代化——社会科学与美国对第三世界政策》,牛可译,中央编译出版社 2003 年版,第 8—9、33 页。

② 何萍:《马克思主义世界历史理论中的决定论与非决定论》,《哲学研究》2008 年第 3 期。

民族国家的问题。① 资本主义的吸引力因第一次世界大战开始在中国引起了先进分子们的质疑，李大钊在第一次世界大战即将结束时指出："此次战争，使欧洲文明之权威大生疑念。欧人自己亦对于其文明真价不得不加以反省。"② 陈独秀 1915 年 9 月在《法兰西人与近世文明》一文中指出，资本主义代替封建主义以后，"政治之不平等，一变而为社会之不平等；君主贵族之压制，一变而为资本家之压制"。究竟是建立一个资本主义的民族国家，还是建立一个社会主义的民族国家的问题开始浮出水面。

中国最终放弃资本主义的选择，主要是由两个重要条件决定的。恰是这两个重要条件不仅改变了中国革命的性质，进而也改变了中国现代化道路的方向。

就内部条件而言，中国民族资产阶级由于自身的软弱性，无力承担起建立一个独立的民族国家的历史任务。无产阶级走上历史的舞台，承担起资产阶级民主革命领导权的重任。列宁在《俄国社会民主党的两种策略》一文中明确指出，在工业欠发达国家进行资产阶级革命时，由于资产阶级的软弱性，无产阶级必须联合农民进行革命，并夺取革命的领导权。中国民族资产阶级的两重性，决定了他们虽然在一定时期中和一定程度上作为一种革命的力量能够参加反帝国主义和反官僚军阀政府的革命，但在一定时期中却作为反革命的助手跟在买办资产阶级的后面。历史事实业已证明，中国资产阶级的软弱性决定了形式上的共和国的虚弱性，这个共和国不可能是一个彻底独立的共和国。瞿秋白指出："我们在五卅运动的经验里，可以明确的知道：不但国民革命的民族解放运动本身，是中国被压迫剥削的阶级反抗帝国主义的阶级斗争，而且民族解放运动的内部，无产阶级对于资产阶级的斗争亦是必不可少的，是事实上必不可免的。这种斗争里如果无产阶级胜利，便能使民族解放运动得着充分的发展；如果资产阶级得胜，那就中国民族的要求、民权的要求，都要被他们的妥协政策和私利手段所牺牲。"③ 在中国反帝反封建的民族解放运动中，无产阶级的革命领导权决定了中国革命的成败。换言

---

① 参见何萍《罗莎·卢森堡的〈资本积累论〉与中国》，《马克思主义研究》2005 年第 6 期。
② 《李大钊文集》（上），人民出版社 1984 年版，第 565 页。
③ 《瞿秋白文集》（政治理论编）第 3 卷，人民出版社 1989 年版，第 358—359 页。

之，中国的民族解放运动与无产阶级的阶级运动并不是分离的关系，而是有机结合在一起的，这种有机结合也决定了资产阶级民主革命性质的变化，反映了中国民族解放运动的特殊性要求。

十月革命的胜利是影响中国革命性质的外部条件。毛泽东指出："第一次帝国主义世界大战和第一次胜利的社会主义十月革命，改变了整个世界历史的方向，划分了整个世界历史的时代。"① 由这一变化了的历史条件所决定，中国革命的性质也因之发生了重大转换。毛泽东指出，在这以前的中国资产阶级民主主义革命，是属于旧的世界资产阶级民主主义革命的一部分；在这以后，中国资产阶级民主主义革命，已改变为属于新的资产阶级民主主义革命的范畴，而在革命阵线上说来，则属于世界无产阶级社会主义革命的一部分。瞿秋白极其准确地将中国的资产阶级革命称之为"有条件的资产阶级革命"。在他的视野中，世界无产阶级也成为中国无产阶级作为革命领导阶级的外部支撑。瞿秋白指出："中国革命与俄国革命一九〇五年的革命不同，他决不是无条件的资产阶级革命，而只是有条件的资产阶级性的革命。因为中国的农地革命是反帝国主义的革命，推翻地主阶级（官僚、买办、土豪—军阀）的统治，同时就是对于列强帝国主义的一个最严重的致命的打击。而且这一革命是世界社会革命中的不可分离的一部分，是中国无产阶级革世界资产阶级的命。"②

在马克思世界历史理论的视野中，东方与西方既相互对立又相互联结。作为资本全球化的必然产物，十月革命是对西方资本全球化的第一次重大冲击，这一重大冲击的一个直接后果是，资本全球化一统世界的进程在受到巨大的遏制的同时，新的全球化已经开始跃出历史的地平线，十月革命的标志性意义即在于此。由西方主导的全球化也开始进入一个新的历史阶段。正是世界历史进程发生的这一重大变化从外部条件上改变了中国革命的性质，改变了中国的前途。"在资本主义生产方式占统治地位的世界历史时代，生产力的发展日趋国际化与生产力诸要素日益被少数发达国

---

① 《毛泽东选集》第 2 卷，人民出版社 1991 年版，第 667 页。
② 《瞿秋白文集》（政治理论编）第 4 卷，人民出版社 1989 年版，第 470 页。

家所垄断的矛盾发展到一定的阶段，必然首先会使越来越多的发展中国家选择走社会主义道路。"① 由此，这可以认为是资本全球化发展的一条重要规律。

民族独立是现代化的前提，实现民族独立的革命性质决定了现代化道路的方向。中国革命性质这种重大的历史转换，必然性地提出了中国现代化道路新的选择的问题。从世界历史的眼光出发，马克思起初探讨东方民族解放运动的落脚点是西方而不是东方。只是到了晚年，马克思才开始着重思考东方社会独特发展道路的问题。而且，即使在晚年关于俄国有可能不通过卡夫丁峡谷的设想中，西方革命作为外部条件仍然是东方国家实现社会形态跨越的关键性要素。换言之，直接占有西方资本主义肯定性文明成果是东方国家实现社会形态跨越的前提。由此可以得出的结论是，马克思并没有深入思考过东方国家现代化发展道路另一种可能性的问题，他只是在其东方社会理论设想中埋下了深深的伏笔。"由于发生在情况和中国相同（封建压迫严重）或近似（经济文化落后）的俄国，对中国人民具有特殊的吸引力"②，十月革命从而给中国人民带来了民族解放的新希望。这一革命的意义不仅在于向经济文化相对落后的中国昭示出一种民族解放的新路径，从现代化的角度看，十月革命也开辟了一条现代化的新路径，从而向经济文化相对落后的中国昭示出另一种现代化道路的选择。事实上，当俄国选择社会主义道路后，现代化的实现途径必然会以一种非西方的道路呈现出来。这条道路，按照列宁的话说，就是"用与西欧其他一切国家不同的方法来创造发展文明的根本前提"③。"既然建立社会主义需要有一定的文化水平（虽然谁也说不出这个一定的'文化水平'究竟是什么样的，因为这在各个西欧国家都是不同的），我们为什么不能首先用革命手段取得达到这个一定水平的前提，然后在工农政权和苏维埃制度的基础上赶上别国人民呢？"④

虽然从现代化的起源及其发展的一定阶段的角度看，资本主义与现代化

---

① 叶险明：《"知识经济"批判》，人民出版社2007年版，第280页。
② 中共中央党史研究室编《中国共产党的七十年》，中共党史出版社1991年版，第10页。
③ 《列宁选集》第4卷，人民出版社1995年版，第777页。
④ 同上。

恰恰是一个"重合"的历史过程,① 但现代化成果的普遍性意义并不意味着资本主义作为现代化实现方式的普遍性意义。中国的现代化最终纳入无产阶级政党领导之下的社会主义道路,这是历史的结论。"为了取得民族独立,除了社会主义道路不可能有其他道路。"② 当中国为了民族独立最终选择了社会主义,现代化道路也就由此换取了另一副模样。正如有学者所指出的:"只有沿着十月革命的方向,中国才有可能拥有自己的独立自主的现代化,这不是一个理论问题,而是社会条件本身塑造的历史进步的唯一可能性。"③如果说认识到实现民族独立是实现现代化的前提,是近代以来中国人民探索自己发展道路的第一次自觉的话,那么,认识到社会主义与现代化的一致性,则是近代以来中国人民在探索自己发展道路过程中第二次理论自觉。

四 中国道路的双重规定

近代以来的中国始终面临着两个重大课题:一个是如何实现民族独立,一个是如何实现现代化,对两个重大课题的科学回答构成了近代以来中国道路的双重规定。

中国社会形态的局部跨越,是中国道路的第一个规定性。马克思和恩格斯在对俄国社会发展前途的分析中,最先提出了社会形态局部跨越的可能性。所谓社会形态的局部跨越,即一个社会在进入某一社会形态后,虽然凭借自身力量尚不能超越固有的发展阶段,但依托比自己高一级的社会形态的牵引,不再需要完整经历这个社会形态的全部发展阶段,而跃升到高一级社会形态的过程。局部跨越的要义是"缩短"。历史的事实是处于半殖民地半封建社会的中国,在世界无产阶级革命的牵引下,经过特殊的资产阶级民主革命的历史阶段,不经过资本主义的充分发展而直接过渡到社会主义社会,实现了社会形态的局部跨越。

---

① 参见叶险明《马克思关于资本主义现代化及其发展趋势的理论初探》,《马克思主义研究》2001 年第 2 期。

② 刘奔:《当代思潮反思录》,河北大学出版社 2005 年版,第 30 页。

③ 孙伯鍨、张一兵:《走进马克思》,江苏人民出版社 2001 年版,第 81—82 页。

对于中国社会形态的局部跨越所建立的新的社会形态的历史方位，我们需要基于世界历史的高度予以深度把握。在马克思看来，"历史向世界历史的转变"具有两层含义：第一层含义是指历史向资本主义世界历史时代的转变，第二层含义是人类普遍地向社会主义社会的转变。资本主义全球化与社会主义全球化是相互联结的。所谓"历史向世界历史的转变"决不仅仅意味着全球化只是历史向资本主义世界历史时代的转变，同时也蕴涵着资本主义世界历史时代向共产主义世界历史时代的转变。全球化由此可以划分为资本主义世界历史时代和社会主义世界历史时代两大世界历史时代。① 并且，这两大历史阶段之间并没有一个严格的界限，在时间的规定性上并不是截然分开的。历史的辩证法在于，在资本主义全球化发展的一定历史阶段上，社会主义就开始生成，其标志是作为制度的社会主义建立和发展起来。需要说明的是，由资本主义世界历史时代所决定，在这一历史时代出现的社会主义社会形态不仅在其发展的相当长历史时期内不会成为全球化的主体，更需要特别说明的是，在相当长的一个历史时期内，作为社会形态的社会主义仍然显现出较强的不完善性，反映为初级形态的社会主义。社会主义是在资本主义全球化深入展开的条件下跃上世界历史的舞台的，它只能在资本主义全球化的深入发展的条件下不断发展和成熟起来。

现代性的内在超越，是中国发展道路的第二个规定性。关于现代化道路有着两种解读样式：一种是现代化的具体实现途径的解读。美国学者罗兹曼在《中国的现代化》一书中说，这本书"通过考察中国现代化的历程，我们希望勘定它在哪些方面遵循了其他进行现代化的国家所经过的基本路线，在哪些方面它又闯出了自己的独特道路"。他认为："本土因素和外来因素都会对一个国家现代化的发展道路产生影响"②，而这两种因素的相互联系构成了该书所要考察的重要论题之一。罗兹曼这里说明的只是中国发展模式的特殊性。现代化道路的另一种解读样式是关于实质的阐释。追求现代性的内在超越，是中国在现代化道路选择上与西方的根本不同之处。中国现代化道路

---

① 叶险明：《"知识经济"批判》，人民出版社2007年版，第275页。
② ［美］吉尔伯特·罗兹曼主编《中国的现代化》，江苏人民出版社2003年版，第4页。

的特殊性不仅在于现代化实现的具体方式与西方国家有着显著不同，更在于中国现代化道路的实质是实现现代性的内在超越，不再重复西方现代化历程中的一切苦痛。如果说社会形态"缩短"的要义体现在民族国家上是追求真正的独立和解放，那么，体现在现代化上就在于资本主义现代化的弊病和苦痛的避免或减轻。

当中国的现代化放弃资本主义而选择社会主义道路时，无论在实现方式还是在历史任务上都发生了根本性的变化。现代性内在超越的同义词是"社会主义现代化"。马克思虽然并没有直接提出过"社会主义现代化"的概念，但赋予后人以这一概念精神实质的启示。社会主义和现代化绝非是手段和目的之间的关系。基于社会形态和现代化的双重视角，对"社会主义现代化"的解读可以表述为：社会主义现代化与资本主义现代化的本质区别，并不在于是不是注重发展生产力，而在于是不是以牺牲人本身的发展为代价来发展生产。由此，这种新的现代性，就其实现方式而言，要求在现代化过程中有效限制和克服人与自然、人与社会的关系的严重扭曲、各种社会公害的普遍流行等资本主义现代化过程中出现的灾难，在现代化的每一个阶段，社会各阶层的每一个成员都能在不同程度上普遍享受到现代化所实现的文明成果，而不是以部分社会阶层眼前和长远利益的相对丧失为前提。[①] 就其历史任务而言，与资本主义现代化所不同的是，绝非是向"人对物的依赖关系的转化"，而是向每个人全面而自由的发展转化。现代化从它起步起就担当起实现超越目标的历史任务。

应该清醒地认识到，在相当长一个历史时期内，中国现代性的内在超越将始终是不充分和有限的。从内部条件看，中国是在资本主义有了一定发展但在广度和深度上未充分展开的条件下进入社会主义的，既拥有深厚的封建积淀，也缺乏西方资本主义的物质基础。从外部条件看，和所有在类似条件下进入社会主义的国家一样，中国不得不在相当长的历史时期内面对两个需要破解的重大问题：其一，在资本全球化世界中的孤立无援造成的巨大压力和经济上的封闭性；其二，技术—经济先进的资本全球化与技术—经济落后

---

① 参见叶险明《对马克思现代化观的一种读解》，《哲学研究》2000年第2期。

的社会主义世界的对峙。① 总体而言，现代性内在超越的不充分性，是与中国社会形态局部跨越的不充分性分不开的。由于无论从空间存在还是发展程度上，社会主义在资本主义全球化的时代都处于非主导的地位，社会主义的具体存在都仍然处于不充分的状态，这些因素的客观存在决定了中国现代性内在超越的有限性将是一个长时期的存在。

中国特色社会主义道路是近代以来中国历史发展的必然结果。从社会形态和现代化的双重视野回眸近代以来中国道路的探索历程的意义即在于此。

（来源：《马克思主义研究》2009 年第 7 期）

---

① 参见任平《当代视野中的马克思》，江苏人民出版社 2003 年版，第 133 页。

论中国特色社会主义研究的
问题构架

让－克洛德·德洛奈　赵超　译*

若欲推进对中国特色社会主义的研究和理解，离不开对社会主义整体情况的思考。因此，笔者首先力求通过本文的第一部分对中国特色社会主义研究的问题构架及构建该研究将涉及的主要概念做一个全面的界定。随后，本文的第二部分将进一步探讨中国特色社会主义的本质，通过对经济领域和社会政治领域的区分具体剖析所要研究的问题，然后试着揭示出矛盾的原动力。正如大家将会看到的，中国特色社会主义可以被理解为一条轨迹、一种"转型"，它是在一个经济领域和政治领域之间的矛盾体系的框架内进行的。

一　对社会主义和中国特色社会主义
研究的整体问题构架

一个问题的构建取决于对一个问题以及解决该问题的理论方法的阐述，研究者应尽可能清晰地阐明与之相关的整个社会价值。笔者认为，包含在社会主义概念中的问题，就是发达工业资本主义体制的成熟及其引发的机能障碍问题。使用社会主义概念的研究者首先应该研究一下发达的资本主义社会是如何运转的，然后还要提出有哪些困难（约束、矛盾和退化），还有哪些失败之处。

---

　　*　本文译自 Jean Claude Delaunay 教授关于社会主义特别是中国特色社会主义的研究计划的第一阶段成果"Projet de recherche sur la s ocié téchinoise s ocialiste"。作者系法国马恩河谷大学教授。译者单位：中央编译局文献信息部。

社会主义是涉及社会、经济、政治、文化的体制，能够跨越并克服经济上相当发达的资本主义（成熟资本主义）所遇到的最为严重的困难。

马克思主义首先为该问题提供了理论框架和概念。那么，社会主义问题涉及哪些概念呢？

1. 第一个概念是社会形态，这是有别于生产方式的概念。20世纪上半叶，以苏联经验作为考察基础的马克思主义的理论化为社会主义的生产方式提供了定义，事实上，采取这一概念是不合适的，也使人们对社会主义的理解变得模糊不清。社会主义生产方式的概念促生了这样一种想法：社会主义应该具有作为标准的主要特征，由此成为了一种向共产主义过渡的模式。

马克思的理论为其使用者提供了如下悖论：社会主义在创立之初考虑的是发达的工业资本主义的问题，因此才会提出最终会超越社会主义，实现共产主义，然而20世纪的社会主义却是落后国家的社会主义。社会形态的概念指的是具体的社会，可以将这一悖论纳入出现在整个发达资本主义体制空间内的多种"社会主义"的多样性和相对性的思想中。

由于存在多种社会主义的范畴和级别，因此另一个概念应运而生，并被用作社会主义轨迹。具有既定的社会形态的社会主义应当根据时代背景，被当做社会主义轨迹（发展的方向、动力的目标、变动的速度、可能的逆转性）进行分析，这需要考虑到一系列因素，笔者将在下文中明确指出。

接下来，在对社会主义给出一个初步的定义之后，笔者将对当今世界中的两大社会主义级别进行区分，这样做的目的在于对发达工业资本主义的早熟情况及其特有的矛盾和各种社会形态有个了解。其早熟的情况备受质疑，并且涉及两大社会形态：（1）发达资本主义的社会形态。这些社会是从内部成熟起来的。（2）边缘社会形态。发达资本主义以商业和金融的方式对其进行渗透，但是这些社会本身从经济上看是欠发达的，无论是生产的角度还是消费的角度。

只要能够实现政治条件，那么下述两种情况就可以促生两大社会主义"范畴"：

一种是改良主义的社会主义，这是经济发达的社会形态所特有的范畴。尽管这种社会主义源自资本主义体制的深层矛盾，但是由于一些政治原因，该社会主义范畴更多地延续了发达资本主义及其国家政体。这种社会主义使用的是创建于资本主义框架内的政治形式，目的是对资本主义进行改造。但是一般情况下，这会造成"通过其他方式维系资本主义的生命"。当前，在资本主义国家内的社会主义运动越来越顺从于资本主义，欧洲社会主义力量的所作所为就是很好的例子。

另一种是革命的社会主义，这是经济欠发达但人民群众渴望政治独立和从技术生产进步中获益的国家所特有的范畴。事实上，由发达资本主义从外部引起的深层矛盾以一种内在的方式（商业渗透和自然资源控制）作用于一些非常落后的国家。换言之，这些矛盾源自外部（资产阶级主导的其他社会形态）。由此产生的冲击使得存在于国内外之间以及该国内部的巨大的财富差距消失了。

因此，符合这种情况的社会主义具有三重决裂：（1）与处于统治地位的外部力量彻底决裂；（2）随着时间的推移，逐渐与内部的经济落后决裂；（3）与资本主义的社会关系进行部分决裂，这一点或多或少要视情况而定。革命社会主义的名字也就由此得来。

后一种社会形态所特有的决裂导致这样一种观点的产生：一种新的生产方式出现了。事实上，应当把这种社会主义当做成熟资本主义向另一种社会经济体制转型的模式之一进行分析。将今天的社会主义置于社会主义的普遍性中进行思考，无论是对于发达资本主义国家还是发展中国家而言，这都是找到上述两种情况的共同分析点的前提。

笔者在此所做的研究不仅是对这种或者那种社会形态的社会主义轨迹的研究，同时也是随着资本主义结构改变的进程，对社会主义最根本的社会关系的转型和变化的研究。根据观察，全球两大发展中国家——中国和印度，在社会关系的变化问题上，印度选择了资本主义，而只有中国明确地选择了革命的社会主义。

2. 社会现实就是劳动，其成形过程在这种变化转型和这种轨迹中是至关重要的。劳动是马克思和恩格斯理论的核心概念。我们在他们的理论框架内对社会主义进行分析的时候，首先要谈到的就是劳动。因此，劳动是我们为研究社会主义特别是中国社会主义而必须引入的第二个概念。社会主义旨在解决发达资本主义所产生的困难，对这一观点的陈述意味着当社会成为社会主义性质时，劳动就会以不同的方式在社会中发挥作用。

劳动必须被视为在一种既定的社会形态中进行社会主义研究的基础。这种概念上的选择似乎比价值观的选择更加稳固，从这一点看来，社会主义的本质或者说是这种社会形态的本质是很值得赞赏的。

首先，对价值观的记录构成了一份从一名研究者到另一名研究者的变化无穷的名单。其次，将"价值观"置于社会主义研究的问题框架的核心位置，意味着社会主义很可能是一种伦理选择的结果，该选择如今正趋向于同"特殊的价值观"——人权和民主——的统一。笔者在此并不是忽视人权或者民主，而是认为价值观只能够进行价值观的判断。社会主义的特点难道就是件价值观判断方面的事情吗？

3. 需要引入的第三个概念显然是社会关系的概念。只有源于矛盾和机能障碍的社会关系得到改变，才会出现持久的社会主义，至少从理论上看我们可以这么认为。当关于资本主义的这种深层改变无法发生时，资本主义制度的领导者能够（经过一段很长的凯恩斯社会主义的阶段之后，如今这种情况已经在欧洲出现）在任何时候收回以前退让出的好处，并使劳动退回到一种与过去相同甚至比过去更糟的状况中。这正是我们通常对改良主义的社会主义所进行的谴责，他们一方面想要长期改善劳动者的境遇，但另一方面却不触及最根本的社会关系。结果就是，最初的"社会关系"很快重占优势。

4. 需要引入的第四个理论要素是生产与最终消费、个人与集体之间的现有关系。这种关系可以使我们引入社会阶层及其动力的因素进行分析。

事实上，一方面，社会阶层位于生产之中，它们可以从生产中提取收入；另一方面，收入也能够使它们以最终消费的名义消费物质产品、服务或者其他要素。除了个人的最终消费之外，还必须考虑集体消费。"个人消费"与"集体消费"这对概念是分析社会主义社会形态的阶层动力的首要指标。总而言之，社会形态、劳动和社会关系的改变这三个概念，是进行社会主义研究的基本概念。笔者认为除了这三个概念之外，还应该加上对最终消费（个人和集体）中社会阶层关系的认识。

然而，为了使分析更加清晰，必须对某一个国家——比如中国——进行更为详细的研究，并展现出社会运转过程中两个相互矛盾的领域，即经济领域和政治领域。在一种经济上欠发达的社会形态的框架内，我们可以清楚地看到以下矛盾：一方面，经济领域是一个颇具现代性的领域，然而对于中国而言，该领域是在外部因素的作用下形成的，并在很大程度上受到资本主义关系的操控；另一方面，政治领域是以中国悠久的历史、长期的传统以及抗变化能力为基础，在内部因素的作用下形成的。不过，在国家的传统和历史的作用下形成的内部领域，必须在作为现代性载体的外部领域面前树立威望，并掌握控制权。

因此，在像中国这样的国家中，这两个领域（经济和政治）能够比较准确地反映社会主义问题的特征。这个问题的关键在于：一方面，依靠资本主义经济的外在刺激，以社会主义的目标实现经济现代性；另一方面，还要利用源自内部传统和历史的政治工具实现现代性，即使以中国为例，像共产党这样的特殊形式已经对这些政治工具进行了改造加工并加以现代化。

由矛盾总结出的问题如下：通过高效的社会主义的统领，政治工具（内部）是否能够管理、控制并改变经济现代性的工具（外部）？

二 中国的经济领域与社会主义问题构架

假设我们想要根据各国的发展程度和政治制度（社会主义制度、非社会主义制度）对所有的国家进行分类，分类的标准简单且具有二元性。我们可以通过图1表示。

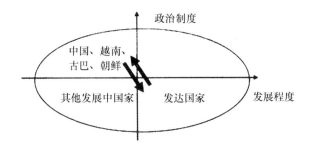

图1 通过交叉发展程度与制度性质，对不同的国家进行分类

　　整个椭圆代表所有国家，被分成了四个部分。右上部分是空的，这代表在革命社会主义道路上的发达国家。没有这样的国家存在。既是社会主义又是发展中的国家有四个（中国、越南、古巴、朝鲜）。其他的发展中国家都不是社会主义国家。换言之，从人口数量上看，社会主义的发展中国家在世界活动中占据着非常重的分量，这是由于中国归属其中。

　　正如图 1 所显示的内容，在社会主义国家（发展中）和发达资本主义国家之间存在着双向的经济关系。一方面，后者需要前者提供廉价劳动力、新的销路，以对抗 20 世纪 70 年代中受到资本主义经济影响的利润率下降。另一方面，中国自 1978 年起采取了对外开放政策，收益颇丰。

　　以该图 1 为基础，我们可以做出以下几点评论。

　　1. 第一点涉及经济开放政策的选择。一些欧洲（法国）共产党员认为，如果向资本主义世界开放，那么中国的发展就只能是资本主义性质的。但是，一方面中国除了"开放"别无选择；另一方面中国如今的发展并非资本主义性质的。这是一种复杂的经济形式的组合，应该对其进行更加精确的研究，简单地将其称为"资本主义"未免过于肤浅。中国除此之外别无选择，这很明显。自 20 世纪 50 年代起，中国就开始探求一条属于自己的社会主义道路。但是这种以完全的政治意志主义为基础的探索酿成了一场巨大的悲剧。然而，社会主义在贫困的基础上是不可能获得发展的。当代的社会主义必须以一定的发展水平或者对这种水平的追求为前提。由于社会主义想要克服发达资本主义的矛盾，因此社会主义必须至少达到与资本主义相等的发展程度。

　　2. 为了在马克思的理论框架内对上一条评论进行论证，必须认识到，消费关系是社会主义实践与分析中最为重要的因素。对一个社会进行研究，我们不能仅仅考虑到生产关系。俄国的失败是由于该国的社会主义制度不能够令物质产品和服务的最终消费的需求达到当时消费模式的推广所要求的水平。集体消费也是如此。当美国（里根总统）在军事集体消费领域内（星球大战）向社会主义发动战争时，苏联在有利于资本主义的政治背景下迅速败北。它在医疗卫生等集体消费领域内的情况也每况愈下。

　　3. 然而，社会主义在没有达到一定的生产水平、没有掌握最有效的生产技术的情况下，也是不可能成形并稳定下来的。由于法国共产党的成员中有相当一部分人是经不起政治意志主义的，所以他们很难接受资本主义从过去到现在一直都是一个进步的制度这样一种观点。但是，在资本主义这样一种社会政治制度中，物质资料生产（以及个人最终消费）曾经在欧洲极度发达。资本主义相对于传统社会而言得到了飞速发展，其发展速度令人惊讶。中国共产党的领导人通过实行经济开放政策，力求提高中国工业生产力的水平和程度，同时提高人民群众的消费能力。

4. 一些法共成员由于对中国的现实情况缺乏了解，认为经济开放政策是那些对资本主义思想特别敏感的人提出来的。他们不承认"改革开放"的总设计师邓小平自 20 世纪 20 年代以来以最高领导层一员的身份参与了中国的历史。有的时候，他和同时代的人一同保证并贯彻了毛主义的决策。但有时，他们也遭受了灾难性的影响。他们认识到寻找一条有别于社会主义意志主义道路的必要性，因为这种意志主义道路会使欠发展的程度加深，有时甚至会引起饥饿以及国家的混乱。认为中国从思想上就想参与资本主义的观点是完全不合适的。对外开放的政策是在遭遇了接二连三的失败之后逐渐从现实中总结出来的必然选择。

5. 与此同时，中国可能会变成资本主义的观点仍然具有相当大的争议。早在"社会主义"之初，社会主义与市场之间的关系就已经被提出来了，特别是在苏联，原因很明显：首先，革命的社会主义国家的大部分民众是由小农组成的，但是小农惧怕社会主义。因此，农民数量至今仍占总人口近 45% 的中国，对于这一领域的经济管理采取了商品关系。其次，主导农村经济的是传统经济，而这种传统经济正在为实现现代化进程而受到强烈的冲击。市场则是达到该结果的最快的方法。

6. 随着向全球市场开放政策的实施，最初的理论问题已经得到了扩展，并且有一部分从性质上转变成为农民问题。中国的领导者认为，中国向全球市场部分开放工业和服务，相应地，中国工业（以及服务）也能够进入全球市场。于是，中国遭遇到了全球化的金融资本主义。由此可以提出两个问题：对外开放政策的整体效果如何？该政策导致了怎样的社会关系？

7. 对外开放政策的整体有效性似乎是不容置疑的，从国民生产总值就可以看出来。如果在经历了 30 年的改革开放之后让中国重新选择紧闭国门，这是不可想象的。尽管在向全球市场开放的过程中产生了诸多矛盾，但是中国民众对此举措普遍采取支持态度。尽管中国将重点更多地放在发展国内市场上，但是经济开放政策对于中国而言仍然是必需的，因为中国要获得原材料，出口并赚取必要的外汇用以购买大型的现代化设备，与世界其他国家建立长期互利的经济关系。

8. 我们通常会引用一些数据用以指出中国社会在改革开放之后所发展的程度，而这些数据如今必然又发生了变化，需要重新统计。这是为想要对中国市场进行勘察的外国企业提供服务的咨询机构做出的评估，但是这些评估仍然不能令人满意。这些评估只是进行了大致估计，仅考虑到为各种产品提供销路的可能的收入水平，而没有考虑到商品化（marchandisation）和工资化（salarisation）的真实情况。

9. 在开放政策整体上获得了成功之后，最好对矛盾和不足进行一番思考，特别是在劳动方面。应该衡量一下改革开放之后中国社会和经济所面临的巨大压力。例如，尽管中国社会从整体上看在近几十年内富足起来，但是社会领域和地方差别依然很大，这一点是非常明显的。此外，经济开放政策尽管从整体上对企业的经营管理产生了影响，但是并没有带来渴望已久的创新浪潮和技术进步。技术转让比预期少得可怜。最后，中国进入世界市场使得自然平衡受到严重损坏。因此，经济变革的实现伴随着自然、地区、社会的严重不平衡的出现。

10. 经济开放政策一定会导致资本主义吗？首先，我们可以看到，中国经济的商品渗透与以下五个主要现象密切相关，而这些现象并不都属于资本主义的范围：（1）与国内市场相关的农村经济的商品化，是在没有实现工资化的情况下进行的；（2）工业经济的商品化主要集中在沿海地区，特别是长江中下游地区，其方向是世界市场（实行资本主义类型的工资化）；（3）外国企业大量迁入（家乐福、沃尔玛、雪铁龙等）（实行资本主义类型的工资化）；（4）在特别是从香港、台湾、新加坡等国家和地区引入资本之后（例如超市、电子产品、旅馆），民族企业得到飞速发展（实行资本主义类型的工资化）；（5）国有企业所实行的工资化是迫于市场的压力（这种工资化受到资本主义经营管理的影响，但是从理论上看，雇佣劳动者所受到的保护比资本主义领域内的雇佣劳动者更多）。

考虑到这种多样性，我们可以试着对均衡的情况和主要的特点进行分析，可以看出，中国经济是一种混合型经济。中国社会的变革是一种传统社会的变革，在这样的传统社会中，资本主义关系非常薄弱。因此，很显然，如今的变化为资本主义关系提供了发展空间。然而，我们并不能就此认为这种经济就是一种资本主义经济，因为还存在着其他关系以及国家干预。

其次，事实上，中国经济是一种国家在很大范围内（中央和地方）有力干预的经济。这种经济的主要特点无疑给予国家很大的空间。法共观察家对中国社会的评价往往是："但是，并不是说因为有了国家，中国社会就是社会主义性质的。"这种说法确实有其道理。但是如果没有国家，中国社会的社会主义程度会更低。通过国家在一些领域所发挥的作用，我们可以看出，中国经济是一种受到国家有力影响的混合型经济。

三　中国的政治领域与社会主义问题构架

首先，我们将图 2 作为图 1 的补充。

图 2：在图 1 中加入政治领域的内容（增加"国家机构"轴），并在特定空间内体现中国的情况。

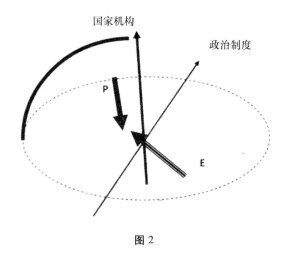

图 2

该图借助一个区域（左上部分）来代表社会主义国家（中国），并展现出如今的两股对抗力量：（1）影响到经济领域的资本主义外部力量（E）；（2）负责市场外部经济力量并使其符合中国要求的内部政治力量（P）。现有的政治制度受到一些源自历史和文化的行为的强烈影响，而这两者与西方的历史和文化截然不同。现在，让我们试着通过政治方面的分析对中国的社会主义进行一番思考。以下几点是笔者认为应该考虑到的相关问题。

1. 首先涉及直接影响中国社会的外部经济力量（E）。与一些观察家的观点不同，笔者认为不能说中国已经变成了资本主义。中国距离资本主义还很远。相反，使中国震荡不安的很可能是一股个人最终消费的强大潮流。从这个观点出发，中国正在顺应一个普遍性的变化趋势：在全世界范围内盛行一种较为普及的生产和消费模式，主要是个人性质的。该模式是工业资本主义存在的最后阶段，在个人物质产品和服务的生产方面十分出众。此后，该运动席卷了全球各个国家，包括中国在内。这种生产和消费模式对个人物品赋予特权，这些物品在企业中属于个体化的劳动生产力的范畴，在市场中可以归私人所有。

2. 与注重个人物品的工业资本主义相关的生产和消费模式的普及，导致一些符合该模式的行为的出现。对于中国人而言，就是以私人的名义获得各种类型的物品（舒适现代的住房、药品、联络工具、家用电器等），以及为孩子（如今多是独生子女）谋得某些服务（例如上重点学校）。

换言之，他们大多数人向国家提出的要求，并不是人权，而是某种集体保障以及继续寻求伴随着经济开放政策而出现的个人占有的可能性。在中国人的思想和社会关系的现实情况中，广大民众受到经济开放政策的影响，大多数人希望国家能够继续推进集体保障的任务，而并不希望政治活动投入到西方的民主形式之中。同时，中国的普通民众对于获得个人物质产品具有很高的积极性，因为这对他们而言是新兴事物。

笔者的观点与法共发布的文件中明确捍卫的观点截然相反。该文件认为，中国仍然是不民主的和专制的，例如，在农村地区，经济发展和消费进步促进了某种私人生活和个体的表现。文件的作者显然在个人物品的所有和个体的民主渴望之间建立了一种西方式的关联。

　　笔者认为，这种关联是错误的。以现代生产今后将会占优势作为借口，要求中国的社会主义通过"人权"，这是不考虑中国社会现实情况的做法。中国从前没有经历过各种形式的个人私有制，只是从农村家庭联产承包责任制才开始了实践。相反，中国在过去很长一段时间内一直在经历集体所有制，并为国家提供"集体资料"。尽管历史学家如今的研究工作表明，"亚细亚生产方式"的假设似乎越来越应该受到批评，但是中国的所有制历史与西欧和北美国家是截然不同的。

　　3. 那么，我们力求更好地了解的中国的现实情况究竟是怎样的呢？笔者认为，经济发展的现代化与保留了传统性的思想之间的矛盾造就了中国的现实情况，其特点是这种发展即为个人物质产品生产的发展。对于现有的国家机构而言，由此产生的结果具有非常复杂的作用。一方面，我们可以看到最终消费的个人主义模式的引入。但是，这是一个非常浩大的新工程，中国人希望由此能够占有所有的商业收入，尽可能少地"与国家分享"所得，尽可能少地缴纳税款。但是另一方面，我们也可以发现，中国人要求国家继续扮演传统的角色，特别是在灾难面前以及保证集体安全时国家必须发挥的作用。然而，由此产生了悖论：中国的国家并不掌握一个现代国家必须掌握的所有资源。下面让我们对这个复杂问题的主要方面进行具体分析。

　　一方面，中国的政治领导者应该引入新物质产品的生产和消费（因此也必须使劳动与由此产生的结果相适应）：首先，发挥使新的需求适应中国社会将来可能的发展的作用（例如，私家车的生产与销售、价格稍低的燃油的供应、舒适住房、医药）。因此，国家的经济和政治领导者必须负责建设适应个人消费的必要的基础设施（能源政策）。其次，发挥使中国的劳动适应新物质产品的生产与消费，并适应教育、求学、研究、高等级的科技和语言培训等新要求的作用。

　　另一方面，中国的领导者应该提供集体安全的需要，而不必掌握大量的货币资源，因为中国人对于纳税比较反感，并且中国的税收体制也不完善：第一，在面对重大危险事件时发挥对人民群众的安全保障作用（洪水、地震、冰冻、大规模的干旱）。第二，发挥社会凝聚力的作用（提高就业和经济稳定的经济政策、社会保障政策、收入政策、地区政策、工业政策）。第三，在各个领域内发挥推动科研进步的作用，特别是对最先进的研究领域给予关注。科研是一种保护民族产业的方式。第四，发挥生态保护的作用。第五，通过和平的对外政策发挥保护中国人民群众的作用。第六，发挥增强民族自豪感的作用。第七，发挥国库的作用（央行的美元现金库存）。

很明显，要想在保留旧的集体消费模式的同时还能引入一种新的个人消费模式，就必须付出很大的努力去适应（例如，推行一种现代税收制度）。

4. 笔者认为，工业资本主义的消费模式是需求的载体，而人权和西方民主则是需求的表达方式。由于思想发生了深刻的变革，中国人的生活状况也发生了根本改变，例如，妇女在中国社会中的地位得到了真正的改善。但是我们认为，在如今的情况下，人权的价值观并不符合中国社会运转的需求。我们也不认为民主的价值观（西方观察家所理解的意思）能够在从前未经历过个人私有制的中国社会中轻而易举地解决刚才提到的各种问题，即适应性、社会凝聚力和社会保障，而个人私有制正是民主价值观的起源。在大的危险仍然存在的情况下，即使这些危险只是潜在的、不确定的，眼下最要紧的不是着手进行选举，而是在允许个人追求物质产品的同时，更好地保证集体福祉（基础设施建设、社会秩序、社会凝聚力、集体服务、科研、和平）。

在这样的条件下，国家机构根据几个世纪以来形成的并不断调整的原则运转着，首先也就是在重大灾祸或者自然灾难（中国历史上频频出现）面前保证集体安全和国家参与的原则。2008年四川的地震、2009年河南的干旱、当前的全球金融危机……这些都是现实的例子。国家机构在承袭它们的历史任务，实行保证社会安全的一般制度，这为它们赋予了合法性。但与此同时，从总体上看，个人对于缴纳个人税款仍然持排斥态度。一种"非正式"的思想在普通群众中比较普遍，社会中充斥着大量没有申报的小职业。然而，缴税在西方人权和公民身份的革命性要求中是处于核心地位的。在笔者看来，中国人对缴税仍然抱有反感态度的事实是一个重要的迹象，表明人权和民主问题还没有进入中国人的思想中。

对中国不尊重人权和民主的攻击似乎只是表面的，深层看来是有政治倾向性的。当地震发生时，政治学家能够承认军队的作用是很难替代的。事实证明，中国军队总是人民群众的首要保护者，他们与中国共产党紧密地结合在一起。从形式上看，刚刚袭击了全球特别是中国的金融危机具有与大地震相同的影响力和破坏力。日益衰退（特别是选举时弃权人数不断增加）的西方民主难道就是一个能够自我标榜的模式吗？与此相反，如果中国政府无法保证人民群众普遍要求的集体安全，特别是经济方面的集体安全，是会受到群众指责的。也就是说，尖锐的矛盾仍然存在。随着中国经济的现代化发展，税收基数正在发生改变。一个新的税收国家必然会出现。

5. 谈到国家的保护任务时，我们自然就会遇到这样的问题：在用传统手段处理这些问题的同时，如何寻求一种符合社会主义理想的现代解决方式？然而，笔者认为，适应现代性的前提条件是，一些行为必须在人们的思想深处消失。

例如，有些人指责中国当局迫使工会制度衰弱或不能够很好地为劳动者提供保障。假设这些指责确有其事，中国的工会运动不能够完成工会应当承担的任务。但是，困难在于问题不可能仅凭捶桌大吼就能解决。笔者认为，我们应该对中国社会现实的各个方面进行深入了解，有待解决的困难如下。

无论是哪个国家的劳动者，都是在感到有必要的时候才会向工会求助。但是似乎在中国劳动者的思想现状中，如今占主导地位的还是用身边的关系来保护每个个体的观念。如果靠建立个人的社会关系网就足以解决许多问题，那么还要工会干什么？从外部看来，这种行为被视为腐败。但事实上这与现代腐败完全不同。也就是说，如果这种思想是普遍存在的，那么我们就应该能够很容易地理解，现代工会运动在中国劳动者的头脑中还没有占据相当重要的地位。

如若改变这种情况，就必须使将个人关系作为解决劳动问题的旧形式彻底消失。这将是不可避免的。由于生产的现代化，"旧式的小腐败"不再能解决问题。如果一个劳动者对领导表现得十分顺从，认为自己就此可以免于被解雇的危险，但他最后仍然被解雇了，那么他肯定是非常惊讶的。而他被解雇的原因很简单：经济体制的规律使然，没有商量的余地。体制带给他正确的原则，但是这个过程需要很长时间，而且还要建立在多方面的心理元素的基础之上。中国的社会主义政府无法通过下发政令来改变这些思想观念。不过他们正在进行大量的实验，力求深入改变这个传统社会。

四　社会主义与工资制

总而言之，我们所探究的问题，就是中国社会是否在保持其协调性的同时向着社会主义的方向发展。笔者认为，很明显，所谓的"人权"问题构架是很肤浅的。该问题可以提供价值观的判断，但不能作为学术研究。从理论上说，这个问题的目的是对政治立场进行论证。因此，应该建立一个更稳固的问题研究框架，这正是本文试图做到的。以此为基础的研究可以让我们从一个更有保证的角度出发去认识中国的当代社会。

现实从来不是完美的。中国的领导人认为，中国还处于社会主义初级阶段。由此提出的问题是中国社会能否作为社会主义社会推进发展和稳定。对个人消费的渴望和对不同部门内雇佣劳动者的集体消费的渴望之间的协调性，为革命的社会主义（或者"反资本主义的社会主义"）的动力提供了保证。正是由于这种协调性被打破，改良主义的社会主义社会才会失去了最初的动力，并最终沦为口头上的社会主义。

回到中国社会。经过简单地推理，我们可以说，劳动者或者劳动适龄者的群体可以被分为两个部分。第一个部分（中高层雇佣劳动者）所取得的工资，能满足一定的个人消费和一定的集体消费的要素。然而，这部分人追求充足的集体消费，只有国家能够提供资金，为他们提供所需的条件。此外，个人消费（例如家用电器）在不存在集体消费（能源生产、供应网络）的情况下是无法实现的。第二个部分（低收入雇佣劳动者和从事小职业的劳动者）所取得的工资，刚好能满足个人的基本消费。因此，他们依靠国家提供工资的补充部分和一定的集体消费，特别是医疗。

当这两类雇佣劳动者互为补充时，一个社会的协调性才能够得到保证。在中国，在这两部分劳动者中就存在一种不言明的联盟，政治机构的任务在于满足这种互补性。假以时日，中国社会主义的成功将由此得到真正的检验。这种协调性主要取决于贫穷的雇佣劳动者能否就以下一点达成共识：只要拥有了他们所需要的集体消费就能继续追求个人消费。另外，与此相补充，较宽裕的雇佣劳动者已经准备在他们自己所需的范围内为集体消费提供资金。

　　相反，在发达资本主义社会中，我们可以看到，这种联盟关系已经破裂，由此促成了改良社会主义的成功。如今，由于改良主义的社会党拒绝干涉资本主义关系以改变这些关系的最基本的方面，他们的主要支持者就成为代表最宽裕的雇佣劳动者的一类人，这部分人是最能够从全球化的规则中获益的。然而，在此范围内，该类劳动者拒绝为集体消费提供资金，而这些集体消费往往都是必需的。一方面，他们认为他们能够在全球化的进程中很好地保障自己的个人收入（他们本身就是操控者的一部分）；另一方面，他们所取得的收入足以令他们获得私人的集体消费，即教育、医疗等。

　　与此相反，被全球化排除在外的人尽管非常依赖于国家投入的方式获得资助的集体消费，但是很难迫使这项资助额度达到可以接受的质量水平。虽然他们的日常收入刚够维持生计，但是仍然无法使他们获得私人的集体消费，并且他们所获得的公共集体消费正日益萎缩。

　　因此，两类劳动者联盟关系在凯恩斯时期逐渐破裂，这种破裂是通过被我们视为普世的民主和人权价值的危机表现出来的。我们可以看到一种有趣的现象，即西方最保守的人正是那些主张大幅降低赋税的人。他们事实上是在削弱人权的社会公约的基石之一，因为赋税是公民身份的基础。

　　如果我们对于贫穷的雇佣劳动者和富裕的雇佣劳动者之间具有联盟关系的假设成立，那么这自然也就意味着过去几年对政治马克思主义的系统阐述存在着某些理论上的错误，特别是关于"工人阶级"具有排他性的论述资料。我们可以回忆起来，有些论述提到只有工人阶级受到剥削，而雇员是不受剥削的。事实上，这类关于工人阶级（或者说是物质资料生产阶级）的理论资料为改良主义的社会民主党留下了几乎可以被视为"与生俱来的"任务，即实现不从事物质资料生产的雇佣劳动者的政治愿望。如今，这类理论已被证明是毒害很深的。工人阶级如今已经衰弱，而较富裕的雇员阶级尽管也受到了经济危机的影响，但是与大众阶级渐行渐远，甚至与大众失去了联系。

　　如今的许多研究忽视了新兴的且十分重要的服务业领域，并试图把注意力都集中在"信息革命"上，认为这代表了工人阶级在现代的延伸。而这些研究无疑走上了与过去的研究相同的道路。因此，通过对社会主义的普遍性思考，我们可以认为，由于在当今中国，正在成形的不同类型的雇佣劳动者之间的联盟关系更能得到保护和巩固，所以中国特色社会主义的动力更加稳固且持久。

（来源：《马克思主义与现实》2009 年第 4 期）

认识中国

——走向从实践出发的社会科学

黄宗智[*]

长期以来，无论是在国内还是国外，中国研究领域都以未能形成自己独立的学术理论为遗憾。在西方入侵之前，中国文明对本身的认识自成系统，藐视其他文明。但是到了近现代，这一认识全面解体，逐渐被西方认识所取代。国内外中国研究也因此普遍从西方理论出发，不少学者甚至把它们硬套于中国实际，结果使相关研究不时走向歧途。另一方面，反对这种以论带史倾向的学者，或者是提倡本土化的学者，又多局限于经验研究，罔顾理论，或者干脆认同于传统中国文明。有的试图与西方理论展开对话，但一般只能说明中国实际不符合西方理论，却不能更进一步地提炼出自己的理论与之抗衡。迄至今日，本土化潮流固然相当强盛，但同时又有许多西方理论在中国国内仍被普遍认为是"经典"、"先进"或"前沿"的，是大家都必须与之"接轨"的。

这样，中国研究领域其实正被两种对立所主宰。一是西方化和本土化的对立，现在已经高度意识形态化和感情化，成为非此即彼的二元对立。二是与此相关的理论和经验的对立，等于是把理论和经验截然分开。所以，我们必须超越这两种对立，做出有目标的选择和融合，并建立符合中国实际的新理论。本文试从认识方法的角度来探索一个可行的方向。

在本文写作和修改的过程中，夏明方、张家炎和白凯给了我很大的帮

---

* 作者系美国加利福尼亚大学洛杉矶分校历史系教授。

助。叶显恩、李放春、应星、张静、沈原、孙立平、王铭铭、郭于华、仝志辉、崔之元、彭玉生以及本刊的三位审稿人提出了宝贵的意见。另外，本人曾和李根蟠、曹幸穗和张小军讨论有关问题，得益匪浅。最后，此文的修改也得助于我为北大、清华等院校的三十来位研究生所开办"社会、经济与法律的历史学研究"研讨班上的讨论。

本文指出，现代西方的主流"形式主义"（formalism）① 理论多从理性人的构造出发，把它作为一切理论的前提，这是它们基本的认识方法。近年来这种"启蒙现代主义"理论受到后现代主义的强烈冲击，对其隐含的西方中心主义、科学主义等提出多方面的质疑。在近年众多的理论之中，又有社会学—人类学领域的 Pierre Bourdieu（布迪厄）提出的"实践理论"（theory of practice）对马克思、韦伯以来经典著作的强有力的挑战，它试图超越过去主观和客观主义之间以及意志主义和结构主义之间的长期分歧，并且提出以实践为根据的理论的设想。

布迪厄的设想其实和中国革命在大革命失败后形成的独特的认识方法有不谋而合之处。本文因此从这里切入，进而讨论其学术含义。排除其伴随的阶级斗争意识形态，这套认识方法在理念上接近于布迪厄的实践理论；在调查方法上，它类似于现代人类学；而在学术研究上，则在相当程度上体现于费孝通那样的现代中国社会学、人类学研究。它十分不同于儒家传统中的认识论和历史观，也与现代西方主流认识论迥异。它要求从实践出发，进而提高到理论概念，然后再回到实践去检验。正是这样的方法为我们指出一条走向从实践出发的社会科学和理论的道路。

中国现代的认识论和历史观的形成

1927 年大革命的失败迫使中国革命运动的重心从城市转移到农村，它的社会基础也从工人转移到农民。但当时的知识分子对农村的认识大多十分有

① 英语"formalism"和中文译词"形式主义"意义不完全一致。在英语语境中 formalism 一般不带贬义，比较接近中文"'形式化'了的理论或认识"的含义。见以下关于韦伯的讨论。

限（来自农村的当然除外），甚至是一无所知。明清以来，中国大部分的知识分子早已迁入城镇，脱离农村生活。到了近代，随着城市现代化的进展这种隔离更加显著，城市中的知识分子和乡村里的农民几乎生活在两个不同的世界。加上传统儒家思维方式——一个脱离社会实际的、用道德理想替代社会实际的思维方式——的影响，绝大多数的知识分子都缺乏实际的、准确的关于农村的认识。正是在这几个历史条件的相互作用之下，形成了中国革命运动对其知识分子的特殊要求：深入农村学习，了解实际，从那里找出行之有效的措施和政策。

其后形成的是一个完全不同于儒家传统的历史观。它要求知识分子认同于农民的立场和观点，一反过去以士大夫为中心的历史观。正是革命的需要迫使中国共产党把历史视作由农民的利益和行动推动的历史。

在理论上，它要求从实践的认识出发，进而提高到理论，然后再验之于实践。只有行之有效，才是真正正确地把实践和理论结合起来的认识。这一认识的集中点是村庄和农民的实践，截然不同于儒家集中于圣贤的经书，用道德价值来衡量一切的认识论。从这个角度来考虑，中国革命在其过程中形成的一套认识方法和历史观是十分革命性的，也是现代性的。[①]

当然，在中国革命的历程之中，有许多出于阶级斗争意识形态而违反这种认识精神的例子，包括许多以简单化了的意识形态来替代实际的例子。在革命胜利当权之后尤其如此。譬如，土改时强行要求一村村地斗地主而实际上当时可能有一半的村庄并没有地主。又譬如，"文化大革命"时乱戴"走资派"帽子，而当时其实已经消灭了私人资本。[②]但我们这里是要拧出革命传统中符合它原先的认识理念的部分。中国革命之所以胜利，与其说是出于马克思主义的理论，不如说是出于以实践为先的认识方法对（当时共产国际的）马克思主义理论的纠正。

---

① 李放春在《北方土改中的"翻身"与"生产"：中国革命现代性的一个话语——历史矛盾溯考》（《中国乡村研究》第3辑）一文中，很具启发性地提出了"革命现代性"的概念。

② 黄宗智：《中国革命中的农村阶级斗争——从土改到文革时期的表达性现实与客观性现实》，《中国乡村研究》第2辑，商务印书馆2003年版。

中国现代的认识方法和西方启蒙现代主义认识论的不同

这样的认识方法也十分不同于现代西方的主流形式主义认识论。后者从抽象化了的理性人的构造出发，以之为前提，作为一切认识的基础。如此的认识可见于许多西方近现代的经典理论。这里我将主要以韦伯的社会学和法律学为例，兼及亚当·斯密的古典经济学。

韦伯本人便很有意识地把从现代人是理性人出发的形式主义和从道德观念出发的实体主义加以区别。毋庸说，他把自己看做一个形式主义者，这一点在他对现代社会、经济、政治和法律的一系列分析中表现得十分明显。

至于亚当·斯密，他的出发点同样是理性（经济）人的建构。斯密认为，在市场经济下，理性经济人会做出最合理的选择，追求利润最大化，由此推动社会分工，促进规模效益以及资本积累，伴之而来的是经济发展和国家富裕。

与西方现代主义的认识论截然不同，中国革命的特殊的认识方法产生于对大革命时期所犯过分依赖经典理论错误的反思，以及此后必须获得农民支持才可能生存的历史必要。这样的认识方法不同于形式主义从理论前提出发的演绎方法（它也不同于归纳方法，因为它不仅要求从经验研究得出知识，更要求把知识提高到理论层面之后再返回到实践中去检验）。

中国革命的认识方法和西方现代形式主义认识方法的不同之处可以见于农民学三大传统及其对我们认识的挑战。形式主义的农民学传统是以追求利润最大化的理性小农为前提的；马克思主义反之，以被剥削而（在适当历史条件下会）追求解放的小农为前提；而实体主义则以追求满足消费需要，亦即生存需要的小农为前提。

但我们如果从农民实践出发，并以之为准绳，则小农很明显地同时具有这三种理论所分别投射在他们身上的不同特征（我曾称之为三副面孔），而这三种特征所分别占的比重因各阶层的小农而异，也因历史时期、历史环境而异。现存的三大理论中的任何一种显然都不能涵盖小农实践的全面；它们都是片面的。

如果我们的研究从实践出发，提出的问题便会很不一样。我们不会坚持以一种理论压倒另一种理论，也不会长期陷于无谓的意识形态的争论。我们会把注意力集中于悖论现象，承认无论从其中任何一个理论传统来看，农民的实践都有悖论的一面。我们需要了解和解释的是（从西方理论看来是）矛盾的现实，不是争论哪一个理论是唯一正确的理论。同时，我们会注意到上述三种特征怎样并存，以及它们之间的互动和隔离，而不会去坚持把片面的真实当做唯一和全面的真实。

布迪厄的实践社会学的出现并不偶然。它是对过去形式主义历史社会学的一个重要理论批评。他要求从认识实践出发，一反过去从理论前提出发的认识方法。他又要求从微观研究的人类学出发，一反过去的宏观认识方法（从马克思、韦伯下来，包括 20 世纪美国的历史社会学，从 Barrington Moore 到 Charles Tilly，再到 Theda Skocpol 和 Michael Mann，全是宏观的研究）。他试图超越形式主义中的主观主义和马克思主义中的客观主义之间的长期分歧，以及形式主义的意志主义和马克思主义的结构主义间的分歧。从实践出发，他主张同时照顾到象征和物质因素（例如他的象征资本 symbolic capital 概念）以及主体与结构（例如他的习惯倾向 habit us 概念，在倾向 predisposition 之上另有抉择）。

我们应把布迪厄的实践社会学与经验主义清楚地区别开来：他要求探索"实践的逻辑"，从实践中拧出它的（常常是未经明确表达的）逻辑，由此提炼出抽象的理论概念，而绝对不是纯粹经验研究的累积。

但是，布迪厄本人并没有成功地把他的设想付之于自己的研究实践。在布氏自己关于 Kabylia 社区的实地调查研究中，他只不过梳理出了该社区在象征领域的一些结构性的构造，其写作的结果是横切面的结构性分析，并没有能够关注到纵向跨时间的历史实践过程和变化。其实，他的理论概念中最贴切的分析是他对（自己的）法国社会中、高层社会阶层的分析，对其中的"象征资本"、微妙的社会区分（distinctions）以及阶级习惯倾向写得入木三分。但这些也主要是横切面的静态分析而不是跨时间过程的动态分析。

我个人认为费孝通那样的研究要比布本人的研究更接近于布的设想。首先，他对江村的研究非常贴近实际而又能从中提出高层次的概念。譬如，他一开始就根据农民的生产实践而把农村经济看做是由种植业和手工业共同组成的结合体。这个概念看似简单却十分中肯。当时的许多农村研究只关注种植业，也因此忽略了农村经济的一个主要问题和潜能。正是手工业领域才真正显出了当时世界经济大衰落对农村的影响，也正是手工业才具备后来乡村工业化的潜能。

费孝通的实地研究之所以能够在相当程度上体现布迪厄实践社会学的另一重要原因是历史变化本身。江村在后来的 60 年中经历了根本性的"转型"变迁。这是任何一种西方经典理论都不能包含的变迁，它使得过程性的历史分析成为必要。两种截然不同的结构的持续接触、交锋、汇合是不能以任何单一性结构来理解的。正是这样的历史情境迫使我们去采取另一种认识方法来理解问题。要把握这一变化，也只有从实际的历史实践过程出发才有可能形成新的分析概念。费孝通的乡村工业化概念便是一个很好的例子。

另外，正因为他的研究贴近人民生活实践的多面性，他才能不仅照顾到客观现象（譬如水稻生产）也照顾到主观现象（例如农民对待"科学和魔术"的态度），不仅析述了阶级和亲族的结构也析述了个人意志和抉择（例如江村的治理）。

其实费孝通那样的研究从广义上来说正在学术上体现了在中国革命过程中所形成的认识和调查研究方法。正是因为中国知识分子长期脱离农村，缺乏对农村的确切的认识，迫使现代的知识分子要深入一个个村庄认识农村。正是因为在革命过程之中中国共产党别无选择地要依赖农民的支持来与国内外敌人作斗争，才迫使共产党必须准确地掌握农村的实际状况，从而寻找出一条行之有效的动员农民的行动路线。也正是在这种必要之下形成了世界上最最重视社区田野调查的社会科学传统。在国外，只有人类学才用这样的认识方法，而它主要用于对其他民族的研究，一般不会使用于本国的社会。但是在中国，深入现场调查研究则被认为是理所当然的研究方法，不仅在人类学—社会学领域，就是在历史学、经济学、法律学和政治学也常常如此。时至今日，国内各个社会科学领域的不少同人仍旧会带领学生去做田野调查。这是唯有在中国的社会科学领域才能看到的现象。即使是在改革和面向西方的今天，中国的社会科学家们仍然在有意无意中体现出现代中国革命所遗留下来的认识传统。

这种认识方法和西方现代人类学方法的不约而同产生于两者的一个基本共同点。现代人类学之所以要用"参与者的观察"的认识方法，是因为它知道要了解一个和自己社会完全不同的社会，我们不可以只依赖宏观分析和数据，否则就会在不知不觉之中运用那些自以为是无须检验的"真理"和"前提"，从而完全曲解了我们要了解的另一个社会。我们需要首先深入那个社会，了解它的不同的组织逻辑和社会成员的心态，也就是先在"感性认识"方面下工夫，然后才有可能把认识提高到分析概念层面。中国以农村包围城市的革命经历的认识基础可以说是历史上最大的一次参与式调查。我们甚至可以说，唯有在中国的现代史中才能看到西方人类学的认识方法被成功地当做革命战略而运用于全社会。

但光是经验性的调查研究是不够的。中国革命之所以取得胜利不仅是因为对一个个村庄的深入调查，而是因为在相当程度上成功地结合了参与者调查的方法和对社会历史的宏观分析（当然，其中也有许多由阶级斗争意识形态歪曲实际的例子）。同样地，布迪厄之所以成功是因为他能从人类学的认识方法中提炼出强而有力的对全社会的宏观分析概念。

但布迪厄是既成功也失败的。他自己对 Kabylia 的社区研究并没有能够超越其他人类学著作的局限。而费孝通的著作则能在深入的微观调查的基础之上提炼出跨时间的历史实践演变过程以及强有力的宏观概念，并在其后获得被实践检验的机会。

走向从实践出发的社会科学和理论[①]

韦伯的宏观的跨社会、跨时期分析的焦点在于资本主义社会及其文明。至于他对非资本主义的一些分析，则主要是用来作为对照和陪衬的，以凸显

---

① 孙立平提出了"实践社会学"和"转型社会学"的设想（孙立平：《实践社会学与市场转型过程分析》，《中国社会科学》2002 年第 5 期），对我很有启发。但我对"实践"概念的使用和孙先生颇为不同（也和布迪厄不完全一致）。他的"实践"是主要相对于制度而言的，我这里的"实践"则更相对于理论和表述（表达）；他的"实践"主要指"过程—事件分析"，我这里则更以长时期历史实践变迁为主。我之突出认识论问题，以之为关键，孙先生大概不会同意，但我相信我们的指向是基本一致的，或者起码是相辅相成的。

资本主义的特征。马克思也同样。他们的长处在于结构性的分析，通过与其他类型文明的比较，点出一些资本主义特有的组织性逻辑（例如资本家对无产阶级剩余价值的剥削；现代理性在政权、法律以及经济中的体现）。

理论界一个常用的手段是通过抽象化和理念化的理想模型（ideal-types）的建构来显示一个整合了的系统的内在联系与逻辑（例如韦伯的现代理性官僚制度及其一系列的特征：专职化、专业化、以职位而不是以人为主，等等）。韦伯虽然也提到不同于他的理想模型的历史现象——例如他对中国历史上实际的政权组织进行分析时曾经引用自己的两个模型，世袭主义和官僚制度（世袭官僚制度，"patrimonial bureaucracy"）——认为对中国的实际要结合这两个理想模型来理解，对中国的法律也同样地要用实体性和理性（实体理性，"substantive rationality"）一起来理解，但他并没有充分阐明这两个很具启发性的念头。他的主要的理论分析在于第一种方法，即把中国等同于世袭主义政权的抽象模式和实体主义法律的抽象模式。批评他的后现代主义者在这一点上说得对：他主要是把中国当做陪衬性的"他者"来对西方做现代主义的、也是西方中心主义的理念化了的概括。

而中国（以及许多其他发展中国家）自近代以来却正是长时期混合不同类型的社会，无论是在帝国主义入侵后的清代，还是国民党治理下的中华民国，还是中国共产党治理下的社会主义中国，还是改革中的中国。结构性的理想模型分析有助于了解资本主义社会和前资本主义社会、工业社会和前工业社会（以及后工业社会或信息时代的社会）的一些（尽管是理念化了的）基本的、宏观性的不同。但用来理解一个长期在多种系统、多种技术时代并存下的社会，是远远不足的。人们或用资本主义理论，或用传统社会理论来试图了解近、现代中国，给予我们的只是隔靴搔痒的感觉。

即使是在西方入侵之前的明清时代，也不符合马克思或韦伯的理念化了的类型。它充满悖论的矛盾现象。这是我在有关华北和长江两本著作中所要表达的一个中心论点。[①] 在现代工业化初步兴起的民国时期，和中国共产党

---

① 黄宗智：《华北的小农经济与社会变迁》，中华书局1986年（2000年重版），以下简称《华北》；《长江三角洲小农家庭与乡村发展》，中华书局1992年（2000年重版），以下简称《长江》。

的社会主义建设时期以及改革后的再次转型时期，也仍旧如此。

正是这样一个多种社会类型并存的社会迫使我们抛弃简单的理念化了的类型分析和结构分析，而着眼于混合体中的历史演变过程本身。"转型"一词，用于中国，不应理解为目的先导的从一个类型转成另一个类型，从封建主义转到资本主义，或社会主义转到资本主义，而应认作是一种持久的并存以及产生新颖现象的混合。正因为现有单一类型理论的不足，我们需要从混合社会的历史实际出发来创建新的理论概念。

在这方面，布迪厄试图建立的实践理论是一个有用的方向和尝试。只有着眼于实践过程，我们才能避免理念化了的建构的误导，尤其是意识形态化了的建构的误导。同时，着眼于实践中未经表达的逻辑，正是我们用以把握不同于现有理论框架的新的概念的一条可能的道路。

至于后现代主义，正因为它对现代主义以及西方中心主义的建构提出质疑，也是我们可以利用的一套思想。同时，它强调非物质的心态领域也是对过去唯物主义的很好的纠正。但我们不能像许多后现代主义者那样否定一切经验证据，以致把所有认识都仅仅看作是不同的建构。那是极端的相对主义。我们知道，对经验信息的真实与否做出正确的判断在认识过程之中是非常必要的。现代中国的革命历程充满了正确的和错误的判断的例子。

一些初步的认识

中国法律的实践历史

根据韦伯的建构，现代西方法律是理性的，是从（天赋）人权前提出发的一套原则，它们独立于政权，并且是施之于任何具体情况而皆准的法则。而中国传统的法律则是非理性的，出于统治者的道德理念（也就是儒家以礼以和为先的理念），实质上是世袭主义统治的非理性手段。

国内外有的学者完全同意韦伯的建构，认为今日的中国，如欲以法治国，必须全盘西化，建立和传统完全不同的法制。针对这样的移植论，有的学者则提倡面向中国的本土资源，从传统中发掘和继承可以用于今日的法律原则和制度。其中有的学者特别强调中国的调解传统，认为是中国独有的优良传统。这种意见得到不少西方学者的认可。面对西方的极高的诉讼频率，极昂贵的律师收费，以及极严重的全法律制度危机，他们提倡借鉴中国的调解传统，发展西方（尤其是美国近年）的诉讼外处理纠纷的制度（Alternative Dispute Resolution，简称 ADR），用来克制诉讼频率。这样，就形成了全盘西化主义和本土资源主义两种意见的针锋相对，并且造成了现代和传统的非此即彼的二元对立话语环境。

中国的法律实践其实并不符合双方任何一面的建构。现代以前的调解其实主要是在国家法律制度之外的社区中进行的。正规法庭的主要手段其实是断案，而不是调解。县令调解其实只是儒家的理念，不是其实践。这是我从大量的诉讼案件档案中得出的一个经验结论。① 过去许多学术研究都把官方的构造等同于历史实践，其实是歪曲了历史的真实。从实践上来说，法庭调解其实并不是儒家法庭的实际行为，只是它的表达、它的理想建构。中国前现代的法庭，从实践来说主要是一个进行判决而不是进行调解的法庭。

法庭这样的实践说明的是清代的法律和治理既有它道德性意识形态的一面，同时也有它非常实际的一面。地方县官体现的其实是两者的结合，我曾称之为"实用道德主义"。结合道德高调的意识形态和十分实际的法庭实践其实是它未经明言的逻辑，也是它之所以能够长期维持顽强的生命力的原因之一。

这里，让我简短地谈谈相关话语的研究及其与实践的关系。一般的研究只分析官方话语。民间话语，尤其是农民的话语，因为缺乏资料，不容易掌握。但我们不必完全局限于官方表达的分析。如果我们着眼话语实践，区别意识形态化了的官方话语及其实用话语，我们就可以看到在官方表达层面底下的运作实际。例如在汪辉祖的著作中，两种话语即并存不悖。其中有当时已经公式化了的一些理想仁政和道德的表达，也有关于实际运作的实践话语。后者显示：调解是民间所为，明判是非的断案乃是法庭所用。儒家仁政理想把民事纠纷当做不重要的"细事"，但地方官员在治理实践中，"细事"

---

① 黄宗智：《清代的法律、社会与文化：民法的表达与实践》，上海书店 2001 年版；《法典、习俗与司法实践：清代与民国的比较》，上海书店 2003 年版。

的处理其实十分重要。而在处理这样的"民事"案件中，清代法庭实际上经常按法律明判是非。

进入现代，我们可以看到国民党统治下模仿德国的中华民国民法典本身其实也相应社会现实而做了适当的修改。最显著的例子是"典"地制度。西方没有这个制度。德国民法典只有买卖、租佃、抵押和质权的制度，没有"典"的概念。中华民国民法最后是使用了民间原有的词"典"，用来表达这样一个中国的比较独特的保留回赎权的土地买卖和借贷制度。这是法律的实用话语，和它原先全盘移植德国现代法律的用意不同。

进入中华人民共和国，一个很重要的变化是民间社区调解的正规化以及法律化。同时，法庭开始大规模进行调解，完全不同于前现代的中国法庭。我们可以说，真正普遍地进行调解的法庭，并不是中国法律前现代的传统；它其实是中国共产党的发明。

同时，中国的所谓调解和西方人心目中的调解很不一样。它可以用相当程度的强制性手段，包括法官明确对当事人说明法庭的立场，其隐含的意思也就是如果当事人不接受法庭的调解，法庭就会依法判决。另外法庭也可能动员当地的党、政组织，对当事人施加压力，或者是赋予当事人实质性的利益刺激（诸如安排好的工作、解决住房问题等等），凭这种办法来调解解决纠纷（尤其是离婚案件）。更显著的是法官的调查研究行为——深入现场，访问当事人和社区领导及亲邻，了解实际情况，尽可能在真实确切的知识的基础上进行调解。这种行为延续至今。在西方的按钟点计算收费的法律制度之中，这是完全不可想象的。这本身也是上面讨论的革命认识论传统的一个体现。这些都超出了西方概念之中的"mediation"可能使用的手段，它是现代革命政党在一定历史条件下的独特产物，具有它独特的未成文的逻辑，既不同于任何西方形式主义的理论建构，也不同于反对全盘西化的本土资源论者想象中的中国传统法制。

其实，中国前现代法律传统的可取之处不一定在于它对自己的不符合实践的表达。诉讼案件档案显示了清代法律实践中出人意料的一种社会公正精神。上面已经提到了"典"的制度：它赋予不幸被迫典卖土地的小农以相当有利的、几乎是无限期的回赎权，并且是以原价回赎的权利。同时，清代法庭相当普遍地禁止超过月利三分的"违禁取利"。再则是佃农的"田面权"，成文法律虽然没有给予正式认可，但是我们可以看到，法律实践对这种保护租地人权利的民间习惯基本是放任的。当然，社会公正绝对不能说是当时法制的主导思想，但这种法律实践所包含的逻辑仍然不失为今日值得借鉴的一个传统。

中国经济的实践历史

亚当·斯密的形式主义经济理论认为理性经济人在市场环境下会促进经济发展。因此，我们一旦看到明清时期相当程度的市场经济发展便会以为伴随它的应是相应的经济发展。最近，国内外有学者从这样的观点出发坚持18世纪中国江南的经济是和当时的英国旗鼓相当的，因为两者同样是"斯密型动力"之下的经济。

这样的论点正是形式主义理论前提引起对实际情况的误导的又一个例子。18世纪英国的经济是一个极其独特的经济。它显示的是前工业社会中极其少见的农业劳动生产率的（将近）成倍提高。同时，也呈现了新的手工业的发展，它逐步独立于农业，成为当时小城镇大规模成长的基础，并引起了一系列的人口行为的变化。再则是科学革命条件的形成，以及英国当时独特的煤炭业的极早发展，如此等等。英国工业革命的形成实际上是出于好几个相对独立的历史趋势的偶然交叉所致，当时不可见于世界其他地方。18世纪中国的江南既没有成倍的农业劳动生产率的提高，也没有农业手工业的分离，因此也没有英国规模的城镇兴起，更毋庸说它的人口行为变迁。把它等同于英国经济有悖于近几十年来的学术研究所积累的经验证据。[①]

但是，这个明显是错误的论点仍然具有相当的影响。我们要问：它为什么会被一些人接受？在美国，部分是出于意识形态的推动。这些人的用意是把世界上的经济全都纳入到亚当·斯密的模式之内。我们不要被他们在斯密模式上附加的一个花样——英国煤炭资源的偶然性——愚弄。有人因此以为

---

① 黄宗智：《发展还是内卷？十八世纪英国与中国——评彭慕兰〈大分岔：欧洲，中国及现代世界经济的发展〉》，《历史研究》2002年第4期。

他们并不是简单的市场主义者。但是我们要问：现代经济发展，在"斯密动力"之外，是不是真的那么简单地只需要煤炭便能促成？18、19世纪中国经济是不是真的只要有了煤炭便能像英国那样进入工业革命？

他们的另一个附加花样是后现代主义的去欧洲中心化口号。国内可能有的人会觉得在这一方面他们的论调很有吸引力，因为把18世纪的中国说得十分美好，甚至领先世界，足可使人感到骄傲。（但是，果真如此，我们又该怎样去理解其后的19世纪中国？）其实，无论他们的意图如何，这样的论点和50年代美国保守派反共、反中国的论调客观上是一致的。当时的看法是传统中国文明十分灿烂，因此，共产党革命完全缺乏任何历史和社会基础。现在，美国50年代保守主义的这一套看法，已经被新保守主义完全恢复了。他们认为中国革命是全盘错误的，直至改革开放，中国终于抛弃了无谓的革命，才正确地走上了像西方一样的市场主义的道路。在本质上这是纯粹的西方中心论：英国的资本主义经济，通过斯密古典经济的市场主义的抽象化理念化，乃是放之四海而皆准的唯一正确的经济发展道路。正是在这种意识形态和政治权力的推动之下才会使明显错误的论点仍然具有一定的影响力，起码在美国如此。

这里要简略地讨论一下美国知识界今天出人意料、但也是完全可以理解的，新古典经济理论和后现代主义的一些学者的联盟。表面看来，两者应是水火不容的。前者自视为保守主义者，而后者多向激进主义认同。但是，两者有一些很重要的共同点。第一，无论是指向西方发展模式的古典经济论还是指向前现代传统（受西方现代主义影响之前）的后现代主义，都同样地无视中国革命传统。同时，两者在认识方法上有一个十分基本的共同点：否认经验证据的真实。正是这样的认识态度使明显违反经验证据的18世纪中英等同的论点得以具有相当的影响。[①]

国内大部分学者并不接受18世纪中英等同的论点，因为多年的经验研究的积累不允许这样。但可能有不少人同意它依赖的新古典经济学理论。笔者

---

① 也正是在这种认识态度的情境之下，才使布什政府无视经验证据而做出伊拉克战争的决策为可能。

个人以为过去国内的中国经济史研究之所以能够领先全世界是因为它同时具有生产力和生产关系两方面的研究（虽然当时的意识形态比较倾向生产关系），在中国社会科学院经济研究所里可以说是体现于吴承明和李文治二位先生的研究，而不是单一的一面倒，因此发挥了马克思古典政治经济学的内在威力。但是今天的市场主义论其实只考虑马克思的所谓生产力，而无视生产关系，抛弃了马克思理论的一条腿，也抛弃了过去多年积累的经验证据。国内农史学传统所积累的关于生产状况的知识就更不用说了。我认为马克思主义政治经济学需要在生产力和生产关系两者之上再加上生产状况这种第三因素。此外是人口问题，虽然可以纳入生产力研究，但国内长期对这个因素考虑不足。再则是环境因素，在前现代农业经济中这明显是个关键因素，过去也考虑不足。像亚当·斯密那样只用市场机制和理性经济人的构造来解释一切经济现象是一条狭窄的道路，它不能包含中国经济方方面面的复杂历史实际，例如，由帝国主义、阶级剥削或小农生存所推动的市场化。这是我在《长江》书中已经提到的论点。

如果我们着眼于中国明清时期农村的生产实践，我们看到的不会是像18世纪英国那样的农业资本化，肥料投入和劳动生产率的近倍增加，以及农业手工业的分离，而是与亚当·斯密理论期待相悖的现象。农民生产实践显示的是农业生产长期徘徊于基本同样的水平，手工业农业长期相互结合于一家一户。即使进入现代，农村生产实践仍然基本维持原来的状态。

问题是为什么？我认为，这些悖论现象所显示的是这个经济在实践中的生存逻辑。在人多地少的压力之下，小农家庭同时借助于种植业和手工业来维持生存，缺一不可。两者任何之一都不能单独周转，因此长期结合，与英国近代早期趋势相悖。费孝通的江村研究正凸显了这个特点。

进入中国共产党治理下的农村集体化时期，农村的生产单位规模扩大。根据当时中国的意识形态理论，接下来的应是在农业现代化（包括机械化、化肥投入、机动灌溉、科学选种等等）的同时出现相应的劳动生产率提高。但是，集体单位的生产实践显示的却是在多方面的现代化进程之下进一步的内卷化——劳动生产率及劳动报酬并没有相应提高。如此的实际所显示的逻辑是现代投入所产生的发展被高度内卷化的劳动投入蚕食掉，结果是停滞不前的农村收入和生活水平。

改革时期，农村工业蓬勃兴起，吸收了一亿多的农村劳动力，先进地区明显有农业生产非内卷化的趋势。其后，城市工业的高速发展以及大量外来资本的投入，又吸收了约一亿农村劳工者。这些都是规模非常大的变化。但是，由于中国的乡村是如此巨大，劳动力是如此密集，以致时到今日，除了沿海一带，农业生产实践基本还是小规模低劳动生产率型的生产。适度规模的设想（具有进一步资本化和较高的劳动生产率的生产）仍旧有待于将来。相对国内工业经济以及信息产业经济，农业生产人均收入仍然是那么得低。截至今天，大量农村人口仍然生活艰难，农村经济变迁仍然存在上述种种悖论。中国农村经济的全面发展仍旧有待于将来。

这个简单事实，若从西方现代形式主义的认识方法出发，便很容易被忽视、抹杀。他们总是以理论前提的期待来替代实际，认为在市场经济下每个人的理性抉择必定会推动经济发展，以及人民生活的全面现代化，因此完全无视中国 18 世纪以来长期的社会危机。然而，现代中国革命过程中所形成的认识方法不允许我们这样去做，它要求我们面对实践、从事实出发。正因为社会现实不符合现存的理论建构，我们必须深入社会去了解它的实际以及其运作逻辑。今天我们需要的是从农村人民的生活实践出发的分析和理论概念。若从纯粹得自理论的"假设"出发，很容易完全脱离实际、歪曲事实。大多数农村人口的持续贫穷说明了中国从 18 世纪以来的长时期社会危机的巨型规模，决不可与英国和西欧相提并论。

正如有学者所指出的，今天我们看到的是三种不同时代、不同技术的经济的共存[①]：仍旧主要依赖人畜力的农业和农村手工业、使用无机能源的城市和城镇工业以及后工业时代的信息产业。而在各个系统中人民的待遇和生活（以及心态）又极其悬殊，因为今天在一个经济系统中的阶级分化之上更加上了不同经济系统的分化。这种悖论性的共存造成不同于现存理论的社会实际，也迫使我们对它的不同部分及其之间的交接互动（民工问题便是一个交接性问题）做深入的社会调查。我们需要通过历史实际来建构关于这种混

[①]　孙立平：《断裂——20 世纪 90 年代以来的中国社会》，社会科学文献出版社 2003 年版。

合多种经济的理论。

中国社会的实践历史

在市场主义的理论建构中,明清以来的中国社会历史,一如它的经济历史,是应该相似于英国的形式的。

但是,中国明清以来显示的却是一系列的悖论现象。首先是明清时期手工业的社会基础。上面提到,英国早期工业化过程中出现的是手工业和农业的逐渐分家,使城镇成为手工业中心,脱离农业,也因此降低了结婚年龄(年轻人不必等待继承家庭农场而成家,可以凭手工业收入成家),同时提高了成婚率(更多的次子、三子等可以成家)。但中国江南等地区的手工业兴起却一直和农业连在一起,成为农民生存依赖的"两柄拐杖"(这是我在《华北》一书中使用的形容),缺一不可。我在《长江》一书里称之为农村生产的"家庭化",这里不再多论。

英国和西欧的小城镇兴起是伴随早期工业化的。其大城市的成长见于(其前的中世纪和)其后的19世纪的工业时代。而中国明清时期虽然有一定数量的小城镇的兴起,但真正大规模的小城镇发展要到1980年代方才伴随快速的乡村工业化而兴起。相对英国,也是悖论:近现代出现的先是大城市,而后才是小城镇,与西方的过程相反。这里所包含的经济发展逻辑是以大型工业带动小型工业,先用计划经济的强行高比例资本积累,在大型工业上突破,再由它来带动小型工业,而不是西方的相反的形式。费孝通说得好:西方的模式是"大鱼吃小鱼,小鱼吃虾米",而中国乡村工业发展的模式,起码在其初期,却是"大鱼帮小鱼,小鱼帮虾米"。

最近十多年来,随着跨国公司(全球)资本的大规模输入,中国社会又一次显示出悖论性的变迁。上面提到,在当前的社会中,我们看到的是人类历时数千年的三大社会经济系统的同时并存:传统农业及其社会,现代工业的城市社会,以及最近的后工业(信息技术)社会,这不符合经典理论家们的建构。无论是斯密、马克思还是韦伯,他们构造中的西方现代社会是一个由资本主义逻辑整合了的社会,不是一个长期结合多种社会类型的社会。

韦伯并且认为,伴随资本主义经济而兴起的应该是越来越理性化的社会。其政治体系应是一个理性法律、理性国家机器以及理性民主制度的体系。但中国今日的实践却又是悖论的：它具有相当部分韦伯称作世袭主义以及国家主义的特征，也是一个政治变迁在相当程度上与经济发展脱节的社会。

另外，布迪厄虽然很具启发性地提出了象征资本的概念，把马克思主义的阶级和权力关系分析延伸到非物质的象征领域，但他完全没有考虑到在社会转型中象征和物质领域的可能分离，以及其分离之中所可能引发的现象。现代中国的历史经历告诉我们，在转型中的社会极容易出现象征和物质领域的背离，而在两者的背离之中，会出现许多不寻常的与现存理论完全相悖的现象。一个例子见于土改中的农村。有人通过社区研究，说明一个非常矛盾的现象[①]：正是在阶级的物质基础被完全消灭的时候，阶级的象征建构被提高到前所未有的决定性地位。正是在地主失去了土地之后，他的阶级象征标榜对他的社会命运起了前所未有的作用。同样，在"文革"期间，正是在国内资本主义失去了所有的物质基础（包括国家兑换私人资产的年利五分公券的有效期的终结）的时候，所谓资本主义路线和"走资派"变成了关键性的象征标榜。当前，许多社会主义的论调和全面移植资本主义制度的事实并存，很容易再一次形成"文化大革命"时期那样的表达和实践的背离。我们要问：为什么会有这样的现象？它包含什么样的逻辑？

这一切都是我们研究中国的社会科学者面临的挑战：怎样从实践的认识而不是西方经典理论的预期出发，建立符合中国历史实际的理论概念？怎样通过民众的生活实践，而不是以理论的理念来替代人类迄今未曾见过的社会实际，来理解中国的社会、经济、法律及其历史？我曾经建议：我们要到最基本的事实中去寻找最强有力的分析概念。一个做法是从悖论现象出发，对其中的实践做深入的质性调查（当然不排除量性研究，但是要在掌握质性认识之上来进行量化分析），了解其逻辑，同时通过与现存理论的对话和相互作

---

① 张小军：《阳村土改中的阶级划分与象征资本》，《中国乡村研究》第 2 辑。参见黄宗智《中国革命中的农村阶级斗争——从土改到文革时期的表达性现实与客观性现实》。

用,来推进自己的理论概念建构。① 在这个过程之中,我们不妨借助于有用的西方理论,尤其是针对西方现代形式主义主流的理论性批评。我们真正需要的是从实践出发的一系列新鲜的中、高层概念,在那样的基础上建立符合实际以及可以和西方理论并驾齐驱的学术理论。这是一个艰难的工程,不是一个或几个人所能完成的工程,甚至不是一代人所能完成的工程,但我们可以朝着这个方向走,逐步建立从实践出发的社会科学和理论。

参考文献:

Bourdieu, Pierre, Outline of a Theory of Practice. Cambridge, England: Cambridge University Press, 1977; The Logic of Practice. Stanford, California: Stanford University Press, 1990.

Fei Xiaotong [Fei Hsiaotung], Peasant Life in China: A Field Study of Country Life in the Yangtze Valley. New York: Dutton, 1939.

Said, Edward W., Orientalism. New York: Pantheon Books, 1978.

Smith, Adam, The Wealth of Nations. Chicago, University of Chicago Press, 1976.

Weber, Max, Economy and Society: An Outline of Interpretive Sociology. 3 vols. New York: Bedminster Press, 1968.

费孝通:《小城镇 大问题》,江苏省小城镇研究课题组编《小城镇大问题:江苏省小城镇研究论文选》,江苏人民出版社 1984 年版。

(来源:《中国社会科学》2005 年第 1 期)

---

① 黄宗智:《中国研究的规范认识危机——社会经济史中的悖论现象》,《史学理论研究》1993年第 1 期(有删节),全文转载《长江》。

三　概念

"中国模式"之概念辨析

秦 宣[*]

自 20 世纪 80 年代以来，国际社会开始关注中国发展道路问题，并提出了"中国模式"这一概念。进入 21 世纪以来，"中国模式"更是国际主流媒体关注的热点，2008 年北京奥运会、2009 年中华人民共和国成立 60 周年庆典以及 2007 年美国次贷危机引发的全球金融危机，更是凸显了"中国模式"的影响。从国内外学者对"中国模式"的研究成果看，不同学者对"中国模式"概念的界定颇有差异，这种概念界定上的差异又进一步带来了理解上的差异。因此，在进一步讨论"中国模式"的过程中，有必要先对"中国模式"的内涵进行界定。

一 "中国模式"这个概念到底是何时提出来的？

在许多人看来，"中国模式"这个概念首先是由美国《时代》周刊高级编辑、美国著名投资银行高盛公司高级顾问、清华大学教授乔舒亚·库珀·雷默（Joshua Cooper Ramo）于 2004 年提出来的。2004 年 5 月，英国著名思想库伦敦外交政策中心发表了雷默的一篇论文，题为《北京共识：提供新模式》。该文对中国 20 多年的经济改革成就作了全面理性的思考与分析，指出中国通过艰苦努力、主动创新和大胆实践，摸索出一个适合本国国情的发展模式。他把这一模式称之为"北京共识"或叫"中国模式"。

---

* 作者系中国人民大学马克思主义学院院长、教授。

其实，在雷默提出"中国模式"这个概念之前，国外早就在使用"中国模式"这个概念。比如说 1980 年，日本季刊《现代经济》刊登了日本一桥大学石川滋、东京大学宇泽弘文、内田忠夫等人对中国经济的看法，文中多次使用"中国模式"的概念，他们把 20 世纪 70 年代的"毛泽东战略"称为"中国模式"①。同年 5 月 30 日，西德《时代》周报刊登罗斯·特里尔的一篇访华观感，题为"北京的粗暴刺耳的声音"，副标题为"'中国模式'的结束"，该文谈到的中心问题是改革开放初期北京大规模建设带来的问题。1984 年 12 月，在中国农村经济体制改革初见成效、广东沿海对外开放初具规模之后，苏联第一副总理阿尔希波夫来华访问。英国路透社记者撰写的新闻分析指出："苏联批评中国经济改革但却对中国的成功感兴趣。"此篇新闻分析多次提到"中国模式"，其含义是指中国经济体制改革和对外开放政策②。

1985 年 6 月，阿根廷《一周》杂志刊登对阿根廷众议院议长卡洛斯·普格列塞的采访记，普格列塞在回答记者提问时指出，中国人探索的是走现代化道路的综合方法。他认为，"中国已经抛弃了苏联模式，代之以中国模式"③。

1986 年，南斯拉夫《战斗报》发表托·米利诺维奇的文章说：苏联对中国经济体制改革很感兴趣，并提出要研究"中国模式"④。

1987 年 8 月 19 日，巴西学者在比较中巴两国技术模式优劣之后，在《商业新闻报》发表文章认为，中国自主发展技术堪为楷模，文章提出"中国模式应成为巴西的榜样"⑤。

1988 年年底，法国《发展论坛报》发表《中国给外国投资者更多的保证》的文章，认为自邓小平宣布实行对外开放和经济现代化以来，"改革使中国模式逐渐变为计划经济与市场经济并存的中间模式"⑥。

① 《日三位学者对中国经济政策的看法》，《参考消息》1980 年 6 月 11 日。
② 路透社：《苏联批评中国经济改革但却对中国的成功感兴趣》，《参考消息》1984 年 12 月 26 日。
③ 《阿根廷众议院议长谈访华观感》，《参考消息》1985 年 8 月 18 日。
④ 《苏联对中国经济体制改革很感兴趣》，《参考消息》1986 年 7 月 27 日。
⑤ 《中国自主发展技术堪为楷模》，《参考消息》1987 年 8 月 26 日。
⑥ 《对华投资是在中国立足的战略决定》，《参考消息》1989 年 1 月 2 日。

1991 年 5 月，苏联尚未解体之前，一批有影响的苏联政治学家认为：苏应进行接近于中国模式的经济改革，在经济上以"技术突破"为基础，在政治上建立一种"强硬的权威的"政治结构①。

1991 年 11 月，已经失去执政地位的罗马尼亚共产党重新公开活动，并提出要在罗马尼亚采用中国模式②。

1992 邓小平南方谈话之后，尤其是党的十四大确立社会主义市场经济体制目标模式之后，国际范围内展开了关于"中国模式"的大讨论，1993 年 5 月，《匈牙利新闻报》发表文章认为，"中国模式"引起世界兴趣。7 月，墨西哥《至上报》发表文章，认为古巴正在模仿中国，学习"中国模式"；9 月，埃及《金字塔报》发表文章，盛赞中国经济体制改革和对外开放，认为"中国模式"既不同于东欧模式，也不同于俄罗斯模式，中国重新融入世界经济主流。

1997 年 11 月，南斯拉夫总统米洛舍维奇在访问中国后，明确表示希望按"中国模式"进行经济改革③。

1998 年年底，恰逢党的十一届三中全会召开 20 周年，一些海外著名学者、研究机构和新闻媒体等纷纷发表文章，评述我国改革开放的伟大成果及经验教训，认为中国发展模式是明智可取的④。

进入 21 世纪以来，国外学者继续关注中国发展模式问题，如 2003 年 9 月，俄罗斯《消息报》发表《什么是中国模式?》的文章，认为中国模式最显著的特点是中国改革注重民众利益⑤。同年 11 月，美国《新闻周刊》发表杰弗里·加滕的文章《中国的经验》，作者建议学习中国模式⑥。2004 年以来，雷默拉开了国际社会大范围内讨论"中国模式"的序幕。这种讨论在北京奥运会期间、新中国成立 60 年庆典之际和中国应对国际金融危机过程

---

① 《一批有影响的苏联政治学家认为：苏应进行接近于中国模式的经济改革》，《参考消息》1991 年 5 月 12 日。

② 《罗马尼亚共产党重新公开活动》，《参考消息》1991 年 11 月 8 日。

③ 《南斯拉夫总统谈访华成果》，《参考消息》1997 年 11 月 18 日。

④ 《中国发展模式明智可取》，《参考消息》1998 年 10 月 7 日。

⑤ 《什么是"中国模式"?》，《参考消息》2003 年 9 月 28 日。

⑥ 《美刊建议学习"中国模式"》，《参考消息》2003 年 11 月 26 日。

中，不断被引向深入。

从上面的介绍中，我们至少可以得出以下结论：

第一，"中国模式"并不是进入21世纪才提出来的概念，它从20世纪80年代初就开始出现在国际主流媒体上，雷默绝不是提出"中国模式"的第一人，而是"北京共识"的首创者。但需要承认的是，雷默对"中国模式"进行了比较系统的研究，这也许是国内学者认为雷默是"中国模式"的发明者的重要原因。

第二，从国外学者及政要的论述来看，他们使用"模式"这个概念比较随意。在讨论"中国模式"的同时，国外学者还使用了"中国经验"、"中国发展道路"等概念。此外，"毛泽东模式"、"东欧模式"、"苏联模式"、"日本模式"、"印度模式"、"亚洲'四小龙'模式"、"美国模式"、"欧洲模式"等概念也在经常使用。"模式"这个概念并没有确切的内涵，有时指"发展道路"，有时指具体的方针政策。

第三，20世纪最后20年国外学者讨论"中国模式"时，多指中国改革开放模式，尤其是指中国经济改革模式。绝大多数学者政要是从经济的层面来概括"中国模式"的，很少涉及政治、文化方面的内容。而进入21世纪，国外学者对"中国模式"的讨论已经涉及中国经济社会发展的方方面面，参与这种讨论的人员也来自方方面面。这是"中国模式"广受世界各国关注的原因。

第四，近几年来，"中国模式"之所以被国际社会热炒，主要原因在于：一是中国经过30多年的改革开放，中国经济社会发展取得的成就有目共睹；二是随着中国经济实力的增强，中国在国际事务中的影响力逐步扩大；三是西方发展模式正遭受前所未有的挑战，而中国模式正好显示出比较优势；四是西方发达国家日益担心欧美发展模式被超越，从而失去主导地位；五是广大发展中国家希望从中国模式中找到可资借鉴的经验，以便推进本国的现代化进程。

二 我们到底可不可以使用"中国模式"这个概念？

进入新世纪新阶段以来，在国外学者热炒"中国模式"时，中国的媒体和学者对这一概念的使用则显得比较谨慎，有些学者甚至不同意这样的提法，主张用"中国道路"或"中国经验"，有的学者主张用"中国特色"①，还有人主张用"中国案例"②。产生这种现象的原因极为复杂，大致有以下几种：一是过去我们深受"模式"之苦。新中国成立之后，中国曾照搬照抄苏联社会主义模式（又称"斯大林模式"），在社会主义建设过程遭遇过曲折，出现过失误。党的十一届三中全会以后的改革，首先针对的就是苏联社会主义模式的弊端；二是"中国模式"这个概念是由外国人提出来的，由于国外学者对"中国模式"的解释受到其使用动机的影响（如用来鼓吹"中国威胁论"），加之文化背景的差异，国外学者的解释有时难免有些偏颇，因此中国学者不太愿意接受；三是有一种担忧，害怕过多宣传"中国模式"会引起其他国家的反感，影响中国的外交关系，影响中国的国际形象；四是认为"中国模式"还面临着许多挑战，还处在形成和发展过程中，现在谈"中国模式"为时过早。

笔者认为，我们完全没有必要回避"中国模式"这个概念，完全可以使用"中国模式"这个概念来概括中国的发展道路和发展经验。其理由如下：

第一，"模式"（Pattern）一词的指涉范围非常广泛，它标志了事物之间隐藏的规律关系，而这些事物并不必然是图像、图案，也可以是数字、抽象的关系甚至思维的方式。就社会发展这个意义上而言，"模式"往往指前人积累的经验的抽象和升华。简单地说，就是从不断重复出现的事件中发现和抽象出的规律，可以视之为解决问题的经验的总结。从一般意义上说，只要是一再重复出现的事物，就可能存在某种模式。

"模式"可以指经济模式，如"计划经济模式"、"市场经济模式"、"混合经济模式"，等等；"模式"也可以指政治模式，如"议会民主模式"、"威权主义模式"、"多党制模式"、"三权分立模式"等；"模式"还可以指社会发展模式，如"社会主义模式"、"资本主义模式"等；"模式"可以指大的区域发展模式，如"北美发展模式"、"欧洲发展模式"、"北欧福利国家模式"、"拉丁美洲模式"、"非洲发展模式"、"亚洲'四小龙'模式"，等等；"模式"也

---

① 李君如：我对"中国道路"的几点看法，《北京日报》2009 年 11 月 16 日。

② 赵启正："中国模式"准确地说应该叫"中国案例"，《北京日报》2009 年 11 月 16 日。

可以指一个国家的发展模式，如"中国模式"、"瑞典模式"、"印度模式"、"苏联模式"、"美国模式"、"日本模式"，等等；"模式"还可以指一个国家内某个地区的发展模式，如中国浙江的"温州模式"、福建的"晋江模式"、广东的"深圳模式"等等。因此，"模式"是一个内涵十分丰富的概念，在社会发展意义上，使用"中国模式"这个概念并不存在任何疑义。

第二，经过60年的摸索和30年的改革，中国在经济、政治、文化和社会等各个方面已经初步形成了比较定型的体制。党的十七大将我们党经过长期探索形成的社会发展道路定位为"中国特色社会主义道路"，将我们党的理论创新成果命名为"中国特色社会主义理论体系"。"道路"、"理论"、"体制"共同构成了"中国模式"。用"中国模式"概括中国特色社会主义，十分简洁，也有利于开展国际对话。因此，回避使用"中国模式"没有道理。即使这个概念是外国人使用的，但并不妨碍我们也使用这个概念，"民主"、"自由"、"公正"、"社会主义"等概念不是首先在西方使用的吗？有人认为，"中国模式"还处于变动之中，因此不能使用"中国模式"，如果是这样，那我们只能得出这样两点结论：一是当今世界没有任何模式，因为我们今天学术界和媒体所说的各种模式均处在变动、发展之中，都面临着挑战；二是如果只有完全定型的才能称之为"模式"，那等于说"模式"必定是僵化的，这显然是不对的。

第三，改革开放以来，我国学术界曾广泛使用过"模式"这个概念，我们党的领导人和党的文件并没有回避使用"模式"这个概念。

中国的改革，首先针对的是苏联社会主义模式或"斯大林模式"。20世纪80年代，在讨论中国经济社会发展道路时，我国学者曾广泛使用过"模式"这个概念，如在介绍东欧国家的改革经验时，我们曾使用过"匈牙利模式"、"波兰模式"、"南斯拉夫自治社会主义模式"、"保加利亚模式"等概念。有一段时间，"模式"问题甚至成为学术界研究的一个热点。

改革开放以来，党和国家领导人也并没有回避"模式"这个概念。1988年5月，邓小平在会见莫桑比克总统希萨诺时指出："中国有中国自己的模式。"[①] 1993

① 《邓小平文选》第3卷，人民出版社1993年版，第261页。

年 11 月,江泽民在同克林顿会晤时指出:"各国人民根据各自国情,选择符合本国实际情况的社会制度和发展模式,制定行之有效的法律和政策,是合情合理的,应该受到尊重。"① 2003 年 12 月,胡锦涛在纪念毛泽东诞辰一百一十周年座谈会上的讲话中指出:"各国的国情不同,实现发展的道路也必然不同,不可能有一个适用于一切国家、一切时代的固定不变的模式。"② 要"同世界各国人民一道,倡导国际关系民主化和发展模式多样化"③。2005 年 10 月,胡锦涛在 20 国集团财长和央行行长会议开幕式上发表题为《加强全球合作,促进共同发展》的讲话,各国要实现经济持续发展,关键是要形成符合自己国情、适应时代要求的发展模式以及与之相适应的经济体制和机制。2008 年 4 月 12 日,胡锦涛在博鳌亚洲论坛 2008 年年会开幕式上的演讲中指出:"世界上没有放之四海而皆准的发展道路和发展模式,也没有一成不变的发展道路和发展模式,必须适应国内外形势的新变化,顺应人民过上更好生活的新期待,结合自身实际,结合时代条件变化不断探索和完善适合本国情的发展道路和发展模式,不断增加全社会的生机活力,真正做到与时代发展同步伐、与人民群众共命运。"④

进入 21 世纪,我们党的文件中也曾使用过"模式"的概念,如 2002 年,党的十六大报告就使用了"发展模式"的概念,十六大报告指出:"我们主张维护世界多样性,提倡国际关系民主化和发展模式多样化。"⑤

第四,"中国模式"概念提供了一种研究中国社会发展的新视角。我个人认为,中国学者不应该回避使用"中国模式"这个概念⑥,而应该在充分认识国外学者提出"中国模式"概念背景的基础上,分析他们对于"中国

---

① 《江泽民文选》第 1 卷,人民出版社 2006 年版,第 331 页。

② 《十六大以来重要文献选编》(上),中央文献出版社 2004 年版,第 647 页。

③ 同上书,第 652 页。

④ 胡锦涛:《坚持改革开放,推进合作共赢——在博鳌亚洲论坛 2008 年年会开幕式上的演讲》,《人民日报》2008 年 4 月 13 日。

⑤ 《十六大以来重要文献选编》(上),中央文献出版社 2004 年版,第 36—37 页。

⑥ 2004 年,我曾与《中国教育报》刘好光先生做过一次访谈,当时并不主张使用"中国模式"这个概念,而主张用"中国道路"或"中国经验",当时主要觉得"中国模式"还不够成熟,同时感觉到"中国模式"这个概念的内涵十分不确定。参见《中国人民大学秦宣教授谈:"北京共识"、"中国模式"与中国现代化之路》,《中国教育报》2004 年 9 月 28 日第 3 版。

模式"概念解释的合理因素，并结合中国国情和中国语境加以内化，赋予其新的科学内涵，真正提出客观而科学的"中国模式"的概念解释。与此同时，中国学者应该抓住国际社会热议"中国模式"这一契机，采取多种方式，运用各种手段，向世界"说明中国"，破除国外人士因不了解中国而对中国的"误读"（如国外学者把中国模式简化为"经济自由＋政治专制"），减少这种"误读"在国际社会中产生的"误导"（如中国威胁论）。要消除他们因偏见而形成的"误解"，增进他们对中国更多的"了解"，进而达到更高层次的"理解"。要让国际社会更多地了解中国的改革开放，了解中国改革开放进程中形成的"中国模式"，进一步扩大中国在当今世界的影响。

三 到底如何界定"中国模式"的科学内涵？

从国际社会关于"中国模式"的讨论中，我们可以看出，20世纪80年代以前，当少数国外学者谈到中国模式时，多是指"毛泽东模式"，即毛泽东时期的方针政策，相对于苏联模式；20世纪80年代，外国学者在谈到中国模式时，多指经济改革或对外开放，相对于"毛泽东模式"；20世纪90年代国外学者谈"中国模式"时，多指中国渐进的、市场取向的经济体制改革，相对于俄罗斯的"休克疗法"，有别于新自由主义倡导的"华盛顿共识"。

进入21世纪，在国际社会关于"中国模式"的广泛讨论中，由于人们关注的角度不同，立场不同，方法不同，因此对"中国模式"的解释不同。从国外学者及政要的论述来看，他们使用"模式"这个概念比较随意，有时指"发展道路"，有时指"发展经验"，有时指"发展理念"，有时仅指具体的方针政策。在使用"中国模式"的同时，国外学者还使用了"中国经验"、"中国道路"、"北京共识"等概念，许多时候，这几个概念是混用的。而在国内学者的探讨中，有人把"中国模式"与"北京共识"等同起来，有人把"中国模式"与"中国经验"或"中国道路"等同起来。

从国际社会关于"中国模式"的讨论中，我们发现另外两个值得关注的现象：一是把"中国模式"简单化，认为"中国模式"就是经济自由和政治"独裁"，这实际上是诋毁"中国模式"的积极影响；二是把"中国模式"泛化，使之成为"中国问题"的另一种表述，成为一个内涵很不确定的概念，这实际上也是企图消解"中国模式"的影响。

那么，到底该如何界定"中国模式"的科学内涵呢？我们认为，应注意以下几点：

第一，"中国模式"的地域定位是"中国"，也就是说"中国模式"是在中国形成和发展起来的，它着力解决的是"中国问题"①。这里的"中国"是整体性的。因此，我们在界定"中国模式"时必须注意：其一，"中国模式"绝非部门的，如"中国的金融监管模式"、"中国的国企改革模式"等；其二，"中国模式"也不是区域的，如"温州模式"、"晋江模式"、"深圳模式"、"西部开发模式"、"东北振兴模式"，等等。我们既不能把某一部门的模式上升到"中国模式"，也不能把某一区域的模式上升到"中国模式"。

第二，"中国模式"的参照系是国外其他发展模式。"中国模式"是在横向和纵向比较中凸显出来的，它是相对于其他一些发展模式而言的。从横向比较看，按照国外学者的解释，目前世界上主要发展模式有四种，即美国模式、德国模式、日本模式和亚洲四小龙模式。这几种主要模式均有自身的特点，而"中国模式"与这几种模式有明显不同。从纵向来看，中国模式是相对于以往的苏联社会主义模式和社会主义发展史上其他社会主义模式而言的。

第三，"中国模式"形成和发展的历史起点应该在1978年党的十一届三中全会以后。今天国内外学者热议的"中国模式"是在改革开放新时期逐步形成和发展起来的。从这个意义上讲，"中国模式"可以概括为中国特色社会主义的"道路"、"理论体系"、"发展实践"共同构成的社会发展模式。我们不能同意把这个时间段定位在新中国成立以来的60年历史，因为新中国60年中，前30年与后30年虽然具有十分紧密的联系，不能割裂开来，

① 参见刘网成、刘畅《从"发展"到"创新"——对"中国模式"的解读》，《当代世界》2008年第2期。

但前 30 年与后 30 年确实存在着较大的差别。我们更不能同意把"中国模式"的起点追溯到中国共产党成立之后开辟的农村包围城市、武装夺取政权的"革命模式"。这种把中国革命、建设和改革统一纳入"中国模式"的做法，很容易使"中国模式"泛化，从而失去讨论"中国模式"的意义。

第四，"中国模式"从内容上看，是指全方位的发展模式，而不是指某一个领域的。从严格意义上讲，"中国模式"是由中国在社会发展方向比较突出的特点和经验构成的。它是发展理念与发展实践的统一，是经济政治文化和社会发展的统一，是现实发展和未来可持续发展的统一，是国内发展与国际发展的统一。因此，在界定"中国模式"时，我们应该注意：其一，"中国模式"不能仅指发展理念，如国外学者所说的"北京共识"，也不能仅指发展实践，如国内外学术界所说的"中国道路"；其二，"中国模式"不是指某一个发展领域的发展模式，如国外学者在谈"中国模式"时，有人关注的是中国经济模式（如市场经济模式、市场社会主义模式），有人关注的是中国政治发展模式，还有人关注的是中国外交模式。"中国模式"应该是综合的、全面的、整体的。雷默之所以被当做"中国模式"这一概念的发明者，主要是因为他是从整体上概括中国发展模式的；其三，"中国模式"不是固定不变的，它既是实践经验的概括，又体现出未来发展应遵循的原则，因此，我们不能把"中国模式"固定化；其四，"中国模式"是在全球化的大背景下形成的，它与人类文明发展相随，与时代发展同步。因此，我们不能脱离国际大背景来谈"中国模式"。

我们认为，所谓"中国模式"，主要是指从中国开放改革 30 年的经验总结出来的一种社会发展模式。中国社会与西方社会有着不同的发展历程、不同的发展路径、不同的发展条件、不同的发展结果，这一系列的"不同"导致另一系列的"不同"：不同的发展理念、不同的价值判断、不同的思维方式、不同的发展道路。"中国模式"既不同于冷战结束前的苏联和东欧的发展模式，也不同于当代当今世界颇为流行的几种模式，更不同于老牌的西方工业化国家的发展模式。

此外，我们还应清醒地看到，在西方学者及政要对"中国模式"的认识中，有两点是必须注意的：第一，他们在谈"中国模式"时，经常淡化

"社会主义"的色彩。他们不愿意或很少使用"中国特色社会主义"这个概念，因为如果使用这个概念，把中国取得的成绩归因为中国坚持走社会主义道路，则等于承认他们过去关于"社会主义失败"的许多论断是错误的。第二，西方学者和政要比较关注中国经济模式，容易淡化意识形态的差异。因为中国的成就并非按西方的价值标准取得，如果他们肯定中国的经济成就而又肯定其方法与价值，那就等于否定了西方本身的价值，而这恰恰是他们不愿看到的，这也是他们害怕中国威胁的一个重要原因。这两点说明，虽然中国的快速发展已经得到国外学者和政要的重视，但国外学者和政要对中国的偏见仍然是存在的，意识形态方面存在的差异是不容我们忽视的。正因为如此，我们中国学者应加强对"中国模式"的研究。

（来源：《前线》2010 年第 2 期）

中国道路、中国模式与中国经验

王庆五[*]

中国道路、中国模式、中国经验在 2004—2006 年得到国内外学术界的关注。[②] 当时，在经历了 20 世纪 80 年代末 90 年代初西方根据苏东剧变提出的"中国崩溃论"，21 世纪初面对中国迎来新的繁荣而抛出的"中国威胁论"之后，中国道路、中国模式、中国经验，成为国外一些学者研究为什么中国走了一条与他们完全不同的道路而又没有出现他们所预料结局的内容。当前，国内理论界也将中国道路、中国模式、中国经验的研究作为对中国特色社会主义研究的一个新的组成部分。纵观 2004 年至今的研究，我认为国内学术界的认识还存在界定不清的问题，即将中国道路、中国模式、中国经验混淆在一起，表述为"中国道路或中国模式"，"中国模式或中国经验"，

---

* 作者系江苏省委党校副校长、教授。

② 2004 年 5 月 11 日，英国著名思想库"伦敦外交政策中心"发表乔舒亚·库玻·雷默的《北京共识》一文，对中国的经济改革成就作了思考与分析，他指出："中国正在指引世界上其他一些国家在有一个强大重心的世界上，保护自己的生活方式和政治选择。这些国家不仅在设法弄清如何发展自己的国家，而且还想知道如何与国际接轨，同时，使他们真正实现国家独立。"这种新动向和新的"发展物理学"被称为"北京共识"或者"中国模式"。雷默指出："提出'中国模式'的目的是试图用清楚的语言描述在中国所看到的情况，并且为如何思考中国这样一个以历史上前所未有的速度迅速发展变化的国家提供一个框架。"在雷默看来，中国模式有三条定理：一是重视和追求创新；二是努力创造一种有利于持续与公平发展的环境，从而体现社会发展的清廉性和人文性；三是要维护自主和自尊。其核心思想可以概括为：按照自己的国情，走中国特色的发展之路。"中国模式"一经提出，迅速引起国内学界的高度关注。中国学者俞可平、田春生、赵曜、常修泽、邱耕田等也纷纷撰文，提出"中国模式、中国道路、中国经验"，他们根据自己的认识，试图对这一问题做出更加符合国情的解释。参见乔舒亚·库珀·雷默："北京共识"。转引自黄平、崔之元《中国与全球化：华盛顿共识还是北京共识》。社会科学文献出版社 2005 年版；俞可平、黄平等：《中国模式与"北京共识"》，社会科学文献出版社 2006 年版。

好像道路就是模式，模式就是经验，经验就是道路。实际上，这三者不是一个问题，有联系但更有区别。搞清楚这三个问题，对于科学认识当今中国在世界的位置，坚持走中国特色社会主义的道路，不断总结和提升中国经验，改革和完善中国模式等等，都具有重要的意义和价值。

"中国道路"是近代120年来，中国沦为半殖民地半封建社会后，历经旧民主主义革命、新民主主义革命到社会主义革命、建设和改革，探索在一个十几亿人口的发展中大国，如何实现民族解放、摆脱贫困，加快实现现代化，巩固和发展社会主义的道路。

中国道路与中国模式、中国经验相比，更具有历史的纵深性和包容性。首先，它是对历史的动态性和纵向性发展态势的描述，有着十分突出的客观性特点。如果对于已经经历过来的一段历程，进行总结并且上升到一定规律性高度来概括，这种道路式的话语具有客观的已然性，例如我们所讲的引导中国革命胜利的新民主主义道路；如果对于即将开始或者还刚刚起步的新的发展历程，进行引导式的前瞻性目标概括，这种道路式的话语对于未来具有客观的不可更改性，例如1956年以毛泽东为代表的中国共产党人就提出要走中国式的社会主义现代化建设道路。其次，它又是在对历史发展进程进行规律性总结中可以包容其他属性和问题的概念。它可以作为对社会宏观层面的历史发展进程的概括，例如中国道路，也可以作为宏观层面内一些具体层面的发展进程的概括，例如中国的工业化道路、农业现代化道路、新型城市化道路等。同时它还可以包容像社会发展模式、发展经验等这些不同属的问题，各种各样的发展道路也可以进行相关的经验总结，例如中国共产党对中国特色社会主义道路的十条经验概括。

根据以上分析，可以说我们所论述的中国道路，其内涵远远超出了近几年来把中国道路、中国模式、中国经验混同在一起所探讨的范围。因此，研究和认识中国道路就要认识它所蕴涵了的内在确定的客观性、包容性和广阔的宏观视角，从而必须把握好三个问题。

第一，中国道路的主题。

中国道路的内涵十分丰富，可以从多个层面展开和研究，但是主题是确定和鲜明的。世界近代历史开端于西方发达国家走上资本主义并实现现代化的道路，这一道路给古老的世界带来了深刻的震撼。罗宾·科恩、保罗·肯尼迪十分赞赏马克思在《共产党宣言》中对这一条西方道路给世界所带来的两个影响的概括。第一个影响就是"通过利用更先进的科学技术、扩大生产规模和提高资本积累能力等手段发展了生产力"，另一影响"那就是资本主义的全球扩展"[①]。而资本主义的全球性扩张也同时深深影响了古老而又封闭的中国，1840年资本主义列强中最强大的英国凭借着现代化的实力打开了中国的大门，中国人民从此开始了救亡图强、实现中国的现代化的探索过程，而这也历史地确定了中国道路的主题。

中国道路的主题是几代中国共产党人探索的结晶。在中国共产党人之前，中国的仁人志士们苦苦思索、流血奋斗，没有找到破解近代中国道路主题的入口，但是，他们为中国共产党人的探索奠定了基础。毛泽东研究"帝国主义和中国封建主义相结合把中国变为半殖民地和殖民地的过程"，科学分析了中国社会的性质，指出半殖民地半封建社会的性质就决定了中国道路分为中国革命和建设两大阶段，只有实现了革命的胜利和民族的解放，中国才能走向现代化，屹立世界民族之林。改革开放以后，邓小平反复强调在民族解放、大规模急风暴雨式的阶级斗争阶段过去以后，实现现代化就是中华民族的主要任务和雄心壮志。他指出："我们当前以及今后相当长一个历史时期的主要任务是什么？一句话，就是搞现代化建设。能否实现四个现代化，决定着我们国家的命运、民族的命运。"[②] 在党的十二大开幕词中，他进一步把这一条道路概括为"走自己的路，建设有中国特色的社会主义"[③]。江泽民在党的十四大报告中，第一次把"走自己的路"概括为中国特色社会主义的发展道路，它的主题就是"中国这样的经济文化比较落后的国家如何建设社会主义、如何巩固和发展社会主义"[④]。进入21世纪，以胡锦涛为总

[①] 罗宾·科恩、保罗·肯尼迪：《全球社会学》，社会科学文献出版社2001年版，第71页。
[②] 《邓小平文选》第2卷，人民出版社1994年版，第162页。
[③] 《邓小平文选》第3卷，人民出版社1993年版，第3页。
[④] 《江泽民文选》第1卷，人民出版社2006年版，第219、218页。

书记的党中央总结改革开放 30 年来建设中国特色社会主义伟大历程，进一步深化对中国道路的认识，从而第一次概括了中国特色社会主义道路的丰富内涵①，并在此基础上把这一道路的主题升华为如何在"一个十几亿人口的发展中大国摆脱贫困、加快实现现代化、巩固和发展社会主义"。② 中国道路以及它的主题，正是从以上中国共产党人的不断探索、积累、深化中丰富起来的。

第二，中国道路的时间跨度。

中国道路的探索时间是一个跨越了旧民主主义革命、新民主主义革命、社会主义革命、社会主义建设和改革大约 120 年的大跨度历程。实现现代化和实现中华民族的伟大复兴，这一中国道路的主题不是从新民主主义革命才开端的。它不是始于我国理论界有的学者所认为的 1919 年的"五四"运动③，而是要再向前推进到 19 世纪的 80 年代末 90 年代初。为什么？这一时期的中国社会出现了三个重大变化和事件：一是从 1840 年鸦片战争以后，中国开始进入半殖民地半封建社会，在经过 19 世纪 60 年代至 90 年代初，又发生了第二次鸦片战争和太平天国农民起义，从而逐步完成了半殖民地半封建社会秩序的建构。中国社会内部，一方面是封建统治者与农民阶级为主的人民大众之间的矛盾；另一方面是中国人民、中华民族与帝国主义之间的矛盾。这两种矛盾决定了中国道路主题的展开，即以民族民主革命来实现国家的独立，为实现现代化奠定前提。二是帝国主义对中国的侵略和渗透，一方面带来了近代中国的工业，即外国资本家直接经营的企业和本国洋务派在帝国主义扶持下的官僚企业；另一方面也造成了民族工业的发生和民族资产阶级的出现。在 19 世纪 90 年代初近代中国资本主义的发展，给中国社会带来十万产业工人阶级。④ 这种工人阶级早于资产阶级登上中国的历史舞台现象，使得中国社会在资产阶级民主革命之前就出现了一个新的最革命的阶级，正是有了他们，才为 1919 年的"五四"运动——中国新民主主义革命

---

① 《中国共产党第十七次全国代表大会文件汇编》，人民出版社 2007 年版，第 11 页。
② 同上书，第 10—11 页。
③ 赵曜：《坚持中国特色社会主义不动摇》，《光明日报》2009 年 2 月 3 日。
④ 胡绳：《从鸦片战争到五四运动》（上册），人民出版社 1981 年版，第 346—351 页。

的开端——准备了阶级基础。三是1894年中日"甲午战争"爆发，孙中山彻底抛弃了早年他对封建地主阶级内部改良派的幻想，成立"兴中会"，走上了救国图强、复兴中华的资产阶级民主革命道路。这些变化和事件说明，无论是从客观还是从主观条件来讲，19世纪80年代末90年代初，中国道路的探索进程已经拉开大幕。

中国道路探索至今的120年大约分为四个30年。第一个30年是19世纪80年代末90年代初至20世纪20年代初。在这个30年，中国社会经历了中日"甲午战争"、戊戌变法、八国联军侵略中国、义和团运动、辛亥革命等等，资产阶级的旧民主主义从孕育到走向高潮，从势如破竹到一次又一次失败，最终说明中国资产阶级既不能使中华民族走向独立，也不能实现中国现代化的历史使命；第二个30年是20世纪10年代末20年代初至40年代末50年代初。在这个30年，中国共产党领导新民主主义革命，中国人民与帝国主义、官僚资产阶级、地主阶级展开了中国命运的大决战，实现了中华民族的解放和独立，为中国道路开辟了光明的前景；第三个30年是20世纪40年代末50年代初至70年代末80年代初，在毛泽东为代表的中国共产党人的领导下，我们开始了在东方这样一个经济文化都十分落后的、人口众多的国家实现现代化的伟大长征。在这30年中既有成功的经验，也有挫折和教训。一方面我们奠定了中国现代化的国民经济基础，为国家的独立富强创造了条件，赢得了世界人民的尊重。另一方面我们又急躁冒进、偏离党和国家的中心任务大搞阶级斗争，耽误了现代化建设进程；第四个30年是20世纪70年代末80年代初至21世纪的今天，在邓小平、江泽民、胡锦涛为代表的中国共产党人的领导下，中国人民开辟的中国特色社会主义道路越走越宽广，中国的现代化建设取得了前所未有的进步。在这30年中，中国共产党人初步回答了在中国这样一个十几亿人口的发展中大国，如何建设、巩固和发展社会主义的一系列基本问题，中国道路获得了举世瞩目的成就。

第三，中国道路的性质。

这里所讲的中国道路的性质，不是对它的社会属性的定性，而是将这一道路与中国模式、中国经验相比较的一种特性的分析。

中国道路具有一种客观性。对这一道路进行主题或者内涵的概括，是学者的一种理论思维活动，但是这一命题的历史性、真实性决定它给予学者的主观创造空间是十分有限的。中国道路是近代中国进入半殖民地半封建社会以后，中国人民不断英勇奋斗、前赴后继，为了国家和民族的独立、实现中华民族伟大复兴的光辉历程。

中国道路具有不可否定性。总结中国人民已经走过的光辉历程，概括这一道路的内涵和主题应十分严肃，不可以借这个主义、那个思潮对它进行主观的任意否定。中国道路对于过去 120 年是中国人民的奋斗历程，具有不容否定性；对于未来是如何沿着中国的历史、现实、国情、世情所决定的必然路径继续探索前进，也具有不容否定性。也许，我们可以对中国道路发展进程中的一些因素进行假设，例如戊戌变法中封建顽固势力对改良派实行了妥协，中国会走上什么道路？孙中山领导的民主革命取得了彻底的胜利，中国会不会有新民主主义革命？新民主主义革命中国共合作能够持续，那今天的中国是什么样？这些假设对有些人来讲也许有学理性的研究意义，但是在今天的现实道路的抉择问题上却没有意义。历史不可以假设，道路不可以重新选择，中国和西方都是如此。我们坚信中国道路的抉择是历史的必然，美国奥巴马总统在就职演说中也给美国的建国道路以极高的赞誉。

中国道路不可以一分为二。对中国道路的发展进程、发展阶段、具体环节等等，可以进行某种辩证的得失分析、正反经验分析，但是不能对这一道路的主题、内涵以及发展方向和趋势进行一分为二的所谓"辩证"分析，或者对这条道路进行"三七开"或是什么"对半开"。这样做只能陷入历史相对主义或者虚无主义。

"中国模式"是中国人民历经中国道路的艰辛探索，对当今中国特色社会主义伟大实践的初步科学总结所进行的一种理论概括，今后对它的认识仍将会在中国道路的不断探索中继续深化，并赋予它新的内涵。

中国模式的研究更多见诸我国学术界，在我们党和国家领导人的讲话和党的文献上至今还没有进行正式的理论概括。近 30 年来，中国模式始终得到学术界的高度关注。最初，我们是从研究苏联模式开始的。20 世纪 70 年代初，美国经济学家格鲁奇出版《比较经济制度》这部巨著，把世界经济分为三大模式：以西方为代表的资本主义市场经济模式，以北欧为代表的民主社会主义的经济模式，以苏联为代表的社会主义经济模式，这三大模式内部他又划分了许多具体的经济模式。中国被列入苏联的计划经济模式之列。①长期以来，我们也将中国模式与苏联模式作为同样的模式来对待，并且以突破苏联模式作为我们改革的一大目标。20 世纪 90 年代初，中国人民开始社会主义市场经济的伟大探索，中国模式与苏联模式渐行渐远。进入 21 世纪，中国在社会主义市场经济实践中取得了空前的进步，中国特色社会主义取得了全面的建设成就。同时，"中国模式"也开始出现于学术界。国内学术界近几年对中国模式的研究热情越来越高涨，最近，人民出版社出版的《中国发展模式研究》把这一研究推向了新的高度。② 从苏联模式到中国模式，从较为集中聚焦的经济模式到全面发展样式的研究，反映了中国日益受到世界关注的程度。但是，中国模式的研究又要注意它与中国道路、与中国经验的区别。

第一，中国模式的空间当代性、平面性。

中国模式与中国道路相比更具有空间的平面感。模式就是一种样式，不同的模式就是在特定的一个个空间平面内，由各具特征的各个模块相组合为特定的并且与其他样式不同的总体样式。因此，中国模式与中国道路有所不同，它不是对中国 120 年来所走过道路的历史和现实的总概括，而只是中国社会历经中国道路上百年至今，对建设中国特色社会主义伟大探索的 30 年实践的初步科学总结所进行的一种理论概括。从当代性来讲，中国模式不可能是对中国道路一百多年来各个历史阶段所具有的模式特征进行总体的历史的总概括，今天我们总结的中国模式，就不能把中国民主革命中的农村包围城市的革命模式、社会主义改造时期的和平改造模式以及在建设时期的计划经济模式一并概括进去，而只能是当下中国特色社会主义各个方面与其他模式相比较所具有的总体特征的概括；从平面性来讲，中国模式更加侧重于研

---

① 格鲁奇：《比较经济制度》，中国社会科学出版社 1985 年版。
② 徐贵相：《中国发展模式研究》，人民出版社 2008 年版。

究当今中国社会的横断面，在这个横断面中有经济板块、政治板块、文化板块、社会板块以及党的建设板块，其他如历史背景、路径选择、外部的发展，都只是研究这一横断面的参照系。我们通过组合为当今中国社会这一平面的各个板块的特征、特点、特性的研究，以及与各个参照系的相关性研究，然后进行的总概括即为中国模式。

第二，中国模式的多层次性。

中国模式是一个多层次的概念。从最初认识研究苏联模式开始，到20世纪90年代，我们较多的还是对一种经济模式的研究。格鲁奇对西方成熟的资本主义经济模式、民主社会主义经济模式和苏联社会主义经济模式的研究就是最典型的代表。西方对模式的研究的主流在较长的时间内基本上都较多集中在这一层面。例如法国学者阿尔贝尔1991至1998年在《资本主义反对资本主义》一书中对盎格鲁—撒克逊模式和莱茵模式的研究①，英国学者戴维·柯茨2000年在《资本主义的模式》一书中对市场导向资本主义、政府导向资本主义、谈判或协商资本主义三种模式的研究②，都是经济模式。随着20世纪80年代中期苏联改革的开始，世界各国出现了斯大林模式研究，其视角就不仅仅局限在经济领域，而是涉及了这一模式的政治和意识形态层面。今天因中国的崛起而出现的对中国模式的关注也远远超出了经济层面。从研究世界各国经济模式、苏联计划经济模式到今天的中国模式，我们可以看到中国模式的研究可以是多层次性的。这种多层次性可以从两方面来看：一是从内涵来看，可以分为广义的中国模式和狭义的中国模式。广义的中国模式包括中国的经济发展特征、政治发展性质、文化发展特点、社会发展特性以及中国共产党的建设对中国整个社会发展的特殊意义，以上全部内容叠加的整体性理论概括即为中国模式。而狭义的中国模式可以是对某一方面的特征或特点加以提炼，进行理论总结而概括出来的一个方面的具有鲜明特征的样式，如中国经济模式、政治模式或者是社会发展模式。另外，狭义的中国模式还可以是某一种特殊性发展路径的概括，例如与俄国"十月革

---

① 米歇尔·阿尔贝尔：《资本主义反对资本主义》，社会科学文献出版社1999年版。
② 戴维·柯茨：《资本主义的模式》，江苏人民出版社2001年版。

命"模式不同的中国农村包围城市、武装夺取政权的革命模式，中国在社会主义改造时期创立的和平赎买资产阶级的模式。二是从中国模式现有概括来看，可以分为现实的中国模式和愿景的中国模式。现实的中国模式更多的是对当今中国经济、政治、文化、社会和党的建设客观现实的提炼而进行的理论概括，它在主观和客观两者结合上更具有客观性。例如日内瓦大学亚洲研究中心高级研究员张维为的研究，他认为中国模式有五个特点：一是找到了处理稳定、改革和发展三者关系的平衡点；二是现代化进程指导方针非常务实，即发展满足人民最迫切的需求；三是大胆而又谨慎的制度创新，不盲目照搬西方模式；四是拒绝休克疗法，推进渐进式改革；五是确立了比较正确的改革顺序，即先易后难。① 上述五点更像是对现实发展模式的客观描述。作为愿景的中国模式更多的是在对当今中国现实分析基础上，根据逻辑推断，对这一模式发展趋势和未来情境的一些理想预测。

第三，中国模式的初始性和不完善性。

中国模式与中国道路是不同的理论范式。中国道路的不可变更性、不容否定性、不可假设性在前面我们作了分析。而中国模式与中国道路相比较，则带有更多的主观性特点。不同的学者对中国模式根据不同理论认识构架可以得出不同的认识；相同的认识工具也可能得出不尽一致的模式内容。这是为什么？我认为这是由中国模式的初始性和不完善性所决定的。

中国模式的初始性是指中国社会主义的实践仍然处在并将长期处在社会主义初级阶段。无论中国社会主义初级阶段至今的 60 年，还是中国特色社会主义实践的 30 年，都说明我们对社会主义在中国成长和发展的规律，社会主义各个方面之间的联系在中国国情下所显示的特点，认识还仅仅是初步的。资本主义至今已 400 余年，西方市场经济的历史已近 1000 年，而人们至今的对它的模式认识也就是那么一些知识，也就是什么英美模式、莱茵模式，什么美国模式、日本模式、瑞典模式等等。相对于发达的资本主义社会，当今中国的社会主义处于初级阶段，是经济文化不发达的社会主义，邓小平讲是"不够格的社会主义"，未来真正够格的社会主义在中国是什么样？

---

① 张维为：《关于中国发展模式的思考》，《学习时报》2008 年 1 月 21 日。

可以肯定今天我们许多人说不清楚。我们讲中国模式一定要看到它所内在确定的社会主义的初始性，作为模式更不能把它说得那么绝对。邓小平1992年讲过、2007年胡锦涛在党的十七大报告又重申过，"巩固和发展社会主义制度需要我们几代人、十几代人甚至几十代坚持不懈地努力奋斗"，这应该始终成为我们认识中国模式的出发点。

中国模式的不完善性是说中国模式无论怎样进行理论的概括，我们都必须看到它的不完善的一面。改革和发展始终是中国特色社会主义前进的动力，在现实世界中没有完美无缺的模式。被吹得天花乱坠的美国资本主义模式，目前正在面临前所未有的金融危机，新自由主义使得美国无论在经济上、政治上、意识形态上、军事上，都面临空前的困境。当然，也不能认为这一次世界金融危机就此证明，西方模式从此衰落下去，中国模式就完美无缺，世界就会风行中国模式。中国模式无论是从社会主义的初始阶段上来讲还是从现实发展上来讲都存在不完善性。初始性说明，相对于社会主义未来长期的发展，必须不断改革和完善现有的经济和社会制度。从改革开放至今的发展实践来看，中国模式在许多方面必须改进和提升。因为，中国特色社会主义实践至今30年，我们不是在一个所预想的理想的环境中发展起来的，它的外部环境是资本主义所引导的现代化进程。200多年来，人类所形成的对工业化的路径依赖深刻地影响着今天所有国家，中国也不在其外，也不可避免地深受这种路径依赖的影响。国内一些学者把中国今天这种发展模式称之为"充满危机的发展模式"，有的学者建议中国在世界金融危机中"重新寻找发展模式"。① 我认为，他们并不是出自对中国模式的恶意，而恰恰是从中国模式的不完善性出发的。我不主张较多地从愿景出发来谈论中国模式，而主张更多地从现实的角度来探讨和研究中国模式。

从以上中国模式的三个方面的分析，我们可以得出这样的结论：中国模式只是当今中国特色社会主义现实样式的一种理论概括，远远没有穷尽中国道路的全部内容；中国模式是可以进行较多的主观性分析的，是可以进行一分为二的辩证性分析的，它有值得肯定的主流，但是也存在不可忽视的局

---

① 周天勇：《我们正在滑向发展的"中国陷阱"》，《中共天津市委党校学报》2008年第3期。

限；中国模式是一种对中国道路发展阶段特征的理论概括，中国特色的社会主义道路不会停止，中国特色社会主义实践仍将继续，中国模式的研究也同样会在中国社会主义未来的不断探索中被赋予新的内涵。

"中国经验"是现阶段坚持中国道路、完善中国模式的宝贵认识，它给我们两点根本启示：必须坚定不移地沿着中国道路走下去，才能实现中华民族的伟大复兴；必须坚定不移地改革和完善中国模式，才能使其充满生机活力。

中国经验是近几年来我们学术界论述较多，我们党的文献论述最充分、最深刻的。中共十七大报告中，在对中国道路的论述之外，最全面的要说就是中国经验了。中国经验是对中国道路继续深入研究、揭示其内在规律的另一个层面。中国道路是中国模式的载体，当今的中国模式，或者某一个方面（例如经济模式）的模式研究、某一时期发展模式的研究都是在中国道路这一载体的进程中进行的；中国道路又是总结中国经验的依据，中国民主革命的经验、社会主义革命和建设的经验、改革开放的经验，都是对中国道路不同发展时期、不同发展特点的科学研究和总结；中国经验将中国道路作为研究的对象，不仅能够使我们更加理性地认识中国道路，而且对中国模式的进一步研究也有着重要的帮助，即有助于我们找到进一步改革中国模式的出路。今天我们所总结的中国经验以及党的重要文献所论述的中国经验，主要是改革开放或走中国特色社会主义道路的基本经验。这些经验立足于改革开放的 30 年伟大历程，以更加宽阔的历史纵深感和广阔的世界眼光，对中国发展道路的进一步开辟和中国模式的进一步完善，具有宝贵的启示。

第一，中国经验的历史和当代厚度。

党的十七大报告将中国特色社会主义道路的经验总结为十条，并且指出它是"我们这样一个十几亿人口的发展中大国摆脱贫困、加快实现现代化、巩固和发展社会主义的宝贵经验"。这里我们既可以把它看成为是改革开放30 年来的中国经验，也可以将它视为中国道路的四个 30 年即 120 年的中国经验的结晶，它具有深刻的历史感和当代性。

在近代世界走向现代化的进程中，发展中国家存在三个复杂层面的缺陷：即现代化进程中经济社会发育层面的不平衡、社会发展进程中制度建设层面的不健全、社会意识形态和文化发展层面的不自主。而这三个缺陷却与发达国家有关，走在现代化前列的西方发达国家与落后的发展中国家在这三个层面上，始终存在控制与反控制的冲突关节点。因此，长期以来"中心与外围理论"、"帝国主义与依附理论"①的盛行不是偶然的。西方发达国家在走向现代化的过程中，由于特定的国情和历史条件在工业化、信息化、市场化、经济私有化、政治民主化、思想文化多样化等方面，形成了一整套与这些相关方面相适应的社会制度、生活方式、文化观念、意识形态、管理机制、思维习惯等等。但是，每当他们与发展中国家，或不同历史文化、不同社会制度的国家交往时，总是要把自己形成的一整套东西强加给他们。其原因，一方面主观上他们始终认为它们的一套东西具有普适性；另一方面客观上企图始终维系着他们在世界上的统治地位。而中国在改革开放的前三个30年中，一方面，要么是中国一直处在以革命为主题的进程中，或者有时进行建设又面临西方的封锁；另一方面，要么是我们想照搬西方的道路实现现代化，但是老是被西方侵略而置于殖民地的境地，或者是我们根本排斥西方实现现代化的所有经验而闭关自守。

中国实现改革开放进行中国特色社会主义道路探索的30年，我们逐渐积累了在中国如何摆脱贫困、加速实现现代化并巩固和发展社会主义的经验。在30年的进程中，我们逐步认识到：在人类走向现代化、走向文明的历史进程中，有一些普适性的优秀文明成果是我们不能拒绝的。但是，在实现现代化的进程中，又没有供所有发展中国家照抄照搬的普适性制度、道路和模式。②30年来，我们没有排斥与西方发达国家的交往，学习这些国家在历史发展中所形成的优秀文明，但又没有照抄照搬它们地域性、制度性、路

①　普雷维什：《外围资本主义：危机与改造》，商务印书馆1990年版。

②　这里涉及目前国内理论界对普适性的争论问题。我认为这个问题不是一个新问题，而是一个早就解决的理论问题，可以分为两个层次：第一个层次是比较抽象的平台上，是指在人类历史长河中，经过逐步积累形成了一些共同的优秀文明成果，这是具有普适性的，否则就没有列宁所讲的继承人类优秀的文明成果，邓小平还讲市场经济在封建社会末期就有了，不是资产阶级的专利；第二个层次是指具体的层面上，例如一些具体的道路、模式、制度、做法，都是与一定的历史条件和国情联系的，这些不具有普适性。

径性的道路和模式。这是一个非常艰难的辨识过程，所以，在 30 年改革开放过程中也充满着艰辛、曲折，甚至有着深刻的教训。我们今天所积累的经验以理性和实践回应了那些发展中国家在实现现代化，以及中国在巩固和发展社会主义进程中，与西方发达国家存在的那些冲突的关节点。同样这也是中国道路的经验。例如，我们融入世界工业化、现代化的主流，但是坚持中国化、民族性、时代特点的中国道路；我们坚持解放思想、与时俱进走在时代前列，但是始终不放弃社会主义的原则和本国的历史文化传统；我们不断进行改革，视改革为一场社会革命，但是在社会变革中又维护着社会的稳定；我们坚持参与经济全球化、发展市场经济，但从不依附任何一种力量和放弃国家的宏观控制力；我们发展社会主义民主，坚持政治体制改革，但是始终坚持中国共产党的领导和社会主义制度不动摇；我们牢牢抓住发展生产力，坚持效率的原则，但是同时在不断发展中提升和维护社会公平等等，这些经验虽然是对中国特色社会主义道路的总结和提炼，然而它们所蕴涵的历史感和当代厚度，使得我们进一步将它们看作为一百多年来中国人民走中国道路、加速现代化、实现中华民族伟大复兴梦想的经验也是适用的。

第二，中国经验的现实和未来启示。

——一条成功的社会主义的、现代化的、符合中国国情的道路，探索时间至少需要一两百年时间。资本主义从古典自由主义到如今相对成熟近四百年。在一个世界资本主义、现代化格局相对已经稳定的前提下，走一条符合本国国情的、独立自主的、发展中大国的现代化之路极为艰难。我们绝不能在以往的经验中停滞不前，不能被过去的模式所束缚，中国道路的未来仍然任重道远。

——一个成功的、成熟的并具有自身调节和更新发展动力源泉的社会主义制度、体制的形成，是在阶段性变革和不断创新中成长和发展起来的。不管是总体模式还是具体模式的探索，它都需要在不否定根本制度、不脱离历史和国情的前提下，对社会体制、机制和某些方面的具体形式进行不断改革和完善，对一些世界现代化进程中的普适性的东西，进行一些符合本国国情的或具有民族特色的创造。

——一条成功的中国特色社会主义道路，是把世界现代化发展进程中具有一般性的规律，与社会主义成长中的经验教训进行不断比较、借鉴、科学的批判继承中积累起来的。不能离开人类文明来探索什么实现现代化道路，马克思主义也是在西方工业文明和资本主义发展的基础上建立起来的。无论什么道路、模式都不能离开人类文明大道，无论什么经验都是在一定道路和模式探索基础上积累起来的。

——一条成功的中国道路必须始终关注：在一个十几亿人口的发展中大国，实现现代化进程中经济社会发育层面的不平衡、社会发展进程中制度建设层面的不健全、社会意识形态和文化发展层面的不自主问题。这些问题不仅是中国道路的过去，也是中国当今和未来发展面对世界不可回避的问题。从当前世界和中国来看，世界发展所出现的困境，中国发展所面临的机遇与挑战，都与以往的现代化进程、发展的路径依赖、发达国家与发展中国家的关系紧密相关。

总之，中国经验给我们坚持中国道路、完善中国模式许多宝贵的启示。其中，最根本的有两条：一是我们必须坚定不移地沿着中国道路走下去，才能实现中华民族的伟大复兴；二是我们必须坚定不移地不断改革和完善中国模式，才能使其永葆生机活力。

（来源：《江苏行政学院学报》2009 年第 3 期）

北京共识

乔舒亚·库珀·雷默[*]

新华社《参考资料》编辑部翻译　崔之元校

第一部分　北京共识：论中国实力的新物理学

序言：新方法

　　见到丹麦科学家第谷，大多数人首先会注意到他的金属鼻尖，那是为了掩盖他在一次决斗中所受的伤而花了很多钱装上的假鼻尖。用佩剑决斗在 15 世纪的德国大学里是很流行的。但第谷的银鼻子也是一种象征。他是擅长在那些据认为解释世界如何运行的理论中找出漏洞的人。例如，他研究他那个时代最优秀的科学家对行星在某一天的确切位置所作的预测。他多次发现这些预测都不准确。天空中出现了有趣的事情：火星似乎在轨道上向后移动、彗星穿过据认为应当是行星所在的天穹、月亮跳过了早就预测到要发生的日食。这是因为第谷时代的理论是建立在对遥远天体进行的很不完善的偶然观察的基础之上的。这些理论可以很出色地预测星体前些天夜晚的运动——相当于预测昨天天气的预报。因此，第谷把他一生中大部分时间花在对行星运动的研究。他每晚观察行星、星体和天空中的其他物体，非常精确地详细记录这些星体的位置变化。他在 1572 年和 1577 年所进行的两次观察改变了天文学理论。第一次他发现一颗仙后座新星，第二次他观察一颗彗星的移动轨迹。这两个天体无可争议地比月亮高得多，这一事实证明天空并不像亚里士多德等哲学家所认为的那样永远是以地球为中心进行划分的。此外，他还得

---

　　[*]　作者系美国《时代》周刊高级编辑、高盛公司的资深顾问。

出结论，如果彗星是在天穹，那么它们肯定要在天穹移动。这就打破了以前认为行星在无形的天空中运行的观念。伽利略、开普勒等一代又一代的科学家根据第谷的观察开创了全新的天文学理论。第谷的思想改变了一切。他的思想可以总结为一句话：如果你要了解天空是如何运行的，你就应当更加关心天体是如何移动的，而不只是关心它们的最终归宿。

人们往往会考虑中国在 20 年后可能会变成什么样。它会成为充满民族主义仇恨的国家吗？或者成为一个富裕、超大型的新加坡，一个只是在会议室表现得好战的国家？大多数中国以外的政策规划者的共同看法是，20 年后中国将成为一个"旗鼓相当"的强国，在经济实力以及可能在军事实力上直逼美国。因此，这种理论认为，今后 20 年必须作出努力，要么跟中国密切接触以影响它的崛起方向，要么努力遏制中国使它不能获得超过目前全球实力处于领先地位的国家的实力。但是，事实是，谁也不知道中国在 20 年后可能会变成什么样。

这种想法多少有些帮助，但却不能成为理论的根据。它完全忽略了最重要的事实：中国的崛起已经通过引进发展和实力的新概念而改变国际秩序。使决策者认为中国在 20 年后会成为一个问题的因素，其实并非中国日益增强的实力的基本组成部分。根据它拥有多少艘航空母舰或人均国内生产总值等陈旧的规则来评估中国的实力，会导致极大的错误估计。中国正在成为世界历史上最大的不对称超级大国，一个有史以来最少依赖显示实力的传统手段的国家，它以惊人的榜样力量和令人望而生畏的大国影响作为显示实力的主要手段。

中国目前正在发生的情况，不只是中国的模式，而且已经开始在经济、社会以及政治方面改变整个国际发展格局。一方面，美国正在推行旨在保护美国利益的单边主义政策，另一方面，中国正在国际事务的许多领域调动削弱美国影响的资源，营造将使美国更难采取霸权行径的环境。现在不是判断中国崛起是好是坏的时刻。我希望把如何对待中国崛起的讨论留给有关接触/遏制的激烈的意识形态辩论，尽管我马上就要说明就中国而言为什么诸如接触和遏制等观念已经是过时的陈旧观念。我在本文中想要做的只是概述中国新实力基础的大概情况，进一步证实，如果从综合国力的角度来衡量，中国在许多重要领域已经是美国的对手。我还要简单地谈一谈这一方法的潜在含义，如果允许继续下去的话。从全球社会的角度来看，到处疏导交通、检查警报器和抓捕坏蛋的人被称作警察。对其他所有的事情都要操心的人被称作市长。

中国的发展正在使它发生变化，这一点是非常重要的。但是，更加重要的是，中国的新思想在国外产生了重大影响。中国正在指引世界其他一些国家在有一个强大重心的世界上保护自己的生活方式和政治选择。这些国家不仅在设法弄清如何发展自己的国家，而且还想知道如何与国际秩序接轨，同时使它们能够真正实现独立。我把这种新的动力和发展物理学称为"北京共识"。它取代了广受怀疑的华盛顿共识。华盛顿共识是一种经济理论，它认为华盛顿最清楚如何告诉别国管理自己，这种理论曾在20世纪90年代风靡一时。华盛顿共识是一种傲慢的历史终结的标志。它使全球各地的经济受到一系列的破坏，使人们产生反感。中国的新发展方针是由取得平等、和平的高质量增长的愿望推动的。严格地讲，它推翻了私有化和自由贸易这样的传统思想。它有足够的灵活性，它几乎不能成为一种理论。它不相信对每一个问题都采取统一的解决办法。它的定义是锐意创新和试验，积极地捍卫国家边界和利益，越来越深思熟虑地积累不对称投放力量的手段。它既讲求实际，又是意识形态，它反映了几乎不区别理论与实践的中国古代哲学观。北京共识从结构上说无疑是邓小平之后的思想，但是它与他的务实思想密切相关，即实现现代化的最佳途径是"摸着石头过河"，而不是试图采取休克疗法，实现大跃进。最重要的是，它是一个变化如此之快，以至于没有多少人，甚至本国人都赶不上形势的社会的产物，它也是由这样一个社会决定的。求变、求新和创新是这种共识中体现实力的基本措辞，在中国的报刊文章、吃饭聊天和政策辩论中像祷告一样反复出现。本文中反映的大部分思想曾在亚洲经济危机之后在中国的智囊团和政府研究中心讨论，但只是过去12个月才开始实施。我对这个进程的分析基于与中国大学、智囊团和政府的著名思想家的一百多次非正式的讨论。

北京共识既涉及经济变化，也涉及社会变化。它是利用经济学和统治权改善社会，这是在由华盛顿共识推动的20世纪90年代未能达到的原先的发展经济学的目标。当然，中国的发展和富强道路不能由任何其他国家照搬。它仍然充满矛盾、紧张和陷阱。然而中国崛起的许多因素引起了发展中世界的兴趣。其中一些的根源是中国的商业影响日益扩大，但是，另一些表明新的中国物理学的精神有吸引力。这有两个重要的影响。首先，不管中国的改革成功与否，北京共识都已经引出一系列的新思想，这些思想与来自华盛顿的思想截然不同。第二，适用于发展的北京共识的出现标志着中国的一大变化，一个易受外部因素影响的不成熟改革进程已经转变成一个自我实现的改革进程，它像连锁反应一样进行，更多地由内部动力决定，而不是靠外国因素推动，例如加入世贸组织、核不扩散规则、甚至大规模的病毒性流行病。中国现在正总结自己的经验，开始写自己的书。这些经验把中国的思维与从其他地方的全球化文化失败中吸取的教训融合在一起。世界其他国家开始读这本书。

北京共识与此前的华盛顿共识一样，含有许多不涉及经济学的思想。这些思想涉及政治、生活质量和全球力量对比。这个模式必定使中国及其追随者与现有的发展思想和强权需要形成对立。正如印度经济学家贾扬塔·罗伊所说："我高兴地看到一个发展中国家有希望在相当短的时间里超过这些巨人。"或者，正如对中国思维的一份概要所解释的那样："当今世界面临一些严重的问题，例如南北鸿沟扩大、环境恶化、国际恐怖活动和国际毒品走私。应该加快从强权政治向道义政治的转变。"如果美国仍然不能真正地解决这些问题，那只会加快对北京共识的接受。中国领导人把今后 20 年称为"重要的战略机遇期"。这并不是说中国政府已经制订了挑战美国霸权地位的某种总计划，并且在利用这种意识形态理论巧妙地实现这种力量转移。事实上，许多中国领导人现在认为，中国最需要的是"和平崛起"。但是，甚至这一点都将需要国际力量物理学的变化。这种变化正在出现。

第二部分　关于中国发展的一些有用的原理

海森伯格"测不准原理"与中国社会

对中国的大部分分析出现的错误是，它从观察到理论，从事实到希望或恐惧的发展太快。"中国将会毁灭",或者说"中国是一个未来的敌人"。甚至中国人也掉入这个陷阱。他们说:"中国永远不会对美国构成威胁。决不允许台湾独立。"这种结论推动的政策分析必然导致错误的估计。因此,由于任何人其实都不知道中国将走向何方,有关中国的辩论越激烈,它就越没有意义。美国可能像几个月前那样欢迎一个中国贸易代表团到美国进行数十亿美元的采购,然后在代表团离开后几天就对北京实行制裁。美国国务卿可能把美中关系描绘为"记忆中最融洽的"关系,而同时华盛顿却在推行对亚洲部署导弹防御力量的计划,北京认为这会引起一场新的军备竞赛。国会议员通过立法对中国商品征税,以此迫使人民币升值。这些议员所在选区的企业通过把就业机会转移到中国扩大利润。领先的美国科技公司向国会游说,要求为更多的中国工程师发放签证,让他们在本公司的实验室工作,从事技术开发,而华盛顿后来又不准向中国输出这些技术。然而,这些工程师热切地回到中国。中国的复杂性、它的不可穿透性、它经常的自我保护性的欺骗,这一切都使大部分分析陷入爱因斯坦斯说的困境:我们的理论决定了我们观察的结果。

在20世纪90年代末与艾伦·格林斯潘的一次私下交谈时,他向我解释了他自己、鲍勃·鲁宾和拉里·萨默斯制订的政策与阿瑟·拉弗等里根时代的经济学家制订的政策的基本差异。他说:"我们的自尊,我们对自己的看法,基于我们的分析的质量,而不是我们的结论。"拉弗在他的税收曲线导致大规模赤字的时候仍盲目地相信这种税收曲线的结论。这种税收曲线试图表明,减税实际上会增加税收。关于中国的研究常常陷入这种结论在先的分析陷阱。这并不总是意图不良的错误。相反,这些失误代表着处理一个比历史上任何社会变化都快的社会时的智力困难。人们依赖他们自认为了解的情况。但是,在中国这个日新月异的国家,关于中国的十几年之久的老论调已变得毫无意义。

使外国观察家感觉好受一点的是,中国人自己也对中国常常迷惑不解。事实上,此刻最能说明中国特点的一件事情是,它在发生飞速的变化,以至于几乎不可能跟踪正在发生的事情。这种形势比任何其他情况都更能说明需要为认识中国建立一种新的概念。在2002年秋天的第16次党代会上,江泽民发表了 90 分钟的告别讲话，其中用了 90 次"新"字。现在根本没有其他字眼描述中国发生的情况——以及必须继续发生什么事情才能防止一场悲剧。江泽民的要点是，我们认为的我们对中国的了解极有可能是错误的，或者过于简单，以至于它与实际情况毫不相干并在"新"的冲击下破灭。这种"变化的烟雾"也使中国人迷惑不解，领导人和农民都是如此。但是，最成功的中国人已经学会适应变化。他们顺应这种变化的形势。他们发明新的规则，同时注意观察和推动他们的社会新秩序，设法找到各自的位置。面对这样的迅速变化，中国人不断地倾听变化的声音。他们有时发现，正是声音的消失，也就是寂静反而是最大变化的前奏。

以前用于讨论中国的语言已不再适用。有关是否与这个国家"接触"或"孤立"这个国家的辩论，使人们回想起 10 年前有关正视还是避开穆尔（英特尔公司创始人之一）定律和梅特卡夫（以太网创始人）定律的技术后果的辩论，这些关于集成电路技术革新速度每 18 月翻一番的定律改变了人们的生活规律。直至 1999 年，美国《外交》杂志还发表了一篇题为《中国重要吗？》的文章，该文竟认真地提出中国与全球毫不相干。中国的崛起，正像互联网当年崛起那样，讨论其可以避开或者说可以接触，是毫无意义的。它是生活的事实。不管最终发生什么情况，中国的崛起本身都足以改变我们世界的现状。

但是，如果目前对华关系有一个主题，那就是以前关于中国大陆的有意义的想法现在已经不适应了。在一些情况下，例如长期以来对台湾采取的战略上含糊不清的态度，这些陈旧的思想实际上是危险的，把"战略上含糊不清"，变成战略负担。有人会在建造一架飞机的同时让某些物理学问题"含糊不清"吗？你与中国离得越远，你的思维就越过于简单。当中国的知识分子和决策者们正在就他们社会的面貌和如何与世界接轨进行深入细致的辩论时，国外的学者们总的来说仍受"接触／遏制"这个过时的二元论的支配。华盛顿的方针是，美国支持"出现这样一个中国，它是一个繁荣、安全、开放的社会，是国际社会的一个富有建设性的成员"。这一方针反映了政策与现实之间的鸿沟。中国领导人（更不用说中国百姓）对于"开放"和"建设性"这样的形容词意味着什么有自己的特定想法，并且常常与华盛顿的想法不一致，而且这些想法不是静止的。当然，部分语言问题是，旧中国仍然体现在日常生活当中，很难看到与过去的明显决裂。中国的变化如此之快，以至于不得不依靠笨拙的过时语言描述新事物，这可能使局外人和局内人都感到困惑。胡锦涛主席不久前访问欧洲时以异乎寻常的激情说："没有民主主义，就没有社会主义。没有社会主义，就没有民主主义。"这是 20 世纪 50 年代的一句口号，现在具有超现代的重要意义。中国尚无这样或那样的明确动向。

以目前的速度，中国正每隔 10 年将产出（及收入）翻一番。世界银行估计，自 1979 年改革开放以来，中国已经让 3 亿人脱贫，这是历史性的成就。这种变化速度意味着中国并非表面上看来的那样；它不能被简单归类，因为它已是今非昔比。按量子物理学大师海森伯格的观点，这是一个参与从本质上改变结果、速度干预衡量方法的地方。他在 1927 年说："（一个电子的）位置测定得越精确，在这个瞬间的动量就越测不精确。反之亦然。"这就是说，如果你让某个事物停下来供你为其照相，你不知道接下来它会走向哪里。中国的情况就是这样。你让某个事物停下来以便看个究竟的那个片刻，你便可以更加肯定，当你抬起头来时，中国社会已经继续前行。就在你对中国东北工业区国有企业改革的问题了如指掌的时候，政府领导人将表示，他们正在放慢私有化进程，而把重点放在农民收入问题上。中国不存在"假定其他因素不变"的情况，这摧毁了传统的分析方法。我们必须满足于可以让各个部分以某种不确定性在其中活动的框架。

什么是"北京共识"？这就是关于如何组织世界上这样一个发展中国家的三个定理，加上关于为何这个现象令来自新德里、巴西利亚等地的学者感兴趣的几个公理。第一个定理使创新的价值重新定位。与"旧物理学"认为发展中国家必须从后沿技术（铜线）入手开始发展的主张不同，这个定理坚持认为尖端创新（光纤）必不可少，以求引起变革，而这种变革比变革引起的问题发展更快。用物理学术语来说，就是利用创新减少改革中的摩擦损失。

"北京共识"的第二个定理是，既然混乱不可能自上加以控制，你需要一整套新工具。它超越了人均国内生产总值这样的衡量尺度，而把重点放在生活质量上，这是管理中国发展的巨大矛盾的唯一途径。这第二个定理要求建立一种将可持续性和平等性成为首要考虑而非奢谈的发展模式。由于中国社会是一个集中了希望、野心、恐惧、误报和政治的不稳定混合体，只有这种混沌理论才能够提供有意义的组织。中国对待发展的新态度强调混乱管理。这是党内思想库时兴研究社会学和危机管理等学科的原因之一。

最后，"北京共识"包含一个自主理论，这个理论强调运用杠杆推动可能想要惹怒你的霸权大国。这一新的安全原则极为重要，我将在后面专节讨论。

中国名副其实的崛起正在重新构建国际秩序。中国官员对这个国家和平崛起的兴趣源于他们的这种担心，即中国现在向世界大国加速迈进的势头可能对世界造成太大震荡，从而损害中国成长及保持稳定的国内和国外均衡的能力。

随着变化造成的引力日积月累，造成使中国团结一致的所有旧的纽带发生扭曲，国内均衡将难以操控。不过，即便在这个问题上，传统的看待中国的权力的衡量尺度也需要调整。华盛顿常常表达中国共产党由于中国发生的种种变化而处于崩溃边缘的观点或愿望，就是一个例子。事实上，中国共产党是近 20 年中国发生的大多数变革的始作俑者。中国共产党无疑正在吱嘎作响，发出噼啪的爆裂声，但是这些噪音并不一定意味着是毁灭性的。吱吱嘎嘎和噼噼啪啪的声响也可能意味着成长。中国共产党发生苏联式的内爆是有可能的，但这是假定那是一个处于植物人状态的党，对变革了无兴趣，对它所面临的较深层问题一无所知，并因为无所作为而瘫痪。与苏联相反，如果说有什么问题的话，中国共产党目前正患上多动症。它被命运所困扰，对调整和试验过于关心。东奔西走的温总理对记者说，在他作为地质学家和政府官员的漫长生涯中，他走访了中国 2500 个市中的 1800 个。国务委员陈至立在最近一期的党的理论杂志《求是》上发表文章说：如果不创新，"我们是注定失败的"。她认为，科技与人才是未来中国的两大支柱。她说，中国的问题太大，旧的办法无法解决；中国的问题太艰巨，没有一支有着真知灼见并成功实施的队伍也是无法解决的。当涉及贫富、城乡以及老幼的二元挑战侵蚀中国稳定的基础时，情况尤其如此。她的担心是有道理的。这不是固态物理学。

密度的运用

唯一能拯救中国的是知识。江泽民在他的告别讲话中说："创新是一个民族进步的灵魂。"接着，他转而用物理学的语言解释他的意思。他说："创新是一个国家兴旺发达的不竭动力，也是一个党永葆生机的源泉。"中国的问题如此庞大，只有在医疗保健、经济和管理方法上取得以指数增长的进步，才能够使中国团结一致。这是改革由来已久的一个致命难题：你如何将解决方案引入一个被希望和增长撕裂的社会。唯一的解决途径是创新。国家发展改革委员会主任马凯最近指出："走出低收入国家并向中等收入国家迈进的时期，可能出现两种前途：一种是可能出现一个'黄金发展时期'，保持较长时期的经济持续快速增长和实现国民经济整体素质的明显提高，顺利实现工业化和现代化；另一种是可能出现一个'矛盾凸显时期'。""矛盾凸显时期"是中国精英分子深夜玩的假定推测游戏的主题。中国的增长存在崩溃的可能性，这种情况并不美妙。中国增长迄今为止的一个教训是，创新和技术可以驱使某些领域发生超高速变化，从而使国家高速运转，以消除改革造成的问题。

请允许我提出一个物理学问题，以便将这个意思解释得更明确一点。设想你有3个物体——一个球体、一个实心圆柱体和一个空心圆柱体，将它们置于一个斜坡的顶端。假如你同时将它们全部释放，它们以怎样的顺序到达底部？答案——球体最先，实心圆柱体其次，空心圆柱体最后——反映了这样一个事实，即物体的质量密度影响它们运动的速度。创新是增加中国社会密度的一个途径。它通过关系网将人们更紧密地联系在一起，它缩短改革的时机，它使通讯更快捷。创新越好，密度越大——发展也越快速。你可以在中国各地看到这一点得到应验。你也会看到这一点没有得到应验，那是在缺乏信任、腐败和其他问题而被掏空的文化的一些领域，就像空心圆柱体一样。这导致了"北京共识"的第一个定理：消除变化带来的问题的唯一方法是更多的变化和更多的创新。创新密度是救命良药。

知识引导的变化（相对于意识形态引导的变化）已经成为改革后的中国的基本组成部分，其形式是经济学家所说的全要素生产率的快速增长。全要素生产率最早由诺贝尔奖获得者罗伯特·索洛于 1957 年确定，它是推进经济超越由人力资本的增长和金融资本的增长所导致的发展水平的一个特殊原因。它被定义为"不是由投入增长所导致的产出增长"。比如，你增加资本支出 5%，增加人力 5%，但却发现增长了 15%。这多出的 5% 就是全要素生产率。全要素生产率之于现代经济学就如同引力之于物理学，这是一个有影响的现象，虽然得到大量研究，但实际上仍然神秘莫测。

创新与生产率提高的成效如何，最早的迹象来自中国最早市场化的部门：农业。20 世纪 80 年代初，农业的增长速度快于其他任何一个经济部门。对于农业投入，中国的决策者一般只是采取放宽控制的小规模举措，因为预期产出不会有太大的提高。但是，这些小小的调整所带来的却是 20%—30% 的高速增长。例如，在 20 世纪 80 年代初，小麦产量增长 60%，玉米增产 55%。长期以来被视为全世界最落后、最保守的中国农民，利用对其农作物有限的支配权和创造性的双轨制价格体系，最大限度地提高产出，甚至还在空闲时间发展小型企业。他们采用了优良稻种等先进技术，并且改进了农田排水系统。今天，中国农民已跻身于全球最渴望革新的劳动者之列。一般来说，中国农民每过三年就完全淘汰他们所用的种子，而采取更新的、经过基因改造的良种。种植玉米的农民的种子每过 33 个月就完全更新。

对中国农民来说显而易见的事实，对中国其他人亦然。20 世纪 90 年代初，英特尔公司最早开始在中国经营时，它以为中国将成为倾销过时芯片的最佳市场。但是，中国人只想要最新、最快的技术。在中国，穆尔法则没有被视为一种威胁，而是一条解救之路。一种普遍的看法认为，中国的经济增长是反映解放大批廉价劳动力能够取得的成就的范例。事实上，是以革新为主导的生产率的提高维持了中国经济的增长，并帮助抵消了危险的内部失衡。

由于此时中国内部独特的紧张关系，这个国家能够利用知识和创造性，"把坏事变成好事"，把弱点变为优势。体制中存在的一些错误、不足和腐败被视为促进变革的契机。我们可从中国各界对严重急性呼吸道综合征（非典）的看法来认识这一点。中国人认为，非典危机也有其正面效果。非典证明，中国经济经得起一场严重的外部冲击，从而消除了几乎所有中国人的余悸（虽然在非典期间的八个星期中，中国的一些经济活动几乎陷于停顿，但它实现了 2003 年近于最高纪录的增长，并且决定性地突破了邓小平 1978 年作为一项发展目标提出的人均收入 1000 美元的标准）。此外，非典还给了胡锦涛和温家宝的新政府一个确立其地位的机会，它帮助中国人更紧迫地认识到落后的公共卫生系统的缺陷，它导致了政府内部信息通报制度的全面改革，并加快了媒体改革速度。非典被看做一个证据，证明政府有能力应付未来它难免面对的各种挫折，并从中汲取教训。

在这种迫切需要新思想的情况下，中国决策者有理由对大陆与世界其他地区之间或中国沿海与内地之间可能的"知识差距"感到担忧。例如，对国营企业的改组将需要对大约 3 亿工人进行再培训。为消除这一差距，中国已放宽了签证规定，以吸引外国专家帮助管理中国工业。教育政策已进入改革工作的中心。2004 年，中国将有 1.2 万名本国学生获得哲学博士学位，到 2010 年，中国获得这一学位的人数可能超过美国每年 4 万人的水平。即使这些学位的质量只及美国大学的一半，但这些学生的数量之多足以造成一种创新气氛。在南京，政府支持创办一个吸纳 12 万名学生的大学综合体。发展如此规模的大学不仅是因为人口众多的中国存在着这种迫切需要，而且也是基于政府的一种认识：人才"集中"是使硅谷或 128 公路成为创新中心的增长加速器。正如王国强（音译）2003 年初在联合国举行的世界人口论坛上指出，中国的政策目标是将世界上人口最多的国家的包袱转变为一种人力资源优势。将众多的人口变为一种社会安定的基础，而不是导致混乱的根源，教育是唯一的解决办法。

英特尔的安迪·格罗夫曾描述过一种不太遥远的前景，到那时，中国的软件编制人员人数将超过世界上其他任何地区，他还表示，这些人所带来的结果不仅仅是中国在竞争中的优势，而且还会带来大量的革新。将 12 万名躁动不安的和好提问题的学生集中在一个地方会产生什么政治后果？南京毕竟是 1989 年运动的一个热点。中国共产党愿意鼓励在不久之前的一场社会动乱的最大策源地进行革新，既反映了它对革新的热情，也反映了它希望中国的新特性将降低 1989 年的（和目前的）一些问题对于社会稳定的腐蚀作用。

在中国，创新并不仅仅意味着电子商务或光学纤维。中国地方领导人的教育水平已得到迅速提高。美国学者李成（音译）指出，1982 年中国省级领导人只有 20% 受过高等教育。2002 年，这个数字已升至 98%。2001 年研究生的比例为 12.9%，2003 年增至 29%。在 54 岁以下较年轻的"第四代领导人"中，2/3 的人获哲学博士学位。这种国际教育对中国政治文化具有影响。但是，这些中国领导人的海外教育也带来了其他思想。国有资产管理委员会负责人李荣融去年以杰克·韦尔奇式的语言斥责一些管理者说："如果你的公司在你的部门进不了前三名，那就等着被别的公司收买。"以变求存，政府必须采取这种态度，个人和企业也是如此。但是，这种不断变化的生活不仅听起来令人害怕，而且还是已成为现代世界一个基本特点的状况。这种情况在中国的出现是真正现代化的一种反应。

对于创新主导增长模式的"北京共识"——印度的经济觉醒在一定程度上对它是一种呼应——颠倒了老式的发展理念。它表明创造高增长中心比在一些基础上循序发展更为重要。按照这种世界观，在这个国家的某些地方铺设光缆强于等待首先在它所有的地方架设电线。创新社会（想想硅谷中那些起起落落的公司）有一种允许试验与失败的环境气氛。这就带来了允许极其重要的经济部门转型、变革，从而能承受发展所带来的冲击的一种生产动力。在这方面，邓小平的两点主张极其重要。第一点，允许试验和失败。第二点，发展过程中的一个不言而喻的道理是，政策行动的结果通常难以预料。毕竟，促成迅速的和向前的变化的这种合力，过去往往会导致中国分裂。这说明必须有一定程度的国家控制，以便制止失败的试验，防止造成过于严重的损失。

"绿猫，透明猫"

如果说创新是"北京共识"第一定理的核心，那么第二定理就是努力创造一种有利于持续与公平发展的环境。资本主义过去 20 年在中国造成的问题促使中国的决策者和领导人寻求一种新的"协调的"经济发展。中国共产党 2003 年 16 届三中全会公开发表的唯一的文件有一条不同寻常的点明主旨的标题："完善社会主义市场经济体制若干问题的决定"。强调的重点是

"完善"，而不是"市场"。

近月来，可以发现几乎每周都有共产党官员发表讲话，谈论改变中国发展模式、多关心可持续发展、将改革延伸至落伍人群的必要性。过去《人民日报》的头版头条经常刊登高级领导人为沿海城市机场揭幕的照片，现在更多地是报道高级领导人敦促某些贫困的乡村地区进行改革的消息。这并不是说共产党把发展与现代化的热情抛在了脑后。到 2020 年实现 GDP 增长三倍的目标只有通过创新才能实现，面临的挑战仍然举不胜举。但是，均衡发展现在是核心问题。虽然十年前北京的知识分子们醉心于阅读有关市场经济学的书，可是现在北大书店最畅销的三本书都是关于国家发展质量的：一是关于中国贫困的西部的论著，一是针对薄弱的公共卫生的影响进行的调查，另一是探讨变革中的社会需要信誉。最近我向中国东北地区的一批计划人员提问："你们的发展计划如何？"他们说："比过去复杂了。我们以往只关心 GDP 增长。那很容易。现在我们关心的问题更多了。"

中国第四代领导人胡锦涛和温家宝 2003 年秋上台后结束了左右两派知识分子关于中国经济是否应当市场化的痛苦辩论（近至 1997 年，政府计划人员还不得不通过斗争在稳定问题和政治战场上击败保守派放慢市场化改革的企图）。但是，现在市场化改革立足已稳，改变中国发展模式的特色已成紧迫之忧。这不仅仅是因为发展不平衡造成了社会危险。如果不朝着可持续增长的模式变革，中国经济很可能逐渐熄火，因资源缺乏而停止发展，因腐败和污染而受到阻碍。马凯今年春天说："如果不改变我们的发展模式，发展就不可能持续进行。"

这种新的观点在中国思想家开始使用的计算增长的方法中显而易见。特别是，清华大学经济学家胡鞍钢现在鄙视地将"华盛顿共识"概念的必要条件 GDP 增长称为"黑色 GDP 增长"。他列举中国引人注目的黑色 GDP 数字，从中减去环境破坏带来的可怕成本，计算出"绿色 GDP 增长率"。胡接着还去除中国的腐败成本，计算出"清洁 GDP"。他说中国就应当这样计算进步程度。邓小平在他关于经济改革的一次早期谈话中曾经发表过著名的言论："不管白猫黑猫，抓住老鼠就是好猫。"但是，胡计算 GDP 的方法反映了政府新的信仰：猫的毛色事关重大。我已听到全国各地的领导人开始谈论胡的方法。现在的目标是找到一只绿猫，一只透明的猫。

这种方法还突出了这个国家始终挥之不去的稳定情结，认识到污染和腐败是社会毒素。如果把 200 年来的中国历史以 5 年为间隔进行分割，你就会发现每隔五年就发生某种重大社会动荡。20 世纪 80 年代中期，一批中国经济学家开始对关系到经济增长的最重要的因素进行广泛调研。他们告诫共产党领导人：稳定是经济增长的最重要因素。在最近的一次调查中，当问到稳定在社会价值观中的位置时，中国人把它排在第二位。其他国家的公民平均将稳定排在第 23 位。

追求稳定的改革，它本身现在就是政治制度要求权力垄断的一个重要理由，是政治制度以意识形态为基础向以能力为基础的转变。中国现任高级领导中最有影响的一位官员告诉我："你知道我们常常因人权或民主而受到谴责。但是，坦率地讲，如果我们将 13 亿人民从贫困中解救出来，那将是人类历史上一个最伟大的成就。我们将致力于解决其他问题。但是，真的，我必须告诉你，我认为把 13 亿人民从贫困中解救出来足以够我努力终生了。"稳定是这一切的前提条件。1989 年那场运动之后，中国发生混乱的周期似乎受到了控制。这种不惜一切代价以稳定为核心的政策在一定程度上解释了政府对 1989 年天安门事件作出的决定。可是，1989 年也最终结束了邓小平时代党政分开的尝试。这一努力未曾再次启动，而且即使是在现在可以公开讨论各种思想的时代，仍发人深省地被视为不合潮流。

中国的市场发展带来了各种各样的问题。宏观方面，这些问题包括污染、社会不稳定、腐败、对政府的不信任以及失业。个人方面，除了最年轻一代的中国人外，其他人都觉得自己多少对生活的迅速变化有点迷失方向。民意调查表明人们对中国社会抱有深切希望，但同时也始终存在忧虑。过去 25 年中，中国经济从一个就收入分配而言堪称世界上最公平合理的经济变成了最不公平的经济。国务院发展研究中心主任王梦奎最近表示："10 亿多人民的温饱问题已经解决，这为中国的发展提供了一个新的起点……原先提倡不惜代价全力以赴解决中国人民温饱问题的观点必须相应调整。"

在一定程度上，这种均衡发展的愿望可以视为中国最近宏观经济形势稳定及年增长率达到 10% 的巅峰后的一件奢侈品。但是，在全球化日益引起怀疑的时代，倡导均衡发展和自力更生的模式对其他国家具有的吸引力，是很容易理解的。我们下面就要开始探讨"北京共识"是如何扩展的，但是在这之前，必须指出"北京共识"的公平与创新原则的一个哲学含义。诸如汪晖这样的中国"新左派"思想家已经注意到这个新的中国"物理学"不能简单地视之为摈弃"旧的发展方法"，而应当更深刻地视之为拒绝垄断控制。垄断控制知识、创新和思想是有害的。这就不可避免地提出了垄断控制权力的前途的问题。

第三部分　具有中国特色的全球化：能量转移问题

不久前，我与东南亚某国发展部长举行了面谈。该国被普遍视为小有成就，尽管经历了一些困难时期但仍然在前进。随着我们共处的时间一分一秒地过去，他放下茶杯直率地问我的一位同事、一位经验丰富的发展经济学家："为什么我们的经历与中国如此不同？我们与他们一样。我们有低成本劳动力。我们的政治体制很强大。我们做错什么了吗？"这个问题听上去似曾相识。在整个亚洲、乃至整个世界，都会遇到某些国家研究中国的兴起并努力寻找自己能够在本国实现其中哪些奇迹的趣闻逸事。25 年前与中国交战的越南现在就有学者在研究江（泽民）的"三个代表"理论，试图从中寻找可能有助于发展的某些线索。河内新近创造的经济符咒可以从邓小平 20世纪 70 年代末的一次讲话中提炼出来，即"稳定、发展、改革"。世界银行召开了一次北京会议，主题是"其他国家能从中国学习什么"。具有性格魅力的发展中国家领导人，从巴西的卢拉到泰国的他信，当他们没有派代表团前往中国进行调研的时候，都朝北京赞赏地点头。世界贸易组织总干事素帕猜·巴尼巴滴解释说："中国强有力的经济成就应当成为其他发展中国家的灵感源泉。"20 世纪 90 年代中国确立的以贸易为基础的走出去战略现在也成了一项让思想全球化的任务，将"北京共识"带入生机勃勃的文化市场。正如一位中国学者最近指出的："'走向全球'的开放战略不仅仅具有重要的经济意义，而且具有重要的政治意义。当今世界仍然存在霸权主义和强权政治。发展中国家是反对霸权主义和保护世界和平的主要力量。"这种分析清楚地说明了为什么中国兴起带来的能量必然改变国际秩序，尽管中国国内外可能有的决策者希望不是这样。

在开始讨论如何应对中国的崛起之前，我们需要讨论一下究竟是什么使得北京模式能够吸引他国，也就是"北京共识"的魅力问题。你可以认为这是一个能量转换的问题，这一概念与中学物理（"两物相撞的后果是什么？"）和发展经济学（"我们把好点子给了他们，但没有取得什么成果。"）差不多。我们已经研究了北京发展模式的一些核心概念，而这些概念的基础就是从创新和公正中得到极具影响的实力。现在，我们将研究这些概念如何在世界各地掀起波澜，从而增强了北京的实力，即使是在他们向外推销自己的发展主张的时候。就像我们将看到的那样，中国从三个方面传播它的能量。首先，作为对旧式的华盛顿发展理论的反应，"北京共识"具有某种反冲动能。其次，由于中国对地方化独一无二的需求，中国的这一新概念在学习它的国家会引发某种连锁反应。最后，中国的经济崛起既有可能帮助其他国家依赖贸易赚钱，也有可能打破他们的财富。中国的经济崛起就像是一块磁铁一样，把其他国家的经济利益与中国的利益紧密相连。中国模式——"北京共识"的安全观——还有另外一个特点，但这一特点非常重要和复杂，所以我将在下一章节单独论述。根据不对称防御的概念和"所有国家生来平等，无论大小"的哲学，"北京共识"让许多国家对实现真正的国家独立抱有希望。

出于民族自豪和国家安全两个原因，中国希望把其模式推广到国外。传递其国家发展概念并不完全是偶然为之。中国的设计者们写道："不要把中国融入国际体制以及它致力于与西方国家合作看做是谋求西方的认可。实际上，这是相互认同的过程。我们与西方接触的过程是设法让他们理解中国的过程，也是在某种程度上影响他们的过程。"如果中国希望走自己的路，以实现"和平崛起"，重要的是它能够使其他国家认同它提出的世界观。承认这一点对理解如何与中国打交道是必不可少的，我们将在此后再讨论这一问题。

反冲动能：适宜性测试

开始分析"北京共识"，就忍不住留意一下它在哪些方面与"华盛顿共识"背道而驰，由此推断出它得到它的能量是过去 10 年失败政策的强烈反弹。经济学家约翰·威廉森最早于 1990 年提出的 10 点主张为"华盛顿共识"打下基础，内容几乎无所不包，从财政原则、解除管制、对外直接投资开放和提高汇率的竞争力等等。当时在世界银行供职的威廉森在汇集这一政策清单时，只是为了让人们更好地了解拉丁美洲长期性的债务问题，因此难怪它实际上并不适用于中国。

在 20 世纪 90 年代，威廉森列出的政策清单被应用到全球范围内，甚至还包括像印度尼西亚和哈萨克斯坦这样的国家，这点令威廉森本人都大为吃惊。他的政策清单迅速成为"华盛顿共识"的标志性理论。这一政策清单当时如此吸引人和用途广泛的原因是，它是帮助一个国家吸引外资的完美指导。实际上，它是银行家所梦想的发展条件。它与提高人们的生活水平并无直接关联。到了最后，这一模式未能通过大多数国家的适应性的基本测试。

人们很容易看到，在冷战刚刚结束的时期，那些过去习惯于效忠华盛顿的国家只是把重心从冷战军事结盟转移到经济同盟。另外，也很容易就看到，它们几乎没有取得什么成果。两个最无视"华盛顿共识"的国家——印度和中国——则取得了令人瞩目的经济成就。诸如阿根廷和印度尼西亚等"华盛顿共识"的忠实追随者却付出了社会和经济代价，从而表明这一主张未能解答牛顿物理学最基本的难题：它在每个地方都能发挥作用吗？不过，有关"北京共识"最引人注目的一点不是它背离了"华盛顿共识"的价值观，而是它从一个全新的角度——个人的角度——开始分析这一问题。威廉森的文章的写作出于对银行家的共鸣。当北京处于最佳自我状态时，它的想法出自对陷于发展停滞的环境下的民众的共鸣。你可以想象得到哪种做法更有用，更引人注目。你也可以想象得到，为什么对已经开始抱有更大希望的平民百姓来说，北京为了维持和控制政权的另外一些本能做法，构成了严重的问题。

要打造一个既接受实验又接受失败的环境，就要在民众与政府之间创造一种新的约定。它还包括想方设法——并不一定总是成功——赋予个人更大的权力，以便让他们能够在变革过快时发表自己的意见，从而能够自己把握变革。把目前的中国革命当做是建立个人主义的革命，这刚开始听起来有点奇怪。也许以公民为基础来看待这个问题更恰当。毕竟，中国一向以集体社会而著称。在这里，个人主义远远排在社会义务和家庭义务后面。不过，个人主义在中国思维中占有一席之地，从很多方面解释了为什么当代中国精英——依赖"个人"道德、知识和体力挺过过去 50 年考验而白手起家的许多人——目前看待他们的国家的发展的方式。

一位亚洲国家元首前不久对我说，中国学者们已经研究了他的国家的民主制度。他们的一个研究结果就是：要想抓紧大权，执政党必须贴近普通民众。这一观点已经体现在胡锦涛的"三贴近"中：贴近实际，贴近群众，贴近生活。他的"三贴近"小心翼翼地完善了江泽民的"三个代表"。这个以人为本的治国观点的目标是让数十亿中国人得以自由地工作、规划和自行组合，同时让中国庞大而不稳定的社会保持团结。当然，也是为了使中国共产党大权在握。党内官员一直小心翼翼地研究墨西哥革命制度党和台湾国民党垮台的原因。这是行得通的实用主义政治策略。但打造一种能够实现自下而上发展的环境的主张要重要得多。它体现了把自由发展与适当及可变的约束结合起来的价值和可能性。

地方化论点：文化的连锁反应

有关中国社会的一个老生常谈的观点就是中国文化根深蒂固、无可动摇的影响力。这是某种超自然的实例。想想中国的核心价值观是如何挺过过去 150 年就会承认情况的确如此。一些中国价值观被打碎了，尤其是中国技术优势的傲慢与自大。价值观被打碎的结果带来了令人难以置信的后果。但中国的其他价值观，从审美观到家庭和友谊的复杂情感关系，却挺过了持续不断的直接猛烈攻击。中国仍在与它自己前不久的历史作斗争。但它也表明，就像许多中国人所说的那样，"文化大革命"最大的错误也许就是它是针对中国文化的革命。

在亚洲国家走一圈，就可以看到中国文化的影响已渗透到人们的日常生活中，从饮食习惯到与父母子女的谈话方式等。从中国的历史和亚洲的现在可以看到中国文化的影响和复兴。外国人曾一再入侵中国。随着时间的推移，侵略者们也无可避免地受到中国文化的影响：他们开始讲普通话，吃中餐，在不知不觉中采纳了中国文化模式。当蒙古人在 1215 年杀入北京时，他们的军队下定决心不要受到他们所谓的中原人惰性的影响。他们在北京建造了一座帐篷城市，把自己与汉人隔离起来。他们拒绝教子女说汉语，坚持自己古老的习俗，在大多数方面假装他们还在家乡的大草原上生活。他们的运气不好。还不到两代人的时间，他们就完全融入了汉人的生活。满族人的命运也是如此。

关于中国文化的影响力为什么如此之大，存在许多理论，在这里讨论这个问题太复杂了。但其含义是我们可以很快了解的，中国坚持思想观念、产品和生活方式的地方特色，这最能概括这一点。如果没有地方特色，在中国什么都理解不了。正因为此，毛才用多年时间试图找到"有中国特色的共产主义"是什么样的。正统的列宁主义思想像刀叉一样不适合中国。正是因为对中国特色的极度喜爱，从自动取款机（用中国歌曲和图片欢迎用户）到宝塔状的摩天大楼在内的一切才无一例外地体现了中国文化的某些元素。也正因为此，主要播放中国歌手作品的当地音乐台 Channel V 才大胆播放更多国际节目的 MTV。中国不想照搬世界其他地方的东西。用邓的话来说，它希望把中国的思想与西方的知识结合起来。正如理查德·马德森所说，认为中国人都在努力寻求"美国人的生活方式"，这是一种危险的误解。因此，中国的发展有某种骄傲的内部力量，有助于保持国家的信心。

这种对地方特色的极度喜爱也会在最不可能的地方出现。例如，大多数国家都会因具有把人送上太空的技术手段而感到满足。而中国的科学家坚持中国的第一次轨道飞行必须带有中国特色。在他们的飞行指挥中心，电脑和显示器的旁边摆放着中国茶杯、铜色和金色的吉祥符和象征好运的红丝带。在太空中绕轨道运行时，杨利伟自豪地大嚼鱼香肉丝。对中国人来说，20 世纪 90 年代知识界关于"文化是否重要"的辩论完全是浪费精力。他们说，文化当然重要。有时这种文化自豪感会给中国社会带来狭隘；有时又会带来惊人的开阔眼界和勇气。就目前而言，它最重要的作用在于确保中国人希望控制和管理自己的全球未来，并使其具有地方特色。这使他们本能地反对那种邮购的华盛顿共识的解决方案，使他们自始至终远离第一世界的经济建议。北京决意找到自己的道路。

结果是他们的发展道路不仅与华盛顿共识的道路截然不同，而且提供了一种关于技术全球化改变局面的设想，这比华盛顿或日内瓦提出的很多观点细致和有用得多。对中国来说，主要的参照物是而且一直是中国本身。你可能认为这就像一句格言所说：未来掌握在自己手中。在中国，人们对全球化始终存在着极度的不信任。政治哲学家汪晖令人信服地证明，1989年的事件与10年后西雅图的抗议活动在哲学上是一样的，都表达了对市场化经济的代价和全球化压力的担心。

中国过去一心建设"有中国特色的共产主义"，现在则致力于发展有中国特色的全球化。这有助于把北京概念推广到中国以外。当巴西总统卢拉宣布其访华计划时，他的办公室直截了当地指出，吸引他的不仅仅是经济关系。一位发言人在谈到卢拉对中国的关注时说："他对社会主题同样感兴趣，例如以改善人民生活为直接目标的计划。"卢拉对美国和欧盟贸易观点的失望不可避免地使他希望改变世界的商业布局。他说："我们要么相信自己，要么继续大声呼喊，要求结束农业补贴。"但这不是要恢复20世纪70年代闭关自守、自给自足的经济模式。相反，北京共识的部分吸引力在于它适应了人们对全球化的普遍担心，提供了另一条道路，根据这条道路，要融合全球的观念必须先积极地衡量这些观念是否适应当地的需要。当这条道路行得通时，它能够起到使当地文化支持发展的作用。当然，这仍然需要革新和公平的强大力量，以便与腐败现象、片面和呆滞的地方文化相抗衡。但创造与传统之间的力量平衡就好像反应堆中原子之间稳定的能量转移。保持这种平衡是非常困难的，但如果管理适当，它可以成为可再生的自信的源泉。中国的经济特区模式——把革新注入其保守地区——已被世界各地采纳，以此做到既抵消全球化力量，又利用新思想。例如，墨西哥正改革其边境发展计划，以在与美国的经济密切接触之时努力保护公民的文化传统和生活方式。比森特·福克斯总统对这种做法的描述听起来几乎与邓一样，例如具有墨西哥特色的全球化。

人民币"元"的吸引力

如果你是巴西、智利或者其他国家的总统，如果没有中国，你就根本不会有经济希望。在 2003 年头 11 个月，巴西对中国的出口猛增了 81%，达到 42.3 亿美元。1999 至 2002 年，中国从欧盟进口的商品总额几乎增长了一倍。仅 2003 年头 10 个月，德国对中国的出口额就增长了近 30%——这其中还有两个月是"非典"引起的经济呆滞。2003 年，亚洲其他国家对中国的出口增长了 50%。中国已经成为拉丁美洲和亚洲商品仅次于美国的第二大进口国，该国的增长还支持着钢铁、石油和其他原材料的全球市场。智利和印度尼西亚这样迥然不同的国家也有了一个共同点，那就是经济上对北京的依赖。这不是偶然的。中国知道其经济力量的重要性，因此当北京宣布它打算出钱加入美洲开发银行时，这既是经济战略，又是外交政策。

此举的意义很明显。首先，这样的联系有助于创造一种全球经济环境：支持中国的增长符合数十亿非中国人的利益。在田里加班加点干活的巴西农民（为满足中国的需要，巴西今年增产了足够的豆类作物，其面积与以色列相当）、智利的铜矿工人（国有铜公司 Codelco 的利润增长有 71% 源自中国的需求）以及新加坡的软件编程员（2003 年出口增长了 32%）都得到了同样可以以人民币为单位计算的薪金。

这种局面还在中国和其他发展中国家的经济利益之间建立了日益紧密的联盟。2003 年，当美国在墨西哥的贸易谈判破裂的时候，巴西总统卢拉和其他拉丁美洲领导人打的第一个电话就是给中国，要求它给予支持，以说服美国调整其农业政策。北京答应了，表现出为了其他国家的利益推动北京共识的重要性的新愿望。中国在 2010 年之前建立亚洲自由贸易区的计划将巩固亚洲发展中国家与中国之间的关系。中国的思想家指出，这样的自由贸易区有可能减少对美国作为一个主要贸易伙伴的依赖。在亚洲以外，中国的规划者甚至正向非洲挺进。最近在亚的斯亚贝巴举行的一次会议上，他们宣布希望在今后三年实现非中贸易翻番。

"新道路"的想法在中国关于其自身发展道路的思考中处于核心地位，但直到现在，有一点才变得明显起来：这条新道路正吸引其他国家。其他国家也一直试图找到新的道路。自从 20 世纪 90 年代末以来，马来西亚人一直遵循公平发展模式；韩国人一直实行以知识为基础的经济蓝图。但作为一个大国，中国的成功使它具有了独特的显赫地位，对于这一点，中国人自己可能都没有充分认识到。正如印度社会学家拉姆戈帕尔·阿加瓦拉最近所说："中国的成功试验应该是人类历史上最令人钦佩的。其他国家应该尊重她并向她学习。"另外，他还说："中国有时似乎还相信西方的宣传，并将其成功归功于西方的方式。但实际上，中国有自己的道路，值得研究。"鉴于两国之间的紧张关系，一位印度思想家说出这样的话值得注意。但这两个国家有许多共同点，最突出的就是它们控制国家命运的愿望，这是北京共识智力拼图的最后一块。我接下来就将讨论这个问题。

只说不、只说是

中国正在建造有史以来最大的非对称超级大国。与拥有大量武器、对其他世界观难以容忍的美国式超级大国不同，正在崛起的中国以自身模式的榜样作用、自身经济地位的影响力和对威斯特伐利亚国家主权体系的坚决捍卫为基础。这是一种不寻常的发展，让华盛顿丧失了警惕，直至突然意识到上述情况已经发生。毕竟，照理来说，自身的发展就够让中国应付的了。但是，眼下，在世界某些地方，中国是比美国更受敬仰的道德典范。而且，就对经济、武器扩散甚至美国军队在各地区的驻扎等全球关键领域的影响力而言，这个国家还想继续扩大自身的战略力量。此外，中国给其他国家传达的信息是一个有关杠杆物理学的简单教训，即发展非对称力量的重要性。过去十年给我们的明确教益是：如果想行动自由，你要么得和美国毫不相干，要么就得具有某种手段能摆脱美国军事力量的影响。并非每个国家都能成为超级大国。并非每个国家都需要成为超级大国。北京共识是一项多方位、而且得到充分论证的安全观的革命，它至少给人们一种希望：每个国家都可以凭借自身的实力成为强国——也许不足以统治世界，但至少能做到自主自决。

中国的战略家们现在感觉到，如果要想持续发展，他们就必须具备某种战略杠杆。与邓小平时代以"韬光养晦"为主导思想的外交政策不同，胡锦涛时代的政策特点就意识到中国在世界的位置。这也是北京共识中讨论得越来越多的部分。当年，毛心目中的关键任务是"战争与革命"；邓基本上回避冲突，力求发展，奉行"和平与发展"的外交原则。江发展了邓的理念，提出"增加信任，减少麻烦，发展合作，不搞对抗"。但是，中国的战略家们显然感觉到有必要建立一套新的原则，这套原则将使他们能够自主自决而不必付出大规模军事发展带来的政治代价和经济代价。中国人的目标不是冲突，而是避免冲突。这种原则有时会让寻找中国"威胁"迹象的美国分析家感到困惑，但它反映了中国人一种坚定不移的信念：武装冲突是失败的表现。有效地处理局势、让结果必然对中国有利：这才是战略问题上的真正成功。这种思想源于距今最久远的中国战略思想家孙子：他曾提出"不战而屈人之兵"的观点。

我们要把中国非对称的战略和军事努力看做以获得避免冲突的力量为目的——这非常关键。要做到这一点可以通过其他方式，而不必以用暴力处理危急情况的强权为基础，就像昂贵的美国军事机器那样。中国的目标是在问题出现之前就解决它们。这一点很清楚，中国人对多边主义的直觉就是一个例子：与其他许多大国的良好关系将使美国难以把中国当做敌人，也将使中国具有更大的影响力，以便阻止冲突的发生。2004 年秋，某机构受委托为中共开展的一项研究考察了过去 500 年来大国的崛起与衰落。其结论为：确保持续繁荣的最佳途径是和平的国际环境。那么，建造一个非对称的超级大国怎样符合这种理念呢？享受"和平崛起"（中国最重要的政策分析家之一郑必坚这样描述中国的梦想）不就行了吗？事实上，如果没有这样的安全保障，和平崛起将非常困难（即使有这样的保障，和平崛起也可能充满挑战）。中国需要一个稳定的地方环境来发展自己。

要获得自主自决能力的愿望从中国人对美国意图的不确定性中也能够体现出来。中美之间存在基本冲突的问题有长长的一串。在中国的决策圈内部，对于美国是否会"允许"中国崛起存在着激烈的争论。中国的官方政策试图为保持良好的中美关系而掩盖这些冲突，但是，在表象的背后却隐藏着这样一种算计：中国的规划者写道，"在美中关系上，我们要掌握一种保持适当距离和礼貌的艺术"，这很重要。此外，他们还警告说："我们不应把中国和美国之间的经济互赖寄予过高的期望。目前存在这样一种误解，似乎庞大的中国市场对美国的政策具有极大的影响力，而只要我们强调经济合作与交换，我们就可以高枕无忧。事实上，中国与美国的经济互赖并不是相互的。"

中美关系非常复杂，但已不再像江泽民时代那样是中国外交关系的绝对中心。这再次表明了中国自身世界观的改变有多快。从某种程度上说，这也反映出北京要实现一种更为"广泛"的全球安全战略的愿望。这就是学者楚树龙所谓的"中国要为长远的未来寻求自身的安全战略和亚太地区的安全结构"。但是，这种更广泛的观点还源于中国决策者对美国的意图日益增强的矛盾心理。

在某些地区，美国的反恐战被视为对中国的威胁，美国的地区军事集结被说成是华盛顿"明修栈道，暗渡陈仓"。从这个角度看，反恐战只是建立一种更全球化、更灵活、更致命的军事力量（这种力量越来越包围、约束着中国）的掩护。另一种观点认为，反恐战对中国是一件好事，因为它可以把美国从"9·11"以前军事谈话中充斥的反华计划转移开来。

中国和平崛起愿望的实现当然有赖于美国是否愿意配合。一个更强大的中国将挑战现状——中国影响力的传播和北京共识都是重要的途径——对现实主义的美国思想家来说，这代表着一种威胁。中国的设计者们已经在构想一种新的世界秩序。这个国家所谓的"新安全概念"（1997 年东盟会议上提出并在 2002 年加以完善）形成了这种中美差异。2004 年 4 月，胡锦涛正式批准"新安全概观"。楚树龙把它称作"四不"：不搞霸权主义，不搞强权政治，不结盟，不搞军备竞赛。这个"四不"像是中国的"门罗主义"。显然，美国的模式在"四不"测试中都失败了。一些中国战略家公开谈到，"新安全观"是对来自美国的"冷战思维"的代替。一项调整美国的目标以适应中国模式的建议或许在美国的计划者们看来是荒谬的，但这种想法对其他国家却很有吸引力。仅仅这一点或许就将强迫华盛顿重新审视自己的政策。

不容易的十年

20 世纪 90 年代，这样的安全问题与纯发展问题相比处于次要地位，这反映出一种美好的希望：冷战结束后，束缚和分隔国与国的难题已经有了答案。然而，答案并未出现。华盛顿共识中含有的关于民主和平理论的价值观就是一个争论激烈的问题——这种价值观认为，民主资本主义的普遍存在是平息冲突的办法。因此，国际安全思考的焦点转向了公开和市场化的概念，这让包括缅甸政府、北京的外交政策专家、乌萨马·本·拉丹和欧洲右翼反对派等多种多样的"成分"感到懊恼。

一块由美国占统治地位的、以蔑视国际协议为特征的千年乐土对北京从未产生多少吸引力。从第一次海湾战争开始，北京的军事机构和国际事务机构就对中国的安全问题相当紧张。显然，冷战结束后，中国的军事机器远逊于美国。中国20世纪90年代初在CNN上看到的那种高科技加武器的战术让人既惊奇又担心。美国战争原则中包含的一些概念在中文中甚至没有对应的说法。第一次海湾战争和后来由美国领导的巴尔干战争所传达的信息是：对他国内部事务的军事干预是一个没有超级大国动态平衡的世界给人的回报。使这种权力投射比过去更容易的军事事务革命再次突出表明了技术与力量之间的关系。第二次海湾战争只是进一步巩固了这种观念。这让北京非常烦恼。它反映出中共领导人在国家防御方面最大的担心，并且触及民族主义中最根深蒂固的那一部分：可以追溯到鸦片战争的对外国军事优势的敏感。

中国战略家和中国官员常常会在谈话中告诉你，所有中国战略思考的核心、甚至中国发展目标的核心都植根于鸦片战争的耻辱：那时，面对英国的战舰，中国发现自己毫无抗争之力。从某种程度上说，鸦片战争是现代国家军事耻辱的代表性时刻。像金正日和穆阿迈尔·卡扎菲这样的领导人或许不会公开承认这一点，但是，鸦片战争的经历却是他们无法避免的。然而，北京确实承认了这个痛苦的事实。鸦片战争式的冲突（大规模的、力量悬殊的、服务于一国目标的冲突）是单极世界中发生的恐怖情况。从长城建造的时代之前开始，中国就一直在苦苦思索边境控制的问题。就连最近关于中国互联网的争论也是从边境安全角度分析和讨论的。但是，目睹苏联在20世纪80年代四分五裂以后，中国的安全战略家也清楚地意识到，与美国展开持久的、对称式的军事竞赛是不可能的，而且或许是自杀式的防御办法。但是，如果真正的国家实力不仅依赖财富，而且依赖自我防御的能力，那么，中国怎样竞争呢？中国正在设法回答这个困扰着世界许多国家的问题：这一事实也是中国楷模力量越来越大的另一个原因。

安全步骤的变化

在西方，对于中国军队现代化问题一直存在着三种学术流派。鉴于军队一直是安全保证的最引人关注的对象，有关军队的这些观点对于了解中国的战略理论来讲是一个有用的过滤器。第一种学派认为，对于中国领导人而言，中国军队现代化只不过是次等重要的事。这一学派认为，这个国家无法使其军队实现世界级标准的现代化，因此只是做做象征性努力而已。这一学派列举的证据之一是，中国目前的重中之重是发展经济。他们还认为，在不存在大规模迫在眉睫的外来威胁的情况下，中国领导人在经过了成本—利润分析之后认为，用于国内稳定的资金是他们为实现保住政权这一最终目标而进行的最佳投资。这种观点很难在实际中得到认证。不仅是因为在改革年代的最后几年中中国的军费开支稳步增长，而且甚至连那些不那么熟悉中国近代史的人都认识到，军事软弱无能在中国领导人眼里是不可容忍的。这个国家的军队正处在迅速且大规模的现代化过程中。然而，许多人指出，这种规模的军事现代化与其自身真正的防御需求是不相称的。人们经常援引的一句话是，按照中国的价值观，军队领导人是不受人尊敬的。这句话误解了军队的作用以及安全在中国人头脑中的重要性。并非巧合的是，这个国家权力最大的职务就是国家军委主席一职。在2002—2003年期间，江泽民将国家主席和中国共产党总书记的权力移交给胡锦涛之后仍然保留着国家军委主席一职。

第二种学派认为，中国正在军事上进行有限的革命。在这种背景下，人们认为，中国人为帮助推动军事现代化正在选择一项非常具体的目标。在这种情况下，有人认为，中国政府正在利用因台湾问题发生冲突的可能性，以此帮助中国人民解放军实现现代化。这一学派认为，尽管中国不能全面实现军队现代化，但它至少可以建立一支战术上堪称精良的军队，以应付一场有限的地区冲突。鉴于台湾在中国政府和人民心目中的重要性，这种模式的军事发展旨在建立一支能够在72小时内通过常规武器取得对台湾控制权的武装部队，其行动速度要比美国为保卫台湾而调动部队的速度要快。中国一些计划制订者说，如果中国能够设法迅速发动袭击并在美国参战之前取得对台湾的控制，他们就能阻止美国参与一场没有动用非常规武器，即核武器的冲突。中国人认为，动用核武器是绝对不可能的。这种观点的依据是，中华人民共和国认为它具有某种核报复能力以及存在着经历第一次打击之后幸存下来的可能性。正如中国一名高级军官在 1995 年海峡危机期间不无激动地对美国大使查尔斯·弗里曼所说："你们现在不拥有 50 年代你们所拥有的那种战略优势。你们当时曾扬言要对我们进行核打击。你们当时之所以能够这样做，是因为我们不能进行反击。但是，如果你们现在袭击我们，我们就可以进行反击了。因此，你们不会再进行这种威胁了。毕竟，你们更关注的是洛杉矶，而不是台北。"

在中国人看来，最理想的是，如果能够在 72 小时内取得对台湾的常规主动权，那就可能排除任何形式的战争，无论是热战还是冷战，无论是核战还是非核战，因为此举可向台湾人表明，他们没有其他任何选择，只有屈服于北京确立的政策。因此，所谓"高技术条件下的局部战争"的真正目的是为了迅速利用创新之举在中国周边地区建立"使战争打不起来（War-Proof）"的环境（这也是中国实行"睦邻政策"的目的，我将在后面就此进行阐述）。这与北京共识——即确保行动的独立性——这一更大的战略目标是一致的。北京认为，它可以控制住局势，以便局势发展的结果将不可避免地有利于北京。讨论过这一理论的台湾计划制订者对中国能够在 2010—2012 年间在 72 小时内实现对台湾的控制一事不抱异议。不过，他们还说，某些迹象表明，中国也许具有在 2005 年之前实现对台湾海峡控制的有限的能力。如何避免以这种方式受到控制眼下是台湾主张独立的一派人所关注的一个主要问题。那些认为台独势力将消极地坐等这一天的到来的中国战略家或许是一厢情愿。

对于北京而言这种确立目标的军事战略的吸引人之处是，它利用了一个特定目标，即台湾，作为军队现代化的一个手段。这是中国发展的一项常见的策略。例如，在北京，举办 2008 年奥运会不仅被看做一种民族自豪感的象征，而且还是北京市实现现代化的一种手段。有人会说，正在搞的这个项目是为了让 2008 年奥运会能够顺利举行。这样一来可省去许许多多官僚机构的摩擦。所谓正在实施的军事变革是为了更好地处理与台湾之间力量不均衡的说法也可能产生类似的效果。此外，对于中国人民解放军而言，为实现在 72 小时内对台湾实行常规控制的目标而必须做的工作在其他领域也将是有用的。由于军队具有的这些新能力可能将包括两栖攻击手段、增加可用于攻击行动的空军的编制和建立快速反应部队，一支能够实施 72 小时控制台湾计划的中国人民解放军无疑堪与永久驻扎在该地区的任何美军媲美。为摧毁像航空母舰战斗群这种兵力投送武器而发展的其他手段是另一种将拥有优势的投资，因为它能够迫使美国重新考虑其在亚洲的军事布局。

拿台湾备战为由头的另一个好处是，它可以让中国人能够在不对日本和美国构成直接威胁的情况下不断发展其军队。日本的重新军国主义化依然令中国人不安，而美国在亚洲的驻军是一个令中国人真正担忧的因素。正如一名学者在谈到美国时谨慎地指出："即使在中国支持美国在阿富汗发动的反恐战争的 2002 年，《美国的国家安全战略》仍然认为，由于购买先进的军事装备，中国仍然对其在亚太地区的邻国构成威胁。"中国对美国在亚洲的驻军所抱的疑虑是有明确记载的，其中包括国家主席胡锦涛的下述评论：中国被美军"四面包围"了。一些中国问题分析家指出，由于美国的反恐战争导致中国更为不安的一个原因是，这场战争已经促使美国在中亚以及中亚周边地区增加了驻军。中国人把中亚地区视作其势力范围（然而，其他一些战略家认为，美国的驻军对于稳定中国两个动荡的邻国——阿富汗和巴基斯坦——是有益的）。

有关中国军事革命的第三种学派所持的观点截然不同。这种观点相当新颖，是"9·11"事件之后产生的，而且在第二次海湾战争之后得到了加强，开始被人所接受。这种观点的逻辑大致如下：正如对两次海湾战争和科索沃战争的研究所显示的那样，中国不能长期（大约 50 年）发展其军事资源与美国展开对称竞争。这种认识是在对这个国家如何试图找到一项使其能够更快发展的军队现代化计划整整 10 年认真研究之后得出的。军队的这种发展速度要快于中国军事革命缓慢的时间表所规定的速度。不过，尽管中国没有通向建造航空母舰的捷径，但中国计划制订者越来越开始认识到，它可能研制出足够的可在政治和军事上限制美国在亚洲的行动的不对称兵力投送工具。因此，在他们看来，"9·11"事件的教训不仅仅是有关损害中国利益的恐怖主义势力的，而且还是有关应对一个单极国家的不对称力量的。此外，一些中国问题理论家早已指出，确认并研发中国的不对称力量是实现地区乃至全球稳定的唯一办法。

对中国而言，发展不对称力量是应付其生在其中的越来越复杂的安全环境的一个最有效的办法。发展不对称力量对于一个大国来说是一种典型的预算选择。中国目前这种专注于技术的社会的好处在于：一个拥有一批杰出的工程师和以信息技术为特征的、具有创新精神的社会在不对称战争中将具有巨大优势，如同美国因拥有大规模的工业基地而在第二次世界大战中所具有巨大优势那样。

例如，这种行动将使下述看法失去意义：美国能够像当年的星球大战搞垮苏联那样可以通过核导弹防御计划拖垮中国。中国将能够研制出一种可信的武器系统（或只要简单地拥有 200 枚左右可穿透这种防御系统所需要的、装有多弹头分导再入飞行器的导弹）。北京和中国人民解放军研究人员正在从事的一项令人感兴趣的工作是，通过中国计划制订者所谓的能够准确击中易摧毁目标的"杀手锏"及"针灸战"所实施的不对称技术可以让一个更强大的对手失去优势。可列举的例子举不胜举，如中国人民解放军正在研制一种能够同时模拟几百种雷达信号的技术。通过这种办法，它就可以躲过美国的反雷达导弹的打击，而动用反雷达导弹正是美国空中优势的一个基本特点。中国研制这种"混淆者"和其他技术的做法十分引人注目。这不仅仅是因为它将自己不断增强的创新优势与其国防需求自然地结合在一起，而且这种技术还可以轻易出口。新加坡研究员李楠（音）已列举出中国种种不对称的创新举动，有阻止空中进入的技术、网络攻击等。在几乎每一种情况下，发展不对称武器技术的费用远比武器系统本身或其旨在抵消的平台的研制要便宜得多。

当然，中国的战略思想家们明白，在遭到美国的全面猛攻时，这些系统的作用有限。如果发生大规模交火，该国将重新采用毛泽东时代的老办法，在新的"作战空间"发动人民战争。在全球化背景下，就连这种办法也具有崭新的不对称特点。分析家李楠（音）写道：

"'非传统作战空间'概念在两个重要方面含有毛泽东的人民战争理念。

一是这种作战空间的控制者也许是平民而非军人。其次，这一作战空间可能不那么受作战规则的约束，因此不正式和非常规的色彩更浓。然而，这种新的'全球化条件下的人民战争'也在两个方面不同于过去的人民战争。一是现在的'人民'不是被鼓动起来的农民，他们当中有计算机程序员，有记者，还有金融投机者。其次，过去的人民战争是把敌人诱入自己所熟悉的己方地盘，而新的'人民战争'可以延伸到对方地盘。"

毋庸置疑，今天的全球化遭遇霸权。对北京来说，真正全球化的多边世界能提供更加强有力的安全保障，不仅仅是以松散的战略伙伴关系——这种关系在遇到冲突时就有可能破裂——的形式，而且通过由技术和网络带动的力量乘数。北京的4000亿美元外汇储备对美国的杀伤力比价值4000亿美元的航空母舰更大。这些"刺客之棒"是安全问题北京共识的一个重要组成部分。不是因为北京有志于争夺地盘或霸权（这个问题留给其他人去讨论），而是因为他们提供了真正自决的机会。他们保障环境安全，这样一来就会有越来越多的国家听取他们的意见。假如全世界国家都模仿中国的不对称战术，那美国将面临一幅迥然不同的景象。因此，北京共识和老生常谈的"中国威胁论"是不可调和的，除非认为其他任何国家的自决自主都对美国构成威胁。

公共领域的控制权

北京共识中的另一个不对称兵力部署方法是挑战美国战略家巴里·波森所说的"公共领域"——海上、空中和大气的控制权。"美军目前掌握着全球公共领域的控制权，"波森写道，"公共领域的控制权类似于海上指挥权，或者用保罗·肯尼迪的话来说，它类似于'海上优势'。"波森称，这一指挥权在几十年内不大可能受到挑战。

中国的战略家持有不同观点。在战略上，他们一心要提高美国控制公共领域的代价。例如，"新安全观"的一个基本要素是利用东盟等多边组织确保该地区以外的军事力量在危机时期无法取得驻军权。

但中国也致力于建设一个和平的区域环境来保障其经济发展。这种新思想对中美关系的重视远远不如从前，而更关注离中国较近的国家。外交部

2003 年回顾报告指出，中国第一次有了明确的亚洲政策。中国现在参加了 40 多个区域或分区的亚洲安全和经济组织。外交部副部长王毅在阐述这一思想时引用了中国的一句古话"远亲不如近邻"。最明显的例子是该国参与解决北朝鲜核扩散问题，但还有其他例子。比如，中国积极调解柬埔寨和泰国之间日益严峻的纠纷。中国关于 2003 年外交事务的一篇总结性文章表示："中国积极调和另外两个国家之间的矛盾，从而打破了传统模式。"

这就是中国新的"睦邻"政策，它是对"新安全观"的战术实施。正如王毅等人所说，中国的周边环境是所有大国当中最为复杂的，周边国家的经济、政治和安全形势各不相同，与中国的历史关系错综复杂。因此，维持本地区的安宁是中国继续崛起的一个基本前提。去年秋天，温家宝总理充分强调了这一点的重要性，他把中国的崛起与亚洲的发展联系到一起，声称中国希望建设一个"普遍繁荣"的亚洲。上海合作组织显示了这一新战略及赋予其活力的战术。上海合作组织的第一步是建设这第一个由中国自己发起的多边组织，第二步是把讨论范围扩大到贸易、经济和能源，第三步是围绕有实质意义的安全伙伴关系展开对话。上海合作组织在中国的新疆举行了联合军事演习，这种深化区域内多边联系的举措可能会在其他组织重演，比如东盟 + 3（东盟加上日本、韩国和中国）。中国力图同周边国家进行全方位的交往。它在北边有上海合作组织，在南边有东盟 + 1 和东盟 + 3，在西南同印度和巴基斯坦改善了关系，在东北参与解决北朝鲜问题。这一切的宗旨都是"互信互利，平等协作"，再次与华盛顿当前的做法形成鲜明对比。这跟北京短短十年前还对多边组织抱有的不信任也形成鲜明对比。中国逐渐变得比美国更擅长于在国际体系中纵横驰骋——这是北京花了 150 年去学习的功课，但现在欣然付诸实践。

中国希望，凡此种种的举动已经使"中国威胁论"失去市场而代之以"中国机遇论"。中国社科院学者王缉思复述前外交部长钱其琛在接受一次采访时的讲话说，再过十年，等中国得到更大程度的发展时，这种"中国威胁论"就不会再有市场。这种乐观的看法没有反映出某些人对中国崛起的不安。现在的国防部副部长保罗·沃尔福威茨引发了一场持久的争论，主题是中国的崛起在多大程度上类似于第一次世界大战前德国的崛起。他在 2000

年表示:"中国是一个正在崛起的大国,但现在还没有成为一个大国。"他再次引用了他在1997年提出的类比:"就中国而言……显而易见而又令人不安的类似情况是德国的地位,这个国家觉得自己未得到'有利地位',认定其他国家对自己不公,并决心以坚定的民族主义信心夺回它应有的地位。"中国在以美国为主宰的安全格局中日益崛起,这是不争之事实。但威廉德国与中国的一个关键区别在于,当年的德国试图发展一种对称的能力来对付业已存在的英国势力,中国则是发展不对称力量。此外,中国与邻国为友而非树敌。这种类比还有其他欠缺之处,包括"有利地位对中国来说意味着什么"的问题,但沃尔福威茨有一个论点无疑是正确的,即:中国和美国的实力悬殊可能会越来越成为难题,即使北京的计划制订者希望避免。在华盛顿及其他地方,许多人认为中国的崛起颇具威廉德国的做派。这个难题是可以解决的,但它需要双方付出努力。我下面要谈的就是为此构筑一个框架。

第四部分　与中国打交道

西方的决策者把目光投向东方的时候,一个最常见的问题大概就是"我们如何与中国打交道?"然而,这个问题的基本前提就存在着缺陷,好像中国是一个没有生命的物体,可以随便从一个地方移动到另一个地方,用来点缀某些人的国际秩序理念。有人会说:"让我们试着把它放到墙角吧。"有人则说:"不,可能放在窗边更好一些。"这种想法暗示中国和中国的政策是可以轻松地控制的。然而,与中国打交道不是把一个国家脱离其他因素随便地移来移去。正如我们所看到的那样,中国作为许多国家的希望和生计的重要一部分,已经深深地融入整个国际秩序之中。20世纪90年代末期,中国寻求加入世贸组织的时候,大概还可能用剥夺贸易机会等做法操纵中国。但是这样的日子已经一去不复返了。中国现在自己推动着自己前进,而且它越来越成为国际社会的一部分。因此,可以帮助中国或者伤害中国的"压力点"已经没有太大的区别。现在还有所区别的就是对于"这到底意味着什么"的思考。

在这篇文章中,我想说的事实上只有两点,现在我们就要谈到第二点。

第一点是，中国正开辟出一条通往发展的新道路，这条道路是建立在创新、积聚非对称性力量、实现以人为本的发展和注重个人权利和责任的平衡基础之上。第二点就是：中国的弱点是它的未来。无论你的目的是什么，与中国"打交道"的秘诀就是抓住它的薄弱之处，而不是它的长处。从达到效果的角度来看，这一点绝对正确，就像我很快将证明的那样。但是，把这个过程再思考了一遍，我得出了一个有些令人吃惊的结论——无论有关中国的辩论中你的倾向是什么，站在哪一方，你所应用的真正有效的政策领域都是一样的。如果你试图在一些事关国家实力的重要领域，例如货币问题或者台湾和西藏等领土问题上左右中国，那基本上都是浪费时间。假设你希望看到中国从内部发生激变，那抓住这个国家的货币问题就不会奏效。中国的领导层对于处理这种问题太有准备了，而且他们正在按照自己的步伐放开对货币的限制。同样，如果你希望支持中国的崛起，努力把台湾挤出国际机构可能会让你从北京赢得有限的感激，但也不会像我即将要讨论的问题那样赢得更多的感激。如果你希望能够与中国"打交道"，你应当选择一条更有效的途径。这就是抓住这个国家的要害。如果你希望毁灭或者支持中国，这些要害就是下手的地方。

这与人们对中国的传统看法大相径庭。在传统看法中，中国或者是一个可以开发的市场，或者是一个需要遏制的国家。这也解释了为什么美国目前几乎所有的对华政策都被贸易、货币、军事事务、台湾和人权问题所主宰。我在这篇文章中努力避开了中国的崛起到底是不是一种威胁的争论，我提出的对中国的看法将对所有人都大有帮助，不管他的观点是什么。但是，由于我将提出一套论点，简要概述帮助或者毁灭中国应该采取的正确政策，因此在继续进行论述前我想先提出一个看法。如果你确实是属于希望遏制或者限制中国的那一个阵营，那你应当清楚，一旦获得成功，这一政策带来的影响将让数亿人或者更多的人陷入贫困交加、甚至是一片混乱的生活之中。如果像有些属于进攻型的现实主义者的决策者建议的那样，"孤立"中国或者把它当做"威胁"来对待，这种政策将对人类产生巨大的影响。遏制中华人民共和国的增长将导致动荡和混乱。中国历史上本来就是一个脆弱的国家，尽管中国的增长目前很强劲，但真要想方设法让中国陷入混乱大概也能办得到。所以，那些主张遏制中国的决策者们，就像 1997 年保罗·沃尔福威茨那样，应当把他们真正的主张——让中国崩溃——直截了当地说出来。

然而，与这种主张相对立的一面是，如果要支持中国的崛起需要做大量的工作，而大部分工作将带来巨大的收益。不把中国看做一个固态的社会，而是把它看做一个永远处于运动中的紧张状态的国家，这一点是很必要的。这意味着，中国的每一个长处（蓬勃发展的经济）都有着相对应的弱点（能源短缺）。中国的长处可以自己照料，它的弱点才是需要人们帮助的地方，而正是在这些弱点上，中国仍然可以被操纵。

这种方法也为如何与中国"打交道"提供了一些指导原则。最好的政策将是建立在为未来构筑一个共同的基础之上，这样中国就会把与外部力量合作看做是必然的。这并不是说不应当不时地说服中国（尤其是在局势出于某种原因不能被掌控的情况下）。但是，在与中国打交道的时候，值得把这个办法铭记于心。试图说服中国做某些事情是非常困难的，而操纵它去做就容易得多了。

有效的对华政策必须以创造一个有利于采取行动的环境为指导原则，而不是简单地处理某些具体问题。鉴于目前中国社会和政治的本质，直接做某些事情可能是困难的，而采取非直接的方式将会更有效。你可以通过操纵环境达到你心中想要的结果。这通常让试图与中国打交道的外国人感到很痛苦，因为他们习惯于心无旁骛直奔目标。但是，这种办法不仅对中国合适，而且本身也非常有效。环境决策的根本内容就是有一堆问题关系着你希望在中国所做的事情的结果。这与目前物理学中流行的"串理论"（String theory）颇有相同之处，这个理论解释了比原子更小的物质是如何至少同时在 10 维空间内运动的。由于其复杂性，串理论被称为"一道落在 20 世纪的 21 世纪的数学题。"如果赞同亨利·基辛格的看法，每一个世纪都有一个新的大国，那么大概可以说，处理对华关系的复杂性可能为与 21 世纪的大国打交道提供了经验。

这种从环境着眼制定政策和做出决策的办法来自于中国文化中的许多方面，但是最简单的办法就是从孙子的军事理论中找出依据。孙子的理论说，所有的环境——地形、军队的士气、天气、作战将领的态度和国家的状况——决定战争的结果。因此，如果试图在中国（或者任何一个地方）或者和中国一起实现任何目标，对行动的整个环境进行思考将大有帮助。你想做的事情如何符合政府的需要？你想做的事情会威胁到谁，而他们又有多大的能量？如何把正在解决的问题放大，从而让更强大的力量来共同承担？

例如，西方帮助中国解决日益严重的艾滋病问题的传统方式就是直接入手——在中国组织有关 HIV 的会议、派医生前往中国、与政府讨论有关防治战略的问题。这种办法将不会成功（事实是已经失败了）。中国官员意识到 HIV 是一个问题，但是他们处理这个问题时面临着政治和资源上的巨大限制。因此，在 HIV 问题上帮助中国的一个更有效的办法就是帮助这个国家创造整体的医疗保健环境。努力帮助中国为它的国民建立一个世界级的医疗保健计划，这才极大地符合政府的利益。当然，这种努力的一部分就是制定一个 HIV 计划——你最开始的目标。但是，一旦把它包装到国家医疗保健的环境中去，就容易推销得多了。

因此，新的对华政策需要三个支柱——专注于中国的弱点、记住有时需要操纵而不是说服中国、构筑整体的环境。随着中国的实力和影响力的增强，各国争先恐后地想帮上中国的忙。因此与中国接触不应当再以某些旨在具体问题上左右中国的政策攻击中国。相反，希望在对华政策上取得成功的国家应当制定一个与北京相互影响的广泛计划，这个计划应该同时涵盖中国的长处和弱点。这样做的最终结果是找到一个处理美中关系的新方法，例如，创造一个在中国的不足之处与其进行合作的环境，从而为在其他方面采取行动获得影响力和信任。例如，美国和中国在能源安全或者科技政策方面的共同努力，将创造一种通力合作的环境，而这种合作自然将延伸到其他领域。中国的外交政策已经开始强调美国和中国的目标中的共同之处，甚至到了设法使两国在台湾问题上达成一致的地步。因此创造一种合作的环境是最基本的问题。这样做的最佳方式大概就是建立一个新框架，允许两国能够处理拥有共同利益的问题，并使这个框架脱离美国的政治循环的影响长久地存在下去。一个把在核扩散、能源安全和其他问题上的合作正式确立下来的新框架将可以避开错误的"中国威胁/中国机会"的二元模式，并开始以一种更注重整体大环境的方式对待两国之间的关系。

在当今世界，"北京共识"正变得越来越流行，在这种情形下，中国承担着新的责任。虽然中国官员很想继续假装中国仍是一个艰苦奋斗的国家，但他们需要意识到，其他国家如此关注中国典范的原因之一正是他们的艰苦奋斗。中国官员应该继续坚持他们的一贯做法，让不同的各方和谐共处，以证明一个发展中国家也可以同时成为一个强国。与"北京共识"相比，中国的政策极其复杂，在这里，我就不对此做过多阐释了，不过我要顺便提一下，今后五年，一个重要的契机摆在中国面前，它可以借此塑造自己在国际上的形象。目前，对其他国家的民意调查结果表明，大多数国家仍然认为中国神秘莫测、令人恐惧。中国的决策者有望开始意识到，在国家未来的发展中，提高透明度是一项必不可少的内容，通过这种方式可以让北京值得借鉴之处与它内部存在的问题同时为外界所知。对于像中国这样一个不习惯向外界展示自己问题的国家来说，这是一件非常困难的事情。但是在中国不断寻求新的解决办法来应对发展中的巨大挑战之际，透明将越来越有助于、而不是危及稳定。

"北京共识"给世界带来了希望。在"华盛顿共识"消失后，在世界贸易组织谈判破裂后，在阿根廷经济一落千丈后，世界上大多数国家都不敢确定新的发展范例应该是什么样子。许多国家想求得发展与安全，但几百年来不断看到过于依赖发达国家提供援助的发展模式以失败告终，对于这些国家来说，中国所发生的一切，包括创新、不对称性、对平等的关注、对有关公民权力与义务的新思想的探索等，都有着极大的吸引力。当邓小平在1978年首次"打开"中国大门时，他说他的愿望是，中国在实现人均收入1000美元后，能够最终将注意力转移到帮助其他国家上，利用中国的影响力重塑这个世界，使它变得更加安全、平等。2003年，中国的人均收入超过了1000美元大关。如今，这个国家发现自己不仅拥有一些经济手段来帮助这个世界，还拥有另外一个手段，那就是它的典范作用。也许这也正是邓小平当年所设想的。

北京共识的神话

斯科特·肯尼迪[*]　赵丽　译

一　导论

　　中国取得的非凡的经济成就引起了人们对其原因的讨论。有些人把这些经济成就归功于中国过去 30 年的自由化，这和传统理论解释经济发展的观点相一致。其他一些人认为，和自由化同样重要的是改革的步骤和富有特色的改革顺序以及强有力的政府执行力。就这点而论，他们认为中国的成功挑战了传统的恰如其分的发展战略以及国家作用的理论。观察家乔舒亚·库珀·雷默把中国独特的发展道路称之为"北京共识"，与之前的"华盛顿共识"相区别，而华盛顿共识意味着一种更为传统的发展模式。

　　雷默的论点在他 2004 年发表的论文中得到了详细的论述，这篇文章在中国和国外的学术界以及中国的政界引起了广泛的争论。我认为北京共识是对中国改革经验的误导和错误的总结。它不仅仅对中国的经验事实的总结是错误的，而且无视中国与其他国家成功经验的相同和不同之处，同时，扭曲了中国在国际政治中的地位。尽管如此，对于这一观点的讨论为阐明中国改革道路的逻辑提供了机会，把它放在了一个更为广泛的比较的视野中，并且评估了这一发展前景对其他国家和国际关系的重要意义。

　　本文首先概括了何为华盛顿共识以及 20 世纪 90 年代由拉丁美洲和其他

---

　　*　作者系美国印第安纳大学政治学和东亚语言文化系副教授。

的一些地区由于紧随华盛顿模式而导致的经济衰退所引发的争论。对华盛顿模式的支持者来说，这是一个令人失望的记录，它表明华盛顿模式被人误解了而且需要修正。对于它的批评者来说，华盛顿模式需要被抛弃，而采用其他的道路，例如东亚地区通过广泛的政府参与取得了经济上的成功。本文随后转入讨论北京共识，包括它最初的含义以及随后如何在中国被演绎和受到批评。北京共识是基于对中国政治经济的错误分析。虽然有些人希望中国的评论者能够欢迎这一赞美性的标签，但是在中国这一观点在很大程度上是受到批判的。本文首先分析了北京共识和另外一个被广泛讨论的概念——中国模式。根据对传统的经济理论更加灵活的理解，重新考虑了中国的政治经济和发展道路，在此基础上，本文考虑了北京共识和中国道路对国际政治和全球治理的影响。就它原本的概念而言，这些概念所引发的紧张和争论比之前的预想都要少。

二 华盛顿共识

华盛顿共识是由约翰·威廉姆森——国际经济彼得森研究院的经济学家提出来的。1989 年他主持了一个国际会议，为了引起对过去几十年里在拉丁美洲的经济改革的注意和确定需要进一步改革的领域。在他随后发表的文集中，他列出了 10 项政策，他认为华盛顿的决策者几乎都会同意这些在拉丁美洲实施的政策，因此，华盛顿共识，在表 1 所列出的，并不意味着对拉丁美洲的批判，也不是对拉丁美洲的说教和施加压力。他认为这些改革措施被广泛认为是正确的，他把这些措施比喻成"母亲或者苹果派"。

当华盛顿共识公布后，威廉姆森不得不修饰限定他最初的声明。首先，他承认在两点上他夸大了共识。并非有竞争力的税率就带来收益上达成共识，美国越来越支持在两端的政策，即一个国家有权选择完全固定的汇率或者自由浮动汇率。并且他承认华盛顿在国外贸易自由化的速度上存在严重的分歧。

威廉姆森也意识到了华盛顿共识遭受到了误解。在具体的层面上，他强调第 7 点，所谓的外国投资自由化，并不包括资本账户的自由化，因为在这一点上没有形成共识。第 9 点放松管制只是意味着降低公司进入或者退出市

表1 华盛顿共识

要 点	后来修正或者符合资格的
1. 加强财政纪律	
2. 重新调整公共开支的优先权，放弃不值得的补贴，投入共同产品（如健康和教育）	
3. 开展税制改革包括广泛的税制基础和适度的边际率	
4. 利率自由化	
5. 具有竞争力的兑换率	
6. 贸易自由化	
7. 外国直接投资的自由化	
8. 国有企业私有化	
9. 放松管制，消除企业进入和退出行业的壁垒	
10. 保护所有权	

场的门槛，而并非意味着劝阻这些国家放弃保护本国人民安全和环境的措施。这并不意味着国家不能控制公共产品的价格如公共事业，对所有权的强调最初的含义是为经济部门提供相应的权力，对此，索托已经详细叙述过。

更为重要的是，威廉姆森不得不与华盛顿共识留在布雷顿森林体系的机构——世界银行、国际货币基金组织、世界贸易组织（之前是关贸总协定）中的看法做斗争。前两个机构以有条件的帮助受援助国而著名，这与华盛顿共识联系起来了。20世纪90年代，国际货币基金组织强迫受援助的国家开放它们的资本账户，这包括允许无障碍的有价证券投资。然而，威廉姆森指出，华盛顿共识并不包括边界的资本账户的开放，因为很多人认为不成熟的开放会导致金融危机，正如在20世纪90年代发生在东亚、俄罗斯以及拉丁美洲的金融危机一样。尽管在这一点上没有达成共识，但是在定义上不能包括在华盛顿共识里面。

威廉姆森因华盛顿共识与自由主义的经济思想理念混淆在一起而心烦。威廉姆森指出，对于华盛顿共识，著名的评论家约瑟夫·斯蒂格利茨实际上同意的是好的经济政策的实质是什么，但是斯蒂格利茨把华盛顿共识与国际货币基金组织和新自由主义的思想体系混淆在了一起。这一学派的经济思想可以追溯到18世纪亚当·斯密以及第二次世界大战结束后的蒙·佩尔兰的自由市场的思想。20世纪90年代，这一政策与大不列颠的玛格丽特·撒切尔和美国的罗纳德·里根联系在一起。威廉姆森有意识地在华盛顿共识里面剔除新自由主义政策框架的关键因素，包括货币主义、供给经济、最低限度的国家无法提供的福利以及收入分配的问题。他指出："如果有批判家选择用这一概念时，必须指出他谈论的华盛顿共识是一个概念，而不是在华盛顿达成共识。"

对华盛顿共识的误解与采用这一原则的国家在经济上的不同表现密切相关。随着拉丁美洲、非洲和苏联经济改革的失败，作为回应，威廉姆森的辩解超出了原来的本意。第一，他阐明了一些要素。他强调尽管私有化对促进发展是非常有必要的，但是如何实施私有化同样重要，这在中欧国家的腐败的进程中已经显现出来。

其次，在20世纪90年代，他和其他人根据成功和失败的经验，进一步发展了他的政策建议。他指出，他最初要求自由化利率应该包括放宽国内的财政自由化。他指出，在劳动市场自由化以及危机规避机制（减少商业周期中的不稳定性以及抑制国外公司的商业借款）方面达成了越来越多的共识。他同时建议，采用通过教育、信息技术的扩展以及支持竞争前研究、提供研发税收优惠，鼓励风险投资，支持工业规模化等方式采用聚集产业政策。他同时建议，通过激进的税收政策解决不平等的问题。

威廉姆森对华盛顿共识的补充是同意其他人的看法，认为华盛顿共识的政策在集权政治体制中更容易成功。作为华盛顿共识的"第二代改革"包括强有力的法官、高效率的公务员队伍、有效谨慎的财政监督、独立的中央银行和反腐败的机构以及社会保障网络。威廉姆森并没有明确的把民主化作为一个必要的条件，但是他指出能产生良好治理的机构必须与民主体制相一致。

最后，威廉姆森强调指出，华盛顿共识不能被看做一个不容易变通的思想体系。如果华盛顿共识被看做一个教条，那么几乎没有关心发展的人会捍卫它。这需要政策能够适应当地的环境，并且认识到华盛顿共识之外的一些政策对于促进持续的增长是必须的。因此，威廉姆森认为，总会有其他的事情，试图制定出一套总的政策指导方针，对政策制定者来说，他可以停止思考而仅仅是遵循别人捏造的不负责任的一套政策。

威廉姆森认为，他澄清、补充和为华盛顿共识提供灵活性绝不是与原来的政策和隐含的要旨断绝关系。他们认为，早期对华盛顿共识的误解和最近的实践经验，要求政策制定者必须更加谨慎经济改革如何进行，从而支持华盛顿共识。

尽管威廉姆森和他的支持者尽力拯救华盛顿共识，但是，无疑华盛顿共识处在难堪的批判中。尽管威廉姆森小心翼翼地集中于他最初的政策建议以及之后的详尽的阐述，然而华盛顿共识被演绎解释的更多。冷战的结束和福山的"历史的终结"，把民主和自由市场看成无可置疑的现代化的目标。国际货币基金组织的有条件性以及美国经济的停滞更加剧了这一认识。然而，在执行过程中的问题太过明显，像是在通向福地路途中无法预知的陷阱。批评家指出，对最初的华盛顿共识的修正特别是对制度上的要求，并不能反映出这是一个成熟的共识，而是在不顾一切的寻找新的替代品。此外，很多因素导致了门槛的提高，这对很多寻求发展的国家都是不切实际的。正如纳伊姆指出的，"这种矛盾是，如果那个国家能够满足这样严格的要求就已经是发达国家了。"尽管威廉姆森尽了全力，他在 20 世纪 80 年代提出和推动的华盛顿共识随着新世界的到来而逐渐没落。

在这种形式下，分析家们开始寻找新的方案，以促进发展中国家经济的持续增长。最重大的挑战来自在 20 世纪 80 年代获得的动力，来自发展中国家的支持者，这与日本、韩国以及中国台湾的成功密切相连，但是这也反映了法国、新西兰和其他国家的经验。观察家集体指出，市场经常会失败，而政府需要做的更多，而不仅仅是裁判和公共产品的提供者（如基础设施和教育）。发展中国家的政府需要引导本国的商人投资到恰当的工业，鼓励他们在国内外取得成功，保护他们免于国外的竞争。在 21 世纪的转折时期，华盛顿共识的批评者有意识地把其他共识作为替代者，这包括蒙特雷共识、哥本哈根共识、墨西哥共识和南部共识。最后一个战略是由戈尔提出的，南部共识汲取了拉丁美洲和东亚经济发展的教训，采用了更为广泛的工业政策促进生产的发展，鼓励政府和商业的合作，减少不平等，促进地区一体化和合作，通过这些政策从而把其国家的经济发展战略融入到全球经济中。

误解、修正和对华盛顿共识的挑战为理解北京共识概念的提出提供了背景。即使有人认为中国过去 30 年经济的显著增长与华盛顿共识中的一些改革的因素存在一致性，但是所有人都同意，中国并没有遵从华盛顿共识。中国并没有唯命是从地接受世界银行的建议，也尽量避免国际货币基金组织的帮助（因为国际货币基金组织援助的附加条件性）。

三　北京共识

北京共识是由美国高盛公司高级顾问乔舒亚·库珀·雷默提出的，这位在中国默默无闻的前《时代》杂志的编辑随着共识的提出，在中国的学者和官员中引起了一阵旋风。如果有人把北京共识看做是意在宣扬中国成功和挑战华盛顿权威的宣言，那么就能够欣赏雷默大胆的努力和华丽的文风。尽管如此，北京共识在很大程度上是思想不连贯和不准确的。

很显然，雷默的北京共识是对华盛顿共识的一个煽动性的回应，但是北京共识的三个"定理"无法与华盛顿共识相媲美。雷默详细地论述了中国经济的高速发展和不断增加的国际影响力。第一个定理是中国的现代化植根于改革和技术创新，这也是生产力发展的重要原因。他指出，传统的观点认为，中国的经济增长是由于拥有大量廉价的劳动力。其实，技术创新导致生产率提高是中国经济发展的真正原因，这也抵消了由于内部不平衡带来的破坏性影响。第二个定理是中国不仅仅是发展经济，而且也实现了财富的平均分配。他指出，目前中国的领导人，甚至地方的官员把可持续平衡发展作为一个"重要的关注点"。中国也在逐步承担义务以减少经济增长对环境的破坏。"绿色环保"作为评价经济发展的一个标准受到越来越多的欢迎。

表 2　　　　　　　　　　　　　　北京共识

1	基于创新的发展
2	将可持续性和平等性作为评价经济发展的标准，而不是国民生产总值
3	中国相对于美国的自主权力 反对华盛顿共识 具有中国特色的全球化 通过自身的例子发挥影响力，而非武力 发展不对称的能力平衡与美国的关系

第三个定理雷默指出，中国能够控制发展的政策和道路，中国的成功通过中国对其他国家的吸引力以及日益增长的权利对美国形成了挑战。中国并没有被强迫接受华盛顿共识，而是追求适合它自己国情的政策。正如雷默所言，"对于中国来说，最为主要的参照者就是它自己"。结果，当衡量中国的综合国力时，中国在很多领域已经成为美国的竞争对手。同样重要的是，发展中国家把中国作为经济伙伴、政治同盟和发展的模范，而这一切都侵蚀了美国的全球支配地位。

除了对中国英明的领导有浮夸炫耀之嫌，雷默的北京共识在一些方面还有虚构之嫌。假定在很多方面中国没有严格遵守华盛顿共识的定理，这个国家仍然在全球拥有越来越重要的影响力，然而中国没有遵守华盛顿共识并不能证明雷默的远见卓识。以下的评判主要是集中于经济发展的因素，而没有涉及中国日益增长的国际影响力和对美国霸权的挑战。对后者的讨论在结论中会有所涉及。

首先，技术创新并不是中国经济增长的关键。雷默的言论听起来像未来学家阿尔文·托夫勒，他认为中国能够跨越几代技术革命，并建立自己的技术创新的基础。当然，认为中国的经济增长与技术创新没有关系也是不准确的。这是因为，确定无疑的是，在不同的经济部门正在运用越来越多的技术创新和发展，特别是在制造产业；中国日益增长的科学家、工程师和企业家；在过去几十年里中国用于研发的资金不断膨胀，特别是企业用于研发的资金；这些投资主要反映在日益增长的专利申请、版权保护和商标注册上。

然而，中国并不是技术创新的领导者。中国企业生产的产品和提供的服务，大部分都是由国外设计和发明的。在高新技术产业，很多非常成功的中国企业作为制造者或者装配工整合到全球生产网络中。中国绝大多数出口的信息技术的附加值都来自境外，85%的出口产品是由合资企业或者总部在发达国家的外国独资企业生产的。近几年，中国共产党大肆鼓吹要促进"自主创新"。这一目标的核心是在信息技术产业建立独特的技术标准，并且利用中国巨大的市场规模，迫使其他国家生产符合这一标准的产品。然而，到目前为止，这一记录一直欠佳，大部分努力都没有取得商业成功。只有那些与外国技术相兼容的公司才极有可能获得成功。证据表明，中国追求可持续和公平发展是非常有限的。充其量可以看做是未来的目标，而不是目前在改革阶段的中国政策的主流。中国采取了重要的步骤建立了监督环境保护的基础设施，然而这只是在环境保护和经济增长之间的一个折中和权衡，而经济增长占据了上风。雷默对胡鞍钢的绿色国民生产总值的算法显示出了浓厚的兴趣，虽然中国政府允许基于2004年的数据发布了报告，但是并不惊讶的是，在随后的几年中国政府不会允许发布类似的报告。同样，贫富差距是中国经济增长最主要的一个标志。虽然，数以万计的人民脱离了贫困，然而，无论从个人、地域还是区域来说，贫富差距都扩大了。雷默自己也承认这一点。目前，北京政府取消对沿海地区的特惠政策，并加大对西部地区的投资，然而中西部地区之间的差距依然是巨大的。拙劣的学校、居民楼和办公室在2008年的四川地震中遭到严重的破坏，这些不幸的事实表明了地区差距依然存在。

雷默北京共识的第三个定理是，中国经济发展的战略是独一无二的。在某些方面，这一观点是正确的。没有任何一个国家采用同样的政策，并且取得同样的效果。诺顿尽管和我一样对雷默持批判态度，还是指出了中国经济发展的独特的因素（比如说，国土幅员辽阔，大量廉价的劳动力和官僚集权的政府），把它和其他国家区别开来。然而强调中国的这些独特性，并不能表明什么，因为强调这些特性同样可以运用到世界其他194个国家，而把这些取得成功发展的国家贴上"某国家共识"的标签是没有任何意义的。

虽然中国的现实国情无法达到华盛顿共识的理想状态，但是雷默还是为中国的独特性而欢呼。然而，如果他运用一个更加细微的比较视角，就会发现中国的政策和发展轨道和很多国家都有相似和不同之处，这些国家既包括自由资本主义国家，也包括发展中国家。这是因为，在某种程度上中国的经济改革是借鉴其他国家的经验，中国的官员和专家也密切关注和借鉴其他地区的经验。从这个意义上来说，雷默早应该指出中国是在步某些发展中国家的后尘。中国政府运用宏观和微观的经济政策一直在干预中国的经济，中国也采用了他国的经济政策。雷默指出，中国建立经济特区是受到印度的启发，其实是借鉴了其他国家的经验而建立的。

与此同时，中国与东盟邻国在很多方面都是不同的。中国经济增长最快的部门，沿海的私营企业没有中央政府的鼓励，在激烈的市场竞争中生产并取得了成功。过去几十年里，中央政府试图垄断钢铁产业，而现在中国大约有6000多家钢铁公司，比建立之初多了2000多家。日本和韩国对外国的直接投资和进口设置了严格的关卡，在同样的领域，中国对国际社会保持了更为开放的态度。近几十年来，中国一直是发展中国家里，外国直接投资的最大受益国，这一方面由于国外政治的压力，一方面由于中国经济自己的薄弱性需要国外先进的管理经验和技术。日本、韩国和中国台湾对政府与工商企业之间的协商有一套高度完善的制度，而中国的工会组织却徒有虚名，很多的工商企业都是通过非正式的、个人的渠道与政府建立联系，这与俄罗斯和印度的政府和企业的关系有相似之处。中国的社会保障制度远远比不上它的邻国，而与一些"不对等的发展者"南非和埃及有很多的相似之处。

雷默论文的第四大问题是，他认为中国的各方行动一致，并且追求统一的目标，而中国的经济成就是这一蓝图的反映。他把这些成就归为是在以邓小平为核心的中央领导和其他中央领导领导下取得的。毫无疑问，中共的领导是强有力的，但是诸多记录显示，他们不是全能的统治者，他们无法把他们的意愿强加到社会的各个方面。在很大程度上，中国的统治精英不得不对政治和经济的压力作出反应，而不是他们的选择。在中国改革开放的前15年，中国的很多政策反映了共产党自由派和保守派之间的妥协。由于政治运动，意识形态的分歧逐步消失，而官僚斗争的继续影响了政策的采用和执行。最近，商业利益集团和社会的其他组成部分在国家和地方的层次上成了政策辩论的中心。中国很多成功的政策最先是在地方开始实施的，这些没有经过中国批准的试验，是对中央政策的反对，但是最后都得到了中央的支持和赞同，归根结底，这是不同的利益集团妥协的结果，这也是中国很多经济政策的来源。

最后一点，雷默认为，他提出的北京共识得到了中国的知识阶层和官员的一致同意。雷默的论文发表3年之后，科兰声称雷默的观点在中国得到了广泛的共识和接受。我的观点是，如果这一共识在中国得到了普遍的接受，那么北京共识是错误的，是对美国和全球经济共同体过度的敌对。

中国的评论员发现了北京共识的有用之处。最为重要的是，他们把北京共识看成是对华盛顿共识、新自由主义以及东欧和苏联的休克疗法的批判。对华盛顿共识的批评指责，在于批评者认为国家的发展道路应该符合每个国家的国情。其他欣赏华盛顿共识的人，原因在于承认中国取得的经济成功。

而中国国内绝大多数都是对北京共识持批判态度。有些人认为北京共识是不准确的或者夸大之词，有些人认为它忽视了中国经济改革的最重要的因素。很多评论家认为，北京共识所谓的共识其实并不存在。还有一些人强调，北京共识低估了中国经济战略所产生的问题以及战胜这些问题的难度。最终，很多观察家认为，中国的经济改革战略依赖华盛顿共识的基本要素，例如自由价格、竞争、有限的通货膨胀以及加入世界贸易组织。因此，北京共识只是在华盛顿共识的基础上，对它的补充，而非挑战和替代。

四 结论

在中国对北京共识的批判和不满，并不意味着中国的分析家没有看到中国在自身发展道路上的独特性和开创性的努力。尽管对北京共识的支持者寥寥无几，而"中国模式"这一提法却拥有很多的支持者，虽然诺顿和李对这一概念已经做出了解释，在这里强调几点，相对于北京共识，中国模式这一概念，面临和北京共识相同的困境，它需要证明中国发展道路和政策的独特性。由于对"中国模式"缺乏统一的共识，这一任务变得更加困难。北京共识有非常清楚的出处来源，而"中国模式"却没有明确的定义。有些人认为"中国模式"是对专制资本主义的一个隐喻，而有些人认为"中国模式"是中国由国家资本主义向市场经济渐变的一个同义词，关于这种转变一个更为常用的术语是"有中国特色的社会主义"。中国的评论者对"中国模式"的描述也非常少。有些人还认为"中国模式"是东亚发展状态的一个延伸。不管"中国模式"选择了哪种描述，它的独特性还是很难识别的，而这限制了它的分析解释的能力。此外，"中国模式"没有明确的假设，但是模式本身标明了连贯性和导线定位，这与现实是不相符的。

北京共识和中国模式的支持者认为，中国的实践经验违反了华盛顿共识和新自由主义的定理。虽然严格意义上说，中国并没有遵守威廉姆森的10

个定理，尤其是管理制度。尽管如此，原教旨主义过分夸大了中国偏离标准的经济理论的程度。罗德里克指出，新自由主义的分析并不意味着只有一种政策处方。因此，他指出，经济改革的广泛的目标——也就是以市场为导向的奖励机制，宏观经济的稳定性和外向型的定位，并没有转化为一套独特的政策行动。例如，私有财产权利可以由个人获得，而中国自从 20 世纪 90 年代以来授权地方政府对私有财产权利加以保护，这有助于解释为何乡镇企业在中国获得了巨大的成功。但是，罗德里克并没有解释为何中国的干预没有导致寻租行为，而这一行为在菲律宾和印度尼西亚限制了政府的广泛干预，但是他表明这一干预与传统经济的逻辑保持了一致。

而布雷顿森林机构也得出了同样的观点。尽管他们对对象国的政策建议往往是新派或者老派的华盛顿共识，但当他们分析中国和其他国家的成功时，认为政府在国家经济发展中发挥了重要的作用。

考虑到北京共识、中国模式的问题以及标准经济理论的灵活性和全球治理机制，我们应该清醒地意识到，这些观点的政治含义不能被夸大。在中国，北京共识和中国模式不能被看做"中国特色的社会主义"或者"改革开放"的意识形态的补充。

这些提法对国际政治的影响力是潜在的也是实在的，但是仍然面临很多障碍。在国际上，一些国家对学习中国的成功经验非常感兴趣。有些被专制的领导者统治的国家希望通过学习中国的经验不但能够保持经济的增长，还能维持一党专政。然而很多国家已经证明了，经济成功没有一个统一的公式，在中国证明成功的模式不能直接应用到其他的环境中，那些盲目照搬中国政策的国家，将会发现他们处在和当年照搬华盛顿共识的国家处在相同的境遇中，被国内的政治经济危机所阻止。

另外，一些人把北京共识和中国模式作为反对美国和布雷顿森林机构的源泉引起了他们的共鸣。如果这样的话，北京共识将是南北矛盾的体现和化身。国际秩序需要不断适应中国日益增长的国际影响力，在一定的环境下，允许更大程度和范围内的国家干预。这一挑战无法与冷战时期共产主义和资本主义的意识形态的对抗以及发达国家对发展中国家财富的侵蚀相媲美。的确，国际秩序需要改革，但是这一挑战的动力不可能来自中国，因为中国正在巧妙地适应和融入国际秩序，而深陷贫穷的恶性循环的不发达国家更有可能挑战这一国际秩序，因为在这些贫穷的国家，没有任何共识为他们提供逃亡之路。

（来源：2008 年 5 月 30 日于美国丹佛，由台湾大学中国研究中心和美国丹佛大学中美合作中心联合举办的"华盛顿模式 Vs 北京模式：中国模式发展的可持续性"会议论文）

"北京共识"还是"中国经验"

黄　平[*]

"北京共识"这个说法是雷默先生讲的，按中国的标准雷默还很年轻，他以前为《时代》杂志做编辑，在北京住了几年下来，越来越觉得拿西方现有的关于中国的"框框"（Stero Types）来看中国当下的发展有问题，甚至有偏见，说不清楚，于是提出这么个新的说法，以区别于"华盛顿共识"。很多人会说，哪有什么北京共识啊？我们不是一直在摸着石头过河吗？

的确，我们是在摸索、探索，其中不乏分歧、争论，很多问题并没有形成"共识"。而雷默本人的意思，恰恰是说，不论这里有多少问题、风险、不确定性，有一点是肯定的，那就是：中国没有简单遵从"华盛顿共识"。

"北京共识从结构上说无疑是邓小平之后的思想，但是它与他的务实思想密切相关，即实现现代化的最佳途径是'摸着石头过河'，而不是试图采取休克疗法，实现大跃进。"

其实，即使连所谓"华盛顿共识"，在华盛顿也是没有多少人知道的，更不用说有什么"共识"了，那不过是在国际货币基金组织和世界银行范围内很少部分人之间的"共识"。本书所收录的威廉姆森的文章对此有很清楚的说明，"'华盛顿共识'这个术语最初是在 1989 年提出的。在国际经济学研究所举办的一个会议中，我在论文中第一次使用'华盛顿共识'这一书面语，用以衡量 OECD 一直认为适当的系列观点在多大程度上取代自 20 世纪

---

　*　作者系中国社会科学院美国研究所所长、研究员。

50年代开始主导拉美经济政策的发展经济学旧观念"。①

　　我第一次听雷默先生谈他这个"北京共识",是2004年5月我们在伦敦举办论坛的时候,那时英文版的文章还只是个初稿,我当时印象比较深的,是他一上来就说:"两个最无视'华盛顿共识'的国家——印度和中国——则取得了令人瞩目的经济成就。诸如阿根廷和印度尼西亚等'华盛顿共识'的忠实追随者却付出了社会和经济代价!"②

　　从2004年5月到现在,一年多过去了,"北京共识"也不胫而走,先是在《参考消息》,后是在各种网络上,都有体现。我的考虑是,问题不在于是不是有所谓"北京共识",而在于:身为中国学者,我们自己对于中国近30年来的变化有什么说法没有?如果还没有"共识",有没有诸如"中国经验"或"中国道路"这样的可能,其不只是罗列一些现象,而是某种概括甚至是"模式"?

　　我们过去有一句老话,"中国应当对人类有较大的贡献",这是毛泽东讲的。这个话教育了我们很多年,那个时候我们叫"胸怀祖国放眼世界",最终是要"解放全人类"。但究竟什么叫对人类有较大贡献?我们过去是不清楚的。1978年改革以后,邓小平有一个解释,叫把中国的事情办好就是对人类最大贡献。而什么叫把中国的事情办好,我们又很多年也没搞明白。转眼间到了1989年,因为发生了天安门事件,全世界就开始封锁中国,重新改变对华政策。我们1978年对外开放、对内改革,基本上是受到一片欢呼的。在我自己的印象中,20世纪80年代中期我在欧洲,那边的舆论说中国什么都是好的,那会儿是说到苏联什么都不好,而到1989年一下子翻过来了,一说苏联什么都是好的,一说中国什么都是负面的。

　　1989年以后中国的《政府工作报告》连续几年都讲,我们把中国的事情办好,很重要的一条就是用这么少的耕地养活了这么多的人,解决了十几亿中国人的吃饭问题,这是人类历史上了不起的事情。那个时候我还在英国,当地人不大明白这个事。英国人老问我,说你们中国人到底要吃多少

_____

　　① 在这个意义上,"华盛顿共识"是比"新自由主义"新得多也窄得多的东西,更不用说比"新古典经济学"了。

　　② 在正式发表的时候,这个句子挪到了整个论文的中间部分。

饭，他们就是不懂这个事，解决了吃饭问题，怎么就是个伟大的贡献呢。我说你们是所谓的"富裕社会"，真是饱汉子不知饿汉子饥啊！

我们过去多少年来，至少清朝中期以后，吃饭问题就成了头等大事。19世纪后半期到20世纪前50年，这100年中许多动乱、起义、革命、战争，都与吃饭问题没有解决好有密切关系。孙中山提出要"耕者有其田"，但并没有真正解决，后来经过土地革命，搞了土改，才奠定了一个坚实的社会基础。

1950年代以后又有合作化的努力，集体化的努力（包括被证明是失败了的"大跃进"），都是试图要把亿万农民组织起来，一个是为了解决多少年来的"一盘散沙"和"任人宰割"的问题，另一个就是要解决粮食生产或吃饭问题，那时叫自给自足、自力更生的问题，现在叫"粮食安全"问题。中国这么大，一方面粮食不可能完全依靠外援；另一方面，虽然国土面积大，但是（人均）可耕地少得可怜，南北东西自然差距大得惊人，要解决这么多人的吃饭，如果不组织起来，就可能今天这里水灾那里旱灾，逃荒啊，难民啊，在所难免，到了极端就是骚乱和起义。于是，在搞完土改后，就要搞合作社，"大跃进"失败后，也只是退到"三级所有，队为基础"，还是为了有个集体作基础，不至于两极分化。后来"文革"期间就"全国学大寨"，听起来是很激进的方案，要几千年的小农走高度集体化的道路，怎么可能呢？但是在实际层面，"农业学大寨"的一个很具体的内容实际上是要解决吃饭问题，那会儿南方叫"过长江"，北方叫"过黄河"，要解决粮食亩产问题。1975年，毛泽东身体已经很不好了，还不断问，为什么粮食产量大寨做到了，别的地方做不到，一年做不到，三年行不行，三年做不到，五年行不行，五年做不到，十年行不行？所以1975年邓小平主持中央工作，还专门到大寨去开了个全国农业工作会议，并代表中央作报告，要解决粮食产量问题。老实说，这个问题困扰了我们多少年，一直到1978年的改革，才又由农民自己摸索了联产承包责任制，叫"交够了国家的，留足了集体的，剩下都是自己的"。一直到今天，我们说改革的伟大成就，第一个还是这个，通过改革，基本解决了粮食问题、吃饭问题。

不仅如此，现在的问题确实是不一样了。近代以来多少年一直都有饥荒灾害、难民流离失所，现在则是粮食吃不完、藏不好、种粮不划算。即使在宁夏、甘肃、山西、内蒙、云南、贵州，在这些省的贫困县，许多偏远山村的老百姓也藏粮不少，他们已不怎么担心饿肚子、揭不开锅，而是怎么避免藏粮被老鼠吃掉或避免霉掉、烂掉。现在饿肚子揭不开锅情况已经很少了，除了内蒙新疆可能因为一场大雪羊死掉了很多那种灾害外，在正常年景下，吃饭对绝大多数中国人已经基本不是什么大问题，所以说我们不仅是脱贫，甚至也不仅是基本解决了温饱，而是进入了初步的小康。从毛泽东讲"中国应该对人类有较大贡献"，到1980年邓小平说"把中国人的事情办好就是对人类最大的贡献"，再到1989年以后连续几年《政府工作报告》强调用这么少的耕地解决了这么多人的吃饭问题如何了不起，再到今天，改革20多年下来，就要求我们回到中国发展的道路问题上来，就涉及下一步怎么走的问题。我们过去二十几年的发展与改革开放，走了一条具有中国特色的道路，不仅用如此有限的耕地解决了十几亿人的吃饭问题（我们讲"中国特色"，当然可以列出许多，但第一个其实就是"人多地少"），而且在许多领域也取得了举世公认的成就。现在的问题是片面追求高增长（例如从技术上说以高投入、高耗能、高污染为代价的增长，或者从结构上看以扩大城乡之间、区域之间、贫富之间的差距为代价的增长），还是在新的发展观指导下走全面、协调、可持续发展的道路？全面建设小康社会与更进一步构建和谐社会的问题，就是在这个大背景下提出来的。

"全面建设小康社会"与原来讲的"实现现代化"是不一样的。最早提出的是工业化，从晚清民国就提出来了，晚清的富国强兵啊，民国的强国富民啊，都是要迎头赶上，要使中国也工业化。到了"五四"，提出"赛先生"与"德先生"，就不只是经济上如何工业化了，而有了要把中国建设成现代社会的意思，后来战争打乱了这个进程，不得不通过革命，革命以后再搞工业化，1950年代是第一个高潮，到了1964年提出四个现代化，包含了在工业、农业、科技、国防领域的现代化，1975年四届人大上总理抱病作政府工作报告，重申了这四个现代化。1977—1978年以后再把它作为各项工作的重点。而这里的重点还是工业化。

现在的问题是，我们过去讲的工业化，基本是以西方特别是英国的经验为基础的。而在西方近代历史上，工业化不只是一个单一的过程，它是与资本主义、民族—国家等共同构建起来的一整套从制度到观念的东西，即所谓的"现代性"。但是，这绝不只是一个人口比重意义上的"城市化"（农村人口向城市转移或城市人口比重越来越大）的过程，而在实际的历史过程中，它是通过对内建立雇佣劳动与剥削，对外侵略扩张、殖民移民，并把这两个过程都从文化—意识形态上加以合法化来完成的。那么如果中国也要搞工业化，既不可能对外搞战略扩张，对内甚至也不能够通过搞剥削，所以搞了集体化、合作化、公私合营什么的，想用社会主义的办法来搞工业。这个问题，用现在的话说，就是怎么从理论和实践上不重蹈资本主义覆辙，怎么走出一条具有中国特色的社会主义道路的问题。

工业化还有一个问题，它是第一次以大规模的、有组织的方式远离自然、破坏自然。农业文明虽然没有采集和狩猎那么接近自然，但基本还是个自然经济形态。有人类文明以来，最早是狩猎、采集，到第一次定居是农业文明。农业文明一个是定居，一个是依赖对土地的开垦。比较早的文明形态包括我们今天说的中华这种文明形态，晚近也有通过大牧场的方式，那是把农耕也工业化了（Industrialization of agriculture），而我们一直是小农为主，直到今天几亿农民分散作业，以家庭为基本单位，也是基本国情之一。

而工业化呢，第一个特征是远离自然，把人组织到非自然的环境下，或者是创造一个比如工厂、车间那样的东西，这些东西都集中在城市里，远离自然，来搞生产、流通、交换、分配、消费；第二个特征是把大自然作为剥夺、掠夺的对象，把大自然作为一个取之不尽用之不竭的源泉，包括森林、矿藏、木材、淡水，一直到整个自然的一切，乃至生物和动物，都作为我们征服的对象，战胜的对象，甚至是破坏和消灭的对象。所以即使是撇开资本主义这个维度，只讲工业化本身，它其实也是高度组织化的。第一个特征就是远离自然，而为了远离自然，就必须高度组织化，大规模的制度、设置，把人组织到一个个车间一个个工厂，使人成为一个个齿轮和螺丝钉（卓别林的《摩登时代》对此有过经典的写照）。第三个特征是以人和自然的对立最后人战胜自然为基本的预设，就是我们要战胜它、征服它、消灭它。

回到中国语境，即使撇开资本主义对内剥削、对外侵略的维度，只讲技术意义上的工业化本身,对我们(不只中国,还包括印度等后发的人口大国)也是很大的问题,我们有那么多自然资源来征服、来消灭吗?

从文化—意识形态上看,这个把世界日益工业化的过程,是与我们如何认识世界密切相关的。英国工业革命以来(甚至启蒙以来)最基本的认识模式就是主观/客观、人/自然、文明/愚昧、现代/传统等二元叙述,后者是要被消灭的对象。这几乎成了我们今天的思维定式或基本框架,说的无非就是如何使农业社会变成工业社会,如何从乡村走向城市。它构成了社会学最基本的叙述框架。但是,这个叙述,实际上是以英国18—19世纪的局部经验为主要依据的,而英国所覆盖的面积和人口,实际上是很小的,但它这个经验所概括出来的东西后来竟然演变成了具有普遍主义(所谓的"普世性")特征的理论。一切社会,不论他们的自然、地理、文化、历史有什么区别,都必须这么做,借用马克思的话,这给了英国"过多的荣誉,也给了它过多的侮辱"。

中国现在所走的道路,至少和18世纪以后英国的工业化的过程是不一样的。18世纪工业化的过程是在一个很小地方发生的,在此之前的渊源可以追溯到荷兰、再到意大利,但实际上我们今天讲的工业化,主要是指英国的工业化,它伴随的不仅是内部高度组织化和远离自然的征服,也包括对外扩张、殖民、侵略。回到中国这个语境,这个事情要复杂得多。中国语境下的人与自然、劳动与土地、包括农业文明与现代人的关系,其实和英国格局是很不同的。中国的整个历史语境与英国/西欧差得很远。中国由于"错过了历史机遇"(再也不能对外移民、殖民、侵略)、高度的资源制约(人均耕地、森林、淡水等无法与西欧比)等原因,不仅不可能重复英国式的工业化道路,甚至(更重要地!)它也不只是英国意义上的现代民族—国家(nation-state),中国的形成比英国/西欧的民族国家要早得多。因此,"中国问题"其实不只是一个现代英国意义上的现代性问题(如怎样实现工业化或城市化)。当然,现代性问题在英国也不只是工业化城市化一个维度,它至少包括工业化、资本主义、民族—国家等几个基本维度,但即使如此,即使同时把这几个因素都考虑进来,也仍然不足以把"中国问题"说清楚。

因为我们说的"中国",首先,它现在当然是一个民族国家,有自己的独立的主权、明确的边界，有自己的国民经济和国家的根本利益（除了经济的，还有政治的、社会的、文化的、资源—环境的，等等），而且，可以说，就此而论，作为一个民族国家的"中国"，它还很年轻。只是从1911年才开始有了现代民族国家的"外形"，从1949年以后才开始了独立的"建国"过程，从1979年以后才有了比较"现代"的经济基础，直到现在它还有很多有待完成、有待完善的地方，财政金融啊，民主法治啊，税收审计啊，这些制度都还在建立和完善之中；公民意识（权利—义务）啊，基础教育和公共卫生啊，这些领域也有待加强；还有现在讲得很多（也很时髦）的参与啊，透明啊，责问啊，赋权啊，都需要在国家建设（state-building）过程中来解决，从而真正使中国"自立于世界民族（国家）之林"，并进而不仅不受欺凌、不受歧视，还获得尊敬。

其次，"中国"不只是一个"民族国家"。它也是一片广大的土地，大得就像整个欧洲大陆一样，它本身就是一个大陆。即使单讲它的经济，也不是简单地用"国民经济"指标就能说清楚的。在这里有多种经济形态长期并存，有的是家庭经济，还没有被统计到"国民经济"里去，偏远山区里老百姓的经济活动就大多没有被统计进来；也有的是整个区域性的经济，既不是这个省/县也不是那个省/县的经济，很多也是统计不进来的（或者也有重复统计的）；关键还不在于账面上的统计，而是很难用以国民经济为单位的眼光来理解这里的许多经济现象。比如"失业"，再比如"工资"，有许多行业的经济活动，不在那个"就业—失业"的范畴里面，许多人也不是按"工资"这个概念来解决收入的。经常有这样的尴尬：用所谓西方的"国民经济"里的"失业"、"工资"等标准看，中国经济被预言了多次要"崩溃"了，超过"警戒线"了，结果呢，几乎没有一次是预言准确的。这里的关键，不是统计上准确不准确，地方上有没有水分、掺假，而是这里是一整个大陆，是一个大陆型经济，它的互补性是很强的，自我调节的能力也是很强的。一些人从正式岗位上失业了，很快可以在其他类型的经济中找到收入来源，虽然不一定是一个一个的"工作"（job），也就不是一份一份的"工资"（salary），但确实是某种"活路"（work），因此也是一份收入（income）。这在很大程度上，不仅缓解了中国当前的就业压力，而且解释了中国长期以来的"低收入现象"。简言之,一个大陆型的经济,与一个比较小的民族国家的"国民经济",是不应该简单类比的。

再次,"中国"也是一个活着的历史。在这里,几乎所有今天发生的事件、过程,都有着鲜明的历史色彩,都离开了历史就解释不清楚,这是因为,不仅学者文人,也不仅公务员企业家,几乎所有普通老百姓,都有着如此强烈的历史感,甚至都天生是历史学家!这样一个活着的历史,既是理解今天的"中国"的一个重要维度,更是治理今天的中国的关键秘诀。反过来说,近代以来,可以说几乎所有的挫折、失败,都是与一帮不懂中国历史因此也不知道如何与老百姓打交道的所谓"知识分子"的食洋不化、照猫画虎分不开的。只要试图切断历史(事实上是切不断),几乎没有不碰壁的。而在广大的农村和基层,不管人们受了多少"正规教育",人人都是生活在历史之中的,都是历史的继承者和叙述者。这在世界上应该是不多见的。

最后,更有甚者,"中国"还是一整套古老的但至今还活着的文明形态。这个文明与西方的以基督教文明为主线的文明形态不同,它里面不仅包括儒—法—道—佛所构成的汉文化,也包含很多种直到现在还活着的"小文化"、"小传统",因为中国是由多个民族、多种文化组成的经济—社会—政治—文化集合体。现在,我们当然可以说传统的东西已经越来越少了,现代化来势凶猛,甚至势不可挡,人们早就或多或少地"西化了"。但是,如果不是只看表面,例如不是只看关心中国的老外们最为热爱也常常是我们知识人自己最为痛心疾首的文物,不只是看人们不穿中装穿西装,不用古典文言而说现代的(实际上是"西化了"的)白话,而是仔细去看中国普通人是怎样思考、交流、交往的,就会承认,我们老祖宗的传统还在,人们还是讲"礼节"、重"情面"、认"亲情"的,还是根据"差序格局"所形成的"远近亲疏"和"尊卑长幼"来为人处世的,既以此来安排日常生活,也凭此来考虑正式关系的。这也是"中国发展道路"的奥秘之一,它部分地可以解释为什么有那么多海外华人与家乡还保持着如此密切的情感的和经济的联系,为什么那么多农民工虽然报酬如此之低(甚至还常常拖欠)却每年把几十亿元现金邮寄回家。

所以,"中国"不仅在时间上远比现代英国早得多,在内涵上也比英国意义上的民族—国家丰富得多。但问题在于，我们几乎总是用英国 18 世纪形成的概念、理论、范式来解释中国的历史和实践，而当我们这样做的时候，总会不断地遇到矛盾；当我们遇到矛盾的时候，总是认为一定是我们自己的经验错了。我们很少会去怀疑理论和概念本身（"资本"、"劳动"、"市场"、"国家"等等）是不是有问题或局限。我们很少会想，用这些概念来分析中国可能会有什么错。而这些概念、理念，其实是从局部的、很小很特殊的经验里面出来的，但是我们总是不断改变现实来适应这些理论，甚至不惜削足适履。我们有没有想过，中国这样一个社会是不是一定要用英国式的工业化这种方式来组织？这种组织方式再"成功"，也就是在很有限的人群和有限的地域里搞了二三百年，到今天也就在很有限的地域内解决了很有限的人的"城市化"问题。而人类社会有文字的历史已经几千年了，各种文明形态并没有完全按照这个走下来，有的是消失了，但是有的还在生生不息地变化着、发展着，延续了几千年甚至更长。它们的历史要悠久得多，覆盖的人群要多得多，它能够提供的解释也应该是丰富的，最少有着自己的另外的解释。

回到中国来。中国 1949 年的时候城市人口只有几千万，50 多年下来，已经是 5 亿多，更清楚地说，这已经超过了英国、美国、加拿大、澳大利亚、新西兰的全部人口的总和，超过了欧洲的城市人口的总和！欧美花了两三百年时间，其间还有那么多的血腥（侵略、殖民、贩奴、屠杀〔印第安人等〕），特别是战争（既包括"在大英帝国的历史最可耻的与中国进行的那场鸦片战争"，也包括两次世界大战），才解决了世界上少数人的"城市化"或者"现代化"问题，我们怎么重走西欧北美的道路呢？西欧北美的道路，暂且撇开道义不谈，仅仅从可行性上说，究竟有多少"普世性"？当我们用从那里局部的经验所形成的概念理论来讲这儿发生的事的时候，是不是就有可能，问题不是出在经验上、实践上，而是出在理论上、概念上？为什么我们总是怀疑自己身边千百万人民群众的伟大实践而拜倒在各种洋的理论、概念、模式、公式、曲线、警戒线之下？我们今天有没有可能再次回到当年《实践论》和《改造我们的学习》所提出的问题，"实践是检验真理的标准"，"教条主义必须少唱"？或者，就像歌德"理论是灰色的，生命之树常青"那句老话说的一样,不是实践本身错了,而是那些理论有问题?也许,不是那些理论错不错的问题,而是滋生那些理论的经验基础和我们的现实实践差得太远,而这个现实实践本身其实是完全可以产生出别的理论、别的概念、别的阐释框架的?

所以,为什么要提出"小康社会"的概念?"现代化"不就行了吗?对于认识而言,特别有意思的是在话语上、概念上、认识上的转换。最早我们是要建设"四个现代化",那时候现代化是最大的合法性,它要解决晚清以后任人宰割的局面。现在我们提出要全面建设小康社会。对"小康"的一种可能的解释是先建设小康社会(所谓"初级现代化"),初级阶段100年以后就可以是现代化社会("高级现代化")了;但是,是不是还可能有另外一个解释,那就是:"小康"本身就是对"现代化"的替代(Alternative),即不再是追求西方式的发展模式,不以破坏自然、损害他人为代价来搞"现代化",而是从全面、协调、可持续的角度来建设小康?在小康之后(不只是时间之后,也是逻辑之后),也许不是"现代化",而是别的什么,例如,回到我们的老祖宗的说法,"小康"以后应该是"殷实",然后是"大同"?

我们可以回到1970年代后期的一个讨论,邓小平从1975年主持工作开始,不断地讲"贫穷不是社会主义"。我们要搞社会主义,但是不能通过贫穷来实现社会主义。仔细看,他只是说什么不是社会主义,但还没有说什么是社会主义。当不断说贫穷不是社会主义的时候,有时给人的印象以为只要富裕就是社会主义。富裕的方式也有很多,社会主义应该是富裕的,但是资本主义也带来部分人和部分地区的富裕,甚至整个西欧北美,乃至澳大利亚新西兰,还有日本啊,韩国啊,也都是富裕的了,但是,那基本上是前面说的,用破坏自然和损害他人的代价来换取的富裕,显然不是我们讲的社会主义。其实,邓在许多场合多次讲过,中国如果走资本主义道路,可能在某些局部地区少数人更快地富起来,形成一个新的资产阶级,产生一批百万富翁,但顶多也不会达到人口的百分之一,而大量的人仍然摆脱不了贫穷,甚至连温饱问题都不可能解决。

1989—1991年以后,几乎所有的前社会主义国家都在经历着"市场化转型",除了中国（和某种程度上越南）外，几乎全都出现了贫困人口增加、人均预期寿命下降的痛苦，如果再把眼光放远一点，也可以说，几乎所有的工业化国家，在其工业化初期（所谓人均 GDP 800—1000 美元期间），也都是 GDP 增加的同时贫困人口也是增加的。中国现在有很大的城乡差别，其中既有历史的原因，也有最近的发展带来的后果，既有自然地理的根源，也有社会经济结构不合理造成的结果。但是，无论是以贫困人口的绝对数还是其在总人口中的相对数来看，中国是独树一帜的，这是中国特色的社会主义的一个标志，也是"中国经验"的一个表现吧。

马克思主义最经典的叙述是，资本主义使生产力高度发展，但是资本主义也带来贫富差距、剥削、战争，它早晚要被社会主义取代。社会主义是使生产力高度发展的同时，应该在社会关系里面形成一种"和谐"（逐渐消灭三大差别）。今天我们谈构建和谐社会这个话题，一开始当然还是"小康"式的和谐，那么，"大同"式的和谐是什么？小康的和谐与老式的（英国西欧式的）现代化是什么关系？可以不可以不用那种"工业化"（一方面对内剥削对外侵略，另一方面远离自然破坏自然）的办法来实现"小康"与"和谐"？还有，它与中国老式的和谐（"老婆孩子热炕头"是一种小康，"采菊东篱下，悠然见南山"也是一种和谐）是什么关系？我们今天说的"小康"和"和谐"，不是简单回到陶渊明的遐想，而是具有中国特色的社会主义性质的。无疑社会主义按照它的实质就一定是和谐的，而初级阶段的社会主义小康，至少是以合作为基础的，在合作的基础上来构建和谐社会；之所以是社会主义的，一个很重要的历史根据，就是前面提到的，走对内剥削压迫、对外殖民侵略的道路已经不可能了，这也不只是个道德承诺的问题，而是历史赋予我们的"使命"（calling），已经不可能走西欧北美之路了。与此同时，回到我们自己过去的"黄金时代"也不可能，诗经的时代，或者唐宋的时代，作为社会文化来讲应该也是很辉煌的时代，即使是再辉煌的时代，我们也回不去了，所以今天不论是讲小康社会还是讲和谐社会，都是面向未来的。

怎么才能面向未来？首先，千里之行始于足下，我们当然要从当前的问题说起，甚至一开始也只能是"初级阶段"，不能因为一讲和谐就没有社会矛盾了，就马上解决城乡差距和东西差距了，用鲁迅当年就说过的话，不管你多么愿意，总不能提着自己的头发就飞起来，所以，我们还不是"腾飞"不腾飞的问题；其次，要拿自己和别人对照着说（因此要对外开放），但一说对照就有一个以谁为基本参照的问题：是以英国为主线（包括英美或欧美），以那个发展道路为最基本的参照呢，还是其他的社会也可以作为参照？比如，我们今天脑子里很少有"第三世界"或"发展中国家"了，一说就是"发达国家"如何成功，而很少去看包括我们旁边的泰国、印度等，更不用说非洲了。当然我们也说日本加"四小龙"，据说是"成功"的，但是它们其实是以美国为主的战后经济—政治—军事大格局里面成长出来的，日本和"四小龙"的"成功"有很多的很特别的原因，也基本上是不可重复的，比如日本战败由美国军事接管，接着变成冷战的"前哨"、不沉的"航空母舰"，而"四小龙"在很大程度上，是搭在那艘船上走下来的。中国大陆那么大，能搭谁的船啊？不但欧美把你作为"敌手"不要你搭，苏联如何呢？"一边倒"也不成，只要你还要自己的独立和主权，人家也就撤了。如果看看战后的拉美和非洲、中东，没有几个是成功的，反倒带来新的问题，比如依附性。最后，不论如何参照别人，最终还是要基于特定的历史语境而走出自己的发展模式和发展道路，也就是"中国特色"的道路，所以也不是机械地"接轨"不接轨的问题。如果我们不带（政治的和文化的）偏见，看看中国 20 多年来走过的道路，你不得不承认，它确实走了一条自己的道路，叫"中国特色"也好，"初级阶段"也好，它没有照搬任何现成的模式，是最基本的事实。

而对于这个事实，或者，更准确地说，这个实践，我们的社会科学，还没有认真对待。现在提出的"小康社会"、"和谐社会"概念，就如 20 世纪 30 年代提出"具体实践"、"延安道路"，改革以来提出"中国特色"、"初级阶段"一样，不应该把它们简单理解为一个个政治口号甚至说辞、套话，在学理方面，这本来都是可以很有内涵也很有得可说的，因为它们都不是简单套用西方已有的概念和模式。而且，它们也不只是对现实描述，它们其实也有可能变成分析性的概念，用在我们这儿它们更有阐释力和生命力。这里有一个很大挑战，究竟我们的学术界，这 20 多年来在理论上、思想上、学术上有没有拿出分析性、解释性的东西？本来，"小康"、"和谐"这些概念，不只是口号和目标，它们也可以变成分析性的，再用它们来说中国当下的事，就可能完全有不一样的认识和叙述。不是戴着有色眼镜指责中国这也不行，那也不行，而实际的情形可能恰恰相反：这里发生的很多鲜活的经验，独特的做法，潜藏着不同类型的发展可能性。如果类似于"初级阶段"、"中国特色"、"小康社会"、"和谐社会"这些概念也变成解释性、分析性的概念的话，再用它们来看我们的经验世界，就可以看出，"中国"真是不简单。

换句话说，我们的社会科学，不是简单罗列一些谁都知道的问题就算是"发现"了，也不是再把这些问题用现存的（以西欧加北美的经验为基础的）概念理论套一下就算是"分析"了。极而言之，如果我们所罗列的"问题"，是连开出租的小伙子和卖冰棍的老太太都知道的"常识"，或者，我们所说的"问题"既不如媒体来得快，也不如统计部门来得准，更不如在第一线的各级官员理解得深，然后我们就拍脑袋开"大力丸"：大力发展经济，大力解决三农，大力改革开放，大力加快城市化；或者，如果我们一看到这问题那问题（有时候确实是"问题如山"），就认定我们这不如人家、那不如人家，就只剩下一条出路（比如说英国式的工业化、城市化）可走，"顺之者昌逆之者亡"，为了它我们也只好去征服自然、损害他人，污染环境也是合理的，差距再大也是合理的，再糟糕的事情也能被合理化。其实呢，最糟糕的事情是没有办法合理化的，比如侵略，你怎么合理化？现在还有侵略，打着各种幌子，谁都清楚那是胡扯，无非是强权和利益。对我们来说，还有一点就是已经轮不到我们去侵略了，甚至轮不到我们去殖民，连移民也不行。不是讲人权吗？人不是可以自由选择居住地点不是有迁移的自由吗？你十几亿人往哪里迁移？别说十几亿，一亿也不行，一千万也不行。说是自由市场，恰恰市场中最重要的因素劳动者，是不能自由流动的。于是，中国只能走自己的道路，也包括自我消化矛盾、内部解决差距、环境的破坏、福利条件差，等等，要在这个背景下来说明，因为已不能再走内部矛盾向外部转移的老路，自己不兜着那怎么办？在很大程度上，"内卷化"（involution）啊，"大锅饭"啊，是个不得已而为之的自我消化的过程。而如果按照最基本的西方经济学理性算计，中国是养不了这么多人的，投入—产出，效益—成本，怎么分析也是弄不成今天这个样子的，你一亩三分地怎么能走到今天呢，早不是自我破产就是侵略他人了，不是动荡破产垮台就是杀出去搞帝国主义殖民主义了。怎么没有垮台，也没有杀出去？包括一条一条的"警戒线"，也没有应验。

相反，倒恰恰是人多地少这个基本国情，孕育了中国特有文化，包括我们为之骄傲的江南文化。中国多少年来的现实，如果不能用个人投入—产出、成本—效益来解释，是无法解释清楚，为什么几百年来，江南一带人那么多地那么少，怎么会发展出这么一种高度文明，滋生出"上有天堂下有苏杭"这样一种令人羡慕的生活方式？而那种生产和生活方式，就是过密化的、人多地少，如果按照个人单位投入产出效益算的话，就那么一点点绣花田，一家兄弟三个，一个人种亩产 500 斤，二两人是 800 斤，三个人也才 1000 斤，按照投入产出算，边际效益是递减的，是越来越不划算的。但如果不是以个人为单位，而是以整个家庭为单位呢？全家七八口人要吃饭，兄弟仨都去种粮，一个人种粮只有 500 斤，两个人有 800 斤，三个人就有 1000 斤粮，按全家来算，这就是划算的。如果这样看区域发展也好、地域文化也好，包括多种文明形态和整个中国的人多地少历史制约也好，恰好孕育出一个互助的基础，不是道德上好不好、要不要互助，而是客观社会条件就孕育出家、族、团、队、社、群这么一些东西。以前叫礼俗社会，伦理为本、家庭为体。

我们今天讲"小康社会"、"和谐社会"，不是用两个好听的字拿来摆摆弄弄，而是要探索有没有可能重新进入到一个分析的框架里头。当然，说建构和谐社会有很多现实的依据。新的发展观提出全面、协调、可持续发展，要有五个统筹，经济与社会，人与自然，城与乡，东部与西部，中国的发展与外部世界，不理顺就不协调、不和谐。为了建构和谐社会，除了决策上和操作上有很多工作要做外，我们还有一个很重要的工作要做，那就是在认知层面上需要做的工作。"小康社会"也好，"和谐社会"也好，究竟什么是"社会"？它究竟是个人的简单相加，还是类的概念、集合的概念？人是合群的动物，它既是生物的、经济的，也是社会的、文化的。也就是说，我们在绝大多数情况下是不能把社会简单还原为个人的，更不只是"经济人"，不只是追求个人利益最大化的个人。这里其实无所谓中外、东西，作为一个最基本的道理，不但老子、孔子明白，亚当·斯密也明白，更别说马克思、布罗代尔了。因此，看一个社会如何，除了看人均收入、人均 GDP、人均利润外，还要看社会的互信、亲情、安全、凝聚、秩序等。这是整体上才存在、才有意义的问题，即只有在互相发生关系而组成一个社会（或一群人）时，才有这些东西可言。反过来说，也只是因为有这些东西，人才因此是群居的社会动物，而不是鲁宾逊，马克思说过，鲁宾逊那样是无法生存的。人与人之间互相关系、互相关联，才产生一个群、队、社，群与群才发生关联。一旦把一切还原成个人，其实反而曲解了这个社会的现实。

我们今天如果把"小康"、"和谐"这些概念也如同"社"、"群"、"团"、"队"等一样，变成重新认识中国的分析框架和"方法"（paradigm），就有可能不是简单重复污染、拉开差距、扩大悬殊，就可能既不自残，也不欺人。你用那么有限的耕地怎么养活了那么多人，一旦真把这个"中国特色"总结出来，用自己的概念、理论真正把它说清楚，就是了不起的学问了。那就很可能不是简单说中国这不行、那不行，也许恰恰相反：这里发生很多鲜活的经验，独特的做法，和不同类型的发展可能性。当然不只是中国的经验，印度、非洲等，都会遇到源自西欧北美的理论的解释力度或合理性的问题。

再回到中国当下的问题。研究者必须要知难而上。发现一个个悖论解释不了，我们要有理论勇气，任何东西不怕去碰它。黄宗智的一篇文章"悖论社会与现代逻辑"，在《中国社会科学》上发表了，他的"悖论"不是汉语里面的意思，paradoxical 在英语里是"看上去说不通的，但实际上是存在的、是通的"意思。中国社会他认为是个 paradoxical 的社会，是一个按照西方逻辑是讲不通的，比如说个人与社会，投入与产出，人与自然，按照这去看早就该崩盘了，但实际上没有。这里的关键，他认为是实践逻辑。我们确实有理论逻辑，但当理论逻辑和实践相冲突的时候，我们也许更应该尊敬的是实践逻辑。如果理论上讲不通，而实践上就这样了，那可能就是理论错了，就应该有别的理论来替代。当代中国有人发现西方不行，有些人就想回到孔夫子，回到儒家传统。传统里必定有很多有价值的东西，虽然简单回到儒家是很难的。我们从现在，比如说 21 世纪初的中国，要回到盛唐回到春秋是不可能的。但是，我们为什么要忽略晚清以来一直到革命以来的现代传统呢？比如说讲到改田改土的传统、比如说全民识字的传统、比如说合作医疗的传统，等等。包括法制过程当中，用民事调节的办法，而不是到法庭打官司的办法，在许多情况下，是不是更符合中国的实际呢？如果说我们要换一个思路，再来看今天的问题，最后就可能会提出类似于秋菊打官司那样的问题，是简单移植套用所谓法制呢，把法变成一个普适性的东西，还是意识到用法律的办法也许是有限的办法，或者是迫不得已的办法，是至少自然和社会资源条件下允许才用的办法？而中国历史上有过法家儒家道家等等，最后为什么走到了儒家，其实恰好这个可能是和历史、现实及各种制约有关系。

回到人多地少这个"制约"，当我们说它是个制约的时候，我们其实是认可了"人应该是少的，地应该是多的"，我们认可了这个假设：一个人不应该是一亩三分地，而应该是几十亩或者是几十公顷。人多地少究竟是一个制约还是一个优势？我最近与几个人口学家讨论，他们研究了不同历史时代，发现往往人多的地方恰恰就是经济最好的地方，因此"人多是个负担"的理论不一定是成立的。他们的研究发现，全世界哪里经济最好，一看那里的人口总是最稠密的。古希腊以来，几乎所有的经济亮点都是在人口最稠密的地方。你说人多一定是坏事？这样一种讨论是有理论视角的，而不是我说的经验层面，描述几个谁都知道的现象，也不是简单套用投入—产出或成本—收益，利益最大化啊什么的，然后就指责实践这儿错了那儿错了。

如果是这样来看全面、协调、可持续的发展观，来看待小康、和谐社会，那么，包含着多种文明形态和多样文化的整个中国，它的人多地少，既是历史制约，也恰好孕育出一种互助的基础。这种文明，它的社会观、世界观、天下观是什么？费老讲"差序格局"和"多元一体"，就不是简单套用西方的民族国家—现代化工业化概念，也不只是谈理想、对未来的憧憬，而是分析我们怎样可以通过"多元"来寻求"一体"，怎样达到

"合而不同"，这就是分析和阐释，从这里才可以生发出真正的具有原创性的学术。

其实，和谐社会也好，小康社会也好，新的发展观、五个统筹也好，都是可以包含一种新的思路。我们的社会学，我们的社会科学，不能麻痹到连现实工作中的人都不如。比如在实际部门工作的人现在到处讲，过去确实是高增长，了不起，但是如果继续那个模式，高耗能、高污染带来的高增长，而且主要靠政府投资来拉动，那么这个东西是不可持续的，人家都有这个危机意识、创新意识，而我们还在用一些老的概念，例如工业化、城市化、现代化（传统社会要向现代社会转型，农村要向城市转移）等等，来解释今天的变化，我们是不是也太不敏感了？

阿瑞吉（GIOVANNI ARRIGHI）在人民大学出版的《2004年度学术》上的那篇文章讲中国多少年的发展、多少年的文明，后来事实上提供了一个不同于西方的发展模式。他（和其他人）认为其实中国的发展不是得益于什么工业革命（industrial revolution），而是得益于勤劳革命（industrious revolution）。我们没有英国那个工业化，至少没有走向那条道路，为什么没有走上那条道路，客观上可以有很多解释，但是它事实上孕育出了另外一种文明和发达的艺术。是勤劳孕育了中国盛唐以来的经济和市场，但是到了晚清"大分岔"以后，在英国的工业革命面前，勤劳革命的传统似乎就断掉了。于是中国被迫也走上工业革命的道路。阿瑞吉提出：如果在中国的语境下把自己的勤劳革命传统丢掉，走工业化的道路，现实的可能性有多少？比如说你重走帝国主义道路、重走资本主义道路，究竟有多少历史的可能性？中国原来有那么多丰富的传统、经验，在今天是完全可以再生的，因为有基础，中国的文明并没有断掉。他写这篇文章时正好是我们提出新的发展观的时候，他最后提了四点：第一，中国前所未有地重视协调发展和谐发展。我们提出新的发展观，五个统筹，全面协调可持续发展，他认为是前所未有的，至于在实践中遇到什么问题还要时间和实践来解决；第二，中国也前所未有地意识到了环境生态的重要性，但是怎样一方面保持和自然有一个基本的和谐关系，另一方面又有几亿农民面临着如何非农化的问题，如果不希望这个过程是一个掠夺自然、破坏社会的过程，同时又使几亿农民非农化，将是一个很严峻的考验；第三，更重要的是，中国的复兴，以前人提问题的意识是中国这么灿烂的文明为什么会衰落，阿瑞吉提的问题正好相反：这么一个晚清以后看上去好像要衰落的文明怎么这么短时间内就又要复兴了？这后面一定有许多值得认真研究的东西，是不是"中国特色"、"中国道路"在起作用？第四，我们不能指望发达国家都会眼睁睁看着中国复兴，相反，他们会不惜一切代价来阻碍中国的复兴，这种阻碍到底会造成什么灾难性的后果现在不好说，但是中国至少应该明白一条，那就是，它的复兴越是以破坏环境、破坏和谐、拉大社会差距为代价，人家就越是有理由来阻碍这个复兴。

第五，究竟什么是具有中国特色的发展道路？如果不是"北京共识"，那中国经验究竟有没有什么特别的？我在最近去参加世界历史科学大会的"东亚的另类现代性"专题讨论时，提出了一个命题，其中包含了几层（比较"硬"的）意思：中国（1）十几亿人在（2）近三十年的时间里，（3）平均以高于8%的GDP年增长率，并在此期间，使（4）近三亿多农村人摆脱了赤贫，（5）二亿多（就地或异地）实现了非农化，且（6）没有发生波及较大的内乱（革命、起义、暴动、灾荒），也（7）没有导致较大规模的对外移民、殖民、战争、侵略，还在发展中自我调整，（8）提出了改变战略，走新的全面、协调、可持续之路，以（9）构建和谐社会，或者说，一个更加民主法制、公平正义、安定有序、充满活力、人与自然和谐相处的社会。这在英国工业化以来，甚至是有史以来，可以说是前所未有的。

当然，这里列举的，似乎都是外在的"硬"指标。而更重要的是那些"软"力量，没有它们，再"硬"的东西也无法实现。哪些"软"力量呢？现在说得多的是什么"社会资本"啊、"文化资本"啊，比较注重"关系"和"网络"，也都不错，不过还是借来的概念。我们自己最有力量的，恰恰是各种有形无形的社会组织，不论是传统的组织形式，例如家庭、亲属、宗族，还是现代传统，例如村委会、妇联、党支部，还是更新的协作组织，什么种子协会啊、养猪小组啊。在这些东西背后，是一套一套的认同、交流的价值和伦理。中国特色，也包括具有这些特色的制度文明，其中一个很重要的，就是"以人为本"、"以德治国"。

经过近 30 年的高速增长，现在的关键，一是保持好这个增长势头，但是要挑战增长方式，走可持续之路；二是解决好社会公正问题，使越来越多的社会阶层和人民大众都能享受发展之果和改革之实；三是树立起新的意识形态领导地位，使人们对最基本的政治伦理秩序发自内心的认同和在行动上自觉自愿的遵从。中国如果能在这条道路上走下去，那么，不论是叫它"中国道路"、"中国实践"，还是叫"中国经验"、"中国模式"，都是不为过的。

（来源：黄平、崔之元主编《中国与全球化：华盛顿共识还是北京共识》，

社会科学文献出版社 2005 年版）

承前启后的中国模式

林　春[*]

　　"北京共识"是一个积极的、面向世界面向未来的提法，但显然过于乐观，实际上也并未形成。它至少回避了以下几个现实问题：（一）因发展理念和公共政策的偏差造成的社会问题，诸如腐败不公、两极分化、农村基层教育和大众健康等的大规模滑坡；（二）美国霸权之下严酷的国际制约因素，包括敌视力量及"中国威胁论"，特别是中国加入世界市场上的能源争夺使其外部条件更加险恶；（三）以单纯经济增长为目标和出口导向的发展战略中短期利益与长远的代价不成比例，从社会人文到生态环境的不可持续；（四）以廉价劳动为主要优势之一的中国崛起加剧了穷国之间在全球市场中的零和博弈，甚至引起与发达国家就业机会等方面的直接竞争；后者又以劳工权利为旗帜置中国于道义劣势。在这样的格局中，共识如何可能？事实上，任何容忍强度剥削、血汗工厂、高消耗、高污染、高度外部依赖的发展道路，都缺乏形成共识的正义性基础及号召力。

　　相比之下，"中国模式"的提法更为准确稳妥，也比较灵活。比如中国革命历史形成的社会主义理想在全球化的大趋势下，无须在国际上求取很大"共识"，却是中国改革设计和今后发展不可动摇的基石。中国模式的成功有赖于中华民族自主自强的努力，包括重新审视、批判继承社会主义的传统。这些是"北京共识"的解释框架所无法包容的。

　　中国模式的历史准备可以追溯到武装割据、以农村包围城市及其之后新

　　* 作者系英国伦敦经济学院比较政治学高级讲师。

中国的建设实践，直至改革初期的自我改进式转型。三者相继，标志着中国寻求自身独特现代化的道路。这一粗线条的历史轨迹依序为以社会革命和民族解放对抗殖民化，以群众路线式动员参与对抗苏式国家官僚统治，以"社会主义市场经济"对抗资本主义的全球整合。其间无数曲折为我们的探讨提供了最直接的历史借鉴和最宝贵的思想资源。可以说，中国模式是在不断摸索中继往开来而逐渐成型的，前有路径依赖，后有创新空间。如何在一个开放世界里坚持以本土需要为依据开拓未来的可能性，是决定其功过前途的最大考验。

以史为鉴。毛泽东时代的经验教训择其要不外两点。第一，一个人民主权的国家是国民经济健康运行的首要条件。这个国家的目标是民族的发展和全体国民的福利，它必须有能力、财力和号召力来支持这些目标。第二，健全有效的法制和民众参与、监督机构是人民主权的制度保障。否则一旦人民意志架空，公众意愿即被压制或误导，甚至使以"人民"的名义迫害无辜、侵犯人权成为可能。一方面，政府工作繁多，责任重大；另一方面，又不能管死，以致窒息个人自由和创造力，剥夺民间智慧及批判反馈的空间。

同理，改革时代的经验教训也可概括为两条。前提是作为社会主义自我调节的改革必行。通过选择性地引进市场机制和"浅度"全球化，打破帝国主义的封锁，以加入国际市场换取先进的管理手段和技术升级。改革因其方向与东欧式全面转轨的"革命"不同，故此第一，国家的关键角色不仅是计划经济的必然，也是市场经济不可或缺的内在需要。早期资本主义在欧洲的兴起已是明证，近年来发展中国家的市场化过程更无例外。将现存的一切问题都归咎于市场化未完成或私有制不到位，或以私有产权的确立来定义一个万能的"完善"市场，完全是一厢情愿的乌托邦。最具讽刺意味的是，信奉市场自发力量的人往往又同时主张政府主导强制推行私有化。如此自相矛盾，自有既得利益集团的驱动运作。第二，改革的成功最终取决于民主决策。因缺少民众建言和透明度而导致的改革失误后果特别严重，在发展道路、分配格局及资源环境等方面已造成某些影响深远、乃至不可逆的损失。

人民至上是新中国的为政之道、立国之本。人民的利益高于一切不但是政权合法性的基础，也应该是效率的源泉。理论上社会主义的生产关系能创造出比资本主义更高的生产率，正是因为前者克服了剥削和压迫，从而解放了劳动者及其积极性和创造精神。很难想象一个劳资对抗、官民对立的社会能有多少效率。20世纪90年代以来中国的经济增长可以说是速高效低，仅以超高投资率与超廉劳动力维持。以"效率"压"公平"的社会后果是贫富分化加剧，拜金、腐败横行，生态环境恶化。

改变这种情况的出发点是对改革道路进行彻底的批评性反思。比如反贫困，中国在二十几年间使几亿人脱贫的成就举世瞩目，然而亦出现大量城市贫困及城乡因病或因不堪重负的教育费用而致贫的现象。又如国力增强，中国的国际地位已今非昔比，在一切双边、多边事务中举足轻重。但同时却又高度依赖外部资金和市场，乃至不惜承担美元风险和非理性的、以穷国资助富国的"双顺差"代价。再如乡镇企业20世纪80年代的繁荣并未以私有产权明晰为先决条件。尽管其后的转轨使一场创新在某种意义上半途而废，它的潜在意义，很值得进一步研究。至于错过的机会，明显的至少两次。一次是未能抵抗汽车工业的诱惑，取代了全面建设公共交通，鼓励发展自行车，从而为全球的后工业转向开路。另一次是WTO谈判做出过度退让，痛失一次以大国经济规模的强势迫使国际贸易开始转向造福于包括中国在内的第三世界的良机。此外，我们轻视开发国内市场，又在许多产业中对外资放弃技术转让的要求，使自己变成所谓的"世界加工厂"，甚至接收发达国家的"污染转移"，如高毒性焦炭生产等。当然，在全球化博弈中，中国也有赢的地方，但输得太多。原因之一是缺乏广泛参与的探讨和政策论证。反对意见发不出来或听不进去，主流媒体又一哄而起宣传盲目接轨、市场迷信。结果是中国在不知不觉中失去自我，成了他人模式的劣质翻版。

这项反思工程有些已经在做，比如对医疗和教育改革的辩论和诸项亲民绿色新政的出台。但需要动员大家一起做，从而寻求新的可能性，力争变被动为主动。其中关键的一环，是检讨什么才是中国自己的道路、名副其实的中国模式？

首先，中国模式以人民的意志为基准。它要求恢复中国革命（包括孙中山的三民主义）以来人民主权的伟大传统，以人民的利益和愿望为立法的依据和政府行为的准则。"人民主权"不是一个抽象的概念，其最根本的制度和政策体现应包括：第一，保障民族独立并在险象四伏的国际金融市场上坚决维护国家经济及财政金融的安全；第二，国有资产、税收和全民所有制企业的收益服务于可持续性发展和全体国民的福利；第三，公共政策以政府对公共产品的投入为主，同时奖励开发多种民间资源；第四，实现政治民主，为公众参与各级决策立宪，并继续寻找其有效的机构、形式和渠道。要实现这些目标必从国企私有化刹车入手——20世纪90年代后期以来的实践充分证明，私有改制总体上未能改善企业效益，反而造成失业危机和巨额国有资产流失。国有银行的改制更需慎之又慎。政府立足点在过去数年从"劳动"向"资本"的转移是目前"群体事件"激增的根本原因，对之唯有变压力为自身重新定位的动力。只要党政官员站在为人民服务的立场上，人民对暂时的困难就能理解并帮助解决。法治本身并不是民主，人民应该成为法律的制定者，各级人大应真正代表民意。

其次，中国模式以民众的需要和每个人全面自由的发展，而不是利润（手段）为生产的目的和经济增长的目标。1980年前后对社会主义生产目的的讨论至今仍有意义，或者说在今天的意义特别重大。事实上，对人力资本的投入是中国1949年后最可称道并值得自豪的成就，使国人在平均寿命、婴儿死亡率、教育程度、两性平等等指标上远远领先于大多数第三世界国家。面向大众免费或低收费提供的住房、交通、医药、教育等设施即使在灾荒时期也不曾放弃。但20世纪90年代以来公共政策在中国的所谓"市场化"程度迅速超过后共产主义的俄国东欧（更不必提社会主义的古巴），使几代革命者劳动者用血汗换来的人力资本的积累几近付之东流。由此必须提出重建覆盖全国的群众卫生防疫、公费（含社会、集体投资）医疗体制和免费教育。公立大中小学一律不收学费，兼对家庭困难的学生实行生活补助。中国GDP持续增长，没有总体财力不足的问题。政治上的阻力则唯有靠公众压力、政府决心和民主协商来克服。

再次，中国模式意味着彻底摆脱发展主义的陷阱，拒绝向老牌资本主义的工业化、城市化道路及消费主义看齐。这是因为道义上社会主义的规定性和现实的国际关系使中国不能、也不具向海外扩张或转移污染等条件；而加入能源竞争有导致战争的危险。并且，中国人的生活质量自应坚持一套优越于西方或纯粹商业化的衡量标准。如无污染又有利于健身的自行车绝不比汽车"低级";以蔬菜为主的传统中餐也比食肉的习惯健康。从不惜社会、人文和环境代价的盲目增长过渡到长远安全、可持续性发展要求以下转型:一、由外向(依赖外资外贸)转为内向——不关门,不与国际市场脱钩,但通过取消对外资的优惠实现企业的平等竞争;通过放弃"廉价劳动"、提高工资和农村购买力而抑制产能过剩,全力开发国内市场;二、由追求速度转为追求质和量两方面的内容,包括用技术升级、治污防污、推广节能尚俭取代高耗生产和过度消费等;三、由挤压乃至消灭相对分散的"小生产"转为对之鼓励扶持,在大资本和官僚体制两者之间营造建立在土地公有、自治合作、互助互利和社区网络上的"关怀经济"(care economy)或"共享经济"(solidarity economy)。

最后,中国模式的现阶段表达是小康社会。它是试图将市场经济与社会主义理想相结合的一场有世界历史意义的创新实践。其可行性在于,过去数百年的历史已证明作为制度的市场本身并不是决定性的。它在不同的地方,有不同的理念和政治导向,可以服务于不同的目标,以不同的形式运行,并产生全然不同的社会后果。关键在于让需要的逻辑优先于利润的逻辑,亦即使全球化过程从属于本土(包括民族、地方、少数民族、各个地区等)的文化资源和真实需要,而不是相反。同时,中国人的小康想象因其追寻非异化的生产和生活方式以及社会和人与自然之间的和谐,又必定是国际的。中国模式将在与第三世界和全球性的劳工组织、社会运动联合起来改变当今秩序的游戏规则中成长成熟,成为社会主义在气势汹汹的资本主义全球化中重振旗鼓的先声。既然中国人民有选择自身前途的能力和自由,"中国向何处去"的问题就再不可能回避了。

(来源:《读书》2006 年第 4 期)

关于如何理解中国模式的若干问题

徐崇温[*]

改革开放后 30 多年来我国经济社会的快速健康发展，让整个世界为之称奇。还在 2006 年 11 月的时候，日内瓦现代亚洲研究中心的一位资深研究员在美国《国际先驱论坛报》上发表了一篇题为《中国模式的魅力》的文章，说仅仅在 30 年前，中国和马拉维一样贫穷，而今天的马拉维还是世界上最贫穷的国家之一，但中国的经济规模已经扩大了九倍。有的外国人则说，中国在西方国家在午餐后小酣的瞬间，就变成了世界第三大经济体，并顺便让一半中国人摆脱了贫困。人们从 20 世纪 90 年代初国际共产主义运动遭受严重挫折，中国的社会主义改革却经受住了严峻考验，并健康而快速地发展中，争相探究中国的成功经验和中国模式。我们国内则从突破和摆脱苏联模式的反复探索中，悄然兴起和逐渐展开了有关"中国式现代化"乃至中国特色社会主义、中国模式的讨论。2004 年，由于美国高盛公司顾问、清华大学教授雷默，把中国模式概括为与"华盛顿共识"相对立意义上的"北京共识"，拉开了世界各地对中国模式高度关注的序幕。近年来，在美国的次贷危机引发了席卷全球的世界金融危机以后，由于我们党和国家沉着应对，率先实现经济总量回升向好，保障和改善民生取得重要进展，社会大局保持稳定而在世界舆论中引起了对中国模式更加密集的关注和讨论。但不同的人们是从不同的立场和角度来注视中国模式的，因而在讨论中出现不同的乃至相反的意见，就是一件十分自然的事情，但有一些意见却是建立在对事

---

[*] 作者系中国社会科学院哲学研究所研究员。

实真相有所误解的基础上的，因此，通过讨论辨明是非，弄清楚到底应该怎样理解中国模式，就成为推动讨论走向深入的一个重要条件。特别是对于那些否认中国模式的客观存在以及使用中国模式这个概念的合理性的意见，事关我们在中国模式问题上的话语权，尤其需要通过讨论加以澄清。

一 早在 20 世纪 80 年代，邓小平就一再提到中国模式，强调各国都要独立思考，寻找适合自己实际情况的发展模式

有一种意见认为，"中国模式"并不是由中国人、而首先是由一些别有用心的外国人提出来的，意在遏制中国的进一步发展；实际上也并不存在所谓的中国模式。这种意见显然不符合客观事实。

事实是：早在 20 世纪 80 年代，邓小平就一再提到中国模式，一次是在 1980 年 5 月，邓小平在谈到处理兄弟党关系的一条重要原则时，就在与俄国十月革命的模式的对比中提出了"中国的模式"的问题。他说："中国革命就没有按照俄国十月革命的模式去进行，而是从中国的实际情况出发，农村包围城市，武装夺取政权。既然中国革命胜利靠的是马列主义普遍真理同本国具体实践相结合，我们就不应该要求其他发展中国家都按照中国的模式去进行革命，更不应该要求发达的资本主义国家也采取中国的模式。"[1] 另一次是在 1988 年 5 月，他指出："世界上的问题不可能都用一个模式解决。中国有中国自己的模式，莫桑比克也应该有莫桑比克自己的模式。"[2]

在这里，邓小平一再提到中国模式的原因和意思都十分清楚，就是因为"各国的情况千差万别，人民的觉悟有高有低，国内阶级关系的状况、阶级力量的对比又很不一样，用固定的公式去硬套怎么行呢？"因此，"各国的事情，一定要尊重各国的党、各国的人民，由他们自己去寻找道路，去探索，去解决问题"[3]。他所强调的是各国都要独立思考，寻找适合自己实际情况的发展模

---

① 《邓小平文选》第 2 卷，人民出版社 1994 年版，第 318 页。
② 《邓小平文选》第 3 卷，人民出版社 1993 年版，第 261 页。
③ 《邓小平文选》第 2 卷，人民出版社 1994 年版，第 318、319 页。

式。在这里，中国模式并没有什么神秘可言，它所指的，无非就是中国共产党领导中国人民独立思考，反复探索所找到的适合中国具体情况的发展道路和发展模式，无非就是指的为实现中国革命、建设、改革的战略目标所作的抉择、所走的道路、所用的方法。怎么可以否认它的客观存在？又有什么根据说它是由别有用心的外国人为遏制中国的进一步发展而提出来的呢？

二 中国模式的提出，着眼于社会主义发展道路、实现现代化道路的多样性，丝毫没有自封样板、示范的意思

有一种意见认为，模式一词含有示范、样板之意，因此要慎言"中国模式"。这种说法显然是有悖于邓小平提出中国模式时的着眼点的。

马克思列宁主义认为，在人类社会的发展中有共同的基本规律，但是在不同的国家和民族中间，又存在着千差万别的特点，因此，每个民族都经历着阶级斗争，在最后沿着一些基本上相同、而在具体形式上各有不同的道路，走向共产主义。所以，只有善于根据自己的民族特点运用马克思列宁主义的基本理论，各国无产阶级的事业才能得到成功，因为这些基本理论只有通过一定的民族特点才能在现实生活中具体表现出来和发生作用。因此，不言而喻的是，社会主义的发展道路必定是多种多样的。对此，1957 年在莫斯科召开的社会主义国家共产党和工人党代表会议宣言也是确认的。这个《宣言》明确指出："为生活经验所检验过的社会主义建设共同规律的创造性运用，各国社会主义建设形式和方法的多样化，是对于马克思列宁主义理论的具体贡献。"

然而，在社会主义由一国实践发展为多国实践的过程中、特别是以后，苏联的"老子党"和大国沙文主义思想却恶性膨胀起来，它违背了恩格斯关于"国际联合只能存在于国家之间，因而这些国家的存在，他们在内部事务上的自主和独立也就包括在国际主义这一概念本身之中"① 的明

---

① 《马克思恩格斯全集》第 39 卷，人民出版社 1974 年版，第 84 页。

确论述，违背了列宁关于"必须预计到其他国家发展的一切阶段，决不要从莫斯科发号施令"的告诫①，把自己的经验凝固化、绝对化和神圣化，把苏联模式强加于兄弟党和兄弟国家，把兄弟党、兄弟国家独立自主、自力更生，根据本民族的特点建设社会主义的努力，错误地当做民族主义来加以批判和斥责，实际上根本否认社会主义发展道路的多样性。它把苏联在 20 世纪 30 年代采用过的建设社会主义的种种做法，如工业国有化、农业集体化、中央指令性计划等等，统统当做所有社会主义国家必须遵循的"普遍规律"，当做划分真假社会主义的主要标准。这种"老子党"和大国沙文主义的思想和做法对中国共产党尤其造成了严重的损害。事情正如我们党的十一届六中全会的决议所指出的：在 20 世纪"20 年代末期和 30 年代前期，在国际共产主义运动中和我们党内盛行的把马克思主义教条化，把共产国际决议和苏联经验神圣化的错误，曾使中国革命几乎陷于绝境"。其后，又正如毛泽东所说的："第二次国内革命战争后期的王明'左'倾机会主义路线，抗战初期的王明右倾机会主义路线，都是从斯大林那里来的。解放战争时期，先是不准革命，他说如果打内战中华民族就有毁灭的危险，仗打起来，对我们半信半疑，仗打胜了，又怀疑我们是铁托式的胜利。"② 在理论上，这种"老子党"和大国沙文主义思想则表现为故意混淆是非，把社会主义发展道路的多样性和否定马克思主义基本理论的所谓社会主义模式"多元论"混为一谈，如苏联科学院副院长费多谢也夫在 1975 年主编出版的《马克思列宁主义关于社会主义的学说与现时代》一书就说：右倾机会主义者附和反共分子，断定社会主义有苏联的、中国和古巴的等模式。深入分析一下他们的"社会主义模式"多元论的概念就不难看出，他们实质上是企图针对现实的社会主义而设计一种与科学社会主义的理论和实践毫不相容的"模式"。

所以，事情十分明显，中国模式的提出，其着眼点不仅不是、而且恰恰是反对苏联大国沙文主义给苏联模式自封样板和示范，而主张各国要独立自

---

① 《列宁全集》第 36 卷，第 147 页。
② 《毛泽东著作选读》下册，人民出版社 1986 年版，第 741 页。

主地寻找适合本国情况的发展道路和发展模式。邓小平说："任何国家的革命道路问题，都要由本国的共产党人自己去思考和解决"，因此，"我们认为国际共产主义运动没有中心，不可能有中心，我们也不赞成搞什么'大家庭'，独立自主才真正体现了马克思主义"①。应该说，这才是邓小平提出中国模式时的着眼点。

三 中国模式所体现的，不是"民族主义"，而是无产阶级尊重民族特征、重视民族差别的一贯要求

在苏联"老子党"和大国沙文主义思想的心目中，把马克思主义基本理论和中国具体实际结合起来、使马克思主义中国化，以及由此形成的中国模式，是一种与科学社会主义不相容的"民族主义"。这种诬指也在相当的程度上影响着某些西方的汉学家。例如，美国著名的"中国通"费正清在《伟大的中国革命》一书中就说，"形成中国化的最后因素，是基于文化和历史骄傲的中国民族主义的情绪，那时意味着不能当别人的狗尾巴"②；美国汉学家史华慈在《中国共产主义和毛泽东的崛起》一书中，认为马克思主义中国化在马克思主义成分和中国传统成分之间进行拆分组合，他沿着这两种成分经纬线比对分析得出结论说，中国马克思主义是列宁主义的异端，中国成分仍然是其中的决定性因素③；美国汉学家施拉姆在《毛泽东：再评价初步》一书中说，"马克思主义中国化意味着对马克思主义普遍规律的拒斥和对中国现实及传统的提升，目的在于改变马克思主义的实质使之符合中国情况"④。应该说，这些把马克思主义中国化、中国模式作为民族主义的诬指，全都混淆了民族主义同无产阶级尊重民族特征和民族差别的一贯要求之间的原则界限。

① 《邓小平文选》第 3 卷，人民出版社 1993 年版，第 27、191 页。
② 费正清：《伟大的中国革命》，香港国际文化出版公司 1989 年版，第 234 页。
③ 参见许纪霖、宋宏编《史华慈论中国》，北京新星出版社 2006 年版。
④ 施拉姆：《毛泽东：再评价初步》，香港中国大学出版社 2005 年版，第 35 页。

什么是民族主义？国际共产主义运动中的民族主义，就是把本国本民族的利益同国际无产阶级运动的利益对立起来，借口前者而反对后者，损害无产阶级的国际团结。但是，无产阶级的国际主义在理所当然地反对这种民族主义的同时，又一贯要求各国的无产阶级在推进社会主义革命和建设的时候，要充分尊重民族特征和重视民族差别，把马克思主义基本理论和当时当地的具体实际紧密结合起来。1872年6月，马克思恩格斯在《共产党宣言》德文版序言中指出其中所阐述的一般原理在25年后的当时还是完全正确的同时，又特别强调"这些原理的实际运用，正如《宣言》中所说的，随时随地都要以当时的历史条件为转移"①；列宁则在1920年的《共产主义运动中的"左派"幼稚病》一书中，要求使共产主义基本原则正确地适应于民族国家的差别。他强调说"各国共产主义工人运动国际策略的统一"，"要求运用共产党人的基本原则（苏维埃政权和无产阶级专政）时，把这些原则在某些细节上正确地加以改变，使之正确地适应于民族的和民族国家的差别，针对这些差别正确地加以运用"，而为此就"必须查明、弄清、找到、揣摩出和把握住民族的特点和特征"②。

那么，中国共产党人是怎样推进马克思主义中国化、怎样构建中国模式的呢？答案是把坚持马克思主义的基本理论同推进马克思主义中国化结合起来，就是既坚持马克思主义基本理论，又根据当代中国实践和时代发展不断推进马克思主义中国化。邓小平指出："我们搞改革开放，把工作重心放在经济建设上，没有丢马克思，没有丢列宁，也没有丢毛泽东。老祖宗不能丢啊！"③ 对于怎样把马克思主义基本理论和中国的具体实际结合起来的问题，毛泽东在1942年2月发表的《整顿党的作风》中，曾经作过一个生动而贴切的描述："马克思列宁主义理论和中国革命实际，怎样互相联系呢？拿一句通俗的话来讲，就是'有的放矢'。'矢'就是箭，'的'就是靶，放箭要对准靶。马克思列宁主义和中国革命的关系，就是箭和靶的关系"，"马克思列宁主义之箭，必须用了去射中国革命之的。这个问题不讲明白，我们党的

---

① 《马克思恩格斯选集》第1卷，人民出版社1995年版，第248页。
② 《列宁选集》第4卷，人民出版社1995年版，第200页。
③ 《邓小平文选》第3卷，人民出版社1993年版，第369页。

理论水平永远不会提高，中国革命也永远不会胜利"①。毛泽东的这个比喻，清楚地说明了在马克思主义中国化中，存在的是为了夺取中国革命的胜利而实行理论与实践的结合，是理论指导实践、实践检验理论又发展理论的关系；而不是两种不同性质的理论的折中混合。因此，在这里，压根儿就不存在某些西方汉学家所臆测的两种不同性质的理论的成分孰多孰少、孰高孰低的拆分组合，哪种理论成分是主要的、决定性因素的问题，也不是不当别人的其狗尾巴的民族主义情绪的问题，更不存在什么拒斥马克思主义的普遍规律而提升中国传统和现实的问题。所以，说到底，马克思主义中国化、中国模式所体现的，不是什么民族主义，而是无产阶级充分尊重民族特征和重视民族差别的一贯要求。

那么，实行马克思主义中国化的中国模式，是否就成了列宁主义的异端？否。这里且以实行马克思主义中国化的中国革命模式为例，作一些剖析。众所周知，从巴黎公社到十月革命的欧洲无产阶级革命，都是走的以城市为中心的道路，即：在平时，无产阶级政党把工作重心放在城市，集中力量发展工人运动，在革命危机到来时，在城市举行总罢工和工人武装起义，首先占领城市，然后进攻农村。在中国共产党建党之初，教条主义者曾不顾中国的实际情况，企图在中国如法炮制这种欧洲无产阶级革命模式，结果使中国革命遭到严重挫折，几乎陷于绝境。正是在这种极其艰苦的环境中，以毛泽东为代表的中国共产党人以实事求是的科学态度，独立自主地思考中国革命问题，经过长期的探索，终于成功地找到了一条建立农村根据地，发动农民组织革命武装，以农村包围城市，最后夺取全国胜利的道路。这显然不是离开列宁主义的异端，因为中国革命的胜利，既表现了毛泽东从中国的实际出发，独立地创立了不同于欧洲无产阶级革命的斗争形式的气概，又坚持了列宁在帝国主义和无产阶级革命时代提出的无产阶级武装夺取政权、战争解决问题的革命道路。就是说，毛泽东领导的中国革命、开创的中国革命模式，是用不同于十月革命的方法走了十月革命所开辟的道路，它既继承又丰富和发展了马克思列宁主义。

---

① 《毛泽东选集》第3卷，人民出版社1991年版，第819、820页。

四　中国模式可供别国借鉴和参考,但不能
　　照抄照搬,更不能强加于人

在当前,中国模式虽然是我们党把马克思主义的基本真理同我国的具体实际结合起来,走自己的道路,建设有中国特色社会主义的产物,但由于它以这种形式用马克思主义成功地解决了或解决着当代人类所面临的追求文明进步、发展经济和摆脱贫困以及社会主义的必由之路等一系列重大问题,因而对于其他国家来说,又无疑地具有可供借鉴的世界意义。在 20 世纪 80 年代,邓小平曾经说过:到 21 世纪中叶,中国"如果那时十五亿人口,人均达到四千美元,年国民生产总值就达到六万亿美元,属于世界前列",这就"给占世界总人口的四分之三的第三世界走出了一条路,更重要的是向人类表明,社会主义是必由之路,社会主义优于资本主义"①;"我们要用发展生产力和科学技术的实践,用精神文明、物质文明建设的实践,证明社会主义制度优于资本主义制度,让发达资本主义国家的人民认识到社会主义确实比资本主义好"②。但即使如此,邓小平仍坚持反对别国照抄照搬中国模式,更反对我们把中国模式强加于人。他说:"总之,要紧紧抓住合乎自己的实际情况这一条。所有别人的东西都可以参考,但也只是参考"③;"各国的事情,一定要尊重各国的党、各国的人民,由他们自己去寻找道路,去探索,去解决问题","我们反对人家对我们发号施令,我们也决不能对人家发号施令。这应该成为一条重要的原则"。据此,"我们就不应该要求其他发展中国家都按照中国的模式去进行革命,更不应该要求发达的资本主义国家也采取中国的模式"④。邓小平特别强调要把学习借鉴和照抄照搬别国经验严格区别开来。他指出,"无论是革命还是建设,都要注意学习和借鉴外国经验。但是,照抄照搬别国经验、别国模式,从来不能得到成功",因为"每个国家

---

① 《邓小平文选》第 3 卷,人民出版社 1993 年版,第 225 页。
② 《邓小平年谱(1975—1997)》(下),中央文献出版社 2004 年版,第 1255 页。
③ 《邓小平文选》第 3 卷,人民出版社 1993 年版,第 261 页。
④ 《邓小平文选》第 2 卷,人民出版社 1994 年版,第 318、319 页。

的基础不同，历史不同，所处的环境不同，左邻右舍不同，还有其他许多不同。别人的经验可以参考，但是不能照搬"①。

也正是在这个意义上，应该说中国模式同雷默所说的"北京共识"，并不是同一回事情。雷默对中国模式的概括，虽然含有若干合乎实际之处，特别是由此拉开了世界各地对中国模式高度关注的序幕，引发了世界各大主流媒体展开对中国模式的广泛讨论；但他把中国模式概括为与"华盛顿共识"相对立意义上的"北京共识"，却与中国模式的本意和宗旨背道而驰，因为中国模式只着重于总结自身的经验，阐释中国是如何在改革开放中取得成功的，而并不把自己看成就是与其他国家一道的"共识"，更不把自己看做是像"华盛顿共识"那样要往外推销的东西，而只是认为可供他国借鉴和参考罢了。

五　要适应国内外形势的发展变化，顺应人民的新期待，与时俱进地不断完善中国模式

有一种意见认为，之所以要慎言中国模式，是因为中国模式还在发展变化之中，还没有完全成功，甚至还没有定型，因此，谈论中国模式还为时过早。说中国模式正处在发展变化之中，这无疑是符合客观实际的。因为任何国家的发展模式都是在特定的时间条件下，为实现发展的战略目标，解决人们生活中存在的突出问题而形成和发展起来的，所以，随着国内外形势的发展变化，人们生活中突出问题的发展变化，它的发展模式也要发生相应的变化。请问，世界上有哪种模式不是在其发展历程中经历过发展变化？又有哪种模式因为经历了发展变化而不成其为模式？显然没有。因为事情正如胡锦涛所指出的那样，世界上没有一成不变的发展道路和发展模式。我们既不能把书本上的个别论断当做束缚自己思想和手脚的教条，也不能把实践中已见成效的东西看成完美无缺的模式。我们要适应国内外形势新变化、顺应

---

① 《邓小平文选》第 3 卷，人民出版社 1993 年版，第 2、265 页。

人民新期待，"不断完善适合我国国情的发展道路和发展模式"。例如，进入新世纪新阶段以来，胡锦涛提出的要用以人为本、全面协调可持续的科学发展观统领经济社会发展全局，贯穿改革开放和现代化建设全过程，以及要构建社会主义和谐社会等重大战略思想，就标志着中国模式正在发生着重大的发展变化。但要是以此为据去否认中国模式在发展社会生产力、提高人民物质文化生活水平等许多方面已经取得了巨大的成功，认为中国模式还没有定型、谈论中国模式还为时过早，却是毫无根据的。因为衡量一种模式是否已经取得成功的标准，并不是它还要不要发展变化，而是它是否已经推进了自己的战略目标的实现。应该说在这方面，中国模式所取得的成功是有目共睹的。当然，这又并不意味着否认中国模式在发展中还面对着凸显出来的种种矛盾和诸多严峻的挑战，不，我们党历来都把新世纪新阶段的这段时期叫作战略机遇期和矛盾凸显期，并带领广大人民认真地研究和解决着这种种矛盾、应对和克服着这诸多严峻的挑战，但这只是说明中国模式要不断地与时俱进，而并不证明谈论中国模式还为时过早。

在纪念党的十一届三中全会召开三十周年大会上的讲话中，胡锦涛指出："我们要坚持解放思想、实事求是、与时俱进，坚持以我国改革开放和现代化建设的实际问题、以我们正在做的事情为中心，着眼于马克思主义理论的运用，着眼于对实际问题的理论思考，着眼于新的实践和新的发展，深入研究和回答重大理论和现实问题，不断赋予当代中国马克思主义鲜明的实践特色、民族特色、时代特色，不断推动当代中国马克思主义大众化，让当代中国马克思主义放射出更加灿烂的真理光芒"，这些话实际上也指出了中国模式在今后发展变化的方向和途径。

（来源：《马克思主义研究》2010 年第 2 期）

"北京共识"与中国道路的
价值意蕴解析

左宪民*

中国的发展及其成就，引起了世界很多人的关注。世界上越来越多的政治家、实业家，越来越多的专家学者，纷纷加强了对中国的研究，试图找到中国在 30 年内迅速崛起的真正原因。其中，具有代表性的，是美国乔舒亚·库珀·雷默提出的"北京共识"。"北京共识"的价值意蕴到底是什么？它的模式架构与中国道路有没有某种程度的联系？对此加以准确透彻的解析，有助于我们在全球视阈下解读中国道路，从而进一步加深对中国特色社会主义的理解和把握。

一　原生态"北京共识"解析

乔舒亚·库珀·雷默先生是美国高盛公司顾问、曾任《时代》周刊高级编辑，还是清华大学的教授，是对中国有较多了解的人。他在对中国的观察和研究中，深感中国的发展正在使它发生变化。他认为，这一点固然非常重要。但是，更加重要的是，中国的新思想在国外产生了重大影响。中国正在指引世界其他一些国家在有一个强大重心的世界上保护自己的生活方式和政治选择。这些国家不仅在设法弄清如何发展自己的国家，而且还想知道如何与国际秩序接轨，同时使它们能够真正实现独立。那么，中国这样的新思想到底是什么呢？雷默先生怀着浓厚的兴趣，基于与中国专家学者的一百多次非正式讨论，

---

* 作者系北京社会科学院科学社会主义研究所副所长、研究员。

撰写了一份题为《北京共识》的研究报告，于 2004 年 5 月由英国外交政策研究中心发表。雷默认为，中国通过艰苦努力、主动创新和大胆实践，摸索出了一个适合本国国情的发展模式，正在对世界很多国家产生影响。雷默先生把这种"新的动力和发展物理学"称之为"北京共识"。研读雷默先生《北京共识》原文，我们需要指出对"北京共识"的几个原生态判断。

第一点，需要注意，所谓"北京共识"只是雷默自己使用的概念，是他给自己报告所标上的题目，不要误以为世界上对中国道路真的有了什么"共识"。按我们中国人对于文字语言的理解，所谓"共识"，是指"共同的认识"。它往往需要双方或很多方面以某种形式达成或承认。只有这样共同承认的认识，才能称之为"共识"。按此标准，雷默先生的"北京共识"其实很难称为"共识"。因为它只是雷默自己对中国发展经验的一种研究和思考，也许它概括了世界上很多人的一些想法，但却并不是什么组织、团体、会议经过深入研讨之后形成的、已经得到广泛认同的对于中国经验的基本观点。事实上，世界上对中国的认识和观点五花八门，许多观点还大相径庭。所以，我们不必误以为雷默先生的"北京共识"真的已经是世界的"共识"，国际社会已经对中国发展的经验给予了高度一致的充分肯定。对这样一种形势，我们还远没有达到可以非常乐观的程度。

第二点，"北京共识"原生态的内容是什么？这也要从原生态的"北京共识"中来发掘。雷默认为，所谓"北京共识"，就是"关于如何组织世界上这样一个发展中国家的三个定理，加上关于为何这个现象令来自新德里、巴西利亚等地的学者感兴趣的几个公理"。第一个定理；使创新的价值重新定位，就是利用创新减少改革中的摩擦损失；第二个定理：超越人均国内生产总值这样的衡量尺度，而把重点放在生活质量上，建立一种将可持续性和平等性成为首要考虑而非奢谈的发展模式；第三个定理：发展非对称力量，运用杠杆推动可能想要惹怒你的霸权大国。雷默认为，"北京共识"推翻了私有化和自由贸易的传统思想，不相信对每一个问题都采取统一的解决办法。它的定义是锐意创新和试验，积极地捍卫国家边界和利益，越来越深思熟虑地积累不对称投放力量的手段。雷默认为，"北京共识"无疑是邓小平之后的思想，但与他的务实思想密切相关，即实现现代化的最佳途径是"摸着石头过河",而不是试图采取休克疗法,实现大跃进。它既讲求实际,又是意识形态,反映了几乎不区别理论与实践的中国古代哲学观。

第三点,就是"北京共识"对中国模式所具意义的概括。雷默认为,中国正开辟出一条通往发展的新道路,这条道路是建立在创新、积聚非对称性力量、实现以人为本的发展和注重个人权利和责任的平衡基础之上。在"华盛顿共识"消失后,在世界贸易组织谈判破裂后,在阿根廷经济一落千丈后,世界上大多数国家都不敢确定新的发展范例应该是什么样子。许多国家想求得发展与安全,但几百年来却不断看到过于依赖发达国家提供援助的发展模式以失败告终。对于这些国家来说,中国所发生的一切,包括创新、不对称性、对平等的关注、对有关公民权力与义务的新思想的探索等,都有着极大的吸引力。雷默认为,"北京共识"给世界带来了希望。

二 "北京共识"的价值意蕴

从对雷默"北京共识"的原生态解读,我们可以发现,雷默先生的"北京共识",其实并没有真正概括出中国改革发展的基本经验。作为一个外国学者,他所观察和分析中国的基本方法、视角和价值标准,基本上还是西方的,至少带有浓厚的西方色彩。他对中国经验的分析,还仅仅限于某一个侧面或某一个视点,远不能反映中国实际经验的全部。他对中国成功原因的解读,与中国的实际情况、至少与我们自己的认识,还相差甚远。所以,我们不能将"北京共识"直接当做中国经验的代名词,甚至也不能将它当做国际社会对中国经验概括的代名词。但是,"北京共识"毕竟引起了世界的广泛兴趣。"北京共识"对中国发展奥秘所作的思考并不是毫无价值的。在世界广泛探讨中国经验的大背景下,"北京共识"还是具有很重要的价值意蕴。具体表现在四个方面。

首先,"北京共识"的真正价值,在于它代表了当今世界某种试图寻找中国经验、中国模式、中国道路的努力和趋势。众所周知,西方国家的一些"精英"们,曾经多次预言,中国随时可能"破产",甚至马上就要"崩溃"。但这种预言一而再、再而三地失灵。这使那些预言家们非常尴尬,也使得听过这些预言的更多人们感到困惑不解。中国为什么不仅没有崩溃，反而发展得如此迅速和稳健，大有后来居上之势呢？于是，很多人进行了自己的思考，加强了对中国的研究。他们试图寻找中国发展的奥秘，解释中国发展的原因。有些人从中国与西方国家的差别中发现了某些值得注意的经验，于是试图探讨和概括出这样那样的中国模式。这样一些努力的动机各不相同，所持的观点也是五花八门。但无论如何，这种努力的前提，都建立在中国正在世界舞台上崛起的基本事实之上，无论情愿不情愿，都不得不承认某种独特的中国经验、中国模式和中国道路的存在。这较之于那种无视中国发展成就、甚至一再预言中国崩溃的西方式"傲慢与偏见"来说，显然是朝着客观公正、尊重事实的方向迈进了一大步。所以，雷默先生的努力是应该给予充分肯定的。

其次，"北京共识"揭示了与"华盛顿共识"的差别，承认"华盛顿共识"并不适用于很多发展中国家。20世纪80年代，许多拉美国家陷入长达10余年的通货膨胀、债务危机之中，急需找到一条通过经济改革而摆脱困境的道路。1989年，美国国际经济研究所原所长、曾担任世界银行的经济学家约翰·威廉姆森执笔撰写《华盛顿共识》，系统地提出指导拉美经济改革的各项主张。1990年，美国国际经济研究所在华盛顿召开研讨会，就拉美国家十个政策工具在一定程度上达成共识，这些主张便被称作"华盛顿共识"。"华盛顿共识"提出来后，曾经十分流行。但后来的事实证明，这种所谓的"共识"并没有能够解决发展中国家的问题，因而逐渐受到人们的怀疑甚至被抛弃。

因此，雷默先生认为："华盛顿共识是一种傲慢的历史终结的标志。它使全球各地的经济受到一系列的破坏，使人们产生反感。"而"北京共识"，"取代了广受怀疑的华盛顿共识"。"它推翻了私有化和自由贸易这样的传统思想。它有足够的灵活性"，"不相信对每一个问题都采取统一的解决办法"。"北京共识既涉及经济变化，也涉及社会变化。""这是在由华盛顿共识推动的20世纪90年代未能达到的原先的发展经济学的目标。""不管中国的改革成功与否，北京共识都已经引出一系列的新思想，这些思想与来自华盛顿的思想截然不同。"

再次，从内容上来说，雷默先生的"北京共识"在一定程度上反映了中国改革发展的现实。尽管"北京共识"的文字表述让中国人比较费解，所谓的"共识"充其量只反映了中国现实的某一些方面，其准确性还有很大的折扣。但是，只要注意梳理，我们还是能够发现，"北京共识"在这个点上或那个点上，还是揭示了中国的某些做法和经验，能够与中国的现实相吻合。比如说，他注意到创新在当代中国受到的重视，把求变、求新和创新当做"北京共识"的基本措辞；注意到中国已经越来越强调人的生活质量问题，更加重视和谐发展、可持续发展；认为中国在改革进程中采取"摸着石头过河"的渐进战略，这样可以最大限度地减少阻力；等等。这些概括和分析，都是思考和探索中国经验的初步成果。作为一个外国学者，能够作出这样比较客观的认识和评价，是难能可贵的。把它作为一种参照系，拓展我们认识自我的视野，增加发掘中国经验的维度，还是有重要价值的。

最后，"北京共识"进一步推动了中国和世界对于中国经验、中国模式、中国道路的研究。正如雷默先生所说的，在当今世界，"北京共识"正变得越来越流行。这是中国影响力在世界扩大的反映，也进一步促进了世界对中国经验、中国模式、中国道路的思考，为当今世界经济、政治、文化及国际关系领域的"中国热"又加了一把不大不小的火。与此同时，"北京共识"也在理论上向我们中国自己提出了挑战。既然世界在越来越多地研究中国，那我们自己对自我的认识又达到了什么程度呢？30年来中国到底走的是一条什么样的道路？中国改革开放和社会主义现代化建设的真正经验到底是什么？对此我们必须作出深刻的回答。笛卡儿说："我思故我在。"借用到这里，只有深刻地"我思"，才能更加自觉地认识到"我在"。如果通过研究和总结，把我们的经验归结为某种道路，更加全面和深刻地揭示这条道路的内容，从而更加坚定在这条道路上前进的信心和决心，这无论对于我们自己还是国际社会来说，都还是有益的。从所谓的"北京共识"出发，应该进一步走向对"中国道路"的研究和认识。

三　发掘中国道路之谜

30年来，中国发展的成就世界瞩目，也令我们自己骄傲。但是，迄今为止，中国的成就只能说是初步的，经验也还是初步的，我们没有任何理由骄傲自满，更没有理由妄自尊大。以往的教训告诉我们，世界上没有任何不变的模式，无论革命还是建设，都要从自己的实际出发，决不能照抄照搬任何外国的模式。所以，我们不能把中国的一套当成什么固定的模式，更不能要求别人都来学习和照搬这种模式。我们不主张使用"中国模式"这个概念。

当然，中国在30年的改革开放进程中，确实积累了丰富的经验，探索出了一条自己的道路。所以，在摒弃"中国模式"这个概念之后，使用"中国经验"、"中国道路"，或者，用"中国道路"来概括中国的经验，还是可以的。

那么，中国的经验到底在哪里？中国道路到底是一条什么样的道路呢？对中国改革开放和现代化建设取得成就的经验，中国共产党已经做过不同角度的研究和概括。

比如：1992年，十四大报告认为："十四年伟大实践的经验，集中到一点，就是要毫不动摇地坚持以建设有中国特色社会主义理论为指导的党的基本路线。"1998年，江泽民同志在纪念党的十一届三中全会召开20周年大会上的讲话，概括了20年改革开放的十一条经验；2001年江泽民同志在庆祝中国共产党成立80周年大会上的讲话，概括了80年来三条最重要的历史启示，归结起来，就是"三个代表"；2002年党的十六大报告，概括了十三年来的十条基本经验；2004年十六届四中全会《关于加强党的执政能力建设的决定》，从执政的角度总结了半个世纪的六条执政经验；2006年胡锦涛在庆祝中国共产党成立85周年暨总结保持共产党员先进性教育活动大会上的讲话，概括了加强党的先进性建设的五条宝贵经验；2007年，党的十七大报告进一步肯定，在改革开放的历史进程中，"取得了我们这样一个十几亿人口的发展中大国摆脱贫困、加快实现现代化、巩固和发展社会主义的宝贵经验"。报告将这些经验概括为十个结合，富有新意，辩证全面。在纪念十一届三中全会召开30周年大会上，胡锦涛总书记又对这十个结合做了进一步的发挥、论述，强调在30年的创造性实践中，我们经过艰辛探索，积累了宝贵经验。概括起来说，就是党的十七大阐明的"十个结合"。

无论对改革开放以来所取得成就的经验怎样概括、概括为多少条，有一点是肯定的：改革开放以来我们的所有事业和所有经验，都有一条主线贯穿其中，这就是中国特色社会主义。

1982年9月，邓小平在十二大的开幕词中，明确宣告："把马克思主义的普遍真理同我国的具体实际结合起来，走自己的道路，建设有中国特色的社会主义，这就是我们总结长期历史经验得出的基本结论。"这一结论，画龙点睛，把我们党几十年对社会主义探索的基本经验总结了出来，把我们党在漫长历史进程中的使命和任务集中地概括了出来，明确宣告了我们要建设的社会主义，是中国特色的社会主义；我们所走的道路，是中国特色社会主义的道路。

中国特色社会主义，是事业，是道路，是实践，是理论体系，是历史进程。

十七大报告明确指出："改革开放以来我们取得的一切成绩和进步的根本原因，归结起来就是：开辟了中国特色社会主义道路，形成了中国特色社会主义理论体系。"在纪念十一届三中全会召开30周年大会上，胡锦涛总书记又进一步指出，30年的历史经验归结到一点，就是把马克思主义基本原理同中国具体实际相结合，走自己的路，建设中国特色社会主义。

因此，所谓"中国经验"，从根本上来说，就是中国特色社会主义的经验；所谓"中国道路"，从根本上来说，就是中国特色社会主义的道路。

中国特色社会主义道路的内涵到底是什么？十七大报告做了一个比较明确和集中的概括，指出："中国特色社会主义道路，就是在中国共产党领导下，立足基本国情，以经济建设为中心，坚持四项基本原则，坚持改革开放，解放和发展社会生产力，巩固和完善社会主义制度，建设社会主义市场经济、社会主义民主政治、社会主义先进文化、社会主义和谐社会，建设富强民主文明和谐的社会主义现代化国家。"

对这个新的经典性的概括，胡锦涛总书记做了一个说明，强调："这个界定，包括'一个中心、两个基本点'的基本路线，确定了巩固和完善社会主义制度的根本目的，涵盖了中国特色社会主义事业四位一体的总体布局，提出了我国发展的战略目标，揭示了我们党在实践中找到的这条道路的关键之点。"

根据对这条道路的界定，我们可以说，中国特色社会主义道路，是始终立足于中国国情的道路，是按照党的基本路线前进发展的道路，是把中国特色社会主义经济、政治、文化、社会各项事业全面推向前进的道路，是建设富强民主文明和谐的社会主义现代化国家的道路。中国30年来快速发展的谜底，就是找到了这条正确的道路。

与此相比较，"北京共识"对中国经验、中国道路的分析、概括，无疑相差甚远。如果说中国经验是一座巨大富矿的话，"北京共识"顶多是刚刚挖出的一车矿石；如果说中国道路是一条20车道的高速公路的话，"北京共识"顶多是其中的一条或半条不完整的车道。唯有中国特色社会主义，才是真正的"中国经验"、"中国道路"。

四　中国道路的价值意蕴

人类的发展在很大程度上是与路联系在一起的。路，对于人类和社会，具有无可估量的价值。中国道路，更是具有深刻、丰富、重要和珍贵的价值意蕴。

正是沿着这条道路，我们大力推进改革开放，实现了从计划经济向社会主义市场经济体制的转变，从封闭半封闭向全方位、多层次、宽领域开放的转变，进一步增强了社会主义基本制度和各方面体制机制的活力；正是沿着这条道路，我们大力解放和发展生产力，使中国的综合国力得到了显著的增强，使人民的生活水平有了显著的提高，增强了抵御各种风险和灾害的能力；正是沿着这条道路，我们大力发展科学技术、大力发展教育事业、大力加强文化建设，使中华民族的基本素质和文明水平有了新的提高；正是沿着这条道路，我们着力关注和解决民生问题，努力实现社会公平和正义，促进社会和谐，使社会保持了比较长期的稳定，避免了苏联东欧、拉丁美洲和非洲一些国家那样的混乱；正是沿着这条道路，我们加强社会主义法制建设，坚持依法治国，建设社会主义法治国家，初步建立了中国特色社会主义的法律体系；正是沿着这条道路，我们实行独立自主的和平外交政策，坚持互利共赢的开放战略，加强了与世界不同类型国家的友好合作，在国际事务中发挥了越来越大的作用，提升了中国的国际地位。

正因为坚持独立自主地走中国特色社会主义道路，而没有简单地接受所谓"华盛顿共识"，没有简单地照搬任何外国模式，没有按照西方国家的要求来推进经济体制改革和金融改革以及对外开放，我们才在当今席卷世界的金融危机面前保持了较大的主动性，没有完全被这场金融危机所左右。我们也才有较大的力量来采取进一步措施，防止中国经济受到更大的冲击。我们也才有实际的可能来为国际社会共同抵御这场危机作出一定的贡献。所以，当今世界金融危机的发生，充分证明了我们选择和坚持中国特色社会主义的道路是完全正确的。

找到一条正确的道路，很不容易。对历经艰辛终于找到的正确道路，就必须倍加珍惜。过去的和现在的经验都告诉我们，在当代中国，一定要敢于和善于把马克思主义基本原理同新的实际和时代条件结合起来，坚决走充满生机活力的新路，决不走实践证明是封闭僵化的老路，也决不走那种改旗易帜、放弃共产党领导、放弃社会主义的邪路。在道路问题上，我们一定要有坚定的信念，无论遇到地震灾害还是世界金融危机，都毫不犹豫、决不动摇。

我们还要看到，中国未来的路还很长，我们的道路还要进一步探索、进一步拓展。面对当前的世界金融危机，中国特色社会主义当然还要继续接受考验。我们要进一步发挥中国特色社会主义的优势，防范和应对世界金融危机的冲击。同时，还要积极利用可能的机遇，提升我们发展的质量，使中国特色社会主义各项事业发展得更好更快。

对中国道路的分析和解读，还可以有多种不同的角度、不同的层面，因而还可以有多种方位的概括。为了让世界更多、更准确地了解中国、认识中国，我们还需要对中国道路加以更加充分的说明和解释。因此，面向未来，面向世界，无论在探索这条道路还是阐释这条道路上，我们都还要做更多的工作。

（来源：《科学社会主义》2009 年第 1 期）

中国发展道路的反思：不应抛弃
社会主义革命的历史遗产

对于"北京共识"，我将进行批判性讨论。相互间的或者共同的认识的累加并不一定是"共识"。实际上，"共识"是一个霸权性的语言，把它放在特殊的语境下更容易被认同，例如大家更容易认同"华盛顿共识"而不是"北京共识"。我认为，"北京共识"只是一个想法，而不是一个概念或思想。因为它与概念和思想间没有多少密切的联系。最近，美国的"耶鲁全球化"网站有篇文章，题目是《太多的共识》。文章认为，在过去的十年间，出现了太多的共识，这表明"共识"一词成为时髦的词语，因此也不再是有任何意义的可以信赖的标识。在"华盛顿共识"一词提出后，稍后又出现了蒙特雷共识、哥本哈根共识、北京共识和墨西哥共识。换句话说，"共识"的"叫卖"非常好。所以该文作者挖苦道："如果你想要你的思想非常有市场，那就贴上'共识'的标签，这表明它是一个极其重要的系统的理论。"[①]

另一方面，最近两年"北京共识"一词传播开来，任何与北京有关的事情都可以冠以"北京共识"之名，而不管所发生的这些事与"中国发展模式"或本质上与中国有无关系，这反映出电子网络空间的轻率和不负责任。在北京举行的妇女组织和工会会议所通过的决议都被称之为

---

① 《太多的共识》，《外交政策》2004 年 9 月 2 日。参见网站 http：//yaleglobal. yale. edu/article. print? id = 4466.

"北京共识"①，由此产生了混乱（这当然需要解释），以至于那些本来想认可这一概念的人也拒绝对"北京共识"或"中国发展模式"所意欲表达的内容进行定义。② 在此，我认为"北京共识"这一术语源自其含义，但其吸引力不再是经济或政治方面的内容，而是它在全球的政治经济中所承担的角色的内涵，它可以成为反对美帝国主义的一面旗帜，把那些反对美帝国主义的人招集至其麾下。③

2004 年英国外交政策研究中心发表了雷默的《北京共识：论中国实力的新物理学》一文，"北京共识"一词由此而传播开来。"北京共识"似乎早在 20 世纪 90 年代中期就已经有人提出，雷默先生的贡献在于把它同中国发展模式联系在一起。我们要感谢的是，雷默先生对最近十年来事关全球政治议程的一个问题用新的方法进行重新诠释，这个政治议程就是雷默所提及的"如何同中国打交道"。另一方面，如果我们仔细研究雷默的文章就不难发现，该文有许多不确定性，其原因一方面在于全球力量发生了一系列根本性的变化；另一方面在于雷默在其文章中意欲用"北京共识"这一概念来取代新自由主义。即使粗略地浏览文章也不难发现这篇文章结构上的一些根本性矛盾，这是由于雷默先生通过避而不谈的迂回，或者通过用一些比喻如用"实力物理学"这样精确无误的科学概念，以此为幌子来掩盖日常的观察。问题是雷默的物理学和他的政治经济学一样存在缺陷，最终的结果是，"北京共识"成为兜售的伎俩，在把中国推向世界的同时，也把发展的思想推销

---

① 例如，"工联发起北京共识"，参见网站 http：//www. chinadaily. com. cn/english/doc/2004—10/11/content_ 381430. htm；"对美国的单边主义说不，重申北京共识：拉美和加勒比海地区妇女联合会组织的声明"，2005 年 3 月 3 日，参见网站 http：//www. womensmediapool. org/notas/Am-lateng. htm（这一声明还指莱姆和墨西哥共识；可参见纳菲斯·萨迪克博士在 1996 年 6 月 4 日在土耳其的伊斯坦布尔举行的联合国关于人类居住的会议上的发言"人口和可持续的人类居住"，参见网站 http：//www. un. org/Conferences/habitat/eng-stat/4/trk4p. txt >）。在这一文件中还用了"北京共识"一词，要早于雷默所提出的时间。

② 可参见吴树青（北京大学前校长，现任教育部社会科学委员会主任、经济教学指导委员会主任）和程恩富（中华外国经济学说研究会副会长、上海财经大学海派经济学研究中心主任）的对话，"华盛顿共识和北京共识"，参见人民网 2005 年 6 月 20 日。

③ Patrick Bond, "A Third World Challenge to Washington", Alternative Information and Development Centre, see http：www. aidc. org. za/? q = book/print/78&PHPSESSID = 199927a80ce0446cf09f185e3f >.

给中国的领导人。①

我将以雷默的文章作为分析的开始（尽管他的文章和他的分析一样存在问题）。"北京共识"这一概念对当今世界形势分析的思路值得我们关注。在很少有人对雷默所谈及的中国经济问题关注的同时，我们应对"北京共识"所存在的反 WTO 的可能性予以强烈关注，"北京共识"表明了对 WTO 想要建立全球性的新自由主义工程的强烈不满。

首先，我们应当承认，中国经济所引发的一系列问题表明中国在世界经济舞台上发挥着越来越重要的作用。其次，同样重要的是，承认中国在过去的十年间经济取得成功的同时，也要看到关于"中国模式"的提法存在的问题。再次，"北京共识"或者中国模式中最重要的内容，不是中国文化的副产品而应该是社会主义的遗产，中国国内或国际上有人试图消灭这一遗产。"北京共识"或中国发展模式都能在所谓的"有中国特色的社会主义"那里找到其渊源。最后，所谓的"中国发展模式"可能还不是最佳选择，但可以作为一种途径来拯救资本主义的世界经济所造成的不可预测的危害。"中国发展模式"可以表明经济的持续发展而不是发展的终结。为了描绘出"社会主义"作为传统的一部分能够被战胜，而不是作为"北京共识"的思想来源，雷默的文章与其同时代的文章一样，试图抹杀过去，以便更好地关注未来，超越当代任何福利制度的国家，而不是着眼于发展的过程，正如他自己所承认的那样。他所提供的是"硅谷发展模式"，这和他要谈的国家的发展境况关系不大。

"北京共识"或中国发展模式

雷默写道："中国正在指引世界上其他一些国家在有一个强大重心的世界上保护自己的生活方式和政治选择。这些国家不仅在设法弄清如何发展自己的国家，而且还想知道如何与国际秩序接轨，同时使他们真正实现独立。

---

① 我这里指的是雷默所提出的"物体的质量密度影响物体运动的速度"（在他所举事例中指的是重力），这一点在现代物理学发展的初期就遭到伽利略的驳斥。影响物体运动速度的是摩擦力而非质量密度。

我把这种新的动力和发展物理学称为'北京共识'。"

根据雷默的说法，这种新的"动力物理学"可以概括为三个"定理"：第一个定理是"使创新的价值重新定位"，而不是"'旧物理学'所认为的发展中国家必须从后沿技术（铜线）入手开始发展的主张不同，这个定理坚持认为尖端创新（光纤）必不可少，以求引起变革，而这种变革比变革引起的问题发展更快"。第二个定理"要求建立一种可持续性和平等性成为首要考虑而非奢谈的发展模式"。最后，"'北京共识'包含一个自主理论，这个理论强调运用杠杆推动可能想要惹怒你的霸权大国"。雷默在这一概念中，将三个定理合成为一个单一的发展框架。问题是雷默没有对此进行分析，其不足之处在于，他已经认识到矛盾但却忽略了，好像这些理论框架与中国成功的经济发展过程没有什么关系，这在他的第一条和第二条"定理"的分析中体现得尤为明显。尽管对中国的经济是否达到自我革新的程度的分析在本质上是有问题的，雷默还是将中国的发展归结为坚定不移地奉行了"革新"的原则，这在口头上表述为乌托邦的东西，它所传递的信息都是带有修饰色彩的夸张语言而不是真正的实证。他写道："创新是增加中国社会密度的一个途径。它通过关系网将人们更加紧密地联系在一起，它缩短改革时机，它使通信更快捷。创新越好，密度越大——发展也越快速。你可以在中国各地看到这一点得到应验。你也会看到这一点没有得到应验，那是在缺乏信任、腐败和因其他问题而被掏空的文化的一些领域，就像空心的柱体一样。这导致了'北京共识'的第一个定理：消除变化带来的问题的唯一方法是更多的变化和更多的创新。"

当我提到"硅谷发展模式"时，雷默所说的革新给我的印象就是带有理想色彩的。实际上，对摩尔和梅特卡夫（两人是互联网的发展史上的重要人物）定理的清晰的引用，表明雷默是用网络电子空间的作用下产生的"定理"来思考现代生活的。

然而，雷默对创新理解的另一个问题是，他把创新变为对他可能拥有的生活的一种迷恋，这种迷恋不会受到社会和政治目标的任何影响。由于中国社会正面临着政治和经济转型的挑战，在寻求各种新形式的治理的过程中产生了大量的创新。这种目标决不是终极自由，相反，对"政治形态"的寻求是受到所有意识形态的不确定性以及社会的紧张状态所支配的，这种社会是在没有完全放弃革命的社会主义的历史遗产的情况下，寻求除了革命之外的另外的道路。现在是过去的继续，可以毫不夸张地说，自 20 世纪中国在某种程度上就是个试验型的社会，时至今日，这种试验还在继续。硅谷的发展模式是盲目迷恋一种创新模式，对于赞同这种特殊模式的社会力量给予其特权，而对于尝试寻求不同模式的社会力量则试图扼杀掉。①

很奇怪的是，雷默在他的著作中没有注意到新的发展政策导致许多人被遗弃于发展进程之外或者被排斥在社会的边缘。在过去的 10—15 年间，中国以惊人的速度发展，但并不是所有的中国人都能平等地分享到发展所带来的好处。雷默观察到中国的发展使得约有四分之一的、每天收入不到一美元的人脱离了赤贫状态，但他没有提及中国社会在走向市场化的同时，城乡差距、阶级差别在加剧，有 75% 的人口（大多数集中在农村）不能享受最基本的医保和教育。正如一份材料所揭示的，"尽管中国有上亿的人口每天的生活水平只有一美元，但是中国仍以人类历史上前所未有的速度创造出一个中产阶级"②。

雷默特别强调，他所参考的那些东西在上述的引用中并不起作用，好像是特别表明他认识到了所谓的创新所带来的问题，的确如此，尽管在文中一些地方论及过但在另外一些地方又忘记了。例如，他写道："中国市场经济的发展带来各种各样的问题。宏观方面的问题包括污染、社会不稳定、腐败、对政府的不信任以及失业。个人方面，除了最年轻一代的中国人外，其他人都觉得对生活的迅速变化有点迷失方向……在过去的 25 年中，中国经济从一个就收入分配而言堪称世界上最公平合理的经济变成了最不公平的经济。"

---

① 关于这方面的讨论可参阅《现代主义和毛泽东时期的马克思主义的反现代主义》，参见阿里夫·德里克《中国革命时期的马克思主义》（Boulder, CO：Rowman&Littlefield, 2005），第 105—124 页。关于治理的新模式可参阅俞可平等著《中国公民社会的兴起与治理的变迁》，社会科学文献出版社 2002 年版。

② "China's Middle Class：Larger than France, Nearly the Size of Germany"（from Dave Barboza, "The Great Malls of China", *New York Times*, May 25, 2005, see http：//www. dinocrat. com/archives/2005/05/25/chinas-middle-class-larger-than-france/ >.

值得注意的是，作者已经认识到了这些问题，他还是采取了回避的态度，认为与其他模式相比，中国模式具有竞争力。用创新的承诺解决创新产生的问题可以消除认识一些问题的必要，这些问题不是偶然事件而是新自由主义的出口导向经济所产生的结构性的问题。这就需要对他的"第二个定理"的有效性产生置疑，这个"定理"是"发展的可持续性和公平性成为首要考虑的问题，而不是奢侈"。很有意思的是，当以全面发展（至少是表面上）为内容的中国模式在第三世界领导人中间具有吸引力的时候，这样的发展竟成为痴人说梦。和其他第三世界国家不同的是，中国的发展并没有集中在几个主要的大都市，对于沿海城市和内地穷乡僻壤间发展的差距已经成为政府极大关注的问题。雷默写道："过去《人民日报》的头版头条经常刊登高级领导人为沿海机场揭幕的照片，现在更多的报道是高级领导人敦促某些贫困的乡村地区进行改革的消息。"他承认经济发展所导致的环境污染的代价，以及"发展不平衡所导致的社会危险"，关于这一点在农村表现的非常明显，他们反对阶级剥削、污染和腐败。对这些困难还是有些结构性的分析，雷默试图通过所谓抽象的"革新"概念来解决这些困难。在这种视角下，中国模式并不仅是对新自由主义的华盛顿共识的替代，而且是一种方法，用以缓和在空间、社会和政治方面的后果，而这些后果是由我们所说的共识导致的。中国模式所表明的是，无论如何它能够成功地做到这一点，它可以阻止社会结构滑向发达的资本主义国家的严重的阶级分化，而这一点恰恰是全球化进程所展示的那样。

这也许是认识第三个目标的关键，即对自主的追求，这也是所谓的中国模式在第三世界非常受欢迎的原因。我认为在这里所谓的"北京共识"相对于华盛顿共识而言，的确提供了一个选择，不是经济或社会政策，而是在经济发展过程中对全球的政治环境的塑造。使美国里根主义的保守派和工会领导人懊恼的是，中国在经济全球化的进程中，还试图保持其政治自主和主权的独立完整。

美国的中国问题专家科朗·利耶（Colleen Lye）最近谈到，在过去的一个半世纪的中美关系中，美国一直试图将中国变为资本主义国家，但每次都是功亏一篑。① 当然，这也成为新自由主义全球工程的一部分。全球化开始所设想的是全球都变为资本主义，都受到发达资本主义国家的控制，而这些，发达国家主要集中在欧洲和北美。另外，全球化也缘自那些试图进行全球一体化的国家和地区的资本主义的蓬勃发展的需求，因此这种统一也分裂为不同的方法。与全球的意识形态不同的是，寻求自治和自主的努力一直没有消除过。相反，这种努力从全球的机构和联系中获得新生的力量，在增加了自治和自主的新内容的同时，又增添了新的需要。

中国寻求自治和自主的努力不仅表现在国内经济发展方面，而且还表现在全球关系上的多边主义的倾向，这和最近 20 年来美国奉行日趋严重的单边主义的外交政策形成了强烈的对比。"北京共识"的一个非常重要的内容就是建立新的全球机制的方法，其途径就是通过多边主义建立全球新秩序，这一秩序是建立在经济往来和承认经济和文化差异的基础上的，也就是在全球的框架内承认地区和民族间的差异。这一框架的建立不是基于均质化的普世主义，因为这必然导致霸权主义，而是对共同性和差异性同时承认的思想。

最近 20 多年来，在追求这些目标的同时，中国开始反对美国的经济和政治霸权，但没有直接挑战美国。同时值得注意的是，包括美国在内的跨国公司愿意同中国进行合作，赞同中国的内外政策。雷默的"北京共识"可以解读为在全球资本和北京合作方面达成共识。法兰克、奥瓦尼·阿瑞基、沃勒斯坦等世界体系理论的提出者认为，资本主义的世界体系的重心正在东亚确立，以北京为中心的次序重新排列，更为重要的是，正是由于在时空上的重新分割，因此很难说东亚在国家、社会和文化层面能做到均衡分布。换句话说，东亚在全球经济中正在占据越来越重要的作用，但是各个国家的发展是不均衡的。中国不仅在东亚，而且在东南亚和太平洋地区试图进行一体化。还有一种观点认为中国、印度和巴西等三个大国，对欧洲和北美在经济

---

① Colleen Lye, *America's Asia: Racial Form and American Literature, 1893 – 1945*, Princeton, NJ: Princeton University Press, 2005.

和政治上的主导地位发出了挑战。① 这种挑战不仅是经济和政治层面，而且是地缘政治意义上的，这对全球的资源构成了一种新的竞争。

北京将成为第三世界或南部世界的中心，是全球资本主义时代的"万隆"，代表了前殖民化和处于世界边缘化国家和地区的声音。就目前而言，反对霸权帝国的全球共识还远未达成，不论是从国际关系层面还是从国内到国际的各种问题的解决方面。② 由于新自由主义的统治秩序在全球占主导地位，因此，寻求社会和政治的自治，追求社会正义和社会福利应该是每个民族国家所必须要做的事情。由于很难对一个国家的国内和国外的事务进行明确的区分，因此，在寻求可供选择的全球秩序的过程中，承认不同国家和地区间各自的特性和需求是建立全球秩序的前提条件。那些意欲在建立全球秩序的过程中，怀有把资本主义排除在外的希望也是不可能的，寻求全球问题解决的努力也必须将这种努力置于全球的视野中。就中国而言，近30年来的改革开放的进程是不可逆转的。有充分的迹象表明，中国可以很好地、彻底地同化全球的资本主义。同样还有另外一种可能性，这一目标的实现取决于后社会主义政权在应战新自由主义的自命不凡的普救说时对全球力量的重新整合。一个世纪以来，社会主义的革命者寻求自治所进行的革命，以及近些年来的经济成功的保障，能很好地说明中华人民共和国在新的全球秩序的形成过程中完全可以发挥领导作用。

回到未来：北京共识——中国特色的社会主义——中国特征的社会主义

在过去的两年间，"北京共识"这一概念得到广泛地传播，即使不看雷默的原文，在一些文章中也可以看到"北京共识"被置于全球的发展议程之中。在新自由主义全球化的背景下意欲寻求另外一条发展道路的国家和地区，将会对"北京共识"这一概念的含义感兴趣，特别是在第三世界。国外

---

① Jerry Harris, "Emerging Third World Powers: China, India and Brazil," *Race and Class*, 46 (3) (2005), pp. 7 – 27.

② 有学者提出，可以寻求一种秩序来替代美国占主导的新自由主义的秩序，可参阅戴维·赫尔德《全球治理：替代华盛顿共识的社会民主》（Cambridge, UK: Polity Press, 2004）。

的一些文章认为，中国政府在寻求自己的议程方面的能力是取得成功的关键。巴西总统卢拉羡慕中国追求一体化发展的能力以及在全球化的进程中没有放弃自治和主权。[①] 相应地，中国政府在多边的协定中的努力使得中国在世界上展现出积极面孔，并且赢得了"北京共识"这样的声誉。"北京共识"之所以能有如此魅力还得益于美国现政府滥用其力量导致了美国在全球的声誉下降，同时，其他国家有着寻求新的发展道路的迫切愿望和要求。至于"北京共识"能否满足他们的愿望则是另外一回事。雷默提出的"区域化"成为中国参与全球经济的重要组成部分。不用说，在全球的视野中，区域化指的是制衣业的政策对满足当地需要的重要性，这需要因地制宜。从这个意义上讲，"北京共识"（全球组织的另一种选择）和"中国模式"（回应中国社会的特殊需要）存在差异是非常重要的。这种差异与早先"中国模式"所指中国特色的社会主义的发展道路有些类似。

这些问题很重要，但更为重要的是要对当今世界的局势进行分析。中国经济取得了成功，但我们也不能无视成功带来的问题，具有讽刺意味的是，也正是这些问题恰恰对其他的国家和地区产生了吸引力。中国的经济根本就没有一体化，而是在区域和社会发展上存在着严重的不平衡性。中国的污染非常严重，对公众的健康和生活造成了严重的威胁，与此同时，财富聚敛在少数人手里，城市的中产阶级崛起，而大部分人的基本生活水平呈下降趋势。对所有人来讲，即使和新自由主义保持距离，上面所提及的问题还会产生。中国由于其内部权力结构的不断变化而产生的阶级分化和全球的阶级分化相类似，其内部也会产生一小部分跨国的资产阶级。

在考虑这些问题的同时，我们不应忘记，吸引外部观察者的那些方面并不是新自由主义经济的产物而是社会主义革命的遗产。民族经济的一体化、自主发展、政治和经济的主权以及社会平等等这些主题的历史和中国革命的历史一样悠久，是社会主义革命时期提出的。[②] 有学者提出，1978 年后中国

① Luiz Inacio Lula da Silva, "O Gigante e a globalizacao" (Gigantic and Globalized), La Insignia, 22 May, 2001, see http：//lainsignia. org/2001/mayo/econ_ 016. htm.

② Kavaljit Singh, "From Beijing Consensus to Washington Consensus：China's Journey to Liberalization and Globalization," *Asia-Pacific Research Network*, see http：//www. aprnet. org/journals/6/v7—3. htm.

的改革开放成就的取得是建立在早期政权所取得的成就的基础上的。今天，有些人常用改革开放以来取得的成绩置疑革命时期的社会主义的政策。我认为，这些举措不仅奠定了中国自主走向全球化的经济、社会和政治的基础，而且也是确保在参与新自由主义的全球经济进而有可能走向崩溃的过程中，能够保持最低程度的社会福利的基础。

这些发展结果如何还有待观察，但是存在抛弃事关社会福利和一体化的社会主义的政策的倾向，这个问题非常重要，我们不能停留在对抽象的革新的概念的无休止的讨论上。毕竟，社会主义关注公众政策，反对市场和反复无常的革新行为，发展的结果（与把发展作为目标相对立）就是为公众谋利益。

（来源：《当代世界与社会主义》2005 年第 5 期）

四　内涵

国际发展格局中的中国模式

郑永年[*]

一　中国模式的价值

中国模式的崛起可以说是 21 世纪国际发展的一件大事。中国模式是中国改革开放政策的产物。因为改革开放包括对内改革和对外开放这两个互相依存的方面，讨论中国模式就应把改革开放置于中国和国际发展这两个维度中去探讨其意义。中国模式不仅属于中国历史，也属于世界历史。

要想探寻中国改革开放对世界的意义，就要从国际环境的变化来看中国的改革开放。"开放"表明中国的改革一开始就是世界发展经验的组成部分。中国改革开放对世界的意义，在改革开放的不同时期，其含义是不一样的。这可以从西方世界的一些人对中国改革开放的话语变迁中看出来。20 世纪 80 年代初期，在中国刚刚开始改革开放的时候，西方社会对中国是一片赞扬之声，认为改革开放会使中国很快演变成为另一个西方式国家。但当他们最终意识到中国不可能成为另外一个"他们"的时候，西方就从 20 世纪 90 年代初开始掀起了一波又一波的"中国威胁论"。从"中国军事威胁论"到"中国经济威胁论"再到"中国政治不确定论"等等，循环反复，从未间断过。当然，跟随着各种威胁论的是各种应对中国的策论，"围堵"、"遏制"、"抗衡"、"对冲"和"接触"等等，不一而足。当他们意识到中国的崛起不

---

[*]　作者系新加坡国立大学东亚研究所所长、研究员。

可遏制和围堵，意识到中国事实上已经崛起的时候，西方又抛出了"大国责任论"和"利益相关者"论等等。①

中国模式问题在西方已经讨论多年。尽管中国政府本身一直很低调，但海外对中国模式的讨论仍然有增无减。基本上，中国模式对于西方发达国家和其他发展中国家具有不同的意义。对很多第三世界发展中国家来说，中国模式的意义在于其到底是否能够成为有别于从前其他所有现代化模式的一个替代模式。第二次世界大战后，世界的发展模式基本上分为苏联模式和西方模式。现在苏联模式已经解体，只剩下西方模式。西方模式主要指的是美国模式和欧洲模式。美国在冷战结束后成为唯一的超级大国，有力量推行其模式，即人们所说的"华盛顿共识"。欧洲国家也经常在国际事务中倡导其价值和模式。在很多方面，欧洲正在和美国区分开来，努力寻求自己的模式。很显然，在内政方面，欧洲的社会主义因素远较美国多。但不管是欧洲还是美国，在推行其模式方面并没有很大的成功，很多采用西方模式的发展中国家并没有因此而得到社会经济的发展和民主政治的稳定运作。在这种情形下，中国模式对发展中国家具有了非常重要的借鉴意义。

如果说中国模式对发展中国家来说更多的是发展经验问题，那么对西方国家尤其是美国来说则更多是一种价值问题。对很多西方人来说，中国模式就是对西方价值的挑战和竞争。他们的担忧不仅仅出于很多发展中国家对中国经验的极大兴趣，因为即使在西方，那些对美国和西方模式不再感兴趣的西方人也开始看重中国模式。前些年所谓的要以"北京共识"取代"华盛顿共识"的讨论就是起源于西方，而非中国。②

中国模式对中国发展本身的意义更不容忽视。中国模式尽管指的是改革

---

① 对 20 世纪 90 年代盛行于西方的各种"中国威胁论"的讨论，见 Zheng Yongnian, *Discovering Chinese Nationalism in China: Modernization, Identity and International Relations*, New York and Cambridge: Cambridge University Press, 1999。另一方面，也有很多人预测中国的解体，例如 Gordon G. Chang, *The Coming Collapse of China*, New York: Random House, 2001。

② 最早把"华盛顿共识"和"北京共识"相对的讨论见 Joshua Cooper Ramo, *The Beijing Consensus*, London: The Foreign Policy Centre, 2004。作者认为"北京共识"可以取代"华盛顿共识"。之后，在中国有很多讨论，例如黄平、崔之元主编《中国与全球化：华盛顿共识还是北京共识》，社会科学文献出版社 2005 年版。

开放的经验，但也应当看到，如果不理解改革开放前 30 年的历史，就很难甚至不能理解改革开放 30 年的成就。前 30 年的发展经历了一些曲折，但也为后 30 年积累了非常丰富的经验。因此，中国模式的范畴应当涵盖从中华人民共和国成立到现在的 60 年。对中国的大历史来说，改革开放最深刻的意义在于对国家发展道路包括经济、社会和政治道路的探索。中国在近代之前尽管历史漫长，但多为历史的简单重复，农业社会和王朝更替是数千年历史最持续的特色。只有到了近代和西方强国接触之后，中国在各方面才发生了根本性的变化。简单地说，从清末改革运动到孙中山再到毛泽东，在改革开放之前，中国一直处于持续的革命之中，革命领袖们探索的重点在于建立一个什么样的国家。尽管毛泽东领导的共产党人最终建立了人民共和国，但对共和国应当是怎样一个国家一直处于长期的探索之中，对很多问题的理解只能在实践中进行。"继续革命"可以说是改革开放前 30 年共和国历史的主线条。

在前 30 年，鉴于当时的国际形势，中国尽管也有些制度上的创新（如在建设社会主义方面和苏联决裂），但总体上还是苏联模式的计划经济，中国仍然孤立于（不管是主动的还是被动的）国际体系之外。前 30 年为一个主权国家独立奠定了基础结构，但对如何建设这个新国家，前 30 年在为后人留下很多宝贵经验的同时，也付出了沉重的代价。但我们必须强调的是，如果没有前 30 年建立起来的主权国家架构，也很难有后 30 年的建设成就。正是因为有毛泽东那么多充满价值的社会实践，毛泽东后的中国领导人才有了全然不同的探索。正因为计划、集权、没有自由、封闭、贫穷的社会主义已经被证明为行不通，才使得无论是领导层还是中国社会普遍接受并追求市场、分权、自由、开放和富裕生活等价值。尽管邓小平当时形象地说改革开放是"摸着石头过河"，但这只是说追求这些价值的过程具有不确定性，但实际方向是相当明确的。这也是为什么在各种困难面前，例如苏联和东欧共产主义的解体，中国的改革开放始终没有走回头路的主要原因。

中国对发展道路的选择也并非"非此即彼"，就是说并不是在告别了苏联模式之后，就去选择西方模式。这方面中国又和俄罗斯和东欧国家区分开来。应当说，这种独立探索本身就具有重大价值。俄罗斯和东欧国家接受西方发展模式，希望通过激进的改革，变成西方国家，但大都导致了经济衰退和社会动荡。以俄罗斯为例，在其进行休克疗法的激进改革之后，俄罗斯在一段时间里赢得了西方的高度赞扬。但不久俄罗斯就发现无论是西方式市场经济还是西方式民主都很难适应俄罗斯的社会经济发展。直到普京的改革，俄罗斯才开始纠正激进改革的弊端。但普京改革被西方视为走回头路，西方对俄罗斯又出现一片责难之声。经过诸多曲折之后，俄罗斯各界才意识到，尽管民主政治是一种值得追求的价值，但民主不能保证社会经济的发展。如果民主不能同时促进社会经济的发展，就会导致社会不满，从而威胁政权的合法性。

尽管改革开放这短短 30 年从数字上看对具有数千年历史的中国并不算什么，但把它置于中国历史的过去和未来之中，人们会感觉到这 30 年具有里程碑式的历史意义，就是说这 30 年为历史的长河注入了从前所不曾有过并且注定会对未来产生深远影响的因素。尽管数千年的历史很长，但这样的历史时刻并不多见。无论从哪个方面来说，这 30 年已经成为历史连贯中的重要一环。中国模式的崛起不仅对中国未来的发展具有深远意义，对世界的发展尤其是对发展中国家的发展也具有借鉴意义。尽管在学术界和政策研究领域，人们对中国模式的兴趣浓厚，但到目前为止，除了媒体对中国模式概念的传播，还没有严肃的学术研究。很显然，对中国模式的认识需要很长的时间，花费很大的努力。本文主要想从政治和经济两个方面，对中国模式做些探讨。

二　中国的政治模式①

在讨论中国模式的时候，大多数学者尤其是西方学者往往都会回避中国的政治模式，而仅仅把中国模式局限于中国在经济上的成功。但实际上，如果不讨论中国的政治模式，就很难理解中国的经济模式，因为到目前为止，

---

① 关于中国的政治模式，笔者曾在《国际发展视野中的中国经验》一文中有详细论述。参见郑永年《国际发展视野中的中国经验》，《开放时代》2007 年第 4 期。

中国的经济模式正是中国的政治模式促成的。对很多发展中国家而言，如何建立稳定的政治社会秩序是这些国家面临的艰巨挑战，对此，中国的政治模式非常具有借鉴意义。本文主要从五个方面来讨论中国的政治模式。

1. 经济改革与政治改革的关系

国际学术界和政策圈一直流行着"中国只有经济改革而无政治改革"的看法。[①] 这种说法事实上是人们对中国模式的认识难以深入的重要根源。实际上，自改革开放以来，中国如果没有政治改革，很难想象经济发展成就是如何取得的，也很难解释当代中国政治和改革开放前的中国政治之间的巨大区别。认识这个问题的关键在于如何定义政治改革。对发展中国家来说，首要的任务就是基本国家制度建设。国家制度建设就是中国过去将近 30 年政治改革的核心。中国把改革分成不同的阶段，在每一阶段，各方面的改革优先次序不同。简单地说，从 20 世纪 70 年代末到 21 世纪初，中国改革的主轴就是经济改革。自中共十六大（2002）以来，中国已经进入了一个以社会改革为主体的改革阶段。中国还没有进入一个以政治改革为主体的改革阶段。这个阶段什么时候到来要取决于社会改革和进一步经济改革的进展情况。

2. 经济发展需要一个最低限度的社会政治秩序

没有一个最低限度的社会政治秩序，正常的经济活动就很难进行。秩序是资本和商业活动的基本条件，尤其对吸引国际资本更是如此。自邓小平 1992 年南方谈话以来，中国在吸引外资方面一直在发展中国家处于领先地位，这与中国稳定的社会秩序有很大的关联。很难想象在社会失去秩序的情况下，外资还会源源不断地进入中国。

3. 经济发展需要有效的产权保护

产权保护关系到投资者的积极性问题。如果没有产权保护，就没有动力

---

① 这种说法在理论上首先由 Susan L. Shirk 在 20 世纪 90 年代初提出之后在学术界流传开来。见 Susan L. Shirk, *The Political Economy of Economic Reform in China*, Berkeley, LA: University of California Press, 1993。

机制。问题在于用什么样的机制来保护产权？这一点中国和其他一些发展中国家与西方国家有不同意见。西方国家特别强调用法治来保护产权。事实上，中国的产权保护主要是通过政治和行政手段来进行的。在法治没有建立起来或者法治不能有效运作的情况下，如果要追求经济发展，通过政治和行政手段来保护产权变得不可避免。

4. 经济的可持续发展要求基本社会正义

基本社会正义是可持续发展的前提。一旦社会缺少基本的正义，那么社会不稳定甚至无秩序就成为可能。中国经济发展在给人民带来很多好处的同时也导致了很多方面的社会正义问题。对发展中国家来说，没有经济发展就不会有社会正义。但经济发展并不等同于社会正义。关键在于当出现社会非正义的时候，是否能够采取有效的方法来纠正问题。

5. 民主化需要一定的社会经济基础结构

到今天，很少有国家及其人民不想发展民主政治的。但在很多场合，民主则是可遇不可求的。发展中国家并不缺乏民主化的经验，但并非所有的民主化经验都是积极的，有"好"民主也有"坏"民主。对中国和其他发展中国家来说，关键的问题并不是要不要民主的问题，而是如何追求好的民主而避免坏的民主。中国的经济发展还处于早期，中产阶级规模还不很大，穷人还很多。如何解决穷人的问题是中国面临的主要任务。

三 中国的经济模式

这次席卷全球的金融危机对中国经济模式构成了考验。和其他很多国家比较，中国的经济制度表现出相当高的应对能力，无论在抵御金融危机的能力方面还是在应付危机所使用的方式方面。而中国经济制度的能力和中国改革开放之后建立起来的中国经济模式有紧密的关联。从经济上看，可以把中国模式称之为复合型或者混合型经济模式。这里使用"混合"这个概念和人们平常所说的不太相同。一般说来，混合经济指的是中国经济的混合所有制模式。这里使用的概念范围要比所有权广，包括很多方面，在所有权之外，混合模式也包括对外开放和内部需求之间的平衡，政府和市场两者在经济领域的作用的平衡等等。

1. 混合所有权制度

在应付金融危机的过程中，国有化已经成为西方各国政府采用的一种手段，至少对金融银行部门是这样。欧洲的国有化有根深蒂固的传统。实际上，国有化是欧洲社会主义的主要内容。第二次世界大战后，很多国家的国有经济部门曾经变得非常之大，导致了经济效率和效益低下。这就导致反向运动，即私有化。英国政府在撒切尔任首相期间曾经试图发动大规模的私有化运动，并对欧洲各国产生影响。但是即使是撒切尔的私有化运动也极其有限，仅限于几个实体经济部门。在涉及公共利益就是说那些提供公共服务或者福利的部门，私有化运动遇到了来自民主政治的很大阻力。这主要表现在教育、社会保障和医疗卫生方面，因为这些部门涉及全体人民的利益，人们用选票否决和抵制了私有化运动。现在欧洲面临危机，各国政府又开始诉诸国有化，对此欧洲社会并没有出现反对声音。

值得注意的是金融危机之后，美国也开始出现了各种变相的国有化运动。美国是私人资本主义的典型代表和大本营。在很长时间里，美国是抵御公有化尤其是社会主义运动的主要力量。在学术方面，以私有化为核心的新自由主义就在美国生长并拥有了向外的扩张力。在政治上，新自由主义最典型的表现就是里根经济学。但是，今天像前美联储主席格林斯潘那样可以称之为原教旨主义式的新自由主义人物，也开始认为并提倡国有化可以成为应付危机的有效方式。

在发展混合型所有权方面，中国比较典型。在改革开放前，中国从经济管理方式来说是典型的计划经济，但从所有权来说已经呈现多种形式，有国家所有制和集体所有制，在农村还有少量的私有性经济活动，主要表现在农民的自留地上。在国家所有制内部也存在着不同层面的所有权，即实体经济或者企业由各级政府分别所有和管理。

改革开放后，中国开始引入和鼓励其他多种形式的所有制形式，包括民营、合资、外资等等。在俄罗斯和东欧原来的共产主义国家，因为深受新自由主义的影响，进行了以私有化为核心的急风暴雨式的经济改革。但中国并没有这样做。中国一方面鼓励其他所有制的产生和发展，另一方面通过改革原先僵化的公有制来适应新的环境。国家所有制原来占据绝对的主导地位，并在宪法和法律方面得到保障。在改革的早期，国家所有制为主，其他所有制为辅，仅仅作为补充。但后来各种所有制得到了平等的法律地位。这里尤其要提及 20 世纪 90 年代中期之后"抓大放小"的经济改革。这是一个具有战略意义的改革方案。通过"抓大"，中国重组了大型国有企业；而"放小"则是通过民营化给中小型企业的发展提供动力机制。[①]

中国的混合型或者复合型所有制已经形成，并且得到宪法和法律的保护。这种所有制结构应当不会轻易改变。这种混合型经济在应付金融危机过程中显示出优势。国有部门已经成为中国政府强有力的经济杠杆，成为其应付危机的政策工具。西方多数政府只有金融工具而无经济杠杆，而中国政府两者皆有。

2. 出口导向和内部需求

金融危机发生后，一些西方学者和政治人物把责任推给中国。在这些人看来，金融危机的主要原因在于中国的增长模式。改革开放以来，中国的发展模式与早先的日本和后来的"四小龙"有很多类似之处，都是出口导向型的。外向型经济增长依赖于出口，依赖于西方市场。同时，中国的金融体系也是为外向型经济体系服务的。出口导向型经济创造了大量的外汇，再用外汇购买西方的诸多金融产品。在过去 30 年里已经形成了中国生产、西方消费的模式。这种模式被西方一些人视作导致这次金融危机的主要原因。尽管这些指责并没有多少道理，但却值得中国思考。这次危机告诉人们，无论是要解决危机还是要长期发展，都不能依赖于西方市场，依赖于西方消费者。中国的发展还必须主要依靠自己，就是说要建设一个内需型经济体。一个内

---

① 见 Zheng Yongnian, *Globalization and State Transformation in China*, New York and Cambridge: Cambridge University Press, 2004, Chapter 4.

需型的经济体并不是说不要外贸和出口。但一个高度依赖于外贸而内需不足的经济体，其增长是不可持续的。在全球化环境下，内需和外贸是两个最为重要的经济支柱。对中国这样大的经济体来说，内需无疑要比外贸重要得多。

中国这次之所以能够抵御源于西方的危机，表明中国的经济形态与日本和"四小龙"不同。无疑，这次金融危机表明中国的出口导向型经济出现了问题。因为西方没有了需求，依赖于西方市场的实体经济必然出现问题。人们已经看到在珠江三角洲有大量的工厂倒闭和大量的工人尤其是农民工失业。珠江三角洲的经济正在面临很大的困难。出口导向型经济要转型，这是很显然的。然而，转型并不是说要否定出口导向。在中国内部，出口导向型经济也表现为不同类型。比较一下珠江三角洲和长江三角洲就可以看到这一点。珠江三角洲的出口导向型可以说是一种典型的"自由放任"型经济。自20世纪80年代开始，地方有关部门对本身的产业发展没有长远的政策，只要是外资就受到欢迎。因此，低技术、劳动密集、高能源消耗、高污染等成了珠江三角洲经济的特色。这种经济增长方式随着时间的推移逐渐显示出其不可持续的特点。例如，它不能承受劳动关系的变化。中国新出台的劳动法对珠江三角洲资本方就产生了负面影响。这种方式也不能承受土地方面的变化。当土地的供应不能持续时，这种发展模式也会遇到很大的麻烦。正是这种情况促使广东地方政府在近年来开始努力调整产业政策。甚至在这次金融危机发生之前，广东省政府已经开始进行产业的升级调整。广东的一些企业在金融危机之前就开始关闭或者倒闭。广东称这一步是"腾笼换鸟"。这种做法受到一些方面的质疑，尤其是来自新自由主义经济学者的质疑。但是，无论从产业升级还是劳工权利或者可持续发展来说，这一步必须走。所不幸的是，这种产业调整遇到了现在的金融危机。不管怎样，很多国家的产业调整和升级都经历过一个痛苦和漫长的过程，中国也不会例外。

和珠江三角洲相比，长江三角洲的出口导向型经济情况有很大的不同。在大规模吸收外资方面，长江三角洲可说是后来者。或许接受了珠江三角洲的教训，长江三角洲在规划发展过程中，政府一直起非常大的作用。长江三角洲从一开始就拒绝低技术和高污染的产业。从各个经济指标来看，长江三角洲的发展要比珠江三角洲更具有优势。尽管这次金融危机也影响到长江三角洲，但其受影响程度显然远远低于珠江三角洲。

更为重要的是，除了出口导向型经济体，中国也有很多地方发展出了以内部需求为导向的经济体。浙江模式就是一个很好的例子。① 浙江模式可以说是一种内生型发展，就是说，发展的动力来自内部。在中国沿海从珠江三角洲到长江三角洲再到京津唐和渤海湾地区的很多地方，经济发展的主动力来自外来资本。浙江则没有这样的情况。尽管外资也得到鼓励，但发展的主动力主要来自民族资本。在过去的 30 年间，民族工业得到长足的发展，足以和外来资本相抗衡。发展的资本来自内部，发展也是以满足内部市场为主。浙江的产品都是以先抢攻内部市场为主，出口为辅。这与很多沿海地区高度依赖出口导向型经济形成鲜明对照。浙江是以开拓内部市场闻名的。在全国各个角落，没有一个地方没有浙江商人。这种以满足内部市场为主体的发展模式对整个国家的发展是非常有利的，同时这种模式要比出口导向更稳定、更具有可持续性，因为它更能承受外部国际市场的冲击。

浙江经济基于民营资本之上，其技术创新能力也比其他地区要高出很多。在 20 世纪 80 年代，浙江的一些地区尤其是温州地区以生产假货闻名，但是现在这种情况完全改观。在吸取了以往的经验之后，浙江民营企业非常重视技术创新的重要性。因为是民营资本，浙江企业的技术创新更具有自主性。现在的浙江商人不仅走遍全国，也走遍全世界。很多产品在国际市场上具有相当的竞争能力。近年来浙江产品在发达国家经常遭受地方贸易保护主义的"反击"，这从一个侧面反映了浙江产品的国际竞争能力。但同样重要的是浙江健康发展的国有企业。在中国的其他地区，国有企业的发展一直存在着很大的问题，但浙江的国有企业发展势头相当好。这与民营企业的发展是密切相关的。民营企业的发展为国有企业营造了一个有利的环境，国有企业和民营企业两者相互补充又相互竞争，起到了共同发展的效果。

更值得注意的是，浙江的劳工状况远较其他地区好。在一些地区尤其是台资、港资和韩资等密集的地区，劳工状况存在着太多的问题，劳工的权益

① 郑永年：《浙江模式值得深思》，新加坡《联合早报》2006 年 7 月 4 日。

往往得不到保障。但在浙江，侵犯劳工权益的情况并不多见。造成这种情况的因素有多种，但这与浙江重视本土资本有关。外来资本主要动机来自对地方廉价劳动力的利用，企业的社会责任感很难产生。而本土资本则因为受地方归属感等因素的影响，往往较能注意企业社会责任的培养和发展，劳资关系也因此显得比较和谐。

浙江当然不是唯一的以内部需求为导向的地方经济体。中国的很多地方也是这样。山东是另外一个例子，出口经济在总体经济中的比例很低。最近这些年出现的"重庆模式"也是通过扩展内部需求得到高速发展的。从地方发展经验来看，在中国模式这个总体概念之下，实际上呈现多种模式并存、竞争、发展和融合的态势。这也是中国经济模式的最大特点。

3. 政府和市场

政府和市场的关系既关乎一个经济体是否会导致经济或者金融危机，也关乎这个经济体是否有能力应付危机和预防危机。金融危机发生之后，政府和市场的关系再次成为各国政府和学术界的讨论议题。不管这次金融危机背后有怎样复杂的原因，就政府来说，最主要的是政府对金融系统监管不严。新自由主义者把亚当·斯密"看不见的手"，即市场，推到了至高无上的地位，他们相信这只手会解决一切经济问题。在新自由主义那里没有政府的经济功能。如果说有，那么就是要保证这只看不见的手毫无障碍地运作。但这次金融危机表明这种信仰的差错。

中国在改革开放前是计划经济，把政府的经济作用极端化，市场被视为属于资本主义制度，从而其功能也被否定。改革开放后，中国对市场有了不同的看法。邓小平认为资本主义可以利用市场，社会主义也可以利用市场。这就把市场中立化了。同时政府大力推进市场建设。上面所说的各种所有制经济都是在同一个市场平台上互动竞争的。

重要的是，中国在强调市场功能的同时没有走向市场万能主义。崇拜市场的新自由主义在学术界有很大的影响，但在政策面不同领域有不同的影响。在西方，新自由主义的根基可以说在实体经济领域，即在企业界。但在中国则不同。新自由主义进入中国之后，在实体经济尤其在大型国有企业领域遇到强大的阻力。如上所说，中国政府重组了大型国有企业，民营化并没有发生在大型国企。但新自由主义对中小企业的影响相当大。一方面是因为"放小"的战略。尽管这个战略设想得很好，但在实施过程中出现了很大的问题，主要是恶性私有化和国有资产的流失，导致了社会的不正义。新自由主义对社会制度改革的影响更大，主要表现在医疗卫生、社会保障和教育领域。在西方，因为民主制度的存在，新自由主义在这些领域遇到了强大的阻力，即被人民所否决。在中国则相反。在国有企业领域，因为有国家力量的存在，新自由主义不能发生作用。但在社会制度领域，新自由主义如鱼得水。原因很简单，因为社会制度的存在主要是为了弱势社会群体。弱势社会群体很难抵制新自由主义的侵入。在这些社会制度领域，改革开放前30年里中国取得了很大的成就。新自由主义进入这些领域以来，原来的社会体制包括学校、医疗卫生和社会保障制度全面衰落甚至解体，尤其是在农村地区。尽管近年来政府尽了很大的努力进行社会制度建设，但到今天这些社会制度还没有建立起来。

在新自由主义影响深刻的领域，政府管制的作用很难发挥。因为政府全面撤退，市场恶性竞争变得不可避免。中国企业间的恶性竞争是这些年企业界丑闻不断的主要原因。恶性竞争表明市场还是不规则。市场的规则化很难靠市场本身解决。从中外历史的经验来看，政府必须在建立市场规则方面扮演主要角色。市场这只看不见的手的发生、发展和健康运作离不开政府这只看得见的手。

这种情况表明，中国迫切需要建立一个规制型国家。在金融银行领域，中国规制国家初步成型。中国金融经过十多年的改革，已经具备应对危机的良好基础。在金融和银行领域，中国规制国家的建设得益于1997年发生的亚洲金融危机。亚洲金融危机产生于亚洲一些国家金融监管不严。中国从亚洲金融危机开始致力于金融银行系统的改革，取得了很大的成绩。这就是这次中国金融和银行系统没有发生像西方那样深刻危机的主要因素。西方各国在亚洲金融危机之时，批评亚洲国家，给亚洲国家带来很大的压力。这种压力也是促使中国改革的一个因素。但是，西方国家本身则忽视了改革，最终造成今天的危机。尽管西方国家可以强调一些外在的因素（如中国的高存款率），但推卸不了内部监管不严的责任。很显然，不管外部因素如何，危机是通过内部因素发生作用而爆发的。

四　中国模式的改进

2009 年，温家宝总理在剑桥大学演讲时强调，改革开放以来，中国是一个"学习国家"。这里的"学习"至少有两方面的意义。一方面，指的是中国向世界各国学习。中国虚心学习国际经验，不管是像美国那样的大国还是像新加坡那样的小国，中国愿意学习其长处。可以说，中国是当今世界最好学的国家。尽管很多国家尤其是西方经常对中国持批评态度，但这并没有影响中国向这些国家学习；另一方面，"学习"也指中国向自己的经验学习。中国向各国学习，这里有积极的经验，也有负面的教训。中国的政治经济体制并非十全十美。中国模式是一种发展中的模式，是世界经验和中国本身经验的累积。中国模式的进步对中国和世界同样重要。在这次金融危机中，中国社会主义市场经济模式虽然显现了其优势，但也表现出一些弱势。不管怎样，中国模式仍然处于发展过程之中。如果能够从本国和国际以往的经验中学到足够的教训，那么非常有利于这个模式的发展。

在社会改革成为主体改革的今天，中国模式的改进关键在于通过社会改革而确立社会制度。社会改革的重要性是不言而喻的。首先，社会改革是为了应付和解决经济改革所带来的负面结果。改革开放 30 年，经济主义可以说是中国发展的主题，经济发展就是一切。中国在短时间里，创造了世界经济史的奇迹。此前，没有任何国家能够在这样短的时间里帮助数以亿计的人民脱离贫困状态，帮助这样大规模的社会群体提高生活水平。但经济主义在促进经济繁荣的同时也带来了一系列问题。各级政府 GDP 主义盛行，非经济方面的发展大多被大大忽视，导致环境恶化，资源大量浪费，贫富差距扩大和严重社会分化。这些由经济发展导致的后果，加上反腐败斗争形势依然严峻，群体事件越来越频繁，多数表现为各级政府和社会的对立。很显然，经济主义的后果不加以纠正，经济发展就不可持续。这一点无须多说。这些年来中国政府确定的"科学发展观"和"和谐社会"就是对这种单向面发展的反思。

其次，社会改革要为未来经济增长奠定新的制度基础。改革开放 30 年的经济增长总体上来说源于经济制度的改革和创新。但迄今为止，经济改革的很多方面已经很难深入下去，这说明过去的增长模式已经达到了顶点。进行社会改革和建设社会制度的目标是推动中国从一个非消费型社会向消费型社会转型。消费型社会是中国未来长期经济增长的最主要来源。很简单，经济增长有两大来源，即投资和消费，而投资的最终目的也是消费。中国在过去 30 年里建立了一个外向型经济。增长来自投资，但投资是为外部市场服务，主要是西方市场。如上所说，随着全球经济危机的发生，来自西方的需求遽然下降，中国这种发展模式的局限性一下子就显现出来了。中国要向消费社会转型，就必须建立一整套有助于消费社会发展的基本社会制度，例如医疗保险、社会保障、教育和环保等等。没有这样一套制度，就没有可能出现消费社会。

再次，更为重要的是社会改革要为中国未来的主体性政治改革做制度准备。前面已经讨论过，中国的改革进程大致可以分为经济改革、社会改革、政治改革三个阶段。从历史的角度看，中国的政治发展进程应当是基本国家制度建设在先，民主化随后。[①] 民主制度的有效运作不仅需要社会经济发展到一定的水平，更需要诸多基本国家制度成为其基础结构。从世界范围内来看，凡是基本国家制度建设得好的国家，民主化过程比较和平，新建立的民主制度能够有效运作。反之，在缺乏基本国家制度的情况下，如果进行民主化，就会出现无政府状态、社会不稳定和政治恶斗。现在，亚洲很多国家所经历的民主危机就说明了这个问题。在过去 30 年中，中国已经建立了一套基本的国家经济制度，但社会制度则远远没有建立。如果在基本国家制度中缺失社会制度的情况下进行政治民主化，必定出现动乱频繁发生的政治局面。

金融危机的确为进行社会改革和建立社会制度提供了好机会。中国迫切

---

① 有关"国家制度建设在先、民主化随后"的观点，见郑永年《政治改革和国家建设》，《战略与管理》2001 年第 2 期。

需要在危机中继续寻求新的模式。努力的方向和重中之重应当是扩大内需，建立消费型社会。在任何国家，社会改革和建立社会制度都是一场攻坚战。在当今发达国家，社会制度的建立往往和持久的充满暴力的工人阶级运动，甚至革命联系在一起。从原始资本主义转型到现代福利型资本主义，并非资本逻辑自然发展的结果，而是社会改革的结果。一些国家的政治精英能够实行"铁血"政策，超越既得利益，进行自觉改革，但另一些国家的政治精英则受制于既得利益，没有能力进行改革，结果导致暴力式社会运动和革命的发生。有一点很明确，到现在为止，所有实行市场经济的国家，一套良好的基本社会制度都是保障其市场运行和社会稳定的制度基础。从这个角度来说，中国的政治改革也在产生其动力机制，因为只有通过有效的政治改革，这些社会制度才能建立起来。

（来源：《中国社会科学》2009 年第 5 期）

社会学视野下的"中国经验"

郑杭生[*]

随着中国的和平崛起、作用的日益发挥，谈论"中国经验"的学者和人士也日渐增多。如果说，30 年前，国际上研究中国的多半还限于媒体记者、一般学者，那么现在，世界著名学者也越来越把自己的目光和注意力转向、甚至集中到当代中国研究和"中国经验"上。

讨论"中国经验"首先离不开正确处理新中国成立以来两个 30 年的关系。如果实事求是地、具体分析地看待这两个 30 年的关系，就必须承认：前 30 年既为后 30 年打下了基础，又为后 30 年留下了问题。因此，既不能用后 30 年来否定前 30 年，也不能用前 30 年来否定后 30 年。用后 30 年来否定前 30 年，就是无视前 30 年为后 30 年打下了基础的一面，就是无视前 30 年本身取得的伟大的基础性的成就的一面；而用前 30 年来否定后 30 年，则是无视前 30 年为后 30 年留下的问题的一面，就是无视后 30 年本身取得的伟大的发展性的成就的一面。在这里主要涉及后 30 年，前 30 年笔者将有专文表达。

同时，"中国经验"是一个争议很多的领域。当代中国是各种思潮的交汇点。不同的思潮对"中国经验"的看法和理解也不同。在这种背景下，我也愿意把这些年对有关中国研究、"中国经验"的一些思考和探索，较为集中系统地简述出来，求得大家的帮助和指正。有些论点以前发表过。

那么，什么是"中国经验"呢？所谓"中国经验"，简要地说，是当代

---

* 作者系中国人民大学社会与人口学院教授。

中国在社会经济发展方面比较突出的特点和过程所构成的特定类型。在我看来,"中国经验"可以从本质内容、实际轨迹、推进形式、实现途径、前景瞻望五个方面来加以考察分析。

"中国经验"的实质内容:新型社会主义的不断成长壮大

新型社会主义,"新"在哪里?主要表现在两个方面:第一,它是一种利用资本主义一切可以利用的东西、逐步取得对于资本主义的相对优势的社会主义。第二,它又是在自己的实践中不断探索社会正义、不断追求社会和谐、不断进行制度创新。

中国社会改革开放 30 年的发展和转型,具有自己鲜明的特色和特点,在全球是独一无二的,用世界上任何现有的发展模式都难以完全解释得通,因而形成独特的"中国经验"、"中国模式"。这种经验和模式,既不同于众多的资本主义发展模式和经验,但是利用了它们一切先进的东西,也不同于过去那些失败的社会主义模式,但是汲取了它们的经验教训。因此,它是一种新型的社会主义发展模式和经验,也即中国特色社会主义的发展模式和经验。

"中国经验"的本质内容不是别的,正是这种新型社会主义的不断成长壮大;我们要建立的新社会,正是这种新型的、和谐的社会主义社会。那么,这种新型社会主义,"新"在哪里?笔者曾经指出,概括地说,主要表现在两个方面:第一,它是一种利用资本主义一切可以利用的东西、逐步取得对于资本主义的相对优势的社会主义。第二,它又是一种在自己的实践中不断探索社会正义、不断追求社会和谐、不断进行制度创新,并不断致力于逐步把公平正义贯彻到社会结构和社会制度各个方面的社会主义。尽管这种处在成长壮大过程中的新型社会主义,还很年轻,还有很长的路要走,但它在新中国成立 60 年、特别是改革开放 30 年取得的引人注目的巨大成绩,表明它是一种生气勃勃、前途无量的社会主义。2009 年国庆阅兵、游行的盛典,就向全世界证明了这一点。

现在,越来越多的发达国家一流学者都在程度不同地研究"中国经验"、

"中国模式"；越来越多的发展中国家也正在思考和参考"中国经验"、"中国模式"。2008 年起源于美国的世界金融危机，更加促进了这一趋势。当前，包括中国在内的世界媒体、学界、政界以致商界都在传递三种思考：一是对资本主义制度及其自由市场体制的反思，二是对人为的现代风险的极端严重性及其应对的探讨，三是对"中国经验"的重新评估和进一步研究。如果说，差不多 20 年前，随着苏联、东欧解体而来的是世界性的思潮"向右转"，仿佛此后真是资本主义作为一种"终结历史"的社会制度而傲视全球！那么，伴随作为资本主义本质衍生物的金融危机的展开和灾难性后果的暴露，我们又看到了一种国际性的思潮"向左转"的景观。一些过去很右的人，说出了带有明显左的甚至很左的观点。中国在应对金融危机方面所采取的措施，所表现出的自信心和动员力，也更推动了对"中国经验"的重新评估和进一步研究。

当然，我们清醒地认识到，这种新型社会主义成长过程的长期性和艰巨性，正如邓小平指出的："中国社会主义是处在一个什么阶段，就是处在初级阶段，是初级阶段的社会主义。""初级阶段就是不发达阶段。"他还说："我们搞社会主义才几十年，还处在初级阶段。巩固和发展社会主义制度，还需要很长的历史阶段，需要我们几代人，十几代人，甚至几十代人坚持不懈地努力奋斗，绝不能掉以轻心。"确实，这种社会主义的成长是与很多不发达因素联系在一起的，每前进一步都需要走曲折的道路，作出艰巨的努力。很长的时期内，不少人还习惯于把取得的成绩归之于资本主义而把产生的问题归之于社会主义。那时，坚持这样的社会主义在"社会主义低潮综合症"存在的大背景下，无论在理论上还是实际上都是需要勇气的。这种情况，只是在金融危机之后，才开始有所改变。

作为一种新型社会主义的中国特色社会主义是中国社会的根本目标。关于根本目标的重要性，从社会学的视角看，在于它是广大社会成员对整个社会规范的信任和遵从的基础，是公民对整个社会规范和社会秩序的信心的来源。一个有坚定正确根本目标的社会是一个前景光明的社会。而一个根本目标失范的社会，即多数社会成员对根本目标模糊不清，动摇不定，失去信心，甚至失望逆反等等，这离整个社会的恶性运行和畸形发展也就不远了。

一个社会可以容忍一定程度的手段方式的失范——这是失范的第一阶段，因为这种失范还不足以危及社会生存和发展的基础；但绝不能听任手段方式失范的恶性膨胀，因为这会严重侵蚀广大社会成员对整个社会规范的信任和遵从，动摇公民对整个社会规范和社会秩序的信心，进而演变为社会失范的第二阶段——根本目标失范。因为这意味着一个社会的根基动摇了。所以根本目标的问题，绝不是一个小问题。

"中国经验"的实际轨迹：从初级发展到科学发展的进程

中国30年来的发展，实际上显示出一条从初级发展到科学发展的轨迹。其中差不多有20年的时间是沿着初级发展的路径前进的。

"发展轨迹"是一个动态的概念，它把从起点到结果的发展动态过程显示出来。要真正理解中国30年来形成的科学发展模式，具体地把握"中国经验"，就要了解它的初始起点、实际轨迹和理论提炼。

中国30年来的发展，实际上显示出一条从初级发展到科学发展的轨迹。其中差不多有20年的时间是沿着初级发展的路径前进的。这种发展的初级性从多方面显示出来：

第一，发展目标是初级的。1978年的改革开放初期，中国社会最直接的发展目标是解放和发展生产力，摆脱贫困状态。这是因为，那时国家经济社会发展的状况和人民生活水平状况都集中地表现为贫穷。国门一打开，与富裕国家一比，贫穷这一中国社会最大的特点，更成了压在每个中国人心上的石头，脱贫的渴望成为一股不可抑制的潮流。邓小平非常理解这一客观现实和社会心理，他联系社会主义的本质，对这个问题进行了深入反思，提出了一个引起强烈共鸣的观点："贫穷不是社会主义。"他给中国发展生产力制订了三步走的目标，第一步是脱贫，第二步是小康，第三步是达到中等发达国家的水平，这差不多已经到了下世纪中叶了。脱贫、小康的目标的提出，是符合当时中国国情实际和反映人民意愿的，但很显然是与不发达状态联系在一起的，因而是初级的。

第二，发展的手段是初级的。按照一个中心，即以经济建设为中心，经济因素成为国家社会生活中的核心驱动因素，经济的思路和办法，也成为解决其他政治问题、社会问题的手段。在 1979 年 10 月 4 日《关于经济工作的几点意见》中，邓小平明确地指出了这一点。这种以经济办法解决政治问题和社会问题的思路在特定的历史条件下为推动经济社会改革提供了出路，是当时的一种最佳选择，曾经起过巨大的历史作用。但是也应该看到，由于过分强调经济因素和经济办法，在实践中就形成了追求 GDP 增长的政策取向，在一定程度上造成了经济与社会失调，效率与公平失衡，付出了过大的环境资源代价。采取这样的手段和办法，来发展经济，归根到底也是与不发达状况相联系的，因而不能不是初级的。

第三，用于发展的资源是初级的。在过去 30 年中，我们用于发展的主要资源，一是土地，用它来实现城市化、现代化；二是廉价劳动力，用它来降低成本，增加对外出口的竞争力；三是自然资源的过度开采和使用，出现不少资源枯竭型的城市；四是生态环境的代价：空气污染、水污染、沙漠化等已经非常严重。土地、廉价劳动力、自然资源、生态环境，这些都是发展的初级资源，他们不是无限的，而是有极限的。这样使用初级资源，向自然界过度索取，是不可持续的，终有一天无以为继。

第四，参与发展的各主要方面的关系是初级的。实施发展的社会三大部门——政府组织、市场组织、社会组织的关系仍然失衡。政府往往错位，过分使用自己的主导作用，管了许多不该管、管不了、管不好的事情，结果是吃力不讨好，反而使自己成为社会矛盾的焦点。市场往往越位，一些不该市场化的公共领域，如教育、医疗、廉价房等往往被市场化甚至过度市场化，造成很多的社会问题。社会则往往缺位，它既没有政府那样的权威，又缺乏市场那样的力量，本身又很弱小，还不能有效弥补政府失灵和市场失灵，也不能有效起到降低政府管理成本的作用，因而还没有真正成为合格的社会发展的重要主体之一。这样的三大部门之间的关系，不能不是初级的，迫切需要提升的。

第五，发展的结果也是初级的。我国发展的结果之一是形成了诸多的"类发展困境"，如：差距困境、环境困境、公平困境、腐败困境、弱势群体困境，等等。所谓"类发展困境"，是指总体发展起来了，但不少方面发展的实际结果与发展的预定目标正好相反，这是属于总体发展顺境中的"发展困境"。本来，发展的预定目标是减缩差距、改善环境、提高公平度、减少腐败现象、缩小弱势群体，但是发展的实际结果却是差距的增大、环境的恶化、公平度的降低、腐败现象的蔓延、弱势群体的扩大。这种"类发展困境"与那种发展的实际结果与发展的预定目标完全相反的情况，即很想发展、就是发展不起来或很难发展起来的情况，即典型的"发展困境"，是不同的。但"类发展困境"毕竟是一种困境，说明发展的结果仍然是初级的，有待于进一步提升的。

应当指出的是，对于我国这样一个不发达的大国来说，发展的初级性是无法跳过的，代价是无法完全避免的。中国的幅员是如此之广，地区差别是如此之大，发展初始条件是如此之低，只能实事求是地确定适合自己情况的发展目标、发展手段、发展可利用的资源。我们只能要求经过努力把代价减少到最低限度，把初级发展的时限缩短到最小期限。在这方面，用比较研究的眼光来看一些初始条件与中国差不多、甚至比中国好的国家，应该客观地说，中国是做得很不错的。

科学发展是对初级发展进入更高一级发展的概括，是对我国以往初级发展实践的深刻总结和提高。科学发展观的内容，按照十七大报告系统总结的，第一要义是发展，核心是以人为本，基本要求是全面协调可持续，根本方法是统筹兼顾。科学发展与初级发展，既有继承的一面，又有提高的一面，形成了一个从初级发展到科学发展的历史轨迹。

首先，科学发展肯定了初级发展中的最主要的精华之点。我们都记得邓小平的名句"发展才是硬道理"。正是发展创造了"中国奇迹"。科学发展把发展确定为第一要义，正是肯定了这一精华之点，就是说，科学发展同初级发展在把发展放在第一位上，是没有不同的。

其次，科学发展适应新的发展要求适时地提出一系列创新之点。

——科学发展把"以人为本"作为自己的核心。这就是把人的全面发展作为自己的根本目标，特别是包含着要让社会弱势群体共享发展成果的深意，从而开始纠正过去的种种发展，多多少少都把弱势群体当做发展代价、甚至当做发展牺牲品的弊病，当然这种纠正的过程还有很长的路要走。

——科学发展把全面协调可持续作为自己的基本要求。所谓全面，就是双赢互利或共赢互利，就是使构成我们社会的各方、参与我们社会发展的各方，特别是强势和弱势各方，都能获得共赢互利，而不是通过牺牲一方来使另一方得益获利。所谓协调，就是社会方方面面的关系良性互动和协调发展，就是全体人民各尽其能、各得其所而又和谐相处。所谓可持续，就是既满足当代，又不伤害后代。这实际上指出了：那种通过牺牲一方来使另一方得益获利的"零和游戏"式的发展，是片面的、不协调的、不可持续发展的旧式发展观的集中体现。

——科学发展把统筹兼顾作为自己的根本方法。统筹兼顾，就是对经济和社会、城市和乡村、东中西部不同区域、人和自然、国内发展和对外开放等这些主要关系各方，都获得自己应有的发展，而不是片面重视一方、轻视一方，甚至损害一方。这对纠正过去的种种发展，一般重经济轻社会、重城市轻农村、重东部轻中西部、重人的短期需要轻自然的长期保护的倾向，是很重要的。

从初级发展到科学发展的轨迹表明，科学发展源于初级发展，又高于初级发展，既继承，又提高。从理论上说，正如初级发展是一种与旧式现代性相联系的发展一样，科学发展则是一种与新型现代性相联系的发展。所谓"新型现代性"，是指那种以人为本，人和自然双盛、人和社会双赢，两者关系协调和谐，并把自然代价和社会代价减少到最低限度的现代性。

从中国社会转型加速期取得的巨大社会进步和付出的种种社会代价中，我们都能从正反两方面，亲身体会到新型现代性的深刻意涵。科学发展和新型现代性两者是非常吻合的：两者都主张"以人为本"，都主张双赢互利，都主张协调和谐，都主张减缩代价；只是两者的表述不同：科学发展在表述上更注重对实践的指导；新型现代性则更注重学术的提炼和感悟。

科学发展观产生于对初级发展到科学发展实际轨迹的理论提炼，同时又是发展理论和发展模式的新的探索。

首先，它是发展理论的巨大进步。概括地说，自第二次世界大战以来，发展观的演变大体经历了经济增长观、综合发展观、可持续发展观、人的发展和科学发展观。这些理论大体上反映了从重视单纯经济增长，到横向重视经济社会文化综合发展，再到纵向重视本代与后代的可持续发展，再到全面重视人的发展的曲折过程。科学发展观汲取了所有这些发展理论的积极因素，根据中国的发展经验加以理论创新，并作为国家发展战略回过来指导发展实践。

其次，它又形成了一种中国特色的发展模式，即"科学发展模式"，它是继当今文献中出现频率较高的"北欧模式"、"拉美模式"、"东亚模式"之后，对发展模式的某种创新。它认真研究自己的国情和自己的经验，认真研究别人成功的经验和失败的教训，认真汲取对自己有益的经验，在此基础上创造适合自己国情的模式，开辟可行的发展道路。这是比较成功的做法。

"中国经验"的推进形式：自上而下和自下而上共同探索

中国特色社会主义是一种利用资本主义，但又与资本主义有本质区别的社会主义。这样的社会主义有市场经济，有证券交易等资本主义社会同样存在的东西，还有企业主共产党员、"两新组织"、"两新人员"等。

自中国杰出领导人邓小平 1982 年在十二大提出"把马克思主义的普遍真理同我国的具体实践结合起来，走自己的路，建设有中国特色的社会主义"的著名论断以来，中国特色社会主义这一新型的社会主义，一直是中国社会坚定不移的根本目标，也是中国社会研究的最重要的课题。"中国经验"、"中国模式"是中国社会上下结合、共同探索、互动创新的结果。

在"自上而下"方面，中国特色社会主义是一种前所未有的创新性的社会主义。党的十六大以来，特别是以胡锦涛为总书记的党中央掌舵以来，一直到他所作的十七大报告，都越来越明显地表现出这种趋势。以人为本，全面、协调、可持续发展的科学发展观的提出，构建民主法治、公平正义、诚信友爱、充满活力、安定有序、人与自然和谐相处的社会主义和谐社会的问世，社会和谐被确定为社会主义的本质，改善民生问题被确定为社会建设的重点，公平正义被确定为社会建设的目标，就是几个标志性里程碑。党的十七大报告进一步指出："改革开放以来我们取得一切成绩和进步的根本原因，归结起来就是：开辟了中国特色社会主义道路，形成了中国特色社会主义理论体系。高举中国特色社会主义伟大旗帜，最根本的就是要坚持这条道路和这个理论体系。"这里"开辟了"、"形成了"都表明了马克思主义中国化在中国特色社会主义方面的理论创新和制度创新。十七大报告，深刻明确无误地向全世界阐释了中国特色社会主义从哪里来，又到哪里去，有力地坚持了社会主义方向。

同时，中国特色社会主义又是一种与资本主义有着复杂关系——一种利用资本主义，但又与资本主义有本质区别的社会主义。这样的社会主义有市场经济、有证券交易、有劳资关系等资本主义社会同样存在的东西，不仅如此，中国还有企业主共产党员——红色资本家，"两新组织"——新经济组织、新社会组织，"两新人员"，即两新组织的人员等等。这种你中有我、我中有你的情况，一方面使我们体会到，中国特色社会主义具有的开放性和包容性——这也不用奇怪：资本主义也汲取了社会主义的许多因素；另一方面，也使我们亲身体会到，如果不清醒地自觉到这是利用资本主义，那就很容易与资本主义相混淆。因此，这里特别体现出社会主义坚定目标的重要性，树立共同理想的必要性。同样上述情况也告诉我们，如果不去利用，那就是缺乏智慧；但是如果在利用时，忘记了自己的社会主义目标，那就是没有头脑。中国执政党和政府最高层，把目标的坚定性与策略的灵活性结合起来，不断把这种新型的社会主义推向前进。

在"自下而上"的方面，随着中国社会重心日益下移，全国范围的社区建设和社会主义新农村建设，正在蓬勃开展。我们在全国各地的调查和考察表明，中国城乡基层社会，正在用建设性的反思批判精神，通过制度创新，把社会公平正义落实到我国微观制度的方方面面。无论在制度安排的公平方面，还是百姓认可的公平方面，无论在合理地配置社会资源和社会机会、重点解决民生问题上，还是在解决突出社会问题、社会矛盾和社会风险上，无论在使全体人民受益方面，还是在让弱势群体共享社会发展成果方面，无论在减少居委会的行政性、增加自治性，还是在培育和健康发展社区组织与建立社区服务体系方面，都在逐步取得进展。我们的调查和考察也表明，总的来说，各地是在利用资本主义一切可以利用的东西，而不是在"自下而上"走资本主义道路。我们的调查和考察还表明，在中国社会快速转型期，确实是社会优化与社会弊病并生、社会进步和社会代价共存、社会协调与社会失衡同在，但基本方面、基本趋势是社会优化、社会进步、社会协调，而社会弊病、社会代价、社会失衡则是非基本方面、非基本趋势。尽管如此，各地对后一方面并没有忽视，也正在逐步解决。

这里还要强调各种"地方经验"对"中国经验"的贡献。它们可以说是"自上而下"和"自下而上"的各个连接点。我国30年来的改革开放和思想解放，在很大程度上可以说，是一个制度创新的持续过程。这一过程通过各种地方性创新的亮丽景观，汇成了现代化进程"中国经验"的创作。在对当今中国城市社会建设展开的实地考察中，我们先后领略了"武汉经验"、"广州经验"、"深圳经验"、"郑州经验"等，2008年又有幸与"杭州经验"相遇。杭州根据第一轮发展主要用土地、廉价劳动力、矿物资源、环境代价等初级资源的局限和缺陷，提出了"复合社会创业主体"这一新概念和新模式，并在实践中取得了很多成功。2009年，又一次与"郑州经验"相遇，他们提出的把郑州建设成"三化两型"的国际大都市，标志着我国中部的崛起。

以我为总主编的两套丛书："中国特色和谐社区建设系列调查研究报告丛书"，"当代中国城市社会发展实地调查研究系列丛书"，其创意就在于表达第三个层次社区建设经验和第二个层次城市发展经验在中国经验中的基础性和重要地位。

在三个层次中，中央经验是中国经验的核心、灵魂和指导。地方经验、基层经验的重要性则在于它们共同构成了"中国经验"一个个亮点、一个个支点，共同标志着中国特色社会主义这种新型社会主义历程的一个个轨迹点、成长点。

总之，"中国经验"是由中央、各地、基层共同探索、着眼创新加以推进的。

"中国经验"的实现途径：体制转轨与结构转型齐头并进

从"单位"到"社区"的转变，意味着社会管理的基础单元的转换，意味着社会日常生活的支持网络的转换，意味着社会资源和社会机会配置机制的转换。

中国社会 30 年的发展，是通过社会结构转型和经济体制转轨的方式实现的。因此，这一角度也是我们分析"中国经验"不可忽视的。

从 1978 年以来，中国的社会转型进入了一个新的阶段，具有了以往不曾具有的特点。其中一个最明显的特点，就是在经济体制改革的带动下，社会结构转型和经济体制转轨两者同时并进，相互交叉，形成相互推动的趋势。用世界的眼光看，这在其他发展中国家的现代化过程中是很少见的。

这里，社会结构，主要是指一个社会中社会地位及其相互关系的制度化和模式化的体系。社会结构转型就是不同的地位体系从传统型向现代型的转型；经济体制转轨则指的是从高度集中的计划经济体制向市场经济体制转换。无论是社会结构转型和经济体制转轨，都是广义的社会转型的内容。

但是，两个转换包含着不尽相同的传统和现代关系的内容，不能把它们完全等同起来。它们至少有三方面不同：

第一，由于种种条件的限制，社会结构从传统型向现代型的转型不可能在一个短时期内完成，而是一项贯穿于整个现代化过程的长期任务。而体制转轨并不是社会结构转型的全部内容，与整体的现代化过程相比较，体制转轨应当在一个相对来说不是太长的时距中完成，这是降低改革成本所必需的。

第二，中国的社会结构确实是从一种传统型结构向现代型结构的转型，而相对于结构转型来说，中国的体制转轨并非是从一种传统体制向另一种现代体制的过渡，而是从一种缺乏效率的现代体制向另一种更有效率的现代体制转变。把这种有弱点的现代体制，也叫做传统体制，是不符合事实的，至少是不确切的，这里的"传统"已不是与"现代"相对的那种有确切含义的"传统"了，而只是与"现在"相对的通常所说的"过去"或"原有"两字的含义了。

第三，两个转换的同时并进，一方面形成相互推动的趋势，另一方面也相互制约，造成结构冲突和体制摩擦交织在一起，增加了改革和发展的难度。

社会结构转型和经济体制转轨两者同时并进一个最显著的后果是与"行政制"密切结合的"单位制"的弱化,"单位人"向"社会人"、"社区人"的转变。

改革开放前,中国社会管理体制的最大特色是那种与"行政制"紧密结合、什么都管的"单位制"——国家按照行政级别,把各种资源分配给作为自己延伸的不同单位,各单位然后按照行政级别把资源和机会再分配给对自己有极强依赖性的本单位成员个人。改革开放后,原有的单位逐步转变为功能单一的利益主体,工厂就是工厂,学校就是学校,不再承担更多的社会事务;大量新形成的单位,也越来越采取"非单位"的管理体制,它们仅仅是工作场所,不再是什么都管的"单位",相应地,越来越多的社会成员也从对本单位有极强依赖性的"单位人"变成自主性越来越强的"社会人"、"社区人"。

从"单位"到"社区"的转变,表明社会管理的重心从"工作场所"向"居住场所"的转移。这种转变和转移,意味着社会管理的基础单元的转换,意味着社会日常生活的支持网络的转换,意味着社会资源和社会机会配置机制的转换。这是中国社会极其深刻的变化之一。

社会管理体制从"单位"到"社区"、从"工作场所"向"居住场所"的转变,是为了适应社会结构从传统型向现代型转型的需要,适应经济体制从计划经济向市场经济转轨的需要,是为了应对社会结构转型和经济体制转轨二者犬牙交叉、既相互推进又彼此摩擦所引发的种种社会问题的需要。

社会结构转型不可避免地造成社会流动加快、社会分化加剧,经济体制转轨则不可阻挡地引发人际关系疏松,传统联系减弱——所有这些都从各个方面促进市场经济下陌生人世界的形成。"熟人社会"的分量渐次减少,"生人世界"的成分快速增长。于是,新的社会整合的需要,新的社会团结的要求,新的人际和谐的期待,越来越摆在社会和人们面前,这是因为社会分化不能无限加剧,人际关系也不能恶性疏松,陌生人的世界需要新的连接和整合,否则社会将成为畸形的社会。

社会建设、社区建设,正是为了在一个市场经济的陌生人世界里,构筑人际关系和谐的、互助合作的新的社会共同体,这个社会共同体,在宏观上叫做和谐社会，在微观上叫做和谐社区。微观的社区建设是宏观的和谐社会构建的切入点和抓手，是构建社会主义和谐社会的一项基础性工程。通过社区建设的不断探索和日益成熟，探索出一条与社会主义市场经济和民主政治相适应的社会建设、社会管理的新路子来。

中国社会结构的优化与大量问题并存，正是与这种两个转换同时并进的大背景分不开的，广义地说，也是与传统和现代这种对立统一的复杂交叉关系分不开的。但总的说来，中国社会结构转型和经济体制转轨是平稳有序的，成绩是显著的，通过这一过程，正在实现着一个新型社会的培育、成长。

"中国经验"的前景展望：人类困境与特殊挑战双重应对

中国的社会发展和转型，不仅要有效应对世界性的"人类困境"，而且必须有效处理种种特有的挑战，这后一方面无疑是更经常、更具有基础意义的。

在某种程度上说，"中国经验"的前景、吸引力，决定于它能否有效地应对两类挑战，并在这种应对中继续推进、成长，变得更加成熟。这两类挑战，从社会学视角看，就是世界性的"人类困境"与本土性的特有矛盾。

"人类困境"这个术语见之于鲍曼《流动的现代性》一书，意指"当代到处存在的不稳定性"，也就是现代风险。如像非典型性肺炎、甲型 H1N1 流感那样的新型疾病、不知何时到来的恐怖威胁等等。世界性的认同危机，同样也是一种人类困境。2008 年年底去世的美国学者塞缪尔·亨廷顿，1996 年出版的《文明的冲突与世界秩序的重建》一书，实际上就是在探讨世界性的文明认同危机及其应对。这次由美国次贷危机引发的、祸及全球的金融危机，使我们又一次见证了这种人为造成的"人类困境"，给人类自身社会生活带来的巨大威胁。迄今为止，中国特色社会主义这一新型社会主义，在应对像非典型性肺炎、恐怖主义、民族认同问题、文化认同困难等这类新型风险中的表现是上乘的。

中国的社会发展和转型，不仅要有效应对世界性的"人类困境"，而且必须有效处理种种特有的挑战，这后一方面无疑是更经常、更具有基础意义的。从社会学视角看，与社会建设紧密相连的特殊挑战，我曾把它归纳为六个方面，这里只能稍加解释，不能详细展开。

第一，在市场经济陌生人的世界建立社会共同体的挑战。关于这一挑战出现的原因，上面已经做了解释，不再重复。在一个市场经济的陌生人世界里，构筑人际关系和谐的、互助合作的新的社会共同体，这是时代提出的新课题，通过制度创新破解这个难题，是我们必须面对的挑战。

第二，在价值观开放多元的时代促进意义共同性的挑战。社会建设、社区建设，不仅要在市场经济的陌生人世界里，构筑人际关系和谐的、互助合作的新的社会共同体，而且要在价值观开放多元的时代促进意义共同性；不仅要进行制度创新，而且要进行价值重塑。因为一个社会、一个社区能够成为一个共同体，除了有形的物质的组织联系外，还必须有无形的价值性的精神纽带，那就是意义共同性，也即共同的社会认同。

意义共同性或价值共同性，是社会成员、社会群体或社会阶层对自己在社会中所获利益、所处地位，自我赋予相似或相同的认知。因此意义共同性以利益共同性为基础，但又不等于利益共同性。因为利益共同性并不能必然保证产生意义共同性，社会成员、社会群体或社会阶层有可能对相同的利益赋予不同的意义，甚至相反的意义。因此，培育、提高社会成员将利益共同性转化为价值共同性的实际能力是很重要的。在这个快速变迁和明显分化的时期，社会越来越凸显出对于意义共同性的要求。

正如社会共同体的构建，主要是与合理配置和培育以物质利益为主的有形的"硬"社会资源，从而是与增强和培育硬实力联系在一起的，而意义共同性的构建，则主要是与合理配置和培育以文化力量为主的无形的"软"社会资源，从而是与增强和培育软实力联系在一起的，进一步又是与将软实力转化为硬财富联系在一起的。社会成员在观念和价值观方面的共同性，其意义绝不亚于社会在利益结构方面的共同性。它触及了在一个急剧变迁和分化的时代，"我们何以能够共同生活"这样一个核心难题，不能不是一个严峻的挑战。随着物质生活的提高，社会认同问题会越来越突出。

第三，在社会分化加剧的情势下面落实公平正义的挑战。笔者曾在理论上综合马克思、恩格斯和罗尔斯等人的观点，现实上根据新中国成立以来，特别是改革开放以来的实践，给社会正义下一个更为广泛的社会学定义：社会正义就是社会资源和社会机会配置的公平性和平等性。这里，公平和平等都能表达正义，但又是不同程度的正义，正好能够表达社会正义也是有阶段性的。这里所谓"公平"就是合理的差别。笔者还提出，社会公平正义有两个维度，即制度安排与百姓认可。

社会公平首先指的是一种客观的制度安排的合理性问题。这里，作为制度安排合理性的社会公平，主要体现在社会资源分配和获得的差别是合理的；社会机会对每个社会成员都是自由开放的，可竞争的。社会学上以职业为主要标志的阶层或分层则要求这样来安排：使上层永不松懈，中层永不满足，下层永不绝望，从而使作为绝望的派生物的种种消极后果，如自杀、"人肉炸弹"等概率大大降低。每个阶层的成员都可以根据自己的情况、通过自己的努力，找到改变自己地位和命运的机会。

社会公平还在主观上体现为百姓的共同认可、认同。这就是社会公平度、公平感的高低问题。这种社会公平度、公平感，在社会学上是可以通过社会指标体系来加以衡量的。同时，我们也可以从经验上体会到，多数老百姓不认可、不认同的东西，是不公平的。如果老百姓的不认同感、不公平感发展到相对剥夺感，就会对社会稳定和社会和谐产生极不利的影响。老百姓认可度低的种种制度，肯定是有毛病的。这是推动制度创新的最直接、最重要的动力。百姓认可的公平正义，是上述意义共同性的最主要部分。

如何在社会发展中，在制度安排公平的基础上，促进百姓认可的公平，提高满意度、幸福感，同样是一个尖锐的挑战。

第四，在社会重心下移的情况下面大力改善民生的挑战。所谓民生问题，用社会学的术语说，就是一个社会的成员，如何从政府、市场和社会获得自己生存和发展的社会资源和社会机会，来支撑自己的物质生活和精神生活的问题。

在我国社会快速转型期，随着工业化、城市化、信息化、市场化的推进，社会分化加剧，出现了新的贫困问题，形成了生活困难的社会群体——社会学称之为社会弱势群体。他们为我国的社会进步付出了主要代价，但是他们的生活改善不多，甚至更加困难。他们是上学难、看病难、住房难等民生困难的主要承受者。当前我国社会成员，特别是弱势群体的不安全感，主要产生于两个方面："现实困境"，即个人生活中已经遇到的实际困难或问题，和"未来威胁"，即可能对个人生活造成的威胁或风险。这两方面都与社会成员的切身利益有关，都与民生问题有关。前者导致"现实性的烦躁"，后者引发"预期性的焦虑"。它们都会构成人们的后顾之忧，严重影响社会成员的安全感，降低社会安全指数。

民生问题不仅是个人安全和整体社会安全的连接点，而且是和谐社会建设最基础的必要条件，是社会矛盾多发凸显最基本的根源，是对共产党执政能力的考验。

能否大力改善民生问题，是中国社会发展和社会转型最切实而严峻的挑战。

第五，在生态恶化情况下实现环境友好、资源节约的挑战。我们已经指出，以往初级发展的生态环境的代价：空气污染、水污染、沙漠化等已经非常严重。在这样的情况下建立环境友好型、资源节约型社会，不能不是一个持续的挑战。这一挑战涉及自然系统与社会系统的和谐、生态环境系统与居住环境系统的协调，实现城市建设与生态建设的统一，城市快速发展与生活质量提高的统一，还涉及经济发展模式的转变。

广义的社会建设是社会主义经济建设、政治建设、文化建设、社会建设四位一体的总体的社会建设。应当强调的是，生态环境是社会建设的十分重要和不可或缺的组成部分，经济建设、政治建设、文化建设、社会建设都离不开生态环境这一前提条件，同时，生态环境也是衡量四位一体的社会建设的一个重要尺度。所以，广义的社会建设包括五大子系统——经济建设、政治建设、文化建设、社会建设和生态环境建设。

社区环境是社区建设的重要内容。把全国社区都建成环境优美的小区，这是对环境友好型社会的极大贡献。

第六，在发展主体总体布局上理顺三大部门关系的挑战。现代社会日益分化为三个既相互关联又彼此独立的领域，即政府组织、企业组织和社会组织。社会三大部门是社会发展主体，三大部门的构成状况及其相互关系，对社会发展、社会建设和社会管理，具有结构性前提的意义，影响极大。当前中国三个领域联动的社会结构和整合机制还没有很好形成。主要表现在：（1）三个领域或三个部门的比例、力量大小还严重失衡。（2）三大部门越位、缺位、错位的情况还很普遍。（3）经济上交往原则被错误地引进到公共权力领域和公共领域的现象也很普遍。（4）由于社会缺位，第三部门还没有发挥自己应有的功能，还不能有效地弥补市场失灵、政府失灵、减轻社会管理成本的作用。

应该说建立服务型政府是三大部门建立良性关系的关键。但真正做到难度是很大的。服务型政府的行政职能的本质是服务，关键是实现政企、政事、政社分开，政府不越位、不错位、不缺位。凡是公民、法人和其他组织能够自主解决的，市场竞争机制能够调节的，行业组织或者中介组织通过自律能够解决的事项，除法律、法规另有规定外，不再实施行政管理。

只有逐步消除上述结构性和功能性的障碍，三大部门各自才能成为良性的社会发展主体，才能有效地发挥各自的作用，并且这种作用才能相互配合、相互促进，而不是相互摩擦、相互抵消，才能为科学发展、和谐社会建设提供结构和功能协调的部门结构。这不能不是一个任重而道远的挑战。

上述两类挑战，给中国社会学提出了更高的要求，也给了社会学新的发展机遇。

（来源：《光明日报》2009 年 12 月 3 日）

关于中国模式问题

朱穆之[*]

世界关注中国模式

中国经济持续稳定快速的发展，使世界惊奇，于是出现了中国模式（中国特色社会主义）的说法，并越来越成为世界关注的话题。而这也使一些一贯反对共产党、反对社会主义、反对中国的某些西方人感到困惑。西方有媒体指出："当代中国一直是个令西方感到困惑的问题。""西方人还是认为中国经济不会真正繁荣起来，除非它采纳西方式的民主……这一切都被证明是错误的。"[①] 于是他们把"中国模式"简单地归结为"专制加经济发展"，这实在是无稽之谈。世界上有专制能使一个国家经济持续稳定快速发展、使人民生活普遍得到迅速显著改善的吗？专制可以使经济一时发展，但它终究限制和妨碍生产力的发展，不可能长期稳定快速发展。它可以使少数人发财致富，但必然导致两极分化，不可能使广大人民生活得到显著改善。

西方也有人认为中国的发展是实行集体主义的结果，这是与主张实行个人主义的西方的根本区别。这有道理，这就否定了中国模式是"专制加经济发展"的说法。坚持实行集体主义就不会独裁。只有实行个人主义会导致个人和少数人对多数人的专制。中国实行的是中国特色社会主义民主，是集体

---

[*] 作者系原国务院新闻办公室主任。

① 参见《参考消息》2008 年 8 月 19 日。

主义，不是个人主义。

个人主义还是集体主义，两种主义哪种优胜，这已是长期争论不休的问题。现在西方一些人认为集体主义会胜过个人主义。例如，有西方媒体指出："如果亚洲的成功再次引发有关个人主义与集体主义的争论，那么个人主义的力量可能不会获得全面胜利，甚至不可能赢得胜利。""许多最新科学研究的实质表明，西方主张的个人选择是个错误观点，中国把社会放在第一位是正确的。"①

但是中国模式的成功，不只是实行了一般的集体主义。中国过去就实行集体主义，为什么没有现在这样的发展？集体主义可能发生的问题是忽视或妨碍个人积极性、主动性。中国模式成功的重要原因之一，是避免了这种弊病，在实行集体主义的同时，注意充分发挥个人的积极性、主动性。

中国立于不败的根本所在

振兴中华，建立一个社会主义强国，不可能一帆风顺，而是千难万险。如何雄关迈越，立于不败，有内外因素，但内因是决定性的。

最根本的一条是坚持走中国特色社会主义道路。这已为实践证明是完全正确的道路。一切反动势力都千方百计否定这条道路，只要否定了这条道路，什么振兴中华，建设社会主义，都变为乌有。

坚持走中国特色社会主义道路，首先是要思想上决不动摇。西方敌对势力千方百计西化分化中国，而国内有些人也对这条道路发生怀疑和动摇，不仅一些年轻人而且有些所谓老干部也受到西方的资产阶级自由化思想的影响。

堡垒最容易从内部攻破，最危险的是领导层在思想上发生动摇和转向。苏联垮台的原因当然是多方面的，但领导层的蜕变如果不是关键性的，至少也是催化剂。因此，坚持既定方向和道路不动摇，中央和各级领导干部必须立场坚定，旗帜鲜明。

---

① 参见《参考消息》2008 年 8 月 14 日。

及时正确处理人民内部矛盾，是坚持中国特色社会主义道路的必要条件。这是一条正确的但是从未有人走过的道路，一路上会取得不断的成功，也会遇到种种困难和挫折；会不断加强人民的信心和团结，也会不断带来人民之间新的矛盾，最基本的是利益的矛盾。

社会主义的本质特性是共同富裕。中国特色社会主义的特色之一是让一部分地区和一部分人先富起来。一部分地区和一部分人先富起来了，而如果其他地区和人没有富，地区差距和贫富差距就会成为突出矛盾。

解决矛盾的根本条件是把蛋糕做大，也就是发展。但是随着蛋糕做大，如何切是关键。切得好，大家高兴，有利于把蛋糕越做越大；切不好，就引起矛盾，不利于今后做大蛋糕。让一部分地区和一部分人先富起来，就是要为蛋糕做大的地区和人切得多些，但其他地区和人也是做蛋糕的参加者，也应不断切得多些，而且双方的大小差距应该逐步有所缩小。不能只顾一头，更不能双方差距越拉越大，那就贫富悬殊，两极分化，不仅不能发展，而且必然引起混乱。

如果人民内部的主要矛盾得到正确解决，其他矛盾也就相对容易解决。这就保证了社会稳定，促进发展，正确处理好这个问题是涉及建设社会主义的根本方向问题。

中国的历史实践证明，只有共产党才能领导革命和建设不断取得成功，原因在于共产党始终密切联系群众，及时制定代表广大人民利益的路线、方针、政策，全心全意为之奋斗，并能真正贯彻实施，加以实现。建设中国特色社会主义这一已被实践证明正确的道路就是中国共产党提出的，现在的任务就是要如何坚持下去并不断取得成功。

密切联系群众，想人民之所想，急人民之所急，根据实际情况的发展，不断制定符合人民利益的路线、方针、政策，这是关键性的问题。

共产党作为执政党最大的危险是脱离人民群众。在战争年代，一刻也不能脱离群众，否则不能存在；而执政时，权在手，一时脱离，还不会倒台，但这也就不会久了。因此，在执政时必须时刻警惕，不能脱离人民群众。

党所以能保持与人民群众的密切联系，主要是通过广大党员能及时了解和掌握社会各阶层和各方面的意见和要求。因此，党在制定路线、方针、政策时，必须广泛听取党员的意见，充分发扬民主，在发扬民主的基础上实行集中。只要遵守党员行为准则，对不同意见，应允许保留，不得打击压制。历史证明，过去党的政策发生严重错误的时候，常常不仅党内一般党员会有不同意见，而且在领导层也会有不同声音。但是由于不能充分发扬民主，正确实行民主集中制，对不同意见任意上纲上线，采取打击和压制办法，以致犯了严重错误。实行民主集中制，即使发生错误，也比较容易改正。

路线正确，上下思想一致坚定，人民内部矛盾得到正确处理，党的领导始终不脱离人民群众，这就任凭风浪起，稳坐钓鱼船，可永远立于不败之地。

探索和完善中国模式

现在，中国正处于一个大改革大变化的过程中，既带来巨大的发展和成就，也发生不少弊病和问题，于是就引起了对此如何评价和对待的问题。

究竟是成就大还是弊病大？成就为主还是弊病为主？人民是看实际的。绝大多数人生活越来越好，国家越来越发展壮大，当然是成就大，成就是主要的。但是，有一些人正好相反，他们只看弊病和问题，认为现在中国走的路不对。

比如，有些地方，为了树立形象工程，乱征收农民土地；或者为了公益而征收土地后，不给农民应有的补偿；或者国家给予农民的补贴，被任意挪用或克扣，中饱私囊。这当然令人愤慨。但是有些人也可能是出于激愤，就干脆主张恢复土地私有制，把土地分给一家一户农民，认为农民自己有了土地权，一些干部就不能随便收走土地。

农村的上述种种令人愤慨的弊病，当然必须加以防止和纠正，但是不能归咎于土地集体所有。从全局来看，这种情况还是少数，绝大部分是好的。否则，农民生活怎么能有普遍的改善，农村怎能发生今天如此大的变化呢？这些弊病完全可以防止和克服，而且现在也正在纠正。如果土地归农民私有，农民就能保住土地吗？为什么旧社会农民纷纷破产，沦落为流民？有钱和有权势的人总有办法让你不得不交出土地。因为有一些弊病，就主张恢复土地私有制，这是主次不分，把孩子和脏水一起泼掉了。

改革开放后，发生了一些弊病，如受贿行贿、贪污腐败、徇私舞弊等。有些人就把这些归咎于社会主义民主制度不好，认为应该像西方一样，实行多党制、三权鼎立等议会民主。

究竟中国特色社会主义民主制度为中国人民带来的利大还是弊大？这是不言而喻的。中国之所以有今天，正是在这个民主制度下取得的，显然，利大大超过弊，许多弊病完全可以在现行的制度下逐步加以克服。而实行西方的一套民主制度就能防止上述种种弊病吗？实行西方民主的许多国家，情况怎样呢？只举一个小例子，以自认为民主教主的美国来说，美联社报道，美国移民部门官员正在调查一份9000多人的名单，看其中有多少联邦政府雇员可能是从一家位于华盛顿州斯波坎的文凭工厂购买假高校文凭的。这里讲的是联邦政府，不是公司、商场；是9000多人，不是十个八个。① 因为有一些弊病，就根本否定社会主义民主，这也是只看到盆里的脏水，而把孩子一起泼掉。

随着经济快速发展，也出现一些诸如浪费资源、污染环境等弊病。这些弊病，终究是前进中的问题。只要认真重视，完全可以纠正克服。有些人却把这一切问题，都归罪于中国特色社会主义，要求根本改道。如实行民主社会主义，或者干脆实行资本主义。而实行资本主义就一切都好了吗？英国《经济学报》文章说："令美国人痛苦的一个原因就是美国式资本主义表现逊色"，"不过，让美国人烦心的并不只是经济不景气……美国富有阶层已不再是企业家精神的楷模，而是社会财富的蛀虫。他们非但没有为建立社会诚信贡献力量，反而逃税漏税"②。

改革开放以来，人民生活不仅解决了温饱，而且达到小康水平，综合国力大大加强。只二三十年，就办到了一些国家一二百年才办到的事，连反对中国的许多人也不得不承认。这就是为什么英国广播公司报道的一项最新民意调查结果显示，86%的中国人对国家的发展方向感到满意——这在所有国

---

① 参见《参考消息》2008年7月31日。

② 参见《参考消息》2008年7月29日。

家的民意调查中都是最高的。但是一些人不看这些，而只看弊病。只攻一点，不及其余，于是就根本否定中国特色社会主义。这种不分主次的人，不外两种。一种人是蓄意抹黑中国，他们不愿中国强大，更怕中国特色社会主义成功；另一种人是憎恨发生的各种弊病，激愤之余，不能冷静地全面分析客观实际，于是得出非常错误的结论。

盆里有脏水，不能只看到孩子，不泼脏水，这害了孩子；更不能只看到脏水，不看到孩子，把孩子和脏水一起泼掉，那就会失去一切。

民主调包术可以休矣

鱼目混珠，调包，原是普通骗局，现在却有人用之于改革开放和民主。这就是要调中国的改革开放和中国特色社会主义民主的包。有洋调包，就是把中国的改革开放和中国特色社会主义民主调换为民主社会主义，或者说西方民主。还有土调包，就是把改革开放和中国特色社会主义民主调换成胡适牌的改革开放和民主主义。

不久前有公开发表的文章，谈胡适与陈独秀关于帝国主义的争论。作者推崇胡适的《国际的中国》这篇文章"简直是一篇'开放的中国'，它比1980年代的改革开放几乎提前了一个甲子"。这篇文章的"基本的思想"是什么呢？作者介绍，就是"请民族主义让位于民主主义，用民主主义解决民族问题"。也就是只要实行民主主义，别管什么帝国主义侵略。作者引用了胡适反对陈独秀反帝的话说："政治纷乱的时候，全国陷入无政府的时候，或者政权在武人奸人的手里的时候，人民觉得租界与东交民巷是福地……所以我们很诚恳地奉劝我们的朋友们努力向民主主义的一个简单目标做去，不必在这个时候牵涉到什么帝国主义的问题。"

调包必须用障眼术，这里的障眼术就是明着只是讨论反对帝国主义问题，实际是推出胡适牌的民主主义。胡适牌的民主主义的特点是不要反对帝国主义，而新中国实行的改革开放和中国特色社会主义民主的前提是推翻帝国主义、封建主义、官僚资本主义三座大山，而且必须坚持包含维护国家主权、反对霸权主义的四项基本原则，两者是水火不相容的。因此，要把两者混淆起来，就必须首先抹掉反对帝国主义的差别。

作者认为中国一开始就不必反对什么帝国主义，作者说："不得不指出这样一个事实，就 1920 年代言，经过八十年的流变，因帝国主义而造成（对中国）的侵略危机不是更严重了，而是逐步向好的方向转化。""这种侵略危机自 1840 年始，至 1900 年的八国联军，已基本告一段落。"为什么西方帝国主义不侵略中国了呢？作者引用胡适的解释："外国投资者的希望中国和平与统一，实在不亚于中国人民的希望和平与统一。"因为投资者的心理，"大多数是希望投资所在之国享有安宁与统一的"。

作者认为，反对帝国主义并非中国人民的要求，完全是苏联"策划"的结果。作者说："反帝国主义像冬天里的一把火，执火者是中国人，点火者却是苏联。""中国的反帝背后有一只苏联的手。"当时不只中国共产党，而且国民党孙中山也反对帝国主义，作者认为这也是有苏联背后这只手。作者说："苏联的策略是同时伸出两只手，一只手扯住年轻的张国焘们，另一只手则伸向势力更大的国民党。"苏联为什么要策划中国两个党一起反对帝国主义呢？作者认为，原来完全是苏联为了自己的利益，利用中国来反对美国。而美国当时照作者的描述却不仅不是欺负而是最帮助中国反对列强的。

作者没有解释，为什么既然当时"帝国主义对中国领土的危机基本上不存在"，但是，不仅中国共产党而且连孙中山和广大人民竟然没头没脑地接受苏联的愚弄挑拨，以致在全国燃起"反帝的冲天大火"，并蔓延到了东方各地，反帝"一直深入到国人的头脑与血液，以迄于今"。作者也没有触及，既然 20 世纪 20 年代帝国主义"侵略的危机不是更严重了，而是逐步向好的方向转化"，何以帝国主义不仅不放松中国，又发生种种侵略中国的事件，以致自 1931 年日本侵占东北到 1937 年"七七事变"要灭亡中国。甚至中国参加了世界反法西斯战争并取得胜利，而帝国主义势力仍然不肯退出中国，继续欺凌中国。

这正是破绽所在，否则障眼术也就不叫骗局了。作者的用意应该说非常清楚。总之，当初中国就不该反对帝国主义，中国从一开始就走错了路，现在应该抛弃它，只要实行胡适牌的民主主义就对了。有人喜欢做翻案文章，以此标新立异，博得个彩头，这原属平常。也许作者的原意亦仅做做翻案文章而已。现在有些人热衷于做翻案文章，对于过去革命和建设大家认为正确的事，都偏要否定。但做到中国人民早已公认的反对帝国主义的头上，那真是要特别令人刮目相看。作者捧出胡适牌的民主主义这一高论，却与西方高唱的"人权高于主权论"十分合拍。"人权高于主权"的要害就是主权的概念已过时，根本就不能再讲什么国家主权。

可惜，不仅当时中国共产党，连孙中山和全国广大人民都没有听胡适的，而是选择了一条延续至今的路，这条路经过一个甲子的实践证明是完全正确的道路，这才有了现在这个不仅站了起来，还日益强盛的中国。中国人民还不致愚蠢到会不识好歹祸福，今天就此愿意让无论是民主社会主义或者胡适牌的民主主义鱼目混珠，调了包。其实，民主社会主义也好，胡适牌的民主主义也好，本质就是西方民主。所谓西方民主，不仅中国人民早就看透唾弃，现在也日益在越来越多的国家破产。

常言道，人民的眼睛是雪亮的。调包术可以休矣！

（来源：《红旗文稿》2009 年第 14 期）

对"中国道路"的几点看法

李君如[*]

第一,"中国道路"是什么?在党的文献中,曾经概括过三条"中国道路":第一条是中国革命道路,即农村包围城市、最后夺取全国胜利的道路,这是以毛泽东为主要代表的中国共产党人的创造;第二条是中国社会主义改造道路,就是在"一化三改"的过渡时期总路线指引下,工业化与生产关系的变革相结合,并且用"和平赎买"的办法实现对资本主义工商业的社会主义改造,这也是以毛泽东为主要代表的中国共产党人的创造;第三条是中国特色社会主义道路,即改革开放以来,由邓小平为主要代表的中国共产党人开辟,由以江泽民为主要代表的中国共产党人推进到21世纪,由以胡锦涛为主要代表的中国共产党人站在新的历史起点上继续推进的社会主义道路。从历史的角度来考察,这三条道路都是中国道路。贯穿于这三条道路之中的核心,就是1938年10月毛泽东提出的马克思主义中国化。

第二,我们今天讨论的"中国道路",主要是中国特色社会主义道路。党的十七大对这条道路的内涵,做过科学的概括。这就是:在中国共产党领导下,立足基本国情,以经济建设为中心,坚持四项基本原则,坚持改革开放,解放和发展社会生产力,巩固和完善社会主义制度,建设社会主义市场经济、社会主义民主政治、社会主义先进文化、社会主义和谐社会,建设富强、民主、文明、和谐的社会主义国家。这条道路,形象地说,就是从我国所处的社会主义初级阶段的实际出发,在中国共产党的领导下,沿着"一个

* 作者系中央直属机关侨联主席、研究员。

中心、两个基本点"的基本路线行进，按照经济建设、政治建设、文化建设、社会建设"四位一体"的总体布局全面推进，去实现富强、民主、文明、和谐"四大发展目标"的社会主义现代化。毫无疑问，这条道路是以1978年年底党的十一届三中全会为标志，在改革开放这场新的伟大革命中找到的中国社会主义的发展道路。

但是从历史的角度来考察，有一些问题是可以研究的。比如1949年我们确立了人民民主专政的国体，建立了中国共产党领导的多党合作和政治协商制度，实行了民族区域自治制度。这些政治制度当时是建立在新民主主义经济基础之上的，1956年社会主义改造基本完成后就建立在社会主义经济基础之上，现在我们依然认为是中国特色社会主义的政治制度。再比如1954年建立的人民代表大会制度，按照当时宪法的界定，体现了民主主义和社会主义双重原则，现在依然是中国特色社会主义的政治制度。至于毛泽东1956年发表的《论十大关系》、1957年发表的《关于正确处理人民内部矛盾的问题》等著作，理论界公认是探索从中国实际出发建设社会主义的重要著作。所以，我们在研究中国特色社会主义道路时，应该把1978年以来发生的历史性变动，与1956年、1954年、1949年所进行的探索联系起来，做全面的考察。

按照我的想法，我们今天走上中国特色社会主义道路，是长期探索的结果，经过了两次历史性的转型：第一次是1949年到1956年，实现了从新民主主义到社会主义的转型，在这次转型中已经在某些方面形成了符合中国实际的思想、制度和方针政策；第二次是经过1956年到1978年艰辛而又曲折的探索，从1978年至今实现了到中国特色社会主义的转型，中国从此走上了一条崭新的发展道路。

第三，中国特色社会主义道路，是全面发展的道路。人们在研究这条道路时，主要着眼于经济方面，是有道理的，因为改革开放以来我们建立了社会主义市场经济体制，举世公认是一个伟大的创新。但是中国能够在经济领域取得那么大的进步，与政治、文化等其他领域取得的进步是密不可分的，在这些领域也走出了中国特色发展道路。比如十七大报告就说到过"中国特色政治发展道路"。就是在经济领域，也不只是建立和发展了社会主义市场经济，在经济的各个方面都形成了中国特色的发展道路。比如大家熟悉的中国特色的"新型工业化道路"等等。我们讨论"中国道路"，应该对此开展全方位的讨论。

第四，中国特色社会主义道路是不断发展、不断完善中的道路。中国特色社会主义道路经过那么长时间的探索，特别是改革开放 30 年来的探索，我们已经形成了很好的发展思路和体制机制。但是这个任务没有完成，包括我们的体制也没有完全定型。因此，我主张很好地总结我们的实践经验，深入研究这条道路。包括研究我们在实践中遇到的问题，不断完善我们的发展方式和体制机制，不断发展这条给中国人民带来希望的道路。

总结我党的执政经验，我认为有两点值得重视：一是要与时俱进，紧跟时代发展的进步潮流。如果我们不能与时俱进，就会被历史进步潮流所淘汰。二是要量力而行，坚持求真务实。我们要发展中国，尽快地发展中国，但也要看自己的实力如何，还是要坚持实事求是。我们经过 30 年改革开放，取得了历史性的进步和举世瞩目的成就，但是千万要牢记，我们现在依然处在社会主义初级阶段，人均 GDP 依然排在一百多位。在这个时候讨论"中国道路"，既要为我们取得的成就感到高兴，又要十分清醒，要有忧患意识，要量力而行。所以，我宁可讲这是一条处在不断发展、不断完善中的道路，也不能为那种日益滋长的浮躁情绪"推波助澜"。

与此同时，我们也不能因为来自国内外的"左"的或右的思想干扰而偏离了我们的前进方向。我们要牢记纪念改革开放 30 周年的大会上，胡锦涛总书记讲的三个"不"。沿着我们自己开辟的这条道路要坚定不移地走下去。

第五，我不赞成"中国模式"这个提法，我主张"中国特色"。现在世界上许多人在讲"中国模式"，说明我们的经验已经越来越引人注目、受人重视，这是好事。这对我们的探索是一个鼓励，对于那些盲目留恋过去或盲目崇拜西方的人也是一个教育。但在科学研究中，我们应该十分清醒，认识到我们的体制还没有完全定型，还要继续探索。讲"模式"，有定型之嫌。这既不符合事实，也很危险。危险在哪里？一会自我满足，盲目乐观；二会转移改革的方向，本来我们的改革改的是旧体制，在旧体制还没有完全变革、新体制还没有完善定型的情况下，说我们已经形成了"中国模式"，以后就有可能把改革的对象由旧体制变为这个"模式",即把这个"模式"视为改革的对象。因此,我赞成"中国特色",而不赞成"中国模式"。"中国特色",指的是在社会主义发展过程中形成具有中国自己特点的体制机制。其中,包含了不断探索的含义和要求。当然,将来这个"中国特色"完善了,定型了,是不是可以说形成了"中国模式"呢?这个问题可以继续探讨。现在,还是慎提"中国模式"为好。

(来源:《北京日报》2009 年 11 月 16 日)

关于"中国模式"的思考

俞可平[*]

　　美国高盛公司高级顾问、清华大学兼职教授乔舒亚·库珀·雷默发表的"北京共识"一文，使他在海内外一举成名。这表明，近年来关于中国的讨论受到国外舆论界学术界的格外关注。主要原因有四。其一，20世纪晚期，拉美经济危机、东亚金融危机和俄罗斯"休克疗法"的失败，都与新自由主义经济政策直接相关，而新自由主义正是"华盛顿共识"的基础，它们表明了建立在"华盛顿共识"上的"拉美模式"、"东亚模式"的局限。其二，与此形成鲜明的对照，中国奉行自己独特的现代化战略和改革开放政策，创造了经济高速增长的奇迹，必然会有人从理论上进行概括和总结。其三，在全球化背景下实现现代化，对于广大发展中国家来说是一个新课题，它们都在努力探索新的发展模式。而所谓的"东亚模式"和"拉美模式"在近年的失效，使得人们加倍关注中国的成功经验，希望从中找到适合自己的东西。其四，在经济全球化背景下，中国作为一个大国，其强大和崛起，势必会对全球政治经济格局甚至对世界历史发展进程产生深刻影响，因而也必然会引起西方发达国家的深切关注。

　　虽然雷默先生的"北京共识"可能更容易吸引眼球，因为它与早已声名远扬的"华盛顿共识"相对应，但笔者并不赞同这一提法，而更喜欢用"中国模式"的提法。"共识"的基本意义是广泛认可的或一致同意的解决方案，而"模式"在此指的是一系列带有明显特征的发展战略、制度和理

---

　　* 作者系中央编译局副局长、研究员。

念。简单地说，"中国模式"实质上就是中国作为一个发展中国家在全球化背景下实现社会现代化的一种战略选择，它是中国在改革开放过程中逐渐发展起来的一整套应对全球化挑战的发展战略和治理模式。中国从20世纪80年代开始，就提出了建设"具有中国特色的社会主义现代化"的目标，实际上就是在全球化背景下实现国家现代化的一种战略选择。在20多年的探索和实践过程中，中国为了应对全球化挑战，既取得了弥足珍贵的经验，也付出了一定的代价。无论是成功的经验，还是深刻的教训，都是十分宝贵的财富，不仅对于中国自己在未来的发展，而且对于广大发展中国家如何迎接全球化挑战，利用自身优势实现国家现代化，都有着重要的借鉴意义。

一 "中国模式"的基本特征

在全球化时代，国内的改革与对外部世界的开放，是一个硬币的两面。没有对外开放，就不可能有真正的国内改革；而彻底的国内改革，必然要求全面的对外开放。对于发展中国家来说，不仅需要跨国公司和外国的雄厚资本和先进科技，更需要它们先进的管理制度和管理理念。对外开放既是一个资金和技术的引入过程，更是一个学习先进管理理念和管理制度的过程。

发展中国家应当根据自己的国情，主动积极地参与全球化进程，同时始终保持自己的特色和自主性。全球化对民族国家的发展既有利亦有弊，究竟是利大还是弊大，取决于发展中国家的战略选择。

发展中国家并不必然是全球化的输家，而发达国家也未必是全球化的赢家。发展中国家在应对全球化挑战时也拥有自身的优势，只要政府应对得当，就可以成为全球化的赢家；反之，发达国家也有其自身的劣势，如果应对不当，同样可能成为全球化的输家。在这里，成功的关键在于将自身优势与全球化的优势很好地结合起来。

正确处理改革、发展与稳定的关系。稳定是发展的前提，没有稳定就无从发展。但只有发展才能带来真正的稳定，而唯有改革才能推动发展。所以，改革、发展、稳定之间存在着辩证关系，不能求其一而舍其他。对于像中国这样的发展中国家来说，一条比较实用的策略是，先稳定后发展，以发展促稳定，以改革促发展，实现改革、发展与稳定之间的协调和平衡。正是遵循了这样一种协调发展的策略，中国力求政治发展和经济发展的软着陆，并且比较成功地实现了社会的平稳转型，在推进经济高速发展和社会整体变迁的同时，没有出现国家的失控和政局的震荡。

坚持市场导向的经济改革，同时辅之以强有力的政府调控。市场经济的逻辑力量在于资源的合理配置，经济改革必须坚持市场导向。但是，市场决不是万能的，市场失效在发展中国家甚至比在发达国家更容易发生。因而，公共部门同样要在资源的合理配置中发挥重要作用，政府强有力的宏观调控是克服市场失效的必要手段。对于发展中国家来说，一个强有力的政府是必需的。市场经济并不必然排斥强政府，这里的问题不在于要强政府还是弱政府，而在于它在何时何地应当强大或弱化。中国在大力推进市场经济的同时，始终维护政府的强势地位，不断加强执政能力建设，这是社会持续有序发展的重要保证。

无论是经济体制改革还是政治体制改革，一个基本原则是，必须从总量上增加大多数人的经济和政治利益，使多数人从改革中得到好处。人们之所以说中国的改革获得了成功，并不是没有看到部分人的相对利益受损，而是看到绝大多数人的整体利益因改革而得到了明显增加，使每一个人的绝对收益或多或少得以增多。

二 "中国模式"备受全球关注

一种完整意义上的发展模式，决不只有成功经验，也必然有其深刻教训。根据这样的思路，作为以相当的代价换来的教训，"中国模式"下的战略选择也同样值得高度重视，在未来发展中甚至会变得日益重要。

以经济发展为核心，追求社会和自然的协调发展和可持续发展。社会发展首先是经济发展，只有经济迅速增长，才能增强国家的综合国力，提高人民的生活水平。但不能把经济发展等同于社会发展，更不能将发展简单等同于 GDP 的增长。经济发展必须与环境保护、生态平衡、人口增长、国民素质、社会安定、文化教育等相协调，最终促进人、社会和自然之间的和谐发展。

必须把效率和公平放在同等重要的地位，追求人与人、地区与地区、城市与乡村之间的平衡发展。效率和公平都是发展所要追求的价值，从根本上说两者不可偏废。在改革初期，为了打破绝对平均主义传统，奉行"效率优先兼顾公平"的策略有其合理性，但是，当发展到一定程度时，政府必须及时调整策略，全面综合看待和处理效率与公平的关系，对困难群体和落后地区实行必要的政策性倾斜，避免财富和权利在人与人之间造成分化，避免地区之间、城乡之间社会经济发展出现新的不平衡。

在全面推行经济改革和社会改革的同时，适时进行以民主治理为目标的政府自身改革和治理改革。我国的现代化过程，也是一个不断推进社会主义民主政治的过程。以人的自由、平等、尊严为核心的民主政治本身就是一种基本价值。政府不仅担负着领导经济发展的责任，也担负着领导旨在深化民主的政治发展重任。政府既要推动以法治、参与、人权、透明、稳定为目标的全社会的民主治理，也要推动以权力监督、效率、责任和服务为目标的自身民主治理。

政府在全球化时代要对公民承担更大的责任。政府的能力不仅体现在促进经济发展方面，还日益体现在维护和增进公民的社会政治权利方面。在保持经济增长的同时，政府必须有更强的能力保护并且增进公民在安全、人权、福利、参与、就业等方面的权益。

对于发展中国家来说，虽然全球化对传统国家主权的严重挑战正在成为现实，但国家主权和国家权力仍然是公民权利的最重要保障。

三　全球化背景下的"中国模式"

"中国模式"是中国在全球化背景下的一种现代化战略，因此，要真正认识它的意义，必须对全球化的性质及其对发展中国家的意义有一个正确认识。

全球化是我们这个时代的重要特征，在这样一种背景下实现民族国家的现代化，能否获得成功，一个关键性因素就是如何处理全球化与民族化、普遍化与特殊化的关系，国家的能力在很大程度上也直接体现为控制和管理全球化的能力。在谈到全球化问题时，常常可以听到这样一种观点，即认为全球化就是东西方的趋同，是人类走向大同世界，是经济社会的一体化和同质化。由此产生出两种极不相同的全球化对策：一种认为应当舍弃一切去寻求全球的同一性；另一种则认为应当以自己的传统特色去抵御全球的趋同倾向。这两种观点，从根本上说都是片面的和不适当的，缺乏对全球化过程辩证性质的认识，由此得出的结论就很可能是错误甚至是有害的。全球化过程本质上是一个充满内在矛盾的过程，是一个矛盾的统一体：既包含有一体化的趋势，同时又含有分裂化的倾向；既有单一化，又有多样化；既是集中化，又是分散化；既是国际化，又是本土化。全球化是民族化与国际化的统一。对于目前中国的特定发展背景而言，全球化意味着现代化加中国化，或者说是现时代的中国式现代化。因此，要真正保持中华民族的特色和弘扬中华民族文化，就必须积极参与全球化进程，它是实现中华民族复兴的必由之路。反之，越是发扬我们的本土优势和民族特色，就越能掌握全球化进程中的主动权。

一个国家在全球化背景下能否成功地达到社会现代化的目标，关键一点就是政府驾驭全球化的能力。中国现代化战略之所以成功，一个重要因素就是政府拥有较强的驾驭全球化的能力。这一能力得益于以下这些应对全球化挑战所采取的措施：对全球化进程有十分清醒的认识和预见，从而选择了主动、积极而又独立的全球化战略；提高政府官员素质，及时将具有全球眼光和战略思维的优秀人才选拔为公共部门的领导人，并且广泛开展以知识经济和全球化为主要内容的官员培训；发展起一套灵活的、适应能力很强的制度和机制；拥有一个相对稳定的国内社会政治环境；政府对社会和市场拥有很强的宏观调控能力。

就内部而言，综合国力竞争，是全球化时代国家间竞争的根本所在。综合国力有多方面内涵，简单说，可以分成两个方面，即所谓硬实力和软实力。提高硬实力，就是促进经济发展，增加国家经济总量，提高人民的生活水平，巩固国防力量，这是增强综合国力的基本途径。但是，在全球化时代，国家软实力也变得日益重要，例如，国民的文化、教育、心理和身体素质，国家的科学技术水平，民族文化的优越性和先进性，国家的人才资源和战略人才储备情况，政府的凝聚力，社会的团结和稳定程度，经济和社会发展的可持续性等等。因此，在全球化时代，要有效维护国家主权，增强国家实力，仅有经济和军事力量远远不够，还必须有政治、文化和道义力量。

就外部而言，一个和平的国际环境是民族国家经济社会迅速发展的必要条件。全球化进程，特别是世界经济一体化进程，使国与国的相互联系和依存空前增强。国内经济的成功在很大程度上取决于该国经济在世界市场中的竞争力，取决于国与国经济社会的交往与合作程度。因而，维护国际社会的和平，营造良好的周边环境，不仅是维护国家稳定的需要，也是经济一体化的需要。从这个意义上说，和平发展是全球化时代民族国家经济社会振兴的必由之路，对中国而言，也是实现中华民族复兴的唯一选择。

（来源：《红旗文稿》2005 年第 19 期）

关于中国发展模式的思考

张维为[*]

在一个人口比美国、日本、俄罗斯、整个欧洲之和还要多的国家，进行了这样一场翻天覆地的工业革命、技术革命、社会革命，没有走西方殖民主义和帝国主义侵略和扩张的老路，在自己内部消化所有伴随现代化而来的各种错综复杂的问题，整个社会保持了基本稳定，并使中国成为带动世界经济增长的重要力量。中国究竟怎么做到这一切的，全世界都想知道。

我 2008 年在《国际先驱论坛报》上发表了一篇题为《中国模式的魅力》的评论，就这个问题谈了自己的看法。最近美国有影响的《新观点季刊》把这篇文章和基辛格、斯蒂格利兹、亨廷顿等人的文章编在一起，出版了一个探讨全球化有关问题的专刊。其实不是我的文章写得怎么好，而是西方一些有识之士也开始反思，为什么西方自己的模式在发展中国家收效甚微，而中国没有采用西方的模式却能够如此迅速地崛起。

实际上，中国的发展模式远非十全十美。恰恰相反，中国模式有不少缺点，甚至还衍生出不少棘手的问题，需要我们认真处理。但与西方主导的发展模式相比，中国模式还真是不错。西方 20 世纪八九十年代曾在非洲推行了所谓的"结构调整方案"，其特点是削减公共开支、减少政府的作用，结果使非洲本已非常脆弱的国家能力变得更加脆弱。一般认为这是导致非洲国家经济更加衰败、社会危机恶化、艾滋病严重失控的主要原因之一。美国在俄罗斯推行了"休克疗法"，今天被很多俄国人称为俄罗斯历史上出现的第

* 作者系瑞士日内瓦大学亚洲研究中心高级研究员。

三次"浩劫"（前两次是 13 世纪蒙古铁骑的入侵和二次大战中德国纳粹的入侵）。

与西方主导的模式相比，中国模式确实有自己的独到之处：第一，在处理稳定、改革和发展三者的关系方面，中国找到了平衡点：在坚持稳定的前提下，大力推动改革开放和经济发展。实现了中国近代史上从未有过的连续近 30 年一个长时期、大跨度的发展，为中国走向一个真正的世界强国奠定了良好的基础。

第二，中国现代化进程的指导方针非常务实，即集中精力满足人民最迫切的需求，首先就是消除贫困，并在这个领域取得了显著的成绩。近 20 多年来，世界上 70% 的脱贫是在中国实现的。换言之，如果没有中国在消除贫困方面的业绩，整个世界的扶贫工作将黯然失色。当今世界面临的最大问题不是美国人所说的恐怖主义，而是消除贫困，因为世界人口的一半以上仍然生活在极其贫困的状态之中，其中 8 亿人（超过发达国家的人口总和）还在挨饿。就此一点，中国的经验就具有深远的国际意义。

第三，不断地试验、不断地总结和汲取自己和别人的经验教训、不断地进行大胆而又谨慎的制度创新，这使中国避免了很多发展中国家和转型经济国家盲目采用西方模式而带来的困境，也使中国成功地抵御了 1997 年的亚洲金融危机。实际上，仅抵御金融危机这一项，中国模式就值得充分肯定。2005 年我曾访问印度尼西亚，危机造成的影响犹在，当地学者告诉我这场危机使印尼过去 20 年的发展成果付之东流。很难想象如果中国未能抵御住这场危机，将是什么后果。

第四，拒绝"休克疗法"，推行渐进改革。这种做法比较接近英国历史上的经验主义传统，英国人相信一个民族约定俗成的文化习俗和文化判断的相对稳定性，提倡埃德蒙·伯克所说的"有保留的改革"，并坚持一个国家的政治体制，如果要有生命力，就应该主要从自己的传统中逐渐衍生而来，而不是通过追求某种纯而又纯的理想模式而来。

第五，确立了比较正确的优先顺序。中国改革开放大致展现了一个清晰的格局：改革的顺序是先易后难；先农村改革，后城市改革；先沿海后内地；先经济改革为主，后政治改革。这种做法的好处是，第一阶段的改革为第二阶段的改革创造了条件。改革不求一步到位，但求持续渐进、分轻重缓急，最后通过逐步积累而完成。实践证明这是一条务实有效的成功之路，对中国的政治改革也有启迪。

中国现代化过程中的这些具体做法不一定具有普遍意义，但这些做法背后的思想，特别是"实事求是"、"以人为本"、"循序渐进"、"和而不同"、政府的作用等，则可能有相当的普遍意义。沿着这样的思路，中国应该能够沉着地应对，并最终有效地处理和解决自己所面临的各种严峻挑战。这些思想同时也构成了中国的政治软实力。

我们常说：中国硬件进步很大，软件跟不上。这个说法，一般地讲，笔者完全同意，我们的地铁这么新、这么漂亮，但大家拥挤着上车，不排队，就可以说明这个问题，我们市民素质还有待很大的提高，这方面我们还有很多事情要做。但仔细一想，中国的硬件进步这么大，是不是也有我们自己软件的一部分功劳呢？我们的基础设施建设，从高速公路到机场港口，发展如此之迅速，难道不也有我们自己指导思想和相关决策的功劳吗？推而广之，我们为什么能使近3亿人摆脱贫困，而大部分发展中国家的贫困则有增无减呢？我们为什么能够避免"休克疗法"呢？我们为什么能够避免1997年亚洲金融危机呢？我们是如何克服SARS危机的？我们是如何较为顺利地度过了加入世贸组织的五年过渡期并且给世界一个惊喜的呢？对这些问题的答案其实就是中国的软实力。

中国的软实力不能仅仅是太极拳、中华美食、写意画、书法、功夫、舞龙、孔子学院等，同样重要的，甚至更重要的是政治软实力、政治价值观、治理模式等等，而且这种软实力，不仅对中国，而且对世界其他国家和人民也要有一定的吸引力。

说到底，作为有国际意义的软实力，其关键就是要能够比较好地回应我们这个世界提出的严峻挑战。当今世界面临的两大难题，一个是贫困/发展问题，一个是和平/战争问题，包括恐怖主义问题，西方价值观并没有能够提供有效的解决思路。西方主导的世界经济秩序加剧了多数发展中国家的贫困。美国主导的"民主输出"模式更是导致了世界动荡不安，而恐怖主义对美国、对世界的威胁也有增无减。

中国模式的相对成功，为中国赢得了宝贵的话语权。过去要么苏联模式，要么西方模式。冷战结束后，苏联模式随着苏联解体而退出历史舞台，西方主流认为这是历史的终结，剩下的就是一条不归路：全世界都将拥抱西方的政治制度。但是冷战后的情况表明世界事务要复杂得多，如果西方的制度真是普世适用的，那么为什么在第三世界一推行，就屡屡失败，从菲律宾到海地到伊拉克都是如此呢？

在处理世界面临的诸多问题方面，中国的软实力对外部世界有其独特的魅力，因为它回应了当今世界面临的一些根本性的挑战：发展中国家有没有权力把消除贫困、实现现代化放在最优先的地位？有没有权力从自己的传统与现代的互动中衍生出适合自己国情的制度安排？有没有权力在实现各项人权的过程中，根据自己的情况，分轻重缓急？有没有能力提出自己的核心价值观，并影响迄今为止西方思想占主导的主流价值体系？中国的经验对此都给予了肯定的回答。

中国崛起带来的可能是一种全新的思维、一种深层次的范式变化（paradigm shift）、一种西方现存理论和话语还无法解释的新认知。正是在这个意义上，中国的崛起也是中国政治软实力的崛起，这对解决中国自己面临的挑战、对发展中国家走向现代化、对许多全球问题的治理、对国际政治和经济秩序的未来走向，都可能产生广泛而深刻的影响。

（来源：《学习时报》2009 年 7 月 8 日）

探索中的"中国模式"

蔡 拓[*]

中国的改革与发展引起了世界性反响,有关"中国模式"的讨论正是这一反响的最新体现。较之我们所熟悉的"中国威胁论"、"中国崩溃论"等谬论,"中国模式"的提出与讨论,不仅非常理性,而且非常严肃。因为它关涉中国发展道路与经验的总结,关涉中国与世界的关系,同时也指向全球化时代人类文明发展的未来。

一 "中国模式"的定位

今天所探讨的"中国模式"应该有明确的边界与限定,否则就会导致泛指意义上的"中国模式",难以形成讨论的共同平台与基础,进而影响研究的深度与针对性。本文认为,"中国模式"可作如下定位。

首先,就其时间坐标而言,"中国模式"仅仅是指中国改革开放以来的社会发展道路与经验。换言之,它只有 27 年的历史,不宜将其推演到新中国成立、中国共产党的诞生,甚至近代中国。诚然,我们有过"中体西用"的理论与实践,创造出"农村包围城市"的道路,也有过"大跃进"、"三面红旗"、"文化大革命"的历史教训。这些无不贴有中国的标签,彰显了中国的特色。但严格地讲,它们都不是今天所讲的"中国模式",而仅仅是考察"中国模式"的历史背景。唯有划清这一边界,才能凸显出"中国模

---

[*] 作者系中国政法大学政治与公共管理学院教授。

式"的时代意义。

其次，就其理论内涵而言，"中国模式"绝不是单纯的经济发展模式，而是全方位的社会发展模式。由于经济发展模式在社会发展中的基础地位，所以人们习惯于把社会发展模式简化为经济发展模式，即便是在今天关于"中国模式"的讨论中，我们仍然可以看到、感受到这一习惯性思维与做法的广泛影响。然而，我们必须摆脱这种习惯性思维与做法，否则对"中国模式"的理解与把握就只能是片面甚至歪曲的。

再次，就其历史视野而言，"中国模式"既关注模式的中国特征与特色，又关注模式中所包含和指向的普世性内容；既立足于中国的反思与总结，又着眼于世界的意义与影响。换言之，"中国模式"既是中国的，又是世界的。因此，我们必须打破国内与国际的界限，从整体和历史的高度审视"中国模式"。如果仅仅拘泥于中国独有的做法和原创性的思想，就有可能忽视"中国模式"与人类文明的互动，削弱"中国模式"的全球影响。事实上，中国社会发展模式中的不少理念与举措，虽然表述的语言是中国的，做法也是囿于国情的，但核心价值与取向却反映了人类文明的优秀成果，这就要求我们给予更富学理性的分析与概括。

最后，就其成熟性而言，显然"中国模式"还是一个正在生成、正在被构建的模式，远未成型，也尚未得到世界公认，它面临着诸多质疑与挑战。只有对这些质疑和挑战作出有力的回应与解答，"中国模式"才能确立并得到发展。因此，准确地讲，"中国模式"仅仅是一种正在探索中的社会发展模式。世界对其寄予希望，中国对其寄予希望，它是一个有待探索、研究的课题。

二 "中国模式"的基本内涵

上述对"中国模式"讨论边界的限定，为我们立足于中国改革开放的现实，超越经济发展模式的定位，直面国际社会对中国改革及其成就的种种反应，打破国内与国际的分割来思考"中国模式"的基本内涵提供了前提。本文的基本观点是：

其一,"中国模式"是全球化背景下积极回应和参与全球化的社会发展模式。它审时度势,以一种开放的眼光和世界的胸怀,充分利用、吸收、借鉴人类文明的一切优秀成果,以建设性的态度对待和参与国际机制,趋利避害,力争最大限度地为自身的发展创造条件。这是"中国模式"中最富时代性的内容,离开了全球化来谈中国的发展道路与模式就没有抓住核心。"中国模式"之所以受到世人瞩目,恰恰在于一个当今世界的非主导性国家,在充满挑战与机遇的全球化时代,能够以正确的理念、战略和政策,促进了自身的发展,赢得了世界的尊重。

其二,"中国模式"是一种从计划经济向市场经济转型的社会发展模式。它坚持市场导向的全面改革,同时又注重国家、政府的宏观调控,试图在两者的互动中找到平衡点。因此,总体上讲转型表现为相对有序,从而避免了剧烈的社会震荡。显然,作为一种经济转型模式,中国的经验与道路较之其他转型国家是比较成功的。而成功的关键在于并未把经济转型理解为私有化,因为市场化与私有化并非等同。与此同时,坚定不移地推进市场化,日益完善宏观调控,这就使中国的经济社会转型走上了一条渐进之路。

其三,"中国模式"是一种强调经济、政治、文化、社会、生态协调发展的社会发展模式。它依据历史的经验和当代人类面临的最新问题,在突出经济发展的同时,充分考虑到生态和非经济因素对经济发展的制约性,坚持统筹安排、协调发展,倡导科学发展观,以实现发展的可持续性。强调发展的全面性、协调性与可持续性,这是中国作为一个后发展国家对发展道路、模式的理性定位,极为可贵。因为我们面临着艰巨的实现现代化的建设任务,并且有着不断提高人民物质生活水平的承诺,所以寻求发展自然成为第一选择。但当今时代,无论环境、资源状况还是人们对发展的更全面要求,都不允许后发展国家走发达国家走过的片面发展经济的道路。面对这种两难选择,"中国模式"给出了自己的答案。显而易见,这个答案不仅是理性的,而且更符合时代的要求与指向。

其四,"中国模式"是一种以人的全面需求和全面发展为依归的社会发展模式。从抽象的人民、阶级扩展到具体、鲜活的个人,从整体的国家、民族扩展到个体的人，都坚持以人为中心的理念，这是一种历史性的转变，同时也是一种历史性的回归。这里，转变是指从片面的、冰冷的社会主义转向全面的、具有亲和力的社会主义；而回归则是指回归到经典马克思主义，即人的全面发展是社会主义应当始终坚持的价值目标。正因为发生了这种转变与回归，中国的发展才有了坚实的群众基础，显示出活力与生机。以人为本的价值取向与理念的确立使"中国模式"更加人性化，同时也凝聚了人类文明的成果，使中国与世界更为贴近。

其五，"中国模式"是一种开始关注社会功能、挖掘社会潜力、发挥社会作用的社会发展模式。它意识到国家、政府等传统政治领域之外的社会空间的真实存在及其对推动社会发展的不可或缺的作用，意识到社会和谐对于化解社会矛盾、凝聚社会力量、促进公民参与的重要意义，因此，自觉倡导建立和谐社会。这显示了一种新的指向，即从国家政治向非国家政治的转型。虽说这种指向还不甚明了，但它同以人为中心的理念一起，成为"中国模式"的亮点。因为从单纯的国家视野扩展到非国家视野，充分重视、挖掘、发挥社会力量，包括国内公民社会和全球公民社会的力量，这种转变是一种更具前瞻性的战略性转变。它不仅更真实地反映着中国的与时俱进，而且使中国站到了时代的前列。

其六，"中国模式"是一种坚持社会主义，强调民族特色，但同时又倡导不同社会制度和意识形态"共处竞争、对话合作"的社会发展模式。社会主义是中国的历史选择，所以在指导思想、价值目标上中国毫不隐讳自己的主张和立场。中国又是一个有着悠久历史传统的文明古国，挖掘并发扬中国的民族精神与民族文化，在社会发展中依据自身的情况，走中国式发展道路乃是理中之义。但是，历史与现实又告诫人类，大千世界是一个多元、复杂的世界，社会主义仅仅是一种目标、价值和制度选择，还存在众多的目标、价值和追求。我们必须学会在多样性的价值、文化、制度、社会中对话与合作，学会宽容与相互尊重，在共存竞争中推动社会的发展和人类文明的进步。中国在明示自身的社会主义追求与实践的同时，正在由国际社会的习惯性批判者、革命者转向建设性的融入者、改革者，以负责任的态度参与国际事务。这既是中国的福音，也是世界的福音。

三 "中国模式"面临的问题

"中国模式"既然是一种正在生成、正在构建、尚不成熟的社会发展模式，所以面临诸多问题与挑战就不足为奇了。比如腐败、社会不公正、社会贫富差距的扩大；经济发展的科技含量较低、资源耗损大、环境污染严重；市场经济的不规范、不完善等都是人们常常提到的问题，无疑应给予高度的重视，并采取有力措施予以解决，否则"中国模式"的活力就会被窒息，其积极影响与意义也会被侵蚀、消解。然而，本文所要强调的问题，则主要着眼于人们对"中国模式"的误解和担忧，并认为只有对这些误解和担忧给予解释与辨析，"中国模式"才能获得更好的理解与认同。

首先，"中国模式"是一种社会发展模式，还是一种社会主义模式。这种疑问的提出并非毫无意义，它实际上涉及"中国模式"在多大程度上和多大范围内具有可借鉴性。讲"中国模式"是一种社会发展模式，就意味着中国的发展模式与道路具有相当的普世性与可比性。它借鉴了人类已有的文明成果，反映了当代人类发展的某些共同性，比如以人为本、科学发展观、和谐社会、积极参与全球化和国际机制等都是人类反思现代工业文明、回应全球相互依存、追求世界和平与发展的成果，体现了人类的共同要求与选择。正因为如此，所以这些共同点在东亚模式、欧洲模式、拉美模式、日本模式、美国模式中也会有所体现，但其具体的表述方式、表现方法、实施途径则会反映各国、各民族的特点。这恐怕就是"和而不同"。这里，"和"乃是关涉人类生存发展之道、基本价值与指向意义上的"和"，违背了就会祸国殃民；"不同"则是文化层面、操作层面、技术层面上的不同。显然，"中国模式"不仅在文化、操作和技术层面上有其民族特色，同时也反映了现阶段人类对社会发展的科学性认识。正是这种认识具有世界范围内的可借鉴性。忽视了这一点，就难以理解国际社会对"中国模式"的热衷与赞扬。而讲"中国模式"是一种社会主义模式，则着重强调了中国社会发展模式与道路的特殊性，即社会主义的特征与价值追求，从而难以同其他社会发展模式放到同一框架内加以比较，减弱了其普世性意义。因此有必要对中国模式予以澄清。正像中国的市场经济首先是市场经济，但同时又不可能不考虑到社会主义价值与制度的某些制约一样，中国社会发展的模式也首先是一种共性意义上的社会发展模式，同时又具有社会主义的特色与因素。

其次，"中国模式"能否实现市场经济与民主政治的协调与统一。一种根深蒂固的见解是，市场经济与民主政治的统一只能存在于资本主义制度之中，而"中国模式"则坚持社会主义，因此市场导向的改革所要求的民主政治，很难得到真正实现。这里的误解在于，正像市场经济并非独属于资本主义一样，民主政治也不是资本主义的专利。社会主义的中国已把市场经济作为最基本的经济形式与制度，但并未因此而变成资本主义。同样，社会主义的中国也把民主政治视为当代人类政治文明中最优秀的成果、最适宜的政治制度予以追求和实践。换言之，尽管市场经济和民主政治最先存在并实践于资本主义，但它们本身并不就是资本主义，而是完全可以为其他社会制度所用。所以，讲市场经济与民主政治在社会主义中的统一，在理论上是无可挑剔的。当然，这种疑问之所以存在并有相当大的影响，一是传统的中央集权式的那种被歪曲的社会主义的历史至今令人记忆犹新；二是改革中的新型社会主义在政治领域中改革的力度及其绩效还与其在经济领域的作为有一段距离。因此，我们有理由说，被歪曲的社会主义不是真正的社会主义，不能以被歪曲的社会主义作为衡量标准；同时，我们也有理由要求加快政治文明的建设，使中国模式的社会发展真正实现经济、政治的同步与协调。

再次，"中国模式"能否在全球与国家、世界与本土的复杂关系中保持理性的定位，不仅实现自身的和平发展，而且成为公认的国际社会的建设性力量和可信赖的合作伙伴。中国是社会主义国家、发展中国家，同时又是一个正在崛起的大国。这三重身份使中国的发展模式与道路具有了更多的复杂性、敏感性、争议性。中国要以和平的方式实现发展，维护和推进世界和平，这既是社会主义价值的内在要求，又是后发展国家，特别是一个大国走向繁荣富强的理性选择。但是，"中国模式"所暗含的中国迅速发展的事实，的确使不少国家感到担忧，也容易使中国自身陷入盲目自大的误区。所以，

"中国模式"在其发展过程中必须不断向世人展示其致力于国际社会的和平与发展的诚意与风范。中国是世界的中国,中国的发展离不开世界。中国不仅追求本国、本民族的繁荣昌盛,而且要自觉协调国家利益与人类共同利益、民族要求与人类文明指向的关系,理性地融入全球化,参与国际机制,在国际事务中担当起负责任的大国的重任,为人类的共同繁荣与进步营造良好的环境。真正做到这一点绝非易事,但只有做到这一点,才能使"中国模式"更有魅力。

(来源:《当代世界与社会主义》2005 年第 5 期)

"中国模式"的成功与未来

宋林飞[*]

经过 20 多年的经济持续快速增长，中国在世界上迅速崛起。国际社会对中国改革开放的经验已经形成比较普遍与肯定的看法，一个新的概念正在各国越来越多的政治人物与学者中间流行起来。这个概念就是"中国模式"。

中国改革开放的成功实践与经验，至少为发展中国家提供了一个不同于西方新自由主义模式的发展模式，埃及、印度等发展中国家已正式使用"中国模式"的概念。与中国一样走出"苏联模式"但道路不同的俄罗斯，也开始关注中国经济持续快速增长的经验，总统普京在内部场合多次提出，俄罗斯要学习"中国模式"。在美国等西方发达国家，不管是对中国怀着什么"希望"和复杂心态的政治力量与学者，也纷纷开始关注"中国模式"。作为中国人自己，更需要认真总结实践经验，并正视面临的挑战与风险。

一 三种改革模式的比较

20 世纪 90 年代，世界上出现了三种改革模式，分别发生在拉美国家、俄罗斯和中国，具体的道路均不相同，结果也大不一样。如果要寻找三种改革模式相似之处的话，那就是实行市场经济转轨。

拉美国家与俄罗斯改革的共同点较多，核心是他们都定位于西方民主发

---

[*] 作者系江苏省社会科学院院长、研究员。

展模式，响应以新自由主义为理论基础的"华盛顿共识"；20 世纪 90 年代的经济都呈衰退之势，改革缺乏推动经济增长的作用。"中国模式"的显著特点是实行经济体制改革、融入世界经济体系、经济持续快速增长、国内社会政治稳定。

1. "拉美模式"

在 20 世纪 80 年代中期和 1990 年前后，拉美国家纷纷开始进行经济改革，涉及贸易开放、金融自由化、国企私有化、税收制度改革、劳工市场等领域。拉美的经济改革取得了一定成效，宏观经济形势曾一度有所好转。但 1995—2002 年的 8 年间，拉美经济先后三次衰退，改革对增长的影响是"令人惊奇的小"，"经济增长速度和期望值相比令人失望"。[1] 同时，拉美经济改革还带来了一些严重的经济与社会问题：利用外资的风险意识淡薄，主要靠外资来增加进口和推动经济增长。进口急剧扩张，民族企业陷入困境，大批中小企业（或生产者）破产或处于经营困境，对生产发展造成了巨大冲击，经常账户赤字剧增，形成对外资高度依赖的局面。拉美外债余额由 1991 年年底的 4610 亿美元增至 2000 年年底的 7405 亿美元，10 年净增 2795 亿美元。金融自由化导致金融危机频发，1994 年的墨西哥金融危机、1999 年的巴西货币危机和 2001 年的阿根廷危机等，都属于这种类型的风险。同时，国有企业私有化使一些产业向私人资本和外国资本集中，失业问题更为严重。收入分配不公的问题越来越突出，两极分化和贫困化十分严重。国家职能明显削弱，社会发展被严重忽视。

拉美国家经济改革的主要特征，是迅速放弃保护政策与国家广泛的干预，问题还在于拉美国家经济改革的非自主性，一是由西方国家在拉美国家债务危机深重、经济全面衰退的时期，作为解决债务危机的条件提出来的；二是改革方案都被要求遵循"华盛顿共识"。被称作"华盛顿共识"的新自由主义的改革主张，可以归结为"自由化"、"私有化"和"非调控化"。它

---

① 芭芭拉·斯托林斯等：《经济增长、就业与公正》，中国社会科学出版社 2002 年版，第 84 页。

把反对国家干预推向了极端，而把自由市场的功能无限地加以夸大，这种在国家与市场关系上的误导，被人称为"市场原教旨主义"。正如美洲开发银行行长伊格莱西亚斯所批评的那样："市场经济本身变成了目的，为了实现这个目的什么都可以牺牲。"[①] 拉美国家按照发达国家推荐的新自由主义模式、依赖国外资本发展经济，在人均 GDP 达到了 1000 美元以后，不仅国际资本控制了这些国家的经济命脉，而且一些发达国家向这些国家转嫁经济危机，导致这些国家出现了严重的通货膨胀与经济衰退，30 年左右才实现GDP 翻一番的目标。这就是所谓的"拉美陷阱"，成为发展中国家警惕的发展与改革模式。

1998 年 4 月在智利首都圣地亚哥举行的美洲国家首脑会议，明确提出了以"圣地亚哥共识"替代"华盛顿共识"的主张。"圣地亚哥共识"主要包括六个观点：必须减少经济改革的"社会成本"，使每一个人都能从改革中受益；大力发展教育事业和卫生事业；不应该降低国家在社会发展进程中的作用；健全法制，实现社会稳定；提高妇女和少数民族群体的社会地位和经济地位；完善和巩固民主制度。

"华盛顿共识"在理论上也受到西方学者的不少批评。从欧洲社会民主主义价值理论出发的"欧洲价值观"，在强调经济增长的同时，倡导人权、环保、社会保障和公平分配；以美国经济学家约瑟夫·斯蒂格利茨为代表的"后华盛顿共识"，强调与发展相关的制度因素，认为发展不仅是经济增长，而且是社会的全面改造，还关注贫困、收入分配、环境可持续性等问题。"欧洲价值观"与"后华盛顿共识"虽然有一些新的发展观点，但都缺乏有说服力的成功例子。

2. "俄罗斯模式"

在我国探索改革开放与经济发展模式的进程中，西方国家向要求改革的国家推荐一套自由主义经济管理和发展模式，主张"震荡疗法"。1990 年以

---

① Enrique Iglesias, "Economic Reform: A View from Latin America", in John Williamson, eds. , *The Political Economy of Policy Reform*, Washington, D. C. , 1994, pp. 496 – 497.

后，苏联、东欧国家实施1980年以来世界银行及国际货币基金组织在发展中国家推销的"结构调整政策"以及美国学者设计的改革方案。1992年年初，俄罗斯激进民主派政府推出了所谓三位一体（自由化、私有化和稳定化）的"休克疗法"式经济转轨政策。按照美国学者约瑟夫·斯蒂格利茨的概括，"华盛顿共识"的教条是"主张政府的角色最小化、快速私有化和自由化"。

俄罗斯实行广泛私有化的理论依据被认为是：私有化能够向经理、厂长和职工提供新的刺激，只有私有产权才能给他们带来最强的激励，提高生产率和增加利润。"华盛顿共识"则强调它的政治意义，即通过大规模私有化可以摧毁旧国家机构，并尽快将国有资产转移到私人手中。1998年10月5日，俄罗斯国家杜马私有化结果分析委员会委员弗·利西奇金在《论坛报》上发表文章指出，有关俄私有化的全部资料能够证明，存在着掠夺俄罗斯、把俄罗斯人民变成国际金融寡头掠夺对象的犯罪事实。俄已经出售的12.5万家国有企业，平均售价仅为1300美元，其出售的价格之低廉创世界纪录。"私有化更准确地讲，就是腐败化。"连自由主义经济学者雅诺什·科尔奈也承认，俄罗斯"大规模私有化"是无偿分配国有资产和认股权私有化的同义语。

俄罗斯与东欧国家改革的结果是国有企业私有化，外国资本能够自由进入，实行了市场经济，同时出现了多年严重的经济衰退，国民经济像自由落体一样下滑。1989年，俄罗斯的GDP是中国的两倍强，而在10年后却仅为中国的三分之一。当时担任苏共中央委员的一位俄罗斯学者指出："在业已形成的条件下，社会和谐又是怎么样呢？在俄罗斯社会，在整个共和国之间，分裂路线相互繁殖，斗争和争论愈演愈烈。甚至连党的出版物都宣称戈尔巴乔夫所倡导的改革不只是失败的问题，而是彻底失败。"[1]《年轻共产党员》杂志1990年12期指出："国家在滑坡之中，政权无能为力……商店里空荡荡的货架……犯罪猖獗，失业严重……民族冲突导致流血……街上行人愁眉不展的表情像一面镜子一样，反映出我们社会的昏暗处境和危机……经

---

[1] 罗伊·麦德维杰：《苏联的最后一年》，中国社会科学出版社2003年版，第5页。

济和社会结构出现危机，意识形态和道德价值遭到侵蚀。"许多国家 10 年左右才恢复到东欧剧变之前的经济发展水平。自 20 世纪 90 年代中期起，东欧国家的许多人开始认为，将在东欧扎根的不是原来意义的"资本主义"，而是"野蛮资本主义"，一味追求利润、无视人性和环境的"野蛮"部分显露无遗。还具有严重依赖国际市场，在社会和经济中存在巨大差距和严重的不平等特征。①

苏联和东欧国家 20 世纪 90 年代的经济社会转型表明，照搬"华盛顿共识"的国家，政府没有发挥应有的作用，导致市场不能正常有效运行，经济不能持续增长。以"华盛顿共识"为指导的转型政策，带来了经济大幅下滑和社会政局剧烈动荡等严重问题。

3. "中国模式"

改革开放以来，中国是世界上经济增长最快的国家，年均增长 9.4%，是同期美国经济增长率的 3 倍。目前，中国 GDP 总量已达到世界第六位；外汇储备位居世界第二；进出口总额位居世界第三，外贸增长达 56 倍之多，2004 年达到 1.1 万亿美元，比前一年增长 30%。美国著名经济学家斯蒂格利茨指出，中国经济发展形成"中国模式"，堪称很好的经济学教材。②

我国没有照搬诸如"华盛顿共识"等改革与发展模式，而探索出了一条符合自己国情的渐进式改革与经济持续快速增长的发展道路。不到 10 年时间就能实现 GDP 翻一番的目标，创造了举世瞩目的"中国经济奇迹"。即使是那些希望中国政治"剧变"、经济弱小的西方政治人物与学者，也开始对中国另眼相看了。2005 年 4 月，美国哥伦比亚大学东亚研究所主办了"正在崛起的中国经济：进展、存在的危险及国内外的含义"的学术研讨会。美国人为什么会对另外一个国家感兴趣？一般而言不外乎两点：一是现实或潜在的竞争对手；二是市场。"中国占有两者的结合在世界上独一无二：第一，中国的崛起；第二，市场，已经是现实的市场。"到会专家们趋于比较一致

---

① 《参考消息》2005 年 5 月 14 日。
② 《香港商报》2003 年 9 月 18 日。

的意见是，中国从一个极其贫穷的国家摇身一变成为一个强大的国家，这是国际力量结构的大转型。能够逆转中国崛起之大势的力量在理性范畴之内几乎不存在，换言之，中国之崛起几乎是不可避免的。这是由于中国经济及相应的社会体系已经有了良好的应变生存能力，而且经济机器已经获得了独立生存能力，甚至可以说有了一定的推动和引导能力。中国政府所追求的经济增长目标是未来5—10年年经济增长率达到8%。如果中国保持持续的经济增长，则它对世界经济将会产生更为巨大的影响。[①]

在国际上，许多朋友高兴，特别是一些发展中国家，中国的发展为他们增强了发展信心，提供了可供借鉴的发展模式。当然，也不是所有的人都欢迎中国的经济崛起。从20世纪90年代初期开始，国际上出现了一波又一波的"中国威胁论"及其孪生体"围堵中国论"、"遏制中国论"。不管风吹浪打，中国经济长期快速增长，社会面貌发生了巨大变化，并且进入新一轮的增长阶段。

"中国模式"的成功，使中国在国际上的形象不断改善。尽管西方一些右翼政客长期都在做妖魔化中国的草根性工作，但随着中国经济持续增长及其在国际经济、政治、文化等领域活动的增加，国际社会对中国的评价转趋正面，甚至在全球意见平台上，友好良善的言论也日益增多。最近，跨欧洲的民调对中国持正面评价的达48%，对美国持正面评价的只有25%。而在美国，正面评价中国的高达59%，相信中国经济威胁论的仅为24%，相信中国军事威胁论的更少至15%。最近在跨亚洲民调里，除了日本，对中国的评价几乎全都优于美国。澳大利亚对中国的正面评价也达69%，对美国只有58%。最近，《纽约时报》以严厉的社论抨击美国怂恿日本扩军以及美日安保条约将台湾纳入关切范围。该社论指出："美国面对正在兴起的中国，必须自我调整，这才是亚洲未来和平繁荣的保证。"美国专栏作家罗杰·科恩在《国际先驱论坛报》上批评说，美国企图利用日本、印度、澳大利亚来围堵中国，必将失败。2005年5月，美国前国务卿奥尔布赖特指出："我认为美国政府低估了正在壮大的中国的力量。这个国家幅员广阔，它的人民充满

---

① 《21世纪经济报道》2005年5月16日。

活力，雄心勃勃。"她强调，绝对不要与中国为敌。① 中国的崛起，受到了越来越多的国家与朋友的欢迎、理解和支持，"中国形象"在全球日趋正面。

美国高盛公司咨询顾问乔舒亚·库珀·雷默（Joshua Cooper Ramo）在2004年5月发表的论文中，把中国改革开放的经验概括为"北京共识"。他指出，"北京共识"具有艰苦努力、主动创新和大胆实验（如设立经济特区），坚决捍卫国家主权和利益（如处理台湾问题）以及循序渐进（如"摸着石头过河"）、积聚能量和具有不对称力量的工具（如积累4000亿美元外汇储备）等特点。它不仅关注经济发展，同样注重社会变化，也涉及政治、生活质量和全球力量平衡等诸多方面，体现了一种寻求公正与高质量增长的发展思路。中国与世界其他地区的发展模式不同，这种发展模式与"华盛顿共识"的陈旧思路有着本质的区别。通过这种发展模式，人们看到了中国崛起的力量源泉。②

20世纪90年代以来，拉美模式、俄罗斯模式与中国模式的结果显著不同。作为拉美模式与俄罗斯模式的重要理论基础的"华盛顿共识"，体现了少数发达国家的国家利益，要求有关发展中国家的政府放弃对本国经济的监管，完全向西方资本敞开大门；主要目标是帮助银行家，推崇的是完全的市场开放和盲目的全球化观念；实质上是一个"全球化陷阱"。20世纪后期，经过国际货币基金组织和世界银行以巨额投资、援助等为交换条件，"华盛顿共识"在拉美及东南亚一些国家推行开来。这种发展模式使一些国家的经济与政治失去了自主自控能力，结果十几个经济体不同程度地受到了破坏，拉美地区是"华盛顿共识"的重灾区。而"北京共识"作为中国特色的经济发展与社会进步模式，为广大发展中国家追求经济增长和改善人民生活提供了新的发展思路。

"北京共识"的核心内容，是在全球化环境下创造一种能够保障国家独立自主的增长模式。一个国家在开放的同时必须保护本国经济命脉与发展环境，这样才能真正实现适度均衡、可持续的发展。

---

① 《参考消息》2005年5月30日。
② 《参考消息》2004年6月10日。

一些西方经济学家也认为，没有足够的证据证明，与全球经济接轨"本身"将能够改善经济增长方面的表现。[①] 一国经济的持续增长，不仅仅来自对外开放，依靠解除贸易与资本流动的限制，更重要的是取决于能够建立有效克服外部负面冲击的适宜体制与制度安排；不仅仅来自取消高度集权的计划经济，依靠政府职能的转变，更重要的是能够建立有效克服内部失序的宏观调控机制。一个巨大的经济体以年均9%以上的速度持续增长达20多年之久，理应受到全世界的尊重。德国前驻华大使赛康德博士认为，现在表面看起来非常成功的美国资本主义模式和日本、德国模式一样，都没有什么前途；无论德国的社会市场经济模式，还是美英放任式的自由经济模式，或者以"榨取世界其他地方"为特征的日本模式，都存在缺陷，面临巨大的改革需求，必须动大手术。而与此相反，所有一切证据都表明，中国现在所选择的道路将在这种竞赛中胜出。[②]

二 "中国模式"的基本特征

"中国模式"是中国特色社会主义建设的道路与经验，有自己的创造与独特之处。中国人民在共产党的领导下，不盲从西方国家与国际经济机构专家的意见，而是根据中国的实际情况进行改革开放，并在发展进程中始终坚持国家利益。作为中国改革开放前沿的东部沿海地区，从乡镇企业的"异军突起"到"两个率先"，都受到了邓小平、江泽民、胡锦涛等的高度重视与肯定。这些地区经济与社会发展的实践，展现了"中国模式"的主要特征。

1. 实行市场经济转轨，改善政府宏观调控

20世纪50年代到70年代，中国模仿"苏联模式"实行高度集中的政治、经济与文化体制。1953年1月，新中国开始执行第一个五年计划，这个计划是在苏联专家的指导下制定的。"大跃进"和"人民公社化"运动虽然

---

① 丹尼·罗德里克：《新全球经济与发展中国家》，世界知识出版社2004年版，第9页。

② 《利珀乡土报》2003年1月1日。

不是简单模仿"苏联模式"的产物，但在一些方面比"苏联模式"更加片面与"理想化"。"文革"十年，使我国经济体制与社会结构更加僵化。1978年以后，中国经济体制改革首先解决高度集中与计划经济的问题。不该管的不管，人们就有了活力，就走向了市场。发展乡镇企业，是苏南地区第一次创业的主要内容。在计划经济条件下，这是一个"灰色的过程"。乡镇企业没有计划指标，原材料、商品销售等都要自找门路。乡镇基层干部带领农民找市场、造市场，千辛万苦没有难倒他们，"不正之风"的指责也没有压倒他们。李瑞环同志曾经指出，对待苏南就是对待乡镇企业的问题，对待深圳就是对待改革开放的问题，对待温州就是对待非公有制经济的问题。起初，人们对于是否应该发展乡镇企业是有分歧的。城市搞工业，农村搞什么工业？乡镇企业怎么发展，还不是要挖社会主义的墙脚？这是一些人对发展乡镇企业的两大诘问。苏南之所以出现经济奇迹，是因为苏南干部特别是基层干部具有带头坚持市场取向的勇气。苏南人首先以集体为主闯市场，温州人首先以个体为主闯市场，二者在坚持市场取向方面是一致的，当年都需要勇气。

1992年以后，中国开始建构市场经济体制。搞市场经济不是意味着取消国家干预，而是要减少与改善政府的宏观调控。这是中国经济体制改革的理论基础。人们议论，苏南是强政府；国外也有人说，中国政府力量强大。是不是发展市场经济不需要"强政府"？不能一概而论。在认识市场运行实际与规律的基础上，政府加强与改善宏观调控，对于培育市场具有必不可少的作用。近20多年来，我国政府一共进行了五次宏观调控。20世纪80年代和90年代分别有两次，目前一次。80年代两次宏观调控都是为了抑制经济过热与通货膨胀，90年代中期的宏观调控也是出于同样的目的，而90年代后期进行的宏观调控，则是为了克服通货紧缩的问题；从2004年开始实行的宏观调控，又是为了防止经济过热与通胀。这次宏观调控许多人不理解，有些人认为不必要，有些人认为反应过度。其实，这次宏观调控是极其必要的，而且是在经济运行中不健康、不稳定因素还处于苗头性与倾向性状态时开始的。面对固定资产投资过猛、生产能力过剩压力加剧、资源与环境约束突出等问题，不及时调控势必会引起新一轮的大起大落。这是全国性的问题，适应宏观调控就成为各地当前经济工作的主线。

2. 扩大对外开放，融入世界经济体系

中国的改革开放政策可概括为"改变体制、打开国门"。对外开放、贸易自由化，为中国的经济发展奠定了重要的基础。中国正式成为"世界工厂"，全世界约三分之二的复印机、微波炉、DVD播放机和数码相机，三分之一左右的移动电话，近五分之二的个人电脑，都产自中国。1996年，中国以420亿美元的资本流入量使英国退到第三位，成为仅次于美国的第二大外资进入国。而全球49个最不发达国家在外国直接投资流量中仅占5%，其主要原因是这些国家的国内市场窄小。2002年，美国因为上一年发生了"9·11"事件，投资环境恶化，外资大幅下降，中国成为第一大外资进入国。中国庞大的国内市场与廉价劳动力，对发达国家与港澳台地区的投资者具有巨大的吸引力。

人们热衷于拿印度的经济增速与中国进行比较，印度总理辛格最近对印度和中国的经济表现，特别是两国的金融体系进行了一番比较。辛格认为，在金融体系对经济增长的推动效用方面，中国显然更胜一筹，中国制造业近期的增速显然快于印度，而这一点在衡量金融体系作用中是非常关键的。中国成为世界制造中心，同时也成为巨额外资的流入国，而这绝非巧合：外资带来了先进的生产技术和管理理念，推动着制造业的发展，中国模式显示出自由的金融体系与鼓励基础投资的政策相结合的巨大优势。印度应根据自己的需要和环境来借鉴中国经验。

3. 实行渐进式改革，维护社会稳定

中国从"文革"中吸取了教训，在改革开放过程中始终将稳定作为基础。邓小平主张"摸着石头过河"，实行渐进式改革；强调稳定是大局，认为"中国的问题，压倒一切的是需要稳定"。江泽民稳步推进市场经济，维护了社会政治稳定，使经济持续增长，也改变了中国。

近10年来，越南一直密切关注中国的经济改革和政治改革，一些政府高层人士也坦诚地说要学习"中国模式"。越南领导人认为，中国经验中最

值得学习的方面是：第一，坚持把国家的稳定放在首位，避免苏联解体后出现的那种混乱局面。第二，坚持从农业改革开始，逐步转入国企改革，建立股票市场，调整工资标准和社会政策。第三，坚持走地区和国际融合的道路，积极努力在经济和政治等领域融入国际社会。第四，坚持经济改革先行，政治改革随后。第五，坚持做好外交领域的工作，以外交促经济。这些看法比较中肯，中国政府在改革开放过程中，确实是把社会政治稳定始终放在首位。

反腐败是维护社会政治稳定的重要途径。改革开放过程中，腐败现象滋生蔓延，引起了民众的强烈不满。邓小平指出："要整好我们的党，实现我们的战略目标，不惩治腐败，特别是党内的高层腐败，确实有失败的危险。" 2003 年 10 月，党的十六届三中全会集近年来各地制度反腐、制度监督之大成，明确提出"建立健全与社会主义市场经济体制相适应的教育、制度、监督并重的惩治和预防腐败体系"。近年来，中央加大了严惩腐败分子的力度，重点查办县（处）级以上领导干部违纪违法案件，特别是违反政治纪律的案件和贪污、受贿、挪用公款的案件，着重查办建设工程、土地使用权出让、金融、物资采购领域的案件；企业重组改制和破产中国有资产严重流失的案件；领导干部伙同和支持其亲友非法敛财的案件，严重腐化堕落的案件；司法人员贪赃枉法、徇私舞弊的案件，领导干部和执法人员为黑势力充当保护伞的案件；严重违反组织人事纪律的案件和严重失职渎职的案件。

构建社会主义和谐社会，是"中国模式"的又一次创新。这一创新，是落实科学发展观，坚持以人为本，全面、协调、可持续发展的重要战略举措。新发展观的提出，不仅具有现实的针对性，也反映了当代发展观的最新成果。科学发展观在国际社会具有相当高的共识。1959 年，联合国提出"经济发展与社会发展的均衡"理念，认为经济发展应该优先，经济发展是解决各种社会问题的手段，铲除阻碍经济发展的社会障碍，就是社会发展。

4. 实行农村工业化，推动城乡协调发展

中国原来是一个农业国，工业化是农业国现代化进程的必由之路。工业化有两条途径：一是只发展城市工业，农村衰败；二是发展农村工业，城市

工业和农村工业联动，促进小城镇和农业共同繁荣。苏南选择了第二条道路，率先大办农村工业。1983年，费孝通教授指出："在苏南地区，城市工业、乡镇工业和农副业这三种不同层次的生产力浑然一体，构成了一个区域经济的大系统。这是一个在社会主义制度下农村实现工业化的发展系统，展现了'大鱼帮小鱼，小鱼帮虾米'的中国工业化的新模式。"这种模式是中国农民的一个伟大创造，是中国经济发展的一条重要途径，具有重大的意义。

资本主义国家现代工业的成长是以农村的崩溃为代价的，这是西方资本主义工业化的道路。与此相比，中国农民在农业繁荣的基础上，以巨大热情兴办乡镇工业。这种乡镇工业以巩固、促进和辅助农业经济为前提，农副工齐头并进、协调发展，开创了农村不断繁荣兴盛的新局面。这种工业化的道路，是农民群众在实际生活中自己的创造，是中国特色社会主义的一个重要特征。邓小平指出："我们首先在农村实行搞活经济和开放政策，调动了全国百分之八十的人口的积极性。""农村改革中，我们完全没有预料到的最大收获，就是乡镇企业发展起来了，突然冒出搞多种行业，搞商品经济，搞各种小型企业，异军突起。"发展乡镇企业确实是农民的创造，而且是勇敢的创造。苏南乡镇工业的发展，首先振兴了农村小城镇。苏南许多城市已经成为外来务工人员占多数的"移民城市"。

苏南模式开创的农村工业化、农村城镇化与市场化的实质，是城乡协调发展。也就是说，苏南模式与苏南模式创新的实质，是城乡协调发展，是二元社会结构的转变。农村非农产业的发展，改变了传统的城市工业、农村农业的区域经济和社会发展的格局。日益增长的农村非农产业不仅成为区域经济发展的主要动力，而且也逐步发展成为区域经济的主体，从"三分天下有其二"到"四分天下有其三"。在农村经济的快速发展中，城乡之间加强了资本、人力、技术等要素的流动，城乡之间的经济横向联合得到了空前的发展。

苏南的城乡协调发展，曾受到邓小平的热情称赞。1983年，他在江苏调查后总结说："现在，苏州市工农业总产值人均接近八百美元。我问江苏的同志，达到这样的水平，社会上是一个什么面貌？发展前景是什么样子？他们说，在这样的水平上，下面这些问题都解决了：第一，人民的吃穿用问题解决了，基本生活有了保障；第二，住房问题解决了，人均达到 20 平方米，因为土地不足，向空中发展，小城镇和农村盖二三层楼房的已经不少；第三，就业问题解决了，城镇基本上没有待业劳动者了；第四，人不再外流了，农村的人总想往大城市跑的情况已经改变；第五，中小学教育普及了，教育、文化、体育和其他公共福利事业有能力自己安排了；第六，人们的精神面貌变化了，犯罪行为大大减少了。"邓小平描述的苏南经济社会状况，就是城乡协调发展的景象。

一些先发展地区的城乡居民收入差距较小。2004 年，江苏城乡收入比为2.20∶1，浙江为 2.39∶1、山东为 2.69∶1，广东为 3.12∶1，均低于全国平均水平 3.21。城乡协调发展还表现为县级经济的强盛。最近，国家统计局根据2004 年统计数据宣布，中国经济最发达十强县（市）的座次分别为：江苏昆山市、广东顺德区、江苏江阴市、江苏张家港市、江苏常熟市、广东南海区、浙江萧山区、江苏武进区、浙江绍兴县、江苏太仓市。十强县（市）之首的昆山市，2004 年的地区生产总值实现 570.69 亿元，财政收入达 85.83亿元，人均 GDP 达 90831 元。

5. 降低发展成本，坚持可持续发展

发展的代价，首先是环境污染。20 世纪 80 年代乡镇工业兴起、90 年代重化工业加快发展，带来的环境污染现象日益突出。"十五"以来，我国治理环境与保护生态的投入不断增加，提高环境与生态保护的门槛，实施"退耕还林、退耕还草"等政策，进一步从"先发展后治理"转变为"边发展边治理"。传统工业化的弊端刚刚出现，就走上了新型工业化的道路。体现了罗马俱乐部在《增长的极限》（1972）一书中关于建立"一个处于经济平衡和生态平衡的稳定状态的社会"的理念，响应了 1992 年联合国环境和发展大会提出的可持续发展观。通过国家可持续发展计划，使经济发展建立在社会公正和环境、生态可持续的前提下，既满足当代人的需要，又不对后代人满足其需要的能力构成危害。近五年来，各地普遍加大了环境治理的力度，采取了一系列解决经济发展与环境容量矛盾、促进经济可持续发展的

"硬举措"：关闭了一批污染企业，建成了一批集中污染处理设施，否决了一批高污染外商投资项目，成效显著。以江苏为例，1999—2003年全省排污量下降了40%，2004年又下降了3.5%，工业越来越"重"，污染却越来越轻。同时，全国开展生态示范区规划、评估与验收活动。目前，我国已建成生态保护区82个，规划生态功能区31个，设立自然保护区1999个，占国土面积的14.4%。

我国是一个人口大国，变人口压力为人力资本是更深层次的可持续发展环节。实施科教兴国战略的成效显著，高等教育入学率普遍提高，江苏已达到27%以上。科技与人才是现代经济发展的关键要素，大量的高素质人才进入各个行业，成为各地经济与社会发展最重要的动力。重视发挥知识分子的作用，重视人力资源的开发，是中国模式的一个重要特征，也是中国发展中一个值得弘扬的重要经验。近年来，全国各地进一步重视农民职业教育，大力推动农村劳动力向城市转移。资本与人力资本协调发展，正在成为我国经济增长的一个重要特色。

6. 效率与公平并重，坚持共同富裕路线

让少数人与少数地区先富裕起来，是中国改革开放与发展的一条重要经验。支持个体私营经济发展、设立开发区与特区等，都是体现这一经验的政策举措。

邓小平指出："鼓励一部分地区、一部分人先富裕起来，也正是为了带动越来越多的人富裕起来，达到共同富裕的目的。""效率优先，兼顾公平"的口号，对于克服"大锅饭"与平均主义分配的弊病，起到了重要的历史作用，但不是市场经济永恒的原则。效率与公平并重、富民优先、共同富裕，从总体小康走向全面小康，才是"中国模式"的重要特征。

共同富裕在苏南地区体现得比较充分。2004年昆山市城镇居民可支配收入15011元，农民人均纯收入7655元，预期2005年城镇居民人均可支配收入达到16600元，农民人均纯收入达到8450元。据最近对全市111155户农村家庭收入调查，2004年农民实际人均纯收入8922元，2005年预计人均纯收入9496元，其中人均纯收入超过8000元的家庭占56.3%，人均纯收入在

5000—8000 元的家庭占 34.5% 。2004 年，无锡市农民纯收入为 7115 元，居全国第六位，是全国平均数的 2.42 倍。

社会保障是坚持公平的重要途径，苏南地区在这方面也率先发展。从 2005 年 10 月 1 日起，一项以纯农民为参保主体的新型农民基本养老保险制度将在无锡正式实施。这项在全省率先推出的"新农保"将改变中国农民千百年来的"土地养老"模式，实现城市反哺农村、全体农民"老有所养"的长效机制。到 2005 年 6 月末，全市 120 万原农村户籍劳动力中，已有 106 万在第二产业和第三产业就业，仍从事纯农业生产的仅有 14 万。新型农民养老保险制度实行的是个人缴一部分、集体补一部分、政府贴一部分的筹资模式，这标志着在这一领域第一次引入了公共财政"反哺"机制，是农村和农民从土地保障和自我保障向社会保障的一个重大转折。在实行新的农村养老保险制度后，无锡农村将形成"城保"、"农保"、"地保"三保合一的局面，实现农民养老保险的全覆盖。目前，无锡市城镇居民基本养老保险、城镇失业保险、城镇基本医疗保险这三大保险覆盖面分别为 97.4%、98.3%、96%。

随着城市化进程的加速推进和农村劳动力转移步伐的加快，进城务工就业农民子女上学问题日益突出。解决好进城务工就业农民子女义务教育问题，不仅是推进农村劳动力转移、加快城市化进程、提高城市人口素质、实现社会进步的迫切要求，也是促进社会公平，构建社会主义和谐社会的重要基础。目前，江苏全省 49.9 万名外来务工人员子女中已有 49.8 万解决了入学问题，其中在公办学校就读的占 75%，适龄人员接受义务教育的比例已达 99% 以上。

三 "中国模式"面临的新挑战

"中国模式"面临的挑战主要是两个，一是经济能否持续快速增长和长期繁荣，二是经济能否与社会、政治、自然相协调发展。东部沿海地区经济持续快速增长的成功实践，也预示了"中国模式"未来的走向与警讯。

1. 消除经济增长中的不可持续因素

各种现代经济发展理论都认为，任何单一因素都不可能确保经济的持续发展。国外一些有识之士指出，"中国模式"应该成为可持续的模式，经过20多年的发展，中国经济也有许多方面是不可持续的。这种看法具有警示作用。经济发展不可持续的因素，集中在局部粗放的经济增长方式中，主要是"三高"（高投资、高消耗、高污染）、"两低"（低质量、低效益）、"一依赖"（能源与矿产资源依赖国外）。投资推动型经济增长，一直延续到现在。其中，政府主导的色彩虽然淡化，但并没有消失。各地的"政绩工程"造成了不少低效投资与无效投资，"父爱主义"的残余继续使部分国企资产流失。据报载，2004年央企共申请核销损失3178亿元人民币，这相当于9.2万亿元总资产的4.2%，相当于3.2万亿元净资产的9.9%。在过去几年中，四大商业银行共计核销损失接近2万亿元。人们不禁要问：国有资产流失等改革带来的成本为什么如此高昂？国资委等国有资产的监管效果究竟在哪里？这么庞大规模的国有资产究竟流失到哪里去了？

近10年来，我国工业化加速，其中重型化趋势显著。2003年全国重工业产值占工业增加值的比重，已经上升至64.3%。工业重型化对地区GDP增长贡献大，但煤电油等能源产品的供求关系日趋紧张。我国能源短缺的现象十分严重，目前石油进口接近总消费量的30%，如果继续现有的经济增长方式，2010年可能扩大到40%左右，2020年可能扩大到50%左右。经济发展的战略资源越来越依赖国外的趋势，必须进行有效的遏制。同时，重化工阶段的突出问题，是环境与生态保护的压力明显加大。重化工阶段不可逾越，但也不是越重越好；不要追求重化工产能的最大化。应实施工业适度重型化战略，建立人与自然和谐相处的关系。实施这一战略的关键，是能否树立正确的政绩观。政绩考核必须从重视单纯GDP向追求绿色GDP转变。在有的地区，环境恶化可能超过了经济增长的速度，已经严重影响食品安全、危及公众健康。这不能不引起我们的高度重视。因此，需要进一步正确处理经济增长与环境保护的关系，加快经济增长方式从准集约型向集约型的转变。

最近，面对中国经济的快速发展，贸易保护主义在许多国家抬头。2005年1月1日，世界纺织品及服装贸易的所有配额取消，被一直束缚着手脚的中国纺织业终于有了机会公平地参与全球竞争。但是，现实并非如此。2005

年 5 月份以来，中国纺织业面临频繁的贸易摩擦和不断出现的进口设限。各级政府应引导企业增强技术创新能力与市场竞争力，提高反倾销应诉能力，规避经济全球化的风险。同时，继续降低金融机构的不良贷款比率，改善利润结构，提高国际金融市场的竞争力。

印度经济学家纳贾尔认为，中国的政策制定者过于关注经济的持续增长，而忽略了其中的成本因素。这在钢铁工业中表现得非常明显，其他一些行业也存在效率问题。印度模式在这方面的表现要更好一些。这一看法值得重视。我国在投资推动型经济增长中，政府主导的某些盲目投资，已经并还在形成一些低效投资甚至无效投资。因此，提高投资效果应成为今后国家宏观调控的一个重要目标。

2. 确立国际市场竞争中的比较优势

"行政区经济"影响了市场统一的进程。经合组织的报告认为，中国工业发展中存在以下问题，尽管中国已经融入国际市场，但中国的国内市场仍高度分散和割据。工业增长过于集中在某些地区、领域和企业。尽管中国出现了一些具有较强竞争力的国际企业，但大多数中国公司仍然规模偏小、管理落后、资金匮乏。生产过剩和效率低下削弱了中国在一些工业领域的竞争力。近日，我们还见到国内市场中一些非市场行为。在目前房地产市场降温、销售趋缓的形势下，有一些开发商公开签订"不降价承诺"，制订价格同盟，竟然还有政府官员在旁见证。这是不应该发生的，但这类现象比较普遍。

技术创新能力不足与产业结构不合理，也将影响我国经济在国际市场的竞争力。早在 1994 年 2 月，拉奥总理在瑞士达沃斯举行的世界经济论坛上说，印度的经济发展要走"中国道路"，如果说"中国模式"以"硬"为特色，即中国经济的增长是由物质基础设施和制造业的扩张推动的。那么，所谓"印度模式"，就是以"软"为特色，由它的制度基础设施与企业家精神来塑造。尽管中国正在成为制造业大国，但还不是制造业强国。"中国制造"大多为定牌生产，只给自己创造了 1%—2% 的利润，在全球制造业产业链上，我国许多企业还处于低端与末端。因此，加大研发投入与更新改造投资，增加自主知识产权，从而使更多的出口产品属于"中国创造"。根据专家分析，印度经济的增长来自农业和服务业，而不是制造业，目前第二次"绿色革命"正如火如荼地展开。在印度服务业中，金融和软件业是增长最快的两个轮子。中国应向印度学习，大力发展现代服务业。

应重视我国面临的"克鲁格曼挑战"。美国斯坦福大学经济学教授克鲁格曼1994年发表了《亚洲奇迹的神话》一文，他认为增长可分为两种类型：一类是靠投入增加推动，另一类是靠效率提高推动，前者将无法摆脱"收益递减"规律的束缚，而后者则是无限的。克鲁格曼的观点，在东亚一些国家的实践中得到了证明。例如，泰国的经济快速增长主要是靠大量出口取得的，而大量出口又主要依靠劳动力的低成本优势。在经济起飞初期，劳动密集型的低技术行业主导型产业结构是可行的。当经济通过发展劳动密集型产业实现起飞以后，再长期过度依赖劳动密集型产业就失去了竞争优势。如何应对这一挑战，是中国保持经济持续增长的重要环节。

3. 化解社会发展中的不良指数

西方国家将失业与通货膨胀视为"社会痛苦指数"，表明西方民众对就业与物价的高度关注。在我国社会发展中，存在失业、通货膨胀、贫富分化、犯罪等不良指数。应建立社会不良指数评价与预警体系。现阶段，我国社会发展中的不良指数，以贫富差距不断拉大最为突出。

近20年来，衡量我国收入分配差距的基尼系数，呈逐步扩大的趋势，没有实现党的十六大提出的扭转收入差距扩大化趋势的目标。政府与学者关于我国目前基尼系数值的看法，倾向于0.45以上，已经越过世界公认的警戒线。收入差距不断扩大的原因，一是初次分配存在不公平现象，按劳分配中行业差异过大，按要素分配比重偏高；二是再分配不足，社会保障、社会救助的覆盖面与力度均不充分；三是非分配因素膨胀，大量国民财富通过非规范与非法的途径流入少数人手中。收入与财富如果过于集中在少数人手中，多数人就会缺乏购买力，就会形成有效需求不足的问题，就会产生市场疲软，从而导致经济萧条。经济发展带来的财富必须公平分配，必须建立改革与发展机会成本合理分担体制。各种社会群体承受改革与发展成本的比例，应与他们获得改革与发展成果的比例相近。从我国的实际情况来看，一些获得改革与发展成果较多的社会群体，承担了较少的成本；而一些获得改革与发展成果较少的社会群体，却承担了较多的成本。同时，腐败现象屡禁不止。

近年来，群体性突发事件增多，显然与这些因素有关。有人用"断裂"来描述我国社会分化的现象，这种深切的忧虑是值得肯定的。"断裂"的内涵主要是对立，对立背后往往是冲突，这个概念确实有一定的解释力。西方现代主义往往使用"断裂"的概念解释传统社会向现代社会的转型，成为社会冲突理论的源泉。社会分化了，怎么整合？需要寻找一些更有穿透力与学术潜力的概念。

"效率优先，兼顾公平"的口号，对于克服"大锅饭"与平均主义分配是有效的，但也像"承包制"一样它的历史作用已经完成。"效率优先"掩盖下的分配失范与失衡，使公平无法兼顾。改革与发展的成果、代价，没有公平分配。一部分人得益多而承担的代价少，一部分人却得益少而承担的代价多。这种现象严重影响社会稳定与经济持续增长，提出"效率与公平并重"的政策取向已经势在必行。应促进权利与资源平等分配、防止财富过分集中，遏制强势群体的利益独占性冲动，堵塞各种黑色收入与灰色收入渠道。"在一个经济生活中充满了得失相等的社会里，如何才能解决现存的经济问题呢？其答案是首先必须权衡得失，确立一个公平的分配、再分配的原则，然后才能确定哪些群体的要求应该加以满足，哪些应该加以回绝。"[①] 这是一位美国学者的见解，虽然他在本土没有见到理想的境界，但他的观点对我们是有启发的。

在城市化过程中，"农民工"群体不断壮大，但往往处于"体制外"的社会经济地位。他们是新市民，就业、子女受教育却困难重重；他们是新兴的工人阶层，工资收入、劳动保护、医疗养老等却缺乏保障。走出"农民—市民"的城乡二元结构，又陷入了"农民—农民工—市民"这样的三元结构。而要实现城乡一体化，就必须加快农民的转移，提高农民的收入，

---

① 瑟罗：《得失相等的社会——分配与经济变动的可能性》，商务印书馆1992年版，第2页。

并认真落实进城务工人员的市民待遇，切实维护他们的基本权益。

4. 克服经济与政治体制改革的不同步效应

"中国模式"还不是一个完善的模式，经济上的成就很显著，但社会政治方面的问题并没有因为经济的发展而得到解决，需要不断完善。这种观点应引起我们的重视。

现代化包括工业化、城市化与民主化。在我国的现代化进程中，"三化"似乎一个比一个弱，存在城市化滞后，经济与政治体制改革不同步的问题。有人认为，俄罗斯的过去和未来都是对"中国模式"的挑战。俄罗斯对苏联模式的激进否定对经济产生的负面影响是显著的。俄罗斯试图通过全民公决解决国家重大变革的合法性问题，俄罗斯人民在四次总统大选中用选票表明了自己对经济与政治改革方向的选择。同时，也留下了沉痛的教训，制约不足的权力和市场激发的物欲结合起来，导致了权贵资本主义和黑社会资本主义的滋生。改革不仅没有消除腐败，相反腐败更加严重。最近，俄罗斯媒体公开指出："工商界与老百姓怨声载道，抱怨立法文件不完善，对官僚没有任何束缚。抽查表明，腐败之源就在立法部门。例如，在检查《药品法》修正案时，独立鉴定表明，文件中只有一条标准不会引起腐败。许多地方的立法机构，多年来都有不公开的行贿收费标准：通过一项有用的法律需要 100 美元，一个重要的修正案需要几万到几十万美元。"① 最近公布了政府的一项决定，对各部委的所有法律草案都要进行反腐鉴定，而且要有独立专家参加。显然，其中不乏某些重要的启示。

中国经济的崛起与和谐社会的建构，也面临一些国际因素的挑战。首先，是意识形态的挑战。虽然"意识形态终结论"在西方社会很有市场，但国际政治的现状并不如此。中国经济崛起过程中最大的国际因素，在今后相当长的一个时期内都将主要在美国滋生和激荡，大多与意识形态相关。友好的中美关系，是中国经济崛起的关键因素。但有些美国人已经陷入身份、认同、信念的文明危机。2004 年，美国政治学者塞缪尔·亨廷顿写了《我们

---

① 《参考消息》2005 年 10 月 5 日。

是谁?》一书,将"文明冲突"的视角由国际转向美国国内,一方面指出美国分化、衰落的危险,另一方面谈论"伊斯兰好斗分子"是美国"现实的敌人",中国是"可能的潜在敌人"。有些美国人为什么有意或无意地"制造敌人"?因为这些人被超级大国的地位冲昏了头脑。亨廷顿指出:"美国成为世界吗?或是世界成为美国?还是美国依然保持为美国?要世界主义?或是要帝国?还是要自己民族?美国人给出的选择将会影响到本国的未来,也会影响到世界的未来。"① 由于存在台湾问题等严重障碍,中美关系前景总是令人担忧。美国为什么插手中国的台湾问题?从布热津斯基的书中,我们可以看到典型的"美国人"观点:一个大中华,特别在收复了香港之后,几乎可以肯定会更加起劲地寻求实现台湾与大陆的重新统一。充分认识这样一个事实是十分重要的:中国从来没有默认过台湾的无限期分离。因此,在将来的某个时候,这个问题会酿成美国同中国迎头相撞的冲突。即使在可预见的将来中国可能还缺乏有效地威胁台湾的手段,北京仍必须懂得并信服,美国如果默认使用军事力量强行统一台湾的尝试,那么美国在远东的地位将受到毁灭性的破坏。

因此,如果台湾那时候无力保护自己的话,美国决不能在军事上无所作为。换句话说,美国将不得不进行干预。但那并不是为了一个分离的台湾,而是为了美国在亚太地区的地缘政治利益。中国统一台湾的方式可能触犯美国的根本利益,中国必须清楚地认识到这一点。与此同时,美国必须信守对中国的许诺,避免直接或间接地支持任何在国际上提高台湾地位的行动。如果台湾人试图改变早已确定和有意含糊对待的海峡两岸关系,将使美国受到有害影响。再者,如果中国确实繁荣发达起来而且实现了民主化的话,如果中国收复香港之后没有出现在公民权利方面的倒退的话,那么,美国鼓励海峡两岸就最后统一的条件进行认真的对话,也将有助于在中国国内制造扩大民主化的压力,同时将促进美国和大中华之间实现更加广泛的战略妥协。台湾是中国神圣领土的一部分,中国的统一大业怎么"触犯美国的根本利益"?完全是强权政治与霸道逻辑。最近,布热津斯基又出了一本新书,他扬扬自

① 亨廷顿:《我们是谁?美国国家特性面临的挑战》,新华出版社 2005 年版,第 1、305 页。

得地说:"美国在全球等级体系中无可匹敌的地位,目前已得到广泛的承认。外国人最初听到有人承认美国霸权时那种惊奇,乃至不快,已经让位于一种比较审时度势的态度。他们内心仍有不平,但还是转而去约束、遏制、转移或者嘲弄这种霸权了。"同时,他也承认:"美国的力量和美国的社会发展动力结合在一起,将可能促使逐渐形成一个利益共享的全球共同体,滥用美国的力量和社会影响或使二者相互矛盾,就会给世界带来混乱,使美国陷入困境。"①

5. 承担大国应有的国际责任

最近,胡锦涛出席联合国成立60周年首脑会议,发表了题为《促进普遍发展　实现共同繁荣》的重要讲话。他说,尊重发展模式的多样性,推动发展经验的交流。自主选择符合本国实际的发展道路和发展模式,是各国实现发展的关键。经过20多年的发展,我国仍然是一个中低收入国家,但必须承担大国的责任。

首先,要处理好与其他大国的关系,特别是与美国的关系。最近,美国财政部副部长蒂姆·亚当斯说,美国是从三个方面来处理与中国的经济关系,"汇率只是其中之一";第二个方面是"与中国人合作,以便使他们由出口带动的经济增长模式转向一种更强调消费和内需作用的经济增长模式";第三个方面是"金融服务业的发展以及美国金融服务公司在这种发展中所能起到的重要作用"。② 美国政府与议会经常告诉中国政府和人民,中国应该怎么做、不应该那么做。我们先不评论具体内容,即使是全部合理的主张,美国人也不应只要求中国人进行种种的转变,而从不要求自己转变什么。经济政策的"单向输出"与国际政治生活中的单边主义一样不受欢迎,美国人也要考虑如何改变自己的思维定式与行为方式,与中国等发展中国家进行"双向互动",从而建立良好的国际社会新秩序。

其次,要发展与发展中国家的关系。近几年来,我国积极参与国际反恐

---

① 布热津斯基:《大棋局:美国的首要地位及其地缘战略》,上海人民出版社1998年版,序言、第1、2—3页。

② 《参考消息》2005年10月9日。

斗争、国际救援活动、支援落后的发展中国家等，树立了良好的国际形象。虽然我国在发展道路上仍然面临着许多困难和挑战，但我们将尽最大努力支持和帮助其他发展中国家加快发展。胡锦涛在联合国成立 60 周年首脑会议上宣布：第一，中国决定给予所有同中国建交的 39 个不发达国家部分商品零关税待遇，优惠范围将包括这些国家的多数对华出口商品。第二，中国将进一步扩大对重债穷国和最不发达国家的援助规模，并通过双边渠道，在今后两年内免除或以其他处理方式消除所有同中国有外交关系的重债穷国 2004 年年底前对华到期未还的全部无息和低息政府贷款。第三，中国将在今后 3 年内向发展中国家提供 100 亿美元优惠贷款及优惠出口买方信贷，用以帮助发展中国家加强基础设施建设，推动双方企业开展合资合作。第四，中国将在今后 3 年内增加对发展中国家特别是非洲国家的相关援助，对其提供包括防疟特效药在内的药物，帮助他们建立和改善医疗设施、培训医疗人员。具体通过中非合作论坛等机制及双边渠道落实。第五，中国将在今后 3 年内为发展中国家培训、培养 3 万名各类人才帮助有关国家加快人才培养。

（来源：《社会科学战线》2006 年第 2 期）

理解"中国模式"的制度视角

田春生[*]

"中国模式"及其特征，正在受到国内外的广泛关注。"北京共识"的问世，既是对"中国模式"的肯定，也是对"华盛顿共识"的一种否定。究其实质，"北京共识"是西方人对中国改革与发展道路的一种理解。无论"北京共识"是否能够成立，或者是否能够自圆其说，我们认为，它的重要意义在于：以"北京共识"为代表的观点，体现了西方人士对于中国改革道路的一种认可。也就是说，这是他们对中国改革理念和发展模式的一种解释。尽管"北京共识"对于中国模式的概括和解释仍然显得不够完全。但是，它毕竟留给我们总结中国改革道路的思考空间。本文拟就"中国模式"的特点，从制度转型的一些特点阐述若干看法。

一 理解"中国模式"的视角

中国在改革开放 20 多年的过程中，表现出与其他转轨国家不同的路径及其效果。为了说明这种差异和区别，人们通常将中国与苏联和东欧国家的转轨进行比较，更多地从中国经济改革的"渐进"视角加以解释。"渐进—制度观"的提出，则是基于中国以及越南的转型之路所给出的一种结论。这种对于中国模式的过渡政策、路径以及指导思想的解释，被西方学术界归结

---

* 作者系中国青年政治学院经济系主任、教授。

为"渐进—制度观"①。这些学者们强调，中国"渐进转轨"的突出特色是：改革与转型的渐进性质，导致中国经济社会实现经济增长与平稳过渡。从转型的角度看，"渐进—制度观"与"北京共识"的认识角度大致吻合。这些论点，推翻了"华盛顿共识"以经济私有化、自由化等新自由主义为政策核心的传统思想。从而推论，"摸着石头过河"的途径比"休克疗法"的"大跃进"式的改革更具成效。我以为，以"渐进"为核心的"摸着石头过河"的说法，尚不能够概括中国市场改革的基本特色。

中国根据自己的现实国情和改革实践，在转轨过程中逐渐形成的一系列建立在中国国情基础上的内生性制度安排，不仅是"中国模式"形成的一个基本特点，也是"中国模式"的创新之所在。按照"北京共识"的提出者雷默的看法，"创新"是中国改革中最重要的一个组成部分，它由中国改革的特性所决定。改革过程中的任何变化，既提出了需要解决的问题，同时，改革能否成功，也完全取决于能否以更快的速度去解决改革中产生的这些问题。② 因为在向市场经济转轨的过程中，一个有效的市场经济的运行，不仅包括经济自由化和所有权变革等内容，更需要足够的制度架构来支撑和推进。构建新的制度安排（new institutional arrangement），被认为是一个国家成功转型的关键。对于像中国这样一个发展中大国，市场经济制度的形成特征及其路径，很难与任何西方发达国家市场经济的制度类同，这就使得中国市场经济制度的形成具有内生性特点。这是我们分析中国模式的出发点。

二 "中国模式"的制度"内生性"与"移植性"问题的讨论框架

1. 制度转型是否具有"内生性"？③ 制度规则涉及社会、政治和经济活

---

① 也有的学者称其为"演进—制度观"，就其实质而言，渐进与演进的意义是相同的。

② 赵忆宁：《战略学者眼中的"北京共识"》，《21 世纪经济报道》2005 年 3 月 28 日。

③ 关于"内生性"的说法，中国有的学者指出，"中国经济的奇迹不仅在于发挥了'比较优势'原因，或者说之所以能够发挥比较优势，还在于内生性的公共政策效率的改进"。参见赵晓《从"华盛顿共识"到"北京共识"》，《南风窗》2004 年 7 月（下）。

动，起着规范人们行为和交易活动的作用，以确保一个社会的正常秩序和人们的经济活动。发达国家或发展中国家市场经济不断演进的历程表明：一个国家社会经济制度的形成，既是自己国家和民族特色长期演绎和变革的结果，即为“内生性”；同时，它们也不乏吸纳人类社会的文明、文化、政策和规则，在转型国家的改革中，有的时候也被看做为一种“移植性”。第二次世界大战后一些发展中国家特别是亚洲新兴工业化国家的现代化进程显示：这些国家市场经济制度规则的形成及其制度安排，更具有自己国家和民族的特点，即“内生性”。在这类国家中也包括中国。对于“中国模式”来说，外国人不可理解的正是："中国领导人（更不用说中国百姓）对于‘开放性’和‘建设性’这样的形容词意味着什么，有着自己的特定想法，并且常常与华盛顿的想法不一致，而且这些想法不是静止的。这部分语言表达的问题是，旧中国仍然体现在日常生活当中，很难看到与中国过去有明显的决裂。"① 这其实是因为，从其他国家“移植”的制度和规则，在中国等一些发展中国家，往往很难得到有效的实施，并发挥其制度优势。其中一个因素就是，新制度的形成与一个国家的民族传统和历史惯性之间很难割裂。

2. 中国制度转型中的政策和制度安排具有“内生性”，而俄罗斯在制度转型的政策和制度形成中体现出较多的“移植性”。就制度转型来说，所谓“内生性”应被理解为：一种新制度在向市场经济演进过程中，主要依赖自己国家的国情和改革过程而形成的政策、规则和方式，它们主要不靠从外部（西方）“引进的”转轨政策和制度规则。所谓“移植性”则主要强调：将成熟市场经济国家的规则、政策和（正式）制度，移植到一个转型中的非成熟的市场经济国家。

根据这样的思路，我们对中国与俄罗斯的市场经济转轨差异进行比较。

中国的市场经济制度的形成，具有中国本土的“内生性”。从中国改革25年来的历程中，我们可以看到中国内生性制度安排的一些表现，例如，中国农村产权制度的变迁，从改革之初的“联产承包责任制”到“温州模式”

---

① 乔舒亚·库珀·雷默：《“北京共识”：中国是否能够成为另一种典范?》，参见新华社《参考资料》编辑部的译文，参见网站 www.dajun.com.cn。

和"苏南模式"等①；在企业改革方面，从"体制外"的增量改革到国有企业的存量改革以及中国经济特区的发展、城市化中的人口自由迁徙等等。这样一些特征，被有的学者提升为中国经济转轨的独特特征：其一，政治上的统一和中央政府的专权；其二，对国有企业的改革不是采用大棒式的私有化，而是采用企业所有权渐进式的转变；其三，在转轨过程中，在农村提倡私营和集体所有的乡镇企业。② 近年来，还有一些学者用"诱致性制度变迁"来解释中国的制度变迁，认为中国正式制度安排的变迁受到非正式制度安排，例如价值观、意识形态、伦理规范、道德等的影响；同时也逐渐形成与市场经济相适应的正式制度和规则，例如产权制度、公司制度、契约与合同等③；以及各类难以计数的立法如《乡镇企业法》、《经济合同法》、《涉外经济合同法》以及即将问世的《物权法》等。

中国制度安排的"内生性"基于中国国情，正如"北京共识"对于中国模式所作的概括：中国模式是一种适合中国国情和社会需要、寻求公正与高质增长的发展途径。它被定义为：艰苦努力、主动创新和大胆实验；坚决捍卫国家主权和利益；循序渐进，积聚能量。创新和实验是其灵魂；既务实，又理想，解决问题灵活应对，因事而异，不强求划一。它不仅关注经济发展，也同样注重社会变化，通过发展经济与完善管理改善社会。④

相比而言，俄罗斯当初主要采取"移植"的转轨政策和路径，这成为它前十年转轨失败的一个重要原因。俄罗斯前十年的转型不尽成功，这不仅仅证明：成熟国家一般市场制度并非能够简单地被移植，而且引发我们思考："在缺少市场经济的行为和能力的国家，例如俄罗斯，即使国家先以立法形式规定市场经济的制度和规则，这种制度能否被付诸实践和有效运转？"俄罗斯在向市场经济过渡的初期就颁布了宪政和立法，但是国家以立法程序出台的制度，却难以体现其效力。更加出乎意料的是，各个阶层的人们对于立

---

① 苑鹏等：《制度转型、投资环境改善与减少贫困：温州模式和苏南模式的发展经验》，参见网站 www.worldbank.org.cn/Chinese/Content/SME-case.pdf.

② 青木昌彦：《中国经济制度转型的双重性》，《中国经济时报》2002年6月22日。

③ 唐任武：《中国经济制度变迁与经济增长》，前进出版社2004年版，第136页。

④ 《"北京共识"为世界带来希望——西方学者论述中国经济发展模式的理论与实践》，参见《参考消息》2004年6月10日。

法和规则的制度需求并不强烈，很多促进市场经济发展的立法和规则，实际上并没有被付诸实施。这样，在俄罗斯转型的过程中，立法与执行之间，就存在着制度规则被"搁置"的状况。按照俄罗斯总统普京的说法："那时，俄罗斯宪法已经在这个国家的某些地区失去了权威性，分离倾向在这个国家无处不在，某些地方不仅已经停止向中央缴税，甚至还准备发行自己的货币。"① 正因如此，普京执政后的一个显著功绩就是"恢复了国家的权威性"，这种权威性是由普京及其"西罗维基"（俄语为силавыч，也称"强力集团"）所实行的。

我之所以提出这个问题，是因为看到美国的一些学者在争论俄罗斯经济转轨问题时，一方面对基于"华盛顿共识"的俄罗斯转轨持批评和否定的观点，同时又强调，俄罗斯在过去改革中应该首先建立市场经济制度。这里的制度指的是正式的制度（formal institution）。其实，在 20 世纪 90 年代，俄罗斯就颁布了关于市场经济的立法，然而，俄罗斯的法律效力却令人失望。

3. 行为在先还是制度规则为先——制度"内生性"形成中值得探讨的问题。制度规则（institutions and regulation）在一些转型国家之所以起步艰难，是因为市场形态的有效性是基于市场和人们的交易行为（behave）先于制度规则（institutional rules）。换言之，制度和规则的问世，一般是基于规范市场经济行为和人们交易活动的需要。因此，从市场经济制度的历史看，市场经济行为和人们交易活动的出现，往往先于市场制度和规则的出台。设想在一个缺乏市场行为、商品交易的国家，或者市场经济和商品活动不发达的国家，即使国家以立法形式规定了市场经济的制度，这样的制度也难于有的放矢和被社会所接受。

中国市场经济改革的路径，大体上是一种市场经济的变化先于市场经济立法的制度轨迹。也就是说：人们的交易行为在先，制度颁布于后。在中国改革的起步阶段，一个明显特点就是：制度的变化首先来自民间、民营、体制外、计划外的变化，更多地表现为民间习惯、价值观念等非正式规则的先期改变。这符合市场经济与市场演进的规律。从一些国家法律制度的演进来

---

① 麦吉尔：《柔道改变了我的一生》，参见《北京晚报》2004 年 3 月 16 日。

看，在人类社会发展的进程中，例如 12、13 世纪以及以后一些国家的宪政演进中，很多事例是先有市场、商品行为，出现了私人财产和财产制度，从而产生出制定立法约束的需求，以保护私人财产制度和商品经济等。从中国的改革实践看，中国的正式制度的立法，也是遵循着市场经济的轨迹而颁布，并依据市场制度的发展和演进程度，不断修订与完善。那么，制度中的正式规则（法律、规章和各项制度）与非正式规则（传统、道德、文化、习俗、伦理和价值观念等）之间的理想模式应该是什么样的？

问题依然可以这样提出：当西方的"政策被移植到其他国家时，它们在何种程度上能够运转良好"？[①] 中国模式的改革路径说明，改革"内生性"的重要特点是：市场经济和商品交易行为首先出现，之后主要根据改革实践对市场经济制度和规则加以法律化。它不是像苏联和东欧一些国家那样，在转型之初、市场条件尚不成熟的情况下，就将成熟市场经济国家的政策和制度"照搬"过去。这是中国市场经济改革与其他转型国家所不同的一个重要区别。在中国向市场经济转型的过程中，有利于市场经济的行为，国家以立法方式加以确立；不利于市场经济的劣质交易行为，政府则以立法加以制止和规范。这样，在新制度的形成过程中，就能够将转型中的"不确定性"（uncertainty）和风险降至最低。

三 "中国模式"面临的挑战："内生性"与 "移植性"兼容的探讨

一个国家良好的制度安排，应该是"内生性"与"移植性"的优势兼容并蓄。在当代经济开放和全球化条件下，正式约束的建立可以借鉴外国的经验，从而降低正式约束建立的成本。从制度移植性来看，一些正式制度，尤其是那些具有国际惯例性质的正式规则，是可能从一个国家移植到另一个国家的，正式制度的移植能够给"输入国"带来好处。例如中国在市场化改

---

① 约瑟夫·E. 斯蒂格利茨：《"后华盛顿共识"的共识》，参见网站 http：//zhiyuancui. ccs. ts-inghua. edu. cn/ecommended/PostWashingtonConsensus. pdf.

革的过程中，就参考并移植了一些西方国家有关市场经济的规则，这就大大降低了正式制度创立的成本。但是，与此相适应的非正式制度，则难以从国外借鉴。建立在传统、文化和价值观基础上的非正式约束，与转轨后的市场经济还存在诸多的矛盾。① 因此，对于转轨国家而言，制度变革需要转变人们的期待和信仰。但是，要使人们的期待和信仰发生改变，在一些国家，特别是在旧制度根深蒂固的国家，如苏联，是一个比较缓慢的过程。

如果改革的政策和动力来自外部，而社会认同度低、承诺不够，这样的改革很可能会失败。中国和俄罗斯等转轨国家的实践表明，由于从外部（西方国家）引进的政策和规则与本国的制度和文化（在这里也可以说是一种文明）之间的“鸿沟”通常很深，所以，当一个国家发生大规模的经济社会转型时，从外部引进的制度与本国的非正式制度、文化传统和文明习惯之间存在着巨大的冲突，在转型国家，这种“冲突”往往表现为一种“转轨文化”的冲突。在“转轨文化”冲突较大的国家，经济社会转轨的效果就小，经济增长的速度就缓慢；反之，在“转轨文化”冲突较小的国家，经济转轨的效果就明显，经济增长速度就相对较快。一个国家和社会对于发展的自主权是其有效实施的重要因素。② 因此，当其中一种模式被人们当做新的习惯广泛地接受时，新的制度才能诞生。这可以解释为什么俄罗斯主要依靠外部引进的转轨导致了它前十年改革的失败，而中国根据市场经济演进的程度和需要实行的制度安排，则给中国的改革带来了成功。

在转型国家里，人们总是试图通过改变过去的正式规则，尽快实现从计划经济向市场经济的转变。但是，实际的困难恰恰在于制度的非正式约束方面。制度的非正式约束、制度替代的路径依赖等特点、体制演变和创新的长期性，使得制度变迁和市场制度的形成将是一个较长的历史过程。对此，诺斯明确指出，“将成功的西方市场经济制度的政治经济规则搬到第三世界和东欧，就不再是取得良好经济实绩的充分条件，私有化并不是解决经济实绩

---

① 杨启先：《中国市场化改革的进程和矛盾》，《经济研究参考》2001 年第 86 期。

② 世界银行高级副行长、首席经济学家尼古拉斯·斯特恩：《中国的投资环境：经验和挑战》（2002 年 12 月 3 日在国家发展计划委员会中国投资论坛上的讲话），参见世界银行中国网站 2002 年 12 月。

低下的灵丹妙药"①。在转型国家的新制度安排过程中，最为困难的就是：人们很难迅速接受另一种新制度的价值观念，并在较短时期内改变自己已有的价值判断。按照"制度"是"人们对实际游戏规则的共同认可"这个概念，制度需要人们共同认可和维护，以使"游戏规则"能够执行。问题是，制度作为一个社会的游戏规则，如何才能够得到社会的认可？历史的发展证明：当一种模式被人们当做新的习惯广泛地接受时，新的制度才能诞生。② 制度的变迁，就是要改变人们的期待和信仰；而要使人们的期待和信仰发生改变，则是相当缓慢的过程。对于转轨国家而言，制度变革也需要转变人们的期待和信仰，那么这个过程就不可能是一个短的时期。对于转型而言，如果一个国家在制度变革以前缺乏新制度的规范和文化，那就是缺乏对于市场经济改革后社会变化的心理预期，从而难以接受经济社会转轨的现实。按照青木（Aoki Masahiko）教授的理解，人们的期待和信仰，往往先于制度和规范的形成。那么，人们之所以愿意或者能够接受新的制度，是人们看到新制度能够改变过去的不合理的制度，从而使人们的生活水平得到提高。当一个社会的大多数民众意识到这一点时，这个社会就有了变革的基础。

对于中国和俄罗斯来说，今后它们所面临的转型的一个最大的难点就是：使"内生性"与"移植性"有效地结合。尽管中国取得了市场改革的成就，但是市场经济制度的完善还需要接受成熟市场经济的一些制度与规则。

四　结论

中国市场改革之所以被称为"模式"，其中的重要原因是：中国的经济社会改革取得了历史性的进展。更加重要的是，由于中国改革过程中出现的很多社会矛盾和问题，在不断进行政策调整和制度创新中得到了解决，保证改革能够持续下去，使中国在加速度的改革中，没有发生剧烈和颠覆性的政

---

① 诺斯：《历时经济绩效》，《美国经济评论》1994 年第 6 期。
② 青木昌彦的文章，译自 2001 年 9 月 14 日《日经新闻》。

治社会震荡。与俄罗斯的转型相比,人们更多地看到"中国模式"的强项。它们主要被总结为:(1)一个国家的发展模式应该由一个主权国家独立自主地进行探索,任何由外部强加的发展模式都是要失败的;(2)社会主义与市场经济相兼容,是经济高速增长与社会协调发展的保障;(3)转型政策中不断调整的"人民性"特征,而不是向少数特权阶层倾斜的政策,例如,"北京共识"在论证中国模式时强调其以人为本的特征,而"华盛顿共识"政策则代表"红色贵族"、"金融寡头"和"内部经理人"等利益集团;(4)在转型过程中,中国的传统文化与现代发展能够融合。总之,我们可以从多个层面理解中国的改革发展道路,以此归纳出中国模式的一些特点。

(来源:《当代世界与社会主义》2005 年第 5 期)

理解中国

马丁·雅克[*]　赵丽　译

西方近几十年来，对中国一直存在误解——即使中国接受了市场经济，但它还是避开了西方式的自由，并且它的权力也在逐步增长。

奥巴马总统此次访华的力度明显不同于克林顿总统和布什总统。这次中国政府明确表示，他们不愿意探讨诸如人权和言论自由的问题。为什么？两国之间的关系开始发生转变：在两国关系中，美国感到乏力，而中国逐步强大。这并不是一个临时的转变，这并不意味着美国从庞大的债务中逃离出后，两国的关系将会再次发生转变。相反，这是两国关系在权力平衡中的深入和广泛的转变的开始，这种转变给中国逐步上升的自信感，尽管中国对此保持谨慎小心的态度。

我们不应该对中国的反应感到惊讶。之前美国领导人对中国的访问都是抚慰性的，大多是做表面文章。中国对自己的身份和价值有强烈的意识。他们也从来没有以恳求者的方式面对西方，而西方却坚持不懈地没有能够理解和抓住这些原因。

自尼克松、毛泽东时期中美关系和解以来，虽然，中美关系在近40多年的时间里，经历了各种各样的迭代，但是西方世界依然有一个高于一切的信念，认为中国最终将会变的像西方世界一样。例如，市场经济最终会导致民主化和言论自由。而这一傲慢的展望存在严重的错误，但是它依然流行，尽管自我怀疑的裂缝开始出现。

---

[*] 作者系英国伦敦经济学院亚洲研究中心研究员。

这一问题远远大于西方式的民主，自由的媒体和人权。中国不会像西方那样，而且永远不会。这有一个隐藏的含义，现代化的过程不可避免地会导致西方化，但是现代化不是由市场、竞争和技术形成的，而是由历史和文化造成的。而中国的历史和文化和其他西方国家的历史和文化有着显著的不同。

如果我们想了解中国，以下就是我们的出发点。

西方对中国的不理解损害了预测中国行为的能力。一次又一次，我们对中国的预期和信念都是错误的：中国共产党在 1989 年之后将会倒台，国家将会分裂，中国的经济增长速度不会维持，它的经济增长数字被夸大了，香港回归中国后，不会坚守"一个中国，两种制度"，中国将会逐步的西方化。我们对中国的误解有很长的历史。

我们无法准确预测中国未来的根本原因在于我们没有能够理解中国的过去。虽然中国在过去的几个世纪里一直把自己描述为民族国家，但它在本质上是一个文明国家。这个世界上时间最长的政体，起源于公元前 221 年，秦朝的建立。和西方的民族国家不同，中国的认同感来源于这个文明国家的悠久历史。

当然，这里有很多的文明形式——西方文明只是一个例子——而中国是唯一的一个文明国家。这是由异常长的历史和幅员辽阔的疆土和庞大的人口基数和多样性所确定的。这一影响是深远的，团结是第一要务，多样化是其存在的前提（这就是中国为何能在香港能够实行"一个国家，两种制度"的原因，这一原则和主权国家是不相容的）。

中国政府与社会的关系与西方世界相比是截然不同的。中国政府享有更大的自然权威、合法性和尊重，即使没有投票给政府。这是因为在中国政府被看做监护人、托管人和文明的象征。国家的职责就是保护团结。因此，国家的合法性植根于中国的历史。这根本不同于西方世界的社会和政府的关系。

如果我们想要了解中国，我们就必须超越西方的理论和现实，以及解释历史的概念本身。我们发现这非常地难，这是由于在过去 200 年里面，开始是欧洲的形成，而后是美国的形成，已经主导了世界，而不需要去理解其他的国家。如果需要理解其他国家的时候，经常用恐吓的方式让后者就范。

中国作为全球大国的崛起标志着时代的结束。这需要我们在处理像对中国这样的国家，需要建立在日益平等的基础上。而且，中国和西方一样，拥有自己的普遍性。中国在历史上一直认为自己是天堂之国、世界的中心，比其他的文明高一等。这种自我意识，产生了强大的自信，这种自信在过去40年里非常明显。随着中国的崛起，中国的成就和复原的速度都是非常明显的。换一种说法，当美国总统和中国国家主席在2019年在北京碰面时，中国的经济规模逼近美国的经济规模，我们可以确定中国的骄傲自大将远远超过今天。

但是，在这之前，我们需要尽力理解中国以及她是如何行动。如果我们不这么做，那么中美两国的关系将不会走出礼貌和礼仪上的形式，这对于两国关系来说，将是一个坏的先兆。

（来源：《洛杉矶时报》2009年11月22日）

关于中国模式若干问题的研究

托马斯·海贝勒[*]

    探究中国的政治和社会特征及其发展趋势不仅对于了解中国国内的发展，而且对于了解中国的国际行为具有重要的意义。由于中国的经济、政治和社会问题凸显，因此了解中国国内的发展和变化将是非常重要的。中国正处于从计划经济向市场经济的转型期，因此我认为所谓的"中国模式"并不存在。中国的这一转型期将伴随着急剧的社会变革和政治改革，这一过程是渐进的、增量的，在这样的条件下，我们谈论"中国模式"还为时过早。然而，中国的发展进程有着自己鲜明的特征，有其特殊性，甚至可以认为是独一无二的。我试图从七个方面探究中国的发展。

    一、中国共产党的一党领导体制在经历了"转型"、"巩固"两个阶段后，目前已经进入第三阶段，即"适应"阶段。这一阶段有五个特征：1. 意识形态作用减弱。意识形态逐渐为经济的、社会的和政治的实用主义所取代。这种减弱实际上并非政权衰退的一个迹象，而是政治稳定的一种征候，因为意识形态总是与冲突相关联。而中国的领导层清楚地认识到，冲突会破坏政治和社会的安定。2. 新兴社会力量的出现（例如企业家、中产阶级、利益团体、互联网聊天群体）要求党在社会内部重新定义党的角色。3. 新政治精英出现（一个新兴的、富有创新精神的、技术管理的阶层）。4. 批判性知识分子阶层再次出现。这个阶层不是反对中国的政治体制，而是试图改善这个体制的结构和治理能力。5. 地区与跨地区的社会集团和组织（例如

---

  * 作者系德国杜伊斯堡大学社会科学学院副院长、教授。

像同乡会那样的传统性组织，或是像企业家协会或职业协会那样的"现代化"协会）日益要求参与和影响政治体制。

二、中国并非是一种同质的（homogeneous）、铁板一块的权威主义政体，而是一种分散的或分权的权威主义体制（fragmented authoritarianism）。这种分权权威主义具有四个特征：第一，有不同的行动者（中央政府、省、地方政府、军队、新兴的社会阶层、新兴的社会组织、公众舆论等）对政治产出产生影响。这既适用于对内政策，也适用于对外政策的政治产出。因此，对外政策并不是由中央领导层单独决定，而是由不同的行动者共同决定的。第二，中国的政治体制（party-state）并非一个同质的（homogeneous），而是一个多样化的实体。因此，我们必须解构中国的"政府"的概念：没有社会，它就无法存在，它建立在政府和社会这两者相互作用的基础之上。此外，政府可以在垂直和水平的方向上再细分为不同的层次和组织。因此，必须将政府理解为各种组织同社会在不同层面上相互作用、并由内部的紧张与冲突塑造而成的一个整体。第三，在中国国内，我们发现很多不同的、相互间有分歧的"模式"（我将此称为"一国千制"）。所有这些不同的模式共同依存，并为政治领导层所接受。例如，在河南省的南街村，那里的老百姓又重新回归到新共产主义模式（neo-communist model），带有极强的毛泽东时代的色彩。南街村只允许存在单一的所有制——集体所有制。与南街村相隔不远的一个村子，则只存在个人所有制，那里的领导人主要是由企业主组成。这些不同的发展模式共存并为政治领导人所认可。第四，一个成长中的公共领域正在形成（例如，通过互联网络以及非政府组织或政府组织的非政府组织），并且舆论在日益影响着对内和对外政策。

三、中国是一个发展主义的国家（developmental state）。其特征是：第一，发展型国家具有一个使国家成功发展的政府。这样的政府是一个"有目的"的政府，它有发展的决心和意志。第二，中国有这样一个使国家成功发展的政府：它成功地发展着经济；它知道应该何时停止（比如，通过放弃计划经济和发展市场经济，或是通过丢弃它的"阶级特征"）。第三，中国的领导层很清楚，计划经济排斥了想为一个共同目标奋斗的那些人，而市场经济则将这些人包容在内。第四，中国道路的突出特点是，政治权力可以积极有效地为经济上的小康服务（通过以长期增长与结构变革为关键目标，通过对经济的政治管理；通过制度建设与制度革新）。第五，中国政府是拥有"国家能力"的强政府。我认为中国政府的这种国家能力由五个元素组成：其一，政治体制的合法性为其公民所接受；其二，社会控制与社会调节意义上的调节与控制能力；其三，强制性资源（财政手段与强制手段以及人力资源）；其四，协商能力，即与新兴社会团体、协会和组织合作进入协商阶段，并能在不同的排他性的利益冲突中找到平衡的能力；其五，学习能力，亦即从错误和失败中学习的能力。国家能力在这个意义上对于贯彻一种成功的发展规划以及对于成功地处理国内的问题和冲突是很重要的。

四、政治实用主义是中国发展模式和政治文化的显著特色。这种实用主义的特征如下：经济上，从计划经济到市场经济的转型，或者说政治的经济化。政治上，共产党已经从一个阶级的政党发展成为一个人民的政党。意识形态上，政府的目标不再是一个遥不可及的"共产主义"，而是一个不太遥远的"和谐社会"。政权的合法性不再基于意识形态之上，而是基于对现代化、增强国力、维护安定、建立社会主义民主等的承诺。许多事例都表明了这种政治实用主义，例如，经济改革从计划经济到市场经济的转变，在发展过程中允许私人成分的加入、允许外资的流入、认可社会的急剧变化等等。我们甚至可以从中国共产党党章的变化来解读中国的政治实用主义。

中国共产党的党章从1956年至2002年经历了一系列的变化：1956年党章规定"中国共产党以马克思列宁主义为自己的行动指南"，1982年改为"中国共产党以马克思列宁主义、毛泽东思想作为自己的行动指南"，1997年则变为"中国共产党以马克思列宁主义、毛泽东思想、邓小平理论作为自己的行动指南"，2002年又修改为"中国共产党以马克思列宁主义、毛泽东思想、邓小平理论和'三个代表'重要思想作为自己的行动指南"。20世纪50年代中国共产党的党章表明中国当时是照搬"苏联模式"，而从50年代末期中国开始了中国化的进程，这一点可以从"毛泽东思想"的提出和确立，进而在1982年写入宪法中得到体现。"邓小平理论"则表明了20世纪80年代末和90年代初中国政治和社会的经济化的特点，这一理论还表明了中国的经济发展以及党的宏观控制能力。邓小平的一句名言"不管黑猫白猫，抓住老鼠就是好猫"，则突出表现了中国发展的重点从政治领域转向经济领域。江泽民的"三个代表"重要思想则表明了中国社会发生了急剧的变化，中国共产党不仅代表工人和农民的利益，而且还成为全中国人民和中华民族利益的代表。另外的一个例子是中国国内的一篇文章，写道：马克思所描述的股份制是资本主义发展的"精髓"，现在已经被理解为"通往共产主义"的必不可少的现象。相应地，2005 年 3 月 12 日《人民日报》的头版写道："改革没有止境"，这表明中国在现代化的进程中不存在任何政治禁忌。还有一则事例可以表明中国老百姓对生活的实用的态度。中国传统的习俗是人死后被埋葬时烧"冥钱"，但在 1997—1998 年亚洲金融危机期间，这种"冥钱"变为"硬通货"——美元。商贩们对此解释说，那些死去的人到阴间后，传统的纸币已经不顶用了，美元更能派上用场。

五、中央领导层和中央政权拥有合法性与信任。在中国，人民区别对待中央政府与地方政府的合法性。中央政府获得了广泛的信任，地方政府则较少甚至没有获得群众的信任。中国和西方的研究发现，城市和农村人口中很大部分支持中央政权，这主要归功于成功的经济发展、实现港澳回归等国家目标以及维护政治安定的能力，这使得人民确信中央政府已经将中国从可能重蹈苏联覆辙的命运中解救出来。

六、中国的民族主义或爱国主义，与其说是一种富有侵略性的、外部化的意识形态，不如说越来越多地具有对内的职能。这种意识形态目前主要有两种功能：其一，它是一种整合的民族主义，旨在进一步达到国家建设和民族建设的目标；其二，它是一种现代化的民族主义，旨在为了一个共同的利益目标对人民进行动员。因此，台湾问题不是外部侵略的一个标志，因为中国把台湾问题视为其内部事务，更愿意把它视为其民族国家建设（nation-building）的一个问题。

七、中国的发展趋势和结论。从中国的政治发展过程看，中国正在日益从统治向治理转型。政权只有强大才能生存下来。这样一种力量无法由伟大的领袖们独自保障。它需要越来越多有能力的、负责的公民有意识地参与社会事务。参与不仅仅是提高政策及其执行的质量的一种方式，而且也是减少冲突的一种方式。冲突理论认为：在一个假定的社会里，参与的程度越高，这个社会的对内和对外政策中暴力使用的程度就越低。那么，我说的"公民"有什么含义呢？公民有三个标准：一是扩大了人民参与的规模，二是生活水平在提高，三是公民权。这种参与的扩大包括建立基层选举制度、将社会福利任务转到社区（扩大社区参与）、将动员起来的参与作为一种参与的学习过程、同时接受非参与者的选择（个人自治的一部分）。显然，中国目前只有有限的公民权。但是近年来，参与的规模得到了扩展（例如通过在乡村和城市社区确立草根阶层的选举，通过培养社会参与），特别是在城市地区，我们可以观察到大部分人的生活水平在提高。公民结构的最初形式在发展——被称为公民社会的一个前提条件。毛泽东的"群众"逐渐转变为公民，至少在城市是如此。目前党领导下的政府面临着人民对参与不感兴趣、加入参与行动的社会"志愿者"的数量依然很少等问题。因此，政府试图在城市创造新的"共同体"，并动员经济上或组织上有依赖的人，例如党员和社会弱势群体。政府的目的是要发动一个自上而下的"公民社会"，我称之为"权威性的社群主义"的模式。这一"自上而下"的社群主义模式的含义是，国家作为公民社会过程的发起者动员民众参与，建立不同的社会团体，这些社会团体包括相关的"志愿者"（如党员、低保户），而其中的社区应作为城市中的"基层单位"。如何组织自己的生活现在是每个人的私事，政府不会干预。这样，个体自治在日渐增多。

最近，由中国领导层提出的"和谐社会"这一概念与这种"权威型的社群主义"有着密切的联系。按照中国一位著名的社会学家所说，这个概念的含义是：提高中产阶级的数量、降低低收入人群的数量并进行反腐败。和谐社会的纲领也是对儒家模式的回归，以达到"大同"这一儒家社会理想。与以最大限度地追求利润、财富及消费为标志的新自由主义的市场社会不同，和谐社会的目的是建设一个社会公正的、安全的社会，一个社会与政治和睦的社会。中央通过提高地方政府的透明度和改革行政管理体制，日益从统治向治理转型。很明显，民主本非目的，而是让一党制更为有效、更为负责，并为其提供一个更为合法的基础。中国并非像西方很多人感觉的那样是一个纯粹的专制政权，并且近几十年没有发生变化。其实，中国正在迈向一个自治、法治和参与程度更高的开放社会。中国未来的发展主要取决于国内问题。中国内部的差异是巨大的，很难预言未来几十年里会朝哪个方向发展。但是，只要经济平稳发展，大多数人的生活水平和参与程度不断提高，那么，社会和政治的安定就可以得到保障，中国也将日益成为国际政治中一个值得信赖和负责任的伙伴。

（来源：《当代世界与社会主义》2005 年第 5 期）

五　政治

坚持和发挥中国特色社会主义
民主政治的优越性

李 林[*]

20 世纪上半叶，社会主义运动在一些国家的伟大胜利，使社会主义民主取得了波澜壮阔的巨大发展。但是，到了 80 年代末、90 年代初，苏联解体，东欧剧变，社会主义发展转入低潮，社会主义民主事业也遭受挫折。在这种形势下，某些西方国家借机把矛头转向我国，妄图用和平演变等方法颠覆中国的社会主义政权，使我国重蹈苏东国家的覆辙，成为西方资本主义大国的附庸。进入 21 世纪以来，某些西方敌对势力和国内的敌对分子，为了达到"西化"、"分化"社会主义中国的目的，它们在竭力诋毁社会主义制度的同时，大肆攻击我国的社会主义民主，宣扬西方资本主义的民主、自由和人权的价值观，企图以"多党制"否定共产党的领导，以"议会制"否定人民代表大会制度，以"三权分立"否定民主集中制。

与此同时，我们的少数干部和群众，被西方资产阶级的民主、自由和人权所迷惑，盲目崇拜西方民主，妄自菲薄地贬低有中国特色的社会主义民主。极少数别有用心的人则鼓吹、宣扬西方资产阶级民主，攻击我国的民主理论和制度，否定有中国特色社会主义民主建设的伟大成就。因此，论证有中国特色社会主义民主的优越性，揭露西方资产阶级民主的本质和虚伪性，对于坚持四项基本原则，反对和抵制西方资产阶级自由化思潮，提高亿万群众对有中国特色社会主义民主的认识，坚定信念，同心同德，共同把我国建设成为富强、民主、文明、法治的社会主义现代化国家，具有重要的理论与

---

[*] 作者系中国社会科学院法学研究所所长、研究员。

现实意义。

一 有中国特色社会主义民主的本质是人民当家作主，而西方资产阶级民主的本质则是资产阶级专政

民主一词的本意是多数人的统治。在国家的制度设计中，民主作为一种国家形态，是指人民主权或者人民当家作主。因此，评判一个国家民主制度好坏优劣的重要标准，主要从国家形态上看主权实质上是归属于人民还是归属于统治者，看民主的主体是多数人还是少数人，看人民在国体和政体中的实际地位及其权力（权利）状况。在我国，国家的一切权力来自人民且属于人民，人民是国家和民主的主体，人民当家作主是有中国特色社会主义民主的本质体现。

在旧中国，各族人民深受帝国主义、封建主义和官僚资本主义的压迫和奴役，根本没有民主和人权可言。新中国成立后，社会主义制度的建立，中国人民获得了政治解放和经济解放。在政治上，人民当家作主，依法享有和行使管理国家和社会事务、管理经济和文化事业的各项权力成为国家的主人；人民享有生存权和发展权、人身人格权、民主政治权利、经济、社会和文化等广泛的人权和基本自由，成为自己的主人。这种民主政治制度，从制度建构和法律关系上，保证了人民与国家的一体化，保证了国家权力和公民权利都由人民所享有，人民不仅是国家公共权力的主人，也是宪法所确认和保障的民主和政治权利的主体。在我国社会主义民主制度中，人民不是国家的奴仆，而是国家的主人；国家不是凌驾于社会和人民之上的异化力量，而是实现人民利益和意志的根本保障。在经济上，人民掌握了生产资料，根据按劳分配为主的分配原则享受劳动所得，成为经济生活和社会生活的主人。从我国社会主义初级阶段的实际出发，我们实行以公有制为主体多种所有制经济共同发展的基本经济制度，实行按劳分配为主体、多种分配方式并存的分配制度，这就为保证和实现人民当家作主的政治权力，奠定了坚实的经济基础。

社会主义制度使人民的政治解放与经济解放结合起来，人民权利与国家

权力结合起来，民主政治与人民主体结合起来，这就从根本上确立并保证了我国社会主义民主的多数人的统治，体现了社会主义民主的真谛。人民成为社会主义国家的主人和社会主义民主的主体，人民民主专政是有中国特色社会主义民主的本质。一方面，在人民内部实行民主，人民依法享有各项权利和自由，用民主和法治的方式解决人民内部的各种矛盾和问题；另一方面，对敌对阶级和敌对势力实行专政（在和平建设时期，必须依照法律进行），保障国家政权不被颠覆、民主政治权力始终掌握在人民手中。公开宣布对敌对阶级和敌对势力实行专政，是有中国特色社会主义民主的本质要求，也是有中国特色社会主义民主真实性的体现。正如毛泽东指出的那样，由人民对敌人实行专政，是从反革命的专政那儿学来的"一项对待反革命阶级的统治方法"。①

在西方资本主义民主制度中，国家与社会相分离，国家权力与人民权利（人权）相对立，国家凌驾于社会和人民之上，成为压制社会、侵犯人权的罪魁祸首，这是西方资本主义民主政治的内在矛盾，也是西方政治学者在理论上始终没有能够解决的难题。西方民主政治中的这些矛盾，是其经济基础的必然反映。在经济方面，资本的私有化，使劳动主体与生产资料相分离，资本的所有者与管理者相分离，资本的私人占有与生产的社会化相矛盾。在分配制度方面，按资本分配为主体的分配机制，残忍地扼杀了劳动人民对于实行真正按劳分配的诉求。这种资本与劳动力的分离，分配制度导致的两极分化，使西方资本主义民主不可避免地要成为富人的民主，资本的民主。

然而，西方学者和政治家总是把他们的资本项下的民主描绘成所谓的"纯粹民主"、"全民民主"，竭力掩盖其民主的阶级性和资产阶级专政本质。对此，列宁早就进行过揭露。他说：在无产阶级革命面前，"资产阶级不得不伪善地把实际上是资产阶级专政，是剥削者对劳动群众的专政的（资产阶级）民主共和国说成'全民政权'或者一般民主，纯粹民主"。② 在我国新民主主义革命时期，毛泽东针对美国民主的资产阶级专政本质，曾经指出：

---

① 《毛泽东选集》第4卷，人民出版社1991年版，第1478页。
② 《列宁选集》第3卷，人民出版社1995年版，第685页。

"美国也有'民主政治'，可惜只是资产阶级一个阶级的独裁统治的别名。"①新中国成立后的1953年，邓小平在关于中华人民共和国选举法草案的说明中，对西方资产阶级民主的虚伪性予以了详尽的揭露。他说：美国有50多种对于选举资格（例如对于财产状况、居住年限、教育程度、宗教信仰、社会威望，等等）的限制，美国的"选举税"和"人头税"经常剥夺了广大贫苦的劳动人民和广大黑人的选举权利。1942年，美国年满21岁的黑人仅有10%列入选民名册，而参加投票者仅有1%。美国如此，其他资本主义国家的民主在本质上也是一样，它们的候选人通常要缴纳大量税金，负担选举费用，这就使得穷苦的人们和富翁在候选人的提名的方面处在完全不平等的地位上。除此之外，资产阶级更利用金钱，采取贿赂、进行政治买卖及其他各种舞弊的办法，以达到其包办选举的目的。由此可见，西方的民主制度，只能是以保护资本的剥削制度和民族压迫制度为基础，它绝不允许人民有真正当家作主的权利。②在社会主义现代化建设的新形势下，邓小平又深刻地指出："资本主义社会讲的民主是资产阶级的民主，实际上是垄断资本的民主。"③这种民主的本质，是资产阶级的统治和专政。

毋庸讳言，第二次世界大战以来，西方发达资本主义国家的经济关系出现了某些变化，特别是一些西方国家推行福利国家政策，广大人民群众享有更多的经济、社会和文化权利；西方民主政治在实现形式方面，也有了一些发展，如一些西方国家相继取消选举权的财产、教育程度、居住期限、性别和种族等的限制，选举制度和人权保障有所改进，权力监督和制衡机制有所加强，公民参与政治的范围有所扩大，等等。但是，西方民主国家的社会财富的绝大部分，仍然集中在资产阶级的手里，贫富两极分化仍然在扩大，国家的统治权力仍然掌握在大资产阶级、金融寡头及其代理人手里，统治者作出的重大决定总是以维护其阶级利益为皈依。西方国家资产阶级民主的本质依然未改变。根据美国人口普查披露的资料，美国10%最富有人口的收入占

---

① 《毛泽东选集》第4卷，人民出版社1991年版，第1495页。
② 参见邓小平《关于〈中华人民共和国全国人民代表大会及地方各级人民代表大会选举法〉草案的说明》，刘政等主编《人民代表大会工作全书》，中国法制出版社1999年版，第109页。
③ 《邓小平文选》第3卷，人民出版社1993年版，第240页。

国民收入的份额达到了 48.5%；1% 最富有人口的收入占国民收入的份额达到了 21.8%；0.1% 最富有的 30 万人口的收入相当于 1.5 亿低收入人口的全部收入，其平均收入相当于另一半人口平均收入的 440 倍。① 20 世纪 90 年代以来，美国社会财富增长的 40% 流入了少数富人的腰包，多数穷人只得到了其中的 1%；1979 年 5% 的收入最高家庭的平均收入是 20% 收入最低家庭的 10 倍以上，到了 1999 年这个差距已经扩大到 19 倍，居西方民主国家首位；1992 年，美国最大公司的老板们的收入是其普通工人的工资的 100 倍左右，到了 2000 年他们挣的钱是普通工人的 475 倍。② 美国政治学教授托马斯·戴伊和哈蒙·齐格勒在《民主的嘲讽》一书中，把美国富人民主的状况描述为"精英民主"，即"治理美国的是精英，不是民众"。这些精英的阶级背景是："大多出自富裕、受过良好教育、声望卓著、名流、白人……等社会集团。他们出身于上层阶级，即那些在工业、商业、金融、教育、军事、交通、市政机构、法律等社会团体中占有或控制着比其人数多得多的分量的阶级。"③ 资产阶级精英统治下的西方民主，是少数人富人的民主。这种西方"民主"，根本背离了民主是多数人的统治的原则，简直就是对民主的绝妙嘲讽。

二 有中国特色社会主义民主的实现形式与民主本质是统一的，而资产阶级民主则以形式平等掩盖实际上的不平等

民主的实现形式与民主的本质相统一，是有中国特色社会主义民主的内在要求，也是其优越性的重要体现；由我国社会主义社会的性质所决定，它的民主是在消灭了阶级对立和阶级压迫、实行以社会主义公有制经济为主体的经济基础上建立和发展起来的新型民主，具有实现形式与本质

---

① 宋小川：《论当前美国社会的收入分配不平等和两极分化》，《马克思主义研究》2008 年第 6 期。

② 《2000 年美国的人权纪录》，《人民日报》2001 年 2 月 28 日。

③ 托马斯·戴伊、哈蒙·齐格勒：《民主的嘲讽》，世界知识出版社 1991 年版，第 1、4 页。

相一致的真实性的特征。表现为：一是从国情出发，建立了与社会主义初级阶段基本国情相适应的民主制度，保证了民主实现形式与民主本质的统一。没有民主，就没有社会主义。社会主义民主是由社会主义法治所确认和保障的。我国宪法作为国家的根本大法和最高规范，明确规定了有中国特色社会主义民主的一系列重要制度，包括人民代表大会制度，共产党领导的多党合作与政治协商制度，民族区域自治制度，"一国两制"的制度，人权保障制度，依法行政制度，司法独立公正制度，民主监督制度，基层民主制度等。这些制度，是有中国特色的社会主义民主制度化、法律化的集中体现，是人民当家作主的根本制度保障。二是权利与义务、权力与责任相一致，宪法和法律绝不允许存在只享有权利而不履行义务、只拥有权力而不承担责任的公民和国家机关工作人员，更不允许任何个人和组织拥有制度和法律之外的特权。所有公民在法律面前一律平等。三是国家为实现人民民主提供必要的物质支持和法律保障。四是有中国特色社会主义民主的内容和实现方式随着经济、社会和文化的发展而不断丰富和发展，随着社会主义法治的加强而不断健全。

选举是实现民主的重要形式。在我国，除依法被剥夺政治权利的人以外，凡年满18周岁的公民，不分民族、种族、性别、职业、家庭出身、宗教信仰、教育程度、财产状况和居住期限，都有选举权和被选举权。目前，我国有99.97%的18岁以上的公民享有选举权和被选举权。从参加选举的情况来看，全国的参选率一直都在90%以上。

西方资产阶级民主与中世纪封建专制统治相比，是人类社会的一大进步。但是，长期以来，西方民主仅仅在形式上、法律上赋予人民平等的权利，在有限的条件和范围内使劳动人民获得了民主和自由。西方这种民主政治的特征，一是以劳动人民不得危及资产阶级统治为限度，否则将毫不留情地予以坚决镇压；二是用"金钱民主"取代了封建专制制度下的等级特权，但仍然是以资本的统治为基础和条件的；三是形式上、法律上的民主及其权利，常常被资本所限制和剥夺，从而使民主蜕变为少数有钱人所享有的民主。对于缺金少银的广大劳动人民来说，西方民主只能是一种装饰或者摆设。

　　选举被西方政客标榜为最基本的权力，是纵向民主的起点和消灭非正义的最强有力的工具。但是，西方民主所谓的普遍、平等、直接、秘密的民主选举，常常被金钱、媒体、黑势力、财团等所影响和操纵，变成了"富人的游戏"和"钱袋的民主"。民主被控制在少数人的手中。在资本主义制度下，选举民主只不过是资本玩弄民意的过程而已，其结果不可避免地要使民主发生变异。例如在美国，没有金钱，就不可能敲开通往白宫的大门。美国总统大选，1860年林肯竞选总统花了10万美元，1952年艾森豪威尔竞选总统时，两党共花了1100万美元，1996年总统选举花费膨胀到9亿美元，2000年达到30亿美元，2004年为39亿美元，2008年总统大选花费的官方统计还没有公布，有媒体预测超过了43亿美元。在西方，金钱与选举的胜负有密切关系。据美联社2000年11月9日对美国金钱与选举取胜的关系进行的数据分析表明，1999年竞选获胜当选的81%的参议员和96%的众议员，他们所花的钱均超过了竞争对手。金钱可以操纵美国的民主选举，以致于有的美国专家指出："只要在联邦大选委员会那里查一下筹集资金的账户，就可以在大选之前知道大选的最终结果。"①

　　参选率是评价选举民主程度的重要指标。20世纪下半叶以来，西方国家民众对于各种选举的积极性普遍下降，用消极的不投票的方式抵制其选举制度。以美国总统大选为例，1960年的投票率为64%，1964年为63%，1968年为60%，1972年为56%，1976年为53%，1980年和1984年均为52%，1988年为50%，1996年和2000年均为49%，2004年为55%，2008年的投票率达到61.6%，是自1968年尼克松那届选举以来的最高投票率。美国总统大选投票率总体上比较低的原因主要是：（1）有相当数量的选民对总统选举失去兴趣，民主意识逐渐下降，对金钱民主失去了信心，例如，有25%的青年人不知道总统候选人的姓名及相互搭档关系。（2）一些社会群体对旷日持久、宣传多于务实、许诺多于落实的选举产生逆反心理，例如，处于社会最底层的产业工人、修鞋匠、清扫工、社区服务者等社会弱势群体，基本上不参加投票，而他们是最需要民主来帮助的。（3）在选举中存在着歧视现

---

　　① 《2000年美国的人权纪录》，《人民日报》2001年2月28日。

象，有不少黑人被取消了选举资格，少数民族如华裔、拉美裔等也不受重视。(4) 归根结底，美国的民主选举本身就是一些垄断财团的民主，是美国诸多利益集团争夺政治权利的舞台。在总统竞选中，美国已有上千由跨国公司、垄断财团、专业组织等组成的"政治行动委员会"，这些"政治行动委员会"除出钱资助自己支持的候选人外，还相互攻讦，暗中做手脚。对这些出过力、花过钱的幕后老板，美国总统在选举之后又必将"投之以桃，报之以李"。克林顿在连任选举中，曾得到美国多家军火商的资助，所以，他当选之后即在推动科索沃战争等方面，为军火商尽了一把力。

显而易见，由资本私有化的经济基础所决定，资产阶级民主在理论上标榜代表社会普遍利益，而在实践中却代表和维护资本的特殊利益；在政治领域宣扬人人平等，在经济领域却允许或者放任两极分化的发生；在法律的形式上规定人的普遍权利和自由，却用资本的特权将这种权利和自由变成虚幻的光环；在国家政权形式上实行权力分立，在实际上则将国家权力凌驾于社会之上；在世界范围内鼓噪"全球价值"、"普遍利益"，推行全球化、民主化，实际上却借机谋求一国私利和金融、军事以及政治霸权。

三 中国特色社会主义民主实行民主集中制原则，而资产阶级民主则实行三权分立

民主集中制作为我国国家机构的基本组织原则和活动方式，是民主与集中的有机结合，即在民主基础上的集中和在集中指导下的民主。有中国特色的社会主义民主政治建设坚持和实行民主集中制，有利于集中和体现人民的意志，有利于实现民主与效率的统一，保证国家权力与人民权利的结合，有利于强化民主监督，防止权力腐败。

按照民主集中制原则建立和运作的人民代表大会制度，是实现我国社会主义民主的根本政治制度，它以制度的形式体现人民的意志。我国宪法规定，国家的一切权力属于人民。人民通过普遍、平等的民主选举制度，直接或者间接选举产生各级人民代表大会，再由人大产生"一府两院"。各级人大对人民负责，受人民监督；人大分别是国家和地方的最高权力机关，"一

府两院"必须对人大负责、受人大监督。这样，就形成了人民通过各级人民代表大会行使国家权力、当家作主的政体形式。人大及其常委会行使立法权（无立法权的地方人大及其常委会行使的是重大事项决定权），以民主方式制定法律、法规，把人民意志汇集起来，转化为国家意志，并以普遍规范的形式表达出来。"一府两院"作为法律、法规的执行和实施机关，只要做到严格依法行政和独立公正司法，就可以将体现为法律法规的人民意志付诸实现。人民通过民主选举、民主参与、民主决策和民主监督等各种形式和途径，通过人民代表大会制度，保证了国家权力的主体始终是人民，行政权、审判权和检察权始终在人民代表大会制度及其立法权之下运行。民主集中制的这种制度设计，既保证了人民的当家作主，又实现了国家的管理效率。在我国，全国人民代表大会和地方各级人民代表大会作为人民行使国家权力的机关，由人民民主选举产生，对人民负责，受人民监督。目前，我国共有各级人民代表大会近5000个，人民代表330多万人。在各级人民代表大会中，各地区、各民族及各个阶层、各种团体都有自己一定比例的代表。2008年选出的十一届全国人大代表共2987名。各级人大代表在中央和地方较好地履行了自己的职责，保证了人民当家作主的实现。

如何协调民主与效率的关系，历来是民主政治体制建构中需要解决的重要问题。我国的民主政治建设坚持和实行民主集中制，既可以保证充分发扬社会主义民主，反映民意，维护人民当家作主的各项权力和权利；又可以集中各方意见，协调不同利益，作出正确决策，步调一致地实现人民意志，因此民主集中制是保证民主与效率相统一的有效方式。

三权分立是西方资产阶级启蒙思想家提出来的政体组织原则，是指国家的立法权、行政权和司法权分别由不同的机关行使，三种权力之间相互分工，彼此制约。三权分立原则首先在美国宪法中得到了体现，西方其他资本主义国家，也先后在本国的政治制度中实践了这种原则。三权分立从产生时起，理论学说就不尽相同，制度形态也相异其趣，如美国实行的是三权并列型的分权，英国实行的是议会至上型的分权，法国实行的则是行政优越型的分权。

在资产阶级革命时期，三权分立原则对于否定封建专制统治，建立资产阶级共和国，具有重要的进步意义。即使在今天，三权分立原则所蕴涵的以权力制约权力的某些原理和机制，仍然具有值得借鉴的合理性和现实意义。

但是，三权分立作为西方民主政治的组织活动原则，其本质是资产阶级内部的权力分工。正如马克思批判资产阶级三权分立时所指出的那样：他们把"分权看做神圣不可侵犯的原则，事实上这种分权只不过是为了简化和监督国家机构而实行的日常事务上的分工罢了"①，资产阶级是从来不会把统治权分给工人阶级和广大劳动人民的。在实践中，就连西方政治家也不否认三权分立的弊端。曾任国会参议员的富布莱特在指责美国三权分立体制的问题时指出："我们的政治体制今天运转起来非常不灵……在民主党控制国会而总统是共和党人时，宪法规定的行政和立法之间的内在抗衡就要大大加剧……国会常常不能就预算达成一致意见，也不能有效地削减财政赤字……这在很大程度上要归咎于我们政府权力分立体制所固有的行政和立法之间的抗衡。"② 概括起来说，三权分立存在的主要弊端是：其一，三权分立没有解决国家权力凌驾于社会之上的基本矛盾，难以形成人民和社会对国家权力监督制约的制度化机制；其二，在三权分立之下，人民不是国家的主人和民主的主体，公民权利与国家权力形成对立状态，公民权利经常遭到国家权力的侵犯同时也成为抵抗国家权力的力量；其三，以权力制约权力为特征的三权分立，互相掣肘，互相扯皮，降低甚至丧失了效率，使国家机器不能适应社会发展变化的需要；其四，三权分立在实践中正在发生嬗变，如行政权的扩张，立法权的式微，司法权的政治化等。

议会制被西方政客标榜为民主政治的中心。但是，在西方资本主义国家，无论是一院制的议会，还是两院制的议会，都被所谓社会精英所把持，工人阶级和劳动人民往往被排斥在议会之外。例如在美国，"精英中的精英是在议会，在众议院、参议院和其他立法分支机构里"。"参议员和众议员很少由群众产生，他们绝大多数来自受过良好教育、信誉卓著、较有影响的上层或中上层。"除了经济地位和家庭出身，教育、种族、性别等也是决定能

---

① 《马克思恩格斯全集》第 5 卷，人民出版社 1990 年版，第 224—225 页。
② 威廉·富布莱特：《帝国的代价》，世界知识出版社 1991 年版，第 42 页。

否当选议员的重要条件。"在美国，国会议员属于受到最好教育的人，他们的教育水平明显高于他们所代表的群众。他们的这种教育水平反映在职业背景和中上层血统上。"妇女占美国人口的一半，但在国会中只是极少数，1991 年众议院仅有 25 名女议员，参议院有 2 名女议员。[①] 据 1994 年 4 月统计，美国参议院至少四分之一以上的议员是百万富翁，众议院也有 11.5% 以上的议员是百万富翁。难怪《华盛顿邮报》1994 年 4 月 17 日的文章说，美国国会是"富人的国会，富人的统治，为富人谋福利"。[②] 由此不难看出，在西方国家，议会是富人的权力场和讲坛，平民百姓无缘跻身其间。

西方国家总是宣扬议会民主，但这种民主常常是以牺牲效率和高昂的经济成本为代价的，它使作为立法机关的议会变成了"清谈馆"。例如，美国参议院的议事规则对不同意某项法案的发言时间未作限制，参议员就常常利用会期结束前的一段时间"以冗长演说阻碍法案通过"，历史上曾经有过一位参议员持续演说 5 天、来回踱步 75 公里的辩论纪录。在美国参议院，"反面权力的玩耍者们的首要战略，就是利用阻挠议案的长篇演说或引起争论的修正案使法案陷入困境。实际上每一位参议员都会偶尔使用这种妙法来使他所讨厌的议案陷于停顿"。[③] 在其他西方国家的议会中，相互攻击，使用拖延战术，议而不决、决而不行等现象，也比比皆是。

此外，西方议会为政党所操纵和控制，把资产阶级及其政党的意图和利益用民主议事权力机构的招牌遮掩起来，以售其奸；西方议会为"院外集团"通过游说、贿赂等所影响、操纵或者控制，变为资本财团或者其他政治团体的工具等等，都成为连某些西方学者和政治家都不得不承认的严重问题。美国会参议员克拉克曾于 20 世纪 60 年代批评说："国会的麻烦在于，它对其所控制的领域行使着消极和不公正的权力，而美国人民从来就没有同意……麻烦的核心在于权力不是被多数人控制，而是被少数人所行使。"[④] 时

---

① 参见托马斯·戴伊、哈蒙·齐格勒《民主的嘲讽》，世界知识出版社 1991 年版，第 328—332 页。

② 《参考消息》1994 年 5 月 6 日。

③ 赫德里克·史密斯：《权力游戏》，中国人民大学出版社 1990 年版，第 96 页。

④ 约瑟夫·克拉克：《国会：枯萎的枝叶》，纽约哈珀和罗出版公司 1964 年英文版，第 22—23 页。

至今日，美国国会的这种情况仍有增无减，美国总统大选所暴露出的问题，就是冰山一角。

四 有中国特色社会主义民主实行共产党领导的多党合作与政治协商的政党制度，而资产阶级民主则实行资产阶级轮流坐庄的"两党制"或"多党制"

共产党领导的多党合作和政治协商作为我国的根本政治制度，是中国共产党人根据统一战线理论从实际出发所创立的新型政党制度，是对政党理论和政党制度的重大发展和创新。

共产党领导的多党合作与政治协商的政党制度，是在中国民主革命过程中逐步形成的，是历史发展的必然结果。辛亥革命后，人们曾经醉心于多党政治，一度出现政党或政党性的政治组织数百个，可谓形成了"多党制"的局面，但大多数很快就被分化瓦解。后来，这种"多党制"完全为国民党的一党专政所取代。抗日战争时期，国民党反动派颁布了《限制异党活动办法》和《共党问题处置办法》等法令，对共产党和其他抗日民主党派采取"消灭异己"的政策，实行国民党一党专政的法西斯统治。中国共产党曾经提出废除国民党的一党专政，建立各党平等合作的联合政府的主张，但被国民党顽固派悍然拒绝。处于国共两党之间的各民主党派，也对国民党"一党专政"和"消灭异己"的政策表示愤慨，纷纷要求国民党放弃一党专政，从速召开国会，制定宪法，实行民主宪政。但是，民主党派的要求多次遭到国民党拒绝，它们的公开活动也遭到禁止。在国共两种政治军事力量尖锐斗争中，各民主党派为了共同反对国民党的专制统治，就先后同中国共产党联合起来。正是在这种历史过程中，逐步形成了共产党领导的多党合作和政治协商的政党制度。

在我国的政党制度中，中国共产党与各民主党派按照"长期共存、相互监督、肝胆相照、荣辱与共"原则，建立了新型的党际关系。民主党派作为与共产党亲密合作的参政党，参加国家政权，参与国家大政方针和国家领导人选的协商，参与国家事务的管理和国家方针、政策、法律、法规的制定和监督。各级政治协商会议由各党派、人民团体和无党派人士等组成，其成员具有广泛的代表性。政协第 11 届全国委员会委员共 2237 人，其中，中国共产党 99 人，中国国民党革命委员会 65 人，中国民主同盟 65 人，中国民主建国会 65 人，中国民主促进会 45 人，中国农工民主党 45 人，中国致公党 30 人，台湾民主自治同盟 20 人，无党派人士 65 人，中国共产主义青年团 12 人，中华全国总工会 63 人，中华全国妇女联合会 67 人，中华全国青年联合会 29 人，中华全国工商业联合会 65 人，中国科学技术协会 44 人，中华全国台湾同胞联谊会 15 人，中华全国归国华侨联合会 30 人，文化艺术界 147 人，科学技术界 112 人。政协组织通过政治协商、民主监督和参政议政，在国家政治生活中发挥着重要作用。

实践是检验真理的唯一标准。评价一种政党制度的好坏优劣，只能是实践的标准。新民主主义革命时期，能够实现国家独立、民族解放、人民当家作主的政党制度，就是人民需要的政党制度。社会主义建设时期，能够实现现代化和中华民族伟大复兴，把我国建设成为富强、民主、文明的社会主义法治国家的政党制度，就是符合中国国情和人民利益的政党制度。

中国共产党成立后，依靠统一战线这个法宝，与各民主党派团结合作，结成联盟，在全国人民的支持下，推翻了帝国主义、封建主义、官僚资本主义三座大山，砸碎了国民党一党专制的政权，建立了人民民主专政国家，从政治上实现了人民当家作主，中国人民从此站起来了；新中国的社会主义现代化建设，使国家强盛，社会稳定，人民富裕，民主发展，法治加强。中国共产党领导人民 80 多年伟大实践创造的人间奇迹，这一无可辩驳的事实，充分证明了共产党领导的多党合作和政治协商政党制度的成功和必要，证明了这一政党制度的合理性和生命力。在社会主义中国，如果离开了我们的国情和具体实践，背离了各族人民的根本利益，破坏了国家的统一和民族的团结，则任何政党模式的制度设计都将失去存在的合理性和必要性。

在西方，政党制度是民主政治不可或缺的组成部分。这种政党制度，主要是两党制和多党制。两党制是指在某些西方国家内存在若干个政党，其中两个政党居于垄断地位，它们通过定期选举，长期有组织地轮流执政的政党制度。在台上的那个党被称为"执政党"、"在朝党"，在台下的那个党被称为"反对党"、"在野党"。实行两党制的国家有美国、加拿大、英国等。多党制是指在某些西方国家中，同时存在多个政党，通常由两个以上的政党执掌国家政权的政党制度。实行多党制的国家有法国、意大利、瑞士、日本等。

西方资产阶级政党制度的种类繁多，政党的名称各异，但也有共同特点：（1）代表着资产阶级的利益和要求；（2）由一些熟悉资本主义民主政治游戏规则，党务经验丰富的资产阶级政客为中坚而组成，这些人实际上控制和操纵着政党组织；（3）以组织选举和争夺权力作为主要政治活动；（4）组织体系比较松散，在选举活动之外很少有全党统一的政治活动。

西方资产阶级的两党制、多党制，是资产阶级革命及现实斗争的产物，其实质是资产阶级通过其政党对人民的统治。西方资产阶级政党制度的弊端在于：其一，不能真正代表和反映人民的意志。西方资产阶级政党的主要功能，是组织竞选，实现资产阶级不同利益集团对政权的控制。在竞选阶段，资产阶级政党常常迎合民众的要求和需要，作出各种许诺，但其目的是为了获取选票，一旦其代表人物当选后，就会背弃诺言，转向为支持其当选的大公司财团等效力。卢梭早在 18 世纪时就已说过："英国人民自以为是自由的；他们是大错特错了。他们只有在选举国会议员期间，才是自由的；议员一旦选出之后，他们就是奴隶，他们就等于零了。"① 这种现象至今依然未变。其二，经常受到资本的操纵，金钱就是西方政党政治的母乳。在选举阶段，"金钱主宰着选举的过程和结果"②；在掌握权力以后，推行政党分赃制。如美国，竞选中获胜上台的人以官职或其他特权回报竞选中的支持者。恩格斯早在 1891 年就指出："正是在美国……轮流执政的两大政党中的每一个政党，又是由这样一些人操纵的，这些人把政治变成一种生意，拿联邦国会和各州议会的议席来投机牟利，或是以替本党鼓动为生，在本党胜利后取

---

① 卢梭：《社会契约论》，商务印书馆 1987 年版，第 125 页。
② 参见《2000 年美国的人权纪录》，《人民日报》2001 年 2 月 28 日。

得职位作为报酬。"① 美国的政党制度如此，其他西方国家的政党制度也有异曲同工之妙。其三，易为反动势力所利用或者导致其他严重后果。当年德国的希特勒、意大利的墨索里尼，都是利用政党政治和民主选举的制度攫取了最高权力，给世界人民带来深重灾难；台湾民进党利用国民党开放党禁、实行多党制的所谓民主化，通过竞选把国民党赶下台，控制了台湾军政大权，要把台湾从祖国分裂出去；苏联按照戈尔巴乔夫的"新思维"，实行民主化改革，搞多党制，在其他一些复杂因素的共同作用下，最终导致了共产党的垮台和苏联的解体；一些第三世界国家按照西方民主模式推行所谓的民主化，实行多党制，结果给民族、国家或者地区造成了极大的混乱和灾难。殷鉴不远，当以为戒。

特别值得注意的是，最近几十年来，西方国家实行两党制或者多党制的立场正在发生变化，各资产阶级政党为了赢得竞选的成功而在政策上渐趋一致，政党分野的界限日益模糊，致使两党制或者多党制存在的必要性逐渐名存实亡。

表面上看，西方资产阶级的两党制或多党制，轮流执政，相互制约，似乎很民主。其实，不管哪个党执政，都是以阶级内部的权力转移来确保整个资产阶级统治的稳定。西方资产阶级政党的阶级本质绝对不会因为执政党与在野党的换位而改变。

结束语

我们讲中国的社会主义民主具有自己的特色，并不意味着它排斥人类政治智慧创造的其他文明成就，拒绝学习和借鉴包括西方民主文化精髓在内的一切人类优秀文化成果；我们讲有中国特色社会主义民主的优越性，并不意味着这种民主在它的实现形式、实现程度和发展速度等方面，已经完美无缺。中国特色的社会主义民主具有自己的生命力和创造性，它从社

---

① 《马克思恩格斯选集》第3卷，人民出版社1995年版，第12页。

会主义初级阶段的基本国情出发，既坚持特色又不断发展，既弘扬优越又兼收并蓄。

有中国特色的社会主义民主政治建设，是一项前无古人的开创性事业，没有现成的模式可以照搬。我们要在坚持四项基本原则的前提下，努力学习，大胆借鉴，锐意创新，积极改革，不断发展，更充分、全面和持久地实现有中国特色社会主义民主政治的优越性。

（来源：《政治学研究》2009 年第 2 期）

中国发展的政治模式

房　宁[*]

2008 年是中国实行改革开放政策 30 年，2009 年是中华人民共和国成立 60 周年。近 60 年来，特别是实行改革开放的 30 年来，中国从一个半殖民地半封建国家，从一个一穷二白的国家，一跃成为世界强国，中国发生了历史性的剧变，中华民族的伟大复兴正在到来。支撑中国崛起的是在不到 60 年间，主要是在 30 年里，中国成功地实现了工业化，初步实现了现代化。从人类历史看，中国的工业化与现代化，堪称历史上最为成功的工业化与现代化。中国在实行工业化、现代化的进程中，探索形成了符合本国国情、具有本国特色的一整套社会发展模式，其中包括经济模式、政治模式和文化模式等，共同构成一条"中国道路"，即中国实现工业化、现代化的社会发展模式。本文拟基于中国成功实现工业化、现代化的事实，分析探讨中国发展的政治模式。

一　历史上最为成功的工业化

2007 年，中国经济总量居世界第四位，中国经济成为世界经济增长的重要推动力量。从世界历史进程的视野中观察中国发展与进步，可以认为中国实现了人类历史上最为成功的工业化发展，这主要表现在三个方面。

---

[*]　作者系中国社会科学院政治学研究所所长、教授。

1. 中国创造了国民经济长期、快速、稳定增长的奇迹

1949 年中华人民共和国成立的时候，中国是世界上最贫困的国家之一，人口众多，经济落后。1949 年，中国人均国民收入只有 66 元，人均预期寿命 35 岁，这一年中国的钢产量只有 15.8 万吨，仅为印度的 1/8。从 1953—1978 年中国经济以平均 6.1% 的速度增长。1978 年，中国国内生产总值为 3645 亿元，在世界主要国家中位居第 10 位，人均国民收入 190 美元，居全世界最不发达的低收入国家行列。改革开放使中国经济腾飞，1979—2007 年，中国国内生产总值以年均 9.8% 的速度增长，大大高于同期世界经济年均增长 3.0% 的速度。这期间，中国的人均国民收入也实现同步快速增长，从 1978 年的人均 190 美元上升至 2007 年的人均 2360 美元。按照世界银行的划分标准，13 亿国民的人口大国已经由低收入国家跃升至世界中等偏下收入国家行列。中国发展速度超过了日本经济起飞阶段国内生产总值年均增长 9.2% 和韩国经济起飞阶段国内生产总值年均增长 8.5% 的速度，创造了世界工业化史上发展的奇迹。

2. 中国在快速工业化时期没有出现严重的社会对立与动荡

在人类历史上伴随着工业化、现代化发展，出现严重的社会分化、阶级对立，以致社会动荡屡见不鲜。西方英、法等老牌资本主义国家的工业化历史就是一部血泪的阶级压迫和阶级斗争的历史。现代发展中国家的工业化道路亦十分坎坷，不少国家经济发展的结果是严重的社会分化与对立，有的陷入了长期动荡，甚至发生内战，工业化和经济发展的成果毁于一旦。

中国工业化、现代化历程尽管遭受了不少磨难和曲折，但总体上是在不断地前进，特别是改革开放以来的 30 年成就显著。中国工业化成就不仅表现在经济增长的速度和持续性上，更为难得的是经济发展成果普遍地惠及了广大人民。

改革开放之初的 1978 年，中国农村尚有绝对贫困人口约有 2.5 亿人，约占当时全国人口的 25%。2007 年年末，农村绝对贫困人口减少为 1479 万人，不足全国人口的 2%。联合国和世界银行认为，近 25 年来，全人类取得

的扶贫事业成就中，三分之二的成就应归功于中国。

伴随着工业化发展，中国人民的生活水平大幅度提高。中国城镇居民人均可支配收入由 1978 年的 343 元提高到 2007 年的 13786 元，扣除价格因素，比 1978 年增长 6.5 倍。农村居民人均纯收入由 134 元提高到 4140 元，扣除价格因素，比 1978 年增长 6.3 倍。中国人均消费水平从 1978 年的 184 元增加到 2007 年的 7081 元，按可比价格计算，人均消费水平提高了 7.2 倍。从反映居民生活水平的恩格尔系数变化情况看，30 年来，中国城镇居民家庭的恩格尔系数由 57.5% 下降到 36.3%，农村居民家庭由 67.7% 下降到 43.1%。中国人居住条件大幅改善，2006 年年底，中国城镇居民人均住房建筑面积达到 27.1 平方米。中国人预期寿命 2005 年达到 73.0 岁。

此外，中国的教育、卫生、体育和文化事业都有了很大发展。其中教育发展成就显著，九年义务制教育得到了普及和巩固，接近了中等收入国家平均水平；高等教育迅速发展，2007 年高等教育毛入学率达到 23.0%，接近发达国家水平。

3. 中国实现了和平崛起、和平发展

在人类工业化、现代化历史上常常弥漫着战争硝烟。西方资本主义工业化的历史同时又是一部对外侵略扩张的历史，一部殖民掠夺的历史。以美国为例，作为当今世界唯一超级大国，美国崛起和称霸世界的道路上一直伴随着战争。从独立至今，美国平均每年都卷入海外军事行动，总共超过 250 次。历史上对印第安人掠夺战争和美墨战争、美西战争，为美国开疆拓土。两次世界大战确立了美国世界头号强国的地位，而当前正在进行的阿富汗、伊拉克战争，名为"反恐"，实则维持霸权。

当年的苏联也曾跻身于世界超级大国行列。苏联的崛起伴随着与美国等西方大国的激烈竞争与冲突，进行过若干场代理人战争并形成了为期近半个世纪的冷战。

中国的工业化是一部中国人民自力更生、艰苦奋斗的历史。中华人民共和国没有发动过对外侵略战争，没有海外军事占领，没有殖民掠夺，主要是依靠自身力量和资源实现的经济发展。1978 年以来，中国实行对外开放，通

过贸易与经济合作参与经济全球化，带动了中国经济快速增长。1978—2007年，中国进出口贸易总额在世界的位次由第 29 位跃居第 3 位。1979—2007年，中国实际使用外商直接投资 7602 亿美元，平均每年 262 亿美元，2002年以来利用外资一直居于世界前三位。中国通过和平的方式、贸易与合作的方式和世界进行交往，开启了世界经济"中国制造"时代，物美价廉的中国产品行销全球，为世界经济作出了巨大贡献。

二　政治体制改革保障人民权利，释放社会活力

人类历史上的工业化曾在不同的社会制度下实现，既有资本主义制度条件下实现的工业化，也有社会主义制度条件下实现的工业化，甚至还有在封建主义制度条件下实现工业化的先例。从各国工业化的历史看，尽管制度条件有所不同，而权利保障，即在法律制度上保证社会平等，解除对人身自由的体制束缚，给人民以追求经济利益的自由空间，是世界历史上实现工业化必备的、共同的制度条件。

美国是头号资本主义国家，实现工业化的历史在西方工业化进程中是一个典型范例。它在 18 世纪末通过独立战争，摆脱英国殖民统治，争得了民族独立。美国对外获得了"国权"，即独立民族的平等权利；对内通过制定宪法，宣布了形式上的人权与自由。19 世纪 60 年代，美国通过南北战争，解放了黑奴，在一定程度上实现全体国民的人身自由。美国的工业化和经济发展从此进入了一个快速发展的时期，美国经济从此崛起。

日本是近代历史上欧美等西方资本主义崛起后东方国家实现工业化的唯一成功范例。日本的工业化起始于 19 世纪 60 年代的明治维新。日本在封建主义的制度框架内，通过体制改革实现了国家的工业化。1868 年 3 月，日本年轻的明治天皇率领公卿诸侯祭祀天地神祇，宣读五条誓文："广兴会议，万机决于公论；上下一心，大展经纶；官武一途，以致于庶民，各遂其志，使人心不倦；破旧来之陋习，基于天地之公道；求知识于世界，以大振皇基。"明治维新使日本迅速崛起于东方，明治维新实行不到 30 年，日本击败了千年来仰视的老大帝国——中国，为其成为亚洲第一强国开辟了道路。日

本的崛起也彻底改变了近代中国的历史和命运，迫使中国人痛苦地思考为什么堂堂中华、泱泱大国竟被一个"蕞尔小国"所打败、所欺侮。中国人为明治维新及日本的崛起所震撼，也从中受到了教育和启发。明治维新纲领"五条誓文"清楚地显示，日本的工业化与国家富强起于政治改革，其改革的核心就是给予人民权利与自由，释放社会活力，即做到"各遂其志，使人心不倦"。这句话是明治维新纲领中的纲领。后来，一个美国人用一句话进一步概括了日本崛起的奥秘，他说：明治维新把日本从一个以世袭为主决定地位的社会，变成了一个以受教育程度和个人成就为主决定地位的社会。正是这一点变化，给了日本社会以强大的发展动力。

中国是在社会主义制度条件下实现国家工业化的。社会主义是人类历史上第一个以追求经济平等作为政治平等、社会平等基础的社会制度，是一个以追求事实平等为最终目标的社会制度。中华人民共和国成立后不久就开启了中国工业化的新进程，并且取得了重要的历史成就。如前所述，1953—1978 年中国经济以年平均 6.1% 的速度增长，为同期世界经济发展所罕见。但是，新中国工业化进程充满了艰辛，且不论外部险恶的国际环境，中国内部对于如何建设社会主义，如何实现社会主义工业化、现代化，经历了一个十分曲折的过程。20 世纪 50 年代后期，中国逐步用"以阶级斗争为纲"取代了实现国家工业化、现代化的纲领，最终因"文化大革命"使社会陷于混乱，使工业化的脚步渐趋停滞。

1978 年中国共产党十一届三中全会，开启了中国改革开放的伟大进程，重新启动了中国的工业化、现代化。与外界以致中国学术界形成了相当普遍的印象不同，中国的改革开放并不是仅仅从经济体制改革开始的，更不是仅仅实行了经济体制改革而没有实行政治体制改革。与此相反，中国改革开放恰恰是从政治体制改革开始的，是政治体制改革开启了中国工业化和国家崛起的大门。

中国在"文化大革命"期间形成了高度集中的党的"一元化"领导体制，经济、政治、社会、文化等各个方面的权力，高度集中于党组织，集中于上层权力中心。以政治方面为例，作为国家根本政治制度的人民代表大会制度受到了很大削弱，作为中国政治制度一大特色和优势的政治协商制度被搁置，国家行政管理以及司法领域存在全面的"以党代政"和党管司法的现象。要改变这种局面，必然要首先从改变"文化大革命"中形成的以党代政、高度集权的"一元化"领导体制入手。十一届三中全会以后，中国在政治领域进行了四个方面的重大改革，为整体改革铺平了道路。

（1）进行干部人事制度改革，实行领导干部的"革命化、年轻化、知识化和专业化"，废除事实上存在的领导干部终身制。实行干部"四化"使大批拥护改革开放、年富力强的干部走上了领导岗位，为改革开放的政治路线提供了组织保障。这是中国政治体制改革以致整体改革的最重要的起始点。

（2）废止政社合一体制，恢复乡镇设置。改革开放之前，我国农村实行人民公社体制。人民公社体制适应于20世纪五六十年代实行计划经济体制下的工业化战略，具有和发挥了一定的历史作用。但随着时间推移人民公社体制日益暴露出其缺陷，政社合一将基层政权和农民集体经济组织融为一体，亦政亦经，严重束缚了农民的生产积极性、主动性，最终影响和阻碍了农村经济发展。到70年代末，人民公社体制在全国许多地区已经难以为继。废止人民公社体制，恢复乡镇设置，将政府的行政职能与农民及农村集体的经济活动分开，调动农民群众的生产积极性，为实行家庭联产承包责任制创造了制度前提和条件。

（3）实行简政放权，实行党政分开、政企分开，为经济体制改革开辟了体制空间。高度集中统一的"一元化"领导和计划经济体制，使经济社会发展的动力单一化，使来自基层和广大人民群众的生产积极性、主动性、创造性受到严重束缚，致使体制僵化，经济社会发展片面化，逐渐失去活力。改革开放之初，由于实行简政放权，使地方和基层的活力得到释放，地方与基层面貌为之一新。地方政府间竞争为中国经济社会发展提供了重要动力源，这一点是现在得到广泛共识的有关中国经济社会发展原因的认识。而政府间竞争和基层活力的形成，正是来自改革之初的简政放权。实行党政分开、政企分开在微观经济层面调动了企业积极性，为以市场为导向的经济体制改革奠定了制度基础。

（4）实行宪法改革，废止"四大自由"，恢复社会主义法制。"文化大革命"最大的问题在于践踏了法制，使社会失去了基本的规则与秩序。由于法制遭到破坏，导致了毛泽东所说的"全面内战"，使"文化大革命"在理论上的许多正当性完全丧失，使发动者的初衷彻底走向了反面。"文化大革命"中破坏法制的症结在于实行所谓的"大民主"，而"大民主"的主要做法就是实行"大鸣、大放、大字报、大辩论"等所谓"四大自由"。这"四大自由"使人们拥有了破坏法制的充分自由。以邓小平为代表的中国新一代的领导人，从切身的体验中深刻感受到恢复法制之必要。在改革之初，他们高度重视恢复和重建社会主义法制，并将在法制框架内实行改革，设计为中国政治体制改革和经济体制改革必须遵循的制度规范。

正是由于在20世纪70年代末80年代初在我国政治领域进行了重大的、关系全局的政治体制改革，才开启了中国全面改革开放和加速工业化、现代化建设的新进程。当年的政治体制改革以及后来贯穿改革开放全过程的政治体制改革的核心内容之一，是保障中国最广大人民群众的基本权利，给予每一个中国人以追求美好幸福生活的自由。正是由于对人民权利与自由的保障，蕴藏于勤劳智慧的中国人民中间的无穷的创造活力，才得以充分的释放，进而创造出人间奇迹。中国改革开放以来最深刻而普遍的社会变化莫过于，把中国从"文化大革命"时期，以家庭出身和政治态度为主决定地位的社会，变成了一个以受教育程度和个人成就为主决定地位的社会。政治制度保障人民权利，造成了社会价值、社会导向及社会竞比系统的改变，这是改革开放以来焕发中国社会动力与活力的根本原因，也是当代中国政治模式的一个基本要点。

三　中国特色政治制度集中民力，保证跨越式发展

通过权利保障焕发社会活力，是中国工业化迅速发展的一个基础性因素，也是中国政治模式的要点之一。但中国的发展、中国工业化的成功，绝不仅仅基于这一方面的原因。中国发展与崛起还有另一方面的，也许是更为关键的因素。这就是中国特色社会主义民主政治制度与体制具有的集中资源的功能，正是邓小平所说的：集中力量办大事。

历史经验表明，一个国家能够采取什么样的政治体制，或者说，在现代

条件下能够施行什么样的民主政治，主要取决于这个国家的历史文化传统、现实国情和国际环境等三大因素，在这当中最为重要的是这个国家所处的发展阶段以及面临的主要任务，这是最重要的国情。保障人民权利与自由，为工业化、现代化提供动力与活力，是世界各国工业化、现代化的普遍经验。在这一点上，中国经历尽管与其他国家有区别，有自身的特点，但同时也是符合世界工业化、现代化的普遍经验的。在普遍经验之外，中国工业化、现代化道路与模式更具有自身特殊性。

近代以来，中国社会的历史条件和国际环境设定了中国工业化、现代化发展面临着双重任务：一方面它需要实行广泛而有效的社会动员，把人民的积极性释放出来、调动起来，增强社会的活力。如前所述，中国的政治制度，特别是改革开放以来通过政治体制改革，使人民的权利与自由得到了保障，为中国工业化、现代化提供了制度动员机制。但是，由于特殊的历史环境和国情，尤其是中国发展的阶段性任务和条件，仅仅具有权利保障功能是远远不够的。另一方面，中国若要成功实现工业化、现代化，其政治制度与体制还必须在能够保障人民权利与自由，实行有效社会动员的同时，将有限的民力、民智集中起来，在短时间内，改变落后面貌，追赶世界，即实现跨越性的发展。这样的历史环境和任务决定了，保护人民权利和集中人民力量，是中国政治制度必须具备的双重功能。中国的政治制度不能同时满足这两方面的要求，就很难适应国家工业化、现代化发展的要求。

美国知名的政治学家塞缪尔·亨廷顿提出过一个"制度化水平"的概念，这是一个十分有意义的发展政治学的概念。其基本含义是：衡量一种政治制度制度化水平的高低，关键要看这个制度对于社会的适应性，越适应于社会实际、适应于社会发展的要求，制度化水平就越高。从这个意义上讲，中国的政治制度化水平，实际上要高于西方发达国家的制度化水平。当代西方发达国家政治制度的核心内容是限制公权力和保护私权利，其制度化特征是比较单一的。这是因为，在已经实现了工业化与现代化的、富裕而相对稳定的西方社会，政治制度只要维护现有秩序，经济与社会就会得到"自行"发展。而发展中国家，尤其是像中国这样的发展中大国，政治制度仅仅在于秩序维护是远远不够的。中国制度目标是双重的，一方面要通过权利保障，调动社会的积极性与活力，为工业化、现代化提供动力；另一方面，还要靠制度创新、体制改革，来调整社会结构与社会关系，最大限度集中资源用于跨越式发展。能够同时实现这样的双重制度目标，则说明中国具有较高的制度化水平。

中国成功实现工业化、现代化的事实证明，以共产党领导、人民当家做主和依法治国有机统一为基本内容的当代中国政治制度，是一种符合现代中国社会发展要求的、行之有效的政治制度模式，它提供了保护权利和集中力量的双重功能。这一模式具有的双重功能是中国工业化、现代化成功的真正奥秘所在。

在民主政体之下如何正确地归纳概括人民的意志，如何有效地形成代表人民根本利益的政策，也就是如何处理民主与集中的关系问题，一直是困扰民主政治实践的一大问题。古希腊先哲柏拉图就已经认识到：民主政治往往使人们躲避那些令人不悦的事实和抉择，政策建立在可"销售"的基础上，民主政治就会随波逐流，甚至会使智慧边缘化。特别是处于工业化、现代化进程中的社会，一般都处于社会矛盾的多发期、易发期。西方国家普遍实行的以普选制、议会制和多党制为主要特征的现代资本主义政治体制，其主要缺陷是易分不宜合。在这种竞争性的政治制度下，各个政党以夺取政权为根本目标和基本价值，各种利益集团力争通过控制政治权力，扩大自身利益。在政治过程中，各个政党、利益集团相互排斥、相互攻讦，结果不是缩小与弥合社会分歧反而扩大了矛盾，不利于整合社会利益和实现社会和谐。在当代富裕、稳定的西方国家当中，这些弊端还是能够控制在一定范围和程度上的，而对于那些处于工业化、现代化进程中社会矛盾多发期的发展中国家，西方政治制度的缺陷则表现得尤为突出，这正是造成当今世界上许多发展中国家长期动荡不安的重要原因之一。

现阶段中国的政治制度保证了中国的快速工业化、现代化，维护了处于快速工业化、现代化进程中的中国社会的基本稳定与和谐，其主要功能特点与制度优势表现在以下三个方面。

（1）有利于形成代表中国人民的整体利益、长远利益和根本利益的方针政策。在中国的政治制度下，执政的中国共产党不是任何一个利益集团的代表，而是全中国各民族人民共同的政治代表，其执政理念是代表中国先进生产力发展的要求、代表中国先进文化前进的方向、代表中国最广大人民的根本利益。因此，中国共产党能够根据中国社会发展的客观条件和要求，正确地把握全中国人民的根本利益，制定出符合科学发展规律的方针、政策，努力做到全社会、全民族利益的最大化。

（2）有利于统筹兼顾协调各方利益。各国经验表明，处于现代化进程中的"转型期"，西方民主体制的强化社会利益分歧倾向尤为突出。而中国的人民代表大会制度、共产党领导的多党合作和政治协商制度、民族区域自治制度和基层群众自治制度与西方民主政治不同。中国的政治制度，在运行中既能够反映人民群众中不同群体的意见和呼声，同时又能够从全局出发将人民群众中各种意见集中综合起来，使国家的法律与政策能够兼顾各方利益，妥善化解人民内部矛盾，使人民内部的局部利益、个别利益与整体利益、根本利益最大限度地协调起来。

（3）有利于政治的稳定、社会的安定。稳定是一个国家经济社会发展的首要条件。在中国政治制度下，国家政权具有高度的稳定性，国家政策具有明显的连续性。中国政治制度的一个最明显的优点是可以保持国家长期稳定发展。中国作为一个后起的发展中国家，要在经济、文化上追赶发达国家，就必须制定科学周详的发展战略，并经过长期坚持不懈地努力，最终才有可能实现跨越式的发展。中国的现行政治制度，保证了中国自 1949 年以来能够克服重重困难，始终不渝地向着工业化、现代化的目标艰难前行；保证了中国能够尽可能集中一切资源、力量和智慧，用于建设和发展，尽可能地减少纷争与内耗；保证了中国的经济社会发展战略具有前瞻性；保证了经济社会发展的政策得以长期坚持和实施。

正是由于上述功能特点与制度优势，使中国的政治制度为中国成功的工业化、现代化提供了有效而可靠的制度保障。概括起来说，中国的政治制度模式具有双重功效，一方面，它为人民提供权利保障，焕发社会活力，使中国工业化、现代化获得源源不断的推动力；另一方面，它能够集中民力、民智，集中资源、合理规划、统筹兼顾，实现国家稳定而有效的发展。在这一方面，最为重要的机制在于：在这一制度下，能够形成一个代表社会整体利益的政治核心。政治核心受全民族委托，统筹兼顾各方利益，代表全体人民行使权力，极大地降低了社会内部不同利益集团之间的利益交换成本，最大限度地减少社会矛盾带来的内耗，使国家整体利益超越各种利益群体的个别利益，实现全民族、全体人民的利益最大化。保障权利与集中力量的双重功能构成了当代中国政治模式基本特征，这是中国实现人类历史上最成功工业化、现代化的根本的制度原因。

（来源：《中国马克思主义研究前沿》2008 年卷，中国社会科学出版社 2009 年版）

民本政治：中国的政治模式

潘　维[*]

一　归纳政治模式的意义和方法

（一）为什么要归纳中国政治模式？

中国政治模式是中国模式的中间层，关键层，其基础是中国社会模式——中国模式的核心层。为什么中国会产生官民分工协作的"国民经济"模式？笔者的答案是：政治模式催生经济模式。

与西方和东北亚的大型垄断企业形成鲜明对比，中国工业经济脱胎于自由独立的家庭小农经济，中小型家庭企业成为中国工业经济的主体。中国传统的家庭小农社会天然不利于工业化，由村民自己组织起来改善村庄的道路甚至厕所都会十分艰难。解释中国工业经济的落后非常容易，解释其成功就不能不溯及官民分工合作。"洋务运动"是中国现代工业的起点，就是官民合作的产物。

政府质量低，不受人民信任，官民合作就难有效果。对于绝大多数欠发达国家，因为政府质量问题，官民冲突不已，工业化踟蹰不前。拉美拥有天然良好的工业化条件，但其工业化进程却在挫折中徘徊迄今，已近二百年了。

---

[*] 作者系北京大学国际关系学院教授、北京大学中国与世界研究中心主任。

工业化是件非常艰难的事。工业的成功意味着竞争效率，效率意味着生产规模和市场规模。地球上没有哪个单一国家拥有足够大的市场来容纳任何一种发达的工业生产，哪怕是生产牙签。这就要求政府不以意识形态划线，与全世界各国政府和人民相互尊重，互利互惠。有效率的工业还要求昂贵的交通、通信、运输等基础设施；要求受过良好教育，懂得遵守生产纪律，做事认真的劳动者；更要求稳定的政治和社会环境，以及支持工业发展的连贯政策。

这些，因为有个出色的政治模式，中国都做到了。然而，中国政治模式却被很多国内学人称为"专制"（或"威权主义体制"）。

中世纪欧洲曾经盛行"蒙昧主义"，把世界分成"基督徒与异教徒"两类。冷战后的世界盛行"新蒙昧主义"，把世界政体分成"民主与专制"两类。对新蒙昧主义而言，中国政治模式是"启蒙"。

中华社会在以往的百年中经历了从家庭自耕农社会到半殖民地社会，又到现代社会的巨大变迁。政治体制伴随社会结构和社会意识的变迁而演化，还未完全稳定、成熟。但就发展趋势看，一个继承了中国政治文明传统和消化了外来政治文明成就的独特政治模式已初具规模。

发现中国政治模式，旨在理解中国经济模式，理解整体的中国模式，还旨在抵制民主与专制两分的新蒙昧主义，延续适合我国社会结构和社会意识的独特政治文明。

（二）怎样归纳政治模式？

政治学的三个基础概念能帮助我们推导政治模式的一般分析框架。什么是"权力"？权力是支配他人的能力；这种能力由四个要素构成：暴力、财富、人格、思想。什么是"政府权力"？政府是垄断暴力和税收，行使社会管理权力的机构。政府权力是政府管理权所及之处发生的支配关系，即政治。什么是"政治体制"？政体是政府权力产生、构成、行使、纠错的成文制度和不成文习惯。政府拥有众多机构，但在任何国家，政府都拥有核心的决策权力机构，比如美国的立法、行政、司法机构，中国的党—政"双行政"机构。

对所有形式的政府，政府权力首先来自对暴力和税收的垄断。首先，垄断了暴力，就能遏制弱肉强食的丛林法则，制止"无政府"状态发生。其次，"无财就无政"，垄断税收才有财力维持政府管理。但仅拥有暴力和财富，政府对社会的管理权依旧脆弱，依旧有社会不服从的问题。

政府是由人组成的，制度是人建立的，也是由人来执行的；死制度无法替代活人的作用。无论制度如何，组成政府的人都是起决定性的，活人有能力绕过死制度。组成政府的人在人格上既"贤"又"能"，人民就愿意服从政府管理。反之，组成政府的人无德无能，政府就缺少公信力，人民就会抵制政府管理。

古今中外的政府都强调领导人的人格，并努力在制度安排上有利于"选贤任能"。因此，官员的选拔方式，即政府权力产生的方式，乃是政治体制的核心部分。不同的社会结构和不同的社会意识可导致对"贤能"的不同判断标准，从而导致不同的官员选拔机制。当然，"人"不是"神"，无论多么出色的人，也会犯错误。因此，所有成熟的政府制度还都包含防范和纠正错误的制衡机制。这种制度因时因地而不同，比如西式的"分权制衡"和中式的"分工制衡"。

比暴力、财富、人格更重要的是思想。政治观念，即政府与人民间权力关系的观念，是"为政之道"，能"塑造"或"建构"社会共同利益，因此是政府权力正当性的来源，是政治体制的生命线。政治观念来源于社会意识，特别是社会伦理准则。政体从社会结构中生长出来，却从政治观念（和贤能的领导人）那里获得持续的生命力。民本主义思想，共产主义思想，自由民主思想，分别是传统中国、苏维埃社会主义联邦和当代西方各国政府体制生命力的源泉。若社会主流政治观支持现存的政治体制，认可政府与人民间权力关系的制度，这种政体在公众中就拥有正当性，官民就有共同利益观，支持制度的延续。

在当代，政治观念很容易被流行媒体建构和解构。出色的政府权力行使结果往往不敌强势的政治观念，导致政体改变。改变政体后哪怕明显出现了更恶劣的结果，比如苏联的崩溃、非洲的沦落、台湾的堕落，也依然难以撼动流行的政治观念。物质生产领域的竞争代替不了政治观念的竞争，"武器的批判不能替代批判的武器"。

权力导致腐化。在政府兴衰中，我们可以看到"权力四要素"关系的如下三段论规律。第一，获得暴力和税收的垄断权是获得政权的主要标志。第二，有了出色的人格和思想，没有政权也能获得政权。第三，获得政权之后，对暴力和税收的垄断会腐蚀人格和思想，使之退化，以致早晚会失去政权。换言之，兴衰交替是必然，但保持官员人格优势和执政思想出色，乃是政府肌体健康长寿之根本。

作为管理社会的机构，政府靠垄断暴力和税收而存在，但其生命力来自组成政府的人属于"贤能"之辈，更来自政府与人民关系的政治观念。因此，政治模式一般包含四类基本要素：关于政府与人民关系的政治理念；依照上述理念选拔和更换官员的方式；依照上述理念行使政府权力的主要机构；依照上述理念修正行政错误的方式。

上述知识方便我们归纳当代中国的政治模式。政治模式的基础是社会模式，也是社会模式的保障。笔者将在下一章专门讨论作为政治模式源头的社会模式。

二 中国政治模式

中国官民分工合作的经济成功显然不可能脱离政治解释。在笔者看来，"民本政治"是国民经济的基础，是中国模式的中间层。民本政治垮了，国民经济就会崩溃。中国独特的政治模式为中国六十年的成功提供了首脑，即政治保障。中国的民本政治由四个支柱构成：（1）现代民本主义的民主理念；（2）强调功过考评的官员遴选机制；（3）先进、无私、团结的执政集团；（4）独特的政府分工制衡纠错机制。笔者称这个体系为"民本政治"模式。兹分述之。

（一）现代民本主义的民主理念

理念当然不是现实，不能混同于现实，所以称为"主义"。民本主义是意识形态，西方民主主义也是。无论在西方还是在中国，世人皆知现实与理念是两回事。但理念能左右现实，塑造现实。说中国传统政治理念不重要的人却从来都认为宣扬西方民主主义是重要的。意识形态是政治的指南和政治体制的生命，所以现实中才有拼死的理念之争。

现代民本主义的民主理念传承了有三千余年传统的中国民本主义。民本主义的含义简单明了：政府存在的唯一理由在于承担照看全体国民福祉的"责任"，否则"造反有理"，政府理应被推翻。民本主义思想在中国古代就已成熟。在儒家正统观念里，官员应"先天下之忧而忧，后天下之乐而乐"。得民心者得天下，失民心者失天下，是中国的民本史观。民本主义的官民"责任"理念成就了中国有朝代更替，无政体更替，寿命长达两千年的独特政制。

近代以来，随着西方观念引入，市场力量勃兴，中国民本主义增加了关于人民权力的思想。抛弃"皇家"，由人民代表组成政府，称为"民主"。在民国，民本主义称为"民生主义"。自民国而人民共和国，民本主义称"为人民服务"。当代民本主义要求政府"权为民所用，情为民所系，利为民所谋"。这种民本的权力观、情感观和利益观底蕴极为深厚。

西方近代以来的官民关系理念以"权利"为核心；但中国官民关系理念以"责任"为核心。责任观念是中国官场纲维，官民关系之本，也是官权正当性之本，更是中国万世一系的主流意识形态，溶化到中华文化的血脉之中了。因此，中国政治有强烈的道德政治色彩——中国政府是道德的化身，兼具西方教会的教化作用。丧失了道德责任感，政府就丧失公信力，无以"建构"人民的共同利益。

民本的民主主义要求人民代表"超党派"，公正廉明地承担起照顾"百姓"福祉的"责任"。"西方民主主义"则承认强势社会集团的"权利"。利益集团政治代表的"党争"在西方有"合法性"，但对中国"百姓"来说，集团争权夺利的"党争政治"并没有正当性。

（二）强调功过考评的官员遴选机制

"选贤任能"是所有政府体制的核心问题。强调功过考评的人民代表遴选机制延续了中国传统的"绩优选拔"制，即所有官员以考绩入门，依服务人民福利的综合政绩考核升调奖惩。今日我国政府主要由考选出的文官组成，全部党政系统官员都被纳入公务员体系，包括八个"参政党"及参政的"无党派"官员。我国党政体系里的官员都需要经过"绩优选拔"的道道门槛。这是中国特色，与竞争型政党政治形成了鲜明的对比。

文官制起源于我国，直接传承自上古的"功勋制"。这种"中央六部，吏部为首"的制度可追溯至三千年前西周文王第四子周公（姬旦）制定的《周礼》。中国孩童们代代诵读《三字经》："我周公，作《周礼》。著六官，存治体。"隋唐兴科举，代表中国文官制的成熟，迄今有一千六百余年了。文官制的精髓是考绩，即官员由考试入门，依服务人民福祉的政绩升调奖惩。不同于西式的选举民主（democracy）或个人专制（autocracy），中国文官制是"大众型"的绩优选拔制（meritocracy）。

在西方，社会认同强权政治。利益集团组成党派，党派代表靠相对多数票支持获得政治权力，以政治权力维护本集团利益。在中国，社会认同民本主义的中立政治。欲组织"公正廉明"维护"百姓"利益的政府，制度答案只可能是文官制，即由中立的行政机构主导政府。

就功能而言，"绩优选拔"是能"得民心"的政府产生机制，促使官员既敏感于民意，又承担平衡眼前与长远利益，局部与整体利益，发展与秩序利益的责任。绩优制不仅是个古老体制，就选官评估标准而言，较之擅长"得民意"的竞争型选举制有更广阔的与时俱进的弹性空间。

"为官一任，造福一方"是我国官员成就感的来源，也是"百姓"的殷殷期盼。尽管主要官员的任命须通过人民代表大会的认可，但那是业绩考评手段的一部分，不是竞争型议会政党政治的一部分。在东北亚社会中，我们能清晰地看到这个中华传统的延续。无论在中国台湾、香港，还是在新加坡、韩国、日本，文官制都是政体的脊梁。出色的议员也多为有丰富行政经验的官员转轨当选。

"绩优选拔制"与"集团代表竞争制"都有内在的缺陷。竞选机制难在治理非法的集团利益输送。考评机制难在拒绝结党营私的裙带关系，难在与时俱进地调整评估系统，保持绩效评估的精确。绩优制有赖统一政治集团的支撑。政治方向不稳定，对人民福祉的认识就不稳定，绩优标准便无从稳定，绩优制度也无从稳定。

（三）先进、无私、团结的执政集团

如同在所有国家，行政系统需要政治领导。中华政体最根本的特征是拥有统一的执政集团。六十年来发展完善的双行政系统是这个集团执政的具体形式。先进、无私、团结的执政集团也是中华传统。传统执政集团经"绩优制"选拔而来，政治上皆出身"儒门"，奉"先天下之忧而忧，后天下之乐而乐"的民本道义为官场纲维。"十月革命"带给中国的是组织严密、纪律严格的"先锋队"。作为人民共和国的政治"先锋队"，中国共产党不是西式的"议会政党"。领导行政的共产党官员也经由绩优制选拔而来，但又自成统一强大的政治集团。

与西方社会不同，中华社会自由分散，不分化成固定的阶级或层级化的大型利益集团。若硬要区分，分出的就不是阶级或集团的利益差异，而是地域、族裔、宗教差异，更可能是家庭私利，从而构成"非现代"的劣等政治。因此，中华社会无以支撑类似西方若干社会集团共存导致的政治力量均衡，统一的政治集团是中华政体核心的常态。在中国，要么是一堆觊觎大位的宵小拼命"卡位"，逐鹿混战，要么是新的先进执政集团平定天下，取代旧的腐朽的执政集团。

中国共产党称为"政治领导核心"，因为中华社会的执政集团必须发挥六大功能。第一，主导积极的思想斗争，保障稳定正确的政治路线，使庞大散漫的中华社会拥有共同利益的认知，万众一心，抵抗外部势力分而乱之的企图。第二，以统一的组织路线保障政治路线的贯彻，维持全国行政统一，政令通畅，维持绩优选拔制度，拒绝血缘、地缘、裙带、派系的干扰。第三，统一指挥武装力量，通过政治上的领导来杜绝发展中国家常见的军人干政和军事割据。第四，抵抗族裔分裂主义，保障占中国领土近半的辽阔边疆自治地区团结在人民共和国的旗帜之下。第五，凝聚和领导"统一战线"，促进各界、各族裔以及海外华人的向心力，团结大家为中华的进步共同奋斗。第六，维护中华的世俗政府传统，抵制海内外宗教势力分裂社会、挟持政府的企图，坚持弘扬科学精神，与传统的愚昧迷信作不懈的斗争。

比起一般欠发达国家，上述六大功能意味着人民共和国在发展上的巨大优势，也意味着拥有"先进、无私、团结"三大特征的核心执政集团不可或缺。"先进"体现为执政集团致力于中国"现代化"的近期目标，也体现在其光明理想，即"天下为公"，环球同此凉热的"大同世界"。"无私"体现为执政集团秉承儒门的民本理念，"私志不入公道，嗜欲不枉正术"，追求公正廉明地为人民服务。"团结"体现为执政集团拥有严厉的组织纪律，严格执行党纪。

如同皇家领导的传统儒门执政集团，现代中国的执政集团也会退化腐朽。与议会政治里集团利益的党争弊端不同，为社会整体利益服务的中立政治，最大的问题是以公权谋自家私利。相当数量的中高层党官"以公权谋私利"，成为社会极少数富裕家庭，是执政党退化的明显标志。

一旦核心执政集团丧失理念，道德堕落，纪律松弛，"先进、无私、团结"这三大特征就消失了，执政集团就必然陷于懒惰无能，贪污腐败，从以民为本的集团退化为鱼肉百姓的集团，分裂成相互竞争权力的私利集团，在内外交攻之下崩溃。此时，中华民族必然陷入政治混战，分疆裂土，直至诞生一个新的"先进、无私、团结"的执政集团。

因此，共产党要求党的干部由"特殊材料制成"，操守要求高于普通民众。执政集团的"生命力"在于不断通过党的建设维护民本主义信念，维护"先锋队"的性质。"党建"的成败标准只有一个，就是制止党的执政官员贪污腐败。中国共产党的成功向来依赖两大相辅相成的"法宝"，即党的建设和群众路线。"党建"的不二法门是走"群众路线"，让普通党员和广大群众来监督执政官，防微杜渐。群众监督不是"群众运动"。借口害怕"运动"而拒绝群众监督，早晚会酿成推翻执政集团的群众运动。党建成败攸关中华先锋队的命运，攸关中华民族现代化事业的命运。对本党腐败干部采取纪律上的霹雳手段，方显出共产党对中华百姓的菩萨心肠。

（四）独特的政府分工制衡纠错机制

我国政府机构设置与世界上多数国家没有重大区别。别国有的，我国基本都有；我国还有一些别国没有的党政机构。在政府决策机制中，预防和纠错的制衡机制最能体现成文和不成文制度的精致。在制衡方面,我国制度凸显其独特性,套以西学光谱,也最具争议性。

"制衡"(checks and balances)减少因领导人"滥权"而犯错误的机会,也提供纠正错误的机会。"制衡"主要靠两类技术:功能性的分工以及一定范围的功能重合。比如美国的"三权分立"是功能性的分工,但立法机构有特定范围的执法权和司法权,司法和执法机构也有特定范围的立法权。西方体制遍行"分权制衡"。分权制衡指的是政府内部主要的权力部门各自独立,互不隶属。美国实行立法、行政、司法"三权分立",而欧洲多数国家实行"两权分立":司法独立,但立法权与行政权重合,获得立法机构多数席位的政党同时获得行政权。与西方体制不同,中国体制在法理上比欧洲更强调"议会主权",规定"一切权力归人民代表大会"。因共产党在人民代表大会中占有多数席位,权力就集中于中国共产党,是为单一执政集团。这种制度貌似缺少制衡,因为实行的是"分工制衡"。

分权的基础是分工,但分权是刚性的分工。就制度而言,较之分权,分工的覆盖面宽,对抗性低,无论分权或集权的弹性空间都比较大。我国的分工制衡可粗分为十类。

第一,民本思想对所有执掌行政权力者形成软制衡。官员分工专司"为人民服务"。"得民心",要"造福一方"的观念,类似宗教规范,制约着每个官员的行为。这种对错观念深入人心,以公权谋私利没有正当性。

第二,党政分工形成精致的"双行政"体系。政府领导行政,党委把握政治方向;但"天无二日",又明确规定以党领政。以党领政,但党政人员交相替换,互相渗透,行政第一把手担任党内第二把手,功能也有一定重叠。这种由分工而存在的制衡相当精致,你中有我,我中有你,相互熟悉对方工作,形成有序制约。

第三,中央与地方的分工形成"条条"与"块块"之间的相互弹性约束。笔者称我国纵向的中央与地方关系制度为"弹性条块制度"。这个制度既有"联邦制"甚至"邦联制"的特点,也有"单一制"的特点。但既非联邦制亦非单一制,而是古已有之的土生制度,源自"郡县制"(条)与"封建制"(块)高弹性的分工制衡。行政上我国有下级服从上级的单一制,但税收上分国税和地税。立法上我国有人大层层推举的单一制，但选举和议事以地方代表团区隔，而且各省有事实上的特色立法权。司法上我国追求"正义"标准的统一，原因却是巨大的几乎不可能消除的区域司法差异。我国不少法律学人沉溺于"法条主义"，真诚希望用细致清晰的立法来约束中央与地方关系，消除"种种不规范"。殊不知，两条腿走路，尊奉"自然"，顺"势"而为，保持"条"和"块"一定程度的模糊和弹性，明显利大于弊。"条条"防止"政令不出中南海"，制止地方政府胡作非为。"块块"防止"万马齐喑"，制止中央政府胡作非为。而弹性包容变化和差异，包容差异巨大的自治区，甚至"特别行政区"。没有如此弹性，就不会有"中华民族多元一体"；而这"多元一体"的历史磨合催生了"弹性条块制"。

第四，任期与年龄规定构成执政者定期交替的硬制衡。领导干部五年一届不得连任两届以上，以及由低层至高层55、60、65、70岁退休，刺激了我国干部队伍的激烈竞争和创造力，而且为定期更替提供了比西方更严格的制度保障。此制度也催生了最高领导人更替的"常例"。最高层领导人平稳产生和定期交接，既保证了政策的延续性，又提供了与时俱进的契机。就最高领导人的任期更替而言，我国的两届十年比欧洲主要国家短（比如法国的希拉克总统在任12年），比美国的两届八年长。但美国总统可以任命所有行政决策班子；中国的总书记没有如此大的人事权，任期首届几乎没有决策层的人事权。当然，"常例"要成为"惯例"，仍需经历危机的考验。

第五，集体讨论，集体决策，但"班长"负主要责任，民主与集中相制衡。自改革开放以来，民主集中制渐成规范的决策制衡制度。受西方影响，民主集中制屡遭我国学界和新闻界诟病；然而批评者却提不出在中国利大于弊的可行替代方案。"文革"后我国的民主集中制显然有了进步，明确规定集体领导，也明确了"班长"的个人责任。除非事关紧迫，一般不用粗暴简单的票决。这使得少数不同意见举足轻重，决策谨慎度提高，却又保持了效率，不至议而不决。而今的问题不是要不要民主集中制，而是要求领导干部们理解和严格遵循这个制度。

第六，纪检、监察、法院、反贪体系等专业监察机构规范官员行为。这种独特的分工制衡制度在我国历史悠久，而今却依然粗糙。这种古老的中国制度反是在中国香港特区和新加坡发展得最为精致。

第七，干部异地交流和异地任职制度。这是我国古已有之的独特制度，能有效阻止地方派系的形成，也有助于保持政府决策的中立。

第八，人大、政协发挥着监督作用。这两个庞大的机构对政府决策形成了相当明显的制约。特别是"人民代表大会"，其中充斥懂得行政利弊内幕的原任行政官员。

第九，种种"信访"、"内参"使舆情上达，有现代传媒技术支撑的公共舆论迫使行政日渐规范和透明。在西方，新闻界被称为"政府第四权"，但主流媒体却被大资本控制，近年甚至出现了"垄断"趋势。我国新闻机构均需"挂靠"官办机构，实际上却是多元舆论的阵地。新闻监督在互联网时代已经形成大气候。形形色色的"内参"和"上访"也对执政官员起到了威慑作用。

第十，各政府官僚机构的不同利益视角导致均衡和决策谨慎。这个现象常被称为"官僚本位利益"的冲突，来自决策权界限重叠的"灰色区域"，导致相互"扯皮"。然而，这并非"划界"不清的问题，而是分工制衡原本的题中之意。

中国的"分工制衡"并不完善。但迷信制度主义，夸张制度的作用，夸张"分权制衡"的完美，照搬西方分权模式，亦不妥。制度是人造的，人"心"坏了，再完美的制度也能被"绕"过去，或者被"忽略"。尽管跌跌撞撞，中国政府在以往六十年里把世界上人口最多、差异最大的国家带入了强劲复兴的轨道，而且维持了社会秩序。

三　政治模式的比较历史解释

为什么我国不流行"选举民主"观，多党竞争执政，分权制衡？为什么我国奉"民本民主"观为正统，依功过考评选拔贤能，支持统一的执政集团，靠分工制衡来纠偏？笔者从比较历史角度，分五个题目加以论述，说明而今出现的种种弊端，多是因为背离中国政治模式。

（一）中西方民主基本定义相同

若主张"民主"是人民"自己做自己的主"，就不需要政府了，就是无政府主义。民主的本意是由"人民代表"做主，废除法定的一家一姓做主。民主概念和"代议制"的实践表明，"做主"的不是"全体"人民，而是极少数掌握政府权力的"人民代表"。官者，管也。人民代表行使治理社会的权力就是"官"。天然的政治逻辑决定，人民与握有执政权的人民代表不是一回事。之所以称为"人民代表"，因为他们代表人民的利益，代民做主，为民做主。

中国古人不用"人民自己管理自己"（government by the people，民治）这种诱人但不诚实的说法。古人直白地说，"惟天生民有欲，无主乃乱"（《尚书·岑觑之诰》）。人民天然有种种相互矛盾的"私欲"，没有政府管理就乱打成一锅粥了，故需执掌政府权力之人垄断暴力和税收权力，"代民做主"。

民主是代民做主，为民做主。"代议制"本意即如此。在这个定义上，西方与中国绝无不同。卢梭在《社会契约论》中指出："就民主这个名词的严格意义而言，真正的民主制（democracy，人民之治）从来就不曾有过，而且永远也不会有。多数人统治，少数人被统治，那是违反自然规律的。"他诚实地讲了个常识："总之，最好的而又最自然的秩序，便是让最明智的人来治理群众，只要能确定他们治理群众真是为了群众的利益而非私利。"[①]

在民与君的关系上，中国历代的正统观念都是民本的，君为民立，民贵君轻。"天生民而树之君，以利之也"（《春秋左传·文公十三年》）。英译文是 government for the people，"民享"的政府。与现代西方民主观一样，中华正统的"天命观"认为，不为民服务的政府理当被人民（天）所抛弃，人民造反有理——得民心者得天下，失民心者失天下。换言之，在中华的正统观念，官家应代表人民利益，而非皇家一家一姓的利益。这是传统学界的共

---

① 卢梭：《社会契约论》第 3 卷，何兆武译，商务印书馆 2003 年版，第 4 章第 87 页，第 3 卷第 6 章第 92 页。

识和常识，却被现代学界隐蔽了。

在古代中国，原则上"君"以下的官员选自民间，百姓有平等机会参与官员考选，依服务于百姓福祉的功勋升迁。译成英文应该是 government of the people，"民有"的政府。废除君王，把世袭的"君"换成定期更替的"总统"或"总书记"，就成了现代民主。英国、日本和若干西北欧国家的"纳税人"花很多钱养个世袭的"虚"君做国家元首，满足尊君的怀古幽情，体现了当地民众对历史文明的敬重和骄傲。当代中国百姓对讲述历代圣王哲君故事的连续剧趋之若鹜，情感也是类似。

就以上观念而言，中国古今的民本民主观与西方的民主观并无重要区别。没有任何根据断言"民本是为民做主，民主是人民做主"。观数十年来"好莱坞"电影中的"人民代表"形象便知，说美国由"人民做主"是夸张。同样，说中国由"人民做主"也是夸张。

然而，由于中西的"人民"在生产和生存方式上存在重要差异，故两地对"人民"的认识也存在重要差异。对"人民"的认识不同，就拥有对"最明智的人"的不同判断标准，也就导致明显不同的选拔"人民代表"的方式。

（二）中西方对"人民"的不同认识

民主是"人民代表"行使治权。但如何认识"人民"，人民是整体还是分成阶级式的利益集团？这是个社会意识问题，更是个历史和现实问题。从这个问题开始，"民本民主"与集团竞争型的"选举民主"分成了两条路。

人民分成阶级或利益集团，人民代表就应是阶级和利益集团的代表。人民是整体，人民代表就应是人民整体利益的代表。若人民代表以照看本集团利益为己任，定期的"多数决"就应是选拔人民代表以及人民代表制定决策的基本规则。若人民代表照看的是社会整体利益，那么依照考绩选拔，维持先进的执政集团就是必然的；实行民主集中制，鼓励民众参与、监督、评选，也是必要的。

马克思和恩格斯在《共产党宣言》里断定，"至今一切社会的历史都是阶级斗争的历史"。就欧洲史看，这个论断难以撼动。从两千四百年前古希腊哲人亚里士多德开始，阶级分析就位列西方政治分析的主要方法。现代学界用"利益集团"取代阶级，用议会党团的纵横取代"阶级斗争"，性质大同小异。

在中国史上，上述理解的普适性遭遇了严峻挑战，阶级斗争给历史进步注入的"动力"似乎失踪了。自秦皇以降，中国历经两千多年的"阶级斗争"，时有布衣草莽起事成功；然而"百代皆行秦政制"，政治结果几无变化。于是，"中国封建制"的寿命为何如此长久，让中国学人痴迷了数十年。相关著述汗牛充栋，却没有让人记得住的结论。其实，连马克思也天才地猜想到阶级斗争理论在非西方世界可能遭遇解释力的困境。他在自己思想体系的边缘发明了含混的"亚细亚生产方式"概念，引得另一部分中国学人为之忙活了半生。

大概最接近"阶级斗争"的是 20 世纪上半期的中国革命，其中抵抗土地兼并，维护小农权益的要求似乎含有阶级斗争意味。然而，20 世纪最后二十年的"改革开放"提供了重新审视中国革命经典解释的机会。就阶级斗争而言，似乎"革命"的结果是回到了原点，回到了小农家庭经济。革命的成就主要是赶走了外来的帝国主义势力，推翻了腐朽的国民政府，平均了地权，恢复了"耕者有其田"的小农社会。当然，这还是基本肯定了经典的"推翻三座大山"论。

"真理"经常是简单的。若非近代以来风靡西学，数典忘祖，中国学人不会忽略自己学界祖先历经数千年检验的正统解释，即"得民心者得天下，失民心者失天下"。这里的"民"是农民，"富不过三代"，不分化为欧式的阶级，只与极少数当权的"官"区隔。

两千五百年前的古希腊城邦是思想的摇篮；同时代春秋末期的中国有"百家争鸣"，也是思想的摇篮。古希腊人懂得阶级分际和阶级分析方法，在政治生活中使用"多数决"；而中国到 20 世纪初经由进口才获得了这两样政治知识。不是中国学人愚笨，落后于西方两千四百年，而是中国的社会构成的确与西方不同。

先说"阶级"。两千四百年来，中国农耕社会的主体是平等的自由小农家庭，没有贵族与平民之分，没有希腊罗马式的奴隶主与奴隶之分，没有中世纪的领主与农奴之分，亦无种姓、种族、族裔之分。中国有贫富之分，但"两头小，中间大"，贫富也不固定。富家百年之内必回归一般，致使"贵族文化"或"贵族精神"在中国无影无踪，满清王公与市井小民一同趴在地上逗蛐蛐。自宋朝以降，孩童诵《三字经》成长，家庭伦理观弥漫于整个社会，历朝皆称"以孝义治天下"。中国有官民之分，但皇帝以下的官职向全社会开放，勤学者得之，"学而优则仕"。游牧部落侵入长城是朝代更替的外因，"农民起义"是朝代更替的内因。"农民"之外，中国还有什么阶级？若"农民起义"是阶级斗争，那农民起义的胜利岂非是一个阶级推翻了另一个阶级，结果怎么还是同样的"中国封建制"？中国的传统解释是准确的，农民起义是不分阶级的"农民"推翻一个不复以民为本，转而为自家谋私利的腐败官府。

再说"多数决"。自由小农的农耕社会与畜牧社会大不相同。构成中华社会的基层村庄多为自然形成的定居点，一家先来拓荒，逐渐兴旺成宗亲大家而成村里。如李家庄是李姓宗亲为主，杂以外姓家庭。外姓人少，男丁势单，在村中已然低头走路，低调行事。"多数决"则用法律固定这种不平等，让"外姓"生计永远艰难，刺激暴力对抗。这如何能维持"齐民"之和谐？在自由小农社会，中华历朝最昏庸的政府也不至愚蠢到推行以众暴寡的"多数决"。事实上，中华政府强调中正和谐，支持"知书达理"、行事公道的人出任社区领袖。无论生于大姓、小姓、内姓、外姓，科举考场是赢得全体村民敬重的"捷径"。断言此种"礼义"文明落后于仗势欺人的强权文明，恐非公允之论。

五音成曲，没有差异就谈不上和谐。中国从来就承认社会分工差异。分工差异与阶级差别和阶级斗争不是一回事。分工不是零和式的对抗关系，而是天下归一的基础。左丘明所著之《国语·齐语》记载了两千七百年前管仲对齐桓公提出"士农工商，四民分业"。自此以后，历代皆称社会分际为"四民"，今则称"工农商学兵"，并无高下"分层"的含义。

现代社会利益复杂化、多元化，但社会利益相互依存的程度也大为增加。在西方，我们明显看到了阶级分际的淡化，阶级斗争烈度的降低。在中国的三十年市场化时代，我们看到了利益分化，甚至利益冲突。最重要的分化不是城乡分工之别，而是雇佣者与被雇佣者的区别。然而到目前为止，全民依旧怀有办家庭企业、"发家致富"的热情。家庭企业和国有及集体企业依旧是我国经济生活的主干。倘若雇佣劳动的收入差距被固定化，"先富后富"的原则被摧毁，大学也"嫌贫爱富"，成为固定社会分层的核心机构，致使富者恒富，穷者恒穷，中国社会就会变成"阶级社会"。不过，这前景绝非因某些学人和当政者的偏好而能成事，端看中国"百姓"是否答应，端看历史是否选择人民"革命"。

没有明确的证据说明现代中国市场利益的多元化必然导致利益的集团化。无数证据表明，分散自由的中国社会"自组织"能力很低。除非获得政府无端的鼓励和参与，很难聚成如西方那样活跃好斗的"会社"。不仅如此，即便形成市场利益集团，距离以市场利益为基础的政治集团还很远。中国政府为什么会去"培育"利益集团，支持政治对抗，鼓励以势压人？那不是中华"正道"，不是为"政"之道。与西方社会传统不同，中华文化支持"公正廉明"的政府，代表私利集团的"人民代表"缺少正当性。其实，美国的"院外游说集团"是美国独有的，在其他西方国家也属于"合法"与"非法"之间的灰色地带。

倘若"人民"是整体，那么"人民代表"就应当代表社会整体利益。这在中华不仅是历史，还是现实，是一种关于政权"正当性"的公众普遍认识。较之集团政治的认同，中国对中庸政治的认同并不"落后"。如同美国的开国元勋们，卢梭早就认定："人民把自己的注意力从普遍利益转移到个别利益上来不是好事。没有什么比私人利益影响公共事务更危险了。政府滥用法律的危害之大远远比不上立法者的腐化。"①

美国的开国元勋们，大概做梦也想不到利益集团在今日美国政坛呼风唤雨的情形。这些肆无忌惮的权势集团，在仅十余年时间里，就把处在权力巅峰的美国拖入了战争泥淖和金融大混乱。奥巴马在竞选总统时向美国人民信誓旦旦地许诺，将拒绝游说集团的代表进入政府，但他当选后立即食言。正是通过"说客"，利益集团的钱才变成了庞大的总统竞选经费。

---

① 卢梭：《社会契约论》第3卷，何兆武译，商务印书馆2003年版，第4章第88页。

（三）中西方选拔"人民代表"的不同方式

因为对"人民"的认识不同，中西方选拔"人民代表"的方式就不可能相同。"西方民主"（与"西方法制"是两回事）的含义是：各个社会集团推举自己的精英代表，依照"多数决"原则竞争政府权力，通过掌握部分或全部的政府权力，保护和促进本集团的利益。

对欧洲而言，一人一票制是巨大的政治成就。从建筑就可以看出，欧洲封建社会极端偏向统治集团。我们至今还看到欧洲四处点缀着辉煌的王公城堡和壮丽的教堂，却不知"农奴"们的住房是什么模样。中国的"故宫"是民居的扩大版，而且只有一个，还由明清两朝共用。较之欧洲的"封建"，一人一票破除了社会集团的封建等级制，破除了法定的强者集团，承认了强者集团可能的兴衰更换。从欧洲的狭隘眼光看，的确是"平等"了。

然而，竞争带来的是"输赢"，不是"平等"。政治竞争带来的是政权输赢，不是"政治平等"。政府是管理社会的机构，是"少数管理多数"，本质上就不可能"平等"。在欧洲，票决把法定的贵族制变为流动的贵族制。

美国不看重一人一票。美国没有封建阶级结构，没有法定的阶级分际。欧洲下层人在跨越大西洋的船上就完成了美国的"社会革命"。就美国参议院选举而言，公民之间一票的权重可相差几十倍。迄今美国总统不实行直接选举，而依参众两院代表数额分配"选举人团"名额，加上"赢家通吃"制，致使得到选票多者反而可能输掉总统选举。但美国继承了西方文明中的"强权意识"。钱数与票数相关，票数与"合法"相关，使强大的集团掌握权力拥有"合法性"。

无论在美国还是欧洲，一人一票延续了集团型的社会结构。每人手中的一票并不意味着"政治权力"，一票的权力含量无限趋近于零。以团体为基础的票的"集合"才有"政治意义"，即获得治权的意义，否则等同废票。换言之，西方民主建筑在集团分化的社会结构基础上，也建筑在强权合法的社会意识基础上。西方民主主义不强调作为"整体"的"人民"，而是认可"集团"的组织势力，认可强大的"公民会社"，认可"多数决"所代表的强权政治。

　　"多数决"不是维护、平衡利益的唯一方法，从道义、概念、逻辑上讲都存在困境。"多数决"有概念困境：反对票并未投给当选者，当选者凭什么代表投反对票的人民"做主"？没投票或投反对票的人是"做主"了还是"被做主"了？"多数决"有道义困境：为什么少数要服从多数，为什么一定要信奉"数量"决？"数量决"是解决利益矛盾的好方法？"多数决"还有逻辑困境：若社会只有一个利益集团，"多数决"就丧失了利益集团抗衡的本义；若社会均分成两个利益集团，50% 加 1 票确为多数；但只要社会均分为两个以上的利益集团，"多数决"恒定成为绝对的"少数决"，即相对多数，绝对少数。于是，只好用"复决"强制社会"呈现"为两个利益集团。换言之，没有对多数决的制约，上述三大困境孕育失利集团的反抗。

　　西方制约"多数决"的手段是以司法独立为核心的分权制衡，即与选举无关的"西方法制"。西方法制与西方民主构成一对出色的矛盾均衡。西方法制加西方民主，称为"自由民主"，是西方独有的政治体制。

　　自 20 世纪 50 年代末以来，技术进步导致分工形态变化。服务业兴旺，"后工业时代"降临，西方社会缓慢地开始了"去阶级化"的过程。政党的集团性下降，全民性上升，政党政纲逐渐趋同，区隔模糊化，还不如中国统一执政集团内部的政策分歧大。于是，投票的集团边界也开始模糊，投票率逐渐下降。这在西方被称为"民主合法性危机"。在政治性下降的同时，西方的官僚制却趋于法制化和精致化。这个缓慢趋势也反证了中国政体的合理性。

　　笔者无意攻击西方的政党竞争型选举制度；相反，笔者对其深怀敬意。如果一个社会明显分裂成利益集团，甚至是固定的、等级化了的社会利益集团，"贤能"就由集团利益决定。西方市民社会发达，政党各有自己的阶级或集团利益基础，公民们依照本组织的利益投票，遵循社会公认的多数决原则，秩序井然地争夺政权，维护自己和自己集团的利益。这大概已经是那里最佳的选贤与能方式了。

　　比较而言，中国从来就没有欧洲意义上的"封建"制。"小邦周"制定的"等级制"原本脆弱，到春秋时期就崩解了。公元前 7 世纪的中华就有奴隶百里奚升任秦国相国的纪录。史家议论百里奚的政治军事成就，却并不对其出身大惊小怪，顺便提到而已。孔子想"复（周）礼"，却无手段，无非提倡"克己"，就被各国撵得"惶惶如丧家之犬"。中国终结"封建"，不靠"下等人"流向大西洋另一边，更不靠"一人一票"，而是靠"编户齐民"，靠"废井田，开阡陌"，靠实实在在的耕地家庭所有制，靠家庭所有制无力实行长子继承导致的社会均平。

换言之，欧洲打了数百年"阶级斗争"才挣来的"票面平等"成就，于中国却根本算不上"成就"。中国自民初引入投票制就规定一人一票，男女平等。中国社会对此"变革"几无争议，却也没产生丝毫社会影响，军阀混战依旧。

所有政治体制都强调官员的"贤"和"能"。在西方，忠诚本集团利益的人为"贤"，有效维护本集团利益的人为"能"。在以家庭为单位的中国社会，"德"是"贤"的根本标准，其次是在"政绩"中体现的"能"；古称"选贤任能"。

何谓"德"？老子著《道德经》，声言"圣人恒无心，以百姓心为心"。也就是说，民本主义的利他精神就是"德"。汉代学人为官要习"六经"，即《诗经》、《尚书》、《仪礼》、《乐经》、《易经》、《春秋》。隋唐立科举考试制，后代入官场需考"四书五经"。五经为《诗经》、《尚书》、《礼记》、《周易》、《春秋》；四书是《大学》、《论语》、《中庸》、《孟子》。在我中华，"书"代代相传。"书"所弘扬的礼法文明塑造了中华一代又一代"两袖清风"的"读书人"，由士及仕，文明绵延不绝。

小农家庭自足、自私，何况汉字难认难学。靠"书中自有黄金屋，书中自有颜如玉"，方能吸引农家子弟读书，服务社会公益。一旦被诱入"书"的天下，"知书"而"达（民本主义之）理"，利益观、情感观、权力观就不同于俗了。"四书五经"的第一部是《大学》，《大学》开篇第一句不是"黄金屋"和"颜如玉"，而是"大学之道，在明明德，在亲民，在止于至善"。用今天的话说：大学问有三层：（1）光大高尚品德；（2）专心为人民服务；（3）追求"至善"境界。

何谓"能"？"能"是中国上古"功勋制"的延伸。官员应有智慧和勇气，取得服务百姓福祉的成就。此种能力靠政绩检验。明清两代弘扬中华

"两袖清风"官场正统的"能臣"不乏其人，亦为共产党人极力推崇，而今仍载于中小学课本中，百姓代代传诵。直至腐朽的清末，此类人仍不绝于仕途。"中兴"重臣贵州人丁宝桢，智勇双全，文治武功享誉朝野。其不畏权贵，"前门接旨，后门斩首"，诛杀太监首领安德海的事迹为民间津津乐道。丁宝桢1863年起主政山东，1876年转任四川总督，1886年病逝于四川任上，获赠"太子太保"。封疆二十三年，遗川菜"宫保鸡丁"享誉全球，身后却无遗丧葬之资。山东父老感念这"外乡人"13年善政，迎其灵柩葬于济南。

中国选贤与能的传统甚为深厚。春秋战国时的功勋制，在天下一统开"孝义治天下"先风的汉代进化为"孝廉制"。每年地方政府考察并向朝廷推荐孝顺父母、品行廉洁的人出任官员。名额依人口多寡而定，约二十万人举孝廉一人。东汉的"察举制"大同小异。州郡贡士，察举年满四十岁，敦朴、有道、贤能、直言、独行、高节、质直、清白、敦厚的"秀才"，然后经朝廷考试便可做官，依照政绩考核升迁。两汉人才辈出，"读书人"重气节，中华文明与西方的罗马文明比肩成熟。然而，除重贤不重能的弊端，当时有世族大家垄断作弊，以致汉末"举秀才，不知书；举孝廉，父别居"。孝廉制和察举制在魏晋演化成"九品中正"制，却因世风日下，出现"上品无寒门，下品无世族"。到了隋唐，绩优选拔又进化为精致的"科举制"，一直延续到明清。科举取士致仕，依政绩积累升迁。唐宋两代科举仍有"专业"，考察"能"。但明清两代，选官重贤轻能。

贤能是中国官制的核心，重能还是重贤，因时而异。商品经济高度繁荣之际，强调"选贤"并非无理。现代社会降临，社会动荡，"能"的考察分量就重了，功勋第一。贤能兼备固然好，但在"利"字当头的时代，专业知识和行政经验可以积累，为人民服务的德行应是先决条件。当然，"选"与"拔"不是一回事，中国历来的传统是无"功"不"拔"。

我国的文官选拔机制存在两大问题。第一，纪律不够严明，监管惩罚机制欠严谨，未能做到针对腐败的防微杜渐。第二，官员的选拔机制欠透明，评估结果不公开，给裙带关系和媚上欺下开了绿灯。这两大问题的根源首先来自政治路线。有了明确的民本政治路线，才有明确的组织路线。明确了组织路线，在信息高度发达透明的今天，干部任免改革就是技术问题而非"改制"问题。

换言之，与传统时代文官体制依赖皇家的政治领导一样，现代中国的绩优制同样也离不开政治领导。执政集团身负感知和塑造人民"整体利益"的责任。

（四）先进执政集团的历史渊源

中华统一的"人民利益"乃是统一的先进执政集团存在的基础。这个集团也经绩优选拔而来，却比一般文官更"懂政治"。

怎样判断所谓"人民利益"，由谁来判断？囿于狭隘的社会利益集团视角，困于"选民集团"的概念，"选票"竞争就成为唯一答案。然而人们称缺少原则，只在意一时一地如流水般"民意"的领袖为"政客"；称能判断和维护社会整体和长远利益的领袖为"政治家"。

中国"百姓"是分散的整体，与西方相互斗争妥协的"选民集团"是不同的概念。"民心"与"民意"也不同。"民心"并非在特定时间对特定事项的"民意"。与"集团"社会不同，在"百姓"社会，"民心"比"民意"重要得多。

统一、先进的执政集团是维护"百姓福祉"的需要。"民心"一词概括了对三类六种"百姓福祉"的平衡：即平衡眼前和长远的利益，部分和整体的利益，发展变化和安定团结的利益。这三类六种利益是矛盾的统一体。在"百姓"的社会，认知、平衡、维护、塑造这个"百姓福祉"的统一体是最大的"政治"，攸关"得民心"或"失民心"。这就是中华"得民心者得天下，失民心者失天下"的精彩机制。相互斗争的选民利益集团代表是集团社会的产物。认知、平衡、维护、塑造"百姓福祉"是非集团社会的产物。不分化的社会要求民本主义，要求绩优选拔公正的官员，要求先进的单一执政集团。单一的先进执政集团与集团竞选机制同样"不理想"，却至少有同样的可操作性和可持续性。

政治上统一的执政集团不仅是现代产物，还是古制，中国古已有之。由士致仕的儒门弟子执政集团就是先进的执政集团。这个集团信奉民本主义，声言以天下为己任。

传统的儒家执政集团依赖皇帝个人的政治领导，缺少纪律，经常分裂不团结。皇家周期性地退化，这个文官集团也随之周期性地退化腐朽，私志入公道，嗜欲枉正术，从而失民心，失"天命"。不过，在民本理念下，儒家执政集团也周期性地再生，重获"天命"。朝代更替，理念不变，统一执政集团的制度也不变。

政党是近代西方发明的动员社会力量的先进工具。在西方，"党"是社会集团利益的代表。利益不同，政治诉求不同，组织起来，就能维护自己集团的利益，这是"政党"政治正当性的根本道理。

"致中和"乃中华政治文化精髓。既然"党"以公权谋（集团之）私利，就没有正当性。简化字的"党"，字面"尚儿"，但正体字的"黨"，字面"尚黑"，不尚"光明正大"或"中正和谐"。既然"私志不入公道"，故曰"君子不党"。

面对挟新兴工业能力，如狼似虎，信奉帝国主义的西方"民族国家"，中华概念中的"天下"无以维持了。中国庞大的自由小农家庭社会过于成功，农民自由散漫，无力适应工业组织时代的降临，无力应付突然到来的帝国主义强力冲击。若不能建立"国族"意识，动员自由小农家庭团结起来共同奋斗，就要亡国，也亡"华夷之别"文化意义上的"天下"。

在一盘散沙被动挨打之际，我国的士子们引入了西方鼓吹弱肉强食、适者生存的《天演论》——社会达尔文主义，引入了民族主义式的爱国主义，引入了西方的"阶级斗争"理论，也随之引入了动员部分人民，代表社会部分利益的西式"政党"。清末民初，我国如雨后春笋般冒出成百上千个西式政党。这些个"党"都昙花一现，今日仅余八九个"参政党"，是"统一战线"的延续。区隔中华社会利益的"党"不适合我国流动均平的社会结构，不适合讲究"中正"的政治文明传统，更不适合中国当代追求的"现代化"任务，即强国富民。

"十月革命"让中国知识界发现了俄式列宁主义政党。列宁主义政党动员功能十分强大：强调类似中国"大同世界"式的理想，强调为共同理想奉献牺牲的先进性，而且奉行"民主集中制"，强调严格组织纪律下的团结和统一。为了中华的独立解放，我国显然需要这种动员人民的先进工具。这就是国民党和共产党先后成为民族革命主流政治力量的原因。

国民党虽与共产党孪生，但难免败于共产党。国民党被少数富裕和买办势力俘获，导致社会基础狭窄，不得不依附外国列强，也就无力抵抗外敌。加上执政后队伍鱼龙混杂，理想泯灭，纪律松弛，内部腐败，所以"其兴也勃，其亡也忽"。

在夺取政权的时期，"阶级斗争"是动员穷苦大众的手段，但"统一战线"却被称为革命成功的"法宝"。

在人民共和国的前三十年，共产党依然强调"阶级斗争"。但与西方社会不同，斗争对象并非中国社会的某个实体"阶级"，而是局限于某类"思想"和极少数代表这思想的"分子"，目的是统一思想、稳固政权、建设和巩固社会主义。

三十年前，中国共产党放弃了"阶级斗争为纲"，使"革命党"转型为代表全民利益的"执政党"。从此，中国的"党"成为一个独特的党，与强调阶级斗争和世界革命的"列宁党"，与强调阶级和集团利益的议会"党"，与部落"党"，族裔"党"，宗教"党"，地域"党"，都呈现出根本的不同。

中国社会不支撑西式的"政党政治"，中国共产党不是"一党、两党、多党"之类的竞争型议会政治政党。此"党"非彼"党"，不"尚黑"。中国共产党继承了中国的政治传统，代表中国人民的整体利益。

中国共产党规定的行为准则与拥有两千年传统的儒门弟子执政集团非常相似。前国家主席刘少奇的《论共产党员的修养》规定了现代共产党员的理念和行为规范，与儒门弟子仕途上的理念和行为规范几无二致。来自"布衣"，知书达理，愿"先天下之忧而忧，后天下之乐而乐"，公正廉明地为"百姓"服务的人，就是"先进分子"。这些先进分子组成"先锋队"，构成一个民之精英的执政集团。即便将来要淘汰腐化了的共产党，也会依赖类似的"先锋队"获得民心，否则只能得到"天下大乱"。

就"执政为公"的民本政治理念而论，中国传统的执政集团从来就是统一的。在历史和现实中，执政集团内部成员的"私利化"是这个集团分裂失败的原因，也是中国社会陷入分裂混乱的原因。

有了追求中华现代化的先进目标，汲取消化了外来的列宁式政党组织方式，有了纪律和团结，传统的儒家精英执政集团就升华成了今日的中国共产党。但如同过去，执政集团道德上优越，团结有纪律，就有生命力，就坚强；若这个集团在理念上分裂，道德上堕落，纪律上涣散，就腐朽，灭亡。

"政党竞争"并不妨碍执政者以公权谋私利和执政党退化。台湾的国民党和民进党的迅速堕落是当下的明证。此类证据汗牛充栋，欠发达国家的反对党大多是高喊反腐败上台，又因腐败下台，把轮流执政变为轮流获得贪腐的机会。缺少了党派竞争的社会阶级集团基础，党派竞争实质上是私家争权夺利。

没有团结的共产党，党在政治路线上就分裂，就会丧失坚定明确的政治方向。毛泽东说，"党内无派，千奇百怪"；但他还讲过，"要团结，不要分裂"。

中国共产党的"党内民主"不是鼓励党内有派，思想竞争，权力竞争，而是"党建"手段，指的是坚持"群众路线"，让普通党员群众监督党官，驱逐腐败党官，维护党纪国法。党建的成败只有一条标准：严肃党纪，制止住贪污腐败之风。搞国民党式的"党内民主"，结果是卡位分赃和一而再、再而三的分裂，直至台湾社会的沉沦。戈尔巴乔夫更是因为实行类似的"党内民主"成为苏联罪人，那是个无知引发的大悲剧。

常有学人云，西式集团竞争型政制比中式统一集团执政的政制更支持社会"持久的稳定和秩序"。此说颇为可疑。中国政制历两千两百年，汉、唐、宋、明、清五大朝代即占一千七百年，平均三百年一朝。在这两千两百年间，西方连"文明"都"断裂"了三次。近现代史总共才三百年。仅在这三百年间，大英帝国从骤然崛起已然衰落至无形，正所谓"其兴也勃，其亡也忽"。美国内战后稳定了一个半世纪，尚仅及中国主要"朝代"寿命的一半。欧陆国家则在 20 世纪上半叶刚打完两次"世界大战"，迄今方六十年有余。更有照抄西制的亚非拉地区深陷社会冲突乃至战祸。

由俭入奢易，由奢入俭难。人性如此，是兴衰的缘由。宇宙尚有寿命，何况"国族"？而今，千山万水的地理阻隔已经被技术进步打破，全球的人民相互依存。天下大同，兴起"世界政府"，大概用不了三百年了。谈"延寿之方"是科学；谈"跳出"兴衰循环的"根本途径"是神学。

（五）分工不分权的制衡

就"延寿之方"而言，分权制衡是西方政治文明的极出色之处，保障了集团式民主的纠错能力，也就保障了西式民主的生存。本节企图用比较历史的方法解释中华体制为何无力实行"分权制衡"，而采用"分工制衡"。

"分权"指的是政府主要权力机构各自独立。由于行政与立法是重合的，至少是勾结在一起的，司法独立就成为西方分权的主要形式。西方的"分权"主要指司法管辖权独立。这种独立不仅具有法理逻辑的刚性，也有权力刚性，即司法权与行政和立法权"分庭抗礼"。

在西方社会，阶级分际和利益集团分际使得权力难以统一，催生了司法独立的空间以及执掌司法权的"法律人集团"。这样的社会逐渐磨合出了成熟的分权制衡体制，磨合成一种特殊的保障国家团结的杰出机制。

自罗马帝国时代，传统欧洲的天上就有两个"太阳"，表述为"上帝的归上帝，恺撒的归恺撒"。宗教权与世俗权博弈，商业和城市经济早熟，当然还有阶级斗争，催生了小国寡民和连绵不断的战争，也给予了司法权居中独立的生存空间。没有阶级和阶级斗争，没有集团政治，就没有"法律人"居中独立的空间。

自罗马帝国以来，西方"法律人"执司法权的经验长达两千年之久。自西式"大学"兴起的千年以来，从训练到实践，"法律人"自成一个金字塔式的职业共同体，整体独立的传统极为深厚。近代欧洲兴起"专制"，却也未能摧毁其独立。西方的司法"系统"，既无军队也无金钱或选票，但有法律人对法律的集体忠诚，有严谨的司法程序及独特的司法仪式。公生明，廉生威，"法律人集团"就获得了与行政和立法比肩而立的独立权力，成为已有制度公认的捍卫者，使制度不因阶级和集团斗争而风雨飘摇。

法律人集团的生存依靠三个基本原则。第一是低调，即尽力避免成为社会舆论的焦点。第二是保守，即忠实于现有的法律条文，不热衷社会生活的创新进步。第三是竭力回避敏感的政治议题。政治问题由政治方式解决，由立法和行政解决。司法在大局已定后确认政治对抗的胜负结果，或应双方政治集团的迫切请求，出面打破僵局。若司法系统不懂保守，高调干预社会和政治生活，企图引导甚至主导社会与政治，就会丧失中立的声誉，丢掉集团的生存空间。

起源于不分化的家庭小农经济，我国社会没有提供独立司法系统生存的阶级基础和权力空间。单一执政集团的存在也使得司法权独立缺乏立足之处。中国社会缺少固定阶级分化，却不乏以"伦理道德"为骨干的公正和公平精神，对"正义"的理解比起西方社会毫不逊色。

于是，仅就司法而言，缺乏分化也缺乏分权的中国自然形成了一套"礼法制度"。尽管有详尽的成文法，"礼制"的核心却不是法律条文和法理逻辑，而是道德伦常，是"天理、人情、国法"的弹性综合。换言之，西方有"法制"，中国有"礼法"。礼法以"不分权"的"大一统"政治为基础。

若需比较西方成文和习惯两大"法系"，礼法可称为"中华法系"。中华法系是广义的"司法"，产生于社会网格与行政网格的立体重合（详见下节"社稷体制"）。中华法系成本低，效益高，走"群众路线"，强调"公道自在人心"，比英美普通法系更重视司法的"地方性"和"人民性"。此"法系"有五大特征，区别于欧陆成文法和英美习惯法。

第一，社区司法。百姓内部绝大多数争执通过民众基层组织循本地乡俗民约调解。政府并不越俎代庖，而是尊重并积极支持地方乡绅长老符合"天理人情"的弹性公断。

第二，行政司法。既然行政中立，行政权天然而且必然包含司法权，与社区司法并行。传统行政的主要职责就是处理社区无力处理的大案要案。"无冤案"是"天下平"的基本标志，也因而是历代官员政绩考评的主要标准。

第三，礼法为本。自秦以来全国统一的成文法代代相传，万世一系（清律效明律，明律效宋律，宋律效唐律，唐律效汉律，汉律效秦律），但断案不死抠法条，不依赖专业律师的逻辑思辨"强词夺理"；而是依照"天理，人情，国法"顺序，以"礼"为本，务求两造服气，不再上诉。这与今日死抠法条字面矛盾，上诉率居高不下，上诉之后还要"上访"的"两造不服"形成鲜明对比。

第四，免费方便。去衙门打官司不收费，而且规定了各种方便人民打官司的途径，比如拦轿，击鼓，上访。尽管设置了明确的阶梯型障碍，理论上官司可以层层上诉至最高行政当局，以应对重大冤情。例如，迟至清末还有慈禧亲断"杨乃武与小白菜"的著名案子。明太祖朱元璋亲编《大诰》，明文鼓励各地百姓岁末组团来京面君，上访告官。

第五，重教轻罚。行政当局以各种理由频繁"大赦"。因大赦频繁，明清以前刑犯坐牢通常不满三年。自两汉至元末平均 2—3 年"大赦"一次；明朝降至平均 5 年一次；清朝虽骤降至 14 年，但经常对一切刑犯罪减一等。

无论中西，司法的终极目标是社会公正。若中华文明无维持社会公正之方，何以称"文明"，何以绵延至今还能巍然屹立？事实上，官场纲常随皇家的退化而周期性退化，是传统中国的根本问题。但"司法不公"却不是。

近现代以来，在"官司"中"官官相护，有理没钱莫进来"成为重大问题。死抠法条，两造不服，双方喊冤，也成为问题。当代中国百姓乐看关于传统中国司法公正的电视剧，并非无由。

笔者亦曾是司法分权独立的积极鼓吹者之一。希望司法独立，是学习西方，期待通过司法系统制衡党官的胡作非为。然而，随着"司法独立"和"程序正义"的明显进展，一些不曾预料的事发生了。首先，我国出现了严重的司法腐败不公。2008 年年底揭露的司法最高层腐败案动摇了整个司法系统的信誉。很明显，法院一旦完全独立，更容易被资本俘获，腐败会速于庞大复杂的党政机构。其次，中国法界至今缺乏西式的对"低调、保守和非政治"生存三原则的理解，企图领袖政治的法界名人屡见不鲜。有些法界学人"制宪"欲膨胀，图藉司法独立做左右中国前途的巫师。世界范围里的类似情形更发人深省。在台湾，由于政坛陷入混战，政客藉司法左右最高层人事。在香港，英国强力政治统治消失，司法界彷徨迷惘，呈现出方向性的断案混乱。在拉美，在南亚，司法独立制度显然存在了很久，而且相当牢固。但那里司法腐败无力，行政胡作非为依然故我。行政和政治腐朽了，独立的司法系统无力独善其身。

这些现象提醒笔者：有些社会结构并不支撑独立的法律人"系统"或"集团"。那是个"特殊"的西方历史现象。中国有人数众多的律师和法官，但都是个人，并没有"法律人集团"。选举民主遍地都有，但"自由"的选举民主仅西方发达国家拥有。本意出色的司法独立，在中华却演化为"法官独立"。法官依法断案，法条却可因法官不同的政治理念有不同解释。法官独立公认是低劣原始的司法形态，不仅催生司法腐败，还出现法官依个人政治理念，通过诉讼改制乱政，挑起社会对抗，陷"法制"于公认的政治险境——"法官治国"。所以，在中华条件下，党对司法的统一政治领导极为重要。无条件地讲司法独立，便有食洋不化之嫌。

笔者还看到另一些现实。"中华法系"的基因依旧强大，对司法的评价不独是对法院业务水平的评价，而依旧存于广义的司法概念，即"公道自在民心"的人民性。"人民法院"不独立于人民，依赖社区单位，服从党的政治领导，实源于中华法系。相对法院的高台阶和律师等司法开销，中国百姓在单位、社区、基层派出所，照"情理法"顺序解决冲突不要钱，比法院解决的争议多得多，效率也高得多；各级政府受理的"上访"案件，比法院受理的案件量也多得多。制止腐败，包括制止司法腐败，我国不仅靠法院，还靠强大的中纪委、政法委，特别是依靠"群众"，靠公众舆论监督。我们还看到周边华人社会司法系统的情形。在殖民地香港，英国强力的政治统治及公开的反贪机构（ICAC）保障司法公正。在新加坡，强大的人民行动党和保密的反贪机构（CPIB）保障司法公正。换言之，统一、坚强的政治领导和强大的反贪机构是华人社会司法公正的基石。

笔者绝非要否定专业法院和法官专业知识的重要性，专业司法无疑是现代社会的必须。尽管笔者也坚持认为"中国法治"亟待健全，但确实想指出：司法作为统一政治领导下的分工机构而存在，是合理的，符合中国国情。政治领导要求专业司法严守分工分际，阻止法界操纵政治，这与独立的专业审判不矛盾。

我国有两千年的"礼法"史。在民初引入了西方"法制"，建立了专业司法体系，也引发"讲法不讲理"和"有理没钱莫进来"的问题。在人民共和国成立之初，我国又引入了苏联的"政法"，确立了共产党对司法的政治领导，也引发以党的政策取代专业司法的重大弊端。在人民共和国最近的三十年，我国法界以西方"法制"为标准，批判"政法"传统和中华法系的"封建"传统，认定主要是"政法"和"封建"传统导致了"法制不健全"，即司法权欠独立。对中国法界当下的主流而言，礼法、政法、法制三大传统中只有西方法制才具有"正当性"。

若把西方视角换成中国视角，我们可以有全新的认识："中华法系"仍是"中国法治"的主体，因引入"政法"延续于今，因引入专业司法机构的"法制"而现代化。此即"中国法治"。用"西方法制"标准衡量，上述三大传统如此相联，"中国法治"肯定"不健全"，大概永远也不可能"健全"。

以上的论述解释"分权"在中华体制中处于"空中楼阁"地位的必然。尽管缺少"分权"，中华社会却对官员分工的"权限"，对限制官权，存有深刻理解。中国限制官权靠的是"分工"，特别是专门的官员监察机构。近年来，传统监察机构还衍生出了专职的反贪机构。中国用职能"分工"来制衡纠错，并专设限制官员滥权的机构，由来已久。

分工指的是政府权力机构的职能分工。分工不是分权，却是分权的基础，比如司法、行政、立法原本职责不同。分工因不同职责交错重合而产生制衡效果。广泛的分工制衡保障了中华政体的纠错能力，也就保障了其可持续的生存。指责我国当前限制官权的"制度"跟不上官员滥权的"事故"，当然有道理。但"事故"并非由"制度"而生，而来自中国数十年的高速社会变迁。将一切弊端归于"制度"，轻者陷入"制度迷信"，懒于探究制度的社会基础，重者迷信西方"分权制"放之四海而皆准，无视其在欠发达地区失败的实践。

中国的分工制衡与西方的分权制衡各有千秋，乃是两种政治文明分别积累了两千年的结果。实际上，我国政府行政并不必然比西方各国政府更少受到制衡，前述十大类分工制衡手段也未必不如他国精致。没有成文规例和不成文的习惯，没有对皇权和官权的制度约束，无从保障"正义"，中华文明不可能长期走在世界文明的前列，至今仍与世界最强盛的文明比肩而立。

近代以来的学界批判中国皇帝的"无限权力"。血缘继承和皇权嚣张无疑是其被现代社会废除的主因。可粗读国史就会发现，遑论汉唐，哪怕在号称"专制勃兴"的明清两代，皇帝也没有"无限权力"。与宋代禁杀文人、尊重文人的"习惯"大不相同，明朝皇帝曾当廷"杖毙"御史。但御史们居然趋之若鹜，以被"廷杖"为荣，彰显"文死谏"代民说话的正直，以致万历帝以"惧御史"闻名。中华人民共和国的前二十五年是"创制"的特殊时代，大环境几乎等同战争年代。其间的"文革"被说成"个人无限权力"的例证。但仔细想来，若有无限权力，毛泽东何至于发动"文革"，又在生前就咀嚼到"文革"失败的苦涩。

因为不分权，制衡最高层腐败的确是自古以来的大问题。在互联网时代，这个问题的解决已经容易多了，也比制衡向利益集团非法输送利益的腐败容易。近代以来的学界也批判皇权之下中国的"官权"不受限制。"官本位"常被当代人说成万恶之源。可是，倘若中国人民如此"驯顺"，官员大贾眼中的"刁民"、"暴民"、"乱民"传统从何而来，不断的"起义"又从何而来？

中国历朝历代都强调监督官员，规范官权。在世界各大文明中，"国家"制度最早出现于中华。分工制度生于西周，秦汉成型，唐宋成熟，明清细化。唐代杜佑制"通典"，此后"三通"，"九通"，"十通"，制度多承"通典"；考试、监察、兵役、租税，均有明确制度，绝非官员可以任意胡为，否则也不可能产生"父母官"概念和"官本位"文化。

读中国监察制度史可知，传统中国监督规范官员的制度极为细致规整，尤以唐朝规制最为严谨，至今难以超越。中国一朝三百年，并非无由。当然，读史也可感知当今流行"制度迷信"的偏颇。在社会高速变迁中，渴望稳定乃人之常情。但制度是死的，人是活的，出色的制度终究没能制止奢靡和衰败。若把眼光放远，制度生存力的马拉松竞赛波折起伏，哪种制度能给未来大同世界的体制提供更多基因，尚在未定之天。

比起司法分权，分工制衡的涵盖面要宽阔得多。然而，比起刚性的分权制衡，分工制衡的确有较大模糊性和弹性，分散和集中权力的空间都比较宽。此乃中国特有的社会条件使然。首先，中国社会差异远大于任何西方国家。中华民族，世界上人口最庞大的"国族"，生活在辽阔的土地上。汉、回、蒙、藏等多达56个族裔在从乡村到城市，从海岸到高山，从寒冷的北方到酷热的南方生活。差异之大要求权力下放，要求宽容、弹性、逻辑模糊，以化解对抗。而统一不分裂的利益之大又要求权力集中。有逻辑和权力刚性的分权制衡在小国寡民的欧洲和欧洲移民建立的北美能通行。但刚性易折，西方政治文明对抗性强，国家兴衰交替频繁。其次，中国政府需回应的社会需求与西方不同。在西方，选举政治要求政府回应（accountable to）简单、明确、即刻的"选民集团"需求。在中国，民本政治要求统一的执政集团回应"百姓福祉"矛盾需求的统一体，即眼前和子孙后代的需求；部分和整体的需求；发展变化和安定团结的需求。满足"民心"十分艰难。惟其艰难，便催生了高弹性的"分工不分权"纠错制衡机制；还催生了以"民心"为内核，顺其自然的"无为"哲学，有所为，更有所不为，"难得糊涂"。

分工不分权的弹性制衡机制，反映了权力分散与集中的矛盾统一，既包容迅猛的社会变迁，又维持了社会的基本秩序。解码中华政治文明卓越延续能力的关键即在此处。

四　小结

中国的民本政治模式由四大支柱构成：民本主义民主思想，绩优选拔制，统一的执政集团，分工制衡纠错机制。

从结果看，尽管民本模式有很多缺陷，我国政府六十年来相当出色地满足了"百姓"的三类六种需求，即眼下和长远的需求，部分和整体的需求，以及又要发展又要安定团结的需求。就我国政体而言，"民心"仍在，"天命"犹存。

从历史角度看，四大支柱明显传承了中华的传统政治文明，民本模式的土生性和传承性远强于外来性。六十年的历史不算长，但其渊源何止千年。中华历史没有被共产党割断，也没有被传入的西方文明割断。如同中国象形文字在计算机时代依旧生机盎然，中华政治文明也代代相传，生机盎然。

从功能上看，四大支柱有机地连在一起。现代民本主义的民主理念指导核心执政集团，核心执政集团领导绩优选拔制，绩优制支撑特殊的分工制衡制度。抛弃了民本观，后面三个支柱就会相继垮掉。

从性质上看，中国政体不是西方议会政党制，先进、无私、团结的执政集团是中华政体的核心权力机构。政体功能最强大的部分来自这个统一的执政集团，最脆弱之处也在这个集团。当这个集团先进、无私、团结，代表中华全体人民的利益，整个中华民族就势不可当。当这个集团丧失民本理念，官员谋私，涣散分裂，就会成为家庭私利的代表，就会脱离"百姓"，脱离"人民性"，失去民心。一旦执政集团失去民心，就会被人民推翻，致使中国"群龙无首"，一盘散沙，直至诞生一个新的"先进、无私、团结"的执政集团。从性质上看，若称以"人民代表"为主体的现代政治为"民主"，民本模式可称为"人民民主"。

人民民主最突出的特点是"人民性"，即中华"百姓福祉"不可分割的整体性。人民民主不同于当代形形色色的"民主"，如美英以利益集团划分为基础的"自由民主"，以劳资妥协为基础的西北欧"社会民主"，以产业工人为基础的苏联"无产阶级民主"，以部落划分为基础的"部落民主"，以族裔划分为基础的"族裔民主"，以宗教信仰划分为基础的"宗教民主"。我国政体的人民性在于行政网格黏附社会网格，官民一体，共同努力。所以我国比绝大多数发展中国家发展得更快、更平稳。在"人民共和国"的旗帜下，人民政府，人民军队，人民警察，人民银行，人民铁路，人民航空，人民邮政，人民电信，人民矿山，人民体育，等等，都高速追赶当代西方国家的成就，而且不靠掠夺他国人民。世界上最庞大成熟的农民和农耕国家艰难却成功地跟上了工业时代，成为世界最大的工业生产基地。反之，当上述部门丧失了"人民性"，我们的问题就成堆地开始了，呈现所有欠发达国家的重大缺陷。

"人民民主"并不"落后"于"自由民主"。即便我们称各党各派的代表之治为"民治"而非"派治"，此"民治"却未必更能保障"民享、民有"，因为其法定游戏规则就是"派享、派有"。西方民主必须靠分权制衡的"法制"来维持"自由"和生存。没有坚强的西式"法制"维持"自由"，民主就只剩下"多数决"原则，天然不稳定，甚至难以生存。

"多数决"用于解决危机或僵局非常简便。但没有必要神话这个产生"人民代表"的方式，制造思想僵化。世界上采用"绩优选拔"的领域远超采用"多数决"的领域。经济、教育、科技、军队、医疗等领域都不用

"多数决"。即便在政治领域，选拔公务员和法官也不用"多数决"，联邦制是对"多数决"的替代，联合国要是"多数决"机构早就崩溃了。

政治的核心不是"游戏规则"，而是协调和均衡"利益"。承认政府可以被社会利益集团分肥的制度并不普适，谈不上普世的"合法性"。世界人民不可能都同意实行"多数决"，忽略绝对多数相对少数（甚至绝对少数）的"利益"。追求公正廉明地维护和促进"百姓福祉"的民本政府也不"普适"，而是来自缺少社会分化的特殊社会结构，以及这结构沉淀出的特殊社会意识——拒绝强权政治。笔者对"多数决"会成为未来"大同世界"选贤任能的手段深表怀疑。

依宗教信仰把人类分成"基督徒与异教徒"两类，是中世纪的蒙昧主义；依是否有直选把世界分为"民主与专制"两类，是新世纪的蒙昧主义。中国革命的幼稚时期曾接受"共产国际路线"，导致了惨痛的失败。全盘接受"西方民主教"，另起炉灶搞拆故宫建白宫的"政治体制改革"，鼓吹党争，实施"西方民主"，操作多党竞选机制，是"崽卖爷田不心疼"。如此的"政治体制改革"会大幅降低我国政府的质量，导致政治混乱，无中生有地制造社会分裂。我国农村基层"海选"掏空了基层政权，就是个清晰的教训。

如果中国共产党能避免落入台湾式的选举陷阱，厉行法治，走群众路线制止腐败，民本政治模式可望完善、持久。

（来源：北京大学中国与世界研究中心《研究报告》2009 年第 10 期）

中国民主政治建设的基本经验和面临的主要挑战

陈红太[*]

改革开放 30 年中国民主政治建设的基本经验，最根本的就是找到了一条中国特色社会主义政治发展道路。这个道路要点可以概括为：紧紧围绕经济建设这个中心，从经济社会和人的全面发展需要出发，"坚持党的领导、人民当家作主、依法治国有机统一，坚持和完善人民代表大会制度、中国共产党领导的多党合作和政治协商制度、民族区域自治制度以及基层群众自治制度，不断推进社会主义政治制度自我完善和发展"。中国民主政治建设面临的主要挑战是能否始终坚定不移地沿着中国特色社会主义政治发展道路走下去，始终把马克思主义民主政治的基本原理与中国社会主义政治建设实践统一起来，不照抄照搬西方发达国家的政治发展和政治制度模式，在坚持和不断推进社会主义政治制度自我完善和发展的进程中，真正实现人民当家作主的政治理想和为实现经济社会和人的全面发展的社会主义和谐社会而奋斗。

一　中国民主政治建设的基本经验

中国特色社会主义政治发展道路是在不断总结中国民主政治建设实践经验的基础上形成的。其中有三点基本经验值得引起人们的特别注意。

一是中国的政治体制改革和民主政治建设是以经济建设为中心的政治体

---

[*] 作者系中国社会科学院政治学研究所所长助理、教授。

制改革和民主政治建设。不能脱离中国经济建设这个最大的政治问题，发展狭义的政治民主。狭义的政治民主建设要围绕中国经济建设这个中心工作展开，服务于这个中心而不能干扰和妨害这个中心。

邓小平理论包含一种独特的政治视角，就是把凡是关涉人民根本利益和最大利益的问题，都作为政治问题，无论这个问题是在狭义的政治领域，还是在经济社会文化领域。以改革开放为特征的中国经济建设，从一开始党和政府就没有把它仅仅看成经济领域的事情，而是把它看做关系到我们这个国家和民族前途和命运的伟大创新实践。邓小平对此讲得最清楚："所谓政治，就是四个现代化。""就我们国内来说，什么是中国最大的政治？四个现代化就是中国最大的政治。"在邓小平看来，"四个现代化，集中起来讲就是经济建设"。"经济工作是当前最大的政治，经济问题是压倒一切的政治问题。"作为中国最大的政治问题，中国的经济建设就不是仅仅限于社会经济人与物质财富打交道的生产和分配等行为，而是党和政府需要动员整个国家和社会的力量集中精力做好的头等大事。邓小平理论这种独特的政治视角，对于正确定位中国经济建设与中国政治体制改革和民主政治建设的关系，具有指导性。既然中国最大的政治问题是经济建设，中国的政治体制改革和民主政治建设就不能脱离这个最大的政治问题另搞一套。我们不能把政治体制改革、民主政治建设与经济社会的发展和建设割裂开来，要紧紧围绕经济建设这个中心进行政治体制改革和开展民主政治建设。

马克思主义的一个重要原理是经济基础决定上层建筑，生产关系和上层建筑要满足生产力不断发展的变革要求。改革开放以来，中国政治体制改革和民主政治建设实际遵循一条不可动摇的原则，即中国的政治体制改革和民主政治建设要服务于经济建设这个中心。以经济建设为中心，要求中国的政治体制改革和民主政治建设必须服务于经济建设这个大局，必须从经济社会发展和建设的需要出发进行政治体制改革和民主政治建设。经济社会发展和建设对政治体制和民主政治建设提出什么变革要求，政治体制和民主政治建设就要通过制度创新和体制改革满足这些要求。中国政治体制改革和民主政治建设30年的实践也证明，紧紧围绕社会发展主题和解决社会主要矛盾，满足经济与社会发展和变化的多元需求，是中国政治体制改革和民主政治建设非常重要的一条成功经验。1989年党的十三大提出了"以经济建设为中心"的党在社会主义初期阶段的基本路线，政治体制改革的近期目标也相应地确定为"建立有利于提高效率、增强活力和调动各方面积极性的领导体制"。1992年党的十四大把我国经济体制改革的目标确定为建立社会主义市场经济体制，中国的政治体制改革和民主政治建设的主攻方向也随之作了调整。与建立社会主义市场经济体制相适应，从党的十四大到十六大，中国的政治体制改革和民主政治建设主要强调了六个方面：一是保持宏观政治稳定，把坚持和完善社会主义基本政治制度作为政治体制改革和民主政治建设的重点。二是加快与社会主义市场经济体制相适应的法制建设，建立并形成与社会主义市场经济体制相适应的社会主义法律体系。三是改革和完善决策机制，推进决策的科学化和民主化建设。四是加快政府职能转变和政府创新，建立法治政府以满足社会主义市场经济体制和融入世界经济贸易体制的需要。五是推进和扩大村民自治和城镇社区自治，发展基层民主制度，使基层民众真正享有民主选举、民主决策、民主管理、民主监督的权利。六是加强人权保障和司法保护，使在社会主义市场经济体制下的公民充分享有法制保护的权利和自由，使中国的人权状况得到全面的改善。

　　党的十六大以来，中国的政治体制改革和民主政治建设在科学发展观的指导下继续推进。2003年10月党的十六届三中全会通过的《中共中央关于完善社会主义市场经济体制若干问题的决定》提出："坚持以人为本，树立全面、协调、可持续的发展观，促进经济社会和人的全面发展。"科学发展观的提出，揭示了中国经济建设的客观规律，拓展了人们对于发展内涵的认识。发展不仅是经济发展，而且是"以人为本"的发展，是经济社会和人的全面发展，是政治、经济、文化和社会四位一体的发展，是城乡之间、区域之间、经济社会之间、人与资源环境之间、国内发展和对外开放之间的统筹均衡发展，是持久的可持续发展。这样的发展，囊括了中国发展的基本要义，对于中国的政治体制改革和民主政治建设具有非常现实的指导意义。从科学发展观出发，中国的政治体制改革和民主政治建设仍然要坚持以经济建设为中心，但这个经济建设是符合科学发展的经济建设，是坚持"以人为本"、"全面协调可持续发展"的经济建设。在科学发展观的指导下，我国的政治体制改革和民主政治建设，既要随着经济社会发展不断推进和深化，又要与人民政治参与积极性不断提高相适应。"与人民政治参与积极性不断提高相适应"，这要求我们不仅要正确理解"我国仍处于并将长期处于社会主义初级阶段的基本国情没有变，人民日益增长的物质文化需要同落后的社会生产之间的矛盾这一社会主要矛盾没有变"这样一个基本判断，同时，我们还要清醒地认识到"政治参与"已经成为人们生活中的一种基本需要。社会主义市场经济体制的建立和完善，法治意识和人权观念的不断提高，人们在不断享受经济和社会发展进步的同时，民主权利实现的需求和民主参与的积极性也会随之不断提高。一个稳定和优化的政治体制在能够满足人民依法有序的政治参与的同时，还能够通过制度创新满足人们不断增长的、日益扩大的政治参与的各种需求。中国的政治体制改革和民主政治建设就是要与这种不断增长的、日益扩大的政治参与的需求和积极性相适应，使中国的民主政治体制既服务于人民政治参与的需要又对人民的政治参与进行制度规范，实现人民政治参与的制度化、规范化和程序化。

以科学发展观为指导，强调"以人为本"、"全面协调可持续发展"，就是要"扩大社会主义民主，更好保障人民权益和社会公平正义"。既要做到"公民政治参与有序扩大。依法治国基本方略深入落实，全社会法制观念进一步增强，法治政府建设取得新成效。基层民主制度更加完善。政府提供基本公共服务能力显著增强"，并且在以下方面，也应该有所突破：一是加强党的执政制度法制化建设，把党的执政制度作为中国一项基本的政治制度用法制的形式确定下来，使中国共产党的执政制度如同人民代表大会制度、中国共产党领导的多党合作和政治协商制度、民族区域自治制度、基层群众自治制度一样，成为中国政治制度法制化体系中的重要组成部分。二是加强人权保障法制体系的建设。加快制定《最低社会生活保障法》、《医疗救治和救助法》、《公共环境保护法》、《住宅保障法》等项法律法规，落实和完善《就业促进法》、《劳动合同法》、《教育法》、《选举法》、《立法法》、《村民委员会组织法》、《城市居民委员会组织法》等有关法律法规，扩大和完善公民有序政治参与和公民相关权利的法制保障。中国的政治体制改革和民主政治建设，必将在适应科学发展需要的过程中取得更大的成就，发展到新的更高的阶段。

二是中国的政治体制改革和民主政治建设是为了巩固、发展和壮大社会主义民主，也就是人民民主。这种民主以最终实现最广大人民当家作主为宗旨，以党的领导和人民当家作主相结合为本质特征，以民主的制度化和法律化建设为实践路径，努力实现党的领导、人民当家作主和依法治国的有机统一。

社会主义民主是在继承和批判资本主义民主的基础上建立起来的，社会主义民主比资本主义民主有更高的价值追求。社会主义民主在制度设计上要解决资本主义民主难以克服的两个问题：一是要避免资本主义民主存在的国家权力和人民权利的不统一的问题。也就是国家权力在法律上规定人人平等享有，而实际上保障的是私有财产和资本自由的权利。资本和强势集团对权力的垄断和操纵是资本主义民主难于克服的痼疾。二是解决民主与效率之间的矛盾，也就是解决合法性和合理性之间的矛盾。自由主义民主对权力的不信任、时刻提防政府管理权限的扩大伤害到公民个人权利，而市场经济社会又离不开政府对经济和社会的有效需求的供给。社会主义的民主就是要把实现最广大人民真正当家作主和人的全面发展作为奋斗目标，保证国家权力始终为最广大人民服务的性质，又要解决权力无效率、滥用和腐败等问题，最大限度的发挥政府公权力的效能，把人民权利和国家权力统一起来，真正实现民主和集中、民主和效率的统一。社会主义民主的这两方面追求，是社会主义民主对资本主义民主的超越，也是社会主义民主与资本主义民主、个人主义民主的本质区别。

中国人民当家作主的根本追求是实现最广大人民在选举、决策、管理和监督方面的真正的当家作主。具体说来主要体现在三方面：一是主张民主主体的多数性，致力于保障最广大的人民真正享受和享有民主权利，反对国家权力和社会管理权事实上被资本势力、强势集团或少数人垄断；一是主张民主参与的全面性，不仅主张人民对于民主选举的参与，而且主张人民对民主决策、民主管理和民主监督的全面参与；一是主张民主实现的真实性，认为民主的实现是有条件的，不首先实现经济和社会的民主权利和自由，就不能真正实现和保障政治上的民主权利和自由。民主的实现不单单是政治领域的事情，而是与保障和实现人民的经济和社会权利和自由这些条件相关联。

中国共产党的领导就是支持、组织和保证人民当家作主的真正实现。中国的历史经验证明，像中国这样一个超大型国家，没有一个对广大人民负责的、能够团结和凝聚社会各方力量，整合社会各方利益和要求的政治领导核心，国家和社会就会陷入争斗和混乱，结果只能是四分五裂，无法摆脱统分循环、积贫积弱、发展不平衡等历史痼疾，带给人民的只能是痛苦和灾难。像中华民国初期，中国试图搞多党制，结果军阀混战；"文化大革命""踢开党委闹革命"，结果是十年动乱。所以，在中国，若想实现人民当家作主，必须有一个为最广大人民谋利益的先进的领导力量。在这个领导力量的组织和带动下，通过各方协商，在共识和成功经验的基础上制定政策，凝聚人心，循序渐进地把中国的民主政治推向前进。《中国的民主政治建设》白皮书有一段话讲得很好："中国人民当家作主，是在中国共产党领导下经过艰苦卓绝的斗争实现的。中国的民主政治制度，是中国共产党领导中国人民创建的。中国民主政治制度的发展和完善，是在中国共产党领导下进行的。中国共产党的领导从根本上保证了人民当家作主。"

中国共产党的领导与最广大人民当家作主相结合，是中国特色社会主义民主政治的本质特征。但是新中国成立以来，尤其是经过"文化大革命"的十年动乱，中国深刻反思民主政治建设的经验得失，其中最重要的一条，就是没有法制的民主不可能建成真正的最广大人民当家作主的民主，必须使民主制度化和法律化。不仅中国共产党的领导和执政需要法制，人民当家作主更需要法制。法制具有长期性和稳定性，要"依法治国"，"建设社会主义法治国家"。要把中国共产党领导中国人民在实践中创造的好的民主制度和形式，用法制的形式确定下来，并在民主政治实践和制度创新中不断完善和丰富，形成民主制度的长效机制和稳定的民主文化和生活。一方面避免党和国家的政策因领导人的变化和领导人个人意志以及注意力的转移而变化，防止个人专断；另一方面，人民当家作主需要有序的政治参与和完备的制度规范和约束，防止极端民主化和无政府主义，给国家和社会造成混乱。

中国共产党十六大对中国民主政治建设的上述经验作了高度概括，提出："发展社会主义民主政治，最根本的是要把坚持党的领导、人民当家作主和依法治国有机统一起来。党的领导是人民当家作主和依法治国的根本保证，人民当家作主是社会主义民主政治的本质要求，依法治国是党领导人民治理国家的基本方略。""三统一"是中国民主政治建设的根本经验，也是中国特色社会主义民主政治本质的集中体现。努力实践"三统一"，把党的领导、人民当家作主和依法治国统一于社会主义政治建设实践，就能够逐步实现社会主义民主追求的"民主与集中"、"民主与效率"、"民主与公平"、"民主与法制"的高度统一，把社会主义民主制度的优越性充分地展现出来。

三是中国的政治体制改革和民主政治建设是社会主义政治制度的自我完善和发展的过程，是在坚持社会主义宏观政治制度框架不变下的制度发展和制度创新过程。是一个发挥社会主义政治制度的特点和优势、走中国自己的社会主义政治发展道路、在不断完善社会主义政治制度和丰富民主实现形式过程中，把中国政治体制和民主政治建设不断推向新的发展阶段的过程。

如何理解中国政治体制改革的性质？中国的民主政治建设面临的主要问题，是价值选择和制度重构层面的问题，还是原有制度不够完善和实现形式不够丰富层面的问题？对这个问题学界有不同认识。中国国内以及国外的有些学者，否认中国现存的政治制度的民主性，把中国作为权威主义国家或向民主制度过渡的国家。我们认为，这种认识是错误的。我们不认为世界上的民主模式是唯一的，我们主张世界民主的多元发展。认为世界各国人民只有从本国的实际需要出发选择和决定本国的政治制度形式和政治发展道路，才能造福于本国人民。目前世界民主政治的发展经验虽然证明民主的实现形式在许多方面是可以相互借鉴的，并且只有相互吸收才能更好地发展自己，但民主制度的阶级性质、特色和优势仅仅存在于各国民主政治的实际历史进程中，存在于各国的民主文化的生成与发展中，无法用统一的发展模式来概括和推广。

中国的政治体制改革和民主政治建设不存在一个新的民主价值的选择或制度重构问题。民主政治价值层面的问题，中国在新民主主义革命历史阶段已经作出了选择。旧民主主义的共和国方案在中国大陆进行了38年的实验（1912—1949），实践证明这条路走不通。中国人民最终确立了共产党的领导、人民代表大会制度、中国共产党领导的多党合作和政治协商制度、民族区域自治制度，那是根据中国的国情和几千年治乱兴衰的历史经验做出的选择。胡锦涛同志在2004年庆祝中国人民政治协商会议成立五十周年的大会上的讲话中有这样一段话："中国共产党和中国人民在长期实践中，经过反复探索、不断总结，逐步建立起适合中国国情的社会主义政治制度，主要是人民代表大会制度、中国共产党领导的多党合作和政治协商制度以及民族区域自治制度。这些制度，集中体现了我国社会主义民主政治的特点。发展社会主义民主政治、建设社会主义政治文明，最重要的就是坚持好、发展好这些制度。"所以，中国的政治体制改革和民主政治建设本质上是中国社会主义民主政治制度的自我完善和发展。中国的政治体制改革和民主政治建设，就是要在以经济建设为中心的伟大的现代化建设实践中，不断完善社会主义政治制度，丰富民主的实现形式，拓宽民主的实现渠道，不仅满足经济社会发展和建设的现实需求，也满足人民政治参与不断增长的积极性的现实需求。也就是说，中国的政治体制改革和民主政治建设，最重要的就是完善和发展中国共产党的领导和执政制度，完善和发展人民代表大会制度，完善和发展中国共产党领导的多党合作和政治协商制度，完善和发展民族区域自治制度，完善和发展基层群众自治制度。同时还要进一步优化和改善我国的政府行政体制、司法体制、科学和民主的决策机制、权力监督制度和机制。这些基本的政治制度以及相关制度和实现形式，具体地体现了党的领导、人民当家作主和依法治国的有机统一，改革开放 30 年经济和社会发展取得的巨大进步也证明了这些制度不仅符合中国国情、而且有巨大的优越性，不仅为发展中国特色社会主义民主政治奠定了坚实的制度基础，也为以经济建设为中心的中国现代化建设提供了坚实的制度保障和政治基础。当然这些制度的实际运作，同我国经济社会发展的新要求，同保障人民民主权利、维护社会公平正义的新要求，还有一些不适应的地方。要通过改善政治体制、鼓励制度创新，把经过实践证明的能够反映人民意愿、代表人民利益、维护人民权益的制度创新和实现形式，用法律和制度确定下来，使我国民主政治不断地走向制度化、规范化和程序化。这是中国政治体制改革和民主政治建设的基本实践路径。

二　中国民主政治建设面临的主要挑战

中国特色社会主义政治发展道路已经基本明确，目前关键是能否按照这条道路坚定不移地走下去。这里要点主要也是三条。

一是坚定不移地使政治体制改革和民主政治建设与经济社会和人的全面发展需要相适应。避免把政治体制改革和民主政治建设与经济社会和人的全面发展需要割裂开来，不从经济社会和人的全面发展需要出发，仅仅从狭义的政治民主需要出发，或从领导者的个人意愿以及过时的经验出发进行政治体制改革和民主政治建设。

对邓小平广义的政治观和为什么政治体制改革和民主政治建设要与经济社会和人的全面发展需要相适应，人们在理解上会产生一些疑问。从狭义的政治民主需要出发，实现人民民主，通过制度化、规范化和程序化设计，真正落实人民在选举、决策、管理和监督方面的民主权利，这就是我们进行政治体制改革和民主政治建设所要达到的目的，为什么还要附加"以经济建设为中心"这样的条件呢？马克思主义唯物史观的一条重要原理告诉我们："一切社会变迁和政治变革的终极原因，不应当在人们的头脑中，在人们对永恒的真理和正义的日益增进的认识中去寻找，而应当在生产方式和交换方式的变更中去寻找。"我们为什么要进行政治体制改革和民主政治建设？它的真正的社会发生动因是什么？能不能简单地理解为人民对政治权利或政治参与的需求？如果我国的政治体制改革和民主政治建设的动因，仅仅限于狭义的政治民主，而不涉及最广大人民根本利益和最大利益的经济建设这个广义的政治领域，那么，进行政治体制改革和民主政治建设就不应该附加"以经济建设为中心"这样的条件。而事实上，在国家层面，中国政治体制改革和民主政治建设一以贯之的动因，始终是中国以经济建设为中心的现代化建设，始终是为了解放和发展社会生产力、调动一切积极因素为社会主义现代化服务。这就是邓小平所说的"国内外阶级斗争的大局"和"人民在现实中的根本利害"。正因为如此，我们可以给出这样一个判断：无论是整个国家或某一个地方，如果社会的主要矛盾仍然是"人民日益增长的物质文化需要同落后的社会生产之间的矛盾"，那么，我们进行政治体制改革和民主政治建设就要坚持以"经济建设为中心"，绝不能脱离经济建设这个最大的政治问题，单方面地发展狭义的政治民主。狭义的政治民主建设要围绕经济建设这个中心工作展开，绝不能把政治体制改革和民主政治建设与经济社会和人的全面发展需要割裂开来。

坚定不移地使政治体制改革和民主政治建设与经济社会和人的全面发展需要相适应，不是简单的理论问题而是实践问题。政治建设与经济社会建设一样，有一个可持续发展的问题。单方面的或者脱离经济社会和人的全面发展需要的政治体制改革和民主政治建设，虽然可以暂时地调动人民政治参与的积极性、主动性和热情，如搞民主选举试验、民主监督测评，民主决策论证会，建立民主管理和理财小组，等等，但是如果这些民主实践，不是经济社会发展和建设提出的必然需求，不是人民政治参与和保障民主权利的现实期待，而是领导个人的意愿或想搞成民主建设政绩工程，那么这样的政治体制改革和民主政治建设就不具有长久的可持续性。经验证明，凡是不与经济社会发展和建设需要相统一的政治体制改革和民主政治建设，凡是不与人民政治参与积极性不断提高相适应的政治体制改革和民主政治建设，到头来都是不能长久的。往往是人在政存，换了领导人，先前搞的那一套也就停止了，所谓"人走政息"。所以，政治体制改革和民主政治建设问题的提出和发生动因，一定是经济社会发展和建设的现实需要，一定与人民政治参与积极性不断提高相适应。这样的政治体制改革和民主政治建设才有持久的生命力，才能可持续发展。

另一种倾向是经济社会发展和人民政治参与积极性不断提高，对政治体制和民主政治提出了迫切的改革和建设需求，如经济社会已发展到必须建立新型的干群关系、新型的政府与社会的关系才能使政治体制与经济社会发展需要相协调，现有的体制机制已远远不能满足人民参与民主选举、民主决策、民主管理和民主监督的需要，人民迫切需要改革，而我们的干部和领导者直到这时仍坚持原有的体制机制，除非到了工作无法开展，各种矛盾激化到影响社会政治稳定，才被迫进行政治体制改革和民主政治建设。这种极其被动的变革局面是不可取的。我们要变被动的改革和制度创新为主动的改革和制度创新。要敏锐地洞察经济社会发展和建设的现实需求，敏锐地洞察人民不断提高的政治参与的积极性的期待和诉求，敏锐地洞察人民对于权利保障的需要，恰如其时地进行体制机制改革和民主制度创新，真正做到使政治体制改革和民主政治建设"随着经济社会发展不断深化"，"与人民政治参与积极性不断提高相适应"。

　　还有一点需要提及的是,如何看待邓小平在改革开放初提出的"权力高度集中"、"家长制"等问题?至今仍然有学者认为,"邓小平1980年指出的党和国家领导制度的弊端基本没有改变"。"党政不分问题有某种曲折和强化趋势。""党内个人集权的问题并未从实质上加以解决。"如果抛开中国经济社会关系发生的深刻变革,单纯从某个单位和个别地方而言,上述的判断也是事实。但这个问题要放在中国改革开放30年这个大背景和历史进程中来认识。我们要看到,以下变化也是不争的事实:中国社会主义市场经济的建立,民间社会因素的大大增长,已经使计划经济时代的国家和社会的权力结构发生了根本性变化,执政党权力所及,主要在体制内,很难影响到体制外;民主法制化建设的历史性进步,党和国家在决策权、执行权和监督权行使过程中的民主参与的不断扩大,制度化、规范化和程序化的不断增强,也使执政党的权力职能受到大大的分解和优化;在一些经济社会比较发达和民主政治建设先进地区,在村民自治和社区自治制度落实得比较到位的地方,党的领导和政府的作用不是过于集权的问题,而是探索如何优化和有效发挥作用的问题等。总之,中国经济社会发生的深刻变革,已经使权力高度集中、家长制这一在改革开放初在政治领域最突出的问题,发生了较大的变化或转化为新的问题。中国经济社会和人的全面发展的需求、公共需求供给不足的矛盾上升,各地区发展不平衡和贫富分化问题的加重,环境、资源与可持续发展的矛盾的突出,都使我国社会政治领域的主要矛盾发生新的情况和变化。我国的政治体制改革和民主政治建设要适应变化了的新情况,不能片面地固守30年前的经验和问题,要针对实际需要迫切解决的问题深化政治体制改革、推进社会主义民主政治建设。

　　二是坚定不移地把党的领导、人民当家作主和依法治国统一于政治体制改革和民主政治建设实践。避免淡化或者单一强化"三统一"中的任何一点的倾向。要反对以人民当家作主之名行无政府主义之实,以强化党的领导之名掩盖个人或少数人专断之实,以实行依法治国之名,倾向于西方宪政主义之实。

　　能不能坚定不移地把党的领导、人民当家作主和依法治国统一于政治体制改革和民主政治建设实践，是我国的政治体制改革和民主政治建设能否坚持正确的政治方向和社会主义民主政治本质的最集中的体现。社会主义民主政治的本质要求是人民当家作主，但在真正实现人民当家作主的整个历史进程中，中国社会主义初级阶段民主政治的本质体现是三要素，而不是一个要素。党的十六大报告讲得很清楚："发展社会主义民主政治，最根本的是要把坚持党的领导、人民当家作主和依法治国有机统一起来。党的领导是人民当家作主和依法治国的根本保证，人民当家作主是社会主义民主政治的本质要求，依法治国是党领导人民治理国家的基本方略。"党的十六大的这一结论，不仅是对改革开放以来我国社会主义民主政治建设经验的正确总结，更是近代以来中国人民为追求人民民主所进行的百年奋斗历史的经验结晶。

把党的领导、人民当家作主和依法治国统一于政治体制改革和民主政治建设实践面临的最重大的挑战是如何保持党的领导的科学性、民主性和法治性，从执政的视角就是如何实现党的科学执政、民主执政和依法执政。科学执政就是坚持和发展一切从实际出发、实事求是、在实践中发现真理和检验真理的马克思主义历史唯物主义，使党的执政决策保持正确；民主执政就是坚持和发展党的群众路线的光荣传统，坚持为人民执政、依靠人民执政，支持和保证人民当家作主，坚持和完善民主集中制，以党内民主带动人民民主；依法执政就是不断推进党的执政法制化建设，使党不仅正确地领导立法，而且模范地遵守法制和保证法制的执行。确立把科学、民主和法治贯穿于党的执政过程，这样高的执政目标任何资本主义国家的执政党都是做不到的。科学执政、民主执政和依法执政是中国共产党与世界上其他各种类型的执政党的本质区别。科学执政、民主执政和依法执政是中国共产党先进性的具体体现，是作为执政的共产党先进性建设的基本要求。能否做到科学执政、民主执政和依法执政，是人民当家作主和依法治国能否真正得到保证的基础和前提。所以"三统一"，说到底最根本的是党的领导能否做到科学性、民主性和法治性，也就是能否做到科学执政、民主执政和依法执政。人民民主的制度化和法律化建设，最迫切的是党的执政的制度化、规范化和程序化建设。只有党的执政的制度化、规范化和程序化建设好了，人民当家作主的制度化、规范化和程序化建设才能得到切实的保证。

　　在社会主义市场经济条件下，如何保障最广大人民在国家和社会中的主人翁地位，切实保障他们的政治、经济、文化和社会权利，不仅需要在政策上加以扶持，更应在制度建构上加以完善和创新。目前，党和政府对发展中不断扩大的贫富分化和利益分化已经引起高度重视，提出了"扩大公共服务，完善社会管理，促进社会公平正义，努力使全体人民学有所教、劳有所得、病有所医、老有所养、住有所居"、"建设服务型政府"等目标和措施。科学发展观虽然从宏观政策上对贫富分化和利益分化的不断扩大、公共服务的缺位和非均等化等作出了回应，但在社会主义市场经济条件下，如何抑制资本和强势利益集团对权力的侵蚀和主导，保障国家和政府权力服务于最广大的人民，使全体人民共享改革开放和经济社会发展的成果，实现共同富裕和公正发展，还需要党和政府做更多的工作。在市场经济条件下，经济上的依附必然带来政治上的依附。经济社会地位的不平等，政治上就很难实现平等。所以，我们一定要坚持共同富裕的目标，努力创造实现社会主义经济和社会平等的条件，为真正实现最广大人民当家作主的政治理想打下坚实的经济和社会基础。

　　把党的领导、人民当家作主和依法治国统一于政治体制改革和民主政治建设实践，还面临三种倾向的挑战：一是以人民当家作主之名行无政府主义之实。把人民当家作主单纯地理解为一切都由自治组织说了算，什么党的领导、依法治国统统抛在脑后。认为只要绝大多数民众决定的事情，无论党和政府是否同意或是否符合法制，都可以做。把自治组织的局部利益与党和政府代表的国家和社会的全局利益对立起来，把自治组织的自治行为与国家法制规范对立起来。这样的"人民当家作主"，不是社会主义民主政治追求的人民当家作主，实质是极端民主化和无政府主义，其结果也往往是人民的权力被社会少数强势集团控制和垄断，人民当家作主徒具形式。一是以强化党的领导之名掩盖个人或少数人专断之实。我们党的根本制度是民主集中制。民主集中制的本质是民主和集中的结合，民主和效率、民主和公平的统一。党的领导机制就是在民主基础上的集中。但是集中不能成为某些个人或少数人搞专断的口实。有的人以"集中"为名，完全不顾及最广大人民的意愿，无论在决策环节、还是执行和监督环节，以少数所谓社会精英群体为主体，把民主选举、民主决策、民主管理和民主监督完全变成少数所谓精英人物和群体实现权利诉求的舞台。尤其是打着以加强党的领导为名，不仅用党委领导代替人民代表大会的权力，垄断用人权和决策权，甚至在基层群众自治中垄断决策前的提案权和听证权，把党的领导变成了个人或少数人的专断。一是以实行依法治国之名，倾向于西方宪政主义之实。中国社会主义民主的本质是党领导人民依法当家作主。无论"民主法制化"还是"依法治国"，归根到底都是党领导人民治理国家的基本方略，是为了使党的领导和人民当家作主制度化、规范化和程序化。任何时候任何情况下，社会主义民主都不会实行脱离党的领导和人民当家作主的"法治"。有些人认为"三统一"不是把党的领导、人民当家作主和依法治国统一于社会主义政治建设的实践，而是统一于社会主义法治。认为只有实行法治主义的"宪政"，才能从根本上保障私人财产权和自由权免受国家公权力的侵犯。社会主义民主政治建设的根本目标是实现最广大人民真正当家作主，而不是为了实现对少数人的人权保护。个人权利和自由要服从人民民主和国家利益是我国自近代以来，千千万万先进的中国人追求民主共和至今不变的主题。

三是坚定不移地不断推进社会主义政治制度的自我完善和发展。坚持、完善和发展社会主义基本政治制度。避免淡化或者抛开我国现有的基本政治制度资源，按照所谓的"普世价值"和"统一发展模式"另搞一套。要警惕个人主义和自由主义的民主价值观和制度模式对我国的政治体制改革和民主政治建设实践的负面影响。

能否走出一条中国特色的社会主义政治发展道路，坚持和完善社会主义基本政治制度是前提和基础。这些基本政治制度体现了中国人民经过长期革命斗争和实践检验对人民共和国理想的历史追求和选择，轻言抛弃或动摇这些基本的政治制度起码是对先辈为之奋斗的历史的不尊重。历史上的任何改制都是由于当下的制度对经济和社会发展，尤其是对解决社会矛盾和冲突无能为力，不改制原有的社会秩序就无法维持下去。还没有哪个国家和执政集团，在当下的制度能够大大促进生产力的发展，人民生活水平大幅度提高，国家实力日益强大的情况下，莫名其妙地放弃原有成功的制度体制去另搞一套。中国改革开放以来，创造了连续30年经济快速增长的奇迹，党提出的科学发展观为解决目前发展中存在的问题提供了可期待的愿景，社会主义政治制度不断完善并努力实践创造新的人民广泛参与政治生活的机制和形式，我国的政治体制不仅为经济和社会的平稳和快速发展提供了稳定的制度环境，为人民不断提高的政治参与的积极性和权利诉求提供制度平台和疏通渠道，而且通过大灾大难的考验不断体现它的优越性和发展潜力，在这种情形下，我们没有理由不坚持我国的基本政治制度。非要全盘否定，搬来一种不确定的制度模式，拿 13 亿人的前途和命运做实验，这是绝对不行的！

目前对我国基本政治制度提出的最大挑战莫过于"自由民主价值的普世主义"和"民主发展模式趋同论"。美国学者福山 1989 年撰文提出"历史终结论"，认为西方式的自由民主制度是人类政府的最终形式，这是意识形态的终结点，也是历史发展的终结点。断言资本主义和自由民主已获得最终胜利。诺贝尔经济奖获得者印度人阿马蒂亚森在 1999 年也发表题为《民主作为普世价值》的论文，对 20 世纪自由民主作普世价值的论证。尽管西方学者对福山的论断并不都表示认同，有的学者主张西方文化的一些要素为西方社会所独有，未必能在其他文明体系扎根，但一些学者的实证研究表明，非西方社会对民主的内在价值（如平等参与、自由人权）已普遍接受。这种西方自由民主的普世主义，对中国的学界影响甚大。尽管主张全盘照抄照搬西方民主制度模式的人很少，但持"民主普世价值"论者甚多。或认同观念层面的民主普世价值论，或主张相对有限民主普世价值论。不把民主放在具体的时空条件下和具体的历史发展进程中去讨论，不从不同历史时期、不同政治组织体追求的民主的不同价值定位和功能来讨论民主问题，不从民主的阶级性、科学性和实践性的有机统一的视角理解民主问题，必然会得出民主具有普世价值的结论。而从抽象的价值层面讨论民主问题，不从经验层面讨论民主问题，这个"民主"不是客观真实存在的民主，而是存在于人们头脑中或意识中的"民主"，这个"民主"不具有历史性、实践性和阶级性。从抽象层面认知的"民主"，不经过实践检验证明符合中国经济社会和人的全面发展需要的"民主"，不能作为中国民主政治建设的政策起点和实践向导。

西方社会普遍认为，民主的一般实现形式包括普选、多党竞争、权力制衡、社团自治等，多元主义民主论的代表美国学者达尔把理想的民主定义为五项标准：有效的参与、投票的平等、充分的知情、对议程的最终控制、成年人的公民资格。并且认为，现代代议民主制度包括：选举产生的官员，自由、公正、定期的选举，表达意见的自由，多种信息来源，社团的自治，包容广泛的公民身份。这些基于西方社会政治实践总结的一般民主知识，对人们认识西方民主的一般性或共同性有一定帮助，但西方搞的是个人主义、自由主义的民主，与我国实行的人民民主有本质的区别。邓小平在改革开放初就指出："一定要把社会主义民主同资产阶级民主、个人主义民主严格地区分开来，一定要把对人民的民主和对敌人的专政结合起来，把民主和集中、民主和法制、民主和纪律、民主和党的领导结合起来。"邓小平一贯坚持社会主义民主政治建设要在党的领导、法制、纪律、秩序下进行。他认为："不要社会主义法制的民主，不要党的领导的民主，不要纪律和秩序的民主，绝不是社会主义民主。"《中国的民主政治建设》白皮书把中国社会主义民主政治特色概括为四点："中国的民主是中国共产党领导的民主，是由最广大人民当家作主的民主，是以人民民主专政作为可靠保障的民主，是以民主集中制为根本组织原则和活动方式的民主。"中国共产党的十六大和十七大，对中国社会主义民主的本质、基本制度、实现路径、发展动力和发展道路等问题都作了明确的阐述，尤其是对中国民主政治的根本性质和中国特色社会主义政治发展道路的揭示，为中国政治体制改革和民主政治建设指明正确的方向。我们认为，不仅主张照抄照搬西方民主制度模式的言论可以休矣，中国特色社会主义政治发展道路的形成和日益深入人心，也必将给民主普世价值的讨论画上一个句号。

但还应清醒地看到，抽象一般的民主知识，甚至西方民主制度模式对我国政治体制改革和民主政治建设实践还是有某种程度的影响。比如把民主政治建设仅仅理解为普选权的落实和普选制度的实行，一些地方进行的民主政治实践，总是在选举方面做文章，把选举和授权作为民主实验的唯一选择；一些地方进行民主政治创新，不懂得如何充分利用现有体制内的制度资源，不懂得如何在完善基本政治制度上做足文章，不懂得如何在法制框架内进行民主形式和机制创新，而是淡化或抛开现有政治制度框架和资源，进行与现有体制冲突的体制外探索；一些地方政府体制改革，完全抛开政府的人民性质，只讲政府的公共性，把许多本该由政府承担的对最广大人民责任的职能，统统地推向市场，忘记了自己的政府前面还有"人民"这样的限定词；还有的把民间社会因素的发育与党和政府的积极作为对立起来，认为党和政府就应该从正在发育的公民社会退出来，建立完全自治、政府权力和党的领导不能进入的自由社会，等等。这些做法和认识，我们或多或少都可以看到自由主义民主价值和制度模式的影响和误导。实践证明，脱离中国政治制度框架和经济社会发展需要的体制改革和民主政治建设，其结果大多和政治作秀相仿，风行一阵就烟消云散了，没有生命力。所以我们一定要深刻领会我国的政治体制改革是社会主义政治制度的自我完善和发展，而不是在现有基本政治制度之外另搞一套。照搬西方制度模式和从所谓的"民主普世价值"出发所进行的民主实践，不符合中国特色社会主义政治发展道路，在中国这块社会主义的土壤中，是不会真正扎根和茁壮成长的。我们要积极借鉴吸收人类政治文明的一切成果，但中国有生命力的民主必然深深扎根于中国这块古老而又现代化的大地上。

总之，改革开放 30 年来中国政治体制改革和民主政治建设取得的最基本经验是找到了一条符合中国国情、能够满足中国现代化建设需要的社会主义政治发展道路；中国政治体制改革和民主政治建设面临的最大挑战就是挑战这条道路。能否始终不渝地坚持走中国特色社会主义政治发展道路，始终坚定不移地贯彻执行中国特色社会主义政治发展必须坚持的各项原则，在中国共产党领导人民依法当家作主的伟大政治实践中，不断创造具有中国特色的社会主义民主政治实践经验和制度形式，丰富人类现代政治文明，这不仅是对中国共产党人的挑战，更是时代赋予我们这个民族的光荣使命。

（来源：《政治学研究》2008 年第 4 期）

中国特色社会主义政治发展道路

胡　伟[*]

政治体制改革是实现社会主义政治制度自我完善和发展的重要途径。归结到一点就是：我国的政治体制改革和民主政治建设，必须走中国特色社会主义的政治发展道路，创造中国自己的民主模式。同时，社会主义政治制度只有在对人类政治文明成果的继承和扬弃的基础上，才能不断自我完善和发展。

新中国成立 60 年的沧桑巨变，带来诸多值得深入研究和探讨的问题。其中，如何审视和估价新中国成立以来的政治发展，以及中国的政治发展应当走什么道路，是一个备受关注的话题。必须看到，新中国成立以来，特别是改革开放以来，我国社会主义民主政治建设取得了巨大的历史成就。中国特色社会主义政治发展道路，是我国发展社会主义民主政治的正确道路。其次也要看到，继续推进我国的政治发展，努力建设社会主义民主政治，也是我国社会主义现代化建设的当务之急。

一　我国社会主义民主政治建设的历史成就

1949 年中华人民共和国的成立，是中国和世界历史上里程碑式的重大事件，也掀开了我国社会主义民主政治建设新的一页。

新中国的成立，赢得了中华民族的独立和主权，从而为中国民主政治的发

＊　作者系上海交通大学国际与公共事务学院院长、教授。

展奠定了现代民族国家的政治基础。民主是一种国家制度、国家形态。纵观现代民主政治的历史，首先完成民族国家构建然后开始民主化的进程，反映了政治发展的一般逻辑。在中国，国家的独立和主权，不仅是近代以来多少仁人志士梦寐以求、前仆后继的渴望，也是现代民主政治建设的必要条件。

新中国的成立，确立了我国社会主义民主政治的基本制度规范，形成了包括人民代表大会制度、中国共产党领导的多党合作和政治协商制度、民族区域自治制度以及基层群众自治制度在内的制度体系，确定了国家、公民、政府、政党、民族的基本关系，为我国的社会主义民主政治奠定了基本的制度框架和基础。改革开放以来，我们党深刻认识到了"没有民主就没有社会主义，就没有社会主义的现代化"，在社会主义民主政治建设方面取得了前所未有的进展。

第一，废除领导干部职务终身制，实现了最高领导职务的有序更迭。职务终身制以及权力的无序更替，是中国几千年传统政治的遗产，也是国际共产主义运动长期没有解决的问题。1982 年党的十二大率先提出，党的各级领导干部"职务都不是终身的"，开始着手解决领导干部职务终身制的问题，并逐步实现了党和国家最高领导职务更迭的制度化和有序化。针对后来出现的领导干部通过换岗依然任职过长的问题，中央在 2006 年又规定各级正职领导干部担任同一层次领导职务累计以 15 年为限。这些措施使领导职务具有明确的任期，职务更替具有可预见性，解决了困扰传统中国上千年和国际共产主义运动近百年的顽疾，是我国民主政治建设一个划时代的伟大成就。

第二，人民代表大会的权威得到加强，社会主义法治国家建设取得了前所未有的进展。改革开放以来我国民主政治建设的一个显著成就，是作为新中国根本政治制度的人民代表大会制度的作用得到提升，并提出了"依法治国"的方略。全国人大常委会职权扩大、县级以下人大代表直选、县级以上地方人大设立常委会等重大改革，为人大的崛起奠定了制度框架。到 2008 年，我国现行法律已有 229 件，地方性法规 7000 多件，现代法律体系基本成型。人民代表大会制度的加强和完善，为我国的民主政治建设起到了基础性工程的作用。

第三，基层民主选举和自治启动，亿万人民亲历了民主政治的实践。1980

年初，广西屏南乡合寨村经村民自发投票选举，产生了中国历史上第一个村民委员会，由此拉开了村民自治的序幕，并被1982年新宪法所确认。其后，被称为"草根民主"的村民自治全面铺开，《村民委员会组织法》1987年试行，10年后经修订正式实施。与此同时，包括"海选"在内的农村基层民主探索不断涌现，引起了国际社会的高度关注。改革开放30年，我国农村普遍完成了六至七届村委会选举，平均参选率约80%。这些实践改变了中国传统的村治模式，让数亿农民卷入了民主化的洪流，并对城市产生了辐射作用。城乡基层自治被视为改革开放后我国民主政治实质推进的一大亮点。

第四，公民社会开始发育，社会政治参与和舆论监督逐步扩大。伴随着市场经济的发展，我国的公民社会初露端倪，各种民间组织和社团如雨后春笋般成长起来，在社会保障、国民教育、环境保护、公民维权等领域发挥着越来越大的作用。公民社会的成长为政治参与、权力制约和舆论监督开辟了新的空间，出现了民告官、决策听证、新闻监督、网络民主等新生事物。这一切既得益于我国民主发展的良好环境，也为社会主义民主政治注入了强大的动力。

第五，党内民主建设提上了重要的议事日程，集体领导体制不断完善。改革开放后我们党吸取了权力过分集中的教训，在加强集体领导、发展党内民主方面取得了可喜的进步。执政党的民主建设至关重要，其中差额选举的引入尤为关键。1987年党的十三大对中央委员会的预选实行了候选人多于应选名额5%的差额选举，这是新中国成立后党内民主的一大突破。2007年党的十七大上，中央委员的差额选举比例又进一步扩大到8.3%，候补中央委员的差额比例扩大到9.6%，党内民主在高层得到实质性推进。通过发展党内民主积极推动人民民主的发展，不仅成为我国民主化的大战略，而且构成了民主化的新实践。

二 政治体制改革是社会主义政治制度 自我完善和发展的重要途径

在充分肯定新中国成立以来特别是改革开放以来我国民主政治建设巨

大成就的同时，也要清醒地认识到，这些成就同我国的现代化进程相比，同我国经济社会发展的新形势相比，同保障人民权利、维护社会公平正义的新要求相比，还存在一定的距离；我国的政治体制还有一些不适应的地方，需要进一步加以改革；我国存在的一些深层次的矛盾和问题还需要通过进一步深化政治体制改革来解决。

无产阶级政党在取得政权并建立社会主义制度后，必须探索社会主义制度自我完善和发展的路径。任何新生事物都有一个从小到大、由弱到强、逐步发展的过程。社会主义制度作为人类历史上崭新的社会制度，与历史上出现过的其他社会制度相比，是一个新生事物，亟待自我完善和发展。

在我国的各项改革中，政治体制改革具有特殊重要的意义。政治体制改革是实现社会主义制度自我完善和发展的重要方面、强大动力和基本途径，也是深化经济体制改革的基础条件和重要前提之一。改革开放以来，我国的民主政治发展取得了相当大的成就，但也应当看到，当前的民主政治建设还不够适应市场经济的发展，还不能满足社会和现实的需要，特别是腐败现象在一定范围内仍十分严重，一些党政官员的权力无法得到有效的监督和制约，广大党员和群众政治参与的渠道和机制还不健全，决策民主化的目标尚未实现。这些现象的存在严重损害了党群关系和干群关系，也制约了社会主义市场秩序的最终确立以及科学发展、社会和谐的实现。

要解决这些问题，就必须推进政治体制改革；完善和发展社会主义政治制度，也必须进行政治体制改革。社会主义改革必须是全面性、整体性的改革。发展社会主义民主政治是我们党始终不渝的奋斗目标。要贯彻通过发展党内民主积极推动人民民主这一我国社会主义民主政治发展的大战略，继续积极稳妥、扎实有效地推进党内民主和人民民主的建设。

必须认识到，在目前错综复杂的国际环境下，在世界上社会主义与资本主义同时并存的历史条件下，在当代国际共产主义运动遭受严重挫折的特殊背景下，社会主义与资本主义开展的不仅是经济实力的竞争，而且是政治制度的竞争。社会主义要在21世纪立于不败之地，不仅要创造出比资本主义更高的经济增长率和生产力，而且要建设高度的社会主义民主政治。

三　坚持走中国特色社会主义政治发展道路

在深刻体会我国政治体制改革的重要性、必然性和紧迫性的同时，也要清醒认识到，政治体制改革的目的是促进社会主义政治制度的自我完善和发展，而不是改变社会主义的基本政治制度和中国共产党的领导地位。因此，推进我国的政治体制改革，必须坚持中国特色社会主义政治发展道路，坚持党的领导、人民当家做主、依法治国有机统一，坚持和完善人民代表大会制度、共产党领导的多党合作和政治协商制度、民族区域自治制度以及基层群众自治制度，而不是照抄照搬西方的模式。

我国政治体制改革为什么不能照抄照搬西方的模式，而必须坚持走自己的路？这首先是由我国社会主义的制度属性所决定的。社会主义民主政治是区别于资本主义民主政治的新型民主形态。在民主政治的主体地位上，社会主义否定了政治生活中少数剥削阶级对广大劳动人民的统治，使政治民主的主体性扩展到了大多数民众。社会主义国家之所以要坚持共产党的领导，就是为了保证广大人民当家做主。因此，我国进行政治体制改革，必须高扬社会主义民主的旗帜，也必须坚持共产党的领导。

其次，我国政治体制改革之所以要坚持走自己的路，是由我国特殊的国情和经验所决定的。在西方的中国研究中，曾盛行所谓的"中国例外论"，这说明中国的确有着极其特殊的国情，不能按照西方的逻辑去看待。中国不仅幅员广、人口多、底子薄、发展极不平衡，而且文化传统独特。世界上没有一个国家在民主政治建设上会遇到像中国这样大的困难，我们也没有一个现成的民主模式可以模仿。另外，我国现代化建设的经验也表明，与世界其他一些实行多党竞争的国家比较，我国坚持共产党领导具有制度上的比较优势。我国国情的特殊性和制度的有效性，证明中国应当坚持走自己的路。

最后，我国政治体制改革之所以要坚持走自己的路，也是一个崛起的世界大国的国际责任和地位所决定的。一个世界大国对人类的最重要的贡献，就是发展模式的创新、民主模式的创新。近年来随着中国的崛起，有关"中国模式"的探讨方兴未艾。世界银行、联合国的有关机构把中国作为"样板"向发展中国家推荐,许多发展中国家也开始使用"中国模式"的概念。中国的政治体制改革和民主政治建设不需要照抄照搬其他国家的模式,而是要创造自己的"中国模式",从而为人类作出更大的贡献。

当然,坚持走自己的路,注重中国特色、中国国情和中国模式,并不等于也不应该去排斥和抹杀人类政治文明的有益成果。社会主义政治制度只有在对人类政治文明成果的继承和扬弃的基础上,才能不断自我完善和发展。我国的政治体制改革和民主政治建设,必须进一步解放思想、实事求是、与时俱进,正确分析和判断政治文明的特殊性,绝不照抄照搬西方的模式,敢于并善于借鉴人类民主实践的一切优秀成果,从而更好地坚持中国特色社会主义的政治发展道路,把我国的政治体制改革和社会主义民主政治建设不断推向前进。

（来源:《文汇报》2009 年 10 月 12 日）

社会动员、自主参与与政治整合

——中国基层民主政治发展 60 年研究

徐　勇[*]

中国社会主义民主具有双层结构的特点：在国家政权组织层面主要实行"代表制民主"，即由各级人民代表行使管理国家和社会事务的权力；在与人民日常生活直接相关的基层领域实行直接民主制，由人民直接参与基层公共事务的管理。[①] 经过 60 年的历程，中国已形成由广大人民群众直接参与的基层民主体系，中共十七大报告就将基层群众自治制度作为中国特色社会主义的四项政治制度之一。而在这 60 年里，基层民主的发展有什么特点，其基本经验是什么，发展方向又如何？本文试图对此作一探讨。

一　1949—1978：动员式民主与政治整合

近代以来，中国经历着由传统农业社会向现代工业社会的转变。在这一历史转变中，政治社会面临着双重任务：一是在一个城乡分割、上下阻隔的分散社会里，进行最广泛的社会动员和社会组织，形成整体政治力量；二是对新出现的社会分化和社会差别进行政治整合，建构新的政治一体化体系。而民主在实现这一双重任务中扮演着重要角色，这同时也形成了中国基层民

---

　* 作者系华中师范大学政治学研究院院长、教授。

　① 参见徐勇《基层民主：社会主义民主的基础性工程——改革开放 30 年来中国基层民主的发展》，《学习与探索》2008 年第 4 期。

主进程的前提与特点。

民主是一个外来的名词，也是具有现代性的名词。在中国，民主与革命和政党联系在一起，即通过民主主义革命推翻专制统治，建立民主国家。在这一过程中，现代性的革命政党发挥着关键作用。近代以来出现的中国国民党和中国共产党都是以民主为自己的旗帜，因此有了旧民主主义革命和新民主主义革命之说。国民党及其前身之所以后来未能保持其革命领导权，进而成为新民主主义革命的对象，在相当程度上是因为它始终只是一个悬浮在上层的政党组织，而没有将自己的组织及其影响力延伸到占全国人口85%以上的农村人口中去，进行广泛的政治动员。作为资产阶级民主革命标志的辛亥革命推翻了专制王朝，具有伟大转折意义，但其作用主要在于上层政治统治的变动，而未能伴随社会革命，其原因就在于"占全国人口百分之九十的工农劳动群众还没有动员起来"。① 辛亥革命时期，中国产业工人人数很少且与农村有千丝万缕的联系，农民占中国人口绝大多数，是国民革命的主力。毛泽东强调："国民革命需要一个大的农村变动，辛亥革命没有这个变动，所以失败了。"②

中国共产党得以取代国民党成为革命的领导者，并取得新民主主义革命的胜利，一个重要原因就是"政党下乡"，将政党的力量延伸到广大且处于最底层的农村社会，进行最广泛的政治动员。③ 政治动员是现代政党为了实现其目标将更多的社会力量集聚在自己的旗帜下的政治行动，其路径是自上而下或由外向内。亨廷顿通过研究发展中国家的政治体制与乡村动员，认为："一个政党如果想首先成为群众性的组织，进而成为政府的稳固基础，那它就必须把自己的组织扩展到农村地区。""政党是一个现代化组织，为成功计，它又必须把传统的农村组织起来。"④ 中国共产党之所以能够将广大农民动员到自己的旗帜下，成为革命的主力，主要有两方面原因，一是通过暴

① 《毛泽东选集》第2卷，人民出版社1991年版，第564页。
② 《毛泽东选集》第1卷，人民出版社1991年版，第16页。
③ 参见徐勇《"政党下乡"：现代国家对乡土的整合》，《学术月刊》2007年第8期。
④ 塞缪尔·P. 亨廷顿：《变化社会中的政治秩序》，王冠华等译，生活·读书·新知三联书店1989年版，第401—402页。

力革命的方式使农民能够获得极度渴望的土地，以改善民生问题；① 二是建立农民政权，让农民通过政治参与来维护自己的利益，以解决民主问题。民生和民主可以说是中国共产党进行政治动员并实现政治整合的两大法宝。

正是在此背景下，1949 年建立的中华人民共和国是以工人和农民为主体的人民民主政权，长期以来为专制政治所压迫的人民成为新型国家的主人。民主的最基本含义是人民主权。② 中华人民共和国的一切权力属于人民，这是中国基层民主得以发展的制度起点。

中华人民共和国成立后，民主革命的遗产不仅赋予了人民以国家主人的法律地位，为基层民主的发展奠定了基本的制度基础，而且使基层民主的发展过程也延续了革命时期政治动员的因素，从而表现为制度化严重不足而动员性相当过剩的特点。

中华人民共和国成立后，继续推进民主革命，发动人民群众，以巩固全国性的新生政权。在农村，发动农民进行土地改革，将基层政权建设与反封建剥削结合起来，将实现"耕者有其田"与"当家做主"结合起来；在工厂，党发动工人进行厂矿企业的民主化改革，吸收工人参加工厂管理，建立工厂管理委员会和职工代表会议，从而建立起对工矿企业的领导权；在城市，党在居民区建立了由市民参与的群众性自治组织——居民委员会。此外，在城乡基层普遍建立区、乡（村）人民代表会议制度，定期召开人民代表大会。基层民主的发展由此起步。

社会主义改造完成并基本建立社会主义制度之后，急风暴雨式的变动基本结束，社会进入制度化时期，基层民主的发展也进入新的制度化阶段。毛泽东对社会主义民主发展的总体战略目标作了设想，提出要"造成一个又有集中又有民主，又有纪律又有自由，又有统一意志，又有个人心情舒畅、生

---

① 孙中山先生提出了"耕者有其田"的战略主张，但他在策略上主张"和平土改"，政府购买地主的土地分给无地和少地的农民。而辛亥革命后中国面临的主要任务是国家统一，结束军阀割据，统治者既无心也无力于土地改革，无法满足农村的紧迫要求。而中国共产党成立，特别是毛泽东在江西建立革命根据地后，实行"打土豪，分田地"的政策，能够尽快满足农民的土地需求。

② 我从国家权力的角度将民主视为三个层面：一是权力归属，如人民主权；二是权力配置，有不同类型的民主体制，如人大制度、议会制度等；三是权力运行，如选举机制、决策机制、监督机制等。

动活泼，那样一种政治局面"。① 依靠和支持人民群众当家做主，是实现这一目标的重要保障。

目标的实现取决于路径的选择。社会主义政治制度为实现人民当家做主提供了基本条件，但实现程度和形式则取决于具体体制。社会主义改造完成以后，中国建立了高度集中统一的计划经济体制，社会高度同一。但是，在这一体制下不可能由每个人执掌管理权力，社会又出现了同一体内的新分化，即社会成员分为管理者和被管理者，由此出现了新的矛盾，即人民内部矛盾。这种矛盾主要表现为管理者与被管理者之间的矛盾。毛泽东认为："所有制问题基本解决以后，最重要的问题是管理问题。"② 提出要扩大基层民主，用民主的方法去处理人民内部矛盾，使人民群众可以广泛地、直接地参与基层的政治、经济和社会生活的管理；用民主监督来克服官僚主义的作风，保障党和政府工作人员不脱离群众。对于企业管理来说，要"采取集中领导和群众运动相结合，工人群众、领导干部和技术人员三结合，干部参加劳动，工人参加管理等"。③ 而在民主方法方面，毛泽东肯定了在"反右运动"中出现的"大鸣、大放、大辩论、大字报"的形式，认为这是群众的创造，是对过去民主传统的一个很大的发展。④ 1958 年，毛泽东在《工作方法六十条（草案）》中提出，"今后一个相当长的时期内每年都要用鸣放整改的方法"解决"不断革命"的问题。⑤

邓小平在 20 世纪 50 年代也非常重视发展基层民主，提出"在群众方面，要扩大各方面的民主"。"厂矿企业的管理方面，要扩大民主。""农村办合作社，也要扩大民主，实行民主办社。""在学校，也要扩大民主生活。"⑥ 但是，邓小平不赞成那种大规模"闹事"的"大民主"，而提倡在宪法和法律制度范围内解决问题、通过各种方式反映群众意见的"小民主"。⑦

---

① 《建国以来毛泽东文稿》第 6 册，中央文献出版社 1992 年版，第 543 页。
② 中央文献研究室：《毛泽东传（1949—1976）》，中央文献出版社 2003 年版，第 1044 页。
③ 同上书，第 1044 页。
④ 同上书，第 720 页。
⑤ 《毛泽东文集》第 7 卷，人民出版社 1999 年版，第 349—350 页。
⑥ 《邓小平文选》第 1 卷，人民出版社 1993 年版，第 271—272 页。
⑦ 同上书，第 273 页。

显然，在社会主义基本制度建立不久，中国共产党领导人就注意通过发展基层民主化解新分化带来的新矛盾，实现新的政治整合。

在这一思想指导下，基层民主在实践中得到一定发展，特别是在基层经济民主方面探索了一些实践形式。在农村人民公社的管理中，结合实践经验制定了《农村人民公社工作条例》，要求民主办社、民主兴社。在工矿企业，总结创造了以"两参一改三结合"①为主要内容的"鞍钢经验"，以此支持广大工人和农民群众积极参与基层经济管理。但是，基层民主的实践探索时间不长，就受到严重挫折。这种探索试图在体制内让人民群众参与基层管理，以调适管理者与被管理者、干部与群众的矛盾，从而发挥其积极性、主动性和创造性，是一种有领导有秩序开展的"小民主"。20 世纪 60 年代初先后制定的"人民公社管理 60 条"、"高等教育 60 条"、"工业 70 条"等条例都反映了这一思想。但在这之后，党的主要领导人毛泽东对当时的国内矛盾作出了不恰当的估计，将干部与群众之间的人民内部矛盾上升为尖锐对立的阶级矛盾，认为干部已成为骑在人民头上的"老爷"。指出这种大矛盾已不可能通过体制内"小民主"的方式加以克服，从而主张自上而下广泛发动群众，以革命的方式加以解决，由此达到全新的政治整合。"文化大革命"因此兴起。

"文化大革命"被视为冲破既有秩序的"大民主"，其主要表现为广大人民群众被动员起来，运用"大鸣、大放、大字报、大辩论"等方式，"踢开党委闹革命"，与所谓"走资本主义道路当权派"作斗争，通过斗争重新建立无产阶级的领导。"文化大革命"释放了一般群众在原有体制规范中不曾有的政治热情，使他们能以"主人"的身份直接参与政治活动。正因为如此，"文化大革命"至今还被某些人视为广泛参与的"大民主"，是人类历史上所谓前所未有的民主实践活动。

"文化大革命"及其前身"四清运动"等，从广大人民群众直接参与政治生活的角度看，具有"民主"的某些特质。如果要将其分类的话，可以视

---

① "两参一改三结合"是指工人参加小组管理，干部参加劳动，根据群众参与和管理相结合的原则，进行企业管理改革，并要求领导干部、工人和技术人员在管理中相互结合。这是对毛泽东思路的具体落实。

之为"动员式民主"。所谓动员式民主，是指在少数人发动下，通过启发和强化政治主体意识，激发一般民众参与政治生活的民主形式。其目标是改变既有的政治秩序，其方式是群众运动，其手段是赋予群众以主人地位。显然，动员式民主与革命时期的遗产密切相关。但是，革命时期的动员式民主改变的是整个政治统治秩序，而在中华人民共和国成立以后，自上而下的动员式民主很容易伤害到人民民主国家自身，最终违背人民群众的根本利益和愿望，无法实现有效的政治整合，与民主的基本精神也是相背离的。

其一，民主制度下的人民主权地位需要相应的体制加以实现，即建立民主体制。中华人民共和国建立后，相当长时期实行经济政治权力和资源高度集中的管理体制。在这一体制下，一般民众参与政治与社会管理的体制性空间不大（这也是毛泽东后来认为"小民主"不解决问题的重要原因），干部与群众之间有一定矛盾。这种矛盾的根源是体制性的。"文化大革命"的斗争目标是"走资本主义道路的当权派"，只是"打倒"了领导人，而没有改变以"公社制"、"单位制"为基础的集权体制。相反，"文化大革命"时期的权力更加集中，特别是党的最高领导人凌驾于党的集体之上，由此形成了新的悖论：一般群众具有国家政治生活的主人意识，都可以指点江山，讨论国家大事，但在与自己切身利益密切相关的日常生活中，却仍然是依从者，只是依从的对象有所不同而已。人民的"主人"意识因此在日常生活中不断被消解，如工人、农民、学生为获得生活资源而不得不在正式组织程序之外求助于领导人。这种被视为"走后门"、"走路子"、"拉关系"的现象连毛泽东本人在当时也不得不认可。①

其二，群众运动很容易造成社会失序。从毛泽东本人表达出来的意愿来看，他试图通过"文化大革命"发动群众全面公开揭露所谓"阴暗面"，重建国家和秩序。但他很快意识到，旧有的秩序破坏容易，新的秩序建立却难。其重要原因是动员起来的民众都成了新"主人"，都希望作为无产阶级革命者执掌权力。而任何权力都不可能由所有人来同时具体行使。由此在向

---

① "文化大革命"中江青集团利用"批林批孔"之机，提出批"走后门"，进行政治整人。此举受到毛泽东的批评。参见中央文献研究室《毛泽东传（1949—1976）》，中央文献出版社 2003 年版，第 1686、1732 页。

所谓"走资本主义道路当权派夺权"的斗争中，很快陷入各种"革命派别"之间的斗争。这一斗争的激烈程度大大超出与"走资派"的斗争，使国家和社会陷入无序状态中，人们生活在政治动乱状态中，最后不得不通过军队干预加以平息。毛泽东也不得不将"打倒一切"和"全面内战"视为"文化大革命"的缺点之一。①

其三，民主属于上层建筑的政治范畴，最终是为发展经济和改善民生服务的。"文化大革命"由于破坏了基本秩序，正常的经济社会发展受到严重影响。除了极少数人获得某种政治好处以外，绝大多数群众并没有从政治运动中获得什么，反而失去了更多。如工人长期未增加工资；农民长期未增加收入，甚至连温饱也无法满足；学生无学可上，老师无学可教。他们参与政治生活的热情呈递减趋势，缺乏持久的动力，出现了"运动疲劳"。

其四，民主的另一结果是对自主理性的公民社会的塑造。"文化大革命"激发了群众的政治热情，但它建立的只是一个"群众社会"而不是公民社会。群众运动实际上是运动群众，群众的政治行为不是基于个人的理性思考，而是来自高高在上的"最高指示"；不是基于个人利益和个人利益有机整合出来的公共利益，而是基于某种政治目标感召的政治热情。正因为如此，他们都可以打着某种神圣口号，无视法律和秩序，肆意侵害他人的权利乃至生命，并且谁都不为此承担政治后果。这也是至今许多在运动中曾经伤害他人者都不为自己的行为忏悔的重要原因。

1949—1978 年，由于社会主义制度的建立，人民群众参与政治与社会管理有了基本的制度基础，基层民主的实践开始有了初步的探索。但是，由于社会主义从总体上都处于探索之中，特别是出现了"文化大革命"这样全面性的错误，导致基层民主还未成形就出现了严重的曲折，人民参与的民主精神受到扭曲。

1949—1978 年基层民主的实践过程并不是毫无意义的，除了让更多的人参与政治与社会管理的思想和经验外，也留下了宝贵教训：一是在社会主义

---

① 中央文献研究室：《毛泽东传（1949—1976）》，中央文献出版社 2003 年版，第 1644、1770页。

基本制度建立以后，基层民主的发展与经济政治管理体制密切相关，不改变高度集权的体制，基层民主的发展空间就会受到严重限制。在这一背景下试图运用"大民主"取代"小民主"会适得其反；二是基层民主的发展是民主的根基。依靠政治运动和政治激情来维持的"大民主"破坏有余而建设严重不足；三是没有经济发展和民生改善的民主动员是不可持续的，"大民主"难以造福于人民群众，因此会失去切实的正当性；四是民主必须保障公民权利，依靠"大民主"的群众运动建构起来的群众社会是无法充分实现和保障公民权利的。

二 1978—2009：参与式民主与政治整合

1976 年结束了"文化大革命"，但直至 1978 年中共十一届三中全会才真正改变了长期"左"的错误战略，实现了全党工作重心的转移。十一届三中全会开辟了全国崭新的政治局面，也大大促进了基层民主的发展，使基层民主成为中国特色社会主义民主最为亮丽的一道风景线。

中共十一届三中全会拉开了中国改革开放的序幕。为了实现党和国家工作重心转移到"以经济建设为中心"，必须调动广大人民群众的积极性。中共十一届三中全会公报指出："调动我国几亿农民的社会主义积极性，必须在经济上充分关心他们的物质利益，在政治上切实保障他们的民主权利。"[①] 邓小平在十一届三中全会召开前发表重要讲话指出："要切实保障工人农民个人的民主权利，包括民主选举、民主管理和民主监督。"[②] 1979 年，邓小平就社会主义与民主之间的关系作了深刻的阐述，提出："没有民主就没有社会主义，就没有社会主义的现代化。当然，民主化和现代化一样，也要一步一步地前进。社会主义愈发展，民主也愈发展。"[③] 那么，在中国，社会主义民主如何一步一步前进呢？对此，六届全国人大常委会委员长彭真有明晰

---

① 中共中央文献研究室、国务院发展研究中心：《新时期农业和农村工作重要文献选编》，中央文献出版社 1992 年版，第 10 页。

② 《邓小平文选》第 2 卷，人民出版社 1994 年版，第 146 页。

③ 同上书，第 168 页。

的认识，他在 1987 年讨论审议《中华人民共和国村民委员会组织法（试行）》时说："十亿人民如何行使民主权利，当家做主，这是一个很大的根本的问题。我看最基本的是两个方面：一方面，十亿人民通过他们选出的代表组成全国人大和地方各级人大，行使管理国家的权力……另一方面，在基层实行群众自治，群众的事情由群众自己依法去办，由群众自己直接行使民主权利。"①

从中国共产党人发展社会主义民主的战略看，基层民主成为整个社会主义民主的基础性工程。但与 1978 年前的动员式的"大民主"相比，1978 年的基层民主更多属于参与式的"小民主"。中国共产党自上而下对基层民主的启动和推动具有极其重要的作用，但基层民主得以不断发展的根基和动力在于人民群众的自主参与。1978 年后基层民主的发展路径便可说明这一点。

1978 年前基层民主发展的空间极其有限的根源在于权力过分集中的经济体制。1978 年后，中国共产党顺应民意，着力改革权力过分集中的经济体制。在这一过程中，不仅权力得以下放，而且确立了民众个人利益的主体地位，并促使人民群众通过民主参与维护和扩大自己的利益。

我国的改革从农村开始。农村改革废除了人民公社体制，实行家庭经营体制，农民不再是"政社合一"的公社体制的社员，而是具有生产经营分配自主权的利益主体。与此同时，在生产资料集体所有制条件下，作为村庄共同体的成员，农民的利益与村庄集体有密切关系。他们需要通过共同参与公共事务才能维护自己的利益，创造自己的幸福生活。人民公社体制废除后建立的村民委员会，便属于村民群众自治组织。村民自治后来为国家法律所确认和规范，成为农村基层民主的主要形式。1987 年以来，农村村民自治的组织建设日益完备，法律制度日益完善，自治内容不断充实，自治形式不断扩展，成为维护农民利益、保障农民权益的重要制度和活动。

农村改革之后，我国改革的重心转向城市。城市改革又是从国有企业改革开始的。国企改革的重要内容是实现职工身份的转换，即所有职工都由以往抽象的国家主人还原为企业员工或劳动者。与此同时，在外资企业和民营

---

① 《彭真文选》，人民出版社 1991 年版，第 607—608 页。

企业的发展中，员工的身份一开始就很明确，这就是劳动者。国有事业单位改革实行合同聘任制也使单位员工的利益主体日益明晰。作为企事业单位的员工，在工作单位内虽然是"被管理者"而不是抽象的"国家主人"，但其经济利益日益明确，具有用工合同规定的权益。为了维护和扩展自己的权益，他们有了参与企事业单位管理的要求和积极性。其中，一个重要标志就是：以往的单位工会更多的是提供福利，而改革后工会组织维护职工合法权益的功能越来越强。当然，由于企事业单位的改革进程很不平衡，单位民主发展的制度化程度还不高，因此容易发生管理者与被管理者的冲突，并通过非制度化方式加以表现。为此，单位民主日益成为各方面关注的内容，并成为基层民主发展的重要组成部分。

城市改革的另一个后果是"单位人"向"社会人"的转换，大量离开单位的人进入日常生活所在的社区。同时，一些原本没有固定单位的人，其生活也主要依托于社区。工作时间场所和生活时间场所日益分离，新兴商品房的兴建，使得人们相当一部分利益聚集于社区和生活住宅区。在社区和生活住宅区内，居民需要通过自主参与维护自己的合法权益，共同创造美好生活。随着1998年国家开展城市社区建设，以社区自治为主要内容的社区民主得以发展。由于商品住宅区存在着物业管理与业主的利益关系和矛盾，业主通过自己的组织维护权益的行为成为城市社区民主最为活跃的领域。

随着社会主义市场经济的发展，改革不仅限于经济领域，而且深入到教育、医疗等社会领域，人民的生活要求不仅限于经济生活，而且有了更多和更高的要求，其利益也延伸到政府公共事务管理领域。人们希望通过更多的参与表达自己的利益诉求，基层行政民主由此而兴起，如基层政府与市民之间的"社区对话"、"民评官"、"价格听证会"、政府通过网络吸取民意的"网络民主"、"政务公开"等。基层行政民主已成为基层民主最为活跃的组成部分。

我国基层民主还包括基层人大代表的直接选举。选民可以通过人大代表行使管理基层公共事务的权力。从人大的性质和职能来讲，基层人大代表直接选举应该是基层民主的核心部分。由于多种原因，基层人大的制度功能还未被激活和充分开发出来，但随着人们利益的扩展，要求通过人大反映利益诉求，基层人大的功能愈益增强。其主要表现是基层人大代表的民意基础得到强化，能够更多地反映民意诉求。基层人大代表直接选举在基层民主发展中的地位将愈益突出。

1978 年后的基层民主发展都是基于人民的切身利益，这是促使人们自主参与政治生活的基础和动力。人们是否参与，参与什么，都取决于其利益的考量。

当然，1978 年后基层民主发展与执政党的积极推进密切相关。可以说，没有执政党的推进，也不可能有 1978 年后基层民主的迅速发展。① 从这一意义上说，1978 年后的基层民主发展也具有自上而下的社会动员特点。但是，与 1978 年前的社会动员不同，1978 年后的民主动员，更多的是以民主重组社会，化解矛盾，由单向的管制性治理转变为双向的民主化治理，并通过治理体系的转换实现有机的政治整合。

1978 年后的改革是对整个经济体制的变革，其起点是下放权力，改变权力过分集中的体制，由此必然带来新的社会分化、社会差别和社会矛盾。在社会分化基础上实现政治整合，重新构造政治一体化，这是执政党的重要任务。执政党在这一过程中实际担当着两重任务：一是推进改革，调动广大人民的积极性；二是政治整合，重新聚合可能分散化的社会，化解由社会分化带来的社会矛盾，将社会变化和社会分化控制在可控的秩序内。完成这一双重任务的重要策略就是发展基层民主。

农村经济体制改革废除了人民公社管理体制，一度造成基层组织的瘫痪半瘫痪和基层管理的"真空"，即当时农民所说的："分田到了户，不再要干部！"但是，从传统高度分散到高度统一集中的社会，再到分户经营，很容易造成社会突然失序而失控。执政党推动农村改革是为了调动农民积极性，但废除公社体制后必然面对农村社会的重新组织和聚合问题。在乡镇以下建立村民委员会，便可达到这一目的。村民委员会是群众自治组织，村民通过参与村务管理，保障其利益，实现其权利；与此同时，国家也利用村民

---

① 参见徐勇《民主化进程中的政府主动性——对四川省达川市村民自治示范活动的调查与思考》，《战略与管理》1997 年第 3 期。

委员会实现村民的再组织，村民委员会成为国家与农民之间的组织机制。而且，国家通过村民的自我管理、自我教育和自我服务，可以将大量日常矛盾化解在村庄，减轻国家的治理压力。正是在这一过程中，实现了依靠村民参与的民主化治理。

国有企事业单位采取的是集权式管理体制。由于企事业单位的特性，改革后并没有改变集权式管理的体制，仍然存在管理者与被管理者之间的矛盾，而且这种矛盾由于原有的政治身份和符号的淡化，可能更为直接，从而出现一般员工对政治体系认同感的下降。为此，一方面，执政党和政府运用党和政权的力量对管理者的行为给予一定的约制；另一方面也推动着工会转变职能，加强对劳动者合法权益的维护，开辟民主管理和民主监督的渠道，以此吸纳单位职工。外资企业和民营企业的产权特性，使员工参与企业管理的空间不大，但执政党和政府强调维护企业员工的合法权益，鼓励这些企业的员工组成工会维护权益。单位民主的发展有助于化解管理者与被管理者之间、资方和劳方之间的矛盾，使二者的关系相对均衡。

城市改革后，大量的人员进入社区，大量的社会事务进入社区，大量的矛盾也进入社区。1998年国家启动城市社区建设，重要内容就是推动以社区自治为主要内容的社区民主。社区民主发挥着两方面的作用：一是大量社区事务由居民共同参与办理；二是大量矛盾化解在社区内部，由此大大减轻政府的治理负担。社区民主发展所没有预料到的一个作用，是居民运用社区民主这一制度平台，参与政府事务的管理和监督。

随着经济社会发展，政府的公共事务日益增多，面对的社会矛盾和压力大大增加，原有的单向型管理方式逐渐失灵。为了改变被动局面，政府开始进行自我转型，强化服务意识，广泛吸纳民众意见，以减少对立和冲突，化解矛盾纠纷。为了更多地听取民意并加以整合，基层人大制度得到激活。

发展民主是社会主义现代化建设的战略目标。由于基层民主在实际生活中能够发挥化解矛盾、促进和谐的功能而成为全党和全社会的共识，成为执政者主动自觉的政治行为。人民的政治参与为执政党所高度肯定。1997年召开的中共十五大第一次提出了"扩大公民有序的政治参与"的命题，2007年召开的中共十七大则再次提出要"坚持国家一切权力属于人民，从各个层次、各个领域扩大公民有序政治参与，最广泛地动员和组织人民依法管理国家事务和社会事务、管理经济和文化事业"。同时还提出要将发展基层民主作为发展社会主义民主政治的基础性工程重点推进。[①]

1978 年以来，中国的基层民主发展迅速，成效显著，已形成了一个从利益出发、从化解矛盾着手、以人民群众直接参与为特点、以广泛参与促进民主化治理的制度体系。与 1978 年前基层民主发展相比，1978 年后的基层民主发展具有鲜明的特点，积累了宝贵的经验，同时也为基层民主的进一步发展提供了重要启示。

其一，基层民主发展伴随着体制改革而进行，体制改革越深入，基层民主发展的空间越大；而基层民主越发展，体制改革的深化越有保障，形成体制改革与基层民主发展的良性互动。新中国成立以后，形成了权力过分集中的体制。这一体制不仅控制着生产资料，而且控制着生活资料的分配。这对于迅速建立统一的民族国家有一定意义，但它过分强调国家整体利益而忽视个人具体利益，因此缺乏可持续性。在这一体制下，基层民主发展的空间也不大。1978 年后的体制改革是以"放权让利"为先导和核心的。通过改革，人民不仅得到实惠，而且成为利益主体，享有更多权利，基层民主的空间得以大大拓展。随着基层民主的发展，人民政治参与的积极性不断提高，从而进一步推动体制改革的深化。如在农村，只是在废除人民公社体制后才有可能实行村民自治；而村民自治的发展，对改革乡镇治理体制提出了要求；随着新型的乡镇治理机制的建立，又可以促进村民自治的进一步发展。

其二，基层民主发展必须有领导有秩序地进行，人民参与程度越高，制度化程度要求也越高；政治制度化程度越高，基层民主发展越有保障，形成政治参与与政治制度化的良性互动。随着体制改革和利益扩张，民主是不可阻挡的趋势，也是难以驾驭的战车。我国是一个有着 13 亿人口的大国，广大人民群众参与政治生活，不仅是一件大事，而且是一件难事，既有参与不足的问题，也面临"参与爆炸"的挑战。如何做到政治稳定与政治参与的平衡是一大难题。"文化大革命"导致的大动乱留下深刻教训。1978 年以来，

[①] 《十七大报告学习辅导百问》，学习出版社、党建读物出版社 2007 年版，第 26—28 页。

我国在发展基层民主中积累的一条最重要的成功经验，就是将坚持党的领导、充分发扬民主与严格依法办事三者有机结合起来，以保证人民群众有序的政治参与。党领导人民制定法律，政府具体落实法律，人民在法律范围内行使权利。党和政府既是推动力，不断适应人民参与政治生活的要求作出新的决策，推动基层民主的发展；又是保障力，通过不断完善法律制度保障人民有序参与，从而使我国基层民主发展既充满活力又能有领导、有秩序地进行，实现政治参与与政治制度化的平衡。在一个经济文化相对落后、民主传统十分缺乏又处在重大历史变革时期的国家，数亿人口直接参与政治生活，且没有出现大的动荡，这是改革开放以来创造的又一个"中国奇迹"。

其三，基层民主的发展与改善民生相结合，人民生活需要越多越丰富，参与公共事务管理的积极性和领域就越高越扩大；参与积极性越高，改善民生、促进和谐的动力越大，形成民生与民主的良性互动。民主作为一种手段，它应该造福于民，有助于改善民生，促进社会和谐。我国基层民主与人民群众的切身利益密切相关，能够直接反映人民群众的利益诉求。基层民主的发展由利益而起步，随着人民生活需要的丰富和利益的扩展，权利意识愈益增强，各种维权活动日益增多，公共参与的领域也逐步扩大，基层民主发展的内容也不断丰富。土地承包、集体资产处置、公共利益分配、城市住房拆迁、社区环境治安、教育医疗保障等，都成为可以借助基层民主这一平台供人民参与讨论的"公共话题"，并影响着决策和管理，从而使人民群众能够从基层民主发展中获得看得见、摸得着的利益，能够表达自己的利益诉求，保护自己的权利不受侵犯。基层民主正是从改善民生、促进和谐中获得了进一步发展的动力和源泉。

其四，基层民主的发展是一个不断深化和扩大的历史过程，基层民主愈发展，国家民主政治大厦的基础愈牢固；而国家民主的建设，又会进一步促进基层民主的发展，形成基层社会民主与国家民主的良性互动。改革从微观领域开始，利益主要集中于基层，矛盾也主要反映在基层。同时，社会主义民主政治是一个不断提高和增强人民参政能力的渐进过程。由此决定了我国民主的基础在基层，重点也在基层。而基层民主的发展，必然推动民主向更高层次扩展。就农村来看，通过改革建立了家庭承包经营体制，农户成为利益主体，但大量村庄事务需要集体参与治理，由此有了村级民主。伴随经济社会和村级民主发展，乡镇改革成为重点，乡镇民主因此被提了出来，要求建立政府行政管理与基层群众自治有机衔接和良性互动的新机制。随着乡镇改革，县级的决定权地位充分表征出来，县政成为国家与农民上下联结的主要枢纽，也成为矛盾焦点，县政改革和县政民主因此被提了出来。我国基层民主的路径是先村庄，后社区，再单位，再行政，再立法而逐步扩展的。基层社会民主为高层国家民主提供了基础，也提出了要求。国家政治民主的发展，则为基层社会民主提供了更广阔的空间。由于中国共产党是领导国家和社会的执政党，2002 年以来，执政党十分强调以发展党内民主带动人民民主。反之，如果没有执政党党内民主的发展，人民民主也难以走得太远。以基层民主为基础和重点，以国家民主为保障和延伸，相互之间适应配合，这是 1978 年以来基层民主发展的又一条重要经验。

新中国成立 60 年，我国的基层民主已形成了一个基本框架，更重要的是积累了正反两方面的宝贵经验。民主是一个永无止境的发展过程，社会主义愈发展，民主愈发展。正如我国现阶段还处在社会主义初级阶段一样，我国社会主义基层民主的发展也还处于初级阶段，发展还很不平衡。但 60 年的丰富实践经验，为基层民主的进一步发展提供了最重要的启示，并告知着我们未来的走向。

（来源：《社会科学战线》2009 年第 6 期）

中国政治模式对世界政治文明的贡献

翁杰明[*]

今年是新中国成立 60 周年。60 年来特别是改革开放以后，党领导人民不断探索中国特色社会主义道路，在形成富有活力的经济模式的同时，也创造了原则性、全面性、衡定性相统一的政治模式。以往我们分析中国政治模式，主要强调"符合中国国情"，较少从世界范围进行比较。即便作一些横向评价，主要也是针对经济模式。事实上，中国的政治模式不仅给本国带来深刻变化，而且从许多方面体现了世界政治发展的根本规律与趋势，展示了人类社会解决重大政治问题的智慧，引起了许多国家的关注与研究。今天，面对经济全球化、信息一体化的新形势，越来越多的社会成员习惯于以更宽的视角分析、评价问题。弄清说透中国政治模式对于世界政治文明的贡献，有助于大家特别是党员干部提高政治辨别力，增强自豪感，坚定走中国特色社会主义政治发展道路的信念。

一 中国政治模式正在回答世界政治发展需要解决的一系列重要问题

中国政治模式是中国共产党人遵循马克思主义的基本政治原则，结合中国的具体国情，汲取中国政治传统的有益成分，借鉴近现代世界政治发展的科学经验，同时主动研究人类社会基本发展规律，特别是世界范围内出现

---

* 作者系中共重庆市委常委、重庆两江新区党工委书记、管委会主任。

的新情况新变化，集政治制度、运行机制、工作方法为一体的综合体系。这一模式具有鲜明的特性。原则性：任何时候都是坚持中国特色社会主义政治发展道路，坚持民主与法制建设这一主要内容，坚持以实践作为检验真理的唯一标准。全面性：总是把现代社会涉及政治发展的重要领域、重要环节作为有机整体，不是简单地突出一个方面，而是把社会效果、经济效果、政治效果统筹考虑。衡定性：始终注意与时俱进，激发全社会的生机与活力，但又保持政治结构的衡定性，绝不以造成社会动荡、影响民众的根本利益为代价。同时，越来越注意通过制度化、规范化、程序化，保持政治运行的衡定性。

最初选择这种模式，当然是为了走一条适合中国现代化建设的道路。随着中国经济社会快速发展，在世界上不断展示影响力与竞争力，人们越来越深切地认识到：中国的政治模式在解决自身问题的同时，正逐步回答世界政治发展需要解决的一系列重要问题。

二 原则性、全面性、衡定性相统一的政治实践

近代社会以来，以西方国家为主探索的现代化模式，曾经大大促进经济社会发展，但也出现了许多需要思考与应对的问题。在当今社会，如何科学处理民主与效率、政党竞争与保障各方民众的利益、民主形式单一性与多样性、保持民族特性与顺应人类发展潮流、依法办事与解决实际问题、间接民主与直接民主之间的关系，成为许多国家需要不断思考、寻求答案的重大问题。在改革开放中与时俱进的中国政治模式，尽管依然存在需要不断完善的地方，有些良好的功能还有一个逐步显现的过程，但确实对不少问题提供了科学的答案，有力促进了人类政治文明建设。这类实践至少体现在以下方面。

1. 广泛吸收民意与注重集中落实相结合的组织原则

具体而言就是指经过制度化、规范化、程序化的民主集中制。民主集中制既是党也是国家政权机构的根本组织原则。目前，各级党委重大问题的决策一般都要经过比较严密的民主程序。特别是选拔干部时，自下而上的民主

程序达十几项之多。

实行民主集中制,通过固定的程序,听取各方的意见,融合各方的智慧,发挥民主的作用;然后将这些共同的意见与智慧集中为统一意志,依靠严密的组织体系集中贯彻实施。此次世界范围内的金融危机爆发后,不少国家议而不行或者行而无力,而中国就能够大幅度实施相关决策,在不长的时间里产生比较明显的效果,引起许多国家的关注与思考。显然,中国实行的民主集中制,既体现了民主的原则,又避免了许多国家民主的低效。

2. 执政党与参政党相互合作、相互监督、相互统一的政党制度

这个政党制度就是共产党领导的多党合作制,多党合作制是中国的一种创举。这种多党合作制一旦制度化、规范化、程序化,就表现出明显的优越性。第一,体现了与党员人数、执政地位相一致的执政党的主导性。第二,既维护了多数,又维护了少数,体现了不同群体的意愿与利益。各民主党派都代表一个或若干个群体,必须考虑各民主党派和相关群体的利益,贯彻同盟者利益优先的原则。第三,有利于执政党科学决策,避免失误。各民主党派提出的许多意见建议被执政党认真采纳,对执政党在决策与实际工作中避免失误起到了积极作用。多党合作制已经引起许多国家的关注。它不属于竞争性的政党关系,又能使执政党在许多方面受到监督。同时,由于是合作关系,大家求同存异,比竞争性的政党体制更能体现各类群众的整体利益。

3. 投票式民主和协商式民主相结合的民主形式

许多国家主要运用投票式民主。中国在决策、干部选拔过程中也越来越多地采用"一人一票"的无记名投票表决、无记名自主推荐、无记名差额选举等等,但不是单纯运用投票式民主,还要运用由各党派、人民团体和各界人士通过沟通协调寻找结合点的协商式民主。

各级人民政治协商会议是专门履行协商式民主的机构,但协商式民主的运用范围远远超过政协组织。党作出重大决策、确定重要干部人选前,都要广泛地听取意见,进行协商。两种民主形式越来越多地交叉使用,体现了民主的多样性,更符合民主的本质。有效纠正了选举式民主容易产生的生硬,

尽可能减少选举式民主对少部分人利益的影响，甚至是损害。民主的本质是体现大多数人的利益，单纯运用选举式民主，赞成票达到51%选举就能够获胜，那49%的人的利益与意愿怎么考虑呢？在选举之前，通过协商沟通，采纳各个方面的合理意见，到最后表决赞成率达到80%，甚至90%，这样更有利于社会的和谐。

4. 总揽全局与各司其职相结合的政权运行体制

中国的政权运行，不同于西方的三权分立或其他相应的模式。在中国的组织框架中，党总揽全局、协调各方，各级人大、政府、政协及法院、检察院各司其职。

依据国家的根本政治制度，权力机构为各级人民代表大会，实行议行合一。政府及法院、检察院由人大选举产生，并对人大负责。除国家机关外，依据基本政治制度，产生由各党派、人民团体、各界人士组成的协商机构——中国人民政治协商会议。以上国家权力机构与协商机构依据宪法、法律以及有关章程的规定，各自行使自身的职能。执政党则在宪法、法律规定的范围内，对国家权力机构、协商机构与各项工作进行总揽与协调。总揽主要体现在重大方针、政策的指导，重要干部的推荐，而不是包办代替。即便指导与推荐，也要建立在广泛听取人大、政府、政协意见，充分体现民意的基础上。执政党不仅要尊重权力机构与协商机构依照法律、章程设定的程序，也要尊重它们依照程序产生的结果。

中国的政权运行体制经历了执政党直接行使国家权力向总揽全局、协调各方的转变。现行的体制在本质上合乎政党理论的一般原则：执政党可以而且应该通过法定程序向国家权力机关施加自身的影响。同时，又能够减少建立在制衡基础上的国家权力机关与相应体系运行时产生的过度损耗，尽可能避免各方体现自身职能有余而设身处地地考虑其他因素不足。中国共产党以体现社会的全局利益与民众的根本利益为目标，一方面在进行路线方针指导时，注意体现全局与根本利益；另一方面在各个机构之间的矛盾影响全局与根本利益时，又可以进行有效的协调与引导。与西方国家权力运行体制相比，更能体现整体性与协调性。

5. 社会力量求同存异与团结联合相统一的社会整合模式

对社会上的各种力量注意求同存异，团结联合，形成具有中国特色的社会整合模式。最为典型的就是执政党团结各个政党、民族、宗教、阶层、海内外人士形成统一战线。在统一战线中，既寻求一致性，又尊重差异性。党通过既积极主动又绝不强求的方式，把各种社会力量的政治协调与综合服务纳入主渠道。这种一致性和差异性的结合，体现了现代民主的本质。

按照这种模式的原则，社会各种力量能够在体制内有序运行，执政党尽可能汲取各方面的意见，代表大家的利益，最大限度地减少了社会的对立面。各方力量就重大问题通过协商达成共识，有利于形成合力较快较好地完成共同的目标。此外，与西方国家一些社会力量纯粹为了实际利益（如为了达到组阁必须的多数）而联合相比，中国的社会整合模式建立在共同基本信念、稳固协商机制的基础上，具有更强的凝聚力和稳固性。

6. 自主自治与多元一体相结合的多民族共处共促体制

中国涉及民族方面的制度与模式大致可分为三个层面。一是作为基本政治制度的重要内容，在单一制国家框架内实行民族区域自治制度。55 个少数民族依照区域自治法进行自我管理。二是各民族无论人数多少一律平等，"共同团结进步，共同繁荣发展"就是对多民族共处原则的集中表述。国家配置资源时，一般对少数民族地区与少数民族群众的政策，优于汉族集中地区与汉族群众。三是按照中国几千年来，各民族"多元一体"形成中华民族的实际情况，在各民族自然交流交往中培养具有整体性的中华民族意识与国家意识。三个层面各有特点，但构成不可分割的共同体。

中国的多民族共处共促模式，是中国共产党根据中国历史与现实进行的创造。这种模式尊重了民族特性与文化传统，在体现差异性的同时彰显了人本意识，显示了文明的多样性。它不仅形式上体现了各民族的平等，更为重要的是从少数民族地区经济社会发展普遍滞后出发，给予少数民族一定的"超国民待遇"，有利于各民族之间尽快缩小差距，体现出真正意义上的实质平等。再者，它顺应了现代社会不断融合的发展规律，有利于各民族随着市场经济环境下人员与要素的流动，在继续保持自身特性的情况下，自主地选择体现现代文明优越性的共同点。

7. 司法审判与人民信访、人民调解有机结合的矛盾纠纷处理机制

中国强化依法办事，越来越注意体现司法机构的权威性。但在一般情况下，尤其是在处理人民内部矛盾的时候，并不是仅仅运用司法审判一个渠道。法院更多地被作为"体现公正的最后一道防线"，在进入司法程序前，尽可能发挥人民信访、人民调解的积极作用。

人民信访工作主要由各级信访部门行使，它既包括通过政策解释化解上访者的情绪，也包括运用党委、政府的综合工作渠道直接满足民众的合理诉求，从源头上解决问题。现实生活中许多矛盾纠纷在进入司法程序以前就已经通过人民信访得到化解。人民调解工作从狭义角度而言，由隶属于司法行政体系的司法所等单位行使；从广义角度而言各级党政机构都有通过调解化解矛盾的职责。人民调解的功能主要是协调矛盾纠纷各方，寻求解决问题的结合点。通常各方接受的方案一出台，矛盾纠纷也就不复存在或者大大缓解。只有那些人民信访、人民调解体系无法解决的矛盾纠纷，才进入司法程序。这样需要法院判决的矛盾纠纷案子大大减少。同时，由于许多案子经过人民信访、人民调解程序，法院对案情将会有更全面深入的了解，更有利于法院的判决达到法律效果、社会效果的统一。

司法审判与人民信访、人民调解有机结合的矛盾纠纷处理机制，越来越受到许多国家司法界、理论界的推崇。这种处理机制，一是丰富了处理矛盾纠纷的方式与渠道，既坚持了依法办事的原则，又有利于避免司法审判中出现"合法不一定合理合情"的现象。二是以相对简单的、便宜的方式解决矛盾纠纷。进行司法诉讼有较高的经济成本，即便给予当事人一定的法律援助也难以完全解决这一问题。而人民信访、人民调解机构的无偿服务性降低了民众解决矛盾纠纷的成本。三是更有利于从根本上化解矛盾纠纷。

8. 鼓励直接表达意愿与注意保证根本利益、长远利益相统一的直接民主渠道构建

换句话说，就是构建"有引导的直接民主渠道"。目前主要有以下几种

方式。一是城市社区居民自治、农村村民自治。这是比较全面的直接民主形式，涉及从选举到决策、监督的各个方面。二是一些党政机构、人民团体关于领导干部的"公推直选"。这虽然不属于完整意义上的"直接民主"，但民意越来越成为决定性的因素。三是通过网络等快捷渠道直接问计于群众，并由群众直接决定某些公共事务。互联网络的广泛运用成为民众直接决定公共事务的重要推进器。

这种"有引导的直接民主"，一是对民众的真实意愿把握得更加准确。二是有利于避免在间接民主条件下，"代议者"出于自身利益考虑而难以全面反映民众利益的情况。尽管间接民主在相当长时期内依然是民众行使权力的重要形式，但应该积极主动地尽力消除这种形式的不足。三是促使民众直接体现意愿、决定公共事务的方式更加科学，更能保证"直接民主"的效果：既适应人类社会的深刻变化，体现"民主渠道"的与时俱进，又出于对这种变化的深刻把握，体现民众"现实利益、长远利益、根本利益"的较好统一。

三　自觉走中国特色之路

中国政治模式对世界政治文明的贡献是显而易见的。第一，促使中国在实现繁荣、民主、文明、和谐目标的道路上，迈出了重要的步伐，为世界上1/4 的人口创造了良好的发展环境与政治环境，丰富了世界政治文明的内容。第二，在继承人类共同政治文明成果的同时，为固有政治模式难以解决的问题提供了许多具有说服力的答案，使得政治发展可以更加全面、有效和务实。第三，基于人类社会的新变化新动态所作的探索，在一些重要的方面代表了世界政治发展的方向。第四，集原则性、全面性、衡定性为一体，形成了推进政治文明建设的均衡思维，加强了政治发展的可持续性，提供了可供把握、借鉴的共性方法。

客观分析中国政治模式对世界政治文明的贡献，有助于外部世界进一步了解中国，减少偏见。但更为重要的是，有利于更多的党员干部坚定政治信念。真懂才会真信，真信才会真做。我们要全面提高党的执政能力与先进性，很重要的基础工作就是引导广大党员干部乃至全体社会成员对中国的政治模式真懂真信。

世界政治的多极化很大程度上意味着政治模式的多样化。面对经济全球化、信息一体化、社会扁平化带来的新情况新问题，人类社会已有的许多经验与模式都在面临严峻的挑战。着眼新的变化，不断探索既符合自身国情，又反映人类社会运行规律的发展模式，共同为国际社会的政治经济发展贡献新的经验与智慧，是每个负责任的国家的应尽之责。一方面我们对中国政治模式要有更坚定的信心；另一方面又要按照党的宗旨的要求与人类社会新发展的需要，在始终坚持基本原则的前提下促使中国政治模式与时俱进。要在广大党员干部中不断培养与强化均衡思维，始终将原则性、全面性、衡定性体现在中国政治模式的进一步丰富、发展之中。要始终坚持中国特色社会主义政治发展道路，这是质的规定性，不容动摇。要始终按照民主与法制相结合的精神，通过进一步制度化、程序化、规范化，把中国政治模式当中丰富的科学成分加以挖掘，充分发挥其作用。同时，要在不断汲取人类共同文明成果的前提下，主动研究人类社会的深刻变化与发展趋势，进行全面深入的探索，创造出更具先进性、科学性的经验，在不断解决中国问题的同时，为世界政治文明作出更加重要的贡献。

（来源：《学习时报》2009 年 6 月 15 日）

论中国发展道路和发展
模式中的制度安排

刘国新[*]

　　中国改革开放整整 30 年了。30 年来，中国人民以一往无前的进取精神和波澜壮阔的创新实践，坚定不移地推进改革开放和社会主义现代化建设，成功实现了从高度集中的计划经济体制到充满活力的社会主义市场经济体制、从封闭半封闭到全方位开放的伟大历史转折。中国经济从一度濒于崩溃的边缘发展到总量跃至世界第四、进出口总额位居世界第三。人民生活从温饱不足发展到总体小康，农村贫困人口从 2.5 亿减少到 1000 多万，中国的经济实力、综合国力、人民生活水平都上了大台阶，政治建设、文化建设、社会建设等领域也取得了举世瞩目的发展成就，中国的面貌发生了历史性变化。

　　对于中国的高速发展，自 20 世纪 90 年代以来国际舆论就议论纷纷，既有叫好的，也有唱衰的。西方国家关注中国走向的同时，国际上先后出现了"中国威胁论"、"中国崩溃论"、"中国输出通货紧缩论"、"中国经济增长水分论"、"中国能源需求威胁论"，等等。尽管论点杂陈，但有一点是明确的，即主要还是在经济上做文章。2004 年 5 月，美国高盛公司高级顾问乔亚库伯·雷默在伦敦作了题为《北京共识》的演讲，论文随后发表在英国著名思想库"伦敦外交政策中心网站"上，旋即在世界特别是发达国家引起强烈反响，中国的经济奇迹及其背后的"中国模式"一时成为世界的焦点，于是又引出了所谓"中国模式威胁论"。一个有着 13 亿人口的国家在短时间内以

＊ 作者系当代中国研究所研究员。

超快的速度崛起，带来前所未有的现实挑战和心灵冲击，更何况这个国家在意识形态和社会制度方面又与西方国家存在本质的差别，问题就变得更为复杂起来。有人担心中国把自己的发展模式向外输出，对现存的西方世界秩序构成威胁，美国国务卿赖斯最近发表的文章可以看做是这种观点的代表。①

究竟怎样看待中国的发展道路和模式才算是科学的呢？自 20 世纪七八十年代以来国际学术界就开始寻找决定一个国家发展并富强起来的原因，归纳起来有五种流行假说：幸运论、地理论、文化论、外向型国家贸易与国际经济融合论和制度安排论。其中制度安排的解释最为流行。② 中国的改革发生在社会主义条件下，是社会主义制度的自我完善，因此，中国的发展自然也离不开制度因素。

一　社会结构和社会关系是决定社会生产力快速发展的重要条件

制度安排中重要的一点在于有一个好的社会结构，以及好的社会结构下的和谐的社会关系，这是任何一个社会所要发展的最基础的条件。著名发展理论学者沃勒斯坦曾经说过 "社会结构是人类关系的珊瑚礁"③，就是说，观察社会结构是了解人类社会的最佳途径。

旧中国的社会形态是半殖民地半封建社会，尖锐的民族矛盾和阶级矛盾造成整个社会处于激烈的对抗和震荡之中。那个时候，不要说发展和进步，连起码的社会安定都无法保障。

新中国成立以后，在 20 世纪 50 年代初进行了土地改革，彻底颠覆了中

---

① 赖斯借用 "权威资本主义"（authoritarian capitalism）的概念形容中国的发展模式，就是说像中国这样的国家在没有民主化的前提下，使用资本主义的方式推进经济发展，与美国及其他同样保有民主价值的西方国家所秉持的民主发展模式（democratic development）背道而驰。在她看来，这种发展模式会对现存国际秩序产生负面影响。因此，在全球范围内推行和促进民主政治的发生和发展，是美国和其他民主国家（欧洲、日本和澳洲）的共同责任。康多莉扎·赖斯：《反思国家利益——新世界的美国现实主义》，《外交》（美国）2008 年 7/8 月号。

② 参见林毅夫《发展与转型：思潮、战略和自生能力》，《光明日报》2007 年 12 月 18 日。

③ 伊曼纽尔·沃勒斯坦：《现代世界体系》第 1 卷，高等教育出版社 1998 年版，第 1 页。

国两千多年来的封建土地所有制，占农村人口 90% 的农民占有全部耕地的 90% 以上①，这不仅是中国历史上一次规模最大的土改运动，而且实现了农村社会根本性的制度结构变迁，极大地解放了农村生产力，为后来的农业合作化和工业化创造了条件。接下来进行的三大改造，又经历了一次深刻而复杂的社会变革，基本上消灭了资本主义剥削制度，这在中国历史上是破天荒的第一次，中国社会结构不再存在阶级对立，就整个社会而言，人们的根本利益是一致的，社会的主要矛盾是非对抗性的，从而为社会的健康发展铺就了坦途。三大改造顺利完成，没有引起社会震荡，"一五"计划提前完成，证明了社会结构和社会关系的正向运动推动社会生产的发展。正是从这个意义上认识问题，党的十七大得出了"社会主义基本制度的建立，为当代中国一切发展进步奠定了根本政治前提和制度基础"② 的结论。

20 世纪六七十年代，中国经历了"文化大革命"十年内乱，在"以阶级斗争为纲"的错误实践中，人为地制造"阶级敌人"，社会关系处于全面紧张状态。所幸的是，我们党及时地纠正了"文化大革命"的错误，重新端正了中国的发展方向。

党的十一届三中全会是当代中国历史的伟大转折。三中全会后，在实现工作重点转移的同时，拨乱反正全面展开。拨乱反正的主要内容之一是平反冤假错案。到 1982 年底，不仅平反了"文化大革命"中的冤假错案，而且还纠正了"文化大革命"前的冤假错案，调整了社会政治关系，社会生活走向正常化，使千百万人从政治阴影下解放出来，形成全国人民同心同德干四化的氛围和环境。这再一次说明社会结构和社会关系的正向运动推动了社会生产发展。此后，我们党更加注重以制度建设稳固和优化社会结构，从邓小平没有安定团结的政治环境，没有稳定的社会秩序，什么事也干不成的论述到江泽民要促进社会主义物质文明、政治文明、精神文明协调发展，促进人的全面进步的观点；从江泽民要坚持稳定压倒一切，正确处理改革、发展、稳定的关系，把不断改善人民生活作为处理改革、发展、稳定关系的重要结

---

① 这里主要是指贫农和中农，雇农已不复存在。参见《当代中国》丛书之《中国的土地改革》，当代中国出版社 1996 年版，第 559—568 页。

② 《中国共产党第十七次全国代表大会文件汇编》，人民出版社 2007 年版，第 7 页。

合点的主张到胡锦涛要坚持以人为本的科学发展观，构建社会主义和谐社会，都集中体现了制度安排的优越性，成为经济腾飞的助推器。

改革开放初期，我们所面临的主要任务是发展经济，解决问题的主要途径是经济成分多元化。经过几十年的努力，斗转星移，今非昔比，不但社会经济获得长足的发展，政府驾驭市场经济的能力也与几十年前不可同日而语。但旧的问题解决了，新的问题又产生了。伴随着经济成分多元化出现了利益主体多样化；克服了平均主义障碍，引进竞争机制，出现了城乡、区域、经济社会发展不平衡和社会成员之间收入差距过大的问题。社会结构偏斜，社会关系趋紧。在此情况下，党的十六届六中全会及时地提出中国特色社会主义现代化建设总体布局是经济建设、政治建设、文化建设和社会建设四位一体，社会和谐是中国特色社会主义的本质属性。十七大又进一步提出加快推进以改善民生为重点的社会建设，社会建设要努力形成全体人民各尽其能、各得其所而又和谐相处的局面，这就把在新的形势下通过优化社会结构、改善社会关系为社会生产力的快速发展构筑最佳的环境条件提到一个新的层次。党和政府还具体规划了加快社会主义新农村建设的任务，进一步推进事关人民群众切身利益的就业体制改革、收入分配体制改革、社会保障体制改革、城乡管理体制改革以及医疗、教育体制改革等举措，在深化改革过程中，遵循改革决策的科学性、改革措施的协调性、改革步骤的渐进性，调动全体社会力量参与改革并保障全体社会成员共享改革发展成果，切实维护和实现社会公平和正义。这些都是深化改革的具体内容。

可以肯定的是，党和政府启动的新一轮改革，不仅体现了改革在向纵深发展、进入攻坚阶段，更体现了改革的价值取向，从而证明了中国特色社会主义的制度安排是中国发展进步的重要动因。

二　中国特色社会主义制度有利于统筹协调各方面的利益

经济复兴（振兴）是关乎一个国家、一个民族整体利益的大事情，不是一党或一部分人的私事。既然是大家的事，就得靠大家办。这就涉及两个问题：第一，社会成员如何表达他们的意愿；第二，社会管理者制定的政策是否符合社会成员的利益诉求。两个问题的实质就是民主问题。

一说起民主，似乎中国总是受到西方的诟病。其实，这30年间，民主在中国土地上有了长足的进步。中国特色社会主义实践赋予社会主义民主异常丰富而鲜活的内容。

20世纪70年代末，邓小平针对"文化大革命"中民主法制遭受践踏的教训，鲜明地提出"民主是解放思想的重要条件"。他说："我们过去对民主宣传得不够，实行得不够，制度上有许多不完善，因此，继续努力发扬民主，是我们全党今后一个长时期的坚定不移的目标。"他还提出："没有民主就没有社会主义，就没有社会主义的现代化……社会主义愈发展，民主也愈发展。"邓小平关于民主的论述，有三个特点：一是强调要把民主与法制结合起来，"为了保障人民民主，必须加强法制。必须使民主制度化、法律化，使这种制度和法律不因领导人的改变而改变，不因领导人的看法和注意力的改变而改变"。[①] "我们的民主制度还有不完善的地方，要制定一系列的法律、法令和条例，使民主制度化、法律化。"[②] "要继续发扬社会主义民主，健全社会主义法制，这是三中全会以来中央坚定不移的基本方针，今后也绝不允许有任何动摇"，"社会主义民主和社会主义法制是不可分的。不要社会主义法制的民主，不要党的领导的民主，不要纪律和秩序的民主，绝不是社会主义民主。相反，这只能使我们的国家再一次陷入无政府状态，使国家更难民主化，使国民经济更难发展，使人民生活更难改善"。[③] 二是强调把民主和集中结合起来。"在党内生活和国家政治生活中，要真正实行民主集中制和集体领导"[④]，要讲"民主和集中的关系"[⑤]，"我们要民主，也要集中，要自由，也要纪律，要个人心情舒畅，也要统一意志"。[⑥] 三是强调民主的社会主义性质。"什么是中国人民今天所需要的民主呢？中国人民今天所需要的

---

① 《邓小平文选》第2卷，人民出版社1994年版，第144、176、168、146页。
② 《邓小平年谱（1975—1997）》（上），中央文献出版社2004年版，第699页。
③ 《邓小平文选》第2卷，人民出版社1994年版，第359—360页。
④ 《邓小平年谱（1975—1997）》（上），中央文献出版社2004年版，第699页。
⑤ 《邓小平文选》第2卷，人民出版社1994年版，第176页。
⑥ 《邓小平年谱（1975—1997）》（上），中央文献出版社2004年版，第554页。

民主，只能是社会主义民主或称人民民主。而不是资产阶级的个人主义的民主"，"一定要把社会主义民主同资产阶级民主、个人主义民主严格地区别开来，一定要把对人民的民主和对敌人的专政结合起来……如果离开四项原则，抽象地空谈民主，那就必然会造成极端民主化和无政府主义的严重泛滥，造成安定团结政治局面的彻底破坏，造成四个现代化的彻底失败"。① 不难看出，邓小平的论述是针对"文化大革命"结束后和改革开放初期国家所面临的政治环境而言，因此也具有很强的时代性。

此外，邓小平还专门谈到发扬经济民主，提出要改变经济管理体制中权力过于集中的状况，应有计划地大胆下放，否则不利于充分发挥国家、地方、企业和劳动者个人四个方面的积极性，也不利于实行现代化的经济管理和提高劳动生产率。应让地方、企业、生产队有更多的经营管理的自主权。② 正是在这一背景下，1979 年上半年我国开始了以扩大企业自主权为试点的城市经济体制改革。可见，民主法制建设的加强直接推动了经济体制改革。

改革在实践中发展，民主的理论和认识也在实践中发展。1997 年党的十五大提出在中国共产党的领导下，在人民当家做主的基础上，依法治国，发展社会主义民主政治的任务。1999 年 3 月，九届人大二次会议通过的宪法修正案将"依法治国，建设社会主义法治国家"写入宪法。2002 年 11 月，党的十六大又提出发展社会主义民主政治，最根本的是要把坚持党的领导、人民当家做主和依法治国有机统一起来。党的领导是人民当家做主和依法治国的根本保障，人民当家做主是社会主义民主政治的本质要求，依法治国是党领导人民治理国家的基本方略。2006 年 2 月，中共中央颁布了《关于加强人民政协工作的意见》，提出："人民通过选举、投票行使权利和人民内部各方面在重大决策之前进行充分协商，尽可能就共同性问题取得一致意见，是我国社会主义民主的两种重要形式。"③ 这个论断肯定了我国人民代表大会制度所体现的选举民主和中国共产党领导的多党合作和政治协商制度所体现的协

---

① 《邓小平文选》第 2 卷，人民出版社 1994 年版，第 175—176 页。
② 同上书，第 145 页。
③ 《中共中央关于加强人民政协工作的意见（摘要）》（2006 年 2 月 8 日），《人民日报》2006 年 3 月 2 日。

商民主是民主的两种"重要形式"。选举民主与协商民主相结合是中国民主政治的一大特色，也是对人类社会民主实践的一大贡献。它很好地实现了区域利益和界别利益的统一、刚性民主和柔性民主的统一，把民主的公正性与效率性、普遍性与权威性、尊重多数与保护少数有机地结合起来，从而能够释放出巨大的政治能量，有利于政治稳定和社会和谐。

2007 年 10 月，党的十七大对社会主义民主理论的发展达到一个更高层次，提出了许多新思想、新观点和新论断。

第一，"人民民主是社会主义的生命"①。这一论断深化了对社会主义民主重大意义的认识。早在 1979 年邓小平就讲过"社会主义愈发展，民主也愈发展"② 的话，对社会主义与民主的相互关系用最简洁的语言作了阐发。而十七大则有进一步的发展，用"生命"来比喻二者的关系，说明民主对社会主义是须臾不可或缺的，明确了民主政治是中国特色社会主义的重要组成部分的道理。十七大还提出"在发展中国特色社会主义的历史进程中，中国共产党人和中国人民一定能够不断发展具有强大生命力的社会主义民主政治"③，从历史进程的发展中阐述社会主义与民主政治的关系。

第二，"从各个层次、各个领域扩大公民有序政治参与"④。就整个命题而言，这个判断是长期以来我国民主政治建设一直强调的诸如"坚持党的领导核心作用"、"深化政治体制改革要坚持正确的政治方向"等原则在新形势下的新概括。就概念看，"有序"一词有三层含义：其一是有前提，要坚持"一个中心、两个基本点"的党的基本路线不动摇；其二是有次序，不能杂乱无章，前后关系和递进关系不能乱；其三是要循序渐进，既不能孟浪，也不要错失良机，应及时地推进民主政治发展进程。"各个层次、各个领域"是指社会结构的纵向体系和横向组成，表示民主的主体和民主的诉求以及民主价值不是单一的，体现了关于民主内涵的拓展。

第三，把坚持和完善"基层群众自治制度"与人民代表大会制度、中国

---

① 《中国共产党第十七次全国代表大会文件汇编》，人民出版社 2007 年版，第 27 页。
② 《邓小平文选》第 2 卷，人民出版社 1994 年版，第 168 页。
③ 《中国共产党第十七次全国代表大会文件汇编》，人民出版社 2007 年版，第 32 页。
④ 同上书，第 28 页。

共产党领导的多党合作和政治协商制度、民族区域自制制度相提并论，作为民主政治的实践形式首次纳入社会主义民主的范畴。这不仅仅是一个提法上的新变化，这里面还有实实在在的内容作保证，包括把人民群众"管理基层公共事务和公益事业，实行自我管理、自我服务、自我教育、自我监督，对干部实行民主监督"，作为发展社会主义民主政治的"基础性工程重点推进"；"扩大基层群众自治范围；完善民主管理制度"；"逐步实行城乡按相同人口比例选举人大代表"；"让权力在阳光下运行"等新举措，充分反映了党和政府发展社会主义民主、推进社会主义政治制度自我完善的力度。①

第四，"以扩大党内民主带动人民民主"②。邓小平在 1979 年提出"党的民主"的说法。1980 年 2 月，党的十一届五中全会通过的《关于党内政治生活的若干准则》，明确提出反对思想僵化、反对个人专断、发扬党内民主的任务。可以说"党内民主"不是新概念。但是，以党内民主带动人民民主确实是全新的理念。这里面包括"尊重党员主体地位"、"实行党的代表大会代表任期制"、实行"党代表大会常任制"、"推行地方党委讨论决定重大问题和任用重要干部票决制"等一系列手段，有效地完善党内民主形式，丰富党内民主内容，扩展党内民主渠道，带动了人民民主。③

在这种民主理论所指导的制度安排下，人民创造历史这一马克思主义的科学原理得到了坚持，人民的根本利益得到了尊重，所以，才能最广泛地调动人民群众的积极性、主动性、创造性，改革开放事业才能从人民群众中间获得源源不断的智慧和力量，得到人民群众的真诚拥护。这就是为什么在制度好的国家里大家工作就积极、经济就活跃的原因所在。

上述分析旨在强调中国在民主制度建设方面取得的进步。着眼于进步，不等于忽视甚至回避缺点错误。事实上，中国的民主法制仍然任重而道远，完成这些任务还需要付出许多艰苦的努力。但是正如同渐进式经济改革一样，政治体制的改革也要走渐进式发展道路，速胜论和悲观论都是不现实的。

---

① 《中国共产党第十七次全国代表大会文件汇编》，人民出版社 2007 年版，第 29、28、32 页。
② 同上书，第 49 页。
③ 同上书，第 50 页。

三　中国特色社会主义制度能够有效地整合社会资源，集中力量办大事

如果说上一问题讨论的是制度是否优良的话，那么这个问题要讨论的就是制度是否有效。

提到集中力量办大事，一般理解，就是指搞人海战术、大轰大嗡、以量取胜，等等。其实，按照社会发展理论的解释，其真正的含义是讲如何有效地整合社会资源。社会资源既包括社会构成的诸要素，也包括自然诸要素。因此，它就不仅仅是指社会生产环节问题，而是牵涉规划、动员与组织的全过程的效益问题。

根据国际对比，后发国家或者说发展中国家在第二次世界大战后普遍认识到自己与发达国家的差距，也普遍要缩小差距，赶上发达国家，但是结果却大有不同。究其原因是大部分国家由于目标不明确，因此形成的制度安排便无效率，导致后来的发展绩效差，甚至危机不断。中国有明确的目标并能有效地实现目标，说明制度安排的质量好。

中国的改革开放自始至终都有清晰的发展战略和明确的目标，并把这种战略告知全体社会成员，以利完成战略目标。最初还是延续了三届人大一次会议提出的、在四届人大一次会议上重申的"四个现代化"的奋斗目标。邓小平 1978 年 3 月最早使用了"中国式现代化"的概念，1979 年 12 月在同大平正芳的谈话中首次提出"小康"概念，1980 年 1 月政治局听取汇报时他又进一步提出要按实现人均国民生产总值 1000 美元的小康标准来设计中国的发展战略。小康概念的提出，第一次把党所倡导的现代化目标直接同人民群众的生活联系起来，并以最简明和通俗的方式加以解读。不久，邓小平就提出了由"温饱"到"小康"再到"基本实现现代化"的"三步走"的发展战略。经过广泛宣传，"翻两番"、"人均 800 美元"（后改为 1000 美元）、"小康之家"成为人们的口头禅而家喻户晓。不管从事什么职业，也不管什么层级，大家都知道自己为什么在干，都有一个努力的目标。这就是一种更高层次的资源整合，是向心力的整合。

20 世纪末，中国提前实现了"翻两番"的目标，人均国民收入达到 1000 美元。在这关键时刻，党和政府的头脑没有发热，而是清醒地认识到：我国现在达到的小康还是低水平的、不全面的、发展很不平衡的小康。我国的生产力和科技、教育还比较落后，城乡二元经济结构还没有改变，实现工业化和现代化还有很长的路要走，从而提出了"全面建设小康社会"的战略目标。

进入 21 世纪，党和政府认识到我国发展过程中呈现的一系列新的阶段特征，既有诸如经济实力显著增强、社会主义市场经济体制初步建立、人民生活总体上达到小康水平、协调发展取得显著成绩等成就，又存在生产力水平总体还不高、自主创新能力还不强、长期形成的结构性矛盾和粗放型增长方式尚未根本改变、影响发展的机制体制障碍依然存在、收入分配差距拉大趋势还未根本扭转、农村发展滞后的局面尚未改变等问题，得出我国仍将处于并将长期处于社会主义初级阶段的基本国情没有变、人民日益增长的物质文化需求同落后的社会生产之间的矛盾这一社会主要矛盾没有变的结论，结合我国全面参与经济全球化的新机遇新挑战，研究工业化、信息化、城镇化、市场化、国际化深入发展的新形势新任务，提出要以科学发展观统领经济社会发展、全面建成惠及十几亿人口的更高水平的小康社会、开拓中国特色社会主义更为广阔的发展前景的奋斗目标。

支撑这个发展战略的是国家五年（计划）规划。

除了总体战略之外，党和国家还及时制定中长期发展战略。涉及全局性的战略有科教兴国战略、人才强国战略、可持续发展战略等。涉及区域发展的有西部开发战略、中部崛起战略、振兴东北老工业基地战略等。涉及某一领域或某一方面的有"星火计划"、"火炬计划"、"863 计划"等。

实施和完成国家发展战略的手段有二：一是宣传解释。让这些发展战略，都为人民群众所知晓所掌握，变为人民群众的自觉行动。二是政策导向。强化某些政策或者在政策上有所倾斜，引导资金流向和产业布局，使发展战略得以有效贯彻执行。

实现国家的快速发展，除了要有清晰的发展战略和明确的目标之外，还要有整合社会资源的能力。有效整合社会资源在于组织动员社会力量在较短时间内完成重大项目，迅速形成社会生产力。集中力量办大事，是新中国国家体制长期形成的优势。从 20 世纪五六十年代的"156 项"重大建设项目到 70 年代的"四三方案"，从改革开放初期的宝钢建设到跨世纪的三峡工程，莫不如此。新中国之所以能在较短时间内发展重工业，形成比较完善的工业体系，很大程度上是因为采取了这样的方式。

1990 年邓小平察看北京亚运会准备情况，当看到崭新的亚运村时，他由衷地说道："如果不是社会主义好，北京能改造得这么快啊？社会主义能够集中力量办事，什么困难的事都能搞成。"① 遗憾的是，他老人家未能看到北京奥运会。2008 年北京奥运会兑现庄严承诺，按期完成建筑风格迥异、科技含量高的场馆设施建设，排除各种干扰，出色地组织了一届成功的盛大比赛，受到国际奥委会、各国运动员和媒体的一致肯定。更为北京奥运会增添亮色的是 170 万名志愿者，他们顶着烈日、冒着风雨在各个赛场、在交通站点、在大街小巷提供"微笑服务"，成为北京奥运会不同于历届奥运会的一道独特的风景线。所有这些，都是社会主义中国能集中力量办大事、能办好大事的最有力的论释。

在突发事件面前，更能检验政府的动员能力。发生在 2008 年 5 月 12 日的四川汶川大地震是新中国成立以来破坏性最强、波及范围最广、救灾难度最大的一次自然灾害。地震之后，从中央到地方，政令畅通，步调一致，各部门服从大局、密切协作，形成了共克时艰、战胜灾害的强大合力。中央政府迅速从各地和国家战略储备中筹措大量救灾物资，构建起空中、铁路、公路、水路立体运输线，将数百万吨食品、药品、帐篷、抗灾机械等，源源不断地运到救灾一线。在短短的半个月里，军队和武警部队出动 13.7 万余人，各型飞机 2300 多架次，动用大型运输车、吊车、冲锋舟、便携式通信设备、发电机等装备 12 万台（件），派出 162 支医疗队、防疫队、心理专家服务队，发放被服、食品、急救药品、帐篷等各类物资 492 万套（件），调运物资 10 余万吨。在地质结构极其复杂、道路桥梁严重损毁、塌方和泥石流险象环生的情况下，政府组织各方力量，在几天时间内就打通了通往灾区的生

---

① 《总设计师的奥运情怀》，《人民日报》2008 年 7 月 14 日。

命线，并全面修复电网、通信，创造了世界救灾史上的奇迹。此外，还启动9 种型号 15 颗卫星绘制气象云图，进行卫星通信、地貌普查、导航。运用卫星网远程会诊、救治伤员。在灾区群众及时得到救助的同时，也使全体国民充分体会到经过改革开放 30 年的发展中国已经具有的雄厚实力。面对这样的事实，国外媒体也发出感叹："衡量一个政体的好坏，更多的是要看这个政体是否有意愿和能力来为人民提供所需要的服务。"①

中国的发展道路和发展模式中的制度安排说到底是生于斯长于斯，是内生的，外界强加或者生搬硬套过来终归没有生命力。反之，把中国发展模式说成是万灵的，甚至会威胁到什么人，也是危言耸听，缺乏现实根据的。2008 年 4 月 12 日胡锦涛在博鳌亚洲论坛的演讲中指出："世界上没有放之四海而皆准的发展道路和发展模式，也没有一成不变的发展道路和发展模式"，任何成功的发展道路和发展模式都是"必须适应国内外形势的新变化、顺应人民过上更好生活的新期待，结合自身实际、结合时代条件变化不断探索和完善适合本国情况的发展道路和发展模式"②。这就清楚地表明，中国的发展道路是在实事求是的基础上，根据自己的实际情况独立自主地探索出来的。中国既不会根据各种所谓的"共识"指导自身的改革，也不存在向外"推销"自己经验的需要，中国只是要把自己的事情办好，能够解决 13 亿多人口大国的富足，这本身就是对世界和平和人类进步的极大贡献。

（来源：《当代中国史研究》2008 年第 6 期）

---

① 《联合早报》（新加坡），2008 年 5 月 27 日。
② 胡锦涛：《坚持改革开放推进合作共赢——在博鳌亚洲论坛 2008 年年会开幕式上的演讲》，《人民日报》2008 年 4 月 13 日。

十六大以来党内民主的
实践探索及其思考

蔡 霞[*]

在执政党建设中，党内民主是一个受到党内外高度关注的重大问题。党的十七大报告将发展党内民主作为党的建设改革创新的重要课题，提出了有关发展党内民主的新设想。为积极推进党内民主建设，有必要将党的十六大以来党内民主的实践探索作一些梳理，并对推进党内民主作进一步的思考。

一 十六大以来党内民主探索的进展

十六大以来，党的基层组织和中高层组织都对发展党内民主做了有效探索，且各有不同的着力点。党的基层组织着力于实现党员权利，在党内选举、党务公开、党内监督等方面进行大胆实践；而党的中高层组织则着力于健全党的集体领导制度，在发挥全委会作用等方面做了不少努力。

党内选举的改革和创新力度加大。全国有几百个乡镇进行了乡镇党委书记直选，其中主要有三个亮点：一是将候选人的提名权交给党员和群众。以往候选人名单一般是由上级党委与组织部门确定，在直选探索中上级党委和组织部门不再确定具体名单，而改为主要制定候选人的资格条件与提名程序，由党员群众酝酿提名；二是候选人考察过程公开。以往在考察任用干部过程中非常强调保密纪律，而直选探索中对候选人的组织考察

---

* 作者系中央党校党建部教授。

是在党员群众参与中与候选人调研情况、提出"施政设想"结合在一起的，考察过程成为党员群众更多地了解候选人、候选人深入与党员群众沟通的过程；三是充分竞争基础上的选举。以往党员由于无选择余地，党内的"等额"选举实际上是变相任命。即便是"差额"选举，选举结果也并不全是党员选择的意志体现。而在直选探索中，由于"差额"幅度很大，选举过程也是候选人充分竞争、党员群众充分选择的过程，从而保证选举的结果充分体现民意。

党务公开取得新的进展。主要是发展新党员公示与党委决策过程公开。一些党组织在发展新党员过程中，做到确定入党积极分子、发展预备党员、预备党员转正时都进行公示，在党员群众的参与下严格把好新党员入党关口。这不仅明显提高了发展党员的质量，而且极大地增强了新党员入党的政治荣誉感，有些过去素质较好而又不想入党的群众现在积极靠拢党组织，纷纷表达申请入党的热切愿望。

党委决策公开。一些地方党委进行了常委会只提出议事议题而不做决策，决策权交给全委会的探索。党委事先向社会公告全委会会议的召开日期和所要讨论决策的事项，邀请与讨论事项有关的党员群众和部门专家参加党委会，充分反映各方意见，同时见证全委会作出决策。全委会决策过程公开，使得决策更好地顺民心、合民意，执行决策的群众基础更加扎实，有力地推动了党委工作任务的完成。

党内民主监督力度加大。民主监督是党内民主的重要内容，一些地方结合年度工作总结在加大公开考评领导干部方面做了有益尝试。一般说来，以前对领导干部的年度工作考评，大多由领导干部的下属参与，而且考评结果不对外公布。有的地方党组织采取三个措施改变了这一惯例做法：一是扩大参加考评领导干部的党员群众代表人数。二是考评结果完全公开。三是领导干部在电视上公开剖析问题，作出今后整改承诺。这些措施极大地增强了领导干部接受监督的意识，有力地促进了他们改进工作作风，提高工作效率，同时明显地提升了党的政治威信。

继续探索党代表大会常任制。试行党代表大会常任制是这几年发展党内民主的又一热点，其中比较突出的有浙江省台州市椒江区、四川省雅安市和湖北省罗田县等。首先，对党代表的产生实行竞选。在党代表选举上，各地都注意了实行差额选举，但差额比例不一，由此竞选的程度也就有很大差别，其中罗田县党代表差额竞选力度更大。县委书记与普通党员一样，只有在竞选党代表中胜出，才能在党代会上被选举进入县委班子，直至选举成为县委书记。其次，探索建立党代表大会常任制的运转制度。罗田县实行党代表直选制、党代表常任制、党代表建议书制度、党代表评议制度、党代表大会年会制，等等；台州市椒江区制定了党代表常任制、党代会年会制等26项制度，初步形成了系统性的制度体系；四川雅安市下属的一些区党代会也试行了一系列制度规定。

党内直选、党务公开、党内民主监督，党代表大会常任制，都主要在县以下党组织中展开，基本上属于党内基层民主范畴。十六大以来，党内中高层层面的民主也有了新的进展，中央高层的带头表率，带动了各级地方党委。党的十六大以后中央政治局向中央委员会报告工作逐渐制度化。各级地方党委也积极探索健全党的集体领导制度，发挥全委会的作用。这主要是在三个方面：一是调整党委常委会与全委会的关系，有的提出逐步取消常委会，有的提出常委会只确定全委会开会的议题，由全委会做出决定。二是重大问题由全委会决定，特别是对干部任用问题，必须经由全委会表决。三是在党委表决机制上做出重大改进，一些地方党委会在表决重大问题时由过去的口头表决、举手表决方式转向票决制。

总之，推进党内民主成为十六大以来党的建设改革创新的实践热点，它有力地促进了党内的团结统一，推动着党的先进性建设不断发展前进。

二 党内民主建设探索中显现出的问题

随着党内民主的不断推进，一些影响党内民主健康发展的问题逐渐显现出来。主要的是以下几点。

第一，如何进一步保障党员的被选举权和选举权问题。由于乡镇党委书记属于国家公务员范畴，因而有的地方在党内基层直选的候选人提名资格条件中规定，只有在乡镇以上政府系统工作、属于国家公务人员系列的党员才具有提名资格，这实际上就使相当一批村优秀党支部书记因为社会身份差别而被剥夺了党内被选举权利。同时，有的党组织表面上不再明确规定候选人名单，但却是根据内定人来规定候选人提名条件，把够条件的提名人圈定在很小的范围内，使"点人头用干部"变相延续，这实际上仍然是限制了党员的选举权。

第二，如何解决党务公开随意性的问题。有的地方党务公开带有明显的个人意图色彩，无关紧要的就公开，关键、重大问题就强调保密纪律，还有的前半段公开后半段保密（如对领导干部的民主考评，要求党员和下属参加考评划钩，而考评结果不宣布）。党的十七大修改的党章中已经增加了"党的各级组织要按规定实行党务公开"的条文，这就需要制定实际操作制度并严格执行，将党务公开制度化。至于公开什么、如何公开等都以制度规定，从而切实保证党员对党内事务有更多的了解和参与。

第三，如何将党内民主监督经常化。结合年度工作总结加大党内民主监督力度固然重要，但是，一次性或阶段性的民主监督还有一定的局限性，还需要针对党内权力运作的重点、轨道、特点，结合权力运作客观规律，以制度创新和制度的有效运行来建立经常化、系统性的党内民主监督。

第四，如何明确党代表大会与党委会的关系。党代表大会与党委会的关系不明确，制约着党代表大会常任制的实践探索。在这个方面，有许多需要探讨和研究的问题。如党代表大会常任制要不要设置自己的工作机构？如果设置会不会出现叠床架屋、党内机构膨胀？党代会常设工作机构与党委会工作职能部门是什么关系？党代表是不是党内职务？党代表如何真正参与党内重大问题的决策、如何有效发挥监督作用？党员又如何监督党代表？党代表大会年会，会不会与人大、政协会议重复而起不到实质作用？这些问题困扰着党代表大会常任制的实践。

三　继续推进党内民主的相关思考

以上问题表明党内民主的发展还受到某些羁绊而难以深入，这就需要我们进一步深入探索党内民主的理论和实践。

（一）发展党内民主必须以保障党员民主权利为本位、为基础

发展党内民主，实质含义是充分实现和保障党员参与党内事务、监督制约党内权力的民主权利。这就需要进一步研究党员权利与党内权力之间的关系，并明确相应的制度规定。目前党内制度的不完善使得党员民主权利的实现在相当程度上取决于"权力"意志，限制、侵犯党员权利的事，在一些党组织内时有发生并且得不到及时查处，有的甚至被看做党内的正常现象。同时，目前已有的保障党员权利的制度规定，其用语大多是"要"、"应当"、"不得"、"严禁"等要求性语言，而缺乏具体切实的实际操作规程，对侵犯党员权利现象的责任追究，还缺乏明确翔实的刚性惩治规定，由此压抑了党员参与党内事务、积极发挥作用的政治热情，直接影响党内民主的健康发展。

（二）实行党代表大会常任制需要合理构建党内体制

合理构建党内体制是探索实行党代表大会常任制的重要条件，是一个必须解决的重大问题。

从党内民主原则说，党代表大会是党内的权力机关，拥有对重大问题的决策权和对大会决议执行情况的监督权。但由于党内制度规定中以"领导机关"称谓模糊了党内权力机关和执行大会决议的工作领导机关的实质区别，加上党代表大会长期闭会，其所有的权力实际上被党委会代为行使，造成党内权力机关的权力主体地位虚置，而党内工作领导机关实权在握，自然取得了党内最大的实际控制力。在现有党内体制框架下，党代表大会常任制一旦进入实际运作，立即就出现与党委会的地位、职权等方面的矛盾冲突。这是制约深入探索健全党代表大会常任制的真正难点所在。

按照现代政治的分权制衡原理看，将党代表大会作为党内权力机关，而与党委会作为党内工作领导机关明确区分，有利于提高执政党的执政效能和对权力的监督制约。同时，我国社会正在发生快速而深刻的变化，仅靠原来的党委工作职能部门显然不足以适应和应对社会变化的新情况。比如，首先是组织选举党代表、组织党代表行使自己的职责以及管理监督党代表，都需

要有党代表大会的常设机关，而目前有的地方在探索党代表大会常任制中将组织管理党代表的联络办公室设在党委组织部门里，显然是在权力位阶上上下颠倒。其次，重大问题由党代表大会决策，需要在党代表大会常任制内建立相应的动态掌握社情民意、研究社会趋势与政策演变的机构，这与党委现有的政策研究室其实不是一回事。再比如，党内决策的部门化倾向已经十分明显，这需要有超越部门局限性而对全党各部门进行协调整合的党内机构，而目前党内显然缺乏这样的机构。这样的机构设在党代表大会制度内是比较合适的。由此，要使党代表大会作为真正的权力机关，着重于履行执政党对重大问题的决策职能，以及对党内执行决议的工作领导机关实行相应的控制，就必须设立相应的常设机构。这就必然要求从党的整个体制框架层面上，对党代表大会常任制、党委会及其下属工作机关、党内纪检部门的相互关系与职能做整体思考与研究，达到党内权力构架的科学合理。在此基础上一方面使党代表大会常任制实际运转起来，一方面使党委会更好地集中精力解决党内重大决策执行中的具体问题，同时又能为解决党委会主要领导人权力过大的问题开出一个新的监督制约路径。

（三）发展党内民主要着力形成健全的权力运行机制

如果说，健全党代表大会常任制实际涉及党内的权力结构——党内体制问题的话，那么要推进党内民主还必须解决好党内权力运行的机制问题。发展党内民主的探索实践显示，仅仅推进"单项"制度改革，很容易受到党内其他相关制度的牵制，结果使党内改革或者举步维艰，或者扭曲走样、流于形式。这表明，发展党内民主必须考虑一整套的制度安排。这一整套制度安排，要根据权力运行的轨道和客观规律来设置。

科学的权力运行机制，其逻辑起点是明确党内权力主体，即谁是党内权力的主人？党的十七大报告指出，要"尊重党员主体地位"，实质上明确了党内权力为全体党员所有。由此，要建立党内的以选举为主要方式的授权机制，并通过定期选举将党员公认的优秀领导人才推到领导岗位上，并使领导干部持续接受党员的评判，受到党员共同意志的合理制约。

选举作为一种授权机制，只能在一定程度上制约党内权力，当授权以后，还要形成能够对领导干部的权力活动实现必要控制的控权机制。这种控权机制至少要包含三个方面的考虑：一是权力的公开透明运行，杜绝暗箱操作；二是权力在一定轨道上的封闭有限运行，防止权力运用无边界、无规矩；三是规范权力运行的制度必须具有高度的刚性权威，使制度权威高于人的权威，防止制度的弹性化。为此，需要根据党内权力与权利的互动规律来设计一整套制度链。要将党的十七大报告中提出的党内民主制度建设设想与原有的党内制度结合起来，使各项制度之间有机结合、相互补充、配套衔接，环环相扣，以机制的力量来调整党内关系、配置党内权力、规范党内生活，管住干部手中的权；同时指导约束党员行为，保证党员对党内权力运行的实际控制。

（来源：《前线》2008 年第 7 期）

中国行政改革:历程、战略与突破

汪玉凯[*]

一 中国行政改革的历程

1949 年新中国成立以来,我们就十分重视政府建设。在 60 年的发展历程中,有关政府建设和行政管理体制改革以 1978 年党的十一届三中全会为界,大体可以分为前 30 年和后 30 年两段。前 30 年主要是对行政管理体制的调整和完善;后 30 年则主要是改革。

在前 30 年,早在"文化大革命"以前,根据新中国成立以后我国经济社会发展的要求,曾于 1954 年、1957 年、1960 年多次对行政管理体制进行调整。其主要目的是围绕党和国家的工作中心如第一个五年计划实施、大跃进、三年困难等展开的。至于 1966—1976 年"文革"期间,中国行政体制所发生的变化,严格讲是在一种非正常的情况下进行的。期间,全国绝大多数党政机关受到严重冲击,领导干部被批斗,正常的工作秩序被打乱。总的看,前 30 年中国行政体制几经曲折,经历了一个复杂的调整演变过程。这一过程,既与经济发展以及社会主义建设事业的展开有关,但更主要的是受政治气候、特别是"左"的错误的发展、演变的影响。这种现象告诉我们,

---

[*] 作者系国家行政学院电子政务专家委员会副主任、教授。

行政体制的变革与完善，如果离开了稳定的政治环境、良性的政治运作以及健康有序的经济社会发展，是很难取得成功的。

1978 年党的十一届三中全会后，中国的行政管理体制进入一个深刻的变革时期。从 1982 年起，我们先后经历了五次大的行政管理体制改革：即 1982 年、1988 年、1993 年、1998 年和 2003 年。应该说每一次改革，面临的环境和任务是不一样的；同样每一次改革的结果，也是有差异的，总体上，我们的行政管理体制经历了螺旋式发展的过程。

纵观改革开放 30 年以来行政体制改革的发展，留给人们的启示是深刻的。首先，中国的行政体制改革，是一个异常艰难的过程。因为行政体制改革，既涉及权力重组，也涉及利益的重新分配，同时还会关系每个公务员的职业选择。这就使行政体制改革必然遇到种种阻力。其次，行政体制改革又是一个逐步深化的过程，很难一步到位。这种现象与中国的整体渐进式改革是联系在一起的。再次，行政体制改革与经济体制改革是相辅相成的，互为因果的。最后，中国行政体制改革的发展趋势，也符合国际社会政府改革潮流。如果仔细分析就会发现，我国的很多改革虽然带有一定的中国特色，但总体上说是与国际社会的公共管理变革潮流相吻合的。

在充分肯定我国行政改革取得巨大成就的同时，也有值得我们认真反思的教训。其最重要的有三个方面：一是改革目标的低效率重复。我们的改革虽然取得了很大的成就，但应该看到，改革中还存在着明显的改革目标的低效率重复问题。二是行政体制改革孤军深入，没有和事业单位等改革同步推进。三是单一的行政思维。在相当长一段时间内，我们认为通过行政体制改革能够解决政府管理层面的问题，但最后发现不完全对。因为行政体制改革只能解决政府管理层面的一小部分问题，关键的问题、更深层次的问题靠行政体制改革似乎很难解决。因为这些深层次的问题和我们的官员选拔制度、政治层面发生了联系，如果没有政治体制层面改革的配合，光靠行政体制改革难以奏效。

二 凸显政府改革：中国改革进入战略转折期的重要标志

中国改革发展经历了 30 年之后，进入一个战略转折期。如果说从 1978

年改革开放以来，中国一直是以经济建设为中心，以经济体制改革为主轴展开整个改革的话，那么，到了目前，行政体制改革，特别是政府的自身改革已经上升到更重要的位置了。之所以如此，在于过去30年，我们一直是把经济体制改革放到第一位，以经济建设为中心，以经济体制改革为主导。这一改革的基本思路是：经济体制改革推进的过程中遇到什么障碍，就解决什么问题，其他改革更多的是围绕深化经济体制改革展开的。但是，越到后来，政府越来越成为矛盾的中心与重点。因此，2005年中央制定"十一五"规划的时候做出了一个重要判断，这就是未来行政体制改革将成为中国全面深化改革和扩大对外开放的关键。这个判断，在笔者看来带有战略转移的意义，行政体制将上升到更重要的位置。可以设想，这样的改革必将加快政府自身的转型。而政府的转型趋势，又有可能朝着三个方向发展：一是由管制型政府向服务型政府转变；二是由单一的经济建设型政府向公共治理型政府转变；三是由手工作业型政府向信息网络、电子政务主导的网络型政府转变。

三 以政府为中心的行政改革：战略与突破

（一）目前中国公共治理面临的压力

在中国的公共治理中，有些问题如果处理得不好，将会长期制约和影响我们的发展。所有这些问题，归结起来实际上又集中反映在三个方面。[①]

首先，中国经济经历了30年的高增长，经济社会发展积累了一系列深层次的问题，如果深入分析就会发现，这些问题几乎都与我们不合理的体制有关。比如宏观调控在某些方面的失灵，中央权威得不到应有的维护，地方主义明显抬头等，这些都是中央和地方体制架构内在冲突的外在表现；再比如，社会管理和公共服务职能薄弱，也与传统行政管理不合理的制度安排和运行行为息息相关；还比如，权力行使的非理性，权力滥用，权钱交易，是与我们至今没有建立起有效的权力制约结构有关。因此，从体制和制度层面

---

① 汪玉凯：《中国政府改革需要战略上的突破》，《南风窗》2006年第8期。

寻求解决问题的办法和途径，就成为我们面临的关键问题。

其次，以部门主导的公共政策过程，使权力部门化、部门利益化、利益法定化更加突出，部门利益已经凌驾于公众利益甚至国家利益之上，从而导致了公共政策的扭曲、变异。这样的公共政策过程，导致的直接后果是，公共政策制定的成本很高，周期很长，效率也很低，大量的时间和精力都被消耗到毫无意义的部门利益的争夺、扯皮和推诿之中。与此相联系，这样的公共政策过程，也可能使政府所代表的公平、正义的天平发生倾斜。用部门利益，危害社会的公共利益。

再次，权力行使的非理性以及由此产生的官员腐败现象并没有得到有效的遏制。尽管新一届领导加大了反腐败的力度，采取了被称之为"四管齐下"的改革举措，即制定党内监督条例，制定党内纪律处分条例，对中央部委的纪检监察实行垂直管理，对地方实行巡视制度。这些制度所发挥的重要作用是显而易见的，但是令人疑惑的是，这些制度反腐的举措，并没能有效遏制腐败在一些地方蔓延的局面。这不能不引起人们的疑虑，中国反腐败的出路究竟在哪里，这种腐败蔓延的现象，究竟是机制层面的，还是制度体制层面的，我们需要构建一种什么样的体制才能真正防止权力的非理性？

值得我们深入思考的问题是，如果我国政府的行政体制不能有一个大的改变，政府目前面临的一些压力就很难化解。这些挑战或者压力将主要来自以下三个方面：

第一，在发展战略上，我们面临着可持续发展的巨大压力，这种可持续发展的战略与官员长期以来形成的"政绩观"，有可能产生内在的冲突，并最终危害到可持续战略的实施。应当看到，我国过去在相当长的时间里，经济的快速增长、高速发展，很大程度上是以巨大的资源消耗支撑的，也付出了过高的环境成本。尽管我们深深意识到了以资源的过度消耗和环境恶化为代价的发展道路，风险是巨大的，但是真正要在两者之间作出取舍时，并非易事。因为这与我们长期形成对官员的选拔任用的价值标准、选拔体制、考核标准以及由此形成的官员的价值追求等，很容易发生冲突。比如，我们提出了"科学发展观"这样带有战略意义的方针，但是要使这一方针变成各级政府及其官员的自觉行动，就不那么简单了。在这方面，我们整体上面临的压力和挑战将是连续的、持久的。如何走出一条资源节约型发展道路，如何保持经济、社会、政治的协调发展，是摆在我们面前必须回答而又不一定能回答好的全局性问题。

第二，从社会管理层面上看，政府面临着化解社会冲突的巨大压力。中国30年改革开放的一个重要特征，就是经济、社会的变革异常迅猛，几乎波及社会的各个领域。特别是随着改革的深入，社会利益群体的分化，不同社会组织之间的结构性矛盾和冲突，日渐显现。有学者形容目前中国社会的基本特征是"利益关系失衡，社会结构紧张，不稳定的因素增加"。再加上改革发展规律的支配，越到后面，改革的难度越大，涉及的利益矛盾更加复杂。在这样的社会背景下，一旦代表社会公平正义的政府的公共政策出现失误，就会进一步激化社会矛盾和社会冲突，给政府公共治理形成巨大的压力，甚至直接影响到政府公共治理权力的合法性基础。可见，维护社会稳定的前提是有效化解社会冲突；构建和谐社会的关键在于消除社会中存在的不和谐因素。

第三，从政府自身来看，由于政府实质性改革进展迟缓，政府转型落后于社会转型和体制转轨，政府的强势依然如故，"市场化"与"行政化"的内在冲突加剧，从而使公共治理面临新的挑战。需要指出的是，在中国市场化改革和市场经济体制的建立过程中，政府扮演了重要角色，发挥了很大作用，目前的政府管理，无论从组织架构、管理方式、运行机制等，与计划体制下相比，都发生了历史性的变化。在充分肯定政府作用的同时，也应该看到目前政府自身存在的问题。如果政府依然强势不改，扮演经济建设型政府的角色，实际上有少数地方已经把"以经济建设为中心变为以GDP为中心"，忽视或者淡化政府的社会管理和公共服务，甚至继续把大量的公共财政资金投资于竞争性领域，继续强化政府的行政审批功能，其结果，不仅会导致市场作用和行政权之间的扭曲，引发政府行为的紊乱，助长权力行使的非理性，而且还有可能引发民众对政府的不信任，使政府的公信力大大下降。

我国政府管理面临的上述问题，迫切需要我们加大政府自身改革的力度。

（二）深化行政改革必须首先要寻求理论上的突破

寻求理论上的突破将成为我国行政体制创新与发展的起点。

如果说政治体制改革涉及上层建筑领域中一系列重大理论和实际问题，那么，作为政治体制改革的重要组成部分，行政体制改革不仅与政治体制中的一些理论和实际问题有关，而且还与经济体制密切相关的政府架构、职能、管理模式、管理行为等诸多理论与实际问题相关。从目前我国政府管理和运行的实际状况看，适应市场经济要求的行政体制改革，至少有三个带有根本性的理论问题，值得我们高度重视。

一是关于政府管理的统一性与政府间规模结构的关系问题。长期以来，我们在强调政府管理的统一性时，往往把政府机构上下对口也作为一个先决性条件。这是导致各级政府规模普遍较大、机构臃肿的一个重要原因。事实上，政府管理的统一性，主要指领导、政策、规范、管理程序、管理方式的统一性，以及与此相联系的管理活动的规范性。至于各级政府机构的具体设置，除基本的以外，主要取决于该级政府在行政体系中所担负的职责，以及本地区经济社会发展的实际状况等。用统一性简单地要政府机构设置得上下对口，这是计划经济体制直接管理的产物。

按照我们的理解，在市场经济条件下，我国的行政体制创新，非但不能用统一性强调上下机构的对口，而且行政体制改革的一个重要任务，就是要积极调整中央与地方各级政府之间的规模结构，使政府间保持一种适度的、规模结构合理的架构。我们之所以强调这一点，不仅在于保持政府间合理规模对政府管理本身有重大影响，而且对这个问题的认识，直接关系到行政体制改革的整体思路。其具体理由是：第一，在决定一级政府的规模方面，管理社会、经济的部门，特别是与经济直接相关的部门，往往是矛盾的焦点。尽管其他部门也存在内设机构臃肿、人浮于事的问题，但更容易导致机构膨胀、职能交叉的，都在这个领域。第二，在市场经济条件下，政府的职能，特别是经济职能、管理方式等，都发生了很大变化，中央和地方各级政府承担的管理职责也发生了一定变化。比如，中央政府担负着整个国民经济的宏观调控职责，省级政府严格讲并不直接承担宏观调控功能，只是间接地担负区域性调整职责，至于县及县以下的政府基本不承担宏观调控职责，因此，按照各级政府所承担的具体经济职责和事权划分原则，调整社会经济部门的设置，进而调整政府的纵向规模结构，就成为一个十分重要的任务。第三，按照国外的经验，一般是中央政府的规模大，机构数量多，功能齐全，而地方政府规模相对较小，结构也比较简单。以美国为例，州和地方政府官员总数，是联邦政府的6倍，这在世界上属于高的，而我国，地方各级党政机关的人员总数是中央的12倍。这说明，按照市场经济的要求，调整各级政府的规模结构有很大潜力；同时也说明，行政体制改革、创新的首要任务，是合理确定各级政府的规模，以及实现政府间规模结构的优化。如果不从这一新的视角思考问题，或者仍然沿袭传统的思维定式，行政体制的创新与发展就很难有效地推进。

二是关于政府规模与行政资源供给能力的关系问题。在过去的行政体制改革中，我们很少考虑政府规模与行政资源供给能力之间的关系。这里所说的行政资源，是指政府行政中支出的各种资源的总和，一般主要指政府的行政事业费支出。也就是说，我们在确定一个政府的具体规模时，除了考虑这个政府所承担的社会职责、管辖的地域面积、人口等因素外，对该地区的财政供给能力与政府的行政事业费支出之间很少有刚性的指标。比如，1993年机构改革中，我们根据不同的情况，将全国的市分为三类，规定一、二、三类市的机构总数分别为60个左右、50个左右和30个左右；将全国的县分为四类，规定一、二、三、四类县的机构总数分别为30个左右、25个左右和20个左右；将镇分为三类，规定一、二、三类乡镇的政府人员总数分别为45人、30人、15人不等。在指标的选择中，虽然市、县都考虑到了财政收入因素，如市的分类，财政收入占指标权数的15%，县占30%，但所占比重明显太低。更重要的是，对于行政管理费支出在财政收入中的比例，也缺少具体规定，使许多地方的财政实际上变成了"吃饭财政"，甚至连党政机关、事业单位的工资也不能及时兑现。至于对省和地区级政府管理机构的设置，只是提出一些原则性数量要求，并没有实施分类制度。

在行政体制改革中，我们之所以要强调政府规模与行政资源供给能力的某种刚性关系，至少有5个方面的理由：第一，作为凌驾在社会之上的公共机构，政府的各种行政支出，只能从财政收入中支付，政府的规模在一般情况下，不能超越财政供给能力；如果在一个财政供给能力很低的地区，仍然保留着庞大的政府规模，其结果只能阻碍而不是有利于这个地区社会经济的发展与进步。第二，我国幅员辽阔，地区间经济社会发展极不平衡。同样是省、市、县或乡，其发展差距悬殊。因此，全面制定包括财政供给能力等多项社会经济指标在内的分类标准，使其与政府规模之间建立某种制约关系并使之法定化，对保证行政体制改革的成功有重要的指导意义。第三，对那些经济社会相对落后的地区，在政府规模的确定上，可以制定一些特殊的弹性政策，鼓励其加快发展的步伐，提高行政资源供给能力。例如，允许一些经济欠发达的地区，随着财政供给能力的提高，保留政府规模适度扩大的自主权等。第四，从国外一些国家地方政府的组织情况看，其规模的大小，也主要取决于行政资源供给能力。以美国为例，美国州以下地方政府大都采取地方自治，实行行政、立法、司法合一的组织体制。这两条原则，前者使地方政府的规模必然受到地方财政收入的制约；后者"三位一体"管理模式，较为简单，一般不会导致政府规模的过度膨胀。中国政治体制虽与美国有本质的区别，两国政府管理的运作方式也不尽相同，但美国在政府规模与行政资源供给能力方面某些关系准则，值得我们借鉴。第五，对于经济社会较发达的地区，也不能因有较强的行政资源供给能力，任其政府规模扩张，而是要制定最高限额予以遏制。从市场经济发展的要求看，加强对社会经济的管理，主要不是通过增加政府机构的途径来实现，而是要大力培育和发展社会中介组织，使其成为政府与社会之间的桥梁和纽带。另外，控制政府规模的膨胀，就意味着可以节省一定的财政支出；而财政支出减少了，人民的税赋也就可以减轻，政府可以获得更大的支持。可见，控制政府规模的直接受益者，是广大人民群众，这与马克思所设想的"廉价政府"，以及我们所遵循的为人民服务宗旨是完全一致的。

三是关于市场经济条件下政府的特殊利益行为问题。目前中国政府管理中遇到的一个突出问题是，在多元利益主体中，政府是否也是一个特殊的多元利益主体之一。因为按照人们的一般理解，政府是最具权威的公共组织，是整个社会公共利益的代表者。如果说政府有自身的特殊利益，那就是代表统治阶级的政治经济利益，履行着作为阶级统治的职责。很显然，我们所说的政府在市场经济条件下是否具有特殊利益，并不是在这个意义上提出的，而主要是指政府在代表公众利益的同时，是否要有自身特殊的经济利益。

这个问题之所以成为经济体制发展中的一个重要问题，一方面在于它与政府的行为方式、管理方式密切相关；另一方面也与我们是否有信心、有能力通过行政体制改革，从根本上解决这一问题有关。从它与政府的管理行为、管理方式的关系看，政府应不应该具有这种特殊的经济利益和有没有这种特殊的经济利益，都会直接影响到政府机关及其公职人员的管理行为和管理方式。

目前，中国政府职能之所以难以转换，一些政府部门之所以乐于审批，忙于审批，乱收费、乱罚款之所以在一些地方屡禁不止，并演变为难以遏制的部门行业不正之风，恐怕都与这个问题有关。

从我们是否有信心、有能力通过行政体制改革解决这一问题来看，首要的是要对政府应不应该具有自身的特殊经济利益本身达成共识。如果认为在市场经济条件下，政府在代表公共利益的同时，还可以有自己的特殊经济利益，那只是对上述现象如何有序地规范管理的问题，政府对不同政府部门间的收入差距也可以不必花更多的精力予以协调、解决，甚至允许政府各部门通过自收自支弥补财政经费的不足。如果认为政府除了代表公共利益之外，不能有自身特殊的经济利益，更不能通过部门的行政性收费，补贴自身的财政不足或者与部门、个人收入挂钩，那么政府就必须承担起平抑政府机关各部门收入差距的职责，以及为各部门提供足够的财力保障。很显然，中国行政体制的创新与发展，首先要在这两者之间做出正确的选择。

我们认为，过去中国行政体制改革之所以未能解决政府管理中的某些深层次问题，某种意义上说，与我们陷入上述两者之间的两难选择有关。因为从理论上说，政府在市场经济条件下可以有自身的特殊经济利益，肯定是难以成立的。即使在西方国家，政府机关及其公职人员的赢利行为都是被严格制止的。即便是合理的收费，也采取严格的收支分离的做法，并通过财政预算，有效控制政府的财政支出，否则政府的管理行为、管理方式就会失去规范的客观标准。但在我国，实际情况是，在新旧体制转轨过程中，许多政府机关事实上默认了自身特殊利益的存在，并在实践中强化了这种默认，使一些政府内部的不同部门收入差距也有拉大的趋势。而这种差距效应，会进一步激发低收入部门的"创收"冲动。在政府机构庞大、臃肿而政府难以提供足够财政支持的情况下，当利益驱动使愈演愈烈的部门、行业不正之风很难有效遏制时，都可能影响到政府做出果断选择的决心。由此不难看出，对于市场经济条件下政府非正当利益行为的有效控制，不仅应成为我国行政体制创新发展的重要目标之一，而且也是实现政府职能转变，确立正确的管理方式、良好的管理行为的基本前提。

（三）以政府自身改革为中心的改革战略

笔者以为，当前主要有六方面问题值得考虑。

一是政府改革要高度重视制度设计和整体设计。一方面，要通过制度设计，对未来中国政府管理的模式、运行机制等带有根本性的问题，形成目标共识，如中国要不要走大部制管理的道路？中国要不要实行决策与执行的分离等。而过去我国的多数机构改革方案主要是针对当时面临的一些突出问题展开的，缺乏长远的制度性设计，甚至过多受到领导者个人喜好的影响，使一些深层次问题不断被积累。另一方面，还要对政府改革、政治体制改革、事业单位改革以及政府对民间组织的管理等，进行整体的设计。这是改变政府改革孤军深入最好的办法。如果不能把我国的事业发展、事业单位改革，整体纳入公共部门的功能设计中，不仅会影响新形势下我国事业的发展，影响事业单位自身的功能定位和发展目标，使事业单位的存在形态继续被扭曲，如普遍的营利性倾向等，而且也会继续成为政府改革的避风港。

二是真正树立法制在政府改革中的权威。早在1998年的政府改革中，我们就把实现政府机构、职能、编制的法定化，作为政府改革的重要目标和原则，有关中央与地方的财权、事权的划分，也是我们一直寻求法律解决的一个重要问题。但是在这方面，似乎只是成了一种口号，法制的权威似乎一直难以被真正树立。这种在政府管理方面法制严重缺位的问题，不仅直接影响了法制本身作用的发挥，更重要的是给政府机构、编制、人员方面的人为作用，提供了可能。从长远看，中国的政府改革如果没有法制的跟进，政府管理的规范化、科学化、民主化是很难实现的。

三是改进政府公共政策制定系统，使之真正代表公正、公平与正义。防止国家在公共政策制定中被"俘获"现象的出现，这是我国政府改革在市场化进程中遇到的新问题，但也许是解决起来最困难的问题之一，值得我们高度重视。否则我们不能理解，为什么在国家综合实力有了极大提高，人民生活水平有了很大改善的情况下，社会矛盾会如此突出？为什么在短短30年的改革进程中，中国的贫富差距、城乡差距、地区差距会拉得如此之大？对一个正处在发展中的国家来说，我们的基尼系数超过美国，虽不能说是我们公共政策在分配制度方面的失败，但至少值得我们认真反思。正是从这个意义上，我们认为政府行政体制改革中的一个重要任务，就是重新思考构建我国的公共政策制定系统，使我国公共政策制定的过程、公共政策的结果，都能最大可能地代表公平、公正和正义。

四是对官员要有更严厉的管理手段。大量的事实证明，目前严重的问题在于教育官员，如何杜绝公共权力的非理性，如何建立一套使官员主要对民众负责，而不是简单地向上级负责的选拔任用体系，是我们面临的最大问题之一。在这方面，我们必须大胆地探索，并将之制度化。

五是防止政府旧体制的复归。在旧体制复归方面，我们尤其要关注公共财政的支出与旧体制复归之间的联系问题。这就给我们提出这样的问题：如果我国的财政收入在不到3000亿水平的时候，我们把财政支出的主要部分用于维持国家的运转；如果到了近6万亿的时候，仍然不能在涉及广大人民群众的教育、医疗、社会保障方面有明显的增长，继续在公务和行政支出方面保持着高增长的比例，不能不说是政府治理中的一个严重失误问题。因此，防止旧体制的复归，应该是我国下一步政府改革中一个不容忽视的重要问题。

六是要跳出行政层面的单一思维，解决政府管理中的深层次问题。过去是就行政而行政，没有跳出行政层面思考和解决问题，政治层面的问题严重滞后。许多问题，表面上看在行政管理层面，但问题的核心可能就在政治层面。如急功近利、形象工程、弄虚作假，以及把经济建设为中心，演变为以GDP为中心等，都是现行干部选拔制度弊端的必然产物。只有跳出行政层面，比如说从政治体制的高端寻求解决问题的对策，深化政治体制改革，才有可能使政府改革飞跃。从这个意义上说，深化政府改革的战略性突破，必须依赖于政治体制上端改革的推进。

未来的行政改革，除了首先要从战略层面思考问题之外，还要找准突破口和切入点。笔者认为，过去我们长期以转变政府职能为切入点的改革，实践证明并不很成功。目前需要我们重新思考这一改革的切入点问题。在我们看来，真正有重要引领意义的改革，从行政层面来说，应该把政府自身的一些关键改革如建立官员财产申报，公开制度，废除官员一些明显不合理的特权，启动"三公"消费改革（即公车改革、公款招待、公款出国），行政审批制度改革这些社会公众广泛关注的问题，作为突破口，可能会收到意想不到的效果。这就是说，我们的改革要跳出转变政府职能，来推动转变政府职能、而不是一味地简单划分部门之间的职责权限，如果有些关键问题不解决，靠简单的划分边界是解决不了问题的，也很难获得民众认可。正是从这个意义上说，解决民生问题，建立公共服务体制、推进公共服务均等化、转变政府职能等目标的实现，都必须从解决最关键的政府自身管理运作中存在的一些深层次问题入手，否则，我们的行政体制改革，还会继续交学费、走弯路。

（来源：《国家行政学院学报》2009 年第 4 期）

六　经济

中国经济体制改革回顾与前瞻

魏礼群[*]

改革开放是决定当代中国命运的关键抉择，是我们党在新的时代条件下带领人民进行的新的伟大革命。正是这场历史上从未有过的大改革、大开放，使一个面向现代化、面向世界、面向未来的社会主义中国巍然屹立在世界东方，使中华民族大踏步赶上时代前进潮流、迎来伟大复兴的光明前景。2008年是改革开放30周年，全面回顾中国经济体制改革取得的伟大成就，认真总结经过艰辛探索积累的丰富经验，深入研究面临的新形势和重大任务，对于坚定不移地继续推进改革开放，沿着中国特色社会主义的伟大道路奋勇前进，夺取全面建设小康社会和整个现代化事业的新胜利，具有十分重要的意义。

一 中国经济体制改革的伟大历史性成就

改革开放30年来，我们党带领人民探索出了一条具有中国特色的经济体制变革道路。在30年中，从农村到城市、从东部地区到中西部地区、从经济领域到政治、文化、社会各个领域，全面改革的进程势不可当地展开，使我国成功地实现了从高度集中的计划经济体制到充满活力的社会主义市场经济体制、从封闭半封闭到全方位开放的伟大历史转折，使我国经济社会发生了历史性的巨大变化。

---

* 作者系国家行政学院党委书记、常务副院长。

30 年来，按照建设中国特色社会主义的总要求和社会主义市场经济改革的大方向，不断进行理论创新和大胆探索，全面推进和深化改革，在各个重要领域和关键环节都取得了实质性的重大进展。

社会主义初级阶段基本经济制度已经确立。调整和完善所有制结构，确立我国社会主义初级阶段的基本经济制度，是整个经济体制改革的重要关键。概括地说，就是从改革前"一大二公"的单一公有制转变到实行以公有制为主体、多种所有制经济共同发展的基本经济制度。30 年来，我国所有制的结构变化十分明显。根据国家统计局测算，从 1978 年到 2007 年，我国公有制经济在国内生产总值中的比重由 94.7% 下降到 60% 左右，非公有制经济比重由 5.3% 上升到 40% 左右。但从国民经济总体来看，公有制经济仍然保持主体地位；在关系国计民生的关键性行业和支柱产业中，国有经济仍居于支配地位；在一些重要行业，国有经济以股份制经济形式通过控股等保持着相当的控制力。非公有制经济的迅速发展，对经济快速增长、扩大社会就业、活跃城乡市场、增加财政收入等，发挥着愈益明显的作用。

资源配置方式实现了转换。我国经济体制改革的核心，是处理好计划和市场的关系。计划和市场都是经济运行的调节手段。改革前，长期实行高度集中的计划经济体制，计划是经济运行和资源配置的唯一手段。党的十一届三中全会以后，经济体制改革按照市场取向的目标持续推进。1992 年党的十四大确定把"社会主义市场经济体制"作为我国经济体制改革的目标。随后，"国家实行社会主义市场经济"被郑重地载入《宪法》。经过 30 年改革，我国在资源配置方式上基本实现了由国家计划配置为主向市场配置为主的转变。这对增强经济活力、促进经济持续快速健康发展已经并将继续发挥重要作用。

适合生产力发展要求的农村经济体制基本建立。农村改革是我国经济体制改革的突破口。经过改革，彻底废除了人民公社体制。1978 年年底，"大包干"首先在安徽兴起，并逐步向全国推开。到 1984 年，全国农村基本上确定了以家庭承包经营为基础、统分结合的双层经营体制。同时，全面推进市场取向的改革。党的十四大之后，农村改革全面向社会主义市场经济体制转变。党的十六大以来，经济改革进入了统筹城乡发展的新阶段。在全国范围内全面取消农业四税，终结了中国延绵 2600 多年的种地交"皇粮国税"的历史。同时，相继进行了以乡镇机构、农村义务教育管理体制和县乡财政管理体制改革为主要内容的农村综合改革，并取得了明显进展。农村改革的伟大实践，为建立我国社会主义初级阶段的基本经济制度和社会主义市场经济体制探索了成功之路。

国有企业改革取得重大进展。国有企业改革作为我国经济体制改革的中心环节，30 年来国有企业管理体制和经营机制改革不断深化。大部分国有企业改为多元股东持股的公司制企业，建立现代企业制度，一批国有企业公开发行股票并在境内外上市；国有经济布局和结构调整取得重大进展，极大激发了企业的活力，增强了国有经济的控制力和影响力；逐步建立了中央政府和地方政府分别代表国家履行出资人职责，享有所有者权益，管资产和管人、管事相结合的国有资产管理体制。

新型宏现调控体系逐步健全。宏观经济体制改革是经济体制改革的重要组成部分。一方面，打破了高度集中的传统计划管理体制，实现简政放权，发挥市场机制、竞争机制的作用；另一方面，逐步建立适应社会主义市场经济要求的宏观调控体系。党的十四大以后，宏观经济体制改革主要是转变政府职能，完善宏观调控体系，相继推进投资、财税、金融、外汇、价格等体制的重大改革。在金融体制改革方面：建立了多元化银行体系，国有商业银行改革迈出重大步伐，资产质量和赢利能力明显提高。资本市场基础性制度得到加强，实施了上市公司股权分置改革。保险业改革和发展深入进行。利率市场化改革持续推进。实施了人民币汇率形成机制改革，外汇管理体制改革全面推进。建立了中央银行调控体系，金融监督管理得到加强。在财税体制改革方面：从实行"划分收支、分级包干"，到实施分税制改革，调动了中央与地方两个积极性，增强了中央宏观调控能力。中央对地方的转移支付制度不断完善。税收体制改革取得重大进展。在投资体制改革方面：简化投资项目审批程序，逐步扩大企业和地方政府的投资决策权限。建立了建设项目法人责任制、投资项目资本金制、招标投标制、工程监理制和合同管理制。初步形成了投资主体多元化、投资决策分层化、投资方式多样化、融资渠道多元化、建设实施市场化和投资管理间接化的新格局。在计划体制改革方面：大幅度缩小和改进生产、流通、价格、外贸等方面指令性计划，指导性计划逐步成为计划的主要形式，不断扩大市场机制的作用。同时，逐步形成了国家计划和财政政策、货币政策等相互配合的宏观调控体系。

现代市场体系全面构建。经过 30 年改革，基本形成了多层次、多门类的商品市场体系和多种市场流通渠道、多种经营方式并存的商品市场格局。各类要素市场的培育和建设不断推进。土地市场的市场化定价机制初步建立，产权市场逐步建立，资本市场取得长足发展，货币市场、保险市场都有了很大发展。市场化的价格改革不断深化。绝大多数商品和服务价格实现了市场定价。统一开放、竞争有序的现代市场体系不断健全和完善，市场在资源配置中的基础性作用越来越明显。

收入分配制度发生根本变化。党的十一届三中全会以后，随着农村和城市经济体制改革的不断推进，收入分配制度逐步由平均主义向按劳分配转变。确立了以按劳分配为主体、多种分配方式并存的分配制度，并健全劳动、资本、技术和管理等生产要素按贡献参与分配的制度。重视处理初次分配和再分配中效率和公平的关系，既有利于提高经济效率，同时又促进社会公平正义，充分发挥各方面的积极性，大大促进了社会生产力的发展。

中国特色的社会保障制度基本形成。社会保障制度是社会主义市场经济体制的重要支柱。经过 30 年的改革，城镇基本养老保险制度已经建立并不断完善。覆盖范围从企业职工扩展到城镇个体工商户、灵活就业人员等各类从业人员，参保人数不断增加。城乡基本医疗保障体系初步形成。建立了城镇职工和城镇居民基本医疗保险制度；普遍建立新型农村合作医疗制度。失业保险、工伤保险、生育保险制度不断完善。普遍建立以城乡居民最低生活保障制度为重点的城乡社会救助体系。社会保障制度的建立和完善，充分发挥了社会稳定器和安全网的作用。

对外开放不断扩大。对外开放是我国经济体制改革的重要组成部分。30年来，对外开放不断取得重大进展，全方位、宽领域、多层次的对外开放格局基本形成。我国加入世贸组织后，涉外经济体制改革进一步深化，放开外贸经营权，大幅度降低关税，取消进口配额、许可证等非关税措施，提高贸易和投资的自由化、便利化程度。实施"走出去"战略取得重要进展，在推动我国企业开拓国际市场，加强与各国特别是发展中国家的合作中发挥了重要作用。

总之，30年来正是在波澜壮阔、气势磅礴的改革开放推动下，我国在经济政治文化社会等各个领域、各个方面都取得了巨大进步，创造了举世瞩目的辉煌成就。社会生产力获得大解放大发展。在伟大的改革开放推动下，我们这样一个人口众多、贫穷落后的发展中大国，以世界上罕见的速度快速发展起来，工业化、信息化、城市化快速推进，产业结构不断提升，科技进步和自主创新能力明显提高，经济实力、综合国力显著增强，城乡面貌日新月异。1979年到2007年，我国国内生产总值从2165亿美元增加到约3万亿美元，按可比价格计算，增长了近14倍，年均增长9.8%，远远高于同期世界经济平均增长3%左右的速度，经济总量跃升至世界第四位。财政收入增长了40多倍。主要产品产量大幅增加，粮食、棉花等主要农产品和百余种工业产品产量位居世界第一。中国大踏步赶上时代进步潮流。由于实行改革开放，我国成功地抓住了在世界范围内蓬勃兴起的新科技革命浪潮这一历史时机，顺应国际产业大转移、资本大流动的全球化趋势，积极扩大对外经济合作与交流。从1979年到2007年，我国对外贸易额从109亿美元增加到21738亿美元，成为世界第三大贸易国；累计吸收国外直接投资7745亿美元，吸引外资规模连续14年名列发展中国家首位。改革开放把一个封闭和半封闭的中国融入全球化；又使一个开放的中国成为推动全球化的重要力量，成为世界经济增长的重要引擎。城乡人民生活水平显著提升。30年来，在改革开放促进经济大发展的基础上，我国人民生活实现了从温饱不足发展到总体小康的历史性跨越。农村贫困人口从2.5亿减少到2000多万。城乡居民收入大幅增加，生活水平显著提高。政治、文化和社会建设全面进步，人们的精神面貌、整个社会的面貌都发生了巨大变化。政治局面安定，社会长期稳定，人民安居乐业。同时，我国国际地位和影响力不断提升。改革开放的伟大成就不仅表现为我国经济社会已经发生的巨大变化，而且还在于它构筑了符合我国国情、有利于持续发展的体制基础，为实现国家现代化和中华民族伟大复兴提供有力的体制保障。特别是在改革开放的伟大实践中，形成了包括邓小平理论、"三个代表"重要思想以及科学发展观等重大战略思想在内的中国特色社会主义理论体系。这是最重要、最宝贵的政治和精神财富，是全国各族人民团结奋斗、加快推进国家现代化、实现民族伟大复兴的共同思想基础。

二 深化对经济体制改革丰富经验的认识

30 年经济体制改革的伟大实践，积累了丰富经验，以下九个方面经验尤为宝贵。

1. 坚持立足基本国情，坚定走中国特色社会主义道路

党的十七大报告指出，改革开放以来我们取得一切成绩和进步的根本原因，归结起来就是：开辟了中国特色社会主义道路，形成了中国特色社会主义理论体系；高举中国特色社会主义伟大旗帜，最根本的就是要坚持这条道路和这个理论体系。这是总结改革开放伟大历史进程得出的根本结论。党的十一届三中全会以来，我们党正确分析国情，作出我国还处于并长期处于社会主义初级阶段的科学论断。正是由于我们党对社会主义初级阶段这个中国最大、最基本国情的清醒认识和准确把握，才成功地开辟了中国特色社会主义的伟大道路。中国特色社会主义道路之所以完全正确、之所以能够引领中国发展进步，关键在于我们既坚持了科学社会主义的基本原则，又根据我国实际和时代特征赋予其鲜明的中国特色。而实行改革开放正是走中国特色社会主义伟大道路的具体体现和生动实践。一方面，在改革中坚持社会主义，坚持四项基本原则，坚持通过解放和发展生产力完善社会主义制度，确保改革开放沿着正确方向前进；另一方面，又坚持在社会主义道路上实行改革开放，对原来僵化、缺乏活力的旧体制进行全面的变革，以便更好地发挥社会主义制度优越性，增强社会主义的吸引力。把改革作为中国的第二次革命和社会主义制度自我完善和发展有机统一起来，因而在坚持社会主义基本制度的前提下，对生产关系和上层建筑中不适应生产力发展的环节和方面进行全面改革，其目的就是解放和发展生产力，创造出比资本主义更加先进的生产力。同样，开放也是为了发展，是为了更好更快地发展生产力。正是以发展

生产力和"强国富民"为目的，把坚持改革开放与坚持四项基本原则有机结合起来。改革开放的伟大实践充分证明：中国特色社会主义是引领我们不断推进中国发展进步的伟大旗帜。因此，在当代中国，真正坚持科学社会主义，就必须坚持中国特色社会主义道路。

2. 坚持不断解放思想，鼓励大胆探索和实践

解放思想、实事求是是我们党的思想路线，是适应新形势、应对新挑战、认识新事物、完成新任务、发展中国特色社会主义的一大法宝。只有坚持解放思想，一切从实际出发，敢于破除迷信，坚决冲破不合时宜的观念束缚，尊重群众首创精神，鼓励大胆探索、实践和创新，与时俱进，才能使社会主义现代化事业充满生机和活力。邓小平同志曾经深刻指出："一个党，一个国家，一个民族，如果一切从本本出发，思想僵化，迷信盛行，那它就不能前进，它的生机就停止了，就会亡党亡国。"改革开放的伟大历史进程，始终是解放思想的过程、理论创新的过程、实践创新的过程。30年来的一条基本经验，就是以思想大解放和观念大转变，推进改革开放大突破，推进中国经济社会大发展。在改革开放之初，我们党开展"实践是检验真理的唯一标准"大讨论，恢复了实事求是的思想路线，打破了"两个凡是"僵化思想的束缚，从而开启了改革开放的伟大事业，闯出了一条中国特色社会主义的正确道路。1992年邓小平提出"社会主义也可以搞市场经济"的重要思想和"三个有利于"的判断标准，打破了姓"资"姓"社"的僵化思维模式，极大地推进了社会主义市场经济的改革和发展，成功地实现了把社会主义与市场经济结合起来的伟大创举。可以说，没有思想解放，就没有改革开放和社会主义现代化建设的巨大成就，就没有中国特色社会主义的重大发展。社会实践永无止境，解放思想永无止境。在今后整个社会主义现代化事业中，都要坚持解放思想、实事求是、与时俱进，当前特别要更加自觉地把继续解放思想落实到坚持改革开放、推动科学发展、促进社会和谐上来，使中国特色社会主义道路越走越宽广。

3. 坚持市场取向，实行社会主义市场经济的改革不动摇

实行市场取向改革，发展社会主义市场经济，是中国特色社会主义的重要

关键和鲜明标志。30 年的改革开放，正是坚持社会主义市场经济改革方向，并在实践中不断探索、创新、前进的历程。在经过 10 多年理论探索和实践创新的基础上，1992 年党的十四大明确确立了社会主义市场经济体制的改革目标。1993 年党的十四届三中全会的《决定》，围绕建立社会主义市场经济体制作出了专门规划和部署。2003 年党的十六届三中全会的《决定》，进一步提出了完善社会主义市场经济体制的奋斗目标，强调要更大限度地发挥市场在资源配置中的基础性作用，增强企业活力和竞争力，健全国家宏观调控体系，完善政府社会管理和公共服务职能，健全现代市场体系，为全面建设小康社会提供强有力的体制保障。这一系列重大决定，使我国改革坚定地沿着社会主义市场经济的方向不断前进和深入发展。同时，改革开放的丰富实践也充分证明，只有坚持社会主义市场经济的改革方向，在社会主义条件下发展市场经济，使经济活动遵循价值规律、市场规律的要求，才能不断解放和发展社会生产力，增强综合国力，提高人民生活水平，才能更好地实现国家现代化。当前和今后一个时期，改革仍处于攻坚阶段，改革任务繁重而艰巨，必须把坚持社会主义基本制度同发展市场经济有机结合起来，始终坚持社会主义市场经济的改革方向，从制度上更好地发挥市场在资源配置中的基础性作用，着力构建充满活力、富有效率、更加开放、有利于科学发展的体制机制。

4. 坚持体制机制创新，着力建设成熟的市场经济制度

体制创新和制度建设是经济体制改革的重要内容，也是从根本上实现由计划经济向社会主义市场经济体制转变的必然要求。改革不在体制创新和制度建设方面取得实质性重大进展，社会生产力发展中的体制性机制性障碍就不可能被彻底消除，社会主义市场经济体制也不可能真正建立和完善起来。邓小平同志多次指出，我们的改革是一场革命，是对体制的革命；不改革，不进行体制创新，很多问题的解决就没有出路。改革开放 30 年来，我们始终着眼于制度建设和体制创新，并取得重大进展和成效。这包括：着眼于完善社会主义初级阶段基本经济制度，毫不动摇地巩固和发展公有制经济，坚持以公有制为主体，毫不动摇地鼓励、支持、引导非公有制经济发展，大力发展国有资本、集体资本和非公有资本等参股的混合所有制经济，使股份制

成为公有制的主要实现形式，推进建立归属清晰、权责明确、保护严格、流转顺畅的现代产权制度；着眼于建立健全现代企业制度，不断深化国有企业公司制、股份制改革；着眼于完善宏观调控体系，不断推进财政、税收、金融、投资等体制改革和制度建设；着眼于完善按劳分配为主体、多种分配方式并存的分配制度，不断深化收入分配体制改革，健全劳动、资本、技术、管理等生产要素按贡献参与分配的制度；着眼于完善社会保障体系，不断推进基本养老保险制度、基本医疗保险制度、失业保险制度、最低生活保障制度等改革和建设。邓小平强调指出，制度问题更带有根本性、全局性、稳定性和长期性。这些制度建设不仅有利于巩固改革开放的成果，而且为今后又好又快发展提供了体制保障，有利于推动未来经济社会持续健康稳定发展。制度建设和体制创新是一个永无止境的过程，在今后的改革开放进程中，仍然需要抓住根本，注重制度建设和体制机制创新，使社会主义市场经济体制和各方面形成一整套更加成熟、更加定型的制度。

5. 坚持实行渐进式方略，有领导分步骤全面推进改革

"摸着石头过河"，是渐进式改革方略的形象表述。邓小平曾明确指出，对改革实践中的东西，"对的就坚持，不对的赶快改，新问题出来抓紧解决"。实行渐进式改革方略，是辩证唯物主义认识论的生动体现，也是实践是检验真理唯一标准的充分运用。这不仅是因为改革无先例可循，无经验可鉴，通过渐进式改革可以积累经验，探索路子，以利于推进更大的改革；而且还在于渐进式改革可以避免社会出现大的震动，也可以使人民得到看得见的利益和好处，从而为进一步改革提供良好的社会环境和强大动力支持。30年来渐进式改革的成功表现在多个方面和领域。例如，改革先从农村起步，再逐步向城市推进。农村家庭联产承包责任制经过1979年在安徽、四川的试点后，逐步扩大在全国范围内推行。农村改革取得的明显成效，对城市改革产生了很好的示范效应，为建立社会主义市场经济体制进行了创造性的探索。又如，价格改革先在一段时期内实行价格"双轨制"，再逐步并轨后实行市场价格。对外开放也是先行试验，取得成功经验后再逐步深入推进，先在东南沿海一带开放，再有步骤地推向内陆地区开放；由经济特区先行试

验，再向全国逐步形成开放型经济体系。实践雄辩地证明，我国采取渐进式改革方略是十分必要和完全正确的。

6. 坚持统筹兼顾，协调推进各领域体制改革

中国特色社会主义是社会主义市场经济、社会主义民主政治、社会主义先进文化和社会主义和谐社会协调发展的伟大事业。中国改革是一个巨大的系统工程，不仅仅是经济体制改革，还包括政治、文化和社会等体制改革。在经济体制伟大变革向纵深推进的过程中，需要协调推进政治体制、文化体制和社会体制的改革。正如党的十七大报告所指出的，把推动经济基础变革同推动上层建筑改革结合起来，把发展社会生产力同提高全民族文明素质结合起来，把提高效率同促进社会公平结合起来。改革开放以来，在不断推进经济体制改革的同时，稳步推进政治体制改革。发展社会主义民主政治，建设社会主义法治国家，不断深化行政管理体制改革，为改革开放提供制度保证和法制保障。在不断推进经济体制改革的同时，积极推进文化体制改革，在各个改革时期都相应制定了文化改革的政策措施，有力地促进文化事业和文化产业协调发展，大力发展社会主义先进文化，建设社会主义精神文明，提高全民族文明素质，为经济社会发展提供了强大的精神动力和智力支持。在不断推进经济体制改革的同时，积极推进社会体制改革。坚持以人为本，积极解决人民最关心、最直接、最现实的利益问题，推进科技、教育、卫生等体制改革，大力发展社会事业，着力完善就业、收入分配和社会保障制度，保障和改善民生，促进社会和谐，为改革开放和经济发展提供和谐稳定的社会环境。协调推进经济体制、政治体制、文化体制和社会体制改革，是我国改革取得巨大成功的宝贵经验，也是改革继续健康推进的重要保证，我们一定要继续坚持，更加自觉地协调推进有利于发展中国特色社会主义事业的各项改革。

7. 坚持以开放促改革，做到改革与开放相互促进

邓小平曾精辟指出，对外开放也是改革。改革是为了发展，开放也是为了发展，改革开放都是为发展服务。改革需要开放的推动力量，开放需要改革的体制保障，两者相辅相成，相互结合，相互促进，是我国改革开放成功

的重要经验。实践证明，哪些地方开放得早，改革同开放结合得好，那里经济体制改革的步伐就大，发展就快；哪些地方的改革不断深化，制度有所创新，那里的对外开放就搞得好。最早设立的深圳等经济特区和以后陆续增加的开放城市和地区，不仅开放走在前面，而且在推进社会主义市场经济体制建设方面也先试先行，提供了丰富经验。30年来，我们在不断深化改革的同时，也不断扩大开放，以开放带动改革。开放是改革与发展的结合环节。随着对外开放不断扩大，原有体制的弊端也愈益显露出来，迫切要求加快改革。我国对外贸易迅速发展和吸收外资不断增加，直接推动着政府调节经济方式、政企关系、企业治理结构、外贸和外汇管理体制的变革，促进商品市场和各类生产要素市场的形成和发展。涉外经济法律法规的建立健全，成为社会主义市场经济法律体系建设的推动力量和重要内容。与此同时，外贸、外资、外汇等管理体制改革深入推进，又不断拓展对外开放的广度和深度。放开外贸经营权控制，使更多企业得以参与国际竞争，促进了对外贸易的持续发展。随着改革的深入推进，社会主义市场经济体制不断完善，将为"引进来"和"走出去"创造越来越好的外部环境，从而使我国对外开放不断提升到更高的水平。

8. 坚持牢牢把握大局，正确处理改革发展稳定关系

正确认识和处理改革、发展、稳定三者的关系，是中国改革开放取得巨大成功的一条宝贵经验。始终坚持以改革为动力、发展为目的、稳定为前提，坚持把改革的力度、发展的速度和社会可承受的程度统一起来，并把不断改善人民生活作为处理改革发展稳定关系的重要结合点，在社会稳定中推进改革发展，通过改革发展促进社会稳定。发展是硬道理，是党执政兴国的第一要务。发展，对于全面建设小康社会、加快推进社会主义现代化，具有决定性意义。30年来，我们党坚持以经济建设为中心，始终把发展放在首位，坚持聚精会神搞建设，一心一意谋发展，不断解放和发展社会生产力。邓小平指出："我们所有的改革都是为了一个目的，就是扫除发展社会生产力的障碍。"离开发展，改革就失去了意义。围绕经济社会发展中的问题不断进行改革，为发展开辟了广阔的空间，提供了强大动力和保障。无论是改

革还是发展都需要有一个稳定的社会政治环境。没有稳定，什么事都干不成。在社会政治稳定中推进改革发展，在改革发展中实现社会政治稳定。总之，正确处理改革、发展、稳定三者关系，才能把握大局，保证经济社会顺利发展。这是我国社会主义现代化建设正反两方面经验教训的深刻总结。在今后整个现代化建设事业中，仍然必须妥善处理改革、发展、稳定关系，使三者相互协调、相互促进。

9. 坚持加强和改善党的领导，为推进改革提供坚强的政治和组织保障

党的领导是顺利推进各项改革的根本保证。这是总结我国改革开放30年来的伟大实践得出的最重要结论。中国共产党是中国特色社会主义事业的领导核心。从根本上说，改革开放取得的巨大成就是因为有中国共产党这样一个坚强领导核心的结果，是始终坚持党的领导、不断加强和改善党的领导的结果。党的十一届三中全会以后我国经济体制改革不断深化的整个进程，始终是在党的正确领导下进行的。只有坚持党的领导，才能保证市场经济同社会主义基本制度的有机结合，才能保证改革沿着正确的方向前进，才能促进社会公平正义和保证广大人民群众共享改革的成果。要坚持党的领导，必须改善党的领导。30年来，我们党不断加强自身建设，以适应改革开放的需要，以使党始终成为推进改革开放事业顺利发展的坚强领导核心。坚持大力加强党的思想建设、组织建设、作风建设和制度建设，进行保持共产党员先进性教育，不断提高党的凝聚力和战斗力；坚持立党为公、执政为民，不断改革和完善领导方式和执政方式，不断提高党的执政能力，保持和发展党的先进性；加强党风廉政建设，反对和防止腐败。这些有力地保障了改革开放的顺利进行。在今后的改革开放和社会主义现代化事业进程中，必须毫不动摇地坚持党的领导，并以改革创新精神全面推进党的建设，使党始终成为中国特色社会主义事业的坚强领导核心。

三　坚定不移地继续推进经济体制改革

改革开放30年来，中国发生了历史性的巨大变化，但我国仍处于并将

长期处于社会主义初级阶段，进一步解放和发展生产力，进一步促进社会公平正义，实现全面建设小康社会和国家现代化的宏伟目标，必须坚定不移地继续推进改革，加快完善社会主义市场经济体制，不断推进社会主义政治体制、文化体制和社会体制改革。

党的十七大提出了全面推进中国特色社会主义事业总体布局。改革开放和现代化建设进入一个新的阶段，体制改革面临着新的形势和任务。我们要高举中国特色社会主义伟大旗帜，深入贯彻和落实科学发展观，继续解放思想，坚持实事求是、与时俱进，坚持社会主义市场经济改革方向，注重制度建设和体制创新，统筹规划、精心部署。需要重点抓好以下几个方面的改革工作。

1. 进一步完善基本经济制度，深化国有企业改革和国有资产管理体制改革，继续鼓励、支持、引导非公有制经济发展

坚持和完善公有制为主体、多种所有制经济共同发展的基本经济制度。着力健全现代产权制度，坚持平等保护物权，进一步形成各种所有制经济平等竞争、相互促进的新格局。继续对国有大型企业进行公司制股份制改革，进一步完善国有资本有进有退、合理流动的机制。加大垄断行业改革力度，加快推进公用事业改革。完善各类国有资产管理体制和制度。探索国有资本有效的经营形式，提高资本营运效率。推进集体企业改革，发展多种形式的集体经济、合作经济。继续破除各种体制障碍，促进非公有制经济健康发展。

2. 继续深化农村改革，加强农村制度建设和创新

主要改革任务：一是稳定和完善农村基本经营制度。以家庭承包经营为基础、统分结合的双层经营机制，是党的农村政策的基石，必须毫不动摇地坚持。现有土地承包关系要保持稳定。要健全严格的农村土地管理制度。完善土地承包经营权，依法保障农民对承包土地的占有、使用、收益等权利。二是加快农村综合改革步伐。深化乡镇机构改革，建立精干高效的农村行政管理体制。完善乡镇治理机制。深化农村义务教育改革，建立和完善农村义务教育经费保障机制。三是推进农村金融体制和制度创新。强化中国农业银行、中国农业发展银行和中国邮政储蓄银行为"三农"服务的功能，充分发挥农村信用社为农民服务的主力军作用。在加强监管的基础上，规范发展多种形式的新型农村金融机构。四是建立促进城乡经济社会发展一体化制度，促进公共资源在城乡之间均衡配置、生产要素在城乡之间自由流动。坚持走中国特色城镇化道路，促进大中小城市和小城镇协调发展，形成城镇化和新农村建设互相促进、协调发展机制。五是健全农业支持保护制度。完善农业投入保障制度和农业补贴制度。理顺产品比价关系，充分发挥价格对农业增产和农民增收的促进作用。

3. 健全现代市场体系，加快建立统一、开放、竞争、规范的市场经济新秩序

积极发展资本、土地、劳动力、技术等要素市场。大力发展资本市场，规范发展股票市场，积极发展企业债券市场，稳步发展期货市场。规范发展土地市场，改革征地制度，完善土地收益分配制度，形成有效的土地资源占用约束机制。建立城乡统一的劳动力市场，引导劳动力合理流动。完善资源和要素价格形成机制。深化价格改革，理顺资源价格体系，完善反映市场供求关系、资源稀缺程度、环境损害成本的生产要素和资源价格形成机制。加快社会信用体系建设。加强信用信息征集、使用、公开、保护等制度及相关法律法规建设，健全信用监管和失信惩戒制度。同时，规范市场经济秩序。加快建立政府监管、行业自律、舆论监督、群众参与的市场监管体系，建立保护知识产权、打击侵权盗版行为的长效机制。积极发展市场中介组织。

4. 推进财税、金融、投资体制改革，完善宏观调控体系

一是深化财税体制改革。围绕推进基本公共服务均等化和主体功能区建设，完善公共财政体系。健全中央和地方财力与事权相匹配的体制，加快形成统一规范透明的财政转移支付制度。实行有利于科学发展的财税制度，改革资源税费制度，建立健全资源有偿使用制度和生态环境补偿机制。二是深化金融体制改革。继续深化银行业改革，促进国有银行加快建立现代银行制

度。继续推动资本市场改革和发展，优化资本市场结构，多渠道提高直接融资比重。深化保险业改革。继续推进利率市场化。进一步完善人民币汇率形成机制。加强和改进金融监管，防范和化解金融风险。三是深化投资、计划体制改革。重点是扩大企业投资权限，规范各类投资主体行为，健全和严格市场准入制度，完善政府投资体制。要完善国家规划体系，发挥国家发展规划、计划、产业政策在宏观调控中的导向作用。

5. 完善涉外经济管理体制，提高开放型经济水平

坚持把"引进来"和"走出去"更好地结合起来，拓展对外开放广度和深度。进一步完善对外开放的制度保障。完善涉外经济法律法规，形成稳定、透明的涉外经济管理体制，创造公平和可预见的法治环境。加快转变外贸增长方式，促进加工贸易转型升级。创新利用外资方式，优化利用外资结构，发挥利用外资在推动自主创新、产业升级、区域协调发展等方面的积极作用。鼓励有条件的企业"走出去"，创新对外投资和合作方式，加快培育我国的跨国公司和国际知名品牌。积极开展国际能源资源互利合作，推进区域和次区域经济合作；完善公平贸易政策，推进贸易和投资自由化便利化，实施自由贸易区战略。适应开放型经济的要求，更好地处理国内发展与对外开放的关系，防范国际经济风险，维护国家经济安全。

6. 深化收入分配制度改革，增加城乡居民收入

坚持和完善按劳分配为主体、多种分配方式并存的分配制度，健全劳动、资本、技术、管理等生产要素按贡献参与分配的制度。初次分配和再分配都要处理好效率和公平的关系，再分配要更加注重公平。逐步提高居民收入在国民收入分配中的比重，提高劳动报酬在初次分配中的比重。这是对国民收入分配格局的重要调整，不仅有利于理顺国家、企业和个人三者的分配关系，而且有利于合理调整投资与消费关系。加大个人收入分配调节力度，合理调整收入分配格局。着力提高低收入者收入。建立企业职工工资正常增长机制和支付保障机制，逐步提高扶贫标准和最低工资标准。要通过采取多种措施，创造条件让更多群众拥有财产性收入。通过税收等手段切实对过高

收入进行有效调节。取缔非法收入。要规范垄断行业的收入分配，规范垄断性企业资本收益的收缴和使用办法，合理分配企业利润。

7. 健全覆盖城乡居民的社会保障体系，保障人民基本生活

健全的社会保障体系，是人民生活的"安全网"和社会运行的"稳定器"，必须加快完善社会保障体系。一是完善基本养老保险制度。要促进城乡职工基本养老保险制度规范化，完善社会统筹与个人账户相结合的企业职工基本养老保险制度，促进机关、事业单位基本养老保险制度改革，积极探索建立农村养老保险制度。二是完善基本医疗保险制度。要全面推进城镇职工基本医疗保险、城镇居民基本医疗保险、新型农村合作医疗制度建设，把基本医疗保险制度覆盖到城乡全体居民。三是完善最低生活保障制度。在城市要继续健全最低生活保障制度，做到应保尽保。在农村要将符合条件的贫困人口全部纳入最低生活保障范围。四是支持加快发展社会救助和慈善事业。这是中国特色社会保障体系的重要组成部分。五是积极发挥商业保险的补充作用，支持商业保险的发展。六是逐步提高社会保险的统筹层次，制定全国统一的社会保险关系转续办法，以促进劳动人口在全国范围内的流动就业。

8. 加快推进行政管理体制改革，建设服务型政府

行政管理体制改革是完善社会主义市场经济体制和发展社会主义民主政治的必然要求，必须坚定不移地继续推进。一是加快政府职能转变。这是深化行政管理体制改革的核心和关键。要加快推进政企分开、政资分开、政事分开、政府与市场中介组织分开。全面正确履行政府职能，改善经济调节，严格市场监管，更加注重加强社会管理和公共服务。二是推进政府机构改革。紧紧围绕政府职能转变和理顺政府职责关系，进一步优化政府组织结构，规范机构设置，健全部门间协调配合机制。减少行政层次，降低行政成本。积极推进地方政府机构改革，加快推进事业单位分类改革。三是加强依法行政和制度建设。坚持用制度管权、管事、管人，健全监督机制，强化责任追究。加快建设法治政府，规范行政决策行为，完善科学民主决策机制。

推进政府绩效管理和行政问责制度，提高政府执行力和公信力。健全对行政权力的制约和监督制度，保证人民赋予的权力始终用来为人民谋利益。完善政务公开制度，加强政风建设和廉政建设。

现在，我国改革开放和现代化建设处于关键时期，改革任务十分繁重而艰巨。充分运用30年来经济体制改革的宝贵经验，坚韧不拔地推进各项改革。要围绕改革的重点和难点，鼓励大胆探索，勇于变革创新；要不为任何风险所惧，不被任何干扰所惑，增强战胜各种困难的勇气和信心。改革开放一直是在不断解决矛盾和克服困难中前进的，和过去相比，今后应对困难的条件更好，经验更多。因此，全国人民同心协力，发扬锐意进取精神，一定能够继续推进各项改革，不断完善社会主义市场经济体制，保持经济社会发展良好势头，顺利实现全面建设小康社会和社会主义现代化的奋斗目标。

（来源：《国家行政学院学报》2008年第5期）

中国特色社会主义经济运行机制的探索与创建

刘国光[*]

新中国成立已经60年了。这是我们党领导全国人民艰难探索、艰苦奋斗并取得辉煌成就的60年。一个在现代化历史进程中落后了的东方大国，通过60年的奋斗，已经快速复兴，成为当代世界发展中有影响力的发展中国家。

60年来，我国经济建设围绕计划与市场这个基本问题，进行了长期的探索。这是一个朝着既定的目标，探寻在中国这块土地上建设社会主义的实现途径、模式和体制的过程，这种探索是在特定社会历史条件下进行的，是客观条件、客观要求和主观认识共同作用的结果。

一 从新民主主义经济到社会主义计划经济

旧中国是一个经济极端落后的半殖民地半封建社会，经济命脉和主要生产资料掌握在外国资本、封建地主和官僚资本手中，整个经济是在各种形式的私有制基础上的商品—市场经济以及农村中广泛存在的自然经济。新民主主义革命胜利后，通过没收国民党政府系统的官僚资本企业变为新的国有企业；通过废除西方国家在华的一切特权，对西方国家遗留在大陆的外资企业分别采取管制、征购、征用、代管等措施，逐步加以接收而变为国有企业，两者形成国营经济。另外还有合作社经济、私人资本主义经济、个体经济、

---

* 作者系原中国社会科学院副院长、研究员。

国家资本主义经济，构成五种经济成分。国营经济是新民主主义国家所经营的、以全民所有制为基础的社会主义性质的经济，代表着新民主主义经济的发展方向；合作社经济是以劳动者个人所有为基础的人民群众的集体经济，是半社会主义性质的经济；私人资本主义经济是以资本家私人所有为基础、以追求利润为目的的私营经济，它具有两重性，我们党对它采取利用和限制的政策；个体经济是指分散的个体农业和个体手工业经济，占国民经济总量的80%以上；国家资本主义经济是一种国家经济同私人资本合作的、具有社会主义因素的经济成分，其发展前途是转向社会主义国营经济。

新民主主义经济是适应我们这个经济落后国家为社会主义革命奠定生产社会化基础的需要而必经的发展阶段。在这个阶段必须利用个体经济和私人资本主义经济的积极作用，还需要发挥商品—市场经济的调节作用。国家计委1952年成立时，面对多种经济成分并存的新民主主义经济体制，实施了多种形式的计划管理制度，但由于存在五种经济成分，整体上仍然属于市场经济，但这时的市场经济已经具有了新的特征，形成了有计划调节的市场经济体制。在社会主义性质的国营经济领导下，多种经济成分协调发展；资源配置的基础环节是国家调控下的市场体系，并与多种计划管理方式相结合，实施"公私兼顾、劳资两利、城乡互助、内外交流"经济政策，以兼顾各方面的利益，发挥广大农民发展个体经济与互助合作两种积极性，使私营经济获得正常利润，能够继续进行生产和扩大再生产。这些构成了新中国成立初期新民主主义经济体制的基本特点。由于理论准备比较充分，通过这种符合国情的社会经济体制，党和政府领导全国人民团结奋斗，在极其困难的经济环境下，赢得了财政平衡、市场稳定、生产恢复，出现了新中国建立初期经济发展、社会昌明的历史盛况。

1952年下半年，由于国民经济恢复任务基本完成，全国即将转入大规模经济建设，中共中央在讨论如何编制第一个五年计划时，中国的经济建设究竟应采取什么样的模式，就成为迫切需要明确的问题。经过1952年7月到1953年年底一年半的经济建设实践和理论探索，在当时的国际环境和历史背景下，苏联道路和苏联模式成为必然的选择；迅速实现以重工业为中心的工业化这个国民经济恢复后中国经济面临的紧迫任务，是促使我国加快进行社会主义改造、实行国家主导的计划经济体制的现实动因；统购统销和加快农业合作化步伐就成为工业化的制度保障。这几个方面的契合，使我们党选择了以"一化三改"为内容的过渡时期总路线和以"一五"计划为标志的社会主义工业化模式。

我国在由新民主主义的市场经济向社会主义计划经济过渡、进行生产资料所有制的社会主义改造、开始建立社会主义经济制度时，并没有重复苏联最初几年走过的弯路，没有消灭商品货币关系。当时，我们党对我国社会主义所有制结构、经济运行调节机制、市场等问题作了许多有益探索。毛泽东较早觉察了苏联经济模式的某些过分集中的弊端，1956 年他在《论十大关系》一文中提出了适合于中国情况的社会主义建设的主张。陈云在党的八大会议上的讲话中提出了："我们的社会主义经济的情况将是这样：在工商业经营方面，国家经营和集体经营是工商业的主体，但是附有一定数量的个体经营。这种个体经营是国家经营和集体经营的补充。至于生产计划方面，全国工农业产品的主要部分是按照计划生产的，但是同时有一部分产品是按照市场变化而在国家计划许可范围内自由生产的。计划生产是工农业生产的主体，按照市场变化而在国家计划许可范围内的自由生产是计划生产的补充。因此，我国的市场，绝不会是资本主义的自由市场，而是社会主义的统一市场。"[①] 陈云的讲话受到了毛泽东的赞赏，会议采纳了这些成果，作出了相应的决策，反映在经大会批准的周恩来所作的关于第二个五年计划的报告中。

在过渡时期总路线指引下进行的社会主义改造，改变了原来估计的新民主主义制度发展 15 年或者更长一点的时间再向社会主义转变的设想，提前实现了从带有一定程度的计划调节的市场经济向社会主义计划经济的过渡。总的来看，这是符合我国社会发展的基本历史趋势的，而且从当时的现实来看，也有其客观的要求，是多种因素综合作用的结果。但从反思的角度来看，这种社会经济制度和经济体制的历史性大转变，特别是后来逐步发展为高度集中的以单一公有制和行政命令为特征的计划经济体制，还是显示出我们对社会主义建设问题的理论准备不足，造成了行动上的偏急，形式上的简

---

① 《陈云文选》第 3 卷，人民出版社 1995 年版，第 13 页。

单，出现了脱离生产力发展实际状况、过急过猛的问题。应该承认，"什么是社会主义，怎样建设社会主义"（包括如何认识和处理计划和市场的关系）这个问题，对于经济落后国家的无产阶级政党来讲，不是短时间可以解决的，因而在这场大变革中的初期出现偏差和失误是难以避免的，当然也有其需要认真总结和反思的地方。

二　社会主义计划经济的确立、功绩与局限性

1956 年，我国实现了由新民主主义经济时期的国家计划调控的市场经济到完全的计划经济体制的转变，进入社会主义计划经济的发展时期。这是中国社会发展的一个重大的变化。

1955 年秋，毛泽东在《中国农村的社会主义高潮》按语中写道："人类的发展有了几十万年，在中国这个地方，直到现在方才取得了按照计划发展自己的经济和文化的条件。自从取得了这个条件，我国的面目就将一年一年地起变化。"①

社会主义改造基本完成以后，我国转入全面的大规模的社会主义建设。在开始全面建设社会主义的十年中，社会主义公有制及以此为基础的计划经济体制，发挥了全面统筹安排、集中力量办大事的优越性。在当时国力较弱的情况下，我们能够最大限度地集中全国的资源，迅速地形成了工业化的初步基础，在旧中国遗留下来的"一穷二白"的基础上，建立了独立的比较完整的工业体系和国民经济体系。直到"文化大革命"前夕的十年中，我们虽然遭到过严重挫折，但仍然取得了很大的成就。

在这一时期，由于对社会主义建设经验不足，对经济发展规律和中国经济基本情况认识不足，更由于中央和地方不少领导同志在胜利面前滋长了骄傲自满情绪，急于求成，夸大了主观意志和主观努力的作用，忽视了客观的经济规律，使得以高指标、瞎指挥、浮夸风和"共产风"为主要标志的"左"倾错误严重地泛滥开来。在这种"左"倾错误思想指导下，有人鼓吹

---

① 《建国以来毛泽东文稿》第 5 册，中央文献出版社 1991 年版，第 503 页。

什么立即取消商品，取消货币，可以不顾价值规律的作用。其结果是，广大农民的积极性受到了极大的挫伤，农村生产力遭到了极大的破坏，国家和人民遭到重大损失。

党中央和毛泽东对"大跃进"和人民公社化运动中的"左"倾错误有所察觉，曾连续召开重要会议，努力纠正这一错误。毛泽东针对主张废除商品和货币等错误观点指出，在社会主义时期废除商品是违背经济规律的，我们不能避开一切还有积极意义的诸如商品、价值法则等经济范畴，而必须使用它们来为社会主义服务。中国是商品生产很不发达的国家，商品生产不是要消灭，而是要大大发展。他特别强调指出，为了团结几亿农民，必须发展商品交换；废除商业和对农产品实行调拨，就是剥夺农民。他还进一步指出，价值法则是客观存在的经济法则，我们对于社会产品，只能实行等价交换，不能实行无偿占有。

1960 年冬，开始对国民经济实行"调整、巩固、充实、提高"的方针，制定和执行了一系列正确的政策和果断的措施，市场和自由贸易的作用一度得以发挥。适应市场松动和改进计划工作的要求；国家计委一度重新提出计划管理的多元性，主要包括：指令性的、指导性的和参考性的计划相结合；对集体所有制和全民所有制企业的计划要有所区别，对全民所有制的企业实行直接计划，对集体所有制的农村和手工业实行间接计划；国家对农村人民公社只下达农产品的收购计划，对粮食、棉花、油料等主要农业生产指标提出参考性意见，手工业的供产销计划，中央只管少数同国计民生有关的重要产品，其他产品均归地方管理。对于手工业生产单位生产的小商品和农村人民公社、农民个人生产的土副产品，应当在商业部门的统一领导下，运用价值法则，通过供销合同和集市贸易来促进生产、活跃流通，满足生产和消费的需要。由于这种经济运行思路和方针、政策的调整，经济建设逐步地重新出现欣欣向荣的景象。1964 年年底到 1965 年年初召开的第三届全国人民代表大会宣布：调整国民经济的任务已经基本完成，整个国民经济将进入一个新的发展时期，要努力把我国逐步建设成为一个具有现代农业、现代工业、现代国防和现代科学技术的社会主义强国。但是其后不久，尤其是后来在"文化大革命"期间，随着"左"倾思潮和"左"倾政策的发展，我国的经济体制趋于僵化，计划实施形式更加单一化了，人们把计划经济当做社会主义制度的本质特征，而把市场经济视为资本主义的专属特征。在对社会主义与商品经济的关系问题、计划与市场关系问题的认识上，都出现了"左"的偏差。

由于 1957 年以后党在指导思想上的"左"倾错误的影响，把搞活企业和发展社会主义商品经济的种种正确措施当成"资本主义"，所以使经济体制上过度集中统一的问题在一定历史时期内不仅长期得不到解决，而且发展得越来越突出。应该承认，进行以公有制为基础的计划经济这种经济体制的历史性变革，其意义是巨大和深远的，它奠定了我国社会发展方向的制度基础。但也应该看到，在社会主义经济建设的早期，难以避免地出现了偏颇，一方面是在速度上过急、过早；另一方面是在所有制结构上追求单一的公有化，忽视了其他经济成分存在和发展的合理性；在经济运行机制上追求完全的计划化，排斥了商品经济的发展和市场调节的作用。由此，经济建设的指导思想和指导方针发生了严重失误。

应该看到，进行社会主义现代化建设，要处理好计划与市场的关系，建立起一个合理有效的经济运行体制，做到这一点，没有一个在实践中不断提高认识、积累经验的过程是不可能的。毛泽东在 1962 年曾讲过："对于建设社会主义的规律的认识，必须有一个过程。必须从实践出发，从没有经验到有经验，从有较少的经验，到有较多的经验，从建设社会主义这个未被认识的必然王国，到逐步地克服盲目性、认识客观规律、从而获得自由，在认识上出现一个飞跃，到达自由王国。"[1] 历史的发展要求依据实践经验和教训，对计划与市场这个问题进行新的理论和实践探索。

三 由社会主义计划经济向社会主义市场经济过渡

中共十一届三中全会确立改革开放方针以来，我国开始了历史性的体制改革，总的方向是由社会主义计划经济向社会主义市场经济过渡。这在一定意义上讲，就是对新中国成立前 30 年已经开始的探寻符合中国国情的社会

---

[1] 《毛泽东文集》第 8 卷，人民出版社 1999 年版，第 300 页。

主义经济体制的实践经验和教训的总结。这个新的探索过程开始时,不少人把经济改革理解为经济管理方法的改善,但很快就认识到改革的根本问题是经济体制和机制的问题,从而把对改革内涵的认识提高到一个新的层次。人们已经认识到,改革集中在如何认识和处理计划与市场的关系问题上。这是在新的历史起点上,自觉地进一步解决计划和市场的关系问题。

新的历史性改革是对计划经济体制的扬弃,一方面是对已经建立的经济制度和经济体制的坚持和完善,另一方面是对这一体制中存在的偏颇、出现的失误的校正。邓小平明确指出了这个问题的重要性和难度,他说:"计划与市场的关系问题如何解决?解决得好,对经济的发展就很有利,解决不好,就会糟。"[①] 如何认识和处理社会主义条件下计划与市场的关系,就成为经济体制改革中的一个关系全局的问题。对这个问题的探索和认识,又经历了一个逐步深入的过程。

1981 年,中共十一届六中全会通过的《关于建国以来党的若干历史问题的决议》中,确认了社会主义社会存在着商品生产和商品交换,但没有提"商品经济"。那时还是认为商品经济作为整体来说,只能存在于私有制为基础的资本主义社会。1982 年中共十二大明确地提出了"计划经济为主、市场调节为辅"的原则,前进到这一步,"商品经济"的概念依然难以提出来。邓小平在 1979 年 11 月会见美国人时讲过"社会主义可以有市场经济",但当时大家并不知道,所以"商品经济"、"市场经济"的概念在那一段时间还一直是一个禁区。直到 1984 年中共十二届三中全会通过的《中共中央关于经济体制改革的决定》,才第一次提出"社会主义是公有制基础上的有计划的商品经济"。这是社会主义经济理论的一个重大突破。

在中共十二届三中全会的新论断提出来后,人们对于"有计划的商品经济",究竟"有计划"的一面为主,还是"商品经济"一面为主,众说纷纭。到 1987 年中共十三大之前,邓小平在同几位中央负责人谈话时提出"不要再讲计划经济为主了",所以中共十三大就没有再讲谁为主,而是提出了"社会主义有计划的商品经济体制应该是计划与市场内在统一的体制",

---

① 《邓小平文选》第 3 卷,人民出版社 1993 年版,第 17 页。

还提出"国家调控市场，市场引导企业"的机制模式。这样，计划与市场的关系，就从中共十二大时以计划经济为主、市场调节为辅，到中共十三大转为计划与市场平起平坐，并且逐渐把重点向商品经济、市场经济的方面倾斜。初步实践表明，这种机制的确搞活了经济，但由于计划控制强度不够，再加上间接调控机制并未真正建立起来和多年经济发展过热等原因，也引起了基建规模过大、物价上涨、通货膨胀等宏观失控现象。

1989 年"八九"政治风波之后，情况有所变化。鉴于当时政治经济形势，邓小平在 6 月 9 日讲话中将计划与市场关系的提法，调回到"以后还是计划经济与市场调节相结合"，即中共十二大时的提法。这个提法，从"八九"政治风波后一直用到 1992 年中共十四大。一段时期，我们的经济工作也转到更多地用中央行政权力来管理经济，市场调节方面稍微差了一些。

1992 年 10 月中共十四大明确提出，我国经济体制改革的目标是建立社会主义市场经济体制。这是我国计划与市场关系演变过程中的一个里程碑。这一年年初，邓小平视察南方时提出："计划多一点还是市场多一点，不是社会主义与资本主义的本质区别"，同时指出，计划与市场不是划分社会制度的标志，而是社会主义和资本主义都可以利用的配置资源的手段。[1] 计划与市场各有其优点与缺陷。市场的长处就是能够通过竞争，促进技术和管理的进步，实现产需衔接。但是，市场也不是万能的。有几件大事不能完全交给市场、交给价值规律去管：一是经济总量的平衡；二是大的经济结构的及时调整；三是竞争导致垄断问题；四是生态环境问题；五是社会公平问题。这些问题都需要国家的宏观计划调控来干预。计划的长处就是集中力量办大事，对经济发展方向及时作出重大调整，还可以调节社会分配，保持社会公正。但计划工作也是人做的，人不免有局限性，有许多不易克服的矛盾，比如主观与客观的矛盾、利益关系的矛盾，等等，计划也就不会十全十美了。对此，一方面要改进计划工作，另一方面就是运用市场手段来校正计划的不足。对于市场与计划，实践中正确的做法应当是：扬长避短，趋利避害，充分发挥它们各自的优势，避免两者的缺陷和不足，使之互相补充。相反，错

---

① 《邓小平文选》第 3 卷，人民出版社 1993 年版，第 373 页。

误的做法就是只迷信其中一方，让两者互相排斥。

中共十四大正式提出建立社会主义市场经济体制，没有提"有计划"三个字。但是，中共十四大前夕，1992年6月9日江泽民在中央党校讲话中，关于经济改革目标模式讲过三种提法：一是建立计划与市场相结合的社会主义商品经济体制；二是建立社会主义有计划的市场经济体制；三是建立社会主义市场经济体制。他个人比较倾向于使用"社会主义市场经济体制"的提法，同时说："有计划的商品经济，也就是有计划的市场经济。社会主义经济从一开始就是有计划的，这在人们的脑子里和认识上一直是清楚的，不会因为提法中不出现'有计划'三个字，就发生是不是取消了计划性的疑问。"①我觉得江泽民讲得很好，讲的确实是对的，"社会主义市场经济"没有提"有计划"，但"有计划"三字是省略而不是取消，社会主义就包括"有计划"。

从中共十四大起，我国经济体制改革的目标确定为社会主义市场经济，这样，建立社会主义市场经济体制在我国就成为自觉、主动的历史进程。按照中共十四大的部署，中共十四届三中全会通过了《中共中央关于建立社会主义市场经济体制若干问题的决定》（以下简称《决定》）。《决定》从中国的基本国情出发，把中共十四大决定的经济体制改革的目标和基本原则系统化、具体化，对社会主义市场经济体制若干重大原则、方针和内容作出说明。《决定》从社会主义市场经济体系的微观基础到宏观管理，从城市改革到农村发展，从经济运行机制到科技教育体制，从经济手段运用到法律制度建设，从生产、分配到流通、消费等各个环节和领域，规划了20世纪90年代的改革任务，构筑了社会主义市场经济体制基本框架。

四　社会主义市场经济体制的发展与完善

改革开放30年来，我们取得了理论的创新性发展和巨大的实践效益。社会主义市场经济体制初步建立，推动了中国经济的蓬勃发展，取得了举世瞩目的伟大成就。

---

① 《江泽民文选》第1卷，人民出版社2006年版，第202页。

从制度变迁的角度看，改革开放 30 年来，我们已经走过了经济体制改革的突破期和扩展期，商品经济的要素已经充分发育，市场经济的各种活动主体已经比较成熟，市场运行机制也已经充分发挥作用。但是，30 年迅猛变革、急促形成的社会主义市场经济体制的基本框架，可以说是粗放型的，存在着多方面需要完善的问题，也就是说，面临着从"粗放型制度构建期"转入"集约型制度建设期"的多项任务。

我体会，正是基于我国经济社会发展的这个阶段性特征，中共十六大把"完善社会主义市场经济体制"确立为"本世纪头二十年经济建设和改革的主要任务"之一。中共十七大认真总结了改革开放近 30 年来的伟大历史进程和中共十六大以来的工作，明确提出了全面建设小康社会奋斗目标的新要求。强调指出，实现未来经济发展目标，关键要在转变经济发展方式、完善社会主义市场经济体制方面取得重大进展，并突出强调加快完善社会主义市场经济体制。

我认为，在 60 年实践的基础上，更科学准确地认识社会主义市场经济体制中的计划性功能和特征问题，应该是完善社会主义市场经济体制的一个重要方面。从客观情况来看，市场经济初步建立之后，市场的积极方面和消极方面也随之充分展现出来。市场经济在发挥激励竞争、优化资源配置等优越性的同时，它本身固有的缺陷也日渐突出。特别是在经济总量综合平衡、环境资源保护以及社会公正方面引发的问题，不是市场能够自行解决的。从对市场机制和市场经济的认识来看，现在人们对市场经济和市场机制的历史作用有了比较充分的认识，对市场经济与现代化的关系也有了深刻的把握，但是，也出现了盲目崇拜市场机制和市场经济的市场原教旨主义观点。有不少人犯了市场幼稚病，甚至发展到对市场迷信的程度，认为似乎市场可以解决一切问题，现在出现的问题都是由于市场化改革没有搞彻底；有人公开提出中国要照搬"欧美式自由市场"的模式；有人彻底否定"计划"的作用，"计划"成了"保守"、"左"的代名词；有人把市场的本质说成是天然地要求纯粹"自由化"，同计划手段绝对对立起来，说"无形的手才是市场经济的无冕之王、长青之树"，"无形的手"为"主导"，有形的手必须"退出"①。在

① 张健：《社会主义市场经济是最佳选择》，《经济参考报》2009 年 6 月 24 日。

这些错误思潮的影响下，许多领域发生了过度市场化的倾向，像教育、医疗、住宅等领域，本来不该市场化的部分，也都市场化了。西方资本主义国家，有几个敢在这些领域实行完全市场化的呢？这些领域的过度市场化，对人民群众的生活造成了不良的影响。

中共十四大以来，我们在短期宏观调控上，先后取得了治理通胀和治理通缩的成功经验。但是国家计划的宏观经济导向作用有日渐减弱的趋势。计划本身多是政策汇编性的，很少有约束性、问责性的任务；中央计划与地方计划脱节，前者控制不了后者的盲目扩张；计划的要求与实际执行相差甚远。总之，国家计划失之软弱，甚至变成可有可无的东西。放弃 GDP 情结、扩大内需、产业升级、自主创新，喊了好多年，但是收效不大，这与国家计划的约束性与问责性不强而导致的国家宏观调控能力减弱有关。

中共十七大重新提出"发挥国家发展规划、计划、产业政策在宏观调控中的导向作用，综合运用财政、货币政策，提高宏观调控水平"[①]。中共十七大明确提出这个多年没有强调的国家计划的导向性问题，我认为是极有针对性的。它再次提醒我们，社会主义市场经济应该是"有计划"的。国家计划导向下的宏观调控，是中国特色社会主义市场经济所必备的内涵，社会主义市场经济应该实现自觉的科学的宏观计划调控与价值规律和市场机制的"自发"调节的结合。中共十七大突出强调加快完善社会主义市场经济体制，涉及的方面很多，我认为，正确认识社会主义市场经济中的"计划性"问题，应该是一个关系到社会主义市场经济的运行机制总体特征的问题。现在是到了继续坚持让市场作为资源配置的基础的同时，加强宏观计划调控的作用、强调国家计划在宏观调控中的主导作用的时候了。

对于"计划"在社会主义市场经济运行体制中的地位，我们要有充分的认识。大家知道，宏观调控有这么几种主要手段：财政政策、货币政策和计划手段。只有少数市场经济国家设有计划机构并编有预测性计划，一般不用计划手段。但我国作为社会主义大国，有必要在宏观调控中利用计划手段。产业政策也属于计划手段，规划也是一种计划。所以，主要就是上述三种手

---

① 《改革开放三十年重要文献选编》下，中央文献出版社 2008 年版，第 1726 页。

段。中共十四大报告明确指出，"国家计划是宏观调控的重要手段之一"。①在财政、货币、计划三者关系中，计划应是财政货币政策的指针，财政、货币政策要有计划的指导。国家计划与宏观调控不可分，计划是宏观调控的主心骨。国家计划有年度计划，还编制五年、十年的中长期发展规划。年度计划包含经济增长速度、投资总额、财政预算、信贷总额、外汇收支、失业率、物价上涨率和人口增长率等指标，每年都由国务院提出、经全国人民代表大会批准，应当是有法律和行政效力的。这些中长期规划和年度计划，都应该在宏观调控中起导向作用，具有约束力。关键之处还应问责和追究法律责任，这样的国家计划才能对宏观调控起到导向作用。

中共十七大重新强调国家计划在宏观调控中的导向作用，并不是如某些人所歪曲的那样，"要回到传统计划经济模式"。因为：第一，现在的国家计划不是既管宏观又管微观、无所不包的计划，而是只管宏观，微观的事情主要由市场去管；第二，现在资源配置的基础性手段是市场，计划是弥补市场缺陷的必要手段；第三，现在的计划主要不再是行政指令性的，而是指导性的、战略性的、预测性的计划，同时必须有导向作用和必要的约束、问责功能。由计划经济向市场经济过渡，再到重新强调国家计划在宏观调控中的导向作用，这合乎辩证法的正—反—合规律。这不是回到过去传统的计划经济的旧模式，而是计划与市场关系在改革新阶段更高层次上的综合。实现市场和计划在更高层次上的综合，就是在计划与市场之间建立和谐关系。计划与市场之间的和谐，是社会主义和谐社会应有的内容。

回顾新中国 60 年的历程，我深刻感觉到，中国特色社会主义经济的发展是符合历史发展基本趋势的，是又一个螺旋式上升过程。新中国成立 60年的经济建设进程，如果说改革开放之前是"正"，改革开放之后的一段时期就是"反"，这是一个否定。60 年来，一"正"一"反"才形成现在的局面，也积累了不少新矛盾。现在也到了否定之否定的"合"的阶段，要对一些新矛盾进行一些新的"反"与"正"，从而在更高层次上转向新的综合。这样的综合，绝不是倒退，而是在更高层次上的综合，由此推动事物向

---

① 《中国共产党第十四次全国代表大会文件汇编》，人民出版社 1992 年版，第 23 页。

更高阶段发展。能不能坚持正确的发展观，把这个更高层次的综合做好，到了非常关键的时候。综合得好，就能全面保持和凸显社会主义市场经济的内涵和特征，中国的未来将更加辉煌。

（来源：《当代中国史研究》2009 年第 5 期）

新中国60年社会主义基本经济制度的形成与巩固

卫兴华[*]

一 马克思主义怎样对待不同的所有制

马克思主义判断某种所有制的先进或落后，所持标准有两条，首先是生产力标准，其次是价值标准即道义标准。将两条标准统一起来，就是从历史唯物主义的观点对所有制进行评判与取舍。比如，恩格斯在《反杜林论》中指出，原始氏族公社的公有制被奴隶制的私有制所取代，这是历史的进步。因为这在当时条件下有利于社会分工和生产力的发展。再者，原来原始部落战争中的战俘被杀掉，现在留下来当奴隶，保护了生产力。在人类社会发展史中，奴隶社会私有制被封建主义私有制所取代，又被资本主义私有制所取代，都适应生产力发展需要，发挥了解放生产力和发展生产力的进步作用。但是，从价值标准来判断，这三种私有制度都存在阶级剥削和阶级矛盾。不过封建制剥削方式比奴隶制进步，资本主义剥削方式又比封建制进步，这也表现在有利于生产力的发展上。马克思主义主张以社会主义公有制取代资本主义私有制和一切私有制，是从生产力标准和价值标准的统一出发的。社会主义公有制既要发挥解放生产力、发展生产力的作用，又要发挥消灭阶级对立与剥削，实现社会主义的公平正义与共同富裕的作用。

---

[*] 作者系中国人民大学经济学院教授。

　　毛泽东同样坚持和运用马克思主义的生产力标准对待不同的所有制。他在 1934 年写的《我们的经济政策》一文中提出："我们对于私人经济，只要不出于政府法律范围之外，不但不加阻止，而且加以提倡和奖励。因为目前私人经济的发展，是国家的利益和人民的利益所需要的。"① 在苏区所要消灭的是封建主义的地主经济，因为这种私有制经济已经阻碍着生产力的发展。1945 年，毛泽东在党的七大报告《论联合政府》中明确提出了生产力标准："中国一切政党的政策及其实践在中国人民中所表现的作用的好坏、大小，归根到底，看它对于中国人民的生产力的发展是否有帮助及其帮助之大小，看它是束缚生产力的，还是解放生产力的。"②

　　正是在生产力标准的指导下，我国在新民主主义革命的历史时期，包括在土地改革中，一直强调要保护民族工商业。在毛泽东的许多著作，如《中国革命和中国共产党》、《新民主主义论》、《论联合政府》中，一再讲：中国革命胜利后，资本主义经济在新中国会有一个相当程度的发展。用它代替外国帝国主义和封建主义，是一个进步，有利于无产阶级。在我国革命取得全国胜利的前夕，在党的七届二中全会上，毛泽东在讲话中特别指出："在革命胜利以后一个相当长的时期内，还需要尽可能地利用城乡私人资本主义的积极性，以利于国民经济的向前发展。"③ 这里讲的是"一个相当长的时期内"，不是短暂时期内。

　　新中国成立以后，没收了官僚资本，鼓励和扶持民族资本主义的发展。但是，经过三年经济恢复后的 1953 年，就提出过渡时期总路线，急于消灭一切私有制经济和急于让资本主义经济在中国大地绝种。特别是 1958 年掀起人民公社化高潮后，脱离我国的客观经济条件，急于迈向共产主义；违反生产力发展的规律搞大跃进，违反生产力和生产关系发展的规律搞人民公社化运动；追求"一大二公三纯"的公有制一统天下，造成了损害生产力发展和人民利益的消极后果。

　　不可否认，自中华人民共和国成立到改革开放前的 30 年中，我国的社

---

①　《毛泽东选集》第 1 卷，人民出版社 1991 年版，第 133 页。
②　《毛泽东选集》第 3 卷，人民出版社 1991 年版，第 1079 页。
③　《毛泽东选集》第 4 卷，人民出版社 1991 年版，第 1431 页。

会主义建设事业取得了巨大的成就。尽管发生过"左"的错误，但我国的经济增长速度仍高于世界平均水平，达到 6.1%，工业年均增长为 11.2%。如果不急于消灭个体工商业经济和民族资本主义经济，只消灭封建主义和官僚资本主义经济，我国的经济发展会更快更好一些。

总结我国社会主义经济发展中的经验与教训，认识到追求"一大二公"的单一的公有制不符合我国生产力落后、人口众多、经济社会发展水平低的国情。在理论认识上应明确两点。首先，马克思主义创始人所论述的社会主义制度中生产资料完全归社会所有，是指发达资本主义国家建成社会主义后的事情。我们不应将马恩所设想的成熟的社会主义所有制模式，作为我国社会主义初级阶段的所有制模式，我国离成熟的社会主义模式还很远。其次，要正确把握《共产党宣言》中的名言："共产党人可以把自己的理论概括为一句话：消灭私有制"，"共产主义革命就是同传统的所有制关系实行最彻底的决裂"。① 这些话的中译文并没有错。有些学者主张将"消灭私有制"译作"扬弃私有制"并不可取。问题在于怎样理解与把握这些论断。马克思主义认为，私有制的产生是生产力发展的结果，而私有制的消灭，又需要有生产力的高度发展。恩格斯在《共产主义原理》中回答"能不能一下子就把私有制废除"问题时，明确地说："不，不能，正像不能一下子就把现有的生产力扩大到为实行财产公有所必要的程度一样。……只有创造了所必需的大量生产资料之后，才能废除私有制。"② 因此，消灭私有制，是在无产阶级取得革命胜利后，随着生产力不断发展和公有制的相应发展而逐步消灭的过程。也就是说，消灭私有制是一个历史过程，即使发达资本主义国家取得社会主义胜利后，消灭私有制也需要经历一个历史过程。

二　我国社会主义初级阶段基本经济制度 形成的历史过程

1978 年，党的十一届三中全会吹响了改革开放的号角。为了更快地发

---

① 《马克思恩格斯选集》第 1 卷，人民出版社 1995 年版，第 286、293 页。
② 同上书，第 239 页。

展生产力和社会主义经济，需要打破公有制一统天下的局面。在"左"的一套盛行时期，不仅把个体经济作为资本主义经济加以消灭，连自留地、家庭副业、集市贸易也作为"资本主义尾巴"割掉。十一届三中全会提出："社员自留地、家庭副业和集市贸易是社会主义经济的必要的补充。"不少学者将此转述为十一届三中全会提出"非公有制经济是社会主义经济的必要补充"，值得斟酌。因为现在讲的非公有制经济包括个体经济、私营经济、外资经济，1978年三中全会时期，还远不到时机提出这些私有制经济的发展，自留地、家庭副业在当时还只是人民公社集体经济制度下的附属部分，还谈不上独立的个体经济，更不是私营经济。

发展非公有制经济，正确认识它在我国社会主义初级阶段的地位和作用，是一个思想不断解放和认识不断发展的过程。

1978年，城镇残留的个体劳动者只有15万人，1979年增加到31.6万人。后来政策不断放宽，1980年下半年，提出"适当发展个体经济"的方针，1981年7月颁布了《国务院关于城镇非农业个体经济若干政策性规定》的文件，城乡个体工商户迅速发展起来。但对私营经济的发展，还没有提出政策性规定。后来国务院颁布的政策性规定中，提出个体经营户"必要的，经过工商行政管理部门的批准，可以请一个至两个帮手，技术性较强的或有特殊技艺的，可以带两三个最多不超过五个学徒"。1987年1月，中央颁布了《把农村改革引向深入》的文件，肯定了私人企业的地位和作用。文件指出：为扩大经营规模，雇工超过了七个人限度的私人企业，"也应当允许存在，加强管理，兴利抑弊，逐步引导"。又说，"在一个较长时期内，个体经济和小量私人企业的存在是不可避免的"。同时指出："私人企业同公有制经济有矛盾的一面，本身也存在一些固有弊端，主要是收入分配过分悬殊，对此，可以通过管理和立法，加以调节和限制。"这种论述，应从两个方面去把握：一方面，肯定了私人企业的合法性；另一方面，也指出私人企业同公有制经济是有矛盾的，它自身也存在弊端，要加以调节和限制。1987年10月，党的十三大报告明确提出了私人企业的性质和作用以及党的方针政策，肯定了私人企业的发展，称其为私营经济，并指出："私营经济是存在雇佣劳动关系的经济成分"，没有直接说它是资本主义性质的经济成分。

随着改革开放的发展，个体经济、私营企业和外资企业发展起来，我国提出了社会主义初级阶段的理论，为发展非公有制经济提供了理论支持。认识我国处于社会主义初级阶段的现实国情，我国的生产力落后，多层次不平衡，人民日益增长的物质文化需要同落后的社会生产是主要矛盾，我国社会主义的根本任务是大力发展生产力，以此作为理论与实践的依据，来说明发展非公有制经济的必要性和合理性，就顺理成章了。

发展非公有制经济，需要从理论上正确认识和处理好它与公有制经济的关系。总的提法是，"公有制为主体，多种所有制共同发展"。强调公有制为主体，是因为公有制是社会主义性质的经济，也是社会主义经济制度的基础。这是我国宪法规定的，也是中央文件一再说明的。有的学者宣称公有制不是社会主义的特点，资本主义也有国有企业，封建社会也有官办经济，以此否定国有经济或公有制经济是社会主义经济。这种观点是不对的。

首先，社会主义的公有制经济，是归劳动人民公共所有的经济。封建社会的官办经济，主要是为皇室服务的经济，并不归劳动人民所有和享用。资本主义国家的国有或国营经济，也不是归劳动人民公有，它是国家垄断资本主义经济。恩格斯指出：资本主义的"现代国家，不管它的形式如何，本质上都是资本主义的机器，资本家的国家，理想的总资本家。它越是把更多的生产力据为己有，就越是成为真正的总资本家，越是剥削更多的公民。工人仍然是雇佣劳动者，无产者"。[①] 而社会主义国家，不再是地主、资产阶级掌权的国家，因而国有经济或公有制经济就是归人民所有的社会主义经济。

其次，有必要认清，包括国有经济在内的公有制经济，既是社会主义经济运行层面的需要，更是社会主义的制度性内容，它是社会主义经济制度的基础，也是整个社会主义制度的经济基础。没有社会主义公有制，就没有社会主义制度。邓小平所讲的社会主义本质，包括消灭剥削、消除两极分化，逐步达到共同富裕，只有在社会主义公有制的基础上才能实现。我国社会主义公有制，消除了旧中国封建主义所有制、官僚资本所有制和帝国主义在华所有制对中国生产力发展的束缚，起到了解放生产力和发展生产力的作用。

---

① 《马克思恩格斯选集》第 3 卷，人民出版社 1995 年版，第 629 页。

对非公有制经济在我国现阶段的地位和作用的认识，也有个发展的过程。最初是讲它可以起"拾遗补阙"的作用，后来更多地讲，"非公有制经济是公有制经济的补充"或"社会主义经济的补充"。例如，1987年，党的十三大报告中讲：私营经济"是公有制经济必要的和有益的补充"，又讲"中外合资企业、合作经济和外商独资企业，也是我国社会主义经济必要的和有益的补充"。1992年，党的十四大报告中讲："以公有制包括全民所有制和集体所有制经济为主体，个体经济、私营经济、外资经济为补充，多种经济成分长期共同发展。"1993年党的十四届三中全会提出："必须坚持公有制为主体、多种所有制经济共同发展方针。"1995年9月28日，江泽民在十四届五中全会闭幕时的讲话中说："坚持公有制的主体地位，是社会主义的一条根本原则，也是我国社会主义市场经济的基本标志。……允许和鼓励个体、私营、外资等非公有制经济发展……使它们成为社会主义经济的必要补充。"

对非公有制经济是公有制经济即社会主义经济的补充的含义，人们有不同的理解，有的学者提出，讲非公有制经济是社会主义经济的补充，就表明非公有制经济也是社会主义经济，这种理解显然不对。中央文件中同时讲非公有制经济是公有制经济的补充，难道就表明非公有制也是公有制经济？"补充"不等于组成部分。非公有制经济是"补充"，具有两层含义：其一是指与作为主体的公有制相比，所占比重较小，公有制唱主角，非公有制唱配角；其次是发展非公有制经济用以补充公有制经济的不足。它们在发展生产、增加供给、繁荣经济、扩大就业、搞活市场等方面，都可以起补充公有制经济的作用。人们容易只从前一层含义上去理解"补充"。所以，后来关于非公有制经济为"补充"的提法在理论与宣传中消失了。认为讲"补充"，只让非公有制经济当"配角"，不利于非公有制经济的长期发展。

1997年的十五大报告提出："公有制为主体，多种所有制共同发展，是我国社会主义初级阶段的一项基本经济制度"，"非公有制经济是我国社会主义市场经济的重要组成部分"。这是一种新的提法，是进一步提升非公有制经济地位的新论断，使非公有制经济由体制外进入体制内，又从制度外进入制度内。它进一步表明我国发展非公有制经济，不是短时期内的权宜之计和适应眼前需要的政策措施，而是长期的、构成社会主义市场经济和现阶段基本经济制度内容的战略性选择。这里没有再提"补充"一词，表示不再只当配角，所占比例可以提高。

我国实行公有制为主体，多种所有制经济共同发展的基本经济制度，有效地促进了社会经济的发展。改革开放 30 年的巨大成就，显然有非公有制经济的重大贡献。可以预计，我国经济社会将会持续快速发展，到 21 世纪中叶很可能超过邓小平预计的人均 GDP 达到 4000 美元的水平。

三　我国实行社会主义初级阶段基本经济制度的依据

我国实行社会主义初级阶段基本经济制度的理论和实际依据是什么？依据有两个方面。

其一，我国是社会主义国家，必须以公有制作为社会主义经济制度的基础。我国宪法规定："中华人民共和国的社会主义经济制度的基础是生产资料的社会主义公有制，即全民所有制和劳动群众集体所有制。"这里讲的是"社会主义经济制度"。宪法接下来又讲："国家在社会主义初级阶段，坚持公有制为主体、多种所有制经济共同发展的基本经济制度。"因此，要把"社会主义经济制度"同"社会主义初级阶段的基本经济制度"这两个概念区别开来。"社会主义经济制度"是"社会主义初级阶段基本经济制度"的核心。前者不包括非公有制经济，只有公有制是其基础；而初级阶段的基本经济制度中，包括非公有制经济，但公有制必须占主体地位。"社会主义经济制度"存在于社会主义初级阶段和以后的其他阶段，是不断成熟和发展的过程；而社会主义初级阶段的基本经济制度，反映初级阶段的特点。也可以设想，初级阶段结束，非公有制经济不会迅速被公有制所取代。进入中级阶段，将是公有制经济进一步发展壮大，所占比重不断提高，而非公有制经济则逐渐减退、所占比重减少的过程。这是一个长久的过程。到社会主义高级阶段，社会主义经济趋于成熟，私有制经济将退出历史舞台。

其二，社会主义初级阶段的基本经济制度中之所以包括多种所有制共同发展，提倡发展非公有制经济，正是由初级阶段的国情决定的。我国生产力发展水平还不高，人口众多，就业空间余地小，经济发展与发达国家的差距还很大，解放和发展生产力是我国社会主义的根本任务。因此，只要符合"三个有利于"标准的经济成分就允许和鼓励其发展。个体、私营和外资经济，符合"三个有利于"，因而成为社会主义初级阶段基本经济制度的构成部分和社会主义市场经济的重要组成部分。

改革开放30年来，非公有制经济在我国已获得了巨大发展。根据《人民日报》2008年10月30日发表的国家工商总局局长周伯华的谈话显示，截至当年9月，全国实有私营企业643.28万户，注册资本实有11.26万亿元；实有外商投资企业法人28.78万户，投资总额2.27万亿美元；个体工商户2823.94万户。

正是在社会主义初级阶段的基本经济制度下，我国的经济建设获得了举世瞩目的发展成就。当然，改革开放30年来的成就，是在改革前近30年的发展基础上取得的。特别是新中国成立后发展起来的力量雄厚的国有企业，作为共和国的长子，为我国的改革开放事业付出了巨大的成本。但又必须肯定，改革开放以来的30年的发展，远远超过了前30年。改革开放30年的实践证明，我国现阶段的基本经济制度在快速发展生产力、增加社会财富、扩大就业、繁荣经济、搞活市场、提高人民物质文化生活水平方面，起到了积极的卓有成效的作用。从统计数据看，从1978年到2008年，我国经济总量在世界经济总量中由第10位上升到第3位，仅次于美国和日本。我国的快速发展和改革的成功，提高了在国际事务和国际关系中的地位，与苏东原社会主义国家在改革与发展中导致苏联解体、东欧剧变、经济长期衰退的局面，形成鲜明的对比。

四 在改革中应强调两个"坚定不移"和两个"毫不动摇"

在研究和分析我国改革与发展的历程与成就时，也需要看到和关注所存在的问题。改革开放以来，邓小平同志和中央其他主要领导以及中央有关文件，始终强调既不搞"一大二公"单一的公有制，又不搞私有化，而是坚持公有制为主体、多种所有制经济共同发展的社会主义初级阶段的基本经济制度。邓小平以及其他中央领导人，或是中央有关文件，一以贯之地强调公有制为主体，强调发展和壮大国有经济，后来又先后提出两个"坚定不移"和两个"毫不动摇"，即坚定不移地或毫不动摇地发展公有制经济，坚定不移地或毫不动摇地发展非公有制经济。我国宪法也规定公有制是我国社会主义经济制度的基础，"国家保障国有经济的巩固和发展"。从过去公有制一统天下，到现在多种所有制经济共同发展，公有制经济所占比例出现下降的趋势是必然的。但是，公有制比例的下降不能没有底线。发展壮大公有制经济需要注意以下几方面的问题。

第一，要防止理论认识上的干扰。改革以来，政治和学术环境逐渐宽松，理论认识和思想多元化。有些学者公开主张私有化或主张取消国有企业。有的学者提出"创新"见解，说将国有企业卖给私人，是将国有经济由实物形式转换成价值形式，国有性质没有变，这是指"私"为"公"用以忽悠人们认识的奇特理论。讲公有制私有制，是从生产资料所有制角度讲的，不是从政府财政收入角度讲的。这类拐弯抹角的私有化理论还有多种，对唱衰国有经济起了不小的作用。

第二，要及时澄清在经济理论中存在的一些易使人误解的模糊点。比如，提出"非公有制经济是社会主义市场经济的重要组成部分"，许多人将其理解为"非公有制经济是社会主义经济的重要组成部分"，私有制经济包括资本主义经济都成了社会主义性质的经济。这类混淆还有，如将"社会主义初级阶段的基本经济制度"同"社会主义经济制度"混同起来，将私有制经济也纳入社会主义经济制度之中。这种混同会使人们认为，发展私有制经济就是发展社会主义，不必再考虑所占比重大小的问题，从而公有制为主体也就失去了它原有的意义和地位。

第三，要防止把公有制经济特别是国有经济比重的减少作为政绩进行宣传。有的地方发展战略规划，要求在几年内将非公有制所占比重达到95%。经济体制改革的中心环节是搞好搞活国有企业，但一些地方政府却把国有企业作为包袱。一些地方领导认为，搞好和发展国有企业不是政绩，于是不重视和关注搞好国有企业，有的国企负责人甚至通过搞坏企业，然后自卖自买牟取暴利成为私营企业主。有的地方甚至通过损害国有企业的利益来发展非公有制经济，造成国有资产大量流失。

第四，巩固"公有制为主体，国有经济为主导"需要采取具体有效的政策。私有制经济的发展具有自发性，毫不动摇地发展非公有制经济，只要有这个大政策，再加上地方的优惠条件，非公有制经济就会很快发展起来。而搞好搞活和大力发展国有经济，则不会有自发性可资借助，需要政府有关部门费心费力。何况国有企业内部的困难与问题，需要政府协助解决。大力发展公有制经济特别是国有经济，需要有效宣传坚持公有制为主体的意义和必要性，应出台一些发展公有制经济特别是发展壮大国有经济的政策措施，还要重在落实。应加强报道在改革与发展中搞得很好的国有企业和集体经济，把搞好搞活国有经济作为地方政府和官员以及企业主管的政绩。当然，某些特殊地区例外。

（来源：《红旗文稿》2009 年第 17 期）

让历史照亮未来的道路：论中国改革的市场经济方向

吴敬琏[*]

从 1978 年 12 月的中共十一届三中全会开启了中国的改革开放，至今已经走过了 30 个年头。改革开放所要达到的目标，按照中共十七大的语言，可以概括为"从高度集中的计划经济体制到充满活力的社会主义市场经济体制、从封闭半封闭到全方位开放的伟大历史转折"。现在，这个历史转折还没有完全实现。为了圆满地实现这个转折，我们应当认真总结 30 年的经验教训，让历史照亮我们未来的道路。

一 "摸着石头过河"，寻求救亡图存的路径

中国在 1953 年正式确立"使生产资料的社会主义所有制成为我们国家和社会的唯一的经济基础"为目标的"过渡时期总路线"以后，经过对农业、手工业和资本主义工商业的"社会主义改造"，全面建立了苏联式的集中计划经济（命令经济）制度。

僵硬的计划经济体制使生产效率和服务质量急剧下降。由于处于国家计划机关附属地位的"生产单位"失去了经营自主权和生产积极性，国有经济的领导人对从苏联引入的新体制尤其感到不满。面对党内外对苏式计划体制的批评，党政领导考虑对这一体制作出调整。至于调整的方向，则有很不相同的考虑。经济工作的主要领导人陈云主张在保持国有经济的统治地位和坚

持计划经济的前提下，引入某些市场经济的因素。而作为党和国家最高领袖的毛泽东则认为，问题并不在于行政化的计划经济，而在于"权力过分集中于中央"，管得过多，统得过死。于是，中国政府在1958年发动了向各级地方政府"放权让利"的"体制下放"运动，形成了一种分权型的命令经济体制。与此同时，毛泽东还支持"破除资产阶级法权"的极"左"思潮，发动了把农业生产合作社改组为"政社合一"的人民公社的"人民公社化运动"和"超英赶美"的"大跃进"运动。这两大运动猛刮"共产风"，造成了严重的经济困难和2000万—4000万人"非正常死亡"的生命损失。

对于1958年以后的严重困难，毛泽东并不认为是源于"公社化"、"大跃进"和"共产风"的错误，相反却认为根本原因在于干部群众的"共产主义觉悟不高"和刘少奇、邓小平等党政负责人背离了他所倡导的革命路线。于是，他在1966年根据"无产阶级专政下继续革命理论"，发动了"无产阶级文化大革命"。所谓"无产阶级专政下继续革命"的理论同样具有极"左"的性质。毛泽东在"文化大革命"高潮中发表的"无产阶级专政理论"竟然宣布"按劳分配、货币交换，这些跟旧社会没有多少差别"，要和"党内走资派"一起加以消灭。"文化大革命"的胡作非为，最终使整个中国社会濒临崩溃的边缘。在"文化大革命"中成亿干部、群众受到政治迫害的情况下，朝野上下一致认为旧路线和旧体制再也不能继续下去了，于是在全社会范围形成了变革的共识。

启动改革的第一个行动，是十一届三中全会发动解除极"左"思想束缚的"思想解放运动"。以1978年5月《光明日报》发表《实践是检验真理的惟一标准》的评论员文章为开端，在全国掀起了一场以"解放思想"为基本内容的启蒙运动，为改革开放奠定了思想基础。

在学习他国的经验、总结自己的教训的基础上，人们提出了各种各样的变革设想。不过在当时进行全面改革的思想和理论准备不足的情况下，中国党政领导采取的策略是在保持国有企业和命令经济占主体地位的条件下，作出一些变通性的制度安排。

第一，在土地仍归集体所有的条件下，以"包产到户"的形式恢复农民的家庭经营。在1980年秋中共中央发文默许进行包产到户之后，全国兴起了包产到户的热潮。到 1983 年年初，实行"包产到户"的生产队，已占全国生产队总数的 93%。包产到户的推行，极大地促进了中国农业的恢复和发展。1985 年农村总产值较之 1978 年增长了近 3 倍；1984 年农村居民人均纯收入达到 355 元，比 1980 年增长 85.5%。

第二，在保持公共财政与企业财务合一的前提下，实行"分灶吃饭"的财政体制，使各级地方政府有了促进本地经济发展的积极性。为了缓解"文化大革命"后期出现的巨额预算赤字，调动地方政府增收节支的积极性，国务院决定从 1980 年起，将一部分财政收支决策权力下放给各级地方政府，除北京、天津、上海三个直辖市仍实行接近于"统收统支"的办法外，其余省及自治区都实行"分灶吃饭"的财政体制，按照预定的比例或绝对额，在中央预算与地方预算之间分配收入。

第三，在物资的计划调拨和行政定价的"计划轨"之外开辟出物资串换和协商定价的"市场轨"。1979 年，国务院转发《关于扩大国营工业企业经营自主权的若干规定》，允许企业按照"议价"自销超计划产品。1985 年开始正式实行生产资料供应和定价的"双轨制"。"双轨制"的确定，使企业可以通过市场轨来购买生产物资和销售产品，也为非国有经济的存在和发展准备了基本的经营环境。

第四，在国内市场的"大气候"尚未形成的情况下，构建"经济特区"的"小气候"来与国际市场对接。在改革开放初期，要在短时期内形成国内市场并对国际市场开放是完全不可能的。于是，中国汲取其他国家建立出口加工区和自由港的经验，利用沿海地区毗邻港澳台和海外华侨、华人众多的优势，营造"经济特区"作为对外开放的基地。1980 年 5 月决定对广东和福建两省实行对外开放的"特殊政策"；1980 年 8 月，批准在深圳、珠海、汕头、厦门试办"以市场调节为主的区域性外向型经济形式"的经济特区。

可以看到，这些变通性制度安排的关键，就是在保持命令经济基本框架不受触动的同时，引进了市场经济的因素作为补充。市场因素的出现，为一些有才能的人士积极从事生产性活动提供了可能性，促使国民经济很快恢复。

这些变通性制度安排更深远的影响，是形成了一种"双轨制"的制度环境。一方面，作为计划经济基础的国有经济（存量部分）仍然按照命令经济的逻辑运转；另一方面，新成长起来的民营经济成分虽然仍然在不同程度上依附或隶属于基层政府，但其供产销则大体上是由市场导向的。在此基础上，从 1980 年代初期开始，民营经济迅速扩张，中国民营企业的数量从 1981 年的 183 万户，增长到 1985 年的 1171 万户，年均增长速度超过 159%。

二 市场经济改革目标的逐步明确

20 世纪 80 年代初期，随着对改革研究的日益深入和国际交往的扩大，我国改革理论研究已经逐渐超越了 70 年代末期着重讨论"松绑放权"等具体措施，已经有一些经济学家提出用什么样的经济体制来取代计划经济的旧体制的问题。到了 80 年代中期，随着变通性政策取得一定的成效，人们发现，仅仅依靠一些不成体系的政策来"调动积极性"，并不能实现经济的根本性变化，相反还带来种种冲突和混乱。于是，就提出了需要探索什么是"经济体制改革的目标"这一重大问题。

在讨论中，政界、经济界和学术界人士大致提出了四种体制目标模式：

（1）后斯大林时期的计划经济模式（"改良的苏联模式"），主张在计划经济体制下给予国有企业更大自主权。这种办法在 20 世纪 70 年代末首先在四川省进行实验，叫做"扩大企业自主权"试点，迅即在全国铺开。不过这种改革并未取得成功，很快就由于引起了财政赤字大幅度增加和经济秩序混乱而在 1987 年停止。

（2）"市场社会主义"模式（"东欧模式"）。匈牙利等东欧国家在保持国有经济的统治地位和计划经济的总体框架下，力图在微观（企业）层面引进一些市场因素。我国一些学者在 20 世纪 80 年代初期写过不少文章介绍这种模式。但是，随着 80 年代中后期匈牙利等国的经济改革陷入困境，这种模式的影响力也逐渐消失。

（3）政府主导的市场经济模式（"东亚模式"）。第二次世界大战结束以后，日本、韩国、新加坡等东亚国家采用威权主义政治和市场经济相结合的办法，形成带有重商主义色彩的政府主导的市场经济体制。在改革开放初期，这种模式对我国产生很大的影响。

（4）自由市场经济模式（"欧美模式"）。许多理论界人士接受 A. 斯密等古典经济学树立起来的观点，认为政府的基本职能是提供包括稳定的宏观经济环境在内的公共物品（Public Goods），政府对微观经济活动的行政干预会妨碍市场的有效运作并且滋生腐败。而东亚模式中政府对经济发展起了积极作用，只是在市场还没有充分发育时期的一种阶段性的替代办法。因此，他们更倾向于以欧美类型的成熟市场经济，即自由市场经济作为改革的目标模式。

20 世纪 80 年代中期，在模式（1）和模式（2）的影响逐渐消退的同时，模式（3）和模式（4）占了上风。大体说来，在后两种模式中，东亚模式往往为官员们所钟爱，而欧美模式则为具有现代经济学知识的学者所向往。例如，邓小平本人就十分欣赏"四小龙"，特别是新加坡的许多做法。流行的经济学启蒙读物，则以古典经济学（Classical Economics）为基准。不过，虽然这两种模式在政府的作用问题上存在原则性的差别，但在当时命令经济还占有统治地位的条件下，它们之间的分歧并不占有突出的地位。而且即使以自由市场经济作为改革最终目标的人们，也往往认为在落后经济高速发展的冲刺中，强有力的政府往往利大于弊。从 1984 年以后的中国党政领导机关的文献可以看到，在对改革目标作理论论述时，大体上采用模式（4）的语言；而在规定具体措施时，则有更多模式（3）的内容。

这样，在具有改革思想的官员和学者的共同努力下，在 1984 年的中共十二届三中全会上，形成一种大多数人都能接受的改革思路，这就是建立"社会主义有计划的商品经济"或"社会主义商品经济"。

1984 年 10 月，中共十二届三中全会通过的《中共中央关于经济体制改革的决定》（以下简称《决定》），在确定中国改革要从以农村为重点向以城市为重点的战略转移的开始的同时，也明确了建设"社会主义有计划的商品经济"这一改革目标。《决定》指出："商品经济的充分发展，是社会经济发展的不可逾越的阶段，是实现我国经济现代化的必要条件。只有充分发展商品经济，才能把经济真正搞活，促使各个企业提高效率，灵活经营，灵敏地适应复杂多变的社会需求。"

根据十二届三中全会《决定》和 1985 年中共全国党代表会议《关于制定第十个五年计划的建议》，国务院在 1986 年 3 月提出了以价格体制、税收体制和财政体制为重点进行配套改革的设想，要求改革在 1987 年迈出决定性的步伐，以期在 90 年代末实现 1985 年《关于制定第十个五年计划的建议》的要求，把社会主义商品经济的基本框架建立起来。为了进行这次改革，国务院在 1986 年 8 月制定了以价格、税收、财政、金融和贸易为重点的配套改革方案，准备从 1987 年开始实施。

然而在 1986 年 10 月，国务院领导改变了原来的设想，转向以国有企业改革为改革的主线，并在 1987 年和 1988 年实行了"企业承包"、"部门承包"、"财政大包干"、"外贸大包干"和"信贷额度切块包干"等五大"包干"制度，回到了维持市场经济与命令经济并存的老做法，希望靠一些小修小补来改善国有部门的状况。由于丧失大步推进改革的时机，结果造成了 1988 年的严重通货膨胀。

1988 年的经济危机和 1989 年的政治风波以后，某些对改革不满的"理论家"、"政治家"把出现的经济政治动荡归罪于改革，指责"取消计划经济，实现市场化"就是"改变社会主义制度，实行资本主义制度"。于是，出现了改革开放以来的第二次改革大辩论。直到 1992 年年初邓小平作了推动进一步改革开放的南方谈话以后，才迎来新的改革开放浪潮。

在经历 1984—1987 年的探索和随后 1989—1991 年的曲折以后，越来越多的人明确地认识到，要建立的新的经济体制就是在现代国家中普遍流行的市场经济，问题的关键在于用市场取代计划来进行经济资源的配置，决定企业生产什么、生产多少、为谁生产、如何分配等微观经济问题。

1992 年 10 月中共十四大明确规定，改革的目标是建立社会主义市场经济。

三　从"增量改革"到"整体推进"

市场经济的目标模式虽然在 1984—1992 年间逐渐形成，但是改革的实际推进，仍然按照 20 世纪 80 年代初期的做法，以"增量改革"的方式进行。这就是说，对于计划经济原有的部分（存量部分）不作大的改变，改革和发展着重在增量部分进行。增量改革战略由于保持经济和社会稳定、促进民营经济发展以及通过示范效应和竞争压力促进原国有部门的改革等方面具有优势，对 80 年代改革起到了很好的作用。但是，由于没有触动国有经济和改变"双轨制"的基本态势，就带来了一系列消极后果。其中最为突出的是：①国有企业的财务状况日益恶化；②由此引发反复出现的通货膨胀；③利用"双轨制"以权谋私者的"寻租活动（Rent-seeking Activities）"日益猖獗，行政腐败广泛蔓延；④贫富差距日益扩大；等等。

为了克服以上这些弊端，中国政府配套改革消除"双重体制胶着对峙"状态，全面建立市场经济体制。这次改革没有能够实现。但在 1992 年中共十四大明确宣布市场经济的改革目标以后，1993 年 11 月的中共十四届三中全会的《关于建立社会主义市场经济体制若干问题的决定》，明确提出"整体推进、重点突破"的新的改革战略，设计了一系列重要改革的目标和实施步骤，要求在 20 世纪末把市场经济制度初步建立起来。从此经济改革进入了大步推进的新阶段。

首先，早在中共十四届三中全会以前，1986 年配套改革方案规定的价格自由化改革，已经在 1988 年后货币紧缩的条件下，在邓小平"南方谈话"后的改革大潮中得到了实现。商品价格在 20 世纪 90 年代初期基本放开，这意味着商品市场基本形成。

其次，根据 1993 年中共十四届三中全会《决定》的要求，从 1994 年开始推行财政税收体制改革、金融体制改革和外汇管理体制改革。

财税体制改革的主要内容，包括推行增值税（VAT），统一个人所得税和加强税收的征收管理等。在 20 世纪 90 年代后期初步建立了适合于市场经济的财政税收制度的基本框架。

金融体系的改革着重在银行体系方面。当时被称做"专业银行"的国有商业银行政企不分，商业性金融业务与政策性金融业务不分，在政府规定范围之外的信贷活动又缺乏有效的市场约束；中央银行职能不清、调控手段陈旧、组织结构和财务制度不合理，无法有效地行使稳定货币的基本职能。1993—1994 年间银行体系进行以下的改革：建立中央银行制度，将货币政策调控由多级调控改为一级（中央）调控，建立以间接调控为主的调控体系；将原有四大国家专业银行转变为国有独资商业银行；增设了若干家非国有独资的股份制银行；证券公司与中国人民银行脱钩；将中国人民保险（集团）公司分解为人寿保险、财产保险和再保险等三个保险公司；等等。在对银行体系进行改革的同时，中国的证券市场也开始发展。在1980年年初恢复股票、国债等证券的发行后，1990年年末又设立了上海和深圳两个股票交易所进行股票的集中交易。

外汇管理体制改革的主要内容是实行经常账户下的外汇交易，实行有管理的浮动汇率制。将双重汇率并轨，对经常项目下的外汇收支实行银行结汇和售汇制度。在汇率并轨过程中，人民币深度贬值。这对1994年以后中国对外贸易的迅速发展和国际收支状况的大步改善起了重要作用。

再次，根据中共十四届三中全会《决定》和1993年12月全国人大常委会颁布的《中华人民共和国公司法》，从1995年开始了在国有企业中建立现代企业制度的试点工作。1997年的中共十五大、特别是1999年中共十五届四中全会进一步明确，除极少数需要由国家垄断经营的企业外，所有国有企业都要进行股份化改制，建立有效的公司治理结构。在股权多元化的基础上，改制上市企业（多数是国有独资集团公司下属的二级企业）大多按照十五届四中全会《中共中央关于国有企业改革和发展若干重大问题的决定》搭建起公司治理的基本架构。

最后，根据1997年中共十五大的要求，1998年的《中华人民共和国宪法》修正案明确规定，多种实现形式的公有制为主体、多种所有制经济的共同发展是我国的基本经济制度。由此开始了根据"三个有利于"的原则，调整和完善国民经济的所有制结构的工作。这项工作包括三项主要内容：一是对国有经济布局进行"有进有退"的调整，缩小国有经济的范围；二是努力寻找能够促进生产力发展的多种公有制实现形式；三是鼓励个体私营等非公有经济的发展，使之成为社会主义市场经济的重要组成部分。

调整和完善所有制结构的一项重要内容，是"放开搞活国有小企业"。在世纪之交，大部分国有中小企业和基层政府所属的乡镇企业通过股份合作制、整体出售、改制为有限责任公司或股份有限公司等多种方式实现改制。

这为民营经济增添了一大批生力军。

经过以上改革，到世纪之交，以多种所有制经济共同发展为基础，成为初步建立市场经济体制的改革目标。它的主要表现是：第一，民营经济份额的提高和多种所有制经济共同发展的格局的形成。这种格局首先在沿海地区形成，然后逐步向内地延伸。凡是建立了这种所有制格局的地区，无一例外地出现了社会投资迅速增大，内外贸易空前活跃，经济全面繁荣的局面。第二，商品市场初步建立，要素市场开始形成，并在资源的有效配置中起到了越来越大的促进作用。第三，宏观经济管理体系初步建立。这一体系的基础在1994年的财税改革和金融改革中开始建立，使宏观经济管理当局有可能运用财政政策和货币政策等总量手段调节宏观经济，并在1994—1995年反通货膨胀和1998—1999年反衰退的宏观经济调控中发挥了重要的作用。

四　完善市场经济所面临的挑战

改革开放30年，使中国的市场制度得到建立，经济和社会发展取得举世公认的巨大成就，主要成就表现在以下几方面。

第一，经济总量的高速成长。在30年改革开放的推动下，中国的经济总量以平均每年10%的速度增长。特别是中国作为一个人口众多国家，长期积弱，在近30年的时间里GDP增长17倍，经济总量跃升世界第4位，是非常不容易的；进出口总额增长更快，30年间由世界排名第32位跃升为第3位。总之，经过30年的改革开放，中国已经被公认为保持世界经济稳定发展的重要力量。

第二，人民生活水平普遍提高。在改革开放前1957—1977年的20年中，中国居民的生活水平，粮、布、住房、食用油等基本消费没有任何提高。而在最近30年的时间里，城镇居民人均可支配收入从1978年的343元提高到2007年的13786元；农村居民人均纯收入从1978年的134元提高到2007年的4140元。

第三，减贫取得很大的成效。农村最基本生活未能得到保障的贫民30年中减少了2亿多人。世界银行2003年发布的减贫统计表明，1990—2002

年世界减贫人口的 90% 是中国实现的。

然而，在看到改革开放 30 年的巨大成就的同时，由于现有体制仍然存在一些缺陷，使经济社会的进一步发展面临一些挑战，其中有些挑战还相当严峻。

中国改革从一开始所采取的增量改革战略，尽管能够较好地保持经济在改革过程中的稳定增长，但针对政府职能定位和国有经济地位等问题没有明确说明，成为 20 世纪 80 年代形成改革目标模式模糊之处。这种模糊使具有不同倾向的人可以对这一目标作不同的解释，在确立社会主义的市场经济体制的改革目标后，对于什么是"社会主义的市场经济"，也出现了不同的理解。相当一部分人，特别是政府官员把东亚国家所谓"政府主导型的市场经济"当做社会主义市场经济的常态，因此常常会自觉或不自觉地强化这种体制中政府强力干预的重商主义倾向。于是，在市场经济体制初步建立以后，我国社会始终存在一个"向哪里去"的选择问题，或者是确立宪政，限制行政权力，走向法治的市场经济制度；或者是沿着重商主义的道路，走向权贵资本主义，或称官僚资本主义、官家资本主义的穷途。在这种情势下，坚持建立市场经济的人们要求坚定不移地推进改革，建设法治的市场经济；而某些能够从寻租活动中获得利益的既得利益者不愿意继续朝法治市场经济的方向前进。他们采取各种各样的手段来阻止经济和政治进一步改革，以免自己的寻租权力遭到削弱；甚至假借"改革"的名义扩大权力的干预，以便扩大寻租活动的空间。

此外，政治体制改革的滞后也对经济体制改革的进一步推进形成阻碍。

政治经济学的分析告诉我们，市场经济制度的有效运转，必须有其他制度的支撑。因此，正如邓小平所指出："经济体制改革每前进一步，都深深感到政治体制改革的必要性。不改革政治体制，就不能保障经济体制改革的成果，不能使经济体制改革继续前进。""不搞政治体制改革，经济体制改革难于贯彻。"按照邓小平的要求，1987 年的中共十三大部署了以党政分开为重点的政治体制改革。但是这些改革也因为 1989 年发生的政治风波而中断。1997 年的中共十五大提出了建设社会主义法治国家的口号，十六大又重申了这样的主张，而且还提出建设民主政治和提升政治文明的问题。但是，十年来进度十分缓慢。对于一个所谓"非人格化交换"占主要地位的现代市场经济来说，没有合乎宪政原则的法律和独立公正的司法，合同的执行是得不到保障的。在这种情况下，经济活动的参与人为了保障自己财产的安全，就只有去"结交官府"，"搞掂"官员。于是，就出现了寻租的新动力。

总的来看，由改革不到位和制度缺陷引起的挑战，主要体现在经济和政治两个方面。

从经济方面说，它使靠资源投入和出口需求驱动的粗放经济增长方式得以持续。这导致资源短缺、环境破坏等问题日益突出，内外经济失衡加剧，金融市场面临系统性风险。

中国从第一个五年计划起，仿照苏联采用了依靠要素投入，首先是资本要素（投资）驱动经济的粗放增长模式。改革开放以后，虽然一再明确提出要"实现由粗放增长方式到集约增长方式的根本转变"，但是由于命令经济旧体制的遗产这种体制性障碍严重存在，增长方式的转变始终未能取得明显的成效。在要素驱动的增长模式未能成功地转变的情况下，又效仿东亚国家的榜样，采取"出口导向"的国家对外经济政策，用出口需求弥补由要素驱动造成的消费不足和内需不足。于是，形成了一种以投资和出口驱动的粗放增长方式。

粗放增长方式由于依靠资源投入驱动，它的不良后果，首先表现为资源短缺、环境恶化问题变得越来越突出。即使可以靠对外贸易输入的石油、矿石等资源，也因为采购量过大而使价格飙升、成本激增。而在我国的某些地区，环境污染已经严重到不能保证基本生活要求的程度。

这种不良后果在宏观经济上的表现，则是投资与消费之间的失衡。这些年来中国的投资率不断攀升，目前固定资产投资占 GDP 的比重已经接近50%，大大高于多数国家20%左右的水平。即使东亚一些国家和地区在战后依靠投资拉动经济实现快速增长的时期，其投资率也远没有达到中国目前的水平。在投资率畸高的同时，居民消费的比重却已下降到 GDP 的 35% 以下，仅为一般国家的一半左右。这种状况在近期内会造成最终消费不足，劳动者生活水平提高缓慢，居民收入差距拉大。从中长期看，投资效率下降，银行体系中潜在不良资产增加，企业财务状况恶化等等，更蕴藏着银行系统的系统性风险。

除了上面讲到的内部经济的失衡外，粗放增长方式的持续所造成的另一个经济后果，是外部经济的失衡。第二次世界大战结束以后，以日本为代表的一些东亚国家和地区为了克服内需不足的问题，采取了以政府主导、对国内市场进行适度保护和本币汇率低估为特点的"出口导向政策"，以旺盛的出口需求支持了经济的高速发展。中国在改革开放以后仿效东亚国家和地区的榜样，成功地运用"出口导向政策"支持了经济的快速增长。

到了21世纪初期，出口导向政策20世纪80年代后期在东亚国家和地区表现出来的负面效应，也在我国日益凸显出来。目前我国经济中的若干病象，如出口数量大而附加价值低，贸易条件恶化和赢利性降低，成为"卖硬苦力"的"劳动密集型产品专业户"，人民币升值压力增大，与贸易伙伴国之间的摩擦加剧；乃至货币超发和流动性泛滥，资产价格泡沫形成和消费价格膨胀（Inflation，一般译为"通货膨胀"）等宏观经济问题的显现等，都与之密切相关。而且，这些病症如果不能得到妥善解决，将会使整个金融系统变得脆弱，一旦遇到外部冲击，就容易引发金融市场的系统性风险。

从社会政治方面说，经济和政治改革迟滞造成的主要不良后果，则是寻租基础扩大、腐败蔓延和贫富分化过大导致大众强烈不满，威胁社会安定。

由于行政权力对经济活动的干预加强和寻租规模的扩大，腐败活动日益猖獗。根据1989年以来若干学者的独立研究，我国租金总额占GDP的比率高达20%—30%，绝对额高达4万—5万亿元。巨额的租金总额，自然会对我国社会中贫富分化加剧和基尼系数的居高不下产生决定性的影响。1995年，李强教授的抽样调查表明，1994年全国居民的基尼系数已经达到了0.43的高水平，超过了国际上0.40的警戒线；世界银行《2006世界发展报告》公布的数据显示，中国居民收入的基尼系数已由改革开放前的0.16上升到目前的0.47。

以上事实充分说明，目前我国存在的种种社会弊病和偏差，从根本上说，是源于经济改革没有完全到位，政治改革严重滞后，权力不但顽固地不肯退出市场，反而强化对市场交换的压制和控制，造成了普遍的腐败寻租活动的基础。由此可以得出结论，扩大成就和克服缺陷的道路，在于推进改革和建设法治的市场经济。

然而近年来，改革开放前旧路线和旧体制捍卫者却对我国目前的态势作出与事实完全相反的解释，以此对改革开放发动全面攻击，引发了2004—2006年的"第三次改革大辩论"。在争论中，这些利用广大群众对腐败等问题的正当不满，极力鼓吹目前我们遇到的种种社会经济问题，从腐败的猖獗、分配不公直到看病贵、上学难，甚至国有资产流失、矿难频发等都是由市场化的"资产阶级改革路线"（"资改路线"）所造成。据此，他们主张摈弃1978年以来的改革开放路线，重举"阶级斗争为纲"和"无产阶级专政下继续革命"的旗帜，为江青、张春桥、姚文元、王洪文等人"平反昭雪"，把"无产阶级文化大革命进行到底"，实现"对党内外资产阶级的全面专政"。

真理是越辩越明的。虽然旧路线和旧体制的支持者在对医疗、教育、住房以及国企改革的具体问题的讨论中利用民粹主义和民族主义的言论蒙蔽蛊惑不明真相的群众，煽起怀疑和反对改革开放的风潮，在意识形态这个他们自认的世袭领地中取得了某种程度的成功。但是，一当他们亮明了自己的底牌，即回到给中国人民造成了巨大民族灾难的旧路线和旧体制的时候，那些虽然对于改革开放的某些具体做法和中国社会的现状怀有这样或那样的意见，但不反对改革开放大方向的人们也就离他们而去了。

对于这种开倒车的主张，中国的党政领导也表明了自己的态度。胡锦涛总书记2006年3月在全国人民代表大会上海代表团的讲话，以及在2007年10月召开的中共十七大上代表十六届中央委员会向大会作报告时明确指出，改革开放符合党心民心，顺应时代潮流，方向和道路是完全正确的，成效和功绩不容否定，停顿和倒退没有出路；要毫不动摇地坚持改革方向，不断完善社会主义市场经济体制，充分发挥市场在资源配置中的基础性作用。

结论　让历史照亮未来的道路

30年的历程告诉我们，只有坚定不移地推进改革，才是顺乎潮流、合乎民心的光明之途。根据我国当前的实际情况，经济改革和政治改革应当在以下方面积极推进。

首先，要破除迷信，解放思想，为进一步改革开放奠定坚实的思想基础。中国的改革开放源于20世纪70年代后期的思想解放运动。思想解放是永无止境的，在我国社会正在快步走向现代化的形势下，我们必须与时俱进，不断更新自己的思想，赶上时代的潮流。更何况在近几年"左"的思想的回潮中，若干早已被党否定的旧思想、旧观念又力求利用人们对历史和现实缺乏了解而重新流行起来，在部分人群中造成了思想混乱，亟待澄清。此外，还要进一步明确改革的目标模式是建立在法治上的现代市场经济，避免由于缺乏统一认识导致的思想混乱和不准确的理解。因此，最近一些地方正在兴起新的思想解放运动，要求冲破不适合于现代化发展和不利于社会进步的旧思想观念的束缚，是完全正确和必要的。

为了保证思想解放运动取得成功，需要营造自由和务实的讨论氛围，提倡具有不同观点的人们理性思考，良性互动。市场经济是一个利益多元化的共同体，因此，不应当采取"一分为二"、"阶级斗争为纲"、"不是东风压倒西风，就是西风压倒东风"、"不是我吃掉你、就是你吃掉我"的办法，用一个社会群体的利益压制另一个社会群体的利益，而是应当让各种合法的利益诉求都得到充分的表达，然后通过协商和博弈，形成社会共识和彼此都能接受的解决方案。只有这样，才是通向各个利益群体互补共赢和社会和谐的坦途。

其次，在经济改革的实际推进上，需要从以下方面作出努力。

一是实现尚未完成的产权制度改革。例如，与中国将近一半人口的农民利益息息相关的土地产权问题没有解决，农民的土地、宅基地等资产无法变成可以流动的资本。这既使继续务农的农村居民的利益受到损害，也使转向务工、务商的新城市居民安家立业遇到困难。

二是继续推进国有经济的布局调整和完成国有企业的股份化改制。当世纪之交国有经济改革取得阶段性成果，应当进一步对国有大型企业改革进行攻坚的时候，改革的步调明显放缓。不但在股权结构上一股独大和竞争格局上一家独占的情况没有得到完全的改变，在某些领域中还出现了"国进民退"、"新国有化"等开倒车的现象。这种趋势必须扭转，中共十五大和十五届四中全会关于国有经济和国有企业改革的决定必须贯彻。

三是加强商品和服务市场的反垄断执法和资本市场的合规性监管。对于目前在商品和服务市场上仍然存在的行政垄断，必须采取有力的措施加以破除。在资本市场上，被称为"政策市"、"寻租市"的痼疾并未得到根除，各类"内部人"利用信息优势和内幕交易及操纵市场等犯罪活动，损害民间投资人的利益、大发横财的情况也所在多有。因此，必须端正思路，选好手段，加强合规性监管，促进我国资本市场的健康成长。

四是建立新的社会保障体系。1993 年中共十四届三中全会决定，建立全覆盖、多层次的新社会保障体系。可是十几年过去了，由于遇到了政府内部的重重阻碍，这项极其重要的社会基础设施至今还没有建立，使弱势群体的基本生活保障不能落到实处。其建设进度必须加快。

最后也是最重要的，是政治改革必须加快。宪政、民主、法治，是现代市场经济所要求的上层建筑保证。中共十五大提出建设法治国家和十六大作出建设社会主义民主政治的承诺以来，时间已经过去了许多个年头。虽然在中国这样一个国家建立民主、宪政和法治三位一体的现代政治体制并非易事，但是世界潮流浩浩荡荡，容不得我们延宕和等待，必须从建立法治起步，加快我国政治体制的改革。通过法治建设在各种权利主体之间正确地配置权力，规范政府的行为，保护公民的基本权利不受侵犯。在此基础上逐步扩大民主，强化民众对政府的控制与监督，才有望稳步地实现宪政、民主和法治的目标。

需要着重指出，根据 30 年的经验，经济改革和政治改革能否顺利推进，关键在于政府自身。要把计划经济时期的全能型政府改造成为专注于提供公共产品的服务型政府。这就需要政府，首先是党政领导干部要出以公心，割舍那些与公仆身份不符的权力。政治改革的任务，不仅是要减少和消除对资源配置和价格形成的行政干预，使市场机制有可能发挥基础性作用；更艰巨的任务，在于建设一个能够为市场机制提供支持的法治环境。没有这样的制度平台，就难以摆脱公权不彰、规则扭曲、秩序紊乱、官民关系紧张的状态，就难以使经济和社会生活步入和谐稳定的正轨。

应当承认，由于我国缺乏民主、法治传统和文化积淀的历史惯性，实行宪政、民主和法治势必遇到种种障碍与阻力。然而，推进改革和建设富裕、文明、民主、和谐的中国，关系到民族的兴亡和所有中国人的福祉。在这样重大的问题上，我们没有退路可寻。只有冲破阻力，奋力过关，才能走上坦途。

（来源：《经济社会体制比较》2009 年第 5 期）

中国经济发展模式转型提升论

常修泽[*]

　　一个命题——一个被称作"中国模式"的命题，近年来在中外理论界持续争论，即使临近 21 世纪第二个十年，学术界对此问题依然见仁见智，甚至观点截然对立。据笔者看到的文献，大体有下列三种意见：否定者认为这一模式是不成功的实践[①]。肯定者认为这是独特成功的模式[②]。还有一种观点：拒绝"中国模式"，但不等于说中国没有经验可谈[③]。

　　笔者对这一讨论颇感兴趣，但限于自己的研究方向，未能对"中国模式"（尤其是政治方面）进行全面系统研究，只是从自己的专业出发，仅就"中国经济发展模式"作过初探[④]。而且，这里笔者用的"发展模式"一词，是指一种"实践状态"，一种"发展样式"（我的提法为"世界发展多样性中的一种"[⑤]），并不必然包含有"普世楷模"的意涵。就这个意义而言，

---

　　* 作者系国家发展和改革委员会宏观经济研究院经济所教授。

　　① 比如，麻省理工学院斯隆管理学院黄亚生教授就不太认同"中国模式"的优越性和独特性。参见黄亚生《"中国模式"有多独特》，《财经》杂志 2010 年第 4 期。

　　② 例如，《时代》杂志前编辑乔舒亚·库珀·雷默（Joshua Cooper Ramo）认为，中国的模式是一种适合中国国情和社会需要、寻求公正与高质增长的发展途径。并指出，中国的经济发展模式不仅适合中国，也是适于追求经济增长和改善人民生活的发展中国家效仿的榜样。参见《"北京共识"为世界带来希望——西方学者论述中国经济发展模式的理论与实践》，《参考消息》2004 年 6 月 10 日。

　　③ 例如，北京大学国家发展研究院姚洋教授认为，中国的发展道路与"华盛顿共识"所提倡的经济政策并无二致。但他同时认为，拒绝"中国模式"不等于说中国没有经验可谈。参见姚洋《华盛顿共识没有过时》，源自"中国选举与治理网"。

　　④ 常修泽：《中国发展模式论纲》，《生产力研究》2008 年第 1 期；收入《强国之路——中国改革步入 30 年》，中国经济出版社 2008 年版。

　　⑤ 常修泽：《世界发展多样性中的"中国模式"》，中共中央党校《理论动态》（内部刊物）2008 年 3 月 30 日；《光明日报》2008 年 8 月 19 日。

笔者认为，中国经济发展模式是存在的，对此不应否定；但另一方面，迄今为止，这样一种样式又是初级的、不成熟的。如果说，中国前 30 年产生的"中国经济发展模式"是属于 I 型的话，那么，下一阶段，应向"中国经济发展模式"Ⅱ型转型提升。本文拟就这一历史性的转型升级问题进行系统探讨。

一 导论:"中国经济发展模式"面临转型升级

(一)中国经济发展模式萌生的起点和特点

毛泽东在《中国革命战争的战略问题》一文中，曾提出过一个著名的"三段论"研究思路："不但要研究一般战争的规律，还要研究特殊的革命战争的规律，还要研究更加特殊的中国革命战争的规律。"① 借鉴这一研究思路，今天研究"发展模式"问题，不但要研究一般国家的发展模式，还要研究特殊的发展中国家的发展模式，尤其要研究更加特殊的中国这个发展中国家的发展模式。按照这一思路，需要从特殊的中国国情出发，对中国经济发展模式的起点、特点进行分析。

中国经济发展模式是在什么起点基础上萌生的？从国情差别性的角度分析，有哪些独特的地方？笔者认为有这样几点：第一，中国拥有世界上独一无二的人口规模，其中农村人口占相当大的比重（同样属于"金砖四国"的俄罗斯，1990 年转轨初期农村人口比重仅为 26%）。中国的人口问题，特别是农业人口向非农化的转变问题，比任何发展中国家都要艰巨和复杂。第二，自然资源禀赋并不丰裕，承载能力较弱。例如，全国三分之一的国土面积，因条件恶劣难以开发和利用。第三，经济发展水平较低，经济结构失衡。特别是城乡间实行二元结构体制，非人性化的户籍鸿沟、工农产品价格剪刀差等，限制城乡间生产要素的流动。第四，计划经济体制根深蒂固，企业、国民的积极性长期被压抑。第五，长期闭关锁国，对外开放程度低。第六，封建文化影响较重，民主法制传统薄弱。现代经济发展所要求的民主、

---

① 《中国革命战争的战略问题》，《毛泽东选集》第 1 卷，人民出版社 1991 年版，第 171 页。

法制环境欠佳。改革开放前，中国大体是这样一个结构。中国经济发展模式就是在这样一个基础上进行探索的。

经过 1979—2009 年 30 年的探索，应该说，中国经济发展模式已经"初露端倪"。2007 年 11 月，应英国政府外交部邀请，笔者曾在英国伦敦威尔顿会议中心以《世界发展多样性中的"中国模式"》为题作了学术报告。在论及初露端倪的中国经济发展模式时，笔者重点谈了以下四点特征：

1. 中国发展模式的核心：是以增进全世界最大的人口总量之福祉和人的发展为核心价值。尽管存在"低端人本"，甚至浓厚的"人本工具论"，但整个国家还是认同"以人为本"这一宗旨的。

2. 中国经济发展模式的"四轮驱动"：即中国特色的市场化、工业化、城镇化、国际化。

中国特点的工业化具体体现在：从劳动力资源丰富的实际出发，强调提高科技含量与充分发挥人力资源优势结合；从"汪洋大海"般的农村出发，寻求发展城市工业与发展乡镇工业结合之路；从长期计划经济统治的实际出发，把工业结构"转型"与经济体制"转轨"结合起来。

中国特点的城镇化在于：强调"城镇化"而不是西方的"城市化"；谋求大中小城市和小城镇"立体网络型"协调发展；对东中西不同地域城镇化布局，采取"差别化"推进方略。

中国特点的国际化体现在：从局部区域、领域、层次开放，逐步到全方位区域、领域、层次开放；注意发挥自身市场广大优势，寻求在全球经济上的最佳位置。

中国紧紧抓住历史给予的机会，将发达国家一两个世纪的市场化、工业化、城镇化、国际化浓缩到同一个时代，"风云际会"，相互叠加，相互渗透，从而形成了与发达国家迥然不同的发展道路。

3. 中国经济发展模式的体制基础：是充分挖掘社会主义制度和现代市场经济相结合的潜力。一方面，注意发挥市场在资源配置中的作用，使各类市场主体充满活力，同时，通过宏观调控克服市场经济的盲目性、自发性等弱点和消极方面。

4. 中国经济发展模式的特殊元素：建立在中国劳动力资源丰富、市场广阔和作为后发国家等综合优势之上。

对于以上特征，笔者已有专论分析，这里不再展开，有兴趣的读者可参见《中国经济发展模式的特点和内在支撑》一文①。下面重点研究中国经济发展模式的转型升级问题。

（二）中国经济发展模式的缺陷分析

中国经济发展模式虽然可以挖掘上述特征，但从内在基因的角度分析只是初露端倪，本身还是很稚嫩的，在其成长发育过程中也存在着一定的不确定性。就其当前所存在的状况看，还存在若干缺陷。

1. 在对待人的发展问题上，仍属于"低端人本"，尤其是"人本工具论"仍有惯性运作。

按照当代"人的发展经济学"理论，人的发展的基本要素应包括三个方面：一是"生存"；二是"自尊"；三是"自由"②。照此审视中国发展模式中的人的发展，还处在低端状态。

其一，在生存方面。迄今为止，中国仍存在为数可观的贫困人口。按1196元的新标准，2009年年底农村贫困人口3597万。除此之外，还有2348万城市居民处于最低生活保障线之下，上述合计近6000万人，是一个相当庞大的人群。笔者在英国报告中指出，中国现存的贫困人口大体相当于英国的人口总和。

在国民收入分配结构方面，与人直接有关的"两个比重"，即"劳动者报酬在国民收入初次分配中的比重"和"居民可支配收入在国民收入分配中的份额"，颇不合理。前者，因利润蚕食工资，出现劳动者报酬比重下降趋势。2000—2007年，该比重从51.4%下降到39.7%，七年下降了11.7个百分点。后者，1996—2007年，居民可支配收入在国民收入分配中的比重从69.3%下降到57.5%，累计下降11.8个百分点③。

---

① 《中国经济发展模式的特点和内在支撑》，《学习活页文选》2008年第22期。

② 参见古雷特《痛苦的抉择：发展理论中的新概念》（Goulet, D, *The Cruel Choice, A New Concept in the Theory of Development*, New York: Atheneum, 1971）。

③ 本文有关中国的数据，除特别标明的以外，均引自《中国统计年鉴》，不一一作注。

其二，在自尊方面。近年来中国发生的一些事件，如 2007 年发生在山西的"黑砖窑事件"，2008 年发生的"三聚氰胺奶粉"事件，2009 年发生在云南的"躲猫猫"事件等，已突破人类尊严的底线，与联合国开发计划署特别关注的"体面的生活和尊严"①有相当大的落差。

如果说上述事件尚是一些个案的话，那么面上的总体情况如何呢？联合国多年来使用"人类发展指数"（HDI，指健康、教育和人均国民收入三个分指数的算术平均值）来衡量人的自身发展状况。根据 2009 年《人类发展报告》公布的 2007 年数据，中国人类发展指数为 0.772，排名世界第 92 位。决策层提出的如何"让人民生活得更有尊严"的命题（温家宝 2010 年政府工作报告），还没有完全破题。

其三，在自由方面。在保障人民群众的知情权、参与权、表达权、监督权方面，还有一定差距。世界银行有一"全球治理指标（Worldwide Governance Indicators）"。该指标包括六项内容：言论自由与政府责任（voice and accountability）、政治稳定与无暴力（political stability and absence of violence）、政府效能（government effectiveness）、法规执行质量（regulatory quality）、法治（rule of law）、反贪（control of corruption）。从近年来公布的数据看，虽然对中国的测度结果有低估和失真的成分，但位次较低，值得关注。

除以上三方面的低端人本外，还有一个更重要的问题，就是"人本工具论"和"人本实质论"的区隔问题。从执政者"霸业"角度出发的"人本工具论"（"夫霸王之所始也，以人为本。"《管子·中篇·霸言》），对现代中国有根深蒂固的影响。从现在的实际情况看，虽然不少人也讲"以人为本"，但其实是"人本工具论"，而不是真正着眼于人的解放和发展的"人本实质论"②。这个问题如果不解决，在人的发展问题上，就不可能有实质性进展，甚至有可能走偏方向。

2. 在"四轮驱动"方面，存在严重的结构性问题。

---

① 联合国开发计划署：《中国人类发展报告 2005》，中国对外翻译出版公司 2005 年版。
② 常修泽：《人本体制论——中国人的发展及体制安排研究》，中国经济出版社 2008 年版，第 1 章。

其一，在工业化方面，中国虽然在世界上是一个"加工大国"，但被认为是一个"创新小国"。国际上通常将研究与试验发展（R&D）经费支出占国内生产总值的比重超过2%的国家称为"创新型国家"，而中国2009年的这一比重仅为1.62%。同时，与工业化相关的研发、设计、金融、物流等服务业支撑不足，距离新型工业化还有较长的路程。

其二，在城镇化方面，城乡二元结构突出。迄今为止，虽然目前进城务工者已经占到产业工人总数的1/3以上，但是，这些农民工，迄今尚未解决户口问题，也无法与城市居民享有同等的福利待遇。

其三，在国际化方面，主要是对外出口的依赖程度过大。这主要表现为储蓄—投资缺口的持续扩大上。在国际贸易规则、国际金融秩序等方面发言权也很小，尤其在全球货币体系格局中，人民币仍处于边缘化地位。在世界银行成员国投票权方面，虽然最近经过调整，但比重仍不足4%。

3. 在体制支撑方面，一些关键环节和重点领域的改革仍然滞后。

就经济领域的改革而言，"政府主导型"的经济增长模式没有根本改观。至于政治体制改革，更严重滞后于经济改革，成为整个中国改革的"短板"。

4. 在特殊元素方面，劳动力成本优势渐失，这一传统优势面临严峻挑战。

从未来发展趋势看，中国的低要素成本优势将会逐步发生变化。特别是劳动力资源将可能从无限供给发展到供求趋于平衡再到出现结构性的短缺并导致工资成本的相应提升。有预测就认为，从2013年开始，由于人口抚养比将停止下降的趋势，转而逐步上升并呈现加快趋势，中国的"人口红利"将耗尽，劳动力供给的优势将不复存在[1]。

通过对上述中国经济发展模式内在矛盾的分析，可以看出：无论是在核心层面，还是在战略层面；无论是在结构层面，还是在体制层面，都还存在一些深层的矛盾和问题。就自身内在逻辑而言，需要转型提升。

（三）中国经济发展模式面临历史性挑战

中国正处在历史性的经济社会转型中。除了就中国经济发展模式本身的

---

[1] 蔡昉：《失衡世界经济背景下的中国经济调整》，《经济学动态》2006年第11期。

内在矛盾进行分析外，还应用"中国第三波转型"的大视野对此进行探讨①。

从中国历史纵深大视野审视，中国现在面临第三波历史大转型。第一波是社会制度转型。由"新民主主义社会"到"传统的社会主义制度"。1949年"中国人民站起来了"。当时要建立"新民主主义社会"，但是非常遗憾，很快就抛掉了新民主主义，堕入了"斯大林模式"之中。第二波转型，是经济体制转型，1978年开始，迄今社会主义市场经济体制的雏形应该说已经建成，但是改革仍然在攻坚的过程中，第二波转型远远没有完成。

着眼于未来，从更大的视野、更高的层次思考，中国正面临第三波历史性大转型。下一波转型，应该转到哪里呢？

第一，由边缘到前沿。中国现在虽然站起来了，但是还是站在世界的边缘上，这很不相称，下一步中国应该由边缘向前沿转移，这是中华民族复兴的期待。

第二，由隔阂到融合。中华文明和世界上的其他先进文明之间尚有隔阂。2008年故去的人类文明理论家亨廷顿有一本著作为《文明的冲突》，笔者没有用"冲突"，我用的是"隔阂"。笔者认为，按照世界和谐的远景，中国的文明应该和世界其他的先进文明，逐步地交融，最终达到"融合"。中国如果真在这个世界上崛起，就要由隔阂走向融合。

第三，由不可持续到可持续。这是对文明的一种期待。

笔者的"第三波转型论"，简言之，24个字："告别边缘，告别隔阂。走向复兴，走向融合。兴而不肆，融而不阿。"

从这个角度来审视，中国经济发展模式更需要转型提升。

（四）中国经济发展模式转型提升的基本思路

从总体上分析，中国经济发展模式的转型和提升，需要在四个层面展

---

① 作者正在撰写的一部探讨未来"中国第三波转型"的著作，内容就是超越经济，研究整个国家总体的发展方式转变问题（包括经济政治社会文化发展等），参见新华社《经济参考报》理论部主任田如柱对笔者的长篇访谈录：《中国正面临第三波历史大转型——对话经济学家常修泽》，新华社《经济参考报》2010年3月12日第8版。

开：一是核心层；二是战略层；三是结构层；四是基础体制层。

具体路径，涉及八个方面，即：（1）由"低端人本"向"高端人本"；（2）由"环资启蒙"向生态社会；（3）由"中国制造"向"中国创造"；（4）由"出口导向"向内外联动；（5）由"工业立国"向产业协同；（6）由"板块崛起"向区域协调；（7）由"城乡二元"向城乡一体；（8）由经济转轨向"五环改革"①。

如果说，改革开放 30 年所呈现的"四轮驱动"即中国特色的市场化、工业化、城镇化、国际化是中国经济发展模式Ⅰ型的显著标志的话，那么，下面四个关键词——"人本"、"绿色"、"创新"、"协调"，将成为中国经济发展模式转型提升的显著标志，而体制层面的"五环改革"将为中国经济发展模式转型提升提供体制支撑。下面按四个层面展开分析。

二　由"低端人本"向"高端人本"：中国经济发展模式转型提升的核心价值

重点解决四个问题。

（一）继续推进由"物本"向"人本"转变

在前 30 年的发展中，虽然已经呈现"低端人本"的迹象，但依然存在一个根深蒂固的东西，就是旧的"物本"发展理念和体制在惯性运作。这里的要害是以 GDP 为中心的速度增长主义的思想作怪。

40 多年前（1968 年），年轻的美国政治家罗伯特·肯尼迪在其竞选演讲中曾对"衡量一切"的 GDP 进行过鞭辟入里的分析："GDP 并没有考虑到我们孩子的健康，他们的教育质量，或者他们游戏的快乐。它也没有包括我们的诗歌之美，或者婚姻的稳定；没有包括我们关于公共问题争论的智慧，或者我们公务员的清廉。它既没有衡量我们的勇气、智慧，也没有衡量对祖国

---

① 关于中国经济发展模式转型提升的基本思路，笔者在 2009 年完成的中央组织部课题"中国经济发展模式转型提升研究"（相伟博士参与研究）已经提出；另参见《中国百名经济学家理论贡献精要》（第 2 卷——常修泽的经济观），中国时代经济出版社 2010 年版，第 150 页。

的热爱。简言之，它衡量一切，但并不包括使我们的生活有意义的东西。它可以告诉我们关于美国人的一切，但没有告诉我们，为什么我们可以因做一个美国人而骄傲。"①罗伯特·肯尼迪的话是40多年前讲的，但对于现阶段的中国仍有启迪：如何"使我们的生活有意义"？怎样可以因做一个中国人"而骄傲"？

经过30多年的发展，中国的经济社会发展正在出现某种阶段性变化。下一步中国将从前一阶段以满足人的"生存"需要为主要诉求的"生存型"阶段，转入以追求人自身发展为主要诉求的"发展型"新阶段。如果说，在"生存型"阶段，讲究GDP指标还有其一定的合理因素的话，那么，在以追求人自身发展为主要诉求的"发展型"新阶段，讲究"健康、教育和人均国民收入三个分指数的算术平均值"的HDI（"人类发展指数"）指标，更有意义。当然，现行的"人类发展指数"，也未必能全面反映人自身发展的要求和机理，但比较而言，比GDP指标更富有人性化的特点。鉴于"GDP中心主义"的惯性运作，必须继续推进由"物本"向"人本"的转变。

（二）从横向和纵向两个方向提升"人"的内涵

马克思在谈及未来新社会的本质时，深刻指出，它是比资本主义社会"更高级的、以每个人的全面而自由的发展为基本原则的社会形式"。②请注意，马克思用的是"每个人"而且是"全面而自由的发展"。在前30年的发展中，中国曾经先后提出过"一部分人先富起来"、"让多数人共享改革发展成果"等理念，在当时情况下是有益的，但容量明显不够。

按照马克思关于"每个人"的观点，笔者在《人本体制论——中国人的发展及体制安排研究》一书中，就"人"的内涵阐述了"横向上扩到边（全体人），纵向上贯到底（多代人）"的思想。下一步，建议沿着两个方向，向"高端人本"提升——在横向上，超越"部分人"、"多数人"思维，把握"全体公民"或"全体纳税人"，要使"全体人民"（而不是"一部

---

① 《罗伯特·肯尼迪论GDP》，转引自 http：//www.fafawang.com/bbs/group_thread.
② 《马克思恩格斯选集》第2卷，人民出版社1995年版，第239页。

分"、也不是所谓"多数人")共享改革发展成果；纵向上，超越"当代人"思维，而应把握"多代人"或"跨代人"，着眼于"代际公平"。①

老子《道德经》中有六个字："知常容、容乃公。"② 怎么做公平公正呢？决策者的胸怀要宽广，容量大了才做到公平；然而，怎么做到容量大呢？关键在"知常"。这个"常"是常规、规律。掌握了客观规律的人，胸怀就会宽广，胸怀宽广、容量大以后，才能够公平公正。

（三）由"单向度需求之人"向"多向度需求之人"提升

如果说，在前30年，人的需求向度比较简单的话，在新的阶段，人民群众将会提出与"生存型"阶段不同的需求，这类需求越来越具有多样性、升级性、公平性和可持续性的特点。因此向"高端人本"提升，这里的人不应是"单需"之人，而应是"多需"之人，包括物质需要、精神需要、生命和健康需要、参与政治生活社会生活需要等。不仅使全体公民共享改革发展高端的物质成果，而且共享改革发展的文化成果、社会成果和政治成果。

（四）抛弃"人本工具论"，树立"人本实质论"

两千多年前，齐国宰相管仲提出"以人为本"的思想是宝贵的。但是，管仲的出发点（"始"）是称"霸"。与这种"人本工具论"思想相对立，马克思在《德意志意识形态》中讲到"人"的"解放"时，特意在旁边加了边注："一般人。唯一者。个人。"③ 马克思讲的"一般人"，我理解是"普通人"，"唯一者"是"排他者"，而"个人"，则是具体的"每个人"。这是一种真正站在人自身角度的"人本实质论"。

现在人们虽然都讲"以人为本"，但实际上有两种不同的以人为本观：一种是工具论的以人为本，一种是实质论的以人为本，而且这两点都有鲜明的表现。中国经济发展模式的转型提升，在核心层面上，必须抛弃人本工具

---

① 伊斯兰文明中有所谓"两世说"，即"今世"和"来世"。从这点上说，也是一种跨代思维。

② 老子：《道德经》，第16章。

③ 马克思、恩格斯：《德意志意识形态》，收入《马克思恩格斯全集》第42卷。

论，树立"人本实质论"，特别是对于各级领导层来讲这个问题非常重要。

三 绿色革命和创新革命：中国经济发展模式 转型提升的战略标志

（一）绿色革命：中国经济发展模式转型提升的战略标志

通过对中国的发展道路分析，可以发现——如果说，过去30年中国人的环境资源意识还仅仅处在启蒙阶段的话，那么在未来新阶段，将面临一场中国经济发展史上的"绿色革命"，或者说是一场历史性的"绿色新政"。2010年的中国正处在"环资启蒙"和"绿色革命"的交汇点上。

发展中的环境问题，非自今日始，但在西方国家，这一问题是在上百年中"梯次累积"出现的（目前大气中温室气体的大约80%来自发达国家的累积排放），而对于中国这个发展中国家来说，则是"跨梯度浓缩"似的集中体现的。当前国际上对生态环境问题的关注度越来越高，从可持续发展到循环经济，从低碳经济到绿色发展，特别是"生态社会主义"思潮的兴起，给中国的经济模式转型带来极大挑战。在此背景下，下一步要由"环资启蒙"向生态社会提升，推进绿色发展。

绿色发展，不仅仅是一个绿色增长的问题，它实际上是包括绿色增长、绿色产业、绿色能源、绿色城市、绿色消费、绿色文化等在内的一个完整的绿色发展体系。中国政府已经提出行动目标：到2020年，单位国内生产总值二氧化碳排放比2005年下降40%—45%，非石化燃料能源在一次能源消费中的比例达到15%，森林面积增加4000公顷。对于中国这样一个发展中国家来说，作出上述承诺是负责任的（不但对中国负责任，而且对世界负责任，不但对当代负责任，而且对后代负责任）。现在的问题是如何采取切实措施，破解"绿色发展"道路上的难点。这里笔者提出以下四个管道。

第一，向科学技术要绿色发展。世界有识之士指出："未来属于领先新能源技术的国家。"[①] 美国总统奥巴马之所以不遗余力推进新能源革命，盖源

---

① 世界自然基金会总干事詹姆斯·利普语，《瞭望》2010年第11期。

于此。中国要实现绿色发展，必须重视科学技术的支撑和引领作用。按照国际公约，发达国家有责任向发展中国家提供技术转让（这不是援助，而是历史补偿），但是，中国不能坐等发达国家的技术转让，必须积极探索一批占领制高点前沿的绿色技术。可在国家层次、区域层次和企业层次三线推进。通过提高技术水平、改进技术装备、研发新技术来节能减排（据专家测算，十二五期间节能减排附加投入估计为1.9万—3.4万亿元人民币）。从这个意义上说，中国有一个与发达国家竞争的问题。而且，由新能源技术、新环保技术的研发和应用，也可能催生出一个生机勃勃的战略性新兴产业——新能源新环保产业。

第二，向产业结构调整要绿色发展。产业部门是目前最大的碳排放源，发达国家碳排放结构中，生产、生活、交通大体各占三分之一。中国因阶段原因，工业占能源消费总量70%左右。因此，产业结构调整是绿色增长的根本途径。一是调整二三产业之间的结构（这个问题在产业结构部分专门分析），注重发展低碳型的第三产业，以降低排放总量；二是调整第二产业，瞄准传统耗能污染较重的产业如钢铁、水泥、有色金属、煤炭、石油、化工电力等，削减污染物的排放量，向结构要绿色。

第三，向政策法规要绿色发展。着眼于政府——"有形之手"的制度安排和政策设计。包括产业政策、财税政策、金融政策。在此，政府应有所作为，比如可以开征环境税等。环境税背后不是市场力量，而是政府的力量，这应成为整个节能减排的重要管道。

第四，向市场力量要绿色发展。中国计划经济思想根深蒂固，惯性很大。提出节能减排、环境友好型社会，提出绿色发展以后，会不会又搞计划经济那套东西？怎么学会用市场这只无形的手，怎么用产权理论来促进？这是新问题。笔者在《广义产权论——中国广领域多权能产权制度研究》[①] 作了探索。我认为，市场的力量关键是"环境产权制度"。原本碳并不是商品，但可变成商品；不是产权，但会变成产权。笔者之所以提出"环境产权论"，

---

① 参见常修泽《广义产权论——中国广领域多权能产权制度研究》，中国经济出版社2009年版。

就是试图给每个企业、每个人身上安上一个环境产权的"马达",使每个社会细胞自动减排,这就是用经济手段、市场力量。

(二)由"中国制造"向"中国创造":中国经济发展模式转型提升的另一战略标志

创新是一个民族的灵魂。在当代,技术创新及其产业化,是推动先进生产力发展的动力源泉。2001年笔者在为十六大报告起草工作提供的内部研究报告《关于先进生产力的内涵、特征及发展规律性研究》中,曾提出了下列5条认识:(1)科学发明—技术创新—产业化推进,是先进生产力发展的基本路径;(2)量变—部分质变—根本质变(突变),是先进生产力取代落后生产力的运行方式;(3)开拓新产业和改造传统产业,是先进生产力向整个社会生产领域"挺进"的两条主要战线;(4)局部发达地区创造—向国内更大范围扩散—向不发达国家和地区转移,是先进生产力发展的空间运动规律;(5)在特定的历史条件下,利用后发的某些有利条件,先进生产力有可能促进某一产业乃至社会生产力的跨越式发展。在这5条中,科学发明、技术创新是基础性的东西。①

现在中国面临一个历史性的尴尬,也是一个民族的尴尬,就是虽然中国是一个"加工大国",却是一个"创新小国"。过去30年,中国给外部的一个印象是"世界工厂",就技术而言,自主创新不足。以2007年的数据为例,PCT(三方专利),美国是5.2万件,中国只有0.54万件,才相当于美国的十分之一,何况,中国是13亿人口呢。更可悲的是,韩国排在中国的前面。下一步应促进从"中国制造"向"中国创造"的转型,由"加工基地"向"创新高地"转变。具体来说,应在三个方面努力:

1. 制高点:在于重构国家创新体系。应缔造支持创新的政策法制环境,重构战略性技术和产业共性技术研发及工程化平台。

2. 基础:在于提高企业的自主创新能力。应改变创新资源企业薄弱的现

---

① 常修泽:《关于先进生产力的内涵、特征及发展规律性研究》,《关于先进生产力研究报告汇集》2002年3月。

状，使企业真正成为研究开发投入的主体、技术创新活动的主体和创新成果应用的主体。

3. 关键：在于人力资源开发。应建立良好的培养人才、吸引人才和用好人才的机制。注意通过技术入股、重奖原始创新、个人所得税优惠等机制设计，鼓励和激励创新。笔者在《广义产权论》曾详细阐述技术入股和技术期权制度，通过对创新技术的评估、作价、折股，推进"技术资本化"，给技术人员安上激励机制的"马达"①。

四　内外、产业、区域、城乡四大协调：中国经济发展模式转型提升的结构特征

（一）内外结构：由"出口导向"向消费主导型的内外联动转型提升

2008—2009 年经济危机后，中国面临的国际环境更加复杂。无论是全球经济再平衡，美国转变增长方式（减少消费、增加储蓄以及扩大出口）②，还是各种贸易保护主义和对中国的出口壁垒不断增加③，都凸显了外部依赖的脆弱性和不可持续性，使得中国不能过度依赖外需来推动经济增长，需要研究如何调整"出口导向型"经济结构，构建内需外需协调拉动经济增长的新模式。

实现由"出口导向"向内外联动转型提升，一方面需要更积极参与经济全球化的进程，以实现尽可能大的战略利益，另一方面着力挖掘内需潜力，特别是扩大居民消费内需。从横向看，2007 年中等收入国家（经济体）居民消费率为 60%，而中国仅为 34%，差距达 26 个百分点。从纵向看，中国

---

① 参见常修泽《广义产权论——中国广领域多权能产权制度研究》，中国经济出版社 2009 年版。

② 美国个人储蓄占个人可支配收入的比例由 2008 年上半年的月均 2.3%，上升至 2009 年上半年的月均 4.6%。这就大大压缩了外部需求的增长空间。

③ 2009 年 1 月 1 日至 11 月 3 日，全球有 19 个国家或地区对中国产品发起 101 起贸易相关调查，涉案总额超过 116.8 亿美元。这也是自 2002 年以来，中国年度遭受贸易调查首次突破 100 起大关。在各类贸易壁垒中，反倾销是中国遭遇最早、对中国影响相当大的措施。中国已连续 15 年成为全球遭受反倾销调查、被实施反倾销措施数量最多的国家。

居民消费率 2000 年为 46.4%，2008 年为 35.3%，下降了 11.1 个百分点。由此可以看出，居民消费率处在一个低迷的状态。中国到了创造消费大国的"人本基础"的时候了。下一步应研究如何刺激居民的消费欲望，如何进一步释放居民消费需求的问题。

（二）产业结构层面：由"工业立国"向产业协同转型提升

中国（大陆部分）仍处于工业化中期阶段[①]，工业占较高比重有客观原因，但第三产业发展滞后则成为产业短板（只有 40.1%）。第三产业滞后主要是生产性服务业发展不足。2007 年，中国生产性服务业占全部服务业的比重只有 45%，占 GDP 的比重不到 20%。而发达国家生产性服务业占全部服务业的比重普遍在 60%—70% 之间，占 GDP 的比重也大都在 43% 左右。即使是与跟中国经济发展程度接近、人口规模也较接近的印度相比，差距也不小。2006 年印度服务业增加值占 GDP 的比重为 53%，生产性服务业占全部服务业增加值的比重为 56%。53%：40.1%；56%：45%，两项指标都明显高于中国。

由工业立国向产业协同转变，建议以现代服务业发展作为切入点。需高度重视服务业特别是生产性服务业对产业结构优化升级的推动作用，放松市场准入限制，推进产权多元化，在市场性整合中扩大企业规模，促进现代制造业与服务业的互动发展，争取五年内使第三产业比重提高到 45%—46%。

（三）区域结构层面：由"板块崛起"向区域协调转型提升

区域结构的核心问题是避免"板块碰撞"。笔者在 1988 年曾提出"四沿开放战略"[②]，即沿海、沿长江、沿铁路干线和沿陆地边境线。之所以提出这一战略是为避免中国"板块碰撞"。

---

① 2007 年笔者应邀访台，曾比较了两岸产业：一产，大陆 11.3%，台湾 1.45%；二产，大陆 48.6%，台湾 27.5%；第三产业，大陆 40.1%，台湾 71.05%。

② 1988 年 5 月 4 日，新华社编发的《国内动态清样》以《常修泽等建议实行"四沿—渗透型"开放战略》为题登了这一战略构想的主要内容，报中央有关领导参阅。新华社《瞭望》周刊于 1988 年 5 月 23 日报道，称这一战略构想对中央的沿海开放战略"提出了一些重要的补充和修正意见"。

21 世纪初，中国区域总体发展战略是以"四大板块"，即东（"率先"）、西（"开发"）、中（"崛起"）和东北（"振兴"）为主要载体的，侧重于从抑制地区发展差距扩大方面推动区域协调发展，这是有价值的，宝贵的，应继续推进，但我认为这一战略也需完善。第一，这些战略是在区域发展不平衡的基础上提出的，可惜较少顾及各地区具体的发展定位、产业分工和人与自然的和谐相处。这里"四大区域板块"与"四个主体功能区"的关系问题尚未理顺。第二，这些战略形成于不同的历史时期，针对的是 20 世纪 80—90 年代或 21 世纪 10 年代的区域发展现状，在 21 世纪 20—30 年代如何发展，需要有升级性战略诉求。第三，这些战略主要是以省（自治区、直辖市）行政区划为基础的，不便于区域战略和政策的细化和具体化。

促进区域协调发展，除考虑生产力的差异因素外，应特别重视空间布局因素和民族人文等政治因素。从空间布局因素看，上面提到的"主体功能区"，是实现空间布局的一个新构思，其特点是"大均衡、小集聚"，即在较小空间尺度的区域集中开发、密集布局，在较大空间尺度的区域形成若干个小区域集中的增长极。它立足于当前的资源环境承载能力、现有开发密度和开发潜力，在统筹考虑全国开发情况的前提下，明确区域发展的战略布局、功能定位，有利于空间上相对均衡分布。从民族人文等政治因素，要特别确保中国西北和西南地区的战略稳定。

（四）城乡结构层面：由"城乡二元"向城乡一体转型提升

中国的城乡二元结构问题，远比刘易斯在《劳动无限供给条件下的经济发展》中提出的关于发展中国家经济二元结构的理论模型复杂得多。因为中国的问题，除了发展的结构性问题外，还有深刻的体制性问题。在传统计划经济体制下，中国城乡之间存在严重的制度性鸿沟。改革以来，中国城镇化率从 1978 年的 17.9% 提高到 2008 年的 45.7%，城镇人口从 1.72 亿人增加到 6.07 亿人，这 6.07 亿城镇常住人口中，有大量进城的农民工。城乡之间的制度性"鸿沟"应该填平了。

当前，破除城乡二元分隔体制的突破口，宜选在使符合条件的农民工享有与原住市民同等权利方面。为此，应改革创新相关体制，加快农民身份的转换，首先应考虑让技术型、稳定就业的进城务工人员作为户籍制度改革的先行者，再逐步扩大共享范围。

下一步，在城镇化的速度上，可按每年1%来推进。在发展格局上，可按"立体网络"型状来铺陈，即以大城市为中心、中等城市为骨干、小城市及小城镇为基础，以大带小，协调并举，走大中小城市和小城镇协调发展的道路。城市文明与乡村文明最大的区别，不在于城市的市容市貌，不在于高楼大厦，关键在于城市是按照"市民社会"这样一个思想来构建社会结构。所以不可避免地要提出"公民社会"。这个问题，我在《人本体制论——中国人的发展及体制安排研究》已有阐述，不再赘述①。

五 由经济转轨向"五环改革"：中国经济发展模式转型提升的体制支撑

中国经济发展模式转型提升，需要有新的体制予以支撑。这就涉及新阶段的中国改革问题。前30年，中国关注的重点是经济改革，接下来，不仅仅搞经济体制改革，而应有新的追求。笔者在《中国下一个30年改革的理论探讨》指出，下一个30年，历史赋予中国的，应该是类似奥运"五环"的改革，包括经济体制改革、政治体制改革、社会体制改革、文化体制改革、生态环境制度改革②。

（一）确立"五环改革"每个环的中心

在推进"五环改革"的过程中，应把握每个环的中心。

1. 经济体制改革的中心：经济市场化。

围绕更加深入发挥市场对资源配置基础性作用这一基本方向，应在重点领域和关键环节继续推进经济市场化改革：包括垄断性行业改革、要素价格改革以及财税体制和金融体制改革等。从这个意义上说，下一阶段的经济市

---

① 常修泽：《人本体制论——中国人的发展及体制安排研究》，中国经济出版社2008年版。

② 常修泽：《中国下一个30年改革的理论探讨》，《上海大学学报》（社会科学版）2009年第3期，《新华文摘》2009年第20期全文转载。

场化改革不是浅层的市场化，而是带有"攻坚"性的深度市场化改革。

2. 政治体制改革的中心：政治民主化。

这方面改革的滞后，已经成为"五环改革"中的"短板"。"没有政治体制改革，经济体制改革和现代化建设就不可能成功。"[①] 下一步应按照"十七大"提出的有关"深化政治体制改革"的思路，在扩大党内民主、发展基层民主、实施依法治国、加强对权力制约和监督以及行政管理体制改革等方面力促取得实质性进展。

3. 社会体制改革的中心：社会和谐化。

中国改革第一个 30 年，社会结构和利益格局发生了前所未有的深刻变动，同时，社会新的矛盾也在出现。在这种空前的社会变革面前，需要建立一套与经济市场化、政治民主化和文化多元化相适应的新型社会体制，重点处理好国富与民生、活力与秩序、多元与平衡的关系。

4. 文化体制改革的中心：价值先进化和多元化。

首先是整体价值系统的改革，以构建社会主义核心价值体系为基础，推进文化的多元化。同时深化文化事业单位改革，划清公益性文化事业与市场性文化产业之间的界限，形成各自不同的运行机制，以满足人多方面、多层次的精神文化需求。

5. 环境制度改革的中心：生态文明化。

推进生态文明化，需要在制度和机制上下工夫，着力构建资源节约和环境保护的新体制。从这个意义上说，建立"资源环境产权"制度势在必行。

（二）把握五环改革的交扣性：实行"双线均衡"方略

上述"五环改革"，虽然都有其各自独立的"中心"，但它们不是彼此孤立的。笔者之所以借用"奥运五环"这个图形，正是看到了"五环"之间的环环相扣。在新阶段改革操作过程中，一定要把握这种"交扣"性，使各方面改革能够协调配套。

其中，最关键的是寻求经济市场化与社会公正化之间的最佳均衡点。不

---

① 温家宝：《政府工作报告》2010 年 3 月。

仅"十二五"期间，而且今后相当长时期，这个问题都是至关重要的。市场化和公正化不是水火不容的，这两条线可以兼容——搞市场化未必不公正，寻求公正也未必抛弃市场化，尽管兼容难度很大。中国在未来发展转型中，应学会"在社会公平和市场化两个鸡蛋上跳舞"，而不要把任何一个"鸡蛋"打破。须知，打破了经济市场化这个"鸡蛋"，中国就可能倒退；打破了社会公平这个"鸡蛋"，中国就可能动乱。

（三）关键在于摆脱既得利益集团中某些"障碍力量"的束缚

中国"五环改革"能否突破的关键，是能否摆脱既得利益集团中某些"障碍力量"的束缚。改革开放以来，在传统体制下形成的庞大利益集团的利益受到了较大的削弱，但在一些改革尚未攻坚的领域，其能量依然较大。在新的条件下，他们可能会以新的形式来表现自己。还应当看到，近年来还产生了一些新的利益集团。他们中的一小部分人，既不希望倒退回计划经济体制，也不赞成继续深化改革，极力维持目前这种"胶着"状态的局面，期望从这种"未完成的改革"状态中获得好处。新、老两种既得利益的交叉并存，形成相当复杂的利益格局，并对政策的制定产生某种程度的影响。当改革进入新阶段之后，能否超越这些利益集团的羁绊，是一个关乎改革全局的重大问题。

解决利益集团的问题，可能直面民生与权贵之间的矛盾，从一定意义上说，需要采取更深刻的改革措施，把人民群众中所蕴涵的积极性、创造性再呼唤出来、激发出来，这是中国经济发展模式转型提升的伟力之所在。

参考文献：

1. 郑永年：《中国模式为何引起世界争论？》，原载《联合早报》2010 年 5 月 4 日，转引自《参考消息》2010 年 5 月 5 日 16 版。

2. 唐晋主编《大国策：通往大国之路的中国模式》之《经济模式》卷，人民日报出版社，2009 年 3 月。

3. 《马克思恩格斯全集》第 42 卷。

4. 阿马蒂亚·森：《以自由看待发展》，中国人民大学出版社 2003 年版。

5. 国家统计局：《中国统计年鉴》相关卷，中国统计出版社。

6. 联合国开发计划署：《2005 年人类发展报告》，http：//hdr. undp. org。

7. 联合国开发计划署：《中国人类发展报告 2005》，中国对外翻译出版公司 2005 年版。

8. 世界银行：《2004 年世界发展报告：让服务惠及穷人》，中国财政经济出版社 2004 年版。

9. 张宇：《中国模式：改革开放三十年以来的中国经济》，中国经济出版社 2008 年版。

10. 朱之鑫：《"十一五"规划实施中期评估报告》，中国人口出版社 2009 年版。

11. 吴敬琏等：《中国经济五十人看三十年：回顾与分析》，中国经济出版社 2008 年版。

12. 常修泽：《中国发展模式论纲》，《生产力研究》2008 年第 1 期，收入《强国之路 ——中国改革步入 30 年》，中国经济出版社 2008 年版。

13. 常修泽：《人本体制论——中国人的发展及体制安排研究》，中国经济出版社 2008 年版。

14. 常修泽：《广义产权论——中国广领域多权能产权制度研究》，中国经济出版社 2009 年版。

15. 常修泽：《产权人本共进论》，中国友谊出版公司 2010 年版。

16. 张卓元等主编《中国百名经济学家理论贡献精要》（第 2 卷——常修泽的经济观），中国时代经济出版社 2010 年版。

试论新中国经济发展模式的
三个重大问题

武 力[*]

从世界近代以来的发展历史来看，所谓经济发展模式，实际上就是各国在工业化过程中走过的不同道路。例如早期的盎格鲁—撒克逊模式、普鲁士模式、后来的美国自由主义模式、日本的军国主义模式、战前的苏联模式、战后的新加坡模式，实际上都是这些国家在工业化过程中遇到问题时所采取的不同方法，因应不同时代的要求而产生的不同发展特点。从这个角度来看，中国这样的大国，具有与众不同的内部条件和外部环境，自然要形成自己的发展模式。

新中国的 60 年是不断探索中国国情和寻找快速发展模式的 60 年，其中政府的作用、工业化的道路、国际环境的影响是构成中国经济发展模式形成和演变的历史环境和内在逻辑，是本文探讨的主要课题。

一　关于政府在经济发展中的主导作用

1949 年中华人民共和国成立以后，中国的经济发展模式的最大特点，就是政府在经济发展中处于高度主导的地位。60 年来，我国经济发展的成就和优势来自政府主导，一些重大失误也来自政府主导。怎样看待这种政府主导，实际上不仅关系到我们对中国经济发展道路的评价，也关系到我们改革开放目标的确定，关系到我国经济制度的社会主义性质问题。

---

* 作者系当代中国研究所副所长、研究员。

对于这个问题，不能不从世界历史和中国历史发展的角度来分析。

（一）西方早期工业化模式和政府作用

在西欧市场化和工业革命过程中，特别值得注意的是政府的作用。西欧的市场化和工业化实际上是资本主义经济的产生、发展和完全取代封建经济的过程。资本主义生产方式的萌芽，最早出现于 14 世纪和 15 世纪地中海沿岸的一些城市，但是由于这些城邦经济没有强大的国家作后盾，不能为资本主义生产方式的发展提供原始积累和开拓市场，因此这些地方也就失去了最早开始工业化的历史契机。最早确立资本主义生产方式并开展工业化的国家是英国，这并不是偶然的。16 世纪的"圈地运动"和打败西班牙的无敌舰队，为英国的资本原始积累开辟了道路；而 17 世纪的资产阶级革命和打败号称"海上马车夫"的荷兰，则为工业化提供了制度和物质保障（资金、市场）。正是在此基础上，英国率先实现了工业化。从英国的工业化来看，虽然工业化是以私营企业为主要形式进行的，并且就国内经济运行来看，基本上是市场调节，政府直接干预较少。但是，政府在经济发展中却发挥了重要作用：一是在国内通过立法和强制的手段，为资本主义经济的运行和发展提供了制度保障；二是通过武力向海外扩张和掠夺，为本国资本主义经济的发展提供了丰富资源和广大市场。没有政府的这两种作用，英、法、德甚至美国等资本主义国家的市场化和工业化是不可能实现的。实际上，即使在实现工业化以后，西方资本主义国家仍然在为抢占殖民地和世界市场而角力。

市场经济以其较高的经济效率急剧地增加了欧美国家的资本和财富，并使这些国家率先实现了工业化。但是，自由的市场经济体制并不是完美无缺的，也带来了许多问题，仅就国内来说，一是因收入差距过大引发的需求不足和周期性的经济危机，以及由此引发的大量人口失业和贫困；二是生产经营中的市场垄断和"外部性"问题；三是不能有效提供公共产品问题。此外，还有国际收支平衡问题、市场调节等等。在对外方面，率先实现工业化的帝国主义列强，为了争夺世界资源和市场，转移国内矛盾，还引发了两次世界大战。第二次世界大战的惨烈加深了人们对资本主义危害的认识，战后世界格局的变化、经济的调整发展、西方国家的政治民主化和社会福利化也有了较大进展，随之而来的宏观经济管理和国民收入二次分配，都要求扩大政府的经济职能。欧美资本主义国家政府经济职能的演变，基本上就是在这种大的政治和经济背景下进行的。从1960年到1995年的35年间，工业化国家的政府规模在原有的基础上扩大了一倍。

（二）近代中国政府在经济发展中的作用

中国的情况与近代以来的欧美就根本不同了。首先，中国进入以资本主义工业化为特征的近代，是以鸦片战争为开端的，即中国是在被侵略和殖民地化的背景下开始工业化和资本主义化过程的。因此，近代中国政府经济职能的起点，不是资本主义性质的政府，而是一个有着悠久历史传统、高度集权的、成熟的封建主义政府（有着庞大的相互制衡的官僚体系和一整套选拔、任免、监察制度）；第二，中国开始资本主义化的过程，也是一个被侵略和压迫的过程，"亡国灭种"的危险和几乎不间断的战争，时时提醒中国需要一个强大的政府，来保证独立、统一和社会安定。因此，近代以来关于政府改革和职能的讨论，焦点都是集中在如何建立一个好的政府。

从鸦片战争到"戊戌变法"前的50多年间，中国在"中学为体，西学为用"的观念下，试图将发展近代工商业依然包容在原有的封建政治体制之内，采取了"官办"、"官督商办"、限制民间发展资本主义工商业的政策。对于政府经济职能，也是采取改革局部、维持整体的政策，其标志就是"洋务运动"。辛亥革命以后，清王朝被推翻，中国名义上建立了资产阶级共和国，但是这个政权却把持在带有封建性质的军阀手中。资产阶级在经济上的软弱，必然也导致政治上的软弱。政府的频繁更替和政治动荡，固然削弱了政府对民族资本主义经济的钳制，但是也无力维持社会的安定和秩序，无力制止军阀的横征暴敛，无力抵御外国列强的欺压，换句话说，无力为经济发展提供一个良好的环境。而后者对当时的中国来说，则更为紧迫。于是，当1919年巴黎和会上中国再次遭遇"丧权辱国"后，先进的知识分子开始寻找比资本主义自由经济和资产阶级"共和制"更有效的制度。在这种背景下，俄国的十月革命对中国产生了巨大的影响，不仅导致了中国共产党的诞生，也最终促成了孙中山建立强大政府、节制私人资本观念的确立。

资产阶级革命家孙中山"以俄为师",改组了国民党。国民党于 1928 年形式上实现了中国统一。在其后的 20 年间,不断内忧外患下的国家安全和政权危机,使得国民党政府自然要大力发展国防工业和重工业,兴修铁路、公路,并利用货币统一和改革的机会强化国家资本,控制有关国计民生的行业和物资,特别是战时的经济动员和统制,更强化了政府的经济职能和权力。南京国民党政府加强政府对经济的干预,还来自对西方经济危机的感受。1929 年爆发了世界性的经济危机,此后,以美国的罗斯福新政为代表,强调国家干预的凯恩斯主义开始在西方流行起来。在这个背景下,德国、日本、意大利等走上了法西斯主义道路,对国民经济实行"统制"。至于社会主义国家苏联,到 1935 年则建立了单一公有制和计划经济的体制。国家干预经济成为世界的主流。

当时中国知识分子中的绝大多数也主张中国应该实行政府主导型经济。1933 年《申报日刊》就中国现代化问题向社会各方面知名人士征文。在收到的 26 篇短论和专论中,绝大多数人主张走"受节制的资本主义"或非资本主义道路。大体统计,主张走自由资本主义道路的仅 1 篇,倾向于社会主义方式的有 5 篇,主张采取资本主义和社会主义两者之长,即混合方式的有 9 篇,其余未正面或明确回答。[①] 在 20 世纪三四十年代关于中国应该实行什么样的经济体制讨论中,绝大部分的学者也都强调政府的主导作用,通过政府实施有计划的经济,发展国营经济。即使对国民党政府采取批判态度的马寅初也认为:"我们不完全采用英美资本主义自由竞争的制度,亦不完全采用苏联社会主义一切国营的制度,乃提出一种混合经济的制度,官营企业与民营企业同时并进,完全用英美式的建设,是不合时代的需求,完全用苏俄式的建设,是非中国所能办到的;故不得已采用混合制,但不是漫无计划的。"[②] 当时,无论是国民党、共产党,还是中立的学者,在强调政府主导作用和发展国营经济方面都是一致的,只是焦点集中在如何建立起一个代表人民利益的、廉洁有效的政府,正是在这一点

---

① 参见罗荣渠主编《从"西化"到现代化》,北京大学出版社 1990 年版,第 14—15 页。
② 《马寅初选集》,天津人民出版社 1988 年版,第 291—292 页。

上，才是阵线分明的。

（三）1949 年以来政府在经济发展中的主导作用

1949 年中华人民共和国成立以后，经过 3 年的巩固政权和经济恢复，中国共产党认为具备了向苏联模式的社会主义过渡的条件，于是从 1953 年开始向单一公有制和计划经济的社会主义过渡，并于 1956 年年底顺利实现，由此形成了一个在经济上的"全能型政府"。

从"一五"计划后期到改革开放以前，政府在工业化过程中扮演了唯一的决策和实施人的角色，承担了全部的责任。由此导致了经济运行中的"投资饥渴症"和供给约束型的经济波动。由于政府是工业化的唯一决策人和监督实施者，而信息不充分和管理能力有限，则限制了政府决策的科学性和提高了监督实施的成本。在这种情况下，由于中国共产党未能突破单一公有制的框架，因此只能在中央政府与地方政府之间的权利分配上动脑筋，结果却陷入"一统就死，一死就叫，一叫就放，一放就乱，一乱又统"的怪圈。

从 1949—1978 年，尽管政府的政治动员能力很强，各级官员非常清廉，并且从上到下都非常热衷于快速推进工业化，但是由于政治上的民主化进展速度与经济上的公有化速度差距很大，单一公有制和计划管理没有民主制度作保障，缺乏民主决策和民主监督，因此工业化受到毛泽东等国家主要领导人个人偏好的严重影响，尽管在较短的时间里基本建立起相对独立完整的工业体系，但是，也付出了波动大、结构失衡和资源浪费严重的代价。应该说，从新中国成立初期开始，中国共产党就看到了因经济权力过于集中在政府而出现的"政府失灵"问题，特别是 1956 年社会主义改造完成以后。但是，党内对此却存在两种认识，一是以毛泽东为代表，将"政府失灵"视为"官僚主义"的产物，是由于社会主义经济体制还是新生事物，尚未成熟和完善，因此认为这与单一公有制和计划经济没有必然的关系，是能够克服的。例如毛泽东多次批评计划脱离实际的问题，批评官僚主义忽视人民疾苦和压制人民群众积极性的问题。为此，他开展经济建设方面的群众运动，实行"权力下放"。但是，毛泽东的这种探索和整顿，因单一公有制的制约（"一管就死，一放就乱"）而导致失败。另一种认识以刘少奇、邓小平、陈云等为代表，他们认为除了官僚主义的因素外，还与体制有关，应该引入市场调节作为补充，特别是在农村，不妨实行将权力下放给农民的"包产到户"。就政府的经济职能来说，陈云提出的"三个主体、三个补充"，李富春提出的指令性计划与指导性计划相结合都具有一定的代表性。

1978 年的改革开放，从根本上来说，一开始是对政府干预经济范围和力度过度化的修正。这种修正是由于受到来自三个方面的压力和诱导：一是开眼看世界感到落后的压力；二是人民生活贫困的压力；三是新中国成立以来自己的经验教训和整个世界市场化趋势。1978 年至 2009 年的改革，从政府经济职能转变的角度来看，大致可以分为两个阶段：1978 年年底至 1991 年底为第一阶段。这个阶段是打破对单一公有制和计划经济迷信的阶段，政府在成功的诱致下，逐渐缩小直接干预经济的范围和力度。改革首先是从农村开始的，首先通过"联产承包责任制"和取消"政社合一"的人民公社，政府权力退出了对农业生产的直接干预。随后，通过鼓励城乡个体经济发展和兴办"三资"企业，放开部分商品价格和经营，以及对部分生产资料实行价格"双轨制"，使得市场调节的范围越来越大。尽管 1987 年的中共十三大提出了"政府引导市场，市场调控企业"的思想，但是从观念上来说，并没有解决计划与市场何者为基础和主体的问题，当然，这也与当时国有企业改革滞后、国有经济比重过高有很大关系。思想，尤其是政策，往往是现实的反映。

1992 年至今为第二阶段，是政府经济职能发生根本性转变的阶段，尽管这个阶段还没有结束。1992 年，以邓小平南方谈话和中共十四大确立市场经济改革目标为标志，政府经济职能发生了历史性的转折。市场经济目标的确立等于瓦解了"全能型政府"的基础。基础变了，作为上层建筑的政府，必然要相应地转变。但是同样地，2008 年出现的由美国次贷危机引发的全球性金融危机，也再一次说明了"市场失灵"的危险性和政府干预经济的必要性，为中国敲响了警钟。

二 关于新中国工业化的道路

1949 年以来中国的工业化及其道路选择经历了两个时期和三次重大选

择：（1）1949 年至 1978 年，为建立独立工业体系和国家安全，采取了优先发展重工业的赶超战略，并为此实行了高积累、高投入、以追求数量扩张为特征的外延型工业化道路。（2）1978 年改革开放至今，为第二个时期。其中又可分为两个阶段：1978 年至 1996 年为第一阶段，在改革唤起巨大经济活力和充分利用国外资源和市场的背景下，在农轻重产业均衡发展和卖方市场的双重推动下，仍然实行了以高投入和追求数量为特征的外延型工业化道路。1997 年至今为第二阶段。这个阶段在国内买方市场基本形成、国内资源有限和国际竞争加剧的条件下，开始走上以追求效益、提高竞争力和可持续发展的新型工业化道路。下文探讨中国为什么以及怎样进行上述道路选择的。

（一）传统社会主义工业化道路的形成（1949—1978）

1949 年至 1978 年为新中国工业化的第一个时期，即单纯依靠国家力量，实行计划经济和优先发展重工业时期。20 世纪 50 年代工业化道路的形成可以"一五"计划为标志。这个工业化道路，从经济发展战略方面可简单概括为：（1）主要依靠国内积累建设资金，从建立和优先发展重工业入手，高速度地发展国民经济；（2）实施"进口替代"政策，通过出口一部分农产品、矿产品等初级产品和轻工业品换回发展重工业所需的生产资料，并用国内生产的生产资料逐步代替它们的进口；（3）改善旧中国留下的工业生产布局极端不合理和区域经济发展极端不平衡的畸形状态；（4）随着重工业的建立和优先发展，用重工业生产的生产资料逐步装备农业、轻工业和其他产业部门，随着重工业、轻工业和农业以及其他产业部门的发展，逐步建立独立完整的工业体系和国民经济体系，逐步改善人民生活。从经济体制方面则可概括为：与这种优先快速发展重工业战略相适应，建立起公有制基础上的计划经济。

这一工业化道路的形成，如果仅从 20 世纪 50 年代党和政府的主观认识方面寻找原因，显然是不够的。50 年代的中国之所以形成这样的经济发展模式，是有其深刻的国内和国外因素的。第一，这种工业化道路的形成，是与新中国成立初期的经济发展水平极低、重工业成为轻工业和国防工业发展瓶颈的特点分不开的。第二，这种发展战略的形成，与当时的严峻国际环境也有很大关系。1950年朝鲜战争爆发以后，中国被迫卷入战争，由此导致中美两国的直接对抗和来自西方的威胁（1840年以来这种威胁几乎没有停止过）。这种国际环境和历史教训都迫使中国必须加强国防力量，而优先发展重工业和尽快建立独立的工业体系，则是加强国防力量、维护国家安全的基本经济措施。

1956年中共八大前后，中国共产党"以苏为鉴"，开始探索中国自己的工业化道路。认识成果集中表现在毛泽东的《论十大关系》。在1956年至1957年拟定"二五"计划草案时，中共中央虽然没有改变优先发展重工业（重工业仍然是薄弱环节）和高速增长战略，但是已经注意调整农轻重的发展关系和外延增长与内涵增长的关系。可惜的是，1957年年底开始的反"反冒进"和三年"大跃进"，却完全打断了上述思路和计划，把依靠高投入、追求高速度的外延型增长推到了极端。

从1949年10月新中国成立到1957年年底"一五"计划完成，是中国历史上经济发展和制度变化最快的时期，不仅在三年内奇迹般地在战争废墟上恢复了国民经济，并在此贫穷落后的基础上开始了大规模的经济建设，为中国大陆的工业化奠定了坚实的基础，大大缩短了中国与发达国家工业发展水平的距离。1958年是中国实施"二五"计划的第一年，也是摆脱苏联经济建设模式、走中国自己经济建设道路的开始。可以说，1958年至1978年的20年，是中国共产党带着社会主义改造胜利和"一五"计划成功的喜悦开始，最后带着"文化大革命"后的痛苦反思、对社会主义经济体制的困惑而结束的。就经济建设来说，这20年我国取得了很大成就，在西方封锁、中苏交恶的国际环境中，基本建立起相对独立的工业体系，除了在国防工业、尖端科学方面取得了巨大进展外，还在改善基础设施、缩小沿海与内地差距方面取得很大成绩。从1957年年底到1978年年底，按可比价格计算，社会总产值增长3.25倍，工农业总产值增长3.64倍，国民收入增长1.96倍，工业总产值增长5.99倍，农业总产值增长0.84倍。①

---

① 1958年按照1957年不变价格，1978年则按照1970年不变价格。

这个时期,虽然经济发展较快,但城乡人口比例变化非常缓慢。1949 年到 1978 年,乡村人口占全国总人口的比重由 89.4% 下降到 82.1%,29 年内仅下降了 7.3 个百分点。另外,人民收入增长也较慢,生活水平没有多大改善。1978 年全国全民所有制单位的职工平均工资仅比 1957 年增加 7 元。1978 年全国居民平均消费水平为 175 元,仅比 1957 年增加 44%(按可比价格计算),其中农民增加 34.5%,非农业居民增加 68.6%。[①] 在此期间,许多生活消费必需品都是短缺的,需要凭票购买。

(二)工业化道路的第一次转轨(1979—1996)

1979 年至 1996 年为新中国工业化的第二个时期里的第一个阶段,也是工业化快速推进阶段。在不到 20 年的时间里,伴随着经济体制的转轨,我国的经济总量翻了两番,三大产业的结构由 1978 年的 28.1∶48.2∶23.7 提升到 19.7∶49.0∶31.3,居民消费水平由 1978 年的 184 元增加到 1995 年的 2311 元,创造了令世界瞩目的经济奇迹。这种经济增长奇迹的创造了基于如下的转变:单一公有制和计划经济为基础转变为多种经济成分并存和市场经济为基础;从急于求成、追求高速度转变为经济增长指标宽松、留有余地;从优先发展重工业的倾斜战略转变为农轻重并举的均衡发展战略;从完全立足国内的自我积累、进口替代战略转变为积极利用外资和国外市场的"两个利用"战略;从过分注重区域生产力布局和区域均衡发展转变为"两个大局"为标志的梯度发展。

在解放思想、实事求是的气氛下,以邓小平为领导核心的中国共产党吸取了过去的经验教训,走上了改革开放的道路,而改革开放所取得的出人意料的巨大成就,又反过来鼓励了中国共产党和全国人民改变过去单一公有制、计划经济和对外封闭状态的信心,到 1987 年中共十三大,基本形成了多种经济成分共同发展、以市场为导向的工业化模式。这种模式的特点就是为推动工业化和经济增长,实行四个全面发展:一是农轻重全面发展,二是各种经济成"内向型"和"外向型"全面发展。由此中国工业化爆发出令全

---

① 马洪主编《现代中国经济事典》,中国社会科学出版社 1982 年版,第 571 页。

世界称奇的活力，取得了令全世界赞叹的成就。

这种工业化道路和相应体制的转变，虽然没有改变工业化的外延型特点，但是却为改变这种外延型发展创造了条件，即创造了巨大的经济总量和建立了买方市场。因为它导致了国营、私营和个体、乡镇企业、外资"四龙腾飞"，农业、轻工业、重工业和第三产业并驾齐驱，劳动密集型、资本密集型和技术密集型产业共同发展的经济景观。这个阶段的最大特点，就是最终消除了新中国成立以来一直困扰我国经济发展的"短缺"和"卖方市场"的约束，基本确立了市场经济的框架。没有这些，中国是不可能走上新型工业化道路的。

纵观这个阶段的工业化转轨及其巨大成效，可以看到以下四个方面的因素在发挥着重要作用。

第一，党和政府始终是加快经济发展的动力。1978 年以后，党和政府始终抓住经济建设为中心不放松，千方百计实行改革开放。其间还有两个压力在起作用：一是对过去 30 年欠账（由于"左"倾错误，人民没有解决温饱问题）的"还账压力"；二是开眼看世界后产生的"落后压力"，特别是东亚国家和港、澳、台地区的经济发展，对社会主义的优越性提出挑战，对中国共产党的执政能力和合法性提出挑战。邓小平多次讲到：不能带来经济发展和人民富裕的社会主义，我们宁肯不要。

第二，是改革带来的人民群众致富的巨大活力，推动了经济的迅速发展。改革开放以前，农村的人民公社体制束缚了农民，城市的"大锅饭"体制也束缚了职工的积极性。1978 年开始的农村经济改革，极大地调动了农民的积极性，也给予了农民自由发展经济的巨大空间，过去 30 年没有解决的"吃饭问题"在短短的数年间就解决了，农民又开始了向非农产业的大规模转移，其致富的动力是挡都挡不住的。同样，城市的改革也在两个方面调动了人民的积极性，促进了经济发展：一是允许个体和私营经济发展，允许集体经济完全自主经营和分配；二是改善国有企业的经营管理，通过实行"责任制"和"放权让利"，调动企业和职工的积极性。

第三，长期"短缺"和"持币待购"形成了强大的市场需求动力。由于改革开放前的高积累政策和长期折腾，人民生活长期没有改善，衣食住行等生活必需品都严重短缺，凭票供应和持币待购成为常态，甚至广大农民还不在国家定量供应的范围内。这种严重的短缺为经济发展提供了庞大、广阔的卖方市场，特别是投资少、见效快、技术含量不高的轻工业，产品几乎不愁没有销路，企业几乎没有竞争压力。这也是 20 世纪 80 年代国有企业发展迅速、投资始终居高不下和乡镇企业迅速崛起的重要原因。

第四，对外开放形成的资金、技术流入和国外市场的扩大，是经济发展的又一个巨大推动力。通过对外开放，我国人力资源丰富、劳动力成本低廉的"比较优势"充分显示出来，发展空间扩大。同时，通过吸引外资和扩大对外贸易，也使我国得以利用外国的资源来加速自己的发展，大大缓解了长期存在的因资金、技术短缺所造成的发展瓶颈。

（三）新型工业化道路的提出和转轨（1997 年以来）

1997 年以来至今为新中国工业化的第二个时期里的第二阶段，是我国新型工业化道路探索和形成阶段，这个阶段至今还没有终结。其标志为经济发展由外延型向内涵型转变，提出科教兴国和可持续发展战略。新型工业化道路的具体表述，就是党的十六大报告所说的："坚持以信息化带动工业化，以工业化促进信息化，走出一条科技含量高、经济效益好、资源消耗低、环境污染少、人力资源优势得到充分发挥"的道路。而这种新型工业化道路的形成，是以国内告别"短缺时代"、转变为"买方市场"、国外经济全球化方兴未艾、中国加入 WTO 为背景的。中国选择新型工业化道路，绝不仅仅是主观认识的提高，而是中国经济发展的客观要求。

第一，国内市场从 1997 年开始，结束了自新中国成立以来就存在的"短缺经济"和"卖方市场"，从而使低水平和重复建设的外延型经济扩张失去了需求的支持。但是这种生产能力和产品的相对"过剩"是结构性的，科技含量高的新产品、新产业的发展空间仍然很大，而简单的科技含量低的日用消费品则已经市场饱和，出现过度竞争，这在乡镇企业的发展中表现得最为明显。对于农民来说，发展非农产业所缺乏的主要不是资金、简单技术和产权明晰，而是市场。不管生产成本多低（劳动力和土地等价格低廉），关键是这些产品没有市场。要发展，就必须转变原来的数量扩张和水平扩张。

第二，中国的经济经过 20 多年的高速增长，总量已经达到很高的水平，2002 年的 GDP 总量已经达到 10.2 万亿人民币，人均接近 1000 美元，如按照世界银行的购买力平价（PPP）计算，我国经济总量已经跃居世界第二位。但是，我国经济增长的效益却不高，主要靠投资拉动。这样大的经济总量和这样多的人口，使得我国经济若要再翻两番，按照过去 20 年的增长方式，资源、环境都将难以承受。

第三，20 世纪 90 年代以来的信息产业迅速发展和经济全球化浪潮，也都使得中国面临着巨大的机遇和挑战。一是抓住信息产业和高新技术方兴未艾的机遇，不仅缩短技术差距，还可分享其带来的经济扩张和高利润，使我国经济既能调整结构、提高效益，又能实现快速增长。二是经济全球化的浪潮，优化了世界范围内的资源配置和商品流动，中国加入 WTO 后，不仅取消了关税壁垒，也承诺逐步向外商开放非贸易性质的服务市场，不仅使过去依靠关税和非关税壁垒保护的企业和产品受到竞争的压力，也使国内的服务行业受到竞争的压力；同时，随着我国的经济发展，劳动力价格也上升（相对于一些发展中国家），国际竞争力不能再主要单纯依靠低劳动力成本。因此，走以提高效益的内涵型发展道路不仅是外贸企业，也是全部企业的必由之路。

第四，随着温饱问题的解决和小康水平的实现，中国人民已经走上富裕之路，人们对生活质量的要求也越来越高。无论是衣食住行，还是服务业，不是有无的问题，而是质量的问题。因此，人民对企业提供的产品和服务质量要求越来越高，"三无"产品、粗糙、低质的产品和劣质服务的市场越来越小，这也逼迫企业必须走规模型、效益型发展道路。

正是在这些客观条件的转变和要求下，从制订和实施"九五"计划开始，工业化道路的转轨问题开始紧迫起来。尽管这个问题早在 20 世纪 80 年代中期就已经提出，在 90 年代前期也提出过"两个转变"，但是客观的"短缺经济"、"卖方市场"和贸易保护都使其难以贯彻。

2001 年 3 月，朱镕基在九届人大四次会议上指出："十五"计划期间，要"坚持把结构调整作为主线。我国经济已经到了不调整就不能发展的时候。按原有结构和粗放增长方式发展经济，不仅产品没有市场，资源、环境也难以承受。必须在发展中调整结构，在结构调整中保持较快发展"。[①] 会议通过的"十五"计划纲要，将实施科教兴国和可持续发展战略置于重要地位，完成了全面推进新型工业化道路的战略部署。在优化工业结构方面，"十五"计划纲要提出了"工业改组改造要遵循市场经济规律，正确引导投资方向，依靠现有基础，防止盲目扩大规模和重复建设。坚持引进技术与自主创新相结合，先进技术与适用技术相结合。重点强化对传统产业的改造升级，进一步发挥劳动密集型产业的比较优势。积极发展高新技术产业和新兴产业，形成新的比较优势。以信息化带动工业化，发挥后发优势，实现社会生产力的跨越式发展"。2002 年 10 月，中共十六大总结了几年来的经验，对新型工业化道路和措施进行了概括性论述，将其列入政治报告。2007 年，中共十七大更为全面完整地提出了科学发展观，从而为工业化道路的转轨提供了理论上和政策上的指导。

综上所述，1949 年以来的中国工业化，不仅是在 100 多年来中国因落后而备受帝国主义列强侵略压迫的惨痛教训中起步的，还是在世界形成了社会主义国家与资本主义国家激烈竞争的国际背景下进行的；更重要的是在中国人口众多、人均资源贫乏、大量农业人口需要转移的条件下起步的。因此，中国共产党和中国人民长期将高速发展作为经济制度和政策选择的第一前提，是毫不奇怪的。60 年来中国对工业化道路的三次选择，以历史的眼光看，从经济发展的角度看，它们是一种因果关系，是事物在新条件、新形势下向更高层次的演进，而不存在后者对前者的否定。同时，我们还应该看到，一种工业化道路向另一种道路的转换和演进，是不可能一蹴而就的，需要长期的努力，需要充分利用国外资源和市场的外部环境。

三　国际环境对中国发展的影响

如果从世界近代历史看，从 17 世纪资本主义产生到今天，可以说资本

---

① 朱镕基：《关于国民经济和社会发展第十个五年计划纲要的报告》2001 年 3 月 5 日。

主义制度在内涵发展的同时，还是一个在外延和空间上全球化的过程。资本主义的发展，到目前为止，也可以说大致经历了三个阶段：早期资本主义阶段（17世纪至19世纪）、帝国主义阶段（20世纪前半期：1900年至1945年）、后帝国主义阶段（1945年至今）。从对内和对外看，资本主义制度也在发展和成熟：在第一阶段，是资本主义依靠武力和商品向外扩张和建立殖民地阶段，是"我为刀俎、人为鱼肉"阶段；第二阶段，是殖民地瓜分完毕，资本主义列强依靠战争来重新瓜分殖民地和世界市场并最终失败阶段，而两次世界大战之惨烈教育了世界人民，特别是帝国主义国家的人民；第三阶段，社会主义国家的兴起与对抗、民族国家的独立和发展要求，都对资本主义列强构成了强大的挑战和威胁，迫使资本主义列强在对外方面，不敢再单纯以战争来欺压和掠夺其他国家（有限的局部战争仍存在），对内方面，为生存和发展而被迫进行的政治经济改革，即加强了民主化进程和不断完善市场经济，这些都使资本主义发展进入了一个新的阶段。

而中国从1840年开始与资本主义列强正面接触到今天的169年里，其经历也是痛苦而曲折的：作为早期资本主义发展的受害者和中期帝国主义战争的牺牲者，中国一直处于备受欺凌、社会动荡的危亡之中；在后帝国主义的第三阶段，新中国则经历了一个巨大的变化：由对抗转变为合作，找到了一条可以与资本主义世界并行发展、吸取资本主义文明成果的社会主义道路。

新中国在成立以后，基于过去的历史经验和苏联的成功，毫不犹豫地站在了以苏联为首的社会主义阵营一边，而朝鲜战争则加剧了新中国与资本主义世界的对立。这种敌对，使得本来就以社会主义为目标的中国共产党，自然在民主革命任务完成以后，迅速选择了向社会主义过渡。

当时，对中国共产党和中国人民来说，迅速改变中国经济落后的面貌，是实现中国强大的根本。而面对人口众多、人均资源贫困、资金极为短缺的现实，要赶上欧美和周边的日本、苏联，新中国必须要加快发展速度。而要加快速度，就必须加快重工业的发展。此时，对于中国这个大国来说，依靠对外扩张来获取资源和市场显然不可能，苏联的援助也很有限。实际上新中国面临着与"十月革命"后的俄国所面临的几乎完全一样的国际环境和国内经济。1922 年，列宁针对苏联需要迅速发展重工业的情况说："重工业是需要国家补助的。如果我们找不到这种补助，那我们就会灭亡，而不成其为文明的国家，更不必说成为社会主义的国家了。所以我们在这方面采取了坚决的步骤。"①

1953 年中国转入大规模经济建设后，资金和物资立即捉襟见肘，要么放慢工业发展速度，按照市场化配置资源（这在今天看也未尝不可，甚至可能从长期看经济发展速度并不慢。但是，当时根据历史经验和传统理论，担心战争随时可能爆发，中国可能再次成为"鱼肉"，因而不愿意放慢工业化速度）；要么尽可能地将剩余拿到国家手里，压低消费，并采取行政办法配置资源，使投资向重工业倾斜，加快工业化步伐。后者正是苏联的办法。因此，中国在 20 世纪 50 年代选择了社会主义制度和发展道路。

如何认识国际形势，始终是中国共产党制定国内政策的重要前提。从列宁 1917 年创建了第一个社会主义国家苏联起，战争的阴霾就笼罩在社会主义国家的头上。中华人民共和国成立以后，朝鲜战争、越南战争、中印边界战争、中苏边界战争等都直接危及中国的国家安全。整体上来看，从 20 世纪 50 年代初到 70 年代前期，中国长期处于战争的威胁下，五六十年代的威胁主要来自以美国为首的西方，60 年代末至 70 年代的威胁则主要来自苏联。当然，这也与我们某些"左"的错误政策有关系。实际上，从 60 年代以后，随着社会主义阵营的破裂、民族解放和国家独立运动的兴起，第三世界的力量越来越强大，以欧洲为代表的和平力量也越来越大，世界性的战争爆发的可能性不是越来越大，而是越来越小。1972 年尼克松访华开始打破了西方对中国长达 20 多年的封锁敌视；1975 年越南战争的结束，都说明中国的国际环境正在向好的方向转变。

第二次世界大战结束以后，由于强大的社会主义阵营的出现，广大殖民地、半殖民地国家独立和民族解放运动的兴起，使得原来的经济发达的资本主义国家，不能再依靠原来的对外扩张和以武力重新划分世界市场来推进本国的发展。这种外部环境的变化，一方面使得这些资本主义国家不得不将扩

---

① 《列宁论新经济政策》，人民出版社 1992 年版，第 200 页。

大内需作为经济增长的主要推动力，从而也能够缓解国内的工人阶级与资产阶级的矛盾（战后资本主义国家工人运动兴起也是一个重要原因）。因此，战后各资本主义国家在政治上推行民主化、经济上推行凯恩斯主义和扩大社会福利保障，从而形成一个庞大的中产阶级，保证了社会的基本稳定。另一方面，由于对外受到社会主义国家的对抗和民族解放运动的制约，原来依靠武力来任意压迫和剥削落后国家的条件已经丧失，甚至在20世纪五六十年代资本输出的风险也大大增加。这些发达的资本主义国家，不得不去依靠技术进步和优化经营管理来从经济上进行竞争，以保持和扩大在世界市场和资源方面的份额。

这种经济发展路径的变化，导致了这些资本主义国家内部的政治经济改革和产业结构调整加速；而国内经济运行机制的改善、政治体制的进步和政府经济职能的调整，又反过来促进了科技发展和社会稳定。特别是20世纪90年代以后，由于冷战的结束、科技的迅速发展以及前社会主义阵营国家和中国的经济转轨，以资本跨国流动和打破贸易壁垒为特征的经济全球化迅速推进，使得资本主义全球化又进入一个新的时期。

可见，在第二次世界大战后，由于发达资本主义国家内部的改革和世界环境的变化，无论是冷战时期还是现在，由几个帝国主义国家依靠战争来重新瓜分世界资源和市场的条件已不存在，世界大战的可能性越来越小。但是这种变化毕竟是逐步的、渐变的过程，因此中国对资本主义世界的认识也自然是一个在基于列宁帝国主义理论上逐步随着世界变化而发生变化的过程。同时，社会主义国家在现实中的建立是帝国主义时代的产物，即它是帝国主义列强侵略战争和民族压迫的结果。因此当外部环境和条件发生变化后，它也必须随着经济发展和外部环境的变化而与时俱进，作相应的制度变革。

能否正确认识这种国际形势的变化，改变从列宁、斯大林时期就形成的战争不可避免的结论，积极发展与西方发达国家的经济关系，利用国际市场和国际资源来加快发展，是马克思主义能否与时俱进的关键所在。正是在这个问题上，邓小平再次作出了重大决断，提出了和平与发展是世界主流的观点。1985年邓小平回忆说："粉碎'四人帮'以后，特别是党的十一届三中全会以后，我们对国际形势的判断有变化，对外政策也有变化，这是两个重要的转变。"①

1978年以后的对外开放正是建立在中国共产党对战争与和平关系认识的转变基础之上的。没有这种重新认识和判断，就不可能有对外开放。由于对国际形势和发展趋势的重新认识和判断，认识到和平与发展是世界主流，认识到与资本主义长期共存、共同发展将是一个相当长的历史时期，这才使得中国走上了改革开放的道路，形成了中国特色社会主义发展道路和模式。

当中国实行对外开放政策、打开大门以后，随着国内经济的迅速发展，我们逐步发现，对外开放不仅是引进国内缺乏的资金、技术和经营管理经验，更重要的是我们通过开放可以走出去，去充分利用国外的资源和市场。中国作为一个人均资源非常匮乏的人口大国，要实现工业化和城市化，仅靠国内资源和市场是不可能的。改革开放以来我国的对外贸易依存度不断提高，直至达到60%以上，并成为拉动经济增长的重要因素，就说明了这一点。而要利用国外的资源和市场，就必须要有利用的条件。中国已经不可能像过去的帝国主义列强那样依靠武力去掠夺国外资源和开拓国际市场，因此中国除了完善市场经济体制外，就需要有比较优势，要有比国外更低的生产成本、更高的技术水平和更高的劳动生产率。改革开放的前20年，我们主要是利用国内大量丰富廉价的劳动力资源和低价的土地、水等自然资源来开拓国际市场。虽然成绩很大，但是代价也很大。

但是，随着中国经济发展水平的迅速提高和经济总量的扩大，不仅低价劳动力的优势不复存在，2006年以来沿海发达地区产生的"民工荒"即说明了这个问题；而且国内资源和环境也无力继续承载经济总量在原有技术水平上的"翻番"，中国大规模地进口石油和铁矿石即是一例。这就要求中国的经济发展模式和工业化道路必须改变过去那种低技术水平、高消耗型的外延型扩张。这也是2003年以来中共中央提出新型工业化道路和建立创新型国家的重要国际因素。2006年开始实施的"十一五"规划，采用量化的指令性指标来进行"节能减排"，即标志着中国经济的发展模式在科学发展观的指导下正在经历着一个重大的转变。

---

① 《邓小平文选》第3卷，人民出版社1993年版，第126页。

四 几点启示

本文选择上述三个问题来论述中国经济发展模式，不仅是因为它们在中国经济发展模式形成和演变中具有决定性的作用，还在于通过上述三个问题的论述，可以得到以下几点启示：

第一，中国人均资源的极度匮乏、所处的国际环境和特殊的时代，以及中国的大国地位和心态，使它在 20 世纪 50 年代选择了强大的政府主导型的发展模式，通过全体人民"勒紧裤腰带"来加快发展。不了解当时的国际环境，不了解当时中国经济落后到什么程度，不了解中国传统文化和民主革命的强大惯性，就无法理解 1978 年以前中国的经济发展模式。

第二，中国模式的形成和演变，是由两种因素造成的：一种是有利因素，一种是不利因素；或者说，一种是我们可以主动去利用、去推进的因素，还有一种是被动的因素，我们不得不去适应的因素。新中国 60 年经济发展中的失误和不尽如人意的地方，很多都是由不利因素造成的，是发展的问题，而不是制度的问题。我们分析中国经济发展模式的利弊得失，应该避免一种倾向掩盖另一种倾向，尤其是要避免陷入"制度万能"的误区。

第三，从 1949 年新中国成立起，中国作为一个人均资源匮乏的大国的崛起，必然会对世界经济和政治格局产生非常大的影响，或者说必然会不断地改变已有的世界利益格局。既得利益国家不愿看到，当然也不会欢迎中国的崛起。所以，在过去 60 年里，以及在今后相当长的时间里，国际上始终会有一种压制中国崛起的经济斗争，而且这种经济斗争还往往会以其他的名义出现。

（来源：《中共党史研究》2009 年第 5 期）

中国模式的含义与意义:经济学的视角

张　宇[*]

一　中国模式的形成

1978 年中共十一届三中全会开启了改革开放的历史新时期，经过 30 多年的不懈努力，中国成功实现了从高度集中的计划经济体制到充满活力的社会主义市场经济体制的历史转折，推动了经济持续快速的发展、人民生活水平的不断提高和综合国力的大幅提升。世界银行等国际机构以及众多的学者曾将以"四小龙"为代表的部分亚洲经济的高速增长称为"东亚奇迹"。按照这一标准，在过去三十年中，中国经济以平均 10% 左右的增长率实现了持续的快速增长，增长的速度不仅超过了世界平均水平，而且也超过了"东亚奇迹"时期的增长水平，这样的成就被称为"中国奇迹"而当之无愧。伴随着中国经济的迅猛发展与强力崛起，"中国奇迹"受到全世界各界人士日益广泛的关注，而更为引人注目的则是产生这一奇迹背后的制度、政策、理论和文化，这就是所谓的"中国经验"、"中国道路"或"中国模式"。

有没有一个中国模式呢？什么是中国模式呢？对于这一问题，人们回答不尽相同。不过，作为一个现象，中国模式早已存在于历史和现实之中，作

---

* 作者系中国人民大学经济学院党委书记、教授。

为一个概念，中国模式也早已成为人们所关注和研究的对象。

中国模式在现实中表现在许多具体方面：

从经济体制的角度看，有农业联产承包责任制、工业承包经营责任制、价格双轨制、财政包干制、利率和汇率双轨制、新兴加转轨的资本市场、国有企业的抓大放小和现代企业制度等。

从区域特色的角度看，有深圳模式、浦东模式、顺德模式、苏南模式、昆山模式、温州模式、义乌模式、台州模式、华西村模式、南街村模式、鄂尔多斯模式等。

从发展道路的角度看，有中国特色社会主义道路、中国特色自主创新道路、中国特色新型工业化道路、中国特色农业现代化道路、中国特色城镇化道路、中国特色政治发展道路、中国特色军民融合式发展道路等。

从历史发展的阶段看，中国的改革与发展经历了以计划经济为主、市场调节为辅的模式、有计划商品经济的模式、社会主义市场经济的模式、小康社会和全面建设小康的模式以及科学发展与和谐社会的模式等。

对中国模式的理论探讨则从改革一开始就展开了。20 世纪 80 年代中期，对于经济改革模式的研究曾经是中国经济学界关注的焦点，并取得了许多重要的成果，如刘国光、戴园晨、张卓元等提出的体制模式与发展模式"双模式转换"的模式论和企业改革与价格改革两条主线协同并行的"双向协同"改革战略[1]；厉以宁等提出的企业改革主线论和股份制作为企业改革主要形式的观点[2]；吴敬琏、周小川等提出了以价格改革为中心进行综合配套改革的"协调改革派"的观点[3]；华生等提出的双轨制价格改革论；董辅礽提出了社会主义经济是"八宝饭"的混合经济的观点[4]；卫兴华、洪银兴和魏杰提出的"计划调节市场，市场调节企业"的经济运行模式等[5]。这些理论成果对推动中国经济改革与发展发挥了积极的作用。

---

[1] 刘国光主编《中国经济体制改革的模式研究》，中国社会科学出版社 1988 年版。
[2] 厉以宁：《中国经济改革的思路》，中国展望出版社 1989 年版，第 3 页。
[3] 吴敬琏、周小川等：《中国经济体制改革的整体设计》，中国财政经济出版社 1988 年版。
[4] 董辅礽：《经济体制改革研究》，经济科学出版社 1994 年版。
[5] 卫兴华、洪银兴、魏杰：《计划调节导向和约束的市场调节》，《经济研究》1987 年第 1 期。

对中国模式的研究在苏东剧变后进入了一个新的阶段，随着传统计划经济体制向市场经济的全面过渡，转轨经济学应运而生。20世纪80年代末，当苏联东欧国家发生剧变时，在西方正统经济学家中间立刻达成了一种共识，即向市场经济的过渡必须采取激进的方式，人们不可能两步跨越一道鸿沟，中国式的渐进改革是难以成功的。但是，实际的结果却大大出乎人们的预料，出人意料的主要事实包括：经济学家事先没有预料到价格自由化和宏观稳定化之后产量的大幅度下降；私有化的结果导致了"内部人"获益；有组织的犯罪活动引人注目的增长，俄罗斯的所谓黑手党现象严重；如此之多的国家分崩离析；最大的正面意外是中国经济改革的成功。所有这些出乎意料都表明经济学家还没有准备好面对转型的任务，人们有关转型的知识和对转型的理解相当有限，并且大部分是"事后诸葛亮"[①]。虽然推崇激进式改革的经济学家提出了不少理由来为原苏联东欧经济转型的不良绩效辩护，比如改革的绩效取决于改革的初始条件而与改革的政策和路径无关，宪政规则的彻底改变所造成的短期内的负面效应会带来长期的繁荣，等等。然而，正如凯恩斯所说，从长远看我们都将死去，讲求实际的经济学家们绝不会满足于百年的等待，中国经济的持续高速增长和原苏联东欧各国经济的持续衰退形成了鲜明的对比。于是，对中国模式特别是经济模式的猛烈批判的声音逐步消退，代之而起的是对华盛顿共识的强烈质疑和"中国模式"的日益关注。由一些西方学者提出的所谓的"北京共识"就是这种认识转变的典型表现。不过，尽管对中国模式的肯定几乎成为了人们共识，但是对于如何说明中国模式的实质和成功经验，人们的分歧丝毫没有减少。

有人认为，中国的成功主要得益于经济自由化和市场化，有人则认为，强有力的政府的干预和国家指导是中国经济改革顺利推动的关键；有人认为坚持中央政府的统一领导是中国改革发展的基本原则，有人则认为，中国模式的关键是地方分权的广泛发展和经济上的联邦主义；有人认为，提高国有经济的效率和实现国有经济的市场化是中国改革成功的一个基本经验，有人则认为，国有经济是低效率的不能与市场经济兼容；有人认为，顺利实现转

---

① 热若尔·罗兰：《转型与经济学》，北京大学出版社2002年版。

型必须整体协调、有计划地推进，有人则认为，自下而上、摸着石头过河是中国渐进式改革成功的奥妙所在；有人认为，中国的经济增长是制度、技术和结构综合创新的结果，有人则认为，中国的增长如同东亚增长的奇迹一样，完全建立在要素投入的基础上，缺乏持久性；有人认为，中国改革发展模式和政策是一种成功的经验，具有普遍意义，有人则认为，中国的成功只是有利的初始条件（如二元结构）的产物，与制度和政策无关；有人认为，中国的成功与传统文化有很大关系，有人则认为，中国的成功是向西方文明学习的结果。从大的方面看，在对中国模式的认识上，传统的计划经济思想、社会民主主义、民粹主义、新"左派"观点和后现代主义等都在不同的范围内存在并产生了影响，特别是新自由主义思想的影响相当突出。不过所有这些讨论大都是在转轨经济学的范式内展开的，在转轨经济学框架中，所谓的中国模式就是指中国经济转轨的特殊方式，除此之外并没有其他实质性的内容。

进入 21 世纪以后，随着社会主义市场经济体制的形成和完善以及中国经济进入全面建设小康社会的新阶段，中国模式的国际影响不断增强，意义和价值更加显著，人们逐步摆脱了转轨经济学的思维，开始探索中国经济改革经验和中国经济模式所体现的一般规律和普遍意义，并试图从中国的经验中提炼对现代市场经济和社会制度变迁具有一般意义的新认识和新理论。在党的十七大报告中，胡锦涛对中国改革开放的基本经验作了深入全面的概括，提出了"十个结合"的重要论断，并在纪念党的十一届三中全会召开 30 周年大会上的讲话中对这"十个结合"作了进一步深入的阐述。这些概括和阐述使我们对"中国经验"、"中国道路"和"中国模式"的认识达到了一个新的高度。同时，围绕着纪念改革开放三十周年和新中国成立六十周年，对"中国模式"的关注度空前提高，关于"中国模式"的文献大量涌现。特别是由美国次贷危机所引发的全球金融和经济大危机，引起了人们对经济发展制度和经济发展模式的深刻反思。在对应危机的过程中，新自由主义的体制模式受到了广泛的质疑，而中国特色的社会主义制度和体制则经受住了考验，显示出了特殊的优势。危机彰显了中国模式的意义，进一步激发了人们对"中国模式"的关注和思考。

二 中国模式的主题

迄今为止，经济学界对于中国模式和经验的讨论多数是在西方主流经济学的话语系统中展开的，在这样的话语系统中，所谓的改革，所谓的转型，就是指市场化，而所谓的中国模式，则是指中国特色的市场化的方式和方法，如双轨制、增量改革、渐进式转轨、试验式方法、局部推进等。这些认识缺乏对改革与发展的过程与目标、历史与现实、主题与内涵之间辩证关系的深入考察，存在很大局限性和片面性。实际上，改革政策的对与错、方法的优与劣、结果的成与败，都只有在确定的目标和内容的条件下加以考察才有意义，也就是说，只有把握了中国模式的主题和目标，才能真正理解和把握中国模式的本质特征和内在逻辑。

那么，中国模式的主题是什么呢？

第一，是指从传统的计划经济体制向市场经济的转型，使市场机制在资源配置中发挥基础性的调节作用，这就是通常所说的市场化。市场经济和市场化是中国经济改革或经济转型的最鲜明和最突出标志。不过，应当强调的是，向市场经济的过渡绝不像人们通常认为的那样，仅仅是一种资源配置方式的变化。从表面现象上看，市场机制是以价格为核心配置资源的经济体制，但是，价格以价值为基础，价值又反映了具有独立财产权的经济主体之间的自由交换关系，而产权制度的根本改革又要求有完整的生产要素市场、健全的法律制度和比较完善的社会保障体系，并要求与之相适应的政治、法律、意识形态和文化氛围。所有这些因素归根到底又是以社会生产力的发展为基础的。经济剩余的增加、社会需要的丰富、人的能力的提高、社会分工的发展、技术和产品的创新，推动着市场经济从低级向高级的发展。因此，向市场经济的过渡不仅涉及资源配置方式的转变，而是一个包括了社会经济、政治、文化等各个方面深刻变化的长期、复杂和整体性的变化过程。

第二，是指从传统的农业社会向现代工业社会的转型。在西方资本主义国家，现代化与市场化、工业文明与市场文明融为一体。在苏联和东欧社会主义国家中，工业化与市场化是分开的。在计划经济体制时期，工业化的任务已基本完成，市场化就成为了转型的唯一主要的目标。而中国的情况则复杂得多。在改革之初，中国的工业化基础比较薄弱，工业化的水平相对来说是比较低的。特别是我国长期实行的优先发展重工业的战略和严格的城乡分割制度，使传统社会遗留下来的二元结构和身份差别进一步凝固化了，造成了城市化滞后于工业化。因此，进一步推动工业化和城市化就成了经济和社会转型的一个重要目标。工业化的进程，也是经济和社会现代化的进程，其内容广泛而全面，最重要的特征有：非农业生产尤其是制造业和服务业的相对增长；城市化的日益发展；高度的社会流动性；普遍的政治参与和民主化；社会组织和职业分工的高度分化；教育的普及和科学技术的广泛应用；出生率和死亡率由高向低的变化；等等。中国的社会主义初级阶段，就是逐步实现社会主义现代化的阶段。从更广泛的意义上说，人类社会目前正经历着从工业社会向后工业社会或信息社会的大转变大转型，这是人类社会经历了农业革命、工业革命之后出现的第三次产业革命，它正在根本上改变着工业化以后形成的社会形态，塑造着未来社会的面貌。因此，中国的工业化是一种与信息化相结合的新型的工业化，面临着工业化与信息化的跨越式飞跃。

第三，是从封闭半封闭到全面开放和融入全球化的转型。在历史上，市场化、工业化和全球化三位一体，它们都是资本主义时代的产物。资产阶级，由于开拓了世界市场，使一切国家的生产与消费都成为世界性的。过去那种地方的和民族的自给自足和闭关自守状态，被各个民族的各方面的相互往来和各方面的相互依赖所代替。物质生产是如此，精神生产也是如此。十月革命胜利后，世界体系中形成了社会主义和资本主义两大对立的阵营。新中国成立后，中国作为社会主义阵营的成员，对资本主义世界体系处于封闭状态。1978年以后，中国在确立了对内改革的同时，逐步确立了对外开放的基本国策，而在国际范围内，20世纪80年代后，经济的全球化进入了一个急剧扩张的新阶段。中国的改革开放就是在这样一个历史背景下进入21世纪的，它面临着全球化带来的空前的机遇和挑战。

第四，所谓的转型，还包括社会主义制度的转型，也就是通常所说的社会主义制度的自我完善。对于改革开放的性质和目的，中国共产党从改革开放开始那天起就是十分清楚的、明确的。1984年12月召开的中共十二届三中全会通过的《中共中央关于经济体制改革的决定》指出："我们改革经济体制，是在坚持社会主义制度的前提下，改革生产关系和上层建筑中不适应生产力发展的一系列相互联系的环节和方面。这种改革，是在党和政府的领导下有计划、有步骤、有秩序地进行的，是社会主义制度的自我完善和发展。"党的第三代领导集体多次强调，在社会主义社会的各个历史阶段，都需要根据经济社会发展的要求，适时地通过改革不断推进社会主义制度自我完善和发展，这样才能使社会主义制度充满生机和活力。在中共十七大报告中，胡锦涛对中国改革开放的性质和目的作了进一步全面的概括："改革开放是党在新的时代条件下带领人民进行的新的伟大革命，目的就是要解放和发展社会生产力，实现国家现代化，让中国人民富裕起来，振兴伟大的中华民族；就是要推动我国社会主义制度自我完善和发展，赋予社会主义新的生机活力，建设和发展中国特色社会主义；就是要在引领当代中国发展进步中加强和改进党的建设，保持和发展党的先进性，确保党始终走在时代前列。"

简而言之，中国模式最本质的特征在于，它把工业化、市场化、全球化和社会主义制度的改革几种重大的社会变革浓缩在了同一个时代。尤其引人注目的是，这样的历史巨变发生在具有广袤的土地、众多的人口、悠久的文化并处在发展中的社会主义大国里，因而，中国的道路既显得无比复杂，又充满了与众不同的魅力，这是人类历史上前所未有的一次伟大的社会试验，完成这一试验绝非易事。工业化、市场化和全球化就其实质来说是一场深刻的社会革命，它要从根本上打破传统的社会结构和社会秩序。然而，后进国家所面临的复杂的国际国内环境，中国改革与发展所具有的特殊的主题、性质和目标，又要求中国走自己的路，在新的时代和新的国际国内环境下达到工业化、市场化和全球化的目标，实现中华民族的伟大复兴，于是我们就陷入了令人困惑的两难境地，面临着一系列难以抉择的矛盾：集权与分权、计划与市场、自由与国家、城市与乡村、公有与私有、开放与保护、理论与实践、社会主义与市场经济，等等，能否创造性地处理这些矛盾，最终决定着中国模式的前途和命运。

三　中国模式的内涵与特征

那么，中国模式的主要内容和基本特征是什么呢？从经济方面看，主要有以下几个方面的内容。

1. 以公有制为主体与多种所有制经济共同发展的基本经济制度。所有制结构的改革是建立和发展市场经济的基础。改革开放以来，中国逐步确立了以公有制为主体、多种所有制经济共同发展的社会主义初级阶段的基本经济制度，为社会主义市场经济的形成和发展奠定了坚实的制度基础。公有制的主体地位保证了市场经济的社会主义性质，有利于经济的持续稳定协调发展，有利于发挥国家在推动经济发展中的主导性作用，有利于保障社会公平实现共同富裕。多种所有制经济的共同发展形成了众多的独立的所有权主体，保证了市场经济的活力和效率，有利于发挥各种生产要素的作用，调动各个经济主体的积极性和创造性。根据社会主义基本经济制度的要求，中国逐步确立了适应社会主义市场经济要求的国有企业改革思路，这一思路主要包括了两个方面的内容：一方面，要发挥国有经济在国民经济中的主导作用，坚持有所为，有所不为，有进有退，通过调整国有经济的布局，改变国有企业范围过宽、比重过大的问题，把国有经济的重点放到关系国民经济命脉的重要行业和关键领域，提高国有资产的整体质量，更好地发挥国有经济的主导作用。另一方面，对国有企业实行抓大放小的改革，小企业放开放活，大企业进行股份制改造，建立适应市场经济要求和产权清晰、权责明确、政企分开、管理科学的现代企业制度，完善企业的经营管理体制，提高国有经济的竞争力。从总体上看，在社会主义市场经济的条件下，国有经济的主导作用既要充分考虑国家宏观调控的需要，又要充分体现市场机制的要求，把计划与市场、宏观效益与微观效益有机地结合起来，在市场竞争中发挥其主导作用。

2. 与社会主义基本经济制度相结合的新型的市场经济体制。中国的经济体制模式从根本上说就是社会主义市场经济的模式，中国的经济改革模式从根本上来说就是建立和发展社会主义市场经济的模式，其关键之处就在于实现社会主义基本制度与市场经济的结合。回顾中国经济改革的历史不难发现，中国经济改革中所有的重点和难点、所有的经验和特色，都来源于这样一个特殊的历史要求：即一方面要坚持和完善社会主义基本制度，另一方面要建立和完善现代的市场经济体系；社会主义基本制度与市场经济的结合过程即构成了中国经济改革的主线、特色、主要内容和基本经验，其中包括：以公有制为主体和多种所有制经济共同发展相结合，发展市场经济和以人为本相结合，国家的主导作用和市场的基础性作用相结合，提高效率同促进社会公平相结合，坚持独立自主同参与经济全球化相结合，中央集权同地方分权相结合等。上述这些不同因素的有机结合，构成了中国特色社会主义市场经济体制的基本内容，这一体制既不同于传统高度集中的计划经济模式，也不同于资本主义的市场经济模式，在改革开放的实践中显示出了强大的生命力。

3. 社会主义市场经济的改革目标决定的渐进式改革道路。20 世纪 80 年代末 90 年代初，从传统计划经济向市场经济的过渡形成了两条明显不同的道路，即苏联东欧的激进式改革和中国的渐进式改革。中国经济改革的成功不仅在于它向世人昭示了：社会主义与市场经济是可以结合的，而且还在于它在实践中探索出了一条有中国特色的渐进式改革道路或改革方式。这种改革方式的主要特点有：充分发挥群众的首创精神，把自上而下的改革与自下而上的创新结合起来；正确处理改革发展稳定的关系；整体协调、重点突破；坚持统筹兼顾，协调好改革进程中的各种利益关系；采取渐进式的转轨方式，实行双轨制的过渡形式；一切从实际出发，大胆创新、大胆试验，并根据实践的需要不断调整改革的目标与思路。转型经济学领域一直流行着这样一种观点，这种观点认为，中国的经济改革与苏联东欧国家的经济改革在性质和目标上是相同的，它们的区别只是一种方式方法的区别，即所谓的渐进与激进的区别，这种观点是错误的。事实上，中国的经济改革与苏联东欧国家的经济改革的根本区别不在于方式方法，而在于性质和目标。中国的经济改革之所以采取了渐进式的改革方式，从根本上来说是由中国经济改革的主题、性质和特殊的目标决定的。目标决定方法，方法内生于目标，不能脱离改革的性质和目标来抽象讨论改革的方式问题。

4. 坚持独立自主同参与经济全球化相结合的对外开放模式。改革开放三十年以来中国对外开放的历史进程经历了四个主要的发展阶段：从1978年改革开放起到20世纪90年代初的以建立经济特区为特征的试验探索模式；从1992年邓小平南方谈话到20世纪末进一步扩大开放的全面开放模式；从2001年到2006年以加入世界贸易组织为契机的体制接轨模式；2007年后对外开放进入新阶段后的互利共赢模式。从总体上看，中国的开放模式具有如下特点：坚持对外开放的基本国策，坚持把对外开放作为发展中国特色社会主义的途径和手段，坚持开放进程的主动性、渐进性和可控性，坚持以开放促改革促发展，坚持国家主导的开放进程与市场调节的开放进程相结合，坚持对外开放与制度创新相结合等。归根到底，必须把坚持独立自主同参与经济全球化结合起来，统筹好国内国际两个大局。

5. 实现科学发展和构建和谐社会为目标的经济发展模式。改革开放以来，中国的经济以世界上少有的速度持续快速发展起来，创造了人类发展史上的奇迹。那么，中国经济发展的奇迹是如何取得的呢？对于这一问题，国内外的学者们对中国经济增长的奇迹进行了广泛而深入的研究，作了多方面的解释，包括：规模巨大的人口规模和市场需求、稳定的政治和经济环境、高储蓄率和投资率、低成本的人力资源、有效的政府干预、经济的市场化、对外贸易和利用外资、技术的进步、二元结构的转换等等。概括地讲，经济发展依赖于资本、劳动力等要素投入的增加和要素配置效率的提高，改革开放以来，随着对外开放的不断扩大，经济体制改革的不断深入和工业化与城市化的全面推进，一方面激发了资本、劳动力等资源投入的不断增加和需求的不断扩大，另一方面，推动了资源配置效率的不断提高和经济创新的持续深入的展开，从而导致了中国经济持续高速的增长，这种增长是一种由长期结构性变迁、技术进步和制度创新推动的经济增长，这就是中国经济增长奇迹的奥秘所在。由于中国与其他发达国家相比，工业化和城市化水平较低，因此，在相当长的时期内劳动投入与资本积累都会保持较快的增长速度。同时，伴随着经济发展和制度创新和自主创新战略的实施，中国自主创新能力在不断增强。改革开放的不断深化和市场经济体制的进一步完善，将不断提高经济制度质量和整体的经济效率。因此，中国经济增长模式具有可持续性，在可以预见的未来，中国经济仍将保持较快增长速度，逐步缩小与发达国家的差距，实现现代化建设的目标。

从政策和战略的角度看出，中国的经济发展的成功之处就在于它从中国的实际出发，探索出了一条有中国特色的经济发展之路或经济发展模式，这条道路或模式的主要特点有：坚持把发展作为党执政兴国的第一要务，牢牢扭住经济建设这个中心；坚持又好又快发展，加快转变经济发展方式；按照民主法治、公平正义、诚信友爱、充满活力、安定有序、人与自然和谐相处的总要求，构建社会主义和谐社会；坚持统筹兼顾，统筹城乡发展、统筹区域发展、统筹经济社会发展、统筹人与自然和谐发展、统筹国内发展和对外开放，使各个方面的发展相适应，各个发展环节相协调；坚持走中国特色新型工业化道路、中国特色农业现代化道路、中国特色自主创新道路、中国特色城镇化道路等；坚持深化改革扩大开放，着力构建充满活力、富有效率、更加开放、有利于科学发展的体制机制，为经济发展提供强大动力和体制保障；归根到底，就是要坚持走以人为本、全面协调可持续发展的科学发展之路。

6. 中国特色社会主义道路和中国特色社会主义理论体系。在党的十七大报告中，胡锦涛强调，改革开放以来我们取得一切成绩和进步的根本原因，归结起来就是：开辟了中国特色社会主义道路，形成了中国特色社会主义理论体系。中国特色社会主义，体现在实践上，就是开辟了中国特色社会主义道路；体现在理论上，就是形成了中国特色社会主义理论体系。中国特色社会主义经济理论体系是对改革开放以来中国特色社会主义经济建设实践经验的概括和总结，它主要包括了以下内容：关于社会主义经济本质的理论，关于社会主义初级阶段基本经济制度的理论，关于社会主义初级阶段的收入分配的理论，关于经济体制改革的理论，关于社会主义市场经济理论，关于中国特色的经济发展理论，关于积极参与经济全球化与对外开放的理论，关于自主创新和建立创新型国家的理论，关于建设社会主义新农村的理论，关于构建和谐经济的理论，等等。这些内容涵盖了中国特色社会主义经济的生产、分配和交换等主要环节，以及基本制度、经济体制、经济发展和对外开放等主要方面，初步形成了一个比较完整的理论体系。这一理论体系体现在实践上,就是中国特色社会主义经济道路。中国特色社会主义是中国经济模式的核心和灵魂,中国经济模式形成和发展的过程,就是中国特色社会主义经济理论与实践形成和发展的过程。中国模式从根本上来说就是中国特色社会主义的发展模式。

经济改革、对外开放、经济发展和中国特色社会主义经济上述四个方面是相互联系的有机整体。中国的经济模式,从经济改革和制度变迁的角度看,就是工业化与社会主义宪法制度背景下的市场化模式;从对外开放和全球化的角度看,就是处在发展和转型过程中的社会主义大国融入经济全球化的模式;从经济发展的角度看,就是以结构变迁、对外开放和制度创新为动力的经济发展模式;从中国特色社会主义经济的角度看,就是改革开放以来形成的以建设社会主义市场经济为核心的经济改革与经济发展模式。把握中国模式的本质特征以下几点是最基本的:第一,中国模式是对改革开放30年以来中国改革与发展的基本制度、基本政策和基本道路的概括与总结,它不同于传统的计划经济模式,又与西方模式、拉美模式、东亚模式以及苏联东欧的激进式改革有着明显的差别。第二,中国模式的主要内容是市场化、工业化和全球化,或者说是改革、发展与开放,贯穿于其中的主题和核心则是发展中国特色社会主义。第三,中国模式既有相对稳定的一般性的特点,同时又是一个处在不断改革与发展过程中的动态概念,在不同的阶段、不同的部门和不同的地区有着不同的表现形式。第四,中国模式一方面体现了经济社会发展的普遍规律,另一方面体现了特殊的时代特征、民族特色和制度要求,在共性与个性的统一中创造了新的模式与经验。

中国的经济模式不同于发达资本主义的市场经济的发展模式,如英美模式、德日模式、北欧模式等,也不同于发展中的资本主义国家的市场经济模式,如拉美模式、东亚模式、南亚模式等,更不同于苏联东欧的激进式改革模式。中国的这种市场经济体制虽然不是经济体制的永久模式,但它也不是一时的权宜之计,而是与社会主义基本制度、工业化与现代化的历史任务和中国历史文化传统相联系的,反映了社会主义宪法制度和后进国家现代化的特殊的历史要求,它将在一个比较长时间内存在于中国现代化和市场化的历史进程之中,并随着实际条件的变化而变化。

从更广泛的意义上看，中国模式所要解决的核心问题是工业化、市场化和全球化，我们也可以说它们是社会发展所不能回避的三个最重要和最基本也是最普遍的议题、趋向或规律，但是，就这三个方面来说，中国的经验都有其独到或创新之处。因为，这三个普遍的议题或规律都面临着如下一些特殊的社会历史条件或国情：（1）具有悠久而深厚的历史文化传统。（2）实行社会主义的经济和政治制度。（3）处于工业化与信息化的双重转型过程之中。（4）人口众多而资源相对稀缺。（5）在世界资本主义体系中处于相对落后的地位。（6）地域辽阔且区域差异巨大。正是工业化、市场化和全球化的一般规律与中国的国情相结合，形成了中国特殊的经济转型与发展模式，即中国模式。

概括起来，所谓的中国的经济模式，就是与中国的国情相适应，以发展中国特色社会主义为主题，以实现市场化、全球化和工业化为基本内容，以社会主义市场经济为体制基础，以实现国家的现代化和中华民族的伟大复兴为目的的经济模式。

四 中国模式的历史、现实与未来

当下人们所讨论的中国模式有着明确的时间和空间上的限定，这就是对改革开放30年以来中国改革与发展的基本制度、基本政策和基本道路的概括与总结。

不过，历史是连续的，传统与现代、过去与未来之间存在着藕断丝连的联系，在通往现代化、市场化、全球化和民族复兴的征程上，历史宛如看不见的手引导人类不断创新和进步。

中国是一个有着悠久历史的文明古国，根深蒂固的传统，博大精深的文化，为社会的转型和发展提供了丰富而深重的历史遗产。中国的传统社会与欧洲是很不相同的。它的独特结构和超稳定的状态，它的辉煌和它的衰落，像谜一样吸引着历史学家和各方面的学者，引起了一次又一次热烈的讨论，传统社会的特殊结构和历史境遇使近代中国的悲壮衰落成为了近代中国不可逃脱的命运，而由此导致的半殖民地半封建的社会形态又成为了以农村包围城市为特征的中国革命道路的历史前提，并为改革开放以后中国模式的形成提供了独特的文化氛围。从消极的方面看，由于中国的传统文化是以家族主义为核心、自然经济为基础、团体价值为导向的，这与市场经济所要求的自由、平等和契约观念有相当的出入。从这一方面看，现代化与市场化也只能是长期的和渐进的。从积极的方面看，传统文化中的一些重要思想如权威观念、秩序观念、和谐观念、教育观念等，被创造性地转化为促进改革和发展的动力。

虽然中国模式的形成有着深厚的历史渊源与文化底蕴，但是，与改革开放30年以来形成的中国特色社会主义模式直接相关的因素却只能是传统的社会主义模式。传统社会主义模式与中国特色社会主义模式之间的密切联系主要有三个方面：

一是中共十七大报告讲的，新民主主义革命的胜利，社会主义基本制度的建立，为当代中国一切发展进步奠定了根本政治前提和制度基础。新中国成立后，党领导人民开始了大规模的工业化建设，推动了经济和社会的迅速发展，初步形成了独立的国民经济体系，取得了社会主义建设的伟大成就，也为中国的现代化和后来的改革开放奠定了初步的物质基础。

二是转型经济学中讨论的所谓改革的初始条件问题，概括起来也有三个方面：

1. 传统体制的结构。有的学者提出，与苏联东欧国家相比，是一种以区域原则为基础，多层次、多地区的"块块"结构（即"M"型经济）。还有的学者把中国的传统体制概括为，属于动员命令型经济。总的来说，中国的传统计划经济体制从来没有形成一个严密的体系，这种特殊的经济结构在改革开放开始以后非常有利于市场因素的发育。

2. 生产力的结构。新中国成立后，中国的工业化取得了巨大发展，初步形成了独立的工业体系。但是，与苏联东欧的社会主义国家相比，中国的生产力发展的水平比较低，存在严重的二元结构，发达的城市与落后的农村、现代的工业与传统的农业并存，这是中国的基本国情，构成了中国经济改革与经济发展的最浓厚的经济基础。

3. 改革的政治环境。中国改革开放的历史机遇是在十年"文化大革命"

的历史废墟上产生的。"文化大革命"使传统的计划经济的荒谬和弊端达到了登峰造极的程度，造成了不可持续的非改不可的客观形势，为中国的改革开放奠定了经济、政治、思想和心理上的基础。同时，中国共产党高度的政治权威保证了改革的顺利进行。

三是社会主义制度建立之初，中国共产党对社会主义建设道路的探索。在20世纪50年代后期，毛泽东对斯大林的《苏联社会主义经济问题》和苏联的《政治经济学教科书》进行了认真的研究，提出了要实现马克思主义与中国实际的第二次结合、走自己道路的思想，并对苏联的模式和苏联的理论提出了一系列不同的见解。同时还发表了《论十大关系》和《正确处理人民内部矛盾》等重要文献，对中国社会主义建设的道路进行了初步的探索，为改革开放积累了宝贵的经验。

简而言之，改革开放以来形成的中国模式虽然是对传统社会主义模式的根本改革，但是，二者之间又不是互不相干或完全割裂的，而是存在着内在的紧密的联系，它们之间有继承，更有创新；是一脉相承，更是与时俱进。这就是新中国成立六十年和改革开放三十年的基本关系。

从1978年以来，中国的经济改革或经济转型经历了三个主要阶段：从1978年中共十一届三中全会到1992年中共十四大，打破了计划经济体制并逐步确立了社会主义市场经济体制的改革目标，这是经济转型的初期；从1992年十四大到2003年十六届三中全会，建立了社会主义市场经济体制的基本框架，这是经济转型的中期。2003年十六届三中全会以后，中国的经济改革进入了一个新的历史阶段，即完善社会主义市场经济体制的改革阶段。完善社会主义市场经济从另外一个角度看，意味着经济改革的主要任务已经基本完成，社会主义市场经济体制初步确立，经济转型从前期进入了后期。那么，在经济转型后期，中国的经济改革和经济发展面临着什么样的新的形势和新的选择呢？

一方面，社会主义市场经济体制初步建立，以公有制为主体、多种所有制经济共同发展的基本经济制度已经确立，全方位、宽领域、多层次的对外开放格局基本形成，综合国力大幅提高，人民生活总体上达到小康水平，改革与发展的物质基础日益雄厚。另一方面，经济改革和经济发展面临着新的矛盾和挑战。

从经济改革的方面看，社会主义市场经济体制还不完善，存在着市场秩序混乱、政府职能转变不到位、社会管理和公共服务职能薄弱、公平正义保障不足、社会保障体系不够健全、城乡体制分割以及腐败现象严重等问题。

从经济发展的方面看，存在着发展方式粗放、生态环境恶化、资源和能源消耗过大、自主创新水平低、经济增长过分依赖出口、城乡差距过大等问题，这些问题将对中国经济的长期持续发展形成巨大压力。

从对外开放的方面看，存在着对外贸易的效益不高、外汇储备规模和结构不尽合理、人民币国际化程度不高和外资引进的质量不高等问题，维护国家经济安全的任务更加艰巨，全球化与国家主权之间的冲突越来越明显。

从中国特色社会主义经济的方面看，如何坚持公有制的主体地位和国有经济的主导作用还面临不少难题，公有制经济的效率不高、活力不足，管理体制不完善，问题还比较突出，非公有制经济的健康发展还面临不少障碍。

针对上述问题，近年来社会上流行着这样一种思路，即新自由主义的思路。新自由主义崇尚私有制而贬低公有制，崇尚市场调节而贬低政府干预，崇尚全球化而贬低国家利益，崇尚效率而贬低公平，崇尚个人自由而贬低社会合作，崇尚资本主权而贬低劳动主权，崇尚比较优势而贬低自主创新，崇尚西方式的民主而贬低社会主义民主，崇尚所谓的普适性而贬低中国的特殊性，崇尚西方资本主义发展的历史模式而贬低中国特色社会主义建设的历史与经验。

按照新自由主义的观点，中国的改革之所以成功，是因为实行了所谓的私有化、自由化和国际化，而中国改革存在的问题则在于私有化、自由化和国际化的程度不够，公有制经济和国有经济的比重过大，政府干预和社会调节过多，与国际接轨的程度不高，政治体制改革滞后，因此，进一步深化改革应当继续减少和取消政府干预和社会调节，对国有企业实行彻底的私有化，进一步加快与国际经济接轨的步伐，并逐步引入西方式的宪政体制为自由市场的作用奠定政治和法律基础。

事实上，改革开放以来中国经济的持续快速发展既得益于经济的自由化、市场化和对外开放，同时也得益于党和国家正确的路线、方针和政策，得益于公有制的主体地位、稳定的社会环境、有效的宏观调控、适当的行政干预、明智的战略和策略以及强有力的组织和协调，归根到底，是中国的模式，是中国特色的社会主义而不是新自由主义才是改革开放以来中国社会一切进步和发展的根本原因。

苏联东欧的激进式改革的悲惨结果、拉丁美洲"新自由主义神话"的破灭和目前愈演愈烈的资本主义全球金融危机，宣告了新自由主义的彻底失败。事实说明，新自由主义所推崇的全面私有化、不受调控的自由市场以及资本的全球化和金融化，不可能实现资源的合理配置、经济的持久繁荣和社会的公平正义，相反会导致劳动与资本的对立、财富占有的两极分化和金融垄断资本对全世界人民利益的严重掠夺和损害。中国改革开放的成功，既得益于非国有经济的发展、市场作用的扩大和对外开放的深入，同时也得益于党和国家正确的路线、方针和政策，得益于公有制的主体地位、稳定的社会环境、有效的宏观调控、适当的行政干预、明智的战略和策略以及强有力的组织和协调。事实证明，只有中国特色社会主义道路而不是别的道路，才能使我们走上繁荣富强和富裕安康的广阔道路，实现中华民族的伟大复兴。在新的历史条件下，必须继续坚持中国特色社会主义道路和中国特色社会主义理论体系，坚持中国模式的基本制度、基本经验、基本理论和基本政策，并根据现实的变化和要求适时调整和创新它的具体内容，赋予其新的活力和创造力。

五　国际金融危机与中国模式的走向

2008 年以来，由美国次贷危机所引发的国际金融和经济危机深刻地影响着世界经济体系的变化和未来的走向，对中国的发展与改革也有重要的影响。危机给中国经济的发展带来了巨大的冲击和困难，但同时又为中国经济模式的创新和完善带来了良好的机遇，这主要体现在以下几方面：

第一，危机说明，20 世纪 80 年代以后形成的全世界的新自由主义发展政策和模式陷入困境，中国特色的社会主义发展道路和中国的经济模式则经受住了考验，显示出了它的特殊优势。特别需要重视的是，被新自由主义者极力批判的所谓的中国体制"落后性"，比如国有经济的主导作用、强有力的政府调控、对资本自由化的控制和社会主义的政治制度等因素，正是中国抵制金融危机并走出困境的重要的积极因素。

第二，危机更加明显地暴露了中国经济模式中存在的一些突出问题。比如收入差距过大，经济增长方式比较粗放，对国际市场依赖过重，自主创新能力、体制机制不完善，等等，对于这些问题我们很早就有了认识并提出了明确的应对思路和解决办法，但是在经济高速增长的条件下，各方面对于解决这些问题并缺乏很强的迫切性和主动性，这次危机使我们对问题的认识更加清楚，解决问题的思路更加明确，措施更加积极有力，因此危机就成为了中国经济进一步创新和发展的动力。

第三，中国经济长期发展的基本因素并没有因为受到危机的影响而有根本的变化，比如巨大的市场需求，稳定的政治社会和经济环境，高的储蓄率和投资率，良好的人力资源，改革开放的基本政策，科学技术的不断进步，城市化与工业化的快速推进等。在全世界经济受金融危机的影响而面临普遍衰退的条件下，中国的稳定发展有利于世界经济尽早走出危机，同时将会提升中国在世界经济中的相对地位，进一步彰显中国模式的意义。

第四，危机发生以后，党和政府推出了应对经济危机的一揽子计划，包括大规模的政府投入、大范围的产业调整、大力度的科技支撑和大幅度地提高社会保障水平以及制度创新等措施。这些措施着力于扩大内需、关注民生建设、优化产业结构、推动自主创新、改善体制机制，不仅有利于中国经济从危机走出来，而且将会为中国经济迈向一个新的台阶、实现跨越式发展提供强大的动力，推动中国经济模式的不断创新和完善。

第五，在过去的30年中，中国的改革与发展是在一个相对来说已经确立的世界体系或秩序中进行的，世界体系和世界秩序对中国来说基本是一个"外生的变量"，这次危机动摇了旧的世界经济政治秩序，改变着世界体系中各个国家和地区的力量对比，从而使世界体系的变化正进入了一个新的时代。伴随着中国经济的崛起，中国在世界体系的重构进程中将开始发挥日益重要的参与者和建设者的作用，从这个意义上来说，世界体系或秩序的变化对中国来说开始具有了"内生的性质"。

2009 年上半年，围绕"保增长、扩内需、调结构"的目标，中国政府继续实施积极的财政政策和适度宽松的货币政策，先后审议通过了十大重点产业振兴规划，相继出台了一系列区域振兴计划。在国家一系列宏观调控政策的作用下，中国经济运行中积极因素不断增多，国民经济企稳回升，成功地实现保 8 的增长目标，中国宏观经济成功实现了"V"反转，成为世界经济未来复苏的重要推动力。

因此，当前的这场世界性金融经济危机对中国模式的发展来说是严峻挑战，更是难得的机遇，只要我们应对的措施得当，中国的经济改革与发展就一定会迈上新的台阶，取得新的更大的成就。为此要着重做好以下几个方面的工作。

（一）完善基本制度

资本主义经济的基本矛盾，即生产的社会性与生产资料资本主义私人占有制之间的矛盾，是导致经济危机的最深刻的根源。当前发达资本主义国家对部分金融机构进行的大规模的国有化本身并不会改变资本主义经济的性质，也不意味这样做可以一劳永逸地解决问题，但是，它却证明了不顾一切的盲目的私有化是有害的。应对当前的严重危机，首先必须继续坚持公有制的主体地位和国有经济的主导作用，继续调整国有经济的结构，深化国有经济管理体制的改革，更好地发挥公有制经济在稳定宏观经济、调整经济结构、推动自主创新和实现社会和谐等方面的主导作用。同时要继续鼓励、引导和支持非公有制经济的健康发展，特别是要通过体制机制的创新，进一步破除制约非公有制经济发展面临的体制障碍，调动各方面的积极性，鼓励生产、鼓励创业、鼓励投资、鼓励就业，进一步增强经济发展的活力。

（二）转变发展方式

在进一步推动经济持续快速增长的同时，深入贯彻落实科学发展观，抓住全球经济下滑的时机，加快转变经济发展方式，要从调整产业结构入手，优化产业结构、促进产业升级，促进高能耗、低效益的传统资源型产业向知识型、技术型产业转变，大力发展资源消耗量低、占用土地少、污染少的文化创意、物流和金融保险等第三产业；大力发展包括再生资源产业在内的环保产业和环境建设产业，积极推进环保产业技术进步和技术创新，构建环保产业发展的技术装备体系和相关技术产业体系；根据资源条件和区域特点，用循环经济理念指导区域发展、产业升级和老工业基地改造，促进地区资源特色产业发展，引导区域产业布局合理调整，实现资源优化配置。为实现以人为本和全面协调可持续的发展奠定坚实的基础，为国民经济上一个新的台阶和实现跨越式的发展提供强大的动力。

（三）保障社会公平

现代市场经济中出现的经济危机，根源于资本主义生产方式中劳动与资本、工资与利润的严重对立，这种对立使社会生产能力在无限扩大的同时，社会上绝大多数人的消费被限制在相当狭隘的界限内，需求的增长经常落后于生产的增长，从而造成生产的过剩、资本的过剩和劳动力的过剩，导致经济危机的爆发。从根本上消除经济危机必须改变这种对抗性的经济关系，把提高效率与促进公平结合起来，采取多种措施增加居民的收入特别是中低收入者的收入，逐步扭转收入分配差距扩大的趋势，建立完善的社会公平保障体系，努力实现社会的公平正义，走共同富裕的道路。

（四）加强宏观调控

事实证明，市场经济越发展，越需要国家的宏观调控和对市场的有效监管，绝不能接受新自由主义所推崇的国家干预最小化和政府管得越少越好的错误主张。在社会主义市场经济中特别是在应对危机的过程中，国家宏观调控的作用既不能局限于维护秩序的"守夜人"和市场竞争的"裁判人"，也不能局限于单纯的总量政策的调节，而必须从社会全局和长远利益出发并针对当前的形势，制订和实施科学的发展计划和发展战略，依托社会主义国家的强大力量和有效的调控，实现国民经济又好又快的发展。同时，要加快体制和机制的创新，积极推进重点领域和关键环节改革，进一步完善社会主义市场经济体制，着力构建充满活力、富有效率、更加开放、有利于科学发展的体制机制，为促进国民经济上一个新的台阶和实现跨越式发展提供强大动力。

（五）实现自主发展

全球化是人类社会发展的必然趋势，对外开放是我国的基本国策。但是，应当认识到，当今世界的全球化是由发达资本主义国家主导的以资本全球化为核心的经济全球化，它具有不可克服的内在矛盾，因此，必须正确处理对外开放与独立自主的关系，在积极参与全球化进程的同时，坚持独立自主、自力更生的方针，坚持维护和增进国家利益，把立足点放在依靠自己力量的基础上，以我为主考虑和制定正确的金融改革和金融开放的战略；大力推动自主创新，努力提升国内产业的层次和水平；始终把扩大内需作为经济发展的基本立足点和长期战略方针，走内需主导的发展道路；优化引进外资的结构，提高利用外资的水平，探索把引进外资与提升产业结构、技术水平结合起来；更加重视对国内储蓄和国内资本的有效利用，并始终保持对关键行业和领域的控制力。

（六）保持金融健康

信用和金融具有二重性质，一方面可以促进生产力的发展和资源的有效利用，另一方面，则会放大生产和消费的矛盾，在促进了生产和消费迅速发展的同时，也创造出了大量的过剩生产能力和虚假需求，形成了巨大的资产泡沫，加速了危机的爆发，增加了危机的破坏力。因此，我们要辩证看待虚拟经济与实体经济的关系，既要看到虚拟经济对实体经济发展的促进作用，又要看到它的破坏性，深刻认识金融资本所具有的掠夺性、投机性和不稳定性，促进金融业的健康发展，使金融业的发展建立在实体经济发展的基础上，服从于和服务于实体经济发展的需要，防止虚拟经济脱离实体经济过分膨胀，盲目发展，损害实体经济。

做好上述几个方面的工作，我们就一定能够把严峻的挑战转化成为历史的机遇。经过大危机的考验和洗礼，中国发展模式的意义将会得到进一步的彰显。

六　中国模式的意义

那么，中国的经济模式有什么意义呢？它的经验是特殊的呢还是普遍的呢？对于这一问题，有的人持肯定态度，有的人持否定态度。持否定态度的人认为，中国的成功是特殊环境的产物，是一种例外，不具有普遍意义；持肯定态度的人则认为，中国的模式反映了正确的发展战略，体现了经济社会发展的一般规律，因而，它的经验是普遍的而不是独特的。

其实，普遍性与特殊性从来都是联系在一起不可分割的，普遍性寓于特殊性之中。中国模式首先是中国特殊国情的产物，是与中国特殊的社会制度、政策方针、历史条件和文化传统紧密联系在一起的，是中国共产党和中国人民自己的发明和创造。因此，中国的成功绝不是有些人所谓的"普适价值"（实际上西方的价值）的胜利。走自己的道路，既是中国革命获得成功的根本经验，也是中国改革与发展获得成功的根本经验。任何照搬照抄别国的理论与经验的教条主义的做法，都必然会在中国改革与发展的丰富多彩和生机蓬勃的实践面前折戟碰壁。同样，对中国来说是成功的模式和经验并不一定适用于任何时代的任何国家，对中国模式的所谓"普适价值"我们也绝不应当过分夸大。不同时代和不同国家的市场经济体制既有共性，也有差别，抽象的适用于任何时代和国家的市场经济是不存在的。只有立足于现实和历史的市场经济制度和市场经济发展的模式，才是有生命力的经济模式。

但是，这并不意味着中国的模式和经验只是一种特例或偶然，而没有任何普遍意义。实际上，特殊性中包含着普遍性，个性中体现着共性。中国经济模式中所有重要议题，如工业化、市场化、全球化、信息化、城市化、民主化、法制化、经济增长、收入分配、环境保护、传统文化的继承与发展等，是每个国家特别是转型和发展中的国家都要面临的共同问题，这些问题的产生、发展和有效的解决，是有一定共同规律的，因此，中国的模式和经验中必然包含着某些具有普遍的和一般意义的东西。在人类历史的发展进程中，中华民族从来就不是更不应当仅仅是文明的模仿者和追随者，而是有所发明、有所创造、有所贡献。中国的改革、开放和发展的实践，一方面体现了经济社会发展的一般规律、市场经济和现代化的一般规律，同时又开阔了经济学研究的视野，丰富了经济学研究的思路，深化了人们对经济发展和制度变迁的一般规律的认识。可以相信的是，随着中国经济的日益发展和影响的日益扩大，人们对中国经济模式和中国经济发展道路的普遍意义的探索，也会不断加强和深化。

科学认识中国的经济模式需要破除这样一种新的教条主义或蒙昧主义，这种思想认为，整个世界上的经济学只有一种，这就是西方的主流经济学，毫无疑问地相信它、学习它，不折不扣地贯彻它、实践它，这就是所谓的国际化和规范化，这就是中国经济改革的方向。按照这种逻辑，经济学是普适性的科学，市场经济的规律是共同的，因此，所谓的中国经济学和中国模式是不存在的，存在的只是西方经济学和西方市场经济模式在中国的应用和推广。这种观点的错误在于：第一，西方经济学并不只有一种，而是存在众多的理论和流派，而且这些理论和流派的地位与影响也随着历史的发展在不断变化，被许多人尊崇的现代西方新古典经济学其实也只是众多经济学流派中的一支，它绝不是什么普遍和永恒的真理。第二，经济学的发展和人类文明的发展一样，从来都是不同国家、不同时代和不同群体的人根据他们自身特殊的环境、经验和知识背景提出的，不同思想理论之间的相互交流、碰撞、融合的结果。因此，经济学的发展绝不是某些国家和某些人的专利。第三，中国的发展是在与西方国家不同的历史条件和国际国内环境下进行的，因而不可能照搬西方的模式和经验。正如阿里基所说，西方体系全球扩张已经改变了这一体系自身的运转方式，使得以往的大部分经验不再有助于理解当前的转化。[①] 第四，任何一种经济理论都是以一定的现实为基础的，都不可避免地会反映出理论的生产者的利益倾向、历史经验、价值理念、文化背景和思维方式。因此，仅仅依靠西方的经济学理论不可能深入了解中国的经济模式，作出正确的经济决策。新中国成立六十年来特别是改革开放三十年以来中国经济发展的伟大实践，为中国政治经济学的发展提供了无可比拟的宝贵的经验、丰厚的土壤、广阔的空间和强大的动力。我们要从中国的实际出发

---

① 乔万尼·阿里基：《亚当·斯密在北京》，社会科学文献出版社2009年版，第10页。

不断总结经验、提炼思想、创新理论，推动中国经济学的繁荣发展并走向世界。

总而言之，中国模式的形成既体现了经济现代化和市场经济发展的一般规律，又反映了中国特殊的制度、国情和历史阶段的要求，因而，它既尊重一般规律，又充满了首创精神；既有特殊性，也有普遍意义；既是民族的，也是世界的。中国的经济模式为发展中国家走向工业化、市场化和全球化，实现经济发展和制度创新开辟一条新的道路，展现了一种新的可能。

1956 年毛泽东在《纪念孙中山》一文中说过："事物总是发展的。一九一一年的革命，即辛亥革命，到今年，不过四十五年，中国的面目完全变了。再过四十五年，就是二千零一年，也就是进到二十一世纪的时候，中国的面目更要大变。中国将变为一个强大的社会主义工业国。中国应当这样。因为中国是一个具有九百六十万平方公里土地和六万万人口的国家，中国应当对于人类有较大的贡献。而这种贡献，在过去一个长时期内，则是太少了。这使我们感到惭愧。"[①] 1987 年邓小平在会见一位外国领导人时说过："到下一个世纪中叶，我们可以达到中等发达国家的水平。如果达到这一步，第一，是完成了一项非常艰巨的、很不容易的任务；第二，是真正对人类作出了贡献；第三，就更加能够体现社会主义制度的优越性。""这不但是给占世界总人口四分之三的第三世界走出了一条路，更重要的是向人类表明，社会主义是必由之路，社会主义优于资本主义。"[②] 现在，当中国人民以一往无前的进取精神和波澜壮阔的创新实践，在建设富强民主文明和谐的社会主义现代化国家的征程上大步迈进的时候，我们可以说，中国模式就是中华民族对人类文明发展作出的新的较大的贡献。

---

① 《毛泽东文集》第 7 卷，人民出版社 1999 年版，第 156—157 页。
② 《邓小平文选》第 3 卷，人民出版社 1994 年版，第 244、225 页。

中国的大国发展道路

——论分权式改革的得失

王永钦[*]　张晏　章元　陈钊　陆铭

一　引言

2006 年 7 月 1 日，在经历了无数艰难险阻之后，寄托着几代中国人梦想的青藏铁路正式通车，从此，山不再高，天不再远。中国经济就像快速驶向高原的列车，它能否持续高速增长直接关系到 13 亿人口的福祉，同时，它的动向也对全球经济的未来有着重大的影响。而中国的发展道路也是一条充满挑战的"天路"，经过了近 30 年的高速增长之后，中国经济走到了一个关键的阶段，在这个阶段，经济增长与社会和谐面临着一系列的难题：如城乡和地区间收入差距的持续扩大，地区之间的市场分割，公共事业的公平缺失，等等。如果这一系列难题能够被一一克服，经济持续增长与社会和谐发展能够同时实现，那么，中国就不仅创造了人类历史的奇迹，而且还将形成具有一般意义的"大国发展道路"。

对于中国可能形成的"大国发展道路"，经济学家的任务是建立一个一以贯之的理论逻辑来理解中国获得的成就和面临的挑战。为此，本文将提

---

[*]　作者系复旦大学中国经济研究中心副教授。

出：中国前期改革的卓然成效和近期改革中出现的很多问题都与分权式改革有关系。借助于对中国分权式改革的得失分析，我们试图建立一个完整的分权理论。在已有的研究中，关于分权式改革的好处，国际经济学界基本上已经达成了共识，最为经典的是建立在新软预算约束理论（Maskin and Dewatripont, 1995）基础上的财政联邦主义理论和建立在 M 型组织和 U 型组织理论之上的解释（Qian and Roland, 1998；Qian, Roland and Xu, 1988；Qian, Roland and Xu, 1999；Qian and Weingast, 1997）。这些文献的一个基本观点是，经济结构（如分权程度和整个经济体的组织结构）造成了中国和俄罗斯经济改革绩效的巨大差异。这些理论固然可以较好地解释分权是如何促进地方政府的竞争，从而促进经济增长的，但是，它们却不是一个完全的分权理论。一个完全的分权理论应该不仅能够分析分权体制下地方政府获得的正面激励（分权的收益），也应该能够分析分权体制下地方政府有损社会目标的负面激励（分权的成本）。从中国目前的情况来看，这些负面激励导致的影响正在日益凸显，并且集中表现在三个方面：（1）城乡和地区间收入差距的持续扩大；（2）地区之间的市场分割；（3）公共事业的公平缺失。虽然已经有一些国内外的实证文献研究了分权化改革带来的某些扭曲，但是还没有一个理论系统地论述分权化改革的成本。

在这篇论文中，我们将系统地回答以下问题：中国分权式改革的实质和作用机制究竟是什么？中国的分权式改革带来了哪些代价和扭曲？为什么分权式的改革会导致这些代价和扭曲？如何在下一步的改革中科学地进行机制设计，避免或者尽量减轻这些代价和扭曲？这些理论分析的主旨将直接指向中国的"大国发展道路"。中国之所以采取分权式的改革方式，直接与中国是一个在疆域和人口双重意义上的"大国"有关，而中国分权式改革的代价又直接与中国是一个地区间差异巨大的"大国"有关。因此，全面地总结分权式改革的收益与代价是极为重要的，这将有利于思考中国是否可能成功地走出一条可借鉴的"大国发展道路"。

本文的结构安排如下：第二部分分析中国分权式改革的收益，从这个维度可以很好地解释中国改革开放以来的高速经济增长；第三部分提出一个框架来分析分权式改革的代价，从这个视角可以很好地分析中国目前出现的各种问题；第四部分则在第三部分的基础上，提供一些分权式改革的代价的例证；第五部分从机制设计的角度提出了一系列的政策建议，讨论在下一阶段改革中如何充分发挥分权式改革的收益，并尽可能地降低分权式改革的代价。由于有关分权式改革的收益的理论和实证已有大量的文献，本文将在分权的代价上着墨更多。

二　经济分权与经济发展的激励结构

中国是一个在疆域和人口双重意义上的"大国"，这意味着中央政府对地方政府的监督面临着极高的成本。因此，经济分权是大国治理必须采取的模式。迄今为止，中国经济转型的成功在很大程度上要归功于中国在经济领域的分权式改革。从这种分权式改革中得到的更一般的经验是：对经济转型而言，最重要的可能不是"做对价格"（getting prices right），因为在市场不完备的时候，根本就不可能存在正确的价格；更重要的可能是"做对激励"（getting incentives right），因为激励机制是经济发展中更为深刻的主题，价格机制不过是激励机制的一种方式而已。

对于分权式改革的收益，国际经济学界形成了很多共识。已有的文献认为，经济结构（如分权程度和整个经济体的组织结构）的差异造成了中国和俄罗斯经济改革绩效的巨大差异。分权式的改革不仅硬化了中央政府对国有企业的预算约束，而且还促进了地区之间的竞争（Qian and Roland，1998）。中国的 M 型经济结构（资源按照"块块"来配置）使得经济可以在局部进行制度实验，地区之间的标尺竞争为中央政府提供了反映地方政府绩效的有效信息，并且使得经济体更容易抵抗宏观冲击；相反，俄罗斯的 U 型经济结构（资源按照"条条"来配置）则不具备这样的经济结构收益。

与俄罗斯等转型经济相比，中国的分权是在大的政治架构不变、中央和地方政府不断地调整它们的财政关系的过程中实现的。从 20 世纪 70 年代的放权让利到 20 世纪 80 年代的财政包干体制，再到 20 世纪 90 年代的分税制改革，如何合理划分中央和地方的利益关系、调动地方政府的积极性，不仅始终是中国财政体制改革的要点，也是整个经济和政治体制改革的突破口。

传统的财政分权理论认为，地方政府具有信息优势，居民根据地方政府提供的公共品质量来选择居住地可以形成"用脚投票"机制，促使地方政府来提供优质的公共品（Tiebout，1956）。由中央向地方转移财政收入和支出权利将更有利于提高经济效率，加快地方经济发展，进而推动全国经济增长（Buchanan，1965；Oates，1972）。具体到中国，以钱颖一等为代表的一批经济学家从软预算约束的视角出发，认为分权化制度安排可以向地方政府提供市场化激励，保持和促进市场化进程，即所谓的维持市场化的联邦主义（market-preserving federalism）（Weingast，1995；McKinnon，1997；Qian and Weingast，1997）。

在实证研究中，Jin，Qian 和 Weingast（2005）基于 1982—1992 年省级面板数据的实证研究进一步验证了分税制改革之前中国省级政府的财政激励促进了市场发展。对于 1992 年之前中国财政分权与经济增长的关系，Lin，Liu（2000）与 Zhang 和 Zou（1998）的检验得到了相反的结论，而张晏和龚六堂（2005）对 1986—2002 年扩展样本的研究发现分税制改革之后我国财政分权对经济增长的影响显著为正，同时财政分权效应还存在跨时差异和地区差异。

经济分权还不足以构成地方政府发展经济的全部激励。20 世纪 90 年代末以来，文献更多地开始关注发展中国家分权的特殊经历，尤其是中国特殊的政治激励。从经济学的视角，我们更关心中国政治体制的两个特征，一是以 GDP 为主的政绩考核机制（Li and Zhou，2005），二是（基于民意调查基础上的）官员任免制度。Blanchard 和 Shleifer（2001）从中国和俄罗斯的比较出发，强调了中国的经济分权与政治集权之间的纽带。俄罗斯的中央政府对地方政府的控制力较弱，地方政府不存在主动推动经济发展的动力。而中国的经济分权伴随着政治集权，晋升激励使得地方政府官员有非常强的（政治）动力促进地方经济快速发展（周黎安，2004）。Tsui 和 Wang（2004）认为中国自治性不强的财政分权和垂直控制的行政管理体制提供了区域经济增长的动力。经济分权和政治集权对地方政府最重要的影响渠道是政府之间的标尺竞争。文献通常所说的标尺竞争对应于对下负责的政治体制，也就是说，对于地方政府行为的信息，普通民众和中央政府都处于信息弱势，但选民会参考其他地方政府的行为评价自己所在地区的政府行为，地方官员知道其选民会以其他地方为标尺，从而会效仿其他地方的相关政策来发展本地经济（Besley and Case，1995；Baicker，2005）。这是一种自下而上的标尺竞争，同级政府之间的相互监督和学习能够提高政府部门的运作效率，节约行政管理成本，防止滥用权力（Martinez-Vazquez and McNab，2003）。而我国政治体制的特点不同，地方政府主要不是对下负责，而是对上负责，在政治集权和政绩考核机制下，地方政府每年不仅要保证GDP的高增长（否则在政绩考核中被一票否决），还要根据GDP等指标排名，地方政府官员为了政绩有竞争GDP增长率的激励，从而形成了一种基于上级政府评价的"自上而下的标尺竞争"（张晏，2005）。这种为增长而竞争的激励成为中国政府推动经济增长的动力源泉，它是有助于转型初期的经济增长和资源配置的。

三 经济分权的代价：一个理论分析

钱颖一等人的财政联邦主义理论可以较好地解释中国分权式改革迄今所取得的成就，但是这个理论更多地强调了中国分权式改革的好处，却没有分析分权式改革的代价。[①] 一个完整的分权理论应该既能够分析分权式改革的收益，也能够分析分权式改革的代价。否则，我们就无法回答如下问题：中国分权式改革的渐进转型的潜力还有多大？我们应该如何在发挥分权式改革的好处的同时避免它所产生的负面效果？这一节将从组织理论的角度提出一个分析分权式改革的代价的框架。

与俄罗斯相比，中国经济转型的一个很大的不同在于，从中央政府的角度来看，中国的分权式改革在很大程度上是将整个经济当做一个大的政治组织来看，中央政府在这个大的组织内部通过"分权"模拟出一个类似企业组织的激励机制。给定地方各级政府尚控制着大量经济、政治和社会资源的事实，在现有的政治架构下对地方官员提供适当的激励，让他们直接分享发展

---

① 严冀、陆铭（2003）较早地意识到分权体制的代价这一问题，特别是其在地方保护主义和市场分割方面的表现。

地方经济的收益，将有利于他们追求经济的增长。问题的关键在于，政治和行政体制内部的激励机制是否可以通过模拟企业内部的激励机制而被有效地复制出来？要回答这个问题，我们就必须找到政府部门的激励与私有部门的激励之间的实质性区别，说明政府部门在利用财政分权模拟企业的激励的时候会遇到哪些难题。

从契约理论的角度来看，政治组织中的激励与经济组织中的激励相比有很大的不同。第一，政治组织委托人的偏好往往是异质的，而企业组织中股东的偏好基本上是一致的，即收益最大化。在政治组织中，每个利益集团都有它自己的偏好和利益，因而，无论对于任务本身，还是对于委托人，都很难界定一个指标对绩效进行衡量。第二，与委托人偏好的异质性有关的是，政治组织一般是多任务的（multi-tasking），这也与主要追求利润最大化的企业不同。除了效率和经济增长之外，政治组织还需要追求社会公正、收入平等、环境保护、公共服务质量等等目标。所以，从理论上来说，由于政治组织的这种多任务性，在政治组织中很难通过基于单一维度（任务）的类似企业中计件工资式的强激励来追求各种目标，而且基于增长目标的考核很容易损害其他的社会目标。所以，我们观察到政治组织中工作人员的工资一般都是弱激励的固定工资制。第三，委托人的异质性再加上外部条件的差异，又引起了第三个政治组织和企业组织的差异。与企业绩效易于找到同类企业作参照不同，政治组织的绩效难以找到一个可以参照的标准。中国政府不可能与美国政府进行比较，因为两国在很多方面都很不相同。中国的地方政府之间虽然可以进行一些比较，但地方之间的巨大差异也使得地方政府间的相互参照非常有限。换言之，政治组织是一个垄断组织，因而很难找出一个具有充分信息量的指标对其进行比较。

以上三个特征无非是说，很难有一个外部的充分统计量指标可以对官员进行客观的评估。这就决定了政治组织与经济组织的第四个区别，即在激励机制的设计方面，它更多地会采用相对绩效评估，而非绝对绩效评估。在现实世界中，政治组织中常用的一种基于相对绩效评估的激励手段就是职务晋升。中国的分权式改革过程中的一个重要机制是，上级政府通过考察下一级政府辖区的经济发展（尤其是GDP）的相对绩效来晋升地方官员，而且这个机制在实证研究中已经被证明的确是在被中国政府使用着（Li and Zhou，2005）。在缺乏充分统计量的政绩考核体系下，相对的 GDP 增长可能是一种次优的考核地方官员政绩的具有信息量的指标。但是，这种财政分权加相对绩效评估的体制正在日益显现它的弊端。第一个弊端是，相对绩效的评估会造成代理人之间相互拆台的恶性竞争。确实，我们也观察到各地政府为了在 GDP 竞赛中名列前茅而采用了各种各样的以邻为壑的手段。其中，最典型的就是形形色色的地方保护主义，地方保护主义造成的地区分割和"诸侯经济"会阻碍中国国内市场整合的过程。① 在资源配置方面的深远影响是，这种市场分割会限制产品、服务（甚至还有思想）的市场范围，市场范围的限制又会进一步制约分工和专业化水平，从而不利于长远的技术进步和制度变迁，这最终会损害到中国长期的经济发展和国际竞争力。过于依赖 GDP 作为相对绩效的考评指标，就给城市倾向的经济政策提供了另一个理由。因为城市的第二、三产业是经济增长的主要源泉。于是，地方政府对于农村地区的经济发展就大大忽视了，一个直接的表现就是地方政府用于支持农业生产的财政支出比重在相当长的一段时间里急剧地下降（陆铭、陈钊，2004；Lu and Chen，2006）。同样是为了追求经济增长的目标，在各地的经济增长都依赖于招商引资的情况下，一旦发生资本拥有者和普通劳动者之间的利益冲突，地方政府就会优先考虑资本拥有者的利益，而普通劳动者的利益则很容易被忽略。

相对绩效评估发挥作用的一个重要前提是，代理人面临的冲击或者风险是共同的，这样仅仅通过代理人之间业绩的相对排名就可以比较准确地反映出他们的绩效。但是在中国这样的大国，各个地区之间在自然、地理、历史、社会等很多方面可以说是千差万别，由于这种异质性的存在，相对绩效是一个噪音很多的指标，基于相对绩效评估的激励方案的效果就会大打折扣，这可以看做相对绩效激励的第二个弊端。

第三个弊端实际上是第二个弊端的一种形式，鉴于问题的重要性，我们将其拿出来独立论述。由于各地区之间先天的（自然、地理、历史、社会

---

① 严冀、陆铭：《分权与区域经济发展：面向一个最优分权程度的理论》，《世界经济文汇》第 3 期。

等）差异性，或者由于改革后享受的政策的差异性，会出现由收益递增效应导致的经济增长差异，即使没有其他外力，穷的地区也可能相对地越来越穷，而富的地方则相对地越来越富（陆铭、陈钊、严冀，2004），这样就加大了相对绩效评估标准中的噪音，中央政府很难区分地方的经济增长绩效是由收益递增机制造成的，还是地方政府努力的结果。

相对绩效评估的第四个弊端来自如下事实：在基于相对绩效评估的锦标赛下，赢家的数量是有限的，而大部分则是输家。更为重要的是，由于比较富裕的地区更多地享受着先天的优势和收益递增机制的好处，这就使得经济较落后地区的地方官员不能在相对绩效评估的机制下获得激励，通俗地来说就是，努力了也未必有用[1]，所以相对绩效评估对落后地区的官员基本上是没有作用的。但是官员也是理性人，在晋升的可能性比较小的前提下，他们会寻求替代的办法进行补偿，如贪污腐败，或者"破罐子破摔"。这样一来，从整个经济的角度来看，就会加剧落后的地区越来越落后、发达的地区越来越发达的两极分化现象。

对地方政府官员进行激励还有一些其他与相对绩效评估无关的难题。一方面，与企业的经理相比，地方政府官员的绩效更加取决于一个团队的努力，而不是自己的努力，一个政府目标（如扩大就业）的实现取决于多个政府部门作为一个"团队"的共同努力，因此，在地方政府的"团队生产"中，不同的地方官员之间就可能存在严重的"搭便车"现象；另一方面，在企业经理的激励计划中，可以比较容易地找到激励经理追求企业长期目标的手段，比如说给予经理股份或者股票期权，但是，对于地方政府的官员却很难进行类似的长期激励，从而使得地方政府的长期目标被忽视，而这又集中体现为地方政府对于环境、收入差距、教育和医疗服务质量这些问题的忽视。

四　经济分权的代价：一些具体的分析和例证

上一节中，我们提供了一个简明的框架来分析中国分权式改革的代价，

---

[1]　Cai 和 Treisman（2005）指出，由于存在地区间的差异性，地区间为争取资本而展开的竞争对不具有先天优势的地区而言激励效应较弱。

下面将结合现有的实证文献，为经济分权的代价提供一些例证。

1. 经济分权与城乡、地区间收入差距持续扩大

中国经济改革开放以来所付出的一个代价就是收入差距的持续扩大，特别是，构成收入差距的主要部分的城乡和地区间收入差距正在扩大（陆铭、陈钊，2004；Lu and Chen，2006；万广华、陆铭、陈钊，2005），如果追根溯源的话，城乡和地区间的收入差距都在一定程度上与经济分权体制有关。城乡收入差距与经济（财政）分权的联系是非常易于理解的。由于经济增长的主要来源是城市部门，因此，地方政府存在着优先发展城市、更多考虑城市利益和实施城市倾向的经济政策的激励。不少文献都指出，中国 1978 年改革开放以后伴随着经济快速增长而出现的城乡间收入差距加剧现象，与中国政府实施的城市倾向的经济政策有关（Yang，1999；Chen，2002；陆铭、陈钊，2004；Lu and Chen，2006）。李实（2003）指出的影响城乡收入差距的几点因素都可以作为城市倾向的经济政策的具体表现：政府对农副产品价格的控制；农村居民承受的不合理的税费负担；城乡劳动力市场的分割和城市劳动力市场的封闭；社会福利和社会保障的歧视性。除了以上四点，Yang（1999）、Tian（2001）以及 Yang 和 Zhou（1999）还强调了金融体制中系统性的城市倾向，包括通货膨胀补贴和对城市部门的投资贷款；政府在政治晋升和分权体制双重约束下也存在减少支援农业公共支出比重的倾向。我们的一系列研究（陆铭、陈钊，2004；Lu and Chen，2006；陆铭、陈钊、万广华，2005）用中国省级面板数据全面地考察了城市倾向的经济政策对城乡收入差距的影响，发现中国改革以来的一系列经济政策（如经济开放）都使得城市部门获益更多，具有扩大城乡收入差距的作用。其中，政府财政支出中用于支持农业生产的支出的比重——这个指标的下降可以代表地方政府政策的城市倾向——增加可以显著地缩小城乡收入差距，但从趋势上来看，这一比重却在急剧地下降。Knight 和 Song（1993）认为城市倾向政策下存在对农村劳动力向城市的流动的限制，这导致了中国的贫困问题主要体现为农村贫困。在城市倾向的政策下，城市居民在住房、医疗、养老及教育等方面拥有更好的福利，加剧了实际的城乡收入差距，即使取消了户籍制度对劳动力流

动的限制，这些倾向性政策也会使流动到城市后的农村居民面临更高的生活成本，所以劳动力的流动依然难以缓解城乡收入差距（Yang，1999；Yao，2000）。此外，城市倾向的经济政策还有一系列对城乡收入差距的间接影响。[①]

地区间收入差距的扩大也与财政分权体制有一定的联系。在财政分权体制下，地方政府之间进行着发展经济的竞争。中国的各地区之间在历史、地理和政策等方面的条件差异非常大，在地区间竞争中，东部地区因为有着各方面比较优越的条件而获得了相对更好的经济发展绩效，而且这种优势具有自增强的效应，相对发达的地区一旦领先就很难被落后地区追赶。张晏和龚六堂（2005）对中国财政分权与经济增长关系的实证研究发现，东部地区和发达地区更能获得财政分权的积极效应，而在中西部地区，财政分权对经济增长的影响不显著或为负，这种财政分权效应的地区差异也加剧了地区差距。从县级财政数据来看，Zhang（2006）认为地区初始经济结构特征影响经济增长，经济发达的地区有较低的工业税和较高的土地收益，从而形成良性循环的高增长，而不发达地区对非农部门征收较高的税收，阻碍了经济增长。由于中国总体上来说是资本相对不足，所以各个地区之间展开了吸引外资的竞争。在这场地区间吸引外资和发展外向型经济的竞争中，东部地区特别是长江三角洲、珠江三角洲和环渤海湾三大地带获得了更多的外资和国际贸易份额，在经济发展方面获得了更好的绩效（Démurger et al.，2002；Zhang and Zhang，2003；Kanbur and Zhang，2005；万广华、陆铭、陈钊，2005）。实证研究表明，各地区经济开放进程的差异所导致的地区间收入差距还与工业集聚有关，东部沿海地区由于拥有历史、地理和政策等各方面优势，获得了更快的工业发展速度，在全国总的工业产出中所占有的份额也越来越高（金煜、陈钊、陆铭，2006）。

---

① Carter（1997）的研究认为，城市倾向政策对于农业生产也产生了负面影响，同时，也造成了农产品和农业生产要素市场的扭曲。另外，杨涛认为中国实行的城市倾向政策会由于部门倾斜的收入转移以及在健康、住房和教育方面的支出，不仅扭曲了这些部门中的工人的激励，而且也将影响到他们的子女的人力资本投资并进一步扩大城乡收入差距，这些都将对中国未来的经济增长不利（Yang，1999）。

地区间收入差距的扩大还与不同地区所获得的中央财政转移有关。转移支付通常有两种目标，一是出于公平考虑的均等化目标，二是基于发展考虑的激励目标。按照均等化原则，中央政府的财政转移支付本应对经济落后地区给予更多的补贴，而实际的情况是，地区转移支付不仅没有达到地区收入均等化的目标，反而加大了地区间的收入差距（Raiser，1998；马拴友、于红霞，2003）。[①] 最近的研究表明，分税制改革以来的税制安排和转移支付体系加大了城乡差距和地区差距。Tsui（2005）利用1994—2000年的数据分析了县级财政不平等的变化趋势，发现非农业税收的差异是财政不平等的主要原因，其中所得税的影响因素大约为21%，而税收返还和分税制改革后实施的过渡期转移支付不仅没有缩小财政差距，反而占财政不平等的20%。Yao（2005）发现2002年县级转移支付数据对城乡差距存在显著的反均等化效应和挤出效应。

2. 地区间的市场分割、重复建设与效率损失

在财政分权体制下，地方政府拥有发展地方经济的激励。地方经济的发展既直接关系到当地的财政收入和就业，又影响到对于地方官员的绩效评价，还进一步影响当地获得更多经济资源的能力。既然完全自由的市场机制在实际上并没有带来地区间的平衡发展，那么，地方保护主义和分割市场就成了地方政府的理性选择。从地方政府的行为逻辑来看，导致地方保护主义和分割市场的原因至少有以下两个方面：第一，在计划经济时期形成的地区间资源误配置已经成为事实，在市场经济体制下，违反地方比较优势的产业和企业是缺乏竞争力和自生能力的（林毅夫，2002），而这些产业和企业在改革开放以后仍然拥有大量的就业岗位，创造着地方政府的财政收入，因此，通过分割市场来保护本地企业就成了地方政府的理性选择（林毅夫、刘培林，2004）。第二，很多产业（特别是具有一定技术含量的成长性产业）都存在着由"干中学"机制所导致的收益递增性，因此，一些没有比较优势

---

① 从省级数据的相对指标来看，尽管分税制改革后的转移支付政策没有明显地扭转转移支付资金分配格局，但东部地区获得的转移支付相对于自有收入的份额有所下降，2001年比1995年减少了近12个百分点（张晏、龚六堂，2005）。

的地区如果能够较早地发展这些产业，在理论上就可能获得两种效果：一方面，如果当地的学习速度足够快，就可能实现在这些产业上的追赶，经过一定时期的发展，可能逆转地区间的比较优势；另一方面，即使追赶不能实现，当地也能够提升本地的经济独立能力，从而提高未来分享地区间分工收益时的谈判地位，获得更多地区间分工的利益。在这样的机制下，各地都会争先恐后地发展一些所谓的战略性产业，从而造成一轮又一轮的重复建设（陆铭、陈钊、严冀，2004）。当重复建设的格局形成之后，各地的相关企业是否能够在市场上生存下去最终还是要接受市场本身的检验，当某些企业竞争能力不足时，地方政府则又有了通过市场分割和地方保护主义政策来获得短期利益的动机。

尽管当地区间差距扩大的时候，地方政府有通过分割市场的方式保护本地利益的动机，但改革开放以后，促使地区间市场走向整合的力量也是存在的。因此，中国国内市场的整合程度及变化趋势就成了一个需要通过实证研究来进行判断的问题。早期的研究发现，中国国内的市场并没有在改革过程中走向整合，相反，却存在着严重的市场分割的迹象（Young, 2000；Poncet, 2002，2003）。这些研究引起了很多的争议。近年来，越来越多的研究发现，从总体上来说，中国国内市场是在走向整合的（Naughton, 1999；Xu, 2002；白重恩等，2004；桂琦寒等，2006）。尽管如此，但几乎没有人否认，中国的财政分权体制为地方政府采取市场分割和地方保护主义政策提供了激励，并造成分工的低效率和社会产出损失（陆铭、陈钊、严冀，2004）。同时，国内市场的分割也使得中国经济增长难以发挥中国经济本应具有的规模经济优势。近来的一项研究还认为，由于国内市场分割严重，使得国内企业纷纷转向国际市场，借助于出口来扩大市场规模（朱希伟、金祥荣，2005），这就是中国国内经济的规模经济优势未得到应有的发挥的一个体现。

3. 公共服务市场化改革中的群分效应与动态效率损失

对于一个大国而言，实施财政分权体制之所以重要，一个非常突出的原因就是利用地方政府之间的竞争提高地方公共品提供的效率。由于中央政府难以掌握地方政府提供公共品的效率的有关信息，也不了解当地居民的偏好等信息，有效的地方公共品提供方式就是让地方政府去提供当地的公共品。在这样的分权机制下，看上去地方政府是公共品的垄断者，难以保证公共品提供的效率，但是，在居民可以自由地搬迁的机制下，实际上居民就可以通过"用脚投票"的机制来形成地方政府之间的竞争，从而保证地方公共品的提供效率（Tiebout，1956）。

以教育为例，如果地方政府不把当地的学校办好，大家都会搬离这个地方，于是当地的房地产价格就会下降，当地的人力资源和经济增长也相应地受影响。因为居民对于居住地的自由选择，以及房地产市场的存在，地方政府的教育投入和质量通过房地产市场被"资本化"了。在美国，一个地区的居民通过投票的方式决定财产税的税率，作为公共教育财政支出的基础，而学生家长则通过居住地的调整选择最适合自己需求的教育服务。由于教育财政的税基是基于地方房产价值的财产税，因此，教育的投入和质量就通过影响房产价值而与当地的经济增长和政府的收入联系起来了，以财产税为基础的教育财政也就成了一种激励地方政府努力办教育的最优合同的执行机制（Hoxby，1995）。而在中国，虽然政府没有将财产税作为教育财政的收入，但居民通过变换居住地来选择教育并影响房价的机制同样存在，至少在同一个城市的不同区之间，甚至在不同省区之间变换居住地都是比较自由的，对于高收入者来说更是如此。而房地产价格仍然影响着土地批租收入和房产交易税，也影响着当地居民的收入和受教育水平，这些都会直接或间接地影响地方经济的发展和地方政府的收入。来自美国的经验研究发现，教育财政集权的确对提高教育的生产效率不利（Hoxby，1995；Peltzman，1993，1996）。

但是，在中国由地方财政提供教育和医疗这样的公共服务的体制下，却导致了社会公众对于这些行业的极大的不满，这又是为什么呢？下面我们来进一步分析在简单的公共服务财政分权过程中可能存在的公平和效率损失。

首先，地方政府的目标相对于社会目标来说更加短期化，特别是在地方政府的官员根据经济增长绩效来获得晋升的体制下，地方政府更加会注重能够很快在经济增长上获得效果的工作，而对其他长期目标则相对忽视，而且也很难找到相应的机制来激励地方政府追求长期目标。教育和医疗的发展就是对于经济增长短期效果不显著，但长期来看是非常重要的目标，因此，地方政府对教育和医疗采取了"甩包袱"的做法，进行了大规模的市场化改革。尽管公共品提供的财政分权体制本身并没有错，但由于没有正确有效的激励机制，就使得像教育和医疗这样的公共服务提供反而出现了政府投入相对不足的现象。

其次，与计划经济时期政府包办一切相比，政府对于经济活动的退出本身并没有错，但是，政府退出什么领域却是应该仔细考虑的。哈特等（Hart et al, 1997）的理论研究说明，政府和市场的边界取决于产品的性质。私人部门有充分的激励降低生产成本，因此，当产品的质量比较容易监督的时候，通过市场来组织生产就比较有效。但是，当产品的质量非常难以监督的时候，如果通过市场来组织生产，私人部门的生产者就可能会牺牲质量而降低成本，这时，由政府来提供这些产品就更加有效。不难理解，教育和医疗这样的服务之所以比较适合由政府来提供，是因为这类服务的质量非常难以监督。

通过上述分析，我们就不难明白了，在财政分权体制下主要由地方政府来提供当地的公共服务是较为有效的机制，但这并不意味着地方政府可以通过彻底的市场化和私有化来推卸政府责任。而中国的地方官员升迁制度过于强调增长目标则是财政分权体制带来公共服务提供的低效率的原因。因此，地方公共品提供的有效机制是在财政分权的大框架下形成正确的激励机制，并通过中央政府的适当干预来纠正其中可能存在的误区，而不是从根本上改变地方公共品提供的财政分权体制。

在教育发展中，如果缺乏适当的机制设计和适度的中央政府干预，那么，简单的教育财政分权体制可能会存在一些直接的效率损失。首先，在劳动力存在可以跨地区流动的情况下，特别是在城市内部可以自由搬迁的情况下，人们会在好学校附近聚居，并且导致周围的房价上涨。其次，那些没有居住在好学校附近的家庭也往往愿意花费额外的成本让子女上好学校接受教育，这就是择校行为。两种行为的结果都是使得收入较高和社会资源丰富的家庭有更强的实力获得优质教育资源，最终形成不同家庭的子女按照收入和拥有的社会资源来进行教育群分（sorting）的现象，并且在居住方面表现出不同收入水平、职业和社会地位的社区之间的相互隔离，而按居住地段入学的政策大大加快了聚居和群分的现象。在缺乏适当的机制设计和中央政府的适度干预的情况下，产生了基础教育投入的地区和城乡间不平衡，于是优质教育资源（如优秀的老师）也在收入的吸引下向经济发达地区和城市聚集。在劳动力不能完全自由流动的情况下，这也加剧了教育的群分和教育机会的不平等现象（丁维莉、陆铭，2005）。

　　教育的群分和教育机会的不平等除了有碍公平以外，在人力资本生产上也是没有边际效率的，同样的资源在边际上如果能够更多地投向低收入家庭中的高能力孩子，显然将提高社会总的人力资本积累，有利于经济可持续增长的实现。同时，教育机会的不平等也将进一步加剧社会的阶层分化，并有可能使某些特殊的人群始终处于社会的底层，成为社会难以医治的痼疾。在美国，一些大城市内部贫民窟的社会问题与教育群分现象联系紧密，一些低收入的家庭（特别是黑人家庭）难以让他们的子女获得优质教育资源，已经形成了低收入—低教育—低收入的恶性循环。[①] 类似的问题也应引起中国社会各界的关注和思考。需要特别强调的是，改变原来的政府包办教育的模式，实行教育的产业化本身并不是错误的，教育财政的分权、学校之间的竞争和优质教育资源在一定程度上的市场定价是提高教育资源利用效率的必要条件，同时，政府应该推动奖学金和教育券制度来减少教育群分中出现的动态效率损失。特别需要加以强调的是，在教育市场上，只要居民能够自由地搬迁居住地，那么，简单地通过禁止择校只不过是使得高收入者更多地借助于买房来获得优质教育资源，并推动房价的上升，更为合理的政策应该是适度地为低收入家庭提供有利于其获取优质教育资源的机制。[②]

五　机制设计与下一步改革的政策建议

　　如果说中国的前期改革正是充分利用了分权式改革的好处的话，那么下一步改革的重点则是如何减少目前的分权体制的弊端。与俄罗斯等其他转型

---

① Fernández 和 Rogerson（2001）的研究发现，群分现象的加剧将显著地提高收入不平等状况。
② 对这些问题的详细讨论可参见丁维莉、陆铭（2005）。

经济相比,中国的分权式改革在很大程度上可以看做中央政府主导和控制下的机制设计问题。在认清中国分权式改革的动力机制和局限条件的基础上,正确地设计合理的改革方案,对于中国分权式改革的成功是非常重要的。而且,由于不同的改革阶段的目标和面临的约束条件不同,因此,不同的改革阶段需要不同的改革方略。中国的经济转型已经进入了新的阶段,根据我们前面的分析,下一步的改革方略应该包括以下内容。

1. 地方层面的放松管制

通过放松规制和改进公共部门本身的治理来减少公共部门控制的社会经济资源。给定我们前文刻画过的中国分权式改革下独特的政治和经济结构,公共部门这两个层面的改革都首先应该在地方的层面上进行,应该减少地方政府所掌握的社会经济资源,削弱地方政府官员的政治企业家(political entrepreneur)地位,从而降低它们在资源配置中的作用。这样做的好处是可以减少中央政府对地方政府的倚重,从而就无须借重相对绩效评估的激励机制,在此基础上就可以减少相对绩效评估带来的各种代价。随着地方政府掌握的社会经济资源减少,可以在地方性市场化的基础上促进全国性市场的整合,实现国内统一大市场,这会极大地促进专业化、内生的技术进步和经济增长。

2. 限制地方政府的流动性创造功能

仅仅在地方层面放松规制还不够,因为从金融的角度来讲,地方政府还可以内生地创造很多流动性和金融资源出来。这是因为,虽然财政分权化的改革在一定程度上硬化了地方政府的预算约束,但是由于转型期间制度上的不完备,地方政府仍然在很多方面创造流动性。地方政府创造流动性的手段主要有:(1)干预设在地方的银行的信贷行为;(2)通过各种形式的乱收费行为而创造了大量的预算外收入;(3)在市场化过程中,通过土地批租等方法创造出大量的"资本化"的收入。按照软预算约束理论的逻辑,流动性创造的对资源配置的影响在一定程度上等价于集权下的情形(Dewatripont and Maskin,1995)。所以,尽管财政分权可以硬化各级地方政府的预算约束，但是内生的流动性创造功能又弱化了这个效果。所以，中国分权式改革下一步改革的成功，很大程度上要取决于对地方政府的流动性创造功能的约束和限制。

如果对这些流动性创造约束不加限制，就有可能导致以下后果：（1）地方政府的预算没有得到硬化，从而可以继续保护国有企业和低效率的国有部门（尽管此类现象已经不严重），这就使得地方政府没有充分的激励来放松规制；（2）在要素市场不完备的时候，土地批租行为会导致资产市场发生很大的扭曲；（3）由于先天条件、政策优惠和规模经济的原因，不同的地区在流动性创造功能方面存在很大的差异，从而导致地区发展差距的扩大和地方公共品提供的不平衡加剧。①

还是从改革的时机（timing）上来看，由于地方政府目前基本上完成了地方层面的市场化、民营化和基础设施建设，所以如果现在限制地方政府的流动性创造功能，对经济造成的扭曲就会比较小（早期的流动性创造功能在基础设施建设方面是有好处的）。限制流动性创造功能可以从以下几个方面入手：（1）限制地方政府对银行的干预行为；（2）对政府的土地批租行为进行规范化的管理，包括对其进行立法；（3）加强各级政府的预算过程管理和监控，对预算外各种收入进行严格审计；在时机成熟的时候，才能赋予地方政府发行地方政府债券和其他财政工具的权利。

3. 改进地方政府的治理和绩效评估机制

通过地方层面的放松规制和限制地方政府流动性创造功能减少了地方政府控制的经济社会资源和金融资源之后，就应该不失时机地推进地方政府的治理和绩效评估机制。这是因为，地方政府在"软件性"公共品（如教育和医疗）的提供方面仍还有很大的改进余地，但由于中央政府的信息劣势，分权的公共品提供模式需要保持，但需要加以改进才能解决地方层面"软件性"公共品提供的质量和数量问题。用赫希曼（Hirschman，1970）的话来

---

① 由于篇幅关系和主题所限，本文没有涉及这一点的宏观经济含义，尽管中国当前宏观调控的困难与地方政府内生的流动性创造功能有很大的关系。

说，如果说前期的改革主要运用了"退出"（exit）和"用脚投票"机制，使得地方政府为了追求 GDP 和吸引内外资而展开了 Tiebout 意义上的竞争的话，下一步的改革应该适当引入"呼吁"（voice）的机制来改进地方政府和基层政府的治理。如果不能适时地推进这两个方面的改革，地方政府的行为很有可能从前期的"援助之手"变成"攫取之手"，随着时间的推移，地方政府会更容易与地方性的有势力的利益集团合谋或者被他们收买。改进政府治理的一个题中应有之义是，改进对地方政府以 GDP 为基础的相对绩效评估体系，更多地引入其他目标的权重，如社会发展、环境保护等，这样就可以降低前期相对绩效评估带来的负面效果。

以上几个方面的改革将会改变前期改革中地方政府的激励结构和行为，从而会从根本上解决内生于前期改革中的诸种问题（收入差距、重复建设与市场分割、公共品供给的公平缺失等）。始于 1978 年的中国经济改革是人类历史上一项伟大而艰巨的社会工程，中国的分权式改革在第一阶段已经远远地走在了其他转型经济的前头。分权和集权的选择其实是"激励与协调"之间的权衡，中国前期的改革的成功之处在于对地方政府的激励，但是在协调方面的问题则越来越凸显出来。所以，现在正是中国调整发展方略的转折点。正如前期的改革是积极的制度变革和机制设计的结果那样，在第二阶段的改革中，政府同样也应该考虑到新阶段的目标和变化了的约束条件，不失时机地将改革推向前进，走出一条独特而成功的中国式的分权式改革之路，这种发展道路不仅能够实现中华民族的伟大复兴，而且可能对其他转型经济和发展经济具有普适的意义，从而为全人类的发展提供宝贵的精神财富。

参考文献：

白重恩、杜颖娟、陶志刚、仝月婷：《地方保护主义及产业地区集中度的决定因素和变动趋势》，《经济研究》2004 年第 4 期。

丁维莉、陆铭：《教育的公平与效率是鱼和熊掌吗——基础教育财政的一般均衡分析》，《中国社会科学》2005 年第 6 期。

桂琦寒、陈敏、陆铭、陈钊：《中国国内商品市场趋于分割还是整合？——基于相对价格法的分析》，《世界经济》2006 年第 2 期。

金煜、陈钊、陆铭：《中国的地区工业集聚：经济地理、新经济地理与经济政策》，

《经济研究》2006 年第 4 期。

李实:《中国个人收入分配研究回顾与展望》,《经济学(季刊)》2003 年第 2 卷第 2 期。

林毅夫:《发展战略、自生能力和经济收敛》,《经济学(季刊)》2002 年第 1 卷第 2 期。

林毅夫、刘培林:《中国的经济发展战略与地区收入差距》,《经济研究》2003 年第 3 期。

陆铭、陈钊:《城市化、城市倾向的经济政策与城乡收入差距》,《经济研究》2004 年第 6 期。

陆铭、陈钊、万广华:《因患寡,而患不均:中国的收入差距、投资、教育和增长的相互影响》,《经济研究》2005 年第 12 期。

陆铭、陈钊、严冀:《收益递增、发展战略与区域经济的分割》,《经济研究》2004 年第 1 期。

马拴友、于红霞:《转移支付与地区经济收敛》,《经济研究》2003 年第 3 期。

万广华、陆铭、陈钊:《全球化与地区间收入差距:来自中国的证据》,《中国社会科学》2005 年第 3 期。

严冀、陆铭:《分权与区域经济发展:面向一个最优分权程度的理论》,《世界经济文汇》2003 年第 3 期。

张晏:《标尺竞争在中国存在吗?——对我国地方政府公共支出相关性的研究》,2005 年复旦大学工作论文。

张晏、龚六堂:《分税制改革、财政分权与中国经济增长》,《经济学(季刊)》2006 年第 5 卷第 1 期。

周黎安:《晋升博弈中政府官员的激励与合作——兼论我国地方保护主义和重复建设问题长期存在的原因》,《经济研究》2004 年第 6 期。

朱希伟、金祥荣:《国内市场分割与中国的出口贸易扩张》,《经济研究》2005 年第 12 期。

Baicker K., "The Spillover Effects of State Spending", *Journal of Public Economics*, 89, 529 – 544, 2005.

Bardhan, Pranab, "Decentralization of Governance and Development", *Journal of Economics Perspectives*, 16, 185 – 205, 2002.

Besley T. and A. Case, "Incumbent Behavior: Vote-Seeking, Tax-Setting, and Yardstick

Competition", *American Economic Review* 85, 25 – 45, 1995.

Blanchard, Oliver and Andrei Shleifer, "Federalism with and without Political Centralization: China versus Russia", IMF Staff Papers, 48, 171 – 179, 2001.

Buchanan, J. M., "An Economic Theory of Clubs", *Economica*, 31, 1 – 14, 1965.

Cai, Hongbin and Daniel Treisman, "Does Competition for Capital Discipline Governments? Decentralization, Globalization and Public Policy", *American Economic Review*, 95, 3, 817 – 830, 2005.

Carter, Conlin A., "The Urban-Rural Income Gap in China: Implications for Global Food Market", *American Journal of Agriculture Economics*, 79, 1410 – 1418, 1997.

Chen, Aimin, "Urbanization and Disparities in China: Challenges of Growth and Development", *China Economic Review*, 13, 407 – 411, 2002.

Démurger S. , Jeffrey D. Sachs, Wing T. Woo, Shuming Bao, Gene Chang and AndrewMellinger, "Geography, Economic Policy and Regional Development in China", *Asian Economic Papers*, 1 (1): 146 – 197, 2002.

Dewatripont M. and E. Maskin, "Credit and Efficiency in Centralized and Decentralized Economies", *Review of Economic Studies*, 62, 4, 541 – 555, 1995.

Fernández, Raquel and Richard Rogerson, "Sorting and Long-Run Inequality", *Quarterly Journal Of Economics*, Nov. , 1305 – 1339, 2001.

Hansmann, Henry, *The Ownership of Enterprises*, Harvard University Press, 1996. Hart, Oliver, Andrei Shleifer, and Robert W. Vishny, "The Proper Scope of Government: Theory and an Application to Prisons", *Quarterly Journal of Economics*, Nov. , 1127 – 1161, 1997.

Hirschman, Albert, *Exit, Voice, and Loyalty*, Harvard University Press, 1970.

Hoxby, Caroline Minter, "Is There an Equity-Efficiency Trade-Off in School Finance? Tiebout and a Theory of the Local Public Goods Producer", NBER Working Paper 5265, 1995.

Inman R. and Rubinfeld D. , "Rethinking Federalism", *Journal of Economic Perspectives*, 11, 4, 43 – 64, 1997.

Jin, H. , Y. Qian and B. Weignast, "Regional Decentralization and Fiscal Incentives: Federalism, Chinese Style", *Journal of Public Economics*, 89, 1719 – 1742, 2005.

Kanbur, Ravi and Xiaobo, Zhang, "Fifty Years of Regional Inequality in China: a Journey through Central Planning, Reform and Openness ", *Review of Development Economics*, 9, 87 – 106, 2005.

Knight, John and Lina Song, "The Spatial Contribution to Income Inequality in Rural China", *Cambridge Journal of Economics*, 17, 195 – 213, 1993.

Li, Hongbin and Li—An Zhou, "Political Turnover and Economic Performance: the Incentive Role of Personnel Control in China", *Journal of Public Economics*, 89, 1743 – 1762, 2005.

Lin, J. Y. and Z. Liu, "Fiscal Decentralization and Economic Growth in China", *Economic Development and Cultural Change*, 49 (1), 1 – 21, 2000.

Lu, Ming and Zhao Chen, "Urbanization, Urban-Biased Policies and Urban-Rural Inequality in China: 1987—2001", *Chinese Economy*, 39, 3, 42 – 63, 2006.

Martinez-Vazquez, Jorge and R. M. McNab, "Fiscal Decentralization and Economic Growth", *World Development*, 31, 1597 – 1616, 2003.

McKinnon, R., "Market-Preserving Fiscal Federalism in the American Monetary Union", in Mairo, B. and T. Ter-Minassian, eds., *Macroeconomic Dimensions of Public Finance*, Routledge, 1997.

Naughton, Barry, "How Much Can Regional Integration Do to Unify China's Markets?" paper presented for the Conference for Research on Economic Development and Policy Research, Stanford University, 1999.

Oates W. E., *Fiscal Federalism*, Harcourt Brace Jovanovich, 1972.

Peltzman, Sam, "The Political Economy of the Decline of American Public Education", *Journal of Law and Economics*, 36, 1 – 2, 331 – 70, 1993.

Peltzman, Sam, "Political Economy of Public Education: Non-College Bound Students", *Journal of Lawand Economics*, 39, 1, 73 – 120, 1996.

Poncet, Sandra, 《中国市场正在走向"非一体化"？——中国国内和国际市场一体化程度的比较分析》,《世界经济文汇》2002 年第 1 期, 第 3—17 页。

Poncet, Sandra, "Measuring Chinese Domestic and International Integration", *China Economic Review*, 14, 1, 1 – 21, 2003.

Qian, Y. and G. Roland, "Federalism and the Soft Budget Constraint", *American Economic Review*, 77, 265 – 284, 1998.

Qian, Y., G. Roland and C. Xu, "Coordinating Changes in M-Form and U-Form Organizations", Mimeo, European Center for Advanced Research in Economics and Statistics, Universite Libre de Bruxelles, 1988.

Qian, Y., G. Roland and C. Xu, "Why China's Different from Eastern Europe? Perspectives From Organization Theory", *European Economic Review*, 43 (4 – 6): 1085 – 1094, 1999.

Qian, Yingyi and Barry R. Weingast, "Federalism as a Commitment to Preserving Market Incentives", *Journal of Economic Perspectives*, 11 (4), 83 – 92, 1997.

Raiser M., "Subsidising Inequality: Economic Reforms, Fiscal Transfers and Convergence across Chinese Provinces", *Journal of Development Studies*, 34, 3, 1 – 26, 1998.

Tian Qunjian, "China's New Urban-rural Divide and Pitfalls for the Chinese Economy", *Canadian Journal of Development Studies*, 22 (1), 165 – 190, 2001.

Tiebout, Charles, "A Pure Theory of Local Expenditures," *Journal of Political Economy*, 64, 416 – 424, 1956.

Tsui K. and Y. Wang, "Between Separate Stoves and a Single Menu: Fiscal Decentralization in China", *China Quarterly*, 177, 71 – 90, 2004.

Tsui K., "Local Tax System, Intergovernmental Transfers and China's Local Fiscal Disparities", *Journal of Comparative Economics*, 33, 173 – 196, 2005.

Weingast B., "The Economic Role of Political Institutions: Market-Preserving Federalism and Economic Development", *Journal of Law and Economic Organization*, 11, 1 – 31, 1995.

Xu Xinpeng, "Have the Chinese Provinces Become Integrated under Reform?" *China Economic Review*, 13, 116 – 133, 2002

Yang, Dennis Tao, "Urban-Biased Policies and Rising Income Inequality in China", *American Economic Review Papers and Proceedings*, May, 306 – 310, 1999.

Yang, DennisTao and Zhouhao, "Rural-Urban Disparity and Sectoral Labor Allocation in China", *Journal of Development Studies*, 35 (3), 105 – 133, 1999.

Yao Shujie and Liwei Zhu, "Understanding Income Inequality in China: A Multi-Angle Perspective", *Economics of Planning*, 31, 133 – 50, 1998.

Yao Shujie, "Economic Development and Poverty Reduction in China over 20 Years of Reform", *Economic Development and Cultural Change*, 43, 447 – 474, 2000.

Young, Alwyn, "The Razor's Edge: Distortions and Incremental Reform in the People's Republic of China", *Quarterly Journal of Economics*, CXV, 1091 – 1135, 2000.

Zhang T. and H. Zou, "Fiscal Decentralization, Public Spending, and Economic Growth in China", *Journal of Public Economics*, 67, 221 – 240, 1998.

Zhang Xiaobo and Kevin H. Zhang, "How Does Globalization Affect Regional Inequality within a Developing Country? Evidence from China", *Journal of Development Studies*, 39 (4):

47 – 67, 2003.

Zhang Xiaobo, "Fiscal Decentralization and Political Centralization in China: Implications for Regional Inequality", *Journal of Comparative Economic*, forth coming, 2006.

（来源：《经济研究》2007 年第 1 期）

市场自由、政府干预和
"中国模式"

陈　宪[*]

以雷曼公司倒闭为标志，全球经济金融危机已经过去整整一年了。这场危机，在引发虚拟经济和实体经济深刻调整的同时，也促使我们重新认识若干经济学的重大理论问题，其中，市场自由与政府干预，市场失灵与政府失灵等问题，再次成为热点被提了出来。围绕金融危机的成因和治理，可以发现分析和研究这些问题的新视角。今天，我们以美国金融危机为背景，结合美国和中国政府在危机后的作为，对政府干预出现的新综合，以及与此相关的"中国模式"的讨论，作一梳理和阐述。

一　危机终结了市场自由吗

任何理论都是在一组假设条件下解释某种现象的结论。凯恩斯主义和新自由主义的理论也概莫能外。

美国金融危机爆发后，对新自由主义的批判不绝于耳。一种颇有市场的观点是，新自由主义是自里根—撒切尔时代以来，美英等国政府经济政策的理论基础，进而是导致这场金融危机的罪魁祸首。

事实上，这一观点不完全能成立。我们可以这样设问，中国和苏联等一批国家在实行计划经济的年代，以马克思主义为其经济政策的理论基础，但

---

* 作者系上海交通大学安泰经济与管理学院教授。

最终都以效率低下而不得不放弃计划经济，进而向市场经济转轨，那么，我们是否可以将这一实践的失误归咎于马克思主义呢？答案当然是否定的。

类似的问题还有，怎样看待凯恩斯主义。凯恩斯经济学成功的年代，是被称为"黄金时代"的20世纪50年代到70年代初，当时西方国家"混合经济"创造的经济稳定和增长速度是经济史上前所未有的。此后，经济机制再次出现故障，"繁荣—萧条"周期又开始了。"黄金时代"以"滞胀"结束。"滞胀"是一种通胀上升和失业上升同时并行的现象。人们把这场灾难归罪于凯恩斯革命本身。有人要求，"回到市场自由"和"维多利亚时代的价值观"。以哈耶克为代表的新自由主义就是在这一背景下卷土重来的。然而，包括凯恩斯本人和以后的经济学家都认为，凯恩斯经济学是萧条经济学，它说明萧条是怎样发生的，以及提出应对萧条的政策主张。如果越出了这个范围，滥用凯恩斯主义的理论和政策主张，导致出现其他什么问题，那是不能把账算在凯恩斯主义身上的。

我们再来看看新自由主义的主要假设是什么。它的第一个假设是经济人假设，即每个人都会根据自己的经验，利用捕捉到的信息，有能力使他的经济决策和经济行为达到最优。它的第二个假设是完全竞争假设，即各类市场内部都能实现充分竞争，一旦市场出现供求失衡，价格和工资就会迅速作出调整。这种理论进而认为，市场机制具有自动调节功能，可以使经济总是在充分就业的均衡状态下运行。

在经济人假设中内含着完全信息假设，也就是说，经济人能够达到最优结果，是以获得"完全信息"为前提的。如果说，放松经济人假设还存在较大争议，那么，完全信息假设已被彻底放松，信息不对称是现实经济的常态。市场制度能够使信息自动对称吗？这当然是不可能的。由此就提出了非市场制度的问题。

新制度经济学经常这样解释"制度"：制度是信息不对称条件下委托人和代理人之间的一种合同安排。这些合同安排的重要作用就是使信息对称，或者是，当信息不对称存在时，制度规范委托人和代理人的行为。

完全竞争假设也同样存在条件过于苛刻的问题，如产品无差别。因此，现实的市场都是不完全竞争的。不完全竞争市场的竞争是不充分的，价格和工资的调整经常是滞后的，经济经常是偏离充分就业的均衡状态的。这也提出了通过政府干预解决非均衡的问题，尤其当非均衡状态比较严重时，一如当下的金融危机和经济危机，就更是如此。

在一组基本假设的基础上，新自由主义解释经济现象的主要结论是，自由选择是经济活动最基本的原则。应当自由地拥有私人财产，自由地交易、消费和自由地就业，自由选择的程度越高，经济活动的效率越高；市场的自动调节是最优越和最完善的机制，通过市场进行自由竞争，是实现资源最佳配置和充分就业均衡的唯一途径；只要有可能，私人活动都应该取代公共行为，政府不要干预，即使不得不干预，也是越少越好。然而，这些结论是建立在这些假设都成立条件下的，如果这些假设不成立或需要放松，那么，情形当然要发生变化。

由此可见，市场自由在于给出了市场机制和市场运行的基准。基准的作用并不仅仅是理论上的，在现实经济生活中，它也可以作为目标、标准，或者是经济运行效率的一个参照系。从这个意义上说，危机并不可能、也不应该终结市场自由。

二 政府干预出现了"新综合"

相对于市场自由而言的政府干预，以克服市场失灵为己任。政府干预主要是做规制、监管，或者为主体间的博弈和市场运作设计一个机制。从广义上说，这些政府行为也是政府的公共服务。

凯恩斯的政府干预，是指当市场不能自动出清时，即有效需求不足时，政府通过财政政策和货币政策，增加和刺激有效需求，以帮助市场恢复均衡。凯恩斯将有效需求不足的原因归结为心理因素，即边际消费倾向递减、资本边际收益递减和流动性偏好。因此，政府干预是在增加需求的同时，帮助人们恢复对市场的信心。不过，也有观点认为，有效需求不足是政策的不当操作引起的，就像"大萧条"的起因，有研究指出，是货币政策不恰当的收缩，导致"大萧条"的爆发。而且，经验事实告诉我们，后续的政府干预似乎总是对上一轮政府干预的纠错。由此可以部分地反证，在其他条件不变的情况下，尽量少的政府干预是有道理的。

但现在的问题是，其他条件的变化是很快的、复杂的，如全球化及全球化逆转的问题；又如社会公正的问题。因此，面对今天的世界，我们要从"新综合"的视角研究政府干预。

首先，凯恩斯的政府干预被人们在不经意间做了扩展。扩展就是一种综合。第一个扩展是将凯恩斯的政府干预运用到有效供给不足时，即出现通货膨胀的情形。凯恩斯经济学是为经济衰退、萧条开药方的经济学。然而，后人将凯恩斯的政策主张用到经济繁荣时，进而交替地刺激或抑制需求，使之成为政府干预的两个方向。在现代宏观经济学的教科书中，综合这两个方向的政府干预被称做反周期。我们完全有理由怀疑，如此的相反操作是否是可行的、有效的？在通货膨胀与资产价格膨胀互相推动的今天，就更是如此。

第二个扩展是指相对于市场自由而言的政府干预，即在市场不能有效定价的地方，实行政府定价。例如，当垄断形成后，垄断厂商就会操纵价格，以谋取超额利润，政府则要通过某种规制决定或影响价格的形成；又如，具有非排他性、非竞争性的公共物品，或具有非排他性的共有资源，抑或具有非竞争性的自然垄断，都有市场不能定价的问题，政府要么提供没有价格的公共物品，要么如上所述，通过某种规制决定或影响与自然垄断、共有资源有关的价格的形成。这是因为，市场的基本功能就是定价。一旦当一种产品或服务不能由市场定价了，即出现市场失灵。此时，就需要一个外部的力量，通常是政府，来帮助市场定价，或者设计一个机制，来恢复市场定价的功能。在屡屡发现政府定价也存在失灵的情况下，人们发现，后者是一个更好的方法。

事实上，凯恩斯的政府干预也是通过价格调整起作用的。这里的价格就是利率。通过引入货币市场，利率既定的假设被放松，通过利率的上升或下降，可以调节商品市场的供给与需求，进而影响商品价格的形成。不过，在成熟的市场经济国家，央行无法直接决定商业银行的存贷款利率，它将通过各种间接的手段，如公开市场操作等，影响商业银行的存贷款利率。因此，从根本上说，政府干预的目标，总是通过对市场定价机制的补充或替代而实现的。

其次，"罗斯福新政"和凯恩斯的政策主张一经提出后，政府干预就逐步成为常态，也就是说，一旦经济运行发生波动，政府就可以运用扩张的、稳健的或紧缩的财政政策和货币政策，以及不同的政策组合进行干预，以期达到相应的政策目标。尽管在 20 世纪 70 年代发生"滞胀"后，凯恩斯主义遭遇了来自新自由主义的强烈挑战，但是，财政政策和货币政策已成为各国政府公共政策的一部分，是不争的事实。从这个意义上讲，财政政策和货币政策成为常态的政府干预。

这次金融和经济危机后，我们看到，即便在微观经济领域长期恪守市场自由的国家，如美国，也采取了重组企业债务和产权的干预措施，即所谓"国有化"的措施，哪怕这些措施是短期的。相对于常态的政府干预，这些措施就是非常态的政府干预。常态的政府干预和非常态的政府干预是政府干预的一次新综合。人们认为，政府对一些"大到不能倒"或"太关联不能倒"的银行和公司实行"国有化"的救助措施，在很大程度上是由这场危机的严重程度决定的。那么，严重程度又如何度量呢？这可能本来就是一个相机抉择的问题。观察小布什政府和奥巴马政府在这场危机中的表现时，能看到凯恩斯主义相机抉择原则在微观干预中也得到了延续。

再次，以往的政府干预，其对象是商品市场，干预的目的是试图帮助商品市场的总供给与总需求恢复均衡。财政政策的干预手段——政府投资和购买、减税、转移支付等——会直接影响商品市场的产出和需求，进而对恢复市场均衡起作用；货币政策的干预是通过货币市场进行的，即通过货币市场的利率或货币供应量的变化，影响商品市场的产出和需求，以恢复商品市场的均衡。

我们知道，资本市场并不存在商品市场意义上的出清问题，这是因为，资本市场产品的成本与收益受到风险、预期定价失灵的影响，是无法给出市场是否出清的标准的。然而，一旦风险过度、预期过高，就会出现这场金融危机所表现出来的问题。危机爆发前，在低利率等因素的推动下，美国有相当数量的家庭和企业，特别是投资银行，资产负债率（即杠杆率）高企，一旦宏观经济环境发生变化，具体地说，就是出现了通货膨胀的征兆，央行开始提高利率，系统性金融风险形成，高负债率中所隐含的资产估值过高即泡沫顷刻破灭。这是一个由资产市场和资本市场过度需求而引发的，由繁荣迅速向衰退转化，导致商品市场不能出清，即有效需求严重不足的问题。

目前观察到的一个现象是，由于资本市场是否出清没有一个或多个可供判断的宏观指标，因此也就无法给出预警的信号，政府宏观经济当局难以作出有针对性的应对。当资本市场一旦出现危机，即泡沫破灭时，社会直接面对的问题，就是资本市场上的大机构因不堪债务重负而面临破产，它们的破产将产生巨大的连锁反应，政府则面临救也不是不救也不是的两难选择。而且，金融危机迅速影响实体经济，一方面导致实体经济的下滑或衰退，甚至陷入萧条；另一方面，使实体经济中业已存在的总量或结构问题变得更加严峻。此时，政府既要救实体经济，也要救虚拟经济，从而陷入被动的境地。

尽管以往也有因金融问题而引发的经济危机，但无论其规模和性质都与此次有很大不同。因此，以这次金融与经济危机为背景，研究政府对资本市场的有效干预，特别是与商品市场干预综合意义上的干预，这是一个全新的课题。需要指出的是，政府对资本市场的干预行为不同于监管行为，前者侧重从总量上预测和控制系统性风险，后者则从微观上防范和控制非系统性风险。

又次，通常所说的政府干预，都是指政府对宏观经济的干预。以往，中国政府进行宏观调控时，欧美的经济学家会批评中国政府的某些调控措施不是宏观调控，而是微观调控，即对微观经济进行政府干预。这场金融危机后，我们看到了美国政府的微观干预，也就是上面所说的非常态的政府干预。哪个国家都会出现非常态，因此，尽管微观经济的政府干预弊端很多，要尽可能少用，但完全避免看来是不现实的。对于像中国这样的转轨经济国家来说，在进行宏观调控时，政府运用的行政手段都难免有微观干预之嫌，这有待通过深化改革才能逐步解决。

如果说反周期的政府干预是宏观干预的话，那么，相对于市场自由而言的政府干预也是微观干预。准确地说，相对于市场自由而言的政府干预，就是以克服市场失灵为己任的政府干预。这里，政府干预主要是做规制、监管，或者为主体间的博弈和市场运作设计一个机制，从广义上说，这些政府行为也是政府的公共服务。而且，如果从公共服务的角度来考虑和提供政府对市场失灵的规制、监管以及设计机制，那么，在常态条件下，所谓微观经济的政府干预也就不存在了。

最后，仅仅限于经济学意义上讨论政府干预，其局限性是显而易见的。譬如，一旦经济进入下行通道，特别是当衰退甚至萧条出现时，政府干预的一个重要考虑，是防止失业加剧、低收入人群生活恶化等社会问题。又如，市场失灵所导致的问题，也有相当的部分是社会问题和环境问题，如负外部性所导致的问题。基于这一现实，经济学在研究政府干预时，借助一些其他学科的研究，如经济社会学的研究，可能会做出一些具有新综合意义的研究。

三　经济发展模式：成也政府，败也政府

这场危机后，"中国模式"成为一个热门话题。对中国来说，未来要在正确的道路上继续推进改革和发展，就必须科学审视"中国模式"的内涵，以及它的现在和将来。

当我们重新认识市场自由与政府作用时，遇到了一个似乎有着较强解释力的概念或提法，即"中国模式"。在这场危机后，"中国模式"成为一个热门话题并被赋予丰富的内涵。对于中国来说，未来要在正确的道路上继续推进改革和发展，就必须科学审视"中国模式"的内涵，以及它的现在和将来。

纵观经济发展的历史，以及经济发展模式的演变，不难发现，各种经济发展模式的异同主要是由政府作用所起；各种经济发展模式的成败，也是由在不同发展阶段，对政府作用的"度"的把握决定的。

"盎格鲁—撒克逊模式"在很长时期中的成功，与"尽可能少的政府干预"有关。正是因为市场自由的作用，微观主体的活力和动力得到充分释放。然而，"盎格鲁—撒克逊模式"的失败，尤其是美国在这次危机中暴露出来的问题，在很大程度上是政府作用失灵所致。这里，政府作用失灵是指政府的不作为以及错误的作为，如低利率和只盯住商品价格的货币政策。

在"东亚模式"上，最为集中地反映了"成也政府，败也政府"的逻

辑。"东亚模式"的崛起，与强势的政府作用有关，这一点毋庸置疑。但是，无论是日本在 20 世纪 90 年代以来的"迷失"，还是其他东亚国家和地区在 1997 年亚洲金融危机后出现的问题，都暴露了这一模式在高速成长时期，政府的过度作用或不当作用所种下的祸根。也许有人会说，如果没有政府的强势作用，就没有这些国家和地区的高速成长。此话乍一听似乎很有道理，但是不能忘记，"东亚模式"的国家和地区实行的都是市场经济体制，政府强势作用始终是在与市场机制的互动中起作用的。如果说在经济高速成长的初期，政府的强势作用有着边际递增的效应，那么，在市场机制逐步成熟的后续时期，政府作用就将呈现边际递减的效应。这是因为，与市场主体的决策机制相比，政府决策的信息不对称更加严重，决策失误的可能性大大增加。而且，公共权力、公共资源进入竞争性的经济活动，将不可避免地产生对私权的挤出或侵犯，以及寻租等问题。因此，对于"东亚模式"来说，进一步的成功就与政府作用在竞争性领域的适时退出有关。这一点同样适用于转型中的中国。

作为"盎格鲁—撒克逊模式"的一个分支，"北欧模式"给我们的启示是：其一，在开放经济中，政府作用不仅限于在封闭经济中涉及的三个主要方面，即提供法律构架、再分配和稳定经济，而且要在全球化进程中，代表和维护国家利益，处理和协调国家间经济关系；同时要充分考虑国家战略优势的形成。在金融和经济危机的背景下，出现全球化逆转如贸易和投资保护，以及区域化格局的重构，也会将政府作用推到更加重要的位置。事实上，当今的发达国家在全球化和全球化逆转意义上的政府作用都在不断得到强化。其二，经历经济较为迅速的发展后，社会都会出现程度不同的贫富差距问题，仅仅依靠政府的再分配不足以解决这些问题。在更大范围和更高层次考虑社会公平公正问题，成为政府作用的重要组成部分。尽管北欧国家实行的高福利体制和政策，在本国有难以为继的问题，但它们毕竟将人类社会的一些更为根本的命题，如以人为本，以更加科学的方式提了出来。对照当今包括中国在内的发展中国家，不难看到，在提高公共资源利用效率和公共服务均等化水平方面，都还有着诸多亟待解决的问题。

到目前为止，我们还不能认为已经存在一个经济发展的"中国模式"，尤其是对阐述"中国模式"时，特别被强调的两个因素：较强的政府干预和较高的国有经济比重，我们更不能简单地认同为"中国模式"的特征。必须看到，1978 年以来，中国经济取得的成就，一方面是我们实行了改革、开放和发展的正确政策；另一方面，与我们学习、借鉴欧美成熟市场经济国家，以及东亚国家的经验有关。这就足以说明，尽管各国的基本国情、发展阶段和文化传统都不尽相同，但是，在经济发展的体制、机制中，抑或在经济发展的模式中，还是存在着共性。例如，市场机制对于配置资源都发挥着基础性作用。又如，在竞争性领域，民营经济都有着比国有经济更高的效率。鉴于经济发展模式和其他任何事物一样，都是普遍性与特殊性的统一，因此，过分地强调其中的任何一方，都会造成实践的偏差。以往的经验教训，已经充分地说明了这一点。

（来源：《文汇报》2009 年 9 月 19 日）

渐进改革与制度演进

——解读中国改革的一种视角

孙代尧[*]

中国的经济体制改革已经走过了 28 年的历程，改革取得的巨大成就是公认的，不仅社会生产力、综合国力和人民生活水平都上了一个大台阶，而且在没有发生大的社会震荡的前提下实现了经济体制和社会结构的深刻转型。但改革过程中也出现了很多需要正视和解决的矛盾与问题，这也是无需否认的事实。从 2005 年起，国内出现了对改革的反思和论争。不过，人们在对以往改革的推进路径的讨论中，特别是在对中国走向市场经济的渐进改革的若干方法与思路的理解上，存在不少误区。例如有人说，中国改革的过程中充满了实用主义的价值取向；"摸着石头过河"的方法使得改革缺乏整体规划，现在应当抛弃；"不搞争论"的策略，在现今"改革共识已破裂"的情况下已不适用，等等。② 究竟应当如何理解中国走向市场经济的渐进主义的改革路径和方法，它与制度演进规律有何关联，这是本文所要探讨的。进一步的问题是，面对市场经济改革中出现的矛盾和问题，怎样寻找改革的新的生长点，实现改革的新突破。

---

* 作者系北京大学社会发展研究所副教授。

② 王炳权：《2005 年部分媒体和网络反思改革的情况》，《光明观察网络杂志》，http：//guan-cha. gmw. cn/show. aspx？id＝7838，2006－04－01。

一 中国式的渐进革命

20 世纪 80 年代以来，随着苏联模式的衰败和苏东剧变的发生，原来的社会主义国家和许多发展中国家纷纷向市场经济过渡，其中，中国的改革最复杂，内容最丰富，取得的成就也最大。究其原因，最根本的一条就是中国以邓小平理论为指导，从自身的实际出发，闯出了一条成功的走向市场经济的道路。这条道路可以称为"中国式的渐进革命"。

第一，它是一场革命，是如邓小平所说的"中国的第二次革命"。一些西方学者把中国走向市场经济的道路称作渐进改革，把俄罗斯等国走向市场经济的道路称作激进改革。其实，苏联东欧国家剧变以前也曾经进行过渐进改革，但它是在计划经济框架内小修小补的渐进改革。渐进改革失败转而采取激进改革。中国的渐进改革与苏东国家的渐进改革的一个根本区别就在于：中国把改革当做革命，通过渐进改革实现对原有体制的革命性变革，逐步从计划经济过渡到社会主义市场经济。不承认改革是社会主义制度的自我完善，就不可能有渐进改革，就可能走上苏东剧变和激进改革的道路；不承认改革是革命，是计划经济体制的根本性变革，就不可能走向市场取向改革，就只能在计划经济的框架内修修补补，就会像苏东国家的渐进改革那样以失败告终。

第二，它具有符合客观规律的渐进性。通过"分步走"的改革，做到了许多人认为不可能做到的事：分两步跨越同一条鸿沟，从而降低了改革成本和改革带来的社会震荡。

第三，它是从中国国情出发的一条道路，具有鲜明的中国特色。改革是制度的创新或变迁，制度变迁既受到现实的条件约束，也受到历史、传统乃至文化的惯性的影响，因此制度创新只能是因地制宜的创新。"改革开放必须从各国自己的条件出发。每个国家的基础不同，历史不同，所处的环境不同，左邻右舍不同，还有其他许多不同。别人的经验可以参考，但是不能照搬。"[①] 中

---

① 《邓小平文选》第3卷，人民出版社 1993 年版，第 265 页。

国的改革之所以能取得巨大成就，就因为它走的是符合中国国情的道路。这条道路与苏东剧变以后俄罗斯东欧国家的激进改革形成鲜明对照。

二 制度创新的两条经验

中国在探索走向市场经济的过程中，有两条经验值得认真研究。

第一条，大胆吸收和借鉴人类创造的一切文明成果。人们在制度创新的过程中都必须学习和借鉴前人、他人创造的文明成果，对于经济落后的国家来说，这一点尤其重要。20世纪人类在经济制度方面创造的最大的文明成果就是有宏观调控的现代市场经济。西方国家搞市场经济已经有几百年的经验，过渡到现代市场经济也有了几十年，这样就为中国社会主义市场经济的制度设计提供了一系列明确的参照系。只有参照这些经验才有可能在短期之内把社会主义市场经济从无到有地建立起来。中国改革开放20余年就能初步建立起社会主义市场经济，是同学习、理解、吸收、借鉴西方这一文明成果分不开的。

第二条，把目的放在首位，"大胆地试"，"摸着石头过河"。如果说对于第一条，人们在实践过程中虽然并不是没有出现过犹疑和困惑，但总体上来说是做到了，所以才有今天这样的成就，那么，对于这一条，则一直存有不同的看法。有人认为，把目的放在首位是实用主义的表现，而靠"试"和"摸"则是经验主义，是缺乏理论指导的表现，揶揄说中国的改革是"两论起家"：一是"猫论"，白猫、黑猫，能捉老鼠就是好猫；二是"摸论"，摸着石头过河。

我们认为，如果从作为探索如何进行改革的一种可操作方法的意义上说，这"两论起家"恰恰是中国改革的特点和优点。中国的改革是在缺乏充分的理论准备的情况下开始的。"文化大革命"时期思想观念僵化，不可能为改革做理论准备；"文化大革命"结束时，实际生活要求立即进行改革，没有时间先做理论准备，再进行改革，只能从缓解经济和社会生活的某些最紧迫的矛盾入手启动改革。在这种情势下，中国改革能够大踏步地前进，闯出一条积极大胆的渐进改革道路，很大程度上得益于这"两论"。

所谓"猫论",无非是把目的放在首位,即发展生产力和不断改善人民生活。从这两大目的出发形成了两大标准:生产力标准和人民利益标准。这两大标准的思想,孕育于1962年邓小平思考包产到户时,他说:"生产关系究竟以什么形式为最好,恐怕要采取这样一种态度,就是哪种形式在哪个地方能够比较容易比较快地恢复和发展农业生产,就采取哪种形式;群众愿意采取哪种形式,就应该采取哪种形式,不合法的使它合法起来。"① "猫论"就是在谈到这个问题时提出来的。如果养猫是为了抓老鼠,那么首要的问题是能否捉到老鼠,至于猫是白是黑无关紧要。后来,这些标准具体化为"三个有利于"标准,以此来判断一切改革的得失。

体制改革必然遇到旧观念的阻碍。邓小平说,"过去我们满脑袋框框"。这些"框框"主要是把马克思主义教条化和对苏联模式神圣化。许多妨碍生产力发展、不利于人民生活改善的并不具有社会主义本质属性的东西,被当做社会主义的原则加以固守;许多在社会主义条件下有利于生产力发展和人民生活改善的东西,被当做资本主义的东西加以反对。以致出现了"宁要社会主义草,不要资本主义苗"之类的荒谬口号。把改革的目的放在首位,树立生产力标准和人民利益标准,就是为了破除这些框框,为改革、为制度创新提供较大的空间。

改革需要克服既得利益的障碍,需要强有力的推动力量。改革是利益关系的调整,如果仅仅是现有利益的重新分配,必然有一部分人的利益会受到损害,预期将要在改革中利益受损的社会群体,必然对这种改革采取抵制行动,从而加大改革的摩擦和震荡。因此在改革的过程中尽可能地着眼于发展生产力和改善人民生活,做大蛋糕,不断扩大可供各个利益群体进行分配的份额,就可以使改革尽可能具有"帕累托改进"的性质,减少改革的阻力,把改革成本和风险控制在尽可能小的程度上。改革本身也需要持续不断的动力供给,这种动力供给,不可能长期依赖热情和对未来利益的预期,而主要依靠在改革中能进一步获得现实的利益。中国改革事业得到广泛的支持,就在于改革总体上反映了最广大人民的基本利益,体现在改革的各个阶段,生

---

① 《邓小平文选》第1卷,人民出版社1994年版,第323页。

产力不断发展，人民生活不断得到改善。

中国改革遇到的困难还在于对改革缺乏足够的知识和信息。从计划经济到社会主义市场经济的转型是史无前例的，是创造性的。对于这种转型我们在很多方面都缺乏足够的知识和信息：其一，改革的目标模式是什么？是修补计划经济，还是搞市场经济？在改革之初，认识不是很清楚。其二，在明确了市场取向改革目标以后，对如何向市场体制转型，社会主义市场经济如何运作也是非常缺乏知识的。资本主义的市场经济如何运作，西方经济学家也不敢说已经搞清楚了，更不要说社会主义市场经济了。理查得·弗里曼说过："关于发达资本主义经济中的制度设计，经济学并没有提供令人足够信服的理论或经验知识，至于经济转型的知识就更少了。"① 其三，更不知道通过什么道路能达到目标，并使人民得到最大的利益、使改革的成本和风险控制在尽可能小的程度上。在这样的情况下，把生产力目标和人民利益目标放在首位，把"三个有利于"的标准放在首位，通过"大胆地试"、"摸着石头过河"来探寻符合时代要求和中国国情的制度和通向这种制度的道路，就十分必要了。

"摸着石头过河"同吸取和借鉴其他文明成果基础上的制度创新，不是对立的，而是互补的。如果把"摸着石头过河"理解为可以不吸取和借鉴前人和他人的文明成果，仅仅用碰碰试试的办法来推进改革，必然会提高改革成本，延误改革进程。肯定在吸取和借鉴他人文明成果基础上的制度设计的作用，也不应导致对"大胆地试"，"摸着石头过河"的否定，而是应当总结这套方法所包含的符合制度演进的规律性的东西。中国市场取向改革中的一些关键性问题的解决，例如，家庭承包制的实施成为改革的第一推动力，乡镇企业的异军突起，改革从"体制外"到"体制内"的推进，这些都不是理论家或领导人事先发明和设计的，而是通过"大胆地试"、"摸着石头过河"的方法，使千百万群众的实践与制度创新相互结合、相互推动而形成的。

---

① 胡鞍钢：《中国走向》，浙江人民出版社 2001 年版，第 198 页。

三　在"试"和"摸"中趟过"河流"

中国改革的一个显著特点是重视发挥群众首创精神的地区性试验，中国改革的过程就是一个规模浩大、恢弘磅礴的社会实验过程。例如，家庭联产承包责任制就是首先在安徽、四川等地试验；乡镇企业主要在苏南地区的社队企业中生长出来；社会主义市场经济是在广东等地的特区首先试验的；温州人民在非公有制经济成为社会主义市场经济的重要组成部分的制度创新中作出了贡献。这些改革试验，都体现了非中央政府推动的特点。"改革开放时代中国经济搞活的一切试验，都不是那种依靠某种口号动员群众，一举在全国实行的试验。完全相反。开始是在某个单位和地方进行初步试验，当这个试验在其他的某个单位和地方也被证实是有效的，并且这种有效性被大家都承认时，才在制度上和法律上追认这些试验，并在全国范围内普及和扩大。"[①] 解放思想，放手试验，实践第一，尊重基层与人民群众的首创，构成了中国改革的独特品格。这种先试验再推广的实验性的渐进主义方式，可以说是邓小平改革思想的精髓之一。

在启动改革的前夕，邓小平就有了这样的构思："在全国的统一方案拿出来以前，可以先从局部做起，从一个地区、一个行业做起，逐步推开。中央各部门要允许和鼓励它们进行这种试验。试验中间会出现各种矛盾，我们要及时发现和克服这些矛盾。这样我们才能进步得比较快。"[②] 在1992年南方谈话中，邓小平进一步强调："改革开放胆子要大一些，敢于试验，不能像小脚女人一样。看准了的，就大胆地试，大胆地闯。"[③] 为什么要试验？因为人们不可能事先设计一个周全的改革蓝图；即使存在这样一个蓝图，其实施也会带来很多预想不到的问题。而"大胆地试"不仅可以激发基层群众和干部的创造性，而且有利于及时发现改革在哪个领域、用什么方式进行具有最大的收益，有利于促进阶段性学习，从而以局部制度创新带动全局性的制

---

① 齐欣：《世界著名政治家、学者论邓小平》，上海人民出版社1999年版，第215页。
② 《邓小平文选》第2卷，人民出版社1994年版，第150页。
③ 《邓小平文选》第3卷，人民出版社1993年版，第372页。

度创新。

与"大胆地试"相联系的是邓小平提出的"不搞争论"。"不搞争论"并不是指学术讨论中不要争论，而是指在实践中不是先通过争论取得共识再行动，而是主张在取得共识以前允许进行不同的试验，在实践中形成共识。从根本上说，共识并不是通过争论取得的，而是根据在这之前不同的实践形成的不同经验而达到的。没有新实践就不可能有新观念，更不可能取得新共识。不允许取得共识以前的试验，就必然扼杀创新。"不搞争论"既意味着允许试，也意味着允许看，不搞强迫，不搞运动，愿意试就试，愿意看就看。① 这样看起来改革的步子好像放慢了，实际上这是很有效的加快改革开放的路子。在改革之初，思想僵化半僵化的状况还相当严重，一些重大的改革措施例如对家庭联产承包责任制和兴办经济特区等，都遇到姓"社"姓"资"的意识形态争论，如果试图通过广泛讨论来统一认识，几年、十几年也未必成功，把时间都争掉了，什么都干不成。相反，通过"大胆地试"，思想较快地得到了统一，改革的步子反而加快了。

"摸着石头过河"是与"大胆地试"连在一起的。邓小平强调改革必须大胆，没有一点闯的精神，没有一点"冒"的精神，就走不出一条好路，走不出一条新路，就干不出新的事业来；同时又承认改革中错误是不可避免的，改革是有风险的，因此又必须谨慎。就是说，试验必须大胆，推广必须谨慎，把大胆和谨慎结合起来。邓小平在谈到中国的改革时说："我们在确定做这件事的时候，就意识到会有这样的风险。我们的方针是，胆子要大，步子要稳，走一步，看一步。……关键是要善于总结经验，哪一步走得不妥当，就赶快改。"② 改革"对我们来说，都是新事物，所以要摸索着前进。既然是新事物，难免要犯错误。我们的办法是不断总结经验，有错误就赶快改，小错误不要变成大错误"。③ "我们只能在干中学，在实践中摸索。"④ 这就是所谓"摸论"。在改革中大量的错误不可避免，必然是一个不断试错的

---

① 《邓小平文选》第 3 卷，人民出版社 1993 年版，第 374 页。
② 同上书，第 113 页。
③ 同上书，第 174 页。
④ 同上书，第 258—259 页。

过程。摸着石头过河可以使我们以最小的代价来进行试错。可以通过边试验，边纠正，避免犯大的错误；而激进的快速改革常常使得社会无法通过逆转来避免巨大的风险。中国就是通过这个方法，闯出了一条积极和渐进相结合、大胆和稳步相统一的渐进改革的道路。

有人说，"摸着石头过河"使改革缺乏明确的规划。但是，有谁能否认1984年关于经济体制改革的决定是在当时的认识条件下提出的整体改革方案呢？"摸着石头过河"并不否认改革的整体性要求，但不把整体性改革方案同某些局部先行对立起来。中国幅员辽阔，地区差别很大，有的改革不可能在各地同时具备条件或具备同样的有利条件。中国某些沿海地区率先开放的成功实例，证明了这种方法的正确。中国的渐进改革也不把整体性要求同改革的基本目标需要经历一个相当长的时期逐步实现对立起来。改革基本目标的完全实现需要几十年，而不是几百天，因此某些旧体制的组织和行为，尽管在改革的终点会被消灭，但往往不可能一下子消亡，而有一个逐步替代的过程。不仅如此，它们在改革过程中可能发挥不可替代的作用。例如，中国改革过程中出现的并且发挥过独特作用的"双轨制"就是如此。

还有人说，"摸着石头过河"导致了改革理论和改革立法的滞后，即总是在一项改革进行后才予以事后承认，才逐步开始相关的立法过程。其实，这一说法正好从一个角度道出了群众的实践在改革和理论创新中的作用。人民群众的创造性实践，孕育了我们党的理论、方针和政策。农村家庭联产责任制的首创、发现、推广与完善，即是这种良性互动关系的范例。邓小平说："农村搞家庭联产承包，这个发明权是农民的。农村改革中的好多东西，都是基层创造出来，我们把它拿来加工提高作为全国的指导。"[①] 非公有制经济被肯定和接纳为我国市场经济的重要组成部分并写入宪法，也是在实践的推动下取得的。从1978年到1997年党的十五大召开，20年间国有经济、集体经济、非公有制经济在国内生产总值中的比重已经发生了重大变化：国有经济从56%下降到41.9%，集体经济从43%下降到33.9%，非公有制经济从1%上升到24.2%。十五大提出"公有制为主体、多种所有制经济共同发

---

① 《邓小平文选》第3卷，人民出版社1993年版，第382页。

展，是我国社会主义初级阶段的一项基本经济制度"、"非公有制经济是我国社会主义市场经济的重要组成部分"，就是建立在对非公有制经济发展的实际及其发展趋势的分析之上的。其后九届人大二次会议通过的宪法修正案予以法律上的确认。有人说："十五大是对所有制改革的一种承认，现在对民营经济的承认，都是事后给一个追认。"[①] 这个事实反映了自发实践在中国社会主义市场经济的制度设计和演进中的重要推动作用。而且，这也符合马克思所揭示的法的起源的一般规律：法本来就是对既存经济和社会关系的认可。

中国的改革已经进入全面、整体推进的新阶段。"大胆地试"、"摸着石头过河"是否已经过时？我们是否应该"告别"这种改革方式？可以认为，同过往的改革相比，在接下来的改革中自上而下的预先设计将会增多，自下而上的自发性改革会减少，但"大胆地试"、"摸着石头过河"的方法依然是行之有效的。因为它不仅是改革目标尚不明确之时探索改革道路的有效方法，而且包含着制度创新中的规律性的东西。任何制度创新都缺乏足够的知识和信息，都需要经过试错，都需要经过摸索，总体上都是渐进的过程。市场经济体制目前在我国只是初步建立，还远未完善，我们还不能说已经穿越了"河流"。如何趟过那些尚未趟过的急流险滩，如何解决全面改革进程中必然会出现的很多问题，我们仍然缺乏足够的知识和信息，仍然需要"大胆地试"、"摸着石头过河"。匈牙利著名经济学家科尔奈在他的主张激进改革的著作《通向自由经济之路》（1990年）出版10年之后，对于激进改革之遭到挫折作了这样一个总结："制度变革只能通过一系列大大小小的改革逐步完成。我现在认识到了这一点，我很后悔当初在《路》中没有重点提出。""转轨只能是一个有机发展的过程，是革命与演进相结合的过程，是摸着石头过河的不断试错的过程。在这一过程中，旧制度或被保留，或遭淘汰，新制度建立起来。各项改革速度可以不同——某些可以一步到位，而其

---

① 《石小敏谈中国改革》，《中国经济信息网》，50人论坛，http://www.cei.gov.cn/，2002 - 07 - 22。

他改革则需要以增量变化的形式逐步推进。"①

四 在科学发展观指导下协调推进改革

中国市场取向的渐进改革取得了巨大的成就,但改革中也面临诸多复杂的矛盾和问题,特别是经济和社会发展失衡、社会日益分化、社会矛盾与冲突加剧等。我们应当如何看待与对待改革进程中发生的困难?

首先,要看到这些矛盾和问题是我国经济社会深刻变革中难以完全避免的现象。中国正处在从计划经济向市场经济转变和从农业社会向工业社会转变两大变革同时并举的过程中,这两大变革都没有"无痛分娩法"。西方国家是在经历了两次世界大战和 20 世纪 30 年代的大危机之后,才完成了向现代市场经济的过渡。俄罗斯和其他东欧国家在已经工业化的条件下向市场经济转型,也经历了一个痛苦的过程,而他们的初始条件远远优于中国。在这两大变革的大背景下来看中国的改革,就更能深刻地体会到我们取得的成就来之不易,有助于我们正确认识和处理我们当前面临的矛盾与问题。

其次,渐进主义的改革方式之选择,总体上符合了我国改革初始阶段的主、客观条件,有利于改革的启动与推进,但同时也在一定程度上决定了此后改革的某种曲折性、阶段性与内在矛盾性等许多基本的特征。中国的渐进改革并不是一条有利无弊的路,而只是一种利大弊小的选择。例如,渐进改革的"双轨过渡"方式曾造成计划和市场两种体制长期并存,造成资源配置机制和经济运行的失调;但如果采取激进改革,必将带来更大的混乱和灾难。中国的改革是从农村逐步推向城市的,由此推动了乡镇企业的异军突起,一方面使得大量农业劳动力迅速投入工业和服务业,带动了经济的高速增长;另一方面也出现了以粗放发展来带动经济增长这种不利于集约增长、影响可持续发展的问题。中国的渐进改革是从"体制外"向"体制内"推进的,通过在体制外大力发展非公有经济的增量改革办法,形成了多种所有

---

① 雅诺什·科尔奈:《后社会主义转轨的思索》,肖梦等译,吉林人民出版社 2003 年版,第19—21 页。

制经济共同发展的格局，但也造成了国有经济改革的滞后。中国的渐进改革是从沿海向内地逐步推进的，它创造了拥有几亿人口的沿海地区经济超高速增长的奇迹，并带动全国的增长，但也带来了东西差距的拉大。

其实，在选择走渐进改革道路时，邓小平就看到了这条道路的局限性，并提出了一系列深化改革的战略构想。例如，在大力实施沿海开放战略的1988年，邓小平提出了"两个大局"的战略构想；针对农村改革和农业发展，邓小平从长远的观点出发，在1990年提出了"两个飞跃"的思想；在提出鼓励一部分地区先富起来的同时，就明确了实施共同富裕战略的要求和时机，等等。

经过近30年的改革，我国已经形成了与新的体制方向相联系的经济结构与社会结构，加上中国日益融入全球经济体系，这都构成市场化改革不可逆转的强大因素。改革中出现的问题只能靠深化改革来解决，放弃市场经济改革是没有出路的；同时又必须正视已出现的问题和民众的呼声，与时俱进地调整发展思路，完善改革措施，使改革健康地向前推进。对此，邓小平在南方谈话中就已明确指出："城乡改革的基本政策，一定要长期保持稳定。当然，随着实践的发展，该完善的完善，该修补的修补，但总的要坚定不移。"[1] "每年领导层都要总结经验，对的就坚持，不对的赶快改，新问题出来抓紧解决。"[2] 面对我国当前经济社会发展中出现的深层次矛盾和问题，需要进一步加大改革的力度，同时要在以人为本的科学发展观指导下统筹兼顾，使改革协调地向前推进，保证经济社会又快又好地发展。如同胡锦涛指出的："我们要抓住和用好重要战略机遇期，实现全面建设小康社会的宏伟目标，就必须正确应对这些矛盾和问题，花更大气力妥善协调各方面的利益关系，正确处理各种社会矛盾，大力促进社会和谐。"[3] "要不失时机地推进改革，在一些重要领域和关键环节实现改革的新突破，同时注重提高改革决策的科学性，增强改革措施的协调性，使改革兼顾到各方面、照顾到各方面

---

① 《邓小平文选》第3卷，人民出版社1993年版，第371页。

② 同上书，第372页。

③ 胡锦涛：《在省部级主要领导干部提高构建社会主义和谐社会能力专题研讨班上的讲话》，《人民日报》2005年6月27日。

关切，真正得到广大人民群众拥护和支持。"① 概言之，改革尚未完成，方向必须坚定，时机亟须把握，寻求改革的新的生长点至关重要。

在哪些重要领域与关键环节发力，寻求新突破呢？我们认为，要全面落实科学发展观的要求，建立一个好的市场经济和一个好的社会，需要进一步深化政治体制的改革。中国的渐进改革的一个特点是经济改革优先，政治体制改革相对滞后。要深化改革，就不可避免地要从经济改革的单一突进转向政治经济改革的整体并进。过去的 20 多年中，我国通过"政治渐进主义"的改革模式，大体上完成了从高度集权的政治体制向更具有多元性的社会政治模式的转变，但改革仍有很大的合法性制度空间或余地。② 譬如，我们已经在理论上认识到，民主是人类政治文明发展的积极成果，也是社会主义的内在要求；坚持和发展人民民主，是我们党执政为民的本质要求和根本途径；中国共产党执政，就是领导、支持、保证人民当家作主，维护和实现最广大人民的根本利益；建设社会主义政治文明，是全面建设小康社会和社会主义现代化建设的重要目标，是落实科学发展观的必然要求，等等。换言之，邓小平理论、"三个代表"重要思想和科学发展观都为进一步推进政治体制改革提供了意识形态合法性的空间。因此大胆借鉴经济改革的成功经验，更加果敢地进行社会政治领域的改革实验与探索，不失时机地推动政治体制改革的进一步深化，促进民主制度创新，已是我们首当其冲面临的课题，也是建设"社会主义政治文明"的题中应有之义。

党的十六届四中全会提出了构建社会主义和谐社会的理念和目标。我国改革发展进入关键时期，提出构建和谐社会的任务非常及时。和谐社会的构建是一个缓和矛盾、克服对抗的过程。"构建社会主义和谐社会的过程，就是在妥善处理各种矛盾中不断前进的过程，就是不断消除不和谐因素、不断增加和谐因素的过程。"③ 妥善处理各种矛盾，消除不和谐因素，离不开民主

---

① 胡锦涛：《在参加十届全国人大四次会议上海代表团审议政府工作报告时的讲话》，《人民日报》2006 年 3 月 7 日。

② 孙代尧：《政治渐进主义》，《当代世界社会主义问题》2004 年第 3 期。

③ 胡锦涛：《在省部级主要领导干部提高构建社会主义和谐社会能力专题研讨班上的讲话》，《人民日报》2005 年 6 月 27 日。

与法治。在社会主义和谐社会的六个基本特征中，民主法治居于首位。[①] 没有民主与法治的社会，不可能是一个和谐的社会。我们要建立的是一个结合了市场经济和民主政治的和谐社会。如果说，没有民主就没有社会主义[②]；那么，没有民主，同样没有社会主义和谐社会。

（来源：《河南大学学报（社会科学版）》2007 年第 1 期）

---

① 胡锦涛：《在省部级主要领导干部提高构建社会主义和谐社会能力专题研讨班上的讲话》，《人民日报》2005 年 6 月 27 日。

② 《邓小平文选》第 2 卷，人民出版社 1994 年版，第 168 页。

近期国外学者关于中国经济
发展模式的研究

周艳辉[*]

一　导言

中国自 20 世纪 70 年代末实行改革开放政策以来，在经济发展上所取得的显著成就引起了国外学者的广泛关注。绝大多数国外学者对中国的经济发展持肯定态度，他们围绕中国经济快速发展的原因进行了大量深入的研究，作了许多分析深刻、见解独到的著述。

在现阶段，中国经济继续快速、稳定地增长，但是，各种问题也不断地涌现，特别是，改革初期所实施的各种政策、措施所产生的较长远的影响现在开始逐渐显现出来。当前中国经济发展中的矛盾与问题不仅是目前国内学者的研究焦点，也极大地吸引了国外学者的研究目光。有些国外学者关注的是某一特殊经济领域的问题，而另外一些学者则从更宏观的视野出发，关注中国经济的总体发展战略。他们希望通过对中国经济发展总体模式的分析，不仅能找到中国经济到目前为止取得成功的原因，而且能发现各种问题与矛盾产生的原因。以此为基础，他们进一步探讨了中国当前的发展模式是否可持续这一重大问题。针对各种已经出现和可能出现的问题，他们从各自的分析角度出发，提出了不同的解决策略。

---

　　[*]　作者系中央编译局《国外理论动态》编辑部副主任。

相对于国内学者的研究而言，国外学者的研究因其使用的分析方法、理论框架以及资料数据的不同，而呈现出了不同的特点。秉着"他山之石，可以攻玉"的态度，国内学术界应该对国外学者的这些观点予以高度重视。因此，本文正是出于这种考虑，希望对近期国外学者在这一方面的研究作一个比较全面和客观的介绍。

二 对中国经济发展原因的分析

国外学者对中国经济发展模式的研究源于中国经济取得的巨大成就，因此，探究中国经济发展的原因就成为了他们首要的理论兴趣所在。在研究这一问题时，不同的学者从不同的角度进行了分析。

中美经济与安全评论委员会首席经济学家托马斯·帕利在对当前中国的经济发展模式进行解释时指出，中国的发展模式是以减少中央计划经济的规模，并增加以市场为导向的私有部分的规模为目标的。中国经济取得发展的原因在于，它在展开以市场为中心的经济活动的同时，实施了明确的内部和外部的资本积累战略。外部资本积累依赖于外国直接投资和出口导向型增长，内部的资本积累依赖于国有银行对国有企业的信贷支持和对基础设施的投资。[1] 就经济发展的主要推动力而言，托马斯·帕利认为中国到目前为止所实施的是一种出口导向型增长模式。美国国际经济研究所高级研究员尼古拉斯·拉迪从投资、消费、商品和服务净出口三个方面分析了近30年来中国经济增长的源泉，他认为，扩张性投资在中国经济增长中所发挥的作用日益重要；消费与投资相比，其作为经济增长源泉的重要性在减少；商品和服务净出口成为一个主要的经济增长源。[2] 澳大利亚的罗斯·加诺特则认为，只要具备相关条件，持续、快速的经济发展就会自然出现，而不是什么"奇

---

① Thomas I. Palley, "External Contradictions of the Chinese Development model: Export-led Growth and the Dangers of Global Economic Contraction", *Journal of Contemporary China*, 2006, 15 (46), pp. 69 –88.

② Nicholas R. Lardy, "China: Toward a Consumption-Driven Growth Path", Policy Briefs in International Economics, October 2006.

迹"。这些条件包括存在一个强有力的、高效率的国家，以保证有一个稳定的市场交易环境；存在高储蓄率和投资率，以及与国际商品、服务、资本和技术市场的深层次结合；而发达国家与新兴国家在平均收入上的差距也会给后者提供经济快速发展的机会。与托马斯·帕利和尼古拉斯·拉迪不同，罗斯·加诺特在分析这些条件时，还关注到了经济之外的因素，他指出："为了保持可持续发展，如下观点必须在现有国家政体中得到广泛接受，即经济的快速增长即使不是国家政策的首要目标，也是其核心目标。同时，可持续的快速增长需要将市场广泛地作为资源配置和收入分配的主要手段，并且需要一种能够接受这一做法的意识形态体系。"① 他认为，在经过了 20 世纪 70 年代末的政治重新定位后，中国在某种程度上具备了所有这些条件。

由于历史和政治的原因，很多国外学者在研究中国的经济发展模式时，不约而同地将中国与俄罗斯的情况进行了比较研究。从这一视角展开探究的大多数学者得出的结论认为，俄罗斯自 20 世纪 90 年代初开始的转型至少在最初几年造成了非常恶劣的后果，而中国近 30 年来的转型发展基本是成功的，究其原因，是因为俄罗斯采用了西方国家开出的新自由主义药方——"休克疗法"，而中国采取的是渐进主义的转型战略。苏联问题专家大卫·科茨就是这一观点的代表。他从分析国家在经济转型中的作用出发，比较了俄中两国的经济转型经验。他认为，俄罗斯转型战略的主旨一直以来就是国家从对经济生活的管制中快速退出。这一转型战略的关键性特征是：放开对国内市场价格的控制；企业的快速私有化；迅速去掉企业决策中国家指令的残余因素；急剧减少公共开支；紧缩的货币政策；快速消除阻碍商品和资本跨国流动的壁垒。大卫·科茨指出，这样的转型战略造成了一个只关心短期利益的混乱局面。"在这种情况下对利益的追求不会导致生产性的投资，而只会是非生产性行为的蜂拥而至，包括投机土地和有价证券、瞒报企业收入、各种形式的欺诈、挪用公共基金以及收取保护费的黑社会组织。"② 与俄罗斯

---

① Ross Garnaut, "The Sustainability and Some Consequences of Chinese Economic Growth", *Australian Journal of International Affairs*, 2005, Vol. 59, No. 4, pp. 509 – 518.

② David M. Kotz, "The Role of the State in Economic Transformation: Comparing the Transition Experiences of Russia and China".

不同，中国没有理睬西方专家推荐的新自由主义政策，而是采取了国家指导下的转型战略，"中国转型的途径是抓住而不是放手"。中国的转型经济包括如下要素：逐步放开价格控制；长期推迟国有企业的私有化；在大型国有企业的决策中保留国家指令；增加在国有企业和基础设施方面的政府开支；实行扩张性货币政策；国家对银行系统持续控制；国家对跨国贸易和资本流动进行控制。[①] 大卫·科茨显然对这一战略持积极的肯定态度，因为他坚持认为，社会中唯一能够指导从中央计划经济到市场经济转型的机构是国家。在对中俄转型经验进行比较研究的学者中，也有人提出了与大卫·科茨代表的观点不同的看法，如根纳季·卡扎克维奇与拉塞尔·史密斯。他们提出，普遍观点中把中俄两国的转型经验分别归纳为渐进主义和"休克疗法"的二元论过于简单，这种划分没有抓住两国转型的复杂性和细微差别。他们在分析两国经验的基础上，把"休克疗法"的概念界定为"在宏观经济稳定、微观经济放松管制和私有化条件下综合采用的激进而迅速的措施"。[②] 由此出发，他们认为俄罗斯在最初的休克疗法之后所进行的改革是缓慢的和不一致的，特别是在微观经济领域，这是造成俄罗斯经济状况恶化的原因。与之相反，中国进行的是一种以农业自由化为重点的迅速的改革而不是谨慎的渐进式改革，可以称之为"隐性的休克疗法"。但中国经济的自由化不是通过撤出政府对现有公共部门的控制来实现的，而是依靠迅速增加国民经济中新兴私有部门的比例来实现的。这一点加上稳定的政治环境以及中国对外商的吸引力是近年来中国经济快速发展的原因。我们知道，那种将中俄转型区分为渐进主义与休克疗法的二分法观点在国内学术界有着很大影响，根纳季·卡扎克维奇与拉塞尔·史密斯提出的新看法则为我们提供了一种新的思考维度，有其特殊意义所在。

在分析中国经济发展的原因时，国外学者除了关注宏观的发展模式，还有一些学者对宏观模式内的某一具体领域的问题进行了深入而专门的探究。

---

① David M. Kotz, "The Role of the State in Economic Transformation: Comparing the Transition Experiences of Russia and China".

② Gennadi Kazakevitch and Russell Smyth, "Gradualism Versus Shock Therapy: (Re) Interpreting the Chinese and Russian Experiences", *Asia Pacific Business Review*, 2005, Vol. 11, No. 1, pp. 69 – 81.

产权问题就一直是研究中国经济发展的国外学者长期关注的一个问题,许多学者根据西方传统的产权理论认为,中国进一步的经济转型要想获得成功就必须尽快实行全面的私有化。而英国学者理查德·桑德斯在与人合写的《私有化与产权:中国将走向完全私有化?》一文中提出了完全不同的看法。文章认为中国经济的成功与模糊产权①有着密不可分的实质性联系。从公共企业家的立场来看,由于无法确定什么是完全正确的道路以及为了获得预期收获而采取的行动将带来什么结果,所以模糊产权就是在急剧变革中为获得重大机会而采取的策略性选择。从政府的立场来看,模糊产权为政府参与企业经营活动创造了一个相对灵活的切入点和撤出点。因此,该文认为:"私有化并非不可避免地是最佳措施,相反,在转型过程中的每一个细节上,人们必须在政府与私有部门之间找到一个恰当的平衡。"② 理查德·桑德斯关注的是企业的产权问题,而美国学者丹尼尔·布罗姆利则关注中国的土地所有权问题。大量西方学者鼓吹中国应实行全面的私有化,其中的一个重要部分就是土地的私有化。丹尼尔·布罗姆利通过总结前社会主义国家在土地所有权和私有化方面的经验教训,论证了如下观点,即中国经济之所以在过去几十年一直保持活力的原因之一就是"农业土地由集体或村镇掌握,这为劳动力适应经济总体发展情况而随时离开或回到农业生产提供了内部手段"。他认为"转型政策不能依靠意识形态来引导,而是要由谨慎分析和对实际发生的情况的具体评估来引导"。③ 而中国在土地所有权问题上采取的政策正体现了这一点,从而保证了经济的快速发展。

从以上的介绍我们可以看出,国外学者在分析中国经济发展的原因时,既注重从宏观方面来分析中国的总体发展模式,也没有忽略从微观方面来探究中国经济发展的特殊动力。而无论从哪个角度展开的分析对于我们国内学

---

① 在传统产权理论看来,具有模糊产权的企业没有所有者,也没有剩余索取者,企业的剩余所得变成共同体每个人都可以分享的公共社会投资。企业的资产不可转让,不能出售,也不能继承。

② Richard Sanders and Yang Chen, "On Privatisation and Property Rights: Should China Go Down the Road of Outright Privatisation?", *Journal of Chinese Economic and Business Studies*, 2005, Vol. 3, No. 3, pp. 231 – 245.

③ Daniel W. Bromley, "Property Rights and Land in Ex-socialist States", *Developmental Dilemmas: Land Reform and Institutional Change in China*, edited by PeterHo, London: Routledge, 2005.

者而言都具有一定的借鉴意义。

三　中国经济发展模式存在的问题及其解决方案

中国经济快速、稳定的发展一方面获得了国外学者的肯定与赞誉，另一方面，他们也对中国当前的经济发展模式的可持续性提出了担忧和疑问。在探讨中国经济发展模式的可持续性时，国外学者涉及的问题有：当前中国的发展模式存在什么问题和矛盾？这些问题和矛盾是何种性质的？这些问题和矛盾能否在现有模式内得到解决？不同的学者从不同的理论视角对这些问题展开了论述。

有一部分国外学者关注的是中国当前的发展模式所造成的某些具体问题。例如，加拿大的 C. W. 肯尼思·肯考察了中国经济发展所带来的地区发展不平衡问题。他提出，在考察区域发展的差异问题时，不仅要考虑该区域的收入水平，也要考虑其人口规模。因此，为了缩小中国的总体区域差异，首要的是提高那些中部人口大省的收入。就政策层面而言，"中央政府有必要把减少贫困的政策与减少区域差异的政策分开来考虑"。[①] 日本学者奥岛真一郎与内村铃木则将注意力放在了经济发展对中国城市收入不平等的影响上，他们指出收入差距过大会加重低收入人群的心理失衡，甚至造成政治上的不稳定。而城市人口的收入不平等是由受教育机会的不均等造成的。因此，他们提出，"中国政府有必要像20世纪的许多国家那样，确立一种再分配制度……以进一步提高人民的机会均等"。[②] 此外，还有学者探究了中国当前的经济发展模式带来的环境问题、能源问题等。这些学者对具体问题的分析都比较深入，其论证一般都建立在较为详细而全面的数据资料的基础之上，并且对我国政府相关的政策制定提出了具体的建议，这些都是值得我们参考的。

[①]　C. W. KennethKeng, "China's Unbalanced Economic Growth", *Journal of Contemporary China*, 2006, 15 (46), pp. 183 – 214.

[②]　Shinichiro Okushmia and Hiroko Uchmiura, "How does the Economic Reform Exert Influence on Inequality in Urban China?", *Journal of the Asia Pacific Economy*, 2006, Vol. 11, No. 1, pp. 35 – 58.

　　另外一些学者从更加宏观的层面分析了中国经济发展模式存在的问题与矛盾，并以自己的分析为基础，提出了各自的解决方案或建议。彼得·诺兰是英国剑桥大学发展学委员会主席，长期研究中国问题。其《处在十字路口的中国》一文以极其宏大的视野深入分析了中国当前面临的一些深层问题，如贫困与不平等、全球商业革命给中国企业带来的挑战、环境恶化、政府能力的下降、国际关系中存在的挑战、金融机构面临的危机等。他由此认为，中国的政治经济已经处在一个十字路口。它将走向何方呢？为此，彼得·诺兰提出了几种可能的选择：走向"原始资本主义积累"？走向"民主与自由市场"？"退回到毛主义"？"利用过去服务现在"？他在分析了这些路径各自的缺陷后指出，中国应该坚持走它自己的"第三条道路"。"中国的'第三条道路'是一种完整的哲学，把既激励又控制市场的具体方法与一种源于统治者、官员和老百姓的道德体系的深刻思想结合在了一起。"① 这样的一条道路不是盎格鲁—撒克逊的自由市场原教旨主义的，如果中国选择自由市场原教旨主义所鼓吹的"政府逃亡"的道路，那么它就可能造成无法控制的紧张局势和社会解体。因此，彼得·诺兰坚持认为，中国政府应该在根本上提高它的效率和消除腐败，与此同时，应该增强政府的作用。由此可见，彼得·诺兰对于中国自改革开放以来所实施的整体发展战略是持基本肯定的态度的，而要解决现在所面临的各种问题和危机，走向可持续发展，中国所要做的不是倒向美国主导的全球自由市场原教旨主义，而是要对现有的道路进行改进，其中，他尤其强调了国家的作用。在这一点上，他与大卫·科茨的观点存在着某种类似。

　　大卫·科茨指出，中国如果放弃了国家指导下的转型战略，而采纳新自由主义路径，那么这既会损害中国的经济发展，也会危害到社会稳定。在他看来，新自由主义的观点在中国已经开始产生影响，它已经开始准备放弃国家指导下的转型战略中的某些因素，例如，有些人一直在考虑将所有的国有企业实行私有化。针对这一局面，该战略如何才能得以维持下去呢？大卫·

---

① 　Peter Hugh Nolan, "China at the Crossroads", *Journal of Chinese Economic and Business Studies*, 2005, Vol. 3, No. 1, pp. 1 - 22.

科茨的观点是："一种可持续的国家指导下的战略只有在这样一种社会体系中才有可能，即这一社会体系中不存在富裕的和有权势的精英阶层，而普通民众掌握着政治和经济的权力。也就是说，只有在民主的社会主义体系的框架中（它依赖于公有制和经济计划），一种国家指导下的战略才有可能长期地持续下去。"[①] 彼得·诺兰和大卫·科茨在以宏观视角考察中国的整体发展战略时，关注的不只是单纯的经济政策，而是将眼光放大到了社会、政治、文化甚至意识形态领域，这种高屋建瓴的意识也是我们自己在考虑相关问题时必须具备的，而他们提出的问题的确需要我们高度关注。

相比于彼得·诺兰与大卫·科茨，尼古拉斯·拉迪、罗斯·加诺特和托马斯·帕利则对中国的经济发展模式存在的问题进行了更加具体的研究，也各自提出了侧重点不同的建议。尼古拉斯·拉迪认为中国当前的经济增长模式是不可持续的，所以中国必须进行经济增长方式的转变。在分析其中的原因时，他指出了目前的模式所造成的不良后果。第一，当前这种投资驱动型增长模式使资源利用率低下。第二，该模式妨碍了个人消费的增长。第三，它对增加就业没有发挥明显作用。第四，它还造成了能源消耗的急剧增长和环境的破坏。第五，该模式对投资的过度依赖危害了银行系统的改革。第六，该模式过分依赖净出口的扩张，可能引起美国等国家的保护主义情绪。要解决这些问题，他认为中国应该从投资驱动型发展模式转向消费驱动型发展模式。而这种发展模式的转变包括了各项具体的政策措施，例如，要增加政府的消费开支、增加家庭消费以及降低家庭储蓄率，而这些又要求政府增加在卫生保健、失业救济、工伤补偿、教育服务和老年扶助等方面的投入。此外，汇率政策和公司税政策也能发挥相当的作用。对于中国所要经历的这种经济发展模式的转型，尼古拉斯·拉迪认为是任重道远的。[②] 与尼古拉斯·拉迪一样，托马斯·帕利也认为中国目前这种出口导向型增长模式是不可持续的，但是，在分析其不可持续的原因时，他却作出了非常不同的分析。

---

① David M. Kotz, "The Role of the State in Economic Transformation: Comparing the Transition Experiences of Russia and China".

② Nicholas R. Lardy, "China: Toward a Consumption-Driven Growth Path", Policy Briefs in International Economics, October 2006.

托马斯·帕利认为关于中国发展模式存在两种貌似对立的学说，一种是"内部矛盾说"，强调的是投资过热和固定汇率所引发的通货膨胀；一种是"外部矛盾说"，强调的是中国的出口导向型模式会造成通货紧缩的后果。这两种学说是根据不同的危机诱发机制来划分的，而根据这一划分，尼古拉斯·拉迪的观点显然是属于"内部矛盾说"。在托马斯·帕利看来，内部矛盾说有其合理性，关键是这些问题究竟是构成了中国发展模式中的一个"基础性的矛盾"，还是仅仅是"高代价的摩擦"？他认为这些问题是高代价的摩擦，而非基础性矛盾。中国当前的发展模式之所以不稳定是由于中国对全球经济的外部冲击。具体地说，中国当前的经济发展过于依赖出口导向型增长，而这种增长的动力主要依赖美国市场。"美国的贸易赤字、美国制造业基础的被侵蚀、美国家庭债务的增加以及就业机会的微弱增长，都在破坏着美国经济的结构性力量。"[1] 而美国依旧是世界经济的引擎，它的经济衰退将会损害全球经济，并终将伤及中国自身。托马斯·帕利在指出了中国经济发展模式中的这一矛盾后，认为解决这一矛盾的方法就在于培养一个充满活力的中国内部市场，换言之，就是要超越现有的出口导向型增长模式，转向国内需求导向型增长模式。要实现这种转型既需要一种短期的战略，也需要一种长期的战略。所谓短期战略就是中国要重新评估其汇率，同时，其他东亚经济体也应该升值汇率。而长期战略就是中国要发展可持续的非通胀的国内市场购买力，这要求既关注投资分配过程，也要关注收入分配过程。就投资分配过程而言，其关键是银行系统的改革，建立有效的消费信贷和抵押市场是非常必要的。而更大的挑战来自收入分配系统，因为投资带来的产出必须找到买家。中国拥有一个巨大的潜在的国内市场，问题在于如何使收入的分配以非集中化的公正的方式进行。对于达成合理的收入分配而言，工会是一种矫正议价能力不平衡的重要机制。因此，托马斯·帕利建议中国应该最优先考虑加强工会系统的地位，因为以工会为中心的劳动力市场改革对于以市场为中心建立一个消费者社会是必需的。而加强工会建设必须得到能有效实

---

① Thomas I. Palley, "External Contradictions of the Chinese Development model: Export-led Growth and the Dangers of Global Economic Contraction", *Journal of Contemporary China*, 2006 15 (46), pp. 69 – 88.

施的最低工资立法的支持。此外，这种劳动力市场改革还应该与能够为家庭提供保险的社会安全网相配套。通过介绍我们可以看到，托马斯·帕利的这种"外部矛盾说"是以世界经济的整体发展作为背景来考察中国的经济发展模式的，注重的是中国与外部世界的相互作用。尤其值得我们注意的是他对中国的劳动力市场改革（特别是加强工会系统的建设）所提出的建议，这一点可能是其他许多国外学者没有重视的。就像托马斯·帕利自己所说的，"内部矛盾说"与"外部矛盾说"在很大程度上是互补的，许多学者在探究中国的经济发展模式时所提出的观点也很难被简单地归纳为是"内部矛盾说"，还是"外部矛盾说"，例如，罗斯·加诺特在分析中国的经济增长模式所面临的风险时，显然打破了这种划分的界限。他从两个方面讨论了中国经济快速增长的可持续性面临的挑战，一方面的挑战来自对国内与国际政治转变的质疑。他认为，"更广泛的社会团体缺少参与政治、影响高层领导人任命和政策方向的机会，市场经济的扩张和国际化对政治前景的影响以及受过良好教育和有稳定高收入阶层自信心的持续增长，都将产生更多的参与国家的行政管理的要求而对中国政府形成压力"。[①] 另一个大的威胁则是与美国的关系走向破裂，其中最坏的情况就是与其发生战争。需要注意的是，与前面介绍的大多数学者不太一样，罗斯·加诺特虽然从中国国内的政治状况和与美国的国际关系两方面分析了中国经济可能面临的危机，但是，他对中国当前的经济发展模式是基本肯定的，认为中国经济的整体规模会在一代人的时间内赶上美国。

四 结语

从本文上面所作的介绍我们可以看出，国外学者对我国目前的经济发展模式进行的研究体现了各自不同的特点：有的关注宏观的发展战略，有的则将兴趣集中在微观层面的具体问题上；有的采取了注重数据资料的实证研究

---

① Ross Garnaut, "The Sustainability and Some Consequences of Chinese Economic Growth", *Australian Journal of International Affairs*, Vol. 59, No. 4, 2005, pp. 509 – 518.

方法,有的则使用了比较研究的方法;有的将焦点放在了单一的经济方面,有的则将目光扩展到了经济以外的其他领域。不管其采用的是何种研究思路,对于国内学者而言,这些国外学者的考察都将有助于我们分析的深入、材料的扩充、视野的拓展以及思路的更新。

当然,将其与国内学者关于这一问题的研究进行比较,我们也会发现国外学者的研究还是存在某些不足的。例如,国内学者在探究我国经济发展模式的转型时,高度强调了自主创新和发展循环经济的重要性,而国外学者的研究则对此鲜有涉及。此外,很多国内学者还深入探究了干部考核制度和财政税收制度等与发展模式转型之间的关系,这一点也是大多数国外学者所忽略了的。

(来源:《国外理论动态》2007 年第 9 期)

解读中国模式

马丁·哈特·兰兹伯格　保罗·伯克特[*]　庄俊举译

中国后改革时代的经济的快速发展使得许多进步主义者视中国为一种发展模式。这一模式的经验表明，在现存世界的资本主义的制度下，存在一种可行的、可资选择的经济发展模式。尽管这一模式并没有得到绝大多数进步主义者的广泛认同，但是许多主流的经济学家还是将中国的发展视为一种模式。

对中国经济增长经验的庆祝是以基本事实为依据的，然而，我们探究中国经验的标准的同时，首先应该思索中国经验所带来的全球性和历史性的变化，这一点很重要。这将澄清我们在理论上和政治上的困惑，也将有助于我们克服各种挑战，进而推进社会主义的工程。

一　新自由主义模式的中国

苏联解体后，俄罗斯东欧各国采用了以"休克疗法"为标志的新自由主义政策。其结果是灾难性的，并且延续至今。这些挫折对于主流的发展思想产生了两方面的影响。

首先，这激起了关于新自由主义改革适当的速度、顺序以及制度性需求的讨论。保守的新自由主义者如杰弗里·萨克斯对休克疗法所导致的政府腐败以及缺乏可信承诺的改革进行了谴责；左翼的新自由主义者如斯蒂格利茨

---

　　* 作者系美国俄勒冈路易斯克拉克大学经济学系教授、美国著名左翼学者。

则对迅速的、大规模的自由化和私有化的看法产生了质疑。左翼的新自由主义者认为，对于事关宏观经济的稳定以及民众的信心方面的改革要深思熟虑，细密谨慎，优先考虑的应该是它们，而非自由贸易和短期的资本流动。

然而，尽管存在这些差异，新自由主义者的两个阵营在建立竞争性的市场经济、自由贸易以及资本自由流动的最终目标方面是一致的。相应的，他们都把出口竞争以及 GHI 作为发展成功的最关键因素。从这个意义而言，主流的关于发展的争论是在对休克疗法的灾难的警醒之余，对新自由主义共识最核心的内容进行澄清。

其次，假定"别无选择"的新自由主义的资本主义观念还占据主导地位，苏联的崩溃促使人们寻求新的新自由主义成功事例，进而树立榜样以便其他国家效尤。以韩国为例，尽管在对待贸易和市场方面，它明显不遵从自由市场的政策（渐进的或激进的），但还可以把它作为一个自由市场的国家。机会主义者对这一战略所作的说明是显而易见的。但问题是，除了韩国以外，没有其他的资本主义国家明显具有此类特征。泰国、马来西亚和印度尼西亚由于出口的驱动导致了经济的快速增长，而韩国作为跨国资本所推动的出口导向的模范国家，其经济反而迅速衰落，紧接其后是东南亚金融危机。这就促使人们寻求新的示范国家，寻求的结果就是中国。中国的发展经验反映了保守的新自由主义者和左翼新自由主义之间的策略性的分歧和原则性的共识。

保守的新自由主义者对于东亚债务危机的反应是极具有机会主义色彩的。他们将受危机影响的国家——实际上几周甚至几天前还将这些国家视为自由市场成功的范例——视为毫无指望的、腐败的"裙带资本主义"政权。同时，为了对其政策的好处进行辩护，保守的新自由主义者开始将注意力转向墨西哥。墨西哥的发展模式被认为是源于东亚，其早期的新自由主义改革的失败也被认为是由于腐败和裙带资本主义导致的。然而，墨西哥成为新的发展模式的国家，并且可以与东亚的发展相媲美。墨西哥刚刚赢得的名声证明是昙花一现，墨西哥陷入经济衰退，这很大程度上归因于其新自由主义的经济政策。墨西哥的经济增长依赖于对美国的出口，而美国经济当时也陷入衰退，然而，即使美国经济经过了不是很强的复苏后，墨西哥经济依然持续萧条，这是由于中国的工资水平更低，出口生产商将他们的生产转移到了中国。保守的新自由主义者所作出的最初反应是对墨西哥的腐败和消费的有效性以及自由市场的改革不彻底提出批评，接着，他们以中国惊人的经济增长作为新自由主义力量的证据，特别是"毫不动摇地对改革所作的承诺"。世界银行认为，在墨西哥失败的地方中国却成功了，是因为中国"在从一个缺乏友善的投资环境进行了更有效地转变"，"在贸易和吸引投资进而融入全球化方面"更具有坚定性。

左翼的新自由主义者对东亚金融危机有着截然不同的反应：他们对危机发生国国内的金融制度的不完善、欠成熟以及跨国的短期资本流动提出批评。这些批评是正确的，尽管他们对危机的分析还有些肤浅。他们忽视了一些至关重要的因素，如竞争的加剧；出口导向战略导致了进口的紧张；地区和全球性的生产过剩；资本市场的内生性导致了这样或那样的出口增长的矛盾。但就当前的目的而言，左翼新自由主义者对东亚危机的分析的重要之点是它也造成对中国有利的描述，这与新自由主义的核心原则没有多大差别，这一核心原则就是"全球的资本主义的扩张对于穷人而言是有巨大潜在益处的"。

斯蒂格利茨由此指出，由于对资本控制的政权及其扩张性的宏观政策，因而中国免于受到金融危机的影响。基于这种比较的基础，斯蒂格利茨描绘了中国一幅更为广泛的蓝图，中国"是作为一个成功地融入全球市场而拒绝华盛顿共识传统理论的国家的榜样"。根据这种分析，"中国已经采取私有化和降低贸易壁垒……但是用一种渐进的方式借此防止这一过程中社会结构出现崩溃。它很少听从国际货币基金组织的建议，在其达到较高的增长率的同时，减少了贫困"。斯蒂格利茨认为，中国的改革不同于俄罗斯的休克疗法。中国在私有化和重组现有企业之前创造出竞争、新的企业和工作。然而，中国认识到宏观稳定的重要性，永远不会混淆目的和手段之间的关系，它从来没有把和通货膨胀的斗争走向极端。中国认识到，为了保持社会稳定，就必须避免大规模的失业，而只有重新改造企业，才能创造出新的工作机会。中国的自由化进程必须是渐进的，所采取的方法必须确保下岗的劳动力能够再就业进而产生更大功效，而非导致无谓的失业。实际上，斯蒂格利茨认为，在迈向市场经济方面，中国是"迄今为止最为成功的低收入国家"。认为中国的市场化是低消耗的、一帆风顺的，这种描述有些理想化。然而，这却使得斯蒂格利茨和其他左翼的新自由主义者认为：一方面，市场化的短期和中期政策要受到监督；另一方面，还要忠诚于市场，自由贸易和吸引外资。简言之，参与全球的资本主义的劳动分工，才是经济发展的唯一可行之路。尼克尔斯·拉迪对新自由主义适用于中国的这一核心原则作了有益的概括：中国的经济增长依然保持强劲势头。这很大程度上归因于中国多年来所进行的经济改革所积累的功效。更为重要的是，价格渐进放开的过程持续至今，以致于市场现在已经似乎决定所有商品的价格。同样重要的是，改革极大地促进了竞争，不仅在制造业，而且在建筑业和服务业方面也是如此。市场决定物价的深入开展以及竞争性的市场对资源的分配效率方面有了改善……国内市场由于外部因素作用而使竞争力得到进一步提高，这是非常重要的，而所有的这一切过去常常被低估了。

这就是新自由主义的主要示范国——中国的形象，至少目前是如此。

二 进步主义模式的中国

苏联和东欧对据称是社会主义的经济的拆除，使得许多左翼学者与其处于对立面。左翼经济学家开始对中国感兴趣，至少表面上如此，尽管他们直接反对新自由主义。与俄罗斯东欧国家截然不同的是，中国并没有像它们那样，在意识形态和结构性转型的同时伴随着俄罗斯类型的"休克疗法"，中国政府一直声称其改革是社会主义性质的，而且，其渐进主义的改革政策出台迅速而且能够保持经济的增长。

中国改革的特点即权力下放和市场导向的改革提高了许多左翼新自由主义者对中国的兴趣，特别是在学术界。长期以来，主流的经济学家认为中央指令性计划经济和全民所有制是缺乏效率的，东欧各国政府反对社会主义，赞同资本主义，这似乎证明了上述看法的正确性。在许多左翼人士看来，中国的改革政策最初显现的是介于资本主义和中央集权社会主义的"第三条道路"。在坚持国有企业为核心地位的同时，中国政府开始减少经济的中央指令性计划，增加地方政府的权威，创造出企业的各种新形式（包括小型私人企业以及集体企业和村办企业），通过以效益和产量为基础的激励机制，提高了企业的效率，这其中也包括国有成分占主导地位的企业。这些"市场社会主义"的政策能够免于中央计划经济标准的批评，因为在新自由主义日渐占据主导地位的学术界中，它们更加容易用主流的市场分析理论来反击这一批评。

由于中国经济增长的强劲势头，一些进步主义者和左翼学者写文章，坚信市场社会主义的有效性及其优越性。尽管他们对市场社会主义的未来还持谨慎态度。例如，戈登写道：中国发展经验表明，其政策的特点表现为"市场社会主义"，它提供了一种可行的、成功的选择……但这些改革不能是一种模式，不能为其他地方复制，它只是表明了一条中间道路的可行性。同样，维克托·利佩特利用中国的经验质疑"冷战的终结表明资本主义大获全胜"的论调。中国的经济成功使我们更加认真地思考社会主义的历史主题。中国的公共政策是要建立一个市场社会主义的制度，这一制度就是国有企业、集体企业和私有企业共存的混合所有制。如果这种混合模式能够被坚持，如果能够建立起一种对该国的经济和政治生活的受欢迎的或民主的管理，那么就极有可能表明，目前只是社会主义的过渡时期。相反，如果资本主义企业能够超过国有和集体企业，那么，现在就将是资本主义的转型时期。问题是这一点还没有决定，并且社会主义的发展还是可能的。因此，对中国发展的探索将使我们对所谓的资本主义的胜利从新的视角进行思索。

简言之，中国的市场社会主义改革的明显的成功使左翼人士重新燃起了希望，即新自由主义的、全球化的资本主义并不是历史的终结，它重新诠释了世界范围内资本主义与社会主义的斗争。

对中国的理论分析和意识形态的反应不仅停留在学术理论的层面上，在实践中也有所反馈。现存的几个社会主义国家，尤其是越南和古巴对中国模式也有浓厚的兴趣，古巴政府也由最初的缄口不语到公开承认中国的发展是一种模式。这里假定的中国的改革进程是在牺牲社会主义的前提下，加强了市场的力量和资本主义的社会关系。从更为广泛的意义上来讲，由于改革的影响越来越明显，那些视中国在向社会主义迈进的左翼人士的数量也开始下降。但这一趋势还不足以对进步主义者构成挑战，进步主义者依然认为中国在发展的策略方面是一个积极的模式。

那种视中国为发展模式的思想活力正面临明显的资本主义复辟，在左派看来，这种复辟是由于中国在出口和经济增长的共同作用下而使历史思想左倾变化的结果。那些依然抱有社会主义态度的人认为中国已经偏离了社会主义，这将不能够分析中国不平凡的发展历程，以及从资本主义过渡到社会主义的转型的世界意义，而传统马克思主义则有关于新兴国家和地区资本主义的活力中心兴起的分析。这种大规模的、结构性和战略性的历史叙述与"历史终结论"的气氛显得不合时宜，尤其是与学院化西方马克思主义联合起来的后现代主义者思想的兴起。因此，对许多社会主义者来讲，希望最好的发展理论和政策就是反对新自由主义防御性政策以及寻求政治民主而非对资本主义正面进攻。但是这种观点不能转化为对中国模式的支持，反而是对中国发展战略的批评和非资本主义替代方案设想的限制。

与此同时，许多进步主义者已经对官方的社会主义和马克思主义感到非常困惑进而疏远了它们（这在苏联解体前后都是如此），他们曾一度看好东亚的社会经济组织模式，这有助于他们反对新自由主义进而替代它。日本曾经是最受欢迎的发展模式，正如进步主义者指出，日本强有力的国家干预、和谐的工作关系、充分的就业、收入的相对平等和良好的出口势头等，都表明了这一模式要比新自由主义式的美国资本主义的发展模式在工人的友善关系及效率方面更强些。日本的经验表明，以社会为导向的国家和合作的资本主义制度能够也应该是人道的和经济理性所追求的。但是在日本经济明显处于长期衰退后，进步主义竞争论的支持者逐渐将他们的注意力转向南韩以及东南亚的一些新兴出口导向型国家，特别是泰国和马来西亚，紧接着是1998年的危机，使这些国家的经济陷入动荡期。这些国家的政府在危机发生后的反应很大程度上认可了新自由主义者对危机的解释以及随后采取的一系列新自由主义的政策，则进一步破坏了进步主义者原来的立场。

由于需要寻求替代模式，但由于缺乏马克思主义的分析工具和（阶级）政治，许多进步主义者从反对全球资本主义不平衡发展的工人阶级斗争的立场，自然将注意力转向中国。中国所逐渐寻求的增长模式类似于东亚过去成功所遵循的模式，但与这些国家形成强烈对比的是，中国抵制了快速的自由化，因此能把地区性的危机所造成的灾难降低到最小的程度。

实际上，进步主义者的观点和左翼新自由主义者的言论非常类似，这就可以解释为什么斯蒂格利茨等左派学者的著作非常受欢迎。进步主义者相信，中国持续的经济增长归因于控制更多的贸易以及对金融的限制更多。他们都赞同中国在东亚金融危机期间为抵制货币贬值所制定的严格政策，避免了金融危机的进一步恶化。

进步主义者用左翼新自由主义者分析的方法来重申他们早期的进步主义与新自由主义之间的争论。中国发展很快并且至少口头承诺坚持社会主义（国家和集体）的成分和计划，然而，它还分散权力和增加市场的力量，甚至还成为世界上出口能力最强者之一和外资的吸引者。进步的左翼新自由主义者发现他们认同中国经验，而对中国是否是社会主义反倒无所谓，一些学者甚至对中国持续的经济活力已将中国的商业网络逾出"大中华"经济区羡慕不已。无论如何，与其所给予的劳动人民和共同体的潜力不同，中国革命遗产的意义主要归结为这样的地位，它创造了一个强大的国家以及为这个国家的经济活力和竞争力创造了其他条件。在过去的岁月中，我们所提及的中国在财富创造、收入分配和大众生活水平方面所取得的成就主要与中国成功地融入全球的资本主义经济有关。按照这种观点，进步的竞争性思想是将社会主义和革命从人的发展和解放的工具转变为资本主义发展和竞争的前提条件。持有这种观点的人往往忽视了这样一个事实：外国政府尊重中国政府，他们愿意将有许多"严格"限制条款的长期资本投向中国，这很大程度上归因于中国政府愿意向他们提供廉价的生产劳动力。也有一种观点认为，将中国革命后取得的成绩与当前的资本主义的成功轻易地联系在一起，就使人们忽略了资本主义成功发展应具备的前提条件：正在试图进行自我组织而努力的、日益增长的不安全的劳工力量受到世界上最具权威性政府的持续不断的压制。

三　中国的困惑

进步主义者和新自由主义者都能接受中国，这表明在冷战结束后依然存在理论分析和意识形态方面的困惑。遗憾的是，对资本主义发展的矛盾性趋势所作的反应是树立了一个又一个的示范国家，与主流的分析家和政策制定者相比，这一过程对左派的伤害更大。最主要的也是最普遍的原因是，从权力的角度而言，新自由主义的政治力量主导着对所发生事件也包括意识形态冲突的解释权。

一个更加具体的原因就是对于国家模式的持续研究将会鼓励这样一种假定：基于一些国家资本主义成长的经验，一个国家可以制定进步发展的政策。问题（正如马克思、列宁和托洛茨基认识到的）是，一个国家成功的事例不能孤立地理解为一国之所为，而是应当放在地区和全球层面上的资本主义的活力和矛盾方面来理解。倘若资本主义发展不平衡性进而面临危机，关于国家发展模式类型的思想将会很快导致对发展成功事例一个接一个的无休止的追求，而一个比一个的问题更多，最终的结果只能是我们失去了可以进行选择的发展路径，对理论不能进行清晰地分析，对草根政治的反响不能作出反应。

在新自由主义和进步主义者的共同体内，对上述中国成为发展模式的勾画已经集中到更为广泛的发展趋势方面。当然，在现实中，无论左翼还是右翼，他们对于中国的发展模式还没有形成完全的共识。然而，由于存在的绝对的分歧，对进步主义者所造成的削弱要甚于保守的新自由主义者。

尽管新自由主义者常常对那些已经采取自由市场改革的国家进步持有不同意见（例如，解除多少管制以及采取多少私有化措施是有效的），他们的分歧结果使得新自由主义者对当前的示范国家存在的不期而至的危机还是有些犹豫不决。尽管中国的发展已成为模式，但不难发现，新自由主义者还是提出警告，指出如果改革不彻底，腐败不能清除，中国面临的挫折和失败将是不可避免的。同时，新自由主义者还利用中国的改革经验批评古巴不能对其经济充分市场化。如果中国的情况变糟，那么，另一个自由市场的成功事例将被发现，这又将与古巴和其他的"落后国家"形成鲜明的对比。

然而，对那些想要以工人团体为核心的经济而进行的激进改革有浓厚兴趣的人来讲，分析上的分歧有可能导致关于集体的价值标准、设想和战略的概念差异，例如，没有重大的政治代价，事情就不可能被翻转。毕竟，对于进步主义者而言，运动的发起必须要有清晰的、一贯的价值标准、设想和战略，但对于那些现状的捍卫者则刚好相反，对他们来说，让群众退出政治运动是一种积极的价值体现，对成功发展模式一个又一个的快速的替代将产生困惑，而这些困惑将促使群众重新参加政治运动。

总之，不但我们不能同意那些视中国为发展模式（无论这种模式是社会主义与否）的进步主义者，而且我们认为他们对中国模式的讨论凸显了一个更加严肃的问题：进步主义共同体对马克思主义的拒斥，这将是（我们相信）我们理解资本主义以及取代它的运动的最有效的框架。因此，同中国进行接触就不仅仅是一场仅限于对一个国家发展经验所进行的学术讨论，它还将使理论明晰化，提高我们的战略眼光，这将有助于我们改变这个世界。

（来源：《经济社会体制比较》2005 年第 2 期）

七　文化

建构中国特色社会主义哲学原理

李景源[*]

中共中央《关于进一步繁荣发展哲学社会科学的意见》要求全党进一步提高对哲学社会科学重要性的认识，大力繁荣发展哲学社会科学；以科学的态度对待马克思主义，用发展着的马克思主义指导新的实践。深入研究和充分反映马克思主义中国化的最新成果，努力建构中国特色社会主义哲学原理，关系到党和国家事业发展的全局，是一项极为重要而紧迫的战略任务，哲学工作者要不辱使命，为建构马克思主义哲学新形态作出应有的贡献。

一 建构中国特色社会主义哲学原理的意义

江泽民同志在考察中国社会科学院时指出，建设中国特色社会主义，需要在实践和理论上不懈进行探索，不断在实践的基础上提出创新的理论，用发展的理论指导实践。实践探索是建设中国特色社会主义的必由之路。理论探索，就是总结实践探索的经验，加以理性升华，把握中国特色社会主义建设的历史进程和基本规律。这是建设中国特色社会主义的客观要求和理性自觉。努力建构中国特色社会主义哲学原理，为中国特色社会主义事业服务，是理论探索的题中应有之义，也是我国哲学工作者的崇高使命。

中国共产党人善于将马克思主义与我国的具体实际相结合，走自己的路，不断地把马克思主义推进到新的发展阶段。中国特色社会主义理论是马

---

[*] 作者系中国社会科学院文史哲学部副主任、学部委员。

克思主义中国化的伟大成果，是科学社会主义的崭新形态。这一理论的形成和发展，是集体智慧的结晶，凝结了几代领导集体的心血。以毛泽东为核心的党的第一代中央领导集体对中国工业化道路的探索，为中国特色社会主义理论的形成提供了许多重要的思想成果。以邓小平为核心的党的第二代中央领导集体通过对历史经验的总结和新的实践成果的概括，全面创立了中国特色社会主义理论，实现了马克思主义和中国实际相结合的第二次历史性飞跃。以江泽民为核心的第三代中央领导集体，结合我们党和国家发展的实际，又从各个方面丰富和发展了这个理论。以胡锦涛为总书记的党中央在领导全党全国人民全面建设小康社会的过程中，按照十六大的要求，解放思想、实事求是、开拓创新，使中国特色社会主义理论和实践继续丰富和发展。从哲学上对中国特色社会主义的理论和实践作出进一步的概括和总结，是当前马克思主义理论研究和建设工程的一项重要任务。

社会主义的命运与哲学息息相关。社会主义的产生，离不开哲学；社会主义的发展，也离不开哲学。马克思曾指出："傅立叶是直接从法国唯物主义者的学说出发的。"[①] 毛泽东明确肯定了哲学在整个马克思主义理论体系中的基础地位，他说，马克思主义有几门学问，哲学、政治经济学和科学社会主义，但基础的东西是马克思主义哲学。邓小平也明确地指出，搞社会主义一定要遵循马克思主义的辩证唯物主义和历史唯物主义。这是因为哲学作为世界观、价值观、认识论、方法论，是社会主义者认识世界、改造世界的思想武器，是社会主义理论和实践的逻辑前提、理论根据和方法论工具。没有唯物史观的创立，社会主义就不可能从空想变成科学；没有邓小平在新的历史时期支持实践标准的讨论、重新恢复党的实事求是的思想路线，就不会有中国特色社会主义的理论和实践。社会主义登上世界历史舞台以来，经历了起伏跌宕的发展历程。其原因是多方面的，但哲学上的是非对错往往十分重要，有时甚至是决定性的原因。不仅如此，哲学还是社会主义理论的灵魂、精髓和核心。邓小平反复强调，对马克思列宁主义、毛泽东思想，应该准确地完整地理解它的体系，从整个体系上获得正确的理解，要学会运用马克思

---

① 《马克思恩格斯全集》第2卷，人民出版社1957年版，第167页。

列宁主义、毛泽东思想的整个体系来指导我们的工作。邓小平高度评价毛泽东用"实事求是"对马克思主义哲学所作的概括，并进一步将"实事求是"概括为马克思列宁主义、毛泽东思想的精髓。他的意思是说，我们只有掌握这个精髓，才能掌握马克思列宁主义、毛泽东思想的体系，才能准确地完整地理解它。换言之，一个理论只有达到哲学层面的自觉，它的完整性、体系性才能得以确立。我们同样可以说，只有在哲学层面上达到了理论的成熟，才能从根本上增强建设中国特色社会主义的自觉性和坚定性。一句话，建构中国特色社会主义哲学原理，是完整地表述中国特色社会主义所不可缺少的，是深化对这一理论的认识以及表明该理论成熟程度的重要标志，更是自觉运用这个理论体系指导实践的重要前提。

哲学是时代精神的精华，是文明的活的灵魂。马克思主义哲学的命运同样是与社会主义的实践紧密联系在一起的。哲学要完成时代赋予的使命和社会功能，就必须立足时代、立足本国社会主义建设的实际。马克思说过，每个时代总有属于它自己的问题，准确地把握并解决这些问题，就会把理论、思想和人类社会大大向前推进一步。研究时代提出的问题，并作出马克思主义的科学回答，这是哲学家的重要职责。建设中国特色的社会主义既是我们所面对的时代主题，也是哲学研究所面对的中国最大实际。时代的发展推动哲学理论的发展，时代提出的问题需要哲学的研究和回答。立足时代、立足中国，是实现哲学与现实接触和结合的关键。解决哲学脱离现实的问题，必须找到作为结合载体和结合途径的课题。研究中国特色社会主义哲学原理，既是实现哲学与现实结合的主要载体，也是推进马克思主义中国化、建设具有中国特色、中国风格、中国气派的马克思主义哲学的重要举措。

二　研究中国特色社会主义哲学原理的目标及难点

党的十五大报告指出，邓小平理论即建设中国特色社会主义理论，"是贯通哲学、政治经济学、科学社会主义等领域，涵盖经济、政治、科技、教育、文化、民族、军事、外交、统一战线、党的建设等方面比较完备的科学体系"。这是我们努力建构中国特色社会主义哲学原理的主要依据。

邓小平是中国特色社会主义理论的主要创立者。作为该理论的奠基人，他多次强调，对于建设中国特色的社会主义，要从理论上进行深刻、实际的阐述，要形成"准确的表述语言"。① 改革开放以来，我们党多次对中国特色社会主义理论进行科学概括和总体性表述，不断深化了对这一理论体系的认识。邓小平作为改革开放和现代化建设的总设计师，总是站在全局的高度，善于从哲学世界观的角度提出并解决问题。他的著作充满了哲学智慧和辩证法。邓小平关于反对"两个凡是"的论述，关于解放思想、实事求是的论述，关于实践标准的论述，关于生产力标准和"三个有利于"标准的论述，关于尊重群众的首创精神和人民利益标准相统一的论述，等等，不仅表明马克思主义哲学是邓小平理论的思想基础，也表明在邓小平理论体系中存在着一个实质性的哲学系统。从毛泽东的《论十大关系》到江泽民的《正确处理社会主义现代化建设中的若干重大关系》，再到科学发展观，更加彰显了邓小平提出的"走自己的路，建设有中国特色的社会主义"这一命题的哲学理念。把这一哲学理念具体化为一个由哲学概念和范畴构成的有内在联系和开放结构的哲学体系，就是摆在中国哲学工作者面前的重要任务。

应该承认，建构中国特色社会主义哲学原理还存在若干困难。首要的一点，这项研究不单单是一项文本梳理的案头上的工作，不是靠摘引书本上的词句抽象地演绎出体系，而是要深入到中国社会发展的历史的起点，理论地反思中国人民在现代化进程中所从事的最基本的实践活动，分析和研究实践中所提出的重大问题以及在解决这些问题中所形成的哲学观念。马克思指出："一切划时代的体系的真正的内容都是由于产生这些体系的那个时期的需要而形成起来的。所有这些体系都是以本国过去的整个发展为基础的。"② 列宁指出，根据书本争论社会主义纲领的时代已经过去了，今天只能根据经验来谈论社会主义。邓小平也明确地指出，列宁和毛泽东之所以是伟大的马克思主义者，就在于他们不是从书本里，而是从本国的实际中找到了革命的道路。改革开放以来，邓小平始终坚持要冷静地总结经验，要研究新的实

---

① 《邓小平文选》第3卷，人民出版社1993年版，第371页。
② 《马克思恩格斯全集》第3卷，人民出版社1960年版，第544页。

践。他说："一个新的科学理论的提出，都是总结、概括实践经验的结果。没有前人或今人、中国人或外国人的实践经验，怎么能概括、提出新的理论?"从1956年我国社会主义改造基本完成，到1978年实行改革开放，其间经历过多次失误和挫折，通过艰辛的探索，才终于找到了建设中国特色社会主义道路。中国特色的现代化道路是史无前例的，哲学研究要无愧于时代，就要研究这一探索过程本身所蕴涵的哲学精神、哲学思维和哲学方法，正是它们构成了中国特色社会主义的哲学精髓。

构建中国特色社会主义哲学原理，还要克服两个困难，即如何把哲学的实质和哲学的形式有机地结合起来。金岳霖先生在审读冯友兰的《中国哲学史》的报告中指出："有哲学的实质而无哲学的形式，或有哲学的形式而无哲学的实质的思想，都给哲学史家一种困难。"冯友兰在该书"绪论"中指出，中国哲学虽然没有"形式上的系统"，但有"实质上的系统"，"讲哲学史之一要义，即是要在形式上无系统之哲学中，找出其实质的系统"。套用金、冯两位先生的说法，研究中国特色社会主义哲学原理的目标和任务，也是要在形式上无系统的哲学思考和论述中，梳理出有关建设中国特色社会主义哲学思想的主要内容，找出其实质性的系统，然后再由实质性的系统上升为形式上的系统，形成由哲学概念、范畴和原理所构成的逻辑系统。就目前研究现状而言，有关中国特色社会主义哲学研究的成果虽然不少，但有哲学的形式而无哲学的实质的现象大量存在，真正有哲学实质的精品之作尚属凤毛麟角。哲学的实质和哲学的形式的关系，实际上是哲学的普遍性和特殊性的关系。中国特色社会主义哲学原理应体现哲学的普遍性和特殊性的有机统一。所谓"哲学的实质"，指的是这个原理的特殊性，是能够真实反映"中国特色"的概念和原理。所谓"哲学的形式"，指的是这个原理的普遍性，即表达"中国特色"的概念和语词应达到哲学的层次或符合哲学学科的规范。这是一种带有中国特色的普遍，是一种具体的共相，而不再是以往那样永远正确、大而无当、毫无具体内容的抽象普遍的东西。

中国特色社会主义理论是我们党经历近半个世纪改革和建设艰辛探索所取得的思想结晶，要将这一重大成果上升到哲学层面，形成科学反映中国特色社会主义发展道路的哲学体系，还需要作出极大的努力。

三　关于建构中国特色社会主义哲学原理的几点思考

第一，自觉地把马克思主义的精神实质转变为研究范式。马克思主义具有与时俱进的理论品格。它与旧哲学有一个重大的区别，即申明自己的理论是一种"发展的学说"，始终坚持辩证的历史的发展原则，用发展的观点对待理论，具体地历史地把握科学的原理和结论。用发展的观点对待理论，最紧要的是立足于本国的实践，贯彻马克思所说的从实践出发解释观念、而不是从观念出发解释实践的历史唯物主义原则。从观念出发的现代形态是本本主义。毛泽东一贯反对本本主义。邓小平明确指出，如果一切从本本出发，不仅会导致思想僵化，还会危及党和国家的命运。我们改革开放的成功，不是靠本本，而是靠实践、靠实事求是。我们不能单靠本本来理解什么是马克思主义以及如何坚持和发展马克思主义。马克思主义哲学的新形态也不是靠改良传统教科书体系、围绕旧体系兜圈子产生的，而是在解决中国实际问题的过程中孕育形成的。毛泽东和邓小平都是在解决中国实际问题过程中推进了马克思主义中国化。把马克思主义的精神实质转化为研究范式，就要立足于改革开放的实践，以实践过程为基础，从中发掘重大的哲学问题及其解决的核心哲学理念。把书本的哲学变为实践的哲学，其根本途径是坚持走马克思主义中国化的道路。邓小平指出："我们坚信马克思主义，但马克思主义必须与中国实际相结合。只有结合中国实际的马克思主义，才是我们所需要的真正的马克思主义。"① 他认为，离开本国的实际谈马克思主义，没有意义，从而提出了扎根中国实际来认识、继承和发展马克思主义的任务。建构中国特色社会主义的哲学原理，要遵循邓小平的嘱托，立足于中国现代化建设和改革开放的实践，是为形成中国特色的社会主义现代化理论而进行的一项极其困难而又极有意义的哲学探索。

第二，建构中国特色社会主义哲学原理，必须坚持以研究实际问题为中

① 《邓小平文选》第3卷，人民出版社1993年版，第213页。

心的原则，以实事求是为根本的研究方法。马克思在谈到他的研究方法时说："研究必须充分地占有材料，分析它的各种发展形式，探寻这些形式的内在联系。只有这项工作完成以后，现实的运动才能适当地叙述出来。"① 他所说的占有材料、分析内在联系及其发展形式的方法，就是从感性具体到思维抽象再到思维具体的方法，也就是实事求是的方法。毛泽东和邓小平面临的共同问题都是怎样把马克思主义中国化、具体化，即实质上是如何把思维一般上升到思维具体的问题。正如邓小平所指出的："我们多次重申，要坚持马克思主义，坚持走社会主义道路。但是，马克思主义必须是同中国实际相结合的马克思主义，社会主义必须是切合中国实际的有中国特色的社会主义。"实事求是既是科学研究从感性具体到思维抽象的方法，也是保证思维一般上升到思维具体的科学方法，因而是把马克思主义中国化、具体化的根本保证。实事求是方法之所以是研究中国特色社会主义的根本方法，还在于它就是毛泽东所主张的全面的历史的方法。所谓全面的历史的方法，就是弄清楚所研究的问题发生的一定的时间和一定的空间，把问题当做一定历史条件下的历史过程去研究，从中引出其固有的而不是臆造的规律性。要坚持实事求是的研究方法，一是要克服教条主义、公式主义的倾向。公式主义把马克思主义当做抽象不变的公式，硬套在事物上。这种原理加例子的做法，把实际事物的完整性割碎，分门别类地塞到旧的框架中去，其结果是把活生生的东西变成了僵死的东西。二是要处理好实事求是方法与解释学方法的关系。解释学方法是研究经典文献的重要方法。坚持实事求是、以研究中国实际问题为中心，不是不要本本，也不是否定解释学的方法。问题在于，仅有本本是不够的，还要将本本与实际结合起来。所以，不应把解释学这种研究文本的方法视之为哲学研究的最主要的方法。

　　第三，开展跨学科研究，为建构中国特色社会主义哲学原理创造条件。建构中国特色社会主义哲学原理，要妥善处理的一个核心问题是哲学的普遍性与特殊性的关系问题，即怎样植根于现实（特殊性）又超越现实（普遍性）的问题。换言之，是既面对现实又能保持哲学学科的高度。积极开展跨

---

① 《马克思恩格斯全集》第23卷，人民出版社1972年版，第23页。

学科研究，搞好中、西、马之间的对话，是实现学术性与现实性有机结合的重要条件。

建设中国特色的社会主义既是重大的理论问题，也是重大的现实问题，是当代中国向哲学各学科提出的时代性课题。任何时代性问题都不是主观意念的产物，而是在中国社会历史发展过程中涌现的。科学的理论总是以满足时代发展的要求为前提，从而促进了自身的发展，不断地拓展其理论内容和理论形态。建构中国特色社会主义哲学原理，不仅是马克思主义哲学专业的任务，也是哲学各分支学科的共同使命。要创造马克思主义哲学的现代形态，必须走汇通中西、综合创新的理路。建构中国特色社会主义哲学原理，是马克思主义哲学理论创新的重要内容，同样离不开对马克思主义哲学同西方传统哲学、现代西方哲学关系的专题研究，只有在与西方哲学、包括西方马克思主义哲学的深层对话和理解中，才能深刻理解马克思实现的哲学变革以及马克思主义哲学的当代性，从中获得建构中国特色社会主义哲学理论的重要思想资源。发展马克思主义哲学与继承中国传统哲学精神是内在统一的。马克思主义哲学中国化与中国传统哲学现代化是同一个过程的两个侧面。中国特色社会主义哲学原理是马克思主义哲学中国化的当代形态。因此，建构中国特色社会主义的哲学形态，必须走古今贯通、史论并进的哲学理路。要破除传统与现代简单对峙的观念，自觉开发和借鉴中国传统文化的精神资源，深入把握其具有原创性的哲学智慧，以之作为哲学创新的思想资料。总之，要开创马克思主义哲学研究的新局面，建构中国特色社会主义哲学原理，就要始终保持开放的胸襟，广泛吸收和借鉴人类思想文化发展中的一切优秀成果，这是使中国化的马克思主义哲学永葆生机和活力的根本保证。

（来源：《光明日报》2004 年 9 月 14 日）

新中国 60 年和文化问题

卫建林[*]

（1）1949 年 10 月 1 日中华人民共和国成立，成为中国数千年历史新纪元的开端。社会主义新中国 60 年，是中国共产党高举马克思主义旗帜，领导各族人民进行社会主义革命和建设，在探索和创造中前进并取得巨大成就的 60 年，是中国人民从奴隶变为主人的 60 年，是落后的中国变为先进的中国的 60 年。

这里是一个狭义的文化事业的部分成绩单：普及教育、科技和降低文盲率与婴儿死亡率；极大地改善人民健康状况、消灭和基本消灭多种恶性传染病；推进体育事业的发展；进入核技术、人造卫星和运载火箭等当代高科技领域；涌现大批群众喜闻乐见的电影、小说、诗歌、戏曲、美术、音乐作品；在很短时间里扫荡梦魇一般纠缠中国以往全部历史的"七毒"——黄、赌、毒、盗、黑、腐、贪。1949—1976 年，世界人均预期寿命从 47 岁提高到 58 岁，同期中国从 35 岁达到 65 岁，超过韩国。2000 年，发达国家人均预期寿命为 75 岁，发展中国家为 63 岁，而同期的中国人均预期寿命为 71.8 岁，已接近发达国家水平。

中国人民尚未摆脱物质生活的匮乏，却享有尊严、平等、相互信任和道德的温暖。一首平实的儿歌传遍街头巷尾："我在马路边，拣到一分钱，把它交到警察叔叔手里边。叔叔拿着钱，对我把头点。我高兴地说了声，叔叔再见。"从人民心中产生的小作品，却有一个大主题，成为社会文明程度的

---

* 作者系原中央政策研究室副主任。

一面镜子，凝缩着勤劳节俭的风气、朴实真诚的爱、对党和政府的信赖与亲情。这种孩子、警察、1分钱的故事，旧中国完全不能想象。

在若干成为社会进步标志的重要领域，年轻的共和国已经创造了历史的奇迹，走在世界的前列，奠定此后的发展根基。

（2）一定的文化（作为观念形态的文化），是一定社会政治和经济的反映，又影响和作用于一定社会的经济和政治。

文化是民族和社会的"精、气、神"。中国社会主义文化的标识，决定了这种文化的性质和生命力。人民在精神上从被动变为主动，成为国家、民族、自己命运的主人，开始认识、把握客观规律并遵循客观规律要求从事自觉的历史创造活动。

中华人民共和国成立前夕，毛泽东指出："自从中国人学会了马克思列宁主义以后，中国人在精神上就由被动转入主动。从这时起，近代世界历史上那种看不起中国人，看不起中国文化的时代应当完结了。伟大的胜利的中国人民解放战争和人民大革命，已经复兴了并正在复兴着伟大的中国人民的文化。这种中国人民的文化，就其精神方面来说，已经超过了整个资本主义的世界。比方美国的国务卿艾奇逊之流，他们对于现代中国和现代世界的认识水平，就在中国人民解放军的一个普通战士的水平之下。"[①]

工人阶级及其政党共产党，在精神上首先由被动转入主动。到1949年中华人民共和国成立，由于工人阶级及其政党共产党处于国家的领导地位，由于民族独立和国家主权的确立，这种体现在先进阶级及其政党的转变，被推向整个国家和全民族，在国家政策和发展道路的层面、在社会改造和建设的层面上逐步实现。也如毛泽东所说，中国必须独立，中国必须解放，中国的事情必须由中国人民自己作主，自己来处理，不容许任何帝国主义国家再有一丝一毫的干涉。我们的民族将再也不是一个被人侮辱的民族了，我们已经站起来了。

这本身属于历史，既是历史的结果，也表现为一种历史过程。具有里程碑意义的是，新的历史进程开始了。

（3）关于旧中国和社会主义新中国的区别，关于新中国各方面的成就，

---

① 《毛泽东选集》第4卷，人民出版社1991年版，第1516页。

可以援引无数正式的文献和数据，以及亲历者的回忆和学者的论证。但是英国陆军元帅蒙哥马利的亲历亲见，从一种独殊的视角，显示出令人折服的力量。

1960 年 5 月，蒙哥马利访问中国，和毛泽东主席、周恩来总理会谈。他回国以后，6 月 9 日在一个公司的宴会发表演讲，6 月 12 日又在《星期日泰晤士报》发表《我同毛的会谈》。在西方主流宣传用铺天盖地的谎言、捏造、污蔑、妖魔化中国，竞相表演自己的无知和偏见的时候，他的看法震撼了世界。当时新华社等单位编发的有关材料介绍说：

他 30 多年前到过中国，那时的旧中国正受着外来侵略和内部封建主义的双重压迫，革命看来是不可避免的。它的领导人便是毛泽东；毛泽东是一个十分有吸引力的人，非常有才智，处理问题很讲实际，对西方世界情况的了解是惊人的，对一些政界领袖的评论非常准确；毛泽东的基本哲学非常简单，就是人民起决定作用，因此要求干部每年下基层工作一个月，保持和人民的联系，赢得人民的信任；中国需要和平，从事长期而艰巨的建设，因此不会对外进行侵略，也不试图迫使其他国家接受它的共产主义思想；中国人民可能是世界上最勤劳的人民，大家团结在一起，为祖国的繁荣而努力……

毛泽东建立了一个统一的、人人献身和有目的感的国家。

他在中国期间，看到了几千年延续下来的中国文明，在中国共产党的领导下，只有向前推进，并未受到损害。革命对中国是有益的，贪污、腐化、地痞、流氓和洋鬼子都被赶走了。

（4）中国社会主义文化，产生于人类进步文化和中国优秀文化传统在 20 世纪的交汇点上。它吸收和改造中外文化的积极成果，植根于中国人民的历史创造实践。

五四运动所进行的文化革命，是彻底地反对封建文化的运动。它提出并部分地回答一个历史进程的前沿问题："帝国主义的侵略打破了中国人学西方的迷梦。很奇怪，为什么先生老是侵略学生呢？中国人向西方学得很少，但是行不通，理想总是不能实现。"① 这就有了中国共产党在延安时期提出的

---

① 《毛泽东选集》第 4 卷，人民出版社 1991 年版，第 1470 页。

发动一个"普遍的启蒙运动"的任务。

这种启蒙运动是五四运动的继续，实质在于回答中国应该坚持新民主主义还是回到旧民主主义，中国的前途应该是社会主义还是资本主义的问题。对待中国古代文化，只能采取"剔除其封建性糟粕，吸收其民主性精华"的方针。复辟被五四运动打倒的孔家店，不过是梦呓或闹剧。另一方面，鸦片战争以来西方列强的欺凌，日本帝国主义的入侵，美国当局支持蒋介石打内战等等，一次一次堵上中国的资本主义之路。西方资产阶级的文明，资产阶级的民主主义，资产阶级共和国的方案，一次一次在中国人民的心目中破产。社会主义成为现代中国的历史选择，成为符合中国实际和中国人民利益的正确选择。

（5）中华人民共和国成立的最初 8 年，比较多地学习苏联的经验。1956 年毛泽东发表《论十大关系》。在他看来，社会主义民主的问题，首先就是劳动者有没有权利来克服各种敌对势力及其影响的问题。像报纸、广播、电影这类东西，掌握在谁手里，由谁来发议论，都是属于权利问题。掌握在马克思主义者手里，绝大多数人民的权利就有保证了。总之，人民必须管理上层建筑，不管理上层建筑是不行的。不能把人民的权利问题，理解为国家只由一部分人管理，人民则在这些人的管理下，享受劳动、教育、社会保险等等权利。

在文化问题上，为人民服务、为社会主义服务，百花齐放、百家争鸣，古为今用、洋为中用，唱响主旋律、提倡多样化——这些既是社会主义文化发展的客观规律的要求，贯穿着党的群众路线、社会主义民主原则和充分尊重知识分子劳动的科学精神，也是人民管理上层建筑的具体方针。

（6）一些号称学术研究的著作和反映相关历史进程的文艺作品，热衷于收罗、集中、展览党和共和国的错误，夸大甚至制造阴暗面。基本的事实却是，党和人民在不断地纠正错误，使自己调整到符合客观规律的道路上，在加强团结中日益走向胜利。

马克思说，如果斗争只是在有极顺利的成功机会的条件下才着手进行，那么创造世界历史未免太容易了。关于美好生活的理想和设计，关于这种理想点燃起来的改变现存秩序的激情，往往产生在理想实现的条件具备之前。

"大道之行也，天下为公"，就出现在中国奴隶社会。作为近代以来中国社会发展的逻辑结论和新的起点，社会主义不是某种现成教条的实现，不是外来移植的产物，也不是少数人"管理"多数人的事业，而是人民自己解放自己的创造。如马克思主义一向要求的，中国共产党最重视的，是人民群众的历史主动性。党和人民在实践中认识客观规律、积累多方面的经验。别人的经验是重要的，然而自己的经验更重要。在改正错误中开辟前进道路，正是一切正义事业的常规。

这使我们想到列宁的话："工人阶级一定能用他们充满错误的革命行动来争得自由。"① 这种以人民历史主动性为前提的、前进中的错误，同那种怨天尤人、指责栽赃的平庸智慧相比，"要千倍地高尚，千倍地伟大，千倍地有历史价值，千倍地正确"。

（7）人民在改造客观世界的过程中，改造、锤炼和提高着自己，并形成新的观念和品质。革命战争和社会主义建设的实践，荡涤着人民身上的落后、狭隘、散漫和无知。共产党人、工人阶级和全体人民，都需要适应客观世界的变化改造自己。

中国是一个农民占人口多数的国家。在革命战争和社会主义建设中，中国农民永远地告别了阿Q和杨白劳的时代，涌现出大批大批先进的共产主义战士和具有工人阶级世界观的优秀的军事家、政治家、理论家、科学家、技术专家、艺术家。在世界历史上，这是从未有过的。

人们已经熟知中国改造清朝末代皇帝和战犯的业绩。人民解放战争期间，起义、投诚和接受和平改编的国民党部队共 188 万人，其中涉及陆军240 个师、海军舰艇 97 艘、空军飞机 128 架，包括将领 1500 余名。将近 200万来自敌对阵营的军人，靠共产党的政策，靠政治委员、指导员和战士们的工作，实现"灵魂裂变"，改造为人民军队的成员或者诚实的劳动者，一些部队整建制地在抗美援朝战场建功树勋，相当多的人后来孜孜追求共产主义。在世界历史上，这同样从未有过。

（8）中国人学习马克思主义，在精神上开始由被动转入主动，最早的代

---

① 《列宁选集》第 1 卷，人民出版社 1995 年版，第 728 页。

表者，是先进的、革命的知识分子。抗日战争时期大批知识分子从国民党统治区奔赴延安，新中国成立以后又有大批知识分子从海外归国，都是因为他们从共产党、从社会主义身上，看到了祖国、民族和自己的希望。

知识分子改造，首先必须逐步树立工人阶级的世界观，解决知识是来源于劳动、来源于人民，还是来源于个人主观世界的问题，解决知识应该贡献于民族和人民的解放事业，还是私有、待价而沽、以此向人民讨价还价的问题。新中国知识分子，走着和工农民众相结合的道路。如果不和工农群众相结合，必将一事无成或陷入歧路。从山村小学的教师，到普通的医生、科技人员、文学艺术工作者，到誉满天下的教授与院士，中国知识分子的劳动，作为中国人民历史创造活动的一部分，被载入共和国的辉煌史册。

把一个时期有关某些具体政策的提法——这些提法往往针对一个时期的某些具体情况，往往处于不成熟和不完善的、变化的过程中——绝对化为僵硬的、凝固的政治标准，用"右"或"左"的政治罪名，排斥打击对这些提法有不同意见甚至有正确意见的知识分子，是基于同一方法论的两种形式的错误。这不是社会主义的知识分子政策。它已经成为我国社会主义文化建设的重要教训和重要财富。

（9）毛泽东把中国新民主主义文化，概括为工人阶级文化思想即共产主义思想领导的，民族的、科学的、大众的文化。党的第十二次全国代表大会强调，在我国社会主义社会，"一切文化建设当然也要在共产主义思想指导之下发展"。

取消或削弱共产主义思想的当代意义，或者以强调共产主义信念的名义否定适合当前社会历史条件的资本主义经济成分，都是错误的。共产主义是工人阶级的整个思想体系。它从共产党出现，就始终存在于现实运动中，指导着党和国家社会政策的制定与实施，贯穿于共产党人和先进分子的思想、道德、行动。

弱化、剥离、取消共产主义目标和共产主义思想指导的所谓"社会主义"，过去和现在都存在。这样的社会主义，资产阶级可以接受，第二国际机会主义可以接受，赫鲁晓夫和戈尔巴乔夫可以接受，甚至希特勒也可以接受。《共产党宣言》从理论上清算了封建的社会主义、小资产阶级的社会主义、保守的或资产阶级的社会主义。稍稍注意美国资产阶级官方文献就会发现，那里充斥着对共产主义的绝对的仇恨和排斥，却有时允许存在一种保障资产阶级社会存在的"社会主义"。

（10）因此，在我们党提出和实行改革开放政策的进程中，邓小平一再告诫全党，在改革中坚持社会主义方向，这是一个很重要的问题。我们总结了几十年搞社会主义的经验，社会主义是什么，我们并没有完全搞清楚。马克思主义的核心是什么？马克思主义的另一个名词就是共产主义。我们多年奋斗就是为了共产主义。我们的信念理想就是要搞共产主义。在我们最困难的时候，共产主义的理想是我们的精神支柱，多少人牺牲就是为了实现这个理想。

（11）社会组织程度是社会进步的标杆。在一个很长的时间里，西方列强和帝国主义敢于欺负中国，中国长期落后，中国人民陷于被压迫、受剥削的境地，一个根本原因，是中国处于一盘散沙状态。在一个小农国家，这是不可避免的。马克思列宁主义、毛泽东思想和共产党、社会主义，永远地终结了这种状态，使中华民族和中国社会的组织程度，提高到现代的、超过西方国家的水平。在中国共产党领导的抗日根据地，从儿童团到青年团、妇联、各种群众团体和党政部门，从民兵到区小队、县大队、地方部队、正规军，把全民族的伟力、亿万人民的共同利益和理想，组织于捍卫国家的独立与主权的波澜壮阔的斗争中。在社会主义的国家里，无论工厂、企业、农村、学校、医院、商店，都有群众自我管理、自我教育的组织。城市基层居民委员会和几位"小脚侦缉队"的大妈，就足以随时发现犯罪分子，保证居民的安定生活。组织起来，作为中国人民长期奋斗的成果，成为国家不可战胜的文化力量。

（12）毛泽东对苏联《政治经济学教科书》的批评，已经部分地触及后来苏联共产党失去执政地位和国家解体的根本原因。作为第一个社会主义国家，它以人民的胜利和权利，创造了 20 世纪人类历史的伟大成就，随后则以赫鲁晓夫以来人民被逐渐剥夺种种权利，党和政府失去人民的信赖，走向自我毁灭。这种"来自上层的革命"，成为各种腐朽思想和作风的温床，为西方资本主义腐朽思想及作风的大规模输入和发动意识形态战争，打开了方便之门。

（13）西方资本主义的全球扩张，从一开始就伴随着文化渗透和文化改造。20世纪70年代，英国记者保罗·哈里森曾在若干第三世界国家进行实地考察并著有《第三世界——苦难、曲折、希望》。该书写道，这种渗透和改造，在民族文化本身不具备免疫力的第三世界国家，造成一种定式：各国首都建设同西方大城市相似，学校进行西方的教育，官方流行着西方的礼仪，西方服饰和化妆品引领时尚潮流，到处培养照搬西方模式的"比照集团"。他说，当第三世界国家迫切需要自力更生和保证更多人参加争取发展的活动的时候，"西方化的诱惑，歪曲了发展的目标，把造就孤立的个人消费者作为努力的目标"，"伴随着政治上和经济上的帝国主义，又产生出一种更为阴险的控制形式——文化上的帝国主义。文化上的帝国主义不仅征服了受害者的肉体，还征服了他们的心灵，使他们沦为唯命是从的帮凶"。①

苏联解体以来，以美国为首的西方的一个历史性步骤，是在全球特别是原社会主义国家，强制推行新自由主义。这是一种包括政治、经济、思想、文化等广泛领域详细计划的资本主义系统工程。作为它的一部分，作为它的思想基础的是，或者肢解、销蚀、削弱民族独立和国家主权，贬低各民族文化对人类文明的独特贡献和继续存在的必要性，或者直接攻击社会主义、共产主义和推销西方资本主义的"民主"、"自由"，或者用"融入"、"接轨"、"国际惯例"之类含糊其辞的术语，剥夺第三世界人民历史创造的主动精神和自主权，使他们成为政治上、经济上特别是精神上的侏儒和乞丐，不知不觉地甚至是自觉自愿地永久地沦落于依赖的、附庸的地位。用保罗·哈里森的话来说，就是征服他们的心灵。

（14）目前仍在肆虐全球的、起源于美国的经济危机再次告诉人们，丧失自主权而依赖西方资本主义，正是第三世界之为第三世界、和第三世界一切苦难的渊薮。

第三世界国家在危机面前能够依托的自身实力，比西方国家远为薄弱。国际清算银行2008年年底公布的数据显示，匈牙利国际贷款在该年上半年

① 保罗·哈里森：《第三世界——苦难、曲折、希望》，新华出版社1984年版，第50、36页。

增长 7 倍，占非银行部门贷款总额的 80%；捷克和波兰国际贷款同一时期增长 10 倍，占贷款总额的 100%；这一比例在俄罗斯为 50%。法新社根据这些数据指出："新兴经济体日益依赖国外资本，因而更容易受当前金融危机影响。"① 在多国声称警惕贸易保护主义抬头的时候，《华盛顿邮报》也说，这种保护主义的最大受害者，是"依赖出口的国家"。②

难怪按照媒体的预测，经济危机中已有的输家和未来的输家，多属第三世界。美国刊物列举出的"输得最惨"的名单，包括俄罗斯、委内瑞拉、伊朗、非洲和拉美大部分国家。③ 2008 年年底西方金融研究机构预测："最危险"的 10 个国家，是巴基斯坦、韩国、印度、乌克兰、印尼、菲律宾、俄罗斯、巴西、阿根廷、南非。④ 同时传来自信和乐观的声音："美元是危机的赢家。"⑤ "看似不公平的是，美国这个被世界其他国家视为危机始作俑者的国家，很可能比大多数国家的损失都小"，"美国将是最终赢家"。⑥

（15）经济危机具有两重性：它是资本主义固有矛盾激化的产物，不以人的意志为转移，又是西方资本主义强加给西方人民和第三世界人民的一种进行控制和超常规盘剥的平台。

西方当局不会放松对付第三世界。侵朝战争失败以后，鉴于军人士气低落，美国军方曾设置庞大机构，研究在战争中发挥"反共爱国"为核心的"人的因素"的作用。目前最常见的是货币手段。然而还有比如收缩而不是放弃军事入侵和占领伊拉克，重点转向阿富汗，阿战经费已经超过伊战。比如在格鲁吉亚、巴基斯坦、朝鲜半岛、伊朗、中国南海等地继续加剧紧张局势。比如以"反恐"名义在非洲、以"缉毒"名义在拉美强化军事存在。如此等等。

---

① 法新社瑞士巴塞尔 2008 年 12 月 7 日电。

② 安东尼·法约拉、格伦·凯斯勒：《贸易壁垒随全球经济衰退而有所加强》，美国《华盛顿邮报》2008 年 12 月 22 日。

③ 美国《盐湖论坛报》网站 2009 年 1 月 5 日。

④ 龙安云：《美欧联手逼发展中国家埋单》，《世界新闻报》2008 年 10 月 24 日。

⑤ 《兄长的钱》，德国《柏林日报》2009 年 4 月 27 日。

⑥ 新美国基金会经济增长项目政策负责人迈克尔·林德：《金融大火后的赢家可能是点燃这场大火的人》，美国《外交政策》双月刊 2009 年 5—6 月号。

来自西方的援助，西方强加的"改革"，以及政治干预、经济制裁、文化渗透、军事威胁，种种说三道四、挑拨离间、纵横捭阖、恫吓利诱、制裁封锁，目标都集中于固守与强化现行世界资本主义体系，固守与强化这一体系中第三世界依赖西方的既成机制。

问题仍然集中于对第三世界的控制。日本刊物文章把这叫做"争夺主导权"："统治阶级控制了世界的谷物、石油、媒体及最大的军事力量"，但是第三世界在寻找和创造适合自己的道路，"欧美对世界的统治正在落幕"，因此，"欧美统治阶级对此抱有危机感，开始通过一般人看不见的金融来发动'第三次世界大战'，以阻止这一趋势"。①

一切都在处心积虑中，仿佛不经意间接上预设轨道，安排得顺理成章。只要没有颠覆这一体系，只要继续在这一体系内部小修小补，或者说，只要不能获得有保障的民族独立和国家主权，人民不能成为自己命运的主人和自觉的历史创造者，第三世界注定无法翻身。

（16）中国人懂得人心向背和得人心者得天下的道理。经济上、军事上的弱者，在一定条件下战胜强者，是中外历史上常有的事情。井冈山打败南京，延安打败西安，中国社会主义事业获得世界历史的意义，是文化强者的胜利。

2004年5月7日，英国《金融时报》刊文提出"北京共识"。在当前的经济危机中，"中国模式"、"中国道路"成为引起世界广泛议论的热门话题。

中国的事情要按照中国的情况来办，要依靠中国人民自己的力量来办。独立自主，自力更生，无论过去、现在和将来，都是我们的立足点。中国人民珍惜同其他国家和人民的友谊和合作，更加珍惜自己经过长期奋斗而得来的独立自主权利。任何外国不要指望中国做他们的附庸，不要指望中国会吞下损害国家利益的苦果。我们坚定不移地实行对外开放政策，在平等互利的基础上积极扩大对外交流。同时，我们保持清醒的头脑，坚决抵制外来腐朽

---

① 本杰明·富尔福德：《以"谋略史观"来解读世界金融恐慌》，日本《追求》2008年11月26日。

思想的侵蚀，绝不允许资产阶级生活方式在我国泛滥。中国人民有自己的民族自尊心和自豪感，以热爱祖国、贡献全部力量建设社会主义祖国为最大光荣，以损害社会主义祖国利益、尊严和荣誉为最大耻辱。

胡锦涛总书记在党的十七大报告中提出"推动社会主义文化大发展大繁荣"的战略任务，要求"坚持社会主义先进文化前进方向，兴起社会主义文化建设新高潮，激发全民族文化创造活力"。可以预言，社会主义中国将以自己巨大的文化力量，走向更加灿烂的未来。

（来源：《红旗文稿》2009 年第 16 期）

中国和平发展与中华文明复兴

郑必坚[*]

中国科学院院长路甬祥同志和我共同发起了这个论坛，历时三年，先后举办了 37 场专题讲演。这些讲演实质上都围绕着一个共同的主题，就是中国的和平与发展道路。这个重大战略主题既为国内外战略界所广为关注，也得到自然科学和人文社会科学界的高度重视。

在论坛举行的第一次讲演会上，我曾说过，要立足于"从国家战略角度思考科学与人文，从科学与人文的角度思考国家战略"。三年来，我们从演讲和研讨的实践当中，获得了一个重要认识，就是中国和平发展道路最深刻的实质内涵，应该是同当代人类文明相交汇这样的中华文明伟大复兴。

作为个人的体会，同时也希望作为一种导向，我今天讲演的主题就是这样两句话：第一句话，中国的发展是和平的发展；第二句话，中国和平发展道路最深刻的实质内涵是中华文明在 21 世纪上半叶的伟大复兴。前一句话可以说是对论坛前三年研讨活动的归结，后一句话可以说是对我们下阶段研讨方向的展望。

一　中国的发展是和平的发展

和平发展道路的根本目标，是要解决 13 亿—15 亿中国人的生存权、发展权、教育权的问题，就是要让占世界 1/4 的人口都能过上比较富裕而又有

---

　　* 作者系原中央党校常务副校长。

尊严的体面生活。

许多人关心中国和平发展道路这个命题的由来。我认为大体可以说有两个起因。一个起因，是根据中国改革开放 20 多年来，在邓小平理论指导下，我们党开创中国特色社会主义道路成功的历史经验，从中体认到，我们已经走出一条对内方针与对外方针相统一的和平发展道路，这是一条既不同于早期工业化国家，依靠在海外建立殖民地壮大自己，也不同于某些后起国家通过发动世界大战或者是对外扩张来膨胀自己的中国独特的发展道路。另一个起因，是为了回答国际上针对中国迅速发展而出现的种种议论，主要是"中国崛起威胁论"，还有"中国崩溃论"。

稍微展开一点，这个命题包括五个相互联系的要点：

第一，一般地说中国和平发展道路，应当是泛指在整个中国特色社会主义巩固和发展的很长的历史进程中所走的道路。中国的这条发展道路又是专指由 20 世纪 70 年代末所开创以经济建设为中心，以改革开放为动力，以到 21 世纪中叶基本上实现由不发达国家到中等发达国家的全方位崛起为目标的这样一条和平发展道路。

第二，中国这条道路的根本目标，是要解决 13 亿—15 亿中国人的生存权、发展权、教育权的问题，就是要让占世界 1/4 的人口都能过上比较富裕而又有尊严的体面生活。这是致力于办好我们自己的事，老老实实发展我们自己，而不是谋求对外扩张、谋求世界霸权的发展道路。

第三，中国这条道路的根本基础，是在同经济全球化相联系而不是相脱离的进程中，在同国际社会实现互利共赢的进程中，独立自主地建设中国特色社会主义。就是说通过生产要素市场化流动的和平方式，从国内市场和世界市场，我们叫做两个市场，来获得中国现代化建设所必需的资金、技术、资源包括能源，我们叫做两种资源，而不是以海外殖民方式和所谓"大家庭"分工去掠夺别国的资源。这样做就和世界其他的国家形成"你中有我，我中有你"这样一种谁也离不开谁的经济格局。与此同时，中国又坚定不移把发展放在自己力量的基点上，包括独立解决发展中遇到的各种困难，而不把包袱扔给别人，绝不给世界制造麻烦。

第四，中国这条道路的根本特点，是对内方针与对外方针相统一，对内和谐与对外和平相统一。对内坚持改革开放，在改革开放中统筹兼顾各方面利益关系，致力于构建和谐社会；对外高举和平、发展、合作的旗帜，作为维护世界和平的坚定力量，致力于同世界各国人民一道共同建设持久和平、共同繁荣的和谐世界。

第五，中国这条发展道路的最深刻的实质内涵，就是在 21 世纪上半叶，在同当代人类文明相交汇中，实现中华文明的伟大复兴。

这第五点也就是我今天讲演主题的第二句话。

二 中华民族的复兴是文明的复兴

和平发展，就是要以文明的方式来应对中国现代化所面临的众多难题和种种挑战，要以文明大国的形象屹立于世界民族之林，要实现中国人一百多年来的强国梦。

中国和平发展道路的深刻实质内涵是中华文明的伟大复兴，这里一个中心的问题，是"和平发展"和"文明复兴"的关系。对此我们可以从以下三个方面来看。

第一，从当代中国的现实需要来看，所谓和平发展，就是要以文明的方式来应对中国现代化所面临的众多难题和种种挑战，在自主创新中实现中华文明的复兴。

我们多次说过，在中国和平发展的进程中，面临三大挑战，这就是：资源特别是能源短缺的挑战，环境特别是生态环境恶化的挑战，经济和社会发展中一系列两难问题的挑战。解决这些问题，要靠科学发展观，要坚持以人为本，全面、协调、可持续的发展。这些话大家都已耳熟能详，然而要真正变成全国范围、全体规模和深入持久的自觉行动，归根结底有赖于全民族文明素质的提升，有赖于最广大人民以文明的方式去正确应对三大挑战。

这当中，最具当代世界和当代文明特点的，就是我们主张超越旧式工业化道路，走新型工业化道路，开创一条科技含量高、经济效益好、资源消耗低、环境污染少而又使我们这个世界第一人口大国的人力资源优势能够得到充分发挥的崭新的工业化道路。

这就要求我们超越不合时宜的社会治理模式，致力于构建社会主义和谐社会，用这个来应对经济与社会发展中一系列两难问题的挑战，进而在全社会逐步形成文明的人际关系和生活方式。

这还要求我们超越近代以来后起大国崛起的老路和意识形态画线的冷战思维，走和平发展的道路，以此来促进世界和平和共同发展，和世界各国人民一道来建设一个和谐世界。

以上这三个超越，事情很明白，只有在继承和弘扬中华民族优秀文化传统的同时，大胆吸收和借鉴当代人类文明的有利成果，才能真正做到以文明的方式去应对我国现代化所面临的种种挑战。也就是说，只有从当今时代要求出发的中华文明在创新中的复兴，才是我们所理解、所期望的中华文明的伟大复兴。

第二，从中国同世界的关系来看，所谓和平发展，就是要以文明大国的形象屹立于世界民族之林。

一部人类文明史告诉我们，一个真正强大的民族，总是由先进文化引领、具有较高文明的民族。今天，国际社会认同中国的"崛起"，是因为改革开放以来中国连续20多年以平均9%以上的增长快速发展；而国际社会有人担心中国崛起会威胁别人，既有处于意识形态偏见把中国"妖魔化"的原因，也有我们自身文明建设不足引起的问题。另外，就是我们自身建设不足的问题，我认为也很值得深刻注意。这是因为，借鉴和吸收人类文明有益成果，是中华文明和世界文明相交汇的一个方面；与此同时，随着综合国力的增强，而使中华文明日益向世界显现其亲和力、感召力，则是中华文明同世界文明相交汇的又一个方面。这里当然包含众多课题，不仅有狭义的文化、教育，还有自然科学和人文科学，以致治国理念、"战略文化"，等等。

说到这里，我还想专门提到一点，就是我们民族心态同中国迅速提高的国际地位是否适应的问题。历史上，在半殖民地半封建社会的旧中国，存在着崇洋媚外和盲目排外两种不健康的心态，长期落后又使许多不文明行为成为社会生活的消极方面。进入21世纪，在中国经济迅速发展的新条件下，尤其是在中国大踏步走向世界的新进程中，某些历史遗留的不健康心态往往又经由不文明行为举止而被放大了。这些行为不仅会在市场竞争中影响我们的国际声誉，在国际合作当中影响我们的国家形象，而且很容易为那些别有用心的人渲染"中国威胁论"或"中国崩溃论"提供口实。所以中国坚持走和平发展的道路，就不仅要在世界树立起"和平中国"的形象，而且要树立起"文明中国"的形象。这已经是一项很迫切、很实际的任务了。

第三，从我国自身的历史发展来看，中国的和平发展，就是要实现中国人一百多年来的强国梦，实现中华民族的伟大复兴。

大家知道，中华民族在历史上曾经创造了灿烂的物质文明与精神文明，为人类社会发展作出巨大的贡献，只是近代以来落伍了，并为此遭受了深重的屈辱和苦难。一百多年来，中国人一直做着强国富民之梦，其间历经艰辛和曲折，直到中国共产党领导人民革命胜利和中华人民共和国的成立，才为中华民族伟大复兴奠定了政治的基础。

历史经验告诉我们，中国人民的"强国梦"逐步实现的进程，中国和平发展的进程，既不能是全盘西化的过程，也不能是复活旧学占统治地位的进程，而只能是在当代中华民族发展中的马克思主义指导下，创造性地继承和发展自己民族的优秀文化传统，而又大胆地借鉴和吸收人类文明有益成果的过程，是一个中华文明在自主创新中实现伟大复兴的过程。

三 落实于构建和谐社会

中华民族的伟大复兴，当然需要一个文化建设的过程，但绝不仅仅是文化建设，而是要坚持物质文明、政治文明、精神文明、社会文明、生态文明这五大文明建设的有机统一，构建社会主义和谐社会。

如果把"和平发展"与"文明复兴"结合起来落实到实处，又是一个什么样的问题？我以为，就是我们党从十六大以来，经过十六届四中、五中全会，越来越明确起来的关于构建社会主义和谐社会的问题。

在我看来，中华民族的伟大复兴，当然需要一个文化建设的过程，但绝不仅仅是文化建设，而是要在全面推进社会主义经济建设、政治建设、文化建设、社会建设、生态建设这五大建设的过程中，努力构建社会主义物质文明、政治文明、精神文明、社会文明、生态文明这五大文明相互结合和相互促进的社会主义和谐社会这样一个系统工程。

我们党关于社会主义和谐社会的理论已经形成，并且已经成为中国特色社会主义理论体系中可以同"社会主义初级阶段理论"、"社会主义市场经济理论"相媲美的重要组成部分，成为中国共产党治国理政的一个核心理念。

下面，让我们领会一下构建社会主义和谐社会的总体思路。

第一，是要依靠发展，依靠科学发展。回顾中国20多年和平发展的历史经验，集中到一点，就是邓小平说过的一句话，"发展才是硬道理"。江泽民也说过"中国解决所有问题的关键在于依靠自己的发展"。构建社会主义和谐社会，依然要靠发展，要靠以人为本、五个统筹的科学发展。坚持科学发展观，要求我们认真研究和准确把握先进社会生产力发展的特点、趋势和要求，这是解决当代发展问题的前提。传统工业社会生产力发展是以利润为导向，以资源和能源的大量消耗为特征，以破坏环境为代价实现的。而中国走新型工业化道路所追求的先进社会生产力的发展，则是以人为本，以科技创新为动力，以人与自然的和谐相处为特征来实现的。当代人类社会生产力发展日益突出的智能化特征、国际化规模和人性化方向，推动科技和人文进一步直接融合于先进生产力的发展之中，也就是说，现代生产力发展的质的飞跃，不仅表现在生产力的"硬件"因素上，而且也表现在生产力的"软件"因素上。

当代人类社会生产力的要素和作用方式已经、正在并且将继续发生这种巨大变化，要求我们必须加快转变经济增长方式和提高自主创新能力。党的十六大以来，党中央的一系列重大决策完全符合并且准确反映了当代社会先进生产力发展的这种特点、趋势和要求。因此，构建社会主义和谐社会，必须坚持用科学发展观统领经济社会发展全局。

第二，是要依靠深化经济体制改革，依靠健全社会主义民主与法制。我们党构建社会主义和谐社会，绝不是否认矛盾存在和矛盾斗争，而是坚持把和平发展作为执政兴国第一要务的同时，继续深化以市场经济为取向的经济体制改革，就是要凝聚改革共识，坚定改革方向，完善改革措施，着力改革攻坚，并且通过统筹兼顾、适当安排的稳健的科技创新、体制创新，来妥善解决社会的各方面矛盾，不断保持和发展社会和谐，不断把社会和谐推向新的水平和境界。

历史经验告诉我们，在社会主义社会，包括在社会主义初级阶段，如果仍然以阶级斗争为纲，不但解决不了任何问题，反而会激化各种矛盾。只有在物质文明和精神文明不断发展，经济体制改革不断深化的基础上，加强社会主义政治文明建设，完善社会主义民主，坚持依法治国的基本方略，才能不断促进社会和谐、人民安康。胡锦涛在论述社会主义和谐社会的基本要求时，把民主法治放在第一位，是极其重要的。

第三，是靠在全社会提倡诚实守信，靠发展社会主义精神文明。做人做事严守诚信，这历来是中华民族的美德，在社会主义市场经济的发展中更要讲诚信。21 世纪中国国民基本素质，不仅应当包括基本文化素质、基本科学人文素质、基本职业素质，而且应当包括基本伦理道德素质。胡锦涛在今年全国两会上提出的树立社会主义荣辱观的八项内容，引起社会各界高度重视和热烈响应，这绝对不是偶然的。

第四，在当今中国这样一个"黄金发展期"与"矛盾凸显期"并存的历史时刻，还要特别强调一点：就是无论坚持科学发展也好，健全民主法治也好，倡导诚信道德也好，归根结底都是要落实到人民群众最关心、最迫切要求解决的问题上来，给人民群众以看得见的实惠和希望，并且经过系统和坚持不懈的努力，使13 亿人民物质和文化生活逐步达到新的文明高度。因此在继续推进政治建设、经济建设和文化建设的同时，还必须把社会建设和生态建设放在最突出的位置上来。

总之，坚持物质文明、政治文明、精神文明、社会文明、生态文明这五大文明建设的有机统一、相辅相成，我们就一定能够通过长期努力，通过分阶段地构建社会主义和谐社会，实现中华文明的伟大复兴。

四 中华文明复兴不是"文明冲突"

构建社会主义和谐社会，实现当代中国的和平发展和文明复兴，无论在认识上还是在实践上，都是一次具有重大现实和长远意义的伟大超越。

历史呼唤我们，要以高度的自觉推进中国社会的自我改造，推进 13 亿乃至 15 亿中国人的国民素质的自我改造，还要推进人与自然关系的改造。这三项改造也可以叫做新的"三大改造"，而且是在坚持走新型工业化道路基础上的新"三大改造"，合起来说也可以叫做新的"一化三改造"。它们之间互相联系，互相渗透，将贯穿中华文明复兴的全过程。与此相关的课题，需要我们广泛、深入和持续的探讨。

还要看到，中华文明的复兴是中国和平发展的根本保证，是人类文明发展历史上的盛举。中华文明的复兴绝不意味着世界范围内的文明的冲突，正好相反，正如胡锦涛主席在出席 APEC 会议上的主旨讲话中所说，"各种文明之间、各个国家之间应该本着开放的思维，实现共赢"。一个爱好和平、讲信修睦、协和万邦的中华文明的复兴，它与世界上不同文明的共存与沟通，将大大有助于世界的和平与稳定。

人类社会发展的经验说明，各种文化、各个国家的发展，只能按照各自的特点和需要，没有也不可能有什么统一的"模式"，更不应当把什么"理想模式"强加于人。至于中国，我们认准一条走自己的路，中国社会主义特色的道路，也就是中国和平发展的道路。值得注意的是，除了"中国经济威胁论"和"中国崩溃论"之外，国际上又冒出一个说法：由于中国发展快，"中国模式"对广大发展中国家更有吸引力，这又构成"威胁"，叫做"模式威胁论"。对此，我们同样是清醒的。我们绝不会向外输出自己的发展模式，我们历来说，中国只输出电脑，不输出发展模式。中国的发展模式是适合中国国情的发展模式，中国的发展模式只会有利于同世界人民一道建设持久和平、共同繁荣的和谐世界，而绝不会给世界带来任何意义上的威胁。

最后，把今天的讲演作一个归结，还是一开头提出的那两句话，中国的发展是和平的发展，中华民族的复兴是文明的复兴。而和平发展和文明复兴的过程，将贯彻"四个结合"：一个是继承传统与改革创新相结合；第二是吸收世界优秀文明同立足本国实际相结合；第三是自然科学与人文社会科学相结合；第四是对外和平与对内和谐相结合。我认为，这四个结合至关紧要，这四个结合做得好不好关系我们全部事业的兴衰成败。

我们坚定不移地沿着中国特色社会主义道路阔步前进，和平发展，文明复兴，中国将以"和平大国"、"文明大国"、"可亲大国"的形象出现于世界。

（来源：《解放日报》2006 年 4 月 16 日）

论中国特色社会主义文化发展观

赵剑英[*]

一 中国特色社会主义文化发展观的提出

关于文化在经济社会系统运行发展中的地位和作用，马克思主义经典作家曾经有许多论述。马克思和恩格斯在人类思想史上第一次摆脱了唯心史观的束缚，科学说明了物质与意识以及经济、政治、文化之间的关系。在《德意志意识形态》中，马克思指出："首先应当确定一切人类生存的第一个前提，也就是一切历史的第一个前提，这个前提是：人们为了能够'创造历史'，必须能够生活。但是为了生活，首先就需要吃喝住穿以及其他一些东西。因此第一个历史活动就是生产满足这些需要的资料，即生产物质生活本身。"[①] 至于"思想、观念、意识的生产最初是直接与人们的物质活动，与人们的物质交往，与现实生活的语言交织在一起的。人们的想象、思维、精神交往在这里还是人们物质行动的直接产物。表现在某一民族的政治、法律、道德、宗教、形而上学等的语言中的精神生产也是这样"。[②] 他们指出："我们的出发点是从事实际活动的人，而且从他们的现实生活过程中还可以描绘出这一生活过程在意识形态上的反射和反响的发展。甚至人们头脑中的

---

   * 作者系中国社会科学出版社总编辑、编审。

   ① 《马克思恩格斯选集》第1卷，人民出版社1995年版，第78—79页。

   ② 同上书，第72页。

模糊幻象也是他们的可以通过经验来确认的、与物质前提相联系的物质生活过程的必然升华物。因此，道德、宗教、形而上学和其他意识形态，以及与它们相适应的意识形式便不再保留独立性的外观了。它们没有历史，没有发展，而发展着自己的物质生产和物质交往的人们，在改变自己的这个现实的同时也改变着自己的思维和思维的产物。不是意识决定生活，而是生活决定意识。"① 也就是说，从根本上讲，人们的精神生产和文化活动是由物质生产实践决定的。

在确认这一点的同时，马克思和恩格斯也强调了精神生产和文化活动对于物质生产和经济活动的反作用。恩格斯在致约·布洛赫的信中，曾经批判了那种将唯物史观理解为经济因素是唯一决定性因素的错误理解，指出："经济状况是基础，但是对历史斗争的进程发生影响并且在许多情况下主要是决定着这一斗争的形式的，还有上层建筑的各种因素：阶级斗争的政治形式及其后果——由胜利了的阶级在获胜以后确立的宪法，等等，各种法的形式以及所有这些实际斗争在参加者头脑中的反映，政治的、法律的和哲学的理论，宗教的观点以及它们向教义体系的进一步发展。"② 在这里，恩格斯谈到了对历史斗争进程发生影响的其他要素，虽然他主要是从上层建筑角度着眼加以论述的，但其中无疑包孕着文化对于历史发展过程具有巨大影响的观点。

20 世纪 40 年代初，毛泽东在论及新民主主义文化时，曾经下了一个著名的定义："一定的文化（当作观念形态的文化）是一定社会的政治和经济的反映，又给予伟大影响和作用于一定社会的政治和经济；而经济是基础，政治则是经济的集中的表现。这是我们对于文化和政治、经济的关系及政治和经济的关系的基本观点。"③ 毛泽东这里的界定，清晰地指出了文化对于社会经济和政治发展的巨大反作用。冯天瑜教授将上述狭义理解的文化称为文化的价值体系，"它与特定民族的生产方式和生活方式相适应，构成以语言为符号传播的价值观念和行为准则。这种观念形态的文化（或曰精神文化），

---

① 《马克思恩格斯选集》第 1 卷，人民出版社 1995 年版，第 73 页。
② 《马克思恩格斯选集》第 4 卷，人民出版社 1995 年版，第 696 页。
③ 《毛泽东选集》第 2 卷，人民出版社 1991 年版，第 663—664 页。

是与经济和政治相对应的，是社会的经济和政治的反映，又给予巨大影响和作用于社会的经济和政治"。① 反观人类文化史，正是人类在物质生产实践中生发出来的各种文化创制和文化精神，有力地改变着人类的精神世界、思维方式、文明面貌、心灵境界和理性认知，从而作为动力之一推动着人类社会历史不断阔步前进。也正是由于此，雷蒙德·威廉斯提出："马克思主义者给予文化一种很高的价值。"②

党的十一届三中全会以来，以邓小平为核心的党的第二代领导集体和以江泽民同志为核心的党的第三代领导集体坚持马克思主义这一基本观点，正确认识和处理经济建设和文化建设、物质文明与精神文明的关系，提出要建设有中国特色社会主义的文化。首先，社会主义文化建设要围绕经济建设这个中心，离开经济建设的中心另搞一套文化建设，不仅文化建设搞不好，而且对经济建设造成严重破坏。这方面在我国社会主义建设的历史上已有沉痛的教训。同时，经济建设不能代替文化建设，文化建设能为经济发展和社会全面进步提供强大的精神动力和智力支持。1979 年，邓小平指出，"我们要在建设高度物质文明的同时，提高全民族的科学文化水平，发展高尚的丰富多彩的文化生活，建设高度的社会主义精神文明"③。1980 年，他又说："我们建设的社会主义国家，不但要有高度的物质文明，而且要有高度的精神文明。所谓精神文明，不但是指教育、科学、文化（这是完全必要的），而且是指共产主义的思想、理想、信念、道德、纪律。"④ 在党的十二大上，邓小平又强调："不加强精神文明的建设，物质文明的建设也要受破坏，走弯路。光靠物质条件，我们的革命和建设都不可能胜利。过去我们党无论怎样弱小，无论遇到什么困难，一直有强大的战斗力，因为我们有马克思主义和共产主义的信念。有了共同的理想，也就有了铁的纪律。无论过去、现在和将来，这都是我们的真正优势。这个真理，有些同志已经不那么清楚了。这

---

① 冯天瑜：《中国文化史断想》，华中理工大学出版社 1989 年版，第 19 页。
② 雷蒙德·威廉斯：《文化与社会》，吴松江、张文定译，北京大学出版社 1991 年版，第 350 页。
③ 《邓小平文选》第 2 卷，人民出版社 1994 年版，第 208 页。
④ 同上书，第 367 页。

样，也就很难重视精神文明的建设。"① 邓小平在 1992 年南方谈话中指出："广东二十年赶上亚洲'四小龙'，不仅经济要上去，社会秩序、社会风气也要搞好，两个文明建设都要超过他们，这才是有中国特色的社会主义。"②

以江泽民为核心的党的第三代领导集体在推进建设中国特色社会主义的伟大实践中，坚持并发展了邓小平关于要正确处理两个文明建设、文化建设与经济建设相互关系的思想。江泽民同志在建党 70 周年的讲话中，明确提出"有中国特色社会主义是社会主义经济、政治、文化的统一整体"，我们不但要建设有中国特色社会主义经济、政治，同时要建设有中国特色社会主义的文化。在党的十四大、十四届三中全会、十四届六中全会上，他多次阐述了重视精神文明建设和文化建设问题。在党的十五大上，江泽民同志系统地论述了党在社会主义初级阶段建设有中国特色社会主义的文化纲领，明确把建设有中国特色社会主义的文化作为党在社会主义初级阶段基本纲领的一项基本内容；提出有中国特色社会主义文化是综合国力的重要标志的重要论断。党的十六大报告进而指出："当今世界，文化与经济和政治相互交融，在综合国力竞争中的地位和作用越来越突出。文化的力量，深深熔铸在民族的生命力、创造力和凝聚力之中。全党要深刻认识文化建设的战略意义，推动社会主义文化的发展繁荣。"③ 这些重要判断表明我们党充分认识到了文化与经济和政治越来越为紧密联系的发展趋势，对文化在当今时代的特殊地位和作用予以了深刻揭示。

党的十六大以来，以胡锦涛为总书记的党中央，坚持以辩证唯物主义和历史唯物主义为指导，根据人类实践发展的新特点和新趋势，不断深化关于文化在经济社会发展中的地位和作用的认识，对发展社会主义先进文化提出了一系列新观点和新论断，在进一步丰富和完善科学发展观的同时，也深化了我们对中国特色社会主义文化发展观的认识。

胡锦涛同志指出，一个没有文化底蕴的民族，一个不能不断进行文化创新的民族，是很难自立于世界民族之林的。这一论断把文化建设与文化

---

① 《邓小平文选》第 3 卷，人民出版社 1993 年版，第 144 页。
② 同上书，第 378 页。
③ 《十六大以来重要文献选编》（上），人民出版社 2005 年版，第 29 页。

创新联系了起来，把民族的文化素质、文化底蕴、文化创新提到了实现中华民族伟大复兴的高度。此后，我们党对文化建设愈益重视，并且采取了更加明确、得力的措施来切实地推动社会主义文化建设的展开。党的十六届三中全会明确把文化体制改革纳入完善社会主义市场经济体制的重要任务，进一步确定了深化文化体制改革的总体思路和目标。党的十六届四中全会通过的《中共中央关于加强党的执政能力建设的决定》提出了深化文化体制改革，解放和发展文化生产力的观点。党的十六届五中全会强调要构建公共文化服务体系，积极发展文化事业，大力发展文化产业，创造更多适应人民群众需要的优秀文化产品。中共中央、国务院发出的《关于深化文化体制改革的若干意见》则进一步提出了要"树立新的文化发展观"，指出，在全面建设小康社会、实现中华民族伟大复兴的历史进程中，繁荣和发展社会主义先进文化具有全局性战略性地位和作用。必须从全面落实科学发展观、构建社会主义和谐社会的高度，从巩固马克思主义在意识形态领域指导地位的高度，从加强党的执政能力建设的高度，充分认识文化体制改革的重要性和紧迫性，增强责任感和使命感，抓住重要战略机遇期，深化改革，加快发展，为建设社会主义先进文化注入强大动力。李长春指出要"坚持解放思想，转变观念，树立新的文化发展观"，强调"当前，解放思想，转变观念，最重要的是全面领会党的十六大以来中央关于发展社会主义先进文化的一系列新观点新论断，牢固树立新的文化发展观"。[1]

在党的十七大报告中，胡锦涛同志更加明确地指出："当今时代，文化越来越成为民族凝聚力和创造力的重要源泉、越来越成为综合国力竞争的重要因素，丰富精神文化生活越来越成为我国人民的热切愿望。要坚持社会主义先进文化前进方向，兴起社会主义文化建设新高潮，激发全民族文化创造活力，提高国家文化软实力，使人民基本文化权益得到更好保障，使社会文化生活更加丰富多彩，使人民精神风貌更加昂扬向上。"[2] 为了实现这一目

---

[1] 李长春：《全面落实科学发展观 深入推进文化体制改革》，《求是》2006年第10期。

[2] 胡锦涛：《高举中国特色社会主义伟大旗帜 为夺取全面建设小康社会新胜利而奋斗——在中国共产党第十七次全国代表大会上的报告》，人民出版社2007年版，第33—34页。

标，十七大报告明确了四个方面的工作任务，一是建设社会主义核心价值体系，增强社会主义意识形态的吸引力和凝聚力；二是建设和谐文化，培育文明风尚；三是弘扬中华文化，建设中华民族共有精神家园；四是推进文化创新，增强文化发展活力。

以上这些精辟论断构成了中国特色社会主义文化发展观的理论框架和精神实质，也是我们推进社会主义文化发展的指针。

二　中国特色社会主义文化发展观的基本内涵

在当代，包括文化力在内的综合国力的竞争越来越激烈，文化在国家综合国力中的地位越来越突出，文化的交流和传播越来越成为各国相互关系的重要内容，文化的矛盾和冲突也越来越成为国际竞争和国际冲突的一个方面。由新科技革命推动的全球化、信息化发展趋势，使文化作为一种新的实践力量"异军突起"：文化生产力既是一种"硬实力"，是生产力；又是一种"软实力"，是民族国家的凝聚力；同时，文化还是一种创新力，是民族国家发展的强大动力。文化生产力正在给当代中国社会发展注入新的更加强大的动力，文化凝聚力使我们的经济社会发展得更好更快、更加和谐，使中华民族的向心力和凝聚力空前提升；文化创新力使国家和人民的主体性和创造力日益蓬勃地爆发出来。对当代文化这一特质的崭新认识，应当成为中国特色社会主义文化发展观的核心和灵魂。

（一）文化是一种硬实力，是生产力

在人类社会漫长的农业文明和工业文明时代，第一产业以及第二产业构成了现实的生产力，而包括文化发展在内的第三产业尚未进入经济进步的视野。然而，随着新科技革命的深入发展，第三产业在人类社会的产业结构中发挥着日益重要的作用。同时，文化与经济的交融日益深入，文化经济化的发展结果是，以满足人们精神心理需求的消费品的生产及其服务活动逐渐成为一门产业。文化开始变为硬实力并直接成为生产力。其表现形式就是文化产业，文化产业是高新技术与文化紧密结合的产物，是一个集中代表现代经

济、社会和文化发展的全球性趋势的新兴产业。用联合国教科文组织对文化产业的定义，文化产业是按照工业标准生产、再生产、储存以及分配文化产品和服务的一系列文化活动。20 世纪 70 年代以来，以知识化、信息化、全球化、智能化、国际化、网络化、创新化为特征的"新竞争时代"的来临，使文化产业的发展逐渐成为一种世界潮流。文化产业作为新兴的朝阳产业，在各国经济发展中具有越来越重要的地位，已成为发达国家国民经济的支柱产业。可以说，当今时代，文化产业日益勃兴，一个国家的文化资源和文化优势正在取代自然资源优势，它不仅直接体现与催生着民族国家的生产力和硬实力，而且也有力地推动了文化的繁荣与发展。

中国正处在完善社会主义市场经济体制、全面落实科学发展观、构建社会主义和谐社会的关键时期。如何在我国改革与发展的关键时刻适应世界发展的新形势？如何在新一轮国际竞争中立于不败之地？发展文化产业至关重要。

解放和发展文化生产力，既是繁荣社会主义先进文化的必由之路，也是推动经济持续、稳定、快速、协调发展的一个重要途径。这是我们党关于文化地位和作用认识的一个新收获。进入 20 世纪 90 年代后，随着我国社会主义市场经济体制的建立和发展，文化领域面向市场改革步伐明显加快，文化产业加速发展。进入 21 世纪以来，我国文化产业发展势头更加迅猛，在经济社会生活和国民生产总值中的比重也愈益重要。2000 年 10 月，党的十五届五中全会通过的《中共中央关于制定国民经济和社会发展第十个五年计划的建议》，第一次在中央正式文件中提出了"文化产业"这一概念，它标志着我国对于文化产业的提法及其地位的认可，反映了我们对于文化自身发展规律的认识越来越深刻。这既是建立社会主义市场经济体制对文化发展的客观要求，也是坚持社会主义先进文化前进方向的必然要求。2002 年召开的党的十六大，第一次将文化分为文化事业和文化产业，强调要积极发展文化事业和文化产业。2003 年 8 月，中央政治局第七次集体学习的主要内容就是"世界文化产业发展状况和我国文化产业发展战略"。2003 年 11 月，党的十六届三中全会通过的《关于完善社会主义市场经济体制若干问题的决定》中明确提出了文化产业的发展目标，要求完善文化产业政策，鼓励多渠道资金投入，促进各类文化产业共同发展，形成一批大型文化企业集团，增强文化产业的整体实力和国际竞争力。党的十七大报告进一步强调：要大力发展文化产业，实施重大文化产业项目带动战略，加快文化产业基地和区域性特色文化产业群建设，培育文化产业骨干企业和战略投资者，繁荣文化市场，增强国际竞争力。

（二）文化是一种软实力，是民族国家的吸引力和凝聚力

文化不仅直接体现为生产力，而且是一种软实力，是民族国家吸引力和凝聚力的集中体现。国家的实力既包括经济总量、科技水平和国防力量及相关的设施在内的硬实力，也包括核心价值观、国民素质、政治经济制度和国家形象等软实力，而且软实力在国家综合力量中的比重在不断增加。文化及其影响力则构成了国家形象和国家软实力的最重要组成要素。

美国哈佛大学教授约瑟夫·奈曾将综合国力分为硬实力与软实力两种形态。硬实力（hard power）是指支配性实力，包括基本资源（如土地面积、人口、自然资源）、军事力量、经济力量和科技力量等；软实力（soft power）则分为国家的凝聚力、文化被普遍认同的程度和参与国际机构的程度等。约瑟夫·奈把软实力概括为导向力、吸引力和效仿力，是一种同化式的实力——一个国家思想的吸引力和政治导向的能力。软实力具有超强的扩张性和传导性，超越时空，对人类的生活方式和行为准则产生巨大的影响。这一提法对我们认识文化的软实力作用有很大启发意义。

具体说来，笔者认为，文化软实力主要体现为两个方面：

一方面，文化软实力体现为导向力、吸引力和效仿力，这是一种同化式的实力——标志着一个国家思想的吸引力和政治导向的能力。文化是人类主观世界见之于客观世界的灿烂奇葩，构成了民族国家最富有感召魅力的独特品牌。优秀的文化能够不断丰富人们的精神世界，增强人们的精神力量，实现升华思想、激扬精神、醇化道德、陶冶灵魂的特殊导向功能；优秀的文化可以形成强大的吸引力，使得人们陶醉其中，心驰神往，流连忘返；优秀的文化还可以对域外其他文化构成巨大的效仿力，成为其他文化学习、模仿、汲取吸收的对象。在灿烂悠长的文化史上，盛唐时期的中华文化就是如此。

经过魏晋南北朝时期的社会震荡和多元、异质文化的冲突与交流，唐代的文化成果，举凡文学艺术、音乐歌舞、书法绘画、佛教文化、工艺美术、史学地理等，均呈现出百花齐放、绚烂多姿的瑰丽景观。英国学者韦尔斯比较了唐文化与当时的亚欧文化后指出："在整个第七、八、九世纪中，中国是世界上最安定最文明的国家……在这些世纪里，当欧洲和西亚孱弱的居民，不是住在陋室或有城垣的小城市里，就是住在凶残的盗贼堡垒中；而许许多多中国人，却在治理有序的、优美的、和蔼的环境中生活。当西方人的心灵为神学所缠迷而处于蒙昧黑暗之中，中国人的思想却是开放的、兼收并蓄而好探求的。"① 唐文化不仅以远迈前朝的辉煌成就使华夏文明达到了一个空前的高度，而且以强大的力度、开阔的胸襟、丰沛的内涵、深刻的意蕴，远播异域，泽及世界，在世界文化史上留下了浓墨重彩的一笔。当时的日本社会就以前所未有的规模吸纳中华文化，"越是中国风味的，就越受古代贵族们的喜爱"，"只要是唐朝的东西，不论什么都要尽快地传进来"②。在与印度、阿拉伯世界甚至非洲国家的文化交流中，唐文化同样以其强劲的对外辐射力和吸引力、效仿力，有力地推动着中华文化在世界上的传播和交流。

在经济全球化的条件下，文化软实力的导向力、吸引力和效仿力作用愈益明显和强大。一个国家没有自己强盛的文化，迟早会成为别人的附庸。不仅如此，一个国家被俘获的文化还会以巨大的力量渗入该国的经济体制、政治体制、社会秩序乃至社会成员的精神世界、价值观念、理想信念之中，使其彻底成为强大国家的殖民区。正是在这一意义上，钱穆先生在《中国文化传统之演进》一文中指出："文化也就是此国家民族的生命。如果一个国家没有了文化，那就等于没有了生命。"③ 这里从"生命"的高度突出强调了文化之于一个民族、一个国家的重要意义和价值。正因如此，笔者认为，文化的软实力作用首先体现为民族国家强大的导向力、吸引力和感召力，这种力量构成了一个国家的文明魅力和政治导向能力。

---

① 转引自冯天瑜等《中华文化史》，上海人民出版社 2005 年版，第 494 页。
② 井上清：《日本历史》，天津人民出版社 1975 年版，第 347 页。
③ 姜义华等编《港台及海外学者论中国文化》，上海人民出版社 1988 年版，第 1 页。

另一方面，文化的软实力还体现为认同力、亲和力和凝聚力。文化是一种具有高度认同作用的"黏合剂"，它是人类理性认知和感情联系的纽带，是一个国家和社会和谐稳定、相互认同的内在条件。一般来说，文化认同是由共同的语言、民族血统、宗教信仰、价值观、伦理道德体系、历史地理、经济环境等因素相互作用形成的，是民族国家确立其存在正当性的重要依据，民族国家的凝聚力是建立在全民认同的国家利益、文化传统和相对一致的社会道德价值观基础上的。我特别赞同这样的说法，文化认同就是以柔克刚的"军队"，文化认同就是最坚固的"国防"。

文化的软实力还鲜明地体现为亲和力和凝聚力。以中华文化为例。中华民族历久磨难，但一直生生不息，其原因是多方面的。从外部原因上说，是由于与外界相对隔绝的大陆性地域、自给自足的农业经济格局、宗法社会组织结构的相互影响和制约，形成了一个稳定的生存系统。但主要的原因则是源于内部，即中国传统文化本身所蕴涵的多样性的生机力、统一性的同化力、包容性的融合力、伦理性的亲和力、变易性的创造力和民族历史意识的延续力等，构成了中华文化强大的生命力之源。冯天瑜教授盛赞中国文化的生命力和延续性，认为"中国文化最富于魅力并引起世人赞叹的，不仅在于它的古老，更在于它的顽强的生命力、无与伦比的延续性，在于它历尽沧桑、饱受磨难，却始终传承不绝。虽然中国文化也有高潮、低潮的起伏，并且屡次面临挑战，经历过许多充满危机的关头，但是，它却一次又一次表现出巨大的再生能力，成为世界文化史上罕见的不曾中绝过的古老文化"。[①] 在全球化浪潮汹涌而来的今天，文化越来越多地成为一个国家的"名片"，也越来越成为一个国家秉持守护的精神家园。文化是民族之根，精神是国家之魂。正是由于此，文化的亲和力、认同力和凝聚力将永远闪烁着耀目的光彩，肩负着沉重的使命。

近年来，我们党对文化软实力的意义和作用的认识不断深入，重视不断加强。2006 年 11 月 10 日，胡锦涛同志在中国文联第八次全国代表大会、中

---

① 冯天瑜：《中国文化的特征》，中国近代文化史丛书编委会编《中国近代文化问题》，中华书局 1989 年版，第 15 页。

国作协第七次全国代表大会上提出"提升国家软实力，是摆在我们面前的一个重大现实课题"。在 2007 年 1 月中共中央政治局第三十八次集体学习时，胡锦涛同志又指出，加强网络文化建设和管理"有利于增强我国的软实力"。党的十七大报告则鲜明地提出了"提高国家文化软实力"的要求。由此，加强社会主义先进文化建设被赋予了双重意义：一方面，文化建设对于和谐社会的构建意义重大。胡锦涛同志在省部级主要领导干部提高构建社会主义和谐能力专题研讨班上的讲话中指出，一个社会能否和谐，一个国家能否长治久安，很大程度上取决于全体成员的思想道德素质，没有共同的思想信念，没有良好的道德规范，是无法实现社会和谐的。要切实加强社会主义先进文化建设，不断增强人们的精神力量，不断丰富人们的精神世界。另一方面，进入新世纪，文化软实力在综合国力竞争中的地位和作用越来越突出，成为国家核心竞争力的重要因素。随着经济全球化的深入发展，世界范围思想文化交流、交融、交锋更为广泛，越来越多的国家把提高文化软实力作为重要战略。我国作为一个发展中的社会主义大国，要在激烈的国际竞争中赢得主动，有效抵御西方思想文化渗透，就必须采取更加切实有效的措施，推动社会主义文化发展繁荣，不断增强我国文化的总体实力和国际竞争力，切实提高国家文化软实力。

社会主义意识形态是社会主义先进文化的核心，社会主义核心价值体系是社会主义意识形态的本质体现。因此，大力建设社会主义核心价值体系，就成为不断增强社会主义先进文化吸引力和凝聚力的根本途径。

（三）文化是一种创新力，是民族国家发展的强大动力

人类社会是在不断解决人与自然、人与社会之间的矛盾中开辟前进的道路的。这个解决矛盾的过程就是一个不断创新的过程。创新是人的本质力量的集中体现，人类的创造性活动是人类区别于自然界的根本标志。创新是人类得以生存和发展的基本方式。

文化的起点和标志是人类为满足自身的生活需要，运用和制造工具改造自然的劳动。普列汉诺夫就此指出："社会的人是动物长期发展的产物。但是，只有当人不满足于坐享大自然的赐予，而开始亲自生产他所需要的消费

品时，人类的文化史才开始了。"① 在人类的物质生产实践和文化创制活动中，文化实际上构成了一种巨大的创新力，强烈地改造着实践主体的知识结构和精神面貌，并进而推动人类更加有力地改造客观物质世界。文化是人的创造性活动的集中体现，是人的本质力量的表征和反映，是人类区别自然界的根本标志。关于文化的定义可能有 200 多种，但概括而言，文化是指人的目的及其行为过程，是人的价值观、思维方式和行为方式（生活方式）的融合。正是通过这一内在融合过程，人的本质力量得以增强，不断发现发明更加强大的改造世界的方式，从而把主观世界和客观世界的改造、同化过程不断推向新的境界。

朱谦之先生主张文化进化论，认为"文化本来就是生活，不是如希腊、罗马的哲学家，同中古时代的神学家所说似的，为一种不变的、停顿的东西；相反地文化生活乃在永远创新，永远变化的过程当中；文化本身就是变和动的表现，而这个变动，就是生活进行，就是进化。所以文化和进化根本只是一个，一方面是时时刻刻的积累，一方面即时时刻刻的创新，文明可以保存过去文化的痕迹，而不能保存过去文化的精神，过去文化的精神是永远渗透永远扩张于现在之中的"。② 正是在这个意义上，朱谦之先生提出，"一切文化都是现代的文化"③，"现在的文化就是个无始常新的文化流，常有所创，常有所生"。④ 这实际上表明，文化是一种不断创新、不断嬗变的创造力，人类文化发展史就是一条不断积累、不断创新，革故鼎新、新陈代谢的历史长河。

发展的趋势越来越表明，文化创新在当代已成为一个民族国家创造力的范型和基础，是决定一个民族国家创造力的一块"短板"，事关民族复兴的全局。江泽民同志指出："创新是一个民族进步的灵魂，是一个国家兴旺发达的不竭动力。""通过理论创新推动制度创新、科技创新、文化创新以及其

---

① 《普列汉诺夫哲学著作选集》第 2 卷，汝信等译，商务印书馆 1959 年版，第 227 页。
② 朱谦之：《文化哲学》，商务印书馆 1990 年版，第 13 页。
③ 同上。
④ 同上书，第 19 页。

他各方面的创新","这是我们要长期坚持的治党治国之道"。① 针对我国发展面临新的阶段性特征,胡锦涛明确提出了我国到 2020 年进入创新型国家行列的宏伟目标。为实现这一目标,他强调要"发展创新文化,努力培育全社会的创新精神"。党的十七大报告明确提出,要在时代的高起点上推动文化内部形式、体制机制、传播手段创新,增强文化发展活力。

总之,在当代,文化力是一种根基性的、渗透性的、全面性的和导引性的力量,文化是生产力、吸引力、凝聚力和创新力。

三 中国特色社会主义文化发展观的理论意义

(一) 中国特色社会主义文化发展观丰富了马克思主义生产力形态理论

中国特色社会主义文化发展观是立足于人类实践的新发展,对马克思主义创始人关于生产力形态思想的创造性阐发和运用。关于生产力形态,马克思曾精辟指出:"一切生产力即物质生产力和精神生产力。"② 马克思和恩格斯在《德意志意识形态》一书中将人类的生产分别称为"自己生命的生产"(人的物质生活资料的生产)、"他人生命的生产"和"思想、观念、意识的生产"的思想,笔者认为,广义的生产实践有三种形式:即物质生活的生产(物质生产)、人的生产和精神生产。关于精神生产,马克思和恩格斯在《德意志意识形态》里有较集中的论述:"分工是先前历史的主要力量之一,现在,分工也以精神劳动和物质劳动的分工的形式出现在统治阶级中间,因为在这个阶级内部,一部分人是作为该阶级的思想家而出现的(他们是这一阶级的积极的、有概括能力的思想家,他们把编造这一阶级关于自身的幻想当做谋生的主要泉源)。"③ 在 1874 年年底到 1875 年年初写的《巴枯宁〈国家制度和无政府状态〉一书摘要》中还提出了"精神方面的生产力"问题,并把语言、文学、技术包括在此种生产力之列。④

---

① 《江泽民文选》第 3 卷,人民出版社 2006 年版,第 537—538 页。
② 《马克思恩格斯全集》第 46 卷(上),人民出版社 1979 年版,第 173 页。
③ 《马克思恩格斯全集》第 3 卷,人民出版社 1960 年版,第 53 页。
④ 参见《马克思恩格斯全集》第 18 卷,人民出版社 1964 年版,第 682 页。

马克思和恩格斯的以上论述，直接提出了精神生产和精神生产力的概念，揭示了精神生产的内涵，即以创造精神文化产品为直接目的的活动。从严格的意义上讲，精神生产主要是指精神生产者有意识、有目的地创造各种社会意识形式（如科学、艺术、教育、道德、宗教、政治、法律等）和创造实践观念（如方针、政策、计划方案等）的生产活动，以及精神产品的分配、交换、消费即精神交往关系与过程。精神生产的主体主要是脑力劳动者，但不限于脑力劳动者，某些体力劳动者也在进行精神生产。

在科学技术已成为"第一生产力"的当代社会，马克思的这一思想越来越显示出真理的光辉。当今，人的精神文化创造活动不仅仅是物质生产力的一个要素，而且已蔚然成为一个独立的、重要的生产实践形态；精神文化创造活动不仅在创造精神生活产品，满足人的精神生活需要上发挥着不可替代的作用，而且也成为创造和发展生产力，推动经济发展和社会进步的强大推动力。显然，我们已不能停留在以往把精神文化活动及其作用作为物质生产（力）的一个从属的因素，去理解精神及其活动的作用和物质生产与精神生产的关系。物质生产是人类社会存在发展的基础，当然也是精神文化创造活动、精神生产得以可能、得以存在的基础，这一点是不能动摇的。但是，撇开这一角度，从人类生产实践分化的历史和发展的趋势看，我们可以说，精神文化创造活动（精神生产）突出地体现了人类作为自由自觉的创造性存在物的本质，它正越来越成为人类生产活动的重要领域，是人类不懈地、积极地追求的高级的实践活动形态。在当今，文化力是一种根基性的、渗透性的、全面性的和导引性的力量。完全有理由这样说：继精神生产力形态之后，文化已成为一种新的生产力形态。

（二）中国特色社会主义文化发展观拓展了唯物史观对社会动力观的理解

社会动力观是唯物史观的重要组成部分。依据唯物史观，社会基本矛盾，即生产力与生产关系、经济基础与上层建筑的矛盾在归根结底的意义上推动着社会前进发展。马克思和恩格斯在《德意志意识形态》中指出："在过去一切历史阶段上受生产力所制约、同时也制约生产力的交往形式，就是市民社会"，"市民社会包括各个个人在生产力发展的一定阶段上的一切物质交往。它包括该阶段上的整个商业生活和工业生活"，而"这种社会组织在一切时代都构成国家的基础以及任何其他的观念的上层建筑的基础"①。这里所说的"交往形式"和"市民社会"与生产关系和上层建筑是同一序列的范畴，实际上涉及生产力和生产关系、经济基础和上层建筑这两对矛盾。在《〈政治经济学批判〉序言》中，马克思更加明确地阐述了这一原理。

然而，需要注意的是，在马克思和恩格斯确立社会动力观基本思想之后，一直存在着将这一思想曲解为经济决定论的认识。这种理解在马克思和恩格斯在世时就已经出现了。恩格斯在1890年9月致约·布洛赫的信中，对之进行了严肃批判。恩格斯说："根据唯物史观，历史过程中的决定性因素归根结底是现实生活的生产和再生产。无论马克思或我都从来没有肯定过比这更多的东西。如果有人在这里加以歪曲，说经济因素是唯一决定性的因素，那么他就是把这个命题变成毫无内容的、抽象的、荒诞无稽的空话。"②按照这种理解，对历史活动的研究和对历史时期嬗变的说明，"就会比解一个最简单的一次方程式更容易了"③。恩格斯在这里实际上是肯定了生产关系和上层建筑对生产力和经济基础的反作用，强调了理解社会历史发展的合力观。

但是，应当承认，较长一段时间以来，我们在实践中对马克思主义社会动力观没有予以深刻的理性把握，总是强调生产力在经济社会发展中的基础性推动作用。这本身并没有错，但错在我们进而没有很好地把握和运用马克思主义的辩证文化观，而总是习惯地认为，相对于经济发展来说，文化是软性的东西，是相对次要的领域。这就导致有的地方、部门和领导以GDP挂帅，长期把文化工作置于边缘地位，认为搞文化工作"出不了政绩"。实际上，将文化与经济二元分离，是片面的和错误的。这里既有片面的政绩观（背后是价值观）作祟，更反映出历史观上的片面性。在当前文化活动和文化产业日益迅速发展、推动社会经济发展阔步前进的情况下，文化活动，尤其是文化创新已经真切地成为社会发展的强大动力系统。中国特色社会主义

---

① 《马克思恩格斯全集》第3卷，人民出版社1960年版，第40—41页。
② 《马克思恩格斯选集》第4卷，人民出版社1995年版，第695—696页。
③ 同上书，第696页。

文化发展观在继承唯物史观基本原理的基础上，深化了唯物史观关于社会动力观的理解，正由于此，我们应当紧紧把握我国当前经济社会发展的现实状况与时代特征，营造社会主义文化百花园姹紫嫣红、争奇斗艳的繁荣局面，推动社会主义文化大发展大繁荣。

（三）中国特色社会主义文化发展观是中国特色社会主义理论体系的重要组成部分

中国特色社会主义文化发展观，是改革开放以来我们党在建设中国特色社会主义实践中逐步形成的一个重要理论成果，它坚持和继承了马克思主义经典作家关于文化的基本思想和观点，坚持和继承了毛泽东思想中关于文化的基本思想和观点，并结合新的时代条件和社会主义现代化建设的实际，赋予马克思主义文化发展观以新的鲜活因素，生动而具体地发展了马克思主义。作为马克思主义同中国实际相结合的第二次历史性飞跃的重大理论成果，中国特色社会主义理论体系回答了什么是社会主义、怎样建设社会主义，建设什么样的党、怎样建设党，实现什么样的发展、怎样发展等三大基本问题。中国特色社会主义文化发展的形成，是对实现什么样的文化发展和怎样发展中国特色社会主义文化的一次集中回答。它以一系列新思想、新观点、新论断为奋力开拓中国特色社会主义文化建设更为广阔的发展前景提供了科学的指导思想，具有重大的理论意义和实践价值。

（来源：《马克思主义研究》2008 年第 5 期）

新中国主流意识形态建设的
基本经验

侯惠勤[*]

中华人民共和国的成立，标志着现代中国历史的开始。没有共产党就没有新中国，共产党之所以能够缔造新中国和领导建设新中国，就在于始终坚持马克思主义中国化的正确方向，其实质是科学社会主义的基本原理同中国的具体实际以及时代特征相结合。因此，坚持既一脉相承又与时俱进的马克思主义就成为新中国的灵魂，也是新中国主流意识形态建设的基本经验。无论是社会主义制度建立前后，还是改革开放前后，我们都始终在紧紧抓住党的工作中心的同时，一刻也不放松意识形态工作。正如邓小平指出的："中央认为，我们要在中国实现四个现代化，必须在思想政治上坚持四项基本原则。这是实现四个现代化的根本前提。这四项是：第一，必须坚持社会主义道路；第二，必须坚持无产阶级专政；第三，必须坚持共产党的领导；第四，必须坚持马列主义、毛泽东思想。大家知道，这四项基本原则并不是新的东西，是我们党长期以来所一贯坚持的。"[①] 我们坚决不搞"两个马克思"（包含"两个邓小平"）的割裂，不搞所谓"革命的马克思主义"和"建设的马克思主义"的划分，而是始终在坚持马克思主义精髓的前提下，围绕现代中国实践的重大问题，不断开拓马克思主义中国化的新境界，使得以马克思主义为核心的主流意识形态成为凝聚人心、形成共识、稳定大局的有效

---

* 作者系中国社会科学院马克思主义研究院党委书记、教授。
① 《邓小平文选》第2卷，人民出版社1994年版，第164—165页。

保障。

一 毛泽东奠立了新中国主流意识形态建设的基本原则

（一）必须从国家根本制度上确立马克思主义的指导地位和中国共产党的领导地位

毛泽东的意识形态理论，可以说核心是"两破两立"：即不断打破那种以为近代以来的中国可以成为独立自主的资本主义国家的幻想，立只有社会主义能够救中国；不断打破资本主义文明就是当代最高人类文明的幻觉，立只有社会主义文明才是当代人类文明的真正出路。因此，我们必须坚持社会主义道路，建设一个强大的社会主义国家，而不是别的什么国家。而建设社会主义，就必须坚持中国共产党的领导，坚持马克思主义的指导。关于这一点，必须作为国家根本制度加以确立。

在1954年9月15日召开的中华人民共和国第一届全国人民代表大会第一次会议上，毛泽东发表了《为建设一个伟大的社会主义国家而奋斗》的开幕词，提出了"领导我们事业的核心力量是中国共产党。指导我们思想的理论基础是马克思列宁主义"的著名论断。它不仅为这次全国人民代表大会通过的第一部中华人民共和国宪法所确立，而且成为六十年来历次全国人民代表大会所通过的宪法的根本精神，堪称立国之本。

（二）必须从社会基本矛盾出发正确把握主流意识形态建设的整体定位

在我国基本实现了向社会主义社会的转变以后，毛泽东根据马克思主义的基本原理，在我国社会主义制度建立之初，就从社会主义社会的基本矛盾着眼进行意识形态建设的定位。他指出，我国在初步建立了社会主义制度以后，"除了生产关系和生产力发展的这种又相适应又相矛盾的情况以外，还有上层建筑和经济基础的又相适应又相矛盾的情况。人民民主专政的国家制度和法律，以马克思列宁主义为指导的社会主义意识形态，这些上层建筑对于我国社会主义改造的胜利和社会主义劳动组织的建立起了积极的推动作用，它是和社会主义的经济基础即社会主义的生产关系相适应的；但是，资产阶级意识形态的存在，国家机构中某些官僚主义作风的存在，国家制度中某些环节上缺陷的存在，又是和社会主义的经济基础相矛盾的。我们今后必须按照具体的情况，继续解决上述的各种矛盾"。① 在这一定位上高度重视意识形态工作，非常正确，完全必要。

（三）必须把学习和世界观改造作为社会主义意识形态建设的根本任务

毛泽东历来认为搞清楚什么是马克思主义、如何对待马克思主义是第一位重要的事情，这就是理论联系实际，用马克思主义解决中国实践的问题。坚持马克思主义在意识形态的指导地位，最根本的就是用马克思主义武装头脑，指导行动。因此，要把马克思主义的学习从党内、革命队伍内推向全社会，这是发挥社会主义意识形态功能的根本方式。学习马克思主义，主要是解决世界观方法论问题，因此，"在知识分子当中提倡学习马克思主义是很有必要的，要提倡大家学他十年八年，马克思主义学得多了，就会把旧思想推了出去。但是学习马克思主义也要形成风气，没有风气是不会学得好的"。②同时，"为了做好我们的工作，各级党委应当大大提倡学习马克思主义的认识论，使之群众化，为广大干部和人民群众所掌握，让哲学从哲学家的课堂上和书本里解放出来，变为群众手里的尖锐武器"③。通过世界观、方法论的学习和改造，就能有效增进共识，保障社会主义事业的顺利进行。

（四）必须正确开展反对错误倾向的思想斗争，注意一种倾向掩盖另一种倾向

在毛泽东看来，贯彻繁荣学术和文化的"双百方针"与开展对于错误思想倾向的批判并不矛盾。一方面，百花齐放、百家争鸣的目的是促进真善美的发展，促进社会主义文化的繁荣兴旺，不是毫无目的的鸣放，更不是自由"排污"。另一方面，"马克思主义必须在斗争中才能发展，不但过去是这样，现在是这样，将来也必然还是这样。正确的东西总是在同错误的东西作

---

① 《毛泽东文集》第7卷，人民出版社1999年版，第215页。
② 同上书，第261页。
③ 《建国以来毛泽东文稿》第10册，中央文献出版社1992年版，第305页。

斗争的过程中发展起来的。真的、善的、美的东西总是在同假的、恶的、丑的东西相比较而存在，相斗争而发展的”。[①] 当然，批判和解决思想问题要特别注意方式方法，要充分说理、细致深入，不说过头话，防止随意上纲上线，注意一种倾向掩盖另一种倾向。

虽然意识形态的具体定位和实践方式必然随着社会发展和时代特征变化而变化，因而在社会主义制度建立前后、改革开放前后以及面对新世纪新挑战呈现不同特点。但是毛泽东抓学习（解决什么是马克思主义，如何用马克思主义武装头脑、占领思想阵地）、抓批判（及时纠正错误倾向，注意一种倾向掩盖另一种倾向）、抓制度化（从国家政权建设高度抓意识形态建设，意识形态和制度建设互为支撑）则是我们进行意识形态建设必须高度重视和始终坚持的宝贵经验。

二 邓小平和"三个代表"重要思想对主流意识形态的改革式建构

从社会主义主流意识形态的建设看，邓小平理论和"三个代表"重要思想不仅是对毛泽东在意识形态问题上某些失误的纠偏，而且是针对新的历史条件创建马克思主义话语权的重大成果，因此，它们所体现的意识形态变革，其实是改革式的主流意识形态建构。

（一）努力塑造富于时代特征的"当代中国形象"

在邓小平看来，意识形态问题实质上就是党和国家的"形象"问题，是其能否得到国内民众和国际社会的广泛认同问题。从这个意义上说，意识形态就是执政党的精神状态和思想路线。在他当时看来，围绕着"形象"问题所进行的意识形态变革主要有三大课题：第一，提炼能够体现时代要求、足以打动人心、把握政治大局的核心理念，奠立新时期中国意识形态的基调。第二，解决传统和当代的平稳对接，保持意识形态的连贯性以及形象上的统

---

① 《毛泽东文集》第 7 卷，人民出版社 1999 年版，第 230 页。

一性。这里的关键在于确立毛泽东的历史地位，实事求是地看待历史，总结历史经验。第三，围绕党的工作重心的转移，以四个现代化为中心进行价值重组，努力体现当代中国的创业新形象。

新时期中国意识形态建构有三大基本价值取向：一是世界眼光（坚持马克思主义的世界观和方法论），二是时代潮流（现代化建设），三是中国特色（前两者在当代中国的结合）。其中，"中国特色"这一价值取向成为我国意识形态核心理念及其更新的依据，是当代中国最具标志性的形象。这一理念表明，一切是非曲直、一切价值评价，都必须以是否有利于中国的现代化为尺度，没有什么抽象的理想尺度，因而不能离开这一尺度搞抽象的争论。所以，必须改革开放，充分吸收一切人类优秀文明成果，有效地提升中国生产力和人民生活水平；必须坚持社会主义方向，形成价值日益多元化下的共同理想，有效地整合日益复杂的社会多元利益，保持社会的和谐稳定。

以"中国特色"为核心理念全方位地展示当代中国新形象，主要是三大形象：第一，立足中国发展、紧跟世界潮流的改革开放形象。正如江泽民所指出的："完全可以这样说，改革开放是新时期中国最鲜明的特征。没有改革开放，就没有建设有中国特色社会主义。"① 第二，对外和平发展、对内安定团结的合作稳定形象。邓小平对于党的第三代领导集体的一个政治嘱托是："希望你们给国际国内树立一个好的形象，一个安定团结的形象，而且是一个安定团结的榜样。"② 他在谈到中国在世界总体政治格局中的角色时同样强调："现在树立我们是一个和平的力量、制约战争力量的形象十分重要，我们实际上也要担当这个角色。"③ 第三，坚持独立自主、不信邪、不怕鬼的敢于负责形象。在"八九风波"以后，面对西方国家的反华浪潮，邓小平坚定地表示："要维护我们独立自主、不信邪、不怕鬼的形象，我们绝不能示弱。"④ 对于那些企图利用"人权"问题做文章，借口我批自由化而干涉我

---

① 《江泽民文选》第 2 卷，人民出版社 2006 年版，第 254 页。
② 《邓小平文选》第 3 卷，人民出版社 1993 年版，第 317—318 页。
③ 同上书，第 128 页。
④ 同上书，第 320 页。

国内政的挑衅，必须坚定信念，坚决反击，不要顾忌自己的形象受损。

（二）以爱国主义为核心进行意识形态话语创新

邓小平理论和"三个代表"思想都突出了以爱国主义为核心进行话语重组，以便在新的历史条件下继续高扬社会主义、集体主义和爱国主义旗帜。我们以爱国主义为核心的意识形态既不是对抗世界文明的民粹主义或狭隘民族主义，也不是淡化意识形态界限的实用主义，而是以中华人民共和国为背景的新型爱国主义。它承继中华文明优秀传统和长期革命传统，立足"一国两制"以及国家主体部分实现社会主义的事实，放眼各种文明共存交融的未来，担负中华民族伟大复兴和对人类作出更大贡献的使命，因而富有时代气息和生命活力。

从民族兴衰的角度看，进入近代以来，不是别的什么主义，而是在用马克思主义武装的中国共产党的领导下，在中华人民共和国成立以后，中国人民才真正站起来了，并以世界大家庭平等的一员，以充满自尊、自爱、自强的新形象"自立于世界民族之林"。正如邓小平所言："中国今天的形象，不是晚清政府、不是北洋军阀，也不是蒋氏父子创造出来的。是中华人民共和国改变了中国的形象。"① 因此，当代中国的爱国者，必须具有民族自豪感，必须尊重中国革命历史和热爱中华人民共和国。

坚持新型爱国主义，必须抵制西方利用所谓人权对我国进行"西化"、"分化"。这个问题的复杂性在于，一方面，确实存在着西方国家利用经济全球化、利用所谓人权问题干涉他国内政倾向，其背后的理论就是"民族国家的时代已经终结"，"人权高于主权"；另一方面，又确实存在着把经济全球化简单地归结为资本主义化，因而拒斥全球化，甚至反对改革开放的倾向。在邓小平看来，经济全球化问题很复杂，但是可以肯定的有两点：一是必须顺应这一趋势，因势利导，发展自己；二是经济全球化的实质是综合国力的竞争，民族国家依然是当今世界最重要的利益实体。因此，必须在就人权问题的对话中坚持必要的斗争。正如邓小平所讲的："真正说起来，国权比人

① 《邓小平文选》第3卷，人民出版社1993年版，第60页。

权重要得多。"① 在今天的世界现实中，个人的命运还是直接地、紧紧地同民族国家的命运连在一起。没有国格就没有人格，没有国权就没有人权。经济全球化过程中南北差距不断扩大的事实表明，今天的经济全球化并不是世界一体化，而是以民族国家为背景的综合国力的竞争。

（三）坚守社会主义意识形态的底线不动摇

当代中国的改革开放本质上是社会主义的自我更新和自我发展。因此，保持意识形态的连贯性不仅是稳定大局的策略需要，也是中国特色社会主义的制度特征。这就决定了我们的意识形态变革、调整，是坚持前提下的发展、继承前提下的创新，因而是一脉相承下的与时俱进。

因此，如果触动了中国意识形态的底线，则必须进行针锋相对的斗争。这些底线大致有三：第一，不许干扰经济和现代化建设这个中心。一心一意谋发展，聚精会神搞建设，是当代中国必须牢牢把握的大方向，它确实不愿被其他事情牵扯精力、偏离方向。因此，稳定压倒一切，正确处理发展、改革和稳定的关系，是中国一向坚持的基本方针。

第二，不许否定四项基本原则。从改革开放之初，邓小平就明确地将"四项基本原则"定位为立国之本，使之成为党的基本路线的"两个基本点"之一。中国之所以要坚持"四项基本原则"，除了上述维护国内外稳定大局的需要，还是培育民族精神、形成共同理想、增强国家凝聚力的需要。邓小平把社会主义对于中国的价值概括为"只有社会主义能够救中国"、"只有社会主义能够发展中国"。其中关于发展中国之价值，不仅指的是经济持续增长，还包括培育"四有新人"、协调先富后富、形成共同理想和大局意识，以确保人民团结（不分裂）、社会和谐（不动荡）和超常规发展（确保国家安全和人民利益）。因此，社会主义不仅是发展的保障，也是发展的原则和方向。

第三，不要指望控制中国。中国的现代化建设是在一个特殊的国际背景下展开的。一方面，和平与发展的时代主题使得中国争取一个较为有利的国

---

① 《邓小平文选》第3卷，人民出版社1993年版，第345页。

际环境成为可能，另一方面，世界社会主义的低潮和现行不平等的国际政治经济秩序又使得中国的改革开放面临着重大的风险。这种风险主要来自世界霸权主义。它总是力图左右中国的现代化进程，总是不断地为中国的发展设置障碍，总是企图让中国在世界格局中扮演不平等的角色。对于这种企图，邓小平在改革开放之初就明确指出："任何外国不要指望中国做他们的附庸，不要指望中国吞下损害我国利益的苦果。"①

三　新世纪我国主流意识形态建设新的战略

以胡锦涛为总书记的党中央根据新世纪、新阶段的新特点，不断推进我国社会主义意识形态建设。"意识形态工作是党的一项十分重要的工作。经验告诉我们，经济工作搞不好要出大问题，意识形态工作搞不好也要出大问题。"② 应对意识形态的新变化及斗争新特点，我们不仅要高度重视意识形态工作，而且要适应形势变化创新意识形态工作。在当今世界，一方面"再意识形态化"有所表现，另一方面意识形态以"非意识形态化"的方式发挥着重大作用的倾向有所增强。适应意识形态的这种变化，不仅是有效发挥意识形态自身作用的需要，更是增强国家文化"软实力"、促进中国科学发展的需要。这样，我们就必须深入到意识形态的一些基本矛盾关系中，把握其变化规律。

（一）把社会主义主流意识形态建设置于学习实践科学发展观的总体布局中

新世纪的最大挑战是科学发展问题，为了破解这一难题，我们必须深入认识人类社会发展规律、社会主义建设规律和共产党执政规律，必须把领导中国特色社会主义伟大事业和加强党的建设的伟大工程结合起来，必须把推进理论创新和加强理论武装结合起来。面向新世纪的我国意识形态建设，必须放在这一总体布局中实施，在学习实践科学发展观中取得新突破。

---

① 《邓小平文选》第 3 卷，人民出版社 1993 年版，第 3 页。
② 《十六大以来重要文献选编》（下），中央文献出版社 2008 年版，第 684 页。

第一，必须从发展的意义上对社会主义意识形态建设进行再定位。进入新世纪，意识形态建设除了原有的维护国家安全和维护社会稳定的意义，还越来越显示了其对于发展的重大意义。作为国家"软实力"的核心构成，意识形态建设对于我国的国际影响力和竞争力具有战略作用；作为新兴的文化产业的精神内核，意识形态建设对于我国的产业升级和自主创新具有引领作用；作为把马克思主义中国化最新成果武装人民、指导实践的主阵地和主渠道，意识形态建设对于学习实践科学发展观具有基础作用。正是基于这一认识，胡锦涛指出："我们提出并实施马克思主义理论研究和建设工程，强调这是关系党和国家事业发展的战略工程，强调要努力回答重大理论问题和现实问题，把马克思主义在中国发展的最新成果贯穿到哲学社会科学的学科建设、教材建设中，加强马克思主义理论队伍建设。我们提出进一步繁荣哲学社会科学的意见，努力推动我国哲学社会科学的健康发展。"①

第二，必须从"以人为本"这一核心思想上加强和改进社会主义意识形态建设。社会和谐和人的全面发展是科学发展必须面对的挑战和难题，破解的方式就是坚持"以人为本"。从社会主义意识形态建设来看，坚持以人为本，就要坚持社会主义先进文化的方向，促进社会主义大繁荣大发展，满足人民日益增长的精神和文化需求；就要坚持理论创新和理论武装的有机统一，"党的理论创新每前进一步，理论武装就要跟进一步"；就要不断改进思想政治工作，"既要坚持教育人、引导人、鼓舞人、鞭策人，又要做到尊重人、理解人、关心人、帮助人"；就要不断提高舆论引导力，"坚持贴近实际、贴近生活、贴近群众，把宣传思想工作做实、做深、做活，更好地宣传动员群众、引导教育群众、帮助服务群众"。②

第三，必须从关于发展的世界观方法论上发挥社会主义意识形态的功能。要把学习实践科学发展观转化为推动科学发展的思路，破解发展难题、转变发展方式、实现又好又快发展，关键在继续解放思想、坚持改革开放，而这些都是党的指导思想和基本路线层面的要求，是以马克思主义世界观方

① 《十六大以来重要文献选编》（中），中央文献出版社 2006 年版，第 243 页。
② 《胡锦涛在全国宣传思想工作会议上发表重要讲话》2003 年 12 月 8 日。

法论为基础的，因此，"要把树立和落实科学发展观与掌握科学的思想方法紧密结合起来"①，大力弘扬求真务实的精神。从党的思想路线上看，实事求是、解放思想、与时俱进和求真务实都是马克思主义世界观的集中体现，但又表达了不同历史条件下的实践重点。"我们强调，大力弘扬求真务实精神、大兴求真务实之风，关键是要不断求我国社会主义初级阶段基本国情之真，务坚持长期艰苦奋斗之实；求社会主义建设规律和人类社会发展规律之真，务抓好发展这个党执政兴国的第一要务之实；求人民群众的历史地位和作用之真，务发展最广大人民根本利益之实；求共产党执政规律之真，务全面加强和改进党的建设之实。"②

（二）以社会主义核心价值体系建设为抓手推进社会主义主流意识形态建设

社会主义核心价值体系是当代中国社会主义意识形态的本质表现，是中国特色社会主义理论体系的重要内容，也是当前中国社会主义文化建设的强大动力。构建社会主义核心价值体系的提出，是在中国步入新世纪后，对于我国意识形态发展的又一次重大的战略调整。它标志着我们对于社会主义意识形态建设规律的认识，实现了又一次新的飞跃。

第一，努力探索用一元化指导思想引领多样化社会思潮的有效途径。尊重差异、包容多样不仅是社会和谐的需要，也是现代社会精神发展所必需的文化生态，因而也是主流意识形态自身真正发挥作用的需要。但是，如果放弃了对于错误思想的批判抵制，社会主义意识形态就是放弃责任。因此，要努力"积极探索用社会主义核心价值体系引领社会思潮的有效途径，主动做好意识形态工作，既尊重差异、包容多样，又有力抵制各种错误和腐朽思想的影响"。社会主义核心价值体系向时代精神、民族精神和道德精神扩展，充分体现了新形势下社会主义意识形态建设包容多样的特点；同时，又必须明确，"社会主义核心价值体系是社会主义意识形态的本质体现。要巩固马克思主义指导地位，坚持不懈地用马克思主义中国化最新成果武装全党、教

---

① 《科学发展观重要论述摘编》，中央文献出版社、党建读物出版社 2008 年版，第 105—106 页。

② 《十六大以来重要文献选编》（中），中央文献出版社 2006 年版，第 252 页。

育人民，用中国特色社会主义共同理想凝聚力量，用以爱国主义为核心的民族精神和以改革创新为核心的时代精神鼓舞斗志，用社会主义荣辱观引领风尚，巩固全党全国各族人民团结奋斗的共同思想基础"。

第二，努力探索增强理论和舆论引导力的现实途径。在今天，意识形态感性化的趋势十分明显，增强意识形态吸引力、说服力的挑战十分突出，这就要求我们在更加注重理论彻底性的同时，尤其要注重实践方式的创建。虽然理论学习、思想教育是我们的传统优势，但其如何进行更贴近生活和群众的改进，已成为形势所迫。此外我们还必须大力拓展其他可以负载社会主义核心价值观的实践方式，尤其在与群众生活密不可分的文化消费领域。社会主义核心价值体系把爱国主义、荣辱观这些本质上是道德情感的内容包含其中，表明我们在应对当代意识形态新变化上已经掌握了主动权。其突出建设的要求，预留了实践创新的广阔空间。

第三，努力探索全球化背景下社会主义话语方式的创新。意识形态虽然实际上是一定利益集团的观念表达，然而其最具渗透力和影响力的方式却是让思想穿上"普遍性"外衣，才能获得更广泛的认同。人类性、全民性诉求形式下的集团性思想和利益表达，是意识形态的基本特征。在全球化背景下的今天，西方意识形态更是以"普世价值"的方式对我进行价值观渗透。建设社会主义核心价值体系表明，我们当然不能纠缠于同资本主义大打"普世"牌，孤立、抽象和无条件地使用人类性话语，但是社会主义意识形态确实要注意话语表达方式，不能一概否定使用人类性话语，而必须根据历史发展的具体实际，把阶级性话语和人类性话语统一起来。建设社会主义核心价值体系核心的一条，就是要树立这样的信念，即只有坚持和发展中国特色社会主义，才真正代表了中国的未来，代表了中国人民的根本利益，同时也是中国对于人类的最大贡献。

新中国 60 年我国意识形态
理论回顾与反思

杨生平[*]

意识形态是一个十分复杂的系统,对新中国成立后意识形态的回顾与总结更是一件很困难的工作。本文主要以时间为维度,从主流意识形态建构以及意识形态理论研究两方面来总结新中国成立后我国意识形态理论的发展。客观地讲,在意识形态建设方面,我们有许多成功的经验,也有不少惨痛的教训,故而认真盘点与总结这段时期有关理论,对进一步开展好今后意识形态工作是十分有益的。在意识形态问题的总结上,笔者认为必须要坚持广义意识形态与狭义意识形态的统一,广义意识形态实际上是一个包括经济、政治与文化等主要社会领域的总体性概念,即制度性文化,而狭义意识形态则只专指文化观念领域中的思想。[①]

一 1949—1957 年:社会主义意识形态全面建设时期

列宁指出:"马克思的学说直接为教育和组织现代社会的先进阶级服务,指出这一阶级的任务,并且证明现代制度由于经济的发展必然要被新的制度所代替,因此这一学说在其生命的途程中每走一步都得经过战斗。"[②] 新中国建立初期,随着战争年代的结束,为迎接和平时期的到来,意识形态全面建

---

 * 作者系首都师范大学政法学院教授。
 ① 参见杨生平《论马克思主义意识形态理论的形成与发展》,首都师范大学出版社 1998 年版。
 ② 《列宁全集》第 17 卷,人民出版社 1988 年版,第 11 页。

设工作必将提上日程。"没有革命的理论，就不会有革命的运动。"① 马克思主义认为，在任何重大社会变革发生之前，思想必须先行。新中国成立初期，我国意识形态建设主要围绕三个方面来展开：一是结合马克思主义经典作家的思想并联系我国当时具体实际，制定社会主义建设全面战略；二是深入研究当时我国经济、政治与文化状况，提出有针对性的、切实可行的具体的经济、政治与文化建设战略战术；三是开展马克思主义社会主义建设理论研究，全面确立社会主义意识形态的领导权。

就第一、第二方面而言，以毛泽东为代表的中国共产党人成功地将马克思主义普遍原理与当时中国具体实际相结合，建立并渐渐巩固了社会主义基本制度，并把此段时间成功地划分为"国民经济恢复时期"和"全面进行社会主义改造时期"，尤其是 1956 年党的八大提出国内主要矛盾从阶级斗争转移到经济建设上来的方针更是将新中国引向正确、健康的发展轨道。这个时期，毛泽东的《论十大关系》与《关于正确处理人民内部矛盾的问题》是两本重要的著作，它们不仅是马克思主义在中国的新发展，更是为新中国正确建构总体性意识形态并用它引领我国社会全面建设与发展提供了正确指导。此时的意识形态是科学的、符合实际的，也是开放式的。在《论十大关系》中，毛泽东不仅正确总结了苏联社会主义经济建设成功经验与教训，还强调研究和学习资本主义国家的发展经验。他说："它们的制度（指资本主义制度，笔者注）和我们的制度根本不同，但是它们的发展经验，还是值得我们研究"②，"我们的方针是，一切民族、一切国家的长处都要学，政治、经济、科学、技术、文学、艺术的一切真正好的东西都要学"③。就上述第三方面而言，由于新中国成立前以儒家为代表的封建思想、资产阶级自由主义思想与马克思主义理论等思想并存，更加上新中国成立后中心工作要从战争转向和平，因而其担负的任务更艰巨，工作更复杂。必须对当时人们的思想进行全面改造，必须把制度的建设与人的改造结合起来，才能有效地开展社会主义建设工作。就此而言，当时主要开展了以下几方面的工作：其一是深

① 《列宁选集》第 1 卷，人民出版社 1995 年版，第 153 页。
② 《毛泽东文集》第 7 卷，人民出版社 1999 年版，第 32 页。
③ 同上书，第 41 页。

入开展马克思主义理论学习与宣传活动；其二是推进经济、政治与文化领域马克思主义理论与现实问题的研究工作；其三是建立马克思主义在思想文化领域的领导权。与时相适应，当时国内掀起了轰轰烈烈的马克思主义经典著作翻译与研究活动，理论界对资产阶级问题、生产力与生产关系的关系问题、经济基础与上层建筑的关系问题以及真理问题进行了深入探讨，中共中央也发出了《中共中央关于在干部和知识分子中组织宣传唯物主义思想批判资产阶级唯心主义思想的演讲工作的通知》。值得一提的是，毛泽东在《关于正确处理人民内部矛盾的问题》中提出的"百花齐放，百家争鸣"的"双百方针"，是适合整个社会主义建设时期意识形态工作的指导方针。不过，此时意识形态建设工作也出现过一些偏差，如1948—1949年对电影《武训传》的评价和1954—1955年对胡适派唯心主义思想的批判中就存在态度粗暴、严重混淆学术问题与政治问题界限的现象。但是，相比所取得的成绩，这点问题并不影响当时我国意识形态建设总体性的成功。

二 1957—1966年：社会主义意识形态曲折发展时期

1957—1966年，是我国意识形态发展复杂时期，其总体意识形态建设处于以经济建设为中心和以阶级斗争为中心的动摇时期。不过，从这段历史总体发展来看，意识形态建设的重心还是明显偏向于经济建设这个中心，并以此为基本指导我国进入了全面建设社会主义的十年。就此而言，我们做了以下几个方面的工作：其一是进一步总结苏联和东欧社会主义国家经济建设的经验教训，大兴调查研究之风，积极探索我国社会主义建设的规律；其二是重视领导方法与工作方法问题的研究与推广；其三是进一步推动马克思主义理论研究与宣传，对像主观能动性与客观规律性、思维与存在的关系、生产力问题、划分阶级的标准问题和道德问题等具有很强理论性与实践性的问题进行了较为深入的探讨，出版了《辩证唯物主义历史唯物主义》、《中国哲学史新编》和《中国思想通史》等在狭义意识形态领域有重大影响的基础理论著作。此时，毛泽东发表的《人的正确思想是从哪里来的？》和周恩来发表的《论知识分子问题》等著作是标志性成果，它们对知识分子的定位、知识分子的作用以及对精神生产规律及其评价标准的强调是评价今后我国意识形态建设的重要理论根据。

当然，在积极评价此阶段意识形态建设成就的同时，也要看到以下两方面的问题：一是在确立以经济建设为中心的总体意识形态为指导的同时，也存在着较为严重的理论脱离实际的倾向。当看到第一个五年计划执行中取得的巨大成绩时，毛泽东与当时的党中央渐渐滋长了骄傲自满情绪，工作中也急于求成，发动了"大跃进"与"人民公社"等冒进运动。这些运动中出现的"浮夸风"与"瞎指挥"现象既违背了经济发展规律，又给以后我国经济发展带来了很大的负面影响。二是错误判断形势，总是紧紧绷着阶级斗争这根弦。不错，当时的国际国内形势的确十分复杂，从国际形势看，以美国为首的西方发达国家对新中国进行经济封锁，并在 20 世纪 50 年代推出对社会主义国家和平演变的战略，社会主义阵营内部也出现了问题，赫鲁晓夫上台后彻底否定斯大林，中苏矛盾逐渐升级，直到 1966 年彻底断交；从国内形势看，天灾人祸并行，极"左"思想盛行。这些复杂现象的确一时难以让人理出头绪，但认真想来便会发现：复杂形势往往不是战争的开端，有时反而成为避免战争的有利情境。由于以苏美为领头羊的两大阵营对峙且势均力敌，双方在没有足够胜算赢得对方的情况下，大规模的战争反而不大可能发生。而当时置身于两个超级大国之外的中国，恰恰可以利用这一有利形势发展自身。但由于当时的毛泽东对国际国内形势总体性的错误判断，始终认为新的世界大战即将开始，真正的敌人已经混入党内，甚至潜伏在自己身边，因而在党的八大已经提出将国内主要矛盾转移到经济建设上来的方针之后他却时不时地提出阶级斗争的理论，并不断将其扩大化。虽然从这段历史时期总体发展看，以经济建设为中心的总体意识形态占上风，而以阶级斗争为中心的总体意识形态处于下风，但随着时间的推移，后者渐渐超越前者，并最终演变为声势浩大的"无产阶级专政下继续革命"的"文化大革命"。

三 1966—1976 年:社会主义意识形态重大挫折时期

"文革"十年是我国意识形态发展遭遇重大挫折的十年，这种挫折不仅表现在如上文所述总体意识形态路线的错误上，还表现为以下方面：一是不尊重意识形态发展规律，用简单粗暴的方式对待意识形态问题。早在1942年，毛泽东在《在延安文艺座谈会上的讲话》中就提出艺术批评有两个标准：即政治标准和艺术标准。以这个标准衡量意识形态，它也有两个标准，即政治标准与学术标准。在阶级还存在的条件下，意识形态理论研究不可能超越阶级性、政治性，但意识形态毕竟不是政治，也不是划分阶级的主要依据，意识形态是以思想观念形式反映社会关系的，尽管它有很强的政治性与阶级性，但毕竟是一个学术问题、理论问题。"文革"期间把意识形态问题完全政治化，因而严重影响了我国人文社会科学甚至是自然科学的发展。另外，不管是总体性意识形态还是文化观念领域的意识形态问题，都是一个思想问题，不是一个阶级问题，阶级划分的基础性标准是经济标准，思想问题必须用思想的方法解决（即在"双百"方针指引下开展批评与自我批评），不能用残酷斗争、无情打击的方式对待思想领域中的斗争。应该允许不同人发表不同观点，不同观点往往能启迪正确理论的形成与发展，不同观点可以交锋，但要坚信真理越辩越明；要相信并探索思想改造的规律，思想改造不可能一招一式、立竿见影，而是一个逐渐变化的过程。"文革"期间将一切都政治化，动辄上纲上线，将一个简单的思想问题直接上升到政治路线与思想路线的高度，搞得许多知识分子不敢直言，不敢说真话，还有相当多的知识分子因直言受到迫害。二是严重肢解马克思主义基本理论，使马克思主义理论教条化、片面化和对立化。"文革"中最擅长的就是运用马克思主义经典语录特别是毛泽东语录，但这些语录的运用往往是支离破碎、一知半解，甚至相互对立。此时，实际上已毫无意识形态的科学性与真理性可言，一切知识都成了权力斗争的工具。三是大肆宣扬唯心主义与形而上学思想。林彪为了取得毛泽东的信任，竭力宣扬"天才论"和"精神万能论"等唯心主义思想，而"四人帮"则篡改对立统一规律，散布斗争哲学，宣扬"宁要……，不要……"等形而上学思维（"宁要社会主义的低速度，不要资本主义的高速度"，"宁要社会主义的草，不要资本主义的苗"等）。

不可否认，"文革"期间意识形态宣传和前台操作者是林彪、"四人帮"，但毛泽东作为当时党和国家最高领导人自然有不可推卸的责任，更何况"文革"一开始就是由他亲自领导和发动的。当然,从总体上否定"文革"期间盛行的意识形态,也不能全盘否定毛泽东此时一些闪光的思想。就在当时国内意识形态斗争十分残酷的情况之下,毛泽东依然有用超越意识形态建构新的国际关系的思想。尽管"三个世界划分"思想雏形形成于 20 世纪四五十年代,但真正成熟并明确提出却是在 20 世纪 70 年代。1974 年 2 月,毛泽东在会见赞比亚总统卡翁达时指出:"我看美国、苏联是第一世界。中间派,日本、欧洲、加拿大,是第二世界。咱们是第三世界。""第三世界人口很多。亚洲除了日本都是第三世界。整个非洲是第三世界。拉丁美洲是第三世界。"随后,又在跟阿尔及利亚总统布迈丁谈话时说:"中国属于第三世界,因为经济、政治各方面不能跟大国富国比,只能与一些较穷的国家在一起。"这些理论在当今世界全球化时期资本主义制度扩张、社会主义意识形态明显不能与资本主义意识形态抗衡的情形下,如何利用超意识形态战略建立有利于我们发展的国际关系是十分有益的。

四 改革开放后,社会主义意识形态重建与深化发展时期

粉碎"四人帮"特别是十一届三中全会以后,党和国家的正常生活得到恢复与发展,在邓小平的领导下,通过开展"实践是检验真理的唯一标准"等问题的思想大讨论,中国共产党重新确立了实事求是的思想路线,并以此为指导探索并建立中国特色社会主义理论与实践道路,意识形态工作也得到全面恢复和重建。概括而言,此时意识形态发展可以从以下两个方面来总结。

一是主流意识形态建构更符合当前国际与国内形势的发展,也有着更广泛的群众基础。邓小平对新时期意识形态重建作出了如下贡献:第一,认真分析了当前国际形势,确立了和平与发展是时代主题的宏观思想;第二,以和平与发展时代主题为基础,将总体意识形态重新调整到经济建设这个中心;第三,紧密联系当前我国实际,积极探索能充分发挥社会主义制度优越性的具体经济与政治体制,提出了社会主义初级阶段与社会主义市场经济的思想,形成了中国特色社会主义理论;第四,恢复了"双百"方针,尊重文

化观念领域意识形态发展规律；第五，继承毛泽东晚年"三个世界划分"理论，提出适应时代主题、坚持又超越意识形态的国际关系理论。此后，江泽民提出的"三个代表"重要思想和胡锦涛提出的科学发展观等重大战略思想，是对邓小平理论的丰富与发展，它们共同组成新时期符合时代潮流又适应我国国情的总体意识形态。中国共产党十六届六中全会提出要建设社会主义核心价值体系，是对当前我国文化观念领域意识形态建设内容与方法的准确提炼和正确概括。

二是意识形态理论研究不断深化、细化。概括而言，表现为以下方面：首先，对意识形态学理性研究不断深入。学者们对意识形态存在基础、意识形态理论特征、意识形态社会功能、意识形态价值取向、意识形态适用限度和马克思主义意识形态理论的本质属性等问题进行了深入探讨，取得了不少积极成果。其次，开展了西方马克思主义意识形态理论研究。其中，主要研究了卢卡奇、葛兰西、霍克海默、阿尔多诺、赖希、弗洛姆、马尔库塞、哈贝马斯、曼海姆、阿尔都塞、詹姆逊、伊格尔顿、齐泽克和诺思等在当今西方社会有影响的思想家意识形态理论。再次，开展了对当代西方有影响的资产阶级意识形态理论研究。主要研究了以阿隆、丹尼尔·贝尔为代表的"意识形态终结论"、福山的"历史终结论"、亨廷顿的"文化冲突论"、以尼克松、布热津斯基为代表的"共产主义失败论"以及在当代西方乃至国际社会流行一时的新自由主义、新保守主义、民主社会主义、新制度主义和后现代主义等思潮。最后，开展了对全球化意识形态理论的研究。主要研究了全球化与不同意识形态关系、全球化与当前国际社会乃至整个人类社会的发展、全球化与民族国家利益、阶级利益和人类共同利益的关系以及全球化给社会主义意识形态建设带来的机遇与挑战等问题。此外，理论界还研究了包括中国在内不同社会主义国家意识形态的发展和在新的历史条件下包括经济学、政治学、法律和社会学等意识形态不同形式的具体内容与理论进展。

总体来看，这一时期我国主流意识形态特征鲜明，层次清楚，具有很强的科学性、开放性、实用性和群众性，意识形态理论研究内容丰富、内涵深刻，并形成前后两者之间一定的良性互动关系。此外，无论是主流意识形态，还是意识形态理论研究越来越具有国际视野，也越来越具有国际影响力，渐渐取得了国际话语权。

五　反思与展望

回顾新中国成立 60 年意识形态理论与实践的发展，我们有成绩，也有教训，只有认真总结这些经验与教训，才能为未来我国意识形态健康发展奠定基础。

第一，要坚定不移地以马克思主义理论为指导，坚持社会主义方向。若干历史事实表明，马克思主义是正确的理论，社会主义道路是中国乃至国际社会未来发展的唯一正确方向。新中国历史上出现的曲折与挫折不是由社会主义制度带来的，苏东剧变也不是由于社会主义制度不好引起的。正如邓小平所说："我们建立的社会主义制度是个好制度，必须坚持。我们马克思主义者过去闹革命，就是为社会主义、共产主义崇高理想而奋斗。现在我们搞经济改革，仍然要坚持社会主义道路，坚持共产主义的远大理想。"①

第二，要把马克思主义理论与不同历史时期的具体实践有机结合起来，不断巩固并调整意识形态理论。马克思主义是普遍真理，只有把它与不同具体实际有机结合起来，才能取得成功。这里所讲的实际不光是一个国家的具体国情，还指特定国际背景下的具体国情以及一个国家不同时期的具体国情。社会主义总体意识形态理论的建构一定要从特定时期国际大背景着眼，要从整个人类历史发展角度去把握时代精神。也就是说，国际大背景一旦变化，我们的意识形态理论也应该作相应的调整。当然，随着国内具体情况的变化，我们的意识形态也要发生变化；意识形态总要跟国际和国内主要矛盾的解决保持一致。由此可见，社会主义意识形态是一个复杂体系，它由适合整个社会主义建设时期的普遍意识形态与适应社会主义不同历史时期需要的特殊意识形态组成，它们之间是共性与个性、一般与个别的关系。

第三，要把意识形态的理论说服力与现实说服力有机结合起来。马克思曾说过："理论在一个国家的实现程度，决定于理论满足这个国家的需要的

---

① 《邓小平文选》第 3 卷，人民出版社 1993 年版，第 116 页。

程度。"① 意识形态真正的影响力不简单来自于它的理论说服力，更来自于它的现实影响力。在此，新中国历史上的教训以及西方马克思主义关于知识与权力关系的理论是值得深入研究和总结的。许多意识形态理论表面上看能自圆其说，具有很强的真理性，但一旦在现实中运用就会走样，甚至变成谋取个人利益和进行权力斗争的工具。所以，邓小平说："人民，是看实践。人民一看，还是社会主义好，还是改革开放好，我们的事业就会万古长青！"②

第四，要把意识形态的阶级价值和人类价值、社会价值与个人价值有机地结合起来。意识形态是有阶级性的，马克思主义公然申明是为无产阶级根本利益服务的，这一思想依然是我国意识形态建设工作长期的指导原则。但阶级的发展离不开人类社会的整体发展和其他阶级的推动，任何阶级特别是先进阶级要想保持意识形态的先进性与持久性，就必须大胆继承与借鉴整个人类一切优秀文化成果，应该团结一切可以团结的力量，应该在发展中调节并解决阶级矛盾与阶级斗争，应该为整个人类的进步作出贡献。在当今全球化人类共同利益与共同问题凸显的情况下，意识形态的先进性不单是解决一个阶级、一个国家发展的问题，还要维护人类共同利益，解决人类共同问题，在增强广泛性的基础上实现其影响力与凝聚力。另外，阶级总是通过个人来表现的，抛弃个人发展就谈不上阶级发展、阶级进步。由此，我们在关注阶级群体价值的时候，一定要保证个人基本需要的满足和正当价值的实现。无论是阶级价值还是个人价值，都不仅有精神价值，还包括利益满足、政治自由与社会交往等价值需要，因此，社会主义意识形态的理论与现实说服力就应该着力于解决阶级和个人正当利益的满足、人民民主权利的维护与广泛社会交往的实现，努力推动个人朝向自由全面发展的方面前进。当前，阶级与个人价值的实现是离不开社会整体发展的，只有社会整体朝向经济繁荣、政治民主、文化文明和社会和谐方面迈进，阶级与个人价值才有真正实现的可能和基础。

第五，要加强主流意识形态与意识形态理论研究的良性互动，建立意识

---

① 《马克思恩格斯全集》第 1 卷，人民出版社 1956 年版，第 462 页。
② 《邓小平文选》第 3 卷，人民出版社 1993 年版，第 381 页。

形态健康发展的机制。回顾 60 年历史，有这样一个不争的事实：我国主流意识形态的建构主要是靠党和国家最高领导人来完成的（当然这里面也有集体智慧的结晶）。这一现象自然有它的历史原因与现实道理，但随着改革开放的不断深入、社会问题复杂性的增强和理论研究在社会发展中作用逐渐增大，任何个人和小的群体都难以准确把握历史发展的每一动向，这就需要建立群体研究的有效意识形态制度。在保证足够研究队伍、确定意识形态指导原则与不断总结历史经验的基础之上，加强政治家与理论家的互动。改革开放 30 年的历史发展证明，理论家在经济、政治、文化与社会等问题的研究上为主流意识形态的建构提供了不少贡献力。

第六，要进一步贯彻执行"双百"方针，尊重知识分子价值和意识形态、精神生产规律。精神生产的主体是知识分子，精神生产有独特规律，只有尊重知识分子、尊重精神生产规律，才可能调动知识分子从事科学研究的积极性，从而涌现出大量的精神产品，繁荣文化市场。精神生产不同于物质生产的一个重要特点是，它往往是在继承中发展，在争鸣中前进。因此，应该允许存在不同学术观点，应该聆听并研究异己学术观点（从某种意义上说，异己学术观点往往更有价值，它可以更清楚地让我们知道理论研究与现实发展中的不足，从而有效地促进我们改进理论研究内容方法与工作作风），应该提倡不同学术观点争鸣，建立良好的学术争鸣机制与氛围。当然，意识形态研究跟一般精神生产还有所不同，它具有很强的阶级性和现实影响力；意识形态的变化可能导致包括社会制度在内的社会整体变化。因此，要十分重视意识形态生产的独特规律，要开展这方面工作的理论研究，要区分政治与学术的界限。对可能产生重大政治影响的异己学术观点要开展讨论与争鸣，要把思想改造与政治改造严格地区分开来。

新时期我国意识形态工作出现了繁荣的局面，表现出良好的发展势头，但同时我们也要清楚地看到前方的路很长，出现的问题会很多，任务也更加艰巨。从国际形势看，尽管和平与发展已成为时代的主题，但世界发展的总体形势并不太平，强权政治和霸权主义仍是阻止世界和平发展的主要障碍。一些发达资本主义国家总想利用自己的经济、政治与军事力量称霸全球，"历史终结论"和"意识形态终结论"不绝于耳，甚至已成为全球意识形态的强音。一些发展中国家为了捍卫自己的权利和利益有时也采取极端的甚至恐怖主义手段。作为综合国力还不是很强的中国，在如此复杂的国际社会下维护世界和平与发展及至将全球导向社会主义道路任重道远。从国内形势看，随着改革开放向纵深发展，利益分层、群体分化与价值多元的局面渐渐形成，不同群体利益之争必将成为今后我国国内相当长一段时间内的主要问题与主要矛盾；由利益分层导致的文化价值碰撞，也会进一步上升到意识形态层面，最终带来意识形态的矛盾与冲突。当前在我国意识形态领域，除了存在着极"左"思想与资产阶级自由化思想之外，还有封建社会的前现代思想和西方正在流行的后现代思想。针对这些情况，今后我国的意识形态建设工作必须以马列主义、毛泽东思想、邓小平理论、"三个代表"和科学发展观理论为指导，根据邓小平"面向世界，面向未来，面向现代化"的"三个面向"思想，坚持和谐社会与和谐世界的理念，不断研究新情况、发现并解决新问题，加强与不同意识形态的交流与对话，增加意识形态的先进性与广泛性，推动改革开放深入发展，增强综合国力，并以此加大意识形态的影响力与凝聚力。相信在目前国际竞争更重视综合实力比拼的情况下，这条意识形态建设道路会越走越宽广。

科学发展观与新文化观

中国社会科学院哲学所 "浙江经验与中国发展研究"
课题组[*]

党的十六大以来，以胡锦涛为总书记的党中央提出并贯彻科学发展观，强调必须实现以人为本、全面协调可持续的发展，在文化发展方面则提出："要从计划经济体制下形成的传统文化发展观中解放出来，树立与社会主义市场经济体制相适应的新的文化发展观。"[①] 本文的目的是以科学发展观的一般原理为指导，根据十六大以来我们党着眼于当今世界和中国发展态势对文化发展作出的系列论述，结合我国当前文化发展面临的紧迫任务，对新文化观与科学发展观的关系，对我们所理解的新文化观的主题、概念和逻辑关系进行探讨。

一 整体性发展理念——科学发展观与新文化观一以贯之的原则

新文化观与科学发展观是什么关系？对此可有两方面的回答：第一，从局部与整体相区别这一领域划分的意义来看，科学发展观强调要全面关注由经济、政治、文化和社会等领域构成的"发展整体"，文化只是上述整体的一个局部领域，由此可以断言：新文化观是科学发展观的组成部分。第

---

[*] 作者系中国社会科学院哲学研究所研究员。

[①] 参见李长春同志《文化体制改革试点工作会议上的讲话》（2003 年）。此外中共中央、国务院在《关于深化文化体制改革若干意见》（2006 年）中也指出，要在坚持马克思主义指导地位的前提下"树立新的文化发展观"。

二，从各领域之间、局部与整体之间相互联系、制约和统一的角度来看，新文化观则是科学发展观的表现，它们在本质上是统一和相通的，在一般原理的意义上共同承诺着一种"整体性发展理念"。现在的问题是，涉及文化这个局部领域的发展观如何可能承诺"整体性发展理念"呢？要回答这个问题，就必须弄清什么是"整体性发展理念"，它与领域划分意义上的"发展整体"和"发展局部领域"是什么关系。

我们注意到，在我们党关于科学发展观的论述中，领域划分意义的"发展整体"与一般原理意义上的"整体性发展理念"分别代表着两类彼此相关但又不尽相同的表述：

（1）关于发展整体的表述。这类表述包括所谓"经济、政治、文化与社会的四位一体发展"；包括关于城乡发展、区域发展、经济与社会发展、人与自然发展和国内发展与对外开放要求的"五个统筹"。正是根据这个领域划分意义上的"发展整体"概念，无论经济还是文化都被视为发展整体中的局部领域。显然，科学发展观关于"发展整体"的表述体现了它对经济、政治、文化和社会等诸发展领域的全面性关注诉求。这种全面性关注诉求反映了当今世界关于发展问题的全新认识成果，体现了进入新时期以来我国改革开放总体进程的内在要求，同时也显示出与那种单打一式的、片面追求经济增长的发展观的重要区别。但必须看到，关注领域的多寡不同只刻画了科学发展观与传统发展观之间的"量"的区别，它还不足以说明两种发展观之间的"质"的差异。

（2）关于整体性发展理念的表述。这类表述涉及"发展的内涵"（什么是发展）、"发展的目的"（为什么发展）以及"发展的方式"（怎样发展）等一系列具有全局性指导意义、不会因个别发展领域的特殊性而有所改易的基本发展理念。关于这些问题的表述包括"发展才是硬道理"、"扭住经济建设这个中心不动摇"、"以人为本"和"可持续发展"等等。必须看到，这类表述不仅涵盖了上述发展整体概念所具有的"量"的含义，还涵盖了由于基本发展理念上的根本区别而造成的发展观上的"质"的不同。这种整体性发展理念所依据的哲学预设包含着对整体与部分关系的辩证理解，它是对机械论理解的超越：第一是"整体大于部分之和"。这一预设表明，整体不仅包含相关诸要素，更依赖于这些要素之间的相互联系。在此意义上，科学发展观对传统发展观的超越就不仅在于前者比后者承认了更多的发展要素，更在于前者比后者更关注对要素间相互关系的科学把握。因此，说科学发展观是整体发展观，就是说它是关系发展观，强调各要素、各领域之间的全面协调可持续性关系。为此，我们不能把科学发展观的"四位一体发展整体"简单视为四大发展领域（或更多领域）的机械相加，视为不同发展领域或统筹领域可以各行其道。应当认识到，无论四大领域的发展还是五大统筹的任务都必须服务于科学发展观一再重申的那些整体性发展理念，即：充分认识我国社会主义初级阶段的性质和历史使命，扭住经济建设这个中心不动摇；深刻认识社会主义发展观的本质，把"以人为本"和"关注民生"当做发展的根本目的；着眼于"后代人的发展权利"，全面推进可持续性发展的方式；等等。

第二是"部分规定整体，部分体现整体"。这一预设表明，任何部分都应从整体获得意义：作为整体之有机环节的部分一定会把整体的存在与发展要求内化在其自身的存在与发展之中，从而对整体产生一种积极的、建设性的影响。因此，局部发展领域在规划其发展战略时不仅要充分考虑自己的特殊性，还应充分关注我国发展的总体阶段性特征，关注我国发展的中心任务和最终的发展目的。离开了这些整体性发展理念，涉及局部领域的经济发展观、社会发展观或文化发展观等就不可能是"科学的"。胡锦涛等中央领导同志多次借用古人的说法告诫人们："不谋万世者不足以谋一时，不谋全局者不足以谋一域。"在这里，"万世"或"全局"意识是"谋一时"或"谋一域"的重要前提。反过来说，一旦具备了这个大局观，局部领域的发展就会同时具有超越局部领域的整体性意义。

社会生活在本质上是实践的。人类社会的分化和统一、领域的划分与整合、不同领域之间的相互关系及它们各自在社会整体中的地位和作用、不同领域中哪个领域居于主导的支配地位，这些都是随人们所面临的各种历史条件及其所从事的实践活动的发展而变化的，具有历史的辩证性质。

充分认识"发展整体"与"整体性的发展理念"的区别联系及其所具有的历史辩证性，可以澄清对科学发展观的一些模糊认识。一个明显的例子是如何看待经济发展的地位和作用。改革开放以来，我们经历了多重磨难才确立起以经济建设为中心的观念。但在科学发展观提出之后，少数论者就以为，既然经济只是四位一体发展整体中的一个局部领域，再强调"经济建设是第一要务"不就与科学发展观的全面性关注诉求自相矛盾了吗？这种看法的方法论根源就是机械论的整体与部分意识。它只看到经济发展在领域划分意义上是一个局部领域，但却没有认识到，对我们这个尚处于社会主义初级阶段的社会来说，经济建设是社会主要矛盾的主要方面，它对我国经济社会发展的全局产生着决定性的影响，因此，"以经济建设为中心"同时体现了超越局部领域的整体性发展理念。不坚持这一点，其他许多问题的解决将失去根基，改革开放就会倒退。

充分认识"发展整体"和"整体性的发展理念"的区别联系及其所具有的历史辩证性，也为我们探讨新文化观提供了重要的理论前提。毫无疑问，文化发展在领域划分意义上也是我国发展整体中的局部领域之一，但不能由此认为，文化的影响力只能是局部性的；文化发展战略因为根源于局部领域的特殊性，不需要或不可能承诺科学发展观所强调的整体性的发展理念。下面对新文化观的探讨表明，由于文化具有"通过塑造人的心灵而塑造整个人类世界"的本质特性，更由于当今实践中面临的各种新的社会历史条件，文化在社会整体发展中的地位和功能已经发生了历史性的变化，因此它在功能上与科学发展观所承诺的整体性的发展理念就具有更加直接内在的关联。

二　新文化观的理论构成及其三大主题

党在中国特色社会主义发展过程中逐步形成并在十六大以后明确提出的文化观之所以称为"新"的，主要有两个原因：一是由于这种文化观承诺着"整体性发展理念"，是科学发展观的重要组成部分，是科学发展观的表现；而以往的旧文化观，无论在国内还是在国外，都是与旧的单纯经济增长的片面发展观相适应的。实际上，发展观与文化观之间存在着内在的关联性，有什么样的发展观往往就会有相应的什么样的文化观。二是在我们国内，从旧文化观到新文化观的过渡还反映了我国从计划经济体制到社会主义市场经济体制转轨的历史过程，前者是同计划经济体制相适应的，而后者的新就表现在它是与社会主义市场经济体制相适应的。为了全面地展示这种新文化观的理论构成及其与科学发展观的关系，我们将其扼要概括为一个链接、两个视角和三大主题。

1. 一个链接：文化观念与发展观念的链接

"新的文化发展观"这个名称是把文化与发展链接起来的产物。要理解这一种链接的意义，必须对文化与发展这两个概念的确切含义进行澄清。谈到"文化发展"，人们首先会想到它是指"文化自身领域的发展"。但什么是"文化自身领域"呢？这本身就是许多论者感到费解的问题。不弄清这个问题，我们关于文化发展的谈论就将是概念混淆、思路不清的。

"文化"概念在学术史上有着难以计数的定义。[①] 这些定义可分为两大类：一类是狭义文化定义，旨在从领域划分的意义上区分"什么是文化"或"什么不是文化"，找到文化不同于经济、社会乃至政治等其他领域的基本特征。基于这样的诉求，一个国家或地区的文化管理体制会引入相应标准对文化行业进行区别。2004年，我国国家统计局颁布的《文化及相关产业分类》把文化行业[②]分为：①包括新闻、出版、广播电视和文化艺术服务等四大类的"文化产业核心层"；②包括网络文化服务、文化休闲娱乐服务和其他文化服务等三大类的"文化产业外围层"；③包括文化用品、设备的生产和销售这两大类的"相关文化产业层"。这9个大类之下又分为数以百计的次类，等等。透过外延性的分类，我们可以看出这里所指的狭义文化实际上是指诉诸观念的精神文化及其载体。

与上述狭义文化概念不同的是广义文化概念，它认为文化就是人化，是

---

① 西方学者对文化一词的解释多种多样。美国人类学家 A. L. 克鲁伯（Kroeber）和 K. 克拉孔（Kluckhohn）在1952年合著的《文化：关于概念和定义的检讨》一书中，列举出166条文化定义。这些定义分别来自世界上著名的人类学家、社会学家、心理分析学家、哲学家、化学家、生物学家、经济学家、地理学家和政治学家。20世纪60年代后，随着符号学的盛行，对文化的定义更是难以计数。

② 该文件附件解释中说明，文件中的"文化产业"一语是指一般意义的"文化行业"。

人改造包括自然社会及自身在内的对象世界的活动及其积极成果，标志着人对自然状态的超越。从这个意义上讲，凡人类活动（包括经济与政治等活动）莫不是文化活动；凡人类历史莫不是文化史。

显然，狭义文化定义要求明确文化在领域划分意义上的特殊含义，广义文化概念却要求我们超越领域划分的约定。这两种界定方式各有其成立的理由。要把它们统一起来，就需要全面地认识文化的本质性特征，即：文化是一种通过塑造人的心灵而影响整个人类世界的活动。所谓"塑造人的心灵"是说，狭义文化概念强调文化创造的直接目的是通过其多样性产品形式来塑造人的思想观念和价值取向，提高人的审美趣味和满足人们的精神娱乐需求，增进人们精神的和谐感、幸福感和认同感，等等。这就使文化活动与经济、政治等活动有所区别。然而，与这种狭义文化观念并无矛盾的是，广义文化概念凸显了文化的这样一种特性，即它把人自身作为一个文化产品来生产，并通过人而把人类世界当做文化产品来生产。正因为这样，文化活动的影响力绝非狭义的文化创造的自身领域所能局限，它渗透在一个地区人们的经济、社会等一切领域的活动中。惟其如此，文化在经济社会的整体发展中才获得了发展"软实力"、"支撑力"、"凝聚力"等命名，我们也因此可以说"人在文化中"和"文化在人的活动中"，从而可以从文化的观点来观察、理解和解释所有领域的人类活动。

一旦建立了这种全面的文化意识，"文化发展"概念便相应具有了以下含义：①它当然首先是指狭义文化自身领域的发展；②它同时要关注文化作为一种软实力而影响到经济、社会等其他领域的发展；③以人的发展为中介，文化自身的发展与其他领域的发展存在着明显的互动关系。在明确了这些概念后，文化与发展的链接便自然蕴涵着以下两个观察视角。

2. 两个视角：从文化看发展和从发展看文化

"从文化看发展"这一陈述中的"发展"，主要指一个国家或地区包括经济、社会或政治领域在内的整体性发展。这个视角要求我们"不能就文化而论文化"，而应关注作为软实力因素的文化发展对经济社会的整体发展具有怎样的影响。在中国社会主义初级阶段的大背景下，"从文化看发展"要求我们充分关注以下两大问题：

（1）对我们这个后发型和转型时期的国家来说，以建立健全社会主义市场经济为中心的经济建设向来不只是局部发展领域的事情，而是关乎我国长远的整体性的发展。为此，我国文化发展的主要任务是要从计划经济的桎梏中解放出来，让在民众中蕴藏的那些有利于市场经济发展的精神因素充分释放出来，不断地在解放思想中统一思想。许多发达地区的经验证明，思想解放的程度是否彻底直接决定着其市场经济发展的顺利与否。

（2）以经济建设为中心并不意味着单一地以 GDP 增长为中心。把 GDP 增长当做衡量经济社会发展的唯一指标的旧发展观是短视的和片面的。为矫正这一偏差，科学发展观在对"什么是发展"的问题作出新回答的同时，又相继提出并回答了诸如"怎样（科学的）发展"与"为什么发展"等发展观上的根本问题，形成了一整套全新的整体性发展理念，并要求使这些理念落实为经济社会乃至人的全面发展的评价指标。必须看到，这种评价指标的基本内涵是"文化的"或"人文的"。它告诉我们，现代市场经济不仅在效率意义上要求确立一个完善的规则合理性系统，而且在发展内涵、发展方式和发展目的的评价上要求确立一个覆盖经济社会乃至人的发展的价值合理性系统。根据这个价值系统，判别一个社会的文明发展程度，不仅要看它在经济总量上提供了多少物质财富，更要看它的经济增长方式是否有利于人类未来的世代生存发展（这也是经济自身可持续发展的条件），看它在物质财富分配和各种社会权利保障方面是否有利于增进社会各阶层人群的幸福感和生活满意度，看它在相关文化发展方面是否有利于增进人的心灵和谐。显然，这一价值合理性系统的核心就是"以人为本"。事实上，自20世纪80年代起，"文化发展"或"人文发展"已在世界范围内获得了衡量区域整体发展水平的指标含义。联合国计划发展署《1992年人文发展报告》指出："人文发展……把关于发展的对话扩大为不仅仅关注手段（GDP），而且关注终极目的。……它从社会的终极目标获得启示。它使发展围绕着人的中心，而不是使人围绕着发展的中心。"①

---

① 转引自丹增《文化产业发展论》，人民出版社2005年版，第44页。

总之，"从文化看发展"可以使我们深刻认识到，新文化观是我国以往发展观获得提升的一个重要因素，是科学发展观的必然要求。文化发展绝不仅仅是发展整体中的一个可有可无的领域，也不是发展整体中占有几分之一地位的领域。

相形之下，"从发展看文化"的视角要求我们从当今世界科技革命以及经济、政治、社会和文化交融的总体态势出发，从以经济建设为中心、坚持以人为本、统筹兼顾和全面发展的整体性发展理念出发，从满足大众对精神文化产品日益增长的需求出发，充分认识狭义文化发展领域所面临的发展要求。根据这个要求，我们党在新世纪以来明确提出，要在坚持马克思主义指导和先进文化建设的前提下，大力推进文化体制改革。这项改革要求解决好文化产品的两种提供方式问题：一种是按照市场经济的规律生产和提供文化产品，做大做强社会主义文化产业；另一种是建立和发展与社会主义市场经济发展要求相适应的公共文化服务体系，探索以政府为主导、社会参与的全新的公益性发展方式，以人为本地建设全面覆盖社会各阶层民众的公共文化服务的硬件和软件网络。文化体制改革的这两大任务不是彼此对立的，它们体现着文化发展在社会主义目的与市场经济手段上的统一。此外，它们还体现了一个主旨，即文化自身的发展应当顺应当今世界和中国发展的基本逻辑。

3. 新文化观的三大主题

着眼于文化发展对我国全局发展的软实力效应，着眼于我国文化体制改革的基本任务，新的文化观当然就蕴涵着以下三大主题：

第一，形成与社会主义初级阶段基本经济制度相适应的思想观念，让文化软实力服务于发展的"硬道理"。第二，顺应当今世界"经济文化化—文化经济化"的发展态势，顺应我国解放和发展文化生产力的历史要求，改革相关文化体制，让文化生产也变成一种"硬实力"。第三，为落实科学发展观关于推进和谐社会建设、缩小贫富差别和城乡差别、促进人的全面发展的要求，为最大限度地落实广大民众（尤其是农村和基层民众）的文化权利，改革相关文化体制，以全新方式重构公共文化服务体系。

下面，我们分别对这三个主题进行扼要的说明。

三　让文化软实力服务于发展的硬道理

天下至软者莫过于人的思想观念和价值取向，至硬者莫过于经济发展成就。"软""硬"这两个感性词汇因此成为文化和经济的标志性符号。经济考察优先关注物质现象，具有明确的观察领域和直观的统计指标体系。有赖于这些指标，经济发展自然被视为"硬实力"，经济发展也通常被表述为"硬道理"。相形之下，以思想观念为核心的文化是一个充满渗透性和缺乏可衡量指标的"软"对象。渗透性使它显示出无所不在的跨领域性，缺乏可衡量指标意味着它的非直观性。由于这些特性，尽管人们一般地承认文化发展在经济社会发展中具有软实力特性，但也经常感到它是一种在实践上做不实、在理论上说不清的东西。进而言之，人们很难找到使"文化软实力"区别为"文化软无力"的基本尺度。在实际工作中，过去一个时期中曾经存在的"抓经济一手硬，抓文化一手软"、"工交财贸议半天，农业讨论一支烟，文教卫体放一边"的现象，就是对上述"软""硬"区分的形象写照。

实际上，"软实力"与"硬实力"本来就是一对相互渗透、相互诠释的概念。① 在我国以经济建设为"第一要务"的发展时代，一个地区的文化软实力效应首先是通过它对社会主义市场经济发展的推动作用而得到彰显的。

我国改革开放进程大体可以分为两大阶段：前20年大体可以被确定为社会主义市场经济体制的建立阶段；而世纪之交以来，我国发达地区相继开始进入社会主义市场经济体制的完善阶段。

---

① 20世纪90年代，美国哈佛大学教授约瑟夫·奈（Joseph Nye）相继发表了《世界实力特征的变化》、《软实力》和《美国实力特征的变化》等系列论文和著作。他认为，冷战结束和现代信息技术的高速发展，使一个国家的软实力正在显示出与硬实力同等重要的影响力。硬实力以"强制力"（coercion）方式产生影响，是一国实力的外部表现；软实力表现为"同化力"（cooptive power），体现着一国实力的内在功能。从内涵来看，军事和经济是硬实力的主要体现，而文化、政治价值和外交政策，则以其特有的凝聚力和同化力成为软实力的基本内涵。约瑟夫·奈尤其强调软实力与硬实力是相辅相成的概念，是一个统一实力的两种表现形式。应该看到，约瑟夫·奈的上述看法是服务于美国的对外政策的，但他对"软实力"概念的界定今天已远远超出国际政治领域而成为"文化"的一般代名词，他关于软实力与硬实力实际上是一种统一实力的两种表现的看法也已为人们广泛接受。

与这两个阶段相适应，我们党对发展问题的认识也经历了一个深化提升过程。在改革开放前一阶段，人们面临的首要问题是，"要不要"把经济建设（尤其是市场经济建设）当做社会主义初级阶段的中心任务。对此，邓小平同志明确提出"发展才是硬道理"。在当时语境下，该论断在相当程度上可以被合理地解读为"经济发展是硬道理"，创建社会主义市场经济才是硬道理。应该看到，即使在已接近全面实现小康社会目标的今天，这一论断依然是有效的。党的十六届四中全会再次重申：任何时候都要"扭住经济建设这个中心不动摇"。

其次，随着我国社会主义市场经济体制的建立和完善，随着我国社会主义现代化发展过程的推移，究竟该怎样深入地理解发展，以及涉及发展方式的"怎样发展"和涉及发展目标的"为什么发展"等问题，在世纪之交日益上升为关乎全局的问题。"怎样发展"在经济的意义上集中体现为，转变经济增长方式，完善市场经济秩序。而"怎样理解发展"及"怎样发展"问题的反省同时要求破除"发展只等于经济增长，经济增长只等于GDP增长"的简单思路，从而全面拓展和丰富对"发展是硬道理"的理解。党的十六届三中全会指出："坚持以人为本，树立全面、协调、可持续的发展观，促进经济社会和人的全面发展。"在这里，经济发展仍被确认为基础性的硬道理；"全面、协调、可持续"概括了包括经济发展在内的一切领域的科学发展方式；"以人为本"和"人的全面发展"则集中体现了反映社会主义本质的发展目标。正确处理以经济建设为中心和全面发展的关系、加快发展和协调发展的关系、当前发展和可持续发展的关系，已成为我们在贯彻落实科学发展观过程中必须深入研究和妥善解决的迫切问题。

那么，在我国社会主义市场经济的创建和完善过程中，在我国社会主义现代化过程进入到一个新阶段的情况下，我国文化发展应该担当怎样的使命呢？十六大报告指出："要形成与社会主义初级阶段基本经济制度相适应的思想观念和创业机制。"这段话指明了旨在"塑造人的心灵"的文化发展的一个长期任务，即要适应市场经济形成和走向成熟的内生性要求，在干部和民众之间形成一种特别有利于社会主义市场经济形成、发展和完善的精神要素。"精神要素"是一个系统论术语，用经济伦理的术语来说，这些要素就是社会主义市场经济的基本伦理承诺。这些承诺的基本内涵是什么呢？对此，我们可以从西方经济伦理史的发展中获得一些启示。

发达国家市场经济的发展大体也经历了从形成到走向成熟这两大阶段。与此相适应，我们看到自德国思想家马克斯·韦伯以后，西方学者对市场经济赖以存在的基本伦理承诺的讨论大体围绕着以下两个问题：其一，现代市场经济的形成需要怎样的基本伦理承诺？其二，一个秩序良好的现代市场经济需要怎样的基本伦理承诺？

第一个问题是西方许多经济伦理和经济史学者关注的主题。他们普遍认为，现代市场经济在结构和内生条件上与传统商品经济有很大不同，它要求与之匹配的基本伦理意识。在各种传统主义居于支配地位的背景下，要形成一种与现代市场经济要求相匹配的经济伦理，必须经历德国学者科斯洛夫斯基所说的观念"释放"过程。① "释放"就是要让那些在民间和传统中特别有利于市场经济的观念因素解放出来。这些因素包括谋利动机、节制意识、艰苦工作、精打细算、敢想敢做，等等。② 它们在哲学上也可以被概括为个体性意识、主体性意识和实用理性意识。而所有这一切，都是要把人变成一个平等地享有权利和承担相应义务的政治主体，一个自主地享有财产权、生产权、交换权和消费权的经济主体。

然而，现代市场经济形成时期的基本伦理承诺在市场走向成熟时也显露出缺陷。由此，上述第二个问题，即"一个秩序良好的现代市场经济需要怎样的基本伦理承诺"，日益成为现代经济伦理探讨的另一个重要话题。如果说"释放"是现代市场经济形成时期的观念主题，那么现在"约束"或"规范"则上升为另外一个主题。应该看到，市场中的权利交换内在地要求一个良好的、以信用为基础的交往环境。缺乏这种信用环境和商业规范时，一些地区的经济虽然可能通过不规范竞争在短时期内取得高速发展，但由于

---

① 科斯洛夫斯基谈到，像"私有财产、利润和收益最大化"等意识的"释放"是现代市场经济形成的前提。参见科斯洛夫斯基《资本主义的伦理学》，王彤译，中国社会科学出版社1996年版，第6页。

② 需要说明的是，适合市场经济的伦理准则究竟有多少条，这种实质性的追问是不会有统一答案的。

其交易成本（这是一个经济计算与伦理意识混成的概念）过高，最终会对市场经济的进一步发展形成巨大的阻碍。

应当看到，在我国社会主义市场经济比较发达的地区，上述发展轨迹也得到了再现。以今天在市场经济发展中"走在前列"的浙江为例，改革开放前20年，它形成了一种体现为群体创业意识的"浙江精神"。其中，"想尽千方百计、走过千山万水、说遍千言万语、历尽千难万险"的"四千精神"，"千家万户办企业、千辛万苦搞经营、千山万水闯市场、千方百计创新业"的"四千现象"，"白天当老板、晚上睡地板"的"两板精神"，"先生孩子后起名"的求实精神等等，所有这些说法生动地描绘了那里的民众在创建社会主义市场经济中形成的群体创业意识。由于这些经济伦理因素的充分释放，浙江在20年的短暂时间中形成了公有制主导、民本多源的社会主义市场经济发展模式，涌现出一大批在国内外具有很大影响力的"新浙商"群体，创造了诸如"温州奇迹"或"义乌奇迹"的经济和社会现象。

世纪之交以来，浙江省委省政府又基于全面自觉的自我诊断和反省，主动提出了"以个人为基础、企业为重点、政府为关键"的信用浙江建设要求，并因应我们党科学发展观的提出，提出了转变经济增长方式，完善社会主义市场经济体制，推进经济、政治、文化和社会"四位一体"的整体发展战略。随着这种"约束"和"规范"主题的出现，浙江的经济社会发展开始呈现从自发发展到自觉发展的转变。

事实证明，一个地区是否能够根据其经济和社会发展的内生要求，在不断解放思想中形成与市场经济发展相适应的群体性思想观念和价值取向，这是其社会主义市场经济能否得到顺利发展和持续具有活力发展的一个关键因素。而一个地方的社会主义市场经济能否顺利发展，也是判别其思想解放是否彻底，其文化发展究竟是"软实力"还是"软无力"的基本尺度。让文化软实力服务于发展的硬道理，这是我国社会主义新文化观的首要和基本的主题。

四　文化生产也是一种硬实力

新文化观要求关注的另外一大主题就是要改革相关文化体制，使我国文化生产也成为一种真正的"硬实力"。虽然文化就其渗透性特征而言常常被概括为软实力，但它并非注定与"硬"无缘。一旦文化成为可以用硬指标衡量、可以对 GDP 增长有所贡献的社会生产力，它就是名副其实的"硬实力"。新世纪以来党的一系列纲领性文件对此有明确论述。2000 年党的十五届五中全会报告首次提出要"推动文化产业的发展"。十六大报告指出："发展文化产业是市场经济条件下繁荣社会主义文化、满足人民群众精神文化需求的重要途径。"十六届四中全会报告更是明确指出："深化文化体制改革，解放和发展文化生产力。根据社会主义精神文明建设的特点和规律，适应社会主义市场经济的要求，进一步革除制约文化发展的体制性障碍。"

改革文化体制、推进文化建设，既是我国新时期文化自身领域发展的迫切要求，更是建立和完善社会主义市场经济体制的要求。改革的任务之一就是要按照市场经济的要求生产和提供文化产品，做大做强文化产业。

把文化产品的生产和提供与市场链接起来，这是对长期以来认为文化与经济无关、文化远离经济的传统文化观的重大挑战。在计划经济体制下形成的旧文化观往往片面强调文化产品的意识形态属性而否认其商品属性，片面强调文化产品的教育功能而忽视其娱乐功能，片面强调文化生产的精英属性而忽视大众的文化消费权利。与此相适应的旧文化管理体制把国有事业单位当做文化产品的唯一提供主体。它削弱了文化生产者的创造力和想象力空间，导致我国文化生产效率低下，使文化的财政供养成为国家的沉重负担，并使我国在国际文化竞争中处于不利和被动的地位。[①] 应当看到，即使在我国经济体制改革已经如火如荼地展开的时代，上述旧文化观依然具有很大影响。

但改革相关文化体制、发展文化产业已成为不可抗拒的大趋势。这里有两个大背景：①当今世界正处于从第一次现代化向第二次现代化转变的交叉点上，"文化与经济的相互交融"是这种转变的一个重要特征；②当今中国市场经济体制改革逐渐显示出强大的"外溢"效应，它要求把经济体制改革

---

① 笔者认为，我国计划经济时代形成的传统文化体制造成了"文化资源配置低效率"和"文化组织的低效率"。参见陈立旭《发展文化产业，建设文化大省》，《学者视野中的浙江文化大省建设》，浙江人民出版社 2001 年版，第 186 页。

的成果推广到传统意义上的非经济产品生产领域。

1. 当今世界发展：文化与经济的交融是知识经济发展的新特征

从当今世界发展态势来看，20世纪70年代起，西方思想界开始对延续数百年之久的、以传统工业发展为主要内容的所谓"第一次现代化"进行全面反省。在此基础上，"第二次现代化"或"后现代发展"成为一种全新的发展诉求。由于一系列标志性著作的问世，第二次现代化获得了所谓"后工业化时代"[①]、"第三次浪潮"[②]、"数字化生存时代"[③] 等一系列名称。在与文化相关的意义上，第二次现代化体现出一个重要特征，即十六大报告概括的"文化与经济的相互交融"。正是这种相互交融使第二次现代化获得了一个重要的命名，即"知识经济"。而所谓"文化经济"则是知识经济的题中应有之义。

1996年，世界经济合作组织（OECD）在其题为"以知识为基础的经济"[④]（Knowledge-based Economy）的年度报告中断言，由于当时其24个成员国在高技术知识密集型产业中的产值已经超过国民生产总值的50%，因此发达国家正在进入知识经济时代。[⑤] 知识经济首先显示出"经济文化化"的特征。经济领域的研发过程、产品包装、品牌和广告设计、人性化营销和服务等已经广泛涉及与狭义文化相关的"创意性"内容。与经济文化化形成共生互动的另一个趋势是"文化经济化"。[⑥] 随着科技革命的出现和经济全球化的发展，原本远离市场的文化原创或生产活动全面进入市场领域。"文化产业"、"内容产业"或"创意产业"等一系列说法应运而生。应该看到，无论"经济文化化"还是"文化经济化"都清晰地表达了一条在当今世界

---

① 贝尔：《后工业社会的来临》，高铦等译，商务印书馆1984年版。
② 托夫勒：《第三次浪潮》，朱志焱等译，三联书店1983年版。
③ 尼葛洛庞蒂：《数字化生存》，胡泳等译，海南出版社1996年版。
④ 世界经济合作组织：《以知识为基础的经济》，杨宏进等译，机械工业出版社1997年版。
⑤ 参见《以知识为基础的经济》，第4页："据估计，OECD主要成员国国内生产总值的50%以上现在已是以知识为基础的。"第18页："OECD成员国的情况继续证明工业经济正在向后工业知识经济转变。"（世界经济合作组织）
⑥ "经济文化化"和"文化经济化"是现在流行的说法（参见丹增，第21页）。类似的说法还包括"市场文化化"和"文化市场化"等。

范围内普遍有效的逻辑：文化产业的出现是一个自然历史过程，是传统经济发展到一定阶段和技术发展到一定水平的必然结果。

以上"交融"的发展态势使许多国家尤其是发达国家深深意识到，以"创意性"为本质特征的文化不仅是提高其经济发展水平、促进社会发展的重要因素，而且是应对外来文化挑战所应具备的民族凝聚力的基础，是强化综合国力或综合竞争力的软资源。因此，许多国家开始自觉地把文化发展纳入其基本国策，而"创意性"或"创造性"成为这些国策的核心主题词。自 20 世纪 90 年代起，除美国之外的西方主要发达国家都着手正式出台旨在指导本国创意文化产业发展的官方文化政策。1993 年，英国在经过 3 年准备、进行了 60 多次专项研讨之后率先出台《创意性的未来》（*A Creative Future*）的文件①；随后，澳大利亚联邦出台《创意性的民族》长篇文件。1998 年，欧盟推出旨在建设"创意性的欧盟"的欧盟各国文化政策框架文件，这一框架成为数十个国家年度性文化政策文件的基本格式。与此同时，各种文化体制和机制创新方案和文化发展启动方案纷纷出台。②

2. 当今中国发展：市场经济发展在文化生产领域的"外溢"效应

基于"文化与经济交融"态势而出现的大规模文化生产在国际上还是全新现象。由此反观当代中国，我们得出一个令人欣慰的估价：与发达国家相比，我们的社会主义市场经济历史短得多、起步晚得多，但我们对文化发展与经济、政治、社会和人的全面发展的关注，对文化发展战略的关注，却与发达国家相去不远。更重要的是，我们党的科学发展观及其新文化观，不仅吸收了当今世界发展的文明成果，更体现了中国改革开放进程的内在逻辑要求。

第一，我国经济体制改革已经在物质和精神上取得了双重成果，它们同时提出了发展文化产业、改革相关文化体制的迫切要求。

---

① 该文件全名为 A Creative Future: The Way forward for Arts, Crafts and Media in England，其中的 Creative 一词既可以被译为"创意性"，也可被译为"创造性"。

② 关于发达国家 20 世纪 90 年代以来文化政策的概况，可参见李河的《发达国家当代文化政策一瞥》，张晓明等主编《2004 年：中国文化产业发展报告》，社会科学文献出版社 2004 年版。

从物质层面看，近30年的市场经济改革已经使我国人均GDP从20世纪70年代末的不足100美元跃升到今天的1700多美元。东部发达地区已整体跨入3000美元、4000美元和5000美元以上。在这个背景下，民众的精神文化需求也出现了一种质的跃升。相比之下，我国文化生产无论在数量还是质量上都难以填补这个迅速扩大的需求空间。而我国市场经济的发展、相对健全的市场体系的存在，使我们有可能经过探索，较快地使我国文化产业落地生根，发展壮大。

从精神层面看，解放和发展文化生产力也涉及思想解放的问题。但由于在创建社会主义市场经济初期，人们已经广泛经历了"要不要发展市场经济"、"市场经济是否天然等于资本主义"等一系列观念讨论的洗礼，因而在面对"要不要解放和发展文化生产力"、"发展文化产业是否天然地等于文化堕落"这类问题时，思想解放的难度相对降低。经济体制改革的经验告诉我们，正如同社会主义市场经济是"干出来的"而不是"说出来的"，健康强大的社会主义文化产业也只能是在实践探索中而不是在争论和空谈中形成的。

第二，我国社会主义市场经济发展的成就告诉我们，经济竞争是经济实力的体现。同样，文化竞争也是文化实力的体现。要使文化生产成为一种硬实力，关键在于要迅速推进我国从文化资源大国向文化产业大国、从文化流传大国向文化市场流通大国的转变速度。

资源的提升和转换利用、市场流通的迅速和便利是提高一国经济发展实力的关键。在文化领域中也是如此。我国向来是文化资源大国，也是一个传统文化源远流长的古国。但全球化的市场经济和技术发展进程昭示我们，文化资源大国并不注定就是一个文化产业强国，一种优秀传统在今天能否长远流传日益取决于它是否具有强大的市场流通能力。"流通决定流传"几乎成为当今世界文化发展的铁律。要真正关注我国长远的意识形态安全和文化安全，真正使我国优秀文化传统能够传之久远惠及子孙，就必须充分按照市场经济的要求，充分发展以高新技术为基础的我国文化创意产业。

第三，文化产品是一种特殊商品。它与传统经济产品的区别在于确实具有意识形态属性，具有教化功能，还具有追求创造和卓越性的精品属性。缺乏意识形态关注和教化功能的文化生产可能导致思想混乱，缺乏精品属性意识的文化生产可能导致普遍的趣味低俗。正是这种特殊性才使关于"要不要解放和发展文化生产力"的争论变得复杂化。

但是应当看到，当人们尚在争论要不要让文化产品走向市场时，一个自发形成的、通常是缺乏规范的和秩序不太良好的文化市场在我国已广泛存在。正是这种状况使一些人对正在探索中的我国文化体制改革的质疑往往显示出正当性。但问题的症结也恰恰在于，这些质疑虽然常常是正当的，但在总体上依然是片面的和近视的。其片面性表现在，他们因为看到现有文化市场的某些弊端，就要求马上退到"市场之外"，在尚未充分体验"市场灵验"的情况下就奢谈"市场失灵"；其近视则表现在，他们只看到"发展中的问题"，而看不到解决问题后的发展，看不到只有在经过挑战应战的过程中做大做强文化产业，我国新时期的意识形态安全才可以得到根本保障，大众的文化素质才可以得到普遍提高。

对解放文化生产力的质疑要求我们关注这样两点：首先，如果说解放文化生产力特别侧重于解放文化产品的商品属性，而这同时意味着解放文化产品的娱乐属性，那么如何在新的条件下认识和解决意识形态的存在方式就是一个需要探讨的理论问题。其次，如果说在我国经济体制改革进程中，"要不要"市场经济和"怎样形成"一个秩序良好的市场经济曾经是两个先后出现的主题，那么对文化体制改革来说，"要不要"发展文化产业和"怎样形成"一个秩序良好的文化市场从一开始就是同时出现的主题。

无论面临多少困难和问题，我们都应当看到，我们党关于解放和发展文化生产力的决策是符合当今世界发展态势和中国改革开放的发展逻辑的。新文化观必须对此予以充分关注。

五　以全新方式重构公共文化服务体系

新文化观要求关注的第三大主题是要在市场经济背景下，以全新方式重构公共文化服务体系，使之服务于"经济社会和人的全面发展"的总目标。

公共文化服务是各级党委和政府及其所领导的相关公共事业机构的责

任。在计划经济时期，党和政府在文化方面似乎承担了"无限责任"，文化成为完全由事业单位生产和提供绝对公共品，包办文化成为政府职能"越位"的主要特征。在市场经济当中，少数地区的政府又在文化发展方面"放弃责任"，公共文化服务"不作为"成为政府"缺位"的主要特征。面对科学发展观提出的经济、社会、文化和人的统筹协调发展的历史任务，如何以全新方式重构公共文化服务体系，成为考验当今党和政府执政能力的大问题。必须看到，"以全新方式"和"重构"构成了我国相关文化体制改革的两个关键主题词，它们提出的问题是：当我们基于对"市场失灵"的认识而强调公共文化服务的必要性时，如何使这种服务方式不回到计划经济的老路上去？这同时就意味着，怎样最大限度地借助"市场灵验"的手段来提高公共文化服务能力，使之服务于全面发展的总目标？

1. 充分认识重构公共文化服务体系的必要性

胡锦涛总书记在 2005 年 3 月谈到浙江工作时强调指出："在促进经济发展的同时，切实把各项社会事业发展好，对于实现全面建设小康社会的宏伟目标，具有重要的意义。越是经济发展加快，越要把发展社会事业放到更加突出的地位。"[①] 这个重要指示明确了经济发展与社会发展必须协调一致的思想。而在社会事业中，公共文化服务是一项十分重要的内容。

我国文化发展的根本任务是要充分满足民众日益增长的精神文化需求。在上一节，我们已经指出在市场经济环境中发展文化产业是提供文化产品、尊重民众文化消费权利的一个重要途径。但是，市场经济的自身特点决定了它不可能完全出于文化公正的目的满足社会各阶层的文化需求，因此，党和政府所主导的公益性文化事业就必须承担起为人们提供公益性文化产品、提供文化商品的二次再分配和健全的公共文化服务的责任。这一要求尤其体现着社会主义的基本目的，那就是：把所有人当做高质量的文化产品来生产。显然，一个强大高效的公共文化服务体系是生产有知识、有文化和高素质的

---

① 习近平：《加快建设文化大省，为在全面建设小康社会、提前基本实现现代化进程中走在前列提供强大力量》。

人的重要方式。

应该看到，在我国市场经济崛起时期，国家有限的公共财政大多投入到与改善经济环境相关的公共基础设施上。如今，随着我国经济取得了巨大成就，许多发达地区公共财政资源相对充裕，政府开始有余力改善过去在义务教育、公共培训、医疗卫生保障和公共文化基础设施建设等方面欠账较多的局面。此外，由于过去发展的不平衡性，城市居民之间、城乡居民之间出现的两极分化问题，公共文化、教育和卫生等领域发展相对滞后的问题也日趋明显。所有这一切都不是单纯通过市场的自身发展就可以迎刃而解的。随着科学发展观的提出，随着我国经济社会发展开始实现从自发到自觉的转变，人们已普遍认识到，公共文化服务体系建设对于清偿历史旧账、全面落实文化公正、缩小城乡差别和建设社会主义新农村、建设和谐社会，一句话，对于服务于科学发展观所强调的推进经济社会和人的全面发展的总目标，乃是当务之急。

2. 我国公共文化服务体系的含义和重点

"公共文化服务"是一个很大的概念。通过考察我国发达地区的公共文化服务建设，我们认为我国公共文化服务体系应当是由三大网络交织而成：第一是领域网络。公共文化服务体系既包括通过思想道德教育提高公民文明素质的工作，又涵盖了传统"公共服务"所涉及的文化、教育、科技、卫生、体育等具体领域。第二是硬件网络。公共服务体系的硬件网络包括广播电视、光缆通信和文化基础设施，它应当覆盖城市和乡村的所有地区。第三是社会阶层网络。我国公共文化服务的重点应当是城市基层居民、乡村居民和在社会主义建设中充当生力军的地区外来人口（民工）。

只有实现了这三个网络的协同建设，我国文化发展才能真正有益于文明城市和社会主义新农村的建设；才能真正起到增进民众的幸福感和认同感的目的；才能真正通过促进人们的心灵和谐以推进和谐社会建设的进程。

3. 充分认识重构公共文化服务体系的"全新方式"

如果说文化产业的主体是市场中的那些经营个体或企业，那么发展公共文化服务的首要责任主体则是党和政府及相关部门；如果说要做大做强文化产业唯有依靠市场，那么公共文化服务存在的合法性则首先是因为"市场失灵"。但是，这一切并不意味着政府在构建公共文化服务体系时应回到计划经济时期的传统模式，回到那种完全在市场之外、完全由政府包办的老路上去。我国一些发达地区结合自身实际，将重构公共文化服务体系的任务概括为"政府主导、社会参与、市场运作"这三句话，这是值得我们研究的。在这里，充分考虑市场经济的条件，充分借助市场经济的发展优势和发展手段，构成了构建公共文化服务体系的"全新方式"。这种全新方式与计划经济体制下的文化服务的区别是清楚的，即：政府不再全部包办公共文化服务，但要起主导作用；发挥社会民间力量参与公共文化服务，在市场经济的条件下既是必要的又是可能的。所谓市场运作是说既要依靠市场又要超越市场，要依靠市场是因为能够承办公共文化服务事业的社会民间力量是在市场中形成的，要超越市场是因为公共文化服务体系不像一般市场经营活动那样以赢利为目的，而是一种社会公益性事业：它直接地以人为本，而不是以钱为本，人是它的直接出发点和归宿点。

在市场经济条件下，发展公益性的文化事业、构建公共文化服务体系，既要努力破除"公共的等于完全非市场的"这一陈旧意识，也要防止把公益性的文化事业、公共文化服务体系办成营利性的文化产业。在市场经济条件下，所谓"公共性"强调的是目的，即出于社会公平或文化公正的目的来落实所有社会阶层的相关权利，这是"政府主导"一语的核心含义；而从实现这一目的的手段来看，它不仅不应当排斥市场，反而应当在可能范围内利用市场中发展起来的社会民间力量，从而形成广泛的"社会参与"，在降低公共服务成本的同时又提高服务效率。

我国许多市场经济发达地区已经对在市场经济条件下如何发展公共文化服务进行了积极的探索。其内容可以概括如下：首先，在"积极加强公共文化事业的机构和队伍建设"方面，原有事业机构能够企业化的，就不要列为政府财政供养对象；能够引入企业化管理机制的，就不要因循原有事业单位的管理机制和办法。其次，在公共文化投入方面，能够吸引民间资金投入的，就不由政府单方面包办。再次，在许多公共文化设施管理方面，能够引入民间企业经营管理的，就不由政府直接经营。最后，在文化产品生产和提供方面，能够由民间文化组织提供生产和服务的，就不要由政府全部承担。从这四条举措中可以看出，我国目前进行的文化体制改革实际上对以往的文化行业进行了重新分类：应该并能够进入市场的，改变为文化企业；不应该或不能够进入市场的，则变为公益性的文化事业。在这类事业中，社会民间力量愿意并能够举办的，就由社会民间力量举办。政府只举办必须由它来举办的部分。

总之，公共文化服务体系是发展社会主义文化的重要途径。在市场经济条件下，政府在公共服务体系的构建中也要尽量"退够进足"——"退够"才能"进足"。当然，把市场经济手段纳入公共文化服务是一个全新事物。如何最大限度地发挥市场的积极作用，又不改变"公共性"这一宗旨，对此还需要进行更多的体制机制探索。这也是我们认为需要更多观察和思考的问题。

六 结论：新文化观的核心理念是"人·文化·发展"

以上我们根据科学发展观和文化发展的关系扼要论述了新文化观的基本概念及其主题。我们认为，社会主义先进文化的本质是承诺一种体现着价值合理性的观念形态，这种形态要求在社会主义的各项事业和活动中贯彻"以人为本"的理念。因此，新文化观的核心理念就是"人·文化·发展"。这一理念重新确认了历史唯物主义的根本观点：人是社会历史发展的基本主题和动力，社会历史发展的积极的和内在的目的应当是"为了人的全面发展和为了一切人的发展"。用我们党新的领导集体的概括就是：发展依靠人，发展为了人。

"让文化的软实力服务于发展的硬道理"这一主题重点强调的就是"发展依靠人"的问题。由于我国正处于社会主义初级阶段，因此"发展依靠人"首先表现在，应当促成和尊重广大民众为适应社会主义市场经济的内生要求而形成的创业主体意识和权利主体意识。事实证明，一个现代市场的发达程度不仅取决于自然科学成果转化为物质生产力的程度，不仅取决于一套市场经济制度的建立和完善，而且也取决于广大民众是否可以实现上述主体意识的转变。事实还证明，如果不从发展主体的思想解放这个关键环节上解决问题，单凭一些超市场的手段去推动经济发展，虽然有可能营造一时的经济奇迹，但很难使经济按照其自身规律和内生要求可持续地发展。因此，促成这种转变是我国文化发展的长期任务。

然而，在文化与经济发展的关系中我们必须充分关注这样一种复杂性：一个地区社会主义市场经济的高速发展当然可以印证其思想观念解放的文化成就，但有利于市场经济发展的思想解放并不就是文化发展的全部任务。在这里，"发展为了人"的问题必然鲜明地凸显出来。在科学发展观中，"发展为了人"集中表达为"为了人的全面发展和为了一切人的发展"。正是在这个维度上，文化自身的发展显示出重要的意义。

"为了人的全面发展"有多重含义，我们可以将其简化为这样一个原则，即不仅要满足人的物质需求，而且要满足人的精神文化需求。因为人的幸福感、和谐感和满意度是精神性的东西，它们在基础的层面上取决于物质产品是否丰富，但在人的本质特性上更取决于物质产品的品质尤其是文化品质是否得到提高、环境质量是否得到改善、直接服务于人的趣味和娱乐需求的产品是否丰富等等。在此背景下，如何解放和发展文化生产力，提高物质产品的文化含量或人性化含量，提高全社会健康的文化产品的生产和提供，就直接是一个关联于"发展为了人"的全局性问题。在这方面，我们必须破除一种观念，即认为物质生产力发展了，GDP 水平提高了，文化也就自然发展了。这种单纯用物质发展成果来印证文化发展成就的观念依然是旧的发展观的表现，它在我国一些地区普遍存在。事实上，如果缺乏文化自身发展的意识，认为文化发展只是物质经济发展的附属品，那么一个经济发达的地区依然可能是文化沙漠，人们在物质生活充裕的同时依然会感到精神生活的匮乏和空虚。"为了一切人的发展"更要求把"发展为了人"落实到出于公平公正目的的公共分配和服务领域。在文化领域，它要求国家和政府必须充分尊重所有阶层——尤其是弱势群体——的公民的基本文化权利，以各种行之有效的方式提供到位的、细节的服务。

总之，文化建设是直指人的心灵的。只有全社会各阶层人群的心灵和谐才是社会和谐的终极指标和保障，这就是"人·文化·发展"这个新文化观核心理念的基本要义所在。

参考文献：

贝尔：《后工业社会的来临》，高铦等译，商务印书馆 1984 年版。

陈立旭：《发展文化产业，建设文化大省》，《学者视野中的浙江文化大省建设》，浙江人民出版社 2001 年版。

丹增：《文化产业发展论》，人民出版社 2005 年版。

科斯洛夫斯基：《资本主义的伦理学》，王彤译，中国社会科学出版社 1996 年版。

尼葛洛庞蒂：《数字化生存》，胡泳等译，海南出版社 1996 年版。

世界经济合作组织：《以知识为基础的经济》，杨宏进等译，机械工业出版社 1997 年版。

托夫勒：《第三次浪潮》，朱志焱等译，三联书店 1983 年版。

习近平：《加快建设文化大省，为在全面建设小康社会、提前基本实现现代化进程中走在前列提供强大力量》。

张晓明等主编《2004 年：中国文化产业发展报告》，社会科学文献出版社 2004 年版。

（来源：《哲学研究》2006 年第 11 期）

论中国经济奇迹的意识形态原因

郭忠义[*]

　　大多数西方经济学者都忽略意识形态因素对转轨路径的决定作用和对转轨绩效的重大影响，一些西方政要更是否认社会主义意识形态的积极意义。他们基于固有的经济信条和政治立场，对新自由主义意识形态与俄罗斯等国转轨绩效的关联视而不见，对中国意识形态与中国奇迹的影响讳莫如深。即使是赞誉中国转轨成功的学者，也对社会主义意识形态与经济增长的关系缺少兴趣或有意失语。中国的经济学家对中国奇迹的创生作出了不可磨灭的理论贡献，为中国的转型发展提供了智力支持。然而在笔者看来，习惯于数学分析和实证研究的经济学家们似乎更专注于经济本身的叙事；难以量化的意识形态也增加了经济分析的难度。结果，中国经济学家也忽略了意识形态这个重要的解释维度。

一　意识形态是推动经济增长不可或缺的制度动力

　　20 世纪 40—50 年代的哈罗德 – 多马理论把资本积累作为经济增长的决定要素，视储蓄和投资为经济增长的关键。1956 年经济学家索洛、斯旺和萨缪尔森等认为，经济增长是物质资本生产率、劳动生产率、自然资源生产率、技术进步率等要素生产率的有效结合，其中科学技术是经济增长最重要的核心要素。这一发展模型的逻辑延展，在于认为人力资本开发、教育等也

---

　　* 作者系辽宁大学法学院教授。

是经济增长的软件要素。70 年代刘易斯的"二元结构论"和钱纳里的"发展模型",认为发展中国家的经济结构的变迁是经济增长的必然过程,价格高度灵活和要素高度流动的经济比僵化的经济增长更快,形成合理的产业结构和经济结构是经济增长的动力。熊彼特的技术创新理论则提出,敢于冒险并具有创新精神的企业家的创新活动与知识技术创新的结合,是经济增长的关键要素。

确实,上述因素作为经济增长的核心动力,在中国 30 年的经济增长中都以国家战略和经济政策的形式积极影响了经济奇迹的创造。然而,就这些要素的质量和数量而言,中国远远落后于俄罗斯,为什么其增长绩效却优于后者呢? 西方的发展经济学解释不了这一问题。

新制度经济学从制度角度解释经济增长,认为制度变迁是经济增长的核心动力。但是对制度如何变迁,人们的观点却不同,可以粗略分为自然演进和理性建构两大阵营。前者的代表是新经济自由主义的当代掌门哈耶克,后者的代表是新制度经济学的创始人之一道格拉斯·诺思。

哈耶克认为,计划经济表现了人类理性的狂妄,自由市场经济才是自然扩展的秩序。因此,他坚决反对政府干预。[①] 虽然他的理论给中国的市场化改革以很大启示,但是并不切合中国的实际。因为 20 世纪经济转轨的第一主体是政府而非企业;政府的使命不是无为而治地听任自然演化出市场经济秩序,而是靠政治智慧和制度安排迅速地复制市场经济生成的自然过程。中国的改革是政府主导的自上而下的制度变迁,可见中国的经济奇迹是对哈耶克理论的反证。

诺思的经济史研究证明,技术创新和组织创新不是工业革命的原因而是其结果,西方世界的兴起在于建立了有效率的产权制度。于是他将产权、国家和意识形态作为解释经济结构变迁的三大基石和解释经济增长的三大变量,认为有效率的(个人劳动和创新收益接近于社会收益)产权制度是经济增长的决定因素,是技术革命和西方步入现代增长的真正原因;国家在界定、保护和行使产权上具有规模效益,因而"国家的存在是经济增长的关

---

① 哈耶克:《致命的自负》,中国社会科学出版社 2000 年版,第 17、6、32 页。

键，然而国家又是人为经济衰退的根源"①；成功的意识形态能使个人和团体的行为方式理性化，通过人们对制度公平的认同减少"搭便车"行为，因此，"制度和意识形态共同决定经济绩效。"②

然而，俄罗斯和中国同样都进行了以产权为核心的制度变迁，前者还更为彻底；两者的政府同样都为界定和维护产权不遗余力，为何转轨绩效却不同呢？所以，我们应当更关注意识形态的作用。

诺思的睿智在于强调了意识形态的作用："如果没有一种明确的意识形态理论……我们在说明无论是资源的现代配置还是历史变迁的能力上就存在着无数的困境。"③ 然而，诺斯的理论存在两大缺陷：第一，其意识形态概念的内涵仅指信仰、价值规范、习惯和行为准则，这与转轨国家的意识形态有很大差异。第二，其对国家（政府）行为与意识形态的关系论述甚少，因而难以科学地解释意识形态对主导转轨的政府的决策的影响，进而难以解释意识形态对转轨及其绩效的作用。例如，同样是马克思主义的意识形态，为何在苏联导致了惊人的思想僵化然后被弃之如敝屣，而在中国却能焕发出勃勃生机并创造中国奇迹呢？可见，要想用诺思的模型解释中国制度变迁中的经济奇迹，不仅必须重新解释意识形态的内涵，而且要搁置意识形态的理论和观念的大量内容，而专注于作为核心内容的基本"范式"。

二　中国经济奇迹创生的基本前提：
国家意识形态范式的变革

马克思主义意识形态是所有转轨国家尤其是中国和苏联国家意识形态大厦的核心和基础。但从计划经济向市场经济转轨之时，中国和俄罗斯两国的意识形态却已形同水火。从表面上看，俄罗斯的自由主义意识形态正在为资本主义自由市场经济开辟道路，中国则依然坚持着四项基本原则和社会主

---

① 诺思：《经济史中的结构与变迁》，上海三联书店、上海人民出版社 2002 年版，第 20 页。

② 诺思：《制度、意识形态和经济绩效》，《发展经济学的革命》，上海三联书店、上海人民出版社 2000 年版，第 109 页。

③ 诺思：《经济史中的结构与变迁》，上海三联书店、上海人民出版社 2002 年版，第 51 页。

义信念。但据此不能解释中国的经济奇迹，也不能解释俄罗斯的转轨效率和叶利钦的战略选择。因为从实质上看，邓小平已经完成了对毛泽东晚年错误理论的历史超越，中国特色的社会主义已成为新时期中国的政治宪章。而叶利钦虽然坚持极端强硬的民主立场并高举自由主义旗帜，但其政治思维却受制于形似中国"文革"时期的传统意识形态范式。所以，只有从国家意识形态范式转变的角度才能说明中国意识形态的创新与嬗变；只有用马克思的意识形态理论，才能解释新范式何以具有如此惊人的理论力量。

作为理论的马列主义不仅解释了资本主义的历史发展，而且预测了资本主义的周期性危机、世界大战等20世纪初的历史图景，显示出惊人的真理力量。而作为实践的列宁主义和毛泽东思想，则因科学反映并深刻把握了时代主题和现实国情，代表了全社会的根本利益和民族的进步方向而成为革命的真理，它们科学地指导了俄国和中国的革命进程，推动了社会主义的诞生。于是马列主义、毛泽东思想成为无产阶级革命的意识形态，获得了普遍真理的信仰形式。

由于历史任务的决定和艰苦卓绝的革命斗争的需要，政治中心、革命至上、阶级斗争、共产主义信仰作为现实的战略理念和精神信念，成为革命意识形态的核心。随着社会主义制度的建立，经过强大的意识形态工具几十年的灌输和导向，社会主义意识形态不仅现实化为政治制度和经济体制，而且被历史经验和现实体制强化为一种国家意识形态的精神范式：指导世界革命的政治纲领，指导国内政治、经济决策的治国理念，规范社会、评价现实的最高尺度，人们观察分析问题的思维程式。

遗憾的是，几乎所有社会主义国家都以残酷的阶级斗争形式、高度集中的经济体制和高度集权的政治体制，强化了政治中心和革命至上理念；又由于革命领袖的超凡魅力而导致不同程度的个人崇拜，加剧了教条主义的思维定势。在20世纪中期，这种意识形态范式在苏联虽经赫鲁晓夫的调整却未根本改变，在中国则导致极端地走入"文革"迷途。

邓小平基于对"文革"教训的深刻反思、对时代特征的深邃观察、对现实国情的正确把握，开始了扭转乾坤的伟大变革，党的十一届三中全会不仅实现了党的中心工作的根本转移，更重要的是实现了国家意识形态范式的重大变革。这就是从政治中心转向了经济中心，从革命至上转向改革开放，从教条主义转向解放思想、实事求是。30年来，中国特色社会主义理论体系的创造及所有理论创新，无一不是新意识形态范式结出的理论果实；中国所有的制度创新和高效的政策选择，无一不表现出新意识形态范式的实践智慧。

"解放思想、实事求是"的理念彻底打碎了"两个凡是"的教条主义精神枷锁，使全党全民焕发出蓬勃的创新活力，成为开创马克思主义新境界、开辟社会主义新道路的思想前提。从实践真理的讨论，到社会主义市场经济理论的提出，再到公有制实现形式的理论创造，无不体现着思想解放的精神主题；从党的思想路线的恢复，到初级阶段论的提出，再到中国特色社会主义的道路选择，无不贯穿实事求是的内在逻辑；从以经济建设为中心，到生产力标准、三个有利于、社会主义本质论和根本任务论、现代化战略、执政兴国的第一要务、科学发展观的第一要义，无一不是"经济中心"理念的展开。社会主义初级阶段基本路线的提出、改革开放基本国策的确立、和平发展道路的选择、文明多样性理论与和谐世界理论，以及轰轰烈烈的巨大制度变迁，则是改革思维和开放理念的实践成就。

国家意识形态范式的转变是向马克思哲学的理性回归。新范式不仅真实反映了中国的现实国情、主要矛盾、历史任务和时代主题，而且真实反映了中国人民的最广泛、最合理、最普遍的价值追求，代表了现实的社会利益。

三 意识形态范式变革与中国的经济奇迹

经济转轨是20世纪晚期最为重大的历史事件，中俄两国的转轨绩效的差异为世界注目：中国实现了经济史上空前的增长，俄罗斯则出现了20世纪最为严重的经济衰退。关于绩效差异的原因，中外学者进行了卓有成效的研究，认为主要原因有三：一是中国改革虽晚于东欧早期经济改革，但是却明确提出了社会主义市场经济的目标模式；二是在改革顺序上，中国采取了经济改革为中心并优先实行，其他改革跟进协同的程式，俄罗斯则采用政治体制、意识形态改革先行的转轨顺序；三是中国选择了双轨制过渡的渐进转轨方式，俄罗斯则选择了"休克疗法"这一激进的转轨路径。上述研究无疑是正确的，但是，为什么中国和俄罗斯会做出这种不同的战略选择呢？

本文认为，是传统的意识形态范式决定了俄罗斯的战略决策选择，是新的意识形态范式决定了中国的制度创新。

首先，"休克疗法"施行的历史前提是东欧早期经济体制改革的失败，而这一失败的原因是传统意识形态范式的内在约束。随着苏联模式在东欧诸国的确立，政治中心、革命至上、教条主义三大理念构成的意识形态范式也随之形成并因此而日益得到强化。冷战以来的两极格局必然强化两极对立、你死我活的革命思维定势。经过计划与市场的百年论战，"计划经济等于社会主义、市场经济等于资本主义"这一观点变成全球性的意识形态基本共识。这种观念与意识形态范式的结合使之成为不可更易的神圣教条，成为约束苏联东欧 50 年代以来经济体制改革的精神枷锁。研究表明，波、匈、捷、南等国 30 年改革一波三折、起伏跌宕、进退维谷，最后不得不走上"大爆炸"的巨变之途，关键原因是教条主义思维程式导致其理论创新乏力，没有提出明确的目标模式。作为指导改革的"计划—市场"模式，只能在"计划经济框架不变的基础上引进市场"，结果造成两种体制长期并存、互相摩擦，陷入双重体制困境，使改革以失败告终。[①] 中国改革迟于东欧却大器晚成，创造性地提出了社会主义市场经济理论，通过制度创新创造了经济奇迹，关键原因是实现了意识形态范式的转变。社会主义市场经济理论的创生，并非出于经典原理，而是出于对 20 世纪世界经济发展实践、对市场经济现代演进形式及其资源配置效率的科学认知，尤其是出于对中国改革开放实践经验的科学认知，是党的思想路线由教条主义转向解放思想、实事求是的结果，是经济中心的价值理念导向的结果，是两极兼容、奇正相生的改革开放思维程式的结果。

其次，俄罗斯改革顺序的政治优先是由于旧意识形态范式对国家决策的约束。苏联的经济体制改革基本沿着完善计划经济的走向发展，直到 20 世纪 80 年代中期乏善可陈。戈尔巴乔夫锐意改革却采取了政治体制改革和意

---

① 林子力：《现代市场经济和现代社会主义》，《著名学者论社会主义市场经济》，人民出版社1992 年版，第 119 页。

识形态改革优先的顺序，注定了苏联解体的悲剧命运。戈氏的选择取决于传统意识形态范式。证据在于，其作为改革纲领的《改革与新思维》并未实现革命思维向改革思维的范式转变。第一，它将改革的本质、目标、手段政治化，将"民主"作为"一切工作的核心"，号召"必须使我们全部工作适应于政治任务和政治领导方法"。这说明戈氏最终没有走出"政治中心"的思维怪圈。第二，它引经据典地大谈对"民主化"的信仰，通篇未提"市场"一词，囿于教条主义而无法走出"计划"与"市场"的改革迷局。第三，它没有突破"革命至上"的价值观念，认为"改革就是革命"，"是革命的基本思想的发展和深化"。因为"改革是一个革命过程"，是飞跃。因此，必须反对"进化的方法 —— 爬行式的改良"而"运用革命的方式"[①]。这种思维反映了"革命至上"的价值理念。正是由于旧的意识形态范式，戈氏才选择了政治改革优先，才主张改革要实行大造舆论、"公开性"、民主化的群众运动方式。邓小平的伟大在于不仅摒弃了"怀疑一切、打倒一切"的革命思维，而且用改革诠释革命，赋予革命概念以改革内涵，将政治从属于经济，将改革的成功实践经验置于任何原理之上。

再次，绝大多数学者认为中俄转轨绩效的差异原因主要在于路径差异：俄罗斯选择了基于"华盛顿共识"的"休克疗法"，而中国选择了渐进的双轨过渡。近年来，"华盛顿共识"和"休克疗法"经历着历史和学术的双重审判，其理论谬误和实践恶果已经由少数人的洞见变成学界的共识。但是为什么中俄选择了不同的转轨路径呢？这恰恰只能由不同的意识形态范式给出解释。叶利钦是以同社会主义制度及其意识形态彻底决裂的反对派代表身份进入政坛的，但是他依然摆脱不了"政治中心、革命至上、教条主义"的意识形态范式的思维制导。他问鼎克里姆林宫绝非因其经济政绩，而是因其以毫不妥协的"革命"的形象和上乘的政治权谋迎合了革命氛围中的选民。政治是他思考的全部，"政治中心"必然是他的价值选择。非此即彼、两极对抗的"革命至上"是叶利钦权力游戏的制胜法则。他彻底摒弃了教条化的意识形态和斯大林模式，但是又天真烂漫地迷信"美国模式"和"自由市场

---

① 参见戈尔巴乔夫《改革与新思维》，新华出版社 1987 年版，第 26、57—58 页。

经济"的新教条。实质上，他实施"休克疗法"的真正目的不是提高经济增长和人民生活水平，而是为了摧毁社会主义的经济基础，重建资本主义大厦的私有制基石。由此可见，"休克疗法"的路径选择，是"政治中心"、"革命至上"和"教条主义"范式的典型反映。而中国在1958年就已饱尝了迷信制度速变带来经济奇迹的苦果。在"文革"中更是经历了"破旧立新"幻想的破灭，经历了"打倒一切，否定一切"带来的深重灾难。所以邓小平毅然抛弃了旧的意识形态范式，并确立了新的意识形态范式。新范式指导的宏观决策不仅创造了由双轨过渡到并轨成功的伟大制度变迁，而且娴熟地达到了稳定、发展和改革的动态平衡，创造了持续增长的经济奇迹。

最后，意识形态范式变革是转轨国家恢复增长的重要原因之一。2000年以来，俄罗斯恢复了政治稳定和持续的增长。表面看来这是由于国际油价上涨等外部因素，实际上意识形态范式的变革才是增长的关键原因。普京在《千年之交的俄罗斯》中，将照搬"外国课本上的抽象模式和公式"及激进经济改革造成的社会震荡作为20世纪的重大历史教训；此后的治国战略，"以国家利益为核心；以强国富民为使命；以经济发展为前提"，经济成为重中之重。① 可见，普京在治国战略上实现了"政治中心"向"经济中心"的转变。普京告别了叶利钦对美国模式的浪漫主义信仰，确立了从国情出发的发展道路。无论是加强中央集权、打造强力政府，实行以维护政局稳定、保持社会和谐为基本目标的"可控民主"，还是建立以注重效率、兼顾公平为基本特征的社会市场经济，都标志着治国理念实现了由"教条主义"向务实立场的转变。普京坚持走既不左也不右的中间政治路线，选择政府调控的社会市场经济模式，推行渐进有效的改革进程，打造自由主义、民族主义、社会主义多元交融的俄罗斯思想，奉行以维系"平衡性"为原则的全方位外交，这说明普京已经实现了由革命思维向改革思维的真正转变。正是这种意识形态范式的转变，才推动俄罗斯走上了复兴之路。

在20世纪意识形态的竞争中，中国特色的社会主义理论体系以独特的

---

① 俞邃：《普京治国方略使俄重振》，《环球日报》2006年3月16日。

理论魅力和实践力量演绎了转型发展的中国奇迹。理论力量的源泉在于新的意识形态范式回归了唯物史观的根本精神，回归了马克思对意识形态真实性、有效性的基本立场。按照这一立场，意识形态因其在认知上真实反映社会存在、在价值上真实代表社会各个阶级阶层的利益而焕发出改天换地的理论力量。从邓小平理论、三个代表重要思想到科学发展观，无不反映出对中国国情的科学把握，反映出对全国人民根本利益诉求的理论关切，反映出对全球发展轨迹的深刻洞察和对全球发展未来的思想责任。因此，我们有理由相信，中国的意识形态范式不仅能够引领中国创造经济奇迹，续写经济奇迹，而且也将以"北京共识"、"中国模式"的形式，为发展中国家的发展提供有益的启示。

参考文献：

戈尔巴乔夫：《改革与新思维》，新华出版社 1987 年版。

哈耶克：《致命的自负》，中国社会科学出版社 2000 年版。

林子力：《现代市场经济和现代社会主义》，《著名学者论社会主义市场经济》，人民出版社 1992 年版。

诺思：《制度、意识形态和经济绩效》，《发展经济学的革命》，上海三联书店、上海人民出版社 2000 年版。

《经济史中的结构与变迁》，上海三联书店、上海人民出版社 2002 年版。

俞邃：《普京治国方略使俄重振》，《环球日报》2006 年 3 月 16 日。

（来源：《哲学研究》2008 年第 9 期）

文化软实力的中国话语、
中国境遇与中国道路

沈壮海[*]

近年来，如何提升当代中国文化软实力的问题，日趋成为当代中国学界的"公共议题"。不同学科学者对这一问题的学术聚焦，进一步将文化软实力的提升问题扩展为当代中国社会普遍关注的社会性话题之一。然而，在当代中国，到底什么是文化软实力？与此相应，在当代中国，到底应当如何提升文化软实力？可以说，当下的研究热潮仍尚未将诸如此类的基本问题涤荡清晰。[①] 如何努力形成关于文化软实力的中国话语，并在此基础上，准确把握文化软实力的提升所面临的"中国境遇"，从而有效探寻提升文化软实力的"中国道路"，仍然是需要我们深入探索的重要课题。

一　文化软实力的"中国话语"

提升文化软实力，明确成为我们党和国家的一项重要发展战略，是近几

---

* 作者系武汉大学社会科学部部长、教授。

① 如美国战略与国际问题研究中心"巧实力委员会"于 2009 年 3 月发表的题为《中国软实力和对美国的影响——在发展中世界的竞争与合作》中认为：约瑟夫·奈的软实力理论激发了中国学者和普通大众的联想，引发了一场关于如何提高和运用中国软实力的辩论。尽管学术界对软实力的辩论十分激烈、领导层对软实力有浓厚的兴趣，但中国还没有形成一套综合的、连贯的国家软实力战略，一些已经出台的政策也前后矛盾。中国的软实力政策强调文化，在很大程度上是临时采取的，主要是反应性的，旨在反驳国际上的"中国威胁论"。此外，什么是中国软实力的主要源泉？怎样增强软实力？怎样宣传软实力？怎样使用软实力？在这一系列问题上仍然存在着分歧。参见 http://csis.org/files/media/csis/pubs/090305_ mcgiffert_ chinese softpower_ web. pdf, Bonnie S. Glaser and Melissa E. Murphy, *Soft Power with Chinese Characteristics*：*The Ongoing Debate*。

年的事情。2006 年 11 月 10 日，在中国文联第八次、中国作协第七次代表大会上，胡锦涛同志基于对当今世界思想文化相互激荡、国家发展和人民生活改善对文化发展的需求强劲提升、社会文化生活日趋多样活跃等文化发展新课题的分析，提出了增强我国文化的国际竞争力、提升国家软实力的重大课题。此后，在 2007 年 1 月 23 日中央政治局进行第 38 次集体学习时，胡锦涛同志又从网络文化建设的角度论述了我国软实力的提升问题。在此基础上，同年 10 月，胡锦涛同志在党的十七大上明确运用"文化软实力"的概念，以提高国家文化软实力为核心语汇，对社会主义文化的大繁荣大发展作出了新的战略部署。可以认为，提高国家文化软实力，亦即党的十七大对社会主义文化发展战略的总括。将提高国家文化软实力明确作为国家文化发展战略，包含着我们党对当今世界综合国力竞争新特点的自觉体认，对文化发展在国家发展与民族振兴进程中地位与作用的深刻洞悉，对社会主义文化发展目标指向与客观规律的准确把握，是我们党对社会主义中国文化发展问题不断探索所取得的新的理论成果。

对于党的这一理论创新成果，我们需要在当代中国马克思主义的理论视阈中进行具有中国特色、中国风格、中国气派的理论解读与理论构建。然而，我们在看到当代中国学界沿此路向所取得的一系列重要成果的同时，也应当看到的是，当下不少的研究，正陷入简单"跟着说"——简单而又紧跟约瑟夫·奈"软实力"之说——的迷局。约瑟夫·奈这位"软实力"概念的明确提出者及"软实力"理论的系统阐发者曾于 2004 年在其著作《软实力：世界政治成功之道》中，以难以抑制的兴奋讲道："软实力"这个概念提出后，"我很高兴地看到这一概念进入公共话语，被美国国务卿、英国外交大臣、政治领袖、社论作家和全世界的学者广泛使用"。[①] 当下不少以"跟着说"为特征的关于软实力及文化软实力的研究，将约瑟夫·奈烘热为人文社会科学诸学科领域几近家喻户晓的人物，无疑更会强化约瑟夫·奈看到自己所提出的概念成为"街谈巷议"后的兴奋。

---

① Joseph S. Nye, Jr., *Soft Power*, *The Means To Success in World Politics*, Public Affairs, 2004. Preface.

为何说以"跟着说"的思维对待约瑟夫·奈的软实力之论会陷入理论的迷局呢？回答这个问题，我们必须弄清楚约瑟夫·奈的"软实力"理论为何提出？所指何物？意蕴何在？

约瑟夫·奈对"软实力"理论的系统阐发，集中呈现在他的三部著作中：《注定领导》（*Bound to Lead*，1990）、《美国力量的悖论》（*The Paradox of American Power*，2001）和《软实力：世界政治成功之道》（*Soft Power：The Means To Success In World Politics*，2004）。作者提出并阐发"软实力"理论的目的，一以贯之地体现于这三部著作之中，即在不断变幻的世界格局中，更加牢固地确立美国的霸权地位，确保美国在当今世界能够"注定领导"。不论是《注定领导》中对盛极一时的"美国衰败论"的迎头痛击，还是《美国力量的悖论》中"提醒应当警惕发生'胜利主义'这种与……'衰落主义'相对立的错误"①，或者《软实力：世界政治成功之道》中基于对"伊拉克战前、战争期间及战后错综复杂的国际关系"的分析而"对美国如何使用其处于绝对优势的力量的广泛焦虑"②，无不紧扣美国如何"注定领导"这一基线。

那么，在约瑟夫·奈的理论中，"软实力"究竟所指何物呢？在不同的语境中，约瑟夫·奈对软实力有过不同的解说。他将"软实力"概括为"影响力"，称"软实力是一种能够影响他人喜好的能力"③；他也以"吸引力"解释"软实力"，称"软实力是通过吸引的手段而不是强迫或收买的手段从而达己所愿的能力"④；他同时还明确地将"软实力"称之为"同化力"（co-optive power）⑤，"同化性力量是一种能力，根据这一能力，一个国家可创造出一种环境，使其他国家能模仿该国的方式来考虑自己的发展，确定自

---

① 约瑟夫·奈：《软力量——世界政坛成功之道》中文序，吴晓辉等译，东方出版社2005年版，第2页。笔者认为应译作《软实力——世界政治成功之道》。
② 同上。
③ 同上书，第5页。
④ Joseph S. Nye, Jr.：*Soft Power，The Means To Success in World Politics*，Public Affairs，2004. Preface.
⑤ 约瑟夫·奈、门洪华编《硬权力与软权力》，门洪华译，北京大学出版社2005年版，第106页。

己的利益"①，"当一个国家使得其他国家以其预期目标为目标时，这种权力就出现了"②。约瑟夫·奈明确指出："国际政治中，一个国家取得它所选择的结果可能是因为别的国家会以其为榜样，或者接受一种会导致这种结果的制度。从这一意义上讲，在国际政治中，规定导向、建立环境与使具体某国产生变革是同样重要的。力量的这一方面，即：使人随我欲，可称为间接的或者同化式的实力表现。这与用主动命令的方式使他人随我的意志而行动的实力表现形成鲜明对比。同化式实力的获得靠的是一个国家思想的吸引力或者是确立某种程度上能体现别国意愿产生政治导向的能力。"③ 可以看出，在约瑟夫·奈那里，软实力是国际关系领域中，一个国家对于其他国家所具有的以吸引为手段、以同化为目的的影响力。软实力之用，其目的即在于在错综复杂的国际关系中，使"人随我欲"④，"达己所愿"⑤。而"人随我欲"、"达己所愿"，既是"注定领导"的前提，也是"注定领导"的结果。

就理论实质而言，约瑟夫·奈的软实力理论，可谓为冷战思维的产物。冷战在更多意义上，亦即意识形态与思想文化价值之战。强调意识形态与思想文化价值领域的对抗，并极力谋求这一领域的"制人"之道，企图通过这一领域的突破而瓦解对方，是冷战思维的重要体现。约瑟夫·奈的软实力理论与在此之前及与之大致同期的有关冷战理论，都无一例外地体现着这一特征。在其前，当谈到与苏联的较量时，杜勒斯便明确阐述过"国家力量"的意义及其构成。他认为："力量是和苏联领导机关办交涉的成功的关键。力量，自然不仅包括军事力量，也包括经济力量和其他无形的东西。"⑥ 而"思想的力量"、"吸引力"正是实力所包括的"其他无形的东西"的重要内

---

① 约瑟夫·奈：《美国定能领导世界吗》，何小东、盖玉云译，军事译文出版社 1992 年版，第 158—159 页。

② 约瑟夫·奈、门洪华编《硬权力与软权力》，门洪华译，北京大学出版社 2005 年版，第 106—107 页。

③ 约瑟夫·奈：《美国定能领导世界吗》，何小东、盖玉云译，军事译文出版社 1992 年版，第 25 页。

④ 同上。

⑤ Joseph S. Nye, Jr. : *Soft Power, The Means To Success in World Politics*, Public Affairs, 2004. Preface.

⑥ 杜勒斯：《战争或和平》，北京编译社译，世界知识出版社 1959 年版，第 20 页。

容。在杜勒斯眼里，冷战正是"一场争取人们的灵魂和头脑的斗争"①，也正基于此，杜勒斯特别强调西方社会要实施"建设性和创造性"的计划，通过增强"吸引力"而赢得与苏联的较量。约瑟夫·奈的软实力理论，无论就其理论的着眼点还是就其软实力的实施策略而言，都与杜勒斯的这些思想多有相承。

如果我们将约瑟夫·奈的软实力理论放置在同期产生的相关理论主张中进行比较，也不难发现，其与有关通贯着冷战思维的理论主张也多有相合之趣。如与约瑟夫·奈《注定领导》几乎同时问世的《1999：不战而胜》。在这部通贯着冷战思维的著作中，尼克松逐一分析了20世纪80年代以来的美国面对着"超级巨人"苏联、"解体的巨人"西欧、"难以驾驭的巨人"日本、"醒来的巨人"中国，提出了美国所面临的一系列挑战。但是，同约瑟夫·奈一样，尼克松没有陷入美国衰败论的论调，而是自信地大谈美国领导自由世界的责任，认为美国"有资源、有力量，也有继续充当世界领袖的能力。……能够成为21世纪一支永恒的力量"。② 对于承担"美国使命"的"国家实力"的思考，尼克松将美国的理想概括为美国力量的来源③，强调在新的世界格局中美国"将不再能够以……先进的经济和军事力量的优势来领导世界；相反……将不得不以我们先进的政治观念方面的优势来领导世界"④，理想的力量、价值观的范例将成为美国走向不战而胜的通途。于此，我们不能不惊叹约瑟夫·奈成书于1990年的《注定领导》与尼克松成书于1988年的《1999：不战而胜》之间的异曲同工。同样的立意主旨：一者要

① Dulles：*Foreign Policy and National Welfare*，转引自石斌《杜勒斯与美国对苏战略（1952—1959）》，中国社会科学出版社2004年版，第81页。

② 尼克松：《1999：不战而胜》，杨鲁军等译，上海三联书店1989年版，第303页。

③ 尼克松有这样的论述："我们的影响并不是来源于我们的军事或经济实力，而是来源于我们的理想，以及这些理想在世界其他地方获得成功而形成的巨大魅力。在历史上，我们是唯一不依靠军队的力量而凭借理想的力量登上世界舞台的大国"；"我们的潜力似乎是无限的。我们是世界上最强大、最富裕的国家。我们能够在全世界表现我们的军事力量，我们能够影响我们这个时代所有重大的政治事件。我们的文化、我们的理想以及我们的经济和政治体制在国际上比以往任何时候都更有吸引力。可以毫不夸张地说，如果允许的话，世界各地数以亿计的人将移民到美国"；等等。参见尼克松《1999：不战而胜》，杨鲁军等译，上海三联书店1989年版。

④ 尼克松：《1999：不战而胜》，杨鲁军等译，上海三联书店1989年版，第309页。

注定领导，一者要不战而胜；同样的关注重心：美国国力；同样的乐观与自信：美国的无可匹敌；同样的国力新视角：一者名之为"软实力"，一者谓之以"美国理想"。

正是基于根深蒂固的冷战思维，约瑟夫·奈在自己的著作中引述一位历史学家的话讲："不管军事力量和政治许诺为美国在冷战期间赢得在欧洲的成功奠定了多么重要的基础，是美国经济和文化的吸引力真正赢得了大部分年轻人的心智，使其拥护西方民主……当真正的消费兴起时，真正的社会主义很可能就要被淘汰出局了。"[①]

当然，对于约瑟夫·奈软实力理论中的积极因素我们可以大胆地吸收借鉴，但是，如果陷入简单地"跟着说"的迷局，则无疑容易掉入这一理论所具有的价值取向与思维框架之中，从而面对一系列的理论之困与实践之障。实际上，在这些方面，我们已经开始不得不面对"跟着说"而带来的一些诘难。[②] 之所以如此，是因为我们还没有形成具有强大话语权的文化软实力理论，或没有在软实力理论领域形成中国话语；世界已经熟悉约瑟夫·奈的软实力之论，已经知道中国已经开始使用"软实力"的概念，但是还不知道我们所讲的"软实力"与约瑟夫·奈所讲的"软实力"在目标指向、功能定位与基本内涵等诸方面有何不同。因此，进一步深化文化软实力的理论探索，进一步明晰作为国家战略的文化软实力发展所坚持的基本内涵，形成关于文化软实力的中国话语，是当下的文化软实力研究所面临的重要课题。

形成文化软实力的中国话语，基本的问题是对"文化软实力是什么"的回答。笔者认为，与约瑟夫·奈所讲的"软实力"有所不同，我们所讲的"文化软实力"不是国际关系领域的文化影响力、吸引力、同化力，与国际

---

① 约瑟夫·奈：《软力量——世界政坛成功之道》，吴晓辉等译，东方出版社 2005 年版，第52 页。

② 如有人将我们提升文化软实力的努力指责为进行文化渗透等。另，美国战略与国际问题研究中心"巧实力委员会"于 2009 年 3 月发表的题为《中国软实力和对美国的影响——在发展中世界的竞争与合作》认为：中国不屈不挠地追求综合国力，但作为国际舞台的新兴力量，中国的战略意图不透明，这让全世界相当紧张。外界本来就担心中国把不断发展的实力投入硬实力，包括扩大军事实力和经济力量，现在外界又日益担心中国悄悄地加大软实力的影响。参见 http://csis.org/files/media/csis/pubs/090305_ mcgiffert_ chinesesoftpower_ web. pdf, Bonnie S. Glaser and Melissa E. Murphy, *Soft Power with Chinese Characteristics*：*The Ongoing Debate*。

社会中的文化渗透不同。我们所讲的"文化软实力",基本内涵即"文化国力",是中国特色社会主义建设整体布局中文化建设所将产生的现实结果,这一国力具体体现为人民的基本文化权益是否得到更好保障、社会的文化生活是否更加丰富多彩、人民的精神风貌是否更加昂扬向上,也体现为中国文化在世界范围内是否形成良好形象从而产生相应的吸引力。文化国力的提升与经济实力的提升、政治文明建设的推进等一起,构成为我们努力提升综合国力的基本战略举措。我们应当在用"文化国力"对"文化软实力"基本内涵进行解读的基础上,思考文化软实力提升所面临的"中国境遇",探寻文化软实力提升的"中国道路"。

二 文化软实力的"中国境遇"

提升文化软实力,总是在具体的现实境遇之中展开的。离开对现实境遇的把握,我们就无法更加深刻地切准文化发展的主题,无法更加有效地推进文化国力的提升。当代中国文化软实力提升所面临的现实境遇,是当下文化发展所面对的一系列矛盾关系的综合展现。从整体上讲,中与外、古与今、一与多、大与小、强与弱等矛盾关系的交织及其客观展开,构成当代中国文化软实力提升所必须面对的现实境遇。

(一) 中与外

中国是世界中的中国,但是,近代的中国曾一度与世隔绝,正所谓:"一个人口几乎占人类三分之一的大帝国,不顾时势,安于现状,人为地隔绝于世并因此竭力以天朝尽善尽美的幻想自欺。"① 随着资产阶级世界市场的开拓,随着工业革命的推进,随着列强坚船利炮的袭来,中国在屈辱与抗争中、保种与救亡中开始"睁开眼睛看世界"。新中国成立以后,中华民族逐步开始了更加自觉与富有勇气地直面开放、与时代同步、与世界交融的进程。以 1978 年为节点,当代中国以改革开放的战略抉择,从封闭转到开放,

---

① 《马克思恩格斯选集》第 1 卷,人民出版社 1995 年版,第 716 页。

"走上了新的道路"①。以 1994 年我国实现与互联网的全功能接入为节点，我国的对外开放嵌入了强大的技术驱动，开始踏上信息化的时代节拍，在新媒体的联结下成为更加开放的社会。以 2001 年我国正式加入世界贸易组织为节点，我国的对外开放纳入了强力的国际制度规约，将中与外的关系，更加难以分解地胶着在一起。走向世界，直面开放，是中国特色社会主义事业繁荣发展的必然选择，也是当代中国文化广纳博采、含英咀华、创新发展的客观要求。然而，于中与外的对撞中如何维护文化的自性？如何在不同价值体系的较量中推进社会主义价值体系的发展？如何基于对文化安全的维护而维护国家的系统安全？诸如此类的课题，也随着中与外关系的愈益拉近而更加紧迫地提置到世人的面前。

（二）古与今

"每一个时代的哲学作为分工的一个特定的领域，都具有由它的先驱传给它而它便由此出发的特定的思想材料作为前提。"② 与此相应，任何文化系统的演进与发展，都无法斩断古与今的关系，都必须科学地应对与处置传统和现代、继承和创新等基本课题。作为一个有着五千年文明的中华民族，同样要在今与古的接续、更化、超越中才能达至文明的新高度。然而，在古与今的关系上，迷恋与自弃并存、告别与泛滥同在，应是当下中国文化发展所面对客观状态的真实概括。或谓唯有传统文化才是构筑中华民族共有精神家园的材质，或谓唯有与传统揖别才可挣脱迈向现代化的羁绊；有强力清除，同时也有巨资重建；有"四千余年之历史未尝一中断者谁乎？我中华也"③之欣慰，同样有"传统不传"之感叹。有国外学者评论："中国没有文化上的崛起。经济的崛起还没有带来文化的复兴，也没有造就一种新的文化。相反，传统文化正在加速度地消失，被商业文化、快餐文化所取代。经历着工业化和城市化洗礼的中国越来越难以见到传统的痕迹了。尽管有人在提倡学

---

① 《邓小平文选》第 3 卷，人民出版社 1993 年版，第 266 页。
② 《马克思恩格斯选集》第 4 卷，人民出版社 1995 年版，第 703—704 页。
③ 梁启超：《论中国学术思想变迁之大势》，上海世纪出版集团、上海古籍出版社 2006 年版，第 1 页。

习'四书五经'之类的传统经典，但这和整体社会的变迁又是多么不协调。没有人会相信这类努力能够真正维持传统文化，更不用说复兴了。在一定程度上，中国正在变成一个失去文化传统的文明。"① 当代中国文化发展中古与今关系的处理尚待更加理性与有序。

（三）一与多

党的十六届六中全会从对经济体制、社会结构、利益格局、思想观念诸方面变化的描述连续使用四个"深刻"，以极强的冲击力给我们勾画了我们所面对的"空前的社会变革"。美国高盛公司高级顾问乔舒亚·库珀·雷默在其所著《北京共识》一文中，也以其独特的观察视角与生动笔触，对当下中国迅速发展变化的现实作出过形象的描述。他惊叹于"求新"、"求变"、"创新"在中国的文章、吃饭聊天、政策辩论中像祷告一样反复出现，他甚至还推测，可能中国人自己对中国的这种迅速发展的变化都感到迷惑不解，都不可能跟踪正在发生的飞速变化。变化的速度、深度、广度交织在一起，迅速地推进着当代中国的多样化的进程，也将"一"与"多"的关系进一步凸显为当代中国文化发展必须面对的重要矛盾关系。多样并不可怕，多样是文化存在、发展、繁荣的本态；尊重多样性，即如马克思所讲的那样，赞美大自然悦人心目的千变万化和无穷无尽的丰富宝藏，但并不要求玫瑰花和紫罗兰散发出同样的芳香，也是推进文化发展的本质要求；"和"确立于对"不同"肯认的基础之上，有着丰厚"和"文化传统的中华民族，内在具有尊重多样性的文化性格。但是，实现"一"与"多"的和谐，同样是文化存在、发展、繁荣的本态；确立主导性，同样是推进文化发展的本质要求。然而，我们不得不承认的是，在急速的多样化进程中，如何更加有力地确立和增强"一"的主导性，正成为当代中国文化发展面临的严峻考验，也成为当代中国文化软实力提升必须应对的重大课题。

（四）大与小

伴随着物质生活水平的逐步提高，当下国人的思想文化需求也以前所未

---

① 郑永年：《中国人应理性看待中国复兴》，《联合早报》2006 年 7 月 11 日。

有的强劲态势不断提升和扩大。然而，与这种日趋扩大的思想文化需求相比，我们满足思想文化需求的能力还比较弱小。中国社会科学院所发布的2007年度的《中国文化产业发展报告》研究结果表明，2006年，我国城乡居民家庭文化消费总量约为4685亿元。这一研究认为，一个人均GDP达到1700美元以上的13亿人口的大国，文化消费总量不足5000亿，显然不合理。如果人均GDP达到1600美元，则文化消费在个人消费中应占20%，实际消费总量应为20100亿元，而2005年我国人均GDP就已经超过1700美元。据此，《报告》认为，我国居民文化需求的满足程度尚不足1/4。2009年3月29日，温家宝总理在湖北武汉江通动画股份有限公司视察时强调，要有我们自己的动漫产业。他讲："我有时看我孙子喜欢看动画片，但是动不动就是奥特曼。他应该多看中国的动画片。……要让中国的文化走向世界，要在世界展示中国的软实力。让中国的孩子多看自己的历史和自己国家的动画片。"① 虽寥寥数语，却颇值得寻味。如何提升用优秀的精神文化产品满足人们日益增强的思想文化需求，不断提升人们的思想文化生活品质，显然也是当代中国文化软实力提升必须关注的重要课题。

（五）强与弱

我们曾经拥有文化强国的美好记忆。20世纪之初，流亡日本的梁启超细考中国学术思想变迁之大势，自信地断言："合世界史通观之，上世史时代之学术思想，我中华第一也；中世史时代之学术思想，我中华第一也。"② 然而，梁氏也不无感慨地承认：中华学术进入"近世史时代，则相形之下。吾汗颜矣"③。梁氏自陈其以如火如焰、如海如潮之热情，期盼着中华民族思想文化的新生，"恢复乃祖乃宗所处最高尚最荣誉之位置，而更执牛耳于全世界之学术思想界"④。迎着新中国成立的曙光，毛泽东曾这样阐述中国文化的

① 《温家宝考察动漫产业，称不希望孙子总看奥特曼》，新华网，2009年3月31日。
② 梁启超：《论中国学术思想变迁之大势》，上海世纪出版集团、上海古籍出版社2006年版，第2页。
③ 同上。
④ 同上。

复兴与发展："自从中国人学会了马克思列宁主义以后，中国人在精神上就由被动转入主动。从这时起，近代世界历史上那种看不起中国人，看不起中国文化的时代应当完结了。伟大的胜利的中国人民解放战争和人民大革命，已经复兴了并正在复兴着伟大的中国人民的文化。这种中国人民的文化，就其精神方面来说，已经超过了整个资本主义的世界。"① 新中国成立以来的60年，中华民族在走向民族复兴的进程中同时努力地推进着文化的创造与复兴。然而，历史与现实的诸多因素交织在一起，使得我们仍然不得不面对着以美国文化为代表的西方文化在全球的强劲横流。所谓在当今世界软实力竞争的"牌局中，中国、俄罗斯、日本乃至西欧手中的筹码都不能与美国相匹敌"②，也在一定程度上概括了当今世界不同文化势位强弱对比的客观现实。多年来我们在国际文化贸易领域的严重赤字，也同样表现了强弱对比的基本态势。③

中与外、古与今、一与多、大与小、强与弱诸种矛盾关系的复杂交织，构成了当代中国文化软实力提升所客观处于其中的现实之网。于此境遇之中，我们面对着发展的机遇，也面对着严峻的挑战。于此境遇之中，当下的国人不能不感受着复杂的文化焦虑。面对中与外的对撞，我们担心"不中不西"，担心自己的"文化指纹"被修改；面对古与今的绞缠，我们感慨"不古不今"，期盼创新的活力；面对一与多的矛盾，我们担心"乱花渐欲迷人眼"，忧虑"浓缩思想的陈年老窖被一桶桶扎啤取代"④；面对大与小的失衡，我们不满文化消费的快餐化、西方化与庸俗化，追问当代中国人的精神

---

① 《毛泽东选集》第4卷，人民出版社1991年版，第1516页。

② 德国《时代潮》杂志主编约瑟夫·约菲之语，转引自约瑟夫·S.奈、门洪华编《硬权力与软权力》，门洪华译，北京大学出版社2005年版，第10页。

③ 有资料表明：2005年全国图书版权引进地情况统计，在引进的9382种图书来源国中，美国最多，有3932种；第二是英国，1647种；第三是中国台湾地区，1038种。全年共输出图书版权1434种，引进输出比例为6.5∶1，其中输往中国台湾地区669种，韩国304种，美国16种。同时有分析认为，我们的版权输出方面，主要集中在医药、武术等中国传统文化方面，其他的技术领域和现代科技方面的书比较少。另据报道，2007年我国版权贸易输出引进比例为1∶4，2008年为1∶6.9。参见《输出引进优秀图书评选花开八度，我国版权贸易逆差形势严峻》，《光明日报》2009年9月5日。

④ 王岳川：《抵制粗俗化 发出中国文化的声音》，《人民日报》2007年8月23日。

家园到底在哪里；面对强与弱的较量，我们反思自己是否真的"弱不禁风"、"有剑无锋"[①] ……这便是我们提升文化软实力必须理性直面、复杂且处于急速发展变化中的现实境遇。

三 文化软实力的"中国道路"

在上述复杂多变的现实境遇中，提升以"文化国力"为基本内涵的文化软实力，我们应当关注我们文化硬化能力、聚化能力、涵化能力、内化能力及转化能力的建设与发展。

（一）硬化

软实力只有确立在强大硬实力的基础上才能"硬化"（即成为真正的"实力"），也才能获得不断提升的物质基础。"不论在法国或是在德国，哲学和那个时代的普遍的学术繁荣一样，也是经济高涨的结果。经济发展对这些领域也具有最终的至上权力。"[②] 尽管在美国是否衰落的问题上，约瑟夫·奈和美国衰落论的代表性人物保罗·肯尼迪观点截然相反，但至少在一个问题上两人的观点是相同的，即均丝毫不否认经济实力等（硬实力）在国家实力中的意义。保罗·肯尼迪在对"何为大国""这个从古至今都使战略家、经济学家和政治领导人困惑不解的难题"的回答中明确强调："要成为一个大国……必须有可使国家欣欣向荣的经济基础"[③]。约瑟夫·奈在大谈软实力时，也未忘记阐发软实力与硬实力"相辅相成"[④] 的一面，他坦言："一国经济和军事的衰落不仅使其丧失硬力量，也能使其丧失部分影响国际议程的

---

① 门洪华主编《中国：软实力方略》，浙江人民出版社 2007 年版，第 3 页。

② 《马克思恩格斯选集》第 4 卷，人民出版社 1995 年版，第 704 页。

③ 保罗·肯尼迪：《大国的兴衰：1500—2000 年的经济变迁与军事冲突》，陈景彪等译，国际文化出版公司 2006 年版，第 526 页。

④ 约瑟夫·奈：《软力量——世界政坛成功之道》，吴晓辉等译，东方出版社 2005 年版，第 7 页。

能力，并丧失自身的部分吸引力"①，即丧失软实力。软实力理论之所以首先兴起于美国而非其他国家，原因之一亦即其以强大的硬实力而具有大谈软实力的根本资格。即使在美国衰败论盛极一时的 20 世纪 80 年代，根据保罗·肯尼迪的观点，"仅仅由于它的规模，美国在一个多极世界中仍将是个十分重要的大国"，"人们会说美国的地理版图、人口和资源使它本应拥有世界财富和力量的 16% 或 18%，但是由于有利的历史和技术环境使它在世界财富和力量中所占的比重在 1945 年高达 40% 或许更多。而我们现在所目睹的一切，也不过是它从那一非常高的地位降到一个较为'正常'位置的早期阶段而已"。② 可以说，缺少了这种强大硬实力的基础与支撑，对软实力的一切谈论都将成为"奢谈"。因此，在我们努力提升文化软实力的进程中，必须同时关注软实力之成为实力的重要基础即硬实力的建设，为软实力的硬化奠定坚实的支撑。在此过程中，如何有力推进文化产业的发展，也是我们应当关注的重要课题。

（二）聚化

加强聚化能力建设，即有效地确立社会主义文化在多样化文化生态中的主导地位，凸显社会主义核心价值体系在多样的价值生态中的"核心"意义，以这种主导性与核心意义吸引、凝聚、引领多样化的文化与价值。如前文所述，在文化与价值领域确立主导性、核心性的内容，是文化发展中的本态，也是任何国家文化发展中都密切关注的重大课题。亨廷顿之所以不惜笔墨地大谈美国的文化核心，并断言"不被美国信念所涵盖的政治理念和信仰只能处在美国社会和美国意识的边缘"③，赞同"没有一些意识形态，只有一种意识形态，这就是我们民族的宿命"④ 之论，个中缘由也正在于此。加强聚化能力建设，重要任务之一在于进一步确立社会主义文化的主体形象与

---

① 约瑟夫·奈：《软力量——世界政坛成功之道》，吴晓辉等译，东方出版社 2005 年版，第 9 页。

② 保罗·肯尼迪：《大国的兴衰：1500—2000 年的经济变迁与军事冲突》，陈景彪等译，国际文化出版公司 2006 年版，第 521 页。

③ 塞缪尔·亨廷顿：《失衡的承诺》，周端译，东方出版社 2005 年版，第 33 页。

④ 同上书，第 29 页。

社会主义核心价值体系的"核心价值",从而在最广的范围内使人们清晰地了解我们所要更加牢固地确立主导地位的社会主义文化究竟是什么？它在不同的文化类型中究竟得以怎样的体现？我们所要构建的社会主义核心价值体系究竟以怎样的"核心价值"构成为体系？加强聚化能力建设，还应当关注的是，我们既需要以永不间断的与时俱进确保我们所要发展的文化的先进性，以先进性支撑其在多样化文化生态中的主导性，同时也要以基本的稳定性凸显"社会主义核心价值"的核心性，以一以贯之的稳定性强化核心价值的核心与基本意义。

（三）涵化

文化在相互涵化中实现新的发展。中华文化也以其强大的涵化能力而延绵不绝，生生不息。吸纳是涵化的前提，提升文化的涵化能力，要告别文化自恋、文化自卑、文化自弃，确立世界的眼光、开放的气度。"中国的和外国的，两边都要学好。半瓶醋是不行的，要使两个半瓶醋变成两个一瓶醋。"[1] "这不是什么'中学为体，西学为用'。'学'是指基本理论，这是中外一致的，不应该分中西。"[2] 毛泽东在20世纪50年代的这一论述对于我们当下以理性、开放的气度对待域外文化仍然有重要的启示意义。与此同时，我们还应看到，消化且以"我"的尺度判别精华与糟粕，以我为主，为我所用，是涵化的基本特征。20世纪初，面对"全球若比邻"之境况，梁启超将新的时代称之为西方文明与中华文明"结婚之时代"，提议"张灯置酒，迓轮俟门，三揖三让，以行亲迎之大典"，坚信"彼西方美人，必能为我家育宁馨儿以亢我宗也"。[3] 而所迎西来之人是否为"美人"，当是有我们自己的评判的。那种简单操着西方的话语，沿着西方的思维，戴着西方的眼镜，照着西方的文本，指点中国的江山，诊断中国的病症，开列发展的处方，并按西方的反映，验证自己的价值，显然谈不上文化的涵化，也谈不上文化的

---

① 《毛泽东文集》第7卷，人民出版社1999年版，第82页。
② 同上。
③ 梁启超：《论中国学术思想变迁之大势》，上海世纪出版集团、上海古籍出版社2006年版，第4页。

创新。当然，文化交流中"以我为主"的评判应当是建立在对时代潮流与文化发展大势准确把握的基础之上的，而不是基于对自我民族特征的简单片面理解。一如毛泽东所讲的那样："我们当然提倡民族音乐。作为中国人，不提倡中国的民族音乐是不行的。但是军乐队总不能用唢呐、胡琴，这等于我们穿军装，还是穿现在这种样式的，总不能把那种胸前背后写着'勇'字的褂子穿起。民族化也不能那样化。"① 只有"洞达世界之大势，权衡较量，外之既不后于世界之思潮，内之仍弗失固有之血脉，取今复古，别立新宗"②，才是真正意义上的涵化，才有当代中国文化软实力的强力提升。

（四）内化

文化软实力的提升过程，同时也是民族文化素质的提升过程。只有当文化资源内化于民众的心胸，转变为民众的文化素质，才能成为真正的文化软实力。邓小平指出："我们国家，国力的强弱，经济发展后劲的大小，越来越取决于劳动者的素质，取决于知识分子的数量和质量。一个十亿人口的大国，教育搞上去了，人才资源的巨大优势是任何国家比不了的。有了人才优势，再加上先进的社会主义制度，我们的目标就有把握达到。……如果现在不向全党提出这样的任务，就会误大事，就要负历史的责任。"③ 这一论述清晰地点明了人的素质（包括文化素质）在国家实力（包括文化国力即文化软实力）中的重要意义。有研究表明，直至步入新世纪之时，我国人力资源的文化素质存量仍然不容乐观。"2000 年在世界 107 个国家统计中，人力资源文化素质存量平均指数为 40.08，其中发达国家平均指数为 64.15；发展中国家为 32.34；转型国家为 56.04；中国为 35.88，低于世界平均水平"④。深化教育改革，提升教育质量，构建覆盖全民的公共文化服务体系，更好地保障人民群众的文化权益，推动优秀文化内化为民族素质，是当代中国提升

---

① 《毛泽东文集》第 7 卷，人民出版社 1999 年版，第 77 页。
② 《鲁迅全集》第 1 卷，人民文学出版社 1981 年版，第 56 页。
③ 《邓小平文选》第 3 卷，人民出版社 1993 年版，第 120—121 页。
④ 高书国、杨晓明主编《中国人口文化素质报告》，社会科学文献出版社 2004 年版，第 140 页。数据来源：Rodert J. Barro Economics Department, *International Data on Educational Attainment Updates and Implications* 2000, Harvard University, p. 29.

文化软实力的必由之路。

（五）转化

转化能力即文化指向未来，更新创造，不断实现自我超越的能力。在当代中国文化软实力的提升进程中，如何增强文化的现代元素，在世界范围内确立当代中国现代文化的崭新形象，是我们必须面对的重要课题。应当承认，在当下，世人对中国文化形象的感知，仍然主要停留在中华民族悠久恢宏的传统文化上；在很多场合，我们习惯于向世人展示的，也多为中国文化的传统元素。有国外人士评论认为："假如中国一直都做类似于杂技、书法、太极拳之类的表演……这都是非常好的东西，人们很喜欢，可是，把这么有意思的、全面的、复杂的中国，就用杂技和书法来解释是很可笑的。"① 在当下激烈的文化竞争中，我们不能仅靠既存的传统，而必须靠传统的新生，否则，我们只会引来世人以"窥奇式的心态"看待我们的文化和我们的发展。因此，在大力弘扬优秀传统文化的基础上，我们应当更加深层次地思考和推进优秀文化传统的现代转化，更加深层次地思考和推进基于辉煌传统的新的文化创造，更加深层次地思考和推进优秀文化成果与现代传播技术的结合，以具有时代气息和民族特色的文化成果，确立中国文化的现代形象，在崭新的现代境遇中彰显不断创新发展着的中国文化的实力和魅力。这也正是党的十七大强调要"激发全民族文化创造活力"的重要深意所在。

（来源：《马克思主义研究》2009 年第 11 期）

---

① 张哲：《"我们表达的不是一个完美的德国"——专访歌德学院中国院长阿克曼》，《南方周末》2009 年 6 月 25 日。

八 比较

比较视野下的中国特色社会主义

吴元樑[*]

一

一段时期以来，无论是在国内，还是在国外，围绕究竟什么是中国特色社会主义，或者说究竟怎样理解和把握中国特色社会主义内涵的争论从来没有间断过。胡锦涛同志在党的十七大报告中通过对我国改革开放历史进程的回顾和总结，对这个问题做出了新的回答。他指出，中国特色社会主义道路，就是在中国共产党领导下，立足基本国情，以经济建设为中心，坚持"四项基本原则"，坚持改革开放，解放和发展社会生产力，巩固和完善社会主义制度，建设社会主义市场经济、社会主义民主政治、社会主义先进文化、社会主义和谐社会，建设富强、民主、文明、和谐的社会主义现代化国家。中国特色社会主义道路之所以完全正确、之所以能够引领中国发展进步，关键在于我们既坚持了科学社会主义的基本原则，又根据我国实际和时代特征赋予其鲜明的中国特色。在当代中国，坚持中国特色社会主义道路，就是真正坚持社会主义。[①]

学习胡锦涛同志的上述论述，理解可以概括为三句话：第一，中国特色

---

[*] 作者系中国社会科学院哲学研究所研究员。

[①] 参见胡锦涛《高举中国特色社会主义伟大旗帜 为夺取全面建设小康社会新胜利而奋斗》，《人民日报》2007 年 10 月 25 日。

社会主义坚持了科学社会主义的基本原则，但它不是马克思恩格斯当年所设想的社会主义；第二，中国特色社会主义借鉴了发达资本主义国家发展市场经济和组织现代化大生产的文明成果，但它不是欧美国家的资本主义或别的什么主义；第三，中国特色社会主义就是中国特色社会主义，是科学社会主义基本原理与当今时代特征和我国国情相结合的产物，是一种特殊的社会形态。它凝结了几代中国共产党人带领人民不懈探索实践的智慧和心血，是马克思主义中国化的最新成果。

首先我们来说明第一句话。

马克思和恩格斯创立的科学社会主义与空想社会主义的不同之处就在于他们对资本主义社会的批判不是建立在道德谴责的基础上的，而是建立在运用唯物史观对资本主义社会自身固有的矛盾及其在人类发展史上的历史地位的科学分析基础上的。因此，他们主张在未来的社会主义社会中，资本主义的占有方式应该让位于那种以现代生产资料的本性为基础的占有方式，即一方面由社会直接占有生产资料，另一方面由个人直接占有生活资料。他们还多次明确地指出：一旦社会占有生产资料，商品生产就将被废除，商品交换和价值规律将退出历史舞台。社会的生产无政府状态应该让位于按照全社会和每个成员的需要对生产进行的社会的有计划的调节。他们认为，社会主义是共产主义社会的低级阶段，实行按劳分配的原则，在共产主义社会高级阶段，则实行按需分配的原则。他们认为，社会主义社会就是自由人的联合体代替了以往建立在阶级对立基础上的资产阶级的旧社会，人类实现了从必然王国进入自由王国的飞跃。[①]

如果我们将社会主义实践的苏联模式与马克思恩格斯当年设想的社会主义作一比较的话就可以看出：就所有制来说，苏联模式中的全民所有制和集体所有制作为社会主义公有制是符合马克思恩格斯的设想的；就分配制度来说，苏联模式实行了按劳分配的制度，这也符合马克思恩格斯当年的设想；就交换制度来说，苏联模式没有完全按照马克思恩格斯当年的设想，而是同时实行了计划经济和商品经济，并且为了和资本主义商品经济划清界限，还

---

① 参见《马克思恩格斯选集》第 3 卷，人民出版社 1995 年版，第 753—758 页。

明确规定，生产资料和劳动力不能进入市场，价值规律只在消费领域中起作用，在生产中起作用的主要是有计划按比例发展的规律。在政治上层建筑方面也没有按照马克思恩格斯当年的设想。根据马克思恩格斯当年的设想，过渡时期结束后，无产阶级专政的国家机器应该消亡，但由于内外斗争的需要，苏联的无产阶级专政的国家机器不但没有消亡，而且得到了加强。这本来是事出有因的，可以理解的。但是后来发生了对党和国家最高领导人的个人崇拜及党和国家最高领导人破坏民主与法制、肃反扩大化等严重问题，这显然是不符合马克思恩格斯当年设想的社会主义的根本精神的。马克思恩格斯所设想的自由人的联合体在苏联模式中并没有真正实现。

现在我们再将中国特色社会主义与马克思恩格斯当年设想的社会主义作一比较。中国特色社会主义社会坚持唯物史观基本观点，遵循实事求是的思想路线，坚持公有制、按劳分配原则、工人阶级及其他劳动人民当家做主的政治制度、马克思主义的指导地位等，都表明了它坚持了科学社会主义的基本原理。但我们还必须看到，在中国特色社会主义中，就所有制来说，除了公有制经济外，还存在着其他各种所有制经济，所建立的是社会主义公有制为主体、多种所有制经济共同发展的基本经济制度；就分配制度来说，按劳分配在分配制度结构中占主体的地位，但不是唯一的分配方式，还存在其他多种分配方式。就全社会整体来说，实行的是按生产要素分配的原则和制度，劳动只是作为其中的一个要素参与分配；就交换制度来说，完全突破了当年马克思恩格斯的设想，认为在我国现阶段，市场经济还是一个不可超越的历史阶段，经济体制改革开放的目标就是要建立社会主义市场经济体制，使市场在国家宏观调控下对资源配置起基础性的作用。事情变得非常清楚，我们到现在所建立的中国特色社会主义社会确实不是马克思恩格斯当年所设想的作为共产主义低级阶段的社会主义，也与社会主义实践的苏联模式根本不同，我们今天搞的社会主义市场经济完全突破了斯大林当年设定的界限。

马克思恩格斯当年对社会主义的设想是同他们对当时的资本主义的分析联系在一起的，斯大林建立的社会主义苏联模式也是同他对资本主义的分析联系在一起的。但是，马克思恩格斯逝世以来，资本主义世界发生了极大的变化。特别是 20 世纪 20 年代末 30 年代初，西方资本主义发达国家发生了经济大危机，为了应对危机局面，美国总统罗斯福实行了新政改革，同时经济学家凯恩斯针对市场调节存在的问题，提出了国家对市场经济进行宏观调控的理论，后来逐渐形成了市场调节和国家宏观调控相结合的调节机制。这种新的调节机制不仅使西方发达国家走出了那次经济大危机，而且使资本主义缓和了社会基本矛盾，重新获得了继续发展的活力。从 20 世纪下半叶以来资本主义实际发展过程来看，资本主义确实存在着通过自我调节而获得发展的潜力和空间。今天，就世界范围而言，不仅时代主题已从 20 世纪 50 年代以前的"战争和革命"转变为"和平与发展"，而且就时代的本质而言仍然是资本在发挥巨大历史作用的时代。

对于西方发达国家发生的上述变化，斯大林没有觉察到。他在 1952 年的《苏联社会主义经济问题》中仍然认为"世界资本主义总危机的进一步加深"[1]。毛泽东也没有认识清楚，在 1957 年莫斯科世界共产党工人党会议上，他提出了"东风压倒西风"的论断[2]，后来更认为五十年内外到一百年内外将是社会主义在全世界的胜利和资本主义在全世界的崩溃。当然，我们应历史地看待和理解当年斯大林、毛泽东在资本主义新变化问题认识上的局限性。第二次世界大战中反法西斯战争的胜利及战后许多国家在共产党领导下建立了人民民主政权，1949 年中国革命的胜利及胜利后顺利地恢复了国民经济的发展，等等，使他们基本上根据马克思恩格斯当年的设想建立了一种排斥资本和市场的社会主义实践模式，并且反对试图引进资本和市场的任何改革尝试。邓小平通过总结我国社会主义建设正反两面历史经验以及苏联等社会主义国家兴衰成败的历史经验，并深刻分析资本主义发达国家发展现实、态势和矛盾，才真正洞察到了当代资本主义的新变化，洞察到了资本还在发挥历史作用的现实。对此，邓小平虽然没有明说，但从他有关资本主义发达国家还在继续发展的谈论；从他关于巩固和发展社会主义制度，还需要我们几代人、十几代人，甚至几十代人坚持不懈地努力奋斗的谈论；从他关

---

[1] 《斯大林文选》（下），人民出版社 1962 年版，第 593 页。
[2] 《毛泽东文集》第 7 卷，人民出版社 1999 年版，第 321 页。

于社会主义要赢得与资本主义相比较的优势，就必须大胆吸收和借鉴人类社会创造的一切文明成果，吸收和借鉴当今世界包括资本主义发达国家在内的一切反映现代社会化生产规律的先进经营方式、管理方法的论述；从他关于时代主题的论述中，都可以体会到邓小平的上述洞察。邓小平关于资本还在发挥历史作用的洞察，或者说关于我们的时代实际上是资本还在发挥历史作用的时代的洞察，其历史上的地位、作用和影响完全可以与马克思当年宣布资本的丧钟敲响了、列宁宣布帝国主义是垂死的资本主义相提并论。从马克思的论断，到列宁的论断，再到邓小平的洞察，这是多么巨大的变化，这种变化正是反映了自马克思恩格斯逝世以来世界所发生的巨大变化、资本主义世界所发生的巨大变化。正是由于有了对时代主题的认识和对时代本质的这种洞察，邓小平才不断要求我们不要陷入姓"资"姓"社"的抽象争论，才提出判断改革开放成败得失的"三个有利于"的标准。正是在邓小平的这些新思想、新理论、新洞察的指导下，我们改革开放才能突破马克思恩格斯当年设想的理论上的社会主义模式和社会主义实践的苏联模式。

至于第二句话，我想是不难理解的，因而没有必要再费笔墨了。

第三句话，中国特色社会主义就是中国特色社会主义，它强调和表达了这样一种思想，即建设社会主义，必须从中国的国情和特点出发，当然我们在建设中国特色社会主义的过程中完全有必要也有可能参考、学习和借鉴别国的经验，但如果照抄照搬国外的某个主义或模式，或者要在中国特色社会主义身上贴上国外某个主义或模式的标签，那就完全是错误的了。对于这些错误的观点和做法，最有力的回答就是：中国特色社会主义就是中国特色社会主义。

总之，中国特色社会主义是马克思主义的基本原理和中国实际与当今时代特征相结合的产物，是中国社会主义初级阶段上的社会主义，是改革开放的社会主义，是资本和市场存在并发挥重要作用的社会主义，是在共产党领导下利用资本主义来进行现代化建设的社会主义。

二

现在我们来看看中国特色社会主义理论、道路、模式解决了什么问题，还没有解决什么问题。

党的十一届三中全会以来的 29 年，既是中国特色社会主义理论形成和发展的 29 年，也是这一理论指导中国特色社会主义实践的 29 年。29 年来，我们在经济建设上取得了举世瞩目的伟大成就，加速了我国的工业化、现代化、市场化、社会化的历史进程。1995 年，中国还处于工业化初期，但已进入初期的后半阶段。1995—2000 年的整个"九五"期间，中国处于工业化初期的后半阶段。"十五"期间，中国工业化进入了高速增长阶段，到 2005 年，从全国看，中国刚刚进入工业化中期的后半阶段。到 2015—2018 年，中国工业化将基本实现，这与我们到 2020 年长期的现代化战略目标要求是相符合的。① 我们不是说，实践是检验真理的唯一标准吗？29 年来我们在改革开放和社会主义现代化建设上所取得的成绩充分证明了中国特色社会主义理论的正确性，也证明了这是我国实现工业化、现代化、社会化、市场化的唯一正确道路。但是，应清醒地看到，我们在取得巨大成就的同时也面临了许多问题和挑战。为了解决这些问题、应对这些挑战，以胡锦涛为总书记的党中央在十六大以来，提出了科学发展观和构建社会主义和谐社会等一系列重大的战略思想，强调必须把科学发展观贯彻到发展的全过程和各个方面，实现以人为本，全面、协调、可持续的发展；强调社会主义和谐社会就是经济增长、人民富裕、民主法制、公平正义、诚信友爱、安定团结、人与自然和谐相处的社会，是经济、政治、文化、社会、生态全面、协调发展的社会。现在，党的十七大明确提出，面对新形势新任务，我们要坚持以邓小平理论和"三个代表"重要思想为指导，深入贯彻落实科学发展观，继续解放思想，坚持改革开放，推动科学发展，促进社会和谐，为夺取全面建设小康社会新胜利而奋斗，这就将邓小平理论、"三个代表"重要思想和党自十六大以来提出的一系列新的战略指导思想有机地整合起来，进一步丰富和完善了中国特色社会主义理论体系。我们有理由相信，党的十七大所提出的奋斗目标一定能够实

---

① 参见中国社会科学院经济学部课题组《我国进入工业化中期后半阶段》，《中国社会科学院院报》2007 年 9 月 27 日。

现，中华民族伟大复兴的目标也一定能够实现。

现在我们换一个角度来讨论问题，这就是我们在实现了社会主义初级阶段的目标之后，如何过渡到社会主义的高级阶段，如何实现马克思恩格斯当年所设想的社会主义社会的目标，如何实现共产主义理想？我们之所以要这样提出问题，原因有两个。一是我们党从改革开放以来，一直把今天所从事的事业看做是实现马克思主义理想的一个阶段。邓小平在 1987 年 4 月曾说，"马克思主义的理想是实现共产主义"，① 1987 年 8 月又进一步明确指出，"社会主义本身是共产主义的初级阶段，而我们中国又处在社会主义的初级阶段，就是不发达的阶段。一切都要从这个实际出发，根据这个实际来制定规划"。② 虽然当时讲话的重点是强调指出我国现在还处于社会主义初级阶段，强调我们当前的一切工作都要从这个实际出发，要纠正以前超越我国社会主义初级阶段的"左"的错误，但还是把它视为实现共产主义理想的漫长历史过程中的一个阶段。既然这样，我们当然就要追问社会主义初级阶段目标实现之后，如何走上社会主义高级阶段乃至共产主义的问题。二是从社会主义的计划经济体制到社会主义市场经济体制的转轨过程、从突破传统社会主义模式到在实践中逐步形成和建立中国特色社会主义模式的过程，是一个改革开放的过程，是一个不断解放思想的过程，是一个不断学习、吸收、借鉴乃至引进资本主义发达国家的经验、技术、资本、人才的过程。原来没有真正意义上的市场，现在包括劳动力市场、资本市场在内的市场体系建立起来了；原来没有生产资料意义上的私人资本，现在有了。不仅有小资本，还有大资本；不仅有民族资本，还有外国资本。过去，资产阶级是作为一个阶级被消灭了，现在资本是我们社会主义现代化建设所不可缺少的资源，资本所有者我们称之为社会主义建设者，他们中贡献大、符合条件的、自己有要求的，还可以加入中国共产党；原来大家的收入差别不大，现在一部分人先富了起来，贫富差别不仅出现，而且拉大的趋势明显，社会不公正问题突出。十六大以来，党和政府提出了一系列举措，都旨在消除社会不公、缩小

---

① 《邓小平文选》第 3 卷，人民出版社 1993 年版，第 228 页。
② 同上书，第 252 页。

贫富差距，但真正要解决这样的问题，还有相当长的路要走。坦率地说，科学发展观与构建和谐社会的理论还没有回答马克思恩格斯当年提出的如何消灭私有制、消灭剥削、消灭阶级的问题。这样，处于社会主义初级阶段的中国特色社会主义社会究竟怎样过渡到社会主义的高级阶段，就成了需要研究和回答的问题。而这一问题和当代资本主义发达国家如何走向未来的社会主义、共产主义社会是同类性质的问题。

人们也许会说，从资本主义社会如何过渡到社会主义、共产主义社会的问题不是早已被马克思恩格斯解决了吗，唯物史观、剩余价值理论和科学社会主义不就是解决这个问题的理论吗？是的，这个问题在当年是被马克思恩格斯从理论上科学地解决了。但自从马克思恩格斯逝世以来，世界发生的变化实在太大了。随着历史条件的变化，马克思恩格斯当年提出的科学社会主义理想面临如下挑战：（1）马克思恩格斯当年认为无产阶级是实现科学社会主义的阶级基础和社会力量，但是当年的无产阶级在今天作为蓝领工人，其数量在迅速减少。虽然受雇用、领工资的人数在社会成员比例上还是占了大多数，但形成了不同阶层，他们的社会地位、思想行为都存在着很大差别，是否同属一个阶级是一个需要研究的问题。（2）无产阶级革命如何进行？当年马克思恩格斯虽然设想过和平的方式，但认为主要还是要通过暴力革命，用武装的革命反对武装的反革命。但在反对恐怖主义成为世界各国的共同呼声和普遍舆论的今天，武装斗争和暴力革命还能行得通吗？现实的情况是，在西方发达资本主义国家，可以经常听见某个时期反对某届政府或某个领导人的声音，但以整个资本主义制度为对象的政治革命尚未见端倪。（3）当年马克思恩格斯谈论生产资料社会所有制时，没有涉及所说的社会究竟有多大，现在，全世界人口已达 60 多亿，在这样一个范围内，生产资料社会所有即全世界所有，究竟怎么实行，无疑是一个没有解决的问题。（4）当年马克思恩格斯设想生产力高度发展、财富源泉充分涌流的时候，全球性的环境资源问题没有凸显，而现在这一问题越来越严重。在这种情况下，马克思恩格斯设想的生产力高度发展、财富充分涌流如何实现？（5）资本、市场如何退出历史舞台？马克思恩格斯当年的设想是无产阶级在革命成功后利用国家政权的力量废除资本与市场。社会主义的第一个实践模式就是这么做的，但现在重新恢复资本和市场。根据唯物史观，资本、市场不可能永远存在，资本主义也不可能是历史的终结，然而，如何进入新的社会形态，以及进入一个什么样的新社会形态，或者说马克思恩格斯当年所设想的共产主义社会形态要不要有新的理解和新的论证，这也是需要研究的问题。（6）马克思恩格斯当年设想的自由人联合体究竟该怎样理解，又该怎样实现？必须看到，无论是苏联社会主义政治制度还是我国社会主义政治制度，在实际的运行过程中都曾发生过的党和国家的最高权力破坏民主法制的情况表明，这种社会主义政治制度还很不成熟、很不完善，它同样存在着理论与实践、普遍与特殊、形式与实质的矛盾。这些问题的存在，表明当代社会的变化已经超出了马克思恩格斯当年的预想。当代社会发展的新特点、新规律，人类社会在21世纪及以后向何处去，成为一个需要重新研究的重大问题。

我们共产党人、马克思主义者不能回避这个事关人类前途命运的重大问题。我们党过去要人们树立共产主义的理想信念，现在要人们树立中国特色社会主义的理想信念，人们自然要问这两种理想信念之间是个什么关系，我们党叫做共产党，就是因为它奋斗的最终目的、它的最高纲领是实现共产主义，解放全人类。我们既没有理由、也不应该有意无意地回避或取消这个问题，也不应该无视150多年世界历史所发生的深刻变化，无视这种变化对马克思主义理想和哲学所提出的严峻挑战，盲目地认为这个问题已被马克思恩格斯解决而不存在了。我们应该以历史唯物主义的态度正视现实、面对问题，发扬马克思恩格斯那种终生都在批判现实、捕捉问题，进行学术积累，不断自我超越的科学精神、科学态度，勇于探索、深入研究和回答今天我们面临的时代性课题。既然马克思恩格斯当年是在破解历史之谜的过程中创建了唯物史观、创建了马克思主义哲学，那么，今天自称为马克思主义者的我们，就有理由有责任破解当代人类发展的历史之谜，在中国特色社会主义旗帜指引下，坚持解放思想、开拓创新，通过实践探索和理论研究，开创一条在未来实现马克思恩格斯理想的新道路，同时在这个过程中丰富、发展唯物史观和马克思主义哲学，推进马克思主义哲学现代化、中国化的历史进程，构建马克思主义哲学的当代中国化形态，让马克思主义哲学真正成为当今时代精神的精华，重新焕发出它的吸引力、号召力、凝聚力，成为工人阶级及其他劳动人民乃至全人类求解放的精神武器。

（来源：王伟光主编《改革开放与中国特色社会主义》，

社会科学文献出版社 2009 年版）

全球化背景下"中国道路"的世界意义

周　弘[*]

新中国成立 60 年以来，在中国共产党的领导下，把饱受外侮内患蹂躏的残破河山，整治得欣欣向荣，气象万千。新中国的第一个 30 年开始了工业化的艰难起步，保持了年均 6% 的增长；第二个 30 年则创造了年均近两位数的增长，速度之快，让许多发达国家瞠乎其后。尽管中国的发展还很不平衡，人均占有的财富和资源都极其有限，今后发展的道路仍然很长，但是中国已经以其举足轻重的经济规模及和平、发展、合作的政治立场，引起发展中国家和发达国家的普遍关注。正当一些发展中国家开始"向东看"，试图从中国独特的发展经验中寻找可资借鉴的规律时，关于"中国模式"、"北京共识"甚至"中国威胁"等的评论也纷至沓来；另有议论认为，随着经济的快速发展，中国将遵循西方发展的规律，走上政治民主化的道路。[①]

尽管无论在西方还是在中国，都还有少数人坚持认为，中国的成功发展只是普遍规律中的一种典型经验，中国或迟或早都要走西方发达国家的现代化道路，但是中国发展的独特性早已为中国近代发展的历史所验证，也为 30 年的改革发展历程所证实，这就是邓小平在中国共产党第十二次代表大会上

---

* 作者系中国社会科学院欧洲研究所所长、研究员。

① 关于"中国模式"和"北京共识"的议论参见乔舒亚·库珀·雷默的《北京共识》（J. C. Ramo, *The Beijing Consensus*, London: The Foreign Policy Centre, 2004），人民网—人民论坛 2009 年关于《中国模式研究的回顾：从"北京共识"到"中国奇迹"》的讨论，以及《中国社会科学报》2009 年 7 月 1 日关于"中国道路"的讨论等。关于"中国威胁论"的议论参见 Zheng Yongnian, *Discovering Chinese Nationalism in China: Modernization, Identity and International Relations*, New York and Cambridge: Cambridge University Press, 1999。

总结了中国长期的历史经验后所提出的"建设有中国特色的社会主义"① 这样一个独特和专有的命题与"走自己的路"② 这样一个简单直白的表述。

根据本国和本地区的特色,寻找适合自己国情的发展道路,这不仅是中国经验,也是其他国家和地区的实践。不少国家或地区借"模式"来说明自己发展道路的独特性,于是在国际问题的语汇里就出现了"东亚模式"、"拉美模式"、"欧盟模式"等名词,甚至在欧盟成员国中还有"德国模式"、"英国模式"和"瑞典模式"等称谓,这是因为尽管"从外部世界看,欧洲的民族—国家只有一种模式,但这一模式实质上大相径庭……它似乎表面上是普世的,实质上各具特色"③。所以,"模式"一词首先是用来界定特殊性的,欧盟模式不同于美国模式或东亚模式,因为它有自己的一套独立的运行"方式",它的经验和形态不应当与美国方式或者东亚方式混淆在一起。"模式"一词的第二层意思是把某种特定的"方式"作为可以在世界上其他国家和地区推广或供其效法的"样板"。

很多欧洲人使用"模式"一词来讨论问题,主要是因为他们有必要根据自己的社会实践,把"整体的欧洲"看做一种有别于其他主权国家的模式,特别是区别于崇尚并推行全球市场的美国模式,比如将欧洲经济货币联盟、美国、日本和英国等作为不同的经济模型进行分析,借以解释欧洲经济货币联盟不同于其他西方经济体的整体特性④;把"欧洲社会模式"作为一个热议的话题⑤,用以否定迄今为止关于社会成功模式的形而上学和简单划一的解释;对欧洲联盟既非国家、又非超国家的体制做出"自成一体"(sui generis)的判断,以突出其制度的特殊性;等等。最近,中欧学者在使用"欧

---

① 《邓小平文选》第 3 卷,人民出版社 1993 年版,第 3 页。

② 同上书,第 95 页。

③ 吉尔·德拉诺瓦:《民族与民族主义》,郑文彬、洪晖译,舒荣、陈彦校,三联书店 2005 年版,第 72 页。

④ A. Bagnai and F. "Carlucci, An Aggregate Model for the European Union", *Economic Modelling*, vol. 20, no. 3, 2003, pp. 623 - 649.

⑤ 这些辩论说明,即使在欧盟内部也还存在着"北欧模式"、"盎格鲁–萨克逊模式"、"大陆模式"、"地中海模式"等区别,而且这些区别来自各地的历史,不可能须臾被消除。参见 *EU Debates European Social Model*, http://www.euractiv.com/en/socialeurope/eu-debates-european-social-model/article-146338。

洲模式"这一术语研究欧盟的时候还特别在绪论中说明,他们"既没有假设欧盟作为一个政治体系已经为实现和平、自由以及公民的福利寻找到最优方案,也没有假设欧盟已经形成了一套放之四海而皆准的制度和程序"①。他们的目的是深入地挖掘欧洲联盟作为一种力量和体制的特殊性。

专门从事中国与非洲关系研究的学者丹尼尔·拉志认为,中国的发展道路是独特的,而这种独特发展模式的成功引起了国际,特别是第三世界国家的广泛关注,成为与后殖民主义时期其他现成经验不同的理念和新的发展援助的来源。② 斯蒂芬·马克斯则认为,所谓"中国模式"主要的特征就是中国的发展没有采纳"华盛顿共识","避开了良治和人权"。这种模式所带来的理念不仅仅不同于以西方经验为中心的意识形态,而且还在发展中国家"产生了显著的效果",从而动摇了西方经验的普世价值与这些普世价值所维护的战略利益和现实利益,以及迄今为止由西方主导的国际游戏规则。③

"模式"的第二种用途往往伴随着输出战略。"华盛顿共识"提倡的金融自由化和贸易自由化、企业私有化等针对拉美的政策主张代表了西方资本的整体利益,它们和"休克疗法"所主张的经济自由化、市场化、私有化一同要求在非西方世界里建立市场相对于政府的优势,并且通过对于市场规则的掌握达到对整个世界的控制。民主模式和人权模式的输出也往往带着类似的目的。德国前总理施密特曾直白地指出,美国"试图把……《世界人权宣言》用作美国对外政策的压制手段",美国"对数十个国家……实行了经济制裁","实质不在于人权,而在于维护美国的世界霸权地位"④。美国花费巨资,向发展中国家输出民主制度和理念,并将其作为一项基本的外交政

① 贝娅特·科勒-科赫、周弘:《讨论"欧洲模式"》,周弘、贝娅特·科勒-科赫主编:《欧盟治理模式》,社会科学文献出版社2008年版,第1—2页。

② Daniel Large, Beyond Dragon in the Bush: "The Study of China-Africa Relations", *African Affairs*, Vol. 107, No. 426, 2008, p. 53.

③ Stephen Marks, "Introduction", in Firoze Manji and Stephen Marks, eds., *African Perspectives on China in Africa*, Cape Town: Fahamu, 2007, pp. 6 – 7.

④ 赫尔穆特·施密特:《全球化与道德重建》,柴方国译,社会科学文献出版社2001年版,第254—255页。

策，目的也在于消除所谓"非民主国家"对美国的威胁。

我们所讨论的"中国模式"主要表达的是第一层意思。中国经过了一百多年的努力复兴，经过了 60 年的建设创新，走上了一条相对平稳的发展道路，形成了中国人维护和平、营造和谐、保障发展的特定方式，如果这些方式可以被看做是中国"模式"的话，那么这种模式绝不是一朝一夕形成的，而是经过万千磨难、流血牺牲、千淘万漉才得来的。回首过去，这是一个历经艰难曲折而始终不渝的发展历程。

一　中国发展道路的由来

很多欧洲人早就证明过，民族—国家发展道路的独特性来源于漫长的历史过程，是"实践的积累，是在极不相同的背景中经受考验的政治运作的遗产"[①]。很多民族的文明都是其先人们在久远的历史中自我演进的基础上独立地发展起来的。例如李约瑟根据他对中国科学技术历史的深厚知识判断：中国的发明创造具有原创性，在某些历史时段，文明是从东方向西方传播，而不是从西方向东方传播的。[②]

尽管严谨的科学研究早就确立了文明发展的独立性和不同文明之间相互影响而非单向影响的原理，但是，"欧洲中心论"或"西方中心论"者们却总是以为，起始于欧洲的文明进程不仅充满活力，而且是唯一成功和正确的发展逻辑。他们不仅相信文明模式具有传导性，而且居高临下地认为，他们自己才是掌握了进入现代化钥匙的人。他们中甚至有人认为，相对于早就进入现代文明的欧洲人来说，亚洲人和非洲人是野蛮民族，是文明的边远地区，需要通过文明从"中心"向"边缘"的拓展，通过征服、殖民和教化来进行开化。不少西方的智者反对这样的认识。德国前总理施密特承认，西方工业化国家即使是在第二次世界大战结束以后"意识到自己的责任，但是

---

① 吉尔·德拉诺瓦：《民族与民族主义》，郑文彬、洪晖译，舒荣、陈彦校，三联书店 2005 年版，第 72 页。

② 柯娇燕：《什么是全球史》，刘文明译，北京大学出版社 2009 年版，第 30 页。

他们在履行责任时却带有家长式的姿态"①。在最新的《欧盟对华政策文件》中,"欧盟应当帮助中国进行……的改革"之类的表述仍然比比皆是,而与之形成鲜明对照的是,在中国对欧盟文件中,通篇都在强调"平等互利",并没有对欧盟应当做哪方面的改进指手画脚。

认为欧洲(或西方)的现代化发展模式可以被简单复制的人们忘记了两个最基本的事实:一是在欧洲文明发展的真实历史中不仅有科学、理性、自由、民主等被欧洲人自己提炼、归纳和总结出来用以传播的内容,也曾经出现过像社会达尔文主义、法西斯主义之类的为欧洲人自己认为是不光彩而加以反对、加以掩盖的东西。欧洲工业文明的发展一直伴随着"羊吃人"的残酷,人变机器的无奈,对殖民地的疯狂掠夺,以及无数次惨绝人寰的战争。如果西方模式是可以效仿的,那么被仿效的就不可能仅仅是积极的一面,而不包括遭到反对、被掩盖起来的另一面。二是这个所谓历史上唯一成功的西方发展模式从一开始就建立在其他一些国家和地区不发展的基础上。如果要那些还没有发展起来的国家接受剥夺者的模式,那么还有哪些国家和地区可以作为刀俎之下的鱼肉呢?

对于缘起于欧洲的西方模式(美国和日本也相继加入了这个行列)的上述内生性矛盾,中国人并不是从一开始就有清醒认识的。饱受欺凌和磨难的中国人也经历过漫长的"师夷"的过程并最终发现此路不通。60 年前,毛泽东总结说:"自从一八四零年鸦片战争失败那时起,先进的中国人,经过千辛万苦,向西方国家寻找真理……只要是西方的新道理,什么书也看。向日本、英国、美国、法国、德国派遣留学生之多,达到了惊人的程度。……学了这些新学的人们,在很长的时期内产生了一种信心,认为这些很可以救中国。……要救国,只有维新,要维新,只有学外国。……帝国主义的侵略打破了中国人学西方的迷梦。很奇怪,为什么先生老是侵略学生呢?"②

当时的中国人,一面要发愤图强,一面要抵抗外侮。在一百多年的近代史中,中国几乎尝试了所有西方的经验和主义,对于自己的"国体"进行了

---

① 赫尔穆特·施密特:《全球化与道德重建》,柴方国译,社会科学文献出版社 2001 年版,第 237 页。

② 《毛泽东选集》第 4 卷,人民出版社 1991 年版,第 1469—1470 页。

无数次的争论和改造。最后，"老师为什么要打自己的学生"的原理终于被中国人认识了：这就是马克思所描述的，西方的资产阶级到处都在用自己的面貌改造世界，"推行所谓的文明"，"正像它使农村从属于城市一样，它使未开化和半开化的国家从属于文明的国家，使农民的民族从属于资产阶级的民族，使东方从属于西方"。① 因此，在发达国家的世界体系中，根本就没有中国的独立地位，在西方"老师"的蓝图中，中国这个学生不应当自己发展起来，而只能充当西方的附庸。在"老师"的铁蹄下，中国人终于认清了西方资产阶级文明、资产阶级民主主义和资产阶级共和国方案的真实面目。孙中山在《中国国民党第一次全国代表大会宣言》上说："近世各国所谓民权制度，往往为资产阶级所专有，适成为压迫平民之工具。"② 所以，孙中山先生在他的遗嘱中说，集 40 年之经验，深知欲达到胜利，"必须唤起民众及联合世界上以平等待我之民族共同奋斗"。

中国发展道路就是在这样一个独特的历史背景下开始的。这种历史经验形成了"中华民族的各族人民都反对外来民族的压迫……赞成平等的联合，而不赞成相互压迫"③ 的原则立场。在中华民族看来，外来征服，无论使用什么手法，只要是不平等的，就是不道德的。中国人选择了马克思主义，在很大程度上是因为马克思主义从根本上否定了资本贪婪追逐利润的合理性和合法性，从而通过选择走社会主义道路而拒绝了由于资本的无限扩大化，而把中国置于资本霸权奴役之下的命运。

获得独立后的中国，在探寻自己的发展道路时已经从自己的历史中获得了一些宝贵的经验，其中包括：尊重主权和领土完整，拒绝外来干涉，进而维护世界和平；在平等互利的基础上吸取和借鉴一切文明成果，加强国际合作，进而促进发展；对内则在坚持马克思主义和社会主义道路的同时，通过发展市场，解放生产力，促进经济增长。在中国发展的历程中，中国共产党和中国政府的作用是独特的，这是因为中国独立和自强的双重历史任务对政府组织民众、抵抗外敌、集中人力、加快建设的能力提出了特殊需求。中国

① 《马克思恩格斯选集》第 1 卷，人民出版社 1995 年版，第 277 页。
② 转引自《毛泽东选集》第 2 卷，人民出版社 1991 年版，第 648 页。
③ 《毛泽东选集》第 2 卷，人民出版社 1991 年版，第 623 页。

发展道路的特殊性首先在于它摆脱了资本发展的链条,走上了建设社会主义的道路,还在于它坚持民族解放和独立,跳出了帝国主义的世界体系,走上了独立自主的发展道路。这条道路虽然和西方发达国家的所谓成功道路迥异,但是却与广大发展中国家有类似之处。

二 世界力量格局的变化与中国道路

两次世界大战给资本的国际体系带来了巨大的震撼,为了重新构建世界体系,在最强大的战胜国——美国的直接参与和主持下,新的国际体系诞生了,它既囊括了新兴的发展中国家的力量,也确保了发达国家的绝对优势和决策地位。斯科斯托·洛克塔斯总结作为国际体系重要组成部分的世界银行50年的发展历程时承认,世界银行在建立之初就确立的"辅助性原则"其实为资本的全球发展埋下了伏笔。辅助性原则的核心概念是:"决策应当在尽可能最低的层面上做出",这个最低层面可以是社区的,可以是民族国家的,也可以是全球的。

战后初期,辅助性原则主要服务于各国政府,但是在布雷顿森林体系的设计者看来,世界发展的真正动力是企业和企业家,因此这个国际机构一直将发展的动力源与支持对象定位在企业和企业家身上,随后又定位在"新一族经济人",即巨型企业的领取薪水的管理者身上[①],并且通过各种项目方案,为他们创造发展的空间。随着跨国公司和非政府组织力量的不断壮大,世界银行与其他国际性机构就理所当然地将辅助对象从国家层面下移到社会和企业,把这些社会和经济利益集团当做全球行为者来对待,使之成为主权国家的挑战者,或者使国家成为这些利益的代言人。简言之,第二次世界大战后的国际体系帮助造就的是一个以市场规则为主导的,由主权国家、跨国公司、地区和国际组织,以及非政府组织构成的多层、多元和多行为者的复杂的全球秩序。在每个层次中都有不同的规则和方式,而市场规则正在向各

---

① Sixto K. Roxas, "Principles for Institutional Reform", in J. M. Griesgraber and B. G. Gunter, eds., *Development: New Paradigms and Principles for the Twenty-first Century*, London: Pluto Press, 1996, pp. 7 – 8.

个层次渗透。这种全球秩序开始还受到冷战格局的制约，但是因"结构调整基金"的支持、"新自由主义"的鼓励和巨额利润的吸引而逐渐膨胀起来，最终在柏林墙倒塌以后迅速地在许多国家里完成了经济和社会转型的"历史性替代"，开始了资本市场的全球性建构，使跨国企业能够不利用"火炮"和"国旗"的掩护，就可以进行无国界的发展。

全球性的资本与国家性的政府之间展开了一场旷日持久的大战。在美国，资本俘获了政府，政府成为资本的仆役。在欧洲，各国政府通过《马斯特里赫特条约》，坚决要求对资本流通进行控制，却被银行家、市场经济学家视为落后于时代的异端邪说。[①] 在资本有计划的逃避之后，欧洲各国政府面临着一系列无奈的改革选择。因为别无出路，欧洲民众通过 2009 年的议会大选，对可能继续伤害他们经济福利的改革方向表达了支持。

资本在全球的快速积累要求权力的无限扩大，持续增长的权力又被用来保护持续增长的财产。于是，伴随着资本的积累，霸权势力也在全球不断地扩张。[②] 这种扩张不再需要领土的占领，而可以表现为任何其他领域的占领，如对于市场的操控、对于舆论的左右，甚至对于国家政权的威胁或戏弄。就像马克思早就观察到的那样，资本力量的消长和利益关系的变化正是全球化背后的动力，它推动着各种利益关系的变化，并不断地促使社会、经济、政治甚至国际政治机制的变异。

于是，我们看到，在国际舞台上活跃着各种新生形态的力量：有国家的，也有超国家的、次国家的、跨国家的、非政府的，还有大型企业的力量，甚至是无企业的大额资本的力量。它们之间的关系既有博弈也有合作。主权国家已经风光不再，但是，资本的全球化还未能全部抹杀各国的民族特性，特别是因为有些民族借助着资本而生长成熟起来。结果，在以主权国家为主体的国际体系中，资本力量要么通过俘获政府，要么通过逃避政府，要么通过联合政府，开始了史无前例的发展。

---

① 汉斯－彼得·马丁、哈拉尔特·舒曼：《全球化陷阱——对民主和福利的进攻》，张世鹏等译，中央编译出版社 2006 年版，第 76—77 页。

② H. Arendt, *Imperialism*, New York: Harcourt Brace Janovich, 1968. 大卫·哈维：《新帝国主义》，初立忠、沈晓雷译，社会科学文献出版社 2009 年版，第 31—32 页。

如果我们分不同国别把各种力量做成一幅比例不同的光谱，我们就可以清晰地看到结构完全不同的国家构造。在美国，资本获得了全胜。公司为了降低成本和提高生产率而不断地改组生产、外移生产链、缩小经营规模，使生产和管理分离、再分离，最后不惜冒犯法律进行资本投机。资本无限增殖的逻辑不仅征服了经济学家、政府顾问，也征服了主流媒体的撰稿人和民众。福山一语道破天机："外交政策反映了构成它们的基础的社会价值。"[1]美国政府正是通过其经济政策、社会政策、财政政策和外交政策，通过"华盛顿共识"为美国资本在全世界的无限扩张创造条件、开辟道路。

在世界的另一端，在南美洲和非洲，按照美国模式进行改制的国家并没有迎来快速的经济增长。全球市场化为发达国家的资本进入发展中世界提供了便利，却未能自动地给发展中国家带来福祉。很多发展中国家自 20 世纪90 年代初以来，花费了 20 年的时间，尝试由西方政府、援助组织为它们设计的以民主选举和结构调整为主要特征的"改革方案"。[2] 这些方案不仅根据西方的历史经验，预先在发达国家的首都为发展中国家设定了经济政策，更采取统一的"政治模本"（political template），安排了"良治"、人权和多党制民主的建设程序，在发展中国家"进行自由公正的选举"、"建立三权分立的政府"、"促进公民社会（特别是包括非政府组织和媒体）"，并且由发达国家的人士来设计选举方案、建立选举行政机构、对选举过程进行监督、对选举结果进行调停。[3] 整个过程不仅由西方发达国家来设计，而且在西方国家的主导和监督下完成。采取了这套方案的国家疲于应付政治选举，没有精力从事经济发展，结果无论在经济方面还是在社会方面都没有取得明显的进步。有些国家，如埃塞俄比亚在尝试了西方设计的发展模式、经历了政治动荡和经济停滞之后，痛定思痛、改弦更张，决定参考亚洲经验，特别是中国发展的经验，走自己的道路。

---

[1]　弗朗西斯·福山：《美国处在十字路口——民主权利与新保守主义的遗产》，周琪译，中国社会科学出版社 2008 年版，第 26 页。

[2]　Thomas Carothers, *Aiding Democracy Abroad*, Washington, D. C.：Carnegie Endowment for International Peace, 1999, pp. 87、92、125 – 128.

[3]　Tony Killick, *Aid and the Economy of Policy Change*, London and New York：Routledge, 1998, p. 4.

关于中国道路或中国模式，来自不同国度、不同文明和不同利益代表的人士必然有不同的解释。"北京共识"的作者认为，中国坚持革新和试验，将长期目标与务实手段结合起来，在保持国家独立的同时实现了经济增长，通过发展经济改善社会管理，并积累起具有不对称力量的工具（如巨额外汇储备），这些经验可以成为某种共识。俞可平教授把中国道路看成是中国在全球化背景下，通过适当的政府放权和政府干预，实现经济快速发展和社会主义现代化的一系列战略策略，也就是中国特色的社会主义道路。很多人认为，中国道路就是在中国共产党领导下，实行强有力的政府主导，对经济体制进行渐进式和务实的市场化改革，同时进行对内改革和对外开放。

中国特色的社会主义道路不同于改革开放前的以计划经济为主要特征的社会主义模式，也不同于西方发达国家的社会发展模式。中国一方面简政放权，加快市场建设，另一方面改善政府管理，对经济和社会生活进行调节；一方面引进资本与技术，另一方面坚持对外来资本与技术的有效利用和自我创新；一方面抓生产促增长，另一方面关注民生、保护环境，谋求平衡发展。简言之，中国把市场和社会主义有机地结合了起来，不实行全盘私有化，而实行以公有经济为主体的混合所有制；采取市场经济，但通过政府对于经济和社会生活的干预，实现社会公平；不搞多党制和议会政治，而是走社会主义民主集中制的道路。这些根本制度上的特征，这种协调与平衡的艺术来源于中国独特的社会和历史经验，以及丰富的政治智慧遗产，这些特征又将塑造中国未来的发展。中国在马克思主义的旗帜下，保证了经济平稳持续快速的增长，解决了世界 75% 贫困人口的脱贫问题，将世界 1/6 的人口带上了现代化的道路，这些经验独树一帜，是中国人民根据自己的国情进行创造的成果。

三　中国道路与国际规则

中国在没有接受西方发展模式的条件下，通过对于西方经验独立自主的借鉴和消化，找到了一条适合中国的发展道路，从而丰富了人类的社会实践，挑战了西方经验唯一正确的神话，中国将市场和社会主义管理有机结合的国家结构也会通过继续的自我完善而影响到市场主导的世界力量格局。

源自美国次贷危机的金融危机已经波及全球,多数国家的政府已经开始采取紧急的救市措施,各国政府也承诺加强国际合作与协调,拯救市场规则于即垮。但是,西方主导的国际体系并未受到摇撼。不同性质、不同规模和不同行为方式的全球行为者同时存在,国际规则也呈现出多重、多元、多层和不对称的复杂状态。

美国受到金融危机的影响而软化了世界霸主的形象,将赤裸裸干涉主义的单边行动(设计别国的政权变更、发动先发制人的"预防性"战争)改为更加积极的双边外交:与包括中国在内的东亚国家修好,重新提倡跨大西洋伙伴关系,并在俄罗斯掀起了新一轮的美国热,在分别与世界各主要力量发展关系的同时,将所有这些双边关系中的另外一端紧紧地操控在美国自己手中,力图构建一个以美国为核心、向四面八方延展的多重双边体系,在这个体系中继续维持资本的主导地位。

欧盟长期以来就在构建一个多层、多边、多渠道的限制资本投机和无度发展的世界网络治理框架,并希望将美国纳入到这个体系当中,使其成为多边主义的热心支持者和多边规则的遵守者。这是因为,就规模而言,欧洲联盟任何一个成员国都只是中小国家,如果没有合适的规则,很难让自己的方式大行其道。改变这个被动状态的出路在于:使美国认同欧盟规则,并且与美国共同面对来自新兴发展中世界的竞争。无论出于哪一种策略,都将导致欧盟和美国的进一步靠近,同时意味着西方力量的重新整合,以及国际规则的重新调整。鉴于美国模式和欧盟模式不尽相同,这种整合也将曲折多变。

迄今为止,中国道路的成功在于一边坚决拒绝外来干预,一边主动地向世界上所有的先进经验学习,坚定不移地根据本国的国情,提出自己的经济体制改革乃至政治体制改革的方案,坚持根据自己的特点来决定自己的制度①,从而使世界上出现了非西方的发展成功经验。在西方规则处于强势地位的时候,能够坚持自己的道路,并取得成功,本身就是一种世界性的胜利,能将西方发达的经验融入社会主义发展的框架之中更是对人类文明的贡

---

① 参见《邓小平文选》第3卷,人民出版社1993年版,第178页。

献。能够做到这一点是因为中国领导人多次强调，"社会主义要赢得与资本主义相比较的优势，就必须大胆吸收和借鉴人类社会创造的一切文明成果，吸收和借鉴当今世界各国包括资本主义发达国家的一切反映现代社会化生产规律的先进经营方式、管理方法"①。同时中国领导人也一再告诫，要反对有的大国打着"民主"、"自由"、"人权"的幌子，干涉别国内政②，"绝不能照搬西方政治制度模式。世界上一些发展中国家盲目照搬西方政治制度模式，导致了严重的社会政治后果，这方面的教训我们一定要引以为戒"③。

中国这种根据自己的实际需要，决定对国际经验的取舍，并选择自己制度的道路在世界上确立了不同文明之间的平等地位。毛泽东早就指出，"我们提出向外国学习的口号……每个民族都有它的长处，不然它为什么能存在，为什么能发展？同时，每个民族也都有它的短处"④。所以，经验应当有取有舍，学习应当是相互的。这就从原则上否定了模式推广的世界价值。在实践中，我们可以看到，尽管有些国际经验看上去是具有普遍性的，例如工业化和现代化，但是对于这些外来经验的吸收和消化却总是个体的和特殊的。有些经验适用于中国，有些经验却只适合于印度或其他国家。因此将自己的模式强加于人的做法应当为国际规则所唾弃，而尊重其他文明的态度应当得到广泛提倡。

中国道路的成功进一步证明了世界文明的多样性。江泽民主席曾经在联合国说过，"世界是丰富多彩的。如同宇宙间不能只有一种色彩一样，世界上也不能只有一种文明、一种社会制度、一种发展模式、一种价值观念。各个国家、各个民族都为人类文明的发展作出了贡献。应充分尊重不同民族、不同宗教、不同文明的多样性。世界发展的活力恰恰在于这种多样性的共

---

① 《邓小平文选》第3卷，人民出版社1993年版，第373页。
② 《江泽民文选》第1卷，人民出版社2006年版，第479页。
③ 新华月报：《十六大以来党和国家重要文献选编》上（一），人民出版社2005年版，第476页。转引自施雪华、孙发锋《对中国特色社会主义政治发展道路的理论探讨》，《马克思主义研究》2009年第4期。
④ 中华人民共和国外交部、中共中央文献研究室编《毛泽东外交文选》，中央文献出版社、世界知识出版社1994年版，第235页。

存"①。一些非洲国家乐见中国道路的成功,因为它证明了,发展并不是发达国家独享的特权,只要道路正确,发展是可以预期的。

对于平等和多样性的认同是构建和谐世界的基础。在当今世界,由于力量对比的差异、文明输出的泛滥和国际规则的匮乏,动荡此起彼伏,世界安宁与发展远未实现。世界市场和国家社会的不均衡发展导致了大量的权力转移,包括从政府向非政府,从政府向企业和社会的转移。国家治理模式到处都面临着重建,这种重建不可能依靠外力而获得成功。美国不断地以强制和极端的手法干涉拉丁美洲国家的内政,但是却没有使任何国家发展成美国模式的现代国家。新保守主义所标榜的"政权变更、仁慈的霸权、单极政治和先发制人"只能在世界上引起"深恶痛绝的负面反应"。② 在这种国际环境中,中国道路标志着独立自主、稳健务实和合作互助相结合,是一种弥足珍贵的和平发展经验。

中国发展道路的成功还在于中国将改革与开放联系起来,开放政策使整个社会接触外部世界,在与世界各种力量的交往、合作和对比中重新发现自己,完善自己。

中国道路的世界意义更在于它通过实践证明了,坚持马克思主义信念,通过对于市场的合理利用,能够达到解放生产力和发展生产力的目的。相对于西方已经走过的道路,中国的发展道路更加平稳,更少阵痛,更多和谐。中国道路是有利于中国发展的道路,同时也是还需要继续发展的道路。在前进的过程中还有许多的疑难问题需要解决,很多的经验需要学习和借鉴。但是只要方向和道路正确,就会导向成功的彼岸。

此外,由于中国是在拒绝了外来干预的情况下,主动学习国外经验而取得成功的,中国没有,也不会向外输出自己的发展模式,不会通过任何方式把自己的价值强加于人,而是相信,具有同等智慧的世界各民族人民都能够找到适合于自己的发展道路。

回顾 60 年的发展历程,放眼世界的风云变幻,中国可以说是在风雨中

---

① 《江泽民文选》第 3 卷,人民出版社 2006 年版,第 110 页。

② 弗朗西斯·福山:《美国处在十字路口——民主权利与新保守主义的遗产》,周琪译,中国社会科学出版社 2008 年版,第 5 页。

走出了一条无愧于中国历史和社会的发展道路。积 60 年之发展经验，上溯到一百多年来中国人谋求发展的努力，中国的发展证明了只有适合本国国情的发展模式才是可能获得成功的模式。在国际上，这条道路的畅通证明了单一发展模式与模式可输出理论的简单和偏颇。无论这个结论会招致怎样的误解与反对，我们还是要"遵守伟大的佛罗伦萨诗人的格言：走你的路，让人们去说罢！"[①]

（来源：《中国社会科学》2009 年第 5 期）

---

① 《马克思恩格斯选集》第 2 卷，人民出版社 1995 年版，第 102—103 页。

国际视野中的"中国模式"

——兼论中国特色社会主义的国际影响

秦 宣[*]

中国自 1978 年开始改革开放，取得了巨大成就，在 20 世纪 90 年代苏联东欧剧变后逐渐引起国际舆论的高度关注。从国际主流媒体中流行的"中国崩溃论"、"中国威胁论"再到今天的"中国崛起论"，从"华盛顿共识"、"后华盛顿共识"再到今天的"北京共识"，从欧美模式、苏联模式、亚洲"四小龙"模式再到今天的"中国模式"，反映了国外学者及政要对中国发展道路认识的变迁，也凸显出中国特色社会主义发展道路对国际社会的积极影响。

本文试探讨国际社会对中国发展道路认识的变化，从一个视角展示中国特色社会主义的国际影响。

一 从"忽视"到"重视"：国外学者对中国模式的研究

中国是一个世界文明古国，也是一个发展中的大国。但在很长一段时间内，由于中国国力不强，世界影响趋弱，国外学者很少关注和研究中国问题，以至于在许多外国人的眼中，中国仍然还是一个"东亚病夫"的形象，几乎可以忽视其存在。

---

* 作者系中国人民大学马克思主义学院院长、教授。

20世纪80年代末90年代初，苏联东欧剧变，社会主义运动进入前所未有的低潮。由于中国曾经发生过"六四"政治风波，也由于苏联东欧剧变后中国仍然坚持走社会主义发展道路，因此中国社会主义的前途和命运开始引起国外学者的关注。在国际主流媒体上，出现许多国外学者对中国前途和命运的预测。80年代末东欧剧变之后，西方学者率先提出了所谓"中国崩溃论"，按照他们的认识逻辑，中国肯定经受不住东欧剧变带来的冲击，中国共产党会很快像东欧共产党那样丧失执政地位。90年代初苏联解体后，他们又预言：中国会经受不住民族独立的世界影响，西藏、新疆会独立。在中国确立社会主义市场经济体制目标模式之后，西方学者又断言：市场经济将埋葬人民民主专政政权。香港回归之后，曾有人预言香港会成为"死港"。90年代末东南亚金融危机之后，又有人预言中国顶不住金融危机的冲击。然而，铁的事实是：中国不仅没有像苏联东欧社会主义国家那样崩溃，反而打破了制裁重返国际社会；中国不断推进改革开放，加速市场化改革，最终加入了世界贸易组织，成为经济全球化的重要影响因素；中国经济并没有衰退，不仅顶住了东南亚金融危机的压力，而且维持了较高的经济增长速度；香港回归之后，成功地保持了"一国两制"，并且顺利地渡过了东南亚金融危机；澳门顺利回到祖国的怀抱；西藏、新疆并没有独立。在西方学者的预测失败之后，面对快速发展的中国，又有人抛出了所谓"中国威胁论"。但事实是，中国高举和平与发展的旗帜，主张走和平发展道路，倡导建立和谐世界。中国不仅没有威胁世界和平，反而成为世界和平的最主要维护者。

进入新世纪，中国改革开放的成绩进一步彰显出来，中国的软实力进一步增强，国际影响力进一步扩大，许多国家开始举办"中国年"、"中国文化周"。伴随着"孔子学院"在世界诸多地方的设立，不少国家掀起了"汉语风"。在这种情形之下，我们又看到近来国际主流媒体流行"中国辉煌论"、"中国机遇论"和"中国崛起论"等新的观点。嗅觉灵敏、思想敏锐且拥有丰富资讯的西方学者开始注意到，一个具有五千多年文明、13亿人口的大国，经济持续增长了近30年，堪称"中国奇迹"。

2004年，国际学界对中国发展道路的研究引人注目。5月11日，英国著名思想库伦敦外交政策中心发表了乔舒亚·库珀·雷默的一篇论文，题为《北京共识：提供新模式》。该文对中国20多年的经济改革成就作了全面理性的思考与分析，指出中国通过艰苦努力、主动创新和大胆实践，摸索出一个适合本国国情的发展模式。他认为，中国的经济发展模式不仅适合中国，也是追求经济增长和改善人民生活的发展中国家效仿的榜样。5月20日，美国《国际先驱论坛报》网络版发表题为《中国将以自己的方式改变》的文章，称赞中国以循序渐进的方式推进政治改革果断明智。5月24日，墨西哥《每日报》发表题为《中国：亚洲的地平线》的文章，认为中国奇迹是依照自身情况理智制定社会经济政策的结果。5月27日，英国《卫报》发表文章，认为中国的崛起为其他国家提供了除西方发展模式之外的一个强有力的选择。7月20日，美国著名经济学家、诺贝尔经济学奖获得者斯蒂格利茨教授对中国模式给予了充分肯定。他认为，中国经济的巨大成功，对世界经济产生了积极影响，其他国家也可分享到中国经济发展的成果。在全球经济持续低迷的背景下，"中国模式"具有启示意义。2004年年底，俄罗斯科学院院士季塔连科撰写的长文在《远东问题》第5期发表，列举了评价中国现代化进程的国际意义的主要标准，认为中国实现现代化、成功解决深刻的国内及国际矛盾的经验，不仅为发展中国家树立了鲜活的榜样、提供了切实可行的现代化模式，更为它们发展与中国的合作提供了广阔的平台。中国的经验可以成为缩小南北差距、打破"金元帝国"对世界格局垄断的基础。中国改革开放理论避免了社会主义危机，提出了解决中国国内和国际发展之间的社会经济矛盾和不同文明冲突的最佳模式，具有深远的历史意义。

2005年以来，国际媒体对中国的关注不仅没有减少，反而逐步增多。2005年2月，英国《泰晤士报》以发表《中国世纪》的长篇评述开头，先后发表了4万多字的中国专题报道。3月，英国广播公司专门开辟了"中国周"专栏，连续宣扬"中国制造进军世界市场"，"中国制造无所不在"。5月中旬，世界《财富》论坛在北京召开，美国国际有线电视公司派出42人的强大记者阵容，在北京现场采访中国政府官员和老百姓，一周内向美国观众直播30多个小时的《看今日中国》系列报道。6月以后，美国《华盛顿邮报》、《纽约时报》、《华尔街日报》、《时代》、《新闻周刊》，英国《金融时报》，德国《商报》等重要媒体，都先后推出中国问题的专题报道，争先恐后地热议"中国正在崛起"。①

2006 年以后，伴随着北京奥运会和改革开放 30 年的逐步临近，国外学者对中国发展模式问题的关注进一步升温，更多的学者加入到中国发展道路和中国经验的讨论中来。近几年，欧美国家先后出版了《当中国改变世界的时候》、《中国世纪》等几十种专著，对中国经济崛起的现状和未来发展趋势做出种种评析。"中国模式"成为国际媒体中使用频率最高的话语之一。

在国外学者看来，"中国模式"具有以下几个明显特点：第一，中国模式具有特殊性。中国的国情独一无二，中国的经验是举世无双的。中国的成功在于选择了适合中国国情的发展道路。第二，中国模式具有包容性、兼容性和创新性，它努力把社会主义制度与市场经济结合起来，把经济高速增长与社会全面发展协调起来，把政府宏观调控与市场微观运行结合起来，把效率与公正协调起来，把传统与现代结合起来。第三，中国模式强调发展的人民性。"华盛顿共识"的目的是帮助银行家、金融家，而"北京共识"的目标是帮助普通民众，强调以实现绝大多数人的利益为本。第四，中国道路强调发展的积累性、渐进性，即通过累积效应来不断发展自己，等等。这种模式"以一种循序渐进、摸索与积累的方式，从易到难地进行改革，并吸取中外一切优秀的思想和经验"②。在美国，许多人把中国延续数千年的发展归功于"一大 A 四小 a"："大 A"是 Ability（能力），"四小 a"是 accumulation ability（积累能力）、assimilation ability（吸收能力）、accommodation ability（包容能力）和 adapt ability（应变能力），一大 A 由四小 a 形成，而且随时随地都不能离开"四小 a"独立存在，中国经久不衰就靠这"一大 A 四小 a"。③

分析国外学者的研究状况，我们可以得出这样几点结论：第一，国外学者意识到，不管中国的过去怎样，不管中国现在有多少问题，不管中国的未来如何"测不准"，中国 30 年的发展是一个不可多得的研究样本，探索"中

---

① 韦章尧：《中国对"国际赞美"应保持清醒》，香港《镜报》2006 年第 5 期。
② 张维为：《中国将以自己的方式改变》，美国《国际先驱论坛报》网络版 2004 年 5 月 20 日。
③ 谭中：《要把"中国学问"发扬光大》，新加坡《联合早报》2007 年 10 月 5 日。

国成功之谜"远比探索"苏联东欧剧变之谜"具有更大的吸引力和更深远的意义。第二，西方学者开始分析他们各种预言破产的原因，意识到他们的理论范式尚不能解释中国成功的原因，不能客观分析中国发展存在的问题，也不能为中国发展中存在的问题找到出路。诸如雷默认为，"以前在西方用于讨论中国的语言已不再适用"，而要研究中国，必须了解中国，必须具有"中国眼光"。第三，他们虽然不愿意但又不得不承认，"中国模式"很可能成为一种全新的发展模式。这种发展模式不仅表现在经济方面，而且在政治、文化等方面也有自己的特色。第四，国外学术视野中的"中国模式"是相对于欧美模式、苏联模式、拉美模式等多种模式而言的；"北京共识"则是相对于"华盛顿共识"、"后华盛顿共识"而言的。这一切反映了中国改革开放新变化对国外学者的深刻影响，也凸显出中国道路对国际社会的积极影响。我们认为，近30年来，中国一直按照自己独特的道路在发展，取得了举世瞩目的成就，这里面的经验和教训的确值得总结。这种独特的发展道路，其实就是中国特色社会主义发展道路。

二 从"否认"到"承认"：国外政要对中国模式的关注

自新中国成立以来，由于冷战时期特有的意识形态差异，国外政要中绝大多数人对中国持反对态度。在相当长一段时期，西方国家政要中虽然不乏对中国友好的人士，但有相当多的政要对中国持敌视态度。挂在他们嘴边的常常是对中国并不友好的话语，如"中国是专制的"、"中国是独裁的"、"中国是偏执狂的"、"中国是无赖的"、"中国是有威胁的"、"中国是没有宗教自由的"、"中国是没有新闻自由的"、"中国是没有人权的"、"中国对互联网是实行高压政策的"、"中国是有核扩散的"，等等。时至今日，此类话语仍然存在，时常导致国外许多不知情的民众对中国"误读"。

但另一方面，我们清楚地看到，在中国经济快速发展、世界影响日益扩大、国际学术界频繁聚焦中国发展道路的同时，国际政要也开始关注中国发展道路问题。进入21世纪，国际社会比以往任何时候都看重中国，各国政要频频到中国访问。越来越多的国际人士认为，中国与西方各国的发展差距明显在缩小，中国将崛起是不容回避的事情，至少在经济上是不容否认的事实。

2004 年 5 月，全球扶贫大会在上海国际会议中心开幕，"中国模式"引起与会者的高度关注，世界银行行长呼吁全球分享中国的脱贫经验。6 月，联合国前秘书长科菲·安南在圣保罗接受新华社记者提问时说，中国依靠独特模式实现发展的有益经验的确值得其他国家特别是发展中国家借鉴。11 月，法国前总理拉法兰应邀参加了中国外交学院的外交论坛，发表了《中国的利益就是世界的利益》的演讲。在他看来，今天的中国已经在世界上承担着非常重大的责任：第一，中国代表着经济的增长和迅速的发展；第二，中国是有助于实现世界平衡的一支和平力量；第三，中国在思想文化方面对世界文明的多样性作出了贡献。

2006 年 1 月，世界经济论坛在非洲召开，非洲开发银行行长在会上表示，非洲可以学习中国的经验。4 月中旬，澳大利亚外长唐纳在会见参加中澳媒体论坛的中国官员时，高度评价中澳关系的发展，他认为，中国的发展不仅对中国有益，对澳大利亚和整个国际社会也是一个良好机遇。5 月，新加坡内阁资政李光耀在结束访华后表示，中国的开放和发展堪称"历史上难得一遇的契机"，并敦促新加坡人不要错失在中国工作和学习等各种机会。9 月，联合国贸发会议官员德特勒夫·科特表示："中国确实是过去 10 年至 15 年中经济发展最成功的国家。这主要是因为中国最初选择了与许多其他发展中国家不同的发展道路。中国不是单纯地依靠市场力量来发展经济，而是重视政策手段与市场力量的有机结合，这是一种成功的策略。中国在宏观经济政策、货币政策、汇率、利率、管理方面的做法值得其他发展中国家借鉴。"[①] 10 月，法国总统雅克·希拉克在北京大学访问时说："明天，中国将是强大的国家之一，即使不是世界上最强大的国家。"有不少非洲国家领导人将中国发展模式概括为"以人为本"、"不断的试验"、"渐进改革，而非激进革命"、"一个致力于发展的政府"、"有选择的学习"、"正确的优先顺

---

① 刘国远：《中国经验值得发展中国家借鉴——专访联合国贸发会议官员德特勒夫·科特》，《参考消息》2006 年 9 月 14 日。

序"等。①

2007 年以来，国外政要对中国问题更为关注。"中国因素"越来越成为人们不敢轻视的力量。国外政要承认中国改革开放取得巨大成就的人越来越多，愿意到中国访问并亲眼目睹中国发生什么样真实变化的人越来越多，希望自己在对华政策上发挥影响力的政治人物也越来越多。"中国话题"甚至成为 2007 年澳大利亚大选辩论的焦点，因为澳大利亚近几年经济增长的一个重要因素是对中国的资源出口。10 月，印度国大党主席索尼娅·甘地在清华大学演讲时指出，中国的发展令人吃惊，"中国已经向世界表明，只要实事求是、高瞻远瞩和下定决心努力就能取得巨大成就"②。2007 年召开的中共十七大更是吸引了多国领导人的目光。

2008 年，是中国的奥运年，也是中国改革开放 30 年。"中国话题"进入了美国大选的辩论。法国报纸甚至认为 2008 年是"中国模式"年。

为什么国外政要发生从"否认中国"到"承认中国"的转变？原因是多方面的。从国外政要的论述中，我们可以看到：第一，中国经济发展经历了近 30 年的高增长，国内生产总值提前实现翻两番，综合国力不断提升，国际影响力随之上升。中国已经发生了从"醒狮"到"行狮"的转变。中国的急剧增长"可能是本世纪的头等大事，从未有哪个国家以中国这么快的速度崛起"。他们开始意识到，过去对中国的许多认识是存在偏见的，他们提出的"中国将会毁灭"、"中国是一个未来的敌人"等观点，几乎是明显的错误。第二，在政治上，中国并没有受西方多大的影响，而是不断摸索自己的道路，逐步形成了自己的政治发展模式。这种政治发展模式不仅为越来越多的发展中国家所认同和接受，而且也对像俄罗斯这样的新兴民主国家产生了很大的影响。③ 第三，改革开放以来，中国在国际事务中的作用越来越明显，中国在朝核危机、阿富汗问题、苏丹达尔富尔等问题的处理上，充分发挥了作用。中国正日益成为国际社会中不可忽视的力量。发展全球经济，解决全球问题，必须考虑"中国因

---

① 新华社专稿：《国际舆论：中国"令世界惊叹仅仅是开始"》，《参考消息》2006 年 11 月 6 日。

② 索尼娅·甘地：《印度和中国——文明的和谐》，《深圳大学学报（人文社会科学版）》2008 年第 1 期。

③ 郑永年：《中国要加快国际政治话语的建设》，新加坡《联合早报》2008 年 1 月 8 日。

素"。第四，中国倡导的"和谐世界"理念和正在走的"和平发展"道路，对于应对全球危机、维护世界和平具有重要的启示意义。西方长期流行的要么"合作"、要么"孤立"，要么任其发展、要么"进行制裁"的二维分析方法已经过时。西方政要明确地意识到，必须用一种全新的概念认识和评价中国，必须在国际领域内重新为中国定位。

此外，我们还应清醒地看到，在西方学者及政要对中国发展道路的关注中，有几点是必须注意的：第一，他们在谈"中国模式"时，经常淡化"社会主义"的色彩。他们不愿意或很少使用"中国特色社会主义"这个概念，因为如果使用这个概念，把中国取得的成绩归因为中国坚持走社会主义道路，则等于承认他们过去关于"社会主义失败"的许多论断是错误的。第二，西方学者和政要能够比较客观地承认中国的成就，但对取得成就的原因是什么却讳莫如深。因为中国的成就并非按西方的价值标准取得，而是根据中国特殊国情进行不断探索，艰苦奋斗，在付出了巨大代价后取得的。如果他们肯定中国的成就而又肯定其方法与价值，那就等于否定了西方本身的价值，而这恰恰是他们不愿看到的。第三，尽管有许多国外领导人已经明显地意识到，否认中国取得的成绩是不客观的，忽视中国的存在是错误的，但我们必须清楚，国际社会仍有不少政要对中国怀有偏见，担心中国在国际事务中取代他们的地位，这是"中国威胁论"时常泛起的重要原因，也是在重大事件面前国外政要偶尔表示出对中国不友好的一个重要原因。第四，虽然中国的快速发展已经吸引住国外政要的眼球，但西方政要对中国的偏见仍然是存在的，意识形态方面存在的差异是不容我们忽视的。这也说明，中国特色社会主义虽然给中国带来显著变化，甚至也影响到世界经济的发展，但必须承认：我国在对外宣传中，对中国特色社会主义的宣传是明显不够的。如何打破西方的话语霸权，用中国的话语去宣传中国特色社会主义，这仍将是中国外交、外宣工作面临的重要问题，也是学术界面临的重大课题。

三　从"戒备"到"借鉴"：外国政府对中国模式的借鉴

在 20 世纪相当长一段时间里，受国外政要对中国并不友善的言论及国外学者研究中国得出的错误结论的影响，尤其是受意识形态差异的影响，许多国家对中国持戒备态度。有的国家担心中国在输出商品或劳务的同时，输出社会主义的意识形态；有的担心中国日益快速的经济发展，会对它们形成压力和威胁；有的担心中国的崛起会导致对其资源的掠夺，如此等等。因此，在西方国家率先鼓吹"中国威胁论"的影响下，许多发展中国家也加入到这一论调的宣传之中，甚至调整本国政府对中国的外交政策。

伴随中国的迅速发展，国外政府也在重新思考对中国的政策。在许多国家看来，中国拥有世界上最多人口和最快的经济发展速度。如何与这个已经苏醒的巨人打交道，是他们必须思考的问题。

在欧美发达国家，许多国家议会或政府在关注"中国模式"或中国发展道路。在他们看来：第一，过去行之有效的欧美发展模式已受到严峻挑战，面对经济长期低迷、人口加速老化、失业率增加、社会福利负担越来越重等问题，人们对过去的发展模式产生了怀疑，而"中国正在摇撼世界"，中国崛起可称为欧洲扩张和文艺复兴以来人类历史上最重要的发展。如果把中国的和平与繁荣同西方的和平与繁荣联系在一起，双方最终都会从中受益。而中国模式提供了"一股有史以来最强烈的共同繁荣的驱动力"①。第二，中国在当今世界的影响力越来越大。2005 年，英国广播公司（BBC）对外部进行的民意测验显示，在调查所及的 22 个国家当中有 14 个国家的大多数或较多数公民认为，中国在世界上的影响力具有积极意义。总的来说，近一半（48%）的人认为中国的影响力比美国更具有积极意义。② 第三，经过近 30 年的高速发展，目前中国已是世界第四大经济体（按汇率计算）、第三大出口国、第一大外汇储备国，并已深深融入全球经济体系。中国经济和世界经济的相互联系越来越紧密，相互影响也越来越深化。中国经济崛起及同全球经济的紧密融合，对世界的影响甚至大于第二次世界大战后日本以及其他新兴经济体。欧美国家必须时刻关注全球经济中的"中国因素"。第四，中国人口众多，人均收入水平低，还有很大发展空间，并将在较长时期内保持快

① 迈克尔·谢里登：《中国摇撼世界》，英国《星期日泰晤士报》2006 年 4 月 9 日。
② 参见英国《生存》2006 年夏季号。

速发展势头。在经济方面，欧美国家已经成为中国最大的贸易伙伴。中国已成为世界经济繁荣的重要推动力，给各国发展带来前所未有的机会。

在苏联东欧国家，它们也在研究中国发展道路。在它们看来，原来采用的是激进改革模式，对这种政治民主化和经济私有化同时进行的发展模式需要进行深刻反思。尽管这一激进模式曾被西方世界称颂一时，但现在的领导人已深刻意识到，这一模式并不是它们经济发展的理想模式。俄罗斯领导人开始意识到，无论对本国资本还是对国际资本来说，民主政治或许并不是唯一的因素，更重要的乃是一个稳定的社会政治环境。越来越多的俄罗斯人开始关注、研究中国模式，在很多领域里自觉不自觉地借鉴中国的做法。连俄罗斯前任总统、现任总理普京在一些内部场合也透露，俄罗斯要学习中国模式。

在非洲，中国经济的快速发展以及国际地位的崛起成为非洲国家领导人关注的重点，中国发展模式对它们尤其具有吸引力。在它们看来，中国为非洲提供了一种可以借鉴的发展模式。第一，中国使非洲对西方不再着迷。苏联解体之后，许多非洲国家接受了"华盛顿共识"，开放市场，稳定宏观经济，放松国家控制，增加政府的透明度。虽然一些国家经济增长率翻了一番，大多数国家控制住了通货膨胀，但经济改革没有提高人民的生活水平。第二，中国为非洲树立了榜样。中国在最近30年的发展中，使数千万人摆脱了贫困，并使自己从一个落后的农业大国转变成为经济发展速度最快的国家，这对非洲一些资源丰富但尚未摆脱贫困的国家无疑具有巨大的吸引力。第三，中国的文化价值观与非洲更接近。中国的技术和专业技能更适合非洲。中国的发展对非洲来说，利大于弊，机遇多于挑战。第四，中国并没有打算像阿拉伯人、欧洲人那样依靠非洲的财富和廉价劳动力建立起自己的帝国，中国向非洲提供的是一种建立在互利基础之上、不干涉盟国内部事务的平等伙伴之间的商业关系。它们认为中国没有对非洲进行说教，而是向非洲提供实实在在的帮助。

在拉美国家，中国发展模式同样引起了它们的关注。在它们看来，"华盛顿共识"给它们提供的是毒药而非良药，使它们失去了20世纪最后十年。而中国巨大的市场使中国成为阿根廷、巴西、智利和秘鲁等资源丰富的拉美国家最大的客户。更为重要的是，中国的发展给它们提供了有别于欧美发展模式的更好的经验。如今许多拉美国家正在吸取过去的教训，借鉴中国的经验。

在亚洲，中国的发展模式更引人关注。印度正在着手研究中国模式，以期从中获得有益的经验。在印度人看来，无论从人口、发展水平还是历史情况看，世界上没有哪个国家像中国这样与印度如此相似，而中国现在已经走在印度的前面。印度正在仔细琢磨"中国模式"，探索一条"印度特色"的发展之路。与我们同属社会主义国家的越南、老挝也正在学习中国经验。朝鲜注意到了中国的经济成就，自2002年以来谨慎地实施了一定程度的改革，给该国计划经济注入一些市场激励的因素。

在中东，中国模式开始成为一些国家的榜样。2007年10月，约旦国王阿卜杜拉二世在访问中国时指出："中国的发展模式已成为许多中东国家学习的榜样，作为一个在国际上拥有重要地位的国家，中国的声音在这里备受关注。"① 中国模式甚至受到伊朗保守派领导人的欢迎。

虽然世界各国发展水平不一，意识形态、价值取向、宗教信仰存在较大差异，与中国的关系远近不一，但有一些共同点是值得关注的：第一，许多国家已经明显意识到，现在世界的发展需要中国，世界要实现经济增长需要中国。它们同时也意识到，孤立中国既无必要、也无可能。强大的中国可能是一种挑战，但衰落、涣散和失控的中国则是一种后果难以估量的威胁。第二，中国作为世界上人口最多的国家，在石油、钢铁、煤炭方面的消费会拉动世界经济的增长，中国的利益是符合世界利益的。未来可能更多的不再是世界如何改变中国，而是中国如何改变世界。第三，中国传统文化倡导包容，容忍各种形式的社会制度，尊重选择和尝试，关注团体利益，强调社会利益优先于个人利益。这些思想会替代冷战时期的对抗思维而成为21世纪的主流。② 第四，中国模式的最成功之处是不照搬其他国家的模式，中国式

---

① 苏小坡、朱磊：《约旦国王：中国成中东学习榜样，备受尊重！》，《参考消息》2007年11月1日。

② 弗拉基米尔·波波夫：《"北京共识"和文明的竞争："亚洲价值观"与21世纪中美关系》，俄罗斯《政治杂志》周刊2006年10月11日，转引自《参考消息》2006年10月17日。

的发展模式显然也不能照搬到其他国家，但其中包含的许多经验是值得学习和借鉴的。

总之，从国外学者和政要及国外政府对中国发展模式的高度关注中，我们可以清楚地看到，中国改革开放 30 年所取得的成绩确实举世瞩目，中国特色社会主义发展道路确实已经对世界各国产生了极为深远的影响。但在国际舆论高度关注中国的同时，我们要保持应有的清醒。既不能因为国外媒体"热炒中国"而洋洋自得，也不能因为国外媒体"诋毁中国"而忧心忡忡。今年恰逢中国改革开放 30 年，又遇到了一个总结历史经验的良好时机。虽然我们觉得现在谈"中国模式"可能为时过早，也许我们要等到完成全面建设小康社会的目标之后才能理直气壮地谈中国模式。[①] 但我们觉得，经过长期的探索和实践，特别是经过改革开放 30 年的伟大实践，中国已经形成了相对完整的发展思路，积累了非常丰富的成功经验。我们应该抓住纪念改革开放 30 年这一时机，在深化中国特色社会主义理论体系研究过程中，对我国改革开放的历史经验进行全面系统的提炼和概括，对中国特色社会主义道路的科学内涵、主要特征进行深入的研究。要抓住一切可能机会，采取多种方式、运用各种手段，向世界"说明中国"，破除国外人士因不了解中国而对中国的"误读"，减少这种"误读"在国际社会中产生的"误导"。要消除他们因偏见而形成的"误解"，增进他们对中国更多的"了解"，进而达到更高层次的"理解"。要让国际社会更多地了解中国的改革开放，了解中国改革开放进程中形成的中国特色社会主义理论体系及在这一理论之下积累起来的实践经验，进一步扩大中国在当今世界的影响。

（来源：《中国人民大学学报》2008 年第 4 期）

[①] 1992 年，邓小平在南方谈话时说："恐怕再有三十年的时间，我们才会在各方面形成一整套更加成熟、更加定型的制度。在这个制度下的方针、政策，也将更加定型化。"（《邓小平文选》第 3 卷，人民出版社 1993 年版，第 372 页）这种定型了的制度也许就可以称为"中国模式"，邓小平所说的 30 年恰好是全面实现小康目标完成之时。

世界性视野中的"中国模式"

——现代中国学之政治研究的方法论问题

张志伟[*]

在某种意义上说，正如中国的西学是中国学者研究西方的学科一样，汉学之为汉学是一门外国学者研究中国的综合性学科。就此而论，80 年前中国学者们曾经焦虑于"汉学的中心在巴黎或东京而不在北平"的问题，显然是对"汉学"的误解。对他们来说，问题的关键其实并不是"汉学的中心在哪里"，而是"国学的中心在哪里"。虽然如此，实际上有许多中国学者或直接或间接地参与了"汉学"的研究，相比之下，西方学者参与中国"西学"的研究却不多见。从"世界范围"的角度研究中国政治，不仅对中国而言具有重要的理论意义和现实意义，而且对世界而言亦具有重要的理论意义和现实意义。

处在改革开放中的中国或许是当今世界上发展最快、变化最大、问题最多、矛盾最复杂的国家，笔者以"古、今、中、外"时空交错形容之。所谓"古、今、中、外"，形容的是当代中国所处的时空交错的复杂背景，其中包括传统文化与现代化的矛盾、中国文明与西方文明之间的碰撞、普遍性与特殊性的问题、全球化与文化多样性之间的协调等等。中国的所有问题如果不置于这一复杂的背景下，很难得到合理的解释和说明。

就本文的主题而言，笔者有意没有使用容易使人联想到"西化"或

---

* 作者系中国人民大学哲学院教授。

"美国化"的"全球化",而是用了"世界性"。其实,不仅外国的中国学对中国政治的研究应该置于世界性视野中,中国人自己对中国政治的研究也应该如此。

一

中国自 20 世纪初的五四运动以来,就纠缠于传统文化与现代化之间的矛盾之中,几乎所有的问题都与此相关。有时人们认为中国的所有一切都在传统的束缚之下,有时人们认为中国实际上已经"全盘西化"了。这两种相互矛盾的论断都有根据,但也都有其局限。

世界上恐怕没有哪个民族像中国人这样反传统反得如此激进,以至于在历史上形成了某种文化传承的"断裂",这一点与近代西方通过启蒙走上现代化之路的方式类似,但不同之处是,中国传统文化的"断裂"不是自觉自愿的结果,而是在外力冲击下造成的。因此,中国人始终面临着传统文化的继承问题。当代中国的政治制度不完全是自身变革的产物,在很大程度上是从西方借鉴来的。由于失去了原本赖以生存的社会环境和制度保证,传统文化究竟能否现代化以及有没有必要现代化就成了问题。

毫无疑问,任何文明的精华都渗透到了社会生活之中,否则就不成其为文明的精华。但是,保存在文献典籍之中的精华与渗透到社会生活中的东西毕竟是有区别的,这就是文化传承的重要意义之所在。中国问题的复杂性在于,自 20 世纪初"打倒孔家店"、白话文运动以来,记述文献典籍的文言文被束之高阁,所有语言统一于白话,而中国人的教育基本上是西化的,这就造成了文化传承的"断裂"。当然,中国人的教育无论如何西化,都是在不成文的世俗文化背景下展开的。于是就形成两种截然相反的批评:在外国人的眼中,中国人笔挺的西装下面依然是长袍马褂;而在某些中国学者的眼中,中国人正在变成"香蕉人"——外黄里白,身体是中国的,思想则是西方的。

因此,对中国社会现实的研究,不能不考虑文献典籍之"大文化"的"缺失",这不仅因为文献典籍是中国文化的精华,而且因为传承文献典籍之

"大文化"历来是中国知识分子的历史使命。正如陈寅恪为王国维写的挽词所说,"凡一种文化值衰落之时,为此文化所化之人,必感苦痛",因为那是他们的生命所在。对中国来说,传统文化与现代化之间的矛盾,主要体现为古代文献典籍记载的传统与西化之间的矛盾。虽然对老百姓来说这并不是什么问题,但对知识分子来说却不一样,他们人数相对来说比较少,对中国发展的进程却具有重要的作用。中国的最高领导层与知识分子之间在继承和发扬传统文化这个问题上存在着某种共识,都曾经对东亚的现代化经验感兴趣,因为同样面临着亚洲文化现代化的问题。现在困扰中国学者的与其说是理论问题,不如说是实践问题,即:究竟能否找到某种制度上的保障,使传统文化走上现代化的道路。研究中国的政治问题如果不考虑到这一维度,对某些现象是很难解释清楚的,例如,继承传统与建设现代化为什么会同时成为国家意识形态关注的重要理论问题。

从某种意义上说,上述"古今之争"乃根源于"中外之争",这就是中国文明与西方文明之间的碰撞。

传统文化与现代化之间的矛盾,同中国文明与西方文明之间的碰撞密切相关。如果说传统文化与现代化之间的矛盾是时间(历史)"断裂"的结果,那么可以说中国文明与西方文明之间的碰撞则是空间上的遭遇。如果中国不是在西方帝国主义列强逼迫下被动地打开了国门,或许中国自己也会走上现代化的道路,不过那可能是一个非常缓慢的过程。然而历史事实是,中国的现代化之路并不完全是自觉自愿的选择。中国现行的政治法律制度至少在形式上是西方式的:从辛亥革命、中华民国到中华人民共和国,封建专制制度迅速崩溃,中国人从西方借来了宪法、政治法律制度、民主与法制,当然这一切都被"中国化"了。中国不是一张白纸,再激烈的社会变革也是在中国的传统"底色"之上描绘出来的。于是,传统文化的现代化问题与东西方文明融合的问题就交织在一起,形成了非常复杂的局面。

在这里存在着某种互为因果的问题:外来的压迫(东西方的碰撞)造成了传统的断裂,而传统的断裂则为东西方的迅速融合提供了可能性。在西方文明的冲击下中国的文化传承出现了断裂,而作为文献典籍的传统文化的缺失使得西方思想得以迅速产生广泛的影响。但是,也正是由于这一缺失,使得中国的现代化进程似乎缺少了一个重要的维度。我们不仅在现代化方面需要"补课",而且在继承传统文化方面同样需要"补课",尽管两者有时可能是矛盾的。

因此,研究现代中国的政治问题必须对此有足够的思想准备。当我们对有些自相矛盾的问题感到困惑不解的时候,不妨试着分析一下它们的出现是否根源于不同时空关系之间的交错。

二

在某种意义上说,正是因为"古、今、中、外"的时空交错,使得原本存在着时空差距的问题突然间一下子同时出现了。当我们分析中国的社会、经济、政治、文化等的"结构"时,往往偏重"共时性"的结构分析,而忽略了许多"历时性"的问题由于时空的"错乱"而具有了"共时性"。中国的市场经济试图通过几十年的时间来达到西方经过几百年而达到的成果,这自然而然就使得原本应该在几百年间逐渐暴露出来的问题集中体现在这几十年中,解决这个矛盾的方法往往会激化另一个矛盾,所以针对同样的事实而引发出截然相反的评价就不足为奇了。例如,在发展工业的同时必须考虑环境保护的问题,在现代化尚未完成时就遭遇后现代的诘难,前面刚刚有人鼓吹启蒙,后面就有人开始批评启蒙了。

现代化之路是西方人开辟的,其理论基础是西方思想。当然,任何西方思想都需要"中国化"才能发挥作用,但是西方思想的"中国化"是一个过程。1978年以后,中国打开了与世隔绝多年的国门,几十年、几百年甚至上千年的西方思想一下子涌了进来,原本历时性的不同的理论学说同时摆在了国人面前,由此而出现原本风马牛不相及的东西现在彼此相关的现象并不奇怪。然而当中国试图快速跟上西方发展的步伐的时候,它来不及细嚼慢咽,许多理论学说刚刚开始流行就过时了,甚至在还来不及产生影响之前就失效了,并且存在着有些相互矛盾的理论同时被用来解释和说明现实的尴尬局面。也正是因为情况复杂,对中国改革开放的前景进行理论上的预测,成功率很低。

如前所述，由于原本存在着时空差距的东西现在汇集在一起，使得种种本来不构成矛盾或最初并非矛盾的问题一下子集中暴露了出来，这就使得现代中国政治的复杂程度超出了人们的想象。如果从理论上预测中国改革开放的结局，按常规早就应该崩盘许多次了，在许多人的眼中现在亦是危机四伏，而实际上其运行却仍然生机勃勃，这种现象可能使很多人包括中国人自己都百思不得其解。笔者以为，对中国政治的研究必须考虑综合性的和历史性的因素，任何"单一的"或"纯粹的"理论研究都会遭遇困境。

人们包括中国人自己经常感到困惑的是，随便拿出一个问题来分析似乎都会导致中国社会的崩溃，然而中国却屡屡在荆棘丛生的险境中创造着发展的奇迹。从某种意义上说，是其自身中的矛盾化解了矛盾。

一个现代化的社会具有复杂精密的组织结构和运行机制，其中任何一个环节出了问题都可能影响整个系统，并且导致连锁性的反应。然而当我们研究中国政治的时候，需要时刻牢记的是，它正在走向现代化，但还不是一个现代化的国家，至少在某些方面还不是一个现代化的国家。所以，在现代化社会中有可能引发危机的因素，不一定对中国产生同样的效应。不恰当地说，现代化程度还不够高这一点恰恰帮了中国的忙。不要忘记，中国从1966年到1976年，曾经有10年的时间处在动乱之中，基本上处在无政府状态。这种状态之所以能够持续这么长的时间，一方面是因为统一的意识形态的作用，另一方面是因为中国毕竟是农业国，靠的不是精密复杂的国家机器的运行机制和规则，而是维系于土地的习惯。虽然改革开放近30年了，但中国的现代化进程再快，也不可能毕其功于一役，更何况它的发展是很不平衡的。

面对如此复杂的局面，中国的改革家们采取了一种似乎与现代化格格不入的方式——"摸着石头过河"，这意味着方法比理论更重要。它不相信对每一个问题都可以也应该采取统一的解决办法，从而体现了某种专注于行的实践智慧。这就使中国的改革表现出了足够的灵活性，随时进行着自我调整，而不至于因为彻底贯彻某种理论在遭遇困境时难以调转航向。人们有时候带有贬义地称之为"实用主义"，但是必须承认的是，这种"中国模式"迄今为止行之有效，它很多次使中国的改革绕过险滩，并且往往使基于某种理论的预测失效。

毫无疑问，现代经济学、社会学等社会科学越来越依赖于数学的精确性，经济学家们，甚至政治家们都习惯于用数字说话，对一个国家的评价体现在以 GDP 为核心的一系列数字上。然而，这一套对中国似乎失效了。按照 GDP，按照经济增长速度，中国已经跻身于世界前列，但按照中国的人口、人口素质和资源等，它又是一个典型的发展中国家。这种自相矛盾之处比比皆是，以至于黄宗智先生称之为"悖论社会"。[①] 这里所说的"悖论"，其主要含义不仅指个别违背理论预期的现象，更指的是那些相互矛盾、有此无彼的现象同时共存。这是按照西方形式主义信念的"理论逻辑"无法解释的一种"实践逻辑"。而乔舒亚·库珀·雷默先生则以"北京共识"来说明"中国模式"。

中国改革开放的核心是"创新"，即以灵活的创新精神解决复杂多变的问题。其实，创新不仅仅是应对复杂局面的方法，也是中国未来发展的基本原则。近年来，中国最高领导层讲得最多的是"创新"，他们将中国未来的发展方向确定为"创新型国家"。中国不是资源型国家，它地大物不博。虽然中国是世界上引进外资最多的国家，但它不希望过分依赖外国资本，不希望过分依赖国外的先进技术，为了自主地可持续地长期发展，它所能采取的最根本的方法就是创新。

中国的经济建设发展速度非常快，造成了理论滞后的难题。21 世纪的前 20 年被中国领导人看做是对中国经济建设和发展至关重要的"战略机遇期"，"摸着石头过河"毕竟是权宜之计，义无反顾地踏上现代化之路的中国急需与"中国模式"相适应的理论。

三

在全球化的大背景下，任何国家包括中国的自身事务都不仅仅是一个国

[①] 参见黄宗智《认识中国——走向从实践出发的社会科学》，《中国社会科学》2005 年第 1 期。

家自己的事，而是世界性的问题。中国是一个大国，因而中国的变化对世界具有重要的影响。西方许多人对中国的高速发展怀有戒心，认为中国的崛起将对世界构成威胁，他们考虑问题的思路究竟是"接触"还是"孤立"中国。与此相反，中国人试图向世界证明中国的发展不会对任何人构成威胁，它是"和平的崛起"，甚至避讳说"崛起"这两个字。正如乔舒亚·库珀·雷默所说，这两种观点都是成问题的。[①] 遏制和孤立中国所造成的危害并不比想象中的中国崛起所造成的危害小，而中国的崛起即使是和平的崛起也不可避免地对世界产生深刻的影响。世界改变了中国，中国也在改变着世界。

我们处在全球化的时代，面对着诸如全球化与文化多样性、普遍化与特殊性之间的矛盾。研究中国政治，必须将其置于全球化的大背景下进行分析。

全球化对当今世界产生了深刻的影响，这些影响有正面的，也有负面的。对待全球化的态度一般地可以分为赞同和反对两种观点。赞同的观点认为，全球化将消除民族国家之间的界限，使我们的世界整体性地走向繁荣昌盛，世界和平翘首可望。而反对的观点则认为，全球化必然在经济一体化的过程中使不同的文化在趋同中失去自我，因而是资本主义殖民的进一步世界化。即使对全球化持肯定态度的吉登斯也意识到："全球化并不以公平的方式发展，而且它所带来的结果绝对不是完全良性的。对许多生活在欧洲和北美洲以外的人来说，全球化似乎就是西化或者美国化，因为美国现在是唯一的超级大国，在全球秩序中占据主导的经济、文化和军事位置。在全球化的最显而易见的文化体现中，许多都是美国的，如可口可乐、麦当劳和美国有线新闻等"，因而"今天的全球化只是一定程度的西化"。[②] 就此而论，以西化或者美国化为表现形式的全球化，对于发展中国家和弱势民族文化形成了强大的压力，从而造成了全球化的世界主义与本土化的民族主义之间的矛盾。

世纪之交，中国最流行的话语是"跨世纪"和"与国际接轨"。不过迄

---

① 乔舒亚·库珀·雷默：《北京共识》，《中国与全球化：华盛顿共识还是北京共识》，社会科学文献出版社2005年版，第1页。

② 吉登斯：《失控的世界》，江西人民出版社2001年版，第10—11页。

今为止，"与国际接轨"从来不是西方被中国化，而始终是中国被西方化。

现在，我们在许多方面与世界是同步的：从流行时尚、娱乐信息到新闻，瞬间便从世界的各个角落传递给了我们，因而在获得信息方面没有人再具有垄断的权威。这看起来似乎越来越公平，但是如果考虑到媒体的集中与垄断等因素，全球化很可能会造成强势文化越来越强，而弱势文化越来越弱，直到被强者所吞噬的结果。的确，我们在接受西方文化教育方面越来越没有障碍，但对于自己的传统文化却难以消化了。我们的思维方式已经现代化了，越是现代化，与传统中国文化的思维方式的距离就越远。当一个中国人能够说一口流利的英语，却读不懂儒、释、道的经典的时候，我们又依据什么说他是中国人呢？这就是中国人的文化认同问题。中国需要利用全球化发展经济，却不希望因此而失去自己的文化身份，因而传统文化始终是对抗西化或美国化的一张王牌。

迄今为止，文化全球化的问题受到了人们普遍的关注，相对于文化趋同的观点，越来越多的人主张全球化应该是文化的多样化。全球化的进程不是文化的同质化而是文化的多样化，这已经成了世界性的共识，联合国教科文组织的第二份《世界文化报告》的主题就是全球化背景下的文化多样性问题。

从某种意义上说，全球化的文化多样性具有"透视主义"的特征。在全球化的背景下，各个民族文化超越了狭隘的地域性限制和自我中心主义，通过相互之间的碰撞、交往、交流、融会，形成了新型的多样性文化。每一种文化都将意识到，它眼中的世界并不是世界的全部，甚至不是世界的一部分，而是从它的视界所看到的世界，从另一种文化的立场看世界会产生不同的结果。即使把通过所有文化的立场所见之世界的"碎片"综合拼装成一个整体，也不可能形成完整统一的世界形象，因为各个文化的世界观不仅是透视性的，而且是开放性的，由此而形成无限的文化多样性。

因此，任何一种中国学的研究毫无疑问都具有为研究者所在国服务的性质，不过它毕竟是在外国学者与中国乃至中国学者之间发生的，应该通过"与现代中国进行学术对话为主要研究方法"来克服其局限。更重要的是，我们不能仅仅从研究者和被研究者两个方面考虑问题，还必须将其置于世界范围之内，在多元因素中确定其研究的意义。

传统的"汉学"所研究的对象在很大程度上是一个"想象的中国"，现代"中国学"研究试图克服其局限，突出了与当代中国在学术上的"对话"与交流。不过归根结底，"中国学"视野下的中国，与中国人自己眼中的中国肯定是有区别的。其实，如果没有区别，"中国学"就没有存在的必要了。

两者之间的区别并不意味着有一方是准确的而另一方是不准确的，借用现代解释学的概念，它们是"视界融合"的关系。

四

最后——或许应该最先——需要讨论的问题是，一种如日本学者加加美光行提倡的关于当代中国研究的"统一的世界共通的方法论（discipline）"究竟是否可能？在我看来，中国学者与国外学者在研究中国的方法和视点等方面的确存在着差别，不过中国学者对中国的研究能否归属于"中国学"则是值得探讨的问题。所谓"中国学"，主要指外国学者对中国的研究，因而"中国学"不可避免地带有日本的中国学、欧洲的中国学或者美国的中国学的倾向，它的立场在海外。且不说欧美的汉学研究，即使像日本这样曾经受到中国文化影响的国家，其文化也并不是中国文化而是日本文化，中国文化的影响都经过了日本文化的筛选和过滤，正如中国文化受到了西方文化的影响，但中国文化并不是西方文化一样。恰恰因为这一点，日本的中国学或欧洲的中国学才是可能的。然而，区别海外的中国学研究与中国学者对中国的研究，并不是要将它们对立起来，而是试图建立更开阔的视野——世界性的视野，这应该成为构筑现代中国学的一般方法论。通常，海外的汉学或中国学认为他们是按照中国的方式研究中国文化，而中国学者亦以中国的学术为标准看待海外的汉学或中国学，其实双方都存在着误解。实际上，现代中国学的理论视野既不应该是中国的，也不应该是日本的、欧洲的或美国的，而应该是世界性的。

我想加加美光行先生所力图构建的"统一的世界共通的方法论"应该作如是解，这与沟口雄三先生的观点有异曲同工之处。

沟口雄三先生针对日本的中国学研究提出了"没有中国的中国学"的批评。一方面，日本以往的中国学研究不关心同时代的中国，当然也没有与同时代的中国的对话，它所关注的是古代的中国，所以是"没有中国的中国学"。而另一方面，在这种关注中或以中国为标准，或以西方为立场，所以也是"没有日本的中国学"。沟口雄三既反对"没有中国的中国学"，也反对"没有日本的中国学"，即没有立场的研究，他把站在日本的立场而不是中国或西方的立场研究中国，看做是日本中国学应该做的工作。[①] 沟口雄三的方法论原则是值得我们借鉴的，这实际上涉及海外的中国学研究以及中国对海外的中国学研究所持的立场或理论视野的问题。

虽然我们说过中国学是外国人研究中国的学问，所以中国人研究中国不是中国学，但是相对于研究的立场和方法而言，我们应该提倡"世界性的中国学"。海外的中国学研究并非只是单纯的中国研究，必须置于世界性的范围来思考。同样，中国学者研究中国也不应该仅仅将眼光局限在中国，而应该有世界性的视野。所谓世界性的视野，不是说仅仅以西方为标准的研究，那是西方的标准而不是世界性的标准。世界性的视野是将中国或任何一个国家置于世界性的范围，在其与所有国家之间的关系或关联中把握文化或文明的普遍性与特殊性，换言之，它应该是一种世界性背景下的多元化立场。

因此，当代中国学研究，尤其是政治研究，从"横向"来说，应该放弃以西方或以美国为标准的研究方式，而采取真正意义上的全球化研究方式；从"纵向"来说，则需要历史的视野，即将现代中国置于历史的长河中加以研究。当然，这两方面可以是重合的：不论是研究现代中国的政治现实，还是研究古代的中国文化，都应该置于世界性的背景下去研究。因为中国的历史并不是独立于世界历史之外的单一的过程，世界影响着中国，中国也影响着世界。

（来源：《中国人民大学学报》2006 年第 3 期）

---

① 参见沟口雄三、汪晖《没有中国的中国学》，《读书》1994 年第 4 期。

全球与区域阶层的权力转移：
兼论中国的和平崛起

沈丁立[*]

一 权力与权力转移

权力转移乃亘古不变之现象。作为现实主义的解读，权力和权力转移始终是分析国际关系的核心变量。[①] 要研究权力转移，首先必须考察权力。无论是在氏族还是国家或是家庭，都客观地存在着权势以及权势拥有者。权势者权力之取得，或通过提供公共服务而自然取得，或通过继承获取或权力阴谋而篡取，或经自然竞争而被承认。

只要权力存在，就必然有权力的转移，这是伴随着权势者或者权势国家之间相对竞争力发生变化所必然出现的。在国家内部，权势的转移在封建时代主要通过家族承继；在民主共和时代，则主要通过主流民意的及时与充分的表达，来达致权势的和平转移。而在跨国家层面，权势的转移也有不同形式，与此相随的则是权势国家的权力替换，或者新老强权的兴衰更替。国际权势兴替为世界历史所不断记录，其规律更为国际关系学界所持续研究。

人类社会的竞争与国际社会的竞争有诸多类似之处。在人类关系中，无论是出于自我保护的本能，还是为了在同类中出类拔萃，人类总在不断进行

　＊　作者系复旦大学国际问题研究院常务副院长、教授。

　①　汉斯·摩根索：《国际纵横策论——争强权，求和平》，卢明华等译，上海译文出版社 1995
年版；许嘉：《权力与国际政治》，长征出版社 2001 年版。

竞争，最终形成优胜劣汰。这也是自然界的生存与竞争法则。在竞争中胜出者，自然取得服众地位，也就能将其道德以及能力的领先地位转化为领导地位。在国际社会中，国家之间为了本国安全和发展的利益，随时可能进行竞争与合作甚至对抗。这种国际竞争也同样导致优胜劣汰。健康有序的竞争可能促进国家的发达，而消极失序的竞争则可能恶化国家间关系，使得国际关系劣质化，危害人类社会。

二　权力转移的两种模式

综观民族国家成百上千年历史，不难发现国际间权力转移无非有两大类模式。其一，是自然替代型。在这一类型中，国家之间天然的竞争未必导致恶性关系，一国自然崛起虽然具有削弱既有大国主导地位的倾向，但其势力上升仍处于可接受范围，因此伴随这种崛起的大致是和平与稳定的国际关系。这一类型的典范，包括美国海权取代英国海权。美国权力的崛起有诸多原因，包括其地理、人口、资源与环境的自然禀赋，但也有制度与技术革新以及国际时局变迁的因素。因此，美国取代英国的世界领导地位有其自然性，而且对英国不无益处，这种竞争乃英国所能接受，其结局相对平和。

其二，是扩张替代型。经常出现的权势转移，却是一国或国家集团有意识地扩充实力，并在地区或全球层面对外扩张，通过以损害他国正当利益的方式，而延伸自己的影响力或控制力。这种以强力挤压的方式削弱他方权益的行为，必然引起既有权势的不满，也更多伴随着国际社会的动荡和不稳定，并引起国家与国家集团间的冲突。20世纪德意志与日本帝国的一度兴起，依靠的就是对外扩张的方式，它们曾在短期内分别主导了欧洲地区和东亚地区的局势，虽强盛一时，却不能持久。当轴心国成员联合谋取全球权势时，必然过分触犯全球范围内其他多数国家的利益，为盟国集团所不容，最终导致落败。

当代世界的唯一超级强权美国立国仅233年，但已在相对短暂的时间里取得了人类罕见的强盛奇迹。美国在门罗总统期间就定位拉美为其"后院"，视南美这一近邻为美国的特殊利益地区。为了确保自身的国土安全和周边稳定，美国不能容忍该地区出现有损美国利益的"暴政"与"劣政"统治。美国的对外视线看得更远，还得追溯到一个世纪前威尔逊总统的"国际主义"。这位具有大学校长智慧的美国总统在任内将国家送上了远眺两洋的世界主义之路，有力地拓展了美国的国际胸怀，美国的综合国力包括海军战力也在19世纪末攀至世界前列。但真正刺激美国迈向世界强权道路的，还是七十年前德日在欧洲和亚太的大举扩张。德日的对外侵略，不仅封堵了美国的海外殖民之路，损害了美国的贸易立国利益，而且直接将战火引向美国，从而迫使美国做出了战略反击这一最终通往世界超级强权的历史决定。

第二次世界大战后形成的两个超级大国对峙的历史，以及苏联在同美国争霸接近半个世纪后的和平解体，给予人类社会诸多启示。一方面，人们需要考察什么是权力的量度，苏联和美国当时究竟有哪些权力，以及这些权力是否具有可持续性。在此基础上，另一方面人们也需要研究当今美国之权力还能维持多久，其权力基础还需什么革新。从理论上考虑，任何权势都无法永恒。美国霸权不会无缘无故诞生，但也不会无缘无故消亡。那么，新起的权势又将是什么，它又将以何种能力在全球层面与美国竞争？如果无力在全球层面竞争，那么在地区层面的权力转移又会出现什么特点？这些问题是本文研究的主题。

三 权力的内涵：以美国为例

在传统意义上，国家的综合国力铸就了国家的国际权力。[①]无论是综合国力，还是国际权力，都体现在一个国家的自然禀赋、整体产出和制度创新上。自然禀赋涵盖人口、幅员、资源与生物多样性等；整体产出则包括经济、军备与科技等领域。在经典意义上，工业化国家都可被认为是先进发达国家，"工业化八国集团"（G8）的主要参与条件也是国家的经济能力，突出表现为经济产出与经济竞争力。在常态情况下，一国的经济水平与其科技

[①] 黄硕风：《综合国力新论：兼论新中国综合国力》，中国社会科学出版社1999年版，第6—13页。

与军事竞争力成正相关。国家越富裕，就越有可能在防务与科技上予以投入。工业化发达国家如美国、日本、德国、英国、法国、加拿大等国在经济、国防以及科学技术等领域不仅都相对突出并平衡，而且在整个世界的竞争中都曾长期领先。

但是，作为世界级的强权，美国对于"工业化八国集团"或其前身"七国集团"其他成员的相对优势又是巨大的。在世界第一经济体美国和第二经济体日本之间，美国的国家自然禀赋远远超出日本，其人口是日本的2—3倍（接近3倍），而且人口平均年龄较日本年轻。在自然资源尤其是矿产资源上，日本国内储备严重贫瘠，处于绝对弱势状态。日本严重缺乏矿物能源，油气等化石燃料必须大量从海外进口。而美国内陆与沿海均有相当程度的储油构造，可在世界能源危机时为美国提供不时之需。在生物多样性方面，日本更是难以望其项背。就整体比较，美国的经济规模约达日本3倍，相当于欧盟27个国家的产出总和。从军事投入而言，当今美国五千多亿美元的年度常规军费（不计每年反恐费用两千多亿美元）更是日本的10倍以上，几乎占世界军费总量一半。[1] 美国这个超级大国之强大，已非人类历史上以前的历代强权所能比拟。尽管美国在世界经济中的相对比重在第二次世界大战结束以来持续下降，甚至其经济产出因2008年金融危机而出现绝对下降，但迄今仍占世界的1/4左右，稳固地把握着世界首要权势。

除了自然禀赋与整体产出之外，美国的强势还源于其创新能力，包括制度创新与技术创新。最为突出的是美国的开国先贤在立国之初就体察人类弱点，设计了具有美国特色的权力制衡，这无疑是美国两百多年来逐步兴盛的制度保障。源于文艺复兴时代的人文精神重振，到了美洲大陆则又体现出更多的人权保障意识与制度创建中的权力制约。考察过去两个世纪中美国与世界的发展，人们必须承认美国之强大的重要原因，明显包括其制度构建。这种设计中的基础即基督教的人性观并非为全人类普遍接受，但事实证明这至少在美国的国情下对分解国家权力、减除个人集权给国家可能带来的负面作

---

[1] Stockholm International Peace Research Institute, *SIPRI Year book* 2008: *Armaments*, *Disarmament and International Security*, (Oxford: Oxford University Press, 2008, pp. 179 –183.

用，在多数时候还是有效的。

在制度创新和技术创新之外，当代美国的软权力还部分来自基于其价值观的文化传播。美国的爱国精神、英雄主义、匡扶正义、家庭伦理等，在周末的教堂诵经、每日的早餐晨祷、每次的升旗典礼上不断得到弘扬。好莱坞的影像制作，则在商业规模上不断烘托美国精神与美国价值，使得美式生活方式和价值范式不断渗入世界各地。

在未来一段时间内，美国的权力主导地位还很难根本动摇，国际社会还难以见诸替代美国权势的新兴强权。[①] 这是因为，要超越美国，或者必须按照美国的方式，但竞争者要比它更有禀赋，更会创造，更具文化穿透力；或者能够创造新的模式，在同美国的和平竞赛中胜出一筹。这些不是没有可能，但在短期内还难成现实。但是，这也不意味着美国权力的基础没有发生松动，2008 年以来的国际金融危机本身已经显著削弱了美国的金融超级权势地位。在全球化的过程中，美国在追逐经济利益的同时，已容忍其他经济体的相对崛起。而且由于美国在由主权国家行为体组成的国际社会中，并不总是奉行在其国内被信为天条的民主原则，因此美国的国际形象和国际领导力并不具备制度力量以确保其长盛不衰。从这些因素出发，考虑在未来十数年至数十年的中等时间段内以美国相对甚至绝对衰弱为特征的世界权势转移，并非不可思议。

四　全球阶层权力转移的可能性

如前所述，权力转移是各权势者之间相对竞争力的竞赛问题。以当今美国作为参考系，权力转移或者发生在美国停滞不前，或相对进步不足，或其竞争者持续快速进步之时，三者至少得具备其中之一。那么，在当今世界，有哪些国家或国家联盟有可能同美国进行权力转换的竞争？就现有国家资源禀赋和发展潜力来看，国际社会一般认为只有中国、日本、欧盟、俄罗斯以

---

① 约瑟夫·乔飞：《美国的帝国诱惑》，蔡东杰译，（台北）博雅书屋有限公司 2007 年版，第 44—54 页。

及印度会有这种可能。下面比较研究这些国家或国家联盟同美国的相对竞争优势与发展前景。

（一）印度

印度拥有灿烂的历史、广袤的国土和进入印度洋的便利条件，它还拥有十亿人口尤其是年轻人力资源。印度社会所具有的英语条件，在全球化时代也只能被视作殖民阶段的正遗产。这些可能都是印度发展的有利因素。

近年来印度受到美国重视，其中有着美国考虑中国崛起的背景。[①] 2008年，美国与印度签订民用核能合作协议，已被双方议会批准，印度借此取得了与美国在民用甚至双用途高科技领域合作的机会。上届美国政府十分重视印度的民主政治，认为印度是美国天然的战略合作伙伴。但是，印度在独立后经营自己的政治制度已有六十多年，虽然其民主政体不无优势，但其制度迄今未给广大的印度贫穷人民带来根本福利。在文化上，印度的民主没有解决由于宗教所带来的落后的种姓制度问题，许多印度人与生俱来的权利和自由长期不能得到充分保障。在经济上，印度尽管有一个庞大的中产阶级，但其中产水平本身有限，全民人均人文发展指数偏低，基础设施建设更是滞后。从整体上看，虽然印度近十年经济发展较有起色，有望在数十年的时间内进入世界前列，但仍难以成为未来世界的核心大国。

印度自称为世界最大的民主国家。尽管民主制度是世界和平与发展的重要保障，但人们往往简单地在民主的原则和民主的目标之间画等号。民主的原则是多数人决定，这本身蕴涵着重大风险，那就是多数人也可能集体性地犯判断性错误。美国 20 世纪的 O. J. 辛普森案件可能就是一例。由于过分追求民主的形式，这个案件的结果可能符合了陪审团多数成员的价值观，但并未吻合多数美国民众的是非判断。又如布什政府在 2003 年决定对当时的伊拉克政府发动"先发制人"打击，以实现对方"体制更换"。但美国师出无名，无论从国际法还是从国际支持上都缺乏道义与法律基础，但当时美国民

---

① Waheguru Pal Singh Sidhu and Jing-dong Yuan, *China and India: Cooperation or Conflict*, Boulder, CO: Lynne Rienner, 2003, pp. 79 – 103.

众在经历了"9·11"恐怖袭击后仍相当支持对伊拉克动武。今天人们重新审视民主，也许应该铭记民主作为一种原则与方式，其根本目的不是民主本身，而是由于民主而带来的进步和福利。显然，走向进步和福利的道路未必只有民主一种方式，新加坡的威权主义也带来了国家的繁荣与发展。民主被普遍认作好东西，但民主也未必只有美式一种范式，而可能有各种范式。[①]至少，印度式的民主迄今没有给这个国家带来充分发展和稳定，它难以成为其他国家仿效的榜样，也难以支撑印度在世界上取得更多的竞争优势。

（二）日本

日本明显缺乏成为世界首强的重要禀赋。首先，其地域狭小，并且缺乏战略纵深，不具备成为世界顶级强国的地理禀赋。日本在20世纪发动对珍珠港的袭击，至多只能取得战术性的效果，延误美国海军战略西进，而不可能在战略上逆转它同美国在太平洋战争期间所处的战略劣势。作为海洋岛国型的国家，日本始终面临海洋给它带来的脆弱。在世界顶级战略空军的威慑之下，日本很难实施有效自卫。这种战略脆弱，使得日本不堪承受超级大国的重任，这种地理劣势是它无法改变的。

在全球阶层上，日本的人口因素也是牵制它实现超级大国地位的障碍。其实，日本人口数量不少，是世界上人口总量在1亿以上的少数国家之一。但是，日本迄今只有1.3亿人口。虽然本州已经"人满为患"，但同世界首号强国相比，人口数量仅是美国的三分之一强，更是东亚邻国中国的一成，以及印度的七分之一。在同等人口素质条件下，无论是工业经济还是知识经济，日本不可能占优。在经济共赢时代，日本人力素质的竞争优势不可能长期领先。面临老龄化的趋势，即使日本开放海外劳动力市场，也无法从根本上逆转日本人力资源同中印相比的严重不足。

日本的自然资源更是匮乏。无论是化石燃料，还是其他金属矿物，这个岛国都十分匮缺。在军国期间，日本通过对外扩张来解决资源不足问题。在

---

① Yu Keping, "Democracy is a Good Thing," in *Democracy is a Good Thing*: *Essays on Politics, Society, and Culture in Contemporary China*, Washington, DC: The Brookings Institution, 2008, pp. 3 – 5.

战后，日本则奉行和平主义，通过科教兴国和知识创新，成功地走出了一条现代化的道路。日本人均国内生产总值已达美国的 3/4，在有限的自然禀赋下达到了相当水准。[①] 但就因日本人口数量有限，日本的经济体量仅为美国的 1/3。这再次表明日本无论如何努力，都无法争当世界第一。

日本的核心竞争要素是其科技创新与民族素质。日本对教育的重视和对高新科技的研发，是使它在过去六十多年的和平岁月中化腐朽为神奇的制度原因。他山之石，可以攻玉。日本走过的革新道路，其他国家可以模仿；而中印所拥有的人力和地缘优势，日本却无法效仿，这是制约日本赶超美国并使日本难以摆脱被中印赶超的根本原因。

（三）俄罗斯

俄罗斯的前身苏联曾与美国并驾齐驱，曾在意识形态和军事力量上长期与美国竞争，但最终败下阵来，这有着深刻原因。

苏联的强大，一在于其意识形态。莫斯科奉行马克思主义，其基本原理是在世界上形成高度发达、消灭剥削的平等化大家庭，这对落后的农业国国民不可谓不具有吸引力。二在于苏联社会主义建设曾一度快速提高人民的生活水平，使得苏联综合国力有过迅速提升。但苏联的失败教训也是深刻的，这个自称为社会主义的国家在根本上缺乏制度创新，没有将改善人民生活长期置于国家要务。苏联执政党过分重视国际竞争，以至于国家建设的成果没有充分并及时地转化为能使人们感知的实际收益，从而引起苏联当局的执政合法性问题。这样的国家同样不堪长期充当超级大国的角色。[②]

当今俄国继承了苏联的自然禀赋。虽然原先的诸加盟共和国已分崩离析，但仍给俄罗斯留下了世界各国中最为优质的资源：辽阔国土与自然资源。就数量与质量而言，俄罗斯的人力资源仍属世界上乘。这些优势确保了

---

① CIA, "TheWorld Fact Book-Rank Order GDP-per capita, （PPP）" http：//www. cia. gov/library/ publications/ the-world-fact-book/rankorder/2004rank. html （updated on July 24）, accessed on August31, 2008.

② 金重远等编《寻求秩序、安全与发展——俄罗斯转型中的挑战与对策》，文汇出版社 2002 年版。

俄罗斯在未来的一段时间内有望维持世界主要大国的地位。但要作为超级大国的竞争者，俄罗斯仍有重大缺陷：制度和人口。俄罗斯人口问题与日本相仿，同样处在萎缩过程中，当然这也反映出民众对国家前途的信心仍然不足。用不到美国一半的人口，去建设将近两倍于美国的国土，俄罗斯力不从心。更严重的问题是其人口锐减的颓势尚未止住，这与一个新兴超级大国的景象不符。

目前俄罗斯的政治制度也备受关注。美国一度受俄罗斯体制转型鼓舞，但很快发现俄罗斯甚至独联体其他一些国家的领导人仍为前苏共党员，或许他们执行的是一条没有苏共的新集权路线，这难为西方所容。美国对普京领导俄罗斯的方式十分不适，对普京换任总理的俄罗斯政治耿耿于怀。但对俄罗斯而言，其再度崛起的难度不仅在于寻求西方的接受，更在于它还在寻找在俄式民主与市场经济条件下，协调国家和地方、政府与民间之间关系的新的法律体系。在制度到位之前，俄罗斯不易入选未来超级大国的候选队伍。

（四）欧盟

毫无疑问，欧盟作为一支新的地区力量，已成不可忽视的权势。欧盟之所以引人注目，首先在于它的整体经济实力已可媲美美国，当今欧盟 27 个成员的国内生产总和已同美国相当，这是世界上任何其他单一力量所不具备的。另外，欧盟不是一个单一国家，而是地区一体化进程中的国家集合。所以，考察欧盟，不能期待欧盟的行为方式会同国家十分一致。

欧盟一体化的进程还在发展，规模还在扩展。欧盟作为一个整体，发展了联盟内的政经和法律制度。[①] 此外，它还孕育着安全和防务政策——独立于北约防务以外，欧盟正在致力于建设自己的快反部队和警察力量。[②] 联盟继续推进集体防务，势必削弱成员国的国家防御和北约这个跨大西洋安全共同体的存在理由。

[①] Anne-Marie Slaughter, *A New World Order*, Princeton, NJ: Princeton University Press, 2004, pp. 82 – 84.

[②] Shen Dingli, "Why China Sees the EU as a Counterweight to America," *Europe's World*, Autumn, October 2008, pp. 48 – 53.

因而，在理论上欧盟作为一个整体，有望成为新世界的独立权力兴起，而这一权力的超众实力，具有有效制衡目前唯一超强的能力。然而，由于欧盟是一个国家联盟，尽管"老欧洲"与"新欧洲"国家的价值观不无可能经常达成一致，但联盟成员间不可能没有矛盾。按照一致共识的议事方式，欧盟可能陷入无法有效决策的困境。譬如，欧盟在解除对华武器禁运的制裁时，就只能议而不决。在对待美国2003年对伊拉克发动"倒萨战争"时，"老欧洲"国家法国和德国按照国际法原则竭力反对，同新入盟的原华约国家严重分歧。一个经济超强但仍然缺乏完整独立防务的欧盟，在政治问题上仍难以用一个声音说话。欧盟目前还难以在世界上承担独立的政治和外交中心的使命，它甚至担心是否被中国的独立作用所超越。

（五）中国

自1978年底中国内地（以下为方便计，有时简称中国）做出改革开放的战略决策以来，中国的国力已取得了显著发展。中国进行改革，一为排除发展道路上的思想禁锢，二为社会主义现代化建设进行制度创新。显然，在这些方面，中国已成功进行了实验。如今，实事求是谋发展已成为中国民众普遍接受的原则。

随着发展进步，中国的国力也成倍增长。近年来，中国国民经济连年以10%左右的高速增长，加上人民币的升值，以美元计算的国内生产总值年增长速度平均接近20%（2008年全球金融危机前）。以2000年中国的国内生产总值为1万亿美元计，2007年中国的国内生产总值已达3.4万亿美元，超出德国。[①] 2008年达4.4万亿美元。[②] 中国有望在2009—2010年超过日本，成为世界第二大经济体。

相应的，中国是否可能超过美国成为下一个超级大国或准超级大国，也

[①] 李雁争：《2007年中国GDP增幅上调至13%，经济总量已超德国》，《上海证券报》2009年1月15日，http://www.chinanews.com.cn/cj/gncj/news/2009/01-15/1528554.shtml（accessed on May 22，2009）。

[②] 任小燕：《2008年中国国内生产总值居世界第三位》，《中国信息报》2009年5月19日，http://news.stockstar.com/info/darticle.aspx? id = JL，20090519，00000754&columnid = 1221（accessed onMay 22，2009）。

已成为国际社会普遍关注的热点。一方面，中国朝野当然希望中国经济更上一层楼，这就引起世界关心的国际权力转移的重大问题。另一方面，中国政府低调回复各种疑问，坚定表示和平发展。[①] 中国认为：即使是建设社会主义初级阶段，也还需要至少一百年时间。[②]

很显然，中国具有成为未来世界强国的诸多禀赋：中国的幅员、自然资源总量以及生物多样性和美国相当。从人力资源的积极意义出发，中国13亿人口是中国潜在最大的财富。中国人口数量是美国的4倍以上，是美国和印度相加的总和。如果说人多地少是不利因素，那同日本比较一下，也许看法又会不同。我国人口数量是日本的10倍。中国的陆地国土是日本的38倍，中国的人均土地占有面积接近日本的4倍。换言之，即使在当今中国人口已经是日本10倍的情况下，中国仍然有比日本优越得多的自然条件。

中国是人口大国，但还有待发展成为人力资源强国。虽然人多未必是消极因素，但至少目前它还不是中国发展的十分积极的因素。和日本一样，中国重视教育。但当代中国与日本的区别，是中国内地教育资源仍相对匮乏。美国3亿人拥有3000所高等院校，中国13亿人只拥有1000所高等学府。虽然中国高校平均招生人数高于美国，但仍然无法满足广大民众希望接受高等教育的愿望。人均教育资源的不足，必定牵制中国现代化的发展，妨碍中国社会的进步和国家的国际竞争力。

除了中国人口教育素质的竞争力欠缺以外，中国还存在人均资源不足、科技原创滞后、环保生态欠账等诸多问题，妨碍着这个国家有效地走向世界最前列。我们发展所面临的下一个核心瓶颈，是深化制度建设和推进科学发展。改革开放极大地解放了中国的生产力，随之必然提出生产关系的现代化需求。提速政治文明建设，落实可持续发展，必将促进国家的根本利益，增

---

① 郑必坚：《论中国和平崛起发展的新道路》，中共中央党校出版社2005年版。

② 新华社2007年2月26日电。温家宝总理在题为《关于社会主义初级阶段的历史任务和我国对外政策的几个问题》的讲话中指出："社会主义制度，从理论到实践，从不成熟到成熟，需要经历一个相当长的历史进程。因此，我们必须坚持党在社会主义初级阶段的基本路线100年不动摇，坚持改革和创新，使中国特色社会主义永葆蓬勃生机。"

进中华民族在世界上的竞争力。

从以上所分析的当今世界五个次级力量的力量要素，可以发现在自然禀赋和制度创新这两大国家权力的来源中，五方各有千秋。从地理、地缘、人口、资源、生物多样性这些核心的自然要素看，中国、俄罗斯、印度等国均有所长，也各有不足。这些新兴力量国家普遍面临制度转型，在这期间遇到问题并不奇怪。制度建设也是美英等工业化国家在长期发展中逐步发展的，需要政治文化的同步提升。

在上述五方中，日本是自然禀赋相对较弱的国家。日本之所以迄今表现突出，那是由于其高度重视教育、官民并举科技所致。然而，日本的制度与文化优势，并非它可长期垄断。中国结束了十年内乱后，也开始了求实创新的发展道路。所以，中国经济产出超过日本的一刻即将到来。随着未来我国制度建设和国民素质的进一步提高，中日人均产出的鸿沟必将缩小。中国低教育水平人群的大量存在，对中国可能是重大负担；而中国高素质人群的大量培育，对日本则带来竞争压力。中日都有大量的机遇和挑战，如果中国处理得当，其潜力就将得到更为充分的发挥。

五 区域阶层的权力转移

如上所述，没有永恒不变的权力，而权力转移则在永恒进行着。但要取代今日超级大国，却绝非易事。美国的自然禀赋不会无故消失，唯有美国的制度设计或运作出现问题，或其他竞争国的制度创新出现重大突破，不然，无法展望近期出现全球阶层权力的完全转移。

但是，即使全球阶层的权力转移不即刻发生，在地区层面的国家竞争乃至权力转移却有可能较早出现。这种情形已经明显地发生在欧洲与亚洲。

在欧洲，在第二次世界大战结束之后，英国一度是核心国家。在欧洲的反法西斯战争中，英国作为盟国在欧洲的主要伙伴，承担了抗击德国扩张的重要任务并为此付出了重大代价。法国由于在战争期间被德国占领，其重要性自然不如英国。至于德国，这个战争期间的敌对势力在战后则是美国与盟军清算的对象。战后德国被分而治之，进一步削弱了德国的竞争力。

然而在战后的发展中，联邦德国相对彻底地清算了其前身进行侵略战争与种族迫害的思想渊源，走上了和平的可持续发展道路。它还采取了科教兴国的方针，发挥了本民族认真与创新的优势，创造出大量的财富。并且积极寻求与昔日对手的和解，从而有效地重获西欧与国际社会的接受。它还积极推动欧洲一体化，在两德统一后，逐步演化为欧盟政治经济的核心。这个没有核武器、在联合国安理会也没有否决权的国家，却在欧洲与全球事务中，发挥着不亚于英法的重要作用。

在亚洲，始终存在着中国和日本的合作与竞争。在自今上溯千年的时间内，中国文化在东亚起着主导作用，日本曾长期受惠于中国。但自 19 世纪末起的半个世纪中，在扩张战略主导下，日本对包括中国在内的东亚进行侵略，力图控制西太平洋地区，从而造成与这个地区诸国和人民的重大冲突，不仅严重伤害他国，也损害了本国的根本利益。在战后，中国依其在第二次世界大战中的贡献成为联合国安理会常任理事国，而日本则被联合国视作敌国。然而在经济上，日本经和平重建迅速崛起为世界一流强国，在中日恢复邦交关系后实施了对华援助。

中日两国在最近一百年来的交往中，日本长期在经济和军事上处于强势。但此种格局，在中国内地经历了改革开放 30 年发展之后，正在酝酿重大变化。在未来一两年内，中国内地的经济产出将超出日本，而中国军事投入也将同时达到世界第二，超过日本一倍。与印度相比，中国在 2008 年的经济规模已接近印度四倍，这种优势还在扩大之中。

因此，大约从 2010 年起，中国将由于自身的迅速发展而在亚洲取得政治和经济的综合主导地位。诚然，中、日、印三国在全球系统内尚不具备使世界权力发生根本改变的能力。但依据亚洲诸强实力对比的变化，这个地区的权力结构正在发生重大转移。中国有望赶超日本，并在未来相当长的时间里，成为亚洲核心国家。中日战略对比的天平，将在最近一个世纪以来首次大幅向中国倾斜。印度尽管也在快速进步，但它引以为豪的"民主"制度还有待证明其绩效。新德里若不务实，有可能在 21 世纪的第二个年代中被中国进一步甩开。

笔者还要指出，美国和日本人口相差将近一倍，但双方人均产出相对接近（美国超出日本 1/3）。美日的经济成就，反映了这两个国家超乎群类的权力优势：禀赋加制度。中国的经济规模即使赶上了日本，在亚洲确立了主导权，但仍与美国有 3 倍之差，仍暂时无法撼动美国的全球主导地位。所谓的中美两国集团（G2）来实现世界共管，尚不现实，而且中美的合作地位也不平等。在全球阶层，权力转移仍是个渐变的过程。

中国经济发展要再上台阶，必须保护好国家的自然生态，维护劳工的工作权益，这都迫切需要中国创制立新。中国无意取代美国。[①] 在全球范围内，美国被取代的权力转移并非没有可能，但不在眼前，其实现需要付出艰巨努力，其中的核心内容是创造新制度，打造适合国家新兴生产力发展的上层建筑和生产关系。人们需要注意，即使中国实现赶超，中国也不见得能长期垄断。其他一些国家如印度的自然禀赋，也使得印度有可能在合适的新制度下对美、中形成竞争压力。

六　超越权力

本文研究的重点，乃是现有国际体系中是否并且如何出现权力转移的问题。根据现有各大国国力演变的线性推理，在未来一段时间内现有国际体系仍将得以保持，在未来十年内目前的国际秩序尚难有可能发生结构性的变化，美国作为唯一超级大国还有可能继续维持其超强地位。虽然美国在 2008 年后遭遇金融风暴，在全球化背景下其他诸强也都受到波及，经济危机迄今并未改变世界经济格局。

不过，对于二十年后的情形，现在尚无法准确预言。作为线性外推，美国经济发展虽将继续缓慢上升（或下降），但中国经济即使"保八"也能使它在二十年内再翻两番，从而在经济总量上超出美国。其实这还是简单的推测，线性推测对二十年的时间跨度可能不那么准确。二十年后中国的劳动力价格与物价、货币汇率、民众的购买力、宏观经济结构以及科技竞争力都可能发生显著变化。就中国内需扩大的潜能来看，未来 13 亿或者更多的中国

---

①　中共中央党校国际战略研究所：《中国和平崛起新道路》，中共中央党校出版社 2004 年版。

人的消费，可能对制造业、农业和服务业都提供空前繁荣的机遇，届时中国内地经济规模超过美国的确存在可能。而当经济产出达到世界最高水平后，国家财富按一定比例投放在教育、科技、防务等建设领域，相应的总量都将在世界级，尽管人均投放一定还不如美国和日本。在那时，可说全球阶层的权力转移会出现相当的转变。

但即使在全球阶层尚未发生权力的根本转移，国际社会已经能够明显感知中国后来居上的步伐，这会给列强带来双重后果。第一，新权势上升所产生的压力，无论是心理感受还是实力对比，不感觉到压力是不可能的。第二，中国实力上升乃是在现行国际体制内实现。虽然中国崛起在事实上也影响了既得利益者的绝对权威，但北京仍然抓住了全球化的时机，通过与世界合作的方式，促进国际社会整体福利的增加，并从中分享一部分。就此而言，中国的崛起是以给各国各地区提供机会的和平方式进行的，这使既有权势无法以武力方式予以反对。

可以说，这种新兴力量的和平崛起，借助的是这一轮全球化的时机，这是过去所不曾有过的。历史上强权之间的竞争，诱因往往是对外扩张以谋取海外土地与资源，因此一国兴起经常伴随着既有大国利益的受损。但在经过第二次世界大战后，新的国际法体系确立了以联合国为框架的全球集体安全体制，对外殖民扩张已不再被接受，联合国可以采取集体武力的方式制止侵略。而知识经济的迅速发展，又使得人类更有可能不必通过掠夺他国资源来发展本国经济。在当今世界，通过科学技术的发展，通过科教产生的高附加值，一国可通过知识创新或者加工业制造，来获取大量新的财富。通过制造、创意与贸易，新兴强国的崛起模式已摆脱传统的扩张，而是采取温和的、在现有国际体制内的增长，循序渐进地崛起。过去的战败国日本、德国在战后的和平崛起，选择的都是这种模式。中国作为后发国家，而且作为社会主义国家，毫无疑问也只能采取这种方式。

美国在近年来与中国的交往中，已意识到虽然中国国力尚不致即刻改变国际秩序，但一味排斥中国并不能收到实效。布什政府尽管外交成绩不尽如人意，但他在任期内处理对华关系相对比较平稳。美国时任常务副国务卿佐利克曾于 2005 年发表演讲，呼吁中国成为国际系统中"一个负责任的利益相关者"①,这种政策也为奥巴马政府所继承。这标志着美国以分享权力为代价或利诱,要求中国承担更多的国际责任。这是美国在新世纪初对其世界权力观的重大调整。

然而,只要是从现实主义的视角,就很难得出上升中大国获得权力的增量必能使现有国际体系诸成员同时感到满意的判断。新兴强国的兴起,势必影响现有强权对国际局势的主导。因此,现实主义的世界观无法对权力竞争的后果必然感到乐观。国际社会对中国崛起的接受,并非由于自愿,而基本出于无奈,因为中国体量太大,无法遏制。一些国家过去在冷战年代对中国进行遏制,没有取得成功。那么,在中国谨慎地按照主要由美国等西方世界确定的国际关系规则来处理与外部世界关系的情况下,对中国围堵更缺乏现实可能性,因此列国也就只能接受中国正在和平崛起这一客观现实。

如果希望未来世界能够和谐相处,国际社会还应提倡放弃零和竞争的传统思维,而采纳超越权力的更加先进的理念。② 德国崛起并在欧洲发挥核心作用,得益于欧盟的发展。在欧盟体系内,现有主权国家对权力都做了让渡,而给集体性的欧盟理事会与欧盟议会以相应的领导权。所以,在形式上德国并未取得额外的权力,而其他"老欧洲"国家也没有对德国放弃自己的传统权力。这只是人类探索地区一体化过程中实现共同利益最大化的一种形式,使得一国权力的增大不以他国权力指向性的缩小为代价。将来在对待中国崛起所产生的全球权力可能转移的方式上,国际社会也需要发现能够共赢的新模式。

(来源:《复旦学报》2009 年第 5 期)

---

① Robert B. Zoellick, "Whither China: From Membership to Responsibility?" Remarks to National Committee on U. S. —China Relations, New York, September 21, 2005.

② 潘忠岐:《世界秩序:结构、机制与模式》,上海人民出版社 2004 年版,第 254—257 页。

中国模式与世界主要发展模式比较研究

赵　宏[*]

在 20 世纪资本主义曾被认为进入垂死、腐朽阶段，后来却又表现出新的活力并主导了经济全球化进程，最突出的就是以美国为典型的新自由主义模式的强势发展；与此同时，在资本主义制度框架内与新自由主义模式不同的民主社会主义模式在欧洲闪亮崛起，这也在一定程度上缓解了资本主义的矛盾；也是在 20 世纪社会主义曾不断发展壮大，最突出地表现为苏联模式所取得的举世瞩目的成就，尽管今天苏联已经不存在了，但苏联共产党创造的苏联模式的确对人类的发展产生了极大的影响；始于 20 世纪 70 年代末的中国社会主义改革开放虽然只有 30 年，但它既顺乎潮流，又独立自主，为人类贡献了一条有中国特点的发展模式，且在当今越来越表现出独有的风采。可以这么认为，正是这四大发展模式主导了第二次世界大战以来世界发展的历史进程。因此，本文拟对这四种模式作一简略地比较和分析，并就中国模式之所以能够持续焕发出勃勃生机的深厚根基作一简单评述。

一　四种模式兴起的理论渊源、历史条件和主题

每一种模式的兴起都有其不同的理论渊源，且都与其所处的历史条件和所面对的问题有着紧密的关联，因此主导该模式的主题也就各有不同。

---

* 作者系中共中央党校科学社会主义教研部副教授。

就新自由主义模式而言，它的理论渊源可以追溯到 18 世纪以亚当·斯密为代表的经济自由主义思潮，该思潮主张摒除政府对于经济事务的干预，认为自由贸易是国家经济发展的最佳途径。整个 19 世纪直至 20 世纪早期，经济自由主义都盛行于美国，直到 1929 年资本主义世界经济危机而使以凯恩斯理论为基础的国家干预主义成为资本主义国家的最佳政策。但是 1974 年的"石油冲击"使发达资本主义国家全部卷入了经济衰退的旋涡，在这种情况下，以冯·哈耶克为代表的一批著名经济学家和自由主义思想家所早已提出的反对国家干预主义和福利国家政策的理论主张开始受到人们的重视，这批人就是新自由主义派，其理论主张就是新自由主义。具体地说，所谓新自由主义就是在坚持政府有限度地调节和干预市场经济的前提下对古典自由主义的回潮。因为就其本质而言，新自由主义理论主张自由竞争，反对政府全面干预，依然是自由市场经济的倡导者。

从新自由主义模式兴起时所处的历史条件看，凯恩斯主义应付大危机的失灵只是其兴起的引线，还有一些更重要的因素，那就是经济全球化竞争压力的不断加强以及国际共产主义运动压力的急剧减弱，引发了英、美等资本主义国家的政策调整。1979 年撒切尔夫人出任英国首相，公开宣布实践新自由主义纲领，使得英国成为发达资本主义国家第一个践行新自由主义模式的国家。一年之后，里根上台，宣告了新自由主义在美国的实行。其他发达国家也纷纷效仿英美，掀起了实施新自由主义纲领的浪潮。而在苏联剧变后的 10 年间，世界绝大多数国家为新自由主义所控制。此后，新自由主义模式在世界经济格局和世界经济秩序中占据了主流地位。

任何一种模式，都有其外化的理论思潮及内在的追求，而后者无疑就是该模式的主题。新自由主义模式的扩张性、征服性已经明显凸现出其主题就是"主导"。尽管目前正席卷全球的金融危机已经暴露出该种模式的弊端，即解除金融管制，从而实现一个纯粹和完美的市场的乌托邦构想使得全球金融资本攫取了很多的市场，造成了极大的金融泡沫。危机即是泡沫破碎的结果。但是，直到今天，新自由主义仍然是当代世界居支配地位的话语体系，这是一种"强势"话语，这种话语在一个由各种强力关系构成的世界中完全站在强力者一边。面对这种强势，大多数人感到别无选择，认为这是所能想象的最好的制度，即弗朗西斯·福山所谓的"历史的终结"。

就苏联模式而言，其理论渊源是马克思主义经典作家对未来共产主义社会特征的设想。马克思、恩格斯设想的未来社会是资本主义走到尽头时的社会主义。他们认为社会主义代替资本主义是一个自然历史过程，资本主义是市场经济最高最后的形式，因而市场经济将伴随资本主义走完全部路程，未来社会只能建立在消灭商品货币关系的产品经济基础之上。由于苏联是世界上第一个社会主义国家，没有任何经验可以借鉴，所以，苏联共产党人在探索苏联社会主义建设道路之初，便严格遵循马克思主义经典作家对社会主义的描述。斯大林更是僵化地认为社会主义就是计划经济、公有制和按劳分配，从而在实践中建立起以高度集中的计划经济体制为特征的发展模式。

苏联模式兴起于"战争与革命"这样一个时代背景之中。斯大林时期的苏联面临两个生死抉择：旧俄国是一个落后的国家，必须尽快实现国家的工业化、现代化，否则"落后就要挨打"；同时面临法西斯入侵的威胁，必须保卫国家的主权和领土的完整。因此，斯大林创建的模式实际上是一种备战型模式，在反法西斯战争中起到了巨大的作用，这是应该充分肯定的。

由于这一模式是建立在落后的生产方式基础之上且又处于资本主义包围之中，因此，它的主要历史使命就是既要改变落后面貌又要赶上甚至超过资本主义，这也就决定了该模式的主题是"赶超"。纵观苏联社会主义建设的整个历史进程，它始终处于与资本主义的竞赛之中，努力在各方面不但要追赶上资本主义国家，而且要超过资本主义国家。为了一国社会主义的最终胜利，苏联特别重视在军事方面超过资本主义国家。冷战加剧了这一态势，并最终将苏联拖入与发达资本主义国家的军备竞赛之中，这成为该模式失败的一个重要因素。

就在美国新自由主义模式与苏联模式展开激烈博弈的同时，欧洲社会民主党也在积极探索"第三条道路"，并最终形成了具有特定内容和形式的民主社会主义模式。从其理论渊源上看，它根植于基督教伦理、人道主义和古典哲学，直接继承了社会主义运动历史上改良主义、修正主义的理论，广泛吸收了现代西方哲学和社会科学流派的思想和观点。因此，民主社会主义的基本价值呈现出一种明显的超阶级的伦理特征，可定义为自由、公正和团结。"自由"意味着每一个社会成员都能够自由地发挥自己的潜力和参加人类的政治、经济、文化生活；"公正"要求尊重人的尊严，保证人人都有平等的自决机会；"团结"表现为对人的强烈仁爱，让整个社会结成互助互让的伙伴关系。

从民主社会主义模式兴起的历史条件看，一是社会民主党成为合法政党参加竞选并陆续参政或单独执政，参政执政的社会民主党尽可能地采取一系列措施，使某些企业国有化，建立社会保险，扩大公共建设，这在一定程度上缓和了社会矛盾，为民主社会主义的进一步发展创造了有利的社会环境。二是各国社会民主党活动家纷纷著书立说，比较系统地阐述了社会改良主义的基本原则和理论，提出一系列构成民主社会主义理论体系的思想、观点和主张。这为战后民主社会主义运动的全面展开及模式的形成打下了坚实的理论基础。三是随着战后新技术革命的兴起，经济结构的更新，产业结构的变化，发达资本主义国家的经济迎来了一个持续高涨的"黄金时期"，这为以高收入、高消费、高福利为特征的民主社会主义模式的推行创造了良好的条件。这一时期也是民主社会主义模式发展的"黄金时期"，从民主社会主义的理论到实践，可以说"调和"和"渐变"是该模式的主题。"调和"即强调阶级合作和阶级妥协，而不再强调阶级斗争，"渐变"即试图在资本主义制度的框架内逐步增加社会主义因素，以期完成向社会主义的过渡。

就在上述三种模式已经确立并逐渐走向成熟之时，中国却正处于曲折的探索之中，当"文化大革命"结束之时，中国共产党人清醒地认识到，中国已经落后于时代。中国完全是拖着濒临崩溃之躯，怀着"摸着石头过河"的勇气走上改革开放道路的。就是这样，中国人民在中国共产党的领导下，经过三十年的改革开放，终于探索出一条符合中国国情的社会主义建设之路，并逐渐形成了具有中国特色的建设模式。中国模式的兴起是从对马克思主义教条式理解中脱离出来开始的，它的先导是一场声势浩大的思想解放运动。因此其理论是在坚持马克思主义、发展马克思主义并坚定地与中国实际相结合中形成的一整套以邓小平理论、"三个代表"重要思想、"科学发展观"为核心的中国特色社会主义理论体系。其兴起的时代背景已经不再是"战争与革命"，而是"和平与发展"。直到今天，尽管我们已经取得了巨大成就，但从综合指数上看，我们还远远落后于发达国家，因此，中国模式的主题就是"追赶"，这样的主题概括虽然有些无奈，但却是处于社会主义初级阶段中国的主要任务，不承认落后就不会有进步。

通过从以上几个方面对四种模式的分析，我们可以看到，它们兴起的历史条件并没有重大的差异，但是为什么却会出现不同的模式选择，关键在于创建模式的主体有着不同的指导思想，肩负着不同的历史使命，背负着不同的民族期望，这些决定了他们的探索必然既是世界的，更是民族的，这也就决定了不同的模式自然具有不同的性质和特征。

二 四种模式的性质、特征和影响

上述四种模式因其理论渊源、兴起的历史背景和主题不同，因而其性质和特点亦有所不同。

新自由主义是当代右翼资产阶级的意识形态，是适应当代国家垄断资本主义向国际垄断资本主义转变的要求而形成的一种理论思潮，一种思想体系和一套政策主张。对新自由主义的定义也就是对新自由主义本质的概括。正如《新自由主义和全球秩序》一书导言的作者罗伯特·迈克切斯尼所说："新自由主义是我们这个时代明确的政治、经济范式——它指的是这样一些政策与过程：相当一批私有业者能够控制尽可能广的社会层面，从而获取最大的个人利益。新自由主义首先与里根和撒切尔夫人相关联，最近 20 年，它一直是主流政治党派、大多数传统左派和右派所采取的全球政治、经济趋向。这些党派及其实施的政策，代表了极端富裕的投资者和不到 1000 家庞大公司的直接利益。"① 具体地说，新自由主义模式即企图通过信贷和金融投机活动，而不是通过向贸易和生产部门投资的方式，来建立一种促进资本积累的社会环境。新自由主义模式的特征是对新自由主义理论的集中反映，是新自由主义理论和政策的主要体现和本质表现。它包括：市场统治；削减教育、医疗等社会服务的公共开支；放松管制；私有化；抛弃"公共物品"或

---

① 诺姆·乔姆斯基：《新自由主义和全球秩序》，江苏人民出版社 2000 年版，第 3 页。

"共同体"的概念，代之以"个人责任"这样几大要素，概而言之，即：贸易自由化、价格市场化和私有化，这是新自由主义模式的重要特征。自新自由主义模式确立以来，私有化浪潮迅速席卷全球，这既加速了国家垄断资本主义向国际垄断阶段的过渡，同时又摧毁了原苏联东欧国家的公有制经济；经济市场化波及全球，国际垄断资本在全球的运作有了越来越可靠的制度保障。在经济自由化进程中，金融自由化影响最大，它为国际垄断资本控制全球经济提供了一个至关重要的杠杆；新自由主义的全球一体化，是国际垄断资本企图统一全球的制度安排。

就新自由主义模式的影响而言，应该看到，它顺应了全球化发展的潮流，发挥了发达国家在科学技术和经济上的优势，推动了产业结构和经济结构升级的运动，在资本主义生产方式和经济制度的框架内，对国内的生产关系和经济关系进行了调整，增强了国际竞争能力，使发达资本主义国家摆脱了 70 年代"滞胀"的困境，促进了 20 世纪 80 年代和 90 年代以美国为首的发达资本主义国家经济不同程度的繁荣。但是新自由主义模式在实践中也产生了许多消极后果，如导致消费需求不足以及泡沫经济，加剧社会结构的两极分化。更严重的是，发达资本主义国家将这套模式向全球推广，并对发展中国家实行双重标准。实际上，发达国家从未实行过彻底的新自由主义，但它们却要求发展中国家实行不折不扣的新自由主义。结果使部分发展中国家过分依赖外资，又由于缺乏有效的公共政策而造成严重的贫富不均。非洲的悲剧、亚洲金融自由化的消极后果以及拉美的经济和金融动荡等，都是证明。

与新自由主义模式性质截然不同的苏联模式从本质上说，是社会主义的一种实践形式。苏联模式尽管存在种种弊端并最终被取消，但它高扬的始终是社会主义这面旗帜，追求的是共产主义远大目标在苏联的最终实现。其弊端主要表现在其具体特征上，也就是以高度集中的经济政治体制为依托来进行社会主义建设。具体地说，在经济上，实行高度集中的计划经济体制，以国家政权为核心，以党中央为领导者，以各级党组织为执行者，以国家工业发展为唯一目的，以行政命令为经济政策，以行政手段为运作方式，一切资源完全掌握在国家手中。在政治上，苏联模式又表现为一个高度集权的行政命令体制，党的机关垄断了行政和经济管理机关的管理职权和事务，进而形成高度集中的行政管理模式，权力掌握在各级官员手中。由于历史的、领袖的个人局限性，最终在苏共党内形成了一个与党章规定相违背的领导体制、权力体制。当然，对苏联模式历史地位的评价，要坚持把苏联模式放到特定的历史条件下加以考察，不要抽象地谈论它的功过是非。苏联模式所包含的有关社会主义基本制度的内容，包括政治上以共产党为领导的、无产阶级专政的国家制度，经济上坚持生产资料公有制和按劳分配的经济制度，思想文化上坚持马克思主义指导地位的思想文化制度，体现了社会主义的本质特征和基本原则，它第一次把马克思、恩格斯创立的科学社会主义理论变成了现实。第二次世界大战以后，苏联的国内外形势发生了很大变化，特别是新科技革命的迅猛发展，要求经济从粗放经营发展为集约经营，苏联的政治、经济、思想文化体制的弊端越来越明显地暴露出来，苏联没有适时有效地进行改革，严重地影响了苏联经济、政治和文化的发展，再加上后来苏联领导人错误的改革路线导致苏联解体。

第二次世界大战后苏联社会主义模式扩展到欧亚多个国家，到20世纪70年代中期，东欧一些国家包括波兰、捷克斯洛伐克、保加利亚、匈牙利、罗马尼亚、德意志民主共和国，南欧的南斯拉夫、阿尔巴尼亚，亚洲的中国、越南、朝鲜、老挝、蒙古和拉丁美洲的古巴等国家建立社会主义制度，走上社会主义道路。这些国家均不同程度地照搬了苏联模式，当然在其建设中也存在着苏联国内存在的一些问题。其后的命运也各不相同。

民主社会主义模式尽管从字面上看有"社会主义"这样的字眼，但它并没有超出资本主义制度的范畴，实质上只是对资本主义制度的一种改良。民主社会主义作为西方国家中的左翼力量，历史上同马克思主义有过某种联系，受到过一些影响，但它绝不是社会主义，更不是什么社会主义的"正统"。有学者将民主社会主义模式概括为三种：欧洲内陆模式，即联邦德国、奥地利和瑞士等以德意志人为主的国家的民主社会主义；北海——波罗的海模式，主要指地处北海——波罗的海地区的英国、爱尔兰和斯堪的纳维亚三国的民主社会主义，同时包括情况比较特殊的芬兰和冰岛；地中海模式，即南欧的法国、意大利、西班牙、葡萄牙、希腊等地中海北岸国家的民主社会主义。不管这种概括是否准确，但它们还是有一些共同的特征存在。首先，在思想上，均主张指导思想多元化，在世界观上是多元论和实用主义；其次，在政治上均赞同和支持资本主义政治制度，主张在资产阶级国体条件下的多党轮流执政；最后，在经济计划上均主张不改资本主义私有制。这三点可谓民主社会主义模式最重要的特征。从实践来看，搞民主社会主义的国家，都以私有经济为绝对主体。如北欧一些国家，私有经济占国民经济的比重一般达90%左右，工业、农业、对外贸易和金融部门基本都是私人所有。当然，值得肯定的是，民主社会主义模式实行的"高税收、高福利"政策很成功，在一定程度上缓和了阶级矛盾，减少了贫富对立，改善了人民生活，对维护社会的稳定有某种作用。

苏联剧变后，民主社会主义模式受到了冲击，但也由于苏联社会主义模式的失败，许多人把目光转向这种模式，甚至认为中国也可以进行这样的试验。实际上，民主社会主义推行的模式，以牺牲效率为代价，过分强调社会福利的保障作用，目前遇到了难以克服的困难，面临难以为继的窘境。著名经济学家林德贝克批评说：这种经济患上了"动脉硬化症"，"对劳动缺乏刺激作用"带来了社会发展的放慢或停滞。比如，由于特殊的福利政策，一些人宁愿领失业救济金过日子也不去工作，形成了一个寄生于该制度的阶层；由于赋税重，一些重要企业越来越不愿在这些国家扩大投资规模，使这些国家经济增长率持续下降。[①] 因此，即使一些发达资本主义国家，也没有搞这样的政策。

相比较于上述三种模式，中国模式是中国在确立了社会主义的基本政治制度后，作为一个发展中国家在全球化背景下实现社会现代化的一种战略选择，它是中国在改革开放过程中逐渐发展起来的一整套应对全球化挑战的发展战略和治理模式。其性质是社会主义的，完全是立足于社会主义初级阶段这一基本国情基础上的独立探索。其特征表现在五个方面：一是以增进全世界人口最多的国家之公民福祉为核心。因为中国是全世界人口最多的国家，

---

① 中共中央宣传部理论局：《六个"为什么"——对几个重大问题的回答》，学习出版社2009年版，第39页。

而公民福祉又是发展的核心。目前中国人口存量已超过13亿。中国的发展以13亿人的价值和13亿人的潜力的发挥为中心，旨在满足13亿人的基本需要，并促进每位成员的全面发展。这实在是举世无双的事情，研究中国经济发展模式，首先应强调这一点。二是充分挖掘社会主义基本制度和现代市场经济体制相结合的巨大制度潜力。中国实行的是社会主义制度，它有若干质的规定性，这个制度是有潜力的。在所有制问题上，在调节机制问题上，有自己的特色。其中最显著的就是社会主义基本制度与现代市场经济体制的内在结合。这种新的体制模式，在全世界190多个国家和经济体中，大致只有三个，中国、越南和老挝。应该说，在探索社会主义基本制度和现代市场经济体制的内在结合上，中国是最早的国家。三是努力发挥劳动力资源丰富、市场广阔和作为后发国家三大优势。中国劳动力队伍庞大且成本较低，这是很大的优势，同时中国拥有广阔的市场。随着信息革命和生物技术革命的到来，无论是老的工业化国家，还是新的工业化国家，都处于同一个起点上，作为新兴工业化国家，我们正在发挥并利用这种优势。四是着力实行有中国特色的"四轮推动"，即有中国特色的工业化、城镇化、市场化和国际化。这是中国经济发展模式的四大支撑。五是在更大范围内推进有中国特色的经济、政治、文化、社会和生态文明建设。经济建设重在建设社会主义市场经济，政治建设重在建设社会主义民主政治，文化建设重在建设社会主义先进文化，社会建设重在建设社会主义和谐社会，生态文明建设重在建设资源节约型和环境友好型社会。推进"五位一体"的建设，基本宗旨是为人类文明发展作出中国自己的贡献。概而言之，中国模式的特点突出表现为较强的中国特色，在实践中体现为中国特色社会主义道路的确立，在理论上体现为中国特色社会主义理论体系的形成。

中国经济30年的大发展不仅使中国从贫穷走向富裕，而且发展成果惠及全球，中国已成为全球的经济驱动力之一，中国发展模式也越来越有吸引力。早在20世纪90年代，美国前总统尼克松就曾预见到中国通过改革开放必将崛起。他在《1999年：不战而胜》一书中说："我们时代的奇迹之一是中国在惨遭20世纪各种最可怕的天灾人祸之后，在21世纪必将成为一个头等强国。"又说："如果中国继续走邓小平的道路，我们孙辈的世界会看到中华人民共和国将是世界超级大国。"美国华盛顿大学国际问题研究院前院长、著名中国问题专家何汉理 2006 年说:"第二次世界大战后崛起的大国包括苏联和日本,但是这两个国家都是'单一强国'。苏联是军事强国,而日本只是在经济上称雄。但中国不仅仅是在军事和经济领域突飞猛进,而且在国际舞台上的'软实力'也大大增强。""中国以一种过去许多年来我们从未见过的方式崛起为一个全方位的大国。"① 邓小平在 1987 年就曾指出:到下个世纪中叶,中国基本上实现了社会主义现代化,这不但给世界总人口 3/4 的第三世界走出了一条路,更重要的是向人类表明,社会主义是必由之路,社会主义优于资本主义。

可以说,中国模式给解决世界难题带来了新思路和新范式。

通过分析比较上述四种模式的性质、特征和影响,可以得出如下结论:人类在通往现代化的道路上,发展模式是可以多样化的,这是一种"历史的多样性";一个国家发展模式之优劣、成败,关键看其是否适合于这个国家的国情,是否给这个国家的公民带来福祉;每一种模式的产生都是综合因素作用的结果,它们之间可以互相借鉴,但绝不可以照搬和模仿。

三　中国模式持续中兴的深厚根基

中国的改革开放取得了巨大成功,中国模式越来越有吸引力,既是客观事实又是举世公认。那么,中国作为一个人口众多的落后的发展中国家,在三十年的改革进程中为什么能够持续中兴,并在未来亦充满希望,有必要深入考察其原因。

实际上,任何一种模式的发展和完善都有其内在的深厚根基。概括地说,中国模式持续中兴的深厚根基,首先在于它有马克思主义的科学指导。坚持科学理论的指导不是要教条地对待马克思主义。经济文化比较落后的国家如何建设,巩固和发展社会主义,如何搞改革开放,这在马克思主义和社

---

① 转引自《"中国模式"影响深远,越来越有吸引力》,人民网—人民论坛,http://www.chinanews.com.cn,2009 年 1 月 4 日。

会主义发展史上是没有先例的。因此，既要坚持马克思主义基本原理和科学社会主义基本原则，又不能从书本、概念或别国的模式出发，只能从我国具体实际出发。我国改革开放取得成功的根本原因是不但没有丢老祖宗，而且发展老祖宗。既坚持马克思主义基本原理，又根据当代中国实践和时代发展不断推进马克思主义中国化，使马克思主义更好地发挥对改革开放的指导作用，从而赋予当代中国马克思主义以勃勃生机。

中国模式的持续中兴还在于它有着深远的历史文化底蕴。中国是世界上唯一承续完整文明的国家。在处理世界面临的诸多问题方面，中国的软实力对外部世界有其独特的魅力，因为它回应了当今世界面临的一些根本性的挑战：发展中国家有没有权力把消除贫困、实现现代化放在最优先的地位？有没有权力从自己的传统与现代的互动中衍生出适合自己国情的制度安排？有没有权力在实现各项人权的过程中，根据自己的情况，分轻重缓急？有没有能力提出自己的核心价值观，并影响迄今为止西方思想占主导的主流价值体系？中国的经验对此都给予了肯定的回答。回首世界，四大文明古国，历史选择了中国，中国就必定造福整个全人类。"中华民族始终处于发展进步之中"，这是江泽民在美国哈佛大学讲演中的话语，它深深蕴藏了中华一脉相承的壮骨，生生不息的中华之魂。

中国模式的持续中兴更在于中国共产党人领导中国人民的不懈求索，从"走苏联人的路"到"以苏为鉴"、从"发展是硬道理"到"科学发展观"再到"和谐发展"，无不体现着中共历代领导集体的不懈追求和探索。可以说，中国模式今天取得的辉煌成就，是我们党励精图治、开拓进取、探索真理、把握规律的结果。党的十七大要求全党倍加珍惜、长期坚持和不断发展党历经艰辛开创的中国特色社会主义道路和中国特色社会主义理论体系，坚持解放思想、实事求是、与时俱进，勇于变革、勇于创新，永不僵化、永不停滞，不为任何风险所惧，不被任何干扰所惑，使中国特色社会主义道路越走越宽广，这是我们党所肩负的历史使命。

总之，作为晚发外生型的现代化国家，中国错过了多次现代化浪潮，而始于1978年的中国转轨改革，本质上讲就是中国政府在新的思路下对社会主义经济进行的全新探索，是在原有框架内无路可走的不得已选择。尽管今天已经探索出一条独具特色的现代化之路，但仍任重道远。因此，必须本着实事求是的科学精神，认真地研究世界上其他国家现代化建设的经验，哪怕是不成功的经验。把中国放到世界发展的大舞台上，与其他典型发展模式相比较，是十分必要的。比如分析新自由主义和民主社会主义模式，目的是为了批判和借鉴；分析苏联模式是为了避免"重蹈覆辙"，而分析自身则是为了更好地发展。

（来源：《科学社会主义》2009 年第 4 期）

"后华盛顿共识"与中国模式

秦凤鸣*

对"华盛顿共识"的挑战

1989 年，美国华盛顿国际经济研究所（曾担任世界银行经济学家）的约翰·威廉姆森博士发明了"华盛顿共识"一词，此后，该术语不胫而走，逐渐风靡，成为"新自由主义"和"全球化"的同义词。华盛顿共识对拉美国家经济改革的政策劝导包括财政约束；引导公共支出流向高收益的部门并通过基础医疗、教育和公共设施改善收入分配；税收改革；利率自由化，竞争性的汇率；贸易和外国直接投资的自由化；私有化；放松管制和产权保障。① 不幸的是，被认为是遵从了华盛顿共识的国家和地区相继发生危机：墨西哥、东亚、俄罗斯、阿根廷。盛极一时的华盛顿共识转而成为众矢之的。

拉美危机让约翰·威廉姆森重负难当，"世人似乎相信华盛顿共识意味着驻扎在华盛顿的国际金融机构将一系列新自由政策强加于那些不幸的国家致使它们走向危机和灾难。说这些话的人只是信口开河"，"声讨所谓的华盛顿共识声浪中调门最高的这些人，当初并没有强烈反对过上述方案。我当然也

---

* 作者系山东大学经济学院教授。

① Center for International Development at Harvard University, "Washington Consensus", Global Trade Negotiations Home Page, April 2003.

从未试图暗示过像资本账户自由化……货币主义，供给经济学，或政府最小化这样的政策"。① 评论家认为，对华盛顿共识术语的界定已经超出了发明者的掌控，而由此引起的争议仍在继续，包括对它的定义，它的成功与失败，甚至争论它是否真的存在。

无论如何，"华盛顿共识"作为一种发展理念，不断遭遇其他思想的挑战。一是"欧洲价值观"，二是"后华盛顿共识"，三是"北京共识"。② "欧洲价值观"基于欧洲传统的社会民主主义价值理念，在强调经济增长的同时，倡导人权、环保、社会保障和公平分配。但是，近 20 年来，欧洲福利社会型的资本主义在与美英自由市场资本主义的竞争中处于劣势，欧洲国家在政策导向上整体向"华盛顿共识"靠拢，因此"欧洲价值观"对"华盛顿共识"的挑战是软弱乏力的。而锋芒锐利的是近年来的"后华盛顿共识"，代表人物是声名显赫的经济学家斯蒂格利茨："'后华盛顿共识'揭示了华盛顿共识失败的性质。认为其失败之处在于对发展中国家经济结构的看法局限在过于狭隘的目标和工具上。"③ 在详尽分析了华盛顿共识的缺陷后，斯蒂格利茨描述了"新兴共识"（即"后华盛顿共识的共识"）的几个要素：第一，华盛顿共识是不适当的。第二，成功的发展战略是不能简单地通过华盛顿的限定来实现的，发展中国家应当通过重要的实质性的途径来参与整个过程。第三，"一刀切"的政策注定会失败。在一个国家有效的政策对另外的国家未必适用。第四，对某些领域，经济科学尚未提供足够的理论依据和经验证据就一些国家应当采取何种行动来达成广泛共识。而新兴的共识则是：各个国家可以自己试验，自己判断，去探索最适合自己的发展战略。

斯蒂格利茨首次提出"后华盛顿共识"是在 1998 年年初，之所以再度提起这一话题并引入"后华盛顿共识的共识"，或许是由于与"华盛顿共识"相对应的"北京共识"的出现。英国著名思想库伦敦外交政策中心的

---

① Williamson, John. "Did the Washington Consensus Fail?", Outline of Remarks at CSIS. Washington D. C. : Institute for International Economics, November 6, 2002.

② 赵晓：《从"华盛顿共识"到"北京共识"》，《中国经济周刊》2004 年第 33 期。

③ Joseph E. Stiglitz, "Post Washington Consensus Consensus", IPD (Initiative policy dialogue) based on Columbia University Working Paper Series, 2004, p. 8.

乔舒亚·库珀·雷默在 2004 年 5 月发表的题为《北京共识》的文章，分析了中国 20 余年来的经济改革成就，提出"中国正在发生的变化不仅创造了一个适合中国发展的模式，而且提供了观察国际发展、经济学、社会乃至政治领域的全新的视觉"①。雷默认为，对于正在探索的其他国家，中国展示的途径是，不仅要发展本国经济，而且可以按照自己独立的方式参与国际经济秩序中，将此称之为"北京共识"，并取代已经失去信用的"华盛顿共识"。一文既出，立即成为国内外媒体关注的焦点，进而渗入了改革的流派之争。其实，所有的讨论都是在经济全球化背景下提出的，都是在探索经济全球化时代的经济发展道路。这些争论表明人们对经济全球化过程中所产生的神话所具有的困惑，也说明中国的经济改革进入一个新的历史阶段，对这些困惑的辨析是不能回避的。

渐进主义的实验是最佳选择还是次佳选择？

"社会科学家倾向于他们的自然科学家同事们能够进行实验性操作。在这个案例中（指东欧剧变——作者）历史给我们提供了真实的实验室。它来得太容易了，以至于不能说我们是否已经或正在很好地利用这次机会。"自然科学的实验中，结果与理想的差异可以用无数次变量的矫正实验来纠正，直到取得满意的结果，而且不至于造成难以预见的损失和传染效应。社会科学的实验却无法做到。经济改革是一场社会的革命，结果可以距离理想很近也可能很远，但它的传染效应则是即时快速和难以挽回的。那么最佳的选择是"摸着石头过河"，小范围实验，假如成功，可以推广，反之也不会造成太多的损失，从这个意义上说，如果认为中国的选择是因为不具备华盛顿共识所描绘的完备市场条件而做的次佳选择是不恰当的，因为这个世界上本不存在绝对完备的市场，"完全理性市场"从来都是也只能是一种理想的理论模式或纯粹抽象的产物。我们只需要知道方向，而途径可以是千差万别的，所有理论和经验的借鉴都是有条件的，适合于自身条件的选择才是最佳的选

---

① Joshua Cooper Ramo, "The Beijing Consensus", The Foreign Policy Centre, May 2004. p. 3.

择，这也许是国际社会推崇中国渐进主义模式的原因所在。中国模式固然有可取之处，但"北京共识"却带有很强烈的政治意味。因而区分"中国模式"和"北京共识"这两个概念还是有必要的。两者都意在总结中国发展经验。但一旦置于国际政治的背景中，两者的意义就具有本质上的不同。①

"华盛顿共识"是一些经济学家对其他国家主要是拉美国家经济改革提出的一些主张，拉美国家接受了，也承受了所有的后果。这是因为这些国家过度迷信美国化的药方。众所周知，经济新自由主义认为经济全球化是资本扩张的必然结果，经济全球化的本质就是资本主义化，甚至可以说是美国化，是美国模式资本主义在全球取得最后胜利的标志。比如美国联邦储备银行行长格林斯潘就是典型的代表："根据大多数经济学家的理解，全球化涉及国民经济体系相互作用的日渐加强。有必要说明，这些体系是趋向一致的和市场导向的，至少是在某些重要方面是这样。当然，自第二次世界大战后40多年来计划经济体制的无须争辩的失败，使得这种体系有负众望，而市场导向的资本主义已经成为世界大多数国家的模式。"②

"华盛顿共识"多少都有指手画脚的嫌疑。而中国模式是自己摸索出来的，本无意向其他国家推销。因为，在一个国家有效的政策用到另外的国家未必管用。

华盛顿国际经济研究所的资深研究员爱德华·蒙迪·格瑞姆博士曾撰文分析关于经济特区在中国改革开放中的作用及其争议。③ 在对中国经济特区及准特区的评价中，一种观点认为，当时将外国直接投资限定在特区实际上阻碍了中国的发展。只有当这些限制取消之后，外国直接投资才大量流入中国，从而启动了高速增长的时代。经济特区的实践说明中国经济发展走了一段弯路，既没有这个必要，而且最终没有带来经济效益。另一种观点指出：中国20世纪90年代所显示的经济发展植根于80年代，如果没有一定的成

---

① 郑永年：《切莫夸大"北京共识"》，《联合早报》2005年3月15日。

② Alan Greespan, Global Economic Integration：Opportunities and Challenges? http：// www. federalreserve. gov/ boardocs/ speeches/2000 /20000825 /htm.

③ Edward M. Graham, "Do Export Processing Zones Attract FDI and its Benefits：The Experience from China", *Journal of International Economic Policy*, Volume 1, No. 1, January 2004.

长期，这片新崛起的森林之树也难结出丰硕的果实。据此推论，特区或准特区并没有形成对外国直接投资或更大收益的障碍，反而提供了幼苗成熟的"温室"般的环境。因此，设立经济特区是中国对外国直接投资从封闭走向开放的必经之路。然而，对这两种假设的精确检验是不可能的，很难想象如果改革的步伐再快一些，比如说1991年投资自由化政策提前6年实施，中国将会发生什么情况，是引发外国直接投资的热潮和经济增长？还是会成为"强硬"的保守派手中的一张王牌，并借此成功地摧毁改革势力？最终还是无法得到答案。但是，有一点是确定的，即邓小平采取的措施使中国改变了投资环境，加快了中国的发展步伐。经济特区最终展示的是一种观念。即使1991年改革的必要性已经充分显现，提前10年或5年对外商投资企业放松管制有可能得到的利益毕竟没有成为现实。回头审视这段经历，其结论是，特区的作用就在于证明这些利益确实存在。那么，中国经验与世界银行所做的评论正相吻合："有关经济特区的研究认为，经济特区相对于全国范围内的总体改革而言是次佳选择，但是，如果一国实施全面改革有困难，经济特区是维护改革的有力武器"（世界银行，2001）。当然，要再加上两个限定条件。一是特区应当建立在对外国投资者已经有很大吸引力的地区，而且政府的政策导向也是鼓励外国直接投资的。二是经济特区的作用主要在于为全面改革提供范例。中国的情况同时满足了这两个条件。

即使作者做出了上述结论，但是，最终他依然认为：要从中国经验中提炼出对其他发展中国家的启示是一种冒险。中国在很多方面有着与其他发展中国家不同的特征，而这些特征正是目前中国如此吸引外国投资者的原因。因此，有意仿效中国经验的国家应当从历史的角度来分析这段经历，而不仅仅是从经济特区这一事物本身轻易得出乐观的结论。

作为外交家或外交政策研究者，提出"北京共识"的雷默更多的是从政治和外交意义上看待中国的变化，以笔者阅读的体会，雷默试图从中国20多年改革开放的总结中得出他的结论，从而为外交决策者提供依据。他认为，如何对待中国可能是西方决策者面临的最具有共性的问题。无论在争论这个问题时倒向那一方，政策所能左右的结果是一样的：试图在诸如汇率和领土问题上迫使中国屈从压力而行事是徒劳的。中国只会按自己的进程实施货币自由化。如果要遏制中国，必须事先明确这种政策的后果，即使成功，也会置千百万人于贫穷与灾难之中。"隔离论"和"威胁论"对人类社会而言后果是不堪设想的。① 雷默对中国模式的描述和评价，其外交用意是很明显的。从这个意义上说，"北京共识"更像一个神话（MYTH）。

自改革伊始，中国始终强调各国发展经验的多元性；强调中国的国情，强调中国特色的社会主义。在由计划经济体制向市场经济体制转轨的过程中，在进入世界体系的漫长过程中和加入国际经济组织的艰难谈判中，都有着浓重的中国特色。对中国而言，所经历的选择在这个特定的国家和特定的历史条件下无疑是最优而不是像一些学者判断的次优选择。

对中国而言的最优模式是否值得他国推崇和效法应当是他们自己的事情，其他国家也会做出有利于自己的判断。例如，身兼数职的巴西外交家马科斯·特罗伊霍教授，在谈到中国模式对巴西和其他拉美国家经济发展进程的适用性时表示了审慎的看法②：中国的经验举世无双，与中国国内和世界政治经济格局的特定条件密切相关。中国利用了冷战时期出现的新情况和新趋势所提供的国际机遇，并使之为促进本国贸易增长和经济发展充分发挥作用。同时，中国国内政府和社会之间的关系也与拉美国家的情况大不相同。因此，拉美人可以从中国的成功中所吸取的经验是，为争取形成一种适合本国特点的可持续经济发展模式，让一代或者两代人作出牺牲也是值得的。

重温"后华盛顿共识"，其中最有启发意义的莫过于以下的论述："政府长期以来就被视作是问题，而市场是答案。正确的问题应该是：为改善市场和政府两者的效率，我们应该做什么；市场和政府之间的平衡何在；随着市场的改善和政府能力的改变，这种平衡如何与时俱进"；"即便华盛顿共识不断扩展政府必须做的清单，它的视角还是失于狭隘。发展中国家需要更广泛的目标和更多的工具。思想的基本变革成为必需"。政府和市场并不是水火不容，任何一个极端都是危险的。就如同混淆目标与手段一样。私有化和自由化常被视为目标本身，而非手段。实际上，金融自由化本来只是达到形

---

① Joshua Cooper Ramo, "The Beijing Consensus", The Foreign Policy Centre, May 2004, Page 57.
② 陈家瑛：《"中国模式"具有特定性》，《国际先驱导报》2004 年 7 月 8 日。

成有效竞争机制从而合理分配资金的一种手段，而银行与金融中介效率的提高是以促进经济增长与发展、提高公众福利为最终目标的。因此，值得争论的是政府的角色及其采取的行动，难点在于寻求政府与市场之间的平衡。

前方的路

无论局外人如何炫耀中国模式，我们自己需要保持清醒的头脑，中国的改革尤其是金融体制改革依然任重道远，未来的中国将面临更大的挑战。无论如何，渐进主义的主张依然是最佳的选择。重压之下，中国还是要走自己的路，当然要权衡自身的需要和各种选择可能对国内国际经济产生的影响。

例如，人民币所面临的压力一直没有缓解，目前这种压力不仅来自美国，欧盟也在声援。《华尔街日报》欧洲版 2005 年 5 月 17 日载文称："欧盟与中国的贸易赤字在最近三年来增加双倍多，美国与中国贸易赤字 2004 年为 1550 亿美元或 1220 亿欧元，大于中欧的 860 亿美元。但是，欧盟正在迎头赶上。尽管欧盟对中国工业品的出口比美国多，欧盟中的单一货币区却由于对美元及钉住美元的人民币升值 45% 而蒙受损失。"[①] 文章还特别强调全球多边纤维协议的终结，进口配额取消，中国向欧盟国家纺织品的出口成倍增加，导致意大利等国失业率上升。字里行间，渗透着对人民币汇率调整的关注。

从客观需要和主观愿望而言，人民币汇率的改革和调整都在日程之中，但是，所有的行动都应当取决于中国宏观经济形势的稳定；市场机制的发展与完善，国家金融体系应对和处理外来冲击的能力，目前，国内甚至没有建立起用于规避和减少外汇风险所需要的金融期货和期权等工具及交易市场，企业和银行都将难以承受汇率频繁急剧波动可能带来的风险。只要先决条件没有准备好，任何外来的单方面设定的所谓最后期限以及将人民币汇率调整政治化都是愚蠢的。中国人民币汇率体制改革准备的是否充分，以及人民币

---

① Marcus Walker, "China's Export Heft Strains EU Economy", *The Wall Street Journal Europe*, May 17, 2005, page A1.

升值的适当时机的确定是中国应当视中国经济改革的需要和条件而自主决定的事情，因为最终承受人民币升值后果的毕竟主要是中国的生产者和消费者。

除了人民币汇率调整之外，其他对中国可持续发展至关重要的问题如金融体制的深化改革，资本项目的全面开放和人民币的可自由兑换，是比以往所有经济问题更为敏感和需要审慎对待的领域，依国情发展循序渐进的理念是值得坚持的。

中国模式被世人认同是有充分理由的，如果说中国模式有什么可值得效仿的话，那就是：走自己的路，任人去说吧。

（来源：《太平洋学报》2005 年第 6 期）

新发展主义与古典发展主义[①]

——中国模式与日本模式的比较分析

高 柏[*]

　　中国发展模式在近两年里经历着十分重要的转型。经过 20 多年的改革和开放，中国经济有了高速度的发展，取得了十分惊人的成绩。2005 年中国的人均 GDP 已经超过 1000 美元。但是，与此同时，这个模式中存在的问题也开始出现，而且在不断变化的国际国内环境中，这些问题显得日益突出。因此，从 2005 年以来，中国开始反思自己的发展模式。这对中国的未来将有十分重大的意义。在此，我准备比较一下中国发展模式与日本发展模式的几个基本特征，并分析产生这两种不同发展模式的历史背景。我认为，中国模式代表的新发展主义与日本代表的古典发展主义的最大区别在于二者对待市场的态度以及与之有关的制度性安排。这两种模式的产生不仅显示出全球化的不同阶段对一国经济发展模式的形成有着重要的影响，更显示出一国在回应全球化挑战的过程中形成的传统对今日有巨大的约束力。从全球化长程运动的角度来看，日本模式适应了全球化第一次浪潮逆转以及第二次世界大战后初期第二次浪潮初始阶段限制市场力量保护社会的需要；中国模式的出现则适应了全球化第二次浪潮迅速发展期释放市场力量的需要，它表现出极

　　① 本文根据作者于 2005 年 10 月 10 日在清华大学、10 月 14 日在上海财经大学的讲演录音稿整理并加笔而成。录音稿分别由清华大学社会学系施芸卿和上海财经大学经济社会学系李鹏峰整理。讲演中使用的部分英文表格由杜克大学社会学系冯秋实译成中文。作者在此表示感谢。

　　* 作者系美国杜克大学教授。

大的活力。但是，这种释放市场力量的努力已经对现存的国际国内政治经济秩序造成极大的压力。如果全球化的大趋势发生逆转，中国发展模式要面临比日本模式更为严峻的局面。

一　日本的古典发展主义

在西方的社会科学文献里，关于东亚发展主义的集中讨论始于20世纪80年代初。通过20多年的研究，学术界对以日本和韩国为代表的古典东亚发展主义已经有了一个比较清楚的认识。这一模式的主要特点如下：第一，政府以产业政策来保护幼稚产业与国内市场，不鼓励外资进入，同时积极发展本国的战略产业。第二，在产业层面上，这个古典发展主义模式以产业行会和企业集团等非市场的制度或机制协调经济主体的市场行为。第三，努力建立内生的创新机制，进行独立自主的研发并创立自主品牌，以迅速的产业升级换代和高附加价值产品为基础进行出口扩张和经济增长。第四，在培养企业竞争力时不是依靠政府指定哪个企业是胜利者，而是通过"寡占竞争"的机制来选择。"寡占"和"垄断"在英文里是意义相对的两个词汇。垄断意味着在一个产品市场里只有一家大企业占统治地位，而寡占则指在一个产品市场里有几家大企业进行实力相近的竞争。第五，日本从20世纪50年代中期就特别重视经济发展和政治稳定的平衡。它通过实现经济平等来扩大内需，并促进从所谓的阶级社会向民族社会的过渡。第二次世界大战后初期，日本的劳资矛盾特别激烈，工人运动经常导致大规模的罢工。日本从50年代中期开始就全力解决劳资的冲突问题。到了60年代初，日本基本上已经确立了所谓的日本企业管理的三大法宝，即终生雇工制、年工序列型工资以及以企业为单位组织工会。这些制度性安排极大地缓和了劳资之间的矛盾。第六，日本模式在企业治理的层面上特别重视协调而轻视监控。单个的企业和银行之间，企业和企业之间，可以十分有效地进行协调，交易成本很低。但是，与此同时日本企业治理中的代理人成本特别高。由于企业之间的关系特别紧密，股东基本上无法监督管理者，银行也基本上无法有效地监督这个企业。第七，日本模式经常以牺牲经济结构升级换代为代价追求政治稳定。

日本虽然在汽车和家电等产业特别有国际竞争力，但是也保留着效率极低但能维持大量就业的产业部门。

在日本的城市里有很多所谓的家庭企业，他们维持了将近1/3的就业。与美国不同，日本的经济结构不是以旧代新，而是纳新蓄旧以图保证就业（Gao，1997；高柏，2004b；Gerlach，1992；Johnson，1982；Murakami，1996；Tilton，1996；Uriu，1997）。

表1   日本经济维持高速增长的机制

国际经济秩序	政府作用	中间层面制度	公司治理
布雷顿森林体系	扩张性财政政策	间接金融 动员国民储蓄	永久雇佣制度
固定汇率	对主要城市银行的持续稳定的信用供应		稳定的劳资关系和提高的产品质量
对自由流动资本的控制	护航管理	主银行系统 被保证的工业资本	与银行和商业伙伴之间的强合作
关贸总协定	通过拯救即将破产的银行而得到的稳定		
美日之间的不对称合作	依据城市银行大小批准其是否增开分支机构，从而汇聚资源	相互持股 强化合作	持续的创新
	促进出口	企业集团的发展 强化合作	
	依据公司大小分配外汇配额，从而汇聚资源		

资料来源：高柏，2004b：43，表2-2。

日本古典发展主义模式的基础是什么呢？如表1所示，日本模式是在战后初期和20世纪60年代初，在布雷顿森林体系这样一种国际金融体制下，以及贸易关税总协定这样一种国际贸易体制下发展出来的。在这个特定的国际经济秩序下，日本政府用扩张型的金融政策来促进经济发展，同时用紧缩型的财政政策来抑制通货膨胀。主管各个产业的官僚机构经常对产业实行保护性的、护送舰队式的管理，以保证私营企业顺利成长。在对待银行的投资风险时，美国政府注重事件发生后（expost）的处理，它向每个银行账户提供 10 万美元的保险，但并不对私人银行的日常事务进行干涉。与此相反，日本政府注重事件发生前（exante）的防范，因此，大藏省对私人银行的日常运作严加干涉。在护送船团政策下，为了减少银行业的竞争，大藏省严格控制新银行的产生。政府也一直用各种产业政策大力促进出口。通产省十分重视战略产业中大企业的国际竞争力，扶植数个而不是一两个大企业。它通过竞争寡占（competitive oligopolies）的方式来加强企业的竞争力。在中间制度的层面上，日本模式首先依靠间接金融为企业融资，与美国完全不同。美国企业靠企业上股票市场发行债券和股票进行融资，在日本企业则主要是向银行借钱。在 50 年代的企业银行贷款的国际比较中，美国为 5.8%，英国为 4.3%，西德为 18.8%，意大利为 12.4%。与此相对照的是，日本企业银行贷款在 1958—1974 年期间高达 68%—83.3%（两角良彦，1963）。每一个日本企业都有一个主银行为它服务。主银行指向一个企业提供最大额贷款的银行。主银行通常持有该企业的股票并在理论上为其他向该企业贷款的银行进行所谓的委托监督（delegated monitoring），即代替这些银行对该企业的财会健全进行监督。另外一个机制是相互持股。相互持股本来是防止上市公司被人在股票市场恶意收购的企业策略。1950 年，日本上市公司股东的 60.3% 为个人，23.7% 为机关。到了 1973 年，个人股东的比例下降 32.7%，而机关股东的比例则上升到 60.4%。最后一个机制是日本各大企业集团在经济高速增长期间采取所谓大而全的一体化投资战略（the one-set investment strategy），即在所有的新兴战略产业里全面投资以占领未来市场竞争的制高点。在企业的层面上是靠终身雇佣制来维持。终身雇佣制对企业管理的一个重要影响是将管理的优先目标从为股东获得更多的利润转向公司全体成员的生存。总体而言，日本模式的协调功能特别强，而监控功能特别弱（高柏，2004b）。

二　中国的新发展主义

我把中国的发展模式称为东亚新发展主义。之所以称为新发展主义，是因为与日本的发展模式相比，中国模式极为大胆地引进市场力量，表现在几个方面。第一，中国大胆地吸引外资。1993 年以来，中国已经成为发展中国家中最大的外资吸入国。目前中国是仅次于美国的世界上第二大外资吸入国。从改革开放以来，中国已经吸引了 5600 多亿美元的外资。仅 2003 年一年，中国吸引的外资就已经与日本在整个战后期间吸引的外资相差无几。第二，中国国内市场的开放程度远远超过日本。我们目前是世界上第三大进口国，而日本只是第六大进口国。第三，中国经济中没有像日本那样多的非市场治理形式。虽然计划经济的惯性导致的行政手段仍然在不同程度上存在，但是市场已经成为中国经济中最重要的机制。第四，中国以廉价劳动力参加大规模的国际生产分工。直到 2005 年为止，建立自主创新机制不是政府政策的着重点。第五，中国经济中过度竞争的现象十分严重，企业之间经常进行不惜代价的竞争。与此同时，在个别产业，垄断现象又十分严重。第六，中国在企业治理的层面上与日本有相似之处。尽管各自的制度性安排不同，但是在重视协调轻视监控这一点上很相像。第七，中国模式为了追求经济结构的升级换代，经常不惜承担社会不稳定的风险。

表 2　　　　　　　　　　　　　中国经济增长的机制

国际金融秩序	公共政策	企业治理	经济后果
模拟布雷顿森林体系（靠人民币与美元挂钩维持稳定的汇率，不开放资本账户）	吸引外资 鼓励出口 积极财政 地方主义 改革深化	参与生产要素为基础的全球分工 加工贸易 三角债 过度竞争	世界工厂的崛起 出口带动增长 大规模基础设施与房地产带动增长

如表 2 显示的那样，中国新发展主义的运作方式与日本既有相同的地方，也有不同的地方。我把中国模式依赖的国际经济秩序称为"模拟布雷顿森林体系"（高柏，2004a）。布雷顿森林体系最大的两个特征是固定汇率和初期的限制资本自由流动。中国人民币的汇率一直是固定的。中国官方的说法虽然把它称为有管理的浮动汇率，这种说法却与国际上通用的说法有本质上的区别。中国说法中的浮动汇率强调的是人民币汇率本身在十

分有限的范围内变动的事实；而国际上通用的浮动汇率这一概念强调的是汇率的形成机制，浮动汇率指的是由市场需求直接决定的人民币在国际金融市场的价值。从国际上通用的这一概念来看，中国经济面临的国际金融秩序与当年日本面临的很相似。至今为止，中国没有开放资本账户，短期资本仍然无法合法地进入中国的金融市场。这一点也与日本当年在布雷顿森林体系下的情形相似。在这样一种国际经济环境下，中国政府积极地吸引外资，靠外资来带动出口，并以出口带动经济增长。与日本在经济高度增长期不同的是，中国政府推行积极的财政政策以带动经济增长。这一点在中国经济面临通货紧缩的情况下，尤其在亚洲金融危机以后，十分明显。另外一个中国特色是各个地方政府为了当地的经济发展在投资方面进行激烈的竞争。

中国模式与日本模式最大的不同在于中国大胆地引进市场的力量，而不像日本那样特别注重经济发展中的社会稳定性。为了经济结构的升级换代中国不惜导致社会的不稳定，像大规模的职工下岗这种事在日本是很难出现的。经济泡沫破灭以后，日本的企业始终没有大量解雇工人，它宁可在经济升级换代方面十分缓慢。中国模式和日本模式大不一样的另外一点是参加国际分工的基础。中国参加以生产要素为基础的全球分工，积极进行加工贸易。2004 年的统计数据表明，中国的加工贸易占中国贸易总额的53% 左右，这就是说，中国国际贸易的一半以上是在给外国企业加工零部件，或者进口他们生产的零部件进行组装。中国在这样一种国际分工中的地位是承担劳动力密集部分的任务。这与日本模式注重依靠内生的创新机制，发展独立的品牌，生产高附加价值产品的做法有很大不同。在企业治理的问题上，中国与日本倒是有相似的地方。尤其在国有企业里监控是一个很大的问题，其结果是三角债发展得很厉害。中国和日本一样也有所谓"过度竞争"的问题。过度竞争在日本的根本原因是银行和企业的关系特别紧密，在中国则既涉及产权的问题，也涉及政府的政策问题，比方说在20 世纪90 年代初期我们有所谓的"安定团结贷款"，为了预防国有企业出事儿，经常提供贷款以保证这些企业能够继续生存而不管这些企业的财政是否健全。中国新发展主义模式的结果是一个世界工厂的出现。

三　两种发展模式的比较分析

表 3 显示的是中国的新发展主义与日本的古典发展主义的利弊。在资本形成方面，日本模式完全依靠内生的资本；而中国模式基本上是内生和外来并取，外资在中国的资本形成方面在 2004 年大概占 17% 左右（Huang，2003：7），而在日本，外资在资本形成方面所占比例连 1% 都不到。从这方面来看，日本主要依靠的是本国比较健全的金融体制，把国内的储蓄有效地转化成产业资本进行投资来发展经济；而中国的金融体制则十分脆弱，虽然连年的经济高度增长已经积累大量的财富，却不能有效地转化成产业资本，而必须要依赖外资来进行投资。

表 3	两种发展模式的利弊分析	
	古典发展主义	新发展主义
资本形成	内生	内生与外来并举
国际市场	本国自主品牌	为全球价值链服务
新技术	独立知识产权为主的研发	外资生产技术的引进
贸易/GDP 依存度	低	高
资源依存度	高/低	高/低
重大外部环境变化下存活率	高	低

在对待国际市场的态度以及与国际市场的关系上，日本模式坚决发展本国的品牌，而中国模式则完全是为全球价值链服务，承担劳动密集部分的生产。在发展新技术方面，中国更多地依靠引进外资带来的生产技术，而日本注重的则是以独立的知识产权为主的研发发明的技术。在贸易和 GDP 的比例方面，日本在最高的时候也没有超过 30%，中国在 2004 年已经达到百分之七十几，由此可见中国模式中 GDP 的增长严重地依赖对外贸易。在对资源的依赖程度上，中国与日本都是高低并存。日本作为自然资源极度缺乏的国家，对外部的资源依赖性很大。但是与此同时日本对资源的利用却十分有效。在 20 世纪 70

年代初第一次石油危机后，日本政府大力推行节省能源的政策，日本今天在能源利用方面遥遥领先于世界上其他国家。中国对资源的利用效率很低，据统计，2004年，中国大概创造了相当于世界GDP总值的6%，却使用了当年世界钢铁与水泥的1/3。中国模式与日本模式在重大外部条件变化下的存活率会很不相同。日本的存活率很高，原因在于它有独立的技术创新能力，即使在80年代中期日元升值以后，外部条件对日本的出口形成了一个特别大的挑战，但是这么多年下来，日本仍然能靠自己的品牌，在世界上占据着第二出口大国的地位。虽然日本经济泡沫破灭后经历了十数载的低迷，在21世纪初日本已经依靠制造超薄的大屏幕高分辨率电视、电汽混合汽车，再加上数码相机，彻底战胜了这一次发达工业国家产业结构转型的挑战。虽然德国在过去也是一个工匠国家，制造业十分强大，但在这次转型中德国人却没有顶住，开始向东欧大量外包它的生产过程。日本至今既能保持自己技术创新的能力，又能依靠把大部分的生产过程留在国内从而支持其规模经济效益（后藤康浩，2005）。中国模式在外部条件发生重大变化时的生存率肯定要比日本低。因为靠廉价劳动力支持的比较优势在人民币不断升值的条件下会在转眼之间烟消云散。

两种不同模式导致的经济后果有很大的不同，这一点可以从外资在一国经济中的地位看得很清楚。表4显示1984年在日外资企业的销售量无论在全体产业中，还是在制造业或者石油业，都远远高于日本企业。从整体表现来看，外资在日本的赢利表现突出。

表4　　　　　　日本经济中外国直接投资在销售量与利润方面所占比重

		外国直接投资企业 （公司均值；单位：百万日元）	全部企业
销量	全部工业	14548	52
	生产	23903	688
	石油	669790	23059
税后利润	全部工业	250	6
	生产	470	12
	石油	7170	149

资料来源：周刊钻石，1984a：30。

　　与此同时，像表5显示的那样，外资企业在日本生产的产品要在日本国内市场销售92.4%，只有7.3%销售到国际市场。与此相比，在中国的外资企业在2004年将大量产品销售到国际市场，外资企业的进出口均占中国进出口总额的57%左右。这意味着外资去日本的目的主要是占据日本的国内市场，而外资来中国，除了占领中国的国内市场之外，更大部分是参加全球价值链的分工。外资企业在中国生产部件也好，组装也好，目的是最后再卖回到国际市场。

表5　　　　　　　　　　　　日本经济中外国直接投资企业的比重

单位:%

外国直接投资企业占全部企业的销量比重	2.20	
制造业中，外国直接投资企业占全部企业的销量比重	4.70	
石油工业中，外国直接投资企业占全部企业的销量比重	38.10	
外国直接投资企业的销售市场	国际市场	国内市场
	7.30	92.70
原材料来源	60	40

　　资料来源：周刊钻石，1984a：30、1984b：33。

　　与日本模式相比，中国模式的优势是什么呢？图1显示的是自20世纪70年代末以来中国的外资发展情况。我们从中可以看出，从邓小平1992年南方谈话以来，中国实行了大胆的外资自由化，其结果是外资在中国有了一个十分迅速的发展。这个势头在中国加入WTO以后更为明显。与外资的发展相对应，中国对外贸易的发展也十分迅速。外资企业对中国贸易的发展作出了巨大贡献。2004年中国对外贸易，无论是进口还是出口的57%都是由外资企业完成的。与此同时，中国经济GDP贸易依存度迅速提高，在2004年已达70%以上。这些事实显示，中国的经济发展，特别是90年代以来，是依靠外资推动的外贸的增长来支持的。

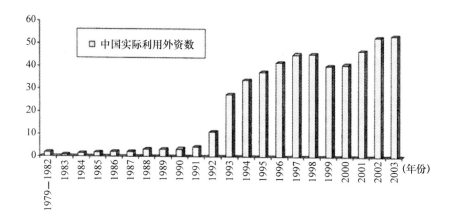

图1　中国实际利用外资数，1979—2003 年（单位：10 亿美元）

资料来源：中华人民共和国商务部，规划财务司（http://www.gcs.mofcom.gov.cn/jinchukou.shtml）

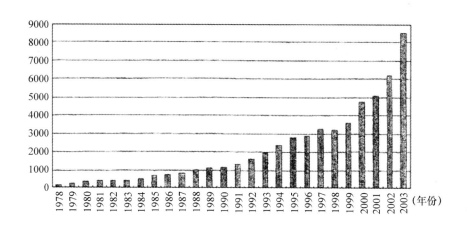

图2　我国进出口贸易（1978—2003 年）（单位：亿美元）

说明：2004 年我国进出口额达 1.1 万亿美元。

资料来源：辛承越编著，2005：152，图 10.5。

　　表6显示，中国的新发展主义模式已经将中国经济变成一个高度开放的市场经济。这反映在中国的贸易 GDP 依存度在 2004 年高达 72%，而日本在 2002 年却只有 18.9%。仅就进口而言，2002 年日本的进口 GDP 依存度只有

8.9%，而中国则有 33.8%，这意味着中国经济要比日本经济开放得多。同时，虽然中国是排在日本之后的第四大出口国，却同时是仅次于美国、德国的世界第三大进口国。而日本只排在第六。此表也表明，日本经济的运行是依靠其巨大的内需支持。而中国的内需在刺激中国经济增长方面的作用则比日本要小得多。

根据联合国贸发会议刚刚完成的一个大型调查，无论是对研究外资的专家而言，还是对跨国公司而言，中国都是在 2005—2006 年期间全世界对外直接投资的首选地。并且中国作为第一名要高出第二名至少 20 个百分点以上。这表明中国模式在积极吸引外资、利用外资、促进生产要素与外国资本相结合方面做得相当成功。更多的外资要来意味着中国经济增长的推动力将继续存在。

表6　　　　　　　　　　　　中国与日本的经济开放程度

	中国	日本
GNI（排序）	1234.2（6）	4323.9（9）
2003 年商品贸易		
出口（排序）	438.4（4）	471.9（3）
进口（排序）	412.8（3）	383.0（6）
2003 年服务贸易		
出口（排序）	44.5（9）	70.2（7）
进口（排序）	53.8（8）	109.7（4）
外贸/GDP 比率（%）	32.5（1990）	17.1（1990）
	72.0（2004）	18.9（2002）
进口/GDP 比率（%）	33.8（2004）	8.9（2002）

说明：进出口数据来自世贸组织。进口/GDP 比率来自中国商务部和日本大藏省。

资料来源：GNI 和外贸/GDP 比率的数据来自 World Bank Group，2004；商品贸易和服务贸易的数据来自 World Trade Organization，2004；中国的进口/GDP 比率根据中国商务部网站公布的统计数据计算，http://www.mofcom.gov.cn；日本的根据日本财务省网站分布的统计数据计算，http://www.mof.gov.jp。

表 7　2005—2006 年全球最具商业吸引力的地区（专家与跨国企业的评估）

专家评估	跨国企业评估
1. 中国（85%）	1. 中国（87%）
2. 美国（59%）	2. 印度（51%）
3. 印度（42%）	3. 美国（51%）
4. 巴西（24%）	4. 俄罗斯（33%）
5. 俄罗斯（21%）	5. 巴西（20%）
6. 英国（21%）	6. 墨西哥（16%）
7. 德国（12%）	7. 德国（13%）
8. 波兰（9%）	8. 英国（13%）
9. 新加坡（9%）	9. 泰国（11%）
10. 乌克兰（9%）	10. 加拿大（7%）

资料来源：UNCTAD，2005b。

即使从产业升级换代的角度来看，中国模式的开放性也有十分明显的优势。图 3、图 4 显示的是联合国贸发会议 2005 年度世界投资报告的调查结果。它表明中国现在已经成为跨国公司选择研发全球化的第三首选地，仅次于美国和英国。再看将来的发展趋势，61.8% 的跨国公司表明他们将把中国作为研发全球化的首选地。中国将超过美国和英国。这里面最主要的原因是，第一，中国可以提供大量的廉价又经过良好训练的工程师从事研发工作；第二，中国将成为世界上最大的商品市场之一。跨国公司的研发全球化的重要任务之一是把已经在本国市场研发出来的产品根据当地市场的情况进行调整，这部分的研发只能到世界上最大的商品市场来做，现在已经有近700 家跨国公司在中国建立了研发部门。

在全球化的大趋向中，生产的全球化早已经深入进行，而研发的全球化也已经开始。同时另一大趋势是物流的全球化，即全球采购。从 2002 年起，以上海为首，中国大概已有十几个城市制定了建立全球采购物流中心城市的大型规划。目前中国在全球跨国公司采购总额里只占不到 1%，很多专家认为既然中国已经成为世界最重要的制造中心，中国在跨国公司全球采购中的份额至少要占 5%；换言之，中国作为世界工厂的作用还远远没有发挥出来，还有更大的潜力。

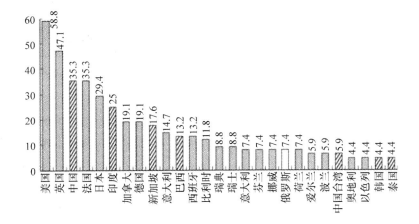

图 3　联合国贸易与发展会议对当前在国外进行的研发

活动的调查，2004 年（单位：%）

说明：灰色代表发达国家；网格代表发展中国家（地区）；白色代表东南欧及 CIS 国家

资料来源：UNCTAD, 2005a：图 4.8。

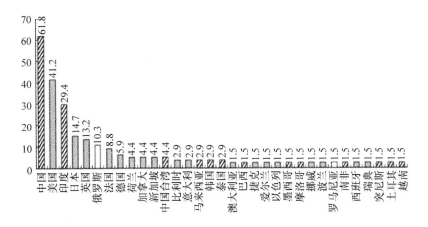

图 4　联合国贸易与发展会议对最吸引未来研发活动的地区的调查，

2005—2009 年（回应百分比）

说明：灰色代表发达国家；网格代表发展中国家（地区）；白色代表东南欧及 CIS 国家

资料来源：UNCTAD, 2005a：图 4.11。

以上这些事实表明，与日本的古典发展主义模式相比，中国的新发展主义模式在适应全球化这一新环境中体现出极大的优势。它依靠一个开放的经济体制迅速地提高了中国的经济结构，极大地加强了中国的国际竞争力。

表8 中国汽车工业的主要外国公司

外国公司	进入年份	主要本地伙伴	2003年市场份额(%)	计划产量（千）（年）
大众	1985	上海汽车工业集团公司第一汽车集团公司	37	1600（2007）
通用	1997	上海汽车工业集团公司	10	766（2006）
丰田	2000	第一汽车集团公司广州汽车集团公司	9	650（2010）
铃木	1993	重庆长安汽车集团公司	8	不详
本田	1999	广州汽车集团公司	7	不详
标志/雪铁龙	1985	东风汽车集团公司	6	300（2006）
福特/马自达	2001	重庆长安汽车集团公司	5	150（不详）
雷诺/尼桑	2001	东风汽车集团公司	4	900（2010）
现代	2002	北京汽车投资公司	3	650（2007）

资料来源：李瀛，2004；贾永轩、常春，2001。

中国模式的软肋主要体现在外资在中国市场的占有率和对创造出来的财富的分配方面。以2003年中国汽车市场占有率为例，我们可以看出，外国汽车品牌在中国汽车市场的占有率加起来要超过90%，这还是根据不完全统计。这意味着中国汽车的自有品牌在本国市场的占有率还不足一成（参见表8）。

中国模式的另一大弱点是财富的分配。由于中国参与全球生产分工的基础是生产要素，即廉价劳动力，而跨国公司则拥有品牌的知识产权，所以他们拿走利润的大部分。据统计，2004年跨国公司在中国的资本大概占中国的资本总额的30%，他们以30%的资本却占有了50%的股份，并拿走了70%的利润（高辉清，2005）。如表9显示的那样，商业部跨国公司研究中心的《2005年跨国公司在中国研究报告》指出，自从1992年我们全面地开始自由化以来，中国的国民收入和国内生产总值开始出现严重的差距，国内生产

表9　　　　　　　　　　　　中国的 GDP 与 GNI

单位：10 亿元

年份	GNI	GDP	GDP 减 GNI
1981	486.03	486.24	−0.21
1982	530.18	529.47	0.71
1983	595.74	573.45	2.29
1984	720.67	717.1	2.47
1985	898.91	896.44	2.47
1986	1020.14	1020.22	−0.08
1987	1195.45	1196.25	−0.8
1988	1492.23	1492.83	−0.6
1989	1691.78	1690.92	0.86
1990	1859.84	1854.79	5.05
1991	2166.25	2161.78	4.47
1992	2665.19	2663.81	1.38
1993	3456.05	3463.44	−7.39
1994	4667	4675.49	−8.94
1995	5749.49	5847081	−98.32
1996	6685.05	6788.46	−103.41
1997	7314.27	7446.26	−131.99
1998	7696.72	7834.52	−137.8
1999	8057.94	8206.75	−148.81
2000	8825.4	8946.81	−121.41
2001	9572.79	9731.48	−158.69
2002	10355.36	10479.06	−123.7
2003	11660.32	11725.19	−64.87

资料来源：王志乐编，2005：23。

总值包括所有在中国境内进行的生产活动的价值，包括跨国公司，包括中国公司，而国民收入却只包括中国公司。这意味着在 20 世纪 90 年代中，虽然中国经济高速发展，但发展的主要部分都被跨国公司拿走了，因为国民收入增长的速度远远低于国内生产总值增长的速度。

中国为什么采取了这样一种新发展主义的模式呢？我想从国际根源与国内根源两个方面来做一下解释。

四　产生古典发展主义和新发展主义的全球化时空条件

从国际因素的角度，我们可以看出全球化对中国代表的新发展主义和日本代表的古典发展主义有十分深远的影响。图5反映的是一个全球化的长程运动，图中的曲线反映全球 GDP 和全球贸易量之比。西方文献一致认为第一次全球化的大潮发生在 1870 年到 1913 年，它于 1914 年金本位垮台和第一次世界大战爆发时开始逆转，从此以后一路下走，中间经历了两次世界大战和大萧条。第二次世界大战结束后，美国和英国意识到，如果没有稳定的国际金融秩序和贸易秩序就无法促进经济发展。在他们的主导下，布雷顿森林体系和贸易关税总协定诞生。在以这两个制度为基础的国际经济秩序的保障下，全球 GDP 和全球贸易量的比例开始上升。到了 20 世纪 70 年代初，布雷顿森林体系垮台，各发达国家纷纷实施浮动汇率并开始实现金融自由化，使资本可以大举跨国流动，对外投资迅速增加（高柏，2004b）。在这样一个历史背景下，我们可以看出，日本在 30 年代初到 60 年代末期形成的古典发展主义是在全球化第一次浪潮发生逆转、在第二次浪潮刚刚兴起时出现的。中国从 70 年代末开始形成的新发展主义则是在全球化第二次大潮迅速发展时期形成的。

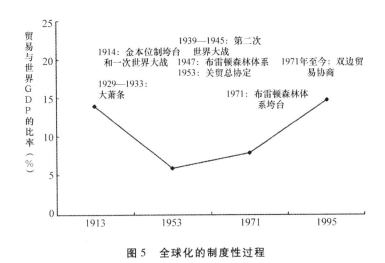

图 5　全球化的制度性过程

资料来源：高柏，2004b：33。

这两种时空条件的区别对两种不同模式的形成有极为重大的影响。像表10显示的那样，从当时占主导地位的经济理论和经济意识形态的角度来看，中国模式与日本模式面临的环境已经出现了很大的变化。在20世纪30年代至60年代的日本流行的是德国历史学派、德国总体战争理论、马克思的计划经济思想、熊彼特的创新理论以及凯恩斯的有效需求论（Gao，1997）。这些社会科学理论变得十分流行这一事实反映的是在全球化大潮发生逆转，资本主义市场经济面临困境的条件下，人们对市场作为看不见的手的作用所持有的普遍怀疑。而到了70年代末期，适应全球化迅速上升期释放市场力量的需要，强调资源配置效率的新古典经济学不仅在西方发达国家成为显学，而且在发展中国家也变成有极大影响力的主流话语（Badb，2001）。从这里我们可以看到，经济理论与经济意识形态的兴衰和全球化的周期有着十分重要的相关性。在全球化大潮的下降期有一系列的经济危机，因此市场力量被认为是魔鬼，社会科学的理论注重的是如何约束它，而不是把它释放出来。到了第二次世界大战后的第二次全球化大潮的初始上升期，各国仍然处于限制市场力量的努力的惯性中，它们为此建立了种种制度和机制。日本的古典发展主义模式反映出来的不是如何依靠市场力量和释放市场力量，而是如何依靠非市场的制度和机制对经济主体的行为进行协调。而中国的新发展主义的模式产生于全球化大潮的迅速上升期。在这个时期大家普遍关注的焦点就是如何释放市场力量。因此，新古典经济学在中国成为显学是有着深刻的时代背景的。

要理解中国模式与日本模式的区别，我们必须分析在过去的30年中国际贸易分工的基础发生的巨大变化。当日本和韩国经济高速增长的时候，国际分工的基础是最终产品。如果一国的企业无法造出有国际竞争力的最终产品，该国则无法参与国际贸易。当时日本人明确地认识到，离开国际贸易，日本经济将无法迅速增长。在这样的指导思想影响下，日本人不遗余力地打造本国的创新体系。日本模式中的各种制度性安排都是为了加强在创新过程中的协调而演化出来的。到了中国开始改革开放的时代，面临的局面已经完全不同。如今国际贸易分工的基础已经以生产要素为主，这种分工的基础极大地减轻了发展中国家在参与国际贸易时的发展本国创新体系的要求，它们可以以廉价劳动力来参加全球化的生产体系，只负担劳动力密集部分的任务就可以了。这在过去是根本不可能的。以生产要素为基础的国际分工导致跨国公司内部贸易量的迅速发展。据估计，在 90 年代末期，企业内部贸易，即跨国公司在不同国家的分公司之间的贸易，已经占了全球贸易的 50% 以上。正是因为有了以生产要素为基础的国际分工，中国作为一个发展中国家才可以只凭廉价劳动力就可以参与国际分工，这在 20 世纪五六十年代日本模式形成时是根本不可能的。

表 10 　　　　　　　　　　　**全球化对两种发展模式的影响**

	日本的古典发展主义	中国的新发展主义
经济理论与意识形态	德国历史学派，德国总体战争理论，马克思，熊彼特，凯恩斯	新古典经济学
全球化的周期	第一次全球化大潮的下降期与第二次大潮的初始上升期	第二次全球化大潮的迅速上升期
国际贸易的基础	以最终产品为主的国际分工	以生产要素为基础的国际分工
跨国公司对外投资的推动力	产品周期，市场，资源	
生产效率，分工经济，价值链		
外资与贸易的关系	替代	促进
发展中国家的政策范式	进口替代	鼓励出口，投资自由化

以生产要素为基础的国际分工的出现是与跨国公司对外投资推动力的变化连在一起的。在五六十年代，跨国公司的对外投资受产品周期的影响。任何一种产品的演进过程都是有周期的，有创新能力的跨国公司在最初发展出新产品时根本不想对外投资，它可以通过国际贸易赚取高额的垄断利润。但是等到生产这种产品的技术到了标准化的时代，很多国家的企业就都可以生产这种产品了。技术一旦进入标准化时代就很成熟了，掌握

起来很容易。这样一来，有廉价劳动力或者相对廉价劳动力的国家的企业就可以开始生产这种产品，并对原来发明这个产品的公司形成巨大的威胁。在这种情形下，该公司如果在国外进行投资，就地生产该产品以占据当地市场，就可以防止国际竞争者的出现（Vernon，1971）。在 20 世纪五六十年代，拉丁美洲国家还有大量以攫取资源为主要目的的投资，这就是依附理论产生在拉美的根本原因。当跨国公司到拉丁美洲攫取那里拥有的丰富的自然资源时，这些国家的经济结构也被"被动锁定"，即被锁定在一个国际分工体系中的低附加价值部分，赚不了任何钱。但是到了中国模式形成的时期，跨国公司对外投资的目的已经发生了深刻的变化，追求生产效率、分工经济和价值链成为投资的主要目的（Porter，1998/1985）。对中国来说，通过引进外资，以廉价劳动力参与国际生产分工，在没有建成有效的内生的创新机制之前，就可以推动出口和刺激经济增长。这就是中国模式产生的重要而深刻的历史背景。

在这个全球化的时代，对外投资和国际贸易的关系也发生了极为深刻的变化。这也是导致中国模式与日本模式很不相同的重要原因。在日本模式形成的时代，外资与外贸是互相替代的，有了外资就没有贸易。因为一旦外资进来，就地生产，就地贩卖，也就没有进行贸易的必要了。在中国模式形成的时代，二者的关系则是互相促进。因为当外资进来以后，它只是要利用你的廉价劳动力，让你生产一个部件，或者让你组装，剩下的零部件跨国公司必须从其他国家进口，这样一来，外资就促进了国际贸易。

另外一个很大的不同就是发展中国家的政策范式发生了深刻的变化。在日本模式形成的时代，各个发展中国家的政府都在搞进口替代，保护国内市场。所以，日本模式中的非市场机制一点也不稀奇。在中国模式形成的这过去 20 年间，发展中国家则是在争相鼓励出口，实行投资自由化。正如表 11 显示的那样，自从 90 年代初期以来，鼓励外资的政策性变化的数目远远超过限制外资的政策性变化的数目。换言之，吸引外资是过去十几年里的一个全球性大趋势。

表 11   各国政府关于外资政策的变化，1991—2004 年

项目	1991	1992	1993	1994	1995	1996	1997	1998	1999	2000	2001	2002	2003	2004
投资体系发生变化的国家数	35	43	57	49	64	65	76	60	63	69	71	70	82	102
管制发生变化的国家数	82	79	102	110	112	114	151	145	140	150	208	248	244	271
其中														
倾向于吸引外资[a]	80	79	101	108	106	98	135	136	131	147	194	236	220	235
倾向于排斥外资[b]	2	—	1	2	6	16	16	9	9	3	14	12	24	36

资料来源：UNCTAO，2005a 表 1—14。

a 包括自由化或力图加强市场功能的变化，以及揖高动机。

b 包括力图加强控制的变化，以及减少动机。

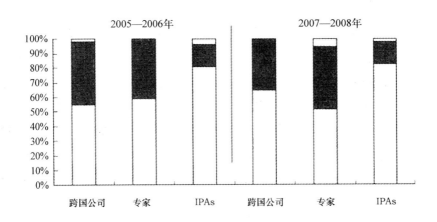

图 6   全球对外商直接投资的展望 2005—2006 年，2007—2008 年

说明：淡灰色代表升高；深灰色代表不变；白色代表下降。

资料来源：UNCTAD，2005b。

　　根据联合国贸发会议的调查，在未来数年中，无论是跨国公司，还是对外投资的专家们，以及各国吸引外资的机构，都认为对外投资在国际上的份额要进一步增加。不仅如此，2005—2006 年和 2004 年相比，世界上更多的政府表示要做更大的努力来吸引外资。这表明靠吸引外资来推动外贸和推动

经济增长已经成为全世界通用的一个政策范式，大多数国家在努力争取进一步取得外资。中国到目前为止取得的外资在发展中国家最多，而且在未来也要取得不少。但是，像前面的数据显示的那样，中国模式在国内市场外资的占有率，以及外资介绍进来后创造的财富的分配方面，有严重的弱点，是无法长期维持下去的。

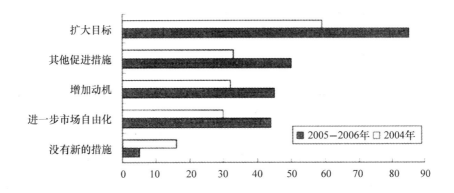

图 7　吸引外商直接投资的政策措施（国家的 IPA 的回应百分比）

资料来源：UNCTAD，2005b

五　中国新发展主义的本国历史渊源

与国际根源紧密相连，中国的新发展主义模式的兴起也有着深刻的国内根源。我曾经指出，中国的近现代历史与全球化浪潮的起伏有极强的历史同时代性（高柏，2005）。在从鸦片战争开始到"文化大革命"结束为止的历史过程中，随着全球化浪潮的涨落，中国在对外经济关系方面形成了两大主要的传统。一个是在 19 世纪后半期，在第一次全球化大潮兴起时以洋务运动为代表的对外开放的传统，另外一个则是在第一次全球化大潮于 20 世纪 30 年代逆转后，中国以选择社会主义来回应大萧条代表的资本主义市场经济的失败，并在此过程中形成了以毛泽东时代为代表的独立自主、自力更生的传统。在此，我想指出，我们在讨论这两个传统时不应该简单地以非黑即白的道德观去看问题。我想分析的是在操作的层面上这两大传统有何不同。

表 12　　　　中国经济对外关系的两大传统在 1978 年至今的体现

	洋务运动	毛泽东时代	今日的体现
市场	商埠	封闭	从特区到全面开放
外国资本	进入，到后期占统治地位	无	吸引外资最多国家之一
技术	洋枪洋炮	两弹一星	洋品牌占主导，自主品牌意识开始觉醒
政府的态度	重视官僚资本，轻视民族资本	国有化	重视国企，外企，轻视民企
政府的产业政策	造不如买	独立自主、自力更生	发展自主品牌不如买洋品牌

在中国经济与国际市场的一般关系上，我们可以看出洋务运动代表的是向资本主义世界经济体系开放的传统，尽管这种开放是在以列强代表的外力压迫下开始和实现的。而到了毛泽东时代，除了香港留下一个小小的贸易窗口与资本主义保留了十分有限的贸易之外，中国的对外贸易基本上是面向苏联东欧社会主义阵营，对资本主义世界经济体系则是基本封闭的。从这个角度来看，今天的改革开放继承的是洋务运动代表的开放传统。有意思的是中国学术界关于洋务运动的评价自从 1978 年以来已经发生了深刻的变化。在此之前，总的来说，对洋务运动的评价基本上是否定的。而从改革开放以来，对洋务运动的评价在总体上是肯定的（姜铎，2004/1997）。

外资在中国经济中的地位也与洋务运动时代开始的趋势相似。外国资本从洋务运动时期开始进入中国。到了中日甲午战争中国战败签订《马关条约》以后，外资进入中国正式合法化。以前也有许多外资，但是清朝在法律上从来不承认。《马关条约》正式承认了外国资本在中国的法律地位。外资在中国经济中的地位从清末到民国时期一直在不断提高。据 1936 年的一个统计，外资在当时中国几个重要的产业里，如航运、煤矿和铁矿石等，所占的比例从 66%—99% 不等（Hou，1965：128）。到了毛泽东时代，外资从中国销声匿迹。从这个角度来看，今天的开放是与当年洋务时代那个开放的传统相连的。当然，在这里我想指出，现在的外资在中国国民经济中占的比例和当年无法相比，而且中国现在是一个强盛的主权国家，这一点和20世纪30年代不可同日而语，有质的不同。但是，单就中国对待外国资本的态度而言，改革开放时代与洋务运动时代更为接近，而不是与毛泽东时代更为接近。

在对待技术的态度上，洋务运动时代讲的是买洋枪洋炮。当时所谓的现代化，尤其是军事现代化，基本上是靠买来实现的。在毛泽东时代，中国则是依靠独立自主的研发，"两弹一星"就是当时中国完全依靠自己的创新体系开发出来的典型产品。在改革开放时代，洋品牌一直在中国市场上占主导地位。我们又似乎在向洋务运动时代的传统回归。然而，从2005年以来，尤其是自从关于汽车产业自主品牌的大辩论以来，中国现在关于自主品牌的意识已经开始觉醒。在2005年10月召开的五中全会上，中共中央已经明确地通过了创立自主的国家创新体系这个基本原则。前些时，13个部委联合工作组去深圳、广东调查与自主品牌创新有关的问题。从这些事实来看，中国正在从洋务运动代表的传统向毛泽东时代代表的传统转变，自主创新将成为中国未来产业政策中的一个重要核心组成部分。

在政府对待各类企业的态度上，我们也可以看到，在洋务运动时代，官僚资本与外国资本的地位一直高于民族资本。到了毛泽东时代，我们实行国有化，私人民族资本仍然受到歧视。官本位的理念从洋务运动时代开始一直持续下来，中国现在的民营企业受到的政策上的歧视仍然十分严重。这就是为什么国内近年来一直在讨论外资企业在中国享受的超国民待遇和民营企业经常面临的非国民待遇。然而，正如华为、中兴以及吉利等一批企业所显示的那样，民营企业在中国恰恰经常是进行独立自主研发的重要力量。可悲的是由于民营企业经常得不到应有的权利，很多选择先变成在外国注册的公司，然后再变成在中国经商的外资。

在产业政策和政府采购的关系上，在洋务运动时代，清朝政府的政策一直是造不如买，洋枪洋炮都是买来的。到了毛泽东时代这一点彻底地发生了变化。然而，最近几大有关产业政策的辩论显示出，许多政府部门在改革开放的时代从政府作为消费者的角度而不是从产业政策的角度来对待政府采购。比如与京沪高铁相关的高速机车，中国企业已经研发出"中华之星"，最后硬是被放弃不要，或要买德国的磁悬浮，或要买日本的新干线。这种高速机车的制造是一个能够带动几个产业同时发展的重要项目，如果换在日本或者韩国，很难想象他们的政府在本国企业能够生产的条件下会非要买外国产品。"运十"飞机是另外一个例子。当年尼克松访华时乘坐的波音707被中国人看见了，毛泽东下令中国也一定要搞大型商用飞机，当时中国上马的"运十"只比欧洲的空中客车晚两年，到1979年中国已经做出了样机并成功地六次飞到拉萨。1986年也是因为区区3000万元人民币的试验用的预算，硬是给拉下了马。当时选择与美国的麦道公司合作，因为它许诺帮助中国在20年内能够独立制出自我品牌。时至今日，中国只能给人家做极为有限的零部件，同时还要花大量的外汇去购买外国产品。这种事情在以日本和韩国为代表的占典发展主义模式中根本不会有出现的可能。

从以上这些方面来看，中国的新发展主义模式中有大量洋务运动传统的因素在发挥影响。

我想在此进一步指出中国目前面临的两难境地。洋务运动代表的开放传统绝不是一无是处的。我们在讨论建立自主创新体系的时候要避免将它变成一种泛道德论的说教。中国的新发展主义固然有很多缺点，但是，它至少在以下方面发挥了积极的作用：第一，外资带来了工作机会与生产技术。第二，与其他大国利益交织在一起，降低了对抗的风险。第三，在没有完善的内生制度之前，就取得了经济高速增长的优异成绩。

六　中国发展模式面临的转型挑战

无论是日本的古典发展主义模式，还是中国的新发展主义模式，都是特定历史环境下的产物。当历史环境发生重大变化时，它们都会遇到挑战并面临转型的问题。日本模式产生于全球化第一次浪潮的下降期和第二次浪潮的初始上升期。在这种环境中，它的适应力很强。然而，当全球化的浪潮进入迅速上升期，日本模式则表现出明显的不适应，并经历了十分痛苦的转型。这个转型过程至今尚未结束。中国模式产生于全球化第二次浪潮的迅速上升期。在至今尚未结束的这个上升期里，中国模式表现出极大的竞争力。但是，种种迹象表明，这个全球化的迅速上升期在各国释放市场力量的努力下可能正在不断地接近它的拐点：发达国家在就业与工资水平方面面临着来自发展中国家的巨大压力，很多国家同时出现房地产市场泡沫，并有要破灭的迹象，贸易保护主义明显地抬头，右翼势力在一些国家的政治中影响不断上升，国际经济出现明显的日益严重的失衡。

表 13 　　　　　　　　两种发展主义模式面临的挑战与转型

	日本	中国
与霸权国的关系	冷战中美国的盟友，GATT 框架中非对称协作	被视为美国霸权主要的挑战者，WTO 框架的约束
与霸权国冲突的时空条件	冷战后期的贸易摩擦，冷战结束与泡沫破灭同时	冷战后的经济、政治、战略等多方面的摩擦发生
对霸权国市场的依赖程度	高依存度，高贸易顺差	高依存度，高贸易顺差
贸易模式的性价比	较低的资源与能源依存度加较高的附加价值	极高的资源与能源依存度加极低的附加价值
汇率变化的影响	导致泡沫的产生，但是仍然保持在技术方面的比较优势	失去廉价劳动力的比较优势，并有泡沫与通货紧缩的双重风险

如果把中国模式在今天与日本模式在 20 世纪 80 年代面临的国际环境加以比较的话，我们会发现中国今天面临的国际环境要比当年日本面临的环境更为严峻。我们首先来分析一下两国与霸权国美国之间的关系。日本经济也好，中国经济也好，二者的共同特点是对美国市场的严重依赖，以及由此而来的对美巨额贸易顺差，这必然导致两国在国际政治经济中与美国有严重的摩擦，并不可避免地导致来自美国的巨大压力。但是，这里面有一个很大的不同。日本虽然在 80 年代拥有对美贸易的巨额顺差，但是日本在冷战中始终是美国的盟友。就在苏联和东欧国家的社会主义制度在 1990 年垮台时，日本的经济泡沫也破灭了。从这层意义上来说，日本从来没有经历过冷战以后美国在全世界到处找对手的局面，而中国赶上了。虽然这两个发展模式都对美国形成了很大的挑战，美国在回应时的程度却完全不一样，日本是美国

在冷战时期的盟友，而且是民主国家与市场经济。因此，美国的鹰派要付出更大的努力去说服美国人对日本采取强硬手段。而对中国而言，由于政治制度不同，这种潜在冲突的可能性要大得多。当然，中国模式也有一个优势在平衡这个缺点，即市场高度开放，同时参加国际生产分工时靠的是廉价劳动力，在分配时一直是拿小头，美国的利益与中国的利益经常被绑在一起，这在一定程度上对鹰派起了牵制作用。

一国模式在贸易中的资源能源与附加价值的性价比对该国经济在外部环境出现重大变化时的适应能力有重大影响，日本模式注重高附加价值产品的原创性开发，能用比较少的资源和能源创造出比较高的附加价值。而中国模式则是用很多的资源和能源才制造出很低的附加价值。比如在2004年中国用了世界上1/3左右的水泥和钢铁只生产出了6%的世界国民生产总值。这样一种发展模式在汇率发生较大变化的时候对国内的影响是什么呢？在20世纪80年代后半期，日本出现了泡沫经济，但是在泡沫破灭之后，日本依靠在创新方面的比较优势，仍然保持不败之地。大家可以想象，如果人民币对美元的汇率升到1∶5，1∶4，会发生什么情况。在那种条件下，很多跨国公司恐怕都要转移到劳动力成本更低的国家，印度政府已经把在制造业方面与中国竞争变成他们的国策，印度的工资水平要比中国低很多。因此，在遭遇相同的挑战的情况下，中国模式可能要面临远比日本更加严重的局面。

参考文献：

高柏：《人民币汇率的国际政治经济学》，《战略与管理》2004年第1期。

高柏：《日本的经济悖论：繁荣与停滞的制度性根源》，商务印书馆2004年版。

高柏：《全球化与中国经济发展模式的结构性风险》，《社会学研究》2005年第4期。

高辉清：《警惕外资带来的虚假繁荣》，《亚洲周刊》2005年10月6日。

后藤康浩：《日本制造业：它的实力和可能性》，United Leader's Review，2005年9—11月季刊。

贾永轩、常春：《跨国汽车公司逐鹿中国汽车市场》，《汽车工业研究》2001年第12期，http://www.sovey.com/webrefer/kg.htm。

姜铎：《二十世纪中国历史学回顾——洋务运动研究的回顾》，2004/1997，国学网中国经济史论坛，《历史研究》1997年第2期。

李瀛：《丰田能超过大众通用么?》，《北京现代商报》，2004 年 http：//www. bjbusiness. com. cn/20040323/car3378. htm。

联合国贸易与发展会议：《世界投资报告 2005：跨国公司与研发国际》，2005 年。

两角良彦：《产业统制论——通产省的一视点》，两角良彦等：《产业体制再编成》，东京：春秋社 1963 年版。

王志乐编《2005 跨国公司在中国报告》，中国经济出版社 2005 年版。

辛承越编著《经济全球化与中国商务发展》，人民出版社 2005 年版。

周刊钻石：《日本经济中外资企业所占地位》，1984a，《在日外资企业读本》专刊。

周刊钻石：《在日外资收益状况》，1984b，《在日外资企业读本》专刊。

Babb, Sarah, *Managing Mexica*: *Economists from Nationalism to Neoliberalism*, Princeton：Princeton University Press，2001.

Gao, Bai, *Economic Ideology and Japanese Industrial Policy*: *Developmentalism from 1931 to 1965*. New York：Cambridge University Press，1997.

Gerlach, Michael, *Allied Capitalism*, Berkeley：University of California Press，1992.

Hou, Chi－ming, *Foreign Investment and Economic Development in China 1840－1937*. Cambridge：Harvard University Press，1965.

Huang, Yasheng, *Selling China*: *Foreign Direct Investment During the Reform Era*, New York：Cambridge University Press，2003.

Johnson, Chalmers, *MITI and the Japanese Miracle*, Stanford：Stanford University Press，1982.

Murakami, Yasusuke, *An Anticlassical Political Economic Analysis*: *A Vision for A New Century*. Stanford：Stanford University Press，1996.

Porter, Michael, *Competitive Advantage*: *Created and Sustaining Supperior Performance*. New York：The Free Press，1998/1985.

Tilton, Mark, *Restricted Trade* : *Cartels Japan's Basic Materials Industries*. Ithaca：Cornell University Press，1996.

UNCTAD，"World Investment Report 2005：Transnational Corporation and Globalization of R D. " http：//www. unctad. org，2005a.

UNCTAD 2005b，" FDI Prospects：2005－2008. " http：//www. unctad. org.

Uriu, Robert, *Troubled Industries*: *Confronting Economic Change in Japan*. Ithaca：Cornell University Press，1997.

Vernon, Raymond, *Sovereignty at Bay*, New York: Basic Books, 1971.

World Bank Group 2004, "World Development Indicators 2004. " http: //www. world-bank. org.

World Trade Organization 2004, "WTO World Trade 2003. " http : //www. wto. org.

（来源:《社会学研究》2006 年第 1 期）

中国模式的非洲效应

陶文昭[*]

改革开放以来，中国坚持走以经济建设为中心的道路，经济发展迅速，人民生活水平和综合国力不断提高，国际影响力增大。中国成功的模式在世界上，尤其是在非洲引起了较为浓厚的兴趣，产生了积极的客观效应。

一 中国发展的吸引力

中国模式最突出的特点就是发展。改革开放 30 年以来，中国年均经济增长率达到 9.8%。中国通过长期的、高速度的发展，综合国力不断提升，目前经济总量排在世界第四位，并且还将提升。中国不仅解决了温饱问题和初步实现了小康，而且正在向全面建设小康社会迈进。据世界银行估计，1980—1990 年间中国贫困人口减少了 1.67 亿人，1990—1999 年中国贫困人口减少了 1.15 亿人。在过去 30 年中，中国的脱贫人数占世界脱贫人数的 70%。

非洲是世界上最贫穷的大陆。2002 年，全世界最不发达国家 50 个中，非洲就有 34 国。全球 10 个最穷国家中，非洲占有 8 席。这些国家年人均国民生产总值在 200 美元以下。非洲不仅贫穷，而且战乱和冲突不断。因此，发展经济、改善民生和消除贫困是许多非洲国家的当务之急。

中国是世界上最大的发展中国家，自新中国成立以来在革命和建设中的重大举措，都对一些发展中国家产生这样或那样的影响。改革开放以来中国

---

* 作者系中国人民大学马克思主义学院教授。

在经济发展和消灭贫困方面的巨大成就，对许多非洲国家具有吸引力。进入21世纪，非洲的动荡局势已经明显缓和，政局日趋稳定。2002年以来，该地区冲突从16个减少到了5个，经济状况随之有了很大的起色。20世纪末，南非总统姆贝基提出了"非洲复兴"的思想。2001年在赞比亚首都卢萨卡召开的第三十七届非洲统一组织首脑会议一致通过了"非洲发展新伙伴计划"。这是非洲自主制定的第一个全面规划非洲政治、经济和社会发展目标的蓝图，旨在解决非洲大陆面临的包括贫困加剧、经济落后和被边缘化等问题。的确，历经动荡和经济落后的非洲，在新的世纪希望走上一条稳定发展的道路，尤其渴望尽快消除贫困。中国在这方面的经验，无疑值得非洲的参考和借鉴。

对此，著名经济学家杰斐里·萨克斯表示，非洲能够仿效中国经济发展的成功经验。[1] 联合国秘书长潘基文也称赞中国与非洲各国发展合作伙伴关系，并希望中国的发展经验可为非洲国家借鉴。他还希望非洲各国与中国展开合作对话的同时，能够在发展经济和制定政策方面仿效中国。[2] 非洲发展银行行长认为，中国的发展模式能够教非洲大陆如何从低收入国家成为中等收入国家。[3] 马达加斯加总统拉瓦卢马纳纳赞赏中国经济发展非常快，社会安定，公共服务良好，在很多方面都引人入胜，非洲应当从中获取灵感。[4] 纳米比亚总统波汉巴表示，非洲国家既要向日本这样的发达国家学习，更应向中国、印度这样的发展中国家学习。在现阶段，尤其要把目光投向中国，因为中国的经验更具参考价值。[5]

二　中国经济的带动力

中国经济的高速增长成为推动全球经济增长的重要动力。中国在高速工

---

① 联合国：《非洲经济发展可套用中国模式》，金融界网，2006年8月16日。
② 潘基文：《希望非洲国家借鉴中国发展经济》，搜狐网，2007年1月31日。
③ 美国《评论》杂志：《中国向世界发起魅力攻势》，中国金融网，2006年10月10日。
④ 王慧卿：《马达加斯加总统拉瓦卢马纳纳："我们希望自主发展"》，新浪网，2007年5月22日。
⑤ 张崇防：《非洲国家积极"向东看"，重视学习中国发展模式》，中国经济网，2006年11月27日。

业化中，既需要广阔的商品市场，也需要庞大的矿产资源。中国作为大国，当然主要是依靠国内的市场和资源。但中国是在经济全球化和对外开放中进行建设，也要充分利用国外的市场和资源。事实上，中国商品和资源进出口对相关的国际市场产生了重大的影响。中国与非洲经济日益密切的联系，正是在这样的大背景下发生的。非洲正成为中国重要的原料基地和潜在市场，也通过各种途径分享中国发展的红利。

中国对非洲经济增长的带动作用体现在多个方面。一是表现在贸易领域。近年来中国经济快速增长，经济发展所需的众多原料，如石油、天然气、有色金属等供应不足，需要从国外进口。而非洲正是相关原材料的主要出口国。例如，安哥拉超过沙特成为中国第一大原油供应国，刚果和赤道几内亚也位列中国进口十大原油国。2006 年中非贸易额达到 555 亿美元，同比增长 40%。非洲国家出口收入的增多，已成为拉动经济增长的引擎。二是表现在投资领域。非洲国家普遍存在资金短缺问题，因而非常渴望各种外部资金流入。西方国家过去从来都是仅仅把非洲当做简单的原料基地，只是给予非洲国家一些放债性借贷，而从未认真进行生产性投资。是中国人第一次带来了大量的生产性投资。中国实施的"走出去"战略极大地推动了中国企业对非洲的投资。截至 2005 年年底，中国在非投资企业达到 800 多家，项目分布在赞比亚、南非、津巴布韦、尼日利亚等 49 个非洲国家，投资项目逐步由贸易企业向生产型企业转变，涉及贸易、加工制造、资源开发、交通运输、农业综合开发等领域。中国的制造业和建筑业在非洲当地催生了众多的中小企业，成为在当地吸纳就业的主渠道。中国公司在竞标非洲国家能源和原材料项目的时候，往往是提出包括出资修建配套基础设施等一揽子方案。这有助于当地的社会持续发展。三是表现在技术领域。中国政府还鼓励和引导中国企业以成熟的成套技术及管理经验与非洲国家开展工程项目合作，帮助非洲国家提高经济建设的自主发展能力。华为、中兴和中水电等一批中国企业已经自觉地在非洲提供技术培训。中兴公司已在南非和安哥拉等国建立了 15 个培训基地，每年为非洲培训约 4500 名专业人才。① 中国方面还计划

---

① 《互利共赢投资非洲，中国企业备受欢迎》，新浪网，2007 年 1 月 30 日。

为非洲培训 1.5 万到 2 万名学生和专业人员。对学生的培训支持包括在非洲农村地区援建 100 所学校，并把非洲留学生的奖学金数目提高一倍；专业人员则指政府中高级官员、中高级技术人员、专家学者、企业界人士和新闻媒体工作者等，培训的重点落脚在如何提高非洲国家的自主发展能力。

非洲的贫穷和战乱，加之西方国家在后工业化过程中对初级原料依赖的减少等，使得一个时期非洲在全球化中被日益边缘化，甚至被形容为无人过问的"第四世界"。中国的经济发展拓展了非洲与世界的联系渠道，增加了非洲发展的机遇。苏丹总统奥马尔·巴希尔曾说，如果没有中国，没有中国石油的真诚帮助，就没有今天的苏丹石油工业。[①] 加蓬驻华大使姆巴—阿洛说，我们希望中国企业来非洲投资，在当地合资建厂，帮助我们提高产品的附加值，同时加大对非洲的技术出口和转让，只有这样才能帮助我们走出落后的状态。[②] 南非国家运输集团首席执行官指出，中国对于 2005 年非洲经济增长的贡献至少达到 5%。关于中国经济对非洲的拉动力，甚至对中国抱有成见的西方也给予了中肯的评价。英国《金融时报》、法国《世界报》均有文章断言，非洲经济得益于中国因素。国际货币基金组织指出，撒哈拉以南非洲国家的经济增长率在同期内提高了近一倍，关键因素之一就是与中国的贸易有所扩展。[③]

三　中国政策的亲和力

中国长期对非洲执行友好政策。在政治上，中国与非洲相互支持。中国与非洲在近代都有遭受西方列强的殖民、掠夺和压迫的经历，在取得独立后又面临战胜贫穷落后和实现民族振兴的任务。新中国成立之后，中国和非洲的关系一直都十分密切。1955 年的万隆会议，也称第一次亚非会议，中国发挥了重要的作用，也有埃及等一些非洲国家与会。中国曾对战后非洲风起云涌的反对殖民主义斗争给予过巨大支持。非洲国家对中国恢复联合国的合法

---

① 《非洲：无处不"中国"》，新浪网，2007 年 2 月 3 日。
② 《中非的盛宴，中非合作论坛》，新华社北京 2006 年 11 月 1 日电。
③ 姚桂梅：《中国：非洲经济增长的新动力》，《中国社会科学院院报》2006 年 10 月 24 日。

席位起了重要的作用。当今，中国是最大的发展中国家，非洲是发展中国家最集中的大陆。中非有着共同的利益和共同的关切。中非都致力于发展经济，致力于维护世界及地区和平与稳定，主张国际关系民主化，推动世界政治和经济秩序更加公正合理。

在经济上，中国对非洲予以援助。20 世纪 70 年代的坦赞铁路，就是中国援助非洲的著名事例。改革开放之后，中国对非洲的援助政策也开始从单纯提供稀缺物资，转向经济民生领域。中国至今已援助 49 个非洲国家建成了 720 多个成套项目。在许多非洲国家，一些中国援建的建筑成为城市乃至整个国家的标志，如肯尼亚国家体育中心、喀麦隆会议大厦、加纳国家剧院等。在 2006 年中非合作论坛北京峰会上，中国承诺将对非洲国家的援助规模增加 1 倍，再向非洲国家提供 50 亿美元的优惠贷款，进一步免除非洲国家的债务。中国政府已经对非洲国家相关债务进行了全面清理核对，对与中国有外交关系的 33 个非洲重债穷国和最不发达国家，免除 2005 年年底到期的无息贷款债务。从 2005 年始，中国对来自 25 个非洲最不发达国家 190 个税目的商品实行零关税政策，使非洲国家的商品出口直接受益。中国还通过提供技术、医疗、农业以及其他方面的援助，帮助贫穷的非洲国家。从 1963 年中国向非洲派出第一支援外医疗队到 2005 年年底，中国先后派出援外医疗队员 1.5 万多人次，共诊治非洲患者约 1.7 亿人次。[①]

近年来，中国进一步提升了与非洲的战略关系。2006 年 1 月，中国政府发表了《中国对非洲政策文件》，倡导建立和发展政治上平等互信、经济上合作共赢、文化上交流互鉴的中非新型战略伙伴关系。在 2006 年的北京中非峰会上，中国政府宣布了一系列对非务实合作新举措。为落实好这些新举措，中方提出以下五点建议：第一，扩大中非贸易规模。力争到 2010 年使中非贸易达到 1000 亿美元。双方应在旅游、金融、电信等领域培育新的贸易增长点。第二，中方鼓励有实力、有信誉的中国企业到非洲国家投资兴业，转让适用技术和管理经验。同时，也欢迎非洲企业来中国投资。第三，

---

① 张崇防：《非洲国家积极"向东看"，重视学习中国发展模式》，中国经济网，2006 年 11 月 27 日。

中国将根据自身发展水平，逐步扩大对非洲国家援助规模。第四，促进中非企业合作。第五，增加对非人才培养。①

中国的友好政策，得到众多非洲领导人的认可和赞誉。埃及外长阿布·盖特说，无论是在反抗殖民统治、争取民族独立的岁月里，还是在获得民族独立后发展时期，非洲一直得到中华人民共和国的支持。中国的支持对非洲至关重要。② 科特迪瓦经济和社会理事会主席福洛戈认为，在当今全球化的发展进程中，非洲国家处于不利地位，而中国仍能一如既往地在政治、经济和外交等方面支持非洲国家。③ 一些非洲国家发展水平低于或接近于中国，又与中国保持良好政治经济关系，他们对中国模式感兴趣是顺理成章的。

四　西方歧视的排斥力

非洲国家与西方具有密切的联系。历史上多数非洲地区都曾经是欧洲列强，尤其是英法的殖民地。即使非洲国家独立了，宗主国的影响还是潜移默化，至今还有"法语非洲"、"英语非洲"之说。当今西方是世界上最发达的地区，具有强大的对外影响能力。尤其是美国借助超强的实力，在经济、政治、文化、军事等各个方面到处插手全球事务，对非洲具有重大影响力。基于历史和现实的原因，非洲国家与西方的关系密切程度，远远高于非洲与其他发展中国家的关系。

然而，西方对非洲的殖民和歧视政策也遭到非洲国家的抵触和反感。历史上西方列强的殖民统治，包括贩卖黑奴的可耻行径，自不必多言。在非洲国家独立之后，西方给这些独立国家设置的种种遗留问题，埋下了非洲冲突和战乱的祸根。西方还利用优势的实力和传统的影响力，推行新殖民主义继续为自己谋利益。西方发达国家采取更隐蔽的、间接的手段，充分利用其经济优势，对非洲国家进行政治、经济、文化侵略，把已取得政治独立的国家置于它们的控制之下，以使这些国家继续充当其商品市场、原料产地和投资

---

① 《温家宝就全面提高中非合作水平提出5点建议》，新华网，2006年11月4日。

② 《埃及外长阿布·盖特称，中国的发展为非树立了榜样》，新浪网，2006年10月2日。

③ 外媒：《中非共议发展大计，共瞻双赢未来》，新华社北京2006年11月3日电。

场所，最大限度地榨取财富。美国成立非洲司令部，遭到非洲国家的抨击。坦桑尼亚的媒体评论说成立非洲司令部是一场"即将来临的悲剧"。津巴布韦的媒体指出，美国对非洲态度的转变对这个大陆来说是一个不祥之兆。非洲担心美国借助非洲司令部榨取非洲自然资源的同时，又在非洲大搞非法的政权更迭。[①]

当代西方国家对非洲一方面推行西方模式，另一方面进行政治歧视。冷战结束之后，以美国为首的西方在全球推行新自由主义模式，也严重波及非洲。激进的多党制和民主化，要求非洲国家实现更大程度的自由化和更多地开放市场，给非洲造成了新的劫难，使得许多非洲国家经济更加衰败，社会严重失控，危机不断恶化等。西方还常以民主、人权为借口干涉其内政。西方的态度也是傲慢的。西方看非洲，看到的总是一个问题学生，一个病人、一个失败就像诅咒一样不定什么时候就降临的瘟疫地带。一些对非洲的捐赠和援助，不仅将之与所谓的民主和人权联系在一起，而且还带有施恩性质。

西方在非洲的所作所为与中国形成了鲜明的对比。西方的交往是居高临下的，中国的交往是友好平等的；西方的援助是带条件的，中国的援助不带条件；西方插手内部事务，中国不干涉内政；西方的模式带来了灾难，中国的发展带来了希望。一些非洲人士进行了切身的对比。非洲开发银行发言人埃里克·钦尼耶说：与一些西方国家在非洲长期掠夺资源的做法不同，中国与非洲的合作建立在互利共赢的原则基础之上。[②] 南非外交部政策研究专家卡卡扎先生表示，中国从未像那些前殖民国家那样奴役过非洲。当中国人来到非洲的时候，是和我们进行平等交流。南非斯坦伦布斯大学中国研究中心主任马丁·戴维斯指出：相比西方国家，中国是在稳步而从容地走进非洲，强调与非洲国家互利、合作、共赢。[③] 肯尼亚外长拉斐尔·图朱说：我是比较亲西方的。但遗憾的是，在发展我们的关系时，西方国家却是这种趾高气扬的态度，而且看法也并不总是客观的。的确，中国并非是第一个抵达非洲的外来强国，但却是第一个不自以为是，不以征服者、拯救者或非洲导师身

① 《美军成立非洲司令部专管"反恐和人道主义救援"》，中国网，2007年8月11日。
② 《非行年会选址上海，凸显中国影响力日益增强》，中国日报网，2007年5月16日。
③ 《中非应背靠背反击西方谬论》，搜狐网，2006年12月28日。

份出现的大国。正是在西方的排斥之下，一些非洲国家自觉或不自觉地把目光转向东方。

五　珍惜模式的软力量

中国模式在非洲具有一定的影响力，是多方面综合作用的结果。这种影响是中国成为世界大国所不可或缺的软力量。非洲国家在联合国有 48 个席位，所占比重达 25%。中国在和平发展中要特别珍惜和培育这种软力量。

中国要注意西方的挑战和其他国家的竞争。面对中国在非洲影响力的增强，西方推出了应对举措。一方面，西方一如既往地对中国采取偏见或敌视政策。它们或是无端批评中国的政策，指责中国以不干涉内政为借口，与那些具有极大争议的政权进行交易，以换取能源和市场，给非洲制造新的混乱。一段时期国际上有关苏丹达尔富尔问题的炒作，就是这种典型。另一方面，西方也加紧与非洲的联系，以抗衡中国的政策。美国、欧盟等都先后出台了非洲战略，以增强在非洲的竞争力。美国布什政府策动智囊机构制订了消除非洲饥荒计划、贸易促进非洲发展计划、非洲教育计划以及保护刚果盆地雨林合作计划等一系列合作方案。美国能源部已拟订计划，每年对非洲石油产业投资要达到 100 亿美元。欧盟也推出了《对非战略文件》，为非洲制定一项经济发展的总蓝图，目标是建设诸如交通、电信和铁路服务等跨非洲的基础设施网络。欧洲还在葡萄牙首都里斯本召开了第二届欧非首脑会议，27 个欧盟国家以及 53 个非洲国家的政府首脑或代表出席。西方国家加紧与非洲的联系，显然有与中国竞争之意。

中国还要改进在非洲的工作。西方媒体中有关"中国威胁论"、中国对非"新殖民主义"等论调甚嚣尘上，以离间中国与非洲的关系。它们将中国目前在非洲的行动，说成是试图建立一个依照中国模式、中国思维的新形势非洲殖民区域。强势的西方媒体鼓噪，也在受欧美影响甚深的非洲有一定的市场。有一些政治家对中国的非洲政策表示欢迎，但也有少数政治家指责中国在非洲的大肆产品倾销以及肆意疯狂掠夺资源。中国除了驳斥西方的谬论，也要做增进非洲了解中国的工作。中非贸易不平衡、中国一些商品质量欠佳等问题，也引起某些非洲国家的焦虑和不满。中国应当更加珍惜中国产品的国际声誉，防止假冒伪劣产品和以次充好的产品流入非洲国家，鼓励信誉良好的企业到非洲投资。中国产品的物美价廉，也给一些非洲并不成熟的民族工业带来了压力。南非纺织业由于中国的进口产品潮而丧失了 75000 个工作岗位。对此，中国限制相关产品对南非的出口，以便让南非企业慢慢地来适应中国的竞争。

中国绝不能推销自己的模式。从自身来说，中国模式并非十全十美，还有不足之处。就国际关系而言，中国历来反对强加于人，主张每一个国家应该根据本国的国情来选择发展战略和发展道路。绝大多数非洲国家都曾经历了漫长的殖民地历史，因此对于主权问题异常敏感。中国在这个问题上必须非常谨慎。早在 1985 年 9 月，邓小平在接见来访的加纳总统罗林斯时就说，"请不要照抄我们的发展模式。如果说我们真的有发展经验，那都是根据中国国情总结出来的政策"①。中国只是为非洲国家提供了一个新的参考模式。非洲政治家和学者也明白这个道理。坦桑尼亚总统基奎特说，中国今天成功的发展模式是非洲在未来实现腾飞的样板，其经验能对非洲面貌的改变作出贡献，但真正能改变非洲的并不是中国，而是非洲人自己。②尼日利亚著名学者费米强调：我们从中国那里最应该学习的一点就是，中国完全自主选择适合本国国情的发展道路，由自己来掌控发展的节奏，而不是像许多非洲国家那样盲目听从西方国家的指导。马达加斯加总统拉瓦卢马纳纳强调，非洲需要学习中国的发展经验，但非洲国家和中国的国情不同，非洲的发展不能照搬中国模式。③

（来源：《国际问题研究》2009 年第 1 期）

---

① 《1985 年 9 月 18 日邓小平会见罗林斯》，中国网。
② 《不能盲从西方"指导"，非洲精英效法中国成功之道》，新华网，2006 年 7 月 3 日。
③ 王慧卿：《马达加斯加总统拉瓦卢马纳纳："我们希望自主发展"》，新浪网，2007 年 5 月 22 日。

中国模式与印度模式之比较

尹 倩[*]

  中国和印度是邻国，分别是世界上的第一和第二人口大国。中国和印度都是历史悠久的东方文明古国，都曾经创造了灿烂辉煌的文化，也都曾经沦为殖民地或半殖民地国家。中国和印度都在 20 世纪大致相同的时间进行了改革，两国的政治制度不同，但在过去的 20 年里，经济发展都取得了举世瞩目的成就。最重要的是，两国都是发展中国家，并且是发展中国家中经济发展最快的国家。在许多方面，中国和印度都具有可比性。

  2004 年以来，继美国高盛公司高级顾问乔舒亚·库珀·雷默的《北京共识》发表之后，"中国模式"和"北京共识"成为国际上的热点话题。中国和印度作为亚洲经济发展的火车头，提供了两种不同的发展模式，两种模式具有很多共同性，也具有很强的互补性。客观地比较中国模式和印度模式，不仅能够为两种模式相互借鉴提供一种思路，而且对中国模式的发展和完善具有一定的参考作用。

一 中印两国经济发展的整体状况比较

  中国和印度两国的人口占世界总人口的 38%，两的经济发展关系到世界 1/3 多人口的生存和发展。中国与印度都希望通过经济改革走上现代化的道路，以实现国家和民族的复兴。

---

* 作者系南开大学马克思主义教育学院讲师。

20 世纪 50 年代初到 70 年代末的 30 年，印度的年均经济增长率仅为 3.5%，被已故经济学家拉杰·克里希纳（Raj Krishna）称为"印度教徒增长率"；80 年代经济改革以后的 20 多年，年均经济增长率为 6%，又被称为"新印度教徒增长率"。2003—2004 年印度经济实现了 8.5% 的高增长率；2004—2005 年尽管农业生产大幅度下降，印度国内总产值增长率仍达到 6.3%，这说明印度经济基本状况是健康和良好的。[1]

中国从 1978 年开始实行改革开放，到 2003 年，GDP 年平均增长率为 9.4%。2003 年，中国 GDP 为 1.4 万亿美元，人均 1000 多美元；印度 GDP 为 5888 亿美元，人均 545 美元，中国是印度的两倍多。2003 年中国的经济增长率为 9.1%，高于印度；外汇储备为 4033 亿美元，印度为 1000 亿美元，是印度的 4 倍多。总体上，中国的经济实力要强于印度。[2]

中国经济增长速度快，制造业闻名世界，基础设施比较完备，利用外资成绩明显且对外贸易额占有绝对优势。而印度则拥有一批国际知名私人企业和知名品牌，服务业特别是软件产业具有国际竞争优势，有运转良好的金融体制和较完善的法律体系，并拥有一大批国际化的人才。这两种发展模式各有利弊，究竟哪一种才是真正可持续的增长，这是国际学术界关注所在。

二 中印两种模式的相似之处

中国从 20 世纪 70 年代末开始的改革和印度从 20 世纪 80 年代开始的改革，为两国经济发展注入了活力。两国模式共同的特征在于：在保持政治稳定的条件下，从本国的国情出发，充分利用自身的优势和世界经济发展提供的机遇发展自己，带动国民经济向符合比较优势的方向发展，进而带动国民经济的整体增长。实践证明，中国和印度在保持政治稳定的条件下，推行渐进式改革，是优于"华盛顿共识"所推崇的激进式改革道路的。两种模式的发展有许多相似的地方。

---

① 孙培钧、华碧云：《印度当前经济形势与面临的问题》，《南亚研究》2005 年第 1 期。
② 赵建军：《中国与印度经济发展比较（国际扫描）》，《中国国情国力》2003 年第 11 期。

第一，都推行以市场为取向的改革。中印两国都把"市场化"作为经济体制改革的方向。中国实行市场经济经历了一个较长的过程，传统的计划经济体制在改革的实践中逐渐被市场机制所取代。在总结了十几年改革经验的基础上，1992年中国共产党第十四次全国代表大会明确提出了中国经济体制改革的目标是建立社会主义的市场经济体制。2002年中国共产党第十六次全国代表大会指出，中国的社会主义市场经济体制初步建立。

印度自1991年以来加快了经济自由化和市场化的改革，其主要内容是减少政府对经济活动的干预和取消许可证制度，旨在使限制过多的经济体制转向自由竞争的市场体制。1991年，拉奥上台后，打出了自由化、市场化和全球化旗帜，大力引进竞争机制，充分发挥市场调节作用，改革外贸体制，扩大对外开放，促进印度经济向国际化转轨。2003年12月1日，国际货币基金组织公布的有关印度经济发展的调查报告指出，印度的决策层已经认识到，多年来旨在逐步自由化的经济改革目标已经实现，并被证明具有强大生命力，不仅使印度经济快速增长，而且化解了经济中的不稳定、混乱因素。

第二，鼓励私营经济的发展。中国在对国有经济进行大规模的改革之前，大力发展非国有经济，包括公有制的集体经济、私营经济以及中外合资经济。中国共产党的十五大强调，中国仍然处于社会主义的初级阶段，非公有制经济是社会主义市场经济的重要组成部分，中国将把公有制为主体、多种所有制经济的共同发展作为一项长期坚持的基本经济制度。党的十六大又进一步强调，必须毫不动摇地巩固公有制经济；必须毫不动摇地鼓励、支持和引导非公有制经济发展；坚持公有制为主体，促进非公有制经济发展，统一于社会主义现代化的进程中，不能把两者对立起来。中国和印度一样，都在努力完善私营经济发展的市场环境、政策环境。

印度为了让私人经济发挥更大的作用，使私营企业能够参与重要的经济活动，政府向私人投资开放了更多的部门，公营企业专营的部门由过去的17个减少到6个。过去政府禁止私人向基础设施部门投资，现在则鼓励私营企业参与电力、钢铁、采矿、石油提炼和开发、公路、机场和港口建设以及电讯、航运的发展。目前，这些继续保留的部门仅限于那些与国防和战略有关的工业。印度实行的另外一项重大的改革措施是，政府为了鼓励竞争，取消了多年来束缚私营企业发展的工业投资许可证制度，除了涉及国防、生态环境、某些奢侈品以及为小型工业保留的 14 种工业之外，企业投资不再需要政府颁发许可证。

第三，实行对外开放。中印两国都对外开放了长期封闭的国门，强调经济全球化和融入世界经济。中印两国的对外开放都呈现出渐进式开放态势、全方位开放格局，并且都伴随着国内改革而进行。因此，进行中印经济比较不能离开改革开放这一经济发展的基本动因。扩大对外开放是中印经济发展的共同经验。

中国在对外开放上思想观念发生了根本的转变。中国意识到必须大胆吸收和借鉴人类社会，包括资本主义社会创造的一切文明成果，只有这样才能加快中国的发展，缩小与发达资本主义国家的差距。这种观念的变化使中国政府制定了利用国内和国际两个市场、两种资源的方针。1992 年邓小平南方讲话之后，中国的经济改革和对外开放进入了新的阶段。

印度重新对自力更生下了定义。在实行经济改革以前，印度政府的计划文件常常将自力更生混同为自给自足。1991 年以来，印度开始积极鼓励外国私人投资，努力改善投资环境。例如简化繁琐的审批手续，较快地批复外资的投资申请。外商被允许向 48 类优先发展的工业投资，最高参股率由原来的 40% 提高到 51%。1996 年 12 月，印度的吸引外资政策进一步放宽，对 9 种工业的外国直接投资的参股率提高到 74%，而且可获自动批准。此外，印度还放宽了对资本市场的限制，政府向私人共同基金、国家基金、印度侨民和外国机构投资者开放了股票和证券市场。[①]

三　中印两种模式的不同之处

中国和印度国情不同，双方各有优势和不足，两国采取的发展模式也不同。

（一）中国是以制造业，印度是以服务业特别是软件业为发展的重点

中国和印度两国经济发展的重点不同，中国主要是靠制造业来推动国民

---

① 孙士海：《中国与印度的经济改革比较》，《南亚研究》1998 年第 1 期。

经济的增长，制造业是占主导地位的产业，这就是所谓的"硬件"领先模式。印度是靠服务业的发展来推动经济增长，特别是其龙头产业——软件产业让世界刮目相看，这就是人们所说的"软件"领先模式。针对中印两种模式各自的发展优势，不少学者认为，中国将成为"世界工厂"，而印度则是"世界办公室"。

中国遵循的是传统的工业化发展战略：建立强大的、能给为数众多的农业人口提供就业机会的工业部门，制造业在整个国民经济中已经占到54%，并且工业制成品大量出口。这是因为20世纪80年代中国经济开始快速发展时，以信息技术为代表的新经济尚未兴起；当时中国大量劳动力的素质也不具备进入现代服务业部门的条件；中国城市化水平和居民收入水平低下，制约了第三产业中生活服务部门的市场空间；中国制造业本身落后也制约了第三产业中生产服务部门的市场空间；而长期优先发展重工业的战略，也导致了消费品极度短缺的局面，进而为轻工业的发展提供了巨大的市场空间。在这样的条件下，中国改革以来的经济增长，就从发展制造业中劳动密集的轻工业起步。再后来，随着东南亚国家和地区的产业升级，大量的电子、机械等产品的加工装配环节转移到中国东南沿海地区，带动了中国制造业增长。另外，中国城市化推进和大量基础设施建设，也带动了大宗原材料制造业和建筑业等生产的发展。在这些因素的综合作用下，中国第二产业在改革以来成为经济增长的火车头。

印度则相反，它重视的是服务行业。印度在20世纪90年代开始经济改革时，IT产业已经开始在全球范围内兴起，印度发达的高等教育和以英语为官方语言的优势，为软件业发展提供了条件。IT产业，特别是软件业是印度在世界上最具有国际竞争优势的产业。据统计，印度软件业近几年年均增长率一直保持在50%以上，而世界软件业年均增长率是20%。印度在世界软件开发和特种软件市场所占的份额几乎达到20%。[①] 据印度全国软件和服务公司协会2005年3月28日发表的数据，按美元计算，2004—2005年度软件和服务业产值为205亿美元，比2003—2004年度的产值159亿美元增长

---

① 陈东山：《简论21世纪印度的发展》，《广东青年干部学院学报》2002年第1期。

28.9%；其中出口值达 170 亿美元，增长率超过 35%；内销为 42 亿美元，增长 23.5%。[①] 除了软件业外，印度通过计算机和互联网进行办公室终端服务、信息服务、会计服务、技术服务、咨询服务和各类远程服务的智能产业也方兴未艾。到目前为止，有将近 150 家国际巨头在印度建立了研发中心。而在 2004 年美国《商业周刊》评选的全球 100 强企业中，只有 33 家在中国设立了研发中心。有一句话正在流行："中国是工厂，印度是办公室，欧美是董事会。"这表明印度目前已经显示出其在服务业中对中国的压倒优势。

但是印度的经济发展却忽视了处在中间的制造业。印度的制造业和中国的服务业情况正好类似，从 1990 年到 2003 年，制造业比重基本上停滞在 27.2% 的水平，而 2003 年中国制造业的比重是 52.3%。在印度成为全球研发中心的同时，中国已经成为世界制造业基地。中国在制造业方面为多数人创造了就业机会，而印度只是为那些受过良好教育的精英阶层创造了就业机会。

（二）印度的私营企业比中国发达，国际竞争力强

一个国家经济发展主要是靠企业推动的，因此一个国家的经济实力、经济竞争力和经济发展前景如何，在一定程度上要看该国企业的实力和国际竞争力的高低。在中国和印度都存在国有企业和私营企业，在国有企业的经营状况都欠佳的情况下，私营企业对于中国和印度的经济发展就将起到十分重要的作用。

然而，1949 年新中国成立后，几乎完全消灭了私营经济，也就不存在私营企业了。只是 20 世纪 70 年代末期开始经济改革后，私营经济才在中国逐渐建立和发展起来。到目前为止，中国私营经济的规模不是很大，私营企业的经济实力也不是很强，几乎没有能与大型跨国公司相竞争的世界级公司。

相反，印度私营经济在独立前就已经获得重要发展，在 1991 年经济体制改革以前，印度就已经是一个私有经济占据主导地位的国家。尽管印度从尼赫鲁时代开始，就实行"费边社会主义"，推行计划经济，但它不同于

---

① 文富德：《印度经济增长速度有可能赶上中国》，《南亚研究》2004 年第 4 期。

苏联和中国的计划经济，因为它保留了"私权"，因此很多印度私有企业已积累起了非常丰富的国际经营的经验，并且资金实力也非常雄厚。特别是在20世纪80年代实行经济政策调整和90年代实行经济改革以后，一大批从事信息技术产业、电子通信产业、制药工业、食品加工业、饮料业、服装纺织业、石油化学工业、电力产业、水泥建筑业和旅馆旅游业等经济活动的私营企业或私人财团迅速发展壮大，并很快进入全球化经营。由于从业人员的素质较高，印度成功地培育出一大批目前能够与欧美最好的公司展开国际竞争的公司。这些公司中许多是属于最尖端的、以信息技术为基础的行业，如软件业巨头信息系统公司（Infosys）和维普罗公司（Wipro），制药和生物技术方面的兰巴克西公司（Ranbaxy）和雷迪博士实验室（Dr Reddys Labs）等等。1997—1998 年，在印度的私营财团中，资产额在 130 亿卢比以上和年销售额在 100 亿卢比以上的大财团就有 30 家。在 2002 年《福布斯》评出的世界最好的 200 家小公司中，印度就有 13 家，中国只有 4 家，且全都在香港，中国内地企业榜上无名。[1]

（三）印度的金融体系和法律制度比较完善，中国的基础设施建设强于印度

金融和法律体系属于现代经济的软件基础设施，而交通、通信、电力等属于现代经济的硬件基础设施，就这个意义上说，中国在现代经济的"硬件"方面出色，印度则拥有较完善的金融制度和法律体系等现代经济的"软件"。早在 1994 年 2 月，拉奥总理在瑞士达沃斯举行的世界经济论坛上说，如果说以"硬"为特色的"中国模式"，即中国经济的增长是由物质基础设施和制造业的扩张推动的，那么，所谓"印度模式"，就是以"软"为特色，由它的制度基础设施与企业家精神来塑造。中国的经济实力更多地物化在了建筑物（包括厂房）上面，是硬的，看得见的，而印度的经济实力则由它的潜力决定，是软的。

印度的国情，使之建立起运转良好的金融体制和健全的市场经济法律体

---

① 张贵洪：《印度对中国崛起的看法和反应》，《南亚研究》2005 年第 1 期。

系，使印度获益匪浅。印度之所以成为仅次于美国的第二个软件出口大国，之所以有"世界办公室"的美誉，其完善的金融体制和法律体系起了举足轻重的作用。首先，印度已经形成一个比较健全的市场经济法律系统。由于历史原因，印度直接继承了英国经济立法方面的主要内容，其法律体系比较完善，与欧美国家的法律体系兼容性更好；同时，从 20 世纪 90 年代以来，为与知识经济发展和全球化相适应，特别是在民事立法领域，印度逐步以知识产权法、电子商务法等方面为重点完善立法。经过独立后 50 多年的实践，印度的市场经济法律体系逐渐完善，人们的法律意识逐渐增强，人们已经比较习惯于依法办事，从而可以在一定程度上保证社会经济发展的稳定。其次，印度资本市场的效率和透明度较高，为私营企业的发展提供了基础。印度的金融体系延续了英国人留下来的金融制度，它的银行体系有 130 年历史，印度银行多数都是民营银行，运转良好，坏账率很低，不超过 15%，整个银行体制比较健全，具有较佳的国际信誉。印度股票市场也有百年以上历史。孟买的证券交易所世界闻名。23 家交易所上市的企业超过 6000 家。同时，印度政府也一直重视对股票市场的监管，已经积累了比较丰富的管理经验，使印度的股票市场比较成熟，成为印度企业筹集资金的重要场所。仅 2003 年，印度就获得 70 亿美元国外证券投资。

中国在中共十四大上正式提出建立社会主义市场经济体制，短短十几年的时间，不可能建立起运转良好的金融体制和健全的市场经济法律体系来保证市场经济的顺利运转。所以，随着中国加入 WTO，中国经济和世界经济的接轨，中国经济发展的软环境可能会成为中国经济发展的瓶颈。这主要体现在以下几个方面：一是资金利用率低。印度的国民储蓄率只有中国的一半，外国直接投资比中国少 90%，而其增长率只比中国低约 20%，这表明印度的资本利用效率更高。[①] 有专家打比方说，中国是每年投入 40 美元挣 7 美元，而印度则是每年投入 24 美元挣 6 美元。二是金融监管滞后，呆坏账多。即使经过艰苦努力，银行部门的坏账率仍在 20% 以上，印度银行的坏账比中国低一半。三是与市场经济配套的法律体系亟须完善。

---

① 张贵洪：《印度对中国崛起的看法和反应》，《南亚研究》2005 年第 1 期。

但是，连印度人都承认，在公路运输、铁路运输、航空运输以及能源供应方面印度都不如中国。基础设施建设是印度的薄弱环节，在综合国力竞争中是失分因素。中国经过 20 多年的改革开放，已经拥有较高水平的电力、交通、通信等基础设施，近五年又建设了一大批水利、交通、通信、能源和环保等基础设施工程，这无疑会推动中国的经济发展。据世界银行数据，人均用电量，1997 年中国为 714KWH，印度仅为 363KWH。1998 年，中国电力生产占世界比重为 8.2%，印度只占 3.47%。电力系统的损耗，1997 年中国为 8%，印度却高达 18%。中国在 1998 年拥有电话主线 70 条，印度只有 22 条，1997 年中国电话装机等待的时间不到一个月，印度却需一年。印度公路状况极差，缺少高速公路，港口与机场设施陈旧，交通运输极端落后，能源严重短缺，尤其是石油。基础设施的滞后影响了外国投资环境，严重制约了印度经济的发展。在基础设施建设方面中国领先的优势十分明显。[①]

（四）中国利用外资规模比印度大，外商直接投资多

改革开放以来，中国的经济增长靠的是外资和出口，而印度则靠的是内资和内需。这是两国经济发展模式的最显著的差别。有人说，印度的经济增长是内生的，而中国是外生的。摩根—斯坦利公司的罗奇在《印度觉醒》一文中写道："中国所采取的是一种显而易见的外国直接投资推动的发展模式，这种发展模式的希望在于，外国直接投资所带来的利益能在国内得到扩散；印度所采取的是一种更明显得多的土生土长的发展模式，这种模式目前正在取得全球影响。这两种发展方式都具有自己的缺点。然而，最吸引人的事情之一是，它们都能起作用。"在经济发展战略上，印度没有采纳依靠外国直接投资拉动经济发展的模式，在他们看来，印度对海外印度人和外国投资总体上持怀疑态度，因此转而从本国内部寻求发展经济的动力，并在这一过程中，成功地培育出一大批目前能够与欧美最好的公司展开国际竞争的公司。中国前驻印度大使程瑞生也认为，印度的民族主义情绪较中国强烈，其相当保守的文化传统、价值观也在一定程度上影响对外开放。相比之下，外资对

---

① 赵建军：《中国与印度经济发展比较（国际扫描）》，《中国国情国力》2003 年第 11 期。

中国经济发展的作用是不言而喻的，不仅带来金钱，同时还有技术管理和国际网络方面的好处。当然外商也从中国经济的发展中获得丰厚的回报。中国已经成为吸引外资最多的国家，远远领先于印度。2001 年中国的实际外国直接投资为 468.46 亿美元，占世界总额的 6.4%，印度仅为 34.03 亿美元，占世界总额的 0.7%，中国是印度的 14 倍。2002 年中国为 530 亿美元，印度还是 34 亿美元。2003 年中国为 570 亿美元，印度仅为 40 亿美元。①

但是，多年来利用外资的经验表明，对外资过于依赖则有可能使中国经济面临"外资集中"的风险。同时，中国对外资的利用效率不如印度高。另外，印度虽然在外资总量上落后于中国，但是吸引的研发外资却高于中国。中国在国际分工中得到的利益是很微薄的。另一方面，中国经济的快速增长主要由外国直接投资（FDI）推动，而未来的发展最终还取决于对本国资源的调动。由于印度私营企业发展较快，而且注重自身内部的有机增长，使印度对资源的利用更加充分，比中国由 FDI 推动的增长方式更能带来持续发展。

四　中印两种模式比较的启示

目前还不能说中国和印度的发展模式哪个更好或更差，而是需要以一种历史的眼光来看，即使今后印度经济增长快于中国，也不能简单地得出印度模式优于中国模式的结论。中印的模式都有它的问题，都在发展和不断补充着新的内容。评价一国的发展模式，主要是看这种模式是否适应本国的国情，能否抓住各种机遇，发展自己。当今世界是一个多样化的世界，社会发展模式不是清一色的、一成不变的。中国模式与印度模式都有各自的优势和不足，未来都面临着很多的挑战。中国和印度的国情不同，发展模式各有特色，也有很多互补的方面，只有相互借鉴，才能共同发展。

印度的经济增长模式以服务业为基础是其潜在优势，经济发展潜力大于中国。特别是司法、金融体系比较健全使印度拥有一个更利于本土私营企业

---

① 孙培钧、华碧云：《印度当前经济形势与面临的问题》，《南亚研究》2005 年第 1 期。

发展的商业环境，可以说整体的软环境好是印度最主要的优势，包括私有产权的保护、知识产权的保护、法制的健全与完善及媒体监督等，而这些体制才是吸引外资的最有利的软环境。但是，印度在经济发展过程中也存在诸多问题，诸如官僚主义、人口问题、失业问题、贫困问题、基础设施问题等，都是制约未来印度经济发展的瓶颈。

中国模式与印度模式有很大的不同。中国的经济增长基于以下因素：高储蓄、大量基础设施投资、基础教育普及、快速工业化、日益解除管制的劳动力市场，以及一个向国际开放且有竞争力的经济体。不难看出，中国的经济增长之所以一直远远高于印度，是因为中国在利用全球经济发展所提供机会的程度上远远超过印度，而且中国所实行的社会和经济转型更为深刻。但是，中国增长的主要内部制约是制度性的：缺乏法治，导致产权不明晰，国有企业效率低下以及金融体系存在严重弱点。中国不仅面临国内诸多挑战，还有可能受到外部制约。

需要强调的是：首先，中国与印度两种发展模式所依赖的要素不同，中国模式的选择无法与政体分开，而印度模式则无法与社会结构分开，尤其不能与种姓制度分开。其次，印度实行议会民主制，这是西方世界认同印度的理由之一。当然，也不排除一些别有用心的国际势力借中印比较，或者是抬高印度，贬低中国，或者是散布"中国威胁论"，为的就是破坏中国的崛起，也包括对获取稳定能源供给的争夺。对中国人而言，最重要的问题是，要看到与印度在一些方面的差距，看到努力的方向，尽快地弥补这种差距，不断完善中国模式。

（来源：《理论与现代化》2006 年第 4 期）

不要用我们的标准去评价中国

马丁·雅克[*]　　赵丽　译

在西方有一套标准是专门用于对中国的讨论，中国不是民主国家，的确是，但是中国离我们也并不远。绝大多数国家在它经济腾飞之时，都不是民主国家，西方国家不是，日本不是，亚洲"四小龙"也不是，而印度是个例外。在中国，大约一半以上的人口仍然生活在农村，这意味着中国的经济腾飞——从农业到工业，从乡村到城市——依然有很长的路要走。

有一个很好的解释，为何很多发展中国家在经济起飞的过程中，并没有实行民主制。这是由于远离贫穷是压倒一切的问题，这一理念并不仅仅存在于人民的心中。

中国缺乏民主，这从历史的背景中就能够探寻到。民主制被认为在经济起飞时是一个可取的选择，但是，实际上，对很多国家来说，被证明不是一个现实的选择。如果我们选择不顾历史的背景，我们就是站在了伪君子的立场上，因为我们要求其他国家实践我们自己都没有实践的制度。

政治制度必须在文化背景下讨论。西方的民主是欧洲历史和传统的产物。他们有些原则无疑具有普世性，但是如果认为我们所熟悉的西方的政治制度应该被任何一个地方所模仿，这一个观念就是太轻率了。政治是一种具体的文化形式，它是所有主要的活动中最为守旧狭隘的行为。

以日本为例，我们阐明一下文化问题。日本在经济方面是发达的西方国家，日本在西方眼里是西方式的民主：它拥有全体公民选举权，定期选举和

---

* 作者系英国伦敦经济学院亚洲研究中心研究员。

多党制。虽然拥有西方民主形式的一切外部标志，但是在实际的运作中并非如此。自从1955年以来，自由民主党一直执政，除了短暂的在野之外（不到一年的时间）。因此，自由民主党比其他政党更加具有影响力。

权力既不是在国会也不是在内阁手中。在实际操作中，权力以压倒性的优势植根于国家中，换句话说，权力植根于组织机构中而不是从属于某任选举。尽管合法性存在人民主权中，而日本的治理在实际的运作中并非如此。人民主权的美化在本质上是日本儒教风格的国家。这并不是由于统治阶层欺诈百姓，而是由于他们的假设是日本灵魂的一部分。

反过来看中国，从长远看，毫无疑问，中国的统治将会变得越来越负责任、具有代表性和透明化，当然，在过去的20年里面，这一趋势已经非常明显了，这些在互联网上的讨论在10年前是不可能的。中国的民主方式模仿西方的民主方式也是不可能的，也不会按照那种西方的民主方式运行。

在中国，国家的作用和西方世界中国家的作用是不同的。应该看到，中国不是一个传统的国家而是一个文明的国家——以她文明古国的历史、幅员辽阔的领土和多样性来定义的。

国家不是被看做民族的守护者，而看做是文明的体现和代表。即使中国未来能够拥有广泛的选举权，中国的合法性存在于人民主权中也是不可能的，而是存在于国家中，甚至比日本更加严重。这是由于中国在本质上是一个文明国家，而且事实上是孔子作为国家而不是人民主权的倡议者，其影响力是非常巨大的。事实是中国与西方形成了鲜明对比，在过去1000年里面没有遇到强劲的对手，而只是加强了它的职能。

在这里还有一些因素需要考虑。就规模而言，无论从人口还是地理学意义上而言，中国都是一个洲际大国，而非单单一个国家。当然，民主起源于单个国家，而非起源于多国家，欧洲联盟就是一个非常有力的证明。

而印度是一个例外，在这种背景下，民主在中国的传播方式，在国家的教唆下，是以相对零敲碎打的方式进行的，这和1978年邓小平领导下的经济改革采用了同样的方式。最明显的候选者是香港，目前香港已经有一般的立法委员会是由直接选举产生的，并且中国政府允诺2017年香港特首实现直接选举。如果台湾和大陆能够达成共识（也许在不久的将来），这将是另外一个例子。虽然中国作为一个文明国家，其特征在于它的多样性，但其动力主要在于其内部，而非中国外部的传统。

最后，我们不应该把民主和国家的统治能力混为一谈，虽然中国缺乏民主，但是中国是一个高度集权的国家，并且已经延续了数个世纪。毫无疑问，中国具有高超的治国才能，例如，中国已经证明能够操纵中国的经济转型。中国拥有高超复杂的治国才能的原因植根于它悠久的历史，事实是中国拥有超过五千多年的历史，早期儒家文化的影响以及对这样的国家进行统治是一个挑战。结果是，中国的统治管辖能力已经超过了西方的国家，而中国仅仅是一个发展中国家。

因此，国家的统治能力也是中国影响世界的方式之一。而到目前为止，这一点都被西方所忽视，因为这些问题被简化到仅仅是民主的问题，随着中国的崛起，在未来这些问题不会被忽视。

（来源：《独立报》2009 年 8 月 1 日）

995

九　访谈

"中国模式"的理论诉求

——衣俊卿教授专访

艾　昕

推动"中国模式"在更深层次上的理论自觉

记者：衣老师，近几年"中国模式"或"中国道路"的概念在国内外政界、经济界和理论界出现的频率越来越高，特别是自 2008 年国际金融危机爆发以来，中国的发展道路和发展模式受到更大的关注，您是从事哲学理论研究的学者，您如何看待这一现象？在关于"中国模式"的各种讨论中，基础理论研究能够作些什么贡献？

衣俊卿：我认为这是十分积极的现象，经过 30 年的改革开放，一种既向国际开放，又自主发展、具有中国特色的中国发展模式和发展道路已经形成，并正在展示出特有的发展活力、发展潜力和巨大的吸引力。作为理论工作者，我们一方面为"中国模式"所取得的巨大成就感到欢欣；另一方面也要时刻保持理论的警醒，在对"中国模式"的巨大发展潜力和美好前景充满信心的同时，要看到中国自身发展的基础依旧薄弱，看到中国的发展所面临的复杂的困难和压力。具体说来，如何使"中国模式"在普遍的国际金融危机中，在日趋复杂的国际环境中规避风险、把握机遇，如何使"中国模式"焕发出更大的创造力，为中国的发展提供更大的动力，对世界的发展提供更多可资借鉴的经验，等等，既是紧迫的实践课题，也是重大的理论课题。一句话，"中国模式"不是完成的、封闭的模式，而是不断丰富、不断创新、不断完善的发展过程，积极推动"中国模式"在实践上的不断完善和理论上的不断自觉，是"中国模式"自身进一步发展的理论诉求，也是中国哲学社会科学研究责无旁贷的历史使命。

记者：您能对"'中国模式'的理论自觉"这一命题作些解释吗？

衣俊卿：是这样的，当我强调要积极推动"中国模式"在实践上的不断完善和理论上的不断自觉时，并非断言中国的发展模式本身不具备理论内涵。恰恰相反，一方面，"中国模式"和中国道路本身就包含着中国特色社会主义理论体系，或者是以这一理论体系为指导思想的，其中包含着社会主义民主政治理论、社会主义市场经济理论、社会主义核心价值体系等丰富内容；另一方面，许多经济学家、政治学家分别从中国的视角或全球的视角，从经济的维度或政治的维度，对"中国模式"的内涵、特征、价值、意义、发展潜力等，作了许多理论探讨，取得了很多理论成果。

但是，我们也必须清醒地看到，关于"中国模式"和中国道路还有许多现实的和发展中的重大的、深层次的理论问题需要进一步探讨、研究和解决。实际上，目前无论在国际上还是在国内，关于"中国模式"的理论认识存在着许多不同的、甚至相互冲突的观点。例如，一些发展中国家对中国的发展持肯定和赞美的态度，并努力从中国的实践中借鉴经验，探索自己加快发展的途径；而西方发达国家在对待中国经验和"中国模式"的态度上，既有能够相对比较公正和客观地评价和认识的明智人士，也有很多心怀戒备、警惕或敌意的人士，他们对中国的政治体制和相关问题持否定的评价，从中国的发展中得出"中国威胁论"、"中国责任论"等论调。国内关于"中国模式"和中国道路的认识实际上也存在很大分歧，其中既有过分偏重西方的模式而限制"中国模式"的价值和意义，把"中国模式"限定为特殊的、地方性经验的偏颇做法；也有出于爱国主义热情，甚至出于某种意义上的民族主义情绪而对"中国模式"盲目乐观的极端认识。因此，我们在讨论中既可以看到"'中国模式'他国可以效仿"的乐观结论，也可以看到"'中国模式'不好推广"的谨慎结论。总体上看，真正从人类社会演进和全球发展的大格局中认识中国经验，客观地、全面地分析"中国模式"的理论探讨，相对比较少。这是我们应当正视的问题。我们常常强调要推动理论创新，要在深层次的重大理论问题上寻求突破，在这种意义上，推动"中国模式"在更深层次上的理论自觉，无疑是哲学社会科学最需要创新的重大理论课题。

"中国向度"与"世界向度"

记者：从您的分析可以看出，目前理论界关于"中国模式"的深层次理论研究相对缺乏，您能分析一下这方面的情况，特别是分析一下造成这种状况的原因吗？

衣俊卿：从总体上看，目前理论界关于"中国模式"的研究主要是经济学、政治学等学科的对策性研究和应用性研究，而缺少哲学、价值学、文化学等学科的深层次研究。其结果是，关于"中国模式"的理论分析一般比较简单、比较直接，大多是从中国的经济成就、社会稳定等直接后果来论证这一模式的成功和价值，而缺少基于人类社会发展和全球化进程的大视野，综合政治价值、经济价值、社会价值、生存价值、文化价值的深度理论分析，缺少社会历史理论上的更高的升华，因此，往往无法展示出"中国模式"对于人类社会进步与全球发展的重要价值和意义。

我想从马克思主义中国化的理论研究状况入手，来揭示造成关于"中国模式"问题的理论研究停留于一般的应用理论层面的深层次原因。我在《哲学研究》2008年第12期发表了《探索马克思主义中国化研究的一个新向度》一文。在这篇文章中，我提出了这样一个观点：新时期深化马克思主义中国化研究的一项重要任务是拓宽研究视野，在马克思主义中国化研究中形成"中国向度"和"世界向度"紧密结合的学术视野。我所说的马克思主义中国化研究的"中国向度"，是指把马克思主义基本原理同中国的实际相结合，用以指导中国的实践，并获得理论上的创新成果。这实际上也就是人们通常所说的马克思主义中国化的基本含义，其基本特征是把马克思主义的基本原理或"普遍真理"（主要是马克思恩格斯以及列宁的思想）当做给定的前提，着眼于中国发展问题的解决和中国特色的马克思主义理论形态的表述，因此，主要表现为一个马克思主义"由外向内"的单向输入的向度。而我说的马克思主义中国化研究的"世界向度"，是指要在全球化语境和世界视野中审视马克思主义同中国实际的结合问题，并强调中国经验和中国道路的开放价值，强调中国形态的马克思主义理论在世界马克思主义研究中的话语权。因此，它呈现为中国问题与全球问题、中国文化与世界文化、中国马克思主义研究与世界马克思主义研究的"双向互动"的向度。

我提出这一观点是有针对性的，我发现，"中国向度"和"世界向度"本来应当是马克思主义中国化研究不可分割、相互交织、相互支撑的两个组成部分。但是，在现实的研究中，我们还是在相当程度上发现了这两个向度的分离问题，在某种意义上可以说，目前的马克思主义中国化研究主要偏重于"中国向度"，而明显缺少自觉的"世界向度"。具体说来，在我们的马克思主义中国化研究中常常缺少自觉的国际比较和全球对话的维度，较少考虑如何能使我们的理论研究进入国际学术商谈和理论对话，结果把"中国风格、中国气派"的马克思主义在一定意义上变成只具有"中国特色"的"自说自话"的体系。这样无疑大大降低了我们在事关人类社会进步和全球发展的重大理论问题上的发言权。我认为马克思主义中国化的这种研究状况同我们上述探讨的关于"中国模式"的研究状况密切相关，实际上是同一个问题。

记者：您的这一观点非常重要。经您这样一分析，问题的确很明显，目前大多数关于马克思主义中国化的研究成果确实属于单纯的"中国向度"的研究。您能把这种"单向度"的理论研究的缺陷具体分析一下吗？

衣俊卿：我认为，突出马克思主义中国化研究的"中国向度"，强调马克思主义中国化的宗旨在于用马克思主义基本原理具体地指导中国的实践，这并没有错，这是马克思主义中国化研究的题中应有之义。然而，马克思主义的生命力就在于它不是一个给定的、一成不变的封闭的体系，而是伴随着人类社会的实践和创新不断发展的，在这种意义上，"中国模式"这一发生在历史悠久、人口众多的文明国度中的伟大的实践探索和改革创新，理应对马克思主义的与时俱进和人类社会的进步发展提供积极的理论贡献，它的深层次的理论诉求要求我们必须从全球化的视野和人类社会发展进步的高度，在比较、碰撞与对话中，对之加以理性思考和理论提升，而不能孤立地讨论中国经验、"中国模式"、中国道路、中国文化的价值和意义。

在这种意义上,随着全球化进程的加快和全球化程度的加深,那种缺乏自觉的"世界向度",单独在中国的语境中或者仅仅在应用经济学的层面上解读"中国模式",就具有很大的局限性。我在《哲学研究》上发表的那篇文章中把这种局限性概括为三个方面:其一,封闭地研究中国问题容易使马克思主义的"中国经验"仅具有有限的中国价值和中国意义。我们常常看到的情形是,两批不同的理论研究者各自相对独立地、分别地讨论中国问题和世界问题,常常出现绝对地用世界问题来剪裁中国问题或者绝对地强调中国问题的独特性等片面观点,在这种情况下,无论我们如何强调马克思主义的"中国经验"的价值和意义,还是让人感觉这些只是中国自己的事情。其二,孤立地强调中国文化的独特价值容易使弘扬传统文化成为"孤芳自赏",并且存在着使马克思主义中国化的文化价值阐释走入误区的可能性。例如,有的学者更多地关注马克思主义如何吸收中国文化的成分而民族化和本土化,忽略了马克思主义对于中国传统文化局限性的扬弃,忽略了民族文化通过积极与世界各种文化对话、交流和碰撞,来推动自身的创造性转化和丰富世界文化的内涵。这种脱离世界化而孤立地强调民族化和本土化,很容易降低马克思主义中国化的文化价值,甚至在逻辑上有可能不知不觉地导向海外一些学者的逻辑,即把马克思主义中国化在文化上归结为儒家化甚至封建化。其三,缺乏世界范围内的学术交流、思想碰撞和理论对话,容易把马克思主义中国化的理论价值限定在地方知识的层面上,无法阐发其世界意义。我以为,强调中国特色、中国风格、中国气派绝不是要求这一理论只是与中国的实践有关的地方知识,我们衡量中国特色、中国风格、中国气派的马克思主义的标准不仅应当着眼于对中国实践的理论指导意义,而且应当着眼于在世界马克思主义研究中的话语权和影响力。因此,可以断言,我们在马克思主义中国化研究视野上的一些局限性妨碍了对于"中国模式"的理论价值的阐发。

高度关注国际对话中的理论阐释力和话语权

记者:那您能对哲学社会科学理论研究应当如何自觉地推动"中国模

式"的理论自觉作一些阐述吗？

衣俊卿：这是一个十分复杂的问题，也是需要我们花大力气探索解决的大问题，我对这一问题的考虑也是初步的和表层的。我想，至少有两点很重要：一是应当对"中国模式"的价值和意义作出冷静的、全面的和准确的判断与定位；二是要找到合适的途径对这种价值和意义进行合理的理论建构与理论升华。而这两方面，都要求我们自觉地形成马克思主义中国化研究的开放视野，在现有研究成果的基础上，着力于开辟马克思主义中国化研究的"世界向度"和国际视野，从而形成马克思主义中国化研究中"世界向度"和"中国向度"互补的格局。

记者：请您分别阐述一下您关于这两个问题的理解和基本的观点。

衣俊卿：关于对"中国模式"的价值和意义作出冷静的、全面的和准确的判断与定位的问题，最重要的是应当避免把中国发展模式或发展道路所具有的"中国特色"和它对于人类社会发展所具有的普遍性的启示意义和价值对立起来。在这种意义上，无论是"'中国模式'他国可以效仿"的结论，还是"'中国模式'不好推广"的结论，都是在这种非此即彼的、对立的意义上所得出的简单化的结论，其中都内涵着把某一种发展模式视作唯一正确的或合理的发展模式的理论预设。实际上，历史的经验业已证明，当今的全球化进程更是明白无误地阐明：任何一种具有活力、具有生命力、具有生长空间的发展模式，都一方面包含着特定地域特定国度所特有的文化、传统、环境、资源、人口等国情条件所形成的特质和特色；另一方面包含着在应对发展难题、应答人类生存和社会进步问题、解决社会组织和制度安排等方面所形成的具有普遍性的文化价值和意义。在这里，过分强调某一模式的特色和不可复制的唯一性，就会把这一模式变成纯粹的和狭隘的地方经验及地方知识，而过分强调其"放之四海而皆准"的普遍性，又会否认发展模式的多样性的事实，用某一种作为真理化身的模式去剪裁不同地域不同国家的丰富多彩的发展内涵。

显而易见，这两种对立的观点对于人类社会的发展都是十分消极的和有害的。合理的和全面的观点应当是，一方面，尊重各种发展模式的特色，既不否定，也不全盘照搬某一种模式；另一方面，尽可能地揭示出各种发展模式的重要价值和启示意义，在交往、交流、学习、选择、借鉴、碰撞、交锋中汲取发展的营养和有益的要素。实际上，人类社会和人类文明正是在各种发展模式的交互作用中选择和发展起来的。因此，我们探讨和强调"中国模式"，不是为了在全球推广我们的模式、取代其他的发展模式，而是要通过积极参与全球发展和国际交流，既丰富发展自身又对人类社会的总体发展作出积极的推动。

记者：这也就是您强调的马克思主义中国化研究的"中国向度"和"世界向度"互补的格局吧？

衣俊卿：是的。基于对"中国模式"价值和意义这样的判断与定位，我们上面所提到的第二个问题，即找到合适的途径对"中国模式"的价值和意义进行合理的理论建构与理论升华，也就有了比较清晰的解决路径了。我们的哲学社会科学要通过积极开辟马克思主义中国化研究的"世界向度"和国际视野，来升华关于"中国模式"的理论研究。这一理论研究的基本范式就是全球化视野中的理论对话、思想交锋和文化交流。全球化进程越来越要求马克思主义具有广阔的世界眼光。全球化已经成为不可抗拒的历史潮流，信息化的飞速发展又为全球化进程提供了强大的助推器。在这种历史背景下，马克思主义（也包括其他有生命力的理论）在任何国度的发展和创新都既要关注本土问题与民族问题，又要同时关注世界问题与全球问题，特别要在相互关联的视野中关注本土问题与世界问题；都既要积极吸纳民族文化的优秀成分，同时又要积极在文化交流和对话中增加活力。

具体来说，这种围绕着中国经验、"中国模式"所开展的全球化视野中的理论对话、思想交锋和文化交流，强调的不是封闭的、自说自话的"话语权"，而是国际对话中的理论阐释力和话语权。在全球化的背景中，正如"蝴蝶效应"所形象地揭示的那样，不同地域的各种问题之间的复杂联系越来越紧密，任何本土问题同时也是世界问题，任何世界问题同时也是本土问题。例如，就中国的情形来说，我们所面临的各种问题，微观到粮食问题、人口问题、石油问题、期货问题、股市问题、环境问题等，宏观到价值问题、伦理问题、制度问题、体制问题等，都既是中国问题，同时也是世界问题和全球问题。对于这些问题，重要的不是固守我们自己的话语方式和独特价值而防御性地与众不同，不是在国际上主流理论对话和思想碰撞之外独自阐述我们的见解，而是要基于我们改革开放的成就，基于已经具有很大影响力的"中国模式"和"中国道路"，在积极主动的国际交流与对话中，在全球普遍关注的话语、价值和重大问题上形成我们的理论影响力。特别是在事关人的存在、自由、尊严、人类的生存、社会的发展、历史的进步等重大理论问题的国际主流理论对话和思想交锋中，在现有的西方自由主义的声音、西方马克思主义和各种新马克思主义流派的声音、左翼激进理论思潮的声音之外，应当有越来越多、越来越大的中国的理论声音。这既是马克思主义自身发展的需要，也是"中国模式"的深层次的理论诉求。

记者：感谢您接受本报专访！也感谢您对开展关于"中国模式"的深层理论研究的独特见解。

衣俊卿：这只是一些初步的见解，很不成熟，还需要更深入的研究。

（来源：《中国社会科学报》2009 年 7 月 31 日）

"中国道路"任重而道远

——专访王缉思教授

范勇鹏　褚国飞

中国共产党是"中国模式"的关键

记者：从西方人热议的"北京共识"到"中国模式"，中国独特的发展道路成为社会科学研究的一个重要议题。作为研究国际关系的学者，您能否谈谈对中国发展模式的看法？

王缉思：谈起"中国模式"，我先提一个问题：有没有印度模式、巴基斯坦模式或南非模式？"模式"这个概念意味着一种普遍性，如果存在"中国模式"，那么它应该在世界上其他地区同样具有适用性。西方人提出"中国模式"或"北京共识"，说明中国道路有某种普遍意义。但是这种普遍意义是非常有限的。中国之所以在目前这条道路上取得相当大的成功，根本原因是中国共产党的领导。这一点是任何其他国家都没有的。其他国家，不管是我们讲的社会主义国家还是资本主义国家，其政治条件决定了不可能模仿或重复中国的发展道路。越南和中国有一点共性，但也不完全一样。古巴或朝鲜与中国差别就更大了。那么其他国家，即使也是采取一党制，也与中国式的政党政治模式有很大区别。

今天中国共产党的领导方式，与中国的历史经验和文化传统有着某种联系。我这里所说的不仅仅是历史文化的传承，我今天早晨还在看《宋史》，回到唐朝、宋朝或明朝来看,中国的确具有一种独特的文明。中国文明的一些基本因素,印度尼西亚没有、菲律宾没有、日本也没有。中国有自己独特的道路,日本也有它独特的道路。因此,建立在文明传统基础上的很多政治模式是不可复制的。别的国家要学中国,可能会学到一点皮毛。但是从根本上讲,除非它也复制中国的历史传统、中国的现代化过程、中国共产党的领导,建立中国式的政治体制,说得极端一点,也学习马克思列宁主义、毛泽东思想、邓小平理论、"三个代表"重要思想、科学发展观、以人为本、和谐社会,等等,把这一套东西都借鉴过去,才有可能重复中国的发展模式。如果做不到,那么就无法模仿。非洲、拉美和亚洲绝大多数国家已经实行了多党制。这多党制并不一定代表民主,可一旦采取多党制就很难回头实行一党制。中国坚持共产党领导下的多党合作制,这是一种非常特殊的制度。如果不理解这一点,就谈不上"中国模式",做不到这一点,就不可能走中国式的道路。

具体而言,"中国模式"可以体现为政府与社会的关系、政府与经济的关系等。从这个层次上说,的确可能存在某种形式的"中国模式",或者说把政府主导的一种经济发展模式说成"中国模式"。但是这种政府主导模式未必是独特的。比如说,日本和韩国等东亚国家都是采取政府主导的市场经济和出口导向型的经济发展模式,政府对经济有较大程度的干预。从这一点来看,中国不一定有独特性,那又何来"中国模式"之说呢?说到"北京共识",它主要是相比"华盛顿共识"而言的。它们是不可匹配的。即使是"北京共识"的提出者雷默,也没有说出具体内容,他在书中没有总结"北京共识"到底是什么,而是要由其他人去总结。从根本上说,我不认为有一个"中国模式"或"北京共识"。

记者:中国的发展的确有很大的独特性。那么您如何评价中国发展道路迄今所取得的成果?这种道路又存在哪些问题?

王缉思:中国迄今为止取得了很大成功。经济高速发展,人民生活水平普遍提高。但我们还面临着很多问题。这条发展道路决没有走到尽头,我们还有很长的路要走,比如说我们要实现社会主义民主、法治、人权和更完备的市场经济。这些方面显然还有待完善,我们还有很多的试验没有进行,还有很多的问题没有解决，所以海内外对中国的这样一种发展道路存在疑问。这种疑问也很正常，因为我们自己也会有这种疑问，比如，如何在共产党领导下进一步健全民主和发展人权？再比如，法制与法治是什么样的关系？党的意志同国家法律的关系如何？这些问题从理论和实践上都还没有得到最后解答。还有市场与监管的关系，美国的金融监管出了大问题，那我们又应该如何处理市场、金融和监管之间的关系？还有领导干部的产生机制，究竟如何推进选举？选举在哪些层次举行？中国的省、市领导实际上是中央任命的，而不是地方选举的。你要地方选举，中央政府就会部分丧失调动干部的权力。省里也一样，要让地方政府直选，省一级的行政权力就会削弱。而在中国这样一个具有中央集权传统的国家，直接选举未必能适用于中国的国情。从伦理上讲，选举是一种美好的愿望，但政治要讲究效率和效果。

社会主导引领美国进步

记者：中国的发展并非一帆风顺。十七大以来，党和政府广泛吸纳社会各个方面的智慧，在更宽广的社会基础之上，继续坚决践行改革开放的方针政策。美国历史上也存在着自由主义和保守主义之争，有历史学家称之为"钟摆"。您能否结合美国的发展道路，分析一下中国发展中存在的问题及其解决方案？

王缉思：美国人或者观察和研究美国的人往往强调美国的多元化，但我觉得美国之所以从南北战争以来，能够一直维护着整体的团结，而且内部的凝聚力还相当强，其根本原因之一是我在一篇文章里讲到的"简单划一的意识形态"。美国有一些大家都公认的原理。比如对政府的态度，美国秉承了卢梭以降的观点，即政府是一种"必要的恶"，因为政府很可能是坏的，需要监督。还有自由，自由是美国最核心的价值观，也是其最主要的旗帜。还有宗教，虽然美国实行政教分离，但总体来说它认同于基督新教文明的传承。只要你是美国人，你就会认同这些主流价值观，几乎没有例外。很多移民，在进入美国后都会逐渐认同于这样一个表面多元文化下的主流意识形态。如果说美国意识形态存在"左"或者右的斗争，那么主要是涉及政府和社会的关系：到底是大政府还是小政府，政府多大程度上在社会生活和经济生活中发挥作用。自由主义与保守主义之争，也是政府对经济、社会生活及个人自由进行多大干预的问题。此外，在宗教、种族、多元文明、语言等方面，是更加强调多元化还是强调盎格鲁—萨克逊文化及基督新教的主导地位，也存在着"左"和"右"之争。但不管"左"还是"右"，都承认需要社会公正。

美国与中国和其他很多国家不同的地方，就是它的制度创新、技术创新和自我矫正的机制基本上是由社会来驱动和主导的，而不是政府主导的。整个美国社会对政府的看法和中国很不一致。我们中国人很少想到过可以缩小政府在社会生活中的作用。出了什么事，比如群体性事件、网络色情甚至乱堆垃圾，人们觉得应该有人来管，就要找"单位"、找政府。美国不是这样，如果出了问题，社会就会想办法自己解决、司法解决，当然必要的时候也得找政府。因此美国的政府权力确实比中国小多了。网上在披露中国一些地方政府的豪华办公楼，与它们相比，美国的政府设施显得陈旧得多。其实并不奇怪，因为这两种体制下政府的职能不同，管的事不一样。

此外还有利益集团文化问题。我们应当承认任何集团都有自己的集团利益，任何组织都有这个组织的特殊利益。因而，即使是国企也有其特殊利益，它就可能形成或属于某种利益集团。民营企业就更不用说了。民营石油企业可能会与国有石油企业形成某种共同利益，但两者发生竞争时，它又会与其他集团产生共同利益。因此，多种所有制并存，社会越来越复杂时，利益集团问题也会很复杂。有时看得很清楚，有时不那么清楚，因为政府部门利益和集团利益之间是相互交叉的，政府和企业利益也是相互交叉的。

美国的利益集团相对清楚、相对公开。在美国左中右派的思想斗争中，在地方与联邦的竞争、国会与政府的竞争中，到处都有利益集团在起作用。诸如全国步枪协会对抗枪支管制、支持堕胎者和反堕胎者、同性恋者和族裔集团等，都有公开的社会组织和利益集团的支持。它们都通过游说来诉求自己的利益，而美国是有合法游说机制的。这种机制也在一定程度上容纳了不同意识形态派别之间的斗争，产生了一种自我纠偏的能力。

记者：有一种观点认为，中国今天的发展阶段非常类似于美国"进步主义"时期。那个时期的美国也面临着与中国今天类似的种种社会问题:腐败、食品安全、劳工权利、黑心企业家等。美国经过进步主义运动,以及其后的一系列社会变革,如福利建设、伟大社会和民权运动等,社会得以进步,国内相对和谐。美国的经验和教训对中国有何启示?中国建设和谐社会的关键何在?

王缉思:美国社会进步的关键就是前面谈到的社会主导性,是社会集团自动组织起来,监督政府,揭露黑暗面,也相互制约。当国家出现问题的时候,社会可以自下而上地对政府、大公司、利益集团进行监督、施加压力。

记者:但是,在美国进步主义运动过程中,除了自由媒体揭露黑幕的功劳之外,美国总统和政府在引导社会走向方面也发挥了重要作用。

王缉思:没错,当时美国政府也发挥了某种积极作用,引导了美国社会发展的方向。这就又回到了前面谈到的"钟摆"问题上。历史学家小施莱辛格说美国历史有一个30年的周期,所谓"三十年河东,三十年河西"。在一个阶段,政府扩大对社会生活的影响,加强对市场、企业的监管,刺激经济发展,惩治腐败也需要政府采取措施。可是另一个阶段就会更强调企业的自由发展,强调社会的自我调适,减少政府干预。这就是我们所看到的美国的自我纠偏功能,而从根本上看,之所以能够不断纠偏,正是由于公民社会的核心地位。社会在一种单一价值体系的基础上具有高度的自主性,任何政府和个人都很难改变它,"一朝天子一朝臣"也不会出现混乱。生活在我们的社会中,的确很难想象美国为什么这样运作也行得通,而这一点正是值得我们思考和借鉴的地方。

成功的民族国家建构需要更开放的思路

记者:民族建构是现代化的重要部分。欧洲国家都是在形成了现代民族,并建成现代民族—国家的前提下才实现了现代化。美国也是如此,20世纪以来,美国基于以自由为核心的价值观,借助现代传媒,通过多次战争,在移民社会的基础上制造了成熟而强大的民族主义。中国不是一个移民社会，在中国未来发展中，如何应对国家统一和民族建构的问题？又如何应对美国因素的影响？

王缉思：首先我们应该明确定义。民族有两种意义：一种是文化意义上的民族，如藏族和维吾尔族等，在文化意义上是一个民族；另一种是政治意义上的、现代民族国家意义上的民族，比如藏族和维吾尔族是中华民族的一部分。前后两者概念不一样，后者将中国人作为整体，但各民族在文化和语言上并不相同。同中有异，在当今世界上多数国家都是如此，即使是最正宗的欧洲民族国家也不例外。按照斯大林的民族定义，美国人可以说有共同的地域，但严格来讲，我们不能说美国人都有共同的语言和表现为共同文化的共同心理素质等，因为美国内部有着多元的语言、文化、宗教和人种，但毫无疑问美利坚是一个政治民族。

如果说起民族国家，德国比较纯粹，丹麦、瑞典、挪威、匈牙利、波兰等也都是比较典型的民族国家。在东方比较典型的是日本和韩国。按民族与国家融为一体这个标准，世界上多数国家都不能说是民族国家。从文化上说，印尼不是一个民族，马来西亚也不是一个民族。我们历史上一直是一个多民族国家。历史上蒙古人统治过，满族人也统治过，我们不认为他们统治期间中国就不称其为中国。所以你说到民族构建，中国其实不存在西方意义上的民族构建。许多现代国家独立时，是把不同文化、不同种族、不同语言的人硬捏到一起，这是西方殖民统治的结果，比如菲律宾就是如此。这和中国的历史大不一样，我们要时刻注意这一点。把汉民族文化无意识地等同于中国文化，把儒家文化等同于汉文化，这会造成很多问题的。美国主流文化中讲究一个共同信仰的神（在纸币上印着 In God We Trust），美国总统要手按圣经宣誓。有人说，我们的领导人为什么不能手按《论语》宣誓？当然不行，因为不能说儒家文化是所有中国人的信仰，连提炎黄子孙都会有异议，因为很多少数民族不认可他们是炎黄后代。从这个角度看，我们部分官员的某些认识是不妥当的。像"孔子学院"这样的项目，最好主要由民间力量来推动。

我和约瑟夫·奈合写了一篇关于中国软实力的文章，发表在《世界经济与政治》上。他在初稿中写到，中国文化就是儒家文化（Confucianism），我说不对，给改成了"以儒家文化为特色的中国文化"。

记者：您过去在文章里讲过，美国的移民社会特征和多元文化背景有利于美国霸权的持续。美国《新闻周刊》法里德·扎卡里亚（Fareed Zakaria）在新著《后美国世纪》中称，只有当中国成为移民社会时，才会真正威胁到美国的霸权，您对此有何看法？

王缉思：当一种主流文化不可为外人所融入、所认同时，这个文明就不会成为一个世界性的文明，这个国家也不会成为世界性的国家。扎卡里亚带印度口音，但你不会说他是一个印度人，而是一个美国人。基辛格、布热津斯基、赖斯、鲍威尔、奥巴马都不是盎格鲁－萨克逊白人，但他们都是美国人。可是一个白人或黑人，即使加入中国国籍，或者像大山那样说一口流利的汉语，我们也不会从文化或种族上认同他是同胞。这点和日本人很像，日本人也不会把一个白皮肤的人当成日本人。然而，中国人移民到美国后，只消一两代，就会变成纯粹的美国人，思想也完完全全美国化了。我的意思是说，中国文化不具有这种意义上的包容性和渗透性，中国太独特了。所以，扎卡里亚的观点在这种意义上是客观的。

当然，现在中国人的行为方式也会影响、"教化"一些其他民族、其他文化的人，并能让他们部分理解、接受中国文化。比如，我10年前就曾说，如果中国强大起来，连著名反华派、美国议员佩洛西这样的人，也迟早会改变对中国的态度，现在她果然有所变化。基辛格、老布什、小布什、施罗德、希拉克也早就在某种程度上"中国化"了。中国人在待人接物上感化人的能力，中国文化的这种包容性、渗透力，是很多文化里所没有的。当然，这种包容性在他人看来也不完全是好事。在中西交往的过程中，我们用"大而化之"、求同存异的道德相对论，有时可以化解掉西方人的"原则"，但是不可能无限化解。对外国人来说的一些核心价值，比如宗教信仰，是化解不了的。再比如说气候变化、环境恶化问题，它关系到全人类，包括中国人的生存，对世界上许多人来说，甚至涉及宗教信仰。单纯讲利益的道德相对论解决不了问题。世界最终能否接受中国和平崛起，实现"中国化"，取决于中国发展道路能否成功，中国人的文明素养能否令人羡慕，中国文化在伦理层面上能否不断得到普世性的认同。

中国社会变化影响中美关系

记者：2008 年以来发生了一系列事情，其中最值得国际关系研究者关注的问题之一就是中欧关系的起伏。而中美关系在这些重大事件上却没有发生大的波折。这是否反映了美、欧对中国发展道路的不同看法和对中国和平崛起的不同理解？

王缉思：美国比中国强大得多，所以比欧洲人更容易接受中国力量的上升。同时美国的战略利益与中国的战略利益有许多是兼容不悖的，比如在朝鲜、南亚和中东等国际问题上，美国需要中国。中国实际上也不希望美国经济实力真的衰落。但欧洲同中国的战略利益和安全关注交汇点不多，所以欧洲人短期内很难接受中国崛起，是可以理解的。当然中美关系并不是没有问题，双方都在采取"两面下注"的政策。

记者：中美两国的体制方面有很大差异，正如您过去所说的那样，美国与中国关系经常出现"一个社会对付一个政府的局面"。

王缉思：的确存在这个问题。这是由双方的政治体制和社会模式决定的，既然存在这种反差，我们只能顺其自然。但是现在中国也有新的变化趋势，中国本身也在越来越多元化，学者、社会精英与普通民众的看法有所分歧，精英内部对事物的解读也更加多元。近年来的一系列事件中，民间舆论对中国外交政策也开始发生影响。总体看来，这会有两方面的影响，一方面，中国在外交中也不再仅仅是"政府"，而是具有了更多社会的色彩；另一方面，政府主导舆论的难度也越来越大。中国民族主义上升是一个必然趋势。对于民族主义，我并不是很担心，这是社会心态的自然流露，比如《中国不高兴》，写就写吧，因为它的确反映了社会一部分人的思想，有赞成的，也有批评的。

但是，这里我要强调一点：任何批评都要有最基本的知识基础。现在很多人批评政府的外交政策，左右两方面的批评都有，这很正常。不过，批评者应当知道自己的知识积累有多少。比如我作为一个球迷，可以就英超教练的水平说三道四。但要是真的以为自己比足球教练的水平还高，以为让我指挥才能赢球，那就太荒唐了。你有批评的权利，但总得先想想自己的起跑线在哪里吧？没有知识含量的争鸣，是缺乏说服力的，也不需要认真对待。

（来源：《中国社会科学报》2009 年 8 月 25 日）

改革开放 30 年　中国模式的独特创造

——访王东教授

本刊记者

总体评价：一个主题、两个尺度、五大创新

记者：今年是改革开放 30 周年，作为 30 年来一直关注和研究中国改革开放之路的学者，您对这 30 年的总体评价是什么？

王东：如果要对改革开放 30 年作出总体评价的话，我认为可以用"两个突出"来概括。一是改革开放 30 年伟大成就最为突出，围绕"中国现代化创新"这个主题，初步实现了体制、理论、科技、文化、哲学五大创新；二是中国发展前景更加突出，中国现代化起飞完全可以再持续 15 年之久，创造持续起飞 45 年的"中国奇迹"，而中国特色社会主义市场经济模式必将成为创造新型世界文明的源头活水。席卷全球的金融危机使这一点表现得更加突出。

记者：恰如其分地对这 30 年作出评价和总结，是一个重大课题，也是揭开中国 30 年发展"历史之谜"的关键。对此，您已经给出了一个思路，您以什么标准评价这 30 年？

王东：我只是为试图破解这个谜，提供一个便于总体把握的视角。具体说，我认为应包括"一个主题、两个尺度和五大创新"。

"一个主题"就是现代化。中国改革开放是非曲直,中国改革道路的历史评价,众多具体方针、具体政策、具体工作的评估,都应当从"中国现代化"这个时代主题出发,才可能得出科学结论。

"两个尺度",即"中国历史"与"世界历史"。用"中国历史"作为尺度来衡量,可以看出改革开放 30 年在中国历史、中国现代化历史长河中的历史作用、历史地位;用"世界历史"来衡量,可以看出改革开放 30 年在世界历史长河中、在世界现代化历史过程中的历史作用、历史地位。

中国改革开放 30 年的最大成就是旨在推动中国走向现代化的创新。30 年来初步实现了五个方面的重大创新:体制创新、理论创新、科技创新、文化创新和哲学创新。其中最关键、最基本、最重要的是体制创新。

五大创新:中国的独特选择和独特道路

记者:您提到了改革开放以来的五大创新,人们可能对这一概括感兴趣。在五大创新中,您最为强调和推崇体制创新。体制创新的特点是什么?如何看待体制创新?

王东:体制创新在于根本突破了传统计划经济的僵化模式,开创了中国特色社会主义市场经济体制,解放了人。这是改革开放 30 年中国特色社会主义的最大突破。

20 世纪 30 年代至 50 年代,由于种种复杂的历史原因,形成了以垄断为基础的传统计划经济的社会主义模式,战后又逐步蜕变为僵化模式,成为束缚当代社会主义的枷锁,长达 50 年之久。

改革开放 30 年中国体制创新先后迈出了三大步:

20 世纪 80 年代,采取了"计划经济与市场调节"相结合的过渡措施。

20 世纪 90 年代,以 1992 年邓小平南方谈话与党的十四大为契机,首倡以社会主义市场经济为中国改革目标模式,改革开放迈出了具有决定意义的关键一步。

21 世纪初的 10 年,中国特色社会主义市场经济体制,在深化改革中逐步完善。

记者：理论创新的特点是什么？如何看待理论创新？

王东：理论创新在于根本突破了传统计划经济的苏联社会主义模式，创造了中国特色社会主义理论体系，解放了人的观念。

苏联模式的社会主义，不仅有一套传统计划经济的制度支撑，而且有一套理论体系支撑。

改革开放30年，中国走过了"摸着石头过河"的最初阶段，围绕中国特色社会主义这个主题，先后取得了三大理论成果：邓小平理论、"三个代表"重要思想和科学发展观。

中国特色社会主义不是权宜之计，也不是一个缺少科学理论支撑的不确定的不可持续发展的临时体制。相反，中国特色社会主义已经实现了重大的理论创新，经历改革开放30年的实践检验，形成了中国特色社会主义理论体系。

记者：科技创新的特点是什么？科技创新成就体现在哪些方面？

王东：科技创新在于突破了"科技无用论"的束缚，把现代科技作为第一生产力，解放了生产力。

改革开放30年一大历史性成就，就是制定了以科教兴国为龙头的跨世纪可持续发展战略，力求把经济建设的路子转到全面提高人的思想文化素质的现代化轨道上来，推动了中国走向现代化的科技创新。

改革开放时期，是中国科技教育大发展的黄金时代。改革开放初期，全国科技人员队伍有500万人，而到世纪之交，全国科技人员队伍已发展壮大为3000万人的大军，独立研究机构6000多个。培养科技人才的大学，改革开放初期有600多所，如今已经发展到1000多所。

2008年神舟七号载人宇宙飞船上天，并实现了宇航员出舱行走。中国成为继美、俄之后第三个掌握了这一先进航天技术的国家。这是改革开放30年科技创新巨大成就的最集中体现。

改革开放30年间，科技创新已成为中国发展的火车头和中国现代化起飞的重大动力。这是改革开放30年中国社会的一大进步。

记者：我国改革开放以来的科技大发展、大进步以及取得的一系列重大成果，是我国改革开放30年最为亮丽的一道风景线。您说的文化创新的特点和意义是什么？

王东：文化创新在于打破文化蒙昧的枷锁，迎来了文化教育创新的早春天气——解放了人的精神。

改革开放 30 年的历史性成就之一，就是彻底克服了"左"的禁锢和文化萧条，出现了"百花齐放，百家争鸣"、"高扬主旋律，提倡多样化"的文化繁荣景象，形成了独立自主、改革创新的时代精神和爱国主义、振兴中华的民族精神，以及中华文明现代复兴的思想文化潮头，开始了文化创新的伟大历程。

对于源远流长的中华文明现代化来说，文化创新具有生命攸关的重要意义。

记者：我注意到，在您概括的五大创新中，特别提到了哲学创新。哲学是人类的最高思维，涉及人的思维方式和价值观念，而思维方式和价值观念的变化是最根本的变化。怎样理解哲学创新？哲学创新经历了哪些阶段？

王东：哲学创新意味着世界观、人生观、价值观发生了重大变化，人们的精神世界与核心理念发生了重大变化，人们的思想解放了、精神解放了。这一点，正是改革开放 30 年在中国引起的最深层、最根本、最长远的变化。

改革开放 30 年是思想不断解放的 30 年，也是哲学创新的 30 年。哲学创新是思想解放的内在实质与内在动力，思想解放是哲学创新的表现形式与社会功能。

哲学创新与思想解放不是一次完成的，伴随着哲学创新、思想解放的三次来潮和传统观念、僵化观念的三次突破。

第一次是 1978 年前后，开展了真理标准大讨论。这是新时期哲学创新、思想解放的第一次来潮，当时重点突破的是"两个凡是"的僵化观念。

第二次是 1992 年前后，以邓小平南方谈话与党的十四大为契机，开展了价值标准大讨论，迎来了新时期哲学创新、思想解放的第二次来潮。这次重点突破的是"姓社姓资论"，把社会主义市场经济确立为改革开放的目标模式。

第三次是 21 世纪以来，随着科学发展观的提出，正经历着新时期解放思想与哲学创新的第三次来潮。这次重点突破的是妨碍科学发展观贯彻落实的僵化观念，实现发展观念和发展方式的根本转变。

记者：可以说，五大创新为人们评价和总结改革开放提供了比较全面的视角和客观的坐标。五大创新之间是什么关系呢？

王东：改革开放30年的五大创新，都是围绕"中国现代化"这个主题展开的，形成一个有机整体，支撑着中国现代化第一次成功地走过了起飞期、临界期和关键期。

五大创新是相互关联的。体制创新是全面创新的核心内容，其他创新的制度保证，系统创新的中心环节。中国特色社会主义的制度创新，其中根本的是社会主义市场经济的体制创新，开创了现代化起飞的"中国模式"。

理论创新既是实践创新的理论指导，又是实践创新的理论总结。中国特色社会主义理论体系的系统创新，使中国改革开放开辟的创新之路，既超越了僵化模式，又避免了"休克疗法"，社会主义市场经济新型体制走向制度化、规范化、完善化。

科技创新是现代化创新的关键所在，是系统创新的动力源泉。

文化创新则使中国现代化有了文化基础和精神支柱，有了新型价值观念的文化土壤与文化氛围。

哲学创新既是中国现代化的思想先导、深层底蕴，又是其哲学总结、智慧升华。

五大创新开创了既不同于苏联模式、也不同于西方新自由主义"华盛顿共识"的中国模式，在世界历史上创造了一种独特选择。

历史坐标：中国改革开放的纵横对比

记者：其实，改革是始终伴随着人类历史的。具体从纵向来看，我国历史上曾不断出现改革与开放的呼声和浪潮，也不乏改革家的大智大勇，但是，几乎所有的改革都流产夭折。如果把我们这30年的改革与我国历史上的众多改革相比，您有什么想法？

王东：中国历史上出现过"三大盛世"，即西汉初期的"文景之治"、唐代前期的"贞观之治"、清代初期的"康乾盛世"。但在我看来，就发展变化的深刻性、持久性、经济增长的高速度来说，我国 30 年的改革开放堪称"第四大盛世"，完全超过"三大盛世"。中国历史上也出现过三大改革，即春秋战国时代商鞅变法、宋代王安石变法、明代张居正变法。而改革开放30 年，中国共产党人开创的当代改革，比上述三大改革，更持久、更深刻、更富有成效，影响更为深远。

记者：从横向来看，改革开放也是世界性的大趋势。我国的改革开放与西方发达国家、国情相同的发展中国家及制度相同的国家相比有什么不同？

王东：如果以欧美等西方国家为参照系，可以看出，中国改革的最大创新是把社会主义与市场经济结合起来，开创了社会主义市场经济体制，在现代化历史上独树一帜，从而超越了西方资本主义市场经济的现代化模式，超越了新自由主义的理论框架，为经济全球化时代的人类和平发展提供了新的可能性、新的发展道路、新的模式选择。

如果以印度等发展中国家为参照系，可以看出，中国超越了多数发展中国家一度采取的模仿西方、追赶欧美的依附式发展战略、发展道路，勇敢面对经济全球化时代，独辟蹊径地开拓出一条新的和平发展道路。

如果以苏联为参照系，中国 30 年改革开放，突破了苏联僵化的社会主义模式，开创了中国特色社会主义道路，创立了中国特色社会主义理论体系，使改革沿着社会主义方向大步前行。

"五朵金花"：中国概念的新鲜内涵

记者：我们已经回顾总结了改革开放 30 年理论与实践的伟大创新，并且将改革开放 30 年放到中国历史和世界历史长河中进行分析对比，这有助于我们更好地理解"中国经验"、"中国奇迹"、"中国模式"、"中国道路"和"中国精神"这些独特的中国概念。您对这些"中国概念"的内涵及历史定位是如何理解的？

王东：这五个新概念，犹如当代理论思维的"五朵金花"，是对波澜壮阔的改革开放 30 年的生动展现。这里只能画龙点睛式地加以概括。

"中国奇迹"的主要标志。西方国家通常以 5% 以上的速度持续发展，从而实现现代化经济起飞，只能持续 10 年左右，日本及东亚周边国家也不超过 20 年时间。而中国则以接近 10% 的速度发展，经济起飞持续 30 年，并有望再持续到 45 年左右。13 亿中国人解决了千百年来困扰他们的温饱问题，走上了奔小康的道路。

"中国模式"的鲜明特点。中国开创了以社会主义市场经济为特征的中国特色社会主义现代化模式，这是世界现代化模式上的一大创造，是当代社会主义历史上的一大创造。

"中国道路"的本质特征。当代世界历史上流行两条发展道路，一条是西方资本主义市场经济发展道路，另一条则是苏联模式的传统社会主义计划经济发展道路。中国改革开放 30 年异军突起，真正开创了"第三条道路"，即中国特色社会主义道路，其本质特征是社会主义社会制度与市场经济运行机制的有机结合，这是中国特色社会主义发展道路的典型特点。

"中国经验"的历史特点。面对经济全球化、政治多极化、文化多元化这一当今时代发展的三大潮流，中国创造了独具特色、充满东方智慧的经验，即"改革开放，积极参与，稳健可控，后发制人"的发展战略，最终达到综合创新、后来居上的目标。

"中国精神"的深层内涵。改革开放 30 年，把"自强不息，厚德载物"的中国古代民族精神和"万众一心，振兴中华"的中国近代民族精神，与改革创新的时代精神结合起来，形成了富于时代精神的现代中华民族精神。"面向世界、走中国道路"是"中国精神"的思想真谛。

未来前景：推进改革开放需破解五大关系

记者：中国改革开放 30 年，成就突出，这是毋庸置疑的，但积累的问题也比较突出，这是我们必须正视的。中国改革开放的前景如何？继续推进改革开放要面对哪些挑战、需要解决哪些难题？

王东：我认为，中国成就是发展中的成就，中国问题是发展中的问题，中国前景是发展中的前景。只要有了科学发展观，在发展成就的基础上，解决发展中的问题，中国发展前景不是更大吗？

当务之急是，在经济全球化的世界历史背景下，尤其是在全球金融风暴、世界经济衰退的情况下，要使中国现代化起飞的发展大势再持续下去，千方百计地防止其发生中断、逆转或低落。

需要思考和面对的最大课题是，使持续 30 年的中国现代化起飞势头再延续 10—15 年，并且实现发展模式的根本创新，走上科学发展新道路，构建和谐社会，全面建设小康社会。

要实现这一发展前景，首先要继续解放思想，实现科学发展，更好地解决事关中国特色社会主义创新、全局的五个关系问题。第一，在经济层面，解决公平与效率关系问题，缩小两极分化，走向共同富裕。这是实现科学发展、构建和谐社会的经济基础。第二，在政治层面，解决政治改革与经济改革发展相互协调的关系问题，特别是如何创建民主监督体制，以防止官僚腐败蔓延的问题。这是实现科学发展、构建和谐社会的政治保证。第三，在文化层面，正确解决马克思主义新文化、中华民族文化和外来西方文化的关系问题，防止在全盘西化与国粹主义两极振荡。这是实现科学发展、构建和谐社会的精神支柱。第四，在自然生态层面，解决中国经济发展与生态环境保护的关系问题，坚决有效地防止生态、环境、资源的恶性破坏。这是实现科学发展、构建和谐社会的物质基础、自然前提。第五，在价值观层面，解决价值倾斜的问题。彻底打破官本位、权力本位和金钱本位的价值观念，确立义利统一的价值观，支撑起中国特色社会主义价值体系，这是一个命运攸关的大问题。

（来源：《教育前沿·综合版》2008 年第 12 期）

我宁可改革速度慢一点

——对话甘阳

本刊记者

一 我喜欢孔子的名言"吾从众"

《人物周刊》："政治技术"是政治人物必需的。学者发表观点，恐怕也有"理论技术"，否则不容易被接受。您本人的技术怎样？

甘阳：我现在的"说话技术"可能比从前好点吧，20世纪80年代我看什么人讨厌说不定就骂将过去了，现在看到很可笑的人也就笑笑。很多人没自知之明，骂了也不长进。

《人物周刊》：能不能列出几个您比较尊重的论敌，您尊重他们的理由？

甘阳：我觉得我在国内谈不上有什么论敌，即使我卷入某些争论，也很少会想到某个具体人物，一般都是针对某种比较流行的东西，但鼓吹这些流行东西的人，说实话我都不大会尊重，我不会把他们当成论敌。

我心中真正的论敌是当代西方的自由派和新左派，我尊重他们中的一些代表人物，例如罗尔斯和福柯，但对他们的思想很有保留。不过我对西方更大多数的自由派和新左派学者或许就不大尊重甚至很不耐烦，他们说的也基本都是些流行话语而已。现在很多中国人只要一看是洋人的文字，就以为一定有什么道理，其实很多都是屁话、废话。

《人物周刊》：有些学者认为，和政治合作，会使得知识分子丧失独立性。

甘阳：这要看"政治"两个字什么意思，或许这里改用"权势"更好。我很主张学术和思想要独立于权势，但今天很多人意思比较窄，主要指政府，这不诚实。今天这世界最有权势的未必是政府，而是市场、大公司、你们媒体，特别是西方媒体、西方舆论、西方流行话语。今天思想学术独立于政府其实是比较容易的，独立于市场，独立于大公司，独立于你们媒体，才是真正难的。因此最好不要自我标榜，要诚实地问自己在标榜批判的时候，是否实际是在依附某种更强大的权势。这个问题今天必须提出，现在有太多不诚实。

《人物周刊》：公众的选择不一定理性，假如您说对了，却因违背"常识"而不被公众接受，是否会作妥协，改出"修订版"？

甘阳：我喜欢孔子的名言"吾从众"，比苏格拉底高明。现在有些人非把孔子变成苏格拉底那样的"牛氓"，无非是将孔子扮成现代意义上的"批判知识分子"，这是把孔子现代意识形态化。施特劳斯最深刻的一个看法是，柏拉图全部对话和色诺芬全部著作，实际是要修正对苏格拉底的流俗看法，亦即苏格拉底并不总是要反对一切常识一切习俗，而是维护常识和习俗的正当功能。苏格拉底并不是知识分子。

二 没有保守主义不可能建立法治

《人物周刊》：如果思想界有派别，您怎么定义自己的派别？

甘阳：有个招牌可能是新左派。大家都认为你是新左派，我也不想否认，虽然我心里怎么说是另一回事。其实我自己定位，大概会觉得我身上更多保守主义倾向。我认为中国非常需要保守主义。社会总有不理想的情况，有非正义，有不合理，但不一定是靠推翻可以解决的。有时你必须容忍。这在西方是一个常识，而中国100多年来都是激烈变动的社会，基本认为改就是好，总比不改好。

但我特别强调一点：没有保守主义是不可能建立法治的。法治的前提，不是在于法律如何完善，恰恰在于即使是不合理的法律甚至恶法，只要没有通过法律程序废除，也是法，也要遵守。法治的根本不在于外在有多少法律条文，而在于公民守法的习惯和心态。你可以批评某法条，提出修正，然后力图以法律方式来修改法律。法律修改方式意味着什么？意味着一定非常漫长。我们中国人很没有耐心，我们要立竿见影。美国的宪法修正案，200年来一共只通过27条。为什么？本身就是一种延缓的策略，把你最情绪化的时间耗掉，避免在社会压力很大的时候轻率改革。

但我们中国人不大能够容忍这样，通常要求立即"给个说法""给个公道"。假设发生一个案子，民众怀疑干部贪污，在西方包括中国香港会进入一个非常漫长的调查、取证、开庭辩论最后判案的过程，公布结果的时候，大多数人已经根本不关心了。我们这里只要一报道，大家都认定他一定有问题，群情激奋要求解决。

这是中国相当特定的情况：要求法律不以它自身的节奏和逻辑来解决问题，而是迅速达成效果。以这样一个心态，很难建立法治社会。法治是在人心中有制度，建外在法律很容易，人心里是不是把法当法是法治的关键。这和保守主义传统有很大关系。英国、美国的保守主义传统都很强大，保守主义就是反对轻率改革，这个传统和自由传统并不矛盾，有保守主义才能保证自由。

我觉得保守的态度有良性作用，包括生活方式上的保守，不成天追求日新月异。其实我们从做人可以看出，一个人成天追求新奇我们并不觉得是个特别好的人，我们会希望人有一些稳定的素质。不仅仅是文化，包括政治、经济、社会，我都倾向采取一个更保守主义的态度而不是急于求成。我宁可改革速度慢一点，但是稳定地改革，方向更好一点，效果更好一点。

三　西方比我们的意识形态复杂得多

《人物周刊》：对您来说什么问题是根本问题，不解决就难以心安的？

甘阳：对我来说，20多年来一以贯之的，就是如何理解西方和如何理解中国。这是一个非常非常大的问题，我始终认为，理解中国很重要的基本功是理解西方。100多年来，我们都是根据我们对西方的了解来看中国，所以对中国的看法背后一定有你对西方的看法，对西方的看法改变了，对中国的看法也会改变。马克思主义的西方是这样一个西方，20世纪80年代以后，市场经济的西方是那样一个西方，你以为这就是西方，然后用来衡量中国，老是在检讨中国的问题。但是我觉得，我们对西方的认识远远不足，西方比任何这样一个简单的意识形态要复杂得多。

比如我一再问的问题，你如何理解美国近三四十年的中心线索——美国自由主义和保守主义之争？如果不了解这个线索你根本不可能了解美国政治。小布什上台以后，我们说，美国是保守派执政。到底是什么意思？这和它三四十年来的政治变化有极大关系。哪些问题上有大的争论？实际上我们仍然不了解。

我去年（2007年）在清华讲两门课。给法学院研究生讲美国违宪审查制，内容就是研究美国的宪法案例。你必须读重要案例的判词，特别是比较重要的案例，美国最高法院往往是5∶4判决，亦即大法官们本身就意见不同，要仔细读赞成者说了什么，反对者说了什么。了解关于案子的争论，包括最高法院的争论、法学界的争论，才能真正了解美国法律。否则三言两语一说，又是自由胜利了民主胜利了。不是那么回事。

然后另一门课我给本科生讲美国自由主义和保守主义。所有人都听得非常吃惊：我所讲的美国不是他们平常所了解的美国。当然所我讲的是更符合现实的美国，这个我非常自信，而且我都是有文本的。我们想当然认为我们都是天生的自由派，同性恋是好的，为什么美国如此反对？为什么美国反对废除死刑？这是保守主义非常重要的立场，背后隐含着对政治秩序、社会秩序以及道德秩序的看法。保守派认为，那些变化（同性恋等）都是在败坏美国社会原先健全的道德机制。这些争论对我们其实是很有意义的。

我对美国保守派或美国所谓"社会文化保守派"是比较同情的。并不是说赞同他们所说的一切，但你必须了解为什么他们有这么多的支持者。而且在政治上看非常清楚，现在的民主党，希拉里他们有些话，换成20年前说，都会被定义成右派，也就是说现在整个自由派的语言已经大大保守派化了。这个是保守派三四十年来的重大成功。

四　我的话五年以后就没有人觉得是刺激

《人物周刊》：您有一个说法，认为一流学者不必要也不可能做太多具体研究，有人因此认为您并不了解中国社会现实。

甘阳：我有很多不了解的东西，但是总体的发展脉络，我基本了解，甚至在美国时我都觉得我比较了解，我没怎么"洋泾浜"化。对中国的了解有很多层面，每个中国人都知道中国很多很多事，但怎么理解？我们经常因为知道一些事情就以为了解，其实我们不了解。

出国前我西方学术著作什么都看，就是不看人家研究中国的东西。我想当然认为中国问题就不用看西方的研究了，这些肯定是西方学界边缘的三流以下的人物，咱们只看一流学者的东西。到了美国以后开始看，非常吃惊，特别是他们对当代中国的了解。比如有个研究是关于中国一项水利工程的决策过程，官方有意识地开了一部分口子，他们都是美国政府的顾问，经中国政府的允许接触了很多部门，研究得非常具体非常细致。实际上，就是从一个工程看中共政策决策的过程。我看了非常吃惊：都不知道！我就发觉中国的事情很怪。你在中国并不怎么知道，反而他们对中国的了解非常厉害。

《人物周刊》：我对您《将错就错》里讲的在香港上下班时间等人感觉自己在"挡道"印象很深，我想很多急于推动社会"进步"的人也会觉得您持保守立场是在"挡道"。

甘阳：据说北京年轻学人对我有一个形容，特别形容我90年代，说甘阳是思想界的扳道工，火车本来开这头，他一扳却开那头去了。

其实你去看，正面批评我的文章不多。我基本上知道哪些地方他会不同意，哪些地方他会特别受刺激。但我的话极有可能5年后就没有人觉得是刺激，都认为我讲的是对的。不谦虚地说，大多数他们想的问题基本都是我早想过的，我想得比他们早，知道哪些地方他们跟不上。

90年代我最刺激的文章是《自由主义：贵族的还是平民的》，当时刺激了很多人。现在来看，我谈的问题应该说是社会共识，没人认为这个问题不存在，但当时都跳起来了。实际上我说的就是把"市场意识形态"绝对化后导致的一个非常严重的问题：大家都以为找到新的真理了，和从前找到共产主义一样。

结果是知性上往下走道德上也往下走。你本来不能容许的问题现在有一个大的意识形态帮你解决了。比如腐败、一切向钱看，一个文人怎么会同意呢？作为文人，意味着文化是他最高的价值，不是说他不在乎钱，但绝不会把钱看做最高价值。

最近几年我最"刺激"的文字大概是《中国道路：三十年与六十年》，强调不仅仅是三十年改革，而且建国后六十年的道路要整体地看。很多人对这文章很不高兴，但我相信再过 5 年"三十年和六十年"的说法就是常识了，本就没有什么好反对的。

五 我最关心的就是中国的自我期许

《人物周刊》：重印的《古今中西之争》的结尾，特别用大字体突出了"天不负我辈，我辈安负天"这句话。怎么理解这个"天不负我辈"？现在来看你们这辈人的作为，是否可以说"不负天"？

甘阳：我对我们这辈人总体上并不是很满意。中国是个急切变化的社会，在中国需要不断想新的问题，不断更新、调整自己，对西方和中国都要反复看。

目前中国的学术，包括媒体的话语，基本上是 20 世纪 90 年代形成的固定的话语和基本的想法。而 90 年代的话语和想法是最不可靠、最值得检讨的。但很多人已经既不能也不愿检讨，把自己弄得很忙，没有闲暇。没有闲暇是不可能思考的。一定要有闲暇，然后你才能想一些基本问题。

80 年代、90 年代每个人都作了一些贡献，77、78 级的人应该说贡献比较大。但 90 年代并不那么理想。我希望大家都能重新来看，因为那时形成这些想法有特殊原因，有一些对人影响比较大的事情。80 年代是探索型的，不断在想新的问题，活跃得多，90 年代逐渐定型。定得比较好也可以，问题是定得很不高明。

而且我担心的是这个"气"。一代又一代知识分子他有一个基本的底气，这个底气是对中国文明的一种自信。中国文明不是新加坡式的小国，自我期许必须比较高，你要相信，你这个文明是有潜力的。中国香港、新加坡不可能也不需要有太高的自我期许，只是"跟"就可以了，它对人类文明没什么责任。中国人应该想原始性问题根本性问题。这口气一直到 80 年代都有，

90 年代以后越来越消逝了。这是比较奇怪的事情。没有气你做什么事呢？那真的不要做了。

你问我最关心的问题，我最关心的就是中国的自我期许是什么。你作为一个中国学者，你的自我期待是什么？中国文明整体性的一个自我期许是什么？

（感谢中山大学哲学系黄俊松、《21 世纪商业评论》张翔提供帮助。本刊记者郑廷鑫亦有贡献）

（来源：《人物周刊》2008 年 7 月 28 日）

哈佛"中国通"谈中国研究与中国模式

——傅高义教授专访

孙中欣

中国研究源于美国需要

孙中欣：从 1949 年新中国成立，到 2009 年正好是 60 年。从这 60 年中国走过的道路来看，有两个问题值得我们在今天进行反思：一是世界范围内的中国研究这些年来经历了哪些变化；二是中国 60 年的发展道路给世界留下了什么启示。我想请您谈谈对这些问题的看法。

傅高义：中国学方面，我主要谈谈美国的中国学，同时也包括欧洲以及其他国家和地区的中国学。第二次世界大战后，中国研究的范围还很狭窄，当时研究中国的学者主要是谈中国的历史、语言和文学，研究中国的社会、政治和经济的不多。在美国，中国研究发展比较快的时期主要是 20 世纪 50 年代。但是由于当时处于麦卡锡时代，中国问题是一个很敏感的话题，我们研究中国存在一些问题。我认为当两个国家处于敌对关系时，双方相互间比较接近的人的处境都很艰难。所以当时跟美国有点关系的中国知识分子的日子比较难过，我觉得当时你们中国对美国比较友好的知识分子很辛苦。我们在美国也有类似的境遇，但不如中国的那么严重。所以我当时对中国的研究也不多，这种情形一直持续到麦卡锡时代结束。

你刚才说到，新中国已经 60 岁了。中国是一个有几千年历史的国家，而美国是一个很年轻的国家，才 200 多岁。所以美国的各个方面，包括政治制度，都改变得很快。到 1960 年前后，情况就有了很大的改善。

当时美国有一个"社会科学研究委员会"（Social Science Research Council，简称 SSRC），这个机构比较接近你们的中国社会科学院，但性质不一样。我觉得中国社会科学院有半官方的性质，而 SSRC 的成员是大学里面的学者和专家，包括社会学、政治学、经济学、人类学等各学科。很多大学的专家学者参加了 SSRC 在 1960—1962 年间举办的几次专家研讨会。其中，哈佛大学费正清中心、哥伦比亚大学和西雅图华盛顿大学在中国研究方面是最为成熟的。此外，美国还有一个人文学科的组织 ACLS（American Council of Learned Societies），它与 SSRC 类似，代表文学、语言学、哲学等学科，是一个专门搞文化研究的机构。当时在美国这是两个比较成熟的研究机构。

说到中国研究在美国的发展背景，不得不提到美国当时的情况。第二次世界大战前，美国奉行孤立主义，很少参与全球事务，第一次世界大战后建立的国际联盟美国也没有参加。但是第二次世界大战后，美国人认识到这个世界已经是个全球化的世界，而美国的确已成为一个大国，也就是你们中国人所说的"超级大国"。美国人认为自己应该担负起世界责任，应该多发展地区研究。过去，进行地区研究的人群都是一些"古怪"的人，他们主要是为了自己的兴趣爱好而研究。但是第二次世界大战以后情况发生了改变，美国政府开始意识到自己的国际责任，需要多了解全球的情况，美国的社会科学也应该加强对全球各个地区的研究。因而，地区研究已经不再单纯受学者个人意愿的驱使，而是一种国家有意识推动的研究计划。我认为美国当时的情况很接近中国改革开放初期，当然具体动机有所不同。中国当时是觉得自己落后，要了解外国情况以多向他国学习，是为了发展；美国是在第二次世界大战后意识到应该多了解世界各国的情况，应该发展和扩大地区研究，是为了服务其国家战略。

孙：加强地区研究是受美国当时的国家需要推动的，那中国研究的具体情况如何呢？

傅：当时我们觉得美国对 1949 年后的中国和中国共产党认识很不够，因此 1961 年后，美国社会科学界的一些代表在 SSRC 组织了一个由 20 多名专家学者组成的社会人类学小组，专门讨论加强地区研究。我也参加了该小组的讨论工作，我们认为美国大学在中国研究方面应侧重政治学、社会学、人类学和经济学等方面，并提出了硕士学位以地区研究为主、博士学位以学科为主的方案。此后我们每年定期开会，讨论的主要内容包括：如何开展对中国社会的研究，以什么标准选择哪些参考书目，资金来源是什么，专门的图书馆应该怎么安排，以及如何培养学者，等等。为了发展中国研究，美国社会科学界连续 5 年一直定期组织专题小组进行讨论，我们社会人类学小组讨论如何发展中国社会学，同时还有讨论中国经济和法律等专题的小组。

当时参加讨论的社会学、人类学学者中，我算是比较年轻的。我个人认为我们是比较客观的，虽然初衷是服务于美国的世界地位，但是我们很客观，不仅仅是爱国主义，不仅仅为了美国，也为了全世界的和谐，为了增进彼此之间的了解。这是 20 世纪 60 年代初中国研究的情况。

当时的专家小组比较小，讨论的问题比较大，但是参与的人不多。主要是前面说到的三所大学的学者，同时也有我们的博士生。这些博士生毕业后到了伯克利、密西根等高校。20 世纪 60 年代有很多学生毕业，他们中有很多都进入了中国研究领域。当时找工作很容易，拿了博士学位肯定能够去重要的大学教书。当时各大学里研究中国问题的都不多，所以我们互相交流、共同进步。后来研究中国问题的博士生开始使用当时最先进的研究方法和最好的理论来研究中国问题，以显示他们在这个学科领域研究得很深，学问做得很好。在我这样较老一辈的人看来，这种研究方法可能太专太狭隘了。现在的社会科学的博士生很多，可以用很严谨的研究方法，也使用很高深的理论，但是普通人读不懂他们的文章。他们发表文章好像只是为了表示他们是真正的专家，是为了专家而写。我们最早开始研究中国的目标不仅是为了我们学者本身，还担负着让美国和美国民众多了解世界的责任。但是现在的专家越来越多，研究对象却越来越狭窄。

基金会资助了中国研究发展

孙：您当时在哈佛大学开设了哪些课程，都是什么样的学生来听课？

傅：我第一次在哈佛开讲中国社会，是在 1965 年，这是哈佛大学首次开设中国社会课程。当时我的学生大概有三四十人，他们是非常好的学生，其中有十多位后来成了美国名牌大学的教授，包括杜维明（现任教于哈佛大学）、怀默霆（Martin Whyte，现任教于哈佛大学）、高棣民（Thomas Gold，现任教于加州大学伯克利分校）、戴慧思（Deborah Davis，现任教于耶鲁大学）和赵文词（Richard Madsen，现任教于加州大学圣地亚哥分校）等。课程的内容主要是关于 1949 年以后中国大陆的情况。我对华侨以及中国历史谈得都很少，主要讲解放后中国的情况。

孙：当时美国与其他国家和地区在中国研究方面的合作情况如何？

傅：费正清认为中国学应该是一门全球的学问，他欢迎全世界的学者来哈佛交流。他是一个很有目标的人，比如他邀请英国有名的教授来这里访问，但是他主要的目的是把自己最能干的学生介绍给这些访问学者。费正清邀请各国学者来哈佛访问一两年时间，并出版相关的学术著作，所以我们有一个关于东亚研究的系列出版物。这些学者来自不同国家，主要是英国、日本、澳大利亚、德国、法国和加拿大等国，别的国家似乎对中国研究得不太多。

孙：进行中国研究的资金来自哪里？

傅：当时福特基金会同样意识到美国对于全世界的责任，跟我们这些学者展开了大量合作，同时它们也鼓励其他国家来研究中国。例如，印度本来没有人研究中国，但福特基金会希望能培养一些获得博士学位的印度年轻人来美国研究中国的历史、社会、政治和经济等问题，这样他们回去以后可以继续对中国的研究。但可惜的是，由于其本国经费分配等方面的原因，那些学者的中国研究在他们回到印度后由于得不到所在大学的支持而被迫中断或内容缩减，所以印度的中国研究一直不太发达。福特基金会还资助英国、德国等国家的学者到美国来学习一两年。

值得一提的是，70 年代后期和 80 年代初期，中国研究领域所能做的事情非常有限，而且美国学者不能前往中国大陆。那我们怎么办呢？当时我们这些学者和福特基金会决定在中国香港组织一个大学服务中心，把全世界研究中国的学者都集中在那里。这在当时起到了非常好的作用，为世界很多大学的学者提供了一个相互交流的平台，我就在那里认识了很多学者，结识了几个很好的朋友。当时除了福特基金会，卡内基等基金会也资助了中国研究。它们专门成立了一个组织，支持这个大学服务中心的工作。后来美国的基金会的理念发生了转变，即它们的职责应该是推动创新倡议，而不是日常维持。

孙：对，现在很多基金会仍然持这样一种理念。它们希望推动创新，创新之后项目可以利用本土资源得到可持续发展。

傅：是的。基金会不再给大学服务中心资助后，大卫·威尔森（David Wilson）和港英政府接替了美国基金会的角色。威尔森非常支持中国研究，香港中文大学也表示愿意支持这个大学服务中心。所以原本是一个独立机构的大学服务中心后来变成香港中文大学的一部分。它本来是各国学者访问中国流亡者的地方（因为以前我们做中国研究，不能直接去大陆，只能去香港，在那里访问来香港的中国大陆居民），后来成为香港中文大学的图书馆。当时来自世界各地的中国研究者经常在一起讨论和交流，他们主要来自美国，也有一些来自欧洲各国、日本、澳大利亚等。我觉得当时基金会很聪明，它们不仅仅支持美国，也支持其他国家的中国研究者。当时的研究资料奇缺，后来搬到香港中文大学，报纸和其他资料就越来越多了。

"中国通"都是美国精英

孙：回顾当时中国研究领域的发展，主要发生了哪些变化？

傅：首先，研究者的心态在变。刚开始，美国人当然不喜欢共产主义，但是我们认识到我们应该多了解并客观地理解中国的情况。美国学者起初也不喜欢苏联。苏联研究的对象很多是从苏联来的难民，而这些难民都憎恨苏联，所以学者们会受到他们的影响。但是我们对中国比较有好奇心，也觉得中国人很好，虽然制度和我们不一样，但是我们应该多理解他们。虽然我们当时也有一些偏见，但是我觉得还是比较客观的。从 20 世纪 70 年代初到 80 年代初，很多美国学者是反对越战的，很多是左派学生，他们觉得要多了解"革命社会"。这种精神不仅仅影响到对越南战争的看法，反映到学术上，他们也反对美帝国主义，支持革命。支持毛泽东和毛泽东主义的大有人在，有的人甚至认为邓小平、刘少奇似乎有点太"右"了。

其次，与中国人的接触也影响到研究者。当时在美国大学里研究中国的都是美国的好学者，比一般的美国学者要好。因为学中文非常难，想学这么难的语言的当然是优秀的学生。所以当时无论是国务院的工作人员，还是大学或研究机构的学者，研究中国的人都是美国社会的知识精英。他们最初没有机会直观地了解中国。80 年代以后，中国留学生来到美国，尤其是 1977 年以后高考上大学的人，他们很多都有在工厂和农村实践的经验，这些经验对于美国学者和学生更多地了解中国非常有帮助。说到这些留学生，1977 年参加高考的人大都是 1981 年以后出国的，当时邓小平非常支持出国留学。

最后，中国研究变得越来越详细和专门化。

新中国 60 年发展道路：虽然独特，难称"模式"

孙：有一些人认为，新中国 60 年走过的发展道路，是一个很特别的发展模式。最近一些年的经济发展的奇迹也证明了这样一个道路是行得通的。您是否认为当代中国的发展道路是人类社会发展的一个特别经验？

傅：我认为在很多方面，中国的确有独特的做法。中国的历史这么长，规模这么大，发展这么快，1978 年后，中国在共产党的领导下进行改革开放，走向市场经济，这个过程的确有其独特的方面。但是另一方面，我个人认为中国的经济和社会发展与中国台湾地区及日本、韩国有很多相似之处。

孙：您的一本书就是讲"亚洲四小龙"发展模式的。

傅：是的。英国和美国资本主义的发展，现在看起来是比较慢。但是英国和美国的资本主义道路，不是学外国的，而是自己搞的。后发展的一些国家，可以学习发达国家的一些做法，也可以由政府主导发展，寻找比英、美更快的发展模式。我想,这也可以说是一种发展模式。日本、韩国和中国台湾虽然没有共产党,但是它们也是政府领导经济发展,刚开始也是权力比较集中,自由并不多。所以我觉得中国大陆与它们相同的地方还是很多,都属于亚洲后期快速发展的一种模式。

现在有人批评美国是冒险主义。我觉得美国应该少欠钱,最近几年美国的欠债太多、赤字太大。中国不同,中国每年的经济发展很快,没有赤字,只有贸易顺差。所以有人说,中国政府做得不错、美国政府做得不好。我个人认为,这不一定是长期的情况。中国的情况很特殊,中国是个劳动力密集的社会,廉价劳动力很多,另外中国市场很大。从日本、韩国和中国台湾地区的经验看,劳动力工资很快就提高了,劳动力密集的产业很快就不行了。但是因为中国大陆农业人口太多了,可能劳动力密集型产业还可以持续一段时间。这是中国的特殊情况,所以经济有望继续发展。我觉得中国领导人的政策也比较明智,允许多种经济形式共存,有乡镇企业,有公私合营,也有国有企业等,所以经济成绩显著。当然,社会学家认为,中国还有一些可以改善的地方,比如农村问题、社会不平等问题等。所以我个人认为,中国和美国的发展都有极其独特的条件,不能用所谓的"中国模式"和"美国模式"来概括。

目前中国对世界的影响力的确比以前大了。现在中国很多人都会讲外语,中国派一些会讲外语的人参加国际会议,发出中国的声音。但是西方还是有很多人认为中国国内自由不够,学术研究禁区也多。因此,中国的影响力还是比较有限。如果我是中国领导人,我也很难处理这个问题。将来中国是不是会走美国这样三权分立的道路?我觉得中国不一定要这样做。这是一个非常难解答的问题。

孙:随着中国的发展以及影响力的提升,产生了中国威胁论与中国贡献论等说法。不知道您对此看法如何?

傅:人们很难预测 20 年后的情况。现在国外的中国人很多都很谦虚,学习态度都非常好。但是别的国家感觉中国比较骄傲自满。不知道 20 年后,是不是基本的态度会改变。美国人第二次世界大战后比较谦虚,到 80 年代开始变得自满。日本人在 80 年代后期很自大,连美国人也看不起。我觉得将来的情况很难预测。

另外一个问题是中国的军费。邓小平时期主张和平发展，军费的开支不太大。所以 80 年代初军费比较低，但后来增长较快。每个国家都希望保护自己国家的利益，这并不奇怪。总的来说，中国提出的"和谐社会"口号很好，中国在世界舞台上的做法也是负责任的。问题是中国人的态度和军备增加两个信息相加，会引起世界的疑虑。

乐观看待中国未来

孙：对于中国的未来，您是悲观派还是乐观派呢？

傅：我当然是客观派，但是我偏向乐观派。比如中国的农村问题，中国政府的确想把农村搞好。中国民众的一些不满，很多都是对地方政府的不满而已，不是对中央政府的不满。中国文化本来是不能批评领导的，现在能批评政府的多了，这也是进步和自由度提高的一个标志。有的人认为中国目前的问题很严重，我不同意。中国社会的不满情绪并不是很严重，不满情绪还远远不至于严重到闹革命的地步。但这只是我个人的看法而已。

最近《华盛顿邮报》有个在中国住了很多年的记者说，改革开放后，中国很多人拥有了自己的房子、车子和财产。那些人是不想搞革命的，因为他们要保护自己的财产。农村里面土地虽然不是私有，但是包产到户，农民有地种，能种自己要吃要用的东西。

孙：当一个社会里很多人都拥有一定的财产，他们可能在政治观点上比较保守，希望保护自己的财产，不希望有剧烈的变革。您写过一本书，是研究日本中产阶级的，您如何看中国中产阶级的成长问题？

傅：日本的中产阶级跟中国的很不一样。我在日本做研究的时候，日本的公司是终身制度。中国的中产阶级不一样，中国白领的职位很不稳定，很多都要跳槽，在不同公司间流动，不稳定。所以我希望中国的社会保障制度能在 10 年时间内不断健全。我个人认为现在中国的中产阶级不如当时日本的中产阶级那么稳定。

孙：世界范围的中国研究中，欧美学者的声音比较大。考虑到语言的优势以及中国国内强有力的学术期刊的数量等因素，您认为中国研究的重心有没有重新回到中国的趋势？中国本土学者又应该扮演什么样的角色？

傅：我觉得中国国内有很多很优秀的学者，比如中国社会科学院的一些学者就很好，而且中国国内的学术发展越来越快。但是中国国内也有一些研究是出于宣传的目的，不是搞学术。很多能干的学者还是到国外去学习了，此外中国在图书资料等资源方面也有一些限制。

（来源：《国际社会科学杂志》2009 年第 1 期）

中国崛起的关键是加强民族国家建构

——阎学通教授专访

范勇鹏　李彩艳

尚未完成的民族国家建构

范勇鹏、李彩艳：西方现代民族国家的形成过程中大多有一个民族建构和国家建构相辅相成的阶段。欧洲国家形成之初，都伴随着拉丁方言转变为民族语言、基督教共同体认同转变为民族认同、封建义务转变为中央集权、地方族群一体化为单一民族的过程。美国的民族建构和国家建构更加同步。中国被动地加入了源自西方的国家体系，但是中国的民族建构过程与国家建构过程与西方不同。您能否谈一下您对中国现代国家建构特点的理解？更具体一点，您认为中国能否称为西方意义上的"民族国家"，或者，作为一个现代国家，中国具有什么特点？

阎学通：列宁和毛泽东对这个问题都有过论述。他们说得很清楚，中国是经过殖民解放运动由一个半殖民地、半封建国家变为一个民族独立国家的。因此，中国在建立民族国家的过程中和殖民地国家有很大的相似性。中国的现代民族国家建设在很大程度上是模仿西方国家的。西方国家的民族国家建设是内生的，它的经济、科技、文化发展模式和发展方向、其传统文化以及整个政治哲学思想是其民族国家的内生基础。而中国没有这个基础，中国是从外面借鉴来的。但中国又不能全盘效仿西方。这就决定了中国从清朝以来只得采取"中学为体，西学为用"的方针。鲁迅提出"拿来主义"，邓小平同志提出"中国特色社会主义"，直到今天的改革开放，都在一定程度上体现了"中体西用"的思想。

因此，我们的民族国家建设过程也摆脱不了这个模式，即借鉴外部思想和模式，然后与中国特有的基础相结合，这是我们的方法和必然路径。在这个必然路径中，我们对国家和民族的认识和西方是不一样的。西方语境中，"国家"的概念和"民族"的概念两者是一致的，所以叫民族国家，而中国是不一致的，中国是一个多民族组成的国家。美国虽然是一个移民国家，但是美国不叫民族，他们叫种族，尽管各种族不同，但是都属于美利坚民族。

这样就出现了一个问题，中国到底是一个民族国家还是一个非民族国家。当年，孙中山先生提出用"国族"一词来代替"民族"。到现在我们还没能解决这个问题，原因是观念没有转变。中国人几千年来形成了一个观念，我们是不同的民族，因此要建设成一个民族国家，矛盾就出现了。我们就面临一个问题，我们到底是否要强调民族认同。这是我们在建设民族国家过程中的一个巨大困难。我们一方面要培养中国人的民族认同，另一方面又强调要保护少数民族的文化，这是一个矛盾。各种民族文化很难统一成一个单一的民族文化。

范、李：那您认为这个问题如何解决？

阎：我们必须改变观念。首先要明确建立一个统一的中华民族是正确的还是错误的。如果是正确的，就要采取一切有利于培养所有公民"中国人"的民族认同的政策。凡是不利于或破坏个人形成"中国人"民族认同的政策，都要进行修改。但是我国的一些政策是自相矛盾的。从中华民国在形式上建立民族国家起，到现在已经将近100年了，都没能让所有的中国人发自内心地认为自己是中国人，其原因就在这里。100年的历史不算短了，美国的历史才200多年。美国的黑人认为是白人歧视他们，而不认为是美国人歧视他们，因为他们认为自己也是美国人。

范、李：但是如果采取相反的政策，就出现一个"政治正确"的问题。

阎：不。每个少数民族可以有自己的文化，就像每个地区一样，天津人、上海人、广东人、福建人有自己的独特文化，但中央政府并不支持以方言进行教学，也不扶持编写方言字典，更不支持发展方言文字。

范、李：但是如果不支持少数民族发展自己的语言文化，必然会遇到国际社会的谴责。中国政府一直在扶持地方文化、民族语言，可是西方还是不断指责中国压制民族文化和宗教。

阎：这就要明确一个问题。对一个国家来讲，是让全体公民有共同的民族认同重要，还是让别人表扬几句重要。西方媒体说我们毁灭少数民族文化，但西方国家没有鼓励用少数民族语言教学的政策，都是采取统一语言教学的政策。形成民族认同是国家建设的根本任务。民族认同和国家认同两项民族国家建设目标，中国现在都没有实现。

我认为，正是因为我们在民族建构问题上缺乏一个明确的方针，我们政策中的矛盾使得民族一体化进程严重受阻，民族分裂主义的事件不断发生。这导致的一个结果是国际社会产生了一个观念，认为中国不是一个现代意义上的民族国家，或者国际社会认为一个分裂的中国是合理的。举个例子，现代民族国家都实行统一货币，但当前我国却存在着四种货币：人民币、澳元、港币、台币。这说明我国的经济主权是不完整的和不统一的。在这种经济分裂行为被合法保护起来的情况下，促进民族统一是非常困难的。体现在西藏问题上，西方社会认为西藏不是中国的一部分，西藏人不是中国人。再如，中国的户口制度限制了民众定居的自由，这必然造成不同民族的人混居速度缓慢。当前，全世界都在混合，而我们的户口制度却阻碍国内不同民族混合。多种货币、户口制度、血缘主义国籍原则、创造多种语言文字，不要求以普通话进行教学，这些政策实际是加强国内的区域和民族认同，在某种程度上抗衡了国家认同和中华民族认同的形成。

范、李：对，欧洲超国家认同建构的一个重要因素就是商品、人员、服务和资本的自由流通。与欧盟相比，中国甚至还没有实现基本的经济一体化。

阎：我们采取的一些政策，使地域之间的矛盾被国际社会认为是国家之间的矛盾。比如在台湾问题上，"台湾人"和"大陆人"经常被并列使用，这是错误的。我们可以并称"台湾人"和"上海人"，但绝不能并称"台湾人"和"大陆人"，这两个概念是不对等的。港、澳回归后，当地居民都是中国公民，都是中国人，但我们仍称他们为"同胞"。这个概念否定了他们是完全的中国人，非常不利于他们的中国认同感。为什么我们不说天津同胞、上海同胞和重庆同胞呢？因为我国认同他们是完全的中国人。

范、李：那您的观点是不是可以总结为，中国的民族建构和国家建构还是一个尚未完成的使命，是中国崛起的一个重大障碍。中国在国际上遇到的一些问题，是否也与此有关？

阎：中国崛起面临的困难很多，不能说根源就在这里，但这是一个大问题。在看到问题的同时，我们也不能否定成就。应该肯定地说，和中华民国建立前比，中国人的民族认同状况还是有了很大提高。当清朝派第一批留学生去日本读书时，这些人在填国籍时，居然填出四个国籍：清人、汉人、华人和中国人。可见当时中国人对自己是哪个国家、哪个民族这个问题的认识是多么混乱。

范、李：中国的民族建构还没有完成，但是西方出现了另外一个趋势。20世纪80年代以来，西方出现一个地方分权化的趋势。同时，地方分裂主义势力在上升。如果在七八十年代问英国人，你是哪国人，大多数人不用思考就会说，我是英国人。现在很多人会说我是苏格兰人、我是威尔士人等。美国、西班牙等国都存在这个情况。

阎：是的。我自己认为可以把国际体系的历史进程划分为三种状态。第一种状态是国家不断分裂、国家数量不断增加。第二种状态是国家数量日益减少，是一个统一趋势。第三种状态是维持一个相对稳定的趋势。比如西方的罗马帝国时期和中国的秦统一六国时期趋于统一的状态，而南北朝和五代十国就是趋于分裂的状态。英国拓展殖民统治时期，就是一个国家数量减少的时期，因为很多国家都成为英国的殖民地了。第二次世界大战后世界进入了一个分裂时期。第一波是20世纪50年代的社会主义解放运动，第二波是60年代的民族独立运动，第三波是冷战后的民主化分离主义运动。三次运动使国际上的国家数量不断增加。至今，这个分裂进程并未完结。

当前，任何一个国家要扩大领土都是非常困难的，美国也做不到。相反的是国家的政治地图呈缩小趋势，在发达国家里民族分裂主义势力也在发展。在分裂的历史进程中，能够抵制住历史潮流的国家就能维持国家不解体。当一个国家无力抵制历史潮流时，就会走向解体。对中国来说，面对一个分裂成为主流的国际环境，政府应在民族建构中投入更大量精力，减少分裂的危险。

中国古代思想的普世意义

范、李：您近年来一直在研究先秦国际体系。我认为您的视角已经超越先秦，进入整个中国古代的国际关系经验。作为科学研究，这个题目显然是有价值的。但是马克思主义者相信存在决定意识，先秦的世界早已不复存在，今天的国际体系与先秦体系也截然不同。那么您研究先秦以及其他历史时期的国际关系经验对今天中国的国际关系实践是否能够有所启示？

阎：我做先秦国家关系研究大约快三年了。在学习先秦的文献时，我最大的体会是，国际政治的变化是形式和内容，而本质不变。两千年前，诸侯国之间的关系和今天民族国家之间的关系在本质上是一样的，他们之间关系的实质是权利关系。这些本质性的东西仍支配国家的行为。所有国家之间关系的本质是权力关系，这是不会改变的。对先秦列国之间关系的很多认识依然适用于今天，仍可以帮助我们更好地理解今天民族国家之间的关系。因此，研究先秦国际关系的意义是，借鉴先哲对于国家之间关系的本质的认识帮助我们更好地认识今天的国际关系。虽然我们都生活在今天，但是我们对于今天国际关系本质的认识未必比两千年前更高明。中国到今天为止，还没有一个哲学家能超过孔子。并不因为孔子所生活的时代书籍少、科学技术不如今天发达，现在哲学家的水平就一定能超过孔子。能经历两千年历史检验的书籍都是钻石级的，那是历史淘汰的结果。所以，在我们今天没有能力达到钻石级的认识的时候，我们可以借用这些钻石级的知识。借用先秦的知识和借用现代外国政治思想的作用是一样的。

范、李：那么您认为先秦时期国家间关系的政治思想进入本质层次了，到现在仍然具有普遍性。如果先秦的思想在今天仍然具有普世性，那就推不出近年来国际关系学界所热衷的中国特色来。

阎：我不认为借鉴先秦的思想能够推出中国特色来，而是可以推出普世性的道理，这些道理将适用于所有国家。因为都是讲的国家间的关系，不管是古代的中国诸侯国的关系，还是西方国家之间的关系，在本质上都是一样的。从这个意义上来讲，先秦的国家间关系的思想不仅可以帮助我们制定更好的中国外交政策，也可以帮助我们丰富世界上现有的国际关系理论。

范、李：那么是不是可以说您认为国际关系的所谓"中国学派"是一个伪概念？

阎：我承认中国外交政策有特色，但我不认为有中国特色的国际关系理论。对此我专门写了一篇文章，我认为以"中国国际关系理论"为名字创造理论肯定以失败而告终。第一，提倡建立中国国际关系理论是1984年开始的，到今天已经近30年了，没有任何一个人创建的理论被大家认为是中国国际关系理论。这是一个客观事实。第二，中国古代那么多聪明的学者写了那么多政治理论，没有一个理论被贴上中国理论的标签，包括儒家学说也是如此。儒家学说的名字是"儒家"，而不是"中国理论"。为什么呢？因为在中国这样一个大国家里，必然有无数的思想，没有一个人的思想可以把所有人的思想都统一起来。因此也没有任何一种理论重大到可以获得"中国理论"这个名字。第三，理论的名字是别人给的，不是理论创建者自己命名的。都是先有理论，才有理论的名称。因此，创建中国国际关系理论的想法不符合理论发展的自然规律，先有理论名字然后按名称创建理论还没有成功的。

中国如何和平崛起

范、李：回到实践层面，您的很多论著都讨论过中国崛起的外部条件。中国崛起影响到东亚的地缘政治格局，然而中国在东亚的战略并没有如许多国际关系理论所预测的那样导致安全困境的恶化。相反，借重于各种地区合作机制，中国正在改善这个地区的安全格局。这是否隐含着中国独特的崛起道路将改变国际政治的传统原则？

阎：如果要讲中国独特的东西，我认为自邓小平以来中国外交政策的最根本性变化是"搁置争议,共同开发"。搁置争议主要是指搁置主权争议。这是中国崛起没有重复历史上大国崛起带来安全困境的主要原因。当和别国发生主权矛盾的时候,我们不和别国计较,就不会对别国产生威胁。

范、李:但是中国要崛起,就迟早会计较领土主权问题。

阎:不一定,当时的宋王朝就是经济、科技都非常发达,在领土问题上没有采取寸土必争的政策。结果宋朝发达的经济和科技没能使它强大,国家走向衰落了。

范、李:但是这能称作崛起吗?

阎:当然不能。如果中国真能崛起,那在主权问题上就不可避免地要和别国发生矛盾。中国现在是在增加财富,提高科技水平,但是付出了主权萎缩的代价。从道理上来讲,任何一个国家实现利益的时候,都要付出代价。比如一个国家可以付出经济代价来维护主权利益,但现在中国是付出主权代价维护经济利益。因此,可以说中国外交政策的特点是经济利益重于主权利益,所以才使中国崛起的过程中没有出现安全困境。但是这里有一个理论问题:如果以主权利益作为代价换取其他利益,一个国家能否最终实现崛起?崛起过程会发生,但是能否实现最终目标是不确定的。和平崛起,崛起是本质,是关键;和平是形式,是方法。如果只有和平,没有崛起,那不叫和平崛起。我写了一篇文章就讲到,国家不是企业,致富不是国家的崇高目标,尊严才是国家的崇高目标。

现在美国学界开始讨论这个问题了。美国比较前沿的关于中国崛起问题的研究已经不再研究中国是否正在崛起,而是研究中国崛起最终能否实现。过去认为有实力就有权力,即有能力(capability),就有权力(power)。今天的研究深入了,认为两者是不一致的。现在研究的是能力如何转化为权力,即国家能力是如何转化为国际权力的。以美国为例,第一次世界大战之前美国的 GDP 就是世界第一了,但是它在世界上并没有最大的权力。我研究了国家经济财富是通过什么途径转化为综合国力的,我认为是通过实践实现的。

范、李:那国家的实践是什么?

阎:军事上讲,不打仗就不是真实的实践。教育上讲,不让学生选课就不是真正的实践。从理论研究上讲，不挑战权威就不是真正的实践。中国的经济能力强源自于无数人天天在进行做生意的实践。

共产党的领导是"中国模式"的关键因素

范、李：这里引出一个问题。现在全世界都在讨论中国模式，从您的观点出发，您认为中国模式是否存在？如果存在，是否可以认为是成功的？

阎：中国模式的存在，它只适用于中国目前取得的成果。中国模式是建立在中国共产党执政的基础上的，没有党的领导，中国模式是不可能取得成功的。这就是为什么能够效仿中国模式并已经有所成效的国家是越南。朝鲜和古巴有效仿的条件。非共产党执政的国家要效仿中国模式能否取得成功还难说。没有共产党的领导，效仿中国模式在其他国家难以取得像中国一样的成就。

范、李：您的观点引出了一个问题：中国的现代化问题。我们常常会听到两种不同的观点：有人抱着布罗代尔式的历史观，认为中国的现代化有自身不可逆转的逻辑，革命、战争和政党政治都不会从根本上改变这一逻辑；有人则持一种政党中心主义的观点，认为中国共产党在现代化的过程中发挥了不可替代的作用。您如何看待这个问题？

阎：我倾向于后一种。中国的发展模式是因为共产党执政。如果国民党执政，中国则可能是台湾发展模式。20世纪80年代我们面临两种发展模式，一个是日本、韩国模式，一个是台湾模式。日韩模式是先两极分化，然后再搞社会福利。台湾模式是经济发展与均富同时进行。中国学习了日韩模式。我认为80年代采取的允许一部分人先富起来的政策是今天两极分化的基础。另外，通过研究先秦的理论，我认为一个国家的发展模式不是既定的和一成不变的。在两种情况下，国家发展模式会发生变化：第一种情况是领导人的变更，第二种是政权更迭。一个国家的发展模式不是由历史来决定的，具有偶然性。我正在写一篇文章，解释为什么国际规范的性质会发生变化。我认为是因为主导国的性质发生了变化。主导国性质变化后，会采取三种不同的行为原则：一种是实力原则，一种是规范原则，一种是实力和规范结合的原则。在很多领域和问题上，不是经济基础决定上层建筑，而是上层建筑决定经济基础。如果没有1978年邓小平的政治改革，不可能有今天改革开放30的经济成果。

范、李：民族主义是现代化研究的一个核心概念。在中国的现代化道路上，民族主义无疑扮演了重要的角色。20世纪90年代以来，随着中国经济的崛起、开放程度的加深、国际交往的增加以及普遍被认为对政治较为冷淡的"80后"一代的成年，中国却出现了新的"民族主义"思潮，并在2008年达到一个新的高潮。您认为应该如何看待这个现象？其深层的原因何在？对中国的国际关系的外交政策会产生什么样的影响？

阎：我不认为当前中国的民族主义情绪在增强。在台湾问题上非常典型。当陈菊坚持用中华民国护照而不是台胞证入境的时候，社会群体对此毫无异议。我不认为中国的民族主义在上升。近几年中国年轻人对一些国家的抗议只说明年轻人与父母一代对于尊严与财富的观念不同。

改革开放初期，在经济困难环境中成长的一辈认为经济利益重于尊严，当经济利益与尊严发生冲突，只能二取一时，他们选择以尊严为代价保住经济利益。而在改革开放中长的年轻人，生活条件较好，他们比父辈更加看重尊严。因此当国家尊严受到损失时，他们选择以经济利益为代价维护尊严。中国年青人现在开始有了尊严的要求，这不是民族主义。我认为这是中国社会从极端拜金主义的经济动物向一个正常人的转变。

中国人的民族主义总体来讲是不如西方国民强的。现在经济条件好一些了，人们开始认识到钱不是最重要的了，所谓"衣食足而知荣辱"就是这个道理。现在中国人的荣辱感增强了，而过去更多的是穷富感。当一个人的穷富感大大超越荣誉感的时候，他对国家受辱是无动于衷的。国家受辱实际上是全国老百姓受辱，当老百姓认为荣辱没什么意义的时候，当然就不会抗争。因此，我不觉得当前中国民族主义增强了，只能说是中国人的价值观有了积极变化。

（来源：《国际社会科学杂志》2009年第1期）

社会改革比政治改革更重要

——郑永年教授专访

张飞岸

认真研究各种主义的本质含义

张飞岸：在培养国家知识分子过程中，意识形态会起到什么作用？

郑永年：意识形态的作用很重要。很多人说中国太意识形态化了，其实正相反，现在中国最大的问题就是主流意识形态太弱。社会上各种意识形态"左"的、右的多得不得了。政府应该把最优秀的知识分子集中起来，加强主流意识形态的宣传策略。共产党以前有两个法宝，一个是意识形态，一个就是组织。现在光靠组织的力量，淡化意识形态，这样很难持续。没有意识形态就意味着没有软实力。口号性的东西不叫意识形态，意识形态就是社会成员自身认可和接受，并且内化于心的观念。缺乏意识形态，维持秩序的成本就很高。任何一个国家没有意识形态的约束而光靠制度根本是维持不下去的。人永远比制度聪明，人总可以找出逃避制度的制约的。中国腐败越反越多，制度基本无法约束腐败，就是因为人已经没有道德观念，只认得钱。

张：您能否分析一下当前中国的意识形态状况？

郑：主流的社会主义意识形态是适合中国的，关键是转变宣传方式。中国的自由主义看似强大，其实早就遇到发展瓶颈了。中国到目前为止，社会中有很多自由成分，意识形态非常多元化，这些都是自由的因素，可是中国的自由主义者不去研究这些新现象，不去考虑中国的自由主义，还是拿着西方的理论来衡量中国，这也不对，那也不对。这就好像拿苹果来衡量橘子，说橘子存在的问题就是不像苹果。自由主义如果拒绝本土化，永远不可能成为中国的主流意识形态。

与自由主义拒绝本土化相反，新自由主义在中国被本土化了，这导致了很大的负面效果。中国公共事业的市场化改革之所以那么迅速，就是因为没有抑制新自由主义的力量。在中国，有权、有钱的人都把孩子送到国外读书，他们哪能感受到教育市场化的危害。有钱的人不需要医疗保障，有权的人本身就有医疗保障，公共物品是为穷人服务的，穷人没有话语权，谁会愿意发展公共服务呢？公平地说，新自由主义对冲破计划经济的束缚、促进经济增长还是起到一定正面作用的，但新自由主义侵入到公共服务领域，把公共服务取消掉，这就非常糟糕。中国目前提供公共服务不是没有钱，而是动力不足。动力不足，就是因为穷人缺乏影响国家政策的渠道。

中国学者常常说资本主义民主，好像资本主义与民主是一体的，其实民主恰恰是资本主义的制约力量。我们的社会科学学者根本很少有人去认真研究各种主义本质的含义到底是什么，只是乱套西方的理论。

张：那是不是意味着，中国社会科学的本土化发展任重道远？

郑：本土化是关键。中国发生这么伟大的转型，社会科学界却不去认真研究中国社会，只是用西方的理论瞎解释。如果中国的社会科学学者永远不能结合中国实践进行理论创新，那中国就永远没有自己的社会科学。现在中国的社会科学具有美国化的倾向，美国的社会科学都没有像中国那样"美国化"，它允许各种理论互相竞争，看哪个理论更能解释美国社会，而中国不是这样，中国社科界就是完全把美国的理论拿过来。这非常危险，不仅中国自己的社会科学建立不起来，还会摧毁中国的传统文化。

中国从清朝末年开始就引进西方的理论，到现在依然如此，什么市民社会理论，什么统合主义，这些都不是中国的，全都是西方的。把西方理论硬套到中国实践上，就是我常说的把苹果皮贴到橘子身上。中国社会科学必须意识到中国实践是研究主体，中国现在的社会科学理论研究远远落后于实践，包括民主理论。中国有很多民主的因素，就是缺乏自己的民主理论，原因就在于只是拿苹果来批判橘子，这本身是不能解释橘子的。

想解释中国，只看西方的理论是不行的，必须有结合中国实践的理论创新。比如医生看病，我的病你医不好，不能说我的病生错了，只能说你所学的东西学错了，需要修改的是你的概念和理论。中国学者就是用西方理论解释不通就说中国错了，这样不仅医不好中国的病，反而越医越坏。有的地方本来是常态的东西，他说你病了；有的确实是生病，但采用错误的医法给医坏了。所以我说，中国的自由主义是自毁前程。他不去研究中国的自由因素，说是不喜欢。但他喜欢的仅仅是西方的理论，但这个理论所说的东西，连美国都找不到。某些中国学者一是没信心，二是没责任，如果这两者不加以改变，中国就不会有自己的社会科学。

中国现在就没有自己独立完整的社会科学，中国只有史学最发达。要建立中国自己的社会科学可以借鉴西方的方法，方法是比较中立的东西。方法可以学，但概念是不可以学的，中国恰恰是学了概念没有学方法。做学问，理性很重要，像马克斯·韦伯说的，你观察问题的时候，绝对不能用价值来评判这个东西。西方和中国很多学者所做的就是对中国进行价值评判，这不是真学问。

中国发展背后是一种文化价值

张：您作为研究中国发展问题的政治学家，能不能谈一谈"中国模式"对世界的意义？

郑："中国模式"对西方发达国家和发展中国家的意义是不同的。对于发展中国家来说，"中国模式"的意义在于，中国的发展经验是否会成为有别于西方的另一种发展模式。第二次世界大战后，很多发展中国家按照西方的模式发展，但并不成功。在拉美、非洲和亚洲一些国家，采取西方民主模式带来了很多的问题。民主政治往往是和政治失序而不是社会经济发展联系在一起的。中国在过去30年中取得了巨大的社会经济发展，很多发展中国家开始对"中国模式"感兴趣。而西方国家更关注"中国模式"背后隐藏的价值观，它们担心中国的崛起会对西方的价值观产生冲击。西方国家的一些人把"中国模式"称为威权主义的资本主义，他们并不担心"中国模式"会阻碍西方的发展，而是担心"中国模式"的成功对西方民主模式的外在影响会造成巨大冲击。这也就是西方一些人担忧中国的软力量或者文化力量，因为隐含在中国发展背后的是一种文化价值。

民生进步是民主化的前提

张：很多人认为，"中国模式"只具有经济意义，而对中国政治模式持否定态度，并认为中国政治模式如果不向西方民主模式转型，最终会使中国经济的发展面临政治体制上的瓶颈。

郑：很多人谈到"中国模式"都谈经济模式，认为中国经济发展是成功的，而不谈政治模式。但我觉得中国的政治模式很重要。如果不理解中国的政治模式，就很难理解中国的经济模式。因为中国的经济模式就是政治模式促成的。在国际学术界比较流行的观点是中国只有经济改革没有政治改革。这种说法阻碍了人们对"中国模式"的认识。不承认中国的政治改革就很难解释中国的经济发展成果，也很难理解当今中国政治与改革开放前中国政治的巨大差别。

这里的关键在于如何定义政治改革。我觉得不同的国家因为国情不同，政治改革具有不同的内容。同一个国家在不同的历史阶段，政治改革的内容也不一样。如果仅仅用西方民主化的观点来衡量中国的政治改革，就会认为中国政治改革进展缓慢。但只从民主化的观点看，中国很多的宝贵经验就会被屏蔽掉。对中国这样的发展中国家而言，政治改革最重要的任务就是基本国家制度建设。从很多发展中国家的经验看，民主化并不能帮助它们建立现代国家制度。建立了基本国家制度，民主化的发展会是良性的；如果没有建立基本国家制度，民主化是不会成功的。而国家制度建设就是中国 30 年政治改革的核心。中国领导层一直在强调国家机构改革和法制。民主化也在不同层面进行，但其只是中国政治改革的目标之一，不是唯一目标。经济、政治和社会的多重转型曾给很多发展中国家带来许多麻烦，很多国家因为同时进行几项改革，改革者不堪重负，结果改革反而很不成功。

中国的成功之处就在于很好地处理了经济改革与政治改革的关系。第一，就是渐进改革。中国没有采取苏联东欧国家激进改革的方法，渐近改革使国家有时间和空间来调整自身的制度，适应社会经济的变化。第二，中国采取的是分阶段的改革。每一阶段，各方面的改革秩序不同。

我认为中国的改革基本上分为三大类改革，经济改革、社会改革和政治改革。从1978年到21世纪初，主体的改革就是经济改革。主体改革是经济改革并不是说中国没有政治改革，只是说政治改革不是主体性的，政治改革就是为了促进和支持经济改革。从21世纪初，尤其是十六大以后，中国改革已经进入了以社会改革为主体的改革阶段。社会改革的焦点包括社会保障、医疗卫生、教育、环保等方面。我认为，中国同样需要二三十年的时间进行社会改革。

在这个阶段，我认为以民主化为主体的政治改革的条件还不成熟。因为经济改革的成功，中国基本的经济制度已经建立起来，而社会改革各方面的制度还没有建立起来。如果在这些国家制度还没有建立的条件下过早地民主化，可能会带来很多负面效应。前面的经济改革所产生的负面问题例如收入分配差异、社会分化和环保等，都要由社会改革来消化。社会改革也是下一波经济增长的最主要来源。如果没有社会改革，中国很难建立起一个有效的消费社会，内部需求的动力就会不足。同时，社会改革对未来的民主化也有积极的意义，就是要用民生促民主。从发展中国家的经验来看，民主很难促民生。民生的进步是民主化的前提。

民主是一国一模式

张：由于2009年东亚很多国家发生的问题都和民主制度与本国的适应性有关，现在国内很多学者开始关注东亚国家的民主问题，韩国一直存在财阀经济制度与民主制度的矛盾，卢武铉之死就体现了这一问题。您如何看待韩国民主政治的前景及其对中国的借鉴意义？

郑：我认为民主只有山寨版没有正版，每个国家的民主发生和民主模式都不同。即使在西方，民主也是一国一模式。民主先发生在西方，然后向其他国家传播。民主有内生型和外生型。泰国的民主受外在因素尤其是美国因素影响就太大。韩国存在的问题不仅仅是民主问题也是阶级问题，财阀和老百姓的矛盾很大。菲律宾、泰国和韩国在民主问题上存在着类似的问题。美国的民主在亚洲影响很大，韩国、泰国和中国台湾地区的政治人物在主导其政治发展方面大多以美国为师，过多地受美国的影响。

民主在美国社会运作良好，但到了这些社会，民主就出了很大的问题。问题很简单，因为这些社会和美国社会的经济文化环境很不相同。从政策层面来说，美国的民主实际上表现出一党制的特征。美国的中产阶级庞大，共和党和民主党无论哪个党执政，都必须往中间靠，没有中产阶级的支持，哪个政党都很难执政。美国的民主在美国是一种社会整合的力量。但美国民主移植到发展中国家，由于没有基本的国家制度建设作为前提，中产阶级又不大，民主往往成为社会分化的力量。所以我们看民主，不能看民主的形式，而要看民主的实质。关于民主，我们要下大工夫去研究，我们现在的民主理论都是教科书式的，不是美国式就是欧洲式，这些民主理论很难解释发展中国家民主实践中遇到的问题。西方的民主理论是西方学者对其社会的经验观察而不是公理，在一个社会的经验观察不一定适合其他社会。政治学的很多理论都是经验观察而不是公理。在一个民族、宗教和阶级分化都很大的社会，民主化会造成国家的分裂，民主的分化力量需要引起我们的重视。

各阶层和平相处、共同发展

张：很多学者认为"中国模式"是一种威权模式，并与西方民主模式相对立，您对此怎么看？

郑：首先，我认为把威权和民主对立是不成立的。如果比较中国和美国的制度，实际上美国的制度比中国更威权。美国有一整套完善的制度，政府的政策能够有效执行下去。任何一个体制都有其威权的一面，也有其民主的一面。说中国是威权政治，西方是民主政治，这是过于简单的意识形态式的看法。西方的很多制度建设都是在威权的条件下进行的，比如德国的社会保障制度，就是俾斯麦用"铁血"手段建立的。所以威权和民主都是相对而言的，威权主义本来是对社会现象的描述。威权本身对政府推行改革是一个优势，中国经济体制改革相对平稳，就是威权模式的功劳。任何一个国家，无论是西方还是非西方，大部分制度都是中性的和技术性的。要治理一个社会，就需要这些制度。用民主和威权或者专制不能解释这些制度的产生和演进。

中国因为制度建设不够，尤其是具有权威性的制度建设不足，未来改革的困难会越来越大。社会改革比经济改革要面对更多的阻力。经济改革说穿了，就是把人最邪恶的一面放出来就行了，让每个人去追求利私；社会改革就涉及公共利益，是要有利他性的，要你为公共物品掏钱，所以我们看到现在很多既得利益集团不愿意掏钱。中国的"新左派"非常强调国家能力和社会公平，但这两者不是必然关系，国家能力强不一定就能保证社会公平。中国现在非常有钱，但为什么钱不能花在民生方面，中国对社会保障、公共教育和医疗的投入与 GDP 总量相比是非常低的。所以我认为改革会越来越难，尽管你知道未来应该怎么走，应该建立社会保障，进行环境保护，但就是无法推行。西方国家的社会改革都经过漫长的过程，很多国家完全是靠社会运动和民权运动推动的。各个阶层之间如何妥协合作，这个问题很难。从很多国家的经验看，搞得好，大家和平相处，共同发展；搞不好，就出现一个阶级对另一个阶级的暴力。中国必须注意这方面的发展趋势。

中国社会是危机驱动型社会

张：改革本身就是分权过程，国家向社会分权，中央政府向地方政府分权，这会不会存在悖论，一方面改革需要强大的中央政府领导，另一方面又在分权，这个悖论如何突破？

郑：国家制度建设并不是说要完全依赖中央政府。中国可以说存在两种分权，即向地方分权和向社会分权。1994 年以后中央把财政权集中了起来，但没有把事权集中起来，所以在很多情况下，是中央出政策，地方出钱，这样会导致地方政府动力不足。所以我认为，凡是关系到国计民生和公共服务的重大制度建设，一定要中央出钱来做。如果中央不愿意做，那就应该把财权和事权都下放到地方去做。但光向地方分权也存在着问题，就是地方权力过大会出现"土皇帝"。向社会分权比向地方政府分权更有效果，可以预防地方专制，让社会监督地方政府。从前我们讲中央向地方分权讲多了，讲向社会分权讲得少。

向社会分权事实上对中央是有利的，能够巩固中央权力。过分向地方政府分权反而会弱化中央政府的权力。向社会分权，有利于中央借助社会力量推动社会改革。很多人担心推动社会力量会导致更多社会抗议，但我们应该转变观念，社会抗议是正常现象，任何国家在转型过程中，都会出现社会力量的自我保护运动。如果没有社会力量的崛起，任何一个政权，无论是民主政权还是威权政权都不会有改革动力。尤其是中国这个社会，我把其称为危机驱动型社会。中国强调政策的延续性，那么政策如何调整呢？危机在其中扮演了一个重要角色。现在社会分化比较严重，政府如果能整合好社会力量解决这个问题，会树立很大的威信。

共产党必须成为改革主体

张：您写过一篇《共产党必须成为改革的主体》的文章，能具体解释一下您的观点吗？

郑：发展需要领导者，需要推动者，必须有主体。中国共产党是中国发展的主体。中国从清朝末年就一直在寻找新的国家组织形式，新的国家组织形式最重要的是谁来组织这个国家。孙中山领导革命就是要建立新国家，他首先想学西方。近代以来，西化一直非常热。但孙中山失败了，学习西方政党政治并不能组织、产生一个新国家。所以，在孙中山后期，他就开始转向学苏联模式，发现列宁主义政党对组织国家非常有效。这说明在共产党之前，国民党中的进步力量就试图转向为一个列宁主义政党。共产党执政是历史的产物。共产党所选择的道路并不是一开始就清楚的，是经过很长时间历史积累的结果。这不是像某些人说的是人为的选择、是错误的选择，这是历史的选择，所以我们总是谈历史的必然性。中国经历了很多次失败，最后历史选择了共产党。

西方发展大多是市场主导，但亚洲很多国家发展是国家甚至是政党主导。不仅是亚洲，墨西哥也是如此。可以说对后发国家而言，发展需要主体。政党成为发展的主体，因为政党是很有效的组织力量。政党有多种组织方式，西方是选举型政党，因为它们的政党不需要促进社会经济的发展。西方政党对发展没有什么责任。再说，西方的高速发展已经是过去式，现在它需要的是治理，需要维持社会原有的东西。西方的社会力量比较强，它们的发展不需要政党推动。但后发国家的发展需要国家来推动，国家的组织力量就是政党。在民主革命时期，西方模式的政党不能把中国组织起来，所以就由共产党组织。今天依然如此。中国革命的组织者是共产党，发展的组织者同样是共产党。中国以后的改革如何保证有序进行，仍然需要共产党作为改革的主体和推动者。如果共产党不能成为改革主体的话，其他社会力量就会起来推动改革。如果社会力量没有政党的有效调节的话，光是自下而上的社会改革运动会出现很大麻烦。

平衡好亲商与亲民

张：您强调社会改革要依靠社会力量，社会力量本身的意识形态分歧很多，您认为社会力量的加强，会动摇社会主义意识形态吗？

郑：不会的，五四运动时期，中国盛行的主义很多，无政府主义、自由主义、民主主义和民族主义，等等，为什么只有社会主义和民族主义生存下来，而其他主义都被历史淘汰了呢？因为很多主义根本不适合中国。比如无政府主义，它一度很流行，但由于它只处于理论和理想层面，跟实际完全脱离，自然就被淘汰。再比如自由主义，它对解决当时中国的危机有一定相关性，但它拒绝本土化。中国的自由主义到今天为止还是拒绝本土化，还是用基于西方经验的理念批评中国。同样的道理，社会主义、民族主义之所以会成功，第一是因为它适合中国的土壤，第二是因为它进行了本土化。本土化很重要。

另外，主义的承担主体是谁，它代表谁的利益也很重要。在这些方面，共产党做得都很成功。首先中国共产党把马克思主义本土化，民族主义也本土化，再者它代表了最广大工农的利益。所以历史选择共产党是很多因素造成的，不是偶然的。共产党之所以会领导中国人民取得民族民主革命的胜利，就是因为它选择了社会主义。如果共产党选择无政府主义，它就肯定失败了。社会主义是非常适合中国的主义，中国几千年传统文化本身就有很多社会主义的因素，只是共产党把它凸显出来。

社会主义和共产党的体制与中国传统社会具有延续性，一个国家的传统对它发展模式的选择是非常重要的。中国未来的改革无论是社会改革还是政治改革都仍然不会偏离社会主义的方向。中国自古就强调人本主义，社会主义就是以人为本的。这次全球金融危机一个很大的原因就是以资为本。资本本来是个工具，但现在资本不服务于人，而人服务于资本就是当今世界的最大问题。社会主义本身就是讲平等、公正，这很符合中国传统文化。社会主义本身是普世价值，任何国家都存在社会主义因素，只是它不叫社会主义这个名称罢了。因为任何社会要想持续发展，在亲民和亲商之间都要有一个平衡。不亲商就得不到发展，但亲商是发展的手段，发展的目的还是要亲民。如果一味的亲商，社会就会失去稳定。政府的准确定位是关键。

张：建设和谐社会的关键是不是就要处理好"亲商"与"亲民"的平衡关系？

郑：是的，政府一定要在亲民和亲商之间保持平衡。作为利益调停人，如果政府过于亲商，社会就很不稳定，即使表面发展，实际也会危机四伏。社会是必须被保护的。如果政府不去保护社会，社会就会自我保护，那就是革命。现在强调社会改革，就是要保护社会。中国目前最大的问题，就是资本占主导地位。新自由主义引进来破坏了社会，导致了社会信任的解体。现在社会道德沦丧，就是资本太盛的缘故。资本就是要破坏一切社会道德，肆无忌惮地追求利益。马克思就说资本的本质就是要把所有的东西都货币化，所以才需要政府去抑制资本的消极影响。

对于这一问题，政府一定要准确定位。改革前30年是亲商，未来的社会改革就是要亲民。亲民并不是消灭资本，而是平衡资本，因为如果按照资本逻辑走下去对资本本身也不利，这次美国金融危机就是典型。资本本身不考虑社会利益，发展到一定程度自身就很难维持下去。所以政府如果选择亲商是短视的，而是应在两者间保持平衡。欧洲之所以能从原始资本主义过渡到福利资本主义就是权力和民结合的结果。现在中央其实已经意识到这个问题，也在做政策调整，但成果不明显，主要就是阻碍太大。克服阻力，政府一定要坚决！国民党就是因为和资本结合太紧密，丢了政权。

现在的中国，民的力量在壮大，共产党要采取办法领导民的力量，不能压制民的力量，一定要有强烈的意志去进行社会改革，利用社会力量进行社会改革是头等大事。社会改革已经是不能不做的事情。中国体制一个最大的优点就是，如果中央想做一件事就一定能做成，这就是举国体制。关键就是决心问题。社会危机可以成为改革的动力，在这方面，媒体也起到很大作用，不能一味和资本站在一起。中国共产党要培养国家知识分子，就是能为百姓代言的知识分子，这是共产党的长远利益所在。现在中国很多知识分子成了利益知识分子，都是为了五斗米而折腰的人。知识分子为谁服务非常重要，如果利益知识分子占多数，这对社会是非常危险的。

（来源：《国际社会科学杂志》2009 年第 1 期）

十　个案

重庆梦与中国模式

李希光[*]　顾小琛

95 年前，16 岁的邓小平怀揣中国梦从朝天门乘船驶向世界。今天，从夜上海到夜重庆，从重庆歌剧院到北京鸟巢，从朝天门到维多利亚湾，重庆正成为国强民富"中国模式"的实践范本。"重庆实践"作为市场经济与社会主义的有机结合，作为科学发展与和谐社会的生动展示，既强调经济发展，也强调普惠民生；既重视物质富裕，也关注精神丰富；既改善自然生态，也优化社会环境；展现出一幅科学发展的新图景，探索出一条构建和谐社会的新路径，传递了一个清新、动人、令人神往的重庆梦。

一 "重庆实践"破解"中国双重人格难题"

如果说中国是一个正在太平洋中乘风破浪的舰队，重庆就是这个舰队中高歌猛进的一个旗舰。它负载着大城市、大农村、大山区、大库区，城市富翁、贫苦农民、山区穷人、库区移民，城乡二元、贫富差距。重庆就是中国的一个缩影。

"中国政府面临着一个两难的局面：中国越是发达，越是繁荣，中国领导层越有一种不安全感和受威胁感。"[①] 2007 年中共十七大召开前夕，美国

---

*　作者李希光，清华大学国际传播研究中心主任。
①　Susan Shirk，*China：Fragile Superpower：How China's Internal Politics Could Deal Its Peaceful Rise*，New York：Oxford University Press，2007，p. 5.

---

[*]　作者李希光，清华大学国际传播研究中心主任。

[①]　Susan Shirk，*China：Fragile Superpower：How China's Internal Politics Could Deal Its Peaceful Rise*，New York：Oxford University Press，2007，p. 5.

加州大学圣迭戈分校全球冲突与合作研究所所长谢淑丽出版了《中国：脆弱的超级大国》一书。这是她在书的"序言"中写的一句话。谢淑丽在书中还写道，30 年改革开放已经剧烈地改造了中国社会。从一开始人们普遍认为的一场没有输家的改革，到贫富差距加大，群体事件频发。城乡居民收入差距在拉大，沿海地区与西部省区的贫富差距在加剧。这种二元对立将严重削弱政府的权威和合法性。剑桥大学国际问题研究中心高级研究员斯蒂芬·哈尔珀在 2010 年出版的新著《北京共识》中写道："除非北京政权崩溃或者中国政治体制发生激烈变革，中国将永远保持分裂的人格。"① 哈佛大学社会学教授怀默霆在他的《社会火山之误解：当代中国对不平等和分配不公的认知》② 一书中分析了中国社会最深的裂痕：城乡差距。中国共产党的革命致力于建设一个平等的社会，但是在现实中，这个国家的 80% 的人口被拴在土地上。1978 年中国的改革给中国城市和乡村带来了很大的变化，但城里人和乡下人在生活中享有的不同权利和机会严重分裂了中国，给城乡之间带来了更加严重的不平等。这种不平等主要表现在收入、教育、医疗、住房等方面。乡下人，特别是住在城里的农民工还面临着多重歧视。

面对这种"增长中的烦恼"，作为中国最大的城市和最大的农村的集合体，重庆开始了一项伟大的实验——在观念上、政策上、住房上彻底解决农村居民和农民工的社会地位和待遇问题，从根本上解决"中国人格分裂"难题。

邓小平曾用非常形象的语言描述了中国发展模式——"摸着石头过河"。今天，胡锦涛提出了科学发展观的治国模式。2007 年 10 月，胡锦涛总书记在中共十七大上正式提出，科学发展观将成为指导中国经济社会发展的根本指导思想。科学发展观第一要义是发展，核心是以人为本，基本要求是全面协调可持续性，根本方法是统筹兼顾。这标志着中国模式在发生重大的发展变化。

---

① Stephan Halper, *The Beijing Consensus: How China's Authoritarian Model Will Dominate the Twenty-first Century*, New York: Basics Books, 2010, p.140.

② Martin Whyte, *Myth of Social Volcano: Perceptions of Inequality and Distributive Injustice in Contemporary China*, Stanford University Press, 2010.

今天重庆社会经济发展的大胆实践已经被国内外学界当成一个成功案例，一种崭新的方法论，它使我们从一个新的视角和框架认识科学发展观在中国的伟大实践。

早在 20 世纪 80 年代末，邓小平就指出："各国必须根据自己的条件建设社会主义。固定的模式是没有的，也不可能有。"① 2008 年 12 月，胡锦涛在纪念党的十一届三中全会召开 30 周年大会上的讲话中说："世界上没有放之四海而皆准的发展道路和发展模式，也没有一成不变的发展道路和发展模式。我们既不能把书本上的个别论断当作束缚自己思想和手脚的教条，也不能把实践中已见成效的东西看成完美无缺的模式。"

重庆实践不仅打破了华盛顿共识，也超越了日本与东亚模式，甚至创新了北京共识。重庆的成功经验打破了西方的定势思维：外资推动论、出口拉动论、廉价劳工论、国进民退论。一时间国际上给重庆模式贴上了各种标签："一个城市的社会主义"、"一个资本主义人民共和国"、"一个民本的社会主义"、"中国式社会主义 3.0 版本"……

实践 1：一座拥抱农民的城市

"夕阳西下，小客轮停靠在重庆朝天门码头。毛狗狗走出船舱，登上石梯坎，战战兢兢地投进了重庆城怀抱。来自乡下的年轻力壮的毛狗狗一无所有，孑然一身，从武陵山乡来到陌生的山城重庆，开始了崭新的生活。然而毛狗狗遇到的最大困难是无法融入这个城市。毛狗狗是城市歧视、蔑视、役使和榨取的对象。"

这是作家曾宪国最近发表的小说《门朝天开》的一幕。作者透过毛狗狗进城这一不可逆转的社会潮流，揭示了城乡二元对立这一中国在新世纪面临的必须解决的重大问题。

随着工业化发展推动人口从农村向城镇大规模流动，到 2015 年，中国城镇人口将首次超过农村人口。国家人口与计划生育委员会主任李斌的预计，"十二五"期间，城镇人口将突破 7 亿，届时中国人口将达到 13.9 亿，

① 《邓小平文选》第 3 卷，人民出版社 1993 年版，第 292 页。

人口城镇化率超过50%。① 这意味着超过半数的人口将生活在城市里。

澳新银行中国区首席经济学家刘利刚说，② 中国目前的城镇化率为45%，与发达国家的70%以上的水平相比仍然有很大的发展空间。中国在这一城镇化过程中，将新建100万公里的铁路和2.8万公里的地铁线路；将建成170个大型公共运输系统，这是目前欧洲的两倍；总体竣工面积将达400亿平方米，这相当于每年建立两个芝加哥。预计，中国今后将会出现更多新型的中小城市。但是，最重要的是，任何发展都是为人服务的，整体社会医疗保障落后、教育发展不协调的局面指明了中国城镇化发展的未来方向——以人为本。西方观察家认为，尽管中国的城市化发展——不同于印度——没有产生贫民窟，但它面临着城市农民工日益强烈的不满，城市农民工仍是农村户口，这就意味着他们没有资格享受很多基本服务。③ 农村人口向城市转移也给中国的农村带来了问题。体格强壮的男女劳动力都离开了农村，剩下的只有孩子和老人。

中国城乡差距由来已久。改革开放以来，农民摆脱了土地的束缚，进城谋生，以他们的血汗为国民经济发展作出巨大贡献，同时也开创自己的新生活。但是他们的所得与付出却不成比例，最大的问题是他们在城里的住房、医疗、子女教育等没有保障。

"作为中国的缩影，今天的重庆正在为中国，也许是为世界做一项最伟大的试验——让五亿中国农民住进为他们新建的城市". 美国知识界有影响的《国家》杂志不久前在一篇报道重庆的文章中写道。据估计，每天有1200名来自农村的移民涌进重庆市。重庆市政府有一个"一小时经济圈"计划，政府将使200万农民在距离市中心一个小时车程范围的城市新区定居。

重庆市政府最近公布：到2012年，让300多万农民工、农村籍大学毕业生拥有城市户口，用10年时间将户籍人口城镇化率由27%提升到60%，新增1000万城市人口。薄熙来书记说："重庆还有800万农民工，不少人在

---

① 李斌：《"十二五"时期城镇人口将首超农村人》，新华社2010年7月5日电。
② 刘利刚：《城镇化水平决定转型成败》，《环球时报》2010年7月10日。
③ 英国《每日电讯报》2010年7月4日，转引自《参考消息》2010年7月6日。

城里已生活了十来年，还有了第二代，却没有城市户口，无法享受城里人同等待遇，这是个大问题。作为城乡统筹试验区，我们要在全国率先解决农民工的城市户籍问题。"黄奇帆市长说："如果到 2020 年，重庆的城市常住人口上涨到 70%，户籍人口只涨到了 30%，二元结构照样存在，这是我们政府无能。"①

重庆既是大都市，又是大农村。重庆的农村面积和农村人口分别是京津沪总和的 2 倍和 2.7 倍。尤其是重庆的东南和东北两翼地区，是大农村的集中地区。那里面积占重庆的三分之二，农业人口 1230 万，占全市农业人口的一半以上。那里也是三峡库区、少数民族地区和集中连片贫困区。在 17 个区县中，有 15 个是贫困区县。重庆市 14 个国家重点贫困区县都集中在"两翼"，贫困人口达 113 万人，占全市 80%。2009 年，"两翼"农民人均纯收入比全国低 1250 元。

重庆的官员认为，重庆发展落后主要在"两翼"，"两翼"发展落后主要在农村，农村发展落后主要在农民收入不高。"两翼"农村和山区、库区的脱贫致富是重庆改善民生的难点。重庆统筹城乡从"最不发达板块"开始着力。近 3 年，"两翼"农民人均一年增长 300 元。实施农户万元增收工程，农民人均纯收入要由 2009 年的 3903 元增加到 6400 元，年均增长 18%。② 按照这个计划，今后 3 年内 95% 的农户户户增收万元，而不是户均增收万元。

根据重庆的计划，10 年后，重庆要把农村人口减少一半，让这一半成为城市人。重庆将通过建设大城市带起一个大城市群，再带着一个农村，形成一个大都市连绵带。为此，非农产业增加值比重要超过 75%，非农产业就业比重要超过 60%。

实践 2：一座关爱留守儿童的城市

12 岁的刘敏是重庆贫困地区石柱土家族自治县冷水镇小学六年级学生。提到爸爸妈妈的时候，小姑娘表情生疏。由于父母长年在福建打工，从出生到现在，她只见过爸爸两次、妈妈三次，更多的时间是跟年迈的爷爷奶奶生

---

① 黄奇帆 2010 年 4 月在"科学发展观重庆实践座谈会"上的发言。

② 《重庆"两翼"农户增收工程全面启动，农民户均增收 1 万》，《重庆日报》2010 年 2 月 22 日。

活在一起。

据全国妇联调查，中国平均每 4 个农村儿童中，就有一个像刘敏这样的留守儿童。目前全国农民工约 1.4 亿，单亲或双亲外出的留守儿童多达 5800 万，占全部农村儿童的 28%。

随着中国市场经济的快速发展，贫困地区农民外出打工成为不可逆转的潮流。在抽样调查的外出打工家庭子女中，有 46% 的学习成绩较差，42% 的学习成绩中等偏下，10% 的学习成绩较好，仅有 2% 的学习成绩优秀。在素质、品质教育和个性培养方面，留守儿童存在着许多令人担忧的问题。由于父母长期外出打工，家庭没有称职的监护人，有些孩子变得任性、自私或性格孤僻；由于监护人的过分溺爱、娇惯和放任，部分孩子变得难以管教，有的经常逃学，光顾电子游戏室，有的喜欢打架、抽烟喝酒，有的甚至小偷小摸。①

国家计生委主任李斌预测，20 世纪 80 年代以后出生的"80 后"人口成为未来农村流动人口的主体。② 农民工为经济高速发展付出了低福利、低工资的代价。这些留守儿童的父母为社会经济发展支付了自己廉价的劳动力。未来 30 年，中国城市化率将提高到 75% 左右。未来进城的 5 亿农民当中有相当一部分是今天的留守儿童。

但是，这样一代留守儿童不被社会所看好。如果这些儿童不能健康成长，他们若干年后，或者继续父母的廉价劳动工作，或者成为未来社会不稳定的因素。来自农村的新一代流动人口比他们的父辈对生活和城市有了更多的期望。他们想要从生活中得到的东西，比父辈所梦想的还要多，比如他们要求体面的劳动、体面的工资。这与他们的父辈继承的中国人的"吃苦"精神成为对比。中国人常常自夸他们"吃苦"的能力，这解释了他们为何能够挺过 20 世纪混乱而贫穷的境况。

然而，20 世纪八九十年代出生的这代新工人，是在较为普遍的繁荣中成长起来的，即使是在像重庆贫穷的山区和乡下，他们的"吃苦"精神也大大

---

① "农村留守儿童现状调查：46% 的子女学习成绩较差"，《人民日报》2010 年 6 月 29 日。
② 李斌：《"十二五"时期城镇人口将首超农村人》，新华社 2010 年 7 月 5 日电。

减弱了。20 年前，在城里工厂打工的农民工主要目标是往贫困的农村老家寄钱。而如今，80 后、90 后的农民工通过上网，增长了法律知识，增强了他们的权利意识。这一代新的农民工把到城里打工看作个人事业的一部分，是迈向城市生活的第一步。当代年轻人和他们的父辈判若来自两个不同世界和不同世纪的人。新工人们想在大城市定居，而且与城里人一样，期待获得快乐、体面、高薪的工作。"这个现象可能给中国的未来造成各种各样的后果。"①

地处中国西部的重庆，大城市带大农村的现状决定了在广大农村存在大量留守儿童。据重庆市妇联 2009 年完成的《重庆市农村留守儿童状况专题调研报告》，重庆市有 0—16 岁农村未成年人 440 万，其中单亲或双亲外出的留守儿童 235 万人，占农村未成年人总数的 53%，比 2000 年全国第五次人口普查时推算的 146.47 万人增加了 88.53 万人，增长 60%。这其中，双亲长期外出的农村留守儿童达 130 万人。②

市委书记薄熙来说："一个家庭再困难，只要孩子能成才，就有了希望。全社会要行动起来，帮穷孩子念好书，积教育之德。重庆有大量青壮年农民在外务工，家里的老人和孩子缺乏照顾，一些孩子营养较差，性格内向、孤僻、自卑，也要尽力照顾和培养好这些留守儿童。"重庆市委做出了关于照顾好留守儿童的决定："新增农村寄宿制学校 400 所，建立针对留守儿童特点的培养模式，采取代理家长、亲情室、托管中心等措施，让全市留守儿童健康茁壮成长；新建 115 所中小学，基本解决城镇学校'大班额'和农民工子女入学问题；完善学生资助政策体系，实行中职免费教育。保持财政性教育投入占全市生产总值的 4%，全市中小学标准化达到 60%，全面普及高中阶段教育。"③

2009 年，重庆市预算安排义务教育保障经费 26.7 亿元，免除了 360.6 万学生的学杂费，对 48.96 万农村学校寄宿生给予生活补助，对 43 万贫困

---

① 杰夫·代尔：《当"小皇帝"们长大之后》，英国《金融时报》，中文网，http://www.ftchinese.com/story/001033482。

② 《有人疼，有人爱，给留守儿童一个温暖的家》，《重庆日报》2010 年 7 月 5 日。

③ 同上。

女童实行"零收费"入学,农村留守儿童"上学难、上学贵"问题得到解决。从 2009 年开始,市政府决定全面免除重庆籍城乡低保家庭普通高中学生的学费,惠及全市 5 万多名低保家庭子女;市财政还投入资金 1.4 亿元,免除 5.7 万名就读中职的留守儿童学费和住宿费,确保农村留守儿童不因贫困而失学。

重庆市研究室主任徐鸣说,在兴建更多寄宿制学校的同时,重庆市还逐步推广学生饮用奶、鸡蛋计划,为非寄宿贫困生提供"爱心午餐",不断改善青少年营养状况。重庆市还实施农村留守儿童心理健康计划,按规定配齐心理健康教师和生活管理、卫生保健人员,到 2012 年,全市农村学校心理健康课开设率达到 100%。

实践 3:一座为低收入群众造房的城市

飞机冲破云霞,即将降落在江北国际机场。位于长江和嘉陵江畔的重庆呈现在眼前:随处可见高耸的吊车,到处都是建筑工地。那些在建的高楼中,就有专门为成千上万的农民工、外来移民和新毕业的大学生准备的安居之所。

对于中国数千万年轻的大学毕业生来说,买房是他们过上现代中产生活梦想的核心环节。年轻的中国男性社会压力最大。房价一路上涨,首当其冲的就是年轻人。假如他们的父母是城里人,那么他们很可能在 20 世纪 90 年代末的住房改革中分到了房子,这让他们在住宅市场里有了立足之地。但现在中国很多年轻人觉得房价太高了。在北京等城市的郊区,生活着成千上万被中国媒体称为"蚁族"的大学毕业生,他们在为寻找人生第一份工作而奔波之时,居无定所。英国《金融时报》杰夫·代尔评论说,这一切并非预示着一场革命即将爆发,年轻人将发起大规模抗议。但是,"现代化释放出了巨大的力量:中国的年轻人既对本国取得的成就感到骄傲与自信,也对自己的生活抱着很高的期望。中国年轻人群体的不安分迹象,使中国未来政治走向更加难以预测"。[①]

"过去干革命,我们党无权无钱,靠搞'土改'实现'耕者有其田',从而得到群众支持,取得胜利。今天,住房是老百姓最大的民生问题,我

---

① 杰夫·代尔:《当"小皇帝"们长大之后》,《重庆日报》2010 年 2 月 22 日。

们党要赢得民心，就要为老百姓盖房子。"薄熙来一语道出了重庆理念的根源。中国特色的社会主义，现在重中之重是要解决老百姓住房难问题。实际上，任何社会都会有30%中低收入群众，他们既买不起商品房，也无法被廉租房覆盖。重庆的公租房模式提供了一个好的经验，目前在全国已经全面推开。①

幸福生活，首先要住有所居。居无定所，穷困潦倒，住得没有尊严，就谈不上幸福。住什么样的房子才算活得有尊严？曾经，一个生活在大城市、月收入只有1000多元的大学毕业生或农民工，根本无法想象在交通便捷、环境优美、配套齐备的居民社区安居乐业。但重庆首创的大规模兴建公租房，让他们重新看到了希望。黄奇帆说："中国在计划经济时期由政府分配房，优点是公平，缺点是不够。最近20年，我们搞住房商品化改革，但是几乎完全是市场供应的模式，住房条件改善的同时，伴生了城市30%左右的中低收入人群买不起房，老百姓有意见。"②

重庆计划未来三年，建设3000万平方米的公租房，解决50多万户中低收入群众的住房困难。公租房不分城乡、市内外差别，没有户籍门槛，只要在重庆有稳定工作和收入，都可申请租住。公租房户型面积为35—80平方米，公租房有厨房、卫生间等生活配套，可以保证入住公租房的中低收入阶层享受到中档商品房的居住标准。公租房与商品房无差别"混建"模式，使公租房住户完全与商品房住户有机融合在一起，共享小区环境和专业物业公司的管理与服务，避免社会阶层隔离和形成"贫民窟"。而且，租金只有市场同类商品房租金的60%。如果房客是低保对象，租金只是公租房租金的10%，比如一套50平方米的房子，一个月付500元，低保户只付50元，剩下的由政府补贴。

实际上，公租房与建设"宜居重庆"理念一脉相承，都是让老百姓住得起房、住得舒服。过去两年，重庆一直努力使城市居民6.5万年家庭收入买得起一套普通商品房，房价在全国70个大中城市中排倒数第3。

---

① 《别样重庆》，《瞭望》2010年4月20日。
② 《两江新区运转 重庆向世界开放》，《联合早报》2010年6月27日。

实践4：一座关注民生幸福指数的城市

2010年年初，尼泊尔驻华大使卡基到重庆调研后，他感慨："一个贫困潦倒的人是没有尊严的，而重庆实践是一种体现人的尊严的增长新模式。我在重庆看到了中国共产党在继续为人民服务，在维护社会公平和正义。"①

重庆的增长以解决民生为着力点，依靠民生型内需消费增长模式，而不是依靠出口的外向型增长。薄熙来解释其中缘由："民生就是内需，就是消费，有效地改善民生，不仅不扯经济的后腿，还会有力、持久地推动经济。"② 早在1996年，联合国开发计划署在《人类发展报告》中就警告说："人类发展是目的，经济增长是手段。"③ 报告指出，如果对经济增长不进行正确管理的话，经济增长将会给人类带来五种不好的后果：没有就业机会的增长（jobless）、没有民主参与的增长（voiceless）、贫困没有减少的增长（ruthless）、文化没有丰富的增长（rootless）、环境不友好的增长（futureless）。为此，他们建议，经济增长只有通过两个途径对减少贫困作出贡献：解决就业以提高家庭收入的增长；提高政府财政收入，并用来降低国民在收入、医疗和教育等方面的不平等。

在2010年中央西部工作会议上，胡锦涛说："在实施西部大开发战略的实践中，我们积累了重要经验，得到了宝贵启示，概括起来说，主要是必须坚持科学发展观，全面推动经济社会发展；必须坚持把保障和改善民生作为一切工作的出发点和落脚点，让各族群众共享改革发展成果；必须坚持改革开放，增强发展动力和活力；必须坚持发挥社会主义制度的政治优势，走共同富裕道路。这些重要经验和宝贵启示，对进一步推进西部大开发具有重大意义，一定要深刻认识和充分运用，并在实践中不断丰富和发展。"④

重庆通过其规划的民生幸福指数——五个重庆、⑤ 10件民生大事，力图彻底改变城乡差距、贫富悬殊的局面。薄熙来说："城市居民的幸福指数并

---

① 笔者对尼泊尔大使的访谈。
② 薄熙来：《抓好10件大事 切实改善民生》，《重庆日报》2010年6月28日。
③ UNDP: Human Development Report 1996, http://hdr.undp.org/en/reports/global/hdr1996/.
④ 中共中央、国务院在北京召开西部大开发工作会议，新华社北京2010年7月6日电。
⑤ 即"宜居重庆"、"畅通重庆"、"森林重庆"、"平安重庆"、"健康重庆"。

不简单取决于人均 GDP 或人均收入。一个城市在人均 GDP 和 GDP 总量比较低的情况下，完全可能有更高的居民幸福指数。"因为，城市居民的幸福指数不仅取决于经济总量和人均经济量，还取决于这个地方的自然环境、居住条件、安全状况、人际关系，以及市民气质、精神状态、主人翁感觉等，甚至一些很具体的指标，比如塞车不塞车，树种的好坏，都可能有所影响。所以，尽管重庆目前的经济总量和人均水平比较低，远远落后于某些大都市，但只要高度重视且工作得法，也完全可能让老百姓的幸福感大大提升，在较短时间后来居上。

近年来，重庆进行的系列实践，都以民生为出发点和归宿，都紧紧围绕民众的尊严和生活幸福展开。在金融危机后，人们在议论谋求经济增长和 GDP 突破时，重庆市委强调的却是"做到两个百分之五十"——要求领导干部投入百分之五十以上的精力抓解困；财政支出百分之五十以上用于民生。

直到 20 世纪 90 年代中期，中国开展的是一场没有输家的改革，每个人都在富裕。但快速增长日渐出现副产品——危险的社会问题，如贫富不平等、穷人医疗保障的缺失、危及生存的环境问题等，正在引发群众越来越多的不满和暴力抗议。谢淑丽认为："这种抗议和不满将会导致经济发展短路。"[1] 重庆学者苏伟也提醒，应该是"越发展共产党的执政地位越稳固、人民群众幸福指数和尊严指数越高，而不是越发展党和国家为人作嫁的危险性越高、人民群众的痛苦指数和卑贱指数越高的发展模式"。[2] 近年来，日益增多的群众上访和群体抗议，在中国的很多地方都令政府颇为头疼。

但过去两年，重庆的上访人员却逐渐减少，群众信访总件次和总人次也分别下降 40%、49%。这得益于重庆党员干部"大下访"。2009 年，重庆从维护人民群众合法权益出发，变群众上访为干部主动大下访，组织 20 万名干部深入基层排查化解信访积案，走访群众 89 万人次，投入资金 49 亿元，解决了近 10 万个历史积案。听了重庆党员干部大下访的故事后，对中共党

---

① Susan Shirk, *China: Fragile Superpower*, p. 18.

② 苏伟：《薄熙来新政与重庆模式》，人民网强国论坛，http://bbs1.people.com.cn/。

史深有研究的卡基大使说道："我看到了延安时代的那种党与群众的关系，中国共产党重新捡起了群众路线这最重要的法宝。"

2009 年以来，重庆开展打黑除恶，清除了一大批盘踞在关系百姓生活各行各业的黑恶势力，大大增加了民众的安全感。重庆还首创校警制度，改革"交巡警"。现在一对夫妇一个孩儿，如果校园安全不能保障，无数家庭会心忧牵挂。重庆采取治本之策，政府拿出 12 个亿，向全市中小学和幼儿园派遣校警和保安，在全国率先建立了校警体制。为增加市民安全感，重庆今年还进行了"交巡合一"的重大改革，主城建立 500 个交巡警平台，让老百姓出门可见警，为百姓提供 24 小时安全保障。2008 年 6 月以来，重庆还开展了"唱红歌、读经典、讲故事、传箴言"活动。延安时代的红色经典歌曲重新回荡在重庆城。

重庆党员干部大下访和打黑除恶不仅神奇地解决了过去频发的群体上访和群体抗议事件，更凸显了党是在为民执政。薄熙来引用胡锦涛总书记的话说："群众在我们心里的分量有多重，我们在群众心里的分量就有多重。一个政党长期执政的关键就在于和人民群众的关系。"原中央党校常务副校长虞云耀说："评价党的执政能力是强还是弱，由谁来认可和评判呢？毫无疑问，人民群众最有资格。古今中外无数事例说明，人心向背是一个政党、一个政权盛衰兴亡的根本因素。一个党的执政能力，归根结底是它获得广大人民群众认同的问题。"[①]

实践 5：一座适宜人类居住的城市

1996 年，路透社记者来到重庆采访。他在报道的开头写道"重庆什么生意最兴旺，擦皮鞋的"，并宣称"重庆不适合人类居住"。

长江流经重庆境内 600 公里，江的两岸是云雾缭绕的大山。江水水气弥漫生雾，重庆被称为"雾都"。

20 世纪八九十年代，重庆工业迅速发展，排放的大量废气和煤烟粉尘与雾气混合，生成黄褐色浓雾，常年罩在城市上空久久难散。山城一入秋，整

---

① 虞云耀：《加强党的执政能力建设的若干问题》，中国文明网，原载《马克思主义理论研究和建设工程参考资料》第 22 期。

座城便被黄褐色的浓雾包裹。雨天害怕酸雨，出门一定得打伞，城市中弥漫的浮尘让市民不敢穿白色的衣服出门，穿皮鞋出去一会儿就沾满尘埃。

2008 年 8 月 19 日重庆市拉开了"森林重庆"建设大幕。重庆相继实施城市、农村、通道水系和长江两岸五大森林工程。仿佛一夜间，主干道、背街小巷就披上了绿装。

雨水在重庆主城的彩云湖上溅起一圈圈的小小涟漪，空气中流动着干净清爽的花草香气。"完全没想到，桃花溪也有改头换面的一天。"居民刘晖对《重庆日报》记者说。

彩云湖是重庆主城第一个湿地公园。而它的前身桃花溪是出了名的臭水沟。在附近住了七年，曾被桃花溪的漫天臭气熏得无处可躲，但今天在公园里散散步，呼吸呼吸新鲜空气，成了刘晖每个周末的不变安排。

重庆正在进行城中村改造和危旧房拆迁的区域，有一半的集体建设用地面积会变成绿地和公园，供刘晖这样的市民休闲和散步。预计到 2012 年，主城区城市将建成区绿地率达到 38% 以上，绿化覆盖率达到 45% 以上，人均公园绿地达到 12 平方米以上，城市中心区人均公园绿地达到 7 平方米以上。

重庆已建的 40 多个城市公园，不仅增加了城市公共绿地面积，更重要的是，它们还用花样百出的主题，让市民的休闲生活丰富多彩：在江北区，有全国最大的桂花专题园鸿恩寺公园；在江北区，有浓郁欧式园林风格的江北嘴 CBD 中央公园；在大渡口，有以中华美德为主题的大渡口区中华美德公园；在巴南区，有以讲述巴人的发展史为主题的巴南区文化公园。

从 2005 年起，重庆开始实施"蓝天行动"，在主城九区范围内控制扬尘污染、燃煤及粉烟尘污染、机动车污染等数千个污染源。同时，逐步淘汰一批能耗高、污染重的生产设备，对污染较重的企业实施搬迁。从 2005 年的 256 天，到 2006 年的 260 天，再到 2007 年的 274 天、2008 年的 290 天、2009 年的 303 天，"蓝天"目标的天数在过去的基础上，一年比一年多。

2008 年，重庆提出建设宜居、畅通、森林、平安、健康"五个重庆"的发展愿景。"森林重庆"让百姓多吸氧，过去两年，重庆造林 800 万亩，多释放氧气 1000 多万吨。2009 年，全国 44 个城市创"国家园林城市"，重庆得分第一。"畅通重庆"使主城不塞车、乡村有油路。"平安重庆"让群众的人身、财产和家庭安全有保障。"健康重庆"让孩子长得壮、老人能长寿,过去两年,重庆新建塑胶运动场 359 片,120 多万学生改善了锻炼场所。"宜居重庆"让全市百姓,特别是中低收入的市民都有房住,而且环境好。这正印证了薄熙来所说的:"把改善民生作为出发点,不求经济指标长得最快,但求老百姓生活改善最明显;不求高楼大厦盖得最多,但求老百姓过得最幸福。"①

最近重庆市委做出的用两年半时间干好 10 件民生大事,其中就包括,森林覆盖率达到 40%,城区绿化率达到 35%,建成国家森林城市、生态园林城市、环保模范城市。

实践 6:一座民生型的社会主义文明城市

夜幕降临,罗伯特·德里法斯望着窗外霓虹灯映照的城市夜空,看上去跟拉斯维加斯一样光彩亮丽,让世界上很多大城市黯然失色。"我今天是在中国腹地的土地广袤的大城市重庆写稿。重庆是通向中国西部的门户,是世界上最大的城市,拥有 3200 万人口。"今天的重庆究竟是一个社会主义红色江山?还是一个资本主义的花花世界?世界应该拥抱她?还是畏惧她?

罗伯特·德里法斯是美国《国家》杂志的资深记者。2009 年他专程来到重庆采访。他写道,"重庆的城市化规模难以令人置信。根据计划,重庆每年要把 50 万人从农村迁到城市生活。这意味着,重庆必须规划、准备和建设一个亚特兰大城,并为这座城市提供相应的就业、道路、房屋、基础设施、学校、医院等等。"② 他为这篇文章起了一个特别的题目:《重庆:一个城市的社会主义》。与此相对,2009 年美国《发现》频道播出了著名记者泰德·考帕尔摄制的纪录片《资本主义的人民共和国》,该片围绕重庆发生的故事,深度报道了中国的政治、经济和人民。

考帕尔 1972 年曾随尼克松访华首次走进中国大门。自那以后,考帕尔总是从一个新鲜的角度报道中国发生的故事。2008 年,考帕尔来到重庆时,

---

① 薄熙来:《抓好 10 件大事 切实改善民生》,《重庆日报》2010 年 6 月 28 日。

② Robert Dreyfuss, "Chongqing: Socialism is One City," *The Nation*, November 18, 2009, http://www.thenation.com/blog/chongqing-socialism-one-city.

他看到了一个令他目瞪口呆的城市。他在重庆做了大量的采访，人们给他讲的故事让他既受启发，又产生惧怕。重庆拥有 3200 万人口，根据规划，未来几年将有上千万农民加入城市化进程，从农村移居城市。近年来的经济危机，使美国经济元气大伤，失去了大量工作机会；而此时，这座拥有庞大人口、充满活力的山城重庆，却在中国西部内陆迅速腾飞，推动中国经济蓬勃发展。多数西方人没听说过重庆，但到过重庆的西方人却都在惊叹：重庆是世界上发展最快的城市。哈佛大学兼哈佛大学商学院教授、"中美国"命题的发明人尼尔·弗格森到重庆后感慨："中国没有任何城市能跟重庆的飞速扩张相提并论。我最近来中国访问，看到长江上游的重庆成为世界上发展最快的城市。我早先来中国访问，看到过上海和深圳的建设奇迹。但是，重庆建设速度超出想象。云雾中的重庆上空无数的塔式大楼、盘旋在半山腰的大吊车、流光四射的高速公路、崭新的企业新区让人惊羡不止。我在目睹一场类似早年西方城市里发生的又一场工业革命。"①

作为一个内陆中心城市，重庆在 2008 年金融危机中并没有受到严重冲击，其外向型经济只占 12%。当整个中国在全球金融危机影响之下为"保8"艰难奋战时，重庆却以 15% 的速度飞奔向前。

重庆的高速发展证明了市场原教旨主义的失效，也证明了科学发展观的重要意义——以人为本、改善民生既是发展目的，也成为发展源泉。

重庆通过加快城镇化进程、发展民生经济所启动的内需增长模式，将深刻影响着中国未来经济增长的方向与质量。以重庆为试点的城乡统筹发展，将成为中国经济持续发展的新的重要动力。这里面不仅包含着基础设施建设、房地产业的健康发展，更包括以满足民生需求的社会教育、医疗保障、环境生态。

中国的现代化发展模式自东部始。当世界都在思考中国经济大超越的奥秘，思考什么是"中国道路"时，中国正在以可持续发展的大思路，总结西

---

① Niall Ferguson, 'The End of "Chinmerica",' *Standpoint*, September 2008, http://www.standpointmag.co.uk/the-end-of-chin-merica-september.

部的十年开发历程，思考它的下一个十年，丰富"中国道路"的内涵。① 胡锦涛说："坚持为民谋利，进一步保障和改善民生。要把保障和改善民生作为西部大开发的首要目标，加大政策支持力度，加快社会建设，建立覆盖城乡居民的公共服务体系，优先发展教育事业，实施扩大就业的发展战略，完善覆盖城乡居民的社会保障体系，推进医药卫生体制改革，积极发展文化事业。"②

重庆通过看得见的手，创造了投资、消费和就业的多赢。在重庆，国有资本以解决社会民生问题为使命，同时也在服务改善民生过程中发展壮大。如公租房建设，通过国有资本运作承建，政府既不需投入太多资金，没有财政负担，同时还创造了一大笔优质国有资产，不断增值扩张。创新的举措源于创新的思维。薄熙来提出，现代经济就是智慧经济，各级干部都要认真学习哲学，多掌握一些辩证法。黄奇帆强调"一定要转变一根筋的思维方式和发展模式"。因为，房产具有保障性和商品性的双重属性，完全由政府保障或完全由市场供给的"单轨制"都存在制度设计上的不足。③

在中国国企改革中，西方经济学家只看到国企改革能保值增值就行了，一般不会考虑国有资本在国计民生中的战略意义。一般也认为，国资增值和藏富于民是对立的，但重庆开创了一些先例，使国资增值和藏富于民携手并进。过去六年，重庆国有资产总值增加了6倍，同时民营经济也是西部12省中最发达的。在重庆，正是由于国资发展壮大，使得社会可以减轻税收负担。清华大学教授崔之元把"国资增值和藏富于民携手并进"的重庆模式称为"民本社会主义"。

重庆，找到了社会主义和市场经济最佳共融点，创造了一个民生型的社会主义文明城市，这是一种超越东西方旧有模式的制度创新。在这样一个经济生态中，国有企业和民营企业、大型企业和微型企业各司其职，各尽所能，在功能上相互补充，共同发展。"在地区差距、城乡差距越来越大的当

---

① 任仲平：《中国现代化建设的"新支点"——写在西部大开发十周年》，《人民日报》2010年7月5日。

② 中共中央、国务院在北京召开西部大开发工作会议，新华社北京2010年7月6日电。

③ 《别样重庆》，《瞭望》2010年4月20日。

下，发展微型经济，不仅合乎经济规律，而且是破解诸多难题，实现国民经济均衡发展和提高人民生活水平的重要举措。"①

二 "重庆实践"深化、丰富了"中国模式"

1. 多元的现代性

2004 年，美国学者雷默把中国模式概括为与"华盛顿共识"相对立意义上的"北京共识"，拉开了世界各地对中国模式高度关注的序幕。雷默在他最近出版的《不可思议的时代》中文版序中写道："中国遇到的挑战，从规模来看，从复杂的程度来看，都是人类历史上从未经历过的。改革的本性是会产生出从未见过的新问题。这就需要一种新的创新，一种超越'中国特色'的创新。所谓'后中国特色'，是指中国将不再把国外的东西拿来，然后增加一些'中国特色'。中国创造出来的将是完全崭新、自主的创新。但是，究竟什么才是'自主创新'呢？为了回答这个问题，我们有必要审视下什么是创新、什么是进步、什么是现代性。"②

过去 500 年来，现代性来自西方，而今天的现代性来自北京鸟巢、上海世博园、重庆朝天门。重庆实践展现的是资本主义市场、社会主义计划、国有经济、私人经济、全球化文化、红色革命文化多元共存的现代性模式。《当中国统治世界》一书作者、英国学者马丁·雅克说："很多人仍旧认为，只存在一种现代性模式，那就是西方的现代性模式。""现代性是由两个因素形成的，一方面是市场竞争、技术这些可能趋同的因素，会把不同国家带到更相似的发展模式上；另一方面，现代性是由历史、文化所促成的，这些因素在不同国家之间差异很大，这些因素也潜在影响到社会关系、习俗和制度，不仅涉及政治和意识形态方面的制度，同时也包括经济制度。"③

---

① 吴刚：《扶持微企 藏富于民》，《重庆日报》2010 年 7 月 8 日。
② 乔舒亚·库珀·雷默：《不可思议的年代》（中文版序），转引自本书译者何帆的博客 http://blog.sina.com.cn/s/blog_ 4721b5150100j4j5.html.
③ "中国崛起，全世界都充满好奇——访《当中国统治世界》一书作者马丁·雅克"，《文汇报》2010 年 2 月 8 日。

今天，西方的学术界开始不再用简单化的政治套话和二元对立的方法来讨论中国的发展。牛津大学出版社最近出版了华志健的《21世纪的中国：每个人都需要知道的》，在这本书中，中国问题的讨论越来越正常化和理性化。华志健的观点是，① 今天在讨论中国时，更应该从赫胥黎的《勇敢的新世界》而不是乔治·奥威尔的《1984》来观察这个国家。"奥威尔强调通过恐惧的手段来控制人民，而赫胥黎强调的是通过创造需求、提高民生欲望和生活标准来满足人民。"

英国经济学家阿纳托勒·卡莱茨基在《时代》周刊写道："我们西方人有两个选择，或者我们认输地说，中国在人类5000年的有文字记载的历史中，是一个比美国或者西欧更成功和有生命力的文化，承认中国今天已经自然地获得了全球领袖地位。或者我们干脆承认中国模式与西方模式之间的竞争，开始严肃地思考如何改革西方资本主义，以求更好的获胜机会。"②

从重庆经验与实践，到中国未来的创新与变革，中国与世界进入了一个社会与思想发展的新时代。在这个时代，中国与世界面临许多共同的课题，东西方旧的发展方式和范式需要提升、变革和创新。在承认人类文明的多样性和多元性的基础上，经过跨文明的沟通，需要跳出原有的知识格局、思想框架和观念的约束，建立一个人类共享的价值体系，进入一个人类不同文明和平共处的和谐新世界。

以重庆实践为代表的新社会主义力量，探索出一条本国国情与时代特征相结合的道路，这是一种既扬弃旧社会主义弊端，也扬弃旧资本主义弊端的新社会形态。软实力建设不是从外界给自己找来一件意识形态的外衣，而是像重庆那样实实在在地从国情市情出发，按科学发展观的理念，确立自己的发展思路，探寻自己的发展路径。

西方评论家预测，随着中国越来越融入国际社会，其未来的行为举止可能会变得越来越像西方发达国家。美国学者沈大伟说，事实上，中国变得

---

① Jeffrey N. Wasserstrom, *China in the 21st Century: What Everyone Needs to Know*, New York: Oxford University Press, 2010.

② Anatole Kaletsky, "We need a new capitalism to take on China," *The Times*, February 4, 2010.

"越来越像中国"，而不是像西方。① 重庆实践并不是西方所理解的中国复制了西方模式，而是两方面的结合，不仅在经济领域创新地与世界接轨，同时在政治社会发展上试图创新西方模式，其发展模式超越了社会主义和资本主义鸿沟，打破了旧有市场经济话语体系，展示这个世界上不存在一个普适行为的共同叙事话语。

2. 民生幸福指数再造制度合法化与优越性

中国城乡二元结构带来的不平等是巨大的。不断增长的不平等是否会把中国推向一个社会抗议频发、进而威胁政治稳定的社会火山？这座社会火山会不会挑战中国共产党的统治？挖掘科学发展观在重庆的实践，是在从一个新的视角讨论中国共产党执政的现实合法性和历史合理性。对于共产党执政的态度，不应成为西方流行标签和流行意识形态的囚徒。

早在改革开放之初邓小平就说过："社会主义最大的优越性就是共同富裕，这是体现社会主义本质的一个东西。如果搞两极分化，情况就不同了，民族矛盾、区域间矛盾、阶级矛盾都会发展，相应地中央和地方的矛盾也会发展，就可能出乱子。"② 江泽民说："要把关注民生作为党长期执政的基石。" 胡锦涛多次强调："坚持权为民所用，情为民所系，利为民所谋。" 在2010年两会报告上温家宝说："我们所做的一切都是要让人民生活得更加幸福，更有尊严，让社会更加公正，更加和谐。" 两会后的记者招待会上，温家宝说："如果发生通货膨胀，再加上收入不公，以及贪污腐败，足以影响社会的稳定，甚至政权的巩固。"

中国的经济改革带来的是人类历史上没有过的经济高速增长，中国的发展速度可以持续增长20年，或再次遇到1989年式的政治风波，或发生1997年式的亚洲经济风暴，或发生拉美式的两极分化。③ 而两极分化将严重侵蚀党的执政形象和执政合法性。

---

① 约翰·杰布：《中国变得"越来越像中国"》，原载新西兰《奥塔戈每日时报》2010年6月28日，转引自《参考消息》2010年6月29日。

② 《邓小平文选》第3卷，人民出版社1993年版，第364页。

③ Susan Shirk, *Chian: Fragile Superpower: How China's Internal Politics Could Deal Its Peaceful Rise*, New York: Oxford University Press, 2007, p. 20.

改革开放前，党和政府通过强化社会控制来获得社会支持，如铁饭碗制度、户籍制、住房分配制、国有企业制。但是，随着城乡二元结构被打破，人们自由流动加速，不再靠政府去找工作。今天，约4/5的中国人住自己的房子，约3/4的中国人在国有企业之外的私营企业、外资企业等就业，而党在这些领域的政治影响力微乎其微。今天的中国社会已经潜在和半公开地出现了高举西方普世价值旗帜的反对派。党和政府需要经常面对间接或半公开的失业工人、受压的农民和学生运动引发的社会抗议和群体事件。

西方常常用民主和非民主简单地划分这个世界。在其政治理念中，一个国家的合法性在于这个国家是否搞了选票民主，而并不考虑民生的幸福感。中国自古以来民为邦本，本固邦宁，倡导民生大于天。政治体制的合法性和凝聚力来自民生的不断改善、经济的持续增长、就业机会的增加、社会保障的强化等，来自作为执政党的中国共产党是否践行为人民服务的宗旨。由于中国实行的是共产党领导下的协商民主，不是选票民主，西方有学者认为，以德治国的政府靠的是德，执政和凝聚力的关键来自党的形象、声誉和口碑。重庆的做法是，一切为百姓着想，通过建好"五个重庆"，做好10件民生大事，搞民生财政，促进百姓生活条件的不断改善，增加人民的幸福感，营造党和政府的良好声誉和口碑，实现执政的再合法化。如2009年重庆民生占财政支出达到51.7%，集中投入到就业、教育、养老、社保等与老百姓息息相关的民生领域。

薄熙来在2010年6月举行的重庆市委全会上说："中国革命之所以取得成功，关键是土地革命，当年毛主席搞土地革命，唤起工农千百万。革命成功了，人民政府还要解决好群众的住房问题，这也是几千年来人民的向往，杜甫就曾说过，'安得广厦千万间，大庇天下寒士俱欢颜'。民生四大要素'衣、食、住、行'，现在重中之重是解决住房问题。搞中国特色社会主义，尤其要给中低收入的群众盖房子"。[①] 美国全球战略的核心是通过强调美国模式的普适性抢占道德高地。作为中国大政战略一部分，中国必须通过营造自

---

① 薄熙来：《抓好10件大事　切实改善民生》，《重庆日报》2010年6月28日。

己的发展模式,建设自己的道德高地。没有中国模式,等于中国共产党退出道德高地。井冈山、长征、延安、红岩都是中国共产党执政的道德高地。井冈山、长征、延安、红岩精神不仅是中华民族解放的象征,也是平民百姓政治经济地位上升的保证。

重庆不仅要建内陆开放高地,也要建内陆道德高地,重新在群众心中点亮中共的核心价值和品牌——为人民服务。重庆"唱红打黑"高举核心价值和公平正义的大旗。"唱红"继承延安、红岩精神,用最少的投入,重建党和政府的公信力,重新获取群众对党的信任,壮大拥护党和政府的追随者和支持者,不仅增强了社会凝聚力,更从思想意识根源上巩固共产党政权的合法性。

"唱红打黑"强调共产党为人民服务的根本宗旨。对于发展中国家来说,政府是国泰民安、人民群众安居乐业的最重要的保障。在市场经济日益成熟和社会加速转型的过程中,党和政府对人民群众需要承担更大的责任。维护人民群众的权利要求,不仅是维护经济权利,还要维护和增进人民群众的政治权利。在保持经济增长的同时,必须有更强的能力保护并且增进公民在安全、人权、福利、就业等方面的权益。如果一个政府失去了这个职能和权力,它就完全失去了合法性。通过打黑,确保社会安全、社会公平、社会正义,促进民生改善与政治稳定。

重庆科学发展观的实践,通过追求社会公平和社会正义巩固了中国共产党的历史地位。当前,对共产党执政最大的不满是腐败和房价。重庆打黑是在民众的支持和舆论的推动下,以体制内的力量为主来惩治腐败,并通过内部改革和制度创新来建立制约和监督机制,从而达到根除腐败的目的。重庆的打黑行动表明,在现行体制内治理腐败是完全可能的。这对于正被腐败困扰着的中国改革来说,具有重大的原则意义,关系到中国未来改革的走向。打黑除恶不仅对于百姓安居乐业具有重要的意义,对于提升中国共产党的执政能力和进一步诠释中国政治制度的合法性也具有重要意义。

"重庆新实践是国家的重要财富,是一幅有前瞻性的蓝图,为形成新型的社会主义理论体系提供了有力的实践依据,为社会多元条件下如何凝聚各方力量,进行了政治探索。科学发展观在重庆的实践,是对中华人民共和国的贡献，是对中国共产党的贡献。"①

3. 中国国家能力的优势

俄罗斯经济学家弗拉基米尔·波波夫问：中国今天的经济模式与西方的经济模式究竟不同在哪里？中国的经济既不是中央计划的，也不是国家所有的。中国75%的GDP来自非国有和私营经济。这跟西方没有区别。中国政府占GDP的开支不足20%，比所有的西方国家都低，也低于处于与中国同样人均GDP水平的发展中国家。中国的教育、医疗都不再是免费，收入与财富的不平等在加大。在全球范围内的经济危机中，中国的经济模式真的有一种继续增长的魔力吗？

波波夫在他最近的文章《中国特色的资本主义是独一无二的品种吗?》中写道，中西方模式最大的不同是国家行政能力的差异。中国的独特之处在于其国家行政能力方面，尽管从人均GDP看，中国是一个发展中国家，但是，从国家行政能力看，中国更像一个发达国家。如果把中国跟今天的与中国人均GDP相同的发展中国家比，或者把中国跟100年前与中国人均GDP相同的发达国家比，将彰显出中国模式的优越性来。②

国家行政能力又称国家制度能力，指的是政府实施政策与执法的能力。有很多主观的指数，如腐败、法制、行政效率等，被用来测量国家制度能力。但是，很多学者认为这些主观的指数具有偏见性，不能很好地解释经济运行状况。衡量国家制度能力的客观指标应该是凶杀案与黑社会经济。坡伯甫通过研究世界卫生组织和世界银行的资料发现，中国在这两个指标上，都是发展中国家最低的。在2002年，中国每10万人凶杀案是3起，欧洲和日本是1—2起，美国是5起。中国更像一个发达国家。只有少数几个发展中国家有这样的凶杀犯罪率。今天，拉丁美洲、撒哈拉南部非洲、苏联地区犯罪率高。

以人为本、科学发展观在重庆的成功实践，展现了中国共产党执政下的国家能力。日本新任驻华大使丹羽宇一郎说，虽然"共产党一党专政"长期

---

① 徐鸣2010年4月在科学发展观重庆实践座谈会上的发言。

② Vladimir Popov, "ls Chinese Variety of Capitalism Really Unique?" http：//www. nes. ru/~vpop-ov/documents/Chinese%20capi-talism-unique-2010. pdf.

以来被视为阻碍中国经济发展的"风险因素",但实际上这一"弱势"已经转变为"优势"。"优势"的根源在于,中国共产党拥有强大的权力。通过支配土地、国民、企业、金融和市场等要素分配行使这一权力,实行"国家资本主义",实现了经济高速发展。中国共产党还投入巨资让大型建筑公司、通信公司和铁路公司承建公共项目,以迅猛之势推进基础设施建设。"民主国家在决策之际必须通过议会进行磋商,而中国共产党无须经过这一程序。由于中国共产党拥有强大的权力,可以保证政策得以迅速实施,其速度之快远非民主国家所及。"[1]

波波夫认为,为什么经济自由化在中国成功了,而在苏联地区失败了?这是因为苏联地区在转型过程中破坏了国家制度能力——社会主义的宝贵遗产。而中国在改革开放的30年中,保留了这份遗产。1979年中国的市场改革带来的中国经济的高度增长是因为中国共产党在1949年后,建立了一个高效的政府。这个高效的政府是中国过去几百年间都不曾有过的。比如,北京的共产党政府在每个村庄都建立了党的基层组织。北京政府在统治中国各地的执法和行政的效率超过秦始皇或者他之后的任何中国朝代与政府。在19世纪,中国中央政府的财政收入仅占GDP的3%(明治维新后,日本政府的财政收入是12%)。在国民党政府期间,政府的财政收入增长到了GDP的5%。在邓小平改革开放之初,毛泽东留下的政府财政收入达到了20%。[2] 20世纪70年代,中国的犯罪率是全世界最低的国家之一。影子经济几乎不存在。1985年透明国际估计,中国的腐败是发展中国家最低的。同样的是,中国不法的影子经济不到中国GDP的17%,低于比利时、葡萄牙、西班牙。在发展中国家,影子经济占GDP的40%,甚至60%,比如越南、伊朗、约旦、沙特阿拉伯和叙利亚。

4. "历史终结论"的终结

重庆按照科学发展观走出的新路,不仅是中国模式的成功展示,而且终

---

[1] 丹羽宇一郎:《日本东山再起关键在中国》,《文艺春秋》2010年7月号,转载自2010年6月23日《参考消息》。

[2] Aiguo Lu, *China and the Global Economy since 1840*, New York: St. Martins Press, 1999. 转引自 Vladimir Popov, "Is Chinese Variety of Capitalism Really Unique?"

结了福山的"历史终结论"。

近年来，由美国的次贷危机引发了席卷全球的世界金融危机以后，由于中国政府沉着应对，率先实现经济回升向好，保障和改善民生取得重要进展，社会大局保持稳定而在世界舆论中引起了对中国模式更加密集的关注和讨论。学者吴旭说，"这一次全球化解套的过程，也意味着'美国模式'统领全球的地位正在走向终结。当然，这绝不意味着其模式的溃败和消失，而是指其政经模式本身所具有的创新和带动力出现了衰竭的迹象"。人类发展史本来就延续着波浪式逐级推进的过程。而中国的成功也有其历史逻辑的必然合理性。

20世纪30年代资本主义危机后，社会主义作为一个新的选择，成为世界其他国家追随的发展模式。冷战结束后，西方的价值观被《历史的终结》作者称为终极的、普适的模式。许多国家开始拥抱西方政治经济模式。但是2007年后的全球性的经济危机促使人们关注中国模式的崛起，发现中国的持续增长、中国的复兴之路、中国成为全球大国，不需要改变政权，不需要改变主流意识形态，依靠的是政治稳定、社会保障、民生质量持续提高。重庆的"市场经济中的人民共和国"这种新型的社会经济发展模式不仅度过了经济萎缩，而且还享受了高速的经济增长。

30年前，日本、韩国和中国台湾的市场完全自由化了，西方的政治经济制度在这些国家和地区就成功了。但是在泰国、菲律宾和印尼，虽然西方的政体在这些国家成功了，但是，经济没有上去，民生倒退了。华盛顿共识要求发展中国家承认美国掌握世界的未来权力；承认西方价值的普世性；弱小国家要向西方借钱，必须在政治和经济上屈从西方，如实行经济的私有化和自由化，为西方的利益集团服务。这是一种过时的西方至上情结。华盛顿共识导致很多国家经济发展陷入困境。如玻利维亚、阿根廷、墨西哥、秘鲁、苏丹、尼日利亚、赞比亚、乌干达、阿尔及利亚、俄罗斯、印度尼西亚等国。华盛顿共识带来了食品、能源的价格飞涨，引发群众的暴力抗议。结果，军警残酷镇压。华盛顿共识失去了合法性和吸引力。而中国模式和重庆实践打破了这个范式，中国的成功成为发展中国家的另一个选择。

世界上没有一个万能的、普世的钥匙能解决所有国家的社会经济和政治问题。无论社会主义，还是资本主义，如果其不能保障广大人民的生活幸福，就失去了合法性。重庆的改革不是华盛顿共识所要求的减少公共领域的支出，如减少对社会保障和公共权力的投入，废除政府的补贴。削减政府公共支出、减少政府赤字，这将会严重影响重庆山区、库区的脱贫和对弱势群体的扶持。世界银行提倡的新自由主义没有实现其设想的经济增长，而重庆实现了。今天解决世界问题不在华盛顿、布鲁塞尔，而正在移到新的经济中心，如北京、上海、重庆。

早期殖民时代，欧洲国家在启蒙的旗帜下，到非洲和东方国家来，推行欧洲模式，但更多的是一种经济上的掠夺，而没有给非洲带来什么好处。同样，20世纪50年代的苏联模式也没有给中国带来什么好处。今天，中国不再躲在别人的模式话语后面求发展，正在开辟一条自己的道路。由于不断增长的国内资源需求的制约，中国需要的是经济持续发展与社会政治稳定，而中国的社会稳定又取决于民生的改善。重庆提供的经验是，国企的红利为政府提供了改善民生、提高公共投入、增加就业、建公租房的资金来源，把人民群众的物质财富提高到新的水平，从而减少了社会下层群体抗议、群体事件压力。民生质量指数和人民尊严指数高了，群体上访和社会抗议压力就小了。

中国全面建设小康社会启动了人类历史上最伟大的民生工程。现在中国的粮食产量已达5.2亿吨，是1949年的4倍；猪牛羊肉5300万吨，增长了6倍；水果1.9亿吨，人均达145公斤，增长了20倍；服装产量超过200亿件，化纤、布匹、尼绒均居世界第一；洗衣机、彩电等210多种消费型工业品产量也是世界第一；2009年，汽车产量1300万辆，手机用户7.8亿，都是世界第一；电脑1.8亿台，占全球一半；互联网用户3.8亿，超过美国与日本的总和。普通高校在校生已超过2800万，居世界首位。薄熙来说，"这些数据说明，在共产党的领导下，中华民族不仅在全世界面前站起来了，而且已经发展起来了，晚清时的屈辱早已远去。硬邦邦的民意基础和事实证明党的公信力实实在在，我们党为中华民族做出了历史性的贡献"。[1]

2010年6月，盖洛普公布2009年全球民生指数为：中国民众认为受到

---

[1] 薄熙来：《抓好10件大事　切实改善民生》，《重庆日报》2010年6月28日。

尊重对待的比例为91％，高于87％这一全球平均比例。① 美国2009年民众受尊重比例为89％，加拿大和墨西哥比例为93％。怀默霆最近出版了《社会火山之误解：当代中国不平等和分配不公的认知》。怀默霆2004年对中国的普通百姓展开了一个系统的全国性调查，直接问他们对1978年以来中国市场经济带来的社会不平等的个人感受：中国公民对当前的不平等越来越愤怒了吗？改革时代的"失败者"，比如农民们是否特别生气？民粹的愤怒会导致中国的政治不稳定吗？这项调查结果发现，中国人比别国的公民，例如西方国家公民，对自己的生活和未来的发展态度更积极和乐观。

弗朗西斯·福山在2009年9月号《中央公论》上的一篇专访（《日本要直面中国世纪》）中说，中国经济令人惊异的快速发展体现了中国模式的有效性。中国今后的民主法治建设不大可能全盘引进西方理念，而更可能采取立足民生、务实渐进的方式，围绕环境污染、土地征用、基层官员腐败等具体问题，通过政府与民众之间的互动、磨合，逐步实现制度的进步和升级。"历史终结论还有待进一步推敲和完善，人类思想宝库需要为中国留下一席之地。"

三　在世界观念市场推销"重庆实践"

当前经济学家争论，如果还会发生经济奇迹，下一个经济奇迹会在哪里发生？重庆实践所承载的中国模式是否可以复制？或者是可持续性的吗？

2010年6月《福布斯》杂志发表的题为《中国还不是超级大国》的文章写道，"不存在人们热烈追求的中国模式这种东西"，"中国还没有建立起一个事实证明可以经历长期考验的经济模式"。②

今天西方的主流思潮是，未来的经济增长奇迹将发生在墨西哥、巴西、土耳其和印度这些鼓励个人自由的民主国家里。而中国这样的威权国家将会经历增长放缓或者进入不景气。西方学者相信，一个鼓励科学和创业的国

---

① 《盖洛普报告：中国民众认为受到尊重对待的比例为91％》，新华社2010年6月28日电。

② 海伦·王：《中国还不是超级大国》，《福布斯》2010年6月号，转引自《参考消息》2010年6月20日。

家，不论有没有平等，都会繁荣起来。因此，印度、巴西和墨西哥将会成为未来世界领袖。威权国家仅仅是在追赶阶段取得快速增长，一旦一个国家接近技术前沿，这个国家不可能以拷贝别国发明来求得增长。这个国家只有鼓励自由的创业精神，只有保障个人的自由和拥有一个民主的政权，才能持续增长。

但是，波波夫说，这种基于创新的增长还有赖于实证研究论证。至少通过考量日本、韩国和中国的专利发明，发现这些国家都在超过或者快速赶上美国。中国国家专利局已经取代了欧洲专利局，成为世界上批准专利数的第四大专利局（世界四大专利局依次是日本、美国、韩国和中国）。早在20世纪60年代，人们在讨论未来的经济奇迹将发生在哪里。有人下赌注说，将发生在自由、民主的印度和拉美国家；另有一些人说，将发生在中央集权和政府干预严重的东亚国家；甚至还有人说，将发生在共产党国家。波波夫说，"我们无法确定未来的经济奇迹将发生在哪里。但是，如果中国的国家能力在改革中逐渐被削弱，中国转型到了一个'正常'的发展中国家，中国的高速增长将会结束。有中国特色的中国经济模式将不再那么特别了"。[①]

一个大国应该是在思想与意识形态、经济体系和军事实力方面都取得支配地位的国家。美国依然代表着全世界民众向往的普世理想——自由和民主。与美国人不同，中国人自己都没有明确的价值观，更别提影响世界了。在苏联东欧解体后，学术界认为，中国进入一个利益多元、多样和多变的社会后，已经成为这个世界上意识形态最为淡漠和混乱的国家。

中国各级党和政府组织、社会各个阶层需要在科学发展观、以人为本、和谐社会的旗帜下尽快形成一种凝聚党和人民关系的新的认同和理想——建设人民幸福生活的家园。薄熙来指出，"改善民生，既是我们的政治理想和奋斗目标，也是我们发展经济的始源和归宿"。民生导向的重庆发展模式树立了党在群众中的公信力，增强了人民对党的信心。

科学发展观的重庆实践正在探索着新的发展方式，这个实践不仅适合中

[①] Vladimir Popov, "Is Chinese Variety of Capitalism Really Unique?" http：//www.nes.ru/~vpopov/documents/Chinese%20capi-talism-unique-2010.pdf.

国，更有望通过重庆经验与浦东经验、深圳经验等各地的经验有机组合在一起，共同实践并创造"中国模式"。通过深圳、浦东和重庆的经验，人们看到，中国在经济发展、社会进步、自由民主和人权方面不是只有充当西方国家学生的角色。中国这样一个西方人眼中的古老东方国家，有能力通过自己成功的实践来科学定义价值观，也能成为世界发展新模式、新制度和新标准的制定者和领导者。

文艺复兴和启蒙运动把欧洲的思想观念带进了国际观念市场。美国的软实力来自美国思想观念和美国人编制的美国梦在国际市场上的竞争力。中国的软实力来自中国原创的思想观念与中国人编的"中国模式"在国际观念市场上的竞争力。重庆协调激发个体积极性和公共控制能力已经成为一种软实力，其对发展中国家的吸引力超过西方模式的吸引力。中国的改革开放将把重庆探索的实践带进国际思想观念市场。

"中国道路"或"中国模式"及"重庆实践"，将为亚洲、非洲和拉丁美洲渴望经济发展的国家带来实在的政策影响。未来关于政治经济的学术讨论中会加上新的一章——重庆案例能够为如何利用政府和市场，并同时为消除它们的极端情况提供很好的借鉴。

20世纪后半叶，美国创造了一个梦想之地。今天，中国模式和重庆实践将继美国之后成为另一个梦想之地。正如霍普金斯大学讲座教授吴旭所说："作为一个有着历史责任感的大国，中国需要打造、构筑和推销自己的梦想。'中国梦'不是自我炫耀，而是中华文明为世界发展前景提供的一个答案。"[①] 2003年，巴基斯坦总统穆萨拉夫在北京对中国商界领袖们说，"过去是属于欧洲的，现在是属于美国的，而未来是属于亚洲的。中国过去20年来的经济奇迹成为像巴基斯坦在内的所有发展中国家的指路灯塔"。[②]

重庆城乡统筹试点和破解中国人格分裂难题是对世界现有发展模式的挑战。思想界和学界面临着一个知识转型的创新机遇。新的知识和观念将在科学发展观重庆的实践中挺拔而出。人们将以更多样的视角思考中国和世界的

---

① 吴旭：《扭转软实力逆差，打造"中国梦"》，2010年夏季号《公共外交季刊》。

② Stephan Halper, *The Beijing Consensus*：*How China's Authoritarian Model Will Dominate the Twenty-first Century*, New York：Basics Books, 2010, p. 243.

前途与命运。如果重庆的伟大实践和奇迹真正能成为中国梦、巴基斯坦梦、尼泊尔梦、塞内加尔梦……人们现有的政治经济社会知识范式将发生扭转乾坤的巨变。科学发展观在重庆实践中产生的新经验和新观念将成为影响世界发展的新知识。

无论是重庆梦，还是中国梦，还是美国梦，上海浦东开发区早期的建设者赵启正说，"一个国家的梦必须由全体民众的梦组成，脱离了多数人的梦，国家的梦就成了空中阁楼，必然是不能实现的梦"。[①] "五个重庆"编织的美妙世界是每一个重庆人的梦，也是全世界许多人的梦想。这样的重庆梦和中国梦等于中国的软实力，是一种榜样的力量和相仿的力量，应该在国际观念市场占有一席之地。重庆故事和重庆梦是一个能够打破话语障碍、激发共同兴趣的话题。

重庆是邓小平走向世界的地方。今天的重庆是中国走向世界的又一个新起点，是重庆梦和重庆故事为载体的中国模式走向世界的一个新起点。

（来源：《中国社会科学内部文稿》2010年第4期）

---

① 赵启正、约翰·奈斯比特、多丽丝·奈斯比特：《对话中国模式》，新世界出版社2010年版，第30页。

编后记

自"北京共识"提出以来，关于"中国模式"的研究渐趋升温，形成了大量的研究成果。我们精心选取了近几年来有关"中国模式"研究具代表性意义的论文结集出版，力图反映"中国模式"研究的总体面貌和最新进展，为"中国模式"的研究提供一个观点和资料丰富的选本。我们希望这一工作能够为进一步深化"中国模式"问题的研究提供一个新的起点。这就是编辑这本资料集的初衷。

我的这个创意和编辑这本资料集的整体构思，得到了吴波等同志的响应。2009年11月上旬成立了由我牵头的编辑小组。编辑小组数次研讨由我提出的关于本资料集的选编原则、栏目设置和整体结构，确定按照"原创性、思想性、代表性、全面性"编辑原则，采集、阅读和筛选了大量相关文章，力求全面而准确地吸纳不同类型不同视角不同学科的研究成果。特别需要指出的是，社会主义和现代化的"中国模式"或"中国道路"是中国共产党和中国人民在理论和实践上的独创，因此，本资料集除了重点选编国内关于"中国模式"研究的代表性论文之外，还特别收录了提出和论述"中国模式"或"中国道路"内涵的中国共产党的相关重要文献。这是十分重要而不可忽视的部分。另外，鉴于"中国模式"或"中国道路"已成为国外中国问题研究的热点，我们也及时收录和选译了一些国外报刊最新发表的相关研究成果。这样做无疑会使本资料集在内容上更加全面，在视野上更加开阔。本着百家争鸣的原则，本书收入的文章观点自然各不相同，因此并不代表编者的立场。至于我们自己的观点，则在代序中作了阐述。本书所选编的文章大多已公开发表，除了做少数必要的文字和表述上的处理外，一般不作改动。有的文章由于篇幅太长，编者进行了部分删节处理，为此，敬请相关作者予以理解。

本书编辑过程中得到了全国政协副主席、中国社会科学院院长陈奎元和中国社会科学院常务副院长王伟光等领导同志的大力支持，各位作者积极予以配合。《马克思主义研究》编辑部刘德中、黄华德和张晓敏等同志参与了本书的选编工作，王茵同志担任本书的责任编辑。在此一并向他们表示衷心的感谢！由于学识所限，本书的选编工作肯定存在一些不足，敬请读者予以谅解和指导。希望本书的出版对"中国模式"或"中国道路"问题的进一步研究有所裨益。

赵剑英

2010 年 7 月 23 日于颐源居